Exklusiv für unsere Leser
Tel.: 01805 / 30 99 99
(0,14 Euro/Min., Mobil max. 0,42 Euro/Min.)
www.buchredaktion.de

Wir danken der Karl-Theodor-Molinari-Stiftung bzw. der Nomos-Verlagsgesellschaft Baden-Baden für die freundliche Genehmigung zum Nachdruck des Sozialreports 95 sowie der Beiträge aus dem Seminar »Die Nationale Volksarmee im Kalten Krieg« und aus dem Symposion »Nationale Volksarmee – Armee für den Frieden«, welche 1995 in Protokollbänden zu diesen Tagungen veröffentlicht wurden.

Herausgeber
Arbeitsgruppe Geschichte der NVA und Integration ehemaliger NVA-Angehöriger in Gesellschaft und Bundeswehr beim Landesvorstand Ost des DBwV.
Zusammenstellung: Oberst a. D. Prof. Dr. sc. Egbert Fischer
Redaktion: Oberst a. D. Dr. Hansjürgen Usczeck, Oberleutnant a. D. Dr. Werner Knoll.
Die Beiträge geben jeweils die Meinung der Autoren wieder, sofern nicht die Arbeitsgruppe als Verfasser genannt wird. Alle Rechte und Pflichten im Sinne des Urheberrechtsgesetzes liegen beim Autor. Nachdruck und jede andere vom Gesetz nicht ausdrücklich zugelassene Verwertung bedürfen seiner Zustimmung; zugleich haftet er dafür, daß durch die vorliegende Veröffentlichung seiner Ausarbeitung nicht Schutzrechte anderer verletzt werden

Arbeitsgruppe Geschichte der NVA
und Integration ehemaliger NVA-Angehöriger
in Gesellschaft und Bundeswehr
beim Landesvorstand Ost des DBwV

Was war die NVA?

Ihr Platz in Geschichte und Alltag

Band 1

Studien – Analysen – Berichte
Zur Geschichte der Nationalen Volksarmee

eb edition berolina

ISBN 978-3-95841-034-3
1. Auflage dieser Ausgabe
Alexanderstraße 1
10178 Berlin
Tel. 01805 / 30 99 99
Fax 01805 / 35 35 42
(0,14 €/Min., Mobil max. 0,42 €/Min.)

© 2016 by BEBUG mbH / edition berolina, Berlin
Umschlaggestaltung: BEBUG mbH, Berlin
Druck und Bindung: GGP Media GmbH, Pößneck

www.buchredaktion.de

Inhalt

Grußwort   9

Vorwort   11

Oberst a. D. Prof. Dr. sc. Egbert Fischer / Oberst a. D. Prof. Dr. sc. Klaus Schirmer
Kalter Krieg und internationale Konflikte in Europa seit Mitte der 50er Jahre bis zur Wiedervereinigung Deutschlands
Militärische Reaktionen – Gefahren oder Garantien für den Frieden?   22

Generalmajor a. D. Prof. Dr. Reinhard Brühl
Die Strategie der Abschreckung – eine gefährliche Krücke, aber keine Lösung   50

Generalmajor a. D. Prof. Dr. Reinhard Brühl
Die Nationale Volksarmee der DDR
Anmerkungen zu ihrem Platz in der Geschichte   65

Oberst a. D. Prof. Dr. sc. Klaus Schirmer
Der Auftrag der Nationalen Volksarmee – Kontinuität und Wandel   97

Oberst a. D. Dr. Wolfgang Wünsche
Offensivprinzip und sowjetische Militärdoktrin   108

Oberst a. D. Dr. Joachim Schunke
Militärpolitische und strategische Vorstellungen der Führung der NVA in der Zeit der Blockkonfrontation   114

Kapitän z. S. a. D. Prof. Dr. sc. Wolfgang Scheler
Frieden und Verteidigung   142

Kapitän z.S. a. D. Prof. Dr. sc. Wolfgang Scheler
Die Sinnkrise des Militärs. Eine geistige Vorbedingung für das Verhalten der NVA in der demokratischen Revolution   160

Vorbemerkungen zu den »Thesen zur Geschichte der Nationalen Volksarmee« 169

Autorenkollektiv
Thesen zur Geschichte der Nationalen Volksarmee 173

Generalmajor a. D. Prof. Dr. Reinhard Brühl
Politik und Militärgeschichtsschreibung in der DDR 223

Oberst a. D. Prof. Dr. sc. Wilfried Hanisch
Was ist heute noch bewahrenswert aus der Traditionsauffassung der NVA? 245

Oberst a. D. Prof. Dr. sc. Egbert Fischer/Oberstleutnant a. D. Dipl. rer. mil. Horst Wendt
Der Dienst der Bausoldaten – eine echte Alternative zum Wehrdienst in der NVA ? 263

Admiral a. D. Dipl. rer. mil. Theodor Hoffmann
Volksmarine der DDR
Deutsche Seestreitkräfte im Kalten Krieg 280

Oberst a. D. Prof. Dr. sc. Klaus Schirmer
Weichenstellung
Zu einem von Günter Glaser herausgegebenen und eingeleiteten Dokumentenband 295

Oberst d. ZV a. D. Werner Sedlick/ Oberst d. ZV a. D. Horst Schneider/OSL d. ZV. a. D. Dr. Helmut Uhde/ Oberst d. ZV a. D. Adolf Grünwald
Thesen zur Zivilverteidigung 306

Oberst a. D. Dr. Klaus-Peter Hartmann
»Soldatenalltag in der NVA« – Überlegungen zum Forschungsgegenstand 320

Oberstleutnant a. D. Dipl. rer. mil. Martin Kunze/Oberst a. D. Prof. Dr. sc. Klaus Schirmer/Oberst a. D. Dr. Wolfgang Wünsche
Die militärische Tätigkeit –
Grund- und Rahmenbedingung des
Soldatenalltags in der NVA 344

Oberst a. D. Prof. Dr. sc. Egbert Fischer/ Oberleutnant. a. D. Dr. Werner Knoll
Zu wesentlichen Rahmenbedingungen und
Inhalten des Alltagslebens in der Nationalen
Volksarmee 389

Oberst a. D. Dr. Klaus-Peter Hartmann
Zu den Dienst- und Lebensbedingungen
in der NVA 437

Oberst a. D. Dipl.-Lehrer Hans-Dieter Hein/Oberst a. D. Dr. sc. Paul Wollina
Die politische Arbeit und Probleme der
demokratischen Mitbestimmung in der NVA 460

Oberst a. D. Dr. Eberhard Haueis
Die führende Rolle der SED in der Nationalen
Volksarmee
Eine kritische Nachbetrachtung 524

Dr. sc. Dagmar Pietsch
Zur Soldatenfamilie 548

Oberst a. D. Dr. Klaus-Peter Hartmann
Bedingungen und Probleme des Übergangs von
Berufssoldaten der NVA in
zivilberufliche Tätigkeiten 582

Oberst a. D. Prof. Dr. sc. Wilfried Hanisch
Reformen für den Soldatenalltag. Erreichtes und
Unerfülltes in der Militärreform der DDR 1989/90 607

Generalmajor a. D. Dipl. rer. mil. Werner Patzer, Strausberg
Vom Flüchtlingsjungen zum NVA-Offizier
Erinnerungen an Jugend und
erste Dienstenstjahre 636

Oberstleutnant a. D. Dipl.-Meteorologe Hubert Schmidt, Cottbus
30 Jahre Flugmeteorologe der Luftstreitkräfte 703

Auswahlbibliographie
deutschsprachiger Veröffentlichungen
über die NVA 735

Grußwort

*Geschätzte Leserin,
geschätzter Leser!*

1991 gründeten ehemalige Angehörige der NVA in ihrer Eigenschaft als neue Mitglieder des Deutschen Bundeswehrverbandes beim Landesverband Ost eine Arbeitsgruppe unter der Leitung von Oberst a. D. Prof. Dr. Egbert Fischer.
Ihr Anliegen war, einen Beitrag zur objektiven Geschichtsschreibung über die Streitkräfte der DDR, insbesondere der NVA, zu leisten und die Integration ehemaliger NVA-Angehöriger in Gesellschaft und Bundeswehr zu unterstützen. Landesvorstand, Bundesvorstand, Landesversammlung und Hauptversammlung befürworteten die Gründung. Unter dem Namen »Geschichte der Nationalen Volksarmee und Integration ehemaliger NVA-Angehöriger in Gesellschaft und Bundeswehr« beim Landesverband Ost des Deutschen Bundeswehrverbandes nahm die Arbeitsgruppe ihre Arbeit auf.
Die Mitglieder: Allesamt Zeitzeugen und fast ausnahmslos mit akademischer Vorbildung.
Diese heute nicht mehr existente Arbeitsgruppe hat ein Zeitzeugen-Vermächtnis hinterlassen. Wissenschaftliche Veranstaltungen in der Vergangenheit, eine Meinungsumfrage in 1995 und Schriftenreihen der »grünen Hefte« zur Information haben sie uns überlassen.
Der Ihnen vorliegende erste Band »Geschichte der NVA« ist Ausdruck dieses unverzichtbaren Vermächtnisses von Zeitzeugen. Diesem Band folgen zwei weitere Bände.
Ich bin dankbar, dass ich die Arbeit dieser für den Landesverband Ost und für mich persönlich so wertvollen Arbeitsgruppe seit 2004 mitbegleiten durfte und gedenke voller Dankbarkeit der Mitglieder und den bereits verstorbenen Mitgliedern.
Der Landesvorstand, Bundesvorstand und die Landesversammlung 2011 in Magdeburg anlässlich des 20. Geburtstages des Landesverbandes Ost beehrten den Vorsitzenden der Arbeitsgruppe, Oberst a. D. Prof. Dr. Egbert Fischer,

mit der Ehrenmitgliedschaft des Deutschen Bundeswehr-Verbandes.

Ihm als meinem geschichtlichen Berater und treuen Begleiter gilt mein besonderer Dank. Den Autoren und dem Verlag Berolina entbiete ich meine große Wertschätzung und danke für die Unterstützung.

Es ist mir wichtig, dieses wertvolle Zeitzeugendokument in neuer Auflage und nun auch im Buchhandel erhältlich zu wissen. Es ist und bleibt mir ein besonderes Anliegen, die Geschichten und Erlebnisse meiner Mitglieder und ehemaliger Angehöriger der Nationalen Volksarmee gewahrt zu wissen. Die Aufgabe der Integration von ehemaligen Soldaten in Bundeswehr und Gesellschaft war das Ziel der Arbeitsgruppe und des Deutschen BundeswehrVerbandes. Ich bin stolz sagen zu dürfen: Wir haben dieses Ziel erreicht!

Dankbar grüßt

Uwe Köpsel, Hauptmann

Vorsitzender des Landesverbandes Ost
im Deutschen BundeswehrVerband

Vorwort

Anläßlich ihres 10jährigen Bestehens legt die Arbeitsgruppe »Geschichte der Nationalen Volksarmee und Integration ehemaliger NVA-Angehöriger in Gesellschaft und Bundeswehr« beim Landesvorstand Ost des Deutschen BundeswehrVerbandes mit diesem Sammelband ausgewählte Beiträge aus der in diesem Zeitraum geleisteten Arbeit vor. Die Beiträge entstanden aus unterschiedlichen Anlässen: aus Seminaren der Arbeitsgruppe unter dem Dach der Karl-Theodor-Molinari-Stiftung beim Deutschen BundeswehrVerband, aus der Mitwirkung an wissenschaftlichen Veranstaltungen anderer Gremien, aus Untersuchungen zu spezifischen Problemen der NVA-Geschichte, aus in den Kameradschaften Ehemaliger durchgeführten Befragungen und nicht zuletzt aus der Beschäftigung mit neuerer militärhistorischer Literatur. Trotz des damit gegebenen relativ breiten Spektrums von Gegenständen und Sichtweisen ging es der Arbeitsgruppe immer um ein generelles Anliegen: zu verdeutlichen, daß die Auseinandersetzung mit der Geschichte der Nationalen Volksarmee, deren Entwicklung Leben, Lebenserfahrung und Lebensleistung des wohl größten Teiles ihrer Angehörigen geprägt oder zumindest beeinflußt hat, für den Integrationsprozeß und damit für den häufig zitierten Weg zur inneren Einheit Deutschlands unverzichtbar ist. Dies erkannt und damit verbundene Anstrengungen prinzipiell und vielfältig unterstützt zu haben, darin besteht ein bedeutendes Verdienst des Deutschen BundeswehrVerbandes und namentlich seiner verantwortlichen Mandatsträger, besonders aber auch jener – am stärksten mit der Problematik ehemaliger Angehöriger der NVA konfrontierten – des Landesverbandes Ost.

Am 2. Oktober 1990, um 24.00 Uhr, endete die Existenz der Nationalen Volksarmee. Eine gut ausgebildete und hochgerüstete Armee fügte sich dem Beschluß der letzten, frei gewählten Volkskammer der DDR über den Beitritt zur Bundesrepublik Deutschland auf der Grundlage des Artikels 23a des Grundgesetzes. Wie immer man diesen Schritt, der ja die Selbstaufgabe eines Staates und einer Armee bedeutete, in der damaligen Situation bewertete: Spätestens seit den Volkskammerwahlen vom März 1990 war unübersehbar geworden, daß dies der Wille der Mehrheit des Volkes war. Dieser Wille wurde akzeptiert und dies auch dann, als sichtbar wurde, daß die Geschichte der NVA zu Ende ging. Mit wenigen Ausnahmen fanden sich die Soldaten der NVA bereit, den Eid unter der neuen, von Lothar de Maiziere geführten Regierung abzulegen. Trotz aller Unwägbarkeiten und Benachteiligungen haben sich die Angehörigen der Nationalen Volksarmee im Verlaufe der Wende und danach loyal verhalten, haben sich selbst abgerüstet, eine Unmenge von Waffen, Munition, technischem Gerät und einen beträchtlichen militärischen, aber auch sozialen und kulturellen Zwecken dienenden Immobilienfonds buchstäblich bis zur letzten Stunde sicher verwahrt. Offiziere der Bundeswehr, die in der Übergangsphase in der nicht unkomplizierten Funktion von Vorkommandos die Objekte der NVA oder auch der Grenztruppen der DDR betraten, wurden bei der Erfüllung ihrer Aufgaben diszipliniert, verantwortungsbewußt und nach eigenen Aussagen über Erwarten kooperativ unterstützt. So kam es zu einem Phänomen, das in der deutschen Militärgeschichte, wahrscheinlich aber in der Militärgeschichte überhaupt, keinen Vergleich kennt.

In den zurückliegenden Jahren hat es – sonderlich aus Kreisen ehemaliger Bürgerrechtler – nicht an Äußerungen gefehlt, den Angehörigen der NVA und der Grenztruppen der DDR sei angesichts einer 1989/90 immer mächtiger werdenden Volksbewegung kein anderer Weg übriggeblieben, als zurückzuweichen. Diese Sichtweise verkennt, daß es in der Geschichte, an welchen Wendepunkten auch immer, nie nur einen Weg, nur eine Option, nur eine Entwicklungsmöglichkeit gab und gibt. Immer gab es auch andere Möglichkeiten, wenn sich Bedingungen anders gestaltet hätten, Entscheidungen anders getroffen worden, Zufälle nicht eingetreten wären und anderes mehr. Da sich die angedeutete Sichtweise in der Regel mit Forderungen verbindet, das Kapitel Geschichte der NVA der Vergangenheit anheim fallen zu lassen und – dies dürfte wohl der entscheidende Punkt sein – weil sie bis heute zur Stützung gravierender sozialer Ungerechtigkeiten sowie moralischer Abwertung herangezogen wird, darf sie nicht unwidersprochen bleiben.

Bewußt nehmen im vorliegenden Band Beiträge einen breiteren Raum ein, die die Vorgeschichte, den heranführenden Prozeß zu jenem Schnittpunkt beleuchten, den Egon Bahr wie folgt markiert hat: »Es war der Stolz einer Armee, sich geordnet einzubringen oder zu übergeben oder sich aufzulösen, jedenfalls ihre Geschichte zu beenden.«[1] Denn dieser Punkt, von Bahr als »Stolz einer Armee« charakterisiert, ist nur zu verstehen, wenn er auf das zurück geführt wird, was die Beziehungen der NVA zum Volk ausmachte. Die Vorgänge von 1989/90 haben generell längerfristig angelegte Ursachen und Ausgangspunkte. Sie sind, was die NVA betrifft, vor allem an zwei Tatsachen festzumachen. Das ist erstens die Tatsache, daß ab Anfang der 80er Jahre auch in der Armee – und dies keineswegs nur bei Wehrpflichtigen – ein Prozeß kritischen Nachdenkens über die immer mehr hervortretende Krise des Sozialismus einsetzte. Der wohl wichtigste Punkt dieser Auseinandersetzung, die sich zunächst in Forderungen nach »einer besseren DDR« und ab Mitte der 80er Jahre nach Aufgreifen sowjetischer Perestroika – und Glasnost – Impulse äußerte, war zweifellos der, daß es sich von nun ab nicht mehr um vorübergehende Schwierigkeiten handelte. Schon länger anhaltende Diskussionen in Truppenteilen, Einheiten und Einrichtungen über die Überalterung der obersten Führung schlugen in die Erkenntnis um, daß mit dieser Partei- und Staatsführung keine Wende zum Besseren zu erreichen war. Der Sammelband verdeutlicht in den verschiedenen Untersuchungen und auch mit den enthaltenen Erinnerungsberichten, daß bei dem dabei kardinalen Problem des Vertrauensschwundes die Verwurzelung der Soldaten in ihren Familien, im Freundeskreis, in Kontakten mit Betrieben usw. eine bedeutende Rolle spielte. Zweitens hat in der NVA relativ früh und – prüft man es aus heute zugänglichen Quellen – in bestimmten Fragen über Positionen in damals verbündeten Armeen hinausgehend die Diskussion zur Sinnkrise des Krieges eingesetzt. Sie erfaßte nicht nur die Problematik eines Raketen – Kernwaffenkrieges, sondern auch die Notwendigkeit einer Neubewertung des Faktors Gewalt überhaupt. Es war dies ein unverzichtbarer Bestandteil der geistigen Vorbereitung auf die Wende.

Im Ergebnis all dessen kam es in der NVA zu realen Ansätzen einer Reform an sich selbst, einer Militärreform. Das Ende der NVA bedeutete auch das Scheitern dieser Ansätze. Leider sind der Zusammenbruch eines Systems und, was Deutschland anbelangt, der Untergang der DDR und ihrer Armee zum Anlaß genommen worden, eine Reihe damals gewonnener Einsichten oder zumindest damit verbundener Diskussionsgegenstände ebenfalls als überflüssig zu betrachten. Angesichts neuer Herausforderungen insbesondere auf dem Feld der Krisen- und Konfliktverhinderung oder – Bewältigung dürfte sich dies vielleicht noch einmal als voreilig erweisen. Gerade, weil in den Diskussionen der vergangenen Jahre, aber auch in realen gesellschaftlichen Abläufen – man denke nur an die durchgeführten und weiter anhängige Prozesse gegen Angehörige der NVA und der Grenztruppen – die Problematik der militärischen Pflichterfüllung , des militärischen Ethos und der moralischen Verantwortung eine spezifische Rolle spielten und weiter spielen, hielt es die Arbeitsgruppe für wichtig, bei Untersuchungen zur Geschichte der Nationalen Volksarmee sich an bestimmten Eckpunkten zu orientieren. Man könnte sie wie folgt umreißen: Erstens verlangt dies die Erkenntnis und natürlich auch die entsprechende Methodologie, daß man sich auf der Suche nach möglichst weitgehender Beantwortung der Frage, wie es wirklich war, nicht mit Momentaufnahmen begnügen darf. Das verlangt Forschungen, warum und unter welchen Umständen die NVA entstanden ist, warum sie sich so und nicht anders entwickelt hat und welche zurückliegenden geschichtlichen Ereignisse, namentlich jene der ersten Hälfte des 20. Jahrhunderts, dafür relevant waren. Nicht wenige der seit 1990 erfolgten Veröffentlichungen zur Geschichte der NVA erlagen der Versuchung, nur die Erscheinungen der Endphase und der Auflösung als bestimmende Kriterien zu wählen, sowie Anklage oder Rechtfertigung um jeden Preis zu belegen. Das im Einigungsvertrag festgeschriebene Prädikat »Unrechtsstaat« hat auch bei Beiträgen zur Rolle und Entwicklung der NVA seine Wirkung nicht verfehlt. Zumal dann wenn es bereits die konzeptionellen Ausgangspunkte bestimmte, trug es dazu bei, Tendenzen der Vereinfachung zu befördern und Delegitimierungsinteressen zu bedienen.

Zweitens ist die Geschichte nicht – wie häufig formuliert – »aufzuarbeiten«, denn es würde in der Konsequenz nichts anderes als rückwärts geschriebene Politik bedeuten. Wohl aber kann sie erneut historisch-kritisch erforscht, befragt und bewertet werden. Wir meinen, daß dies im Hinblick auf die Nationale Volksarmee und den Staat, dem sie diente, eine notwendige Aufgabe ist und bleibt. Seit zehn Jahren gibt es die NVA nicht mehr. Dennoch ist sie in anderer Form noch gegenwärtig. Sie ist es in der Erinnerung derer, die in ihr gedient oder gearbeitet haben. Sie ist in nicht wenigen Fällen, besonders dort, wo Söhne oder Enkel ehemaliger NVA-Angehöriger heute in der Bundeswehr dienen, Gegenstand von Vergleichen. Sie ist es in Form von Hinterlassenschaften und unbewältigten Vereinigungsproblemen, wofür die politisch gewollte und adäquat gehandhabte Justifikation als »Gediente in fremden Streitkräften«, die Aberkennung des Rechts auf Führung früherer Dienstgrade, die Annullierung bestimmter Bildungsabschlüsse, die Nichtanerkennung früherer Dienstzeiten und die Aufrechterhaltung des Rentenstrafrechtes für Teile des Offizierskorps deutliche Signale sind. Die Frage »Was war die NVA?« steht auch aus dieser Sicht durchaus weiter als Untersuchungs- und Diskussionsgegenstand auf der Tagesordnung. Die Versuche der Arbeitsgruppe, sich zunehmend der Alltagsproblematik in Truppenteilen und Einheiten der NVA zuzuwenden, dienten nicht zuletzt dem Ziel, eine sehr differenzierte Wirklichkeit genauer zu reflektieren, die Vielfalt und Widersprüchlichkeit des Lebens und Dienens in dieser Armee zu erkennen und vielleicht – dies wäre schon sehr viel – Anregungen zu vermitteln, die sich aus dem Blick zurück für die Bewältigung solcher Herausforderungen wie der Herstellung einer tatsächlichen Armee der Einheit ergeben.
Drittens sollte es auch um eine allseitige, wesentliche Zusammenhänge und Wechselwirkungen beachtende Darstellung geschichtlicher Prozesse gehen. Die NVA war Instrument des Staates DDR und damit Teil der Vereinten Streitkräfte des Warschauer Vertrages. So gesehen waren es in erster Linie innere Bedingungen, Eigengesetzlichkeiten und Widersprüche, die die Entwicklung der DDR-Streitkräfte beeinflußten und

prägten – Bedingungen also, die aus der Gesamtentwicklung des – wie es sich verstand – »sozialistischen Weltsystem«, seiner Stabilität und Instabilität und schließlichen Zerfalls nicht herauszulösen waren. Aber immer wirkten daneben oder in das geschilderte Bedingungsgefüge hinein auch andere Faktoren. Ost – West – Konflikt, Kalter Krieg, Abschreckungsmechanismus, Bedrohung und Hochrüstung waren nicht nur Konstrukte des Ostens; sie bewirkten im Kontext mit den sicherlich entscheidenden Interessen der Supermächte auf der jeweiligen Stufe der Eskalation und Deeskalation vieles, was Positionen der DDR beeinflußte oder sie zu Schritten trieb, die letztlich die eigene Substanz untergruben. Bemühungen der Arbeitsgruppe, diesem Untersuchungsfeld im Hinblick auf das jeweilige Agieren oder Reagieren beider Seiten stärkere Beachtung zuzuwenden, haben leider bisher wenig Resonanz gefunden.

Viertens schließlich: Fragen nach der Rolle der NVA, nach ihrem Auftrag und ihren Entwicklungsproblemen und Widersprüchen sind nicht zuletzt Fragen nach den Menschen, ohne die es sie nicht gegeben hätte, nach Motiven des Handelns, nach ihren Biographien. »Auch die Geschichte der NVA ist nicht nur das Resultat von Parteibeschlüssen und Staatsentscheidungen, sondern ebenso das Resultat des Wirkens jener Soldaten und Zivilbeschäftigten, die in ihr dienten und jener Menschen, die die materiellen Bedingungen für ihren Dienst schufen. Die einen dienten der Landesverteidigung der DDR, weil sie diese unter den konkret-historischen Bedingungen als notwendigen Beitrag für die Bewahrung des Friedens und den Schutz der DDR betrachteten. Für andere war dieser Dienst eine vom Staat auferlegte Pflicht, der sie mit mehr oder weniger Anteilnahme nachkamen. Hier ist einzufügen, daß es nie mehr als 1,5 Prozent der Wehrpflichtigen eines Jahrganges waren, die den Dienst mit der Waffe in der Hand verweigerten. Die Frage nach dem Platz der NVA in der Geschichte ist also auch die Frage nach der Haltung der Menschen zu dieser NVA, nach ihren mit dieser Armee verbundenen Vorstellungen, Hoffnungen und Enttäuschungen.«[2]

Es hat im Zusammenhang mit dem 3. Oktober 2000, mit

Versuchen einer Bilanzierung des seit 1990 im vereinigten Deutschland zurückgelegten Weges, nicht wenige Betrachtungen gegeben, in denen Aktiva und Passiva, Unvermeidliches und Vermeidbares, Realismus und Illusionismus, Geglücktes und Fehlgeschlagenes eine Rolle spielten. Bei aller Widersprüchlichkeit, Differenziertheit und häufig auch Gegensätzlichkeit von Standpunkten – vielfach schon der Stellung im Lager der politisch handelnden Kräfte, sei es in der Regierungsverantwortung oder in der Opposition, geschuldet – ließen sich drei Folgerungen nicht umgehen: Der Osten Deutschlands, ergo die neuen Bundesländer, müssen (wieder) über eine eigene wirtschaftliche Potenz verfügen, da es ansonsten nie zu einer Angleichung, andererseits aber zur Fortsetzung und Entfaltung bestehender oder neuer Konfliktfelder kommen wird. Die Eliten, im weiteren Sinne aber qualifiziertes und qualifizierbares Personal überhaupt, müssen eine Chance haben. Und nicht zuletzt: Identität und gewachsene Lebensweisen jener, die in der DDR aufwuchsen und lebten, müssen respektiert, zumindest aber im Geist und den Grundsätzen des Grundgesetzes entsprechend behandelt werden. Schon die Benennung dieser Problemfelder zeigt, daß der Weg zur inneren Einheit noch sehr weit ist und manche der dabei relevanten Faktoren nicht mehr reparabel sind. Es sind dies Problemfelder, die ehemalige Berufssoldaten der NVA (freilich nicht nur sie) in besonderer Weise betreffen. Nach Herstellung der deutschen Einheit im Jahre 1990 wurden diese Soldaten in ganzer Schärfe mit Folgeerscheinungen konfrontiert, die nicht nur gegebene oder nicht mehr gegebene Chancen, sondern – wie sich heute zeigt – die soziale Befindlichkeit, die Psyche und die Lebensqualität überhaupt erfassen. »Viele ehemalige Soldaten der DDR betrachten sich als Hauptverlierer der deutschen Einheit. Sie fühlen sich als Besiegte ohne Rechte. Sie empfinden sich als jener Teil der DDR-Bevölkerung, der für alle Sünden und Rechtsverletzungen den Kopf hinhalten muß.«[3]
Diese Soldaten hatten in den zurückliegenden Jahren vielfältigen Anlaß, ihr Leben und ihren Dienst in der DDR einer kritischen Prüfung zu unterziehen. Sachlichkeit und Fairneß gebieten die Einschätzung, daß die Mehrheit von ihnen sich

diesen Prozeß der inneren Auseinandersetzung nicht leicht gemacht hat. Das Erkennen der verhängnisvollen Rolle des Stalinismus und die – vielfach unter aktiver gesellschaftlicher Mitwirkung – erarbeitete Position zur inhaltlichen Qualität der Demokratie ist im Sammelband besonders auch anhand der Befragungsergebnisse sichtbar gemacht worden. Politiker und Parlamentarier aller im Deutschen Bundestag vertretenen Parteien haben sich dazu positiv geäußert und darauf verwiesen, daß sich darin tiefere Grundlagen als bloße Anpassungsfähigkeit ausdrücken.
Aus der Tatsache, daß die Angehörigen der NVA keinen Krieg führten, keine Aggression gegen andere Völker begingen und zumindest einen Beitrag leisteten, daß der Kalte Krieg nicht in einen »heißen« umschlug, leiten sie keine Sonderstellung ab. Sie wollen jedoch, daß diese militärische Pflichterfüllung nach gerechten Maßstäben beurteilt und gewertet wird. General Ulrich de Maiziere, Mitbegründer und über Jahre Generalinspekteur der Bundeswehr, äußerte sich zur Frage, warum er bis zum bitteren Ende in der Wehrmacht diente: »Geprägt von Begriffen der Vaterlandsliebe und des Dienstes am Gemeinwohl, glaubten wir, inmitten des Krieges, auch wenn er sich dem Ende zuneigte, nicht ›aussteigen‹ zu dürfen, uns der Pflichterfüllung nicht entziehen zu können.«[4] In der alten Bundesrepublik ist eine solche Haltung akzeptiert worden. In der heutigen, größer gewordenen Bundesrepublik gibt es zu einigen Seiten der Wehrmachtsgeschichte differenziertere Einschätzungen, aber niemand denkt daran, daraus Folgerungen in einer solchen Richtung abzuleiten, wie sie gegenüber den NVA-Angehörigen als opportun erachtet werden.
Alle Erfahrungen zeigen: Pauschale Rechtfertigung oder Verurteilung des Handelns ganzer Schichten oder Gruppen hat sich noch nie als taugliches Mittel erwiesen, gesellschaftliche Strukturen zu stabilisieren. Warum sollte diese Erfahrung aus geschichtlichen Abläufen für die Gestaltung der Zukunft, damit auch für den weiteren Weg zur inneren Einheit Deutschlands nicht gültig sein?
Selbstverständlich ist sich die Arbeitsgruppe bewußt, daß sie mit ihrer bisherigen zehnjährigen Tätigkeit nicht allen Erfordernissen der Analyse der Geschichte der Nationalen Volks-

armee entsprechen konnte. Trotzdem hoffen die ausschließlich ehrenamtlich tätigen Mitglieder, daß der Sammelband dem Leser hilft, einige Seiten der NVA-Geschichte differenzierter zu bewerten. Gleichzeitig nehmen wir die Gelegenheit wahr, insbesondere der Karl – Theodor- Molinari – Stiftung für ihre Unterstützung zur Gewährleistung des Aktenstudiums und der Ausrichtung wissenschaftlicher Veranstaltungen zu danken. Dank gebührt aber vor allem auch allen Mitgliedern »Ehemalige« des Landesverbandes Ost für ihre Mitarbeit, ihre Kritik und die vielen Anregungen zur thematischen Gestaltung unserer Informationshefte. Auch in der Zukunft hoffen wir auf ihre Unterstützung.

1 Egon Bahr: Vorwort. In: H.-J. Gießmann: Das unliebsame Erbe. Die Auflösung der Militärstrukturen der DDR. Baden – Baden 1992, S. 10.
2 Reinhard Brühl: Die Nationale Volksarmee der DDR. Anmerkungen zu ihrem Platz in der Geschichte. In Nationale Volksarmee – Armee für den Frieden. Im vorliegenden Band S. 40.
3 Herbert Becker: Statusfragen und kein Ende. Im vorliegenden Band S. 11
4 Ulrich de Maiziere: In der Pflicht. Lebensbericht eines deutschen Soldaten im 20. Jahrhundert. Herford/Bonn 1989, S 81/82.

Nationale Volksarmee

Armee für den Frieden

Oberst a. D. Prof. Dr. sc. Egbert Fischer / Oberst a. D. Prof. Dr. sc. Klaus Schirmer

Kalter Krieg und internationale Konflikte in Europa seit Mitte der 50er Jahre bis zur Wiedervereinigung Deutschlands
Militärische Reaktionen – Gefahren oder Garantien für den Frieden?

(Vortrag beim wissenschaftlichen Seminar »Die Nationale Volksarmee im Kalten Krieg« der Karl-Theodor-Molinari-Stiftung am 13.-15. Juni 1994)

Die Nationale Volksarmee der DDR existierte knapp dreieinhalb Jahrzehnte. Gemessen an diesem Zeitraum bilden die Problemzonen, denen sich das Seminar zuwendet, allein zeitlich gesehen nur Episoden. Die Aktionen, an denen die NVA im Kontext mit Krisen und Konflikten beteiligt war oder die ihre Einsatz- bzw. Gefechtsbereitschaft indirekt berührten umfaßten in der Regel nur Tage und Wochen. Das gilt auch inhaltlich: Die Handlungen der Nationalen Volksarmee, gleich ob realisiert oder vorbereitet, hingen nicht mit den Hauptfeldern der militärischen Tätigkeit, mit den aus den Verfassungsauftrag abzuleitenden Rahmen der militärischen Funktionalität zusammen, sondern sie bildeten im Grunde Ausnahmen von der Regel. Mehr noch: Zumindest bei einigen dieser Handlungen bestand die tendenzielle Gefahr, Grundlagen des Verfassungsauftrages zu verlassen oder zu unterlaufen.

Sicher ist das einer der Gründe, warum in bisherigen Darstellungen zur Geschichte der Nationalen Volksarmee seit ihrer Auflösung die Ausnahme vor der Regel dominiert. Aus vielen Ursachen und Motiven heraus, die mit dem Gesamtkomplex und dem widerspruchsvollen Prozeß der »Wende« zusammenhängen, ist dies verständlich. Daß bei dieser Darstellung bittere Wahrheiten zutage treten, die insbesondere bei ehemaligen Angehörigen der NVA die Geschichte des eigenen Lebens, die eigene Identität unmittelbar berühren – alles

dies hat sich als ein schmerzhafter Prozeß herausgestellt, der längst nicht zu Ende ist. Und dennoch können wir dem nicht ausweichen. Gisela Oechelhäuser hat in einem Gespräch den Gedanken geäußert: »Erst wenn mir ertragen, was gegen uns spricht, gewinnen wir das Selbstbewußtsein und das Recht, all das zu verteidigen, was uns bleibt und was uns niemand nehmen kann. Und was gegen uns spricht, muß von uns selber ausgesprochen werden, laut und ohne Rücksicht, wer zuhört.«[1]
Ein solches Herangehen erfordert allerdings zumindest den ernsthaften Versuch, konkretgeschichtliche Umstände und Rahmenbedingungen, die in der Vergangenheit zu dieser oder jener militärpolitischen Option führten, sie beeinflußten oder auch verhinderten, zu berücksichtigen. Von einer Reihe sachlich fundierter Beiträge zur Geschichte abgesehen[2], liegt nicht wenigen Äußerungen – in Sonderheit zu den Vorgängen von 1961, 1968 und 1980/81 – eine Tendenz zugrunde, für die Bewertung des damaligen Handelns der NVA allein die heutige Gesellschaftsrealität in Deutschland und Europa heranzuziehen.
Dem US-amerikanischen Historiker und Politologen Paul Kennedy wird der Gedanke zugeschrieben: »In der Geschichte ist nichts unvermeidlich außer in dem formalen Sinn, daß ein anderer Verlauf anderer Ursachen bedurft hätte.« Und er folgerte: »In der Tat hätte es auch anders kommen können...«[3]
Für das vorliegende Thema, das bewußt den Bezug zwischen militärischen Reaktionen und der Friedensproblematik gewählt hat (im Grunde aber für die Darstellung der Geschichte überhaupt), kann ein derartiger Hinweis nur dienlich sein. Er erleichtert das Verständnis dafür, daß und warum sich aus einer geteilten Welt, die in den zurückliegenden Jahrzehnten mehrfach an der Schwelle eines atomaren Abgrunds stand, eine völlig neue Grundsituation herausbilden konnte
Ost-West-Konflikt, Kalter Krieg, Gefahr eines »heißen« Krieges – alles dies unterliegt offensichtlich, ob gewollt oder nicht, einem schnellen Verdrängungsprozeß. Um so mehr sollten wir bei dem Bemühen, einen bescheidenen Beitrag zur Geschichte der NVA zu leisten, davon ausgehen, daß Verdrängung oder auch Verklärung der Vergangenheit der denk-

bar untauglichste Weg ist, um neuen Herausforderungen und Gefahren zu begegnen

I. Zu einigen Aspekten der Geschichte und der Wesensbestimmung des Kalten Krieges

Die internationalen Beziehungen in der zweiten Hälfte unseres Jahrhunderts wurden vor allem durch die alle Sphären durchdringende Ost-West-Konfrontation geprägt. Der Ost-West-Konflikt bildete die ausschlaggebende gesellschaftspolitische Rahmenbedingung für das Handeln der sich gegenüber stehenden Kräfte und Gruppierungen. Dieser Konflikt war ein struktureller und ein weltanschaulicher Konflikt, was sich bereits daraus herleitete, daß die beiden großen, um den Führungsanspruch in der Nachkriegsära kämpfenden Supermächte unterschiedliche Vorstellungen über die Gestaltung interner und internationaler Strukturen verfolgten.[4] Eigenart und Austragungsmechanismus des Ost-West-Konfliktes bedingten, daß die Nachkriegsverbündeten beider Supermächte – und damit die aus den besetzten Teilen des besiegten Deutschlands schließlich entstandenen beiden deutschen Staaten – frühzeitig in diesen Konflikt einbezogen wurden.
Verfolgt man die Ausgangspunkte dieses Konflikts, so ist mit Sicherheit der Zerfall der Antihitlerkoalition als eine Zäsur anzusehen. Diese Koalition hatte sich als eine grundsätzliche Bündniskonstellation herausgebildet. Es kam zu einer Zusammenarbeit von Kräften und Staaten unterschiedlicher Systeme und dies ganz besonders auf militärischem Gebiet, weil sich ihre Teilnehmer angesichts der von allen angestrebten Kriegszielen – einschließlich der Errringung der Weltherrschaft – mit einer tödlichen Gefahr konfrontiert sahen. Das Überlebensinteresse der Alliierten war eindeutig den durchaus weiterbestehenden Widersprüchen zwischen ihnen übergeordnet.[5]
Die in der Antihitlerkoalition geschaffenen Grundlagen reichten allerdings nicht aus, um die in Teheran, Jalta und Potsdam sowie in der UN-Charta proklamierte neue internationale Ordnung zu verwirklichen. Nachdem der gemein-

same Feind überwunden war, brachen alte Gegensätze und Widersprüche wieder auf; ja sie verschärften sich und wurden zu einer bestimmenden Tendenz in den internationalen Beziehungen.
Für den sich immer deutlicher abzeichnenden Bruch der Antihitlerkoalition erwiesen sich Trumans Entschluß zum Einsatz erster Atombomben in der Endphase des Krieges im Fernen Osten, Stalins Rückfall in die totalitären Praktiken von 1937/38 einschließlich einer Rückbesinnung auf die imperiale Außenpolitik des zaristischen Rußlands und schließlich Churchills programmatische Fulton-Rede vom März 1946 als Symptome. Die Ursachen dafür, daß sich die zwischenstaatlichen Widersprüche in einem so schnellen Tempo und mit über etwa vier Jahrzehnten wirkenden gravierenden Einfluß durchsetzen konnten, ja, daß sie zu einem System wurden, das in die Geschichte unter dem Begriff des »Kalten Krieges« einging, liegen freilich im Gesamtkomplex der Bedingungen nach 1945. Hier sollen nur drei Aspekte hervorgehoben werden:
Erstens hatten sich wie in der Literatur nahezu übereinstimmend festgestellt wird, die USA und die UdSSR im Ergebnis des zweiten Weltkrieges zu internationalen Machtfaktoren in einer nie gekannten Dimension entwickelt. Die USA errangen die unwiderrufliche Vormachtposition in der kapitalistischen Welt. Ehedem führende Mächte und Kolonialreiche wie Großbritannien und Frankreich verloren bedeutend an Einfluß; sie gerieten insbesondere durch wirtschaftliche und militärische Faktoren in Abhängigkeiten von den USA. Die Sowjetunion hatte zwar durch den Kriegsverlauf enorme Menschenverluste und wirtschaftliche Schäden erlitten. Vor allem militärisch war sie nun jedoch stärker denn je. Ihr territorialer Einflußbereich hatte sich erweitert. Sowjetische Truppen waren in Mittel- sowie Südosteuropa disloziert. Insbesondere das internationale Gewicht der UdSSR war unvergleichlich angewachsen. Die Verbrechen des Stalinismus waren weltweit wenig bekannt; sofern dies der Fall war, wurden sie mit einem übersteigerten Sicherheitstrauma als Reflexion realer Bedrohung erklärt.
Zweitens kam es nach 1945 in Europa zu einer Krise der sich

wieder etablierenden Vorkriegssysteme. Der Umstand, daß aus diesen Systemen in einigen Ländern faschistische Regime und Bewegungen hervorgegangen waren, verschärfte die politischen Auseinandersetzungen und Polarisierungsprozesse. Diese Auseinandersetzungen gewannen auch deshalb an gesellschaftspolitischer Brisanz, weil sie mit Forderungen politischer und wirtschaftlicher Machtstrukturen nach Veränderungen verbunden waren. Beide Supermächte waren daran interessiert, Instabilitäten im eigenen Einflußbereich zu verhindern, im gegenüberstehenden Lager hingegen zu fördern. Drittens war die Herausbildung einer staatlichen Bipolarität aufs engste mit den bereits bestehenden gesellschaftspolitischen Prozessen verknüpft. Dabei wurde nicht nur die Frage nach dem gesellschaftlichen Entwicklungsweg – also sozialistische Orientierung, »Volksdemokratie« und Planwirtschaft oder parlamentarische Demokratie, Pluralismus und Marktwirtschaft – zur Scheidelinie. Der Prozeß der Konfrontation bewirkte zugleich eine Herausbildung, genauer Verfestigung von Blockstrukturen mit geopolitischen und militärpolitischen Trennlinien.
Im Ergebnis all dessen wurde der Begriff »Kalter Krieg« zum Oberbegriff der Systemauseinandersetzung, ihrer Inhalte, Formen und Mechanismen. Sicher ist »Kalter Krieg« zunächst ein beschreibender Begriff, von Churchill in Fulton offensichtlich zunächst nur im Sinne einer mehr oder weniger verbindlichen Bedeutungsnuance gebraucht: Beide Seiten sollten ihre Rivalitäten – mit anderen Mitteln als denen eines »heißen« Krieges austragen. Die Potentiale der Drohung bzw. Bedrohung jedoch sollten bleiben.[6]
Im Grunde strebten beide Seiten zumindest ähnliche Ziele an, wie sie in der vorangegangenen Geschichte nur mittels des Krieges erreicht (oder angestrebt) worden waren. Beide Supermächte waren bemüht, das eigene internationale Gewicht zu erhöhen und die bestehenden Einflußsphären zu befestigen sowie schrittweise zu erweitern. Dies war jedoch nur auf Kosten der jeweils anderen Seite möglich. Daß damit immer die Problematik des Verhältnisses von Zielen und Mitteln verbunden war, ergab sich zwangsläufig. Das politische Wesen dieses Verhältnisses hatte bereits Clausewitz in der Formel

ausgedrückt: »Gehört der Krieg der Politik an, so wird er ihren Charakter annehmen.«[7]

Bereits daraus, daß die Bestrebungen, die politischen, ökonomischen und militärstrategischen Positionen zu stärken und auszuweiten, immer mit dem Versuch verbunden waren, zugleich die Ausgangspunkte für eine mögliche militärische Auseinandersetzung zu verbessern, waren Gefahren für ein Hinüberwachsen des Kalten Krieges in die bewaffnete militärische Auseinandersetzung permanent gegeben. Konkret-geschichtliche Umstände beeinflußten dabei jeweils Eigenart und den Grad der Verflechtung von offensiv oder defensiv angelegten Aktionen bzw. Reaktionen, aber auch das im Verlauf des Kalten Krieges durchaus nicht gleichbleibende Niveau der Kriegsgefahr.

Man kann also sagen: Kalter Krieg ist eine länger andauernde Periode intensiv feindseliger Beziehungen zwischen den Großmächten und ihren jeweiligen Verbündeten als ein internationales System, das alle Sphären der Politik und besonders der Außen- und Militärpolitik durchdringt. Dies allein reicht jedoch zur Wesensbestimmung nicht aus. Ernst Nolte hat darauf verwiesen, daß für das Begreifen des Phänomens »Kalter Krieg« unbedingt der »nukleare Tatbestand« herangezogen werden muß.[8] Erst auf der Grundlage gegenseitiger nuklearer Vernichtungsfähigkeit und einer sich darauf stützenden Abschreckungsstrategie bildeten sich im System und in der Genesis des Kalten Krieges bestimmte Verhaltensregeln und Normen heraus, die von beiden Seiten akzeptiert wurden oder werden mußten. Nur so ist u.E. erklärbar, daß es trotz mehrfacher äußerster Zuspitzungen in den Ost-West-Beziehungen nicht zu einem dritten Weltkrieg gekommen ist. Nicht allein essentielle Spannungen und strukturell determinierte Abgrenzungen und Feindseligkeiten sind also zu beachten, sondern ebenso Momente der aktiven Einwirkung und gegenseitigen Abhängigkeit. Berechenbarkeit wurde zum Schlüssel der Beziehungen.

Daß von den drei Voraussetzungen eines funktionierenden Systems – gemeinsame Ziele oder Teilziele, adäquate Strukturen und gegenseitig akzeptierte Verfahrensweisen – die zweite Voraussetzung fehlte, ist nicht nur Ursache für die hohe Labilität dieses Systems und für die ständige Möglichkeit des Übergangs von Krisen zur offenen militärischen Konfrontation. Es erklärt auch die bis in die 80er Jahre hinein vorhandene geringe Flexibilität in den Ost-West-Beziehungen und die kaum oder nicht gegebene Möglichkeit, einzelne Bündnispartner aus diesem System herauszubrechen. Da der Ost-West-Konflikt in seinem Kern über Jahrzehnte hinweg nicht lösbar erschien, erhielt Konfliktregulierung bei internationalen Spannungen einen zentralen Stellenwert.[9]

II. Zu Wirkungen und Funktionen des Kalten Krieges in den internationalen Beziehungen

Der Kalte Krieg erstreckte sich bekanntlich über einen Zeitraum von etwa vier Jahrzehnten. In voller Ausprägung bestimmte er die internationalen Beziehungen von 1946[10] bis 1962, dem Zeitpunkt der Kuba-Krise. Von hier setzte u. E. ein Abschnitt ein, der – trotz ernsthafter Zuspitzungen, Krisen und Belastungen der internationalen Beziehungen wie zum Beispiel durch die Ereignisse 1968 – unter starken Einwirkungen der Strategie der Zusammenarbeit und des Konflikts verläuft, eine Zeitspanne des Kalten Krieges, die mitunter auch als »Kalter Frieden« bezeichnet wird.[11]
1986/87 schließlich bis zum Zusammenbruch des Warschauer Vertrages und des RGW wird eine Annäherung in den sowjetisch-amerikanischen Beziehungen und Positionen sichtbar, die vor allem durch gemeinsame Bemühungen bei der Bewältigung globaler Probleme gekennzeichnet sind. Es kommt zu ersten Schritten effizienter Abrüstung.
In den verschiedenen Etappen, Zuspitzungen und Abflauungen, die sich in der Regel nicht nur auf die Politik der unmittelbar Beteiligten, sondern auf die internationalen Beziehungen überhaupt auswirkten, trat zugleich eine Besonderheit des Kalten Krieges hervor: In den meisten Fällen – namentlich im Zusammenhang mit Krisen und Konflikten – standen Teilziele mit relativ hoher Verselbständigung im Vordergrund. Häufig wurde mit dem Ansteuern oder der Erreichung derartiger Ziele – verwiesen sei auf den Bau der Ber-

liner Mauer und die durchgehende Grenzsicherung ab 1961 oder den Ausgang der Kuba-Krise 1962 – die These propagiert, der Status quo sei nunmehr endgültig befestigt.
In alledem zeigte sich bereits auf einer frühen Stufe der Auseinandersetzung: Die Verflechtung und das Aufeinanderprallen von staatlichen Interessen und hegemonialen Zielsetzungen mußte besonders starke Auswirkungen auf die Militärpolitik der agierenden Gruppierungen, auf die militärstrategischen Konzeptionen und nicht zuletzt auf den Rüstungswettlauf haben. Es ist in diesem Rahmen nicht möglich, die Genesis des Kalten Krieges in diesem Bereich ausführlicher zu skizzieren, zumal dies erfordern würde, nicht nur militärpolitische und militärstrategische Entwicklungen und Entwicklungsetappen, sondern auch die jeweilige militärtechnische Komponente zu berücksichtigen. Deshalb sollen nur einige Bemerkungen zu Ereignissen gemacht werden, die sich nicht in Europa vollzogen, denen jedoch bei der Untersuchung von Krisen und Konflikten u. E. generelle Bedeutung zukommt.
Das ist erstens der Korea-Krieg, der im Juni 1950 begann. Mit diesem Krieg wurde die Welt erstmals der Gefahr eines dritten, mit hoher Wahrscheinlichkeit in einen Raketen-Kernwaffenkrieg mündenden Weltkrieges ausgesetzt. Die konkreten Zusammenhänge der Auslösung dieses Krieges sind bis heute nicht völlig geklärt. Über die strategischen Absichten der in den Korea-Krieg direkt oder indirekt einbezogenen Supermächte besteht jedoch wenig Zweifel.[12]
Aus unterschiedlichen Zielsetzungen und Motiven heraus ging es um eine zumindest partielle Veränderung des Kräfteverhältnisses im asiatischen Raum, die einen Dominoeffekt auslösen sollte.[13] Im Verlauf des Krieges, der sich im wesentlichen in zwei Etappen vollzog, erwies sich, daß die eindeutige Überlegenheit der USA in der Luft und bei den Flottenkräften, gestützt auf die Komponente der zu diesem Zeitpunkt klaren atomaren Überlegenheit, durch konventionell ausgerüstete, zahlenmäßig starke Gruppierungen der VR China und deren sowjetische Unterstützung mittels Waffenlieferungen sowie Begleitschutz durch Fliegerkräfte wettgemacht werden konnte. Der Stellvertreterkrieg im Fernen Osten endete 1953 in einer Pattsituation.
Die Analyse dieses Krieges führte auf beiden Seiten zu ein-

schneidenden langfristig wirkenden Veränderungen: erstens zu einer neuen Stufe der auf Europa konzentrierten konventionellen Aufrüstung, zweitens zu einem verstärkten Auf- und Ausbau der militärischen Bündnisse und drittens zu konkreten Vorstellungen und Vorarbeiten für die Entwicklung und Einbeziehung deutscher Potentiale innerhalb der entgegengesetzten Paktstrukturen. Wenn dieser Prozeß in jenen Jahren die Problematik der Führbarkeit eines Krieges in Europa, sei es konventionell oder mit Raketen-Kernwaffen, bei weitem noch nicht in Frage stellte, so gab die Auswertung des Korea-Krieges doch Anstöße zu Veränderungen im militärtheoretischen Denken. Obwohl in den USA, die unter wesentlichen Einfluß von George Kennan konzipierte Containment-Strategie und die im Januar 1954 verkündete Militärstrategie der massiven Vergeltung offiziell weiter gültig blieben, setzte sich – beginnend Mitte der 50er Jahre – eine schrittweise Hinwendung zu Überlegungen und Konzeptionen durch, deren Kern die Problematik des begrenzten Krieges bildete. Als einen bemerkenswerten Einschnitt könnte man dabei die Untersuchungen des damaligen Generalstabschefs William Taylor betrachten.[14]

In der UdSSR vollzog sich ein derartiger Prozeß der Anpassung an veränderte politische, militärische und militärtechnische Entwicklungen durchaus nicht gleichlaufend und insgesamt langsamer, im Grunde genommen als Reaktion auf entsprechende Entwicklungen in den USA und in der NATO. Insbesondere Theorien und strategische Überlegungen hinsichtlich begrenzter Kriege, im weiteren aber Fragen der Eskalation und Deeskalation von Krisen und Konflikten sowie entsprechende Szenarien wurden bis in die 70er Jahre hinein weitgehend in den Bereich bürgerlicher Spekulationen verbannt und dementsprechend auch wenig untersucht. Dennoch vollzog sich natürlich auch hier ein Anpassungsprozeß. Als eine seiner Besonderheiten, die bis in die erste Hälfte der 80er Jahre hinein wirkte, hat Robert F. Ellsworth folgenden Umstand hervorgehoben: »Die Gesamtstrategie der Sowjetunion ist, sich definitiv gegen den schlimmsten Fall miteinander verknüpfter Bedrohungen zu rüsten ... Es hat niemals einen erfolgreichen Krieg gegeben, der freiwillig von der Sowjetunion (oder ihren russischen zaristischen Vorgängern) gegen eine Macht erster Ordnung angefangen worden wäre ... Der Kreml scheint sich ein Szenario der schlimmsten Fälle auszumalen, in dem ein koordinierter Angriff in Europa, eine chinesische Invasion vom Osten und ein umfassender Aufstand in Osteuropa stattfinden ... »[15] Nur so sei zu erklären, daß die UdSSR auch bei qualitativ neuen Stufen in der Entwicklung der nuklearen Triade sowie operativ-taktischer Raketen nie auf eine äußerst starke konventionelle Komponente verzichtet habe.

Aber auch einem zweiten Ereignis, der Kuba-Krise vom Oktober 1962, die sich ebenfalls im außereuropäischen Raum entfaltete, kommt in der Geschichte des Kalten Krieges eine besondere Rolle zu. Sie war die massivste sowjetisch-amerikanische Konfrontation seit Beginn des Atomzeitalters. Nicht zufällig wird diese Krise als ein Wendepunkt in der Entwicklung des Ost-West-Konfliktes angesehen. Von 1962 an, so der damalige US-Außenminister McNamara[16] wurde es zwingend notwendig, das Arsenal des bis dahin gültigen militärstrategischen Denkens grundlegend zu überprüfen., ja in Frage zu stellen. Fragen des Krisemanagements konnten wie Kuba zeigte, zu Fragen über Leben und Tod werden.

Die Kuba-Krise verdeutlichte mehr noch als die ebenfalls in die 60er Jahre hineinreichenden Auseinandersetzungen um den Berlin-Status: Internationale Krisen entstehen durch Interessenkonflikte, die sich durch schwerwiegende Fehleinschätzungen der Möglichkeiten und Absichten der anderen Seite, aber auch der eigenen Möglichknien oder durch bewußt provokativ angelegte Schritte (häufig durch beides) zu unmittelbar friedensbedrohenden Situationen zuspitzen.

Im Unterschied zu einer Reihe anderer Krisen entwickelte sich die Kuba-Krise sofort als internationale Krise. Innerhalb von Stunden und Tagen war die Möglichkeit einer Eskalation bis hin zum weltweiten Raketen-Kernwaffenkrieg gegeben. Die Chancen für die Berechenbarkeit der Politik der jeweils anderen Seite nahmen dramatisch ab. Vor allem aber: Der Krisenverlauf drohte auf einer bestimmten Stufe eine Eigendynamik zu erlangen, die traditionelle Kategorien wie Gewinn oder Verlust, Sieg oder Niederlage für alle agierenden Kräfte in Frage stellte.

Die Analyse der Kuba-Krise, die auf ihrem Höhepunkt durch Kompromißoptionen entschärft werden konnte, erwies sich in mehrfacher Hinsicht als eine Zäsur. Sie lehrte, daß eine Bewältigung – gleich, wie sie sich im konkreten Fall stellen sollte – im Grunde nur möglich ist, wenn beide Seiten sowohl die Ziele, die sie in der Konfrontation verfolgen, als auch die Mittel; derer sie sich bedienen, begrenzen. In der Folge erwies sich u. E. immer zwingender, daß dafür eine Reihe von Voraussetzungen gegeben sein müssen, die man wie folgt umreißen kann:

Diplomatische und militärische Schritte bedürfen engster Koordination. Oberste Prämisse muß stets die Beilegung der Krise mit friedlichen Mitteln sein.

Damit muß zugleich die oberste politische Kontrolle über militärische Optionen und Operationen, beginnend bei der strategischen und operativen Planung, gewährleistet sein.

Aus militärischer Sicht sind Schritte zu vermeiden, die der Gegenseite den Eindruck vermitteln, man sei zu jedem Risiko bereit. Das schließt die Notwendigkeit ein, auf Schritte zu verzichten, die die andere Seite zu einem Präventivschlag veranlassen könnten. Sollte es zu militärischen Aktionen kommen, muß es in deren Dynamik Atempausen, Zeiträume für den Kompromiß geben. Und schließlich: es müssen Optionen angestrebt werden, die der anderen Seite einen Weg aus der Krise offenlassen. Das kann, wie alle Erfahrungen zeigen, nur ein Weg sein, der mit fundamentalen Interessen vereinbar ist.

Diese Schlüsse, die sich insbesondere aus Krisen mit der tendenziellen Gefahr der Eskalation zu einem Weltkrieg ableiten lassen, sind natürlich in die Rahmenbedingungen des Kalten Krieges zu stellen. Das bedeutet erstens, daß die Problematik der Krisenverhinderung aus objektiven und subjektiven Gründen einen äußerst geringen Stellenwert einnahm, und es bedeutet zweitens, daß Ausgangspunkte und Schlußfolgerungen aus Krisen und Konflikten jener Ära durchaus gleichgesetzt werden können. So wirkten im Korea-Krieg andere Bezugsebenen als im Vietnam-Krieg und wiederum andere bei den Vorgängen in Afghanistan.

Wiederum andere Charakteristika kommen den Krisen in Europa, beginnend bei den Ereignissen in Ungarn 1956 bis

hin zur Wende 1989/90 zu, wobei auch hier natürlich Differenzierungen erforderlich sind. Diese Anmerkungen bedeuten nicht, daß es zwischen den Krisen und Konflikten in und außerhalb Europas keine Zusammenhänge gegeben hätte. Sie wirkten nicht nur in der bereits angedeuteten Richtung der Auswertung in der NATO und im Warschauer Vertrag.
Gesetze der Physik sind nicht auf gesellschaftliche Verhältnisse übertragbar, oder nur eingeschränkt und vermittelt. Und doch ist »wenn wir die Hin- und Rückwirkungen der verschiedenen Krisen untersuchen, das Beispiel der kommunizierenden Röhren nicht abwegig. So steht außer Zweifel, daß der Konflikt zwischen der UdSSR und China oder auch der Vietnam-Krieg ständig Einfluß auf die Systemauseinandersetzung in Europa hatten. Das komplizierte Ringen zwischen den USA und der UdSSR, der NATO und dem Warschauer Vertrag um Auf- oder Abrüstung bildete den wohl wichtigsten Ausdruck dieser Interdependenz.
Es entsprach dem Wesen des Kalten Krieges, daß der militärische Faktor nicht nur einen äußerst hohen Stellenwert einnahm: die Abschreckung sollte auch glaubhaft sein. Auf beiden Seiten bildete sich ein im Grunde übereinstimmendes Handlungsmuster heraus: Erstens: Die Hauptelemente der Abschreckung müssen eine bestimmte Minimalebene erreichen. Zweitens: Falls die Glaubwürdigkeit sinkt, muß die Fähigkeit den Gegner zu bestrafen, gesteigert werden. Drittens: Verringert sich die einsetzbare Abschreckungsfähigkeit, muß deren Wirksamkeit erhöht werden.[17] Zwar mußten beide Seiten erkennen, daß ein ständiges Wettrüsten – zumal in aufsteigender Spirale – den Frieden nicht stabiler, sondern nur labiler machen konnte. Es bedurfte jedoch eines langen Prozesses, zeitlich etwa bis Mitte der 70er Jahre,[18] bis sich das Prinzip der militärstrategischen Parität zumindest in verbaler Akzeptanz durchsetzte. Allein die zahlenmäßige Aufrechnung der Waffen, die Unterschiedlichkeit der Waffenarten und besonders das komplizierte Problem der Vergleichbarkeit von Waffensystemen und ihren Wirkungen erwiesen sich bei Abrüstungsverhandlungen – und dies bereits bei jenen im konventionellen Bereich in Wien – als schwer zu überwindende Hindernisse.

So blieb selbst nach Ablauf der Rüstungskontroll- und Abrüstungsverhandlungen sowie bei Erreichung entsprechender Vereinbarungen in den 80er Jahren das Bestreben sichtbar, spezifische Vorteile der jeweiligen Seite möglichst nicht preiszugeben. Vor dem Hintergrund des geplanten SDI-Programms und der Einführung einer qualitativ neuen Stufe bei der Entwicklung bzw. auch Serieneinführung von Waffen und Munitionsarten äußerte USA-Präsident Reagan damals: »Wir befinden uns bereits in einem Rüstungswettlauf..«. Offensichtlich im Hinblick auf das zurückgebliebene Produktionsniveau in der UdSSR und den damit verbindenden Zwang, allein für die Erreichung eines annähernden militärischen Gleichgewichts im Vergleich zu den USA etwa doppelte Aufwendungen zu unternehmen, fügte Reagan hinzu »... aber nur die Sowjets rennen.«[19]

So kann man insgesamt feststellen: Der Kalte Krieg war erstens eine Art Stellvertreterkrieg für einen dritten Weltkrieg, indem zumindest die Androhung von militärischer Gewalt ein entscheidender, kraftzehrender und potentiell lebensgefährlicher Faktor war. Er war zweitens Mittel zur Verhinderung einer globalen militärischen Konfrontation und damit immer auch zur Aufrechterhaltung des Status quo. Drittens bewirkte er eine beträchtliche Stabilität der sich gegenüber stehenden Bündnisse.

III. Rolle und Platz Deutschlands im System des Kalten Krieges

Deutschland wurde von Anbeginn zu einem Hauptfeld des Kalten Krieges. Die Staaten der Antihitlerkoalition hatten zwar insbesondere auf der Potsdamer Konferenz Vereinbarungen getroffen, die auf ein gemeinsames Vorgehen bei der Gestaltung der Nachkriegsordnung in Deutschland orientierten. Ebenso sollte die Tätigkeit des Alliierten Kontrollrates der Grundlinie von Jalta und Potsdam folgen. Frühzeitig, im Grunde schon bei den ersten Schritten zur Normalisierung des Lebens, bei der Errichtung der Verwaltungsorgane sowie der Etablierung wirtschaftlicher und politischer Strukturen wurden höchst unterschiedliche Vorstellungen der Su-

permächte zu aktuellen und mehr noch perspektivischen Prozessen sichtbar. Dies war eng verbunden mit prinzipiell gegensätzlichen Positionen der politischen Hauptkräfte in Deutschland selbst vor allem zu Fragen der Formen und des Inhalts der Demokratie, der Entnazifizierung und ab 1946 zunehmend in den Auseinandersetzungen um eine Bodenreform sowie Enteignungen von Industrie- und Bankkapital. Entscheidend für den Gang der Entwicklungsprozesse in den folgenden Jahren bis zur Spaltung Deutschlands wurde der Umstand, daß diese hier nur andeutungsweise skizzierte Ebene der gesellschaftspolitischen Auseinandersetzungen auf das engste mit der militärstrategischen Konfrontation verknüpft war. Die vier Siegermächte betrachteten Deutschland, auf dessen Boden ihre Truppen massiert konzentriert waren, zu Recht als einen besonders neuralgischen Bereich: Entlang der festgelegten Demarkationslinien standen sich ihre Gruppierungen oft in Entfernungen von nur wenigen Kilometern gegenüber (von der Lage in Berlin ganz abgesehen). Jede Beeinträchtigung der unterschiedlichen Interessen, jeder Versuch der Einwirkung auf die Interessenssphären barg ein schwer einschätzbares Konfliktpotential in sich. Aus alledem heraus wurde die Demarkationslinie zwischen den Besatzungsmächten zunehmend zu einer Trenn- und Frontlinie.
Eine Verständigung zwischen den politischen Parteien und Bewegungen in Deutschland selbst hätte möglicherweise eine derartige Ausprägung des Kalten Krieges, genauer, eine Entwicklung des Beziehungsgefüges als Kalter Krieg erschwert. Ob sie diese verhindert hätte, ist schwer bestimmbar und bleibt im Bereich des Spekulativen. Festzuhalten bleibt daß in der Folgezeit, wie man die Motive auch bewerten mag, die politischen Hauptkräfte in Deutschland selbst – im Osten vor allem durch den Einfluß der Kommunisten, im westlichen Bereich durch den der Konservativen und der Sozialdemokraten – zur weiteren gesellschaftlichen Polarisierung und politischen Abgrenzung beitrugen. Deshalb stimmen wir im gewissen Sinne der Auffassung zu, daß die Bundesrepublik und die DDR »bei aller Beteiligung deutscher Politiker, Produkt, nicht Ursache des Ost-West-Konfliktes waren«.[20]
Als ein erster Höhepunkt der Konfrontation mit weitreichen-

den Folgen ist ohne Zweifel die Berlin-Krise von 1948/49 anzusehen. Ihr konkreter und unmittelbarer Auslösepunkt war die separate Währungsreform in den westlichen Besatzungszonen, in die die Westsektoren Berlins einbezogen worden. Die Sowjetunion, die eine Destabilisierung Ostdeutschlands befürchten mußte, reagierte nicht nur mit Abwehrmaßnahmen, so mit einer ebenfalls in der sowjetischen Besatzungszone durchgeführten Reform der Währung. Sie versuchte darüber hinaus erstmals, eine Option durchzusetzen, die später in anderen Varianten wiederkehren sollte: den »eisernen Vorhang« undurchlässig zu machen und die Westmächte möglichst aus Berlin zu verdrängen. Diese Zuspitzung ging nicht auf. Die Berlin-Krise wurde im Frühjahr 1949 beigelegt und die dabei zugrunde gelegte Geschäftsgrundlage zugleich mit Spielräumen für Kompromißangebote relativiert.

Die Ursachen und Gründe für den am 10. März 1952 überraschend vorgetragenen sowjetischen Vorstoß, Deutschland wiederzuvereinigen und ähnlich dem Beispiel Österreichs zu neutralisieren, sind sicher vielschichtig. Ihre Beurteilung in der Geschichtsschreibung ist ähnlich widerspruchsvoll, wie die Bewertung der Ablehnung der sowjetischen Note durch die Westmächte.[21]

Relativ zurückhaltend urteilt Hermann Weber: »Bedeutungsvoll wurden die sowjetischen Thesen freilich erst, als sich Moskau am 9. April 1952 ausdrücklich mit der Abhaltung freier Wahlen in ganz Deutschland einverstanden erklärte ... Die Verhandlungen der ehemaligen Alliierten gerieten bald in die Sackgasse, da man sich in Formalitäten verrannte; der tatsächliche Grund war wohl, daß die Gegensätze zu groß waren. Ob das sowjetische Angebot die Chance einer Wiedervereinigung in Freiheit geboten hätte oder nicht blieb umstritten.«[22] Weber verweist in diesem Zusammenhang darauf, daß sich auch nach Stalins Tod die Möglichkeiten zu einer Einigung der Großmächte nicht erschöpft hatten. Ein ernstzunehmendes Angebot war zum Beispiel Churchills Vorschlag vom 11. Mai 1953, auf einer Viermächtekonferenz einen Garantievertrag für ein geeintes Deutschland auszuhandeln – ein Vorschlag, der in Moskau auf Interesse stieß. »In der SED,« so Weber, »kursierten sogar Gerüchte, die Partei müsse bereit sein, in die Opposition oder gar in die Illegalität zurückzukehren. Doch der Sturz Berijas und die neue Politik nach dem 17. Juni 1953 in der DDR blockierten alle diese Lösungsmöglichkeiten.«[23]

Die Gründung der NATO, die sich im osteuropäischen Bereich immer stärker durchsetzende sowjetische Hegemonie einschließlich einer offensiven Kampagne gegen Jugoslawien[24] und die nach der Gründung der beiden deutschen Staaten schärfer hervortretende politische Konfrontation in Zentraleuropa verliehen dem Kalten Krieg eine neue Qualität. Beide deutsche Staaten wurden zu Hauptkomponenten in den geostrategischen Plänen der Staaten der ehemaligen Antihitlerkoalition. Was die DDR betrifft, so hatte ihr Beitritt zum Warschauer Vertrag im Jahre 1955 zunächst zwei Konsequenzen: Er gewährleistete erstens einen höheren Grad der Sicherheit und dies angesichts der Tatsache, daß in den 50er Jahren starke Faktoren der Instabilität im Inneren der DDR wirkten, einflußreiche Kräfte des Westens auf eine Beseitigung des politischen Regimes in der DDR drängten und von einer völkerrechtlichen Anerkennung im Westen und in der dritten Welt noch keine Rede sein konnte. Zweitens bewirkte dieser Schritt die Akzeptanz der sowjetischen Vorherrschaft im östlichen Bündnissystem sowie die feste Einbindung in eine Militärpolitik, die auf der grundlegenden Interessenlage der UdSSR, ihrer Militärdoktrin und dem damit verbundenen militärtheoretischen Denken fußte. Die DDR wurde für einen längeren Zeitraum – aus heutiger Sicht bis Mitte der 80er Jahre – zu einem Angelpunkt der sowjetischen Sicherheitspolitik in Zentraleuropa. Dabei ist wichtig anzumerken, daß sich die UdSSR sowohl im Erlaß des Präsidium des Obersten Sowjets vom 25. Januar 1955 über die Beendigung des Kriegszustandes mit Deutschland, im Gründungsdokument des Warschauer Vertrages vom 14. Mai 1955 sowie im Beschluß über die Bildung des Vereinten Oberkommandos als auch schließlich im Souveränitätsvertrag vom 20. September 1955 – übrigens in Analogie zu den westlichen Siegermächten – alle Rechte und Pflichten vorbehielt, »die sich aus den bestehenden internationalen Abkommen der vier Mächte ergeben«.[25]

Die Sicherheits- und Militärpolitik der DDR war folglich über die Mitgliedschaft im Warschauer Vertrag und die Präsenz einer starken Gruppierung sowjetischer Streitkräfte auf DDR-Territorium[26] einschränkungslos in die sowjetische Militärpolitik und -strategie eingebunden. Bis hinein in die 80er Jahre entsprach es den strategischen Interessen der sowjetischen Führung, die DDR als ein stabiles sicherheitspolitisches Vorfeld zu erhalten, sie fest in die eigene Politik einzubinden und zugleich auf eine Abgrenzung von den Staaten der NATO hinzuwirken. Der Bau der Berliner Mauer im Jahre 1961 war insofern nicht nur ein Notanker gegen ein drohendes wirtschaftliches und bevölkerungspolitisches Desaster in der DDR, er entsprach auch im höchsten Maße sowjetischen Sicherheitsinteressen. Keineswegs zufällig erfolgten fast zeitgleich der Auf- bzw. Ausbau ähnlicher Grenzsicherungssysteme an den Westgrenzen Ungarns und der Tschechoslowakei.

Beginnend mit den 60er Jahren läßt sich feststellen, daß in den außenpolitischen und militärischen Anstrengungen des Warschauer Vertrages die Befestigung des politischen und militärischen Status quo zunehmende Dominanz erhält. Die Akzeptanz und Stabilisierung des Status quo wurde als Kernfrage der europäischen Sicherheit betrachtet. immerhin äußerte Michail Gorbatschow noch im Herbst 1989 die Auffassung, man dürfe die in Europa entstandene Ordnung nicht idealisieren. »Das Wesentliche aber ist«, so Gorbatschow, »daß bis jetzt gerade die Anerkennung der Nachkriegsrealitäten den Frieden in Europa sicherte.«[27] Freilich ist es notwendig hinzuzufügen, daß gleichzeitig in einer in der Sowjetunion, nicht in DDR veröffentlichten Erklärung ergänzt wurde, was nunmehr dazu gehöre: zwei deutsche Wohnungen im europäischen Haus, die gleichberechtigt, von einander unabhängig sind und einander offenstehen wie Ungarn gegenüber Österreich.[28]

Die Orientierung auf die Erhaltung des Status quo war, in die Rahmenbedingungen des Kalten Krieges gestellt, unter den gegebenen Bedingungen durchaus ein Beitrag zur Friedenserhaltung.

Die DDR trug eine derartige Konzeption aktiv mit, nicht zu-

letzt deshalb, weil nur über diesen Weg die Realisierung der eigentlichen Zielstellung – Sicherung günstiger äußerer Bedingungen – durchsetzbar erschien. Diese Zielstellung war allerdings immer mit Positionen und Konsequenzen verbunden, die widerspruchsvoll und im Grunde einschränkend wirkten. Verwiesen sei nur auf drei Gesichtspunkte:
Erstens stand die grundsätzliche Orientierung auf Stabilität vor allem im sozialistischen Lager im Vordergrund, wobei die DDR nicht selten als eine Art Musterschüler auftrat Diese Position schloß entsprechend den damaligen Interpretationen von Bündnisverpflichtungen und internationalistischer Hilfe die unbedingte Sicherung der politischen Macht der mehr oder weniger stalinistisch geprägten Führungen ein. Daß dabei der Einsatz militärischer Macht als prinzipiell mögliche Option in Betracht gezogen wurde, war bereits ein Ausdruck des inneren Deformationsprozesses. Davon ausgehend ergriff die DDR-Führung bei Krisen in der Regel Partei für jene Kräfte, die in der Zuflucht zur Gewalt einen Ausweg sahen – und dies hin bis zu den Ereignissen 1989 in China.
Zweitens mußte sich aus den bereits skizzierten Umständen jede Veränderung der internationalen Politik der UdSSR auf die DDR auswirken und zu Verunsicherungen führen. Es mußte sich als verhängnisvoll erweisen, daß zu einem Zeitpunkt, als in der Politik der UdSSR Offenheit und Flexibilität an Einfluß gewannen und sich gleichzeitig der außenpoli6sche Spielraum der Bundesrepublik erweiterte, die DDR-Führung über keine Konzeption verfügte, neuen Herausforderungen gerecht zu werden. Die DDR hatte stets eine herausragende Bedeutung im globalstrategischen Interessengefüge der UdSSR besessen. Im Zusammenhang mit der Veränderung sowjetischer Sicherheitsinteressen verlor sie diese Stellung und damit die wichtigste Bedingung ihrer Existenzsicherheit auf internationalem Gebiet, was sich letztlich in den 2+4Verhandlungen manifestierte.[29]
Drittens: Die Einordnung der Sicherheits- und Militärpolitik der DDR in die sowjetische Militärpolitik und -strategie bewirkte unter den Bedingungen des Kalten Krieges eine starke Hervorhebung des militärischen Faktors. Seine Artikulation wurde seitens der DDR zugleich genutzt, um den eige-

nen Stellenwert zu erhöhen. Erst ab Mitte der 80er Jahre setzt ein Umdenken ein, das sich – was die DDR betraf – erstmals deutlicher im Zusammenhang mit den Auseinandersetzungen um die sogenannte Nachrüstung im Mittelstreckenbereich äußerte. Die damit verbundenen Initiativen – erinnert sei an die Aktivierung der Dialogpolitik – reichten jedoch nicht aus, um für die DDR negativ wirkende Faktoren zu kompensieren.

IV. Kalter Krieg, Sicherheitsverständnis und Auswirkungen auf die Militärpolitik der DDR

Ein Merkmal des Kalten Krieges bestand ohne Zweifel darin, daß sich aus dem komplizierten Wechselverhältnis von gegenseitiger Abschreckung, Bedrohung und auch realer Bedrohungspotenz ein spezifisches Sicherheitsverständnis herausbildete und dies sowohl im Warschauer Vertrag als in der NATO, wenn auch mit unterschiedlichen Ausgangspunkten und Motivationen.[30]

Tatsächlich fühlte sich jede Seite von der anderen bedroht, Zentraleuropa war in der militärischen Strategie und operativen Planung beider Bündnissysteme der potentiell wichtigste Kriegsschauplatz und zugleich der wichtigste Zielplanungsraum der jeweiligen nuklearen Systeme. Noch 1988 waren in Europa – einschließlich der Randmeere – mehr als sechs Millionen Soldaten, rund 10 000 Kernsprengköpfe, 50 000 Panzer, 30 000 Artilleriesysteme, knapp 5000 Angriffsflugzeuge, etwa 2000 Kampfhubschrauber und zahlreiche Schiffe und Boote unterschiedlicher Bestimmung einschließlich von Flugzeugträgern und U-Booten disloziert bzw. konzentriert[31]

Zu beachten ist auch, daß sich seit den 80er Jahren auch im konventionellen Bereich ein Prozeß beschleunigte, der eine qualitativ neue Stufe in der Kampf- bzw. Schlagkraft der traditionellen Systeme einleitete. Genannt seien nur die Ausstattung mit hochentwickelter Elektronik, die neue Gefechtseigenschaften bewirkte, die Entwicklung »intelligenter« Munition sowie der Abstandswaffen, die einsetzende umfassende

Nutzung der Computertechnik und qualitativ neue C3I-Systeme für die Führung der Streitkräfte und die Aufklärung in große Tiefe und mit hoher Präzision,
Und noch etwas kommt natürlich hinzu: Beide Seiten gingen prinzipiell von einer aggressiven Gesamtkonzeption der anderen Seite aus. der geographischen und militärischen Situation des mitteleuropäischen Raumes entsprechend kam in den jeweiligen Bedrohungsanalysen der Problematik eines überraschend vorgetragenen Angriffs ein spezifischer Stellenwert zu. Dabei mußte freilich in Rechnung gestellt werden, daß neben den bereits stationierten und präsenten Kräften und Mitteln die Heranführung starker Gruppierungen unverzichtbar gewesen wäre – eine Frage, die in der Aufrechnung der Vor- und Nachteile für die USA und die UdSSR eine besondere Rolle spielte.[32]
Da eine Verlegung großer Truppenverbände aus rückwärtigen Räumen Zeit benötigt und moderner Aufklärungstechnik nicht verborgen bleibt, war die Konzentration von Verbänden in Mitteleuropa selbst, ihre Gefechtsbereitschaft und Kampfkraft, ihre Ausrüstung mit schweren, für die Offensive geeignetem Gerät und nicht zuletzt die Durchführung von Großmanövern stets eine Schlüsselfrage.
Die Konzipierung der damit verbundenen Schritte und Anstrengungen erfolgte in der Regel im Kontrast zur anderen Seite. Dabei wurden die eigene Politik und Militärpolitik als die allein richtige angesehen und der Maxime des Kalten Krieges gefolgt: Je ungünstiger für die andere Seite, desto besser für mich.. Erst mit der Herausbildung des »neuen Denken« und eines neuen globalen Sicherheitsverständnisses leitete sich auch auf diesem Gebiet eine Wende ein.
Tatsächlich bestand die Möglichkeit, daß sich aus dem unmittelbaren Gegenüberstehen starker Gruppierungen an der Trennlinie der Militärbündnisse aus jedem ernsthaften Zwischenfall, aus jeder als provokativ empfundenen Handlung unabsehbare Weiterungen ergeben konnten.
Wichtig ist jedoch auch hier wiederum der geschichtliche Rahmen. Was die UdSSR, die Staaten des Warschauer Vertrages und damit auch die DDR anbelangt, so wurden Entwicklungsprozesse in der NATO , welche Modifikationen sie auch

durchliefen, immer in das sowjetische Trauma der Anfangsperiode des Großen Vaterländischen Krieges eingeordnet. Davon ausgehend wurden empfundene oder wahrgenommene Bedrohungen nicht so sehr nach der Wahrscheinlichkeit ihrer Umsetzung in Realität rezipiert, sondern mit der Blickrichtung auf den schlimmsten Fall. Damit verbundene Anforderungen an die Streitkräfte – so die Forderung nach 85-prozentiger Präsenz in den Dienstbereichen und Kasernen – wurden damit begründet, daß in Sicherheitsfragen schon ein einmaliger Irrtum tödlich sein könnte.[33]

In der DDR nährte sich das Bedrohungsgefühl und das damit verbundene »Worst-case-Denken« nicht allein aus militärischen sondern auch aus politischen, wirtschaftlichen und ideologischen Faktoren. In den ersten Jahrzehnten spielten dabei in der Bundesrepublik erhobene Forderungen nach Revision der Ergebnisse des Zweiten Weltkrieges und die Wirkungen der Hallstein-Doktrin eine besondere Rolle. Vor allem ab Mitte der 70er Jahre gewannen in der Sicht der DDR-Führung offensichtlich solche Faktoren wie der zunehmende Abstand zwischen der Bundesrepublik und der DDR auf den Gebieten der wirtschaftlichen Leistungsfähigkeit, des Lebensstandards sowie der Gewährleistung demokratischer Freiheiten an Gewicht. Vor diesem Hintergrund gab es Besorgnisse, das von der NATO unterstützte politische Ziel der Bundesrepublik, die offene deutsche Frage zu lösen, könnte bei entsprechender Großwetterlage auch mit militärischen Mitteln verfolgt werden.[34]

Dies galt um so mehr in Zeiten der Zuspitzung der internationalen Beziehungen und in Krisensituationen. Jede Krise hatte eine besondere Brisanz hinsichtlich einer möglichen Veränderung des Status quo. Was die DDR betrifft, so berührten sie die damit möglichen Optionen in zweierlei Hinsicht besonders allergisch: Erstens verstärkte sich in derartigen Situationen die Druck- und Sogwirkung der Bundesrepublik Deutschland auf die inneren Verhältnisse der DDR. Das Szenario eines parallelen Prozesses von innerer Destabilisierung, einer »Konterrevolution«, und äußerer Hilfeleistung durch die NATO ließ sich spätestens seit den Ungarn-Ereignissen im sicherheitspolitischen Denken nie mehr völlig verdrängen.

Zweitens nahmen in der DDR-Führung seit den Vorgängen von 1968 in der CSSR und sicher noch gravierender angesichts der Ereignisse in Polen 1980/81 die Befürchtungen zu, die DDR könne im Zusammenhang mit gesellschaftlichen Veränderungen in den genannten Ländern eine grundlegende Veränderung ihrer strategischen Stellung erfahren. Derartige Befürchtungen – bis hin zu einer möglichen Abkopplung von der UdSSR, zumindest aber der Beeinträchtigung lebenswichtiger Verbindungen – erhöhten sich in dem Maße, wie in der sowjetischen Politik selbst etwa ab Mitte der 80er Jahre veränderte Akzente gesetzt wurden.
Die DDR war zu keiner Zeit an der Entfesselung eines Krieges interessiert. Die Begründung einer ständigen, ja wachsenden Kriegsgefahr für die Motivation der Gefechtsbereitschaft der Truppen und Flottenkräfte, die Unfähigkeit und Nichtbereitschaft der politischen Führung zur realistischen Analyse und nicht zuletzt die fortschreitende Belastung aller gesellschaftlichen Bereiche beeinträchtigten jedoch die Wirkungen auch solcher Anstrengungen und Initiativen, die in Richtung Entspannung und Abrüstung unternommen wurden, Zusätzliche Nahrung erhielt sie durch Verwerfungen in der Sphäre der inneren Sicherheit und damit auch des inneren Friedens. Unzufriedenheit und oppositionelle Regungen und Reformbestrebungen im Innern wurden in der Regel als Bestandteil der Bedrohung von außen reflektiert und als Ausdruck besonders gefährlicher Manöver des Gegners gewertet. Die Niederschlagung des Aufstandes von Teilen der Arbeiterschaft im Juni 1953 in der DDR, die Maßnahmen des 13. August 1961, der Einmarsch von Truppen des Warschauer Vertrages 1968 in der CSSR sowie auch Erwägungen und Vorbereitungen zur Bewältigung der Krise 1980/81 in Polen sind – bei aller Unterschiedlichkeit der konkreten Umstände – durch ein Typikum charakterisiert: Sie entsprachen dem Willen der Führungen der sozialistischen Länder Europas, den Status quo prinzipiell zu erhalten. da die tieferen Ursachen dieser Krisen, die sich aus inneren ökonomischen, politischen, sozialen und geistigen Prozessen des damaligen sozialistischen Systems ergaben, jedoch nicht ausgearbeitet wurden, erfolgten Schlußfolgerungen in der Regel eindimensional in einer Richtung: im Sicherheitsbereich.

Damit wurde auch das Friedensproblem, das durchaus ein starkes Motiv für das Handeln Tausender von Menschen und namentlich der Angehörigen der Streitkräfte bildete, und die Problematik sozialistischer Gesellschaftsstrukturen und -inhalte unzulässig verwischt.
So kann man es als symptomatisch, aber auch als tragisch werten, daß in der DDR die Losung: »Mein Arbeitsplatz – mein Kampfplatz für den Frieden!« zu einem Zeitpunkt aufgestellt wurde, als den Verantwortlichen die Unumkehrbarkeit der wirtschaftlichen und technologischen Abwärtstrends bereits bewußt war.

V. Die Erhaltung des Status quo als Hauptprämisse des Kalten Krieges. Das Ende einer Ära, Ergebnisse und Widersprüche

Aus den vorangegangenen Darlegungen ist bereit deutlich geworden. Die Erhaltung des Status quo galt aus der Sicht der Warschauer Vertragsstaaten als Dreh- und Angelpunkt der Friedenssicherung. Sie verband sich seit den 60er Jahren mit der stärkeren Herausstellung von drei Maximen, die in ihrer Bündelung als »Breshnew-Doktrin« in die Geschichte eingegangen sind: Erstens ging es um den prinzipiellen Kurs, der zumindest in der strategischen Hauptrichtung die Stabilität des militärischen Bündnisses sichern sollte. Dabei spielten das Beispiel Albanien und die Sonderposition Rumäniens eine spezifische Rolle. Dies schloß das ständige Bemühen ein, bei keinem Teilnehmerstaat Ansatzpunkte dafür zuzulassen, aus dem Bündnis auszubrechen. Zweitens reflektierten sich in der Breshnew-Doktrin durchaus Wahrnehmungen, daß die Hauptgefahr in jenen Jahren in selektiven Prozessen, in der Gefahr der schrittweisen Lösung einzelner sozialistischer Länder aus der Bündniskonstellation begründet lag. Dabei wurden sowohl in der Belastung der ökonomischen Beziehungen als auch in der Einwirkung durch die NATO Ansatzpunkte gesehen. Die Aufrechterhaltung der sowjetischen Hegemonie unter veränderten Bedingungen blieb deshalb das Hauptziel. Drittens setzte die Breshnew-Doktrin auch den Rahmen, in dem sich unausweichliche (oder nicht zu verhindernde) Evolutionen in Ländern des Bündnisses abspielen sollten. Dieser Rahmen wurde im Einzelnen bald weiter (wie in Ungarn), bald enger (wie im Fall der CSSR) gezogen, aber immer unter der Prämisse, »allgemeine Gesetzmäßigkeiten« nicht zu verletzen.

Tatsächlich war der Warschauer Vertrag mehrfach – am deutlichsten angesichts der erklärten Absicht Ungarns 1956, den Warschauer Vertrag zu verlassen – mit der realen Möglichkeit des Herausbrechens eines Teilnehmerstaates konfrontiert. Ebenso ist unbestreitbar, daß zeitgleich angelegte Aktivitäten der NATO, die natürlich auf eine derartige Möglichkeit reagierte, das Konfliktpotential verschärfen und in eine für beide Seiten gefährliche Richtung verlagern konnte. Abgesehen davon, daß nichtmilitärische Optionen zur Bewältigung von Krisen und Konflikten, insbesondere aber zur Krisenverhinderung weitgehend fehlten, blieben Rahmen und Spielregeln des Kalten Krieges und des Abschreckungsmechanismus für Verlauf und Ausgang derartiger Zuspitzungen bestimmend.

Seitens des Warschauer Vertrages wurde im Zusammenhang mit der jeweiligen Krise prinzipiell der NATO unterstellt, sie wolle die Eskalation bis hin zum Raketen-Kernwaffenkrieg. Tatsächlich waren jedoch beide Seiten nicht an einer Eskalation interessiert, wobei sie stets im Auge hatten, daß es aufgrund einer Überreaktion der anderen Seite dazu kommen könne. Die Wiederherstellung der Ausgangslage, aber auch das Nichterreichen bestimmter Ziele – siehe die sowjetische Politik in der Berlin-Frage – wurden in der Regel seitens der UdSSR und ihrer Verbündeten als Erfolge einer Friedensoffensive, seitens der NATO als Scheitern sowjetischer machtimperialer Zielsetzungen interpretiert Tatsächlich ist jedoch alles, was sich an krisenhaften Zuspitzungen in Europa vollzog, nur aus der defensiven Anlage der Entwicklungen heraus zu verstehen. Die Tatsache, daß die Nationale Volksarmee nicht an militärischen Einsätzen zur Bewältigung von Krisen außerhalb des DDR-Territoriums beteiligt war, verleiht diesem defensiven Wesenszug einen zusätzlichen Akzent. Entscheidend erscheinen jedoch drei Gesichtspunkte:

Erstens: Möglichkeiten der Eskalation waren, wie bereits skizziert wurde, bei jeder Krise gegeben. Weil es sich um aus der politischen Defensive des östlichen Bündnissystems entspringende Reaktionen handelte, die primär auf die Bewahrung der eignen Macht- und Einflußsphäre, auf »Abriegelung« zielten, bestand die Grundprämisse – auch für die operative Planung – darin, eine militärische Konfrontation mit der NATO zu vermeiden.

Zweitens: Die NVA war fest in das Bündnis des Warschauer Vertrages integriert. Durch diese Integration und das vorhandene militärische Potential waren weder in Spannungszeiten, geschweige denn im allgemeinen Verteidigungszustand Bedingungen für selbständige militärische Handlungen und schon gar nicht für Angriffsoperationen in die Tiefe gegeben. Militärische Handlungen im Zusammenhang mit Krisen und Konflikten waren stets koordinierte Handlungen des Warschauer Vertrages.

Drittens schließlich: Spätestens ab Mitte der 70er Jahre, nach Helsinki und dem Zustandekommen des KSZE-Prozesses wurde deutlich, daß die Option, mit militärischen Mitteln auf krisenhafte Prozesse in einzelnen Ländern zu reagieren, zunehmend in die Sackgasse geraten mußte. Solche Aktionen wie die in den 50er und 60er Jahren, die vorübergehend Stabilisierungen bewirkt hatten, erwiesen sich als immer weniger wiederholbar, ja im Grunde untauglich. Dies war nicht nur deshalb so, weil sich jeweils andere Problemzonen mit spezifischer Brisanz (man denke an Polen) herausbildeten. Wesentlich war, daß die Rahmenbedingungen und Mechanismen des Kalten Krieges bereits nicht mehr wirkten.

Wenn im Ergebnis der tiefen gesellschaftlichen Krise in den ehemaligen sozialistischen Ländern Ende der 80er Jahre die UdSSR zerfiel, wenn sich Warschauer Vertrag und RGW auflösten und die DDR unterging, so wird darin auf gravierende Weise sichtbar: Die bipolare Wellordnung ist beendet. Was an ihre Stelle tritt, ist noch nicht voll absehbar. Zumindest in Konturen zeichnet sich jedoch ab:

Mit dem Ende des Kalten Krieges und dem Abbau der Gefahr eines thermonuklearen Krieges sind gleichzeitig Menschheitsbedrohungen neuer Art in den Vordergrund getreten. Dazu gehören die Weiterverbreitung von Massen-

vernichtungswaffen, die Verelendung ganzer Kontinente, die Gefährdung der natürlichen Lebensgrundlagen.
In den internationalen Beziehungen formieren sich neue Kraftfelder. Nach Auflösung der UdSSR sind zum islamischen Block 50 Millionen Menschen hinzugekommen. Unübersehbar ist, daß auch nach dem Ende des Ost-West-Konfliktes regionale Konfliktherde weiterbestehen oder sich, wie das ehemalige Jugoslawien zeigt, dramatisch verschärft haben. Dabei gewinnt die Verknüpfung territorialer, ethnischer und religiöser Faktoren zunehmendes Gewicht. Zugleich entstehen neue Feindbilder.
Auch die Machtfelder und Strukturen der internationalen Politik verändern sich von Grund auf. Der internationale Einfluß eines Staates wird immer weniger durch den militärischen Faktor und immer mehr von seiner Wirtschaftskraft und seiner technologischen Innovationsfähigkeit geprägt.
Die Analyse und Geschichte des Kalten Krieges verdeutlichen, daß die in unserem Thema gestellte Frage nach der Rolle militärischer Reaktionen als Garantien oder Gefahren für den Frieden nicht nur mit ja oder nein zu beantworten ist. Friedenssicherung in der Ära des Kalten Krieges bedeutete eine Gratwanderung mit der ständigen Gefahr des Sturzes in den Abgrund eines Weltkrieges. Gerade, weil in den heutigen Sicherheitsstrukturen die Instrumente für Krisenverhinderung und Krisenmanagement noch weitgehend fehlen, muß alles getan werden, um eine derartige Gratwanderung in der Zukunft zu vermeiden.
Aus alledem bleibt es eine lohnende Aufgabe, über die Rolle des militärischen Faktors gestern, heute und morgen im Interesse einer friedlichen Weltordnung nachzudenken.

1. G. Oechelhäuser: Von der Kunst sich zu erinnern. In: Neues Deutschland,13./14.3.1993.
2. NVA – Anspruch und Wirklichkeit, hrsg. von Klaus Naumann, Berlin/Bonn/ Herford 1993; Die Nationale Volksarmee. Beiträge zu Selbstverständnis und Geschichte des deutschen Militärs von 1945-1990, hrsg. von Detlev Bald, Baden-Baden 1992; Theodor Hoffmann: Das letzte Kommando, Berlin,/Bonn/Herford 1993.

3. Zitiert nach: Edward E. Carr: Was ist Geschichte?, Stuttgart 1963, S.94 f.
4. Siehe Reinhard Brühl: Zur Militärpolitik der SED. Zwischen Friedensideal und Kriegsapologie. In: Die Nationale Volksarmee, wie Anm. 2 , S. 31 ff.
5. Siehe Stefan Doernberg: Der kalte Krieg, sein Funktionsmechanismus und Umfeld. In: Kalter Krieg auf deutschem Boden. Geschichte – Standpunkte – Dokumente, Berlin 1994, S.3 ff.
6. Siehe Gordon A. Craig/Alexander S. George: Zwischen Krieg und Frieden: Konfliktlösung In Geschichte und Gegenwart, München 1984, S. 130 ff.
7. Carl von Clausewitz: Vom Kriege, Berlin 1957, S. 729.
8. Ernst Nolte: Deutschland und der Kalte Krieg. Gespräch mit Stephan Thomas. Deutschlandfunk, Serie 17/75, S.3.
9. Siehe Waldemar Besson: Die Außenpolitik der Bundesrepublik. Erfahrungen und Maßstäbe. München 1970, S. 101 ff.
10. In einigen Veröffentlichungen wird eine derartige Zäsur auch erst 1948 Im Zusammenhang mit der Machtergreifung der Kräfte um C. Gottwald in der Tschechoslowakei angesetzt. Siehe z.B. Wiederbewaffnung in Deutschland, hrsg. Alexander Fischer, Berlin 1986, S.45 ff.
11. Siehe Gordon A. Craig/Alexander L. George, wie Anm. 6.
12. Siehe u.a. Norbert Wiggershaus: Bedrohungsvorstellungen Bundeskanzler Adenauers nach Ausbruch des Korea-Krieges. In: Militärgeschichtliche Mitteilungen, H. 25, 1979, S.79 ff.
13. Stefan Doernberg, wie Anm. 6, S. 6 f.
14. William S. Taylor: Und so die Posaune einen eindeutigen Ton gibt, New York 1957.
15. Robert F. Ellsworth: Eine Bewertung des weltweiten militärischen Kräfteverhältnisses. In: Europa-Archiv, Folge 6, 1984, S.171.
16. Siehe Robert McNamara: Interview mit der Illustrierten »Stern«. Hamburg 1982, H.17. Siehe auch: Der Plan Euroshima, Köln 1982, S.200.
17. Richard Rosecrance: Strategic Deterence. Reondidered. International Institute for Strategic Studies, London 1975, S.2 ff.
18. So erklärte Heinz Hoffmann noch 1974, daß die militärische Überlegenheit des Sozialismus lebenswichtig bleibe. In: Heinz Hoffmann, Sozialistische Landesverteidigung. Aus Reden und Aufsätzen 1970 bis Februar 1974, Berlin 1974, S.593.
19. Zitiert nach: R. O'Conell: Die inneren Bewegkräfte des großen amerikanisch-sowjetischen Rüstungswettlaufs. In: Feindbilder und Militärstrategien seit 1945, S.33.
20. Wolf D. Gruner: Die deutsche Frage in Europa 1800 -1990, München/Zürich 1993, S.262.
21. Diese Bandbreite reicht von der Bewertung als echte, aber vertane Chance bis zur Reduzierung auf ein bloßes Ablenkungsmanöver,

wobei sich mit letzterer Version besonders westdeutsche Politiker wie Wilhelm Grewe hervortaten. Siehe Die Legende von den verpaßten Gelegenheiten, hrsg. von Hans-Peter Schwarz, Stuttgart/Zürich 1982.
22. Hermann Weber: DDR – Grundriß der Geschichte1945-1990, Hannover 1991, S.72.
23. Ebd..
24. Ernst Nolte hat den Konflikt zwischen der UdSSR mit Jugoslawien als ersten Kalten Krieg innerhalb des sozialistischen Lagers bezeichnet. Siehe Ernst Nolte, wie Anm. 8.
25. Zitiert nach: Dokumente zur Außenpolitik der Regierung der DDR, Berlin 1958, S.313 ff. Die Rechte, die sich die UdSSR In Ihrer einseitigen Erklärung vom 25.3.1945 vorbehalten hatte, wirkten sich auch auf die Stellung der DDR im Warschauer Vertrag aus, Da die UdSSR Ihre Funktionen behielt, »die mit der Gewährleistung der Sicherheit in Zusammenhang stehen und sich aus den Verpflichtungen ergeben, die der UdSSR aus den Viermächteabkommen erwachsen.« (Ebd. S.281), blieb die Teilnahme der DDR am Warschauer Vertrag in den Grenzen der sowjetischen Erklärung vom 25.3.1954. Siehe ausführlicher dazu Jens Hacker: Die politischen Beziehungen zwischen der DDR und der UdSSR. In: Studien zur Deutschlandfrage, Band 5, Berlin (West) 1982. Peter Joachim Lapp kommt in der Expertise für die Enquete-Kommission «Die Nationale Volksarmee 1956 bis 1990«, zu der Folgerung: »Eine DDR-Militärdoktrin hat es nie gegeben, diese war immer die des Warschauer Paktes bzw. die seiner Führungsmacht, der Sowjetunion.« In: Materialien der Enquete-Kommission »Aufarbeitung von Geschichte und Folgen der SED-Diktatur in Deutschland«, Bd. II/3, Baden-Baden 1995, S. 69.
26. Gliederung, Stärke und Bewaffnung der Westgruppe der sowjetischen (später GUS-) Streitkräfte in Deutschland. Siehe: Die NVA – Anspruch, wie Anm. 2, S.331 ff.
27. ADN, Berlin, 6.10.1989.
28. Siehe Sowjetunion heute, hrsg. von der Agentur Nowosti, Bonn 1989, H.6, S.10.
29. Siehe W. Haenisch/H. Neubert: Die Außenpolitik der DDR – Thesen, Berlin 1994, S. 16.
30. Siehe Reinhard Brühl, wie Anm. 4, S. 31 ff.
31. Siehe Andre Brie/Manfred Müller: Europa: Wieviel Waffen reichen aus? Berlin 1982, S.9 f.
32. Siehe Die NVA – Anspruch, wie Anm. 2, S.179 ff. Siehe auch: Raymond Aron: Staaten, Bündnisse und Koalitionen. In: Freiheit ohne Krieg? Beiträge zur Strategie-Diskussion der Gegenwart im Spiegel der Theorie von Carl von Clausewitz, Bonn 1980, S.83 ff.
33. Siehe Reinhard Brühl, wie Anm. 4 , S. 39 ff.
34. Siehe zum Beispiel Bundesarchiv-Militärarchiv, VA-01/18761, Bl. 6.

Generalmajor a. D. Prof. Dr. Reinhard Brühl

Die Strategie der Abschreckung – eine gefährliche Krücke, aber keine Lösung

(Vortrag beim wissenschaftlichen Seminar »Die Nationale Volksarmee im Kalten Krieg« der Karl-Theodor-Molinari-Stiftung am 13.-15. Juni 1994)

Das Seminar der Karl-Theodor-Molinari-Stiftung hebt sich mit seiner Zielstellung, »einen Beitrag zur historischen Aufarbeitung militärischer Maßnahmen und Entscheidungen zu leisten, die sich aus dem Wesen und der Entwicklung des Kalten Krieges als einem grundlegenden politischen Konflikt der Nachkriegszeit ergaben«, von der Mehrzahl der Veröffentlichungen ab, die über die NVA seit deren Auflösung erschienen. Sieht man von den unter gleichberechtigter Mitwirkung von ehemaligen NVA-Angehörigen erschienenen Publikationen[1] sowie von den – allerdings nicht veröffentlichten – »Thesen zur Geschichte der Nationalen Volksarmee« ab, die von der beim Landesvorstand Ost des DBwV bestehenden Arbeitsgruppe zur Aufarbeitung der Geschichte der NVA ausgearbeitet wurden, so ist in allen anderen[2] sowie in einer Expertise für die Enquetekommission des Bundestages »Aufarbeitung von Geschichte und Folgen der SED-Diktatur in Deutschland«[3] der Trend zu einer einseitigen Untersuchung und Darstellung vorherrschend.

Zum einen ist der Gegenstand ihrer Schriften in der Regel nur die NVA in ihrem Auflösungsprozeß, zum anderen ist mehrheitlich das Bemühen der Autoren zu erkennen, die NVA auf die »Armee der SED-Diktatur« zu reduzieren. Ganz entscheidende Ursachen und Bedingungen für ihre Entstehung und Entwicklung, ihre Rolle im geschichtlichen Prozeß, ihr militärisches Denken und nicht zuletzt für das Selbstverständnis der NVA-Angehörigen von ihrem Dienst als Dienst am Frieden bleiben dabei ausgespart. Es sind jene Ursachen und Bedingungen, die sich aus der Entwicklung des Ost-West-Konflikts, des Kalten Krieges sowie der davon maßgeblich geprägten Militärdoktrinen und -strategien, da-

runter vor allem der Strategie der atomaren Abschreckung, ergaben.
Auch in dem vom Generalinspekteur der Bundeswehr Klaus Naumann herausgegebenen Buch »NVA – Anspruch und Wirklichkeit« gibt es keine Bewertung des Einflusses des Ost-West-Konflikts auf Entwicklung und Rolle der Nationalen Volksarmee und keine vergleichende Untersuchung der sicherheitspolitischen Überlegungen sowie der militärischen Doktrinen und Strategien. Der Herausgeber weist in seinem Vorwort allerdings auf diesen Umstand hin, wohl wissend, daß ohne Einbettung in dieses Umfeld Entwicklung, Auftrag und Selbstverständnis der NVA nicht ganzheitlich zu verstehen sind. Auf die selbstgestellte Frage, warum keine »Ehemaligen« in die Ausarbeitung einbezogen wurden, erklärt der General: »...wir wollten weder Rechtfertigung noch Abrechnung. Niemand hat das Recht dazu, niemand darf den Stab über die brechen, die sich der NVA zur Verfügung stellten«.[4] Das ist eine rechtsstaatliche und dem Vereinigungsbemühen dienliche Position. Nur eben widerspricht ihr die bisherige bundesdeutsche Praxis. Und leider bleibt offen, ob mit dieser Erklärung Front gemacht werden soll gegen diese unwürdige Praxis oder ob sie damit nicht vielleicht kaschiert werden soll.
Die über vier Jahrzehnte von Millionen Menschen befürchtete atomare Auseinandersetzung zwischen NATO und Warschauer Vertrag fand – Gott oder der menschlichen Vernunft sei es gedankt – nicht statt. War es lange Zeit die beiderseitige Furcht vor der gegenseitigem Vernichtung, so in den Achtziger Jahren zudem Neues Denken in der Krieg-Frieden-Frage, die den Frieden bewahren halfen. Und es war schließlich der Zusammenbruch des nach stalinistischem Partei- und Machtverständnis unternommenen Versuchs »Sozialismus«, der den bisherigen Ost-West-Konflikt beendete. NATO-Generalsekretär Wörner allerdings betrachtet die Erhaltung des Friedens vor allem als einen großartigen Erfolg der NATO und der von ihr über vier Jahrzehnte verfolgten Strategien, die alle als Strategien der »Abschreckung« bezeichnet wurden. Nun bezweifelt wohl kaum jemand, daß die NATO einen gewiß nicht ganz unerheblichen Beitrag zum Scheitern des Versuchs

»Sozialismus« in Europa beigetragen hat, wenngleich innere Ursachen dafür wohl entscheidender gewesen sein dürften.

Der Streit darüber, wer oder was den Frieden in den Jahrzehnten des Ost-West-Konflikts erhalten hat, wäre weniger wichtig, ginge es nicht um die Frage, welchen Stellenwert Strategien der militärischen Abschreckung im künftigen Ringen widerstreitender und gegensätzlicher Interessen und Ziele haben sollten. Deshalb möchte ich entschieden der Ansicht widersprechen, derartige Strategien seien die Lösung für die Erhaltung des Weltfriedens. Einen wasserdichten Beweis dafür werde ich nicht erbringen können, ebensowenig wie Vertreter der gegenteiligen Meinung für ihre Ansicht. Doch ich möchte meinen Widerspruch begründen, indem ich zu zeigen versuche, daß die über vier Jahrzehnte von beiden Systemen praktizierte militärische Abschreckung nicht die Lösung, sondern nur eine Krücke war, und zwar eine für die davon Betroffenen ebenso teure wie gefährliche. Abschreckung ist so alt, wie sich Menschen, Völker und Staaten von anderen bedroht fühlen. Ihre allgemeinste Absicht besteht darin, »einen Widersacher von einem bestimmten, den eigenen Interessen zuwiderlaufenden Vorhaben abzubringen, indem man ihm deutlich macht, daß die Kosten und Risiken eines solchen Unternehmens höher wären als der zu erwartende Gewinn«.[5]

Der Römer Vegetius formulierte die Konsequenz dieser Absicht in den Worten: »Si vis pacem – para bellum«. Friedrich II. schrieb friedensbewegten Philosophen seiner Zeit zornig: »Unwürdiger Schwätzer, brauchst man Dir erst zu sagen, daß die Künste im Frieden nur unter dem Schutze der Waffen gepflegt werden können? ... Bist Du so beschränkt, um nicht eingesehen zu haben, daß, während jene Generale und Officiere, die Deine Feder so unwürdig behandelt, der rauhen Witterung trotzten und die härtesten Beschwerden ertrugen, Du ruhig in Deinem Kämmerchen Deine Rhapsodien, Possen, Ungezogenheiten und Albernheiten, die Du verbreitest, ausgesponnen hast? ... Und hoffst Du durch grobe Sophismen die klugen Maßregeln, welche weise und vorsorgliche Regierungen treffen, zweideutig zu machen? Braucht man in unserer Zeit erst zu beweisen, daß die Länder ohne tapfere Soldaten, die sie beschützen, vom ersten besten Eroberer weggenommen werden?«[6]

»Abschreckung« – so sei abschließend die Definition des Bundesministeriums der Verteidigung zitiert – »ist die logische Konsequenz einer Politik, die vom Willen zur Selbstbehauptung getragen wird und die zugleich eine bewaffnete Aggression verhindern will.«[7]
Gemeinsam ist allen Begründungen für eine Politik der Abschreckung die Rechtfertigung eigener Rüstungsanstrengungen durch Hervorhebung des eigenen Friedenswillens und die Darstellung – oder Vorverurteilung? – des Anderen als potentieller Aggressor. Und natürlich werden die eigenen Interessen, Ziele und Motive ins rechte Licht gerückt.
Als die USA zu Beginn der fünfziger Jahre die Strategie der atomaren Abschreckung kreierten, erfolgte dies genau in der eben genannten Weise. Die Befürworter sprachen von einem notwendigen Beitrag zur Eindämmung des sowjetrussischen Expansionismus, einige ganz offen vom »roll back« des Kommunismus. Die Gegner dieser Strategie hingegen bewerteten sie als Ausfluß des militanten Antikommunismus und des Weltmachtstrebens der USA.
Wenn ich zur Erinnerung an das Entstehen dieser Strategie im folgenden Altbundeskanzler Helmut Schmidt, einen ihrer Befürworter, zitiere, so weil ich glaube, daß er noch am ehesten der Gefahr der Schwarzweißmalerei entgangen ist. Ich zitiere ihn im folgenden verkürzt (wohl wissend um den nicht unbegründeten Aphorismus: Traue keinem Zitat, es sei denn, Du hast es selbst aus dem Zusammenhang gerissen). Schmidt schreibt: »Stalins Versuch, 1947 auch in Griechenland ein Satellitenregime zu etablieren ... seine Blockade Berlins im Juni 1948 ... (und) der Versuch, Korea zu einer fernöstlichen Basis des kommunistischen Bündnissystems zu machen ... war Hintergrund der Bemühungen von John Forster Dulles, durch weltweite amerikanische Bündnisse die Sowjetunion einzukreisen und zurückzudrängen.« Die USA entwickelten »das Konzept einer konfrontativen Strategie gegenüber der Sowjetunion, also eine weltumfassende antisowjetische Gesamtstrategie der USA.«[8]
Das militärische Kräfteverhältnis zwischen den USA und der UdSSR zu Beginn der fünfziger Jahre beunruhigte die USA nach Schmidt wegen ihrer Unterlegenheit zu Lande, obwohl

sie zur See und in der Luft sowie auf dem Felde der nuklearen Waffen der Sowjetunion überlegen waren. Und er fährt fort: »Aus dieser Lage entstand die amerikanische Militärstrategie der Abschreckung der Sowjets durch Androhung ›massiver Vergeltung‹ mit Hilfe nuklearer Waffen«.[9]
Bis hier also folgt Helmut Schmidt der amerikanischen Version von der Schuld der Sowjetunion für das Entstehen dieser USA-Strategie. Doch an anderen Stellen seines Buches geht er weiteren »Hintergründen der Bemühungen von J. F. Dulles« nach und schreibt: »Die amerikanische Politik gegenüber dem Rest der Welt ist geprägt von Idealismus, Romantik und dem Glauben an die eigene Kraft und Größe. Wenn der Rest der Welt den Idealen der Amerikaner und deren Methoden zu ihrer Verwirklichung nicht entspricht, um so schlimmer für den Rest der Welt!« Und er fährt fort: »Den Amerikanern stellt sich die Struktur der Welt seit den späten vierziger Jahren als eine Konfrontation zweier Führungsmächte dar. Der dem amerikanischen Idealismus innewohnende Hang zu moralischer Schwarzweißmalerei verführt manche Amerikaner dazu, auch alle übrigen Nationen in zwei Kategorien einzuteilen: auf der einen Seite die Schlechten, die bereit sind, sich einer sowjetisch-russischen Führung zu unterwerfen; und auf der anderen Seite die Guten, die zu Amerika halten.« Und er führt diese Einschätzung bis zu dem Schluß: »Zur Arroganz der vermeintlich überlegenen Moral gesellt sich dann leicht die Arroganz der real überlegenen Macht.«[10]
Es war also das Aufeinandertreffen der weltmachtpolitischen Ambitionen zweier Supermächte, ihrer Absicht, der Nachkriegswelt ihre Führerschaft und Ordnung aufzuzwingen, auf das die USA mit dieser Strategie antworteten.
Beide deutschen Staaten fanden sich spätestens mit ihrer Einbindung in NATO bzw. Warschauer Vertrag auch mit den Konsequenzen dieser Strategie konfrontiert. Dabei kann hier unbeachtet bleiben, daß die Bundesregierung die atomare Abschreckung offen befürwortete und unterstützte, die Regierung der DDR hingegen diese Strategie kritisierte und überhaupt die »Philosophie der Abschreckung« ablehnte. Es sollte aber nicht in Vergessenheit geraten, daß beide in den folgenden Jahrzehnten dazu beitrugen, ihr Bündnis

in des Wortes doppelter Bedeutung in wirklich abschreckender Weise hochzurüsten. Abschreckung – zumindest die eigene – mußte schließlich glaubhaft sein und jede Seite war überzeugt, die eigenen Sicherheitsinteressen richtig zu bestimmen. Inwieweit die führenden Politiker und Militärs beider Pakte wirklich an die »aggressiven Absichten und Pläne« ihrer politischen Gegner glaubten, ist heute mangels fehlender Akteneinsicht noch nicht exakt zu belegen. In Erinnerung aber ist, daß sie diese Bedrohung immer wieder vorgaben, um die eigene Hochrüstung zu rechtfertigen.

Die von Albert Einstein, Bernard Russel oder den Göttinger 18. bereits frühzeitig erkannten Konsequenzen der Atomwaffe, aus denen ja folgerte, daß es sich bei der von den USA kreierten Strategie der atomaren Abschreckung um etwas völlig Neues handelte, verdrängten deren Befürworter, vor allem die in Regierungsverantwortung stehenden Politiker und Militärs, lange Zeit. Die Androhung massiver Vergeltung mit Kernwaffen – von den USA an die Adresse der Sowjetunion und ihrer Verbündeten gerichtet – hatte historisch kein Vorbild. Nie zuvor gab es eine Abschreckung, welche die weitgehende Vernichtung des Gegners, also nicht nur die Niederwerfung seiner Streitkräfte, sondern im Wortsinne die Vernichtung eines großen Teils seiner Zivilbevölkerung und deren Lebensgrundlagen, androhte.

Die Sowjetunion beantwortete diese Bedrohung bekanntlich sowohl mit einer Reihe von Vorschlägen zur Errichtung eines Systems der kollektiven Sicherheit in Europa, als auch mit verstärkten Rüstungsanstrengungen in dem Maße, wie sie glaubte, daß dies für ihre Sicherheit notwendig sei. Mit dem Aufbau ihrer strategischen Raketentruppen bewirkte sie schließlich einen weiteren qualitativ neuen Zustand. Jetzt mußte die Seite, die den ersten vernichtenden Schlag führte, mit dem für sie vernichtenden Gegenschlag rechnen. Das von Clausewitz überzeugend vertretene Prinzip der Verhältnismäßigkeit von Ziel und Mittel war endgültig ausgehebelt. Nun lautete die besorgte Frage, wie lange wird diese Art von Abschreckung funktionieren? Es gab keine Garantie nicht gegen politische und militärische Fehlentscheidungen und nicht gegen menschliches und technisches versagen.

Im brain-trust der USA entstand die Idee der abgestuften Abschreckung, die Strategie der flexible response. Doch auch sie war nicht – wie vorgegeben – der Ausweg aus dem Dilemma und die Rückkehr zum Prinzip der Verhältnismäßigkeit der Mittel. *Erstens* blieb mit der Verkündung dieser Strategie die overkill-Kapazität beider Seiten unangetastet, also die Gefahr einer dem rationalen Zugriff entzogenen Eskalation des Waffeneinsatzes und damit der beiderseitigen Vernichtung bestehen. *Zweitens* aber meinten die Initiatoren der abgestuften Abschreckung, man benötige für eine flexible Reaktion auch neue Methoden und Mittel. Wollten sie die Atomschwelle senken, um die vernichtende Wirkung atomarer Waffen zu verringert, mußten sie diese Waffen minimieren oder neue, wie z.B. die Neutronenwaffe, entwickeln. Wollten sie die Atomschwelle anheben, also den Einsatz atomarer Waffen so lange wie möglich vermeiden, mußten sie ihre Fähigkeit zu konventioneller Abschreckung erhöhen, also konventionell hochrüsten.

Die Strategie der flexible response erwies sich so als eine ständige Stimulans dafür, Wissenschaft und Technik immer stärker in den Dienst der Hochrüstung zu stellen und gewaltige finanzielle und materielle Mittel dem Einsatz für Zwecke des gesamtgesellschaftlichen Fortschritts zu entziehen. Darüber hinaus zeitigte sie weitere Wirkungen, die wir nicht vergessen sollten:

- Stellvertreterkriege oder lokale Konflikte wurden geschürt oder genutzt, um eigene machtpolitische Interessen ohne den »großen Krieg« zwischen den Supermächten durchzusetzen;
- fortgesetztes quantitatives und qualitatives Wettrüsten war die Konsequenz der Überlegung, daß Abschreckung ja glaubhaft sein muß;
- immer neues Mißtrauen wuchs allein dadurch, daß ja keine Seite sicher wußte, wie weit die andere in ihrem Bemühen ist, einen womöglich entscheidenden technologischen Durchbruch zu erzielen und sich in die Lage zu versetzen, einen Kernwaffenkrieg für sich mit »vertretbaren Verlusten« wieder führ- und gewinnbar zu machen;
- dieses Mißtrauen wiederum erschwerte alle Verhandlun-

gen über Abrüstung und Entspannung, weil jede Seite befürchtete, von der anderen über den Tisch gezogen zu werden;
- Feindbilder erhielten immer wieder neue Nahrung.

Die Wirkungen der NATO-Strategie der Abschreckung auf die Militärpolitik der DDR und das Selbstverständnis ihrer Berufssoldaten waren vielfältig.

Die politische Führung und die Militärs der DDR beurteilten diese Strategie vor allem aus zwei Gründen als eine Bedrohung der Staaten des Warschauer Vertrages und des Friedens. *Erstens*, weil die Verfolgung dieser Strategie von Anfang an einherging mit der brüsken Ablehnung aller von der Sowjetunion und der DDR unterbreiteten Vorschläge für die Schaffung eines Systems der kollektiven Sicherheit in Europa und später der Ablehnung, gemeinsam eine Strategie der friedlichen Koexistenz zwischen Staaten unterschiedlicher Gesellschaftsordnung zu erarbeiten und umzusetzen.

Zweitens, weil die Verfolgung dieser Strategie von Anfang an mit einer beträchtlichen Zunahme der Rüstungsanstrengungen der USA und ihrer Bündnispartner, also einer weiteren Gefährdung des Friedens und der eigenen Sicherheit verbunden war. Beide deutsche Staaten lagen ja im Zentrum eines zu befürchtenden Atomgewitters, und dabei hätte für sie als hochindustrialisierte und dichtbesiedelte Staaten auch schon ein konventionelles Stahlgewitter zur weitgehenden Zerstörung der Lebensgrundlagen gereicht.

Die Reaktion der DDR-Führung auf die empfundene Bedrohung war eine noch engere Bindung an die sowjetische Politik. Seit Gründung der DDR gehörte die Anerkennung ihrer Abhängigkeit von der UdSSR zu ihrer Staatsräson. Im sowjetisch dominierten Warschauer Bündnis fand sie Sicherheit und die Gewähr für ihre staatliche Existenz (letzteres zumindest solange, wie es den von der jeweiligen Moskauer Führung definierten Sicherheitsinteressen der UdSSR entsprach). Deshalb unterstützte sie bis Anfang der Achtziger Jahre ohne Einschränkung die sowjetische Variante der Abschreckung, die sich bis etwa zur Mitte der siebziger Jahre in der These äußerte, daß die militärische Überlegenheit des Sozialismus die wichtigste Gewähr für den Frieden sei, die danach diese

Gewähr in der Wahrung der militärstrategischen Parität sah. KPdSU, SED und andere Parteien, die Friedrich Engels als den Begründer der Militärpolitik der Arbeiterklasse immer hoch gewürdigt hatten, zeigten sich jedoch gerade in der Frage nach Rüstung oder Abrüstung nicht bereit, an dessen Alterserkenntnisse anzuknüpfen und verzichteten auf deren Weiterentwicklung gemäß den Gegebenheiten und Erfordernissen des atomaren Zeitalters. Der Führung der DDR war es ohne Zweifel ernst mit ihren Bemühungen um die Erhaltung des Friedens – das war schließlich die Grundvoraussetzung für die weitere Existenz des Staates doch sie unternahm. bis zu Beginn der Achtziger Jahre keinen Versuch, im Bündnis eine kritische Analyse der sowjetischen militärischen Reaktion auf die NATO-Strategie anzuregen oder einzufordern. Dabei war sie doch in der Lage zu erkennen, daß auf diesem Wege kein Ende des Wettrüstens zu erreichen war, daß dessen Fortsetzung nicht nur der eigenen, sondern den Volkswirtschaften aller Staaten des Warschauer Vertrages Lasten aufbürdete, die auf die Dauer deren Kräfte nur schwächen, vielleicht sogar auszehren würde.

Während in der Bundesrepublik Theorie und Praxis, Für und Wider der Strategie der Abschreckung auch öffentlich kritisch diskutiert werden konnten, war in der DDR bis 1989 keine öffentliche kritische Diskussion der Militärpolitik des eigenen Landes und Bündnisses, darunter auch der der NVA zugewiesenen Rolle in internationalen Krisen- und Konfliktsituationen möglich.

Eine weitere Konsequenz aus der Bewertung der NATO-Strategie war die Unterstützung der sowjetischen Politik in internationalen Krisen- und Konfliktsituationen. Man betrachtete derartige Situationen wie die Reaktion auf den »Prager Frühling« besonders deutlich zeigt – immer auch mit dem Blick auf und in Sorge um ihre möglichen Rückwirkungen auf die Sicherheit des eigenen Landes und dessen Stabilität. So wurde die Breshnew-Doktrin unterstützt um der »Gefahr« zu entgehen, daß auch das eigene Volk eine Wende zum demokratischen Sozialismus einfordere. So wurde aus mancher Solidaritätsaktion eine grobe Einmischung in innere Angelegenheiten anderer Staaten.

Noch eine dritte Konsequenz sei genannt. Die DDR übernahm wie selbstverständlich auch die wesentlichen Aussagen und Grundsätze der sowjetischen Militärdoktrin als richtungweisend für die Vorbereitung der DDR und ihrer Streitkräfte auf einen Verteidigungsfall.

Auch in der Militärwissenschaft der DDR galt es als Axiom, die grundlegenden Auffassungen des sowjetischen militärtheoretischen Denkens als verbindlich zu übernehmen. Ein Dreh- und Angelpunkt dieses Denkens war das angesichts der ungeheuren Folgen des faschistischen Überfalls nur zu verständliche Trauma des 22. Juni 1941. Es hat fraglos eine ganz entscheidende Rolle dafür gespielt, daß man trotz des Wissens um die Folgen einer atomaren Systemauseinandersetzung bis 1987 an der Auffassung festhielt, die Streitkräfte müßten in der Lage sein, eine Aggression schnell mit einer Gegenoffensive zu beantworten, diese auf das Territorium des Gegners zu tragen und ihm dort eine vernichtende Niederlage zuzufügen.

Wichtigste Erfahrungsquelle des sowjetischen militärtheoretischen Denkens war der Große Vaterländische Krieg. Der berechtigte Stolz auf die militärischen Leistungen der Roten Armee und – angesichts der Feiern zu D-Day sei besonders darauf verwiesen – ihren entscheidenden Anteil am militärischen Sieg über den Aggressor führte auch in der Sowjetunion zu einer bei Siegermächten weithin zu beobachtenden heroisierenden Betrachtung eigener Leistungen und Kriegskunst. Der verklärte Blick zurück versperrte sehr lange den Blick auf das grundsätzlich Neue der Abschreckung im atomaren Zeitalter und auf die Kriegsfolgenproblematik in dem Fall, daß die Abschreckung versagt. Darüber hinaus beeinträchtigte er erheblich die Fähigkeit und Bereitschaft, diesen revolutionären Veränderungen mit ähnlich revolutionärem militärtheoretischem Denken zu begegnen.

Angesichts des fortdauernden Ost-West-Konflikts und der Verschärfung dieses Konflikts während der Präsidentschaft Reagans, aber natürlich auch auf Grund ihres Verständnisses vom Zusammenhang zwischen Krieg und Frieden und gesellschaftlichem Fortschritt betrachteten die Berufssoldaten der DDR die Militärpolitik der SED als politisch und militärisch begründet und in Übereinstimmung stehend mit dem Verfas-

sungsauftrag der Streitkräfte, »die sozialistischen Errungenschaften des Volkes gegen alle Angriffe von außen« zu schützen. (Artikel 7 der Verfassung der DDR von 1968)
Es ist also durchaus zutreffend, wenn es in dem vom Generalinspekteur der Bundeswehr herausgegeben Buch über die NVA heißt: »Beide deutsche Staaten sahen ihre Streitkräfte als Instrumente ihrer Sicherheitspolitik«.[11] »Die DDR hat loyal und konstruktiv an der Ausgestaltung der Vereinten Streitkräfte des Warschauer Paktes mitgearbeitet.«[12] Und es ist auch zutreffend, wenn festgestellt wird: »Die (Militär-) Doktrin (des Warschauer Paktes – R.B.) setzte apriorisch, daß ein Krieg NATO/Warschauer Pakt durch eine Aggression der NATO ausgelöst würde!«... Deshalb – so wird in der Doktrin gefolgert – seien die Vereinten Streitkräfte zu befähigen, »dieser Aggression schnellstmöglich offensiv zu begegnen, den Aggressor auf seinem eigenen Territorium zu vernichten und dieses in Besitz zu nehmen.«[13])In einem der Beiträge wird dies als ein »militärisch an sich konsequente(s) Konstrukt der Militärdoktrin« bezeichnet.[14]

Allerdings wird auch in diesem Buch erneut der Versuch unternommen, aus der Militärdoktrin und den darin konzipierten Methoden der Führung des bewaffneten Kampfes dem Warschauer Vertrag Aggressionsabsichten zu unterstellen, die – so soll der Leser folgern – nur dank der NATO-Strategie der atomaren Abschreckung nicht zur Ausführung gekommen seien. Warum? Niemand konnte bisher einen stichhaltigen Beweis für aggressive Absichten des Warschauer Vertrages vorlegen, auch die Autoren dieses Buches nicht. Dafür aber ignorieren sie beharrlich jene Aussagen kompetenter Zeitzeugen, die derartige Aggressionsabsichten des Warschauer Vertrages aus intimer Kenntnis verneinen.

Es seien zunächst zwei allerjüngste Äußerungen zitiert, die auf einer Anhörung der von Herrn Eppelmann geleiteten Enquetekommission am 2. November 1993 zum Problem Wettrüsten und Sicherheitspolitik gemacht wurden. Dort rechtfertigte der langjährige Staatssekretär im Bundesministerium der Verteidigung Rühl die NATO-Rüstung zwar damit, daß die Sowjetunion immer von einem überlegenen Sockel aus gerüstet habe und bemüht gewesen sei, ihn zu halten. Er erklärte

aber gleichzeitig, man habe beim Warschauer Vertrag keine Systemaggressivität gesehen. Die Sowjets hätten mit den USA politisch gleichziehen wollen und dazu auch ihre Verbündeten mit Rüstung belastet. Die sowjetische Rüstung sei eine »Überinvestition an Sicherheit« gewesen. Der u.a. durch seine wissenschaftlichen Arbeiten zur Geschichte des zweiten Weltkrieges und der Nachkriegszeit bekannte Historiker Professor Hans-Adolf Jacobsen betonte, man könne davon ausgehen, daß die Sowjetunion in Europa keine politischen Ziele gehabt habe, die sie mit militärischen Mitteln verfolgen wollte.[15]
Auch zu diesem Problem seien noch einmal einige etwas breiter und differenzierender angelegte Äußerungen von Helmut Schmidt zitiert, weil er als langjähriger Verteidigungsexperte seiner Partei im Bundestag, als Verteidigungsminister und schließlich als Bundeskanzler wohl zu den intimsten Kennern der sowjetischen Sicherheits- und Militärpolitik gehört und sich den Ruf eines scharfen Analytikers erworben hat.
Schmidt war immer in Sorge, daß sich ein traditioneller großrussischer Expansionsdrang auch auf die Sowjetunion vererbt habe und verweist dabei u.a. auf Ungarn (1956), die CSSR (1968) und Afghanistan (1979). Doch er konstatiert zugleich eine »das Kriegsrisiko meidende Beschränkung« dieses Dranges.[16] Nach seiner Ansicht litten die Führer der Sowjetunion auf Grund bitterer Erfahrungen (u.a. der ausländischen militärischen Intervention 1918-1921 sowie der Aggression Hitlerdeutschlands 1941-45) an einen »Sicherheitskomplex« und »die tiefe Besorgnis angesichts einer möglichen Unterlegenheit gegenüber den USA« bleibe »eine Hauptantriebskraft« für die sowjetische Rüstung. Die Sowjetunion strebe »nach gleichem globalstrategischem Rang und nach ›gleicher Sicherheit‹ wie die andere Weltmacht«.[17] Sie habe »das offenkundige Verlangen, das im zweiten Weltkrieg und ... danach gewonnene Imperium.. zu konsolidieren und seine Anerkennung durch den Westen zu erreichen. Moskau suchte die Aufteilung der Welt in sowjetische und amerikanische Einflußsphären ... zu stabilisieren.«[18]
Bei aller Kritik – aber aggressive Absichten und Pläne unterstellt Schmidt der Sowjetunion nicht. Mehr noch – er nimmt ihren Friedenswillen zur Kenntnis. Von Breshnew sagt er:

»Sein Friedenswille war ernst ... Militärische Überlegenheit der Sowjetunion und Friedenswille behinderten sich in seinem Verständnis nicht.« .Nach seinen Gesprächen mit den sowjetischen Marschällen Ustinow und Ogarkow schreibt er: »An Ustinows Friedenswillen zu zweifeln hatte ich keinen Anlaß.« Und er fährt fort: »Es wäre zu einfach, sie (die beiden Marschälle – R.B.) Militaristen zu nennen. Sie waren lediglich rücksichtslos in der Verfolgung der sowjetischen Sicherheitsinteressen und schienen ehrlich erstaunt, daß die Welt deshalb von sowjetischen Expansionsstreben sprach. Ebenso wie Breshnew selbst schienen sie aufrichtig besorgt um die Bewahrung des Friedens; aber sie begriffen nicht, daß sie selber es waren, die den Frieden gefährdeten, ohne es zu wollen.«[20]

Helmut Schmidt hat m. E. mit diesen Aussagen wesentliche Aspekte der sowjetischen Sicherheits- und Militärpolitik deutlich gemacht, darunter auch ihre innere Widersprüchlichkeit. Es war eine Politik, die auf Frieden, Stabilität und Sicherheit nach eigenem Großmachtverständnis zielte. Es war eine Politik, welche die vom potentiellen Gegner ausgehende Strategie der Abschreckung in nahezu gleicher Weise beantwortete und somit über Jahrzehnte sowohl den Rüstungswettlauf beförderte wie den Frieden am Rande des atomaren Untergangs bewahren half. Es war eine Politik, die – in ideologischen Dogmen befangen und an einigen veralteten militärischen Erfahrungen und Konzeptionen festhaltend zu spät das Prinzip der Verhältnismäßigkeit der Mittel anerkannte und umsetzte und die auch dadurch für das eigene Land und die Verbündeten nicht mehr Stabilität und Sicherheit bewirkte, sondern beitrug, beides zu untergraben.

Resümee:
Entwicklung und Rolle der NVA im geschichtlichen Prozeß sind nicht wirklich zu erfassen ohne Berücksichtigung der internationalen Existenz und Entwicklungsbedingungen der DDR. Die NVA war das Hauptinstrument zur Verteidigung des Landes gegen äußere Angriffe. Deshalb wurde ihre Entwicklung und Rolle vor allem vom Stellenwert des militärischen Faktors in der Systemauseinandersetzung und von der empfundenen Bedrohung bestimmt.

Die von beiden Supermächten und Militärblöcken betriebene wenn auch unterschiedlich begründete und gehandhabte Strategie der Abschreckung war keine Gewähr für einen dauerhaften Frieden, sondern eine ständige existentielle Bedrohung der Menschheit. Sie wirkte auf den potentiellen Gegner zwar begrenzt abschreckend und damit friedensgebietend, doch sie provozierte ihn zugleich zu immer neuen Rüstungsanstrengungen, führte zu einer Verschleuderung unermeßlicher geistiger und materieller Werte für destruktive Zwecke und stellte eine permanente Gefährdung des Friedens dar. Eine Strategie der militärischen Abschreckung darf kein Vorbild für künftige Bemühungen um Friedensbewahrung sein.

Auch der Umgang mit der jüngsten deutschen Geschichte wird mit darüber entscheiden, ob die Bundesrepublik künftig Vorbild und Vorreiter für die politische Lösung internationaler Streitfragen ist und ob sie in der Lage ist, auch ihre innere Einheit zu vollenden. Eine kritische Bilanz der Gesamtheit dieser Geschichte ist gefragt, nicht aber eine Vergottung der Gegenwart mit Hilfe einer einäugigen Betrachtung der DDR-Geschichte.

1. Siehe Die Nationale Volksarmee. Beiträge zu Selbstverständnis und Geschichte des deutschen Militärs von 1945 – 1990 , Baden-Baden 1992, hrsg. von Detlef Bald ; NVA. Ein Rückblick für die Zukunft, hrsg. von Manfred Backerra, Köln 1992
2. Siehe Rainer Eppelmann, Wendewege. Briefe an die Familie, Bonn/Berlin 1992; Werner E. Ablaß, Zapfenstreich. Von der NVA zur Bundeswehr, Düsseldorf 1992; Jörg Schönbohm, Zwei Armeen und ein Vaterland. Das Ende der Nationalen Volksarmee, Berlin 1992; Ein Staat – Eine Armee. Von der NVA zur Bundeswehr, hrsg. von Dieter Farwick Frankfurt a.M./Bonn 1992; Zum Aufbau der Bundeswehr in den neuen Ländern, hrsg. von Hans Peter Kirchbach/Manfred Meyers/Victor Vogt Frankfurt a.M./Bonn 1992; Hans-Joachim Gießmann, Das unliebsam Erbe. Die Auflösung der Militärstruktur der DDR, Baden-Baden 1992.
3. Peter Joachim Lapp: Die NVA 1956 – 1990. Expertise für die Enquetekommission. »Aufarbeitung von Geschichte und Folgen der SED-Diktatur in Deutschland«, Köln 1993. S. 69 f.
4. NVA. Anspruch und Wirklichkeit, hrsg. von Klaus 1993, Berlin/

Bonn/Herford S. 10.
5. Gordon A. Craig/Alexander L. George: Zwischen Krieg und Frieden. Konfliktlösung in Geschichte und Gegenwart, München 1984, S. 192.
6. Friedrich II.: Prüfung des »Versuchs über die Vorurtheile«. In: Ausgewaehlte Kriegswissenschaftliche Schriften Friedrichs des Großen, Deutsch von Heinrich Merkens, Jena 1876, S. 326 f.
7. Weißbuch 1983. Zur Sicherheit der Bundesrepublik Deutschland. hrsg. vom Bundesministerium der Verteidigung, Bonn 1983, S.141.
8. Helmut Schmidt: Menschen und Mächte, Berlin 1987, 2.Auflage, S.282 f.
9. Ebd., S.283 f.
10. Ebd.. S. 335 ff.
11. NVA, wie Anm. 4, S. 25.
12. Ebd., S.10.
13. Ebd., S.51 f.
14. Ebd., S.56.
15. Nach Aufzeichnungen des Verfassers.
16. Helmut Schmidt, wie Anm. 8, S. 39.
17. Ebd., S.40.
18. Ebd., S.49.
19. Ebd., S.131.
20. Ebd., S. 124 f.

Generalmajor a. D. Prof. Dr. Reinhard Brühl

**Die Nationale Volksarmee der DDR
Anmerkungen zu ihrem Platz in der
Geschichte**

*(Vortrag beim wissenschaftlichen Symposion
»Nationale Volksarmee – Armee für den Frieden« der
Karl-Theodor-Molinari-Stiftung im Frühjahr 1995)*

> *Einheit in Deutschland zu vollenden
> erwächst aus der ehrlichen und nüchternen
> Einsicht in die unterschiedlichem Entwicklungen
> während der über vierzigjährigen Teilung unseres Landes.
> Sie erfordert Verständnis für die jeweils unterschiedlichen
> Lebenserfahrungen und Lebenslagen aufzubringen und in
> gegenseitiger Anerkennung aufeinander zuzugehen.*
>
> Wort der evangelischen und katholischen
> Bischöfe Deutschlands

Es gibt mancherlei Gründe, nach dem Platz der NVA in der Geschichte zu fragen. Historisch Interessierte möchten wissen, »wie es wirklich war«. Sie sehen nicht nur das Ende dieser Armee und sinnieren nicht nur darüber, ob man sie nun Volks- oder Parteiarmee nennen müsse. Sie interessiert viel mehr, wie diese Armee in eine Geschichte einzuordnen ist, die über weite Strecken von Militarismus und Krieg, aber ebenso von Friedenssehnsucht des Volkes und Kampf gegen Militarismus und Krieg geprägt ist.

Politische Verantwortungsträger suchen Antworten, die ihnen helfen sollen bei Entscheidungen darüber, wie mit dem ungeliebten »Erbe NVA« fürderhin umzugehen sei. Für Juristen scheint nicht der historische Platz, sondern vor allem »Staatsnähe« und die Prüfung von Interesse zu sein, ob ein »Straftatbestand« nachzuweisen ist.

Für die Bundeswehr stellt sich die Frage, weil sie sich in der Pflicht sieht, einen Beitrag zur Gestaltung der inneren Einheit zu leisten. Dabei ist nicht nur an die etwa 2800 Offiziere und 5700 Unteroffiziere zu denken, die – aus der NVA kommend – Ende 1994 noch in der Bundeswehr dienten. Mehr ins Gewicht fallen vermutlich die künftigen Soldaten aus den neuen Bundesländern, dürften nicht wenige von ihnen doch von ihren Vätern und Großvätern gesagt bekommen, daß sie ihren Dienst in der NVA als Dienst für Frieden und Sozialismus verstanden und ihn in Übereinstimmung mit dem Völkerrecht und dem Staatsrecht der DDR leisteten.

Das »Weißbuch 1994 zur Sicherheit der Bundesrepublik Deutschland und zur Lage der Bundeswehr« verweist neben Erfolgen auf dem Weg zur »Armee der Einheit«[1] auch auf noch ungelöste Probleme. Eines der wichtigsten ist die Förderung des tieferen gegenseitigem Verstehens zwischen den Soldaten aus Ost und West, des Akzeptierens einer anderen Biographie. Das ist – so General Schönbohm – »die eigentliche Integration. Ohne dieses Verstehen aber gibt es keine wirkliche Einheit.«[2]

Für den ehemaligen Berufssoldaten dieser NVA schließlich ist es die Frage nach dem Sinn seines Dienstes oder gar Lebens. Und er weiß und spürt, daß die Antwort auch darauf Einfluß hat, wie er in dem neuen, größeren Deutschland angenommen und behandelt wird.

Die Frage nach dem Platz der NVA in der Geschichte ist also keine nur »akademische« Frage, und die Antworten darauf werden – wenn Bundestag und Bundesregierung keine solchen politischen Entscheidungen fällen, welche die Barrieren für die Herstellung der inneren Einheit niederreißen – diese auch weiterhin behindern.

1. Momentaufnahme oder historische Betrachtung?
Bundeswehr und Nationale Volksarmee hatten ihr Selbstbild und ihr Bild von der anderen deutschen Armee. Ihr Selbstbild sah sich sehr ähnlich. Beide betrachteten nur ihren Staat und sich selbst im Rahmen des Bündnisses, dem sie angehörten, als einer konsequenten Friedenspolitik verpflichtet. Auch ihr Bild

von der anderen Armee war sehr ähnlich. Man sah sie als die Armee eines Staates und eines Bündnisses, von dessen Gesellschaftssystem Kriegsgefahr ausging. Eingebunden in Militärpakte, deren jeder sich vom anderen bedroht fühlte, und militärisches Instrument von Staaten mit gegensätzlicher gesellschaftspolitischer Zielstellung sowie wesentlichen Unterschieden im Demokratieverständnis, war das Bild beider deutscher Armeen von der anderen zu einem Feindbild verinnerlicht. Die politische und militärische Führung der DDR legte Wert darauf, daß dieses Bild beim Namen genannt wurde und die NVA ein »klares Feindbild« habe. In der Bundesrepublik entschieden Bundeskanzler Schmidt und Verteidigungsminister Leber, diesen Begriff nicht mehr zu verwenden, da man kein Feindbild brauche. Doch das Bild, das man sich von der NVA machte, trug alle Merkmale eines Feindbildes.[3]

Das beiderseitige Negativbild begann sich zu entkrampfen, als in den achtziger Jahren eine neuerliche Entspannung in den Ost-West-Beziehungen einsetzte, in deren Gefolge sich Offiziere der NVA und der Bundeswehr bei internationalen Tagungen oder als Manöverbeobachter persönlich begegneten. Es wuchs die Bereitschaft, Verständnis für den soldatischen Dienst auch in der anderen deutschen Armee aufzubringen. In der NVA führte die Militärdoktrin des Warschauer Bündnisses von 1987 zur Trennung von dem so lange geforderten und propagierten Feindbild[4], in der Bundeswehr billigte man auch dem Soldat in der anderen Armee zu, »von einer Berufswahl aus(gegangen zu sein), bei der Dienst am Frieden in einem Deutschland, von dem nie mehr Krieg ausgehen darf, ein leitendes Motiv war und bleibt«.[5]

Seit 1990 hat die Auseinandersetzung um den friedensbewahrenden Auftrag der NVA und damit indirekt auch das Motiv des Dienens in dieser Armee wieder stark zugenommen. Deutlich zeigt sich das vor allem in seit 1990 erschienenen Pressebeiträgen und Aufsätzen, in Broschüren der Bundeswehr[6] und in Büchern.[7]

Sie alle sind von Zeitzeugen – darunter vor allem Angehörige der Bundeswehr und der NVA – geschrieben und verständlicherweise mehr oder weniger deutlich geprägt von deren Überzeugungen, Erkenntnissen und Erlebnissen, Gefühlen und Emotionen. Das macht sie für den Leser interessant und spannend, vermittelt ihm aber natürlich die stark subjektiv geprägte Sicht des Autors.

Während ehemalige Angehörige der NVA trotz nicht selten deutlicher Kritik an ihrer Armee nach wie vor von deren friedenspolitischen Auftrag sprechen, wird dieser von den Autoren aus den alten Bundesländern stark in Zweifel gezogen oder gänzlich in Abrede gestellt. Der Generalinspekteur der Bundeswehr vermeidet in dem von ihm herausgegebenen Buch eine direkte Positionierung zu der Frage, ob das Motiv der Soldaten der NVA der Dienst am Frieden gewesen sei. Er hebt jedoch hervor, »daß die NVA im Konfliktfall ihre Aufträge mit großer Entschlossenheit zu erfüllen versucht hätte« und daß sie »Teil einer nicht nur angriffsfähigen, sondern konsequent auf Offensive ausgerichteten multinationalen Militärkoalition« war.[8] Unterlagen von Kommandostabsübungen und Manövern auf dem Territorium der DDR dienen als Beweis dafür.

Andere Autoren holen erneut Aussagen aus den Zeiten des Kalten Krieges hervor. In einer von der Akademie für Information und Kommunikation der Bundeswehr herausgegebenen Schrift heißt es, die NVA sei 1943 in Krasno Gorsk bei Moskau gegründet worden, habe schon in den sechziger Jahren mit mehreren tausend Mann »verdeckte Einsätze out of area« durchgeführt und sei nichts weiter gewesen als »ein letztlich von einer politischen Gesamtstrategie angeleitetes Zielerreichungsunternehmen« mit dem Ziel der kommunistischen Weltrevolution.[9]

Der Autor einer Studie über »Die NVA 1956-1990« für die von Herrn Eppelmann geleitete Enquetekommission des Bundestages ignoriert nicht nur das Recht der DDR auf Selbstverteidigung, sondern auch jeglichen geschichtlichen Hintergrund der Entstehung der NVA wie auch ihren Verfassungsauftrag und ihr Selbstverständnis. Nach seinem Bild »diente (die NVA) von Anfang an primär fremden Interessen und war ein Produkt der Sowjets. Letztlich hatten die NVA--Soldaten den Status von ›Hilfswilligen‹ innerhalb des sowjetischen Herrschaftssystems...«[10]

Für die einen ist ein so umrissenes Bild von der NVA diskus-

sionslos zutreffend, andere finden darin den Auftrag der NVA und den Sinn soldatischen Dienstes in der DDR entstellt. Für mich ist es – unabhängig davon, daß in ihm zutreffende Aussagen enthalten sind – zu einseitig, undifferenziert und ideologisch geprägt. Es ist nicht geeignet, den Platz der NVA in der Geschichte annähernd genau zu umreißen.
Wohl eine Mehrzahl der ehemaligen Berufssoldaten der NVA hat die Zeit seit 1990 zum Nachdenken über diese ihre Armee, über das Bündnis, dem sie angehörte und über den Staat, in dessen Dienst sie stand, genutzt. Sie haben alte Überzeugungen und Positionen kritisch hinterfragt, auch dann, wenn es schmerzlich war. Deutlicher erkannten sie Kritikwürdiges an dieser Armee, vor allem die große Schere zwischen Anspruch und Wirklichkeit. Und selbstkritisch fragen sie sich auch, warum es erst des Zusammenbruchs des »Realsozialismus« bedurfte, ehe sie kritisch hinterfragten bzw. ihre Kritik lauthals äußerten oder gar daraus persönliche Konsequenzen zogen.
Es sind bei weitem nicht nur Nostalgiker oder Ewiggestrige, die der gegenwärtigen Tendenz zur Verabsolutierung eines Negativbildes von der NVA widersprechen. Auch jene, die die kritische Auseinandersetzung mit der NVA und die damit notwendige Selbstkritik nicht scheuen, sehen sich nicht in der Lage, in ein einseitiges Pauschalurteil einzustimmen. Das kommt nicht nur daher, daß sich, wer nur dieses Bild kennt, die Frage stellen wird: Wie konnte auch nur ein anständiger Mensch in dieser Armee ohne Zwang dienen, gar Berufssoldat sein? Es kommt auch daher, daß diese Menschen nicht dafür zu haben sind, ihr früher ideologisch geprägtes und ungenügend differenziertes Bild von der NVA jetzt gegen ein ebensolches nur mit anderen ideologischen Vorzeichen einzutauschen. Auch möchten sie die NVA nicht nur mit einer Momentaufnahme von 1989/90, sondern durch ein Weitwinkelobjektiv in ihrer Gesamtheit erfaßt wissen.
Ein Großteil der nach 1990 veröffentlichten Arbeiten über die NVA sind »Momentaufnahmen« in doppeltem Sinne. *Erstens* hatte keiner der Autoren schon die notwendige Distanz zum Gegenstand NVA, um unbeeinflußt von seinen bisherigen Ansichten urteilen zu können. Durch den so plötzli-

chen Zusammenbruch des »realen Sozialismus« fühlten sich die einen in die Rolle des Siegers, die anderen in die des Verlierers versetzt. »Sine ira et studio«, d.h. den Gegenstand ohne Haß oder Gunst zu studieren, war ihnen schwerlich möglich, auch wenn sie sich darum bemühten.

Zweitens betrachteten viele von ihnen die NVA vorwiegend aus der Sicht von 1989/90, aus der Zeit ihrer Endphase und Auflösung. Sie urteilten nach dem, was in dieser Zeit das Bild dominierte: Akzeptanzverlust des Staates und aller seiner Einrichtungen, Autoritätsverfall, Auflösungserscheinungen usw. Das im Einigungsvertrag vorgegebene politische Urteil »Unrechtsstaat« beeinflußte auch die Haltung zur NVA und den Tenor der Berichte über sie, denn selbstverständlich war sie, wie jede Armee, das Instrument ihres Staates. Je nachdem, von welcher Position ein Autor urteilte, überwog in seiner Darstellung und Bewertung entweder die Tendenz zur Anklage oder die zur Rechtfertigung der NVA.

Diese Gefahr hängt auch mit den Schwierigkeiten zusammen, die sich einer objektiven Bewertung zeitgeschichtlicher Ereignisse immer entgegenstellen. Nichts ist allseitig und endgültig zu analysieren und zu bewerten, da alle Prozesse noch im Fluß sind. Es gibt zwar jede Menge von tagespolitischen Interessen und Augenblickseindrücken geprägte Meinungsäußerungen, aber kaum oder nur lückenhaft Primärquellen, die ein objektiveres Urteil ermöglichen. Der Zeitzeuge neigt viel stärker zur emotionalen, parteilichen Auswahl von Fakten und Interpretationen des von ihm miterlebten Ereignisses als der Historiker, der mit großem zeitlichen Abstand und gestützt auf umfangreiches sowie von allen Beteiligten stammendes Quellenmaterial Ereignisse analysiert, die er selbst nicht miterlebte. Wenn aber der urteilende Zeitzeuge dann auch noch Mitgestalter bzw. Partei in den Auseinandersetzungen seiner Zeit war, so überwiegen nicht selten parteiliche, emotionsgeladene Urteile. Dann gerät Kritik leicht zur Anklage, Erklärung leicht zur Rechtfertigung.

Die Schwierigkeiten bei der Analyse und Bewertung der Zeitgeschichte bekommt wohl jeder Autor zu spüren. Voltaire sagte das mit folgenden Worten: »Wer immer die Geschichte seiner Zeit schreibt, muß gegenwärtigen, daß man ihm alles vorwerfen wird, was er gesagt, und alles, was er nicht gesagt hat.«[11] Ich weiß, daß auch ich mit solchem Vorwurf rechnen muß, zumal ich nur einzelne Aspekte aus einem Thema ansprechen kann, über das man wohl künftig noch manches Buch schreiben wird. Deshalb möchte ich darauf verweisen, daß ich keinen Forschungsbericht vortrage. Die Probleme, auf die ich eingehe, behandle ich aus der Sicht meiner heutigen Erkenntnisse. In Ihnen verbinden sich in Jahrzehnten der Zugehörigkeit zur NVA gelebte Haltungen und Überzeugungen mit den Ergebnissen des jüngsten kritischen Hinterfragens dieser Ansichten und Überzeugungen sowie mit neuen Einsichten und Erkenntnissen, vorwiegend gewonnen aus neuen Fragestellungen an das Thema sowie aus der Auswertung mir früher nicht zugänglicher Quellen. Doch nicht jedes Hinterfragen und nicht jede neue Quelle führte auch zu einer neuen Antwort oder Erkenntnis.

Wer heute Rankes Frage, »wie es wirklich war«, in bezug auf die NVA nachgehen und auf der Suche nach deren historischem Platz eine hohe Annäherung an die Wahrheit erreichen will, darf sich nicht mit einer Momentaufnahme begnügen. Sein *erster* Vorsatz sollte sein, den Gegenstand, der ja ein historischer ist, auch historisch zu betrachten. Das verlangt, der Frage nachzugehen, warum und unter welchen Umständen diese NVA entstanden ist, weshalb sie sich so und nicht anders entwickelt hat. Der Betrachter wird dabei sicherlich Schlußfolgerungen erkennen, die sich aus länger zurückliegenden Ereignissen der deutschen Geschichte, aus politischen und sozialen Kämpfen vor allem der ersten Hälfte des zwanzigsten Jahrhunderts ableiteten.

Er sollte *zweitens* den Gegenstand seiner Untersuchung auch einer allseitigen Betrachtung unterziehen, all seinen wesentlichen Zusammenhängen und Wechselbeziehungen nachspüren. Sicher waren es zunächst und vor allem die Gegebenheiten, Eigengesetzlichkeiten und inneren Widersprüche der »realsozialistischen« Gesellschaft, welche die Entwicklung der NVA bestimmten. Aber daneben nahmen von ihr gänzlich oder weitgehend unabhängige Bedingungen, Umstände und Faktoren einen nicht unerheblichen, z.T. sogar bestimmenden Einfluß darauf, insbesondere die aus dem Ost-West-

Konflikt erwachsenden. Entwicklung und Platz der NVA in der Geschichte sind schließlich auch das Ergebnis einer Vielzahl von Handlungen und Entscheidungen der sie tragenden gesellschaftlichen Kräfte und Persönlichkeiten, das Ergebnis der (richtigen oder falschen) Beurteilung von Umständen und Bedingungen, der Wahl zwischen Alternativen, Mitteln und Wegen und nicht zuletzt auch die Folge von Unvermeidlichem wie von Zufälligem.

Die Frage nach dem historischen Platz der NVA ist nicht zuletzt auch die Frage nach den Menschen, ohne die es sie nicht gegeben hätte, nach den Motiven ihres Handelns, nach ihren Biographien. Auch die Geschichte der NVA ist nicht nur das Resultat von Parteibeschlüssen und Staatsentscheidungen, sondern ebenso das Resultat des Wirkens jener Soldaten und Zivilbeschäftigten, die in ihr dienten und jener Menschen, die die materiellen Bedingungen für ihren Dienst schufen. Die einen dienten der Landesverteidigung der DDR, weil sie diese unter den konkret-historischen Bedingungen als notwendigen Beitrag für die Bewahrung des Friedens und den Schutz der DDR betrachteten. Für andere war dieser Dienst eine vom Staat auferlegte Pflicht, der sie mit mehr oder weniger innerer Anteilnahme nachkamen. Hier ist einzufügen, daß es nie mehr als 1,5 % der Wehrpflichtigen eines Jahrganges waren, die den Dienst mit der Waffe in der Hand verweigerten. Die Frage nach dem Platz der NVA in der Geschichte ist also auch die Frage nach der Haltung der Menschen zu dieser NVA, nach ihren mit dieser Armee verbundenen Vorstellungen, Hoffnungen und Enttäuschungen.

2. Zum historischen Vor- und Umfeld der NVA
Die NVA entstand 1956 auf der Grundlage des von der Volkskammer der DDR am 18.1.1956 beschlossenen Gesetzes über die Schaffung einer Nationalen Volksarmee und eines Ministeriums für Nationale Verteidigung. Ihr personeller und materieller Grundstock war die 1952 gebildete Kasernierte Volkspolizei. Doch nicht diese allein macht an Vorgeschichte aus, was zur Gründung der NVA führte. Dazu gehören insbesondere auch die beiden Weltkriege, die Deutschland nicht hatte führen müssen, um eine Aggression abzu-

wehren oder Okkupanten aus dem eigenen Land zu vertreiben, sondern in denen das Blut der Soldaten für Interessen und Ziele geopfert worden war, die nicht die des einfachen Volkes gewesen waren.

Da hatte es zweimal in der ersten Hälfte dieses Jahrhunderts den Drang des deutschen Imperialismus nach Kolonien, Rohstoffquellen und Absatzmärkten, nach den Naturreichtümern anderer Völker, ihrem Boden, ihrer Kohle, ihren Erzen und ihrem Getreide gegeben. Da waren Soldaten in den Krieg geschickt worden für die Interessen einer politischen und wirtschaftlichen Elite, die gewachsene ökonomische Stärke in mehr weltpolitischen Einfluß umzumünzen gedachte und dies mit Floskeln wie »Platz an der Sonne« oder »Neuordnung Europas« umschrieben und verharmlost hatte. Da waren Nationalismus und Chauvinismus, Rassismus und Antikommunismus bis zu jenem Völkermord gesteigert worden, der Juden, Sinti und Roma sowie andere »Minderwertige« ebenso vernichten sollte wie Kommunisten und Menschen anderer Weltanschauungen und politischen Überzeugungen, die sich dem NS-Terror nicht zu beugen bereit waren.

Vor und während beider Weltkriege hatten führende Militärs ihr fachliches Können nicht nur in Ausübung ihrer Pflichten in den Dienst einer solchen Politik gestellt, sondern freiwillig und maßgeblich zu deren Vorbereitung und Umsetzung bis zum bitteren Ende beigetragen. Zugleich waren Vaterlandsliebe und Pflichtbewußtsein der Soldaten sowie deren Einsatz- und Opferbereitschaft skrupellos in den Dienst einer aggressiven und volksfeindlichen Politik gestellt worden. Stand das schon im Gegensatz zu dem erhobenen Anspruch, »Gott, Kaiser und Vaterland« bzw. »Führer, Volk und Vaterland« zu dienen, so büßte die Wehrmacht ihr Ansehen zudem durch die Verstrickung in Kriegsverbrechen ein.

Es ist weder zu weit hergeholt noch propagandistischer Zweck, solche Aspekte deutscher Militärpolitik ins Blickfeld zu rücken, wenn nach dem Platz der NVA in der Geschichte gefragt wird. Sie spielten eine ganz wesentliche Rolle bei der Begründung der Militärpolitik der SED und der Wiederbewaffnung der DDR. Von ihrer sozialökonomischen und politischen Ordnung würden keine Kriege ausgehen. Wenn sie

dennoch Streitkräfte aufbaute, so nur, weil sie zum Schutz dieser Ordnung und des Friedens als notwendig betrachtet wurden.
Doch zunächst lautete nach dem Zusammenbruch des Dritten Reiches die Forderung der Sieger und der Vorsatz der Deutschen, daß sich solches nie mehr wiederholen dürfe. Entmilitarisierung und Entnazifizierung Deutschlands standen auf der Tagesordnung. Sie wurden mit unterschiedlicher Konsequenz durchgeführt und wiesen in den Westzonen erheblich mehr Defizite auf als in der SBZ. Aber noch ehe diese Aufgaben umfassend gelöst waren, gerieten die Deutschen in den Strudel des Ost-West-Konflikts. Er war ebenso ein grundlegender struktureller Konflikt zweier sich unversöhnlich gegenüberstehender Gesellschaftssysteme wie Ausdruck des Aufeinanderprallens von machtpolitischen und hegemonialen Zielstellungen der führenden Mächte dieser beiden Systeme. Beide Seiten zielten in ihm letztlich auf die Ausschaltung des Gegners aus der Weltpolitik.
In dieser Situation erhielt Deutschland einen anderen Stellenwert. An Elbe und Werra sahen die großen Siegermächte USA und UdSSR die vordere Grenze ihrer Sicherheitszone in Europa. Aus der Forderung nach »Sicherheit vor Deutschland« wurde sehr bald die Forderung nach einem Beitrag Deutschlands zur Gewährleistung ihrer eigenen Sicherheit. Sie fand bei Ulbricht wie bei Adenauer Unterstützung, versprachen sich doch beide vom Aufbau eigener Streitkräfte auch eine Stärkung ihrer Position.
Die in dieser Situation auf Befehl der sowjetischen Besatzungsmacht in der SBZ beginnende Wiederbewaffnung war sowohl Ausdruck der sicherheits- und machtpolitischen Interessen der Sowjetunion wie Konsequenz aus dem inzwischen weit vorangekommenen staatspolitischen Verselbständigungsprozeß in beiden Teilen Deutschlands. Sie lösten bei den Bürgern der Westzonen/BRD Bedrohungsgefühle aus, die man im Osten nicht zur Kenntnis nehmen wollte oder als unbegründet abtat. Den Bürgern der SBZ/DDR wäre ein entmilitarisiertes Gesamtdeutschland lieber gewesen als die Remilitarisierung eines gespaltenen Landes. Dennoch stieß die Wiederbewaffnung bei ihnen nicht nur auf Unverständnis

oder Ablehnung. Es gab auch Verständnis und Zustimmung, und die nahmen in dem Maße zu, wie sich die DDR stabilisierte und wie die Entwicklung in der Bundesrepublik als bedrohlich empfunden wurde.

Gründe für das Bedrohungsgefühl in der SBZ/DDR gab es durchaus: weil im Westen jene sozial-ökonomischen Ordnung wiedererstarkte, aus deren Schoß zwei Weltkriege entstanden waren; weil dort an den Schalthebeln der ökonomischen Macht vielfach wieder dieselben Personen wie vor dem zweiten Weltkrieg saßen; weil die Entnazifizierung dort halbherzig betrieben und auf halber Strecke abgeschlossen wurde und Männer wie Globke, Filbinger und andere in höchste Staatsämter aufsteigen konnten, weil die westlichen Besatzungsmächte aus ehemaligen Wehrmachteinheiten relativ starke deutsche Dienstgruppen unterhielten; weil dort eine Kriegsliteratur erschien, die als Rechtfertigung des von Hitlerdeutschland entfesselten Krieges und als Begleitmusik zu den antikommunistischen und antisowjetischen Äußerungen maßgeblicher Persönlichkeiten der Bundesrepublik verstanden werden mußte; weil die von ehemaligen Offizieren im Auftrag des Amtes Blank verfaßte »Himmeroder Denkschrift« in ihren operativen Aussagen ganz an Wehrmachtserfahrungen anknüpfte; weil Adenauer und Strauß frühzeitig den Drang zur Atombewaffnung der Bundesrepublik erkennen ließen und weil dies alles vor dem Hintergrund der Forderung nach einem Deutschland in den Grenzen von 1937 und der Hallstein-Doktrin geschah, die als staatsrechtliche Rechtfertigung der existentiellen Bedrohung der DDR fungierte.

Freilich spielte in der Auseinandersetzung mit diese Faktoren durch die Propaganda der DDR auch die Ideologie eine erhebliche Rolle. Das »Feindbild Imperialismus« war von Vorurteilen sowie Dogmen beeinflußt und gab eine vereinfachte und z.T. verzerrte Darstellung dessen. was in der Bundesrepublik geschah. Aber es war eben auch nicht nur Imagination oder gar pure Unterstellung, sondern hatte sehr wohl ganz handfeste und reale Bezugspunkte.

Die neue Ordnung fühlte sich auch im Innern bedroht, nicht nur von Schiebern und Spekulanten, auch von politischen

Gegnern. Das Wort von der »Verschärfung des Klassenkampfes« war zusätzliche Rechtfertigung für den 1948 beginnenden Aufbau von Bereitschaften der Volkspolizei und die 1952 erfolgte Bildung der Kasernierten Volkspolizei. Den Weg in eine neue, bessere Gesellschaft wollte man sich nicht verbauen lassen, auf »reaktionäre« Gewalt notfalls mit »revolutionärer« Gewalt antworten können.

Das war die Situation, in der 1952 erstmals alle Parteien der DDR – SED, CDU, LDPD, NDPD und DBD – öffentlich erklärten: »Wer heute den Frieden will, muß die Verteidigung des Friedens wollen. Wer den demokratischen Staat bejaht, darf ihn nicht schutzlos den Angriffen seiner Feinde aussetzen.«[12] Diese Erklärung war auch eine Reaktion darauf, daß die USA ein militärisch neutrales Deutschland nach dem Vorbild des Staatsvertrages mit Österreich nicht wollten. Sie waren nicht bereit, über die entsprechenden sowjetischen Vorschläge von 1948 und 1952[13] auch nur zu verhandeln.

Zwar wurde die neue Ordnung in der DDR von oben installiert, nach sowjetischem Vorbild sowie mit Moskauer Anleitung und Unterstützung, aber sie fand nach dem Arbeiteraufstand von 1953 doch mit der Zeit wachsende Zustimmung auch unten. 1955/56 stimmten alle in der Volkskammer vertretenen Parteien und Massenorganisationen dem Beitritt der DDR zum Warschauer Vertrag und dem Gesetz zur Schaffung der Nationalen Volksarmee und des Ministeriums für Nationale Verteidigung zu. Allerdings hatte es in keiner von ihnen vorher eine ungehinderte, alles Für und Wider behandelnde Diskussion darüber gegeben. Eine »Ohne-mich-Bewegung« gegen die Wiederbewaffnung wie in der Bundesrepublik konnte sich in der DDR nicht entfalten. Die Volkskammer und die Regierung, die Führungsgremien der Parteien und Massenorganisationen sowie alle Medien zeichneten in jener Zeit das Bild einer mehrheitlichen Zustimmung zu diesen Maßnahmen – ein Bild, das mancherorts angezweifelt, aber durch die Forschung bisher noch nicht widerlegt ist. Diese sicherheitspolitischen Entscheidungen wurden als notwendiger und gerechtfertigter Akt staatlichen Selbstbehauptungswillens erläutert und so von einer Mehrheit akzeptiert.

Wer heute über den Platz der NVA in der Geschichte nach-

denkt, darf insbesondere nicht jene einschneidenden Konsequenzen außer acht lassen, welche die Einbindung der DDR und der Bundesrepublik in sich feindlich gegenüberstehende Militärblöcke zeitigte:
sie machte die Wiederherstellung der staatlichen Einheit auf unabsehbare Zeit unerreichbar,
sie machte beide deutsche Staaten zu Frontstaaten im Kalten Krieg und die Grenze zwischen ihnen zur Grenze zwischen den Blöcken,
sie verwandelte das Territorium beider deutscher Staaten in das Hauptaufmarschgebiet der in Europa stationierten Streitkräfte dieser Blöcke und zu einem mit Waffen vollgestopften potentiellen Kriegsschauplatz.
Nun lagen den Bedrohungsängsten in Ost wie in West auch noch die im jeweils anderen deutschen Teilstaat stationierten Armeen, Luftflotten und Kernwaffen des gegnerischen Bündnisses zugrunde. Keine Rede konnte mehr davon sein, sie wären nur das Produkt ideologischer Vorurteile und Feindbilder. Wohl aber erhielten gerade sie dadurch neue Nahrung und konnten sich verfestigen. Schon gar nicht ließen sich diese Ängste dadurch verdrängen, daß beide Seiten erklärten, ihre Rüstungen dienten nur der eigenen Sicherheit, nicht aber der Bedrohung des Kontrahenten.
Kein Land, das es ernst nahm mit seiner Sicherheit, ist in ähnlicher Situation untätig geblieben. Sie alle leiteten aus ihrem Feindbild und ihren Bedrohungsängsten die Legitimität und Pflicht zu eigener Sicherheitsvorsorge auch mit militärischen Mitteln ab.
Hier sei ein erster Punkt zur Markierung des Platzes der NVA in der Geschichte gesetzt: Die NVA entstand als Ausdruck des Selbstbehauptungswillens und Machtanspruchs eines Gesellschaftssystems, das als historische Alternative zum imperialistischen antrat; sie entstand zudem als Ausdruck des Selbstbehauptungswillens der DDR, die – als Produkt des Ost-West-Konflikts entstanden – eine legitime Alternative zum zerschlagenen NS-Staat bildete. Die NVA stand für einen Staat, der sich bedroht fühlte und der das Recht auf individuelle und kollektive Selbstverteidigung wahrnahm. Sie stand für einen Staat, der in seiner Außen- und Militärpoli-

tik mit der des imperialistischen Deutschland gebrochen hatte und der darauf hinwirkte, daß von Deutschland nie mehr Krieg ausgehe.
Hierin vor allem dürften die Gründe liegen, die der NVA in all den Jahren seit 1956 bei einer unterschiedlich großen Mehrheit der Bevölkerung Akzeptanz verschaffte. Soziologische Untersuchungen zeigen. daß Maßnahmen zur Verteidigung zwar nicht gerade für wünschenswert, aber von der Mehrzahl der Bürger doch für notwendig und berechtigt gehalten wurden. Schon 1956 bekundeten über 60 % ihre persönliche Verteidigungsbereitschaft und in der Mitte der 70er sowie noch einmal zu Beginn der 80er Jahre stieg diese Zahl auf etwa 85 % an. Sogar noch in einer soziologischen Untersuchung vom Mai 1989,wurde die Frage nach der persönlichen Verteidigungsbereitschaft von 57 % der befragten Lehrlinge, von 63 % der befragten Arbeiter, von 65 % der befragten Studenten und von 72 % der befragten Angehörigen der Intelligenz zustimmend beantwortet.[14]

3. Eingebunden in den Warschauer Pakt
Die Einbindung in den Warschauer Vertrag brachte der DDR die Sicherheit die sie allein nicht gewährleisten konnte. Die Gegenleistung dafür bestand darin, daß die DDR bei ihren militär- und sicherheitspolitischen Entscheidungen die Sicherheitsinteressen der führenden Macht des Bündnisses, der Sowjetunion, als übergeordnet zugrunde legen mußte. Angesichts des Beitrages der Sowjetunion und ihrer Streitkräfte zur Befreiung des deutschen Volkes vom NS-Regime sowie ihrer Rolle als stärkster Macht in diesem Bündnis – der einzigen, die globalstrategische Verantwortung trug und strategische Kampfmittel besaß – fanden wir Soldaten es normal, daß ihrer Stimme in diesem Bündnis auch besonderes Gehör geschenkt wurde. Das stand für uns nicht im Widerspruch zu der Überzeugung, daß die DDR und ihre Armee gleichberechtigtes Mitglied im Bündnis sei. Die Bürger der DDR hörten und lasen ja auch in allen Verlautbarungen, daß die Grundlinien der Außen- und Sicherheitspolitik gemeinsam erarbeitet und abgestimmt wurden. Die Offiziere der NVA

erlebten die sowjetischen Offiziere in aller Regel als verläßliche Kameraden und Waffenbrüder. Nur einzelne machten Bekanntschaft mit jenen wenigen Befehlshabern oder Kommandeuren der Sowjetarmee, die sich in der DDR noch immer als Vertreter einer Besatzungsmacht aufführten.
Keiner der Soldaten der NVA fühlte sich berufen oder in die Pflicht genommen, auf den Spitzen der Bajonette den Sozialismus nach Westen zu exportieren. Sie fühlten sich nicht als »Hiwis« einer aggressiven Sowjetunion, sondern als Verbündete dieses Landes, das in den Jahrzehnten des Ost-West-Konflikts den entscheidenden Beitrag zur Sicherheit des eigenen Landes leistete.
Hinter die Kulissen der Beziehungen DDR – UdSSR aber konnte kaum einer sehen. Vom Verhältnis zwischen dem Moskauer und dem Berliner Politbüro oder zwischen dem Moskauer und dem Strausberger Verteidigungsministerium, von der Rolle des Oberkommandos der Vereinten Streitkräfte oder solcher Gremien wie des Komitees der Verteidigungsminister erfuhren selbst Generale nur das, was die offiziellen Kommuniques verlautbarten.
Überblicken ehemalige Berufssoldaten der DDR vom heutigen Stand ihrer Erkenntnis die sicherheitspolitischen Konsequenzen der Einbindung der DDR in das von der UdSSR dominierte Warschauer Bündnis, so müssen sie manche ihrer früheren Ansichten korrigieren.[15] Das gilt auch für den Autor dieses Beitrages.[16] Gewiß gewährleistete diese Einbindung der DDR Sicherheit, aber nur solange, wie die UdSSR meinte, diesen Vorposten zu ihrer eigenen Sicherheit zu benötigen. Gewiß gab es kollektive Bündnisorgane, doch fielen die grundlegenden sicherheitspolitischen Entscheidungen letztlich in Moskau und unter vorrangiger Beachtung der sowjetischen nationalen Sicherheitsinteressen. Gewiß gab es demokratische Elemente bei der Herbeiführung von Beschlüssen, doch letztlich war das Demokratieverständnis im Warschauer Pakt dominiert von der Anerkennung der führenden Rolle der KPdSU und der UdSSR. All das heißt nicht, daß die Teilnehmerstaaten des Warschauer Vertrages die Interessen ihres Landes generell den Wünschen, Forderungen und Empfehlungen aus Moskau untergeordnet hätten, doch deren Partei-

und Staatsführungen wußten – viel konkreter als die Bürger ihres Landes – recht gut um ihre Abhängigkeit von Moskau und die damit gezogenen Grenzen eigenständigen Handelns. Die NVA wurde von vornherein als Koalitionsarmee aufgebaut. Das erfolgte in Gliederung und Struktur, Bewaffnung, Ausrüstung und Ausbildung kompatibel zur Sowjetarmee. Auch die sowjetische Militärdoktrin wurde in ihren Hauptkomponenten übernommen. Dazu zählten auch die Ansichten über die Vorbereitung des Landes und der Streitkräfte auf die Abwehr einer Aggression sowie die Vorstellungen vom Verlauf und Ausgang eines möglichen Krieges. Daraus resultierten äußerst hohe Anforderungen an den operativen Ausbau des Landes, an technische und wissenschaftliche Leistungen für die Erhöhung der Verteidigungsbereitschaft und an eine ständig hohe Gefechtsbereitschaft der Truppe. Die bis 1987 gültige Doktrin orientierte im Falle eines feindlichen Überfalls auf eine offensive Kriegführung bis hin zur Zerschlagung des Aggressors auf dessen eigenem Territorium.

Diese Doktrin war keine der Aggression, sondern – so wird es in dem vom Generalinspekteur der Bundeswehr herausgegebenen Buch über die NVA festgestellt – sie »setzte apriorisch, daß ein Krieg NATO/Warschauer Pakt durch eine Aggression der NATO ausgelöst würde«.[17] In ihr schlugen sich vor allem die bitteren Erfahrungen aus der Anfangsperiode des deutsch-sowjetischen Krieges nieder. Sie hatten zu dem festen Vorsatz geführt: »So etwas darf uns nie wieder passieren.« Für diesen Vorsatz brachten wir NVA-Angehörigen Verständnis auf. Doch mit der Zeit stießen die überzogenen Forderungen an die Gefechtsbereitschaft auf Widerspruch – in den achtziger Jahren selbst bei den Chefs der Teilstreitkräfte. Aber auch deren Bedenken und Vorschläge wurden nicht gehört. Gegen die überzogenen Forderungen des sowjetischen Generalstabes an die Gefechtsbereitschaft der NVA wollte die politische Führung der DDR offenbar nicht angehen. Vielleicht, weil sie als eine Bestätigung ihrer eigenen Bedrohungsperzeption ausgegeben werden konnten. Vielleicht auch deshalb, weil sie dadurch ihre eigene Politik des faktischen Unterlaufens dieser Forderungen – in den achtziger Jahren waren stets mehrere

tausend Armeeangehörige zu Hilfsdiensten in die Volkswirtschaft abkommandiert – notdürftig kaschieren konnte.
General Naumann schreibt in dem von ihm herausgegebenen Buch »NVA – Anspruch und Wirklichkeit«, die Ergebnisse der darin enthaltenen Studien resümierend: »So wie die DDR sich in ihrer Sicherheitspolitik gänzlich in das sicherheitspolitische Konzept der UdSSR einfügte, so plante auch die DDR ihre Streitkräfteentwicklung und Kriegsoperationen im Rahmen sowjetischer Vorgaben ... Die NVA war somit Teil einer nicht nur angriffsfähigen, sondern konsequent auf Offensive ausgerichteten multinationalen Militärkoalition.«[18]
Das ist zutreffend. Möglicherweise aber hätte Generalfeldmarschall Helmut von Moltke wie einst gesagt, daß dies die Wahrheit, nichts als die Wahrheit, die volle Wahrheit, aber nicht die ganze Wahrheit sei.[19] Die erwähnte Passage ignoriert nämlich jene äußerst wichtige Aussage der gemeinsamen Militärdoktrin, die auch der Anlage aller Übungen der NVA zugrunde lag: Es ist die Aufgabe der Streitkräfte, die Errungenschaften des Sozialismus zuverlässig zu schützen. Die Staaten des Warschauer Vertrages werden niemals den Weg der Aggression beschreiten. Und erst dann folgt der Satz, daß die Streitkräfte im Falle einer Aggression den Auftrag haben, diese aufzuhalten, sie mit einer strategischen Offensive zu beantworten und den Aggressor auf seinem Territorium zu schlagen.[20]
Es gehörte zur Schizophrenie des Kalten Krieges, auf der einen Seite den atomaren Krieg als nicht mehr führ- und gewinnbar zu erklären, auf der anderen Seite jedoch in einem ununterbrochenen Prozeß vorhandene Waffen zu modernisieren und neue, noch vernichtendere zu entwickeln. Das taten bekanntlich beide Seiten, ebenso wie in Kommandostabsübungen, Manövern und Dokumenten der Zielplanung nicht nur der Warschauer Vertrag, sondern auch die NATO den Kernwaffeneinsatz auf gegnerisches Territorium vorsah. Während sich die Sowjetunion und ihre Verbündeten in dieser schizophrenen Situation als nicht in der Lage erwiesen, überzeugende Konzepte des Krisenmanagements zu entwickeln und damit ihre Militärdoktrin den neuen Erfordernissen anzupassen, waren und sind die USA und die NATO

damals und bis heute nicht bereit, auf ihre Doktrin des Kernwaffenerstschlages zu verzichten.
Das Bedrohungsgefühl blieb auf beiden Seiten immer gegenwärtig und erhielt auch immer neue Nahrung. Künftige Forschungen werden uns genauere Auskunft darüber geben, wo es echte Gründe für diese Bedrohungsperzeption gab, wo und weshalb die Situation auf der anderen Seite falsch beurteilt wurde bzw. wo und weshalb man eine Gefahr von außen wider besseres Wissen beschwor oder überhöhte.
Auch diese Situation ist zu beachten, will man den Platz der NVA in der Geschichte annähernd zutreffend bestimmen. Als weiterer Punkt zur Markierung dieses Platzes wäre also zu nennen: Die NVA war eine Koalitionsarmee, von der Supermacht des Bündnisses dominiert und in ihre Militärdoktrin eingebunden. Indem sie in den Jahrzehnten des Ost-West-Konflikts, in dem sich beide Seiten von der jeweils anderen bedroht fühlten und deshalb ihre militärische Stärke als Mittel der Abschreckung und Friedensbewahrung für notwendig hielten, ihren Beitrag zur Komplettierung des Warschauer Vertrages leistete, schuf sie Sicherheit für ihren Staat und trug zur Bewahrung des Friedens bei.[21]

4. Staat und Machtverständnis
Im Bedrohungsgefühl und im Sicherheitsbedürfnis der SED- und Staatsführung äußerte sich auch deren Machtverständnis. Einmal im Besitz der Macht, war sie nicht bereit, sich diese durch demokratische Wahlen in periodischen Abständen erneut legitimieren zu lassen oder sie nach dem Votum von Mehrheitsentscheidungen wieder abzugeben. Stalinistisches Machtverständnis ließ in keinem Land des Warschauer Paktes zu, daß sich die kommunistische Partei- und Staatsführung wirklich freien Wahlen stellte und damit den Weg zu einem demokratischen Machtwechsel öffnete.
Seit Gründung der Republik beanspruchte die SED die führende Rolle in Staat und Gesellschaft. Zur Begründung verwies sie vor allem auf den vermeintlichen Charakter der Epoche als der des Übergangs vom Kapitalismus zum Sozialismus, auf eine daraus abgeleitete historische Mission der Arbeiterklasse sowie darauf, daß sie deren mit einer wissenschaftlichen

Weltanschauung ausgerüstete Vorhut sei. Mit der Annahme einer neuen Verfassung der DDR im Jahre 1968 avancierte dieser Anspruch zum Verfassungsgrundsatz. Damit erhielt auch der ungeteilte Führungsanspruch der SED gegenüber der NVA verfassungsrechtliche Untermauerung.

Doch was mit dem Begriff von der führenden Rolle der Arbeiterklasse und ihrer marxistisch-leninistischen Partei umschrieben wurde, war in Wirklichkeit zur autoritären Führung der Parteispitze und des Parteiapparates über die Gesellschaft – einschließlich der Mehrheit der Parteimitglieder – geworden. Wie in der Sowjetunion bezeichnete man auch in der DDR als demokratischen Zentralismus, was zu einem bürokratischen degenerierte.[22] In diesem System waren die Vorstellungen des Machtzentrums Politbüro maßgebend dafür, was unter Demokratie zu verstehen sei. Weder von Seiten der Legislative noch der Exekutive und Jurisdiktive waren Entscheidungen denkbar, die den Auffassungen und der Politik dieses Zentrums zuwiderliefen. Es herrschte über die Ideologie, war ausgestattet mit dem Monopol der Situationsbeurteilung und überzeugt, stets die »richtige Entscheidung zur rechten Zeit« zu treffen.

Militärpolitische Fragen galten in der DDR wie in anderen Staaten auch als Machtfragen. Doch im Unterschied zu demokratischer Praxis ließ das Machtzentrum gerade auf diesem Gebiet keinerlei Abweichen von seinen autokratisch-zentralistischen Spielregeln zu. Grundlegende militärpolitische Entscheidungen – laut Verfassung der Volkskammer sowie den ihr rechenschaftspflichtigen Organen Nationaler Verteidigungsrat und Ministerrat vorbehalten – fielen im Politbüro. Allerdings erfuhren sie danach in der Regel noch eine dem vorherrschenden Demokratieverständnis entsprechende Legitimation – innerhalb der SED durch Beschlüsse von Parteitagen, staatsrechtlich durch solche der Volkskammer. Das muß zwar aus heutiger Erkenntnis in beiden Gremien wohl mehr als ein nachträgliches Abnicken denn als eine sorgfältig und allseitig geprüfte eigene Entscheidung gewertet werden. Doch das ändert nichts daran, daß sie damit nach DDR-Recht verfassungskonform und für alle Staatsorgane verbindlich waren.

In Machtfragen zeigten sich das Politbüro und der Parteiapparat auch gegenüber der eigenen Bevölkerung, selbst gegenüber den Mitgliedern der Partei, kaum dialog- und noch weniger kompromißbereit. Kritische Stimmen durchaus partei- bzw. systemverbundener Bürger erhielten, vielfach mit dem Hinweis auf »notwendige Klassenwachsamkeit«, keine Gelegenheit, sich öffentlich Gehör zu verschaffen. Regimekritikern oder -gegnern begegnete die Staatsgewalt mit administrativen oder repressiven Maßnahmen. In Machtfragen war das Machtzentrum zu keinen Zugeständnissen bereit, auch nicht in Form von Reformen innerhalb des Systems. So wurden – wie erst durch jüngste Forschungen bekannt geworden – schon zu Beginn des Aufbaus der bewaffneten Kräfte alle Versuche zu demokratischer Gestaltung ihres Innenlebens – wie etwa zur Schaffung einer Gewerkschaft der Volkspolizei oder zur Wahl von Vertrauensleuten – von Ulbricht und anderen Mitgliedern der Parteiführung zurückgewiesen.[23]

Ihre Macht nicht antasten zu lassen, war Axiom des Machtverständnisses der Führungen aller Staaten des Warschauer Paktes. Das betrachteten sie als notwendig sowohl zur Bewahrung des inneren wie des äußeren Friedens. Auf diesem Verständnis beruht auch der Beschluß des Politischen Beratenden Ausschusses der Staaten des Warschauer Vertrages über die Errichtung »eines stabilen Grenzregimes« an der Grenze zwischen der DDR und der Bundesrepublik. Die von der DDR praktizierte Grenzsicherung gegenüber der Bundesrepublik war in der Form nur möglich, weil sie gerade so auch den Sicherheitsvorstellungen der Sowjetunion entsprach.

Dem Politischen Beratenden Ausschuß folgend beschloß die Volkskammer das Grenzgesetz. Es erklärte Anschläge auf die Staatsgrenze zu Anschlägen auf die Souveränität der DDR und den Frieden, also zu Verbrechen. Sie waren damit Straftaten im Sinne des Strafgesetzbuches der DDR. Die in ihm enthaltenen Schußwaffengebrauchsbestimmungen besagten, daß die Schußwaffe zur Verhinderung solcher Straftaten »nur in solchen Fällen angewandt werden (darf), wenn die körperliche Einwirkung ohne oder mit Hilfsmitteln erfolglos blieb oder offensichtlich keinen Erfolg verspricht«[24]. Das Gesetz war der Öffentlichkeit bekannt, das Grenzgebiet für jeden sichtbar markiert.

In Durchführung dieser Gesetze kamen Menschen zu Schaden bzw. zu Tode. Sie wurden zu Opfern der restriktiven Ausreisepolitik der DDR-Führung und – wie auch Angehörige der Grenztruppen der DDR – zu Opfern des Ost-West-Konflikts. Jedes von ihnen war zuviel und ist zu bedauern. Es beruht jedoch auf einer Verkennung der Rechtslage. wenn dafür jene Soldaten juristisch zur Verantwortung gezogen werden, die durch ihr Dienst- und Treueverhältnis zur Verhinderung solcher Straftaten verpflichtet waren und dies im Sinne der exakten Vorgaben der Gesetze veranlaßten oder taten. Diese Soldaten konnten davon ausgehen, daß die Maßnahmen des 13. August 1961 als im Interesse der Erhaltung des europäischen Friedens liegend auch von den westlichen Regierungen toleriert worden waren, daß die Vollversammlung der Vereinten Nationen zu keiner Zeit Widerspruch gegen diese Rechtsakte der DDR erhoben und daß Erich Honecker als Vorsitzender des Staatsrates der DDR und Helmut Kohl als Bundeskanzler der BRD am 12. März 1985 bekräftigt hatten: »Die Unverletzlichkeit der Grenzen und die Achtung der territorialen Integrität und der Souveränität aller Staaten in Europa in ihren gegenwärtigen Grenzen sind eine grundlegende Bedingung für den Frieden«.[25]
Nach außen äußerte sich das Machtverständnis der Partei- und Staatsführung der DDR in der Zustimmung zur Breshnew-Doktrin. Ulbricht und Honecker bewerteten – wie auf dem Seminar der Molinari-Stiftung zur Rolle der NVA in internationalen Krisen- und Konfliktsituationen[26] nachgewiesen – Reformversuche auch in den »realsozialistischen« Nachbarländern als existentielle Bedrohung für die DDR und den Sozialismus. Deshalb z.B. unterstützten sie die völkerrechtswidrige Intervention des Warschauer Vertrages gegen die CSSR im Jahre 1968 nicht nur politisch-diplomatisch, sondern auch dadurch, daß sie zwei Divisionen der NVA in Bereitstellungsräume auf dem Territorium der DDR nahe der Grenze zur CSSR verlegten und zeitweilig unmittelbar sowjetischem Kommando unterstellten. Deshalb auch gehörte Honecker 1980 neben Breshnew, Husak und Shiwkow zu den Partei- und Staatschefs der Teilnehmerstaaten des Warschauer Vertrages, die eine militärische Intervention in Polen

für den Fall für notwendig erachteten, daß es der polnischen Führung nicht selbst gelingt, die Situation in ihrem Lande im Sinne »realsozialistischer« Verhältnisse zu stabilisieren. Doch auch hier blieb der NVA wie 1968 der Befehl zum Einmarsch in ein verbündetes Land – nach der Breshnew-Doktrin eine »internationalistische Hilfeleistung« – erspart.
Hier ist der Platz der NVA in der Geschichte mit einem weiteren Punkt zu markieren: Der Charakter der NVA als Volksarmee und ihr friedenspolitischer Auftrag nahmen Schaden durch die Entwicklung der DDR zu einem diktatorisch geführten Obrigkeitsstaat und das Machtverständnis seiner Führung. Zwar betrieb sie eine vom Volk mitgetragene Politik zur Gewährleistung der Sicherheit und des Friedens, beeinträchtigte und beschädigte diese aber selbst durch undemokratische bzw. völkerrechtswidrige Maßnahmen oder Vorhaben zur Sicherung ihrer machtpolitischen Existenz. Das wurde in der NVA in dieser Deutlichkeit nicht erkannt. So steht die NVA auch für den Schutz eines Staates, der autoritär statt demokratisch regiert wurde, dessen Führung sich einer demokratischen Gewaltenteilung und Machtkontrolle entzog. Sie erfüllte ihren Verfassungsauftrag in einem Staat, der seine Bürger flächendeckend überwachen ließ, der ihnen gewichtige politische Menschenrechte – z.B. das auf freie Ausreise – verweigerte und der gegen Andersdenkende mit Repressalien und Verfolgung vorging.

5. Persönliche Motive
Es war schmerzlich, die Fehlentwicklung des Staates und das stalinistische Machtverständnis sowie deren Konsequenzen für die NVA erkennen zu müssen. Wohl die meisten der ehemaligen Soldaten haben sich schon wiederholt gefragt, warum sie diese Entwicklung nicht früher erkannten, sich nicht dagegen auflehnten oder etwa gar den Dienst quittierten. Auch Bürger, die nicht in der DDR gelebt haben, stellen ihnen diese Frage. Nicht selten lautet sie mit entrüstetem Unterton: »Wie konnten Sie nur?« Und unausgesprochen hört man heraus: »Mir wäre das nicht passiert.«
Vielfältig waren die persönlichen Motive für die Aufnahme des Dienstes als Berufssoldat in der NVA. Sie reichten von der

aus verschiedenen Quellen gespeisten Hoffnung, eine grundlegende Wende in der deutschen Militärgeschichte mitgestalten zu können bis zur Suche nach einem Arbeitsplatz, der bei den einen persönlichen Neigungen entgegenkam, anderen einfach den Lebensunterhalt gewährleistete. Auch für die z.T. jahrzehntelange Ausübung dieses Dienstes sind die persönlichen Motive vielfältig. Mit Sicherheit aber spielte das Motiv Friedensbewahrung bei nahezu allen Berufssoldaten eine zentrale Rolle. Dieses Motiv war nicht »verordnet«, es war auch nicht nur durch Indoktrination aufgenommen, es entsprach dem Denken und Fühlen, der Hoffnung und meist auch der Überzeugung dieser Soldaten.

Ich will die Frage nach dem persönlichen Motiv des Dienstes in der NVA nicht für andere beantworten, da jeder darauf seine persönliche Antwort geben kann und muß. Für mich aber möchte ich antworten. Zum entscheidenden Einschnitt in meinem Leben wurde der Zweite Weltkrieg mit der sich anschließenden Kriegsgefangenschaft in der Sowjetunion. Schon das Kriegserlebnis selbst, mehr noch aber das nachträglich erlangte Wissen um den Charakter und die Ziele dieses von Hitlerdeutschland entfesselten Krieges sowie um die gegenüber anderen Völkern, vor allem denen der UdSSR, Polens und Jugoslawiens begangenen Verbrechen entsetzten und beschämten mich zutiefst. Man hatte uns Soldaten für verbrecherische Ziele mißbraucht. Das sollte mir nie wieder passieren. Und dann kam die Bekanntschaft mit dem Marxismus-Leninismus. Die Hoffnung auf eine neue Welt tat sich vor mir auf, auf eine Welt der sozialen Gerechtigkeit und des Friedens.

Ernst Nolte – der Sympathie für den Marxismus unverdächtig – schreibt in seinem Buch »Geschichtsdenken im 20. Jahrhundert«: »Der Marxismus war eine Geschichtsauffassung, die sich von allen anderen dadurch unterschied, daß sie zum enthusiastischen Glauben einer großen Anzahl von Menschen und zu einer politischen Bewegung wurde.« Der Marxismus war diejenige Geschichtsphilosophie, die nicht nur lebendig blieb, sondern die eine überwältigende Aktivität auslöste, weil »sie die Hoffnungen zahlloser Menschen auf sich zu ziehen wußte«.[27]

Ausgerüstet mit dieser Geschichtsauffassung, mit dem Wissen um zwei auf dem Boden des Imperialismus entstandene Weltkriege und mit meinen persönlichen Erfahrungen aus dem zweiten dieser Kriege gehörte auch ich zu jenen Menschen, die nicht nur auf eine neue, bessere Gesellschaft hofften, sondern an die Möglichkeit, sie zu errichten, glaubten. Als Weg dahin war mir nur einer bekannt geworden, der, den man den sozialistischen nannte. Und als die DDR diesen Weg einschlug, da konnte auch ich mich der Auffassung anschließen, daß sie des bewaffneten Schutzes zu ihrer Entwicklung bedurfte. Waren nicht das Schicksal der Pariser Kommune und der deutschen Novemberrevolution, die ausländische militärische Intervention gegen die junge Sowjetmacht und der Überfall Hitlerdeutschlands auf die Sowjetunion ausreichend Bestätigung dafür?
Ich wurde in der DDR Soldat, weil ich in ihr eine legitime Alternative zu einem imperialistischen Deutschland, vor allem zum vorangegangenen NS-Staat sah. Angesichts der aus dem Ost-West-Konflikt erwachsenden Kriegsgefahr und eines militanten Antikommunismus hielt ich die DDR für verteidigungsbedürftig und wegen ihres Anspruchs als Arbeiter-und-Bauern-Macht sowie ihres Friedensbekenntnisses für verteidigungswürdig.
Ein General der Bundeswehr, dessen soldatischer Werdegang zur selben Zeit und ebenso wie der meine begann, der aber seine »reeducation« in den USA erhielt und danach ein Studium der Politikwissenschaft in der Bundesrepublik absolvierte, sagte mir in einem Gespräch: »Ich kann nicht ausschließen, daß ich unter Ihren Bedingungen den gleichen Weg wie Sie gegangen wäre.«
Die NVA betrachtete ich als Ausdruck einer Wende in der deutschen Militärgeschichte. Dieser Staat DDR würde seine Armee nicht für Aggressionen um Kohle und Öl und auch nicht für rassenideologische Vernichtungsfeldzüge mißbrauchen. Sie würde das zu verteidigen haben, was uns als Errungenschaft galt: das gesellschaftliche Eigentum an den grundlegenden Produktionsmitteln, die soziale Sicherheit und ein bezahlbares Dach über dem Kopf für alle, die kostenlose medizinische Betreuung ebenso wie die kostenlose Schul-

und Hochschulbildung, einen Arbeitsplatz für jeden, der ihn wollte, Kitas und Jugendclubs, ein beachtliches Maß an Solidarität und an Kollegialität im Arbeitskollektiv u.a.m.
Heute weiß ich, wie teuer manches davon erkauft wurde, wie es vor allem mit einem Verlust an Demokratie und fehlender Bereitschaft zu notwendigen politischen und ökonomischen Reformen bezahlt werden mußte. Doch damals gehörten diese Dinge zu dem, was die DDR für uns verteidigungswert machte. Erst allmählich lernte ich auch begreifen, wie trügerisch Hoffnungen sein und wie unkritisch Erzeugungen machen können. In der Zwischenzeit mußte ich erkennen, daß mich meine Hoffnung in manchem getrogen hat und daß ich gegenüber der Weltanschauung, die ich als eine wissenschaftliche akzeptierte, sowie gegenüber der Politik der SED in einem Maße unkritisch wurde, das mich noch immer betroffen macht.
Mein Glaube an den Staat DDR als Alternative wurde auch dann noch nicht gebrochen, als ich erkennen mußte, daß er sich in manchem von seinem sozialistischen Anspruch entfernte. Das war nach meiner damaligen Ansicht weniger oder kaum systembedingt, vielmehr die Folge entweder von Umständen, die ihn dazu zwangen, oder aber einer fehlerhaften Politik der selbstgefälligen und überalterten Partei- und Staatsführung. Ich hielt den Staat noch für reformfähig. An seinem Friedenswillen und seiner Friedensbereitschaft zweifelte ich nicht.
Mit der Schlußakte von Helsinki 1975 verband ich die Hoffnung, daß die Regierung der DDR nun auch die Bestimmungen des Korbes drei der Schlußakte von Helsinki einhalten und es international zu wirklicher Abrüstung und durchgreifender Entspannung kommen würde. Meine Enttäuschung, daß sich diese Hoffnungen nicht erfüllten, war groß. Doch die Ursachen dafür sah ich nicht nur in der Halsstarrigkeit einer reformunwilligen DDR-Führung sowie in den sowjetischen SS 20 und der Intervention der UdSSR in Afghanistan. Ich sah sie entschieden mehr im erneuten Übergang der Carter-Administration auf Konfrontationskurs, in der von den USA betriebenen nuklearen Hochrüstung, sowie in der Unterstützung dieses Kurses durch maßgebliche

politische Kreise der Bundesrepublik. Eine erneute Bestätigung meines Glaubens an den friedensbewahrenden Auftrag der NVA erhielt ich, als der Vorsitzende des Nationalen Verteidigungsrates der DDR zu Beginn der Achtziger Jahre erklärte: »Jetzt erst recht alles für den Frieden«, und als er amerikanische wie sowjetische Atomwaffen meinte mit der Forderung: »Weg mit dem Teufelszeug.«
Erst als ich erkennen mußte, daß die politische Führung des Landes zu notwendigen Reformen im Innern des Landes weder fähig noch willens war und daß die immer offenkundiger werdende Krise des Regimes auch systembedingte Ursachen hatte, gehörte ich gemeinsam mit Persönlichkeiten wie den Schriftstellern Christa Wolf und Stephan Heym, den Künstlern Frank Beyer und Tamara Danz, den Theologen Friedrich Schorlemmer und Günter Krusche, den Bürgerrechtlern Sebastian Pflugbeil und Ulrike Poppe sowie anderen zu den Erstunterzeichnern des Aufrufs in dem es hieß: »Wie wir bisher gelebt haben, können und wollen wir nicht mehr leben.« Wir sprachen uns für eine grundlegende Reform des Staates aus und riefen dazu auf, »eine solidarische Gesellschaft zu entwickeln, in der Frieden und soziale Gerechtigkeit, Freiheit des Einzelnen, Freizügigkeit aller und die Bewahrung der Umwelt gewährleistet sind.«[28] Doch dafür war es – wie sich schließlich herausstellte – zu spät.
Ich habe mich seither wiederholt auch nach persönlichem Irrtum und persönlicher Mitverantwortung sowie danach gefragt, ob ich mich nicht vorher schon dem System hätte verweigern müssen. Dabei stieß ich beim Lesen des Lebensberichts eines höheren Offiziers der Wehrmacht auf Passagen, die ich hier nicht zur Rechtfertigung der Berufsoffiziere der NVA, wohl aber zum Nachdenken für jene zitiere, die sie vorwurfsvoll fragen: »Wie konnten Sie nur ... ?« oder »Warum haben Sie diesem System keinen Widerstand geleistet?«.
Der Autor schreibt, daß er Anfang 1942 noch »gedämpftes Vertrauen« in die oberste Führung des Reiches gehabt habe, sein Urteil aber zunehmend skeptischer geworden sei. Als Gründe nennt er u.a. »die jeder Vernunft widersprechenden Entscheidungen von höchster Stelle«, die ihm bekannt gewordenen Kriegsverbrechen, die er umschreibt als »Vorgän-

ge in den rückwärtigen Gebieten, die nicht nur das soldatische Anstandsgefühl verletzten, sondern auch gegen die Moral und das Völkerrecht verstießen«. sowie »die für uns zunehmend erkennbare Amoralität der Führung«.[29]
Auf die ihn selbst quälende Frage, warum er bis zum bitteren Ende diente, gibt er folgende Antwort: »Ich habe mich zu der mir anerzogenen und überlieferten Pflichterfüllung entschieden. Viele Ältere und Jüngere, auch Gegner des Regimes, haben das Gleiche getan. Geprägt von Begriffen der Vaterlandsliebe und des Dienstes am Gemeinwohl, glaubten wir, inmitten eines Krieges, auch wenn er sich dem Ende zuneigte, nicht ›aussteigen‹ zu dürfen, uns der Pflichterfüllung nicht entziehen zu können.«[30] Das Buch trägt den Titel »In der Pflicht«. Sein Autor ist der spätere Generalinspekteur der Bundeswehr, Ulrich de Maiziere.
Auch die Berufssoldaten der DDR entschieden sich für Pflichterfüllung gegenüber ihrem Staat. Sie taten das, weil er sich zu einer Politik des Friedens und der sozialen Gerechtigkeit bekannte, weil er Freiheit und Menschenwürde nicht an den Maßstäben einer profitorientierten Gesellschaftsordnung messen wollte, sondern an denen einer auf gesellschaftlichem Eigentum beruhenden (wobei ihnen erst nach 1990 der Unterschied zwischen gesellschaftlichem und Staatseigentum bewußt wurde). Dieser Staat hatte sie nicht in einen verbrecherischen Krieg verstrickt, hatte keinen Holocaust in Szene gesetzt, hatte nicht Hunderttausende in KZs einsperren und ermorden lassen. Er forderte von ihnen die Erfüllung eines Verfassungsauftrages und eingegangener Bündnispflichten, die in Übereinstimmung mit der Charta der Vereinten Nationen und dem Völkerrecht standen.
Nach dem Scheitern dieses Staates hatten auch seine Berufssoldaten Zeit und Möglichkeit, ihr Selbstverständnis von der DDR und ihrer NVA einer kritischen Prüfung zu unterziehen. Dabei wurde vielen von ihnen bewußt, daß der Widerspruch zwischen idealsozialistischem Anspruch und realsozialistischer Wirklichkeit tiefer und grundsätzlicher war, als sie ihn bisher wahrgenommen hatten. So sehen sie sich heute nicht mehr in der Lage, die willkürliche Einschränkung demokratischer Rechte und Freiheiten, die Verletzung bzw. Ver-

weigerung bestimmter politischer Menschenrechte sowie begangenes Unrecht gegenüber Andersdenkenden mit angeblichen Erfordernissen des Klassenkampfes zu begründen und zu rechtfertigen. Sie gelangten auch zu der bitteren Einsicht, daß ihr Dienst nicht nur dem Schutz des Friedens und dessen galt, was Bürgern der DDR sozialistische Errungenschaften waren, sondern auch dem Schutz eines staatenübergreifenden Systems, das ein stalinistisches war und das im Interesse seiner Machterhaltung sowohl in der Außen- wie in der Innenpolitik auch zum Mittel der Androhung und Anwendung militärischer Gewalt griff.

Der Prozeß kritischen Nachdenkens über den Staat DDR und dessen Politik sowie über Nationale Volksarmee und den Sinn militärischen Dienstes unter den Gegebenheiten der Sinnkrise des Krieges hatte unter den Berufssoldaten allerdings nicht erst im Herbst 1989 eingesetzt. Als ausschlaggebend hierfür erwiesen sich immer deutlicher sichtbare Krisenerscheinungen im Sozialismus und die Sinnkrise des Krieges.

Den Berufssoldaten war der Prozeß der Entfremdung einer wachsenden Zahl der Bürgerinnen und Bürger von ihrem Staat seit den Achtziger Jahren nicht entgangen. Auch sie erkannten oder spürten eine krisenhafte Entwicklung. die mehr war als bloßer Ausdruck von vorübergehenden Schwierigkeiten. Es war eine Wertekrise des Sozialismus, die alle realsozialistischen Staaten erfaßt hatte und Ausdruck der Fehlentwicklung des Systems, der gesellschaftlichen Stagnation und der (in den einzelnen Ländern unterschiedlich ausgeprägten) Unfähigkeit bzw. Unwilligkeit ihrer Führungen zu grundlegenden ökonomischen und politischen Reformen. Die vor allem mit dem Namen von Gorbatschow verbundene Politik von Glasnost und Perestroika schien eine Überwindung der Krise zu ermöglichen. Als sich dann aber die Führung der DDR dieser Politik verweigerte und keinerlei Bereitschaft zu notwendigen Reformen zeigte, da verstärkte gerade dies auch unter Berufssoldaten das Verlangen nach ebensolchen Reformen.

Über die Sinnkrise des Krieges wurde unter Offizieren schon seit Beginn der Achtziger Jahre diskutiert. Anfangs gab es aus der Führung des Ministeriums für Nationale Verteidigung heftige Widerstände gegen eine öffentliche Diskussion des Problems, weil sie als nachteilig für die Verteidigungsbereitschaft angesehen wurde. Doch an der Einsicht, das in einem Krieg der Systeme, noch dazu unter Einsatz von Kernwaffen, keines von beiden überleben würde, daß also ein solcher Krieg sinnlos wäre, weil er vernichten würde, was man zu schützen vorhatte, führte kein Weg vorbei. Von dort war es zwar nicht mehr weit, aber dennoch kein einfacher Weg bis zu der Konsequenz, daß das Wichtigste nicht mehr die eigene Sicherheit auf möglichst hohem Niveau, sondern die gemeinsame Sicherheit auf möglichst niedrigem Niveau sein müsse. Die neue Militärdoktrin des Warschauer Vertrages entsprach dieser Konsequenz. Sie machte nun auch gewissermaßen »bündnisamtlich« den Weg frei für die Verabschiedung von Feindbild und Haßerziehung.[31]

In dem Maße, wie den Berufssoldaten die Wertekrise des Sozialismus und die Sinnkrise des Krieges bewußt wurden und sie die Unfähigkeit oder Unwilligkeit der politischen Führung des Landes zu grundlegenden Reformen erkannten, verringerte sich auch ihr Vertrauen in diese Führung und ihre Bereitschaft, dieser weiterhin Gefolgschaft zu leisten. So stellten diese Erkenntnisprozesse »eine geistige Vorbedingung für das Verhalten der NVA in der demokratischen Revolution« von 1989 dar.[32] Nicht nur Wehrpflichtige. auch Berufssoldaten hatten die Notwendigkeit von Reformen in Staat und Armee erkannt. Sie brachten auch Vorschläge dafür ein, so z.B. über eine Militärdoktrin der DDR und zur Demokratisierung der NVA. Sie begannen auch mit deren Umsetzung, doch die Zeit reichte nicht, um über erste Ansätze hinaus zu kommen.[33]

An dieser Stelle sei ein letzter Punkt zur Markierung des Platzes der NVA in der Geschichte genannt: In der NVA wurde die Notwendigkeit grundlegender Reformen in Staat und Gesellschaft erkannt. Zwar wurde die Armee kein Motor dieser Reformen, marschierte sie nicht im Geiste Scharnhorsts an der Spitze des Fortschritts, aber sie begann mit Reformen an sich selbst und war – eingedenk ihres Namens »Volksarmee« – weder bereit noch willens, sich dem Prozeß der gesellschaftlichen Umgestaltung zu widersetzen oder gar mit mi-

litärischer Gewalt gegen das eigene Volk vorzugehen. Sie erhielt von ihrer politischen Führung auch keinen Befehl dazu. Und als die letzte Volkskammer den Beitritt der DDR zur Bundesrepublik beschloß, da war es – nach den Worten von Egon Bahr – »der Stolz dieser Armee, sich geordnet und diszipliniert einzubringen oder zu übergeben oder sich aufzulösen, jedenfalls ihre Geschichte zu beenden.«[34]
Ich erhebe mit den von mir genannten Punkten zur Markierung des Platzes der NVA in der Geschichte keinen Anspruch auf Vollständigkeit. Doch ich glaube, sie alle gehören zur Bestimmung dieses Platzes.

1. Weißbuch zur Sicherheit der Bundesrepublik Deutschland und zur Lage und Zukunft der Bundeswehr, o. O. 1994, S. 15 ff.
2. J. Schönbohm: Vorwort. In: NVA. Ein Rückblick für die Zukunft, hrsg. von Manfred Backerra, Köln 1992, S. 6.
3. Siehe hierzu H.-M.. Bernhardt: Voraussetzungen, Struktur und Funktion von Feindbildern. In: Feindbilder in der deutschen Geschichte, hrsg. von Ch. Jahr/U. Mai/K. Roller, Berlin 1994, S. 19 ff.; siehe auch A. Ostermann/H. Nicklas: Vorurteile und Feindbilder. München/Berlin/Wien 1976; Feindbild. Geschichte – Dokumentation – Problematik, hrsg. von G. Wagenlehner, Frankfurt a.M. 1989.
4. In der Erklärung »Über die Militärdoktrin der Teilnehmerstaaten des Warschauer Vertrages heißt es: »Sie betrachten keinen Staat und kein Volk als ihren Feind.« Zitiert nach Volksarmee, Nr. 23/1987.
5. So Generalleutnant von Scheven, zitiert nach: W. Scheler: (Ost) Deutsche Soldaten im geistigen Umbruch. In: Interdisziplinärer Wissenschaftsbereich Sicherheit (IWBS), Arbeitspapiere Heft 3, hrsg. von der Militärakademie »Friedrich Engels« 1990, S. 9.
6. Erbe NVA – Eindrücke aus ihrer Geschichte und den Tagen der Wende, hrsg. von der Akademie für Information und Kommunikation der Bundeswehr, München 1992; Armee für Frieden und Sozialismus – Die Geschichte der bewaffneten Organe der DDR, hrsg. von der Universität der Bundeswehr, München 1992.
7. R. Eppelmann: Wendewege. Briefe an die Familie, hrsg. von D. Herbst, Bonn/Berlin 1992; W.E. Ablaß: Zapfenstreich. Von der NVA zur Bundeswehr, Düsseldorf 1992; NVA. Ein Rückblick in die Zukunft, hrsg. von Manfred Backerra, Köln 1992; J. Schönbohm: Zwei Armeen und ein Vaterland. Das Ende der Nationalen

Volksarmee. Berlin 1992; Ein Staat – eine Armee. Von der NVA zur Bundeswehr, hrsg. von D. Farwick, Frankfurt a.M./Bonn 1992; Abenteuer Einheit. Zum Aufbau der Bundeswehr in den neuen Ländern, hrsg. von H.-P. Kirchbach/M.Meyers/V.Vogt, Frankfurt a.M./Bonn 1992;H.-J. Gießmann : Das unliebsam Erbe. Die Auflösung der Militärstruktur der DDR, Baden-Baden 1992; Die Nationale Volksarmee. Beiträge zu Selbstverständnis und Geschichte des deutschen Militärs von 1945 – 1990, hrsg. von D. Bald, Baden-Baden 1992; NVA – Anspruch und Wirklichkeit, hrsg. von K. Naumann, Berlin/Bonn/Herford 1993; Volksarmee schaffen – ohne Geschrei. Studien zu den Anfängen einer ›verdeckten Aufrüstung‹ in der SBZ/DDR 1947 – 1952, hrsg. von B. Thoß, München 1994.
8. NVA – Anspruch, wie Anmerkung 7,S. 9.
9. D. Schössler: Kurze Betrachtung der Geschichte und des Selbstverständnisses der NVA. In: Erbe NVA, wie Anm. 6, S. 5 ff.
10. P.-J. Lapp: Die NVA 1956 – 1990. Expertise für die Enquete-Kommission »Aufarbeitung von Geschichte und Folgen der SED-Diktatur in Deutschland«, Köln 1993, S. 68 f.
11. Voltaire in Brief an Valentin Philippe de Rocheret vom 14. April 1772.
12. Siehe Zeittafel zur Militärgeschichte der DDR 1949 -1988, 2. Aufl., Berlin 1988, S. 30 f.
13. Deklaration der Außenminister Albaniens, Bulgariens, Jugoslawiens, Polens, Rumäniens, der Tschechoslowakei, Ungarns und der UdSSR vom 24. Juni 1948. In: Dokumente zur Deutschlandpolitik der Sowjetunion, Bd. 1, hrsg. vom Deutschen Institut für Zeitgeschichte, Berlin 1957, S. 183 ff., Entwurf der Grundlagen eines Friedensvertrages mit Deutschland, unterbreitet von der Regierung der UdSSR am 10. März 1952. In: Ebd., S. 290 ff.
14. W. Friedrich: Veröffentlichte Befragungsergebnisse über politische Einstellungen und Identifikationen der DDR-Jugend zwischen 1970 und 1990 mit ausgewählten Tabellen aus Untersuchungen der Jugendforschung; siehe u.a. auch den Artikel Mentalitätswandlungen der Jugend in der DDR. In: Aus Politik und Zeitgeschichte. Beilage Das Parlament, H. 16 – 17/1990.
15. Siehe unter anderem J. Goldbach: Die Nationale Volksarmee – eine deutsche Armee im Kalten Krieg. In: Die Nationale Volksarmee, wie Anm. 7, S.125 ff.; siehe auch K. Harms: Im Oberkommando der Vereinten Streitkräfte. In: NVA, wie Anm. 7, S. 333 ff.
16. Zu diesen früheren Auffassungen siehe R. Brühl: Bündniserfahrungen. Gedanken zum 25. Jahrestag des Warschauer Vertrages. In: Militärgeschichte 2/1980, S. 133 ff.
17. NVA – Anspruch, wie Anm. 7, S. 51.
18. Ebd., S. 9.
19. Zitiert nach: E. Kessel: Moltke. Stuttgart 1957, S. 505.
20. Siehe Sowjetische Militärenzyklopädie. Auswahl, Berlin 1980, S. 12 f.

21. »Das deutsche militärische Potential. heute geteilt, dient der Komplettierung der beiden Sicherheitssysteme und schafft damit selbst Sicherheit für die beiden Teile Deutschlands.« So E. Bahr 1965. In: Sicherheit für und vor Deutschland, München/Wien 1991, S. 33.
22. Siehe H. Bock: Partei – Staat – bürokratische Kaste. In: Ansichten zur Geschichte der DDR, hrsg. von D. Keller, H. Modrow und H. Wolf, Bd. 3, Bonn/Berlin 1992, S. 78 ff.
23. Siehe G. Glaser: »Neuregelung der Polizeifragen« oder getarnte Bewaffnung der SBZ im Kalten Krieg? In: Hefte zur DDR-Geschichte Nr. 22, Berlin 1994, S. 12 ff.
24. Gesetzblatt der Deutschen Demokratischen Republik, Teil 1, Nr. 11 vom 29.3.1982, S. 201.
25. Zitiert nach Zeittafel zur Militärgeschichte, wie Anm. 12, S. 540.
26. Siehe hierzu L. Prieß: Die Furcht der SED-Führung vor der Sozialdemokratisierung der KPC, in: Die Nationale Volksarmee im Kalten Krieg, hrsg. von A. Prüfert, Bonn 1995, S. 77 ff. und W. Markus: Die NVA und die Ereignisse in Polen 1980/81. In: Ebd., S. 101 ff.
27. E. Nolte: Geschichtsdenken im 20 Jahrhundert. Von Max Weber bis Hans Jonas. Berlin, Frankfurt a.M. 1991, S. 596.
28. Für unser Land. In: Neues Deutschland vom 29.11.1989.
29. U. de Maiziere: In der Pflicht. Lebensbericht eines deutschen Soldaten im 20. Jahrhundert. Herford/Bonn 1989, S. 81 f.
30. Ebd., S. 101.
31. Siehe Anm. 4.
32. W. Scheler: Die Sinnkrise des Militärs. Eine geistige Vorbedingung für das Verhalten der NVA in der demokratischen Revolution. In: Die Nationale Volksarmee m Kalten Krieg, wie Anm. 26, S.133 ff.
33. M. Kutz: Demokratisierung der NVA? Die verspätete Reform 1989/90. In: Die Nationale Volksarmee, wie Anm. 7, S. 87 ff.
34. E. Bahr: Vorwort. In: H.-J. Gießmann: Das unliebsame Erbe, wie Anm. 7, S. 10 f.

Oberst a. D. Prof. Dr. sc. Klaus Schirmer

Der Auftrag der Nationalen Volksarmee – Kontinuität und Wandel

(November 1997)

Die NVA wurde am 1. März 1956 gegründet; ihre Existenz endete am 3. Oktober 1990. In etwa 34 Jahren haben über 2,5 Millionen Menschen in ihr gedient, wurden in den verschiedenen Teilstreitkräften und Waffengattungen sowie auf unterschiedlichen Ebenen ausgebildet. Die meisten von ihnen absolvierten den militärischen Dienst, wie wir wissen, nicht mit dem Gefühl enthusiastischer Begeisterung, wohl aber aus der Einsicht, daß ein äußerer Schutz der DDR notwendig sei.
Die Ausbildung war das Hauptfeld, auf dem sich die Funktionalität der Armee bewegte. Manöver und Übungen – in den 60er Jahren vielfach noch unter politisch-demonstrativem Aspekt angelegt, später jedoch zunehmend auf reale militärische Erfordernisse orientiert – waren als Konstanten in diesem Bereich impliziert. Einsätze von Truppenteilen und Einheiten bei besonderen Anlässen, in Notsituationen und bei Havarien, zur Hilfeleistung für die Volkswirtschaft, aber auch die Vorbereitung und Durchführung der Paraden am 1. Mai und später am 7. Oktober beanspruchten viel Kraft und Energie. Sie bewirkten nicht selten auch erhebliche Abstriche an den Ausbildungsprogrammen, bewegten sich aber prinzipiell innerhalb dieses Hauptfeldes. Auf einer anderen Ebene freilich lagen jene Handlungen, die im Seminar der Karl-Theodor-Molinari-Stiftung zur Rolle der NVA in Krisen und Konflikten dargestellt und diskutiert worden sind. Obwohl der Einsatz von Verbänden und Truppenteilen in der Regel nur Tage oder Wochen umfaßte und – was namentlich die Ereignisse in der Tschechoslowakei 1968 und Polen 1980/81 betrifft – im Rahmen einer militärischen Vorbereitung blieb, bestand hier eine unverkennbare Tendenz, den Boden des Verfassungsauftrages zu verlassen. Ein Charakte-

ristikum dieser Vorgänge, die unter dem Junktim internationalistischer Hilfe konzipiert und begründet wurden, bestand darin, daß sie sich innerhalb der Grenzen des damaligen Warschauer Vertragssystems abspielten. Spätestens seit dem Wiener Treffen Kennedys und Chrustschows vom Frühjahr 1961und der dort (allerdings nur im Hinblick auf Europa) bekräftigten Status-quo-Position gingen die Führungen der UdSSR, der DDR und anderer Staaten des Warschauer Vertrages davon aus, im eigenen Machtbereich relativ unbeschadet so handeln zu können, wie es ihre Machtinteressen erforderten. Die später so bezeichnete Breshnew-Doktrin hatte hier einen, wenn auch nicht den alleinigen Ausgangspunkt. Die Annahme, daß der Zweck die Mittel heilige hat sich allerdings als zutiefst verhängnisvoll erwiesen, wie der Zerfall des sozialistischen Bündnissystems gezeigt hat. Dies gilt erst recht für die Umkehrung: Die Summierung unheiliger Mittel machte den Zweck, die sozialistische Zielsetzung nicht besser, nicht dauerhafter, nicht heiliger.

Die Charakteristik des Auftrages der Nationalen Volksarmee kann nicht daran vorbeigehen, daß dieser Auftrag im Wesen dem anderer Armeen des Warschauer Vertrages adäquat war, wenn sie im sachlichen Rahmen bleiben will. Über Jahrzehnte hinweg war dafür eine alle anderen Faktoren überlagernde globale Interessenlage bestimmend. Allerdings bediente sich keine andere östliche Armee der Formulierung eines »Klassenauftrages«, in der sich Grundelemente der Militärdoktrin mit einer spezifischen ideologischen Einfärbung vermischten. Geholfen hat dies wenig bis gar nicht.

Die besondere Problematik der NVA besteht darin, daß ihre Genesis heute primär aus der Zäsur des Endpunktes, dem Zerfall und Untergang des Staates, dem sie diente, beurteilt wird. Hier besteht zugleich ein wichtiger Unterschied zu anderen Armeen des damaligen Warschauer Vertrages, deren Identität trotz großer gesellschaftspolitischer Umwälzungen weitgehend erhalten blieb.

Der militärische Auftrag der Nationalen Volksarmee, der sich aus der Verfassung der DDR und den darauf beruhenden Gesetzen ableitete, wurde eindeutig durch äußere Faktoren determiniert. Zweifellos kam es in den verschiedenen Entwicklungsetappen der DDR-Streitkräfte, die wesentlich mit der Einbindung in die Vereinten Streitkräfte des Warschauer Vertrages, mit dem Verlauf des Kalten Krieges, aber auch mit dem jeweiligen Niveau der Technik und Bewaffnung zusammenhingen, zu Schwerpunktverlagerungen und unterschiedlichen Akzenten. Immer aber enthielt der militärische Auftrag im Grunde zwei alternative Aufgaben: erstens die Verteidigung des Friedens und zweitens die Verteidigung der eigenen Werte in einem möglichen Verteidigungskrieg. Zwar war im Referat des Ministers für Nationale Verteidigung zur Auswertung des Ausbildungsjahres 1961/62 von einer inneren Funktion der Streitkräfte gesprochen worden – was dazu verlautbart wurde, war jedoch nichts anderes als die (ähnlich wie für die Bundeswehr entsprechend Artikel 87a(4) des Grundgesetzes) Forderung, die Truppen auf mögliche Einsätze bei Katastrophenlagen einzustellen sowie bei innerem Notstand andere Organe unterstützen zu können.

Eine Aufgabenstellung an die Armee zur Bekämpfung innerer Unruhen (dies wäre die eigentliche innere Funktion) war prinzipiell weder in der ersten noch in der 68er Verfassung vorgesehen. Es gab auch kein Gesetz der Volkskammer, das diesen Aspekt anders gesetzt hätte. Allerdings zeigen inzwischen zugängliche Dokumente, daß diese Linie zumindest in Auswertung der Ungarnereignisse 1956 zeitweilig unterlaufen wurde. So gab es den von der Sicherheitskommission des ZK der SED unter Leitung E.. Honeckers vorbereiteten Politbüro-Beschluß vom 8.11.1956 über »Maßnahmen zur Unterdrückung konterrevolutionärer Aktionen«. Das Dokument ging von einem von außen gelenkten inneren Feindpotential aus und sah eine 3-Etappen-Planung vor. Truppenteile und Einheiten der NVA sollten in der 2. Etappe (wenn die Kräfte des MdI in der 1. nicht ausgereicht hätten), Truppenteile der GSSD auf Hilfeersuchen in der 3. Etappe zum Einsatz kommen. Konkrete Bestimmungen für den Einsatz der NVA enthielten die Direktiven 5/57 und 4/59 des Ministers für Nationale Verteidigung.

Auf Beschluß des Nationalen Verteidigungsrates vom 6.4.1962 wurde diese gesamte Dokumentation außer Kraft gesetzt. Dabei wurde übrigens eindeutig formuliert, daß die innere Sicherheit der DDR ausschließlich durch die dafür vorgesehenen Kräfte und nicht durch die NVA zu gewährleisten sei.

Die Formulierung einer »inneren Funktion« ist in der Folgezeit nicht mehr aufgetaucht; sie entsprach ohnehin nicht den Realitäten. Auf mögliche Korrelationen bei den Ereignissen vom Herbst 1989 möchte ich verzichten, da Prof. Hanisch in seinem Beitrag (siehe S. 609 ff. dieses Buches) darauf eingeht.

Da die Nationale Volksarmee von Anbeginn unter dem Blickwinkel einer kollektiven Verteidigung der Staaten des Warschauer Vertrages aufgebaut wurde, war ihr militärischer Auftrag im Kern durch die im Bündnis dominierende sowjetische Militärdoktrin und -strategie geprägt. Den Ausgangspunkt, den bestimmenden Ansatz bildete stets eine Generalprämisse – die Identität von Frieden und Sozialismus. Der Weltfriede galt als gesichert, wenn der Sozialismus stark genug war, jeden Versuch des imperialistischen Gegners zur Veränderung des Kräfteverhältnisses im Keim zu ersticken.

Diese zum Dogma erhobene Position unterlag zweifellos in den Jahren bis 1989 einer Reihe von Modifikationen. Der Wesensinhalt war jedoch bis zu den Anfängen der Perestroika mehr oder weniger gleichbleibend; er bestimmte die Militärdoktrin des östlichen Bündnisses. Modifikationen ergaben sich in der Regel aus Veränderungen politischer, ökonomischer und militärischer Bedingungen – was letztere betrifft, speziell durch Mutationen in den Auffassungen über die Unvermeidlichkeit von Kriegen, das militärische Gleichgewicht, die Theorie über die Verhinderung von Kriegen sowie die Hinlänglichkeit der militärischen Kräfte und Mittel.

In keiner Version, die den militärischen Auftrag der NVA definierte, waren Eroberungsabsichten oder Ansprüche auf Territorien anderer Staaten definiert. Prinzipiell bildete eine vorausgesetzte Aggression der anderen Seite den Ausgangspunkt. Diese Konzeption hat sehr viel mit zwei Umständen zu tun: Jalta und Potsdam hatten einen Rahmen abgesteckt, der im Grunde nicht mehr zu durchbrechen war, es sei denn um den Preis eines Krieges, wahrscheinlich eines Weltkrieges. Zu beachten ist aber auch, daß sich in den Jahren nach 1945 in der kommunistischen Bewegung in der Koexistenzfrage eine Entwicklung mit gravierenden Einschnitten vollzogen hat, die mit einer tiefgreifenden Umbewertung des Potentials (auch des »revolutionären«) der kapitalistischen Welt verbunden war. Die euphorische Sicht des Liedes »Tragt über den Erdball, tragt über die Meere die Fahne der Arbeitermacht...« war vorbei. Angesagt war die Erhaltung des Bestehenden. Was die Reflexion im militärischen Bereich betraf, so wurde bis etwa 1987 an der Auffassung festgehalten, die verbündeten Streitkräfte müßten in der Lage sein, eine Aggression schnell mit einer Gegenoffensive zu beantworten, diese auf das Territorium des Gegners zu tragen und dessen Hauptgruppierungen eine vernichtende Niederlage zuzufügen.

Vergegenwärtigt man sich den Kampfbestand der NVA, selbst jenen der 80er Jahre, so wird klar, daß die DDR-Streitkräfte niemals allein in der Lage gewesen wären, das Territorium, den Luftraum und das Küstenvorfeld des Landes zu verteidigen, geschweige denn Angriffshandlungen großer Tiefe zu führen. Im Kriegsfall hätte folglich vor allem die in der DDR stationierte Gruppe der sowjetischen Streitkräfte in Deutschland (später Westgruppe) mit ihren fünf Feldarmeen und der 16. Luftarmee die Aufgabe gehabt, einen ersten Schlag abzuwehren und zu Angriffshandlungen überzugehen.

Struktur, Ausbildung und Ausrüstung der NVA waren insgesamt so gestaltet, daß die Landstreitkräfte mit sechs aktiven und fünf Mobilmachungsdivisionen in der ersten operativen Staffel der ersten strategischen Staffel der 1. Westfront (und mit Teilen mit der Küstenfront), die Volksmarine im Rahmen der Vereinten Ostseeflotte und die Luftstreitkräfte im System der Luftverteidigung der Vereinten Streitkräfte des Warschauer Vertrages bzw. im unmittelbaren Zusammenwirken mit der 16. Luftarmee handeln konnten. Begrenzten stationären Kräften der NVA waren im Rahmen der territorialen Verteidigung Aufgaben gestellt. Sie bestanden in erster Linie in der Sicherung der Nachschubwege, der Verkehrsknotenpunkte sowie wichtiger Objekte. Daraus ergibt sich schon: Aus operativer Sicht war die höchste von der NVA besetzte Kommandoebene die Armeegruppierung. Die von Stäben der NVA eigenständig ausgearbeiteten Ernstfall-Dokumente

reichten bis in die Konzentrierungs- bzw. Verteidigungsräume. Dort wäre eine Umunterstellung erfolgt.
Die bis in die erste Hälfte der 60er Jahre vertretene (allerdings schon damals mit Diskussionen verbundene) Auffassung über eine eventuell unumgängliche Führung von Präventivschlägen wurde in den 70er Jahren zurückgenommen. Sie wurde durch die Idee der am Kriegsbeginn stehenden strategischen Verteidigungsoperation ersetzt. Dabei wurde dem Übergang zum entschlossenen Angriff als Hauptmethode zur Erringung des Sieges weiterhin entscheidender Stellenwert beigemessen. Diese hier nur knapp skizzierte Anlage des militärischen Auftrages der NVA ist nur zu verstehen, wenn sie im Kontext mit der Bedrohungsproblematik untersucht wird. Beide Seiten gingen in jenen Jahren prinzipiell von einer aggressiven Gesamtkonzeption der anderen Seite aus. Auf der Seite des östlichen Militärbündnisses und damit auch in der NVA wirkten spezifische Umstände und Faktoren darauf ein, daß sich ein übersteigertes, in sich mit zahlreichen Widersprüchen behaftetes Sicherheitstrauma entwickelte. Wahrgenommene oder empfundene Bedrohungen wurden nicht so sehr nach der Wahrscheinlichkeit ihrer Realisierung verarbeitet, sondern mit Blickrichtung auf den schlimmsten Fall. Da andere Hypothesen weitgehend im Tabubereich lagen, setzte sich die analytische Tätigkeit selbst Grenzen. Die Auswirkungen – so eine außerordentlich hohe Dienstbelastung der Offiziere, die Forderung nach 85prozentigem Präsens in den Kasernen usw. – sind hinlänglich bekannt. Es sind wohl vor allem vier Faktoren, die eine derartige Ausprägung des worst-case-Denkens und der entsprechenden Praktiken bewirkten. Das sind erstens kriegsgeschichtliche Erfahrungen, namentlich die der verlustreichen Kämpfe in der Anfangsperiode des Großen Vaterländischen Krieges, verbunden mit der Schlußfolgerung, ein 22. Juni 1941 dürfe sich sie wiederholen. Später hat in diesem Zusammenhang besonders die Auswertung der vier Nahostkriege keine geringe Rolle gespielt. Zweitens ist zweifellos die Wirkung stalinistisch geprägter Strukturen und Mechanismen zu beachten. Die Einflüsse von Willkür und Subjektivismus in Entscheidungprozessen, ungenügendes Vertrauen in die Menschen und die Dominanz enger Machtinte-

ressen haben stark darauf eingewirkt, daß Komponenten wie Realismus, Effizienz, Leistungsbewertung etc. nicht entfaltet, sondern zurückgedrängt wurden. Eng damit verbunden ist ein dritter Faktor: Die Entwicklung und die Geschichte des sogenannten realen Sozialismus ist von Anbeginn mit einer starken Orientierung auf Extensivierung, auf extensive Lösungen verknüpft. Das hat wesentlich, aber nicht nur mit den Ausgangsbedingungen des wirtschaftlichen und wissenschaftlich-technischen Niveaus zu tun. Ein Grund dafür ist auch, daß selbst in den 70er und 80er Jahren, als die neue Stufe der wissenschaftlich-technischen Revolution überdeutlich in eine andere Richtung drängte, weder die Kraft und die Mittel noch der ernsthafte Wille gegeben waren, um eine über Jahrzehnte eingefahrene Spur zu verlassen. Und viertens schließlich sind militärökonomische Zusammenhänge zu berücksichtigen. Die Genesis des Wettrüstens setzte in den sozialistischen Ländern (wenn in unterschiedlichem Maße, auf jeden Fall in der Sowjetunion am stärksten) Prioritäten, die nicht mehr ernsthaft erschüttert werden konnten, wenn sie erst einmal verankert waren. Trotz bestimmter einseitiger Abrüstungsinitiativen der UdSSR bewegte sich die Rüstungsspirale aufwärts. Als die reale Gefahr des Totrüstens in der Sowjetunion Mitte der 80er Jahre erkannt wurde, waren Zeit und Möglichkeit einer prinzipiellen Korrektur nicht mehr gegeben, obwohl sie unter Gorbatschow versucht wurde.

Was die DDR betrifft, so spielten ihre vorgeschobene Stellung an der Trennlinie der Systeme und Militärbündnisse, ihre besonders allergische Position durch die Verflechtung von allgemeiner Ost-West-Konfrontation mit Spannungsverhältnissen in den deutsch-deutschen Beziehungen immer eine besondere Rolle. Wenn in Untersuchungen in der Bundesrepublik unter den damaligen Bedingungen stets der Aspekt einer besonderen Verwundbarkeit im Kriegsfalle hervorgehoben wurde, weil etwa 30% der Bevölkerung und 25% des wirtschaftlichen Potentials in einem Streifen von nur 100 km entlang der Grenze zur DDR und zur CSSR angesiedelt waren, so galt das für die DDR in noch höherem Maße. Jede militärische Handlung selbst auf operativer Ebene – bei den Landstreitkräften mit einer potentiellen Angriffstiefe von 80-100 km und für die Luftstreitkräfte von einigen Hundert Kilometern – hätten eine strategische Bedrohung bedeutet. Es ist davon auszugehen, daß vier bis fünf Kriegstage in der Auswirkung fünf Jahren des Zweiten Weltkrieges gleichzusetzen gewesen wären. Schon aus diesen Gründen konnte die DDR nicht an der Entfesselung eines Krieges interessiert sein. Das Problem liegt folglich auf einer anderen Ebene: reale Faktoren gegenseitiger Bedrohung wurden nicht zum Anlaß genommen, aus dieser Situation herauszukommen, sondern wurden benutzt, klischeehafte Feindbildvorstellungen zu befestigen.

Zwei Umstände verstärkten die Sicherheitsallergie besonders in der Führung der DDR. Zum einen nahm vor allem in Zeiten der Zuspitzung, in Krisensituationen die Druck- und Sogwirkung der Bundesrepublik Deutschland auf die inneren Verhältnisse der DDR zu. Das Szenario eines parallelen Prozesses von innerer Destabilisierung, einer »Konterrevolution«, und äußerer Hilfeleistung durch die – möglicherweise von der UNO ermächtigte – NATO ließ sich seit den Ungarnereignissen von 1956 im sicherheitspolitischen Denken nicht mehr verdrängen. Zum anderen nahmen in der DDR-Führung seit den Vorgängen von 1968 in der CSSR und sicher noch gravierender angesichts der Ereignisse in Polen 1980/81 die Befürchtungen zu, die DDR könne im Zusammenhang mit gesellschaftspolitischen Veränderungen in den genannten Ländern eine grundlegende Veränderung ihrer strategischen Stellung erleiden.

Erst mit der in der Sowjetunion beginnenden Perestroika setzten sich auch im sicherheits- und militärpolitischen Bereich veränderte Positionen durch, die u.a. in der im Mai 1987 verkündeten neuen Militärdoktrin ihren Niederschlag fanden. Sie enthielt im Vergleich mit der Doktrin der 60er Jahre durchaus neue, bedeutsame Ansätze. Der wohl wichtigste lag in der Erkenntnis, daß unter Bedingungen des nuklearen Zeitalters ein mit Raketen-Kernwaffen geführter Krieg den Untergang der europäischen Zivilisation bedeuten könnte. Hinsichtlich nichtnuklear geführter Kampfhandlungen blieb dieser Ansatz inkonsequent. So orientierte die neue Militärdoktrin im Falle militärischer Handlungen der NATO gegen den Warschauer Vertrag darauf, dem Aggressor eine vernichtende Abfuhr zu erteilen. Andererseits richtete sich die konzeptionelle Idee darauf, Kriege zu verhindern, Krisen zu bewältigen und, sollte das nicht gelingen, einen Verständigungsfrieden auf der Geschäftsgrundlage Wiederherstellung der alten Lage zu erreichen. In Diskussionen zu Widersprüchlichkeiten der Militärdoktrin wurde seinerzeit vielfach betont, auch militärwissenschaftlich sei alles zu Ende gedacht, nur sei dieser Teil der Vorstellungen top secret. In Wirklichkeit war noch vieles offen. Das hing in erster Linie damit zusammen, daß eine Reihe von Voraussetzungen zur Umsetzung der Doktrin – z.B. der Abbau angriffsfähiger Potentiale, die Erreichung eines Niveaus vernünftiger (oder, wie später formuliert, minimaler) Hinlänglichkeit oder die politische und militärische Berechenbarkeit von Handlungen in Konfliktsituationen – zwar einseitig erklärt, aber nicht einseitig realisiert werden konnten. Das betraf auch die Möglichkeiten und Grenzen der strategischen Verteidigung, der nunmehr das Primat zugesprochen wurde.

Bei alledem bleibt festzuhalten: Die in der zweiten Hälfte der 80er Jahre namentlich von der Sowjetunion ausgehenden neuen Signale und Impulse begünstigten den auch in der NVA vor sich gehenden Umdenkungsprozeß. Sie lockerten den Boden für Erkenntnisse und Schlußfolgerungen, die zuvor nicht ausgesprochen werden konnten, und zwangen Vertreter dogmatischer Positionen sowie ausgesprochene hardliner verstärkt zum Manövrieren, aber auch zu rabulistischen Konstrukten.

Als sich die Unzufriedenheit breiter Bevölkerungsschichten im Herbst 1989 offen artikulierte, war die NVA in eine Situation gestellt, die in dieser Weise wohl keinen geschichtlichen Vergleich kennt. Es kam zu einer Interimsphase, die vor allem durch zwei Tendenzen gekennzeichnet war: einerseits durch ernsthafte Bemühungen der nunmehr in der DDR dafür Verantwortlichen, die Handlungsfähigkeit der NVA auf der Grundlage eines demokratischen Gesamtmechanismus zu erhalten, andererseits von der durch Agonie und Zerfall gesellschaftlicher Verhältnisse in der DDR, aber auch durch starken Druck des Faktors Bundesrepublik bestimmten Tendenz der Auflösung. Das mußte sich auch auf den letzten Ver-

such auswirken, den militärischen Auftrag der NVA neu zu bestimmen. Es konnte das in dieser Übergangsphase ohnehin nur ein unscharfer Auftrag sein, zumal nunmehr eine neue Konstellation hinzukam: Es handelte sich um den Auftrag an eine Armee, die eigentlich schon ohne Gegner und ohne Verbündete war.
Dennoch sollte man den »Militärpolitischen Leitsätzen der Deutschen Demokratischen Republik«, die am 27. Februar 1990 vom Runden Tisch beim Verteidigungsminister bestätigt wurden, durchaus jenen Rang zubilligen, der ihnen geschichtlich zukommt. Die »Leitsätze« gingen strikt vom Verfassungsauftrag und den Beschlüssen des Parlaments aus. Geist und Inhalt waren nicht nur darauf gerichtet, einen äußerst komplizierten Übergangsprozeß berechenbar zu gestalten. Das Dokument enthielt auch bemerkenswerte Ansätze für die Schaffung eines demokratischen, friedensorientierten Militärwesens und für eine darauf gerichtete Militärreform. Friedenswahrung, Vertrauensbildung und Abrüstung wurden als eindeutige Ausgangspunkte für militärpolitische Erfordernisse (und damit nicht als Ableitungen) gesetzt.
Bei alledem ist nicht zu übersehen, daß es in der DDR auf dieser Stufe des Entwicklungsprozesses auch noch starke Illusionen gab, u.a. solche, die NVA könne als eine Art gleichberechtigtes Element in ein europäisches Sicherheitssystem eingebracht werden.
Wenn die Nationale Volksarmee bis zuletzt ein berechenbarer Faktor blieb, wenn Anarchie, Waffenmißbrauch oder immerhin mögliche Überreaktionen einzelner Vorgesetzter mit Kommandogewalt vermieden wurden, so hat das sehr viel damit zu tun, daß das Selbstverständnis der Soldaten, Unteroffiziere und Offiziere außerordentlich fest am Frieden orientiert war.
Im Jahre 1995 fand im Rahmen der Molinari-Stiftung ein Seminar zum Thema »NVA – Armee des Friedens« statt. Die Thematik war mit einem Fragezeichen versehen, später in der Publikation dann nicht mehr. Ich halte dies für bemerkenswert. Man mag die Dinge bewerten, wie man will: Die Nationale Volksarmee hat – eingeordnet in die damalige östliche Koalition – tatsächlich einen Beitrag dazu geleistet, daß es in Zentraleuropa nicht zu einer offenen militärischen Konfrontation

kam. Freilich darf man diesen Sachverhalt nicht in eine allgemeine, abstrakte Friedensdimension stellen. Zu beachten sind konkrete Rahmenbedingungen wie die Ost-West-Konfrontation, die mehr oder weniger permanente Kriegsgefahr sowie die Wirksamkeit eines hochentwickelten und binnen kürzester Fristen entfaltbaren Abschreckungsmechanismus mit einem in den 80er Jahren etwa 12,2fachen Overkill-Potential.

Wir stehen heute vor einem neuen Phänomen: Nach dem Ende des Ost-West-Konflikts ist die Lage nicht stabiler geworden. Erstens hat sich die Zahl der Kriege und Konflikte erhöht. Gegenwärtig sind es immerhin 40. Zweitens dauern sie länger an und sind schwerer zu beenden. Drittens ist nunmehr auch Europa in einer Dimension erfaßt, welche mit Vorgängen, die – wie z.B. in Nordirland – schon länger eine Rolle spielen nicht vergleichbar ist. Und viertens zeigt sich, daß Kriege und Konflikte, die durch ethnische Gruppen ausgelöst werden zumal dann, wenn sie mit sozialen und religiösen Faktoren verquickt sind, oft zählebiger sind als Konfliktpotentiale zwischen Staaten und Nationen.

Die Folgerung sollte keineswegs sein: Zurück zu den früheren Bedingungen. Es wird jedoch deutlich, daß die heute verfügbaren Optionen und Instrumentarien – wie UNO, EU und namentlich OSZE zeigen – in diesem Bereich noch relativ hilflos sind und daß der militärische Faktor vor allem dann zur Entfaltung gelangt, wenn politische Konzeptionen nicht mehr greifen.

Der kirgisische Schriftsteller Tschingis Aitmatow schildert in seinem Buch »Kassandramal« ein gespenstisches Szenario: Um das Jahr 2000 gewinnen sowohl in den USA als auch in Rußland Kräfte dominierenden Einfluß, die – aus unterschiedlichen Motiven – an einer neuen Runde des Wettrüstens interessiert sind. Sie werden von Millionenheeren Arbeitsloser unterstützt. Aufrüstung, so besagen populistische Losungen, sichert und schafft Arbeitsplätze. Gleichzeitig befinden sich in fast allen Republiken der ehemaligen Sowjetunion antireformerische Politiker und Militärs auf dem Vormarsch. Eine neue Ära des Kalten Krieges beginnt.

Alles ist möglich. Veranstaltungen wie die unsrige können eine Anregung geben, darüber nachzudenken.

Oberst a. D. Dr. Wolfgang Wünsche

Offensivprinzip und sowjetische Militärdoktrin

(April 1998)

In diesem Beitrag kann nicht auf das Problem eingegangen werden, ob und seit welchem Zeitpunkt es eine gemeinsame Militärdoktrin der Warschauer Vertragsstaaten und nationale Militärdoktrinen der Bündnispartner der Sowjetunion gegeben hat. Als sicher kann gelten, daß die wichtigsten Leitsätze der sowjetischen Militärdoktrin von den Koalitionspartnern als verbindlich akzeptiert wurden. Das gilt auch für das Offensivprinzip, dessen Kernaussage darin bestand, ein Aggressor müsse angriffsweise zerschlagen und der Sieg könne nur durch strategische Offensiven erreicht werden.

Offensives Gedankengut gab es und gibt es in den Militärdoktrinen vieler Staaten, was sich in den Grundsatzvorschriften widerspiegelt. So weist die Felddienstvorschrift der US-Army, die FM 100-5, dem Angriff den Vorrang gegenüber der Verteidigung zu. Auch in den Gefechtsvorschriften der Bundeswehr (so z. B. in der HDv 100/2 vom 11.04.1961 und ihrem Vorläufer »Truppenführung« vom 25.08.1959) war festgelegt, daß nur der Angriff dem Gegner das Gesetz des Handelns vorschreibt und die Entscheidung herbeiführt. Und was für das Gefecht und die Operation gilt, trifft – solange die Generalstäbe in den Kategorien des konventionellen Krieges dachten und planten und dann sogar den Kernwaffenkrieg für führbar hielten – ebenso für die strategische Ebene, für die Gesamtkriegsführung zu. Nebenbei bemerkt: Die Dominanz des Angriffsprinzip hat in den Vorschriften deutscher Streitkräfte Tradition. Man vergleiche die Vorschriften »Grundzüge der höheren Truppenführung« (1910 in kraft gesetzt) »Führung und Gefecht der verbundenen Waffen« (1921 in kraft gesetzt) und die HDv 300/1 »Truppenführung« (1933 in kraft gesetzt). In diesen Vorschriften wird der sehr deutlich ausgeprägte Offensivgeist damaliger deutscher Militärdoktrinen sichtbar.

Die Kriegsgeschichte ist die Geschichte von Angriffs- und Verteidigungshandlungen als der Hauptformen des bewaffneten Kampfes. Der bewaffnete Kampf ist der Hauptinhalt des Krieges, wenngleich er auch auf den Gebieten der Politik, der Ökonomie und der Propaganda geführt wird. Die Geschichte des Krieges ist aber auch die Geschichte von Aggressionen (Überfällen) und ihrer Abwehr. Angriff und Verteidigung als Hauptformen des bewaffneten Kampfes sind militärwissenschaftliche Kategorien. Aggression (die ja Angriff ist) und ihre Abwehr (die ja oft als Verteidigung beginnt) sind militärpolitische Kategorien. In den Massenmedien und der Literatur wird nicht selten die militärwissenschaftliche mit der militärpolitischen Kategorie gleichgesetzt, was – bewußt oder unbewußt – eine Irreführung des Rezipienten ist. Beispiel: Wer die Abwehr einer potentiellen Aggression offensiv plant und organisiert, dessen Angriffsvorbereitungen sind keine Aggressionsvorbereitungen. Clausewitz hat das Verhältnis von Angriff und Verteidigung als Kampfformen begründet. Er formulierte die berühmte These, daß die Verteidigung die stärkere Form der Kriegführung sei. Bei der Kommentierung dieser These muß man jedoch im Auge haben, daß nach seiner Auffassung auch die Verteidigung die Entscheidung anstreben müsse, also nicht passiv geführt werden könne. Das militärische Ziel jeder Kriegführung sei die Vernichtung der Streitkräfte des Gegners. Und ohne offensive Handlungen wäre das nicht möglich. Und so findet sich bei Clausewitz zwar nicht begrifflich, jedoch der Idee nach, der Gedanke der offensiven Verteidigung. Nach Clausewitz zu urteilen, und die kriegsgeschichtlichen Erfahrungen der vergangenen 170 Jahre haben das bestätigt, gibt es keine »reine« Verteidigung. Auch wenn das Ziel der Kriegführung nicht in der Vernichtung der gegnerischen Streitkräfte, sondern in der Erhaltung bzw. Wiederherstellung des territorialen Status quo besteht, erfordert das offensive Handlungen. Wenn diese Auffassung sich schon zu Zeiten von Clausewitz – als an die Stelle der Söldnerarmeen die auf Wehrpflicht beruhenden Massenheere traten – bewahrheitete, so um so mehr in diesem Jahrhundert. Die militärtechnische Entwicklung schuf grundsätzlich neue Möglichkeiten für die Kampfform Angriff, erhöhte aber auch die aktiven Möglichkeiten der Kampfform Verteidigung. Es entstand die Kampfform »beweglich geführte Verteidigung«, deren Hauptelemente der Gegenangriff und das Manöver sind Hinzu kommt die Erkenntnis, daß heute bei der übergroßen Mehrzahl der Waffen ihre Bestimmung als Angriffswaffe oder Verteidigungswaffe nicht mehr oder nicht eindeutig möglich ist.

Das Primat des Angriffs lag der sowjetischen Militärdoktrin seit der Gründung der Roten Armee im Frühjahr 1918 zugrunde. Das hatte militärische, moralische und politisch-weltanschauliche Gründe. Militärisches Ziel im Interventions- und Bürgerkrieg (1918 – 1922) war es, die ausländischen Armeen vom Territorium des Sowjetstaates zu vertreiben und die konterrevolutionären Armeen (die sogenannten Weißgardisten) zu vernichten. Ohne offensive Kampfhandlungen wäre dieses Ziel nicht erreicht worden.

In den 20er und 30er Jahren wurde von den Militärs der am Ersten Weltkrieg beteiligten größeren Staaten die Frage erörtert, ob ein künftiger großer Krieg Stellungs- oder Bewegungscharakter tragen würde. Unter den führenden Köpfen des militärtheoretischen Denkens der Roten Armee setzte sich die Auffassung durch, angesichts neuer Waffengattungen (Panzertruppen, Bombenfliegerkräfte), neuer Vernichtungsmittel (chemische Kampfstoffe), der Möglichkeit, Infanterie und Artillerie zu motorisieren, und der qualitativen Verbesserung der Schützen- und Artilleriewaffen würde ein künftiger Krieg einen ausgeprägten Bewegungscharakter tragen. Damit befanden sie sich in Übereinstimmung mit den militärtheoretischen Auffassungen der Reichswehrführung. Das war kein Zufall. Zwischen 1923 – 1933 gab es eine Zusammenarbeit der Reichswehr und der Roten Armee auf den Gebieten der Rüstung, der Ausbildung und des militärtheoretischen Denkens. Ohne die Eigenständigkeit der sowjetischen Militärtheorie in Zweifel zu ziehen, ist darauf hinzuweisen, daß damals die deutsche Militärliteratur und die Vorschriften der Reichswehr eine Quelle des militärischen Denkens des sowjetischen Offizierskorps waren. Clausewitz dürfte Anfang der 30er Jahre im höheren sowjetischen Offizierskorps einer der am meisten gelesenen Militärschriftsteller gewesen sein, nachdem Lenins Randglossen zu dessen Buch »Vom Kriege« 1931 veröffentlicht worden waren. Grundsatzvorschriften der Reichswehr waren als Übersetzungen dem Offizierskorps zugänglich, und sowjetische Militärs nahmen an der sogenannten Führergehilfenausbildung der Reichswehr, d.h. an der Ausbildung von Generalstabsoffizieren, teil.

Die Rote Armee war jedoch in den 20er Jahren eine technisch rückständige Armee. Der Bestand an Panzern, Kampfflugzeugen, schwerer Feldartillerie, motorisierten Zug- und Transportmitteln und technischem Nachrichtengerät war gering. Erst mit Beginn der Industrialisierung Ende der 20er Jahre setzte in der Roten Armee ein Prozeß des schnellen militärtechnischen Fortschritts ein. Die Jahre der technischen Rückständigkeit widerspiegeln sich in der sowjetischen Militärdoktrin in einer extrem hohen Bewertung der moralischen und physischen Kampfqualitäten der Soldaten der Roten Armee und der Unterbewertung der Kampfmoral kapitalistischer Armeen. Der Mangel an Technik sollte durch höhere Moral ersetzt werden. Aber dieser Leitsatz blieb auch gültig, als die Rote Armee eine militärtechnisch moderne Streitmacht wurde. Offensive Erziehung und Ausbildung sollten eine hohe Kampfmoral erzeugen. Nach dem Ende des Interventions- und Bürgerkrieges, der Reduzierung der Roten Armee von 5,5 Millionen auf 600 000 Mann, war die Rote Armee zu offensiven Kampfhandlungen auf fremden Territorien nicht fähig. Auch die Militärreform der Jahre 1924/ 1925 brachte keine wesentlichen Veränderungen an diesem Unvermögen. Eine Streitmacht, bestehend aus 26 Kaderdivisionen und 26 milizartigen Territorialdivisionen, kaum motorisiert und gepanzert, mit schwachen Fliegerkräften und einer Küstenschutzmarine, war ein zu geringes Offensivpotential für die kriegerische Realisierung weltrevolutionärer Ziele. Mit dem qualitativen und quantitativen Wachstum der Rotem Armee in den 30er Jahren wurde jedoch die These, ein künftiger Krieg müsse offensiv geführt und die Streitkräfte des Gegners müßten auf ihrem Territorium vernichtet werden, zum zentralen Leitsatz der sowjetischen Militärdoktrin. Im Zusammenhang mit »weltrevolutionären« Äußerungen sowjetischer Politiker kam es in Deutschland und anderen kapitalistischen Ländern zu der propagandistischen Behauptung, Stalin plane mittels der Roten Armee die Weltrevoluti-

on durchzuführen. Das erkläre den ausgeprägten Offensivgeist in der sowjetischen Militärdoktrin und die Ende der 30er Jahre erfolgende rasche Vergrößerung der Roten Armee. Nun ist nicht zu bestreiten, daß die weltanschauliche Grundlage der sowjetischen Militärdoktrin eine Ideologie war, die als »marxistisch-leninistisch« bezeichnet wurde und die zu offensivem Denken und Handeln aufrief. Diese Ideologie war »angriffslustig«. Aber zwischen ihr und der praktischen Politik gab es Unterschiede und zur Realität klafften Widersprüche. Mitte der 20er Jahre war der revolutionäre Nachkriegsprozeß in Europa zu Ende, ein neuer revolutionärer Abschnitt nicht in Sicht. Stalin sprach von der relativen Stabilisierung des Kapitalismus. Als potentielle Kriegsgegner galten Polen und Rumänien, gestützt auf Frankreich und England, sowie Japan. Das änderte sich mit der Installierung eines faschistischen Regimes in Deutschland. Mit der Wiedereinführung der Wehrpflicht 1935 wuchs das deutsche Heer innerhalb von 4 Jahren von 10 auf 60 Divisionen an, darunter motorisierte Infanterie – und Panzerdivisionen. Außerdem entstanden moderne Luft- und Seestreitkräfte. Deutschland wurde potentieller Kriegsgegner Nr. 1. Und eben in diesen Jahren ließ Stalin Tausende Offiziere der Roten Armee hinrichten oder in Lager werfen. In welchem Maße diese Verbrechen die offensiven Fähigkeiten der Roten Armee einschränkten, zeigte der Angriffsfeldzug gegen Finnland im Winter 1939/ 1940, in dem die Rote Armee fast 4 Monate brauchte, um einen 30 km tiefen Landstreifen zu erobern. Auch die beabsichtigte offensive Abwehr des deutschen Überfalls 1941 mißlang, wobei auch andere Faktoren eine Rolle spielten. Statt dessen kämpfte die Rote Armee zwei Jahre in der strategischen Verteidigung (zu der drei Gegenoffensiven gehörten), ehe sie in der zweiten Jahreshälfte 1943 an der gesamten Front zur strategischen Offensive übergehen konnte. Sie benötigte nochmals fast zwei Jahre, um gemeinsam mit anglo-amerikanischen Streitkräften die Wehrmacht zur Kapitulation zu zwingen.
Daraus zog die sowjetische Militärwissenschaft in der Nachkriegszeit die Folgerung, daß die Dominanz des Offensivprinzips in der Kriegführung nicht nur zu erhalten, sondern durch vielfältige Maßnahmen in der Truppenführung und Ausbildung sowie in Bewaffnung und Ausrüstung zu gewährleisten

sei. Wer unter modernen militärtechnischen Bedingungen bei Kriegsbeginn zur strategischen Verteidigung übergehe verlöre die Initiative, die unter modernen Bedingungen kaum oder nicht wiedererkämpft werden könne. Es dürfe keine Wiederholung der Niederlage vom Sommer 1941 geben, da unter Kernwaffenbedingungen der Verlust der Initiative zu Kriegsbeginn endgültig sei, d.h. der Krieg sei verloren. Damit wurde das Offensivprinzip in der Militärdoktrin nicht abgeschwächt (was außenpolitisch dazu beigetragen hätte, Spannungen zu vermindern), sondern verstärkt. Erst sehr spät, Anfang der 80er Jahre, wurde offiziell zugegeben, daß es im Kernwaffenkrieg keine Sieger geben könne. Die 1987 verkündeten Leitsätze einer neuen Militärdoktrin der Warschauer Vertragsstaaten brachten dann die Abkehr vom Offensivprinzip auf der strategischen Ebene.

Bleibt die Frage: Gab es einen Zusammenhang zwischen dem Offensivprinzip der sowjetischen Militärdoktrin und expansiven außenpolitischen Interessen der jeweiligen sowjetischen Führung? Die Antwort lautet: Ja und nein. Sowjetische Politiker haben das Offensivprinzip in öffentlichen Erklärungen regelrecht strapaziert, wenn sie den politischen Gegner einschüchtern wollten oder einer wahrgenommenen Bedrohung massiv entgegentraten. Es sei nur an die Erklärungen Chrustschows Ende der 50er Jahre zu der von ihm angestrebten Lösung der Westberlinfrage erinnert. Die Regierungen der USA und der BRD mußten annehmen, daß er bereit sei, Westberlin anzugreifen, d.h. Krieg zu führen. Aber es lag eben nicht im Interesse der damaligen sowjetischen Führung gegen die USA und die NATO in Europa einen Krieg zu entfesseln. Sie wollte die Erhaltung des Status quo, d.h. die Existenz der DDR und damit den Frieden, sichern, den sie durch die Funktion Westberlins im Kalten Krieg bedroht sah. Alle sowjetischen Führungen haben Machterhaltung vor territoriale Machterweiterung gestellt. Und wenn letzteres geschah, so z. B. 1940 mit dem Einmarsch in die baltischen Staaten und andere Territorien, dann unter der Bedingung eines geringeren militärischen (nicht politischen) Risikos.

Oberst a. D. Dr. Joachim Schunke

Militärpolitische und strategische Vorstellungen der Führung der NVA in der Zeit der Blockkonfrontation

(Vortrag beim wissenschaftlichen Symposion »Nationale Volksarmee – Armee für den Frieden« der Karl-Theodor-Molinari-Stiftung im Frühjahr 1995)

Das Thema meines Vortrages, wie es in der Einladung ausgedruckt ist, lautet: »Militärpolitische und -strategische Vorstellungen der Führung der NVA.« Ich möchte dieses Thema noch deutlicher einschränken:
Erstens beschränke ich mich auf die Zeit der Block-Konfrontation, behandle folglich nicht die Umbrüche, die besonders nach der Wahl Michail Gorbatschows zum Generalsekretär des ZK der KPdSU Mitte der achtziger Jahre im militärischen Denken und in der offiziellen Militärpolitik der Sowjetunion und der anderen Staaten des Warschauer Vertrages vor sich gingen, markiert durch solche Begriffe wie ›neue Militärdoktrin‹ und ›hinlängliche Verteidigungsfähigkeit‹.
Zweitens beschränke ich mich auf diejenigen Vorstellungen der NVA-Führung, die den politischen und militärischen Charakter eines modernen Krieges und die Charakteristik der Kampfhandlungen speziell unter den Bedingungen Mitteleuropas betreffen.
Drittens stütze ich mich vorrangig auf die in offenen und geheimen Reden und Schriften des langjährigen Verteidigungsministers der DDR, Armeegeneral Heinz Hoffmann, wiedergegebenen Aussagen zum Thema.
Das geschieht deshalb, weil Heinz Hoffmann m.E. in seinen Funktionen (1950 – 1955 Chef der Hauptverwaltung für Ausbildung und der Kasernierten Volkspolizei, nach dem Studium an der sowjetischen Generalstabsakademie 1957 – 1960 1. Stellvertreter des Ministers, ab 1958 gleichzeitig Chef des Hauptstabes und 1960 – 1985 selbst Minister für Nationale Verteidigung, seit 1950 Mitglied des ZK der SED, seit

1970 Mitglied des Politbüros) und auch in seinen Arbeiten als wichtigster Repräsentant der Militärführung der DDR betrachtet werden kann.

Die meisten seiner Reden und Schriften aus dem Zeitraum von 1963 bis 1982 sind überdies in insgesamt 5 Bänden unter dem Titel »Sozialistische Landesverteidigung« dokumentiert und allgemein zugänglich.

In diesem Zusammenhang sei noch ein Exkurs zu den Quellen gestattet, aus denen die Militärs der DDR ihre militärpolitischen und militärwissenschaftlichen Kenntnisse und Erkenntnisse schöpften.

Das waren in erster Linie die Schriften zu Militärfragen von Engels und Lenin, Mehring und Frunse, in zweiter Linie die gesamte Breite der sowjetischen Militärliteratur. Drittens zählten dazu aber auch die Schriften der bürgerlichen deutschen Militärwissenschaft – von Clausewitz und Scharnhorst über die Werke des preußischen Generalstabes und des Reichsarchivs bis zu den Darstellungen ehemaliger Offiziere der Wehrmacht (Guderian, Manstein, Tippelskirch, Ruge, Middeldorf), die entweder durch wenige Experten im Original oder durch des Russischen Kundige in sowjetischen Übersetzungen studiert wurden. Und viertens wurden auch die Studien westlicher Autoren ausgewertet, sowohl amerikanische Veröffentlichungen wie die von Kissinger und Taylor über die Probleme des Krieges im Zeitalter der Kernwaffen als auch die Schriften westdeutscher Experten wie Helmut Schmidt.

Die führenden Militärs und auch die militärwissenschaftlichen Einrichtungen verfügten und nutzten neben den sowjetischen Militärzeitschriften (Wojennaja Mysl, Wojenno-istoritscheski Shurnal) auch die – allerdings nur für einen sehr beschränkten Personenkreis zugänglichen – Periodika der BRD und anderer westlicher Staaten (Wehrkunde, Wehrwissenschaftliche Rundschau, Military Review, Allgemeine Schweizerische Militärzeitschrift u.a.m.).

Es ist also keineswegs so, daß die Offiziere der NVA nur die sowjetischen Auffassungen und sonst nichts kannten, auch wenn diese aus den verschiedensten Gründen die dominierende Rolle spielten. Allein schon ein Verzeichnis der in den fünfziger und sechziger Jahren vom Deutschen Militärverlag

herausgegebenen Titel, darunter 1957 eine sehr solide Neuauflage des Werkes »Vom Kriege« und ausgewählter Schriften Carl von Clausewitz, zeigen die bewußte Anknüpfung an die besten Traditionen der bürgerlichen deutschen Militärwissenschaft.
Dabei kam es sogar zu einer gewissen Polemik gegen die damaligen, auf Stalins Brief an Professor Rasin gestützten, abwertenden Einschätzungen der sowjetischen Militärliteratur über die bürgerliche deutsche Militärwissenschaft. Nach Stalinscher Auffassung hätten nicht nur die deutschen Militärs, sondern auch die Theorien von Clausewitz wie überhaupt die bürgerliche deutsche Militärwissenschaft und Kriegskunst im Großen Vaterländischen Krieg des Sowjetvolkes eine eklatante Niederlage erlitten und ihre Untauglichkeit für moderne Kriege unter Beweis gestellt.
Das Verhältnis der führenden Militärs der DDR zu Stalin, zu seiner historischen Rolle besonders auf militärischem Gebiet, seinem Einfluß auf die Entwicklung der sowjetischen Streitkräfte, ihre Niederlagen und ihre Siege im zweiten Weltkrieg, war besonders nach den Enthüllungen des XX. Parteitages der KPdSU 1956 über die Verbrechen und die politisch-strategischen Fehler Stalins recht zwiespältig.
Vorher hatten sie den Kult um den genialen Strategen und Heerführer, den Generalissimus Stalin mitgemacht, auch die Verteufelung von Trotzki und Tito. Etliche von ihnen, wie Heinz Hoffmann, hatten allerdings auch schon die mit dem Begriff »Tschistka« und dem Tuchatschewski-Prozeß verbundene enorme Schwächung der Roten Armee und die fatale Fehleinschätzung der strategischen Lage 1941 kritisch gesehen. Sie hatten die verheerenden Niederlagen und den verlustreichen Rückzug der Roten Armee keineswegs als bewußte Neuauflage Kutusowscher Strategie betrachtet, den Gegner wie einst die Grande Armee Napoleons in die Tiefe des russischen Raumes und die klimatischen Härten des russischen Winters zu locken.
Andererseits sträubten sie sich nach 1956 innerlich und manchmal auch öffentlich, den abfälligen Urteilen Chruschtschows und anderer sowjetischer Autoritäten zu folgen und betonten – wie übrigens auch ehemalige Offiziere der Wehr-

macht, zum Beispiel Korfes – die maßgebliche Rolle Stalins bei der Mobilisierung aller Reserven des Landes, aller Energien seiner Menschen, um die Invasion zu stoppen, die Wende im Krieg und schließlich den Sieg zu erreichen. In dieser Hinsicht deckten sich ihre Empfindungen und Äußerungen mit denen der älteren sowjetischen Offiziere.
Eine grundsätzliche Kritik an dem sowjetischen System des Partei- und Staatsaufbaus, der Gesellschafts- und Militärpolitik sowie am sowjetischen Militärwesen überhaupt fand – bei allen Vorbehalten über so manches typisch Russische und noch von der zaristischen Armee Geprägte – nicht statt. Das wäre auch bei den damaligen Auffassungen von der Überlegenheit der sowjetischen Militärwissenschaft und Kriegskunst über die bürgerlichen Theorien sowie angesichts der Abhängigkeit der DDR-Militärs von der Sowjetarmee, dem Selbstverständnis als Schüler gegenüber einem erfahrenen Lehrmeister nicht opportun, geschweige denn gar durchzusetzen gewesen.

1. Zum Charakter eines möglichen Krieges

Ich möchte es in diesem Kreise als bekannt voraussetzen, daß für die Partei- und Staatsführung der DDR wie auch für die maßgeblichen Militärs und die wissenschaftlichen Einrichtungen der NVA der Krieg immer als Fortsetzung der Politik definiert sowie prinzipiell zwischen gerechten und ungerechten Kriegen unterschieden wurde. Die Autoren stützten sich dabei sowohl auf die Aussagen von Clausewitz und Lenin als auch, besonders was die Charakteristik der Typen und Arten moderner Kriege betraf, auf die Ergebnisse der sowjetischen Militärwissenschaft.
So ist in einer Lektion, die Heinz Hoffmann mehrmals an der Parteihochschule der SED hielt und die in mehreren Auflagen, so z.B. 1958, auch als Broschüre unter dem Titel »Der Marxismus-Leninismus über den Krieg und die Streitkräfte« veröffentlicht wurde, von den Definitionen Lenins über die zwei Arten von Kriegen ausgegangen worden. Lenin hatte im Mai 1919 gesagt, »es gibt gerechte und ungerechte, fortschrittliche und reaktionäre Kriege, Kriege fortschrittlicher Klassen und Kriege reaktionäres Klassen, Kriege, die der

Festigung der Klassenunterdrückung dienen, und Kriege, die ihrem Sturz dienen«.[1]
Dieser Charakter eines Krieges, schrieb Lenin und Hoffmann zitierte es an anderer Stelle, hänge nicht davon ab, »wer angegriffen hat und in wessen Land der ›Feind‹ steht, sondern *davon, welche Klasse* den Krieg führt, welche Politik durch den gegebenen Krieg fortgesetzt wird.«[2].
Anschließend polemisierte Heinz Hoffmann gegen den Pazifismus, der objektiv dem Imperialismus diene, unbeschadet dessen, daß besonders in den imperialistischen Staaten viele ehrliche Menschen zu seinen Anhängern zählen, denn er bedeute die Wehrlosmachung der Arbeiterklasse sowie der kolonial unterjochten Völker. Dort, wo die Arbeiterklasse bereits gesiegt hat, führe der Pazifismus zum Verzicht auf die Macht, zur Preisgabe der sozialistischen Errungenschaften und erweise sich als aktive Hilfe zur Restaurierung des Imperialismus.
Der Marxismus-Leninismus habe den Krieg immer für schrecklich und seine historische Überwindung für notwendig erklärt. Dafür bedürfe es jedoch der Abschaffung der Ausbeutergesellschaft, deren Ausgeburt der Krieg sei, bedürfe es des Kampfes, wenn notwendig auch des bewaffneten Kampfes der Arbeiterklasse gegen diese Ausbeutergesellschaft. Erst im Sozialismus, in dem es keine Kriege mehr gibt, höre die pazifistische Losung von der Entwaffnung auf, reaktionär zu sein, erst dann könne das Proletariat seine Waffen zum alten Eisen werfen.
Diese ausführliche Polemik der fünfziger Jahre gegen den Pazifismus entsprach übrigens genau so einem aktuellen politischen Anliegen der Partei- und Staatsführung, die auch in der DDR nach dem zweiten Weltkrieg verbreitete Einstellung zu überwinden, nie wieder ein Gewehr in die Hand zu nehmen, wie eine ähnliche Polemik von Heinz Hoffmann in seinem Festvortrag zur Ehrenpromotion an der Parteihochschule »Karl Marx« im Dezember 1975. Der Tonfall war allerdings wesentlich gemäßigter – es wurde keinem Pazifisten mehr unterstellt, dem Imperialismus objektiv zu dienen. Auch die Adressaten dieser Erklärungen waren 1975 nicht mehr wehrunwillige DDR-Bürger oder westliche Medien, sondern die Ver-

treter einer unabhängigen Friedensbewegung in den westlichen wie in den östlichen Staaten.

Deren Anliegen war zwar identisch mit dem Ziel der sozialistischen Staaten, unbedingt die Kriegsgefahr zu bannen und keinerlei militärische Konflikte aufflammen zu lassen. Die Militärs des Warschauer Vertrages hielten es jedoch der Landesverteidigung für abträglich, daraus zu folgern, daß jegliche militärische Anstrengungen überflüssig wären.

Deshalb sagte Heinz Hoffmann im Zusammenhang mit der Analyse der Ursachen von Kriegen nach 1945: »Wir teilen die Auffassung also nicht, die selbst fortschrittliche Menschen in der Friedensbewegung vertreten, im Atomzeitalter sei ein gerechter Krieg nicht mehr möglich, und der Raketenkernwaffenkrieg wäre auch keine Fortsetzung der Politik der kämpfenden Klassen mehr, sondern nur noch atomares Inferno, Weltuntergang.«[3] Auch ein Raketenkernwaffenkrieg wäre, wenn er nicht verhindert werden könnte, durch und durch Politik, von den Generalen des Pentagon und den Konzernmanagern der amerikanischen Luft- und Raumfahrtindustrie »als teuflisches Mittel des Kampfes um die Weltherrschaft Jahr für Jahr in Stabsspielen erprobt«, wie Heinz Hoffmann formulierte.[4]

Die prinzipielle Haltung der DDR-Führung zu den Problemen des Krieges und des Friedens Ende der fünfziger Jahre legte Heinz Hoffmann im September 1960 in einem Berliner Vortrag Funktionären der SED dar. Dieser Vortrag wurde anschließend – zusammen mit ähnlichen Erklärungen von Walter Ulbricht und Otto Grotewohl zur Militärpolitik der DDR – in hoher Auflage für die politische Schulung der NVA veröffentlicht.

In diesem Vortrag wurde – ausgehend von den Erkenntnissen des XX. und XXI. Parteitages der KPdSU (1956 und 1959) ausführlich argumentiert, daß die Kommunisten niemals die Absicht hatten und haben, ihre Ziele mit so furchtbaren Mitteln wie einem modernen Krieg zu erreichen und daß sie die Sicherung des Friedens als ihre vordringlichste Aufgabe betrachten.

Entgegen den dogmatischen Auffassungen mancher Kommunisten – Namen von Parteien oder Politikern wurden

zwar nicht genannt, jeder wußte aber, daß die Chinesen gemeint waren -, daß die allgemeine und vollständige Abrüstung erst nach dem Sieg des Sozialismus im Weltmaßstab möglich wäre, seien wir – so Heinz Hoffmann – fest davon überzeugt, daß schon jetzt reale Voraussetzungen für ihre Verwirklichung bestünden. Das seien die Existenz des sozialistischen Weltsystems, die Interessen der neutralen und der ehemals kolonial unterdrückten Staaten und die wachsende Bewegung der Völker gegen den Atomtod.
Die Erkenntnis, daß die allgemeine und vollständige Abrüstung notwendig sei. werde nicht zuletzt durch die ungeheure Zerstörungskraft der modernen Waffen und die sprunghaft wachsenden Rüstungsausgaben gefördert. Heute würden sich Lenins Worte bewahrheiten, daß es eine »Zeit geben wird, da der Krieg dermaßen zerstörend sein wird, daß er sich überhaupt als unmöglich erweist«.[5] Diesen Gedanken habe schon Friedrich Engels geäußert und erkannt, daß die Entwicklung der Waffen und der Kriegstechnik auch auf die Politik selbst zurückwirkt. »Auf die heutigen Bedingungen angewandt,« sagte Hoffmann, »bedeutet dies, daß die modernen Kern- und Raketenwaffen, für den Krieg geschaffen, Druck für den Frieden, für den Gedanken der allgemeinen und vollständigen Abrüstung ausüben.«[6]
Daraus dürften wir, so fuhr Heinz Hoffmann fort, jedoch keineswegs die Schlußfolgerung ziehen, daß es angesichts der Zerstörungskraft der modernen Waffen automatisch zu einem entsprechenden Abkommen über die allgemeine Abrüstung kommen werde. Von der Aktivität der Völker hänge es ab, wann es gelinge, die imperialistischen Regierungen zur Abrüstung zu zwingen. Diese seien auch heute noch in der Lage, unter bestimmtem Bedingungen einen Weltkrieg zu entfesseln.
Gleichzeitig polemisierte Heinz Hoffmann gegen die Auffassung, wie sie auch von USA-Präsident Eisenhower vertreten werde, daß es in einem dritten Weltkrieg weder Sieger noch Besiegte gebe. Diese These solle lediglich die sozialistischen Staaten gegenüber den Erpressungsversuchen der NATO gefügig machen und bei den Völkern Zweifel in den Ausgang eines von den Imperialisten entfesselten dritten Weltkrieges erwecken.
Wörtlich erklärte Heinz Hoffmann: »Die sozialistischen Staa-

ten wollen keinen Krieg, und sie werden gemeinsam mit allen friedliebenden Menschen alles tun, um ein neues Völkermorden zu verhindern ... Mögen sich die Imperialisten zwischen Krieg und friedlicher Koexistenz entscheiden, der Sozialismus wird auf jeden Fall siegen.«[7]
Gewiß hätte ein dritter Weltkrieg, sagte der Verteidigungsminister an anderer Stelle dieses Vortrages, besonders für unser Volk verheerende Auswirkungen, denn mitten durch Deutschland verläuft die Grenze zwischen den zwei Weltsystemen, an der die NATO ihre militärischen Hauptkräfte konzentriert hat. Diese würden jedoch bei einem militärischen Überfall auf die geschlossene Abwehrfront der Armeen des Warschauer Vertrages stoßen, »die über genügend Kernwaffen einschließlich der dazu gehörenden Trägerraketen aller Reichweiten verfügen, um jeden imperialistischen Aggressor bereits in der Ausgangsstellung zu zerschlagen und sein Territorium in wenigen Stunden dem Erdboden gleich zu machen.«[8]
Solche mit dem sowjetischen militärischen Potential säbelrasselnden Erklärungen waren wohl mehr auf die Abschreckung des potentiellen Gegners und die Verbreitung von Siegeszuversicht in den eigenen Reihen gerichtet als auf die Verkündung ernstgemeinter Absichten. Das gilt m.E. besonders für die wortgewaltigen Erklärungen Nikita Chruschtschows zur sowjetischen Raketenüberlegenheit, die von Heinz Hoffmann in diesem wie auch in anderen Vorträgen wiedergegeben oder übernommen wurden. In Wahrheit verfügte ja keine der vom DDR-Verteidigungsminister zitierten Armeen des Warschauer Vertrages über eigene Kernwaffen – außer der Sowjetarmee.
Diese Drohungen, so wirklichkeitsfremd sie uns heute erscheinen mögen, sind nicht zu erklären, wenn man nicht die damalige konkrete militärpolitische Lage berücksichtigt.
Sie waren insbesondere eine Reaktion auf die vom Führungsstab der Bundeswehr Ende August 1960 veröffentlichte Denkschrift »Voraussetzungen einer wirksamen Verteidigung«. In dieser Denkschrift, die von der DDR als Werk von Hitlers Niederlagengeneralen heftig attackiert wurde, war vor allem die Ausrüstung der Bundeswehr mit taktischen Kern-

waffen sowie die Mitbestimmung über alle Arten strategischer Kampfmittel als entscheidende militärtechnische Voraussetzung der Verteidigung bezeichnet worden. Wörtlich hieß es: »Die Soldaten der Bundeswehr haben Anspruch auf Waffen, die denen des Gegners mindestens ebenbürtig sind. Die Verantwortung für die anvertrauten Soldaten zwingt die Truppenführer, in der heutigen Situation die für Schildstreitkräfte unentbehrliche atomare Bewaffnung zu fordern.«[9]
Die selbständige oder auch kollektiv organisierte Verfügung über strategische Kernwaffen, namentlich über Polaris-Raketen mit einer damaligen Reichweite von 2.800 Kilometern und der Fähigkeit, thermonukleare Gefechtsköpfe zu tragen, die ein Mehrfaches der Hiroshima-Bombe an Vernichtungskraft zur Auslöschung ganzer Städte und Industriegebiete ins Ziel brächten, wurde selbst in offiziellen Reden und Publikationen der BRD-Regierung propagiert.
Die DDR-Führung unterstellte der BRD daher die Absicht, die Sowjetunion durch die Drohung mit den Kernwaffen der USA bzw. der Bundeswehr am militärischen Eingreifen im Falle einer imperialistischen Aggression gegen die DDR, Polen oder die Tschechoslowakei zu hindern. Eine solche Hoffnung wäre angesichts der sowjetischen Beistandsverpflichtungen völlig haltlos, pure Spekulation.
Auch sei es eine Selbsttäuschung des Westens, von einem ›strategischen Gleichgewicht‹ zwischen den USA und der Sowjetunion zu reden, da die Sowjetunion über alle Arten von Raketen in der erforderlichen Menge verfüge, die USA aber noch keine truppenreife und dem modernsten Stand entsprechende strategische Waffe besitze. Ihre strategische Bomberflotte habe durch die Entwicklung der Raketentechnik und die hohe Qualität der sowjetischen Luftabwehr längst ausgespielt.
Völlig überzogen an den Einschätzungen wirkte die folgende Prognose, die Heinz Hoffmann und Waldemar Verner Ende September 1960 NVA-Offizieren zu Gehör brachten: »Natürlich machen auch die USA Fortschritte in der Entwicklung der Kriegstechnik. Aber diese Fortschritte werden durch die bürgerlichen Klassenschranken in der theoretischen Erkenntnis und durch die aus Profitstreben und Konkurrenz-

kampf erwachsenden Widersprüche in Wirtschaft und Politik gebremst und begrenzt. Demgegenüber sind dem wissenschaftlich-technischen Fortschritt im Sozialismus und Kommunismus keinerlei solche Hindernisse und Grenzen gesetzt. Darum wird der schon heute so sichtbare militärtechnische Rückstand des Imperialismus hinter der Sowjetunion mit der voranschreitenden Zeit nicht geringer, sondern immer größer«.[10]

Derart einseitige Beschreibungen – selbst wenn sie 1960 durch amerikanische Selbsteinschätzungen gestützt wurden – finden sich in den siebziger Jahren kaum noch. Auch Heinz Hoffmann rückte Schritt um Schritt von früheren Kraftmeiereien ab. War in den sechziger Jahren das Kräfteverhältnis zwischen NATO und Warschauer Vertrag von ihm (in Anlehnung an die sowjetischen Bewertungen) noch vorwiegend als auch *quantitativ* zugunsten der Vereinten Streitkräfte beurteilt worden, so beschränkte er sich später auf *qualitative* Faktoren, die aus vermeintlichen oder tatsächlichen Vorzügen der sozialistischen Staats- und Gesellschaftsordnung resultierten.

Als Beispiel sei ein Vortrag vor sächsischen Arbeitern vom April 1975 angeführt, auf dem der DDR-Verteidigungsminister erläuterte, was wir damit meinen, wenn wir sagen, daß die Sowjetstreitkräfte und die anderen Armeen des Warschauer Vertrages dem imperialistischen Gegner überlegen sind. »Wenn man von dem Zahlenverhältnis ausgeht, wieviel Soldaten die NATO einerseits und der Warschauer Vertrag andererseits in Europa unter Waffen halten, wie viele Panzer, Raketen, Geschütze, Flugzeuge und Kriegsschiffe jede dieser beiden militärischen Koalitionen insgesamt besitzt, so mögen die Unterschiede alles in allem gar nicht so groß sein.«[11]

Die Gegenseite tue zwar immer so, als gebe es eine erdrückende sowjetische Überlegenheit an Landstreitkräften, da würde aber nicht berücksichtigt, daß die NATO-Divisionen doppelt so viel Personal hätten wie die sowjetischen Divisionen. Hoffmann fuhr dann fort: »Wir meinen jedoch nicht die Zahlen, wenn wir von militärischer Überlegenheit sprechen, wir meinen die Qualität der Streitkräfte, der Waffen und der Soldaten. Wir fragen danach, was sie leisten können, wenn sie un-

ter schwierigen Bedingungen eingesetzt werden, ob sie auch unter diesen Bedingungen einen starken und hartnäckig, ja verbissen und fanatisch kämpfenden Gegner, der ebenfalls mit allen modernen Waffen und Geräten ausgerüstet ist, niederzwingen können!«[12]
Es gehe also vor allem um eine höhere Kampfmoral und einen höheren Ausbildungsstand. Es gehe um eine einheitliche Ausrüstung, die auch leichter zu bedienen, schneller zu warten und instand zu setzen sei als die Vielzahl von Typen der NATO-Waffen. Es gehe um eine hohe Gefechtsbereitschaft, die schnelle Alarmierung und Verlegung der Truppen in jene Abschnitte, in denen sie handeln müßten. Es gehe um gut ausgebildete Reserven für die Auffüllung der Streitkräfte und um den Rückhalt der Armeen in den Volksmassen. Es gehe schließlich um die einheitlich von den führenden Parteien festgelegte Politik und Strategie des Warschauer Vertrages, die eine schnelle Mobilisierung und maximale Ausnutzung des ökonomischen, politisch-moralischen und wissenschaftlich-technischen Potentials der Staaten des Warschauer Vertrages gestatte. (Auch wenn dieses Gesamtpotential, wie Heinz Hoffmann später in anderem Zusammenhang zugeben mußte, von seinem Umfang her, von der Größe der Bevölkerung, der industriellen und wissenschaftlich-technischen Kapazitäten erheblich geringer war als das der NATO-Staaten).
Schließlich, so erläuterte er den Altenberger Gießereiarbeitern, habe es die Führung der Sowjetunion und der anderen Staaten des Warschauer Vertrages verstanden, »die Verteidigungsindustrie komplex und weiträumig zu verteilen, die Gruppierungen der Streitkräfte zweckmäßig in bezug auf die Erfüllung ihrer Aufgaben unterzubringen, das Territorium langfristig und exakt koordiniert auf den Verteidigungszustand vorzubereiten.«[13]
Wann würde der Verteidigungszustand eintreten oder ausgerufen werden?
Für die Führung der DDR war es ein Axiom, daß keine andere Form der Entstehung eines Krieges in Mitteleuropa möglich sei als ein Angriff durch die BRD mit oder ohne Beteiligung anderer NATO-Staaten bzw. des gesamten westlichen Paktsystems. Ein zweites Axiom war es, daß die Sowjetuni-

on niemals als erste Seite Kernwaffen oder andere Massenvernichtungsmittel einsetzen würde.
Damit war von vornherein klar, daß die Initiative und damit der Vorteil der Überraschung nach Zeit, Ort und Ziel militärischer Aktionen immer beim Gegner liegen würde, woraus sich wiederum die große Bedeutung erklärt, die die Sowjetunion und auch die DDR nicht nur in der Rhetorik, sondern auch in den praktischen Anstrengungen der Wahrung einer überlegenen Kampfkraft und einer hohen ständigen Gefechtsbereitschaft beimaßen.
Es galt als unabdingbar, dem als potentiellen Aggressor angenommenen NATO-Bündnis ständig die Aussichtslosigkeit militärischer Angriffshandlungen vor Augen zu führen und ihm auch durch für die NATO-Stäbe und Aufklärungsorgane überprüfbare Reaktionszeiten und Reaktionsweisen der Armeen des Warschauer Vertrages deutlich zu machen, daß er keine Chance für überraschende Erfolge habe.
Dafür wurde vor allem auch ein solches zahlenmäßiges Kräfteverhältnis angestrebt, das sowohl eine standhafte Verteidigung als auch den möglichst baldigen Übergang zur Gegenoffensive zuließ. So ist bei der gemeinsamen Kommandostabsübung der GSSD und der NVA im Mai 1961, die unter der Leitung des Oberkommandierenden der Vereinten Streitkräfte, Marschall Gretschko, durchgeführt wurde, folgendes in etwa reale Kräfteverhältnis im Streifen der 1. Westfront, d.h. der GSSD, angenommen worden:
Westliche mit zunächst 20 Divisionen und 1200 Flugzeugen. Östliche mit 26 Divisionen (davon 6 der NVA) und 1000 Flugzeugen. Für die Westlichen waren 400 Atomschläge, für die Östlichen sogar über 500 Atomschläge vorgesehen.[14]
Welcher militärische Konflikt überhaupt in der damaligen Zeit allgemein und welcher speziell in Mitteleuropa für möglich gehalten wurde, das zeigt die in der sowjetischen militärtheoretischen Literatur vorgenommene und von den DDR-Autoren übernommene Klassifizierung der Kriege in der »Epoche des Übergangs vom Kapitalismus zum Sozialismus«, wie das 20. Jahrhundert damals definiert wurde.
So findet sich in der 1962er-Ausgabe der Broschüre Heinz Hoffmanns über die Lehre vom Krieg und von den Streit-

kräften folgende Wiedergabe des sowjetischen Standardwerkes von 1961:
»Zu den *gerechten Kriegen* gehören:
Kriege zur Verteidigung der sozialistischen Länder gegen imperialistische Aggressoren;
Bürgerkriege des Proletariats gegen die Bourgeoisie;
nationale Befreiungskriege der Völker in den Kolonien und abhängigen Ländern gegen das Kolonialsystem-,
Befreiungskriege der Völker bürgerlicher Länder, die ein Opfer imperialistischer Eroberer geworden sind, für ihre nationalstaatliche Souveränität,
Ungerechte Kriege sind Ausdruck der Politik der imperialistischen Bourgeoisie und setzen diese fort. Zu ihnen gehören:
1. Aggressionen imperialistischer Staaten gegen die sozialistischen Länder;
2. konterrevolutionäre Kriege der Bourgeoisie gegen die revolutionäre Bewegung des Proletariats;
3. Kriege der Imperialisten für die Ausdehnung, Erhaltung oder Restauration des Kolonialsystems;
4. Eroberungskriege imperialistischer Staaten gegen schwache kapitalistische Länder,
5. Kriege zwischen den imperialistischen Mächten um die Neuaufteilung der Kolonien und um die Weltherrschaft.«[15]
Diese Klassifizierung war sicher recht schablonenhaft und umfaßte nicht einmal alle bis zum damaligen Zeitpunkt aufgetretenen Kriege des 20. Jahrhunderts. So fehlten die Balkankriege *vor* dem ersten und etliche um nationale und territoriale Probleme entstandenen Kriege *nach* dem ersten und dem zweiten Weltkrieg. Auch solche einschränkenden Bemerkungen, daß nicht jeder Krieg nur gerecht oder nur ungerecht sei und der Verweis auf Lenin, daß Kriege eine »kunterbunte, verschiedenartige, komplizierte Sache« sind, an die man »nicht mit einer allgemeinen Schablone herangehen« darf[16], können den Schematismus dieser Klassifizierung nicht wettmachen.
Im sowjetischen Lehrbuch von 1977, das in der DDR in mehreren Auflagen erschien, wurden die Typen von Kriegen der gegenwärtigen Epoche nach den grundlegenden Typen antagonistischer ökonomischer und politischer Beziehungen

zwischen Staaten, Klassen und Völkern gegensätzlicher oder gleicher Gesellschaftssysteme unterteilt. Einzelne bewaffnete Zusammenstöße zwischen Entwicklungsländern wurden dabei nicht als selbständiger Kriegstyp angesehen.[17]

Die sowjetischen Auffassungen hatten sich auch bis zum Beginn der achtziger Jahre nicht wesentlich verändert. Allen damaligen sowjetischen Betrachtungen zu den Arten und Typen moderner Kriege gemeinsam ist das Fehlen von gründlichen Aussagen über solche militärischen Konflikte, Kampfhandlungen und sogar Kriege, an denen die sowjetischen und auch andere sozialistische Streitkräfte beteiligt waren und die sich nicht so einfach in der Schublade »Kriege zur Verteidigung des sozialistischen Vaterlandes« unterbringen ließen. Erinnert sei nur an Ungarn 1956, den langjährigen Ussuri-Konflikt mit China und den Krieg in Afghanistan ab 1979.

Die Ursache für das Fehlen einer theoretischen Verarbeitung dieser Kampfhandlungen sehe ich in der damals üblichen Negierung von Interessengegensätzen, von latent vorhandenen und akut ausgebrochenen Interessenkonflikten innerhalb der sozialistischen Gesellschaft sowie zwischen einzelnen sozialistischen Staaten. So etwas war in der marxistisch-leninistischen Theorie einfach nicht vorgesehen, folglich auch für die Militärtheorie tabu.

Generell wurden weder solche Kriege wie die zwischen China und Vietnam noch ethnische, religiöse oder territoriale Konflikte bis hin zu bewaffneten Auseinandersetzungen von der sowjetischen oder der DDR-Militärwissenschaft bis hinein in die achtziger Jahre nüchtern analysiert, nach ihren Ursachen und ihrem Wesen gesucht. Allenfalls gab es oberflächliche Erklärungen, die dem sattsam bekannten Schwarz-Weiß-Schema Imperialismus-Sozialismus entsprangen.

Angesichts dieses erkenntnistheoretischen Defizits kann es nicht verwundern, daß die politische wie die militärische Führung der UdSSR das militärische Abenteuer der Afghanistan-Intervention unternahm, daß sie während der Perestroika dem Aufbrechen der nationalen und territorialen Konflikte, den Bürgerkriegen im eigenen Machtbereich zunächst hilflos gegenüberstand und schließlich so brutal reagierte, wie das gegenwärtig wieder in Tschetschenien der Fall ist.

2. Militärdoktrin und strategisches Denken

Es gibt nicht wenige Autoren, die behaupten, die DDR habe weder eine Militärdoktrin noch ein strategisches Denken gehabt, sie sei hier völlig auf die sowjetische Doktrin und die sowjetischen Auffassungen angewiesen gewesen.

Die DDR-Führung hat es nach 1968 allerdings als zweckmäßig erachtet. ihre entsprechenden Auffassungen unter den Begriff der »sozialistischen Militärdok*trin*« zu stellen, um die sowjetische Führung nicht weiter zu verprellen.

Dennoch wurde, wie in einem Referat Heinz Hoffmanns im Dezember 1969 vor leitenden Politoffizieren in Brandenburg, Wert auf die eigenständigen Leistungen der DDR gelegt. Wir hätten die Leninschen Thesen und die sowjetischen Auffassungen nicht einfach kopiert, sagte er, sondern unseren eigenen Kopf angestrengt, aufmerksam unsere konkreten Bedingungen berücksichtigt und auch das fortschrittliche militärische Erbe des deutschen Volkes erschlossen.[18]

Lange bevor nach 1987 wieder Studien und Artikel über die Militärdoktrin der DDR verfaßt und auch veröffentlicht wurden, (die letzten wurden 1990 als Militärpolitische Leitsätze des Runden Tisches beim Verteidigungsminister an die Volkskammer übergeben), war ein in sich geschlossenes System der Landesverteidigung der DDR ausgearbeitet, in die praktische Tätigkeit umgesetzt und durch periodische Schulungen und Überprüfungen in seiner Funktionsfähigkeit laufend den jeweiligen Bedingungen angepaßt worden. Dieses System der Landesverteidigung der DDR unterschied sich sehr wohl von dem sowjetischen Modell und den Lösungen anderer verbündeter Staaten.

Ich glaube trotzdem, daß – von einigen wenigen internationalen Krisensituationen abgesehen – die DDR-Führung während all der Jahrzehnte niemals ernsthaft mit einer unmittelbaren Kriegsgefahr rechnete.

Diese Krisensituationen beschränken sich vor allem auf den Zeitraum von 1960 bis 1962. Damals ging es erstens um die angestrebte Durchsetzung eines Friedensvertrages mit der DDR. Statt einer offensiven Lösung des Problems wurde schließlich in stillschweigender Übereinkunft mit den USA

eine strikt defensive Operation durchgeführt und Westberlin von seinem Umland abgeriegelt – oder die DDR von Westberlin und der BRD.
Ein Jahr später stand die Welt in der Kubakrise erstmalig tatsächlich direkt am Rand eines dritten, nunmehr atomaren Weltkrieges, wovor schließlich beide Seiten, die sowjetische sogar mit einem beträchtlichen Gesichtsverlust, zurückzuckten.
Ich stütze mich bei meiner Meinung, daß beide Seiten immer die Gefahr übertrieben, auch auf solche in sich widersprüchlichen Einschätzungen, wie sie von den führenden Militärs der DDR dem Nationalen Verteidigungsrat vorgetragen wurden, manchmal in schlichter Wiedergabe ebensolcher widersprüchlicher sowjetischer Lagebeurteilungen.
Lassen Sie mich als Beispiel die Einschätzungen aus Vorträgen zitieren, die vom Chef des Hauptstabes der NVA vor dem NVR gehalten und von diesem bestätigt wurden.
Die ersten Aussagen stammen aus den Schlußfolgerungen, die der NVR am 1. September 1967 aus, wie es in der Vorlage hieß, der »Aggression Israels im Rahmen der Globalstrategie der USA« zog. Dort hieß es wörtlich:
»Zwischen den Wünschen und realen Möglichkeiten der westdeutschen Imperialisten besteht ein Widerspruch, den sie mit ihren Kräften nicht lösen können. Deshalb kann man einschätzen, daß bei dem gegenwärtig in Europa bestehenden politischen und militärischen Kräfteverhältnis mit dem unmittelbaren Übergang der westdeutschen Imperialisten zu militärischen Provokationen größeren Ausmaßes nicht zu rechnen ist. Es ist jedoch nicht ausgeschlossen – und auf eine solche Möglichkeit spekulieren sie – daß sie eine etwaige vorübergehend auftretende Instabilität des Kräfteverhältnisses sofort ausnutzen. Unter solchen Bedingungen muß mit der Auslösung militärischer Provokationen, bei denen die Schwelle des Kernwaffeneinsatzes zunächst nicht überschritten wird, durchaus gerechnet werden, wobei das Ausmaß der Provokationen unterschiedlich sein kann.«[19]
Die nächsten Aussagen stammen aus dem Protokoll der Sitzung des Nationalen Verteidigungsrates vom 17. Februar 1972. Nach ausführlichen Darlegungen über den Stand

der Aggressionsbereitschaft der NATO-Streitkräfte in Europa, insbesondere über die Bundeswehr und ihre künftige Entwicklung gemäß Weißbuch 1971/72 sagte der Chef des Hauptstabes: »Ausgehend von dem in Europa bestehenden militärischen Kräfteverhältnis und der gegenwärtigen politischen Situation kann eingeschätzt werden, daß die Bundeswehr der BRD eine militärische Aggression gegen die DDR bzw. die Staaten des Warschauer Vertrages nur entfesseln kann, wenn sie sich deren Absicherung durch die NATO, insbesondere die USA gewiß ist.«[20]

Der Vorsitzende des NVR, gleichzeitig als Erster Sekretär des ZK der SED und Staatsratsvorsitzender oberster Repräsentant der DDR und Inhaber der obersten Befehlsgewalt über alle ihre bewaffneten Kräfte, sagte in seinen abschließenden Bemerkungen, obwohl der Handlungsspielraum des Imperialismus immer mehr eingeengt werde, »verfügt er infolge seines großen Potentials noch über ausreichende Möglichkeiten zur plötzlichen Veränderung des politischen Klimas und damit zur Verschärfung der politischen Lage sowie zur Ausnutzung komplizierter Situationen«.

Die NATO baue die Fähigkeiten ihrer Streitkräfte zur politischen Erpressung, zur Durchführung militärischer Provokationen und zur Durchführung von Kriegshandlungen jeglicher Art aus. Sie habe infolge der kurzen Alarmierungszeiten der ständig gefechtsbereiten Kampfverbände, besonders der Kernwaffeneinsatzmittel, und der hohen Mobilmachungsbereitschaft der Reserven jederzeit die Möglichkeit, kurzfristig einen Krieg zu beginnen.[21]

Es ist überhaupt für jene Perioden des Kalten Krieges charakteristisch, daß beide Seiten die militärische Stärke und die Angriffsbereitschaft ihres jeweiligen Gegners ziemlich übertrieben. Und daß sie gleichermaßen die eigene militärische Stärke als die eigentliche Ursache dafür ansahen, daß die andere Seite bisher von der Auslösung eines größeren Krieges zur Erringung der Weltherrschaft abgehalten werden konnte.

Der sowjetische Verteidigungsminister, Marschall Gretschko, hat noch auf der Konstituierenden Sitzung des Komitees der Verteidigungsminister des Warschauer Vertrages im Dezember 1969 erklärt, die Furcht vor der vorhandenen militäri-

schen Überlegenheit der sozialistischen Staaten, die sowohl auf dem Gebiet der Kernwaffenrüstung als auch der herkömmlichen Möglichkeiten der Kriegführung liegt, habe die USA an den Verhandlungstisch von Helsinki gezwungen. Zur Zeit, sagte Marschall Gretschko, existiere zwar keine unmittelbare Gefahr des Ausbruchs eines Krieges gegen die sozialistischen Staaten. Jedoch könne aus der Erweiterung der Konflikte im Nahen und Mittleren Osten sowie in Vietnam und aus anderen Gefahrenquellen »jederzeit die unmittelbare Gefahr eines Weltkrieges entstehen. Auch die Politik der chinesischen Führer birgt Gefahren für den Frieden in sich.« Sie laufe auf die Vorbereitung eines Krieges gegen die Sowjetunion hinaus.
»Die Hauptgefahr für den Frieden in Europa ist jedoch nach wie vor der aggressive NATO-Block, besonders seine Hauptmächte, die USA, die über 90 % der strategischen und 70 % der taktischen Kernwaffeneinsatzmittel der NATO verfügen, und Westdeutschland, dessen neue Regierung die Richtung der aggressiven westdeutschen Politik nicht geändert hat.«[22]
Marschall Gretschko schätzte sodann die Strategie der flexiblen Reaktion ein und meinte, der Unterschied zur Strategie der massiven Vergeltung bestünde in der Anerkennung der Möglichkeit begrenzter Kriege, obwohl ihr Hauptgewicht dessen ungeachtet auf dem massierten Einsatz der Kernwaffen liege. Schließlich rechne die NATO fest damit, daß die Strategie der flexiblen Reaktion über die Eskalationsstufen
- Drohung mit dem Einsatz von Kernwaffen,
- sogenannte demonstrative Kernwaffenschläge,
- Einsatz von Kernminen, taktischen und operativen Kernwaffen, zunächst gegen Ziele auf den Territorien der DDR, CSSR und der Volksrepublik Polen letztlich in jedem Falle zum allgemeinen Kernwaffenkrieg führe.[23]
Soviel sei an wenigen Beispielen zu den Kenntnissen gesagt, die die führenden Militärs der DDR von den strategischen Vorstellungen, Möglichkeiten und Absichten der anderen Seite besaßen und zu den Einschätzungen, mit denen sie diese bewerteten.
Es ist ja vor allem von Autoren der Bundeswehr, die nach 1989 Einsicht in die Aufklärungsergebnisse der NVA und des MfS nehmen konnten, wiederholt beteuert worden, daß die

DDR-Führung aufgrund von geheimen und streng geheimen Informationen über Bundeswehr und NATO ausgezeichnet informiert gewesen sein dürfte.[24]

Welche strategischen Vorstellungen hatte nun die militärische Führung der DDR über die Art und Weise, wie die eigene Seite, d.h. die sowjetischen Streitkräfte und die anderen Armeen des Warschauer Vertrages, Kampfhandlungen in Mitteleuropa führen würden, wenn es trotz gegenseitiger Abschreckung und Beteuerung des Friedenswillens zu einem militärischen Konflikt kommen sollte?

Im Thema meines Vortrages wurde bewußt von strategischen *Vorstellungen,* nicht von strategischen oder operativen *Planungen* gesprochen, obwohl es in der vielfältigen Literatur, die seit der Wende über die NVA erschienen ist, nicht wenige Beiträge mit Aussagen über die Kriegs- oder Operationspläne der NVA-Führung gibt.

Die schlichte Wahrheit ist, daß kein Offizier der NVA jemals Einblick in die konkreten strategischen Planungen des sowjetischen Generalstabes für die Anfangsperiode und den weiteren Verlauf einer möglichen militärischen Auseinandersetzung zwischen NATO und Warschauer Vertrag nehmen konnte, auch nicht der jeweilige Verteidigungsminister der DDR.

Außerdem muß man beachten, daß gerade bei den Stabs- und Truppenübungen, bei deren vorgefertigten Ausgangslagen und ihrem durch Schiedsrichtereinlagen gesteuerten Verlauf das Lehrziel und die Ausbildungsinhalte generell im Vordergrund standen. Das geschah mindestens im Warschauer Vertrag sogar unter bewußter Ignorierung militärwissenschaftlicher Erkenntnisse, wie z.B. bei der Annahme relativ geringfügiger Verluste nach Kernwaffenschlägen, weil die Stäbe und Truppen des Chemischen Dienstes und der Zivilverteidigung bei der Beseitigung der Folgen des Einsatzes von Massenvernichtungsmitteln geschult werden sollten.

Die meisten Truppen- und Stabsübungen wurden im Warschauer Vertrag noch dazu für beide Seiten in der eigenen Struktur und nach den Normen der sowjetischen Gefechtsvorschriften, nicht denen der NATO, durchgeführt, um beide handelnden Seiten in der eigenen Taktik und operativen Kunst zu schulen. Das trug übrigens nicht gerade zum Vertrautmachen mit dem wahrscheinlichen Gegner bei, einem in fast allen Auswerteberichten, Übungsanalysen und prinzipiellen Aufgabenstellungen für die NVA und die anderen Armeen des Warschauer Vertrages immer wieder festgestellten Schwachpunkt. Dem konnte auch die erst in den letzten Jahren stärker betriebene Beschäftigung mit Problemen der Militärgeographie, dem Studium des Territoriums der BRD, anderer NATO-Staaten und der angrenzenden Seegebiete im Ministerium und an der Militärakademie in Dresden nicht abhelfen. Wenn man nun heute aus Übungslagen, die auch zur Vertiefung militärgeographischer Kenntnisse mal nach Jütland und mal bis an die niederländische Küste reichten, schlußfolgern will, die NVA hätte sowohl Dänemark als auch die Benelux-Staaten, wenn nicht sogar Nordfrankreich erobern wollen, so ist das doch reichlich übertrieben.

Es gab allerdings auch Übungen, vornehmlich Kartenübungen höherer Stäbe, eventuell noch mit Nachrichten- und Darstellungseinheiten, bei denen sowohl von realen bzw. zu erwartenden Kräftegruppierungen *beider* Seiten auf dem westeuropäischen Kriegsschauplatz ausgegangen als auch – was allerdings seltener geschah – die Erfolgsaussichten der wahrscheinlichen operativ-strategischen Aufgabenstellungen beider Seiten überprüft wurden.

Als Beispiele für solche Übungen möchte ich zwei Stabsübungen aus den Jahren 1960/61 anführen, einer Zeit also, als über Europa erstmals seit 1945 die Gefahr des Ausbruchs eines neuen Weltkrieges heraufzog.

Im Juni 1960 wurde eine zweiseitige, zweistufige Kommandostabsübung im Gelände mit Nachrichtenmitteln durchgeführt, an der die Kommandos der Militärbezirke V und III sowie operative Gruppen der Luft- und Seestreitkräfte und der bewaffneten Kräfte des MdI beteiligt waren.[25]

Das Thema lautete für die »Östlichen« (MB V): Die Sicherung der Staatsgrenze und der Küste, die Organisation und Führung von Grenz- und Begegnungsgefechten an einem Landabschnitt und an der Küste im Zusammenwirken mit LSK und SSK in der Anfangsperiode eines Krieges. Die Abwehr eines überraschenden Überfalls des Gegners, der Über-

gang zum Angriff gemeinsam mit aus der Tiefe herankommenden operativen Reserven.
Für die »Westlichen« als den angenommenen Gegner (MB III) lautete das Thema: Die Organisation und Führung der Angriffsoperation einer Armee in Küstenrichtung im Zusammenwirken mit SSK und LSK unter den Bedingungen des Einsatzes von Massenvernichtungsmitteln in der Anfangsperiode eines Krieges sowie das Führen von Abwehrkämpfen.
Die Lage zu Beginn der Übung und die Ideen der beiden Seiten wurden wie folgt charakterisiert:
Die »Westlichen« hatten nach Abschluß ihrer planmäßigen Frühjahrsmanöver wieder ihre Garnisonen bezogen, führten die normale Gefechtsausbildung durch und bereiteten gleichzeitig den bewaffneten Überfall auf das Territorium der »Östlichen« vor. Ihr Plan sah vor, mit den Kräften der Westfront nach einem Atom-, Luftwaffen- und Raketenschlag überraschend in das Gebiet der »Östlichen« einzudringen, die Berliner und die Küstengruppierung der »Östlichen« zu zerschlagen, die Oder gewaltsam zu überwinden und den Angriff in Richtung Poznan fortzusetzen.
Der Plan der »Östlichen« sah vor, mit der 1. Front die Sicherung der Staatsgrenze zu verstärken, nach einem massierten Antwortschlag die eingebrochenen Teile des Gegners zu vernichten und die Voraussetzungen für den eigenen Angriff zu schaffen, der mit dem Ziel geführt werden sollte, die Hamburger Gruppierung der »Westlichen« zu zerschlagen und einen Abschnitt nördlich von Hamburg sowie das Ostufer der Weser zu erreichen.
Solche Aufgaben in der Verteidigungs- wie in der Angriffsoperation zogen sich – angesichts der Besonderheiten der militärgeographischen Lage Deutschlands völlig verständlich – auch in den folgenden Jahrzehnten wie ein roter Faden durch die gesamte taktische und operative Ausbildung der NVA, ergänzt allerdings durch die in dieser Übung nicht enthaltene Problematik von Kampfhandlungen im bewaldeten Mittelgebirge.
Eine bedeutende Rolle bei der Auswertung dieser Kommandostabsübung vom Juni 1960 spielten die Besonderheiten von Kampfhandlungen in der Anfangsperiode eines mo-

dernen Krieges. Dazu wurde ein eigener VS-Sonderdruck der Zeitschrift »Militärwesen« herausgebracht.

Ausgangspunkt waren die zu erwartenden Folgen eines überraschenden Einsatzes von Massenvernichtungsmitteln durch den Gegner: große Verluste an Menschen und Material-, Panikstimmung der Bevölkerung, vor allem unter der Strahlenbelastung; Lähmung der Führung; hohe physische und psychische Belastung der Truppen noch vor der Berührung mit dem Gegner; längere Unterbrechung der materiell-technischen Versorgung, Verstopfung der Militärstraßen.

Besonders charakteristisch wären des weiteren der Einsatz von Luftlandetruppen, die umfangreiche Durchführung von Diversionshandlungen und der Versuch, durch konterrevolutionäre Umtriebe das gesamte Leben in der DDR- insbesondere die Tätigkeit der bewaffneten Kräfte sowie der Partei- und Staatsorgane zu lähmen. Gleichzeitig mit dem Beginn der Aggression seien starke und massierte Angriffshandlungen der Luftwaffe und der Flotte des Gegners zu erwarten. Der Gegner, so hieß es in diesem Auswertereferat, werde seinen Angriff ohne großen Aufmarsch, aus der Bewegung heraus auf breiter Front mit in selbständigen Richtungen handelnden Divisionen und Brigaden beginnen, in der 1. Staffel vorwiegend gepanzerte Verbände einsetzen.

Er werde bestrebt sein, durch überraschende Handlungen in unerwarteten Richtungen, unterstützt durch Luftlandetruppen und auch durch Seelandungstruppen rasche Erfolge zu erreichen. »Sein Hauptziel ist zunächst der schnelle Durchbruch in wenig besetzten Richtungen zu unserer östlichen Staatsgrenze.« Daher sei eine Verteidigungsoperation und der Aufbau der Verteidigung im herkömmlichen Sinne nicht möglich, die Kräfte und die Zeit reichten dafür nicht, ein längeres Verweilen in bestimmten Verteidigungsräumen führe zur Aufdeckung der Gruppierung und zu Schlägen mit Massenvernichtungsmitteln durch den Gegner.

Über den zu erwartenden Einsatz von Kernwaffen hieß es in diesem Referat: »Der unmittelbare Kriegsbeginn wird aller Wahrscheinlichkeit nach mit einem mächtigen ersten Schlag des Angreifers beginnen und einen ebensolchen Antwortschlag des Verteidigers zur Folge haben. ... Es steht au-

ßer Frage, daß die Einsatzmittel die Zielkoordinaten bereits besitzen, eingestellt haben und abhängig von der Entfernung zum Zielobjekt, in unterschiedlichen Zeitabständen den Atomsprengkörper abschießen, um eine gleichzeitige Detonation im Interesse der Überraschung zu erreichen. «[26]
Der erste Schlag habe das strategische Ziel, das wirtschaftliche und militärische Potential des Gegners zu vernichten, seine Verteidigungskraft zu vermindern, seine Gegenschläge zu verhindern oder abzuschwächen. Beide Seiten würden anstreben, den ersten Schlag so überraschend zu führen, daß die Truppen ihre ständigen Garnisonen, Flugplätze und Flottenbasen noch nicht verlassen haben und dort hohe Verluste erleiden. Dadurch solle das Kräfteverhältnis entscheidend verändert werden.
Soviel zu dem Szenarium, das die Führung der NVA im Jahre 1960 entsprechend den damaligen sowjetischen Erkenntnissen und dem erreichten technisch-taktischen Niveau beider Bündnissysteme als wahrscheinliche Variante eines Kriegsbeginns in Mitteleuropa ansah.
Im selben Jahre fand überdies eine Zentrale Militärwissenschaftliche Konferenz der NVA über die kriegsentscheidenden Faktoren statt, auf der, ausgehend von einer umfangreichen Diskussion in der sowjetischen Militärzeitschrift »Wojennaja Mysl«, Folgerungen für die Landesverteidigung der DDR und die Ausbildung der NVA abgeleitet wurden.
Von besonderer Bedeutung war die bereits erwähnte Kommandostabsübung der GSSD und der NVA unter Leitung von Marschall Gretschko im Mai 1961. Die angenommene operative Lage entsprach einer wahrscheinlichen Variante der Entstehung und Entwicklung eines Krieges, auf beiden Seiten wurden die real vorhandenen Kräfte und Mittel eingesetzt. Auf östlicher Seite handelten 3 allgemeine und 2 Panzerarmeen der GSSD, eine allgemeine Armee und ein Armeekorps der NVA.[27]
Die Idee der »Westlichen« sollte darin bestehen, nach gedeckter Vorbereitung und einem massierten Kernwaffenüberfall mit zwei Armeegruppen auf das Territorium der DDR und der CSSR vorzustoßen, um die dortige Gruppierung der »Östlichen« zu zerschlagen.

Um die Stäbe im Verlauf der Handlungen zu schulen, sah die Idee der »Östlichen« nur eine allgemeine Aufgabenstellung vor: Abwehren der Aggression durch Begegnungsschläge und eigenen Angriff, Lähmung der wichtigsten Zentren des Gegners durch Raketeneinsatz, Zerschlagung der gegnerischen Gruppierungen möglichst noch ostwärts des Rheins.

Die Aufgaben der NVA waren realistisch angenommen:
- Bildung eines Armeestabes aus dem Kommando des Militärbezirks III und eines Korpsstabes aus dem Kommando des Militärbezirks V;
- Unterstellung der drei im Frieden vorhandenen Divisionen des MB III und einer Division des MB V unter die Armeen der 1. Westfront (GSSD);
- Formierung eines Armeekorps aus den verbliebenen 2 Divisionen des MB V und einer polnischen Division, um die Küstenverteidigung an der gesamten Seegrenze der DDR zu organisieren, anschließende Unterstellung des AK unter einen sowjetischen Armeestab;
- die Volksmarine sollte die Entfaltung der Stoßgruppierungen der Vereinigten Ostseeflotten und den Seetransport in den eigenen Gewässern sichern;
- die LSK/LV hatten im Zusammenwirken mit der Luftabwehr der 1. Westfront das Armeekorps der NVA, die zentralen Führungsstellen, die Oderübergänge sowie die Räume der Neuaufstellungen von Divisionen im Rahmen der Mobilmachung zu decken.

Aus dieser Übung wurden folgende wesentliche Erkenntnisse und Schlußfolgerungen abgeleitet, die auch die weitere Entwicklung der NVA und der Landesverteidigung der DDR tatsächlich stark beeinflußt haben:
- Für die Küstenverteidigung würden die Seestreitkräfte ausreichen, die Landsreitkräfte brauchten in dieser Größenordnung (ein Armeekorps) zu diesem Zweck nicht eingesetzt zu werden;
- Das Kommando LSK/LV war nicht in der Lage, mit der nach dem Vorrücken der 1. Westfront gestellten Aufgabe fertig zu werden, die Deckung des gesamten Territoriums der DDR zu übernehmen. Dafür reichten weder die im Frieden vorhandenen Kräfte und Mittel aus, geschweige

denn die nach den zu erwartenden Verlusten verbleibenden;
- Für die Unterstützung der GSSD war eine Vielzahl von Truppenteilen und Verbänden sowie von Einrichtungen der Rückwärtigen Dienste aufzustellen, ohne die die sowjetischen Streitkräfte auf die Dauer nicht handlungsfähig waren;
- Es galt, einen konkret ausgearbeiteten Mobilmachungsplan mit den entsprechenden Festlegungen zur Benachrichtigung, zur Einberufung der personellen Reserven und zur Bereitstellung von materieller Ausrüstung aus der Volkswirtschaft aufzustellen sowie die gesetzlichen Voraussetzungen dafür zu schaffen;
- Als völlig neue Aufgabe war die Sicherstellung der Bewegung der Vereinten Streitkräfte und die operative Vorbereitung des Territoriums der DDR zu organisieren;
- Schließlich waren die Räume für die Führungsstellen festzulegen.

Im übrigen war in dieser Übung auch schon eine Handlungsrichtung für die aus dem Kommando des MB III sowie aus Mobilmachungs-Divisionen zu bildende Armee zu erkennen, nämlich die Sicherung der linken Flanke der 1. Westfront an der Trennungslinie zu den auf dem Territorium der CSSR handelnden Truppen des Warschauer Vertrages.

Ein letztes Wort sei zu den allgemeinen, die Taktik wie die operative Kunst und die Strategie betreffenden Auffassungen gestattet, wie sie in der NVA gelehrt und praktiziert wurden. Solche Auffassungen sind in allen Armeen in Führungsvorschriften niedergelegt, in denen versucht wird, die Erfahrungen jüngster Kampfhandlungen mit den zu erwartenden Bedingungen künftiger Kriege in Übereinstimmung zu bringen. Die sowjetischen Führungsvorschriften haben übrigens genau so von den Erfahrungen des ersten und des zweiten Weltkrieges gezehrt, zum Beispiel auch von der in den 30er Jahren entstandenen Vorschrift »Truppenführung« der Reichswehr, wie nach 1945 die Bundeswehr. Da diese Vorschrift auf den Lehren des ersten Weltkrieges und zusätzlich den Erfahrungen der Motorisierung und Mechanisierung der Kriege zwischen beiden Weltkriegen aufbaute, da außerdem aus den

Operationen und Feldzügen des zweiten Weltkrieges nicht nur im Westen, sondern auch im Osten analoge Schlußfolgerungen gezogen wurden, kann es nicht weiter verwundern, daß sich viele prinzipielle Aussagen – etwa über die Bedeutung von Angriff und Verteidigung – nahezu decken.
Wer also die ersten Gefechtsvorschriften der Bundeswehr und der NVA – unsere Vorschriften waren Übersetzungen aus dem Russischen – miteinander vergleicht, wird viele Ähnlichkeiten feststellen. Zwei Beispiele mögen genügen.
In der Vorschrift »Truppenführung« der Bundeswehr von 1959 heißt es: »Nur durch Angriff kann dem Gegner das Gesetz des Handelns vorgeschrieben, nur durch Angriff eine Entscheidung herbeigeführt werden. Daher ist der Angriff bei allen anderen Kampfarten möglichst oft anzuwenden. Angreifen erfordert von Führung und Truppe Kühnheit und Tatkraft. Das Bewußtsein, Angreifer zu sein, steigert das Gefühl der Überlegenheit.«
Und die Felddienstvorschrift der NVA, die 1961 in Kraft trat, besagte: »Der Angriff ist die Hauptart der Gefechtshandlungen. Nur der entschlossene und in hohem Tempo geführte Angriff gewährleistet die volle Zerschlagung des Gegners.«[28]
Wer also meint, die angebliche Aggressivität des Warschauer Vertrages und insbesondere der NVA aus der Intensität ableiten zu können, mit der Angriff oder Verteidigung geübt, die Gefechtsbereitschaft hergestellt oder aufrechterhalten, die Mobilmachung von personellen und materiellen Reserven, die Alarmierung von Staatsorganen und Einheiten der Zivilverteidigung geprobt wurde, der scheint zwar sachliche Argumente anzufahren, geht aber dennoch am Wesen der Frage vorbei.
Die Bewahrung des Friedens war das tatsächlich angestrebte Ziel aller militärischen Vorbereitungen in der DDR wie auch in den anderen Staaten des Warschauer Vertrages, weil man die eigene friedliche Entwicklung von Wirtschaft und Lebensstandard als entscheidende Garantie für den Übergang der Völker auf die Bahnen des Sozialismus ansah. Man wollte – wie es übrigens auch in einem Slogan der Bundeswehr hieß – kämpfen können, um niemals kämpfen zu müssen.
Der Krieg und seine Vorbereitung war und ist immer noch

ein Mittel der Politik, ihre Fortsetzung. Beide Seiten, Warschauer Vertrag wie NATO, hatten sich nach 1945 das vorrangige Ziel gestellt. den eigenen Macht- und Einflußbereich, die gesellschaftliche Ordnung und die territorialen Grenzen zu erhalten, keine Expansion der anderen Seite zuzulassen. Infolge der politischen wie militärischen Kräfteverhältnisse gab es für keine Seite einen zwingenden Grund, diese oder andere, untergeordnete politische Ziele mit dem riskanten Mittel eines totalen oder begrenzten Krieges in Mitteleuropa anzustreben.
Die Führungen beider deutscher Staaten begriffen spätestens während der scharfen Konfrontation der Jahre 1958 bis 1962, besonders während der Berlinkrise 1961 und der Kubakrise 1962, daß sie die ersten und die sichersten Opfer jedes militärischen Konflikts in Mitteleuropa sein würden, auch wenn das damals noch nicht von allen Parteien, Politikern und Militärs erkannt, akzeptiert und öffentlich zugegeben wurde.
Die Beendigung der beiden Krisen durch kompromißbereites Handeln beider Seiten zeigte den Weg, der in den siebziger und achtziger Jahren zur internationalen Entspannung und schließlich zum Ende der Blockkonfrontation und damit zur Beseitigung der Gefahr eines weltweiten Raketen-Kernwaffen-Krieges führte.

1. Zitiert nach: H. Hoffmann: Der Marxismus-Leninismus über den Krieg und die Streitkräfte. Berlin 1958, S. 30.
2. Zitiert nach: Ebd., S. 28.
3. H. Hoffmann: Streitkräfte in unserer Zeit. Festvortrag zur Ehrenpromotion an der Parteihochschule »Karl Marx« am 1. Dezember 1975. In: Ders., Sozialistische Landesverteidigung. Aus Reden und Aufsätzen 1974 bis 1978, Berlin 1979, S. 221.
4. Ebd., S.220.
5. Zitiert nach: Probleme des Krieges und des Friedens in der Gegenwart (Materialzusammenstellung). Berlin 1960, S. 58.
6. Zitiert nach: Ebd.
7. Zitiert nach: Ebd., S. 46.
8. Zitiert nach: Ebd., S. 41.
9. Zitiert nach: Bundeswehr – antinational und aggressiv. Chronik – Fakten – Dokumente, Berlin 1969, S. 326.

10. Zitiert nach: Probleme des Krieges, wie Anm. 5, S. 83.
11. H. Hoffmann: Leistungen der Arbeiter bestimmen Ansehen und Einfluß des Sozialismus, wie Anm. 3, S. 162.
12. Ebd.
13. Ebd., S. 164.
14. Bundesarchiv-Militärarchiv (im Folgenden BA-MA), VA-0 1/6301.
15. H. Hoffmann: Die marxistisch-leninistische Lehre vom Krieg und von den Streitkräften. Berlin 1962, S. 48.
16. Ebd.
17. Siehe Krieg und Armee. Philosophisch-soziologischer Abriß, 2. Aufl., Berlin 1981, S. 102 ff.
18. Siehe H. Hoffmann: Von Lenin lernen wie man kämpft und siegt. In: Ders., Sozialistische Landesverteidigung. Aus Reden und Aufsätzen 1963 bis Februar 1970. Teil II. Berlin 1971, S. 917.
19. BA-MA, VA-01/3 9486.
20. Ebd., VA-01/39497.
21. Ebd..
22. Ebd., VA-01/39494.
23. Ebd..
24. Siehe u.a. den Beitrag von H. Göpel: Aufklärung. In: NVA. Anspruch und Wirklichkeit, hrsg. von K. Naumann, Berlin/Bonn/Herford 1993, S. 221 ff,
25. BA-MA, VA-01/6288.
26. Ebd..
27. Ebd., VA-01/6301.
28. Zitiert nach: Kalter Krieg auf deutschem Boden. Geschichte – Standpunkte – Dokumente, hrsg. von Hans Modrow u.a. Berlin 1994, S. 30, 32.

Kapitän z. S. a. D. Prof. Dr. sc. Wolfgang Scheler

Frieden und Verteidigung

Ambivalenz und Transformation der Friedens- und Verteidigungskonzeption (Vortrag beim wissenschaftlichen Symposion »Nationale Volksarmee – Armee für den Frieden« der Karl-Theodor-Molinari-Stiftung im Frühjahr 1995)

Frieden und Streitkräfte zusammenzudenken, ist eine späte Errungenschaft der modernen Geschichte. Sie gehört erst der zweiten Hälfte unseres Jahrhunderts an. Bis dahin galt es nicht als anstößig, Streitkräfte als das zu verstehen, was sie sind, nämlich Instrumente des Krieges. Da nannte man unbefangen die Dinge bei ihrem richtigen Namen, die Regierungen hatten Kriegsminister, Offiziere wurden auf Kriegsschulen geschickt, Kriegserfahrung war für sie höchster Befähigungsausweis, und der Wert der Armeen und der Kriegsmarinen wurde an ihrer Kriegstauglichkeit gemessen.

Das war ganz selbstverständlich und überhaupt nicht ehrenrührig. Man muß an diese Selbstverständlichkeit in der Wahrnehmung des Kriegsinstruments erinnern, um besser zu verstehen, warum die uns heute so geläufige Normalität, Streitkräfte mit Frieden in Verbindung zu bringen, äußerst problematisch ist und die bestehenden Ambivalenzen verdeckt. In den Nachkriegsdezennien wandelten sich die Wertbegriffe im Krieg-Frieden-Spektrum in einer Weise, daß keine der beiden Seiten darauf verzichtete, ihren Kriegsinstrumenten die Weihe von Friedensbringern zu geben. In der Vorstellungswelt des Kalten Krieges – zumindest im Zentrum des Weltkonflikts – avancierte das Militär sogar zum wichtigsten Garanten des Friedens, eines schlechten allerdings, eines Angstfriedens, erzeugt vom Gleichgewicht des Schreckens. Gleichzeitig aber, an der Peripherie des Kampfes zwischen den Systemen, waren Streitkräfte um so auffälliger in kriegerischer Aktion.

Man hat also ein ganzes Beziehungsgeflecht von realgeschichtlichen Bedingungen und ideologischen Verklärungen zu ent-

wirren, wenn das Verhältnis der Nationalen Volksarmee zum Frieden wahrheitsgetreu rekonstruiert werden soll. Natürlich war die NVA wie jede andere Armee ein Kriegsinstrument, und ihr Verhältnis zum Frieden kann nur verstanden werden aus der Rolle, die Verteidigungsfähigkeit unter bestimmten historischen Bedingungen für den Staat DDR zu spielen vermochte, wirklich oder auch vermeintlich.
Allein der Umstand, daß Streitkräfte nur mit Kriegsfähigkeit für Frieden einzustehen vermögen, ist ein Widerspruch in sich. In diesem Widerspruch bewegte sich das Friedensengagement der Soldaten. Und in der Bewegung dieses Widerspruchs veränderte sich der Rang, den der Frieden im politischen Auftrag der NVA einnahm. Vor allem aber wandelte sich der Inhalt der Friedensvorstellungen und mit ihnen die Vorstellungen über die Funktion der Streitkräfte.
Diesen Wandlungen soll im weiteren nachgegangen werden, ohne aber die ganze NVA-Geschichte durchzugehen. Die Betrachtungen beschränken sich auf den wesentlichsten Einschnitt, auf den Umbruch, den das Bewußtwerden des Atomzeitalters brachte.

1. Die Ambivalenz von Frieden und Verteidigung im traditionellen militärischen Denken
Militärpolitisch bewegten wir uns bis dahin im traditionellen Denken über Frieden und Verteidigung. Die Notwendigkeit der Verteidigung leiteten wir formell ebenso wie die Bundeswehr aus der Verteidigungswürdigkeit unserer Werte und aus der äußeren Bedrohung dieser Werte ab. Als einer dieser Werte nahm der Frieden einen vorderen Rang ein. Daß Frieden und Sozialismus eine Einheit bilden, war die weltanschauliche Grundüberzeugung, auf der unsere Verteidigungsmotivation wesentlich beruhte.
Die Einheit von Frieden und Sozialismus schien uns historisch erwiesen und weltanschaulich zwingend begründet. Sie stützte sich auf die historische Tatsache, daß der Krieg eine ständige Begleiterscheinung der Gesellschaft war, bevor der Sozialismus die geschichtliche Bühne betreten hatte. Einer der Gründe für den Aufbruch zu einer sozialistischen Alternative war ja gerade das Bedürfnis, einer Gesellschaftsord-

nung zu entkommen, aus der ein solches massenweises Abschlachten von Menschen hervorgehen konnte wie der erste und zweite Weltkrieg.

Weltanschaulich gründete die Überzeugung von der Einheit von Frieden und Sozialismus auf der Idee, daß erst die Befreiung von den gesellschaftlichen Antagonismen, die das Privateigentum an den Produktionsmitteln erzeugt, der Menschheit einen immerwährenden Frieden bringen kann. Mit dem Gegensatz, der Klassen im Innern der Nation fällt die feindliche Stellung der Nationen gegeneinander, so bei Marx und Engels.[1] Die freie Assoziation der Produzenten auf der Grundlage des Gemeineigentums an den wichtigsten Produktionsmitteln und die Allianz der Arbeiter aller Länder würden den Krieg ausrotten.[2]

Nach diesen Vorstellungen gibt es Frieden ganz unterschiedlicher Qualität, letztlich bedingt durch die ökonomische Struktur der Gesellschaft, die seinen sozialen Inhalt bestimmt. Von der Antike bis zur Moderne ist der Frieden eine der im Wechsel mit dem Krieg auftretenden Existenzweisen der Gesellschaft. Er ist die dem Krieg komplementäre Form der Politik. Beide Formen, Krieg und Frieden, lösen einander ab, indem die Politik, wie Clausewitz es ausdrückte, die Feder mit dem Degen vertauscht, das Band zum Frieden aber im Krieg bestehen bleibt.[3] Frieden ist also hier nur eine zeitweilige, vorübergehende Erscheinung und trägt in sich die Bedingungen zum Krieg.

Erst in einer von sozialen Antagonismen, von Ausbeutung und feindlicher Konkurrenz befreiten Societät kann der Zyklus Krieg – Frieden – Krieg überwunden werden. Der Frieden erhält dann einen völlig anderen sozialen Inhalt und Charakter. Er wird zur selbstverständlichen und einzig möglichen Lebensform der Gesellschaft, Frieden von ununterbrochener Dauer.

Aus dieser Theorie und aus der Annahme, auf solchen gesellschaftlichen Grundlagen bereits zu stehen, ergab sich für uns die Gewißheit, gemeinsam mit der Sowjetunion und den anderen sozialistischen Ländern in jener Gesellschaft zu sein, die nach ihrer inneren Ordnung Krieg ausschließt, Frieden braucht und Frieden erzeugt. Wir sahen deshalb in der sozi-

alistischen Staatengemeinschaft Kants Entwurf zum ewigen Frieden erstmals realisiert und hielten den real existierenden Sozialismus für die stärkste Friedenspotenz im Kampf gegen den drohenden Krieg. Seine Militärmacht konnte demzufolge nur das Instrument notwendiger Gegengewalt sein, mit dem die Welt des Friedens sich vor möglicher Gewalt der kapitalistischen Welt, die noch kriegsträchtig ist, schützt. Die Soldaten der NVA lebten also in dem Bewußtsein, eine Friedensmission zu erfüllen, beteiligt zu sein am historischen Aufbruch aus der Welt des Krieges in die Welt des Friedens.
Was wir nicht wußten oder uns erst sehr spät zu Bewußtsein kam, war der Tatbestand, daß die Gesellschaft, die wir für eine erste Verwirklichung der großen Menschheitsideen der Aufklärung und der sozialistischen Arbeiterbewegung hielten, längst in eine historische Sackgasse geraten war und ihren emanzipatorischen Impetus verloren hatte. Daß die angeblich sozialistische Sowjetunion kein Arbeiterstaat, sondern die diktatorische Herrschaft einer bürokratischen Oberschicht war, die mit Terror und Liquidation ihrer Gegner, ja sogar ihrer Kampfgefährten die eigne Macht befestigt hatte, daß auch nach der Aufdeckung der begangenen Verbrechen die undemokratischen Machtstrukturen und sozialen Hierarchien im wesentlichen erhalten blieben, daß Privateigentum zwar beseitigt, Gemeineigentum des Volkes aber nicht verwirklicht war und daß schließlich diese innere Gesellschaftsverfassung nicht ohne Auswirkung auf die Außen- und Militärpolitik bleiben konnte, all dies ließ ideologische Verklärung und Verblendung lange Zeit im Verborgenen. Das wiederum war möglich, weil der Marxismus-Leninismus nicht wie das Marxsche Denken eine kritische Theorie war, sondern längst den Charakter einer Glaubenslehre und Rechtfertigungstheorie der jeweiligen politischen Führung angenommen hatte.
Im Gegensatz zur Ideologie wurde das Friedensinteresse der Sowjetunion vom Machtinteresse beschnitten und fand seine Grenze dort, wo es mit Großmachtansprüchen und imperialer Herrschaftssicherung kollidierte. Der Aggressionskrieg gegen Finnland, die Militärinterventionen im eignen Herrschaftsbereich und der Afghanistanfeldzug stehen dafür als

makabre Zeugnisse. Auch hierin war die Sowjetunion nicht sozialistisch, sondern eher eine normale Großmacht. Nicht nur aus äußeren Zwängen, sondern auch aus den inneren gesellschaftlichen Strukturen heraus kam es zu einer starken Betonung der Gewaltinstrumente des Staates, zu einer Militarisierung der Gesellschaft sowie der Außen- und Sicherheitspolitik. Der Militär-Industrie-Komplex erlangte ein eigenes Gewicht in der Politik. Die Sowjetunion trug bei zum Kalten Krieg, der seinem Wesen nach ein Gewaltfrieden war. Sie war mitverantwortlich für das gefährliche Wettrüsten und für das aberwitzige Modell einer Friedenssicherung durch garantierte gegenseitige Zerstörung.

Die DDR, formiert nach dem sowjetischen Grundmodell und der Ägide der Führungsmacht unterworfen, war von der Ambivalenz dieser Friedens- und Militärpolitik betroffen, ebenso die Nationale Volksarmee, die fest in die Militärorganisation des Bündnisses, genauer noch in die der sowjetischen Streitkräfte in Deutschland eingebunden war. Dennoch hatte die DDR gerade in der Friedensfrage ganz andere historische Ausgangspunkte und eine Interessenlage, die sich deutlich von der imperialen und globalstrategischen der Sowjetunion abhob. Sie war keine Großmacht und suchte nur den militärischen Schutz ihrer friedlichen Existenz und ihrer staatlichen Souveränität.

Sie beanspruchte auch keine Westausdehnung und keine Obhutpflicht für alle Deutschen und schon gar keine Grenzrevision. Ihr spezifisches Friedensinteresse ergab sich aus dem Konsens aller verbliebenen gesellschaftlichen Schichten in der DDR, mit der kriegerischen deutschen Vergangenheit ein für allemal zu brechen. Es ergab sich aus dem Aufbau einer sozial homogenen Gesellschaft und einem geistigen Leben, das die Werte des Friedens und der Gerechtigkeit in der Welt, der Völkerfreundschaft und der Gleichberechtigung der Nationen, der Abrüstung und einer Welt ohne Waffen obenan stellte. Von daher war Frieden für das geistige Profil der NVA eine prägende Grundbestimmung, vom Gründungsakt bis zur Auflösung.

Diesen Tatsachen stehen aber andere gegenüber, die vieles von dem beschädigten, was an wirklich neuen Grundlagen

für dauerhaften Frieden entstanden war. Hierzu zähle ich die Einbindung der DDR und ihrer Armee in einen alles dominierenden Großkonflikt konkurrierender gesellschaftlicher Systeme und Machtblöcke, der bis zum Irrsinn militarisiert worden ist. Auch die rigide Abgrenzung vom Westen, besonders vom anderen deutschen Staat, und das martialische Grenzregime lassen sich rückblickend nicht als friedensförderlich einstufen. Dasselbe gilt für die Phase, in der soziale Homogenität unter der falschen Losung sich verschärfenden Klassenkampfes mit staatlicher Willkür, mit Rechtsverletzungen und Verweigerung von bürgerlichen Freiheitsrechten erzwungen worden ist. Dem Frieden ist Schaden zugefügt worden, wo im geistigen Leben Feindschaft gegen den politischen Gegner geschürt wurde, wo Intoleranz vorherrschte und Völkerverständigung durch Nichtgewährung der Freizügigkeit und der freien Information behindert worden ist.
Erst in Wahrnehmung dieser realen Widersprüchlichkeit läßt sich ein richtiges Urteil darüber gewinnen, was an der DDR und ihrer Armee dem Frieden förderlich und was hinderlich gewesen ist. Das Selbstbild, das wir hatten, nimmt natürlich Schaden, wenn wir die Momente gebührend in Rechnung stellen, die für die Friedenspolitik der DDR kontraproduktiv wirkten. Die Kritik an der DDR setzte zwar am wenigsten an der Rolle an, die sie für den europäischen Frieden spielte. Aber trotz der Reputation, die sie wegen ihrer Friedenspolitik im Lande wie im Ausland genoß, hieße es, die Wirklichkeit zu idealisieren, wollte man übersehen, daß von ihrer Militärpolitik und Bündniszugehörigkeit widersprüchliche Wirkungen auf den Frieden ausgingen.
Im militärisch operativen Bereich konnte sich die NVA am wenigsten von der sowjetischen Militärhierarchie abkoppeln. Größer war der Spielraum im politischgeistigen Bereich, in der Sinngebung des soldatischen Tuns. Auch deshalb kam es immer wieder zu Konflikten zwischen der auf Frieden gerichteten politischen Motivation und der auf den Kampfeswillen zielenden Motivation der Gefechtsausbildung und operativen Handlungen. Die politische Motivation der Landesverteidigung folgte mehr der friedenspolitischen und friedenstheoretischen Entwicklung in der DDR, über das praktische

militärische Handeln aber bestimmte die sowjetische Militärhierarchie, und diese folgte vor allem der Logik des Militärischen.

Damit ist schon ein weiteres Spannungsgefüge angesprochen. Eine Friedenskonzeption, für die Verteidigung wesentlich ist, rechnet von vornherein damit, daß das Ziel des Friedens verfehlt werden kann, sie rechnet mit dem Krieg und trifft Vorbereitungen für den Verteidigungsfall. Frieden ist in ihr also nicht die einzige Zielsetzung. Ein vom Frieden verschiedenes Ziel ist die Verteidigung der eignen Interessen und Werte im Krieg. Auch wenn der Frieden als das erste Ziel gesetzt wird, ist er nicht das oberste Ziel und Interesse. Er bleibt vielmehr einem anderen Interesse untergeordnet, dem, was man unter allen Umständen nicht aufgeben, sondern verteidigen will, auch um den Preis des Krieges. Für die NVA war das die DDR- ihre staatliche Existenz und gesellschaftliche Ordnung, von der wir annahmen, sie sei eine sozialistische. Der Sozialismus war also gegenüber dem Frieden für die NVA der höhere Wert, ähnlich wie für die Bundeswehr nur Frieden in Freiheit akzeptabel war.

Eine solche Friedens- und Verteidigungskonzeption impliziert die Annahme, daß vom Gegner nicht bloß Krieg droht, sondern auch eine so große Gefahr für die eignen Lebensinteressen, daß man eher einen von ihm ausgehenden Krieg als die Unterwerfung annehmen muß. Die kapitalistische Gesellschaft erschien mit ihrer sozialen Spaltung und Ungerechtigkeit, mit ihren menschenfeindlichen Zügen und zerstörerischen Wirkungen als so unwert und unannehmbar, daß ein Verteidigungskrieg für die Bewahrung der sozialistischen Errungenschaften immer noch die bessere Alternative gegenüber dem Zurückwerfen in die kapitalistische Vergangenheit sein würde. Diese für die Verteidigungsmotivation entscheidende Vorstellung ist dann durch gezielte Schaffung eines Feindbildes nur noch gefestigt worden.

Das Absolutsetzen der Gegnerschaft zum kapitalistischen Systems ließ keinen anderen Schluß zu, als im Falle einer erlittenen Aggression den Verteidigungskrieg bis zum Sieg über den Aggressor zu führen, einem Sieg, den man identisch setzte mit dem Untergang des Kapitalismus. Frieden oder Unter-

gang, hieß, grob gesagt, das Alternativangebot an den Westen.
Die sowjetische Militärdoktrin, die seit Anfang der sechziger Jahre galt, enthielt folgende Hauptaussagen: Erstens: Wenn der Imperialismus einen Weltkrieg entfesselt, würde dieser gesetzmäßig mit dem Sieg der fortschrittlichen kommunistischen Gesellschaftsformation über die reaktionäre kapitalistische enden. Zweitens: Ein solcher Krieg wäre von Seiten des Sozialismus ein gerechter, revolutionären Krieg. Drittens: Der Sieg erfordert die qualitative und quantitative militärtechnische Überlegenheit über den wahrscheinlichen Aggressor.[4] Diese doktrinären Ansichten bestimmten bis Ende der siebziger, Anfang der Achtziger Jahre unser militärisches Denken und verselbständigten sich im gewissen Grade gegenüber den Friedensintentionen, denn sie entwickelten ihre eigene Logik.

2. Transformation ins neue Denken über Frieden, Krieg und Streitkräfte

In den achtziger Jahren kam es zu einem Bruch mit der bisherigen Denkweise über Frieden und Verteidigung. Das friedens- und verteidigungspolitische Denken, das sich weiter in Kategorien einer längst vergangenen Ära bewegt hatte, geriet jetzt in offenen Widerspruch zu den Bedingungen einer neuen Ära. Das nukleare Zeitalter verlangte, in neuen Kategorien zu denken. In diesen Prozeß des Umdenkens wurde auch die Nationale Volksarmee hineingerissen. Er entzündete sich an der Sinnkrise des Krieges und der Streitkräfte, und er verlief in heftiger Auseinandersetzung um eine Friedens- und Verteidigungspolitik, die den neuen Tatsachen im nuklearen Zeitalter gerecht zu werden vermochte.

Mit großer Verspätung, aber immer noch früher als in der Sowjetunion, kam in der DDR der Gedanke Einsteins zur Geltung, daß die Atombombe das Wesen der Welt verändert hat und die Spezies Mensch um ihres Fortbestandes willen ihr Denken dem veränderten Wesen der Welt anpassen muß.[5]
Erst als die Merkmale des nuklearen Zeitalters sich unübersehbar gefahrdrohend in der Realität entfaltet hatten, drängte sich dem sensibilisierten Bewußtsein die Erkenntnis auf, daß

etwas Unerhörtes geschehen war: Die Menschheit hatte ihre Selbstvernichtungsfähigkeit erlangt und stand vor der Entscheidung, Umkehr oder Ende der menschlichen Geschichte. Die Krieg-Frieden-Frage im Ost-West-Konflikt erlangte den Rang der alles entscheidenden Schicksalsfrage für die ganze menschliche Zivilisation. Ausgangspunkt der Umwälzungen in unserem Denken über Frieden und Verteidigung war die Einsicht in den völlig veränderten Charakter des drohenden Krieges. Die Wucht der naturwissenschaftlich konstatierten Tatsachen über die alle Lebensbedingungen zerstörenden Kriegsfolgen ließen nicht mehr zu, den Kernwaffenkrieg unter den klassischen Kriegsbegriff zu subsumieren. Dieser Krieg war zu einer anderen Wesenheit geworden, zu einem entarteten Krieg, aus dem es keine Rückkehr zum Frieden als der dem Krieg komplementären Form der Politik mehr gibt.
Die überdimensionierten Mittel des Krieges hatten die Zweck-Mittel-Dialektik gesprengt. Ihre Anwendung vermag den Gegner nicht wehrlos zu machen, um ihm den eignen Willen aufzuzwingen, worin der Zweck des Krieges besteht.[6] Sie vermag nur, den Gegner zu vernichten, aber auch das nur um den Preis der Selbstvernichtung. Damit verliert dieser Krieg seine politische Funktion. Er ist nicht mehr Fortsetzung der Politik mit gewaltsamen Mitteln, sondern das Ende der Politik. Das aber bedeutete, die marxistisch-leninistische Grundthese über das Wesen des Krieges anzugreifen und zu revidieren. Für den Soldaten noch gravierender war die praktische Konsequenz. Die bisherige Grundannahme, in einem Verteidigungskrieg den Sieg erringen zu können, wurde hinfällig und enthob die Verteidigungsmotivation ihrer Grundlage.
Die Wesensveränderung des Krieges zog auch eine völlig veränderte Wertung eines solchen Krieges nach sich. Keine der kriegführenden Seiten konnte mehr eine Berechtigung für ihren Krieg herleiten, auch nicht die in Notwehr handelnde, die einen Verteidigungskrieg gegen eine Aggression führt. Es war jetzt unbedeutend für die Wertung dieses Krieges, welche Seite im Recht und welche im Unrecht ist, welche progressive oder reaktionäre politische Ziele verfolgt. Jede Unterscheidung in einen ungerechten oder gerechten, legitimen oder

illegitimen Krieg verlor ihren Sinn. Dies war eine Revision der marxistisch-leninistischen Auffassung über gerechte und ungerechte Kriege und entzog der Verteidigungsmotivation einen weiteren geheiligten Grundsatz. Die Unmöglichkeit, die Verteidigung gegen eine atomare Aggression als gerecht zu bewerten, entwertete nicht nur den Verteidigungsauftrag, sondern stellte auch den Auftrag in Frage, Frieden mit militärischen Mitteln zu sichern.
Der neue Charakter des Krieges machte einen ganz neuen Frieden notwendig. Der bestehende Frieden beruhte wesentlich auf militärischer Macht, auf Abschreckung durch ständige Kriegsbereitschaft. Diese schon immer gefährliche Logik militärischer Abschreckung geriet im nuklearen Zeitalter zur höchsten Unvernunft. Atomare Abschreckung verlangt, nicht nur bereit zu sein zur vollständigen Vernichtung des Gegners, sondern auch zum Selbstmord und zum Mord an der ganzen Menschheit. Der atomare Frieden ist paradox. er erhält sich durch das genaue Gegenteil von Friedlichkeit, durch gegenseitiges Inschachhalten mit dem absoluten Zerstörungsmechanismus in Minutenbereitschaft. Er ist das auf die Spitze getriebene System der Feindseligkeit, »Krieg der schweigenden Waffen«.
Der feindselige Abschreckungsfrieden mußte ersetzt werden durch einen Verständigungsfrieden zwischen den politischen Kontrahenten. Das war, wie Egon Bahr es auf den Begriff brachte, das oberste Gesetz des nuklearen Zeitalters, denn die Gegner wären im Untergang vereint, sie können nur gemeinsam überleben. Es war ein großer Sprung im Denken nötig, der Sprung von der Abschreckung zur gemeinsamen Sicherheit.[7] Hauptinhalt des neuen Denkens in den Kategorien des Atomzeitalters war das Bewußtsein, daß für die gegnerischen sozialen Systeme eine gegenseitige Abhängigkeit des Überlebens besteht. Damit stieg der Frieden zum höchsten Interesse und obersten Wert auf.
In der DDR gelangte diese Sichtweise Anfang der achtziger Jahre zum Durchbruch und mündete in das Konzept eines Verständigungsfriedens. Frieden ist danach ohne Alternative. Frieden ist das höchst Gut der Menschheit, ist ungeachtet unterschiedlicher politischer und weltanschaulicher Positionen,

über Klassenschranken, über Trennendes hinweg, das vorrangige, gemeinsame, einigende Interesse.[8] In dieser Friedenskonzeption ist nicht die Gegnerschaft oder Feindschaft sozialer Antagonisten der Ausgangspunkt, sondern es sind die Gemeinsamkeiten der sozialen Gegner, ihre übergeordneten Interessen. Vorbedingung für das Austragen der Interessenkämpfe ist angesichts der Zerstörbarkeit der Welt, daß die Welt des Menschen überhaupt erhalten bleibt. Es gibt allgemeinmenschliche Interessen an der Erhaltung des Friedens, weil Frieden zur Voraussetzung für die Erhaltung der Gattung Mensch geworden ist.

Das Konzept des Verständigungsfriedens ignorierte nicht in politischer Naivität die bestehenden Gegensätze. Der Kampf um gegensätzliche Interessen zwischen den Gesellschaftssystemen konnte zwar nicht aufhören, aber er durfte nur noch in friedlichen Formen geführt werden. Der Unterschied der Formen, in der der Konflikt ausgetragen wird, ist im Atomzeitalter die alles entscheidende Differenz zwischen Sein und Nichtsein der Menschheit.

Ein Verständigungsfrieden machte es auch notwendig, die Auffassung von der friedlichen Koexistenz als Form des Klassenkampfes zu korrigieren. Diese Formel konnte dahingehend mißverstanden werden, als sei friedliche Koexistenz nichtkriegerischer Kampf zwischen den beiden Gesellschaftssystemen zur Überwindung des einen durch das andere. Es mußte die originäre Grundidee wiedergewonnen werden, daß friedliche Koexistenz ein Übereinkommen zwischen beiden Eigentumssystemen als gleichberechtigte Partner ist.[9] Keine Seite, so wurde es dann in dem Papier »Der Streit der Ideologien und die gemeinsame Sicherheit« verankert, darf der anderen die Existenzberechtigung absprechen. Die Hoffnung sollte sich nicht darauf richten, daß ein System das andere abschafft, sondern daß beide Systeme reformfähig sind.[10] Diese Auffassung über einen Frieden auf der Grundlage gemeinsamer Sicherheit setzte voraus, dem gegnerischen System nicht mehr nur Wesensmerkmale zu unterstellen, die zum Krieg drängen, sondern auf die ihm eignen Friedenspotenzen zu setzen. Unter der Voraussetzung, daß das atomare Zeitalter an alle Klassen und Staaten aus Selbsterhaltungsgründen neue Verhaltensanforderungen stellt, wurde nunmehr auch dem Kapitalismus Friedensfähigkeit attestiert.[11] Der Hauptkonflikt hatte sich verlagert vom Kampf zwischen Kapitalismus und Sozialismus auf den Kampf zwischen gesellschaftlichen Kräften, deren Politik uns dem Krieg näher bringt und jenen, die den Frieden befestigen und neu begründen, auf den Kampf zwischen »Falken« und »Tauben« in den konfligierenden Systemen.

Aufgelöst wurde die Vorstellung über den unversöhnlichen Gegensatz zwischen sozialistischer und bürgerlicher Ideologie. Bürgerliches Denken über Krieg und Frieden wurde nicht mehr pauschal abgewertet, sondern in Kriegsideologie und Friedensdenken differenziert. Die Trennlinie verlief jetzt quer zu der, die die sozialen Systeme voneinander schied. Geistige Gemeinsamkeiten mit dem bürgerlichen Friedensdenken wurden herausgestellt.[12] Was sich nun unversöhnlich gegenüberstand, waren sozialistische und bürgerliche Friedensideologie einerseits und Kriegsideologie andererseits. Wenn das Anprangern der imperialistischen Kriegsideologie Analogien zu manchen Leitsätzen der eignen Militärdoktrin deutlich werden ließ, blieb das zwar unausgesprochen, war aber nicht unbeabsichtigt. Damit brachen die verhärteten ideologischen Fronten auf, die der Kalte Krieg gezogen hatte. Das Feindbild zerbröckelte, und das Denken in Feindbildern geriet immer mehr in Widerspruch zu dem sachlichen und freundlichen Umgang mit dem Friedensdenken, das aus dem Westen und von anderen weltanschaulichen Positionen kam. Am Ende des Prozesses gab es direkte Vorstöße gegen den Feindbildbegriff und die Forderung nach Haßerziehung.[13]

Für die Funktion der Streitkräfte, für das Verhältnis der NVA zum Frieden hatte die neue Friedensauffassung gravierende Konsequenzen. Da Frieden im Systemkonflikt alternativlos geworden war, drängte die Logik des Gedankens dazu, den Auftrag der Soldaten auf Friedensbewahrung zu reduzieren. Der Dualismus von Friedenserhaltung und Verteidigung hatte seine Berechtigung verloren. Ohne den Frieden zu bewahren, konnte die Verteidigungsmacht die Werte des eignen Systems nicht verteidigen. Verteidigungsfähigkeit war identisch geworden mit militärischer Friedenssicherung. Im Kon-

flikt zwischen den beiden Verteidigungsbündnissen, und allein in diesem Rahmen hatte die NVA ihre Aufgabe, konnten die Streitkräfte nur noch Funktionen erfüllen, mit denen die Schwelle zum Krieg nicht überschritten wird.
Aber auch die Friedenssicherungsfunktion der Streitkräfte wurde vakant und immer mehr relativiert. Die Vorstellung, daß der Frieden wesentlich auf militärischer Macht beruht, war nicht nur Reflex der Realitäten des Kalten Krieges, sie war durch die Tradition von Jahrtausenden gefestigt, in der es Frieden immer nur in Anwesenheit von Waffen und gestützt auf Waffen gegeben hat. Aller bisherige Frieden war bewaffneter Frieden, ein Zustand, in dem die Waffen schwiegen, und der wegen des Vorhandenseins der Waffen jederzeit wieder in den Zustand umschlagen konnte, in dem die Waffen sprechen.
Genau das durfte im Atomzeitalter nicht mehr sein. Es erzeugte den Zwang, bei Strafe des Untergangs vom bewaffneten Frieden, der in den Krieg zurückfallen kann, zu einem unbewaffneten Frieden, also in einen echten, nicht rückfallgefährdeten Frieden überzugehen. Auch das bedeutete eine Revision der marxistisch-leninistischen Friedensauffassung. Die Wende vom bewaffneten zum unbewaffneten Frieden wurde nicht mehr vom Weltzustand des Sozialismus erwartet. Sie sollte sich nun bereits in Anwesenheit des Kapitalismus und gemeinsam mit dem Kapitalismus vollziehen.
Das militärische Denken dem Atomzeitalter anzupassen und mit der dementsprechenden Friedenskonzeption in Übereinstimmung zu bringen verlangte, seinen Bestimmungsgrund nicht mehr im Krieg, sondern im Frieden zu sehen. Seine Grundlage konnte nicht mehr nur die Theorie des Krieges sein, sondern die Theorie des Friedens mußte zu seinem wichtigsten und bestimmenden Gegenstand werden. Nicht mehr Krieg, sondern Frieden hatte nun die Zentralkategorie des militärischen Denkens zu sein. Allein das bedeutete schon eine revolutionierende Umwälzung im militärischen Denken. Sie nötigte das Offizierskorps der NVA zu einem beispiellosen Lernprozeß. Ausmaß und Tiefe der Wandlungen, die in der Militärtheorie der DDR eingesetzt hatten, lassen sich nur mit einem Paradigmenwechsel in der Wissenschaft vergleichen.
Das neue militärtheoretische Denken enthielt sogar den lo-

gischen Ansatz zur Selbstaufhebung jeder Militärtheorie. Die Quintessenz lautete: Ist der Krieg sinnlos und der entmilitarisierte Frieden eine Überlebensnotwendigkeit, so verliert nach der Logik des Gedankens militärische Macht überhaupt ihre Daseinsberechtigung. Theoretisch wurde die Notwendigkeit und Berechtigung von Streitkräften für die künftige Entwicklung einer Friedensordnung zur Disposition gestellt. Die Aufgabe war, das Logische ins Historische zu überführen, das heißt, in einem längeren geschichtlichen Prozeß die gewonnenen Einsichten in den praktischen Kämpfen zu realisieren. Es war also zunächst nur eine Umwälzung im Denken, und auch diese war noch nicht abgeschlossen. Verfestigte Denkgewohnheiten und Vorurteile waren eine schwer zu überwindende geistige Macht. Die entscheidenden Kämpfe mußten zunächst theoretisch ausgefochten werden. Es bedurfte jahrelanger geistiger Auseinandersetzungen, damit der tief in die Weltanschauung eingreifende Umbruch im Denken über Krieg und Frieden, Sicherheit und Verteidigung sich vollziehen konnte. In dieser geistigen Auseinandersetzung bildeten sich Konfliktparteien sowohl innerhalb der staatstragenden Kräfte, darunter in der NVA, als auch zwischen diesen und oppositionellen Gruppen. Träger der neuen Ideen waren vor allem Naturwissenschaftler, Ärzte und Geisteswissenschaftler, Parteiintellektuelle, Schriftsteller, Künstler und Theologen. Zu ihnen gehörten auch Offiziere der NVA. Für die zahlreichen Verfechter der neuen Friedensgedanken im akademischen Bereich bildete der Rat für Friedensforschung ein Forum, das Einfluß auf Öffentlichkeit und Politik verschaffte und den in ihm mitarbeitenden Offizieren der NVA Rückendeckung und erweiterte Wirkungsmöglichkeiten gab.
So entspann sich auch in der NVA eine andauernde Kontroverse zwischen traditionellem und neuem Denken. Die neuen Einsichten konnten nur gegen erhebliche Widerstände errungen und verbreitet werden, gegen die eigne Befangenheit und gegen die äußeren Widerstände, die Konservatismus und Unverstand, aber auch ideologische Disziplinierung entgegensetzten. Dabei verlief die Auseinandersetzung nicht absolut konfrontativ. Die Verfechter der neuen Auffassungen konnten sich bis zu einem gewissen Grade auf die staatsoffi-

ziellen friedenspolitischen Ansichten stützen. Das sogenannte Neue Denken hatte in seinen friedens- und sicherheitspolitischen Aspekten einen erheblichen Teil der Partei- und Staatsführung für sich eingenommen. In einigen Institutionen, die für die Regierenden arbeiteten, hatte es sich fest etabliert, so vor allem im Institut für Internationale Politik und Wirtschaft und an der Akademie für Gesellschaftswissenschaften beim Zentralkomitee der SED. Aufgeschlossenheit für das Neue Denken gab es auch in der Abteilung für Sicherheitsfragen des Zentralkomitees der SED unter Wolfgang Herger, die unter anderem für die NVA zuständig war.
Auch die Armeeführung selbst hatte dazu ein gespaltenes Verhältnis. Einerseits mußte sie die Verteidigungsmotivation in Übereinstimmung mit der friedenspolitischen Staatsdoktrin bringen, andererseits fürchtete sie um den Verlust des Verteidigungswillens der Soldaten und die Demotivation bei der Erfüllung der militärischen Aufgaben, die ihr vom sowjetisch dominierten Oberkommando gestellt wurden. Jede der nacheinander gewonnenen umwälzenden Erkenntnisse stieß zunächst auf Ablehnung oder Argwohn, einige von ihnen wurden im Laufe der Zeit aber selbst von manchen ihrer ursprünglichen Gegner stillschweigend übernommen. Dieses Spiel wiederholte sich regelmäßig, wenn wieder ein weiterer geheiligter Glaubenssatz geopfert werden mußte.
Auf diese Weise drangen die neuen Ansichten trotz anhaltenden Widerstands vor und gewannen auch innerhalb der NVA eine größer werdende Anhängerschaft. Sie wurden an militärischen Lehranstalten den Offizieren vermittelt, sie wurden auf Schulungen in der Truppe verbreitet, und sie wurden durch Veröffentlichungen verschiedenster Art jedermann zugänglich.[14] Sie befanden sich in der NVA auf allen Ebenen in der öffentlichen Diskussion. Von ihnen ging ein Drängen aus auf praktische militärische Veränderungen
Aber erst die überraschende Verkündung der Prinzipien einer neuen Militärdoktrin des Bündnisses im Mai 1987 brachte Bewegung in die militärische Praxis. Die Hauptaussagen der Doktrin, keinen Krieg, weder einen nuklearen noch einen konventionellen, zuzulassen, keinen Staat als Feind zu betrachten und die Verteidigung streng defensiv auszurichten,[15]

wirkten wie ein Paukenschlag. Sie zwangen dazu, die neuen Ideen aus der philosophischen Höhe, in die man sie bislang verweisen konnte, in das aufgabenbezogene militärische Denken und Handeln zu holen. Doch das entscheidende Hindernis blieb, daß diese neuen Doktringrundsätze nicht materialisiert worden sind durch den Abbau der Offensivpotentiale. Ganz neue Möglichkeiten eröffnete erst die politische Revolution im Herbst 1989. Auf einmal hatte die Konzeption des Verständigungsfriedens eine Bewährungsprobe auf einem dafür gar nicht vorgesehenen Feld, beim inneren Frieden zu bestehen. Die Gebote des neuen Denkens für das Verhalten von Staaten zueinander wurden nun zu Geboten für den Bürgerfrieden. Dialog anstelle von Feindschaft, Sicherheitspartnerschaft der Konfliktparteien anstelle von Gewalt, Vorrang der gemeinsamen Interessen vor politischen Gegensätzen – das waren die Voraussetzungen für die friedliche Lösung des gewaltträchtigen Machtkonflikts.

Die demokratischen Revolutionen in der DDR und in den anderen Staaten des Warschauer Vertrages zerbrachen die Machtstrukturen, die im Osten einer Entmilitarisierung des Friedens im Wege standen. Für kurze Zeit schien es, als seien jetzt die kreativen Kräfte des neuen Denkens für den Übergang zu einer nichtmilitärischen Sicherheitspolitik freigesetzt. Bürgerbewegung und Reformkräfte trafen sich in diesem Bemühen. Ihre gemeinsame geistige Basis war das neue Denken über Frieden und Sicherheit. Am Runden Tisch zur Militärreform kam es zu einem demokratischen Diskurs, in dessen Ergebnis militärpolitische Leitsätze der DDR im Konsens aller politischen Parteien und Bewegungen angenommen wurden.

Die militärpolitischen Leitsätze hoben sich nicht nur begrifflich von einer Militärdoktrin ab, sondern brachen nahezu mit jeglichem Inhalt früherer Militärdoktrinen. Sie schlossen Krieg in jeder Form aus und gestatteten den Einsatz militärischer Mittel lediglich noch im Übergang zu nichtmilitärischen Sicherheitsstrukturen ausschließlich zum Zweck der Deeskalierung von Krisen und politischen Konfliktbeendigung.[16] Die Leitsätze sind vom Verteidigungsminister der Modrow-Regierung und der damaligen Armeeführung, die sich um eine demokratische Militärreform bemühten, akzeptiert worden. Diese sicherheitspolitische Konzeption, die auf die Zurücknahme des Militärs aus der Sicherheitspolitik gerichtet war, scheiterte nicht am Unwillen oder Widerstand des Militärs, sondern an der restaurativen Wende in der Politik.

Es verdient aber festgehalten zu werden, daß in der Zeit des demokratischen Aufbruchs in der DDR unterschiedliche politische Gruppierungen gemeinsam mit Regierenden und Soldaten bewußt mit der sicherheitspolitischen Konvention gebrochen und ein Modell nichtmilitärischer Sicherheit konzipiert haben. Es hat einen von der demokratischen Volksbewegung getragenen gesamtgesellschaftlichen Konsens für die Umkehr zu zivilen Sicherheitsstrukturen gegeben, für den Weg in einen Frieden ohne Waffen und Soldaten. Eine Aufgabe von ungebrochener Aktualität.

1. Siehe K. Marx/F. Engels: Manifest der Kommunistischen Partei. In: K.Marx/F.Engels: Werke, Bd. 4, Berlin 1959, S. 479.
2. Siehe K. Marx: Erste Adresse des Generalrats über den Deutsch-Französischen Krieg, in: Ebd., Bd. 17. Berlin 1962, S. 7.
3. Siehe C. von Clausewitz: Vom Kriege. Berlin 1957, S. 728, 734.
4. Siehe Militärstrategie. Von einem Autorenkollektiv unter Leitung von W.D. Sokolowski, Berlin 1965. S. 234, 264 f.
5. Siehe A. Einstein: Über den Frieden. Bern 1975, S. 393.
6. Siehe C. von Clausewitz, wie Anm. 3, S. 17, 19.
7. Siehe E. Bahr: Was wird aus den Deutschen? Fragen und Antworten. Reinbek bei Hamburg 1982, S. 26; ders.: Rede aus Anlaß des 90. Geburtstages von Martin Niemöller in der Frankfurter Paulskirche am 16. Januar 1982. In: Blätter für deutsche und internationale Politik, Heft 2/1982, S. 251 f.
8. Siehe E. Honecker: Rede auf der internationalen Wissenschaftlichen Konferenz des Zentralkomitees der SED »Karl Marx und unsere Zeit – der Kampf um Frieden und sozialen Fortschritt« in Berlin. In: Ders., Reden und Aufsätze, Bd. 9, Berlin 1985, S. 284.
9. Siehe W.I. Lenin: Entwurf einer Entschließung des Gesamtrussischen Zentralexekutivkomitees zum Bericht der Delegation auf der Genuakonferenz. In: Ders., Werke, Bd. 33, Berlin 1962, S. 342 f.
10. Siehe Der Streit der Ideologien und die gemeinsame Sicherheit. In: Neues Deutschland (Berlin) vom 28. 08.1987, S. 3.
11. Siehe D. Klein: Chancen für einen friedensfähigen Kapitalismus, Berlin 1988.
12. Siehe: Die Philosophie des Friedens im Kampf gegen die Ideologie

des Krieges, hrsg. von der Militärakademie »Friedrich Engels«, Berlin 1984, S. 185 ff.
13. Siehe W. Scheler/L.Glaß/K.Götze: Information »Feindproblematik und sozialistische Wehrmoral« an die Politische Hauptverwaltung der NVA vom 14.12.1987. Unveröffentlicht, auszugsweise abgedruckt in: Volksarmee Nr. 4/1990, S. 6 f).
14. Siehe u.a. W. Scheler: Neues Denken über Krieg und Frieden im nuklearen Zeitalter. In: Militärwesen (Berlin), H. 1 u.2/1987; Gewaltkult gegen Frieden und Freiheit, Berlin 1987; W. Scheler: Die Dialektik des Kampfes um Frieden und gesellschaftlichen Fortschritt. In: Dialektischer und historischer Materialismus. Lehrbuch, Berlin 1988; Sicherheit und friedliche Koexistenz. Von einem Autorenkollektiv unter Leitung von M. Schmidt, Berlin 1989; Autorenkollektiv: Frieden – Krieg – Streitkräfte. Historisch-materialistischer Abriß, hrsg. von der Militärakademie »Friedrich Engels«, Berlin 1989.
15. Siehe: Über die Militärdoktrin der Teilnehmerstaaten des Warschauer Vertrages, in: Militärwesen, H. 8/1887, S. 3 ff.
16. Siehe: Beschluß der Volkskammer über die militärpolitischen Leitsätze der Deutschen Demokratischen Republik, Runder Tisch Militärreform Entwurf. In: B. Gonnermann/G.Merkel: DDR ohne Waffen? Sicherheitspolitische Dokumente, Berlin 1990, S. 62 ff.

Kapitän z.S. a. D. Prof. Dr. sc. Wolfgang Scheler

Die Sinnkrise des Militärs.
Eine geistige Vorbedingung für das Verhalten der NVA in der demokratischen Revolution

(Vortrag beim wissenschaftlichen Seminar »Die Nationale Volksarmee im Kalten Krieg« der Karl-Theodor-Molinari-Stiftung am 13.-15. Juni 1994)

Als der stürmische Herbst '89 die NVA ganz unverhofft in den Strudel der politischen Krise riß, waren andere Krisen schon da, die Wertekrise des Sozialismus und die Sinnkrise des Militärs. Die Wertekrise, verursacht durch Stagnation und Regression des Gesellschaftssystems, war offen ausgebrochen, als die Staatsführung Glasnost und Perestroika in der DDR verweigerte und damit alle Hoffnungen auf dringende gesellschaftliche Erneuerungen zerstörte. Die bereits länger andauernde Sinnkrise des Militärs hatte ihre tiefere Ursache in der revolutionierenden Veränderung des Verhältnisses von Politik und militärischer Gewalt im Atomzeitalter. Sie war eher systemneutral. Dem geistigen Bruch, den die politische Revolution auslöste, waren also schon Brüche im Selbstverständnis des Soldaten vorausgegangen.

Die Sinnkrise des Militärs war ausgelöst worden, als In den achtziger Jahren unaufhaltsam zu Bewußtsein kam, daß im Atomzeitalter Krieg und Frieden eine gänzlich andere Bedeutung für Politik und Gesellschaft haben als in der bisherigen Geschichte. Die im Kalten Krieg geschaffenen Vernichtungsmittel hatten das Wesen des Krieges und das Wesen der Welt verändert. Etwas Unerhörtes war zu Bewußtsein gekommen: Der Mensch hatte die Fähigkeit erlangt, sich als Art auszulöschen, seiner Dasein, seiner Geschichte ein Ende zu machen. Krieg und Frieden waren gleichbedeutend geworden mit Sein oder Nichtsein der Menschenwelt.

Für die Landesverteidigung hatte das natürlich schwerwiegende Konsequenzen, und je mehr sie zu Bewußtsein kamen, desto stärker erschütterten sie das zuvor festgefügte Fundament des Verteidigungsauftrages. Die Sinnkrise brach aus, als Anfang der achtziger Jahre sich die Erkenntnis durchsetzte, daß ein Krieg zwischen den beiden Militärbündnissen der Untergang der Zivilisation wäre. Vergangenheit und Zukunft der Menschheit wären vernichtet. Die bittere Wahrheit über die alles vernichtenden Folgen des atomaren Krieges setzte die axiomatische Annahme außer Kraft, die im Warschauer Vertrag zusammengeschlossenen Länder würden, wenn sie angegriffen werden, wenn auch unter schwersten Opfern und Zerstörungen, den Sieg über den Aggressor erringen und so die Menschheit vor dem Untergang bewahren können.

Für die Verteidigungsmotivation brachte das ein Dilemma. Bis dahin bestand der Sinn militärischer Verteidigung darin, einen möglichen Aggressor vom Krieg abzuhalten und, wenn das nicht gelingt, ihn in Krieg zu besiegen. Der Verteidigungsauftrag enthielt zwei alternative Aufgaben, die Verteidigung des Friedens und die Verteidigung der eignen Werte in einem Verteidigungskrieg. Nun aber war Verteidigung in Krieg nicht mehr möglich. Verteidigung reduzierte sich auf Friedensbewahrung.

Für das Militär bedeutete das den tiefsten Bruch mit den soldatischen Auftrag und Selbstverständnis. Es mußte die Wehrmotivation in ihrem Kern erschüttern, wenn es nicht mehr möglich war, das schützenswerte Gut im bewaffneten Kampf zu verteidigen und zu erhalten. Gegen die Anerkennung dieser fatalen Konsequenz eines alles vernichtenden Krieges stand das gesamte konventionelle militärische Denken. Aber auch die offizielle Politik bewegte sich noch lange in einem unlösbaren Widerspruch. Einerseits war die ungeschminkte Wahrheit über die Kriegsfolgen nötig, um den Widerstand gegen den drohenden Krieg und den Widersinn eines Sicherheitsmodells zu entfachen, in dem der Frieden auf der Fähigkeit zur garantierten gegenseitigen Zerstörung beruht. Andererseits störte diese Wahrheit aber ungemein, wenn es um die Aufrechterhaltung der Verteidigungsfähigkeit und Wehrbereitschaft ging. Was man für die Entspannungs- und Abrüstungspolitik reklamierte, durfte nicht wahr sein für die Militärpolitik.

Die Einsicht, daß es im Krieg zwischen den beiden Machtblöcken keinen Sieger geben kann, ist in Bereich der Landesverteidigung noch längere Zeit verdrängt worden, weil sie als störend für die Erfüllung des militärischen Auftrages empfunden worden ist. Man versuchte der Sinnkrise zunächst Herr zu werden mit einer Kampagne über die politisch-moralische Vorbereitung auf den bewaffneten Kampf und zur Aufrechterhaltung des Kampf- und Siegeswillens. Mit Hilfskonstruktionen wurde ein Ausweg aus den Dilemma gesucht. Dazu gehörte die Schadensbegrenzung, die Vorstellung, gerade durch entschlossene Kampfhandlungen und mit dem Willen zum Sieg im Gefecht den Krieg. nicht in eine globale Katastrophe ausufern zu lassen und so die Menschheit vor dem physischen Untergang. zu retten. Aber all dies erwies sich als Scheinlösung. Wissenschaftliche Studien widerlegten die Berechnungen von Militärexperten, die von einer Überlebens- und Erholungsfähigkeit der Gesellschaft in einem Nuklearkrieg ausgingen. Es gab keine Ausflucht aus der Verteidigungsaporie.

Der Sinn des Soldatseins konnte nur noch die eine Dimension haben, durch Kampffähigkeit den Frieden zu bewahren. Frieden wurde damit zum alleinigen Zweck der militärischen Tätigkeit. Das in der Armee zu vermitteln, war schwirig, nicht nur weil es den bisherigen militärischen Denken fundamental widersprach, sondern auch, weil dem entgegenstand, daß sich in der militärischen Praxis des Bündnisses kaum etwas änderte. Erst die 1987 überraschend verkündete neue Militärdoktrin leitete solche praktischen Veränderungen ein. Dennoch gelang es mit der Zeit, die Wehrmotivation grundlegend umzustellen, sie nicht mehr aus einem möglichen Krieg, sondern aus dem notwendigen Frieden herzuleiten. Dabei konnte man sich auf staatsoffizielle Positionen stützen, denn unter den Zwang, den die Logik des Atomzeitalters und eine mächtige Friedensbewegung ausübten, war eine neue politische Grundkonstellation entstanden, die auch eine neue geistige Situation in der DDR erzeugte. Hier. an der Hauptkampflinie des Kalten Krieges, setzte ein Umdenken ein, das auf den Ausweg aus der Gefahr, auf die Umkehr zu einen neuen sicherheitspolitischen Verhalten gerichtet war, auf ein

Verhalten, das Sicherheit nicht mehr auf gegenseitige Bedrohung gründet. Dieser Umbruch im Denken gestaltete sich zu einer tiefen weltanschaulichen und politischen Auseinandersetzung., die bis zum Untergang der DDR andauerte. Sie fand sowohl innerhalb der staatstragenden Kräfte als auch zwischen diesen und den oppositionellen Gruppen und Strömungen statt.

Dabei taten sich stark geladene Spannungsfelder auf, so die zwischen Außen- und Verteidigungspolitik, zwischen Friedensengagement und Wehrbereitschaft, zwischen Deutschlandpolitik und Bündnispflicht, zwischen Verständigungsbereitschaft nach außen und Repression gegen Andersdenkende im Innern, zwischen Erneuerung des politischen und weltanschaulichen Denkens und Festhalten an überholten Dogmen der Partei- und Staatsideologie. Die Spannungen bauten sich auch innerhalb der machtausübenden SED auf, und eine kritische Strömung drängte auf Erneuerung der Sicherheits- und Verteidigungspolitik.

Sowohl zwischen den verschiedenen Politikbereichen als auch innerhalb der NVA entspann sich ein teils versteckt geführter, teils offener Streit um die sicherheitspolitische, wehrethische und militärtheoretische Orientierung. Eine andauernde geistige Auseinandersetzung um die Kernfragen der Landesverteidigung, der Wehrmotivation, der Funktion der Streitkräfte und der militärischen Handlungsmöglichkeiten war im Gange. Sie nahm vor allem die Form einer theoretischen Revision ideologischer Grundsätze an und wurde geführt um Begriffe und an sie geknüpfte Werte. Die sogenannte marxistisch-leninistische Lehre vom Krieg und den Streitkräften wurde ersetzt durch zeitgemäße Auffassungen über Frieden, Krieg und Streitkräfte, in die viele Ergebnisse der internationalen Diskussion und der Friedens- und Konfliktforschung eingingen. Im letzten Dezennium der Existenz der NVA hatte eine Umwälzung in militärischen Denken begonnen, die nicht nur den Sinn des soldatischen Dienens, sondern am Ende auch den Inhalt der militärischen Tätigkeit und die Gefechtsausbildung betraf.

War es früher gelungen, das Offizierskorps im Grundsätzlichen auf einheitliche Auffassungen festzulegen, so gingen jetzt die Ansichten in diesen Dingen weit auseinander. Und was vor allen wesentlich ist, die Differenzen ließen sich nicht mehr unter der Decke halten, sondern wurden öffentlich. Es bildeten sich personell unterscheidbare Flügel beim Drängen auf Veränderungen und bei der Abwehr dieses Drängens.

In Offizierskreisen hat sich dieses Drängen auf Veränderungen nicht in Opposition zur Partei- und Staatsführung vollzogen. Vielmehr war es eingebunden in die Auseinandersetzung, die innerhalb der Führungsetagen von Partei und Staat um die Bewältigung der neuen Tatsachen und deren widersprüchliche Wirkungen auf die verschiedenen gesellschaftlichen Bereiche vor sich ging.

Die Grundsubstanz der geistigen Umorientierung bildete eine neue Friedenskonzeption. Ihr Wesen bestand darin, vom bisherigen Abschreckungsfrieden zu einen Verständigungsfrieden überzugehen. Die Hauptidee lautete: Der Frieden ist zur Grundvoraussetzung für die menschliche Existenz geworden. Frieden ist das höchste Gut, und seine Bewahrung ist über Klassenschranken und Weltanschauungsgegensätze hinweg das vorrangige, gemeinsame, einigende Interesse.

Die Tragweite dieses Friedenskonzepts, zumindest seine innere Logik, die nicht sofort auf der Hand lang, bestand in der Relativierung des zuvor absolut gesetzten Systemgegensatzes. Bisher galt die Unversöhnlichkeit dieses Gegensatzes, die scharfe Abgrenzung des eignen vom fremden Gesellschaftssystem. Unser Selbstbewußtsein und unser Selbstverständnis als Soldaten beruhte wesentlich auf dieser Entgegensetzung, auf einer Zwei-Welten-Ideologie, in der die schlechte Welt des sterbenden Kapitalismus das Fremde, das Feindliche war, und wir der guten Welt des jungen, aufsteigenden Sozialismus zugehörten. Wir waren unserer Sache sicher und fühlten uns moralisch überlegen.

Nun aber war das Wichtigste nicht mehr die Verteidigung der eignen Gesellschaftsverfassung, der Werte, durch die man sich vom anderen sozialen System unterschied. Zum Wichtigsten wurde jetzt das, was man mit dem Antipoden, mit dem sozialen Gegner gemeinsam hatte: das Interesse am Weiterleben. Das Gattungsinteresse erhielt Priorität gegenüber den divergierenden Klasseninteressen. Nicht mehr die militärische Macht, sondern der Dialog sollte die Gegensätze dämpfen und vermitteln. Es begann die Entfeindung des Systemgegensatzes. Das war das genaue Gegenteil des Kalten Krieges und seiner militärischen Denkweise. Und das entsprach ganz den von der Palme-Kommission entwickelten Konzept der gemeinsamen Sicherheit. Wie überhaupt charakteristisch war, daß in der Friedensfrage viele Gedanken, die im Westen von der Opposition getragen wurden, in die Staatsdoktrin der DDR eingingen.

Vollends zum Tragen kam dieses Friedens- und Sicherheitskonzept aber erst, als die Führungsmacht des östlichen Bündnisses es in erweiterter und vertiefter Form unter dem Namen Neues politisches Denken zu ihrer Politik machte. Seitdem verlief die Auseinandersetzung um Frieden, Krieg und Streitkräfte als Kampf zwischen altem und neuem Denken. Dieser Kampf komplizierte sich dadurch, daß die Fronten durcheinanderkamen, weil die DDR-Führung zwar die sicherheits- und militärpolitischen Komponenten dieses neuen Denkens mittrug, sich aber von seinen innenpolitischen und speziell deutschlandpolitischen Komponenten scharf distanzierte.

Im militärischen Bereich hatte das Neue Denken zur Folge, daß ein weiteres tragendes Gerüst des Verteidigungsauftrages einstürzte. Das Wogegen wurde unscharf und diffus. Der Frieden, zu den es keine Alternative gab und der nur als Verständigungsfrieden möglich war, konnte kein Frieden zu den eignen Bedingungen sein. Bisher war dem gegnerischen System ein aggressives Wesen unterstellt worden. Die Möglichkeit eines Friedens mit ihm reduzierte sich folglich darauf, es mit eigener Stärke zum Frieden zu zwingen. Jetzt aber ging es um eine Friedenspartnerschaft von sozialen Antipoden, begründet durch beiderseitiges Interesse am Frieden. Nunmehr wurde die Friedensfähigkeit des Kapitalismus anerkannt.

Es folgte daraus eine gewisse Entideologisierung des Verhältnisses zum anderen System und zum potentiellen militärischen Gegner. An die Stelle seiner Stigmatisierung als dem Wesen nach aggressiv trat die sachliche Analyse von Kriegs- und Friedenspotenzen. Die Hauptkampflinie verlief damit nicht mehr zwischen Sozialismus und Kapitalismus, sondern zwischen den Kräften des Krieges und den Kräften des Friedens, nicht mehr zwischen sozialistischer und bürgerlicher Ideologie, sondern zwischen Friedensdenken und Kriegsideologie. Das bedeutete, die verhärteten Denkkategorien des Klassen- und Systemkampfes aufzubrechen. Vom Denken in den Begriffen der Konfrontation bewegten wir uns zum Denken in den Begriffen der Kooperation mit den politischen Gegner.

Schließlich wurde die friedliche Koexistenz nicht mehr als eine Form des Klassenkampfes aufgefaßt, die das Ziel hat, das gegnerische System zu überwinden. Sie wurde bestimmt als Übereinkommen der beiden Eigentumssysteme als gleichberechtigte Partner. Diese Idee lag auch dem von SPD und SED gemeinsam formulierten Papier »Der Streit der Ideologien und die gemeinsame Sicherheit« zugrunde. Dieses Dokument wurde zur Plattform für die Reformer und trug wesentlich dazu bei, die Machtstrukturen aufzuweichen und zu destabilisieren. Der Geist dieser Sicherheitspartnerschaft führte sogar zu einer offiziellen Begegnung von Soldaten der Bundeswehr und der Nationalen Volksarmee im Frühjahr 1989 in Hamburg.

All das, was die Sinnkrise des Militärs ausmachte und was ich hier nur exemplarisch skizzieren konnte, hatte, so meine These, nicht geringe Bedeutung für das Verhalten der Armee in der Herbstrevolution 89 und auch danach, als wie fast immer in der Geschichte, auf die Revolution die Restauration folgte. Diesmal war es nicht die Restauration der gerade revolutionär abgelösten politischen Gesellschaftsverfassung, sondern die Restauration der kapitalistischen Verhältnisse.

Als die Unzufriedenheit weiter Bevölkerungskreise sich Luft machte und der Bürgerprotest mit Massendemonstrationen eine demokratische Erneuerung der DDR forderte, war die Armee in einer geistigen Verfassung, in der sie nicht zu bewegen war, dieses Aufbegehren für die Machenschaft des Feindes, und die Demonstranten für die Konterrevolution zu halten. Sie war im Ganzen untauglich für ein gewaltsames Vorgehen gegen das eigene Volk.

Abgesehen von dem Vertrauensverlust gegenüber der vergreisten und verknöcherten Partei- und Staatsführung wirkte sich aus, daß der Prozeß des Umdenkens über Krieg und Frieden, über den Sinn des militärischen Auftrages und die veränderte Funktion der Streitkräfte den Boden für die Offenheit gegenüber neuen Tatsachen und Entwicklungen gelockert hatte. Viele ehemals geheiligte Glaubenssätze hatten sich schon als revisionsbedürftig erwiesen. Von vielen für unumstößlich gehaltenen Grundsätzen hatte man sich trennen müssen. Nahezu das gesamte weltanschauliche Fundament des militärischen Denkens war umgewälzt worden.

Das neue militärische Denken enthielt in sich den logischen Ansatz seiner Selbstaufhebung. Es schien der Anfang eines historischen Prozesses möglich, an dessen Ende die Abschaffung der Streitkräfte als politisches Instrument stehen wird. Alles war im Fluß, und die Widerstandslinie gegen Veränderungen war immer weiter hinausgeschoben worden.

Das Umdenken über Krieg, Frieden und Streitkräfte hatte tief die vorgefaßten Meinungen erschüttert. Es war das Feld, auf dem eine Veränderung des gesellschaftlichen Bewußtseins entsprechend neuen Gegebenheiten, eine geistige Erneuerung wirklich stattfand. Es sprengte die Fesseln ideologischer Klischees. Es revitalisierte kritisches und selbständiges Denken, das nicht zurückschreckt vor unerwünschten und vorschriftswidrigen Ergebnissen. Es hatte die alten ideologischen Bastionen erschüttert und wurde zu einer Bindekraft für diejenigen, denen Erneuerungen auf diesem Feld als prototypisch galten für die Erneuerung der ganzen Gesellschaft. So ist es wohl auch nicht zufällig, daß sowohl die oppositionelle Bürgerbewegung als auch die Reformsozialisten sich unter der Friedensfahne sammelten.

Hinzu kam, daß sich aus der bereits durchlebten Sinnkrise Denkansätze für die Bewältigung der politischen Krise ergaben. Was lag näher als das kreierte Modell eines Verständigungsfriedens im Äußeren nun auch auf den inneren Frieden zu übertragen: Dialog, Priorität gemeinsamer Interessen, Suche nach Übereinkunft und gewaltfreie Konfliktlösung, Bürgerfrieden als oberster Wert vor politischer Gegnerschaft, ja sogar vor Machterhalt. Oder wenn bis dahin das verteidigungspolitische und militärtheoretische Denken grundlegend reformiert worden war, so mußte eben jetzt die Reform ausgedehnt werden auf die Stellung der Armee in einer sich demokratisch organisierenden Gesellschaft und auf eine dementsprechende innere Verfassung der Armee.

Freilich kann man nicht behaupten, daß das Offizierskorps als Ganzes oder auch nur in seiner Mehrheit vor dem Umbruch schon die Positionen des Neuen Denkens geteilt hätte. Sicher war das noch Minderheitsmeinung. Aber diese hatte überall, auf allen Ebenen und in allen Gliederungen ihre Protagonisten gefunden. Und sicher war es kein Zufall, daß gerade diese auch zu den entschiedensten Verfechtern des Zusammengehens der Armee mit der Volksbewegung und zu Initiatoren einer demokratischen Militärreform wurden.

In der politischen Krise aber wurde die Minderheitsmeinung auf einen Schlag mehrheitsfähig und hat das Verhalten der Armee wesentlich beeinflußt. Es hat dazu beigetragen, daß am Endpunkt des Kalten Krieges ein ausschlaggebender Teil der Offiziere sich ihrer Verantwortung für eine friedliche Lösung des Machtkonflikte bewußt wurde, sich auf die Seite der gesellschaftlichen Erneuerung schlug und die Kraft zur demokratischen Selbstreformation aufbrachte. Die demokratische Erneuerung war aber nur möglich, indem die NVA sich von der SED löste und indem Ihr Offizierskorps den politischen und geistigen Bruch mit seiner SED-Vergangenheit vollzog.

Nachdem die NVA sich auf diese Weise geordnet und demokratisch orientiert in die Vereinigung Deutschlands eingebracht hat, wäre es vernünftig und im Interesse einer Aussöhnung ehemaliger Gegner gewesen, wenn man ihr konzediert hätte, ihre Geschichte in militärischen Ehren zu beenden, und wenn mehr Wert darauf gelegt worden wäre, die Würde der Menschen zu achten, die in ihr gedient haben.

Vorbemerkungen zu den »Thesen zur Geschichte der Nationalen Volksarmee«

Im Oktober 1993 legte die Arbeitsgruppe Geschichte der NVA und Integration ehemaliger NVA-Angehöriger in Gesellschaft und Bundeswehr beim Landesvorstand Ost des DBwV als erstes Ergebnis zweijähriger Tätigkeit die nachstehenden Thesen vor. (Der Abdruck ist die unveränderte Fassung von 1993) Die Thesen sollten vor allem der Selbstverständigung darüber dienen, wie unter den neuen gesellschaftlichen Bedingungen nach dem Untergang der DDR und ihrer Armee die persönlich erlebte Geschichte zu bewerten ist. Durch partielle Forschungen wollten die Autoren zur kritischen Gesamtanalyse beitragen und damit eine begründete wie gerechte Bewertung der Angehörigen der NVA als Soldaten einer regulären deutschen Armee fördern.
Zu einer Zeit, als der radikale Bruch in der eigenen Biographie noch nicht verarbeitet, der Zeitgeist vorrangig durch fremdbestimmte Interpretation unserer Geschichte geprägt war, wurden viele verzerrte Bilder über die Geschichte der NVA hervorgebracht. Auch wenn sich heute nach 10 Jahren die Debatten versachlichen und zunehmend die Erfinder der Verzerrungen in Beweisnot geraten, ist die geistige Spaltung in den Geschichtsbetrachtungen noch keinesfalls überwunden. Eine scheinbare Nebensächlichkeit unmittelbar nach der Veröffentlichung der Thesen war charakteristisch für die Verständigungsschwierigkeiten. Ehe noch über inhaltliche Aspekte der Thesen diskutiert wurde, hatten sich Kritiker an zwei Begriffen, die auf dem Deckblatt stehen, festgebissen. Die einen sahen in dem Begriff *Aufarbeitung* ein unzulässiges Zugeständnis an den von historischen Diffamierungen geprägten Zeitgeist. Andere bewerteten den Begriff *Autorenkollektiv* als Bestätigung, daß die Thesen von einer unverbesserlichen Seilschaft als Rechtfertigungsschrift verfaßt wurde. In den nachfolgenden Debatten über den Inhalt der Thesen erwiesen sich beide Vorwürfe als unbegründet.

Richtig ist, daß Geschichte nicht »aufzuarbeiten« ist. Sie kann jedoch erneut historisch-kritisch befragt, erforscht und bewertet werden. Angesichts des Schwarz-Weiß-Schemas der vom Kalten Krieg geprägten Wahrnehmungen und Interpretationen – auf beiden Seiten – sahen wir eine notwendige und sinnvolle Aufgabe darin, durch eine partielle Neubefragung und -bewertung die historische Entwicklung und Rolle der NVA in ihrer Kompliziertheit, Vielfalt und Widersprüchlichkeit sichtbar zu machen. Unsere Ausarbeitungen sollten ein tieferes gegenseitiges Verständnis zwischen den Soldaten aus Ost und West, das Akzeptieren einer anderen Biographie, fördern.

Erkenntnisse und Einsichten, die mit dem Abbruch der Militärreform in der NVA (1989/90) nicht mehr verfolgt wurden, bildeten hierfür ebenso die Arbeitsgrundlage, wie die Nutzung jener nunmehr zugänglichen Quellen der geöffneten Archive der DDR. Die Distanz zu den Ereignissen war noch zu kurz, um alle Fragen mit der notwendigen Unvoreingenommenheit zu beantworten. So blieb es erst den folgenden Forschungen und Studien der Arbeitsgruppe vorbehalten, tiefgründiger bestimmte Probleme zu behandeln und Aussagen zu treffen.

Die Konzentration auf Problemfelder, die aktuell-politischer Natur waren, erwies sich als richtig, weil in der Folgezeit politische Auseinandersetzungen auch zur Rolle der Streitkräfte in beiden deutschen Staaten vorrangig über historische Themen geführt wurden. In diesem Zusammenhang hat die Strafverfolgung ehemaliger Angehöriger der NVA bewiesen, daß von der Justiz die Geschichte nicht aufgearbeitet werden kann.

Die kritisch-historische Neubefragung und –bewertung unserer Geschichte war nicht nur 1991/92 kompliziert. Sie wird von Zeitzeugen vorgenommen, keiner von ihnen, ob in Ost oder West, kann dabei seine Erlebnisse und Erfahrungen, Erinnerungen und Gefühle, Urteile und Vorurteile völlig ausblenden. Es gibt viele subjektive Wahrheiten, die erst in der Summe eine realistische Bilanz ermöglichen. Die Autoren der Thesen waren alle Offiziere der NVA und als graduierte Historiker, Politik- bzw. Militärwissenschaftler bereit, bisherige ideologische Einengungen aus der heutigen Distanz kritisch zu hinterfragen, ohne dabei ihre eigene Biographie zu verleugnen. Die nach der Wende geführte kritische Prüfung ihres Selbstverständnisses von der DDR und ihrer NVA hatte ihnen bewußt gemacht, daß der Widerspruch zwischen idealsozialistischem Anspruch und realsozialistischer Wirklichkeit tiefer und grundsätzlicher war, als sie ihn bisher wahrgenommen hatten. Die damalige Gefühlslage einer schmerzhaften persönlichen Bilanz hatte der leider bereits 1998 verstorbene Leiter des Autorenkollektivs, Oberst a. D. Dr. Gerhard Merkel, am 05. Mai 1990 gegenüber der Frankfurter Rundschau zum Ausdruck gebracht: »Wer Ideale hat, geht davon aus, daß die Führer sie auch haben und danach leben. Mehr als die Angst (Anm.: vor neuen Aufgaben) wiegt die Trauer, daß der Sozialismus gescheitert ist.« Dieses Scheitern verbietet eine unkritische Bewertung der Geschichte – auch der NVA. Zugleich verpflichtet jedoch der Umgang mit den Biographien der Menschen, die in dieser Armee mit Idealen und auch mit Bedrängnissen gelebt haben, ihnen den Gleichheitsgrundsatz zuzugestehen, wonach niemand wegen seiner politischen oder religiösen Überzeugung verfolgt oder bestraft werden darf.

Für den Umgang mit den Biographien der Soldaten der NVA galten daher sowohl bei der Ausarbeitung der Thesen, als für die gesamte weitere Tätigkeit der Arbeitsgruppe vor allem zwei Prämissen: *Erstens* haben die Angehörigen der NVA in der Überzeugung gedient, einen Beitrag für die Erhaltung und Sicherung des Friedens zu leisten. Geschichtliche Tatsache ist, die NVA hat keinen Krieg geführt und war auch nicht an kriegerischen Handlungen gegen einen anderen Staat beteiligt. *Zweitens* gab es auch in der Wendezeit keine militärische Gewalt gegen das eigene Volk. Die Soldaten der DDR, von den Wehrpflichtigen bis zu den Berufsoldaten, haben aktiv dazu beigetragen, daß die Systemkrise der DDR kein blutiges Ende nahm. Ihre Loyalität zum eigenen Volk verhinderte jeden Mißbrauch ihres großen Waffenarsenals – auch noch, als die Auflösung ihrer Armee bereits feststand.

Es war nie das Anliegen, mit den Thesen eine umfassende Darstellung oder gar Neubewertung der Geschichte der NVA

vorzulegen. Es ging vielmehr darum, Schwerpunkte zu finden und darzustellen, die wesentlich das Selbstverständnis der Angehörigen der NVA geprägt hatten, und damit der Tendenz zur Verabsolutierung eines pauschalen Negativbildes zu widersprechen. Das hat zwangsläufig auch zu Lücken geführt, so zum Alltag im Soldatenleben, zur Geschichte der Grenztruppen u.a.m.. Beim Studium des vorliegenden Bandes kann jeder selbst urteilen, wie diese Lücken in der Folgezeit geschlossen wurden bzw. was künftig noch zu tun bleibt. Insgesamt kann man nach fast 10 Jahren sagen, daß die Thesen, bei aller zeitbedingten Lückenhaftigkeit, für unser Selbstverständnis wichtig waren und dazu beigetragen haben, die Debatten über unsere Geschichte innerhalb und außerhalb des Bundeswehrverbandes zu versachlichen. Sie gaben vielen »Ehemaligen« Anstöße zu eigener kritischer Bilanz, stärkten ihr Selbstwertgefühl, um sich mit ihrer Biographie gegen viele Diffamierungen in einer neuen Gesellschaft zu behaupten. Wenn das Gesellschaftswissenschaftliche Forum Berlin in der Untersuchungsreihe »ident« noch im Jahre 2000 ermittelt, daß der vorherrschende Umgang mit der Geschichte der DDR von den Ostdeutschen zu 72,4 % völlig oder teilweise als verletzend empfunden wird, so widerspiegelt sich darin auch ein wesentliches Hindernis auf dem Weg zur inneren Einheit. In seinem Buch: »Zukunft gibt es nur gemeinsam« schreibt der Ministerpräsident von Sachsen Anhalt, Reinhard Höppner: »Wem die eigene Geschichte ausradiert wird, der kommt sich heimatlos vor... Mag die Vergangenheit noch so schwer und zwiespältig gewesen sein, sie ist ein Stück von mir selbst. Sich erinnern gehört zur Würde des Menschen.«
Wir wollten und wollen dazu beitragen, daß dies auch künftig ohne Fremdbestimmung und Diffamierungen erfolgen kann. Die Thesen waren ein erster Schritt auf diesem sicher noch langem Weg.

Autorenkollektiv

Thesen zur Geschichte der Nationalen Volksarmee

(Fassung vom Oktober 1993)

Einleitung

Die vorliegenden »Thesen zur Geschichte der Nationalen Volksarmee« sind eine überarbeitete Fassung der Thesen vom November 1992. Diese waren dem Landesvorstand Ost des Deutschen Bundeswehr-Verbandes übergeben worden und wurden auf dessen Beschluß im Zeitraum Dezember 1992 bis März 1993 in den Kameradschaften Ehemalige, vor allem der Bezirksorganisation Berlin, diskutiert. Die Zweckbestimmung der Thesen sehen die Autoren:
- in der Selbstverständigung und der Diskussion innerhalb des Landesverbandes Ost des DBwV über inhaltliche Schwerpunkte und Schritte bei der Darstellung der Geschichte der NVA;
- in der Vermittlung eines historisch realen und differenzierten Blickes über die DDR-Streitkräfte;
- in der Anregung zu weiterführenden Analysen und Problemdiskussionen innerhalb des DBwV und darüber hinaus.

Die Autoren verzichten bewußt auf das Vollständigkeitsprinzip. Sie sind sich darüber im klaren, daß noch weitere, auch nicht genannte, Problemfelder, gründlicher Untersuchung bedürfen. Die nachfolgenden Thesen konzentrieren sich vorrangig auf die Geschichte der Nationalen Volksarmee, obwohl dem Minister für Nationale Verteidigung seit September 1961 auch die Grenztruppen und seit Juni 1976 die Zivilverteidigung unterstellt waren.
Eine solche Eingrenzung ist möglich, da die grundlegenden Probleme der Führung, des sozialen Antlitzes, der Wehrmotivation, der Erziehung und Ausbildung sowie der gesellschaftlichen Stellung alle bewaffneten Organe betref-

fen. Sie ist jedoch auch notwendig, weil sowohl bei den Grenztruppen, als auch bei der Zivilverteidigung spezifische Besonderheiten zu berücksichtigen sind, die erst noch detaillierter untersucht werden müssen. Diese Aufgabe hat die Arbeitsgruppe unter Einbeziehung von ehemaligen Angehörigen der Grenztruppen und der Zivilverteidigung bereits in Angriff genommen.

Die Diskussion über die Thesen und der nachfolgende Prozeß ihrer Überarbeitung machten deutlich, daß es zum gegenwärtigen Zeitpunkt mehr denn je notwendig ist, den immer offener zutage tretenden Erscheinungen einer vordergründig politisch-pragmatischen wie historischen Einschätzung der DDR-Streitkräfte verstärkt entgegenzuwirken. Ohne deren Geschichte nach wissenschaftlichen Kriterien untersucht zu haben, werden die NVA und ihre Angehörigen pauschal diskriminiert. Hier und dort ist auch der Versuch einer Kriminalisierung nicht zu übersehen.

Das Autorenkollektiv befaßte sich insbesondere mit solchen Problemen, deren Darstellung notwendig ist, um den Prozeß der Integration ehemaliger NVA-Angehöriger in die Gesellschaft und in die Bundeswehr und damit die Schaffung einer inneren Einheit zwischen den Deutschen aus Ost und West zu fördern.

Hinsichtlich der Charakterisierung der Nationalen Volksarmee vertreten die Autoren folgende Prämissen: »Die NVA war eine reguläre deutsche Armee, das militärische Schutzorgan des völkerrechtlich anerkannten zweiten deutschen Staates. Sie wirkte als Koalitionsarmee in der Militärorganisation des Warschauer Vertrages«.

Die im Thesenpapier des öfteren auftretenden Wiederholungen bestimmter Grundaussagen sind vom Autorenkollektiv beabsichtigt. Sie sind angebracht, um die inhaltliche Struktur der betreffenden These zu gewährleisten.

1. These: Bedingungen für die Schaffung der NVA
Die Nationale Volksarmee der DDR wurde am 1. März 1956 gegründet. Ihre Bildung war Ergebnis der historischen Entwicklungen nach dem Zweiten Weltkrieg. Im Bedingungsgefüge ist der Fakt hervorzuheben, daß bereits in der Endphase

des Zweiten Weltkrieges die im Kampf gegen den deutschen Faschismus entstandene »militärische Notgemeinschaft« der Antihitlerkoalition an den gesellschaftlichen Antagonismen zerbrochen war, die zwischen den westlichen Hauptmächten und der Sowjetunion bestanden. Die vornehmlich bei den USA und der UdSSR vorherrschende geostrategische Interessenlage und die darauf fußenden Pläne führten zu einer Politik, deren Ergebnis die Spaltung Europas und Deutschlands war.

Der auf diesen gesellschaftlichen Grundinteressen beruhende Kalte Krieg entwickelte sich zur Hauptform der Ost-West-Auseinandersetzungen. Er dauerte vom Ende des Zweiten Weltkrieges bis zum Niedergang des Sozialismus an. Im Spannungsfeld zwischen »kaltem« und »heißem« Krieg bewegten sich in dieser Zeit alle politischen, ökonomischen und militärischen Unternehmungen, die das Schicksal der Völker bestimmten.

Der Kalte Krieg bildete in der Ost-West-Konfrontation, die ein struktureller wie weltanschaulicher Konflikt war, die gesellschaftspolitische Rahmenbedingung und Wertungsgrundlage jeglicher Militärpolitik. Primäre Träger dieses Konfliktes waren die beiden großen, um den Führungsanspruch in der Welt ringenden Supermächte, USA und UdSSR. Die damit verbundenen spezifischen Interessenkonstellationen bedingten Eigenart und Austragungsmechanismen der Ost-West-Konfrontation sowie den Tatbestand, daß die von ihnen besetzten Teile des besiegten Deutschlands frühzeitig in diesen Konflikt einbezogen wurden, da sie selbst wichtige Interessensphären verkörperten.

Jede deutsche Politik konnte nach 1945 nur von den Bedingungen ausgehen, die sich im Ergebnis der Festlegungen von Jalta und Potsdam herausgebildet hatten und die ein geteiltes Europa wie ein geteiltes Deutschland von vornherein implizierten. Diese Politik engte in der Folge – wenn auch in unterschiedlichem Maße – den außen- und militärpolitischen Spielraum beider deutscher Staaten ein. Gleichzeitig trug sie jedoch zu der sich zunehmend verfestigenden staatsdoktrinären Prämisse bei, Sicherheit sei nur im jeweiligen Bündnis zu gewährleisten.

Das im Ergebnis des Zweiten Weltkrieges völkerrechtlich fixierte Ziel, dafür zu sorgen, daß von deutschem Boden nie wieder Krieg ausgeht, wurde durch den Abbruch der Entmilitarisierung Deutschlands und die Einleitung einer durch die Großmächte kontrollierten Rüstung in beiden deutschen Staaten in Frage gestellt. Eine Begleiterscheinung des Kalten Krieges war, daß jede Seite aus Gründen der Abschreckung aufrüstete und gleichzeitig von der anderen erwartete, daraus keine Bedrohungsängste abzuleiten. Tatsächlich gab es aber ein ausgeprägtes Gefühl gegenseitiger Bedrohung. Vor diesem historischen Hintergrund bildeten sich im Nachkriegsdeutschland zwei deutsche Staaten und international zunächst die NATO und später der Warschauer Vertrag mit all den damit in widerspruchsvoller Weise verknüpften Gefahren und Garantien für den Frieden heraus.

Die Entscheidung über die Schaffung von Streitkräften in beiden deutschen Staaten und deren Integration in die bestehenden Militärblöcke erfolgte zu einem Zeitpunkt, als internationale Interessen sowie Entwicklungen die gesellschaftlichen Prozesse in Deutschland weitaus zwingender bestimmten, als nationale Erfordernisse. Verantwortlich dafür waren in erster Linie die Sowjetunion und die USA. Die Entscheidungen wurden jedoch maßgeblich von den Regierungen der beiden deutschen Staaten mitgetragen: Zum einen aus eigenen Sicherheitsinteressen heraus und zum anderen auch im Bestreben, durch das Einbringen eines eigenen schlagkräftigen Militärpotentials in das jeweilige Bündnissystem vom Besiegten im Zweiten Weltkrieg zum anerkannten Partner der Sowjetunion bzw. der USA zu avancieren.

Alles in allem ist zu vermerken, daß die NVA wie die Bundeswehr als Armeen ihrer Staaten seit ihrer Gründung in die Nachkriegspolitik der beiden Supermächte, ihrer sicherheitspolitischen Strategien und in die von der Sowjetunion und den USA beherrschten militärischen Bündnissysteme einbezogen waren. Aus historischer Sicht tragen sie somit in gewissem Maße Mitverantwortung für die Gefahren im Kalten Krieg der Nachkriegszeit. Gleichzeitig hatten sie aber auch Anteil an der Erhaltung des Friedens in Europa.

Als Anfang der 50er Jahre ein Scheitern der völkerrechtlich fixierten Entmilitarisierung Deutschlands immer offensichtlicher wurde und sich die Anzeichen einer militärischen Bedrohung der DDR von außen mehrten, bekundete die DDR-Führung ein substantielles Interesse an der Aufstellung regulärer Streitkräfte. Den Zeitpunkt dafür machte sie von der Bildung einer Armee in der Bundesrepublik Deutschland abhängig. Die Schaffung der NVA wurde bereits seit Ende der 40er Jahre vorbereitet. Im Mittelpunkt standen dabei die Herausbildung militärischer Kader sowie der Aufbau militärischer Strukturen. Das erfolgte vor allem in den Vorläufern der NVA, in der »Hauptverwaltung Ausbildung« (HVA) und später in der »Kasernierten Volkspolizei (KVP). Bei ihrer Gründung erhielt die NVA den Auftrag, die DDR gegen einen Angriff von außen zu verteidigen. Zugleich war sie aber auch als Teil künftiger Streitkräfte in einem zu diesem Zeitpunkt noch für möglich gehaltenen gesamtdeutschen Staat gedacht.

Der konkrete Zeitpunkt für die Gründung der NVA wurde besonders durch zwei Umstände bestimmt: Zum einen erreichte der Ost-West Konflikt im Zusammenhang mit dem Verlauf des Korea-Krieges, dem Suez-Konflikt 1956 sowie den Mitte der 50er Jahre hervortretenden Erosionsprozessen in sozialistischen Staaten Mittel- und Osteuropas eine neue Stufe. Zum anderen kam es im Kontext mit der Verschärfung der internationalen Beziehungen zu beträchtlichen Veränderungen in der sowjetischen Deutschland-Politik. Die namentlich von Stalin, Malenkow und Berija favorisierte Option eines neutralisierten Deutschlands wurde zurückgedrängt. Die Erhaltung des Status quo einschließlich einer in das östliche Bündnis auch militärisch fest eingebundenen DDR wurde für lange Zeit – zumindest bis Mitte der 80er Jahre – zum bestimmenden Konzept.

Die DDR und die NVA waren stets geprägt durch äußere Bedingungen und Einflüsse. Ihr jeweiliges Verhalten wie ihre Handlungen waren vielfach – und häufig sogar primär – Reaktionen auf neue, positiv oder negativ wirkende bzw. verarbeitete internationale wie nationale Herausforderungen.

Der Anspruch, der die NVA seit ihrer Gründung begleitet hatte, lautete, im Bündnis mit den sowjetischen Streitkräften und den anderen Armeen des Warschauer Vertrages den Status quo zu sichern und damit zur Friedensbewahrung beizutragen. Welche Widersprüche bei der Erfüllung dieses Auftrages durch gesellschaftliche Verwerfungen in den sozialistischen Staaten auch auftraten – die Existenz und die Geschichte der NVA sind nicht von der Hauptfrage zu lösen, warum der Kalte Krieg nicht in einen »heißen« Krieg mündete.

2. These: Die NVA – eine reguläre deutsche Armee
Die Nationale Volksarmee leitete ihre Legitimation sowohl aus der Stellung der DDR als Völkerrechtssubjekt als auch aus der historischen Entwicklung Deutschlands ab. Ihre Existenz stand in Übereinstimmung mit dem Völkerrecht, insbesondere mit dem in der UN-Charta verbrieften Grundrecht jedes Staates auf individuelle und kollektive Verteidigung. Sie wirkte zugleich als Koalitionsarmee der Militärorganisation des Warschauer Vertrages. Letzteres war kein Widerspruch. Denn angesichts der im Ost-West-Konflikt von beiden Seiten praktizierten Politik des Kalten Krieges war die DDR – wenn überhaupt – nur im Koalitionsrahmen zu verteidigen.
Die NVA sah sich stets als Armee eines deutschen Staates, der sich als historische Alternative zu jener unheilvollen Entwicklung in Deutschland verstand, die in der ersten Hälfte des 20. Jahrhunderts zu zwei verheerenden Weltkriegen geführt hatte. Deshalb verstand sich die große Mehrheit in den DDR-Streitkräften auch als Fortführer und Vollender des Kampfes deutscher Antifaschisten, als Alternative zur Wehrmacht sowie zur kurz zuvor geschaffenen Bundeswehr.
Die seit Beginn der 70er Jahre von der SED-Führung verstärkt betriebene deutsch-deutsche Abgrenzungspolitik führte dazu, daß der gesamtnationale Bezug bewußt beseitigt und im offiziellen Sprachgebrauch durch die Forderung ersetzt wurde, »Armee der sozialistischen DDR« zu sein. Damit sollte anstelle einer allgemeinen deutschen eine DDR-Identität hergestellt werden. Die Erziehung zum »sozialistischen Patriotismus« und »proletarischen Internationalismus« wurde verstärkt in den Mittelpunkt gerückt.
Die NVA war seit ihrer Gründung eine Armee der Militärorganisation des Warschauer Vertrages, die auf Drän-

gen der Sowjetunion als Antwort auf die Einbeziehung der Bundesrepublik Deutschland in die NATO gegründet und von dieser dominiert wurde. Das Verhältnis zwischen NVA und der Sowjetarmee war sowohl das der Unterordnung unter die Interessen der Koalition als auch das von Waffenbrüdern, in wachsendem Maße von gleichberechtigten Partnern. Die DDR-Streitkräfte waren dem Stab der Vereinten Streitkräfte und deren Oberkommandierenden – stets einem sowjetischen General – unterstellt. Wie für die Militärpolitik der DDR im allgemeinen, war auch für die NVA im besonderen der Rahmen eines eigenständigen den spezifischen Interessen und Bedingungen der DDR entsprechenden Wirkens durch die Interessenpriorität der von der Sowjetunion dominierten Koalition begrenzt. Der vorhandene Spielraum wurde jedoch zunehmend genutzt.

Das Verhältnis der NVA-Angehörigen zu den Soldaten der Sowjetarmee war, wenn auch in den einzelnen Dienstgradgruppen differenziert, bis zum Herbst 1989 insgesamt von Vertrauen zum Waffenbruder gekennzeichnet. Das war vor allem in der historischen Leistung der Sowjetarmee im Zweiten Weltkrieg sowie in ihrer Rolle bei der Bewahrung des friedenserhaltenden militärstrategischen Gleichgewichts zwischen Ost und West in der Nachkriegszeit begründet. Zwischen den Einheiten beider Armeen gab es eine Vielzahl von waffenbrüderschaftlichen Beziehungen. Diese waren für die NVA-Angehörigen allerdings in unterschiedlichem Maße erlebbar, da vielfach formal und oberflächlich. Sie wurde deshalb auch unterschiedlich empfunden. Ursachen dafür waren häufig restriktive Bestimmungen, übertriebene Geheimhaltung und teilweise das Mißtrauen sowjetischer Militärs gegenüber den Waffenbrüdern und der eigenen Truppe.

Waffenbrüderschaftsbeziehungen wurden seitens der NVA auch zu anderen Armeen des Warschauer Vertrages gepflegt. Bedingt durch die unmittelbare Zusammenarbeit im Rahmen der Vereinten Streitkräfte waren sie vor allem mit den Armeen Polens und der CSSR besonders intensiv.

3. These: Der militärische Auftrag der NVA
Die Nationale Volksarmee war von Anfang an Kernstück der

Landesverteidigung der DDR. Zum Zeitpunkt ihrer Gründung wurde in Ergänzung des Artikels 5 der DDR-Verfassung vom 26. September 1955 der Dienst in den Streitkräften zum Schutze des Vaterlandes und der Errungenschaften der Werktätigen zur ehrenvollen nationalen Pflicht der Bürger der DDR erklärt. Eine Analogie zum Artikel 128[1] der damals gültigen Fassung des Grundgesetzes der Bundesrepublik Deutschland ist nicht zu übersehen. Im Artikel 7 der DDR-Verfassung von 1968 wird der militärische Auftrag der NVA wie folgt formuliert: »Die NVA und die anderen Organe der Landesverteidigung schützen die sozialistischen Errungenschaften des Volkes gegen alle Angriffe von außen.«

Konkret ausgestattet wurde der militärische Auftrag hauptsächlich durch Gesetze, die von der Volkskammer verabschiedet wurden, zum Beispiel durch das Gesetz über die Schaffung der NVA und des Ministeriums für Nationale Verteidigung vom 18.1.1956, die Verteidigungsgesetze vom 20.9.1961 und vom 13.10.1978, das Wehrpflichtgesetz vom 24.1.1962 sowie das Wehrdienstgesetz vom 25.3.1982. Aus internationaler Sicht wurde der militärische Auftrag der NVA durch die Mitgliedschaft der DDR im Warschauer Vertrag bestimmt. Gestützt auf Formulierungen im Programm der SED wurde er seit Mitte der 70er Jahre als militärischer Klassenauftrag bezeichnet.

Der militärpolitischen Zielstellung der DDR lag jeglicher Gedanke an Aggression und Grenzrevision fern. Als oberstes Gebot galten die Verteidigung des Landes und des Sozialismus sowie die Erhaltung des Friedens. Für die Nationale Volksarmee gab es zu keinem Zeitpunkt irgendwelche Aggressionspläne gegen andere Länder und Völker. Ein militärischer Einsatz der NVA im Innern der DDR entsprach ebenfalls nicht dem Verfassungsauftrag. Dafür gab es auch weder die entsprechenden Vorschriften noch eine darauf gerichtete Ausbildung und Ausrüstung. Ähnlich wie für die Bundeswehr – Artikel 87a[4] des Grundgesetzes – war jedoch bei Katastrophenlagen oder innerem Notstand eine Unterstützung der für die innere Sicherheit verantwortlichen Organe vorgesehen.

Da die Nationale Volksarmee von Anbeginn an unter dem Blickwinkel einer kollektiven Verteidigung der Staaten des Warschauer Vertrages aufgebaut wurde, war ihr militärischer

Auftrag im wesentlichen durch die im Bündnis vorherrschende sowjetische Militärdoktrin und -strategie geprägt. Diese gingen – vor allem aufgrund der schmerzlichen Erfahrungen des Zweiten Weltkrieges – davon aus, einen möglichen Aggressor durch militärische Überlegenheit abzuschrecken bzw. diesen, sollte er eine Aggression gegen den Sozialismus beginnen, auf seinem eigenen Territorium zu vernichten. In diesem Sinne wurde auf die Herstellung der Offensivfähigkeit des eigenen militärischen Potentials übersteigerter Wert gelegt, ohne zu bedenken, daß das auf der Gegenseite die Bedrohungsperzeption verstärken mußte.

Von dieser militärdoktrinären und -strategischen Prämisse wurde erst Ende der 70er Jahre Abstand genommen, obwohl seit Mitte der 60er Jahre offensichtlich war, daß im nuklear-kosmischen Zeitalter Kriege zwischen den beiden Bündnissystemen Warschauer Vertrag und NATO nicht mehr führbar oder gewinnbar waren. Das galt insbesondere für mit nuklearen Mitteln geführte Kriege, aber auch für solche, in denen ausschließlich konventionelle Mittel zum Einsatz gekommen wären. Man ging Ende der 70er Jahre von einem relativen militärstrategischen Gleichgewicht als Mittel der Abschreckung und Kriegsverhinderung aus. Aufbau, Struktur, Ausrüstung und Ausbildung der DDR-Streitkräfte waren insgesamt so gestaltet, daß die Landstreitkräfte in der ersten operativen Staffel der ersten strategischen Staffel der Vereinten Streitkräfte, die Volksmarine im Rahmen der Vereinten Ostseeflotte und die Luftstreitkräfte im System der Luftverteidigung der Vereinten Streitkräfte des Warschauer Vertrages handeln konnten. Zum anderen war die NVA in der Lage, mit begrenzten stationären Kräften im Rahmen der territorialen Verteidigung Objekte, Verkehrsknotenpunkte, Nachschubwege u.ä. zu sichern.

Bedingt durch die besondere geostrategische Lage der DDR an der Nahtstelle der beiden Bündnissysteme erfolgte die Sicherung der Staatsgrenze zur Bundesrepublik Deutschland nicht nur zur Wahrung der territorialen Integrität und Souveränität des eigenen Landes. Die Grenze zwischen beiden deutschen Staaten war auch die vordere Linie der militärischen Verteidigung des Warschauer Vertrages. Daraus ergaben sich für den militärischen Auftrag der NVA und der Grenztruppen einschließlich ihres Zusammenwirkens Besonderheiten, die – in gewissem Maße von der CSSR und Bulgarien abgesehen – für die Streitkräfte und den Grenzschutz der anderen Staaten des Warschauer Vertrages nicht relevant waren. So hatten die Grenztruppen der DDR stets eine Doppelaufgabe: Die Grenzsicherung und die Führung von Kampfhandlungen im Verteidigungsfall.

4. These: Struktur, Kräfte und Führungssysteme der NVA
Die Nationale Volksarmee bestand aus mobilen militärischen und territorial gebundenen Kräften sowie aus Lehr- und Forschungseinrichtungen. Die mobilen militärischen Kräfte waren in Teilstreitkräfte gegliedert: Die Landstreitkräfte, die Luftstreitkräfte und die Truppen der Luftverteidigung sowie die Seestreitkräfte. Die Teilstreitkräfte wurden von Kommandos geführt. Diesen unterstanden auch die der jeweiligen Teilstreitkraft entsprechenden Offiziers- bzw. Unteroffiziersschulen.

Die Grenztruppen der DDR galten aufgrund ihrer Unterstellung unter den Minister für Nationale Verteidigung als Teil der Streitkräfte des Landes, die zur Gewährleistung der äußeren Sicherheit in das Verteidigungskonzept des Warschauer Vertrages einbezogen waren. Im militärwissenschaftlichen Sinne waren sie jedoch keine Teilstreitkraft. Sie gehörten auch nicht zum Bestand der Vereinten Streitkräfte. Bedingt durch ihre Truppenstruktur, Bewaffnung, Ausrüstung und Ausbildung hätten sie im Verteidigungsfall nur begrenzt militärische Aufgaben lösen können.

Die Landstreitkräfte gliederten sich in zwei Militärbezirke. Zu einem Militärbezirk gehörten jeweils zwei mot. Schützen- und eine Panzerdivision der ständigen Bereitschaft, eine Raketenbrigade, ein Kampfhubschrauberregiment und zahlreiche, zum Teil kadrierte Truppen. Diese Kräfte konnten um weitere fünf mot. Schützendivisionen (mob. Divisionen) aufgesteckt werden. Dafür standen die Angehörigen der militärischen Lehreinrichtungen, ausgebildete Reservisten sowie eingelagerte Technik zur Verfügung.

Die operative Planung der Landstreitkräfte sah seit Anfang

der 80er Jahre vor, aus den Kräften der Militärbezirke unter Hinzuführung einer mob. Division und einer sowjetischen mot. Schützendivision je eine Feldarmee zu bilden. Im Verteidigungsfall hätte die eine, die 5. Armee, den Abschnitt Ostseeküste Wittenberge und die andere, die 3. Armee, den Abschnitt Meiningen – Dreiländereck bezogen. In den mittleren Abschnitten, als Hauptrichtungen angesehen, war der Einsatz sowjetischer Armeen geplant.

Die Luftstreitkräfte bestanden aus Frontfliegerkräften (2 Jagdbombenfliegergeschwader und 2 taktische Aufklärungsfliegerstaffeln) sowie aus Transportfliegerkräften (1 Transportfliegergeschwader, 1 Transporthubschraubergeschwader und weiterhin 2 Transportfliegerstaffeln). Diese Kräfte waren für die Unterstützung der Feldarmeen vorgesehen. Die Truppen der Luftverteidigung bereits in Friedenszeiten in das einheitliche Luftverteidigungssystem des Warschauer Vertrages eingebunden – waren in zwei Luftverteidigungsdivisionen gegliedert. Zu ihrem Bestand gehörten 5 Jagdfliegergeschwader, 41 Raketenabteilungen (davon 14 in verkürztem Bestand) und 7 funktechnische Bataillone. Alles in allem ist zu konstatieren, daß die Luftverteidigungskomponente der NVA weitaus stärker war als die Luftangriffskomponente.

Zu den Seestreitkräften gehörten 1 Stoßflottille (1 Raketenschiffsbrigade, 3 Raketenschnellbootbrigaden), 2 Sicherungsflottillen (Küstenschutzschiffe, Minenabwehrschiffe, U-Jagdschiffe, Landungsschiffe), 1 Marinefliegergeschwader und 1 Küstenraketenregiment. Außerdem war die Grenzbrigade Küste dem Kommando der Volksmarine operativ unterstellt. Die Schiffskräfte der Volksmarine und der Grenzbrigade Küste waren leichte Flottenkräfte. Sie waren nur zum Teil hochseegängig. Die operative Planung sah ihren Einsatz in der mittleren Ostsee vor.

Die personelle Stärke der Nationalen Volksarmee betrug Ende 1989 ca. 140.000 Mann. Zu diesem Zeitpunkt waren im Ergebnis einseitiger Abrüstungsschritte der DDR-Regierung bereits 6 Panzerregimenter, 1 Jagdfliegergeschwader und 1 Landungsschiffsbrigade aufgelöst worden. Die personelle Stärke der NVA dürfte ausgangs des Jahres 1988 bei 170.000 Mann gelegen haben.

Die Hauptbewaffnung der NVA bestand Ende des Jahres 1989 im wesentlichen aus:

23	Startrampen operativ-taktischer und
57	Startrampen taktischer Raketen,
2600	Kampfpanzern,
3227	Schützenpanzerwagen und
1137	Schützenpanzern,
2446	Geschützen, Geschoßwerfern und Granatwerfern,
213	Abfangjägern,
64	Jagdbombern und
88	Kampfhubschraubern,
515	Startrampen für Fla-Raketen,
993	Fla-Geschützen und
121	Fla-SFL,
24	Raketenschiffen/Raketenschnellbooten,
19	Küstenschutz-/U-Jagd-Schiffen
30	Minenabwehrschiffen.

Mit diesem Kampfbestand wäre die NVA allein nicht in der Lage gewesen, die DDR zu verteidigen und Angriffshandlungen großer Tiefe zu führen. Im Kriegsfall hätten vor allem die in der DDR stationierten sowjetischen Streitkräfte (5 Feldarmeen mit insgesamt 20 Divisionen, starke Fliegerkräfte und zahlreiche selbständige Truppenteile) die Aufgabe gehabt, einen ersten Schlag abzuwehren und zu Angriffshandlungen überzugehen. Es war klar, daß die »Gruppe der sowjetischen Streitkräfte in Deutschland« – später »Westgruppe« genannt – die Hauptkraft bei der militärischen Verteidigung des DDR-Territoriums gegen äußere Bedrohung bildete.

Das militärische Führungssystem der Nationalen Volksarmee war nicht mit dem der Landesverteidigung der DDR identisch, wenngleich dem Minister für Nationale Verteidigung auch die Grenztruppen und die Zivilverteidigung unterstellt waren. An der Spitze der Landesverteidigung stand der »Nationale Verteidigungsrat«. Er war im Jahre 1960 geschaffen worden und setzte sich aus Mitgliedern des Politbüros und des Zentralkomitees der SED zusammen. Seine Aufgabe bestand insbesondere darin, die bewaffneten Organe, die Staatsorgane, die gesellschaftlichen Organisationen, die Volkswirt-

schaft und das Territorium der DDR auf den Verteidigungszustand vorzubereiten. Die Befehlsbefugnis gegenüber der NVA hatte nur der Erste bzw. Generalsekretär der SED in seiner Eigenschaft als Vorsitzender des Nationalen Verteidigungsrates. Seine Befehle gingen über den Minister für Nationale Verteidigung und wurden vom Chef des Hauptstabes umgesetzt.
Das militärische Führungsorgan der NVA war ein Truppenführungssystem und dem der Sowjetarmee im wesentlichen angeglichen. Es war nach dem Prinzip der Einzelleitung aufgebaut und ermöglichte eine schnelle und exakte Durchsetzung von Befehlen im bewaffneten Kampf, in der Ausbildung sowie bei der Lösung von Aufgaben nichtmilitärischen Charakters. Als wichtigster Entscheidungsträger fungierte der Minister für Nationale Verteidigung. Die operative Planung für die NVA wurde entsprechend den Vorgaben des Oberbefehlshabers der Westgruppe vom Hauptstab ausgearbeitet und vom Vorsitzenden des Nationalen Verteidigungsrates bestätigt.
Die Effizienz des militärischen Führungssystems der Nationalen Volksarmee wurde durch eine Reihe von Faktoren mehr oder weniger beeinträchtigt. Kritisch zu vermerken sind unter anderem die ständige Zunahme von Aufgabenstellungen administrativer und nichtmilitärischer Art sowie die Tendenz zur Kopflastigkeit zentraler Führungsorgane, insbesondere des Ministeriums für Nationale Verteidigung, während auf unteren Führungsebenen oftmals notwendige Planstellen gestrichen wurden

5. These: Die Führungsrolle der SED in der NVA
Der von der SED für alle Bereiche des gesellschaftlichen Lebens in der DDR erhobene Führungsanspruch resultierte aus deren Staatsverständnis. Danach wurde analog der Sowjetunion die Staatsmacht der DDR als eine Form der Diktatur des Proletariats verstanden, in der die Partei als bewußter Vortrupp der Arbeiterklasse wirkt. In diesem Sinne wurde die führende Rolle der SED in der 1968 durch eine Volksabstimmung angenommenen Verfassung als Rechtsgrundsatz festgeschrieben. Entsprechende Festlegungen waren auch Be-

standteil der Gesetze zur Landesverteidigung, z.B. der Verteidigungsgesetze von 1961 und 1978.
Die führende Rolle der SED in der NVA und in den Grenztruppen wurde über zwei Führungsstränge verwirklicht. Zum einen geschah das über die staatliche Führung, die durch das Prinzip der Einzelleitung in der Einheit von politischer und militärischer Führung gewährleistet wurde. Mit ihren Befehlen und Weisungen handelten die Kommandeure als staatliche Vorgesetzte im Bewußtsein, den Willen und die Beschlüsse der SED, deren Richtigkeit sie generell nicht in Frage stellten, durchzusetzen. Zum anderen wurde die führende Rolle der SED in den DDR-Streitkräften über die politische und organisatorische Tätigkeit der Parteiorganisationen und der Politorgane verwirklicht.
Den bestimmenden Einfluß auf die NVA und die Grenztruppen hatte die zentrale Führung der SED. Sie entschied über alle grundsätzlichen Fragen der DDR-Streitkräfte. Der Minister für Nationale Verteidigung war immer Mitglied des Zentralkomitees der SED, seit 1973 auch Mitglied des Politbüros. Seit 1981 gehörten sechs stellvertretende Minister – darunter alle Chefs der Teilstreitkräfte – dem Zentralkomitee als Mitglied oder Kandidat an. Eine militärische Kommandogewalt oder direkte Einflußnahme der territorialen Parteiorgane – Bezirks- bzw. Kreisleitungen auf die Führung der NVA und der Grenztruppen gab es nicht.
Die Parteiorganisationen der SED in den DDR-Streitkräften bildeten innerhalb der Parteistruktur eine selbständige Bezirksparteiorganisation. Ihre Tätigkeit wurde auf der Grundlage des Parteistatuts sowie einer speziellen vom Politbüro der SED bestätigten Parteiinstruktion organisiert. Aufbau und Gliederung der Parteiorganisationen und ihrer leitenden Politorgane waren analog der militärischen Struktur gestaltet. Während die Leitungen der SED-Basisorganisationen (ca. 3000 in den Einheiten und Stäben) gewählt wurden, wurden die Politorgane, die ab Regiment aufwärts vorhanden waren, eingesetzt. Die Leiter der Politorgane waren als leitende Parteifunktionäre dem Chef des übergeordneten Politorgans unterstellt. Zugleich wirkten sie in der militärischen Führungsstruktur als Stellvertreter des jeweiligen Kommandeurs. Die

Politorgane trugen als leitende Parteiorgane die Verantwortung für die politische Arbeit in den Streitkräften und waren für die Führung der unterstellten Parteiorganisationen zuständig. Zugleich leiteten sie die in der NVA und in den Grenztruppen tätigen Massenorganisationen an. Über die SED-Mitglieder in den jeweiligen Organisationen übten sie einen direkten Einfluß auf die Arbeit der Jugendorganisation (FDJ), der Armeesportvereinigung (ASV Vorwärts) und der Gewerkschaft der Zivilbeschäftigten (FDGB) aus.
In den DDR-Streitkräften waren fast jeder Offizier, jeder dritte Unteroffizier und jeder zehnte Soldat Mitglied bzw. Kandidat der SED. Ihr Wirken im Sinne der Parteipolitik war nicht in erster Linie Ergebnis ideologischer Indoktrination ihnen gegenüber. Geprägt durch ihre soziale Herkunft, ihre geschichtlichen und politischen Erfahrungen sowie ihre persönlichen Lebensideale war für die Mehrheit von ihnen der Anspruch, für den Sozialismus als friedliche, sozial gerechte und wirtschaftlich sinnvolle Alternative zu Faschismus und Imperialismus tätig zu sein, ehrliche Überzeugung und Hauptmotiv ihrer Haltung. Das war im wesentlichen auch ausschlaggebend für die Bindung besonders der Berufssoldaten an die SED und von starkem Einfluß auf ihr Denken und Handeln.
Die Mechanismen zur Verwirklichung der führenden Rolle der SED in den Streitkräften bewirkten einerseits die feste Einbindung der NVA und der Grenztruppen in die Politik der Partei und ihre Unterordnung unter das Führungsmonopol der SED. Andererseits widerspiegelten sich in der basisorientierten Arbeit der SED-Grundorganisationen aber auch weitgehend die vielschichtigen Stimmungen und Meinungen der Armeeangehörigen und Grenzsoldaten, was in vielen Fällen dazu führte, daß deren Anliegen und Interessen Gehör verschafft und Rechnung getragen werden konnte. Nicht selten waren Parteiorganisationen ein demokratisches Gegengewicht zu Erscheinungen eines Mißbrauchs der militärischen Einzelleitung. Aus heutiger Sicht ist jedoch zu vermerken, daß den SED-Grundorganisationen bei der Nutzung demokratischer Möglichkeiten für eine umfassende Interessenvertretung und Mitbestimmung Grenzen gesetzt waren. Eine

hauptsächliche Ursache dafür bestand darin, daß die Elemente der innerparteilichen Demokratie zunehmend zugunsten der Parteibürokratie des Politapparates abgebaut wurden und die Reglementierung immer mehr deren Führungsprinzip wurde.

So wenig wie die Mitglieder der SED als homogene Masse bewertet werden können, so wenig war die Verwirklichung der Führungsrolle der SED in den DDR-Streitkräften frei von Spannungsfeldern und Interessengegensätzen. Es gab latente Widersprüche, die sich vor allem aus der Identifikation mit gesellschaftlichen Idealen und der damit verbundenen freiwilligen Unterordnung sowie aus der Realität ihrer unzureichenden Verwirklichung und aus der zunehmenden dogmatischen Bevormundung ergaben. Sie führten zu Unzufriedenheit, wirkten jedoch nicht konfrontativ.

Die Einheit von politischer und militärischer Führung wurde in der NVA und in den Grenztruppen durch die Einzelleitung gewährleistet. Die Kommandeure besaßen die uneingeschränkte Befehlsgewalt gegenüber ihren Unterstellten. Sie trugen die alleinige Verantwortung für ihre politischen und militärischen Entscheidungen und waren ihren militärischen Vorgesetzten gegenüber rechenschaftspflichtig. Gleichzeitig waren sie aber auch angehalten, grundsätzliche Fragen des politischen und militärischen Lebens in ihrem Verantwortungsbereich mit ihren Stellvertretern sowie den Parteiorganisationen der SED zu beraten.

Die leitenden Politoffiziere waren in das Prinzip der Einzelleitung eingebunden. Sie wirkten als Stellvertreter der Kommandeure in einer staatlichen Funktion, hatten selbst aber weder Befehlsgewalt noch das Recht, Befehle der Kommandeure aufzuheben. Ihre Einflußnahme auf das militärische Leben vollzog sich über die Führung der Parteiorganisationen und über die unterstellten Politorgane sowie über die Gestaltung der politisch-ideologischen Arbeit. Der Führungseinfluß der SED hatte zur Folge, daß die ideologische Arbeit auch als Hauptinhalt jeglicher Tätigkeit im militärischen Bereich betrachtet wurde.

Die ideologische Arbeit war der gesamten Führung, Ausbildung und Erziehung immanent. Ihre spezifischen For-

men waren die politische Bildung und die politische Massenarbeit. Sie wurde auf der Grundlage von Direktiven und Anordnungen des Ministers für Nationale Verteidigung auf dienstlicher Ebene organisiert und durch die gesellschaftliche Tätigkeit der Partei und Massenorganisationen gestaltet. Die ideologische Arbeit hatte einen maßgeblichen Anteil an der Indoktrination der Armeeangehörigen und Grenzsoldaten im Sinne der SED-Politik. Das innere Gefüge der NVA und der Grenztruppen wurde bis zuletzt von einer durchgängigen politisch-ideologischen Erziehungs- und Informationstätigkeit geprägt.
Die Wirkung der ideologischen Arbeit ist in den verschiedenen Entwicklungsphasen der NVA und der Grenztruppen hinsichtlich der Akzeptanz ihrer Inhalte in den einzelnen Dienstgradgruppen als auch innerhalb dieser differenziert zu bewerten. Sie wurde in den 80er Jahren zunehmend von Dogmatismus und Lebensferne geprägt. Ohne das gesellschaftliche System mit dem Führungsanspruch der SED in Frage zu stellen, zeigten sich in der ersten Hälfte der 80er Jahre erste Anzeichen einer Stimmungsänderung in den Streitkräften. So löste die Diskrepanz zwischen der Einschätzung der Partei- und Staatsführung, daß der eingeleitete Entspannungsprozeß die Kriegsgefahr in Europa verringert habe, und den wachsenden Belastungen zur Wahrung der Gefechtsbereitschaft Diskussionen aus, die von den Parteimitgliedern zunehmend offener geführt wurden. Als sich in den 80er Jahren Anspruch und Wirklichkeit des Sozialismus in der DDR immer mehr voneinander entfernten, mehrten sich in den Grundorganisationen der SED die kritischen Stimmen gegenüber der Parteiführung. Das in sie gesetzte Vertrauen begann zu wanken, und die Auffassung breitete sich aus, die SED-Spitze bedürfe schnellstens einer grundlegenden Verjüngung bzw. einer personellen Veränderung. Es kam jedoch zu keinem nennenswerten Widerstand gegen die Parteiführung. Die jahrzehntelang aufgenommene und in hohem Maße verinnerlichte These von der führenden Rolle der Partei führte bei den meisten dazu, die Ursachen für den Niedergang der DDR nicht zu erkennen. Erst in der zugespitzten Krisensituation ab Mitte 1989 führte die durch Starrsinn und Sprach-

losigkeit gekennzeichnete Handlungsunfähigkeit der Parteiführung zur Erschütterung des Glaubens an die von ihr beanspruchte Führungsposition. Aus dem Erleben der sich im Herbst 1989 vollziehenden gesellschaftlichen Veränderungen in der DDR sowie aus der persönlich empfundenen Verantwortung für das eigene Volk wuchsen in der NVA und in den Grenztruppen der Wille und die Bereitschaft zu entscheidenden Reformen. Als eine weitreichende Konsequenz gehörte dazu auch die Forderung, die Vorherrschaft einer Partei in den DDR-Streitkräften zu beseitigen. Die Verwirklichung dieser Forderung wurde zu einem wichtigen Ergebnis der begonnenen Militärreform. Die Parteiorganisationen innerhalb der NVA und der Grenztruppen wurden aufgelöst und die Tätigkeit der Politorgane bis zum 15.2.1990 beendet.

6. These: Das soziale Porträt des Berufssoldaten der NVA
Auswahl und Entwicklung der Berufssoldaten der NVA und der Grenztruppen entsprachen dem Klassenprinzip. Gefordert waren abgesehen von den notwendigen physischen und gesundheitlichen Voraussetzungen für den Dienst als Berufssoldat – insbesondere:
- eine feste sozialistische Grundüberzeugung sowie – zumindest bei Generalen und Offizieren – die Mitgliedschaft in der SED,
- Treue und Ergebenheit gegenüber der Partei und der Regierung sowie die Bereitschaft, alle Befehle und Weisungen exakt und initiativreich auszuführen,
- gutes politisches, militärisches und militärspezifisches Wissen und Können sowie Fähigkeiten zur Menschenführung.

Die Durchsetzung dieser Kriterien trug wesentlich zum bekannt hohen Stand der Kampfkraft und Gefechtsbereitschaft der DDR-Streitkräfte bei. Dennoch sind bei der Auswahl und Entwicklung der Berufssoldaten ernsthafte Mängel nicht zu übersehen. Nicht immer wurden die befähigsten Berufssoldaten gefördert bzw. bei der Besetzung höherer Dienstposten und Planstellen berücksichtigt. Ursachen dafür waren vor allem eine zumeist sicherheitspolitisch begründete Ablehnung durch Organe der Militärabwehr, Subjektivismus in Kader-

fragen bei Vorgesetzten und Politorganen sowie Opportunismus und »Vetternwirtschaft«.
Die Berufssoldaten der NVA und der Grenztruppen waren bei Eintritt in die DDR-Streitkräfte ihrer sozialen Lage bzw. Herkunft nach zumeist Arbeiter, in geringerer Zahl Bauern, Angestellte und – später zunehmend – Schüler oder Studenten. Letztere entstammten jedoch in der Regel den werktätigen Schichten des Landes. So betrug der Anteil der aus der Arbeiterklasse kommenden Offiziere zu Beginn der 50er Jahre Über 80 Prozent. Er änderte sich bis 1970 nur unwesentlich. In den 80er Jahren sank er jedoch – bedingt durch eine verstärkte Nachwuchsgewinnung unter Schülern und Studenten – unter 70 Prozent. Die soziale Zusammensetzung des Offizierskorps der DDR-Streitkräfte unterschied sich somit grundlegend von der sozialen Struktur der militärischen Führungsgruppen früherer deutscher Armeen und auch der Bundeswehr in ihren Anfangsjahren.
Wie in den Streitkräften der Bundesrepublik Deutschland wurden anfangs auch in der NVA und ihren Vorläufern ehemalige Generale und Offiziere der Wehrmacht in den Aufbau der Armeen ihrer Staaten einbezogen. Ihre Anzahl und ihr Einfluß sind jedoch unterschiedlich zu bewerten. In den Anfangsjahren der Bundeswehr setzte sich deren Führungskorps – von Ausnahme abgesehen aus Generalen[44] und Offizieren (mehr als zehntausend) der Wehrmacht zusammen. Die Kontinuität der Personen bewirkte auch eine Kontinuität des Feindbildes im Führungskorps. Zudem zeichneten, wie beispielsweise die »Eifel-Denkschrift« vom Oktober 1950 belegt, exponierte Militärs der Wehrmacht in hohem Maße für die Konzipierung der militärstrategischen Leitlinien sowie der Struktur der künftigen Streitkräfte der Bundesrepublik Deutschland verantwortlich.
Der Anteil von Generalen und Offizieren der Wehrmacht am Führungskorps der DDR-Streitkräfte betrug in der HVA 4,2 Prozent (Juni 1951), in der KVP 3,4 Prozent (Oktober 1953) und in der NVA 2,5 Prozent (Januar 1957). Am 1. Februar 1957 dienten in der NVA insgesamt 3 Generale und 455 Offiziere der Wehrmacht. 109 von ihnen hatten leitende Dienstposten inne: 30 im Verteidigungsministerium, 19

in den Kommandos der Militärbezirke bzw. der Luft- und Seestreitkräfte, 12 in den Divisionen, 29 in den Regimentern und 19 an militärischen Lehreinrichtungen.

Die in den DDR-Streitkräften dienenden Generale und Offiziere der Wehrmacht waren in der Regel in Bereichen tätig, in denen ihre militärorganisatorischen und militärtechnischen Kenntnisse und Erfahrungen aus dem Zweiten Weltkrieg besonders gefragt waren. Auf die Konzipierung der militärstrategischen Leitlinien und auf den generellen Entscheidungsprozeß in der zu schaffenden bzw. geschaffenen NVA hatten sie jedoch kaum Einfluß. Obwohl die Beweggründe ihres Dienens in den DDR-Streitkräften vielschichtig und unterschiedlich waren, stimmten sie in der generellen Ablehnung des Faschismus sowie derjenigen, die diesen an die Macht gebracht hatten, überein.

Die prononciert soziale Orientierung bei der Auswahl und Entwicklung der Berufssoldaten hatte in den Anfangsjahren der NVA sichtliche Auswirkungen auf deren Bildungsstruktur und Qualifikation. Bei den Offizieren dominierte 1952 der 8-Klassenabschluß. Nur 13,1 Prozent besaßen das Abitur bzw. die mittlere Reife. Analog waren die Zahlen 1956. Ein ähnliches Bild zeigte sich hinsichtlich der militärischen Qualifikation. 27 Prozent der Offiziere verfügten über keinerlei militärische Vorbildung, 40 Prozent über eine ein- bis zweijährige Ausbildung an einer Offiziersschule. Lediglich 13 Prozent besaßen mit einer drei- bis vierjährigen Ausbildung solide militärische Kenntnisse.

Da ein derart geringes Bildungs- und Qualifikationsniveau erhebliche Probleme bei der Meisterung der Technik, in der Menschenführung und in der Dienstorganisation bereitet und letztlich den Aufbau wie die Entwicklung der DDR-Streitkräfte stark beeinträchtigt hätte, wurden umfangreiche und differenzierte Maßnahmen eingeleitet, um diesen Mangel schnellstens zu überwinden. Sie reichten von einer beträchtlichen Erhöhung der Vorleistungen der allgemeinbildenden Schulen für den Dienst als Berufssoldat bis hin zu einer Vielzahl von Veranstaltungen zur Entwicklung des Bildungs- und Qualifikationsniveaus insbesondere der aktiv dienenden Offiziere.

Infolge dieser Maßnahmen und nicht zuletzt aufgrund des

hohen persönlichen Einsatzes der Berufssoldaten, die sich diesen Anforderungen zumeist in ihrer Freizeit und oft auf Kosten der ganzen Familie stellten, wurde der anfangs geringe Bildungs- und Qualifizierungsstand nach und nach überwunden. Ende der 80er Jahre besaßen die Offiziere – von Ausnahmen abgesehen die mittlere Reife bzw. das Abitur. 82 Prozent hatten eine militärische Hoch- bzw. Fachschule absolviert, 6400 einen militärakademischen Abschluß erworben. In der NVA und in den Grenztruppen dienten zu diesem Zeitpunkt ca. 1000 promovierte Kader. Die Führungsposten ab Regiment waren in der Regel mit Absolventen von Militärakademien besetzt.

Aufgrund ihrer sozialen Herkunft sowie ihrer sozialen und Lebenserfahrungen war für die Berufssoldaten insgesamt gesehen bis weit in die 80er Jahre hinein eine feste sozialistische Grundhaltung kennzeichnend. Das Selbstverständnis, einem Staat zu dienen, der sozialem Unrecht und Welteroberungspolitik für immer ein Ende setzen wollte, wurde durch ihr Traditionsverständnis gestützt. Die Berufssoldaten verstanden die DDR als ein Ergebnis des jahrhundertelangen Ringens fortschrittlicher Kräfte gegen Ausbeutung und Unterdrückung für einen sozial gerechten Staat. Gleichzeitig sahen sie die NVA als erstmalige Verwirklichung der Vision wahrhaft volksverbundener Streitkräfte. Auf der Grundlage solcher Überzeugungen identifizierten sich noch in der zweiten Hälfte der 80er Jahre 90 Prozent der Offiziere mit der Politik der SED und des Staates. Ca. 95 Prozent waren bereit, die DDR mit der Waffe zu verteidigen.

Die Offiziere der NVA und der Grenztruppen fühlten sich mit dem Volk verbunden. Sie verstanden sich als militärische Führungskräfte des Staates und galten stets als politische Funktionäre der Partei. Voraussetzung dafür wie Ausdruck dessen war seit Ende der 50er Jahre ihre Mitgliedschaft in der SED. Lag der Anteil der Parteimitglieder im Offizierskorps der KVP im Jahre 1953 noch bei 58 Prozent, so erreichte er zum Zeitpunkt der Gründung der NVA bereits 80 Prozent. Er überstieg 1959 die 90-Prozent-Grenze und war 1989 bei 99 Prozent fixiert. Sicher von Fall zu Fall auch Folge von Anpassung und Druck, lag diese Mitgliedschaft in der Regel eine feste politische Überzeugung zugrunde. Die meisten Offiziere waren im Parteileben aktiv tätig.

Die Berufssoldaten waren von der Notwendigkeit ihres Dienstes in den DDR-Streitkräften überzeugt. Sie bemühten sich, die ihnen auferlegten Pflichten bestens zu erfüllen und bewiesen dabei große Einsatz- wie Opferbereitschaft, Disziplin und Initiative.

Nicht wenige von ihnen waren jedoch partiell mit bestimmten Bedingungen ihres Dienstes unzufrieden. Die Gründe dafür waren unterschiedlicher Art, z. B.: illusionäre Vorstellungen über die Dienst- und Lebensbedingungen eines Berufssoldaten vor Eintritt in die DDR-Streitkräfte, unerfüllte Erwartungen hinsichtlich der Qualifikation und der Karriere, die ungenügende Anwendung des Leistungsprinzips in der NVA und in den Grenztruppen, Unzulänglichkeiten in der Organisation und Planung des Dienstes und die besonders daraus resultierende Überbelastung, häufiger Standort- und Wohnungswechsel infolge Versetzungen und Kommandierungen sowie häufige Trennung von der Familie. Zusammenfassend ist zu sagen: Die Berufssoldaten der NVA und der Grenztruppen waren in ihrer übergroßen Mehrheit nicht privilegiert. Vor allem die dienstliche Überbelastung, häufiger Wohnungswechsel, Trennung von der Familie und vieles andere gehörten zum Alltag der Berufssoldaten – Tatsachen, die weitreichende negative Auswirkungen auch auf die Gewinnung des Berufsnachwuchses der DDR-Streitkräfte hatten.

In der zweiten Hälfte der 80er Jahre setzte allmählich eine Destabilisierung der bis dahin stabilen politischen Haltung der Berufssoldaten ein. Ausgangspunkt dafür waren in erster Linie die zu diesem Zeitpunkt entstehenden und immer offener ausbrechenden sozialen wie politischen Spannungen in der DDR – vor allem ein Ergebnis der Unfähigkeit der überalterten, dogmatischen und unflexiblen Partei- und Staatsführung, auf neue wirtschaftliche, politische und sicherheitspolitische Herausforderungen der Zeit adäquate Antworten zu finden. Das bestehende gesellschaftliche System wurde jedoch nicht in Frage gestellt. Die Hoffnung auf eine innere Reform des Sozialismus in der DDR war eine entscheidende Ursache dafür, daß die Mehrheit der Berufssoldaten im

Herbst 1989 nicht gewillt war, die Waffen für die Rettung der Macht der Parteibürokratie und gegen die demokratische Wende einzusetzen.

Als Ende 1989/Anfang 1990 der tiefe Wiederspruch zwischen Anspruch und Wirklichkeit des Sozialismus in der DDR für jedermann immer offensichtlicher wurde und für viele nicht mehr lösbar schien, destabilisierte sich die politische Haltung der Berufssoldaten rapide. Was im Sommer 1990 blieb, war das Verantwortungsbewußtsein für die unterstellten Armeeangehörigen und für die Sicherung der Waffen und Kampftechnik vor unbefugtem Zugriff.

7. These: Das militärische Denken in der NVA
Das militärische Denken entwickelte sich bereits in der ersten Hälfte der 50er Jahre in der HVA und KVP. Mit dem Aufbau der NVA wurde es systematisch gefördert. Es unterlag zeit- und entwicklungsbedingten qualitativen Veränderungen und war bis zum Ende der NVA nicht frei von Widersprüchen – auch von zeitweiligen Fehlentwicklungen.

In den Anfangsjahren wurde das militärische Denken in den DDR-Streitkräften fast ausschließlich durch sowjetische Auffassungen geprägt. Sowjetische Dienstvorschriften und Militärliteratur bildeten in dieser Zeit die einzig zugelassene Grundlage. Hinzu kam der direkte Einfluß der sowjetischen Berater in der KVP und NVA sowie die Ausbildung militärischer Führungskader der NVA an militärischen Lehreinrichtungen der UdSSR. Einen gewissen Einfluß auf das militärische Denken in den DDR-Streitkräften hatten auch Denkweisen ehemaliger Wehrmachtsangehöriger. Das betraf insbesondere solche Fragen wie: Befehlsgebung und -ausführung, Kommandosprache, Stabskultur, Disziplinerziehung und militärisches Auftreten.

In dem Maße, wie sich der militärakademisch ausgebildete Stamm der Berufskader vergrößerte, die Berufssoldaten eigene Erfahrungen in der Truppenführung und Ausbildung gewannen, sich Lehre und Forschung an den militärischen Lehreinrichtungen der NVA entwickelten und eigene Analysen über den potentiellen Gegner sowie die lokalen Kriege nach 1945 angefertigt wurden, entstanden im militärischen

Denken der DDR-Streitkräfte eigenständige Auffassungen. Sie betrafen vor allem das System der Landesverteidigung im Frieden und die territoriale Verteidigung in der DDR, die Methodik und Organisation der Gefechtsausbildung, die Mobilmachung, die Disziplinerziehung, das Verhältnis von Vorgesetzten und Unterstellten sowie die Unterbringung, Versorgung und Freizeitgestaltung der Armeeangehörigen.

Die Armeeangehörigen waren in ihrer militärischen Denkweise darauf ausgerichtet, sich auf den Verteidigungszustand vorzubereiten. Demzufolge war das Denken in den Kategorien des bewaffneten Kampfes – der Theorie der Kriegskunst – weit entwickelt. Die Kenntnisse der militärwissenschaftlichen Grundlagen für das militärische Denken der Offiziere sowie die Möglichkeiten wie auch Fähigkeiten zu ihrer praktischen Umsetzung sind jedoch differenzierter zu bewerten.

Das militärstrategische Denken war personell begrenzt, und die Möglichkeiten zur Erfassung militärstrategischen Gedankengutes waren – bedingt durch die Funktion der NVA im strategischen Gesamtkonzept der Vereinten Streitkräfte – nicht sehr umfangreich. Praktisch einbezogen in das militärstrategische Denken waren vorrangig leitende Offiziere des Hauptstabes sowie bestimmter Verwaltungen des Ministeriums für Nationale Verteidigung, der Kommandos der Teilstreitkräfte und der Militärakademie. Die Mehrheit dieser Offiziere hatte an der Generalstabsakademie der Sowjetunion eine Ausbildung erhalten. Wenngleich sie einen bestimmten Einblick in die mögliche Gesamtkriegsführung der Koalition besaß, war der Gegenstand ihrer dienstlich notwendigen Überlegungen vorrangig auf Probleme der Verteidigung der DDR bzw. der Handlungen der NVA begrenzt.

Das operative Denken (operative Kunst) war breit entwickeln. Die NVA verfügte über 6400 militärakademisch gebildete Offiziere, die in die Führungsgrundsätze einer operativstrategischen Verteidigung eingewiesen worden waren. Das Ausbildungsprinzip, bei der Führung von Kampfhandlungen zwei Führungsebenen höher mitdenken zu können, war weitgehend verwirklicht. Operatives Denkvermögen wurde bei der Ausbildung der Stäbe sowie bei internationalen Manövern und großen Truppenübungen unter Beweis gestellt.

Das taktische Denken war in den DDR-Streitkräften am breitesten entwickelt. Die Mehrzahl der Offiziere verfügte über gute Kenntnisse der allgemeinen Taktik bzw. der Taktik ihrer Waffengattung oder Spezialtruppe. Auf diesem Gebiet wurden von den Offizieren der NVA auch zahlreiche originäre Ideen entwickelt.

Das militärische Denken in der Nationalen Volksarmee ist durch einige wesentliche Veränderungen in grundsätzlichen Auffassungen gekennzeichnet. Sie ergaben sich in der Regel im Gefolge neuer Auffassungen in der sowjetischen Militärdoktrin bzw. Militärwissenschaft. Zu einem entscheidenden Umbruch kam es mit der Verkündung einer ihrem Wesen nach völlig neuen Militärdoktrin durch die Staaten des Warschauer Vertrages im Jahre 1987.

So war das militärische Denken in den Kategorien des bewaffneten Kampfes in der Nationalen Volksarmee anfänglich konventionell geprägt. Ihm lagen hauptsächlich die in der sowjetischen Militärwissenschaft oft verallgemeinerten Erfahrungen der UdSSR-Streitkräfte aus dem Zweiten Weltkrieg zugrunde. Verhältnismäßig frühzeitig begann man in der NVA, sich auch damit zu befassen, unter Kernwaffenbedingungen Kampfhandlungen führen zu müssen. Das Denken in den Kategorien eines für möglich gehaltenen Kernwaffenkrieges setzte sich in den DDR-Streitkräften insgesamt nach der Verkündung einer neuen sowjetischen Militärdoktrin 1960 durch. Deren Leitsätze fanden in der NVA insbesondere auf taktischer Ebene ihren Niederschlag. Ausdruck dessen ist nicht zuletzt die am 1. Januar 1961 in Kraft gesetzte Dienstvorschrift 30/1.

In den 60er Jahren hatte der Leitsatz von der militärischen Überlegenheit des Sozialismus einen festen Platz im militärischen Denken der NVA. Als die sowjetische Führung Mitte der 70er Jahre diesen Leitsatz zurücknahm und statt dessen die These von der strategischen Parität zwischen beiden Paktsystemen verkündete, gab es im militärischen Denken nicht weniger NVA-Angehöriger zeitweilige Irrationen – das um so mehr, weil sich die Armeeführung mit diesem neuen Leitsatz lange sehr schwer tat und die militärische Parität bis dahin geleugnet wurde.

Ernsthafte Zweifel an der Realität der Auffassungen über die Kernwaffenkriegsführung traten unter führenden sowjetischen Militärs Ende der 70er Jahre auf. Die sowjetische Militärdoktrin nahm nunmehr auch offiziell den Charakter einer Abschreckungsdoktrin an (wobei in Ansätzen die Funktion der Abschreckung bereits Anfang der 60er Jahre erkennbar war). Politisch fand die Verkündung der Abschreckungsdoktrin einen nachhaltigen Niederschlag in der Erklärung des Politisch Beratenden Ausschusses der Staaten des Warschauer Vertrages vom Januar 1983, nach der es in einem Kernwaffenkrieg keinen Sieger geben würde. Diese Feststellung führte in der NVA zu lebhaften Diskussionen besonders unter den Berufssoldaten.

In dieser Zeit bildeten sich in den DDR-Streitkräften Ansätze eines neuen Denkens zu der Problematik Krieg – Frieden heraus. Ursache dafür war die von der SED-Führung seit 1983 prononciert erhobene Forderung, die Menschheitsinteressen über die Klasseninteressen in der Frage Krieg – Frieden zu stellen. Obwohl die Führung der NVA dieser These allgemein zustimmte, tat sie kaum etwas, um sie im militärischen Denken der DDR-Streitkräfte umzusetzen. Eine wesentliche Ursache dafür war, daß sie sich nicht so, wie es erforderlich gewesen wäre, von ihrer traditionellen militärdoktrinären Denkweise löste.

Es waren vor allem Gesellschaftswissenschaftler einiger militärischer Lehreinrichtungen der NVA, die zu der Erkenntnis gelangt waren, daß die modernen Industriegesellschaften auch zu einer Kriegsführung mit konventionellen Mitteln kriegsuntauglich geworden sind und ein Krieg zwischen Ost und West die Zivilisation zumindest in Europa in Frage stellen würde. Damit plädierten sie de facto für die Ausarbeitung einer Nichtkriegsführungsstrategie.

Mit der neuen Militärdoktrin des Warschauer Vertrages aus dem Jahre 1987 wurde dem herkömmlichen militärischen Denken eine prinzipielle Absage erteilt. Einerseits wurde vom Offensivdenken auf der strategischen Ebene und vom traditionellen Feindbild abgegangen. Andererseits erfolgte der Übergang zu einer auch im militärischen Sinne geprägten Verteidigungsstrategie. Vertrauensbildung und Sicherheitspartnerschaft wurden Elemente des militärischen Denkens in der NVA.

Als Fazit des militärischen Denkens in den DDR-Streitkräften ist zu konstatieren, daß dieses in allen Perioden der Existenz der NVA auf die Verteidigung der DDR und der Koalition gerichtet und im militärstrategischen Sinne jahrzehntelang offensiv, seit Mitte der 80er Jahre defensiv gestaltet war. Die Idee eines vorsätzlichen Angriffskrieges gegen die Bundesrepublik Deutschland – wie auch gegen andere Staaten – hat es im militärischen Denken der NVA wie ihrer Angehörigen zu keinem Zeitpunkt gegeben.

8. These: Erziehung und Ausbildung in der NVA
Erziehung und Ausbildung wurden in der Nationalen Volksarmee stets als einheitlicher Prozeß verstanden, in dem politische, militärpolitische und militärische Inhalte sowohl die politische als auch die Gefechtsausbildung bestimmten. Wie in jeder Armee wurde der politischen Bildung besondere Aufmerksamkeit gezollt, weil der Auftrag des Soldaten bis zum Einsatz des Lebens reicht und es deshalb hochentwickelter, stabiler Motive – vor allem der Überzeugung vom Sinn soldatischer Pflichterfüllung – bedarf.

Als Einzelleiter trugen die Kommandeure die volle Verantwortung für die politische Erziehung und Bildung ihrer Unterstellten, wenngleich in der Praxis deren Realisierung hauptsächlich in den Händen der Politorgane, Politoffiziere und Parteiorganisationen lag. Politische Erziehungs- und Bildungsarbeit wurde in der NVA mit den unterschiedlichsten Mitteln und Methoden geleistet und erfaßte alle Bereiche des militärischen Lebens. Ihre Hauptformen waren die gesellschaftswissenschaftliche Weiterbildung der Offiziere, die politische Schulung der Unteroffiziere und Soldaten, die politische Massenarbeit und die kulturpolitische Arbeit.

Die Notwendigkeit des militärischen Schutzes der DDR und der Existenz der NVA wurden aus der Gegensätzlichkeit der beiden Gesellschaftssysteme und aus der – wie es hieß – wesenseigenen Aggressivität des Imperialismus abgeleitet und erklärt. Basis für das politische Denken und militärische Handeln sollten bestimmte Grundüberzeugungen sein:

Von der historischen Überlegenheit des Sozialismus und der Gesetzmäßigkeit seines weltweiten Sieges,
von der Verteidigungswürdigkeit des Sozialismus,
von der führenden Rolle der marxistisch-leninistischen Partei im realen Sozialismus,
von der unverbrüchlichen Freundschaft zur Sowjetunion und zu den anderen sozialistischen Bruderländern,
von der Aggressivität und Gefährlichkeit des Imperialismus und vom Haß auf die Feinde des Sozialismus,
vom Sinn des Kampfes und Sieges im gerechten Krieg gegen einen Aggressor.
Wichtige Bestandteile dieser Grundüberzeugungen waren auch humanistische Inhalte, wie die Ideale des Friedens, der sozialen Sicherheit und der Achtung vor dem menschlichen Leben.
Aus heutiger Sicht und im Ergebnis der realen historischen Prozesse ist die tiefe Kluft zwischen dem Anspruch dieser Grundprämissen der politischen Erziehung und Bildung und ihrer Umsetzung in der Wirklichkeit deutlich erkennbar. In wichtigen Teilen hat sich die sozialistische Ideologie als brüchig und falsch erwiesen. Ihre Vermittlung war niemals unproblematisch, weil sich im Verlaufe des historischen Prozesses und besonders in der zweiten Hälfte der 80er Jahre die Widersprüche zwischen ideologischer Beeinflussung und gesellschaftlicher Realität verschärften. Dennoch ist von einer beträchtlichen Wirkung der politischen Erziehung und Bildung und einem stabilen Wehrmotiv in den DDR-Streitkräften auszugehen. Es war auf der Basis des in der Gesellschaft vorhandenen Bewußtseinstandes weitgehend gelungen, den Angehörigen der NVA und der Grenztruppen zu vermitteln, daß der Sozialismus es wert ist, verteidigt zu werden, daß er verteidigt werden muß und verteidigt werden kann.
Die These »Sozialismus gleich Frieden« war Allgemeingut. Die Friedens-, Sicherheits- und Militärpolitik der DDR entsprach in ihren Grundzügen dem Streben der Menschen nach Frieden und einer gesicherten Zukunft. Das resultierte auch daraus, daß im Ergebnis der politischen Beeinflussung und realer militärischer Handlungen, außenpolitischer Vorgänge und rüstungspolitischer Aktivitäten in den NATO-Staaten –

insbesondere in den USA – ein Bedrohungsgefühl in der Bevölkerung und in der Armee vorhanden war und die Kriegsgefahr zeitweise als sehr hoch eingeschätzt wurde. Unter dem Einfluß all dieser Faktoren erreichten die DDR-Streitkräfte einen beachtlichen Grad innerer Geschlossenheit und Übereinstimmung mit der offiziellen Partei- und Staatspolitik. Weit verbreitet waren Leistungswille und die Bereitschaft, Belastungen und Entbehrungen für die Erhaltung und Festigung des Friedens in Kauf zu nehmen.

Besondere Bedeutung wurde den militärischen Traditionen und deren Pflege in der politischen Bildungs- und Erziehungsarbeit beigemessen. Antiimperialismus, Antifaschismus und Antimilitarismus stellten hier ein prägendes Wesensmerkmal dar. Mit den in Deutschland bisher vorherrschenden Traditionen wurde radikal gebrochen und das jahrhundertelange Ringen progressiver deutscher Persönlichkeiten für wahrhaft volksverbundene Streitkräfte in den Mittelpunkt gerückt. Traditionsverständnis und -pflege waren jedoch einseitig ausgerichtet. Die Überbetonung des kommunistischen Widerstandes während der faschistischen Herrschaft ist ein augenfälliger Beweis dafür.

Erziehung und Ausbildung in der NVA wurden von der Gründung bis zur Auflösung der DDR-Streitkräfte von der Sowjetarmee und ihrem Generalstab stark beeinflußt. Das ergab sich aus der durchgängigen Ausrüstung mit sowjetischer Militärtechnik, der Einbindung in die erste strategische Staffel des Warschauer Vertrages und dem engen Zusammenwirken mit den sowjetischen Truppen in Deutschland, aus der Übernahme vieler sowjetischer Vorschriften besonders auf taktischem und technischem Gebiet sowie aus dem Wirken sowjetischer Berater und Militärspezialisten. Die grundsätzlichen Linien wurden durch die jährlichen Ausbildungsempfehlungen des Vereinten Oberkommandos des Warschauer Vertrages gegeben, die die NVA vollständig ›übernahm. Vor allem die militärische Ausbildung in den DDR-Streitkräften war anfangs eine Kopie der Inhalte und Methoden der Ausbildung in der Sowjetarmee, die auf den Erfahrungen der konventionellen Kriegsführung im Zweiten Weltkrieg beruhten, auch nachdem bereits erste Ansätze für eine atomare Kriegsführung vorhanden waren. Mit der Einführung neuer Gefechtsvorschriften in den 60er Jahren entwickelte die NVA stärker ihre eigene Methodik der Ausbildung. In der Menschenführung und Erziehung wurden trotz gemeinsamer ideologischer Grundlagen und einer starken Anlehnung an das sowjetische Vorbild im Prinzip eigene Wege gesucht und realisiert. Bei aller Priorität der Sowjetarmee und der starken Betonung der Waffenbrüderschaft blieb stets der Charakter der DDR-Armee als einer deutschen Armee erhalten.

Die Ausbildung in der Nationalen Volksarmee und in den Grenztruppen diente der Vorbereitung ihrer Angehörigen und militärischen Kollektive auf den bewaffneten Kampf bzw. auf die Erfüllung der Aufgaben bei der Grenzsicherung. Ihr lagen insbesondere folgende Leitlinien zugrunde:

Die Handlungsfähigkeit der Truppen im Frieden ist zu garantieren, was die Aufrechterhaltung der ständigen Gefechtsbereitschaft, des Diensthabenden Systems, des Gefechtsdienstes, der Grenzsicherung und die Erfüllung der Ausbildungspläne erfordert.

Die Truppen, Flieger- und Flottenkräfte sind zu befähigen, die volle Gefechtsbereitschaft in extrem kurzen Fristen herzustellen.

Die Truppen müssen dem potentiellen Gegner in der Beherrschung der Waffen überlegen sein.

Der Angriff ist die Hauptform des bewaffneten Kampfes, Verteidigungshandlungen werden nur zeitweilig geführt (diese Leitlinie wurde nach der Verkündung der neuen Militärdoktrin des Warschauer Vertrages im Jahre 1987 aufgehoben).

Die Truppen, Flieger- und Flottenkräfte sind zu befähigen, sowohl unter Kernwaffenbedingungen als auch unter den neuen konventionellen Bedingungen Kampfhandlungen zu führen.

Die Ausbildung ist kriegs- und gefechtsnah zu gestalten.

Die Armeeangehörigen müssen lernen, in jeder beliebigen Lage entschlossen und initiativreich zu handeln.

Die sich eingangs der 80er Jahre entwickelnde und im Verlaufe der Zeit zuspitzende Diskussion über die Kriegsuntauglichkeit der modernen Industriegesellschaften Europas stellte auch die Möglichkeit, die DDR gegen einen potentiellen Aggressor zu verteidigen, in Frage. Derartige Überlegungen wurden von der Armeeführung ignoriert und zeitweise sogar als Defätismus bekämpft. Die Erkenntnis, daß bei einem massiven Einsatz von Kernwaffen Kampfhandlungen nicht mehr führbar seien, begann sich erst Mitte der 80er Jahre durchzusetzen. Maßgeblich dafür waren nicht so sehr die Hypothesen von Naturwissenschaftlern und Medizinern, sondern die Auswirkungen der Katastrophe von Tschernobyl, die auch im sowjetischen Generalstab zum Umdenken führten. Mit der 1987 verkündeten neuen Militärdoktrin des Warschauer Vertrages setzten auch in der NVA intensive Bemühungen zur Veränderung der Ausbildung ein, die wesentlich auf die Verteidigung mit dazu hinlänglichen Kräften und Mitteln gerichtet waren. Es steht außer Frage, daß diese Diskussionen und Überlegungen die Haltung der NVA-Angehörigen in der Wende beeinflußten, jede Situation zu vermeiden, die zu bewaffneten Auseinandersetzungen hätte führen können.

9. These: Das Feindbild der NVA
Wie jede andere Armee in der Welt, ging auch die Nationale Volksarmee in ihrer praktischen Tätigkeit von einem möglichst exakt definierten Kriegsbild aus, das neben Auffassungen über den militärisch-technischen Charakter des modernen Krieges auch die Beurteilung möglicher Bedrohung des eigenen Staates bzw. der Koalition und eine Charakterisierung des potentiellen Gegners enthält. In der Erziehung und Ausbildung der NVA nahm das Feindbild einen zentralen Platz ein. Es basierte auf dem traditionellen marxistisch-leninistischen Klassenkampfdenken, welches davon ausging, daß zwischen dem Sozialismus und dem Imperialismus ein unversöhnlicher Gegensatz bestehe. Der Imperialismus wurde seinem Wesen nach als expansiv und aggressiv gekennzeichnet, wobei Aggressivität vor allem als Wille zur Anwendung militärischer Gewalt gegen den Sozialismus verstanden und dargestellt wurde. Ein Angriffskrieg gegen den Warschauer Vertrag erschien in dieser hypertrophierten und doktrinären Auslegung als die Ultima ratio der NATO. Zum anderen basierte das Feindbild natürlich auch auf einer ständigen Ana-

lyse der politischen und militär-politischen Situation im Ost-West-Konflikt der Nachkriegszeit, insbesondere in Deutschland und in Europa.

Zweifelsohne bestand in Europa über Jahrzehnte hinweg – wenn auch mit unterschiedlicher Intensität – eine reale Kriegsgefahr. Jede der beiden sich gegenüberstehenden Militärkoalitionen fühlte sich durch die andere bedroht. Sowohl der Warschauer Vertrag als auch die NATO waren durch ihre Aufklärung umfassend über die Kräfte und Mittel der anderen Seite informiert. sie gingen davon aus, daß die vorhandene Angriffsfähigkeit gleichbedeutend mit dem Willen zum Angriff in einer erfolgversprechenden Situation sei.

Mit dem Blick auf die DDR-Streitkräfte ist zu vermerken, daß die NVA ausgehend von der Leninschen Theorie über lange Zeit dem Imperialismus jegliche Friedensfähigkeit absprach und demzufolge voll auf die offensive Abwehr einer NATO-Aggression eingestellt war. Es wurde nicht akzeptiert, daß angesichts der gewaltigen Militärmacht des Warschauer Vertrages in der westlichen Welt ein reales Bedrohungsbewußtsein vorhanden sein könnte, welches das Denken und Handeln der Politiker und Militärs in hohem Maße bestimmte und die Bundeswehrangehörigen und die anderen NATO-Soldaten entsprechend motivierte. Der Überlegung, die andere Seite könne auf die Militärmacht des Warschauer Vertrages aus einem echten Bedrohungsgefühl heraus mit verstärkten militärischen Anstrengungen reagieren, wurde kein Raum gegeben. Das änderte sich erst in der zweiten Hälfte der 80er Jahre mit der Entspannung, mit den Überlegungen zur beiderseitig garantierten Sicherheit, zur Friedensfähigkeit des Imperialismus und mit der Verkündung der neuen Militärdoktrin des Warschauer Vertrages im Mai 1987.

Bei den meisten Angehörigen der NVA und der Grenztruppen existierte bis weit in die 80er Jahre hinein ein reales Bedrohungsbewußtsein. Ausschlaggebend dafür waren besonders solche Prozesse und Ereignisse wie die Bildung und der Aufbau der Bundeswehr unter maßgeblicher Federführung und Beteiligung von ehemaligen Generalen und Offizieren der deutschen Wehrmacht, die von bestimmten politischen Kreisen der Bundesrepublik Deutschland wiederholt erhobene Forderung nach Wiederherstellung Deutschlands in den Grenzen von 1937, das mächtige offensive Militärpotential der NATO, das in hohem Maße in der Bundesrepublik Deutschland disloziert war sowie die militärischen Aktivitäten der USA im Ausland nach 1945. Bei der Wertung dieser Prozesse und Ereignisse spielten historische Erfahrungen – insbesondere aus den von Deutschland maßgeblich verschuldeten beiden Weltkriegen – eine wesentliche Rolle. Daran anknüpfend wurde ein Feindbild in Schwarz-Weiß-Manier gemalt, das kaum Differenzierungen enthielt und unabhängig von den realen politischen Prozessen kaum verändert wurde. Es war von einer starren wie einseitigen Darstellung des existenten Bedrohungspotentials der NATO gekennzeichnet. Bis in die Mitte der 80er Jahre hinein wurden aus der veränderten NATO-Strategie keine realistischen Schlußfolgerungen gezogen, die sich in einem differenzierten Bild der westlichen Militärkoalition und in einem Abbau des Feindbildes niedergeschlagen hätten.

Die Vermittlung des Feindbildes in der NVA und in den Grenztruppen war eng mit der Erziehung zum Haß auf den Feind verbunden. In abstrakter, theoretischer Form wurde der Haß auf das »menschenfeindliche parasitäre und faulende imperialistische System« entwickelt. Große Wirksamkeit wurde mit dem Bild des »Weltgendarmen USA« und der Darstellung seiner außenpolitischen und militärischen Aktivitäten erzielt. In dieser Hinsicht gab es bis zum Ende der DDR kaum Zweifel an der Richtigkeit des vermittelten Feindbildes. Problematischer war die Vermittlung eines wirksamen Feindbildes bezüglich der europäischen NATO Mächte und vor allem der Bundesrepublik Deutschland. Dabei wurde der Haß in erster Linie auf das westliche System und dessen Funktionsträger gerichtet und – daraus abgeleitet – auf die NATO-Soldaten im allgemeinen und die Bundeswehrangehörigen im besonderen, falls diese sich für eine Aggression gegen den Sozialismus mißbrauchen ließen. Zu vermerken ist, daß die Vermittlung des Feindbildes Bundesrepublik Deutschland und Bundeswehr heikel war und besonders bei Wehrpflichtigen wenig Wirkung zeigte, weil nationale Momente stets eine Rolle spielten und die Fakten im Laufe der Zeit immer weniger überzeugend und beweiskräftig waren.

Die in der NVA und in den Grenztruppen als ständige Aufgabe praktizierte Erziehung zum Haß auf den konkret bezeichneten Feind nahm jedoch niemals den Charakter blindwütiger antihumaner Abrichtung von Killern an. Bei aller konkreter Ausrichtung auf den Feind gab es zu keinem Zeitpunkt menschenfeindliche bzw. menschenverachtende Tendenzen, wie das beispielsweise in der Nazipropaganda der Fall war.
Mit fortschreitendem Entspannungsprozeß verlor die Feindbildpropaganda in den DDR-Streitkräften zunehmend an Wirkung. Es entstanden Zweifel am herkömmlichen Feindbild: Je mehr sich der Inhalt des Feindbildes von den Realitäten der internationalen wie nationalen Entwicklung und vom Soldatenalltag entfernte, desto weniger Resonanz fand es. Nach der Verabschiedung der neuen Militärdoktrin des Warschauer Vertrages im Jahre 1987 wurde in der NVA begonnen, offiziell von den Begriffen Feind und Feindbild Abstand zu nehmen. An die Stelle des Klassenkampfaspektes trat die Idee von den alles bestimmenden Menschheitsinteressen. Dennoch ging die Beeinflussung in Richtung des alten Feindbildes vielerorts weiter – mit noch geringerer Wirkung und noch größeren Zweifeln. Alles in allem kann davon ausgegangen werden, daß die Veränderungen des Feindbildes und seiner Rezeption Einfluß auf die Haltung der NVA-Angehörigen in der Wende und im deutsch-deutschen Vereinigungsprozeß ausgeübt haben.

10. These: Platz und Akzeptanz der NVA in der Gesellschaft
Wie für jeden souveränen Staat war auch für die DDR die Fähigkeit zur Verteidigung – und damit die Existenz eigener Streitkräfte – ein unverzichtbares Merkmal staatlicher Eigenständigkeit. In diesem Sinne wurde die Nationale Volksarmee bis weit in die zweite Hälfte der 80er Jahre von der Mehrheit der Bevölkerung als ein notwendiges staatliches Instrument verstanden und akzeptiert. In der Bevölkerung war die Auffassung vorherrschend, daß die DDR dem Frieden verpflichtet sei und die NVA einen friedenserhaltenden Auftrag zu erfüllen habe. Das war mehr oder weniger auch in Zeiten der Fall, in denen es, bedingt durch ein überhöhtes Sicherheitsbedürfnis bzw. militärpolitische Einschätzungen sei-

tens der SED- und Staatsführung, zu enormen materiellen Belastungen für die DDR gekommen war. Ein äußerer Ausdruck dessen war die rege und aktive Teilnahme vieler Bürger an militärischen bzw. militärpolitischen Veranstaltungen, z.B. dem Tag der Nationalen Volksarmee, bei Paraden und Manövern.

Als Kern der Landesverteidigung waren die DDR-Streitkräfte ein integrierter Bestandteil des gesellschaftlichen Lebens. Obwohl viele von ihnen in einer relativ isolierten Sphäre lebten, verstanden sich die NVA-Angehörigen stets als ein Teil der Gesellschaft und wurden auch von der Bevölkerung so verstanden. Dazu haben nicht zuletzt auch das integere Auftreten der überwiegenden Mehrheit der Berufssoldaten der NVA in der Öffentlichkeit sowie die allgemeine Wehrpflicht, durch die seit 1962 über drei Millionen Bürger in den DDR-Streitkräften gedient haben, beigetragen.

Ausgehend von ihrem Sicherheitsverständnis und angesichts der real existierenden Kriegsgefahr in der Zeit des Kalten Krieges widmeten die SED- und Staatsführung dem Aufbau und der Ausrüstung der NVA besondere Aufmerksamkeit. Seit den 60er Jahren wurden allen Bereichen der Gesellschaft konkrete Aufgaben zur Unterstützung der Landesverteidigung gestellt. So sicherte beispielsweise die Regierung der DDR mit der »Verordnung über Lieferungen und Leistungen an die bewaffneten Organe« (LVO) den ständig wachsenden Bedarf der NVA und bevorzugte sie damit gegenüber der Industrie und anderen gesellschaftlichen Bereichen . Die Militärausgaben betrugen in der DDR in den 80er Jahren jährlich jeweils zwischen 9,4 und 13 Mrd. Mark.

Die Akzeptanz der NVA durch die Mehrheit der Bevölkerung ist nicht allein aus der Tatsache zu erklären, daß in der DDR die Erziehung zur Wehrbereitschaft als ein gesamtgesellschaftliches Anliegen betrachtet und in diesem Sinne praktiziert wurde. Die Ursachen dafür lagen auch in soziologischen und psychologischen Komponenten begründet – nicht zuletzt darin, daß die DDR Streitkräfte nie zu aggressiven Handlungen gegen andere Völker sowie zur Unterdrückung des eigenen Volkes mißbraucht wurden. Für die Akzeptanz waren auch objektive politische Beweggründe bestimmend.

Das zeigte sich unter anderem bei solchen Prozessen und Ereignissen, wie der Aufrüstung der Bundesrepublik Deutschland, dem Aufkommen revanchistischer Forderungen nach Wiederherstellung Deutschlands in den Grenzen von 1937 sowie bei bestimmten militärischen Aktivitäten der USA im Ausland.

Als Faktor für die Akzeptanz der NVA wirkte auch die Tatsache, daß die DDR-Streitkräfte unter dem Druck nichtmilitärischer Sachzwänge die Funktion eines ökonomischen Nothelfers ausübte. Diese Aufgabe begleitete in unterschiedlicher Intensität ihre ganze Geschichte. In den 80er Jahren wurden solche Einsätze aufgrund der zunehmend krisenhaften ökonomischen Entwicklung des Landes zu einer zweiten »funktionalen Daueraufgabe« der NVA. Diese Einsätze festigten einerseits die Beziehungen zwischen den DDR-Streitkräften und der Bevölkerung, andererseits minderten sie den Ausbildungsstand und die Einsatzbereitschaft der betroffenen Einheiten. Sie beeinträchtigten darüber hinaus in hohem Maße die Wehrmotivation der Armeeangehörigen sowie das Verständnis breiter Bevölkerungskreise für bisher akzeptierte militärische Anforderungen und Belastungen.

Die Akzeptanz der NVA in der Bevölkerung des Landes wurde nicht allein durch die entsprechende Indoktrination der SED gestützt. Auch die Blockparteien der DDR taten dafür das Ihrige. Zum Teil über das von der SED Vorgegebene hinaus leisteten sie vor allem in ihren eigenen Reihen eine umfangreiche militärpolitische Öffentlichkeitsarbeit und entwickelten eigenständige Initiativen zur Erhöhung des Images der NVA in der Bevölkerung. So trugen sie 1955/56 dazu bei, die offizielle Bildung von DDR-Streitkräften geistig-moralisch vorzubereiten. Ihre Vertreter waren in den betreffenden parlamentarischen Körperschaften des Staates aktiv tätig. Sie mobilisierten ihre Mitglieder zu ehrenvoller Pflichterfüllung in der NVA, und auf ihren Wunsch hin war die Nationale Volksarmee besonders seit Mitte der 70er Jahre auf ihren Parteitagen präsent; sowohl durch offizielle Ehrenformationen als auch durch Delegierte in Uniform – Aktive wie Reservisten.

Das differenzierte und teilweise widersprüchliche Verhältnis von DDR-Bürgern zur gesellschaftlichen Entwicklung in ihrem Land widerspiegelte sich auch gegenüber der NVA. Kritische und teilweise auch ablehnende Haltungen äußerten sich u. a. in folgendem: Zum einen lehnten Bürger mit pazifistischer Grundhaltung die Existenz von Streitkräften generell – und damit auch in der DDR – ab. Deren Zahl stieg in den 80er Jahren infolge der offenkundigen Kriegsuntauglichkeit der modernen europäischen Industriegesellschaften. Zum anderen wurde die Daseinsberechtigung einer hochgerüsteten NVA aufgrund des Entspannungsprozesses immer mehr in Frage gestellt. Schließlich waren, bedingt durch jüngste nationale Entwicklungen in der zweiten Hälfte der 80er Jahre, die ständig postulierte Aggressivität der Bundesrepublik Deutschland sowie die These von der Verteidigungswürdigkeit des Sozialismus in der DDR einem Teil der Bürger nicht mehr überzeugend glaubhaft zu machen. Eine Rolle spielte dabei auch, daß unter den gedienten bzw. den noch einzuberufenden Bürgern im Verlaufe der Jahre die Vorbehalte gegenüber der NVA aufgrund selbst erlebter bzw. übermittelter negativer Erfahrungen über das Leben in den DDR-Streitkräften zunahmen. Die Ursachen dafür lagen zumeist darin, daß die in der NVA praktizierten Dienst- und Lebensbedingungen oftmals in krassem Widerspruch zur offiziell verkündeten »sozialistischen Lebensweise« und zur »sozialistischen Demokratie« standen. Trotz dieser kritischen Einschränkungen gilt, daß für die Akzeptanz der Nationalen Volksarmee nicht zuletzt die Haltung der männlichen Jugend zum Wehrdienst in den DDR-Streitkräften eingeschlossen ihr soziales Verhalten als Wehrdienstleistende kennzeichnend war. Wertungsmaßstab dafür sind weniger verbale Bekundungen als vielmehr Leistungsverhalten, Belastbarkeit und bewußter Verzicht auf viele Annehmlichkeiten, dem auch die Familien ausgesetzt waren.

Die DDR-Streitkräfte waren bis 1962 eine Freiwilligenarmee, in der ein Teil der männlichen Jugend des Landes einen drei- bzw. mehrjährigen Wehrdienst freiwillig ableistete. Bei aller Vielschichtigkeit der persönlichen Motivation war das letztendlich ein Ausdruck der sich in breitem Maße entwickelnden Bereitschaft, die Notwendigkeit von DDR-Streitkräften nicht nur zu akzeptieren, sondern auch einen persönlichen Beitrag dazu zu leisten – bemerkenswert angesichts der in den Nachkriegsjahren dominierenden antimilitaristischen und pazifistischen Grundhaltung der Bevölkerung. Eine wesentliche Ursache für diese Bereitschaft war ein real existierendes Bedrohungsbewußtsein.

Die männlichen Jugendlichen, die sich, nicht zum freiwilligen Dienst in den DDR-Streitkräften bereiterklärt hatten, handelten aus unterschiedlichen Beweggründen. ›Es ist jedoch alles in allem zu konstatieren, daß die meisten von ihnen wie die Freiwilligen die Notwendigkeit der NVA aufgrund eines auch bei ihnen existierenden Bedrohungsbewußtseins akzeptierten.

Die Soldatengeneration aus den Anfangsjahren der DDR-Streitkräfte verfügte nicht in jedem Fall über die bildungsmäßigen Voraussetzungen, die für den Dienst in einer verhältnismäßig hochtechnisierten Armee erforderlich waren. So besaßen 1961 nur ca. 68 Prozent eine Facharbeiterausbildung und 58 Prozent den 8- bzw. 10-Klassenabschluß (in den Jahren zuvor war dieser Anteil noch geringer). Damit lag die Soldatengeneration in den Anfangsjahren der NVA unter dem durchschnittlichen Bildungsniveau ihrer Altersgruppe in der DDR. Sie machte dieses Manko wett, indem sie bei der militärischen Pflichterfüllung ein hohes Maß an Einsatzbereitschaft und Leistungswillen bewies und unter komplizierten Bedingungen enorme Belastungen und Entbehrungen auf sich nahm. Obwohl in dieser Zeit einige wehrdienstleistende schwerwiegende besondere Vorkommnisse hervorriefen, die bis zur Fahnenflucht reichten, ändert das nichts an der Tatsache, daß die Soldatengeneration der Anfangsjahre wesentlich zur Entwicklung der DDR-Streitkräfte beigetragen hat.

Mit der Einführung der allgemeinen Wehrpflicht in der DDR im Jahre 1962 wurden die bis zu diesem Zeitpunkt mehr oder weniger vorhandenen Unterschiede im Bildungsniveau und im sozialen Leistungsverhalten zwischen den Wehrdienstleistenden und den Nichtdienenden weitestgehend nivelliert. Bildungsmäßig besaßen bereits 1963 ca. 87 Prozent der Wehrpflichtigen einen Facharbeiter (1989: 95 Prozent) und 70 Prozent den 8- bzw. 10-Klassenabschluß

(1989: 11 Prozent Abitur und 70 Prozent die 10. Klasse). Die Entwicklung der Wehrbereitschaft der Soldaten war größeren Schwankungen unterworfen. Die Ursachen dafür lagen zumeist darin begründet, daß sich in deren Bewußtsein Veränderungen vollzogen: zum einen in der Bewertung der Entwicklung der DDR und im Grad der inneren Verbundenheit mit dem Staat, des weiteren im persönlich reflektierten Bedrohungsgefühl und schließlich in der Auffassung über die Verteidigungsnotwendigkeit und -möglichkeit des Landes.
Die höchste Akzeptanz erreichte der Wehrdienst bei den Soldaten eingangs der 80er Jahre. Die Notwendigkeit, daß jeder den Wehrdienst leistet, wurde 1976 von 69 Prozent, 1981 von 80 Prozent, 1985 von 70 Prozent und 1989 von 54 Prozent der Soldaten befürwortet. Es zeigte sich, daß die Akzeptanz des Wehrdienstes vor allem mit dem Voranschreiten des Entspannungsprozesses sichtlich zurückging. Analog verlief die Entwicklung hinsichtlich der Verbundenheit der Wehrpflichtigen mit der DDR. Sie wurde 1981 von 95 Prozent, 1985 von 80 Prozent und 1989 von 74 Prozent bekundet und widerspiegelt, daß sich in den 80er Jahren Anspruch und Wirklichkeit des Sozialismus in der DDR immer mehr voneinander entfernten.
Die Haltung junger Bürger eines Landes zum Wehrdienst war stets auch von einer gewissen Distanz – das Fügen in ein »notwendiges Übel« – gekennzeichnet. Das war nicht vordergründig durch ideologische Beweggründe bedingt, sondern vornehmlich durch die in Aussicht stehenden persönlichen Einschränkungen und Entbehrungen in der Zeit des Wehrdienstes. Für die Mehrheit der jungen DDR-Bürger war der Wehrdienst jedoch fester Bestandteil der persönlichen Lebensplanung – verbunden mit der Bereitschaft, ihn genauso ordentlich zu absolvieren, wie die berufliche Arbeit.
Diese Auffassung war für die Wehrpflichtigen auch in den 80er Jahren zutreffend, als infolge der demografischen Entwicklung das Durchschnittsalter der aktiv dienenden Soldaten von 18 bzw. 19 auf 23 bzw. 24 Jahre anstieg. Dabei ist nicht zu übersehen, daß dadurch für die betreffenden Bürger die Probleme der persönlichen Lebens- und Berufsentwicklung komplizierter wurden und sich die sozialen Beziehun-

gen zu den unmittelbaren Vorgesetzten, die oftmals jünger waren und weniger Lebenserfahrung besaßen, vielschichtiger und konfliktreicher gestalteten.

Bis Ende der 80er Jahre gab es in der DDR keine Schwierigkeiten, im Rahmen der allgemeinen Wehrpflicht die Auffüllung der Streitkräfte mit den dafür vorgesehenen Wehrpflichtigen zu sichern. Fast 40 Prozent der Musterungsjahrgänge erklärten sich darüber hinaus zum freiwilligen Dienst für mindestens drei Jahre bereit. Es gab zu keinem Zeitpunkt in der DDR mehr als 1,5 Prozent Verweigerer des Dienstes mit der Waffe und nur 0,1 Prozent, die den Wehrdienst total ablehnten.

Fazit: Die ausgewiesenen Fakten und deren Analyse machen deutlich, daß die Nationale Volksarmee alles in allem von der Bevölkerung der DDR akzeptiert und als Teil der Gesellschaft verstanden wurde. Heute hier und dort geäußerte Auffassungen, daß die NVA zu keinem Zeitpunkt ihrer Existenz von den Bürgern des Landes angenommen wurde, halten keiner wissenschaftlichhistorischen Untersuchung stand. Sie sind als politisch motiviertes Klischee zu werten.

11. These: Die Dienst- und Lebensbedingungen in der NVA
In den verfassungsrechtlichen und gesetzlichen Bestimmungen der DDR waren die Grundrechte und -pflichten der Staatsbürger während ihres Dienstes in den bewaffneten Organen fixiert. Im Zentrum stand dabei – wie im Wehrdienstgesetz formuliert – das Recht und die Pflicht, den Wehrdienst aktiv zu gestalten. Verstanden wurde darunter vor allem die exakte wie schöpferische Erfüllung aller Befehle, die Teilnahme am gesellschaftlichen Leben in den Einheiten sowie das Recht auf Eingaben und Beschwerden.

Der staatstypische Mangel an Demokratie widerspiegelte sich in der NVA unter anderem in folgendem: Bis zum November 1989 gab es kaum einklagbare Rechte für die Armeeangehörigen. Diese besaßen auch keine echten demokratischen Vertretungskörperschaften. Die in den einschlägigen Dienstvorschriften und Bestimmungen garantierten Grundrechte wurden in der militärischen Praxis nicht selten einseitig bzw. restriktiv ausgelegt. Das trug dazu bei, daß das demokratische

Image der NVA insgesamt noch schlechter war, als das im öffentlichen Leben des Staates der Fall gewesen ist.

Mängel zeigten sich auch in den zwischenmenschlichen Beziehungen innerhalb der NVA. Die Achtung der Würde der Armeeangehörigen war offiziell garantiert, und es war für die überwiegende Mehrheit der Vorgesetzten kennzeichnend, daß sie sich gegenüber ihren Unterstellten diesbezüglich korrekt verhielt. Andererseits sind jedoch Fälle der Diskriminierung bzw. Drangsalierung von Armeeangehörigen nicht zu übersehen. Tatsache ist auch, daß Truppenoffiziere und -unteroffiziere stillschweigend unwürdige, die Persönlichkeitsrechte des einzelnen mißachtende Beziehungen zwischen Soldaten verschiedenen Dienstalters duldeten, mitunter sogar förderten.

Die Dienst- und Lebensbedingungen in der Nationalen Volksarmee waren im wesentlichen an den allgemeinen Werten orientiert, die für die Arbeits- und Lebensbedingungen in der DDR galten. Dabei stimmten Anspruch und Wirklichkeit jedoch nicht überein. Widersprüche, die in der NVA in allen Phasen ihrer Entwicklung auftraten, waren zumeist von den ökonomischen Möglichkeiten des Landes abhängig oder wurden durch die konkrete Organisation des militärischen Dienstes hervorgerufen. Allein die überzogene, von der Sowjetarmee übernommene, Forderung nach einer 85prozentigen ständigen Gefechtsbereitschaft der Stäbe und Einheiten führte zu einschneidenden persönlichen Einschränkungen im Leben der Armeeangehörigen. Wenn auch die Dienst- und Lebensbedingungen in der NVA im Vergleich zu den Armeen der anderen Staaten des Warschauer Vertrages insgesamt am besten waren, so bedeutet das nicht, daß sie in jedem Fall den Anforderungen einer »sozialistischen Lebensweise« gerecht wurden.

In bestimmten Bereichen haben sich die Dienst- und Lebensbedingungen förderlich auf die Lebenssituation der Armeeangehörigen und nicht zuletzt auf die Berufszufriedenheit der militärischen Kader aller Stufen ausgewirkt. So wurden – wenn auch in den einzelnen Standorten unterschiedlich ausgeprägt – vor allem seit Beginn der 70er Jahre Möglichkeiten geschaffen, um die Wohnbedürfnisse der Berufssoldaten zufriedenstellender zu erfüllen, die Arbeits- und Ausbildungsmöglichkeiten ihrer Angehörigen zu verbessern und die Kinderbetreuung zu gewährleisten. Besonders in abgelegenen Standorten der NVA wurde über die Militärhandelsorganisation eine günstige Versorgung erreicht. Vorteilhaft wirkte sich auch das von der NVA geschaffene und getragene Gesundheits- und Erholungswesen auf die Betreuung der aktiven Truppe, der »Ehemaligen« und der Familienangehörigen aus. Den konkreten militärischen Bedingungen entsprechend wurde in der NVA der Kultur- und Freizeitbereich vielfältig gestaltet. Dafür wurden beträchtliche materielle und finanzielle Mittel zur Verfügung gestellt. So gab es neben zahlreichen Kultur- und Sportzentren in den NVA-Objekten allein 250 Truppen- und 30 Fachbibliotheken. Die kulturellen und sportlichen Angebote wurden von den Armeeangehörigen rege genutzt. Hier waren trotz aller ideologischen Auflagen die Übereinstimmung mit den individuellen Bedürfnissen und die Freiräume am größten.

Diese und andere positive Ergebnisse bei der Gestaltung der Dienst- und Lebensbedingungen in der NVA können die ernsten Versäumnisse, die es auf diesem Gebiet gab, nicht überdecken. Nicht selten wurde der Einsatzbereitschaft der Technik mehr Aufmerksamkeit gewidmet als den konkreten Lebensumständen, unter denen besonders die Soldaten und Unteroffiziere ihren Dienst versehen mußten. Mancherorts traten große Mängel bei der Unterbringung der Armeeangehörigen zutage. Obwohl in den Neu- bzw. Umbau von Unterkünften beträchtliche Mittel investiert wurden, hatten zahlreiche Kasernen – viele erfüllten bereits um die Jahrhundertwende ihre Zweckbestimmung – seit langem keine grundsätzliche Sanierung erfahren und befanden sich in einem dementsprechenden Zustand. Die sanitären Einrichtungen entsprachen hier nicht einmal elementaren Anforderungen. Gleiches traf oftmals auch auf die Heizung u. ä. zu.

12. These: Das internationale Wirken der NVA
Auf internationalem Parkett trat die Nationale Volksarmee in den 50er und 60er Jahren fast ausschließlich zusammen mit den sozialistischen Staaten, insbesondere im Rahmen des Warschauer Vertrages, in Erscheinung. Hauptaktivitäten wa-

ren neben der Einrichtung von Militärattaches bei den Botschaften der Austausch von Militärdelegationen und das Auslandsstudium von NVA-Offizieren zunächst in der Sowjetunion. Nach der weltweiten völkerrechtlichen Anerkennung der DDR kam es in der ersten Hälfte der 70er Jahre auch zu militärdiplomatischen Kontakten mit jungen Nationalstaaten und einigen entwickelten Ländern der westlichen Welt. Einen besonderen Platz nahmen dabei die Beziehungen zu den arabischen Staaten und Befreiungsbewegungen ein. Hier wurde eine direkte materielle Hilfe in Form von Waffen und anderem Kriegsgerät nach der Niederlage gegen die israelischen Streitkräfte geleistet. Dabei nahmen NVA-Angehörige nie an Kampfhandlungen teil, was auch für Kämpfe in Afrika, Indochina, Afghanistan oder Lateinamerika zutraf.
Umfangreiche Hilfe erhielten in den 70er und 80er Jahren zahlreiche Staaten und Befreiungsbewegungen Afrikas vor allem durch die Lieferung von Infanteriewaffen, die medizinische Behandlung Verwundeter und die militärische Ausbildung von Offizieren und Spezialisten. Beteiligt daran waren auch andere bewaffnete Organe der DDR. Die Lieferung von Waffen geschah entweder über die Außenhandelsorgane oder über den Solidaritätsfonds. Die Instandsetzung von Flugzeugtechnik wurde ebenfalls über den Außenhandel organisiert.
Direkte Aufwendungen entstanden der NVA durch die Ausbildung ausländischer Militärs sowohl an der dafür speziell geschaffenen Offiziershochschule in Prora als auch an der Militärakademie und anderen militärischen Lehreinrichtungen. Allein in Prora wurden in den 80er Jahren Militärs aus 18 Staaten Afrikas und Asiens ausgebildet. An weiteren 9 Bildungseinrichtungen bestand eine Ausbildungskapazität von rund 1.000 Plätzen. An der Sektion Luftstreitkräfte/Luftverteidigung der Militärakademie absolvierten z. B. bis 1989 insgesamt 44 ausländische Offiziere ein mehrjähriges Studium (19 vietnamesische, 15 polnische, 7 sowjetische und 3 tschechoslowakische). An der Offiziershochschule der Volksmarine wurden Kursanten aus Libyen, Syrien, der Volksrepublik Jemen, der Volksrepublik Kongo, Mocambique, Äthiopien und der PLO ausgebildet.
Die militärischen Kontakte zu anderen Staaten der Drit-

ten Welt wie Indien Mexiko, Peru oder Nikaragua – dienten vornehmlich der eigenen militärpolitischen Information und Urteilsbildung. Dasselbe ist über die Beziehungen zu den Streitkräften Österreichs, Schwedens, Finnlands und der Schweiz zu sagen. Bei Flottenbesuchen und Ausbildungsfahrten der Volksmarine kam es auch zu intensiven Begegnungen mit Seestreitkräften der Mittelmeeranrainer. Von den NATO-Staaten hatte sich lediglich Belgien zur Akkreditierung eines Militärattaches der DDR entschlossen.
Mit dem Voranschreiten des KSZE-Prozesses erweiterte sich das internationale Wirkungsfeld der NVA. Sie war jetzt in multilateralen Gremien präsent, die im Zusammenhang mit der Konferenz von Helsinki 1975 gebildet worden waren, um die militärische Entspannung und Vertrauensbildung zwischen Ost und West in Gang zu setzen. Die Vertreter der DDR-Streitkräfte leisteten hier eine intensive wie sachkundige Arbeit. Es kam ihnen dabei zugute, daß in dieser Zeit seitens der DDR-Regierung einige einseitige Schritte hinsichtlich der Truppenreduzierung eingeleitet worden waren – z. B. die Verringerung des Kampfbestandes der NVA um 6 Panzerregimenter und 1 Jagdfliegergeschwader nach der Verkündung der neuen Militärdoktrin des Warschauer Vertrages im Jahre 1987.
Im Zuge der militärischen Entspannung und Vertrauensbildung, vor allem der Manöverbeobachtung und der Kontrolle von vereinbarten Abrüstungsmaßnahmen, kam es zu intensiveren Kontakten mit der Bundeswehr und anderen NATO-Armeen. Sie trugen wesentlich zum beiderseitigen Abbau vorhandener Feindbilder und zur Überwindung von Berührungsängsten der NVA-Angehörigen bei.

13. These: Die NVA in internationalen Krisensituationen
Als eine ihrem Verständnis nach internationalistische und Koalitionsarmee waren die DDR-Streitkräfte sowohl vom Kalten Krieg im Ost-West-Konflikt der Nachkriegszeit Im allgemeinen als auch von bestimmten internationalen Krisensituationen im besonderen unmittelbar betroffen und in der Regel zur aktiven Reaktion gezwungen. Das erfolgte stets auf der Grundlage entsprechender Vorgaben durch den von der

Sowjetunion beherrschten Warschauer Vertrag, der im Vertragstext des Bündnisses alle Mitgliedstaaten zum gegenseitigem Beistand und zur Hilfe in Krisensituationen verpflichtet hatte.

In den internationalen Krisensituationen hingen Art und Umfang des Mitwirkens der Nationalen Volksarmee hauptsächlich von Ort und Charakter der krisenauslösenden Elemente, aber auch von historischen Faktoren ab. Generell ist einzuschätzen, daß sich die NVA einerseits an der Bewältigung aller Krisensituationen (Ungarn 1956, CSSR 1968, Polen 1982) durch die Erhöhung der Gefechtsbereitschaft beteiligte. Gleiches trifft auch auf den Kuba-Konflikt 1962 zu. Andererseits ist Tatsache, daß die DDR-Streitkräfte, ohne sich damit aus ihrer politischen Koalitionsverantwortung zu lösen, an keinerlei militärischen Einsätzen außerhalb des Territoriums der DDR beteiligt waren.

Die Haltung der NVA bei der Bewältigung derartiger Krisensituationen fand bei den Armeeangehörigen eine verhältnismäßig breite Zustimmung. Die Mehrheit bewies dabei eine bemerkenswerte Einsatzbereitschaft. Die aus heutiger Sicht angebrachte Kritik, daß die NVA mit ihrer Haltung zu bestimmten internationalen Krisensituationen mehr oder weniger gegen die Interessen einzelner Völker gehandelt habe, ist berechtigt. Sie beantwortet aber nicht die Frage, ob nicht unter den Bedingungen des Ost-West-Konfliktes sowie der Friedenserhaltung durch ein ausbalanciertes Kräftegleichgewicht das Herausbrechen einzelner Länder aus der sozialistischen Staatengemeinschaft krisenauslösend hätte sein können.

14. These: Die unvollendete Militärreform der NVA
Infolge der gewachsenen Einsicht in die Kriegsuntauglichkeit der modernen europäischen Industriegesellschaften sowie der zunehmenden Ausstrahlungskraft der Gorbatschowschen Reformgedanken traten Mitte der 80er Jahre nach und nach Vorstellungen über die Notwendigkeit einer Militärreform in der NVA zutage. Sie wurden vor allem an gesellschaftswissenschaftlichen Lehrstühlen einiger Lehreinrichtungen der NVA geäußert. Die hier entwickelten Gedanken fanden jedoch, da

es zu diesem Zeitpunkt in der DDR verpönt war, laut über gesellschaftliche Reformen nachzudenken, kaum Verbreitung und deshalb wenig Resonanz.
Eine echte Militärreform konnte in der NVA erst als Bestandteil der demokratischen Wende in der DDR eingeleitet werden. Dabei waren vor allem folgende Aufgaben zu lösen:
- Die Nationale Volksarmee in eine wirkliche Volksarmee umzuwandeln, die nicht einer Partei speziell verpflichtet ist,
- die innere Struktur der DDR-Streitkräfte in Übereinstimmung mit den zu erarbeitenden militärpolitischen Leitsätzen der DDR sowie den geplanten Abrüstungsmaßnahmen grundlegend zu verändern und
- das beträchtliche Demokratiedefizit in der NVA unverzüglich zu beseitigen, eine sichtliche Verbesserung der Dienst- und Lebensbedingungen der Armeeangehörigen zu bewirken und eigene demokratische Interessenvertretungen zu schaffen.

Die breite Skala der in einer Militärreform zu lösenden Aufgaben ging weit über die Möglichkeiten und die Kompetenz der NVA hinaus. Um sie zu bewältigen, waren sowohl der Einsatz des Staates und der gewählten Volksvertretungen als auch das demokratische Engagement des Volkes erforderlich. In diesem Sinne waren nach der Wende der Ministerrat und die Volkskammer der DDR tätig. Ausdruck dessen war unter anderem die Bildung einer Regierungskommission Militärreform. Der »Runde Tisch« beim Minister für Nationale Verteidigung sicherte das demokratische Mitspracherecht der Parteien, Organisationen und Bewegungen des Landes. Deren Vertreter bewiesen auf den Beratungen Sachverstand und trugen dazu bei, daß bei vielen Problemen Lösungsansätze für die Einleitung der Militärreform gefunden wurden.
Auf grund der rasanten Eigendynamik des deutsch-deutschen Einigungsprozesses blieb die Militärreform der NVA in ihren Anfängen stecken. Dennoch wurden in einer verhältnismäßig kurzen Zeit bemerkenswerte Ergebnisse erreicht. So wurde der Führungsanspruch der SED in den DDR-Streitkräften beseitigt, die Partei- und Politorgane in der NVA wurden aufgelöst. Der »Runde Tisch« erarbeitete und verabschiedete

neue militärpolitische Leitsätze der DDR. Der Minister für Nationale Verteidigung traf eine Anzahl von Grundsatzentscheidungen über die Verkürzung des Wehrdienstes, die Bildung demokratischer Vertretungskörperschaften der Armeeangehörigen sowie die Verbesserung der Dienst- und Lebensbedingungen in der NVA.
Im Sommer des Jahres 1990 machte die beschlossene Auflösung der Nationalen Volksarmee die Militärreform in der NVA gegenstandslos. Die bis zu diesem Zeitpunkt entwickelten und zum Teil bereits in die Wege geleiteten Vorstellungen und Maßnahmen über den Charakter, die Aufgaben und die Struktur einer demokratischen Armee in unserer Zeit fanden später bei den politisch und militärisch Verantwortlichen des vereinigten Deutschlands keine Beachtung. Dabei hätte manches der Bundeswehr bei der notwendigen Neukonzipierung ihres Auftrages aufgrund der veränderten weltpolitischen Lagebedingungen von Nutzen sein können.

15. These: Die NVA, die Wende und die deutsch-deutsche Vereinigung
Im letzten Jahr ihrer Existenz stand die Nationale Volksarmee vor der wohl größten Bewährungsprobe in ihrer Geschichte: Wird sie sich als militärisches Machtinstrument gegen das eigene Volk mißbrauchen lassen oder verhält sie sich der vom Volke getragenen demokratischen Wende in der DDR bzw. später der deutsch-deutschen Vereinigung gegenüber loyal? Die NVA hat diese Bewährungsprobe bestanden.
Im Herbst 1989 waren neben den seit Jahren bestehenden allgemeinen Festlegungen zur erhöhten Führungs- und Gefechtsbereitschaft sowie zur Sicherung militärischer Objekte und Waffen keine generellen Pläne oder Befehle für einen Einsatz der DDR-Streitkräfte im Innern vorhanden. Es existierten lediglich Weisungen an einzelne Einheiten zur Unterstützung der Ordnungs- und Sicherheitskräfte ohne Waffeneinsatz vor allem in Berlin, Leipzig und Dresden. Zu diesem Zweck wurden dementsprechende nichtstrukturelle Einheiten gebildet.
Es gab keine Pläne bzw. Weisungen zum bewaffneten Einsatz der NVA. Die Armeeangehörigen zeigten zu diesem Zeit-

punkt bis in die höchsten Führungsspitzen der DDR-Streitkräfte hinein keine Bereitschaft, gegen das eigene Volk auf der Straße militärisch vorzugehen. Ähnliches trifft auf die Grenztruppen zu. Deren Angehörige handelten angesichts der nicht angekündigten und nicht vorbereiteten Grenzöffnung besonnen, selbständig und verantwortungsbewußt. Es ist mit Gewißheit anzunehmen, daß bei diesem Verhalten der Angehörigen der DDR-Streitkräfte auch das Wissen um die Ereignisse von Peking eine Rolle gespielt hat.
Die NVA trat diszipliniert und organisiert in den deutschdeutschen Einigungsprozeß ein. Trotz zeitweiliger innerer Krisenerscheinungen blieb sie jederzeit ein berechenbarer Faktor. Daran hatte auch der Verband der Berufssoldaten der DDR (VBS), der Ende des Jahres 1989 gegründet wurde, Anteil. Er übernahm zum einen die Interessenvertretung der NVA-Angehörigen wie der »Ehemaligen« innerhalb der DDR. Zum anderen trat er in enger Zusammenarbeit mit dem Deutschen Bundeswehr-Verband, der ihm bei seiner Gründung eine große Unterstützung zukommen ließ, für die – bis zum Sommer 1990 offiziell verkündete – Vereinigung von Bundeswehr und Nationale Volksarmee ein. Daß es dann später nicht zu einer Verschmelzung der beiden deutschen Armeen kam, lag nicht im fehlenden Willen der beiden deutschen Soldatenverbände begründet.
Im zeitlichen Vorfeld der Auflösung der NVA wurden zahlreiche militärische Maßnahmen verwirklicht: Die Reduzierung und spätere Einstellung des Gefechtsdienstes, die Außerkraftsetzung aller Festlegungen über die Gefechtsbereitschaft, die Sicherung der Waffen und Kampftechnik gegen unbefugten Zugriff und die Einstellung der Ausbildung an den militärischen Lehreinrichtungen.
In der Endphase der NVA bewiesen die Berufssoldaten im allgemeinen ihre Loyalität und die meisten von ihnen zugleich ein hohes Maß an Verantwortungsbewußtsein und persönlichem Einsatz bei der Sicherung von Waffen und Munition in den Objekten sowie bei der Übergabe bzw. Auflösung von Truppenteilen, Verbänden und anderen Einrichtungen. Das geschah, obwohl für sie entgegen früheren Versprechungen die Auflösung der NVA und damit das Ende ihrer beruf-

lichen Laufbahn offensichtlich und ihre Zukunftsaussichten ungewiß waren

Schlußbemerkungen
Nach Auffassung der Autoren könnten weiterführende Diskussionen und Untersuchungen über die vorliegenden Thesen zur Aufarbeitung der Geschichte der Nationalen Volksarmee ein Mosaikstein auf dem Wege zur Schaffung der inneren Einheit in unserem Lande sein. Denn die von manchem gehegte Hoffnung, daß diese sich nach der Herstellung der staatlichen Einheit Deutschlands im Selbstlauf verwirklichen würde, hat sich als Trugschluß erwiesen. Es bedarf noch großer Anstrengungen wie Einsichten, um die sich hier auftürmenden Hindernisse zu überwinden.
Viele dieser Hindernisse sind objektiver Natur und vor allem der unterschiedlichen politischen, ökonomischen, sozialen und kulturellen Entwicklung in den beiden deutschen Staaten sowie den unterschiedlichen Wertvorstellungen ihrer Bürger geschuldet. Aber es sind auch Hindernisse subjektiver Natur nicht zu übersehen. Gerade diese haben dazu geführt, daß die geistigen Mauern zwischen den Deutschen aus Ost und West bei weitem noch nicht abgetragen sind. Man kann sich des Eindrucks nicht erwehren, daß beiderseits mancherorts sogar – unbewußt oder bewußt – neue Mauern errichtet werden.
Das verspüren auch die ehemaligen Berufssoldaten der Nationalen Volksarmee. Obwohl ihr Dienst in den DDR-Streitkräften nicht im Widerspruch zu den gültigen völkerrechtlichen Normen stand, sie sich weder der demokratischen Wende in der DDR noch der Herstellung der deutschen Einheit mit militärischen Mitteln entgegenstellten und viele von ihnen in hohem Maße dazu beitrugen, daß die Auflösung der NVA diszipliniert und organisiert erfolgte, sehen sie sich heute vielerorts einer pauschalen – zumeist politisch determinierten – Vorverurteilung und Diskriminierung mit der Tendenz einer Kriminalisierung gegenüber.
Die ehemaligen Berufssoldaten der Nationalen Volksarmee sind gewillt, sich durch ihre Arbeit ins vereinte Deutschland einzubringen. Sie verfügen im allgemeinen über hohe

intellektuelle Fähigkeiten, jahrzehntelange Erfahrungen in der Arbeitsorganisation und sind in der Lage, diszipliniert, selbständig, gewissenhaft und innovativ zu arbeiten. Auf ein solches Potential arbeitsbereiter wie befähigter Menschen beim »Aufbau Ost« in den neuen Bundesländern von vornherein zu verzichten, kann für die Gestaltung der Zukunft des vereinten Deutschlands nicht von Nutzen sein.

Die Thesen wurden von einem Autorenkollektiv der Arbeitsgruppe unter Leitung von Oberst a. D. Dr. Gerhard Merkel erarbeitet.

Autoren:
Oberst a. D.   Prof. Dr. Wilfried Hanisch
Oberst a. D.   Dipl.-Lehrer Hans-Dieter Hein
Oberst a. D.   Dr. Gerhard Merkel
Oberst a. D.   Dr. Hansjürgen Usczeck
Oberst a. D.   Dr. Paul Wollina
Oberst a. D.   Dr. Wolfgang Wünsche

Generalmajor a. D. Prof. Dr. Reinhard Brühl

Politik und Militärgeschichtsschreibung in der DDR

(Vortrag am 14. April 1998 im Zentrum für Zeithistorische Forschung e.V. in der Zeitzeugenreihe »Zeithistorische Dialoge – Politische Erfahrungen und wissenschaftliche Fragen«. Erstveröffentlichung (leicht gekürzt) in: Potsdamer Bulletin für Zeithistorische Studien, Nr. 13, Juli 1998)

I.

Militärgeschichte ist eine politische Wissenschaft. Ihre Indienstnahme als Übermittlerin von Erfahrungen, als Mittel der Bildung und als Instrument der Erziehung ist kein spezifisches DDR-, sondern ein internationales Phänomen. War und ist Erkenntnisgewinn das erste Anliegen der Militärgeschichtswissenschaft, so waren Politiker und Militärs daran interessiert (und sind es noch immer), sich dieser Erkenntnisse zu bedienen, sie für die Ausbildung und die soldatische Erziehung der Streitkräfte sowie die Förderung von Patriotismus und Wehrbereitschaft der Bevölkerung nutzbar zu machen. Unterschiedliche Interessenlagen trafen so aufeinander. Sie konnten sich sowohl harmonisieren als auch in Widerspruch zueinander geraten. Doch letztlich geriet das eigentliche Anliegen der Wissenschaft, den Dingen *sine ira et studio* – auf den Grund zu gehen, nur allzuoft in Konflikt mit den Erwartungen derer, die an ihren Ergebnissen aus sehr pragmatischen Gründen interessiert waren. In diesem Sinne nahmen Militärs und Politiker Einfluß auf die Wissenschaftler und diese ließen sich beeinflussen, weil sie – zumindest in unserer Disziplin – nicht die Meinung teilten, es genüge, Wissenschaft ausschließlich um ihrer selbst willen zu betreiben.

Der Zusammenhang von Politik und Geschichtsschreibung und die daraus resultierenden Konflikte haben Historiker immer wieder beschäftigt und veranlaßt, dazu Position zu beziehen. Aus einer Vielzahl von Stimmen hierzu zitiere ich Friedrich Meinecke: »Zwischen politischer Geschichtsschreibung und Politik besteht ein ganz eigenes, zart verwobenes Verhältnis... Wohl besteht das Gesetz der reinen Wissenschaft auch für den politischen Historiker und sagt ihm, daß er das höchste in seinem Berufe nur leisten kann, wenn er den Spiegel seiner Betrachtung nicht trüben läßt durch Tendenzen der praktischen Politik. Er weiß es,...daß er...eigentlich sein Selbst auslöschen müsse – und vermag es doch nicht und dürfte es auch nicht einmal völlig wünschen...Nur ein Mitleben mit den Dingen, die er erfassen will, erschließt ihm ihr Wesen. Mitleben aber ist auch mitstreben.«[1]

Dieses Mitstreben ist nun selbst schon eine Form der Parteinahme. Sie ist auch dem Historiker erlaubt, sofern er im Leben für seine Überzeugungen eintritt. Er sollte sich jedoch davor hüten, diese Überzeugungen zum Ausgangspunkt und Kriterium seiner Forschungen zu machen und damit Gefahr zu laufen, das »Gesetz der reinen Wissenschaft« zu verletzen oder zu mißachten, denn damit ist der Weg zu legitimatorischer Geschichtsschreibung vorgezeichnet. In diese Situation geriet die Militärgeschichtsschreibung der DDR.

Seit 1990 haben sich bereits eine Reihe von Autoren mit dem Verhältnis von Politik und Wissenschaft in der DDR befaßt.[2] Dabei war es nicht verwunderlich, daß die Gesellschafts-(Geistes-)wissenschaften als instrumentale Wissenschaften in die Kritik gerieten, hatte sie doch die SED selbst in ihrem Parteiprogramm (IX. Parteitag) als »das theoretische und politisch-ideologische Instrument« ihrer Politik ausgewiesen und war dies von Seiten der Wissenschaft so hingenommen worden. Die Geschichtswissenschaft, die besonders in die Kritik geriet, erschien einigen ihrer Kritiker bald nur noch als Legitimationswissenschaft ohne fachlichen Wert. Andere meinten, daß sie neben Wertlosem auch Bleibendes geschaffen habe.[3]

In der vor allem von Historikern der alten Bundesländer und einigen wenigen oppositionellen DDR-Historikern geführten Debatte zeigten sich bald einige allgemeine Charakteristika, die Christoph Kleßmann und Martin Sabrow in einem Beitrag von 1996 so zusammenfaßten:

erstens den politisch-moralischen Grundzug dieser Debatte, also den Trend zu einer stark moralisierenden statt historisierenden Bewertung des Gegenstandes;
zweitens die verbreitete Verwendung eines zumeist unreflektierten und oft erstaunlichen Wahrheitsbegriffs, getragen vom Glauben an eine eindeutige historische Wahrheit und der Vorstellung von einem verbindlichen Moralkodex für Wissenschaftler;
drittens den Drang zur »instant history«, d.h. zu einem schnell aufgebrühten, zum alsbaldigen Verbrauch bestimmten Produkt, das – gestützt auf diesen oder jenen »passenden« Aktenfund – vorwiegend der Anklage dienstbar sein sollte;
viertens bewerteten sie die Debatte um die Standards der Zeitgeschichte als eine sehr deutsche Diskussion, und zwar aufgrund ihrer fortdauernden Verbissenheit.[4]
Ich finde dies recht zutreffend, es scheint mir aber, als habe diese Debatte seither an Sachlichkeit und historischem Herangehen gewonnen.[5] Doch nach wie vor gibt es auch Kritiker, die – und hier verwende ich eine Aussage von Thomas Nipperdey – mit dem Selbstbewußtsein ihrer Gegenwart oder ihres Zukunftskonzepts alles besser wissen, die in diesem Prozeß der Auseinandersetzung Staatsanwalt, Richter und Gesetzgeber zugleich sind, auch noch den Pflichtverteidiger selbst einsetzen und als Richter mit dem selbstgewissen Maßstab urteilen, verbindlich zu wissen, was die unumgänglichen idealen Normen seien.[6] Ich gehe wohl nicht fehl in der Annahme, daß Nipperdey in diesem 1987 veröffentlichten Aufsatz auch die marxistisch-leninistischen Historiker mit ihrem selbstgewissen Maßstab vor Augen hatte, aber wohl doch nicht nur sie. Ein solches Selbstbewußtsein kann auch nichtmarxistische Historiker befallen, wie dies mancher Beitrag der erwähnten Debatte belegt. Solche Historiker meine ich in Arbeiten zu erkennen, deren offenkundiges Anliegen nichts anderes als die »Delegitimierung einer legitimatorischen Wissenschaft« ist und die deshalb mit großer Souveränität darauf verzichten, sich der Mühe einer wissenschaftlichen Kritik von Produkten der DDR-Geschichtswissenschaft zu unterziehen.[7]
Zum heutigen Thema liegen auch Beiträge kritischer Selbstre-

flexion von DDR-Historikern vor. Auf die Militärgeschichte bezogen sind hier insbesondere der Jahrgang 1990 der Zeitschrift Militärgeschichte und der jüngst erschienene Sammelband »Forschungen zur Militärgeschichte« zu nennen.[8] Die Beiträge von 1990 waren der erste veröffentlichte Ausdruck des bereits längere Zeit angestauten Unmuts über die politische Bevormundung der militärgeschichtlichen Arbeit (im kleinen Kreis war dieser Unmut schon mehrfach Gegenstand der Diskussion gewesen). Sie waren erste Beiträge zu einer kritischen Bestandsaufnahme der Militärgeschichtsschreibung der DDR und noch getragen von der Hoffnung, nach Befreiung von politischer Bevormundung an der Erneuerung der eigenen Disziplin im Sinne konsequenter Beachtung allgemeingültiger Kriterien der wissenschaftlichen Arbeit mitwirken zu können.

Der 1998 erschienene Sammelband vereint Beiträge, in denen eine kritische Bilanz über einzelne Arbeitsgebiete gezogen wird. Dabei kommen einige der Autoren auch auf das Verhältnis von Politik und Militärgeschichtsschreibung in der DDR zu sprechen. Beim kritischen Rückblick auf die eigene Arbeit – der auch Unterschiede deutlich werden läßt – sind sie bemüht, der Tendenz zur Schwarzweißmalerei zu begegnen, zeige sie sich als nostalgische Rechtfertigung oder als einseitige Verdammung. Deshalb geben sie auch ihre Antwort auf die Frage, wo Erkenntnisgewinn erzielt wurde und wo parteipolitisches Legitimationsbedürfnis den Wert der Forschungsergebnisse minderte oder zunichte machte.

Mein heutiger Vortrag soll – dem Anliegen dieser Reihe entsprechend – der Bericht eines Zeitzeugen zum Thema sein. Deshalb möchte ich das Verhältnis von Politik und Militärgeschichtsschreibung in der DDR vor allem aus der Sicht meines Erlebens darstellen. Für mich realisierte es sich auf zwei Ebenen, einer weltanschaulich-ideologischen und einer politisch-administrativen. Beide waren nicht durch eine chinesische Mauer getrennt, sondern durchdrangen und beeinflußten sich auf mannigfaltige Weise. Ich nahm dieses Verhältnis nicht nur als eines zwischen Anordnenden (aus der Politik) und Ausführenden (aus der Wissenschaft) wahr, sondern auch als eines, das ohne ein relativ hohes Maß an Übereinstimmung in Weltanschauung und gesellschaftspolitischer

Zielvorstellung zwischen Politikern und Wissenschaftlern sogar nicht möglich gewesen wäre. Die berechtigte Kritik, die wir DDR-Historiker an bürokratischer Bevormundung und Zensierung unserer Arbeit üben, bliebe unvollständig, wenn wir nicht sagten, daß und warum wir ein solches Verhältnis lange Zeit nicht nur hinnahmen, sondern es ja auch mit praktizierten, auch dann noch, als uns zunehmend vieles an seiner Handhabung störte und auch empörte.

Als Hauptgründe dafür sehe ich unsere im Prinzipiellen vorhandene Übereinstimmung mit der Politik in Weltanschauung und gesellschaftspolitischer Zielstellung; die wissenschaftliche Ausbildung, die wir erfahren hatten; unsere Sozialisation in der DDR-Gesellschaft; unser Verständnis davon, welche Lehren vor allem aus der jüngsten deutschen Geschichte zu ziehen seien sowie unsere Wahrnehmung des Ost-West-Konflikts. Ich halte diese Faktoren für unsere Hinnahme des gewesenen Verhältnisses – zumindest was den Kreis der mir bekannten DDR-Historiker betrifft – für maßgebender als solche wie obrigkeitlichen Zwang, demonstrative Einschüchterung oder auch Nischensuche bzw. kompromißlerische Anpassung wider die eigene Überzeugung, wenngleich es das alles auch gab. Würde ich der noch immer geübten Praxis folgen, bei der Beurteilung von DDR-Bürgern nur Täter und Opfer zu unterscheiden, so könnte ich den eben erwähnten Kreis als »Überzeugungstäter« in Sachen des Verhältnisses von Politik und Geschichtswissenschaft einordnen. Es war unsere politische und weltanschauliche Überzeugung, die uns das gegebene Verhältnis hinnehmen und mitpraktizieren ließ. Und weil wir zu spät erkannten, was an ihm und seinen Prämissen falsch war, wurden wir zu Opfern unserer eigenen Überzeugung.

II.
Als die Militärgeschichtsschreibung der DDR in der zweiten Hälfte der fünfziger Jahre die ersten Schritte tat, sich zu einer eigenständigen Disziplin der Geschichtswissenschaft zu entwickeln, zählten zu den Voraussetzungen und Bedingungen, unter denen sich dieser Start und die nachfolgende Entwicklung vollzog, vor allem folgende:

In den Gesellschaftswissenschaften hatte sich der Marxismus-Leninismus als deren theoretische und methodologische Grundlage weitgehend durchgesetzt. Der Prozeß der Konstituierung einer marxistisch-leninistischen Geschichtswissenschaft stand vor dem Abschluß. Von beidem war auch die Ausbildung einer neuen Generation von Historikern der DDR geprägt. Zu den Kernaussagen dieser Ausbildung gehörte neben der von der gesetzmäßigen Abfolge von Gesellschaftsformationen und der »historischen Mission« der Arbeiterklasse u.a. auch die, daß der historische Materialismus nicht nur eine Methodenlehre, sondern auch eine Theorie zur Veränderung der sozialen Wirklichkeit sei.[9] Das Verhältnis von Wissenschaft und Politik stellte sich damit für die neue Historikergeneration als so eng dar, daß der Begriff von der dialektischen Einheit beider weithin unkritisch übernommen wurde. Die einfache Erklärung dafür lautete, daß die Politik sich auf die Wissenschaft stütze und sie brauche, die Wissenschaft also der Politik helfen müsse. Das bekräftigte den Anspruch der Politik, der Wissenschaft Aufgaben zu stellen und Vorgaben zu machen, und förderte bei den Historikern die Bereitschaft, einen ihrer Disziplin gemäßen Beitrag zum Aufbau einer neuen Ordnung zu leisten. Das war keine Absage an die Forderung nach Erkenntnisgewinn als Hauptaufgabe der Wissenschaft. In der Praxis jedoch führte es dazu, daß dieser vor allem an seinem Wert für die praktische Politik beurteilt wurde.

Den angehenden Militärhistorikern stellte sich der Übergang zu marxistisch-leninistischen Grundlagen aber auch als die unumgängliche Konsequenz aus dem Versagen jenes Teils der deutschen Militärgeschichtsschreibung dar, der das Bild von Preußens Gloria gezeichnet, deutsche Kriegspolitik gerechtfertigt, die These vom »im Felde unbesiegt« verbreitet, Nationalismus und Revanchismus gefördert und damit zur geistigen Vorbereitung einer Entwicklung beigetragen hatte, die in den NS-Verbrechen gegen den Frieden, gegen das Kriegsvölkerrecht und gegen die Menschlichkeit ihren beschämenden Tiefpunkt erreichte.

In der DDR sahen wir – wie Millionen von Bürgern dieses Landes und ungeachtet bestehender Mängel und mancher

Unzufriedenheit – unseren Staat. Geschuldet war dies vor allem seinem Bekenntnis zum Antifaschismus, zum Frieden sowie zu einer Politik der sozialen Gerechtigkeit und Fürsorge. Der Anspruch der DDR, eine historisch und politisch legitime Alternative zu dem im Zweiten Weltkrieg untergegangenen deutschen Staatswesen und auch zur kapitalistischen Ordnung der Bundesrepublik zu sein, fand zwar nicht ungeteilte, doch verbreitete Akzeptanz.

Obwohl zu jener Zeit noch nicht in der Verfassung des Landes festgeschrieben, war der Anspruch der SED auf die führende Rolle in Staat und Gesellschaft weitgehend durchgesetzt. Das galt auch für den Anspruch der Politik auf Aufgabenstellung im Grundsätzlichen an die Wissenschaft sowie auf deren Anleitung und Kontrolle. Zwar gab es unter den Gesellschaftswissenschaftlern manche Unzufriedenheit und gelegentlich auch Widerspruch zur Praxis der Handhabung dieses Anspruchs, aber mir ist bis in die achtziger Jahre hinein kein Fall bekannt, in dem dieser Anspruch von Gesellschaftswissenschaftlern generell und öffentlich in Frage gestellt worden wäre. Für das Militärgeschichtliche Institut ergab sich aus seinem Status als militärische Einrichtung zudem die Einbindung in Aufgabenstellung, Anleitung und Kontrolle durch den militärischen Vorgesetzten und sein Organ, die Politische Hauptverwaltung der NVA.

Die internationale Situation der DDR war zum Zeitpunkt des Beginns einer Militärgeschichtsschreibung in der DDR geprägt vom Kalten Krieg, zu dessen Charakteristika die von beiden Systemen praktizierte Politik der gegenseitigen Abschreckung mit der Folge eines unablässigen Wettrüstens gehörte. Die Einbindung der beiden deutschen Staaten in sich feindlich gegenüberstehende Militärblöcke und die Entwicklung ihrer Territorien zum Ort der größten Truppenkonzentration beider Blöcke bewirkten Bedrohungswahrnehmungen nicht nur in der Partei- und Staatsführung, sondern auch in der Bevölkerung der DDR. Sie erfuhren gerade in diesen Jahren noch eine Verstärkung durch den Alleinvertretungsanspruch der Bundesrepublik, der ja nicht nur auf die internationale Isolierung, sondern letztlich auf die Beseitigung der DDR zielte. Auch aus dieser Situation heraus und

mit Blick auf zwei von deutschem Boden ausgegangene Weltkriege zeigten die Militärhistoriker Verständnis für die Forderung der Partei, mitzuhelfen, die verhängnisvolle Rolle des deutschen Imperialismus und Militarismus aufzudecken und die Wehrbereitschaft der Bevölkerung zu fördern.
Die Militärhistoriker der DDR akzeptierten den Anspruch der Politik auf Aufgabenstellung insbesondere deshalb, weil sie inhaltliche Schwerpunkte für unsere Arbeit nannte, die durchaus unseren Vorstellungen entsprachen. Dazu gehörte z. B. eine Neubefragung des Ringens zwischen fortschrittlichen und reaktionären Kräften um eine den Interessen des Volkes dienende Wehrverfassung und Militärpolitik. Dazu gehörte insbesondere die Aufdeckung der Ursachen und Triebkräfte der Politik, die Deutschland in zwei Weltkriege geführt hatte. Wir waren aufgefordert, Forschungen über den verbrecherischen Krieg Hitlerdeutschlands zu führen und uns dabei mit Auffassungen auseinanderzusetzen, welche die Schuld für ihn allein Hitler zuschoben oder die deutsche Niederlage nur als eine Folge von »Verlorene(n) Siege(n)« darstellten. Kurzum, die Politik erwartete von uns nach dem Zusammenbruch von 1945 eine historisch-kritische Analyse wesentlicher Abschnitte und Ereignisse der deutschen Militärgeschichte und war überzeugt, daß dies mithelfen könne zu verhindern, daß sich solches je wiederhole. Warum sollten wir uns solchen Erwartungen entziehen? Wir waren ja an einer Wende in der deutschen Militärgeschichte interessiert, weg vom militärisch untersetzten deutschen Großmachtstreben und hin zu einer friedenserhaltenden und friedensgestaltenden deutschen Politik.
Selbstverständlich gehörte es unter den gegebenen Bedingungen auch zur Aufgabe der Militärhistoriker, nach den Traditionen zu fragen, an welchen sich Nationale Volksarmee und Bundeswehr orientierten. Da gab es einen gemeinsamen Bezugspunkt und das war der preußische Militärreformer Scharnhorst. Beide Armeen beanspruchten für sich, in seinem Geiste wirken zu wollen. Ansonsten aber gab es wenig gemeinsames. Bevorzugte die NVA als Traditionen vor allem Ereignisse und Persönlichkeiten, die für den Kampf gegen Militarismus und Krieg, für volksverbundene Streitkräfte

standen, so bevorzugte die Bundeswehr solche, in denen man einen besonderen Ausdruck deutschen Soldatentums erkannte. Dafür standen Namen wie Tirpitz, der durch den Aufbau einer starken Hochseeflotte Deutschlands Weltmachtstellung unterstreichen wollte, wie Ludendorff, den Fürsprecher des totalen Krieges, wie von der Goltz, der die deutsche Baltikumaggression befehligte, oder wie Dietl, den bedingungslosen Gefolgsmann Hitlers.

Es waren also am Beginn der Militärgeschichtsschreibung der DDR Bedingungen und Umstände gegeben, die uns den Führungsanspruch der Politik und – neben der erkenntnistheoretischen – auch eine instrumentale Funktion der Wissenschaft als den geschichtlichen Erfahrungen und aktuellen Erfordernissen entsprechend verstehen ließen. Dieses Verständnis in Frage zu stellen bedurfte es nicht nur theoretischer Einsichten, sondern ebenso praktischer Erfahrungen mit dem, was man in der DDR Realsozialismus nannte. Es bedurfte der – nur allmählich reifenden – Erkenntnis, daß die SED und ihre an der Sowjetunion orientierte und in militärpolitischen Fragen an sie gebundene marxistisch-leninistische Politik es nicht vermochte, die DDR auf den Weg zu einer demokratisch-sozialistischen Gesellschaftsordnung zu führen, worin – nach Marx – die freie Entwicklung eines jeden die Bedingung für die freie Entwicklung aller ist. Die Ursachen hierfür aufzulisten, würde den Rahmen dieses Beitrages sprengen. Festzustellen bleibt aber, daß das Scheitern des Versuchs Sozialismus nichts an der Lauterkeit des Vorsatzes der Militärhistoriker ändert, mit ihrer Arbeit zu einer Wende in der deutschen Militärgeschichte beitragen zu wollen.

Ich möchte diese Überlegungen mit den Worten eines anderen abschließen, des Philosophen und Hermeneutikers Hans-Georg Gadamer. Er schreibt: »Es gibt keinen Experten, der von außen die Normen ›objektiv‹ erforscht, sondern einen von Normen geprägten Menschen, einen Menschen, der sich bereits im Rahmen seiner Gesellschaft, seiner Epoche, seines Vorurteilszusammenhangs, seiner Welterfahrung befindet. All dies ist bereits wirksam und bestimmend, wenn man an eine Fragestellung herangeht und eine Lehre interpretiert...Wir sind keine Beobachter, die die Geschichte aus

der Entfernung betrachten, sondern wir befinden uns, insofern wir geschichtliche Wesen sind, stets im Innern der Geschichte, die wir zu begreifen trachten.«[10]
Ich glaube sagen zu können, daß alle mir bekannten Militärhistoriker der DDR nicht nur in, sondern auch mit diesem Land und seinen Hoffnungen lebten. Das beruhte auf damaliger Überzeugung, und sie insbesondere ließ unseren Blick durch Tendenzen der praktischen Politik trüben. Wir befanden uns in einer Situation, die ein Band mit bilanzierenden Aufsätzen zur Geschichtswissenschaft auf die Formel »Zwischen Parteilichkeit und Professionalität« brachte.[11] Beide waren nach unserem Selbstverständnis nur insofern eigenständige Größen, als sie sich zugleich gegenseitig bedingten. Dieses Verständnis begrenzte und schmälerte Professionalität.
Es ließ uns z. B. bei der Abfassung von Zielstellungen für Forschungsvorhaben die von politischen Interessen diktierte Formulierung übernehmen: »Es ist nachzuweisen, daß...« Und obwohl nicht Legitimation, sondern Erkenntnisgewinn Vorsatz und Ziel im eigentlichen Forschungsprozeß war, bewirkte diese Orientierung eben doch ein Zuschreiben auf die politische Überzeugung und den ihr gemäßen Nachweis. Es brauchte Zeit, bis wir diese Formulierung als Fehlorientierung erkannten, sie durch die Orientierung »Es ist (sind) zu untersuchen...« ersetzten und ernsthafte Anstrengungen unternahmen, den Prinzipien historisch-kritischer Forschung den unbedingten Vorrang vor politischen Anliegen einzuräumen. Wir machten dabei Fortschritte, aber in Gänze haben wir das bis zum Schluß nicht gebracht.

III.
Im folgenden einige Bemerkungen zu der von mir so bezeichneten politisch-administrativen Ebene des Verhältnisses von Politik und Militärgeschichtsschreibung, deren praktische Handhabung und Hinnahme – ich wiederhole das – nur in ihrer engen Verbindung mit der weltanschaulich-ideologischen verständlich wird. Auf das Militärgeschichtliche Institut bezogen, begann diese Ebene mit den in ministeriellen Dokumenten enthaltenen Vorgaben über die Aufgaben und die Stellung des Instituts im Rahmen der NVA und des

Wissenschaftsgefüges der DDR, über seine Struktur und seinen Stellenplan. Sie wirkte über den Einfluß, den das Ministerium auf die Besetzung der Offiziersplanstellen nahm. Die Besetzung der Planstellen für zivile Mitarbeiter lag in der Zuständigkeit des Instituts. Zur administrativen Ebene gehörten auch die Bewilligung oder Ablehnung von Studien- und Archivreisen, der Teilnahme an wissenschaftlichen Konferenzen im Ausland sowie des Ankaufs von wissenschaftlicher Literatur und Mikrofilmen aus dem westlichen Ausland. War auch die Stellung des Instituts als wissenschaftliche Einrichtung der NVA gelegentlich von Vorteil, so schränkte sie doch dessen funktionale Selbständigkeit weiter ein.

Zum politischen Führungsanspruch der Partei kam die militärische Weisungsbefugnis. So hieß es in der Ordnung über die Stellung, Aufgaben und Befugnisse des Militärgeschichtlichen Instituts der DDR[12]:

»Das MGI arbeitet auf der Grundlage
- der Beschlüsse und Dokumente der SED
- der Gesetze und anderen Rechtsvorschriften
- der militärischen Führungsdokumente und Bestimmungen«. (Punkt I 1.[3])

Es war keine Besonderheit militärischer Dokumente und Ordnungen, sondern generelle Praxis in der DDR, die Beschlüsse und Dokumente der SED als erste und damit vorrangige Grundlage der Arbeit zu benennen.

Jener Bereich der administrativen Ebene, der die inhaltliche Seite der wissenschaftlichen Arbeit noch unmittelbarer betraf, ist mit den Begriffen Aufgabenstellung, Anleitung und Kontrolle zu umreißen. Hierfür war jene Passage der MGI-Ordnung maßgebend, die besagte: »Die Forschung ist auf der Grundlage des Zentralen Forschungsplanes der marxistisch-leninistischen Gesellschaftswissenschaften der DDR, des Zentralen Forschungsplanes der Nationalen Volksarmee…sowie des Forschungsplanes der Dienststelle entsprechend der Forschungsordnung durchzuführen.« (Punkt II 5.[1])

Diese Forschungspläne basierten auf jenen grundsätzlichen Orientierungen, die für die wissenschaftliche Arbeit in den Dokumenten der SED vorgegeben waren. Dazu zählten sowohl spezielle Beschlüsse wie z. B. der über »Die Verbesserung der Forschung und Lehre in der Geschichtswissenschaft der DDR« vom 5. Juli 1955[13], als auch Berichte des Politbüros an das Zentralkomitee bzw. des Zentralkomitees an die Parteitage und selbst Stellungnahmen des Politbüros und Referate seiner Mitglieder zu Fragen der deutschen Geschichte, wie etwa das Referat Walter Ulbrichts über »Vergangenheit und Zukunft der deutschen Arbeiterbewegung«, das die Grundlage für den »Grundriß der Geschichte der deutschen Arbeiterbewegung« bildete[14] und mit ihm zum Beschluß erhoben wurde. Es war gängige Praxis, von der »richtungweisenden Bedeutung« derartiger Materialien zu sprechen. Damit war gemeint, daß die darin enthaltenen grundsätzlichen und konzeptionellen Vorgaben als von verbindlicher Bedeutung betrachtet wurden. Davon abzuweichen konnte, wie Joachim Petzold in seinem Aufsatz »Die Auseinandersetzung zwischen den Lampes und den Hampes« aufzeigt, zu ernsten Konflikten zwischen Parteidoktrinären und Geschichtswissenschaftlern führen.[15]

Die zentralen Forschungspläne schlossen allerdings eine wissenschaftliche Mitbestimmung des Instituts und innerhalb des Instituts eine Willensbildung der Mitarbeiter nicht aus. Wir unterbreiteten unsere Vorschläge für Themen, welche in diese Forschungspläne aufgenommen werden sollten, und sie fanden in der Regel Zustimmung. Unsere Vorstellungen über neue Forschungsvorhaben reiften im Prozeß der Arbeit und durch Diskussionen in den Abteilungen und Fachgruppen. Endgültige Gestalt nahmen sie nach Beratung im Wissenschaftlichen Rat des Instituts an, dem Mitarbeiter aller Abteilungen angehörten. Ich befürchte kaum Widerspruch von ehemaligen Mitarbeitern, wenn ich die Meinung äußere, daß ein »herrschaftliches Gegenüber« (Kocka) von Wissenschaftlern einerseits und ehrenamtlichen Parteifunktionären sowie Leitern von Forschungsbereichen andererseits im Institut nicht typisch war. Aber vielleicht ist hier der Rückblick des ehemaligen Direktors etwas zu blauäugig. Sicher gab es auch bei uns Meinungsstreit über unterschiedliche Auffassungen, doch in wissenschaftlichen Diskussionen galt der Grundsatz: »Die Autorität des Arguments hat Vorrang vor dem Argument der Autorität.«

Es war im Institut Praxis, die Entwürfe in der Fachgruppe, teils auch in größerem Kreis, zu beraten. Je nach Thema waren wir auch an Beratungen mit Vertretern des Ministeriums und aus der Truppe sowie von wissenschaftlichen Einrichtungen wie den historischen Instituten der Akademie der Wissenschaften, dem Institut für Marxismus-Leninismus, dem Institut für Internationale Politik und Wirtschaft sowie der Militärakademie interessiert. Die Autoren empfanden deren Kritiken und Anregungen nicht als Bevormundung oder Eingriff in ihre Autorenrechte, sondern als Anregung und Hilfe. Sie waren dankbar für sachlich-kritische und konstruktive Hinweise. Und davon gab es nicht wenige.
Grundlage aller unserer Diskussionen war die Anerkennung des Marxismus-Leninismus als theoretische und methodologische Grundlage unserer Disziplin. Er prägte Inhalt und Tenor aller Diskussionsbeiträge. Von ihm war auch unser Verständnis von Objektivität und Parteilichkeit und damit von historischer Wahrheit bestimmt. Ich erinnere mich noch, mit welch innerer Spannung ich seinerzeit Stefan Heyms »König David Bericht« gelesen habe, in dem von zwei Arten der Wahrheit die Rede ist. Die eine ist die, die der Historiker zu finden wünscht, die andere die, »welche sich auf das Wort Herrn Jahwes gründet, wie es von seinen Propheten und seinen Priestern vermittelt wird.« Und Heym läßt den Priester Zadok an die Adresse des Historikers ben Hoshaja sagen: »Und wo die zwei Arten von Wahrheit nicht übereinstimmen, muß ich verlangen, daß wir der Lehre folgen«.[16] Ich war mir der Aktualität dieser Worte durchaus bewußt, und doch ließ es meine damalige Grundhaltung nicht zu, sie als voll zutreffend auf unsere Lage anzuerkennen. Zum einen war der Priester Israeli, der Historiker aber Ägypter – er diente also einem fremden Herrn und dessen Sache. Wir aber dienten doch unserem Land. Zum anderen überschätzte ich unsere Voraussetzungen und Möglichkeiten, außerwissenschaftlichen Ansprüchen und Einflußnahmen mit der konsequenten Durchsetzung fachwissenschaftlicher Prinzipien wirkungsvoll begegnen zu können.
Martin Sabrow verwendet in seinem sehr interessanten Beitrag zum Wahrheitsproblem in der DDR-Geschichtswissen-

schaft[17] eben diese Passage aus dem »König David Bericht«. Er geht darin ausführlich auch den Ursachen und der Wirkung des in der DDR-Geschichtswissenschaft normierten Begriffs der historischen Wahrheit nach und kommt zu dem Ergebnis: »Er relativiert sie, indem er ihre Erkenntnis an die Einnahme eines politischen Standpunktes bindet; er verengt sie, indem er der marxistischen Geschichtstheorie das Deutungsmonopol einräumt; und er instrumentalisiert sie, indem er ihr neben der weltanschaulichen Bindung (an den Marxismus) auch die politische (an die SED) zugrundelegt.«[18] Dieser Wahrheitsbegriff galt auch in den fachwissenschaftlichen Diskussionen im MGI.

Im Umgang mit der militärisch vorgesetzten Behörde, der Politischen Hauptverwaltung der NVA, und mit anderen Parteieinrichtungen, die – wie die Abteilung Wissenschaften im ZK und das Institut für Marxismus-Leninismus beim ZK – anleitende und zensierende Aufgaben auch gegenüber dem Militärgeschichtlichen Institut wahrnahmen, gab es schon Fälle »herrschaftlichen Gegenübers« und solche, in denen das Argument der Autorität Vorrang erheischte. Deutlich zeigte sich das, wenn Tabus ins Blickfeld gerieten. Obwohl sie in keinem Parteidokument als solche bezeichnet waren, konnte man sie oft aus ihnen ableiten, z. B. dadurch, daß das tabuisierte Problem bzw. Faktum überhaupt nicht erwähnt wurde, oder aber durch die Verbindlichkeit der dazu vorgegebenen Aussagen. Dafür zwei Beispiele. In den sechziger Jahren schlugen wir für einen Mitarbeiter das Forschungsthema »Zusammenarbeit zwischen Reichswehr und Roter Armee« vor. Es wurde mit der Begründung abgelehnt, es gebe wichtigere Forschungsthemen für das Institut. Das zweite Beispiel betrifft die Darstellung des Einsatzes der NVA während der Intervention des Warschauer Paktes zur Niederschlagung des Prager Frühlings. Der diesen Abschnitt bearbeitende Wissenschaftler wich in seinem Entwurf nur insofern von der parteioffiziellen Darstellung ab, als er feststellte, daß keine Truppenteile der NVA am Einmarsch in die CSSR beteiligt waren. Wegen dieser Passage wandte sich die Politische Hauptverwaltung mit der Bitte um Meinungsäußerung und Entscheidung an den Generalsekretär der Partei. Dieser wies an, in Prag nachzufragen, ob es Einverständnis zu solcher Feststellung gebe. Von dort kam die Antwort, die tschechische Seite sei daran interessiert, es bei den bisherigen offiziellen Aussagen von KPdSU und KPČ zu belassen, nach der Streitkräfte aller Staaten des Warschauer Vertrages außer Rumänien am Einmarsch beteiligt gewesen seien. Daraufhin erhielten wir die Weisung, dies in der Geschichte der NVA so darzustellen.

Die Forschungsvorhaben waren unterteilt in zentrale, in solche des Ministeriums für Nationale Verteidigung und in solche des Militärgeschichtlichen Instituts. Damit war festgelegt, wem die Forschungskonzeptionen zur Bestätigung, die Entwürfe zur Diskussion und die fertigen Werke zur Freigabe vorzulegen waren. Für zentrale war das der Minister für Nationale Verteidigung, für solche des MfNV war das entweder der Minister oder der Chef der Politischen Hauptverwaltung, für solche des MGI dessen Direktor. Darüber hinaus galt es als verbindlich, sich bei Themen zur Geschichte der Militärpolitik der deutschen Arbeiterbewegung sowie der SED/ DDR mit dem Institut für Marxismus-Leninismus zu konsultieren. Es hatte den Status eines Leitinstituts für die Geschichte der deutschen Arbeiterbewegung und die von dort kommenden kritischen Bemerkungen, Anregungen und Empfehlungen galten als von hoher Verbindlichkeit. Stellungnahmen der Politischen Hauptverwaltung stützten sich generell auf die des IML.

Bei der Freigabe von wissenschaftlichen Arbeiten sowie von Lehr- und Propagandamaterialien waren in der NVA mehrere Ordnungen und Dienstvorschriften zu beachten, so die Forschungsordnung, die Publikationsordnung, die Dienstvorschriften über Wachsamkeit und Geheimhaltung, Militärzensur u. a.[19] Die Ordnung über die Militärzensur enthielt nicht nur Festlegungen über Gegenstände und Fakten, die dem Geheimnisschutz unterlagen, sondern gab der Militärzensur auch Vollmachten zu Auflagen an die Autoren wissenschaftlicher Werke. So durften z. B. in Publikationen über die NVA keine Regimenter und Divisionen offen bezeichnet und mit ihrem Standort erwähnt werden. Die Nennung taktisch-technischer Daten von Waffen und Militärgerät war in jedem Fall dann verboten, wenn diese Angaben in der Sowjetarmee als vertraulich galten. Zu politischen Tabus gesellte sich übertriebene Geheimhaltung. Während der Arbeit an der Geschichte der NVA bat ich den Minister für Nationale Verteidigung anläßlich einer Beratung des Autorenkollektivs mit ihm und seinen Stellvertretern, uns einige Abweichungen von diesen Regeln zu gestatten. Ich begründete dies u. a. damit, daß ja alle diese Fakten in Publikationen der Bundeswehr und der NATO nachzulesen seien. Minister Hoffmann war einverstanden, doch der damalige Chef des Hauptstabes empfahl ihm, diese Zusage zurückzunehmen, weil es den sowjetischen Forderungen zuwiderlaufe. Der Minister folgte diesem Hinweis.

Armeegeneral Hoffmann brachte mehr Verständnis für Probleme und Erfordernisse der wissenschaftlichen Arbeit auf als andere leitende Offiziere des Ministeriums. Mit ihm konnte man über sie und gelegentlich auch über Tabus recht offen sprechen. So hatten wir ihm auch unsere Absicht genannt, in der Geschichte der NVA, die als eine populärwissenschaftliche Darstellung vorbereitet wurde, auch Schwierigkeiten beim Aufbau der NVA, fehlerhafte Entwicklungen oder unbefriedigende Zustände nicht auszuklammern. Hoffmann billigte im Gespräch diesen Vorsatz. Er äußerte sich dazu auch öffentlich und mahnte, »nie (zu vergessen und nirgends (zu) verschweigen, daß der erfolgreich zurückgelegte Weg keine gerade Asphaltstraße war, daß wir auch Täler durchschreiten, mitunter sogar Umwege in Kauf nehmen mußten, daß es nicht nur Jubel und Freude gab, sondern auch Enttäuschungen, daß viel Schweiß geflossen ist und manche persönliche Opfer gebracht werden mußten.«[20] Bei der Beratung erarbeiteter Entwürfe stießen jedoch solch kritische Passagen mehrfach auf Ablehnung seitens der Vertreter der Politischen Hauptverwaltung und des Instituts für Marxismus-Leninismus. Man brauche keine Fehlerdiskussion, es gelte, die erfolgreiche Politik der Partei darzustellen. Ich habe mir nach solchen Beratungen gelegentlich einige Eindrücke schriftlich festgehalten und möchte zwei aus dem Jahr 1982 hier wiedergeben.

In der einen heißt es: »Ein Vergleich der vom Minister gebilligten Linie bei der Änderung der Konzeption (1982) mit einer Reihe von kritischen Einwänden und Forderungen der

PHV zeigt, daß diese die Linie anders interpretiert und z. T. sogar ändert (Darstellung von Entwicklungsproblemen und »Lehrgeld«).

Die andere lautet: »Wieder erfolgt die Kritik vorwiegend nach dem, was in der PHV politisch-ideologisch für richtig gehalten und als notwendig zu schreiben angesehen wird.«

Solche Notizen wurden auch zum Gegenstand persönlicher Aussprachen, die ich oder Kollegen des Autorenkollektivs mit dem dienstlichen Vorgesetzten und seinen Mitarbeitern führten. Sie waren selten einfach. Gelegentlich halfen sie, die Standpunkte des anderen besser zu verstehen. Sie konnten aber auch an einen Punkt kommen, wo die Diskussionsbereitschaft der Vertreter der Politischen Hauptverwaltung endete und Forderungen gestellt wurden. Das war speziell dann der Fall, wenn es um Darstellungen und Aussagen ging, von denen sie sich eine besondere ideologisch-erzieherische Wirkung versprachen. Das konnte bei der Darstellung der Waffenbrüderschaft ebenso sein wie bei der der Militärpolitik der Partei oder ihrer führenden Rolle in der NVA.

IV
Die Erfahrungen, die wir insbesondere bei der Arbeit an der Geschichte der NVA mit dem Verhältnis von Politik und Militärgeschichtsschreibung gemacht hatten, gaben nicht nur mir einen neuen Anstoß, es kritisch zu hinterfragen. Das wachsende Gefühl, daß da etwas nicht stimme und daß es so nicht weitergehen könne, war allerdings schon längere Zeit da. Unzufriedenheit mit außerwissenschaftlichen Einflußnahmen auf die wissenschaftliche Arbeit, engere Kontakte mit dem wissenschaftlichen Leben auch im westlichen Ausland, gewachsene eigene fachliche Kompetenz und die Rückbesinnung auf Marxens Prinzip, »An allem ist zu zweifeln«, machte uns kritischer, auch gegenüber der eigenen Arbeit.

In den achtziger Jahren begannen DDR-Gesellschaftswissenschaftler aller Disziplinen, Thesen und Lehrsätze zu hinterfragen, an denen sie bisher nicht gerüttelt hatten. Einen zentralen Platz nahmen bei den Gesellschaftswissenschaftlern der NVA die Diskussionen um ein neues Herangehen an die Fragen von Krieg und Frieden ein. Die dabei gewonnenen Einsichten über die Sinnkrise des Krieges und in Verbindung damit über die Notwendigkeit eines neuen Verständnisses vom Sinn des Soldatseins unter diesen Bedingungen, über die Friedensfähigkeit beider Systeme und andere Fragen hatten ja nicht nur Konsequenzen für die praktische Politik. Sie bedeuteten auch eine Umwälzung der weltanschaulichen Grundlagen der marxistisch-leninistischen Lehre vom Krieg und von den Streitkräften.[21] Die Philosophen führten das Problem der Widersprüche im Sozialismus aus der bisherigen Enge heraus und bereiteten damit weiteren Boden für eine vorurteilsfreiere, auch bisherige Lehrsätze und Überzeugungen infragestellende kritische Analyse sozialistischer Praxis. Die Diskussion der Historiker über Erbe und Tradition beförderte nicht nur eine Hinwendung zu bisher vernachlässigten Problemen und Themen, sondern auch die Bemühungen, der historisch-kritischen Methode und den Prinzipien wissenschaftlicher Arbeit voll Geltung zu verschaffen.

Diese in Gang gekommene Bewegung erhielt Auftrieb durch Gorbatschows Neues Denken und solche seiner Erklärungen wie: »Der Sozialismus braucht die Demokratie wie der Mensch die Luft zum Leben.« Ähnliche Wirkung ging von dem SED-SPD-Papier »Der Streit der Ideologien und die gemeinsame Sicherheit« vom August 1987 aus.[22] Obwohl diese Diskussionen immer an Sachfragen festgemacht waren, wurde doch erkennbar, daß es in ihnen, wenn auch kaum direkt angesprochen, auch um ein neues Verständnis und eine zu ändernde Praxis des Verhältnisses von Politik und Wissenschaft ging. Die bürokratische Bevormundung und Zensierung der wissenschaftlichen Arbeit, die stets mit dem Mantel des »marxistisch-leninistischen Klassenstandpunktes« bzw. »marxistisch-leninistischer Parteilichkeit« umhüllt war, geriet in die Kritik.

Die für die wissenschaftliche und ideologische Arbeit zuständigen Parteiorgane reagierten darauf vor allem mit der Forderung nach Erhöhung der ideologischen Wachsamkeit Neue Fragestellungen oder Einsichten stießen bei ihnen vielfach auf erheblichen Widerstand. Er konnte sich auch in schroffer Zurechtweisung, in der Verweigerung von Publikationsgenehmigungen und in anderen Maßnahmen der Disziplinierung äußern. So erhielt z.B. der Chefredakteur der Zeitschrift »Militärgeschichte« 1987 eine solche Zurechtweisung wegen mangelnder Wachsamkeit, verbunden mit der Auflage, künftig alle Beiträge des Direktors des Militärgeschichtlichen Instituts grundsätzlich und unabhängig vom Thema dem Stellvertreter des Chefs der PHV für ideologische Arbeit zur Freigabe vorzulegen. Anlaß dafür war die Äußerung des Direktors, die Forschung sei nicht nach vorgegebenen Prämissen, sondern unvoreingenommen zu betreiben. Sie sei »nicht mit dem Ziel anzugehen, in der Geschichte nach Beispielen zu suchen, die sich zur Auseinandersetzung mit oder zur Rechtfertigung von heutiger Praxis zu eignen scheinen.«[23] Gefordert wurde die strikte Beachtung der Prinzipien historisch-kritischer Forschung. Diese Aussage wurde in der PHV richtig als eine – wenn auch verschlüsselte – Kritik an politisch-ideologischer Einflußnahme verstanden und in genannter Weise beantwortet.

Kritische Diskussionen zu außerwissenschaftlichen Einflußnahmen auf die wissenschaftliche Arbeit wurden – meist aus aktuellem Anlaß – auch in den Arbeitsgruppen und Abteilungen des Instituts geführt. Das kam einer Diskussion in der Parteiorganisation gleich, denn alle wissenschaftlichen Mitarbeiter gehörten ihr an. Gewiß war die Parteiorganisation auch im MGI ein Gremium, in dem wir uns selbst auf die Beschlüsse der Partei einschworen und damit auch gegenseitig ideologisch disziplinierten. Aber sie war nicht nur das. Sie war auch ein Gremium des offenen und kritischen Gedanken- und Erfahrungsaustauschs zu politischen und wissenschaftlichen Fragen, der freimütigen Diskussion über verschiedene Probleme, so der internationalen und nationalen Entwicklung oder der Arbeits- und Dienstbedingungen der Mitarbeiter uns anderem. Parteisekretär und Parteileitung vertraten gerade in den achtziger Jahren auch dann die Meinung der Basis gegenüber dem übergeordneten Parteiorgan, wenn sie wußten, daß diese dort nicht auf Gegenliebe stoßen würde.

Das Verhältnis von Politik und Militärgeschichtswissenschaft wurde im Institut jedoch bis zu meinem Ausscheiden nicht zum speziellen Gegenstand einer kritischen Auseinandersetzung, weder im Wissenschaftlichen Rat noch in einem anderen Gremium. Das muß ich zu den Versäumnissen meiner Leitungstätigkeit zählen. Auch von Seiten meines Stellvertreters Forschung und der Abteilungsleiter wurde eine solche Beratung nicht in Vorschlag gebracht. Die Voraussetzungen dafür – und hierzu zählt unsere eigene Bereitschaft zu offener Kritik – waren wohl noch nicht genügend reif. Es bedurfte erst der Wende vom Herbst 1989, die eine Flut demokratischer Forderungen auslöste und nach und nach alle bisherigen Tabus und Verhaltensweisen auf den Prüfstand dieser Forderungen brachte. So fand diese Beratung unter dem Thema »Militärgeschichte im Erneuerungsprozeß« erst im Januar 1990 statt.[24] Auch im MGI war also die Hoffnung auf eine grundlegende demokratische Erneuerung der gesellschaftlichen Ordnung der DDR noch vorhanden, für ihre Verwirklichung waren aber keine Voraussetzungen und Bedingungen mehr gegeben.

1. Friedrich Meinecke: Vom geschichtlichen Sinn und vom Sinn der Geschichte, Leipzig 1939, S. 23 f.
2. Konrad H. Jarausch: Zwischen Parteilichkeit und Professionalität. Bilanz der Geschichtswissenschaft der DDR, Berlin 1991; Walter Schmidt: Geschichte zwischen Professionalität und Politik. Zu zentralen Leitungsstrukturen und -mechanismen in der Geschichtswissenschaft der DDR. In: Zeitschrift für Geschichtswissenschaft H. 11/1992, S. 1013 ff.; Historische Forschungen und sozialistische Diktatur. Beiträge Geschichtswissenschaft der DDR, hrsg. von Martin Sabrow/Paul Walter, Leipzig 1995; Die Mauern der Geschichte. Historiographie in Europa zwischen Diktatur und Demokratie, hrsg. von Gustavo Cornu/Martin Sabrow, Leipzig 1996; Historiker in der DDR, hrsg. von Karl Heinrich Pohl Göttingen 1997; Jürgen Kocka, Wissenschaft und Politik in der DDR. In: Wissenschaft und Wiedervereinigung. Disziplinen im Umbruch, hrsg. von Jürgen Kocka/Renate Mayntz Berlin 1998.
3. Zur Breite dieser Urteile siehe u.a. Martin Sabrow: Das Wahrheitsproblem in der DDR-Geschichtswissenschaft. In: Tel Aviver Jahrbuch für deutsche Geschichte, Bd. XXV/1996; siehe auch Historiker in der DDR, wie Anm. 2 .
4. Christoph Kleßmann/Martin Sabrow: Zeitgeschichte in Deutschland nach 1989. In: Aus Politik und Zeitgeschichte. Beilage zur Wochenzeitung »Das Parlament«, Nr. 39 vom 20. September 1996, S. 5 f.
5. Siehe z.B. Wissenschaft und Wiedervereinigung, wie Anmerkung 2.

6. Thomas Nipperdey: Wozu Geschichte gut ist. In: Militärgeschichtliche Mitteilungen, Nr. 1/1987, S. 9.
7. Siehe z.B. Ilko-Sascha Kowalczuk: Legitimation eines neuen Staates. Parteiarbeiter an der historischen Front. Geschichtswissenschaft in der SBZ/DDR 1945 bis 1961, Berlin 1997.
8. Forschungen zur Militärgeschichte. Probleme und Forschungsergebnisse des Militärgeschichtlichen Instituts der DDR, hrsg. von Hans-Joachim Beth/Reinhard Brühl/Dieter Dreetz Berlin 1998.
9. Einführung in das Studium der Geschichte, Berlin 1979, S. 23.
10. Hans-Georg Gadamer: Die Kunst des Fragens und des Verstehens. Über die Geschichtlichkeit des Menschen und die Aufgaben der Wissenschaftler. In: Wochenpost, Nr. 39 vom 19.09.1996, S. 47 f.
11. Zwischen Parteilichkeit und Professionalität. Bilanz der Geschichtswissenschaft der DDR, wie Anm. 2..
12. Ordnung Nr. 039/9/100 des Stellvertreters des Ministers und Chef der Politischen Hauptverwaltung über die Stellung, Aufgaben und Befugnisse des Militärgeschichtlichen Instituts der Deutschen Demokratischen Republik – MGI-Ordnung – vom 04.Januar 1983. In: Anordnungs- und Mitteilungsblatt des Ministeriums für Nationale Verteidigung, Nr. 4/83.
13. Beschluß des Politbüros vom 5.Juli 1955. In: Dokumente der SED, Bd. V, Berlin 1956, S. 337 ff.
14. Grundriß zur Geschichte der deutschen Arbeiterbewegung, Berlin, 1963.
15. Joachim Petzold, Die Auseinandersetzung zwischen den Lampes und den Hampes. Zum Konflikt zwischen Parteidoktrinären und Geschichtswissenschaftlern in der NS-Zeit und in der frühen DDR. In: Zeitschrift für Geschichtswissenschaft H. 2/1994, S. 101 ff.
16. Stefan Heym, Der König David Bericht, Berlin 1977, S. 46.
17. Martin Sabrow, wie Anm. 3, S. 233 ff.
18. Ebd., S. 243.
19. Für das Militärgeschichtliche Institut waren verbindlich: die Forschungsordnung vom 03.05.1982 (Nr.039/9/001), die MGI-Ordnung vom 04.01.1983 (Nr. 39/9/100), die DV 010/0/009 vom 01.12.1977 (Wachsamkeit und Geheimhaltung), die DV 010/0/012 vom 01.08.1979 (Geheimnisschutz in der Militärpublizistik), die Ordnung über die Militärzensur in der NVA vom 14.07.1972, die Presseordnung vom 10.03.1983 (Nr. 030/9/012), die Publikationsordnung vom 10.11.1975 (Nr. 030/9/002) sowie die Urheberrechtsordnung der DDR vom 19.04.1996.
20. Heinz Hoffmann: Zur politisch-ideologischen Arbeit in Vorbereitung des 30. Jahrestages der Deutschen Demokratischen Republik. In: Ders.: Sozialistische Landesverteidigung. Aus Reden und Aufsätzen Juni 1978 – Mai 1983, Berlin 1983, S. 65.
21. Siehe dazu Wolfgang Scheler: Von der marxistisch-leninistischen

Lehre vom Krieg und von den Streitkräften zum neuen Denken über Krieg, Frieden und Streitkräfte. Über die Umwälzung der weltanschaulichen Grundlagen der Militärwissenschaft und der Wehrmotivation an der Militärakademie »Friedrich Engels« in Dresden, Dresden 1996.
22. Siehe Harald Neubert: Zum gemeinsamen Ideologie-Papier von SED und SPD aus dem Jahr 1987. In: hefte zur ddr-geschichte, Nr. 18/1994, S. 36 ff.
23. Reinhard Brühl: Zu einigen aktuellen Aufgaben der militärgeschichtlichen Forschung. In: Militärgeschichte, H. 6/1987, S. 519.
24. Wilfried Hanisch: Militärgeschichtswissenschaft im Erneuerungsprozeß. Ansätze einer Neuorientierung der Militärhistoriker der DDR auf einem Kolloquium Anfang 1990, in: Forschungen zur Militärgeschichte, wie Anm. 8, S. 261 ff

Oberst a. D. Prof. Dr. sc. Wilfried Hanisch

Was ist heute noch bewahrenswert aus der Traditionsauffassung der NVA?

(November 1997)

Der Beitritt der DDR zur Bundesrepublik Deutschland am 3. Oktober 1990 markiert auch das Ende der einst zweiten deutschen Armee, der Nationalen Volksarmee der DDR. Im vom damaligen Chef der NVA, Generalmajor Engelhardt am 2. Oktober 1990 unterzeichneten Protokoll hieß es dazu: »Auf der Grundlage des Einigungsvertrages zwischen der DDR und der BRD sowie der Weisungen des Ministers für Abrüstung und Verteidigung der DDR und des Bundesministers für Verteidigung der BRD endet mit Wirkung vom 02.10.1990, 24.00 Uhr, der Befehlsbereich des Chefs der Nationalen Volksarmee.
Alle Truppen, Einrichtungen und Bereiche gehen ein in den Befehlsbereich des Befehlshabers des Bundeswehrkommandos Ost.«[1] Das betraf von den einst 175 000 Mann der NVA (einschließlich Grenztruppen) noch etwas über 90 000, davon 50 000 Soldaten auf Zeit und Berufssoldaten, samt Waffen, sonstiger Ausrüstung und nicht zuletzt 240 000 ha Grund und Boden mit ca. 2 700 militärischen Objekten in einem damals geschätzten Gesamtwert von rund 24 Mrd. DM.
Am gleichen Tage waren bereits vorher gemäß Befehl des Abrüstungs- und Verteidigungsministers Rainer Eppelmann vom 21. September 1990 »in allen Führungsorganen, Truppenteilen, Einheiten und Einrichtungen Appelle« durchgeführt worden, »auf denen eingedenk der historischen Veränderungen die in Verbindung mit den Traditionen der Nationalen Volksarmee stehende Symbolik zu verabschieden«[2] war. Truppenfahnen und andere Symbole wurden nach diesen Appellen befehlsgemäß dem Armeemuseum, dem jetzigen Militärhistorischen Museum, in Dresden übergeben.
Damit war die NVA, einschließlich ihrer Traditionssymbolik, gewissermaßen ordnungsgemäß der Geschichte überantwortet.

Wenn man heute, sieben Jahre nach diesen Ereignissen, die Frage beantworten will, ob nun von den Traditionen dieser Armee noch etwas bewahrenswert ist, so kommt man nicht umhin, zunächst kurz den Kern des Traditionsverständnisses dieser einstigen Armee zu umreißen.
Auswahlkriterium für die beanspruchten Traditionen als Wertüberlieferungen aus der Geschichte war auch hier, wie generell unbestritten geltend, das Selbstverständnis der Armee in Abhängigkeit von dem des Staates. Und wie sich die DDR als Ergebnis des jahrhundertelangen Ringens des Volkes gegen Ausbeuter und Unterdrücker für einen sozial gerechten deutschen Staat sah, der nie wieder Ausgangspunkt eines Krieges sein sollte, so wurden nach dem Traditionsverständnis der NVA jene militärpolitischen, militärtheoretischen und militärischen Bestrebungen sowie ihre Träger aus der Geschichte ausgewählt, die den Kampf um den gesellschaftlichen Fortschritt – nach damaligem Fortschrittsverständnis – verkörperten.[3]
Im Ergebnis einer längeren Diskussion hatten sich dafür seit Mitte der 70er Jahre folgende vier bestimmende Leitlinien herausgebildet:[4]
- die dem gesellschaftlichen Fortschritt dienenden bewaffneten Kämpfe und Erhebungen vor dem selbständigen Auftreten der Arbeiter;
- die bewaffneten Kämpfe der Arbeiterbewegung und der breitere antifaschistische Widerstand;
- die neuen militärischen Traditionen aus dem Aufbau und Schutz der DDR und
- die progressiven militärischen und militärtheoretischen Leistungen von Angehörigen sogenannter »Ausbeuterklassen«.

Höhepunkt damals erreichten Realismus war zweifellos die Hinzufügung, daß das gültige Traditionsverständnis »jedoch geschichtliche Zeitabschnitte, Prozesse und Ereignisse« einschließe, »in denen sich mitunter progressive und reaktionäre Ideen und Handlungen mischen und verflechten. Das betrifft auch Größe und Grenzen hervorragender Persönlichkeiten in der deutschen Militärgeschichte.«[5]
Davon ausgehend hatte das damals gültige Traditionsver-

ständnis immer zwei grundlegende Aspekte: Erstens die Fortsetzung und Vollendung der progressiven, humanistischen und revolutionären Traditionen des Volkes und zweitens den entschiedenen endgültigen Bruch mit allem Reaktionären in der deutschen Geschichte.
Das war zweifellos ein Wertebezug, für den es speziell für die Generation, die die Schrecken des 2. Weltkrieges miterlebt hatte, echte Identifikationsmöglichkeiten gab.
Daß das vor allem für die nachfolgenden Generationen aber immer weniger überzeugend schien, hatte sicher viele Gründe – zumeist hingen sie mit dem sich immer weiter auftuenden Widerspruch zwischen Anspruch und Realität der Gesellschaft zusammen. Ursächlich dafür wirkten speziell in der militärischen Traditionspflege der NVA ihre zunehmende Einengung auf die Legitimation des Führungsanspruchs für *eine* soziale Gruppe und *eine* Partei, fehlende Demokratie sowie die – in der Regel über den Umweg Reichswehr-Rote Armee laufende – zu unkritische Übernahme von manchem im innerdienstlichen Bereich, im äußeren Erscheinungsbild sowie im gesamten Brauchtum aus der deutschen Militärgeschichte, was immer wieder den Vorwurf nährte, »Rote Preußen« zu sein.[6]
Deshalb war es nicht zufällig, daß im Rahmen der im Herbst 1989 auch in der NVA begonnenen und in der ersten Hälfte des Jahres 1990 weitergeführten demokratischen Reformversuche auch all das verändert werden sollte, was dem humanistischen Grundanliegen des Traditionsverständnisses und einer breiten demokratischen Identifikation damit im Wege stand.
Für ein neues Traditionsverständnis der NVA wurden folgende Ausgangspunkte für möglich gehalten:[7]
Es könne an der Motivierung für friedensbewahrende und friedenssichernde Aufgaben anknüpfen, müsse dabei aber die bisherige Enge überwinden und als traditionsbildend all jene einbeziehen, die sich – unabhängig von ihrem sonstigen politischen Standort – im Sinne von Humanismus und Völkerverständigung für den Friedensgedanken eingesetzt haben;
es könne anknüpfen an Antifaschismus und Antimilitarismus, müsse diese aber ebenfalls in ihrer ganzen Breite erfassen, besonders außerhalb der marxistischen Bewegung, in kirchlichen Kreisen usw.;

es könne anknüpfen an der Verpflichtung, als Armee des ganzen Volkes diesem zu dienen, müsse dazu aber durch Transparenz und volle demokratische Einbindung der Soldaten einen breiten Konsens unterstützen;
es könne anknüpfen an den Gedanken der Völkerfreundschaft und speziell an den vorhandenen Verbindungen zu den Koalitionsarmeen, die Zusammenarbeit müsse aber demokratisiert werden, damit Begegnungen der Soldaten zu solchen von Staatsbürgern in Uniform werden.
Im Unterschied zu bisher:
- müsse alles wegfallen, was auf die Erzeugung von pauschalen Feindbildern, auf Erziehung zu Haß und Intoleranz ausgerichtet war;
- dürften Traditionen nie mehr von oben verordnet werden;
- dürfe Traditionswürdigkeit nie mehr vom Selbstverständnis einer Partei abhängen, sondern
- müsse im pluralistischen Sinne untrennbar mit den Werten einer freiheitlich-
- demokratischen Grundordnung verbunden sein.

Diese Überlegungen deckten sich recht eindeutig mit damals auch in der Truppe vorhandenen Sichten. Das bestätigte u.a. eine im Mai 1990 in der 9. Panzerdivision, der 4. Flottille, im Ausbildungszentrum-19, bei Transportfliegerkräften sowie an den Offiziershochschulen der Luft- und Seestreitkräfte der NVA durchgeführte repräsentative Meinungsumfrage.[8] Friedensverantwortung, Antifaschismus und Volksverbundenheit waren nach Meinung der befragten Soldaten, Unteroffiziere und Offiziere besonders jene Traditionen und Werte, die die NVA »in das künftige Deutschland« einzubringen habe. Dabei sprachen sich jeweils 74 Prozent der Soldaten und Unteroffiziere und 89 Prozent der Offiziere für die genannte Ausweitung des Traditionsverständnisses aus.
An der weiteren Diskussion hierzu beteiligten sich übrigens auch schon Angehörige der Bundeswehr – so beispielsweise bei einer Ende Juni 1990 vom damaligen Verband der Berufssoldaten in Burg bei Magdeburg zum neuen Traditionsverständnis der NVA durchgeführten Beratung.
Die genannten Überlegungen fanden dann noch Eingang in

eine vom Minister für Abrüstung und Verteidigung am 22. Juni 1990 zum gleichen Thema bestätigte Arbeitsgrundlage, die nach öffentlicher Diskussion bis zum September 1990 zu einem Entwurf von »Grundsätzen für die Traditionspflege in der NVA« führen sollte. Durch die rasche gesamtpolitische Entwicklung hin zum Beitritt der DDR zur Bundesrepublik wurden diese Absichten selbstredend überholt und schließlich bald gegenstandslos für die NVA.

Wenn so auch die Überlegungen unfertig blieben, so bewiesen diese Entwicklungen dennoch, daß das Thema Traditionsverständnis selbst in der Endphase der NVA in der Truppe noch festen Boden besaß und daß sich dabei mit der beginnenden politischen Wende ebenfalls das Traditionsverständnis in die richtige Richtung weiterentwickelte. Für die weitere Ausprägung eines demokratischen Traditionsverständnisses gesamtdeutscher Streitkräfte erscheinen damals geäußerte Gedanken durchaus bewahrenswert.

Mit dem Ende der DDR sind, wie eingangs sehr direkt belegt, auch die NVA und ihr Traditionsverständnis der Geschichte überantwortet worden. Dennoch kann das nicht heißen, daß damit diese Themen für immer vom Tisch sind. Ebenfalls die NVA und ihr Traditionsverständnis sind Teil der gesamtdeutschen Geschichte geworden – auch wenn das nicht jeder wahrhaben möchte.

Der einstige Bundespräsident Richard von Weizsäcker packte dieses Problem in seiner generellen Dimension wie folgt an:
»Als nach dem Zweiten Weltkrieg die Teilung entstanden war, ging es in beiden deutschen Staaten um eine Antwort auf Ungeist und Unrecht des Nationalsozialismus. Sie wurde jedoch mit völlig verschiedenen Zielen gesucht. Daraus waren in den vergangenen Jahrzehnten zwei getrennte Geschichtskapitel entstanden.

Im Zeichen der Vereinigung will die stark gewordene alte Bundesrepublik ihre bewährte Geschichte schützen und fortführen. Das soll durch die Geschichte der DDR möglichst nicht gestört werden. Doch diese stellt nun brennende Fragen. Nur an den östlichen Teil? Bleibt es bei einer halbierten Geschichte? Kann so die Vereinigung gelingen? Das ist nicht zu erwarten. Gewiß war der Westen nur höchst mittelbar an

der Entwicklung im Osten beteiligt. Aber die Wirklichkeit erlaubt es ihm nicht, sich schlechthin vom Erbe der DDR freizuzeichnen, sich quasi vom Schicksal des anderen als ›nicht betroffen‹ zu erklären. Beide Erbteile gehören zum Ganzen. Nur dann können wir eins werden, wenn wir uns auch im Verständnis der Vergangenheit vereinigen.«[9]
Bewahrenswert im Sinne der eingangs gestellten Frage muß daher *erstens* stets schon bejaht werden als Voraussetzung zum – nach Möglichkeit unverfälschten – »Zur-Kenntnis-Nehmen« des anderen »Erbteiles«. Gerade hinsichtlich der Traditionsproblematik erscheint das besonders aufschlußreich.
Eingangs wurde schon genannt, daß das Traditionsverständnis einer Armee ihr Selbstverständnis ausmacht. Aus der kritischen Sicht auf das gesamte überlieferte geschichtliche Erbe werden jene Leitbilder und Werte ausgewählt, die diesem Selbstverständnis entsprechen.
Nun kann man ja durchaus unterschiedlicher Meinung sein, wie dieses damalige Selbstverständnis heute zu interpretieren ist. Ja, man kann sogar soweit gehen, zu behaupten, daß dieser Wertebezug aus heutiger Sicht zu Unrecht beansprucht worden sei. All das ändert jedoch nichts an der Tatsache, daß der damals beanspruchte Wertebezug gültig und in der Regel auch mehr oder weniger wirksam war, d.h. Handeln und speziell auch Entscheidungen vieler Menschen damals wesentlich mit beeinflußt oder gar bestimmt hat. Und für die Soldaten der NVA der DDR war das eben nicht mehr großdeutsches Macht- und Eroberungsdenken im Sinne von »heute gehört uns Deutschland und morgen die ganze Welt«, sondern die verpflichtende These, daß von deutschem Boden nie wieder Krieg ausgehen darf. Und die Kasernen und Truppenteile trugen nicht die Namen siegreicher Exponenten der Blut- und Eisenpolitik, sondern von solchen, die dieser Politik entgegengewirkt und das oft mit dem Leben bezahlt hatten. Unbestritten erfolgte die Auswahl dabei überproportional zugunsten kommunistischer Widerstandskämpfer, dennoch war es inhaltlich ein entschiedener Bruch mit der Traditionsverpflichtung von NS-Staat und Wehrmacht.
Diese Gegenüberstellung verdeutlicht zugleich, wie einsei-

tig und inhaltlich ungerechtfertigt es ist, wenn – vor allem ausgehend von äußeren Ähnlichkeiten in Machtstrukturen – DDR-Geschichte und damit das damalige Handeln der Menschen jetzt fast ausschließlich nach der Elle von den zwei Diktaturen in Deutschland bewertet wird. Es muß nicht verwundern, daß eine derartig versuchte Geschichtsaufarbeitung bei der Mehrheit der davon Betroffenen nicht ankommt.

Speziell für die Bewertung des Dienstes als Soldat wird dabei zusätzlich deutlich, daß dadurch nicht nur eine De-facto-Gleichsetzung der DDR mit dem Welteroberungsstaat des sog. Dritten Reiches erfolgt, sondern die damit verbundene Diskriminierung der Menschen sogar wesentlich weiter geht, bis hin zu sehr fühlbaren praktischen Konsequenzen.

Den Soldaten der Wehrmacht wird prinzipiell zugebilligt, daß sie trotz der unbestreitbaren aktiven Teilnahme an Hitlers Eroberungs- und Vernichtungskrieg »in der Mehrheit sauber geblieben« seien, zumindest für die Schlußphase des Krieges werden ihnen auch selbst für solche opferreichen Endkampf-Aktionen wie die der Armee Wenck echte patriotische Motivationen unterstellt, die zudem sogar für traditionswürdig betrachtet werden. Seit 1950 wird »Kriegsopferrente« nicht nur auch an ehemalige Angehörige der Waffen-SS gezahlt, sondern selbst an solche ehemaligen Soldaten, die direkter Kriegsverbrechen persönlich überführt und zum Teil dafür auch verurteilt worden sind.

Den Soldaten der NVA, die bekanntlich keinen Krieg geführt hat, wird demgegenüber pauschal vorgeworfen, einem Unrechtsregime gedient zu haben, weshalb selbstredend nichts traditionswürdig sei. Hartnäckig verweigert man selbst die offizielle Anerkennung eines einst schon einmal zugesprochenen eigenen Anteils am friedlichen Verlauf von Wende, Grenzöffnung und Vereinigung. Eine bis vor kurzem generell verhängte willkürliche Rentenkürzung wurde zwar eingeschränkt, aber nicht gänzlich beseitigt. Für in der Bundeswehr noch dienende ehemalige NVA-Soldaten werden Dienstzeiten in der NVA nicht als Vordienstzeiten anerkannt. Die Aufzählung ließe sich fortsetzen.

Zum *Zweiten* muß man wohl die Frage nach Bewahrenswertem im Traditionsverständnis der NVA positiv beantworten, wenn es um die kritischere Sicht auf die deutsche Militärgeschichte geht. Natürlich aber auch hier im kritischen Vergleich zwischen Anspruch und Realität. Beispielsweise kam die DDR bei allem Bestreben, eine völlig neue Traditionslinie aus der Geschichte in den Rang von Traditionen regulärer Streitkräfte zu erheben, nicht um das Problem Wehrmacht herum. Prinzipiell gab es dort keine Erblast, denn politisch verstand sich die NVA als Alternative zur Masse der früheren regulären Armeen in Deutschland, vor allem zu denen seit der »Reichseinigung von oben« 1871 und speziell zur Wehrmacht Die politische Abgrenzung zur Wehrmacht als einer Armee, die für einen verbrecherischen Eroberungskrieg mißbraucht wurde und die sich mißbrauchen ließ, war absolut und sogar überzogen – fast bis zum Ende der DDR wurde sie völlig undifferenziert als faschistisch eingestuft. Aber auch die berechtigte kritische Position schloß jede Anleihe im Traditionsverständnis aus.

Unter den konkreten Bedingungen der unmittelbaren Nachkriegsjahre war jedoch die Aufstellung von modernen Streitkräften ohne das Fachwissen ehemaliger Wehrmachtoffiziere nicht möglich. Das galt zweifellos für beide deutsche Staaten, wurde aber dennoch völlig unterschiedlich gelöst, quantitativ und qualitativ. Diesen Unterschied heute zu verschweigen oder zumindest zu nivellieren, widerspräche nicht nur den historischen Tatsachen, sondern wäre zugleich eher kontraproduktiv für die Lösung der schon genannten Aufgabe, im Interesse der gemeinsamen Zukunft die beiderseitige Vergangenheit real und kritisch gegenseitig zur Kenntnis zu nehmen.

Für manchen sicher überraschend erwies sich nach der Wende die früher knappe Angabe, daß beim Aufbau der NVA lediglich ca. 3 Prozent der Offiziere ehemalige Wehrmachtoffiziere gewesen sein, nach Öffnung der Archive als sachlich zutreffend: in den Vorläuferformationen der Hauptverwaltung für Ausbildung (HVA) waren es mit Stand vom Juni 1951 insgesamt 4,2 Prozent, in der Kasernierten Volkspolizei (KVP) im Oktober 1953 noch 3,4 Prozent und mit Stichtag Februar 1957, also nach Abschluß der unmittelbaren Aufstellung der NVA, sogar nur noch 2,5 Prozent.[10]

Diese 2,5 Prozent vom Februar 1957 umfaßten exakt 455 Wehrmachtoffiziere, die sich nach ihrem letzten Wehrmachtdienstgrad wie folgt zusammensetzten:

220	= 48 Prozent	waren Leutnant,
114	= 25 Prozent	waren Oberleutnant,
73	= 16 Prozent	waren Hauptmann,
25	= 5,3 Prozent	waren Major,
9	= 2 Prozent	waren Oberstleutnant,
14	= 3 Prozent	waren Oberst und
3	= 0,7 Prozent	waren General.[11]

Wenn man dem gegenüberstellt, daß vergleichsweise die erste Führungsgeneration der Bundeswehr ausschließlich aus ehemaligen Wehrmachtoffizieren bestand, darunter im Herbst 1957 allein 44 Wehrmachtgenerale und -admirale, weist sich darin übrigens zugleich einer jener von Weizsäcker »nur höchst mittelbar« genannten Anteile der Bundesrepublik »an der Entwicklung im Osten« aus. Denn diese Tatsache war für nicht wenige NVA-Soldaten ein schlüssiger Beweis dafür, nunmehr auf der richtigeren Seite zu stehen.

Gleichzeitig wird angesichts dessen um so unverständlicher, daß seitens der obersten politischen und militärischen Führung der DDR die analogen Zahlen für die NVA streng geheim gehalten bzw. sogar, wie im Mai 1959 auf einer Pressekonferenz in Genf geschehen, öffentlich verleugnet wurden.

Dennoch wäre es falsch, die Rolle der ehemaligen Wehrmachtoffiziere für den erfolgreichen Aufbau der NVA ausschließlich an der geringen Zahl und den überwiegend niedrigen Dienstgraden zu bemessen, schließlich waren sie die unentbehrlichen Fachspezialisten. Das wird deutlich, wenn man vergleicht, welchen Anteil sie in den Führungsebenen hatten: Am 01. Januar 1957 sah der Anteil ehemaliger Wehrmachtoffiziere in leitenden Stellungen wie folgt aus:

im Verteidigungsministerium	= 30 Offiziere = 25,5 %
in den Kommandos der Militärbezirke sowie der Luft- und Seestreitkräfte	= 19 Offiziere = 20,2 %

in den Divisionen = 12 Offiziere = 21,8 %
in den Regimentern = 29 Offiziere = 9,6 %
in den Schulen = 19 Offiziere = 30,2 %

Nach dem damaligen Selbstverständnis der DDR und ihrer Streitkräfte muß es nicht verwundern, daß die ehemaligen Wehrmachtoffiziere innerhalb dieser Führungsgremien nicht in politisch bestimmende Funktionen eingesetzt wurden. Die Fakten belegen, daß sie in den Aufbaujahren der NVA insbesondere in solchen Funktionen tätig waren, die militärisch-organisatorische und militärtechnische Kenntnisse voraussetzten.
Beispielsweise waren die drei ehemaligen Generäle zu jener Zeit im Ministerium wie folgt eingesetzt:
Generalleutnant Vincenz Müller als Stellvertreter des Ministers und Chef des Hauptstabes, Generalmajor Arno von Lensky als Chef der Panzertruppen und Generalmajor Hans Wulz als Chef Waffentechnischer Dienst.
Dennoch gab es keinen Grund, an der Ehrlichkeit und Zuverlässigkeit der ehemaligen Wehrmachtoffiziere zu zweifeln. Die übergroße Mehrheit verrichtete aufrecht und mit großer Einsatzbereitschaft ihren Dienst in der NVA sowie ihren Vorläufern in der Überzeugung, einer richtigen Sache zu dienen.
Völlig ungerechtfertigt erscheinen daher die jetzt bekannt gewordenen, bereits im Februar 1957 vom SED-Politbüro beschlossenen, Richtlinien zur raschen Aussonderung »Ehemaliger« aus den Reihen der NVA. Hiernach waren bereits ab Ende 1957 bis Ende 1959 – bis auf einen kleinen Kreis von Spezialisten, die keine Stabs- oder Kommandostellen innehatten – alle übrigen Schritt für Schritt in die Reserve zu versetzen bzw. zu pensionieren.[12] Offensichtlich sind diese Offiziere trotz ihrer erwiesenen Haltung von bestimmten politischen Führungskräften von Anbeginn mit Mißtrauen verfolgt und als außenpolitische Belastung betrachtet worden, der man sich baldmöglichst wieder entledigen wollte. Heute wissen wir, daß dieses Mißtrauen kein Einzelfall, sondern systemimmanent für das gesamte stalinistische geprägte Sozialismusmodell war
Gleichermaßen offen kritisch muß man aber ebenfalls heu-

tige Versuche bewerten, diese damalige bewußte persönliche Entscheidung und Haltung der genannten ehemaligen Wehrmachtoffiziere in Frage zu stellen oder als erzwungen zu diffamieren.
Natürlich waren sicher die Beweggründe im einzelnen komplex und unterschiedlich, aber eine maßgebliche Rolle spielte wohl bei allen die eindeutige Absage an Faschismus und deutsche Großmacht- und Eroberungspolitik, verbunden mit dem Ziel, durch persönlichen Einsatz künftighin eine solche Entwicklung auszuschließen. Der oft damit einhergehende und sicher nicht einfache Bruch auch mit der eigenen persönlichen Vergangenheit begann für nicht wenige schon durch eigene Kriegserlebnisse wie vor Stalingrad, zumeist aber dann in Kriegsgefangenen- und sog. Antifa-Lagern in der UdSSR. Angesichts dieser unstrittigen Tatsachen erscheint historisch völlig unbegründet – und übrigens selbst auch der einfachen Logik widersprechend -, wenn dieser Prozeß in einer neuzeitlichen Darstellung schon verbal ein negatives Vorzeichen erhält, indem behauptet wird, daß dort durch sowjetische Offiziere und KPD-Funktionäre »- nicht selten durch Ausübung politischen und moralischen Drucks – frühzeitig ein gewisses Potential willfähriger Wehrmachtoffiziere« geschaffen worden sei, »von denen sich ein Teil später rasch mit der SED-Politik arrangierte.«[13]
Nicht erst heute ist wohl klar, daß diese Offiziere eine solchermaßen erzwungene Entscheidung spätestens nach der Rückkehr nach Deutschland hätten korrigieren können, indem sie bis 1961 relativ leicht in die damalige Bundesrepublik gelangt wären, wo ihnen zudem mit ziemlicher Sicherheit sowohl eine raschere als auch materiell lukrativere Karriere geboten worden wäre. Einige taten es bekanntlich, die Mehrheit der Offiziere, die sich anders entschieden hatten, blieb jedoch dabei.
Eine heutige erneute Diskussion über die Rolle ehemaliger Wehrmachtoffiziere wäre natürlich nach der deutschen Vereinigung unaufrichtig und unvollständig, wenn man sie nur auf die NVA bezöge. Auch hier wirkt das Beschäftigen mit DDR-Geschichte im Sinne von Weizsäckers Aussage als Störfaktor auf das Beharrungsbestreben der Bundesrepublik ein.

Denn natürlich stellen nun die ehemaligen NVA-Soldaten Fragen zu dem, was sie damals von jenseits der Grenze als Bestätigung ihrer Entscheidung wahrgenommen hatten. Dabei wirken sicher auch Irritationen nach. Aber eben um sie auszuräumen, sollte es keine neuen Tabus geben – beispielsweise zur Frage, warum in der Bundeswehr ehemalige Wehrmachtoffiziere selbst dann Karriere machen konnten, wenn sie für gegen sie erhobene Anschuldigungen in anderen Ländern, z. B. in Frankreich, Polen und der früheren Sowjetunion, verurteilt worden waren. Was ist von diesen früheren Vorwürfen zutreffend, was war im Zuge des kalten Krieges propagandistisch überhöht und was kann nach heutigem Erkenntnisstand nicht aufrechterhalten werden?[14]

Drittens erscheint bei allen notwendigen kritischen Anmerkungen bewahrenswert die vorgenommene Ausweitung des Traditionsverständnisses einer regulären Armee auf Antimilitarismus und Antifaschismus. Eine Armee, die sich von Aggressionsabsichten prinzipiell distanziert und mit ihren militärischen Potenzen primär für Friedensbewahrung eintreten will, kann das nicht glaubhaft tun, wenn sie nicht das Vermächtnis jener achtet, die gegen die aus der deutschen Geschichte nicht wegzudiskutierende gegenteilige Politik persönlich bis zum Einsatz des eigenen Lebens gekämpft haben. Angesichts des genannten Selbstverständnisses der DDR erschien es nur folgerichtig, daß antifaschistischer Widerstand zur tragenden Säule im Traditionsverständnis der NVA wurde. So befanden sich unter den 296 Namen von Persönlichkeiten, die insgesamt im Führungsbereich des Ministeriums für Nationale Verteidigung[15] an Kasernen, Schulen, Truppenformationen sowie an Schiffe und Boote verliehen wurden, 235 Namen von solchen Personen, die im In- und Ausland zwischen 1933 und 1945 in unterschiedlichen Formen im antifaschistischen Widerstand aktiv waren. Diese Zahlen sind zweifellos ein Beleg für die tatsächlich erfolgte antifaschistische Ausrichtung der Traditionspflege.

Wenn davon aber nur 16 keine Kommunisten waren (das heißt, auch nach 1945 nicht Mitglied der SED wurden), so ist das zugleich ein erdrückender Beleg für die bei der Auswahl praktizierte parteipolitische Enge. Von den Männern des 20.

Juli 1944 war nur ein Name darunter – doch der bezog sich auf keinen Militär, sondern auf Wilhelm Leuschner (SPD). Die vorbereitete Vergabe des Namens von Stauffenberg an eine NVA-Division kam nicht mehr zum Tragen. In gewisser Weise wurde das noch in der Schlußphase der NVA korrigiert, indem zum 20. Juli 1990 zwei Führungsgebäude in Strausberg die Namen »von Stauffenberg« und »von Tresckow« erhielten.
Wenn man heute Deformierungen des Antifaschismus in der Traditionspflege der NVA benennen will, so betrifft das meines Erachtens hauptsächlich die deutlich gemachte starke Verengung auf den kommunistischen Widerstand. Damit wird jedoch nicht die vorhanden gewesene antifaschistische Grundrichtung in Frage gestellt, auch nicht durch das Argument, sie sei ja »von oben verordnet« gewesen. Letzteres wird, wenn es dabei belassen wurde, allerdings merklich die Wirksamkeit beeinträchtigt haben.
Wenn man heute also zurecht die starke Einengung des Widerstandes auf kommunistischen Widerstand im offiziellen Traditionsverständnis der DDR wie auch der NVA kritisch herausstellen muß, so wird die Geschichte selbstverständlich nicht dadurch kritikfrei, indem man – wie in der Alt-BRD geschehen und jetzt auf ganz Deutschland übertragen – versucht, diesen Widerstand völlig zu ignorieren. Schließlich war es ebenfalls Widerstand gegen Faschismus, oft mit dem Leben bezahlt. So bezogen sich von den 225 Traditionsnamen, die ausschließlich im Bereich der NVA verliehen wurden, 85 auf solche Persönlichkeiten, die ihr Leben im Widerstand gegen den Faschismus verloren: 37 wurden hingerichtet nach Todesurteilen, zwölf im KZ ermordet, fünf starben an unmittelbaren Folgen von Haft in Gefängnissen oder KZ, fünf fielen im Krieg gegen den Faschismus in Spanien, zehn fielen als Partisanen oder als Beauftragte des Nationalkomitees »Freies Deutschland«, 15 wurden durch die SA ermordet und einer wählte in der Haft den Freitod.
Ausgehend vom eingangs gesagten muß es durchaus nicht ein Einzelfall bleiben, daß eine Kaserne der Bundeswehr heute einen Namen erhält, den zuvor ein Truppenteil der NVA trug – die Bundeswehrkaserne in Dahmsdorf bei Potsdam erhielt den schon genannten Namen des Sozialdemokraten Wilhelm

Leuschner, bis zum 2. Oktober 1990 trug diesen Namen das NVA-Instandsetzungsbataillon 4 in Gotha.

Viertens und mit dem Vorgenannten im Zusammenhang stehend, sollte der in der Wende gemachte Versuch als bewahrenswert gelten, das eigene Traditionsverständnis auch in den eigenen Reihen kritisch zu hinterfragen und erforderlichenfalls zu korrigieren. Wie eingangs kurz dargestellt, war die praktische Umsetzung für die NVA aber nur noch in Ansätzen möglich.

Neben dem dabei in jener knappen Zeit schon Veränderten und weiter Diskutierten – zu verfolgen anhand des hierzu archivierten Schriftgutes – erscheint besonders auch die dem zugrunde liegende Erfahrung nachdenkenswert, daß Differenzen zwischen Anspruch und Wirklichkeit, vor allem auch zwischen beanspruchten Werten und Gegebenheiten ihrer Umsetzung in der Traditionspflege, immer zu Lasten der Glaubwürdigkeit der beanspruchten Werte gehen und diese zunehmend untergraben. Das betrifft selbst die Beziehung zum militärischen Brauchtum, obwohl es sich generell von Traditionen unterscheidet. Denn es umfaßt Formen, Sitten und Gepflogenheiten des Truppenlebens, die oft vor langer Zeit entstanden und aus ihrem ursprünglichen Bedeutungszusammenhang völlig herausgelöst sind. Dennoch gibt es, wie eben auch die Geschichte der NVA bewies, selbst für die Übernahme von Brauchtum bestimmte Grenzen, damit es den beanspruchten Werten nicht im Wege steht.

Noch mehr gilt es natürlich für unmittelbare Teile der Traditionspflege, beispielsweise über den Bezug zu Namensträgern für Kasernen. Offensichtlich hat hier die Bundeswehr eine noch offene Hypothek in das nunmehrige Gesamtdeutschland eingebracht – eine zum Teil beträchtliche Differenz zwischen offiziell gültigem Traditionsverständnis und vorhandenen Traditionsnamen. Von den ca. 420 Kasernen, die die Bundeswehr vor der Vereinigung hatte und die fast alle einen Namen besitzen, trugen lediglich elf die Namen von offenen Gegnern des Hitlerregimes, einschließlich der Männer des 20. Juli 1944. Demgegenüber existierten u.a. 50 Kasernen mit Namen von führenden Militärs und Kriegsfreiwilligen des ersten Weltkrieges, 32 von Offizieren der Wehrmacht

und drei von ehemaligen deutschen Gebieten. Zweifellos lassen sich dabei besonders Namen wie Ludendorff und Hindenburg (dessen Namen tragen 8 Kasernen) weder mit freiheitlich-demokratischen Grundwerten noch mit Grundsätzen vom Staatsbürger in Uniform in Verbindung bringen.
Diese Widersprüche resultieren vor allem daraus, daß die Bundeswehr in der Vergangenheit in der Tat eine Veränderung im offiziellen Traditionsverständnis vollzogen hat, aber offensichtlich dabei auf halbem Wege stehen geblieben ist.
Die genannte Veränderung wurde mit den neuen Traditionsrichtlinien im Jahre 1982 eingeleitet. Die in einer Pressekonferenz am 20. September 1982 offiziell vorgebrachten »Erläuterungen zu den neuen Traditionsrichtlinien der Bundeswehr«[16] verdeutlichten zusätzlich den Grad der gewollten Veränderungen, aber auch die Defizite des bis dahin gültigen Traditionserlasses von 1965.
Zu diesen Defiziten wurden ausdrücklich benannt:
im Traditionserlaß von 1965 werde die Unterscheidung zwischen Geschichte, Tradition und Brauchtum nicht deutlich;
der Traditionserlaß enthalte historisch unhaltbare Passagen, u.a. solche, die politisches Mitdenken und Mitverantwortung als ungebrochene Traditionslinie deutschen Soldatentums seit den preußischen Reformen deklarieren;
der Traditionserlaß enthalte die inhaltlich bedenkliche Formel: »Zur Tradition soldatischer Wertung« gehöre, »daß den Soldaten Zögern schwerer belastet als ein Fehlgreifen im Entschluß«;
im Traditionserlaß würden die drei für die Bundeswehr gültigen Traditionslinien nicht verdeutlicht: die freiheitliche und demokratische Traditionslinie in der deutschen Geschichte, die bewahrenswerte Tradition der deutschen Militärgeschichte, die in der Bundeswehr selbst geschaffene Tradition;
und nicht zuletzt: im Erlaß fehle die Friedensbezogenheit des Dienstes in der Bundeswehr. Gerade sie bedürfe jedoch heute mehr denn je einer besonderen Herausstellung.
Gesamtziel der Überarbeitung des Traditionserlasses sei es daher vor allem gewesen, »die friedenserhaltende Funktion als den Existenzgrund der Bundeswehr zu verdeutlichen« und »ihr Verhältnis zu früheren deutschen Streitkräften unmißverständlich zu definieren«.

Als herauszustellende wesentliche Neuerungen bzw. Änderungen durch die neuen Traditionsrichtlinien wurden dabei u.a. betont:
Tradition ist »nicht mehr nur Übernahme aus der Vergangenheit, sondern fordert die Auseinandersetzung«;
Friedensbewahrung muß »auch das Traditionsverständnis und die Traditionspflege der Bundeswehr prägen. Diese Bindung verbietet die Verherrlichung von Krieg und Waffen«;
»Es gibt keine ungebrochene militärische Traditionslinie. Traditionen von Truppenteilen ehemaliger deutscher Streitkräfte werden an Bundeswehrtruppenteile nicht verliehen, deshalb werden auch Fahnen uns Standarten früherer Verbände in der Bundeswehr nicht mitgeführt oder begleitet. Die Richtlinien sind hier konsequent.«
Weniger konsequent war man aber offensichtlich, wenn es in diesen Erläuterungen zu den neuen Traditionsrichtlinien bezüglich der praktischen Schlußfolgerungen u.a. hieß:
»Eingebürgerte und unproblematische Kasernennamen nach Personen der Geschichte sollen nicht ohne erheblichen Grund geändert werden«. Dabei ging man jedoch von der vorangestellten These aus: »Soweit in den vergangenen Jahren Kasernen nach Personen benannt wurden, waren dies Bürger, deren demokratische Legitimation außer Frage steht.«
Und diese pauschale Wertung war offensichtlich ein Irrtum. Außerdem hätten ebenfalls die hier nur kurz umrissenen tatsächlichen Veränderungen des Traditionsverständnisses logischerweise zumindest eine kritische Überprüfung verlangt. Das unterblieb jedoch, wurde dann aber durch Druck aus der demokratischen Öffentlichkeit[17] für einige sehr drastische Fälle eingeleitet und nach langem Zögern zu Konsequenzen geführt: Ende 1995 hat Bundesverteidigungsminister Volker Rühe die Umbenennung der »Kübler-Kaserne« in Mittenwald und der »Dietl-Kaserne« in Füssen veranlaßt. General Ludwig Kübler war in Jugoslawien wegen Kriegsverbrechen zum Tode verurteilt worden, General Eduard Dietl hatte als persönlicher Freund Hitlers schon in den 20er Jahren dessen Versammlungen mit Soldaten gesichert und war schließlich der einzige General der Wehrmacht, der das »Goldene Parteiabzeichen« der NSDAP trug.

Die Reaktionen auf diese Umbenennungen waren in und außerhalb der Bundeswehr recht zwiespältig und – soweit sie veröffentlicht wurden – eher ablehnend. Die Zeitschrift »Die Gebirgsjäger« charakterisierte Rühes Befehl als »rein opportunistisch-politische Entscheidung«. Und auch nach der Kasernen-Umbenennung werde man kompromißlos allen Versuchen widerstehen, die Bundeswehr von der »bewährten stolzen Tradition deutschen Soldatentums abzukoppeln«.[18]
Auch die durch die noch laufende Ausstellung über die Verstrickung der Wehrmacht in Nazi-Verbrechen ausgelöste, zum Teil sehr heftige Diskussion beweist, wie angebracht die Forderung der neuen Traditionsrichtlinien ist, Traditionsbildung stets im Prozeß und als Ergebnis kritischer Auseinandersetzung mit der Vergangenheit zu sehen.[19]
Sicher könnte es nützlich sein, in diese Diskussion stärker als bisher die Soldaten der Bundeswehr einzubeziehen, vor allem orientiert am örtlichen Traditionsbezug. Organisatorisch wären dort Anleihen bei ehemaligen Traditionszirkeln der NVA denkbar, vor allem solchen zur Garnisonsgeschichte . In den Standorten der neuen Bundesländer sollte man zumindest versuchen, deren Ergebnisse für eine möglichst breite Diskussion mit heranzuziehen.
Natürlich werden dabei unterschiedliche Sichten auf die Geschichte bleiben. Der Pluralismus der Gesellschaft schließt ja ein, daß Lehren und Erfahrungen nicht für alle den gleichen Stellenwert haben. Das muß im Rahmen des Grundgesetzes ebenfalls für Traditionswerte gelten, wie auch die Traditionsrichtlinien betonen.
Daß Traditionswürdigkeit künftig nicht von Weltanschauungen oder von Parteiinteressen abhängig gemacht werden dürfe, forderten übrigens in der schon genannten letzten Meinungsumfrage in der NVA vom Mai 1989 ca. 70 Prozent der befragten Mannschaften, 81 Prozent der Unteroffiziere und 85 Prozent der Offiziere – eine überzeugende Mehrheit, die offensichtlich verdient, nicht nur als Kritik an der Vergangenheit aufgefaßt zu werden.

1. Kopie im Besitz des Verfassers
2. Kopie Besitz des Verfassers
3. Siehe Doehler/Haufe, Militärhistorische Traditionen, Berlin 1989, S. 7.
4. Vgl. Wörterbuch zur deutschen Militärgeschichte, Berlin 1985, S. 69.
5. Ebenda, S. 569 f.
6. Angesichts der bis Ende der 70er Jahre vorherrschenden, überzogenen, weil undifferenzierten, Ablehnung alles Preußischen erfolgte diese Übernahme kritikwürdiger Teile aus dem deutschen militärischen Erbe zumeist nicht auf direktem Wege, sondern über den Umweg der Orientierung an sowjetischen Dienstvorschriften, die wiederum aus der Zusammenarbeit Reichswehr/Rote Armee in den 20er und anfangs der 30er Jahre mitgeprägt worden waren. Siehe auch D. Dreetz: Aus der Zusammenarbeit von Reichswehr und Roter Armee 1930. In: Militärgeschichte, H. 5/1990, S. 475 ff.
7. Nachfolgendes stützt sich auf erste Gedanken zu einem neuen Traditionsverständnis der NVA, die der Autor in seiner damaligen Funktion kurzfristig zu erarbeiten und am 8. Mai 1990 an den Leiter der Expertengruppe »Militärreform der DDR«, Generalleutnant Baarß, zu übergeben hatte.
8. Kopie im Besitz des Verfassers. Das war zugleich die letzte große anonyme Meinungsumfrage in der NVA.
9. Richard von Weizsäcker: Vier Zeiten, Berlin 1997. Vorabdruck im »Spiegel« Nr. 36/1997, S. 89.
10. Siehe aus dem damaligen Bestand Bundesarchiv-Militärisches Zwischenarchiv Potsdam: Pt 3878, Pt 3852, VA-01/5496, VA-P-01/7535 sowie Unterlagen beim Verfasser.
11. siehe ebd.
12. Siehe Protokoll Nr. 8/57 des Politbüros der SED. In: Stiftung der Parteien und Massenorganisationen der DDR im Bundesarchiv, J IV/2/2/528 Bl. 10 ff. sowie Kopie der Vorlage (im Besitz des Autors)
13. Rüdiger Wenzke: Auf dem Wege zur Kaderarmee. In: Volksarmee schaffen ohne Geschrei!, München 1994, S. 224.
14. Vgl. z.B. das Braunbuch, hrsg. vom Nationalrat der Nationalen Front des demokratischen Deutschland/Dokumentationszentrum der Staatliche Archivverwaltung der DDR, 3. Überarb. u. erw. Aufl., Berlin 1968, S. 196, 226 ff.
15. Außer der NVA gehörten dazu die Grenztruppen und der Bereich der Zivilverteidigung.
16. Siehe Material für die Presse, Herausgeber: Der Bundesminister der Verteidigung, Bonn, September 1982 – Kopie im Besitz des Verfassers. Auch die nachfolgenden direkten Bezüge beziehen sich – wenn nicht anders angegeben – ebenfalls auf diese Quelle.
17. Siehe hierzu auch Jakob Knab, Falsche Glorie. Das Traditionsverständnis der Bundeswehr, Berlin 1995, S. 110 ff., 131 ff.
18. Vgl. Die Gebirgstruppe, Dezember 1995.
19. Siehe u.a. Die Zeit, Nr. 10, vom 3. 03 1995, S. 14 ff.

**Oberst a. D. Prof. Dr. sc. Egbert Fischer/
Oberstleutnant a. D. Dipl. rer. mil. Horst Wendt**

Der Dienst der Bausoldaten – eine echte Alternative zum Wehrdienst in der NVA ?

(November 1997)

1. Untersuchungsbedingungen und Quellensituation
Als die Veranstalter des heutigen Seminars unserer »Arbeitsgruppe Geschichte der NVA ... beim Landesvorstand Ost des DBwV« den Vorschlag unterbreiteten, sich aus NVA-Sicht zu dem obigen Thema zu äußern, haben wir zwar die Schwierigkeiten erahnt, jedoch zum damaligen Zeitpunkt nicht erwartet, daß es so problematisch werden würde. Zunächst muß man feststellen, daß das Thema zu DDR-Zeiten wissenschaftlich nicht bearbeitet wurde und folglich auch keine Publikationen vorliegen. Bausoldaten und damit verbundene Probleme finden im Standardwerk »Armee für Frieden und Sozialismus« keine Erwähnung. Lediglich in der Zeittafel zur Militärgeschichte der DDR heißt es zum 7. September 1964: »Anordnung des Nationalen Verteidigungsrates der DDR über die Aufstellung von Baueinheiten im Bereich des Ministeriums für Nationale Verteidigung der DDR. Sie ermöglicht es jenen wehrpflichtigen DDR-Bürgern, die aus religiösen Gründen den Dienst mit der Waffe ablehnen, durch Arbeitsleistungen an der Stärkung der Verteidigungsfähigkeit des Landes teilzunehmen.«[1] Das ist die am weitesten gefaßte Wiedergabe des Inhalts der Anordnung des Nationalen Verteidigungsrates der DDR. In der DDR-Zeittafel von 1989 findet man unter dem gleichen Datum: »Anordnung des Nationalen Verteidigungsrates der DDR über die Aufstellung von Baueinheiten im Bereich des Ministeriums für Nationale Verteidigung.«[2] Ein nicht Eingeweihter konnte daraus wohl kaum eine echte Alternative zum Wehrdienst ableiten.
Mit Schwierigkeiten haben wir allerdings nicht diese Erscheinung gemeint. Daß dies so war, konnte nicht überraschen. Überrascht hat uns vielmehr, daß trotz der in der NVA vor-

handenen Stufen der Geheimhaltung in den Akten sowenig über das Problem der Bausoldaten festgehalten wurde. Man könnte hier einwenden: Es handelte sich lediglich um 0,4 bis 0,7 Prozent der Einzuberufenden – das drückt den Stellenwert des Problems. Für den Dienstprozeß in der Armee mag dies stimmen, aber für seine politische Bedeutung sicher nicht. Es ist heute auch einzuschätzen, daß bestehende Forderungen zur Archivierung auf diesem Gebiet nicht einheitlich umgesetzt wurden. Das heißt, daß die Vorgesetzten verschiedener Stufen das Problem unterschiedlich behandelt haben. Obwohl uns durch Aktenaussagen beispielsweise bekannt ist, daß es in verschiedenen Baupionierbataillonen Bausoldaten gegeben hat, weisen die Einen dies in ihren Befehlen, Chroniken etc. nach, während Andere ihre Bausoldaten mit keinem Wort erwähnen. Die Einen sagen, die schlechte Statistik bei Eingaben und Beschwerden gehe zu Lasten der Bausoldaten; die Anderen machen die statistischen Angaben nur im Bereich der Baupioniere. Obwohl wir gute Kenntnisse über den strukturellen Aufbau des Ministeriums für Nationale Verteidigung, der Kommandos der Teilstreitkräfte und der Militärbezirke besitzen und diese auch gezielt bei den Recherchen eingesetzt haben, müssen wir gerade deshalb feststellen, daß es auch künftig sehr schwierig sein wird, eine auf NVA-Akten beruhende, geschlossene Darstellung der Geschichte der Bausoldaten zu erarbeiten. Es wird dies zudem eine sehr zeitraubende, über Jahre gehende Recherchetätigkeit erfordern.
Es gibt noch weitere Fakten, die Untersuchungsbedingungen und den Charakter unseres Beitrages beeinflussen. Bekanntlich wurde Ende vergangenen Jahres das in Potsdam befindliche Militärische Zwischenarchiv nach Freiburg an den Standort des Militärarchivs umgelagert. Das bedeutet, die Zugriffsfähigkeit zu den Akten und gedruckten Materialien (Anordnungs-und-Mitteilungs-Blätter) ist zur Zeit noch nicht vollständig gewährleistet. Hinzu kommt , daß sich noch zirka 400 Akten aus dem Bereich des Ministers für Nationale Verteidigung und seiner Stellvertreter im Zusammenhang mit noch laufenden Strafprozessen in Berlin-Hoppegarten befinden. Übrigens sei nebenbei erwähnt, daß diese Umlagerung des NVA-Aktenmaterials für all die, die sich ehrenamt-

lich mit geschichtlichen Problemen befassen, weitgehend das »Aus« bedeutet. Ein Schelm, wer denkt, dies sei Absicht gewesen. Vertreter unserer Arbeitsgruppe haben sich nur mit Hilfe des DBwV im September dieses Jahres eine Woche in Freiburg mit dem Sachverhalt befassen können.
All dies führte uns zunächst zu der Überlegung, auf den Beitrag zu verzichten. Da aber alle bisherigen Darstellungen (so u.a. auch die von Uwe Koch für die Enquete-Kommission des Deutschen Bundestages angefertigte Expertise zum Thema: »Die Baueinheiten der Nationalen Volksarmee der DDR – Einrichtung, Entwicklung und Bedeutung«) als Quellen im Prinzip nur die Erfahrungen der Kirchen, der Bausoldaten selbst bzw. nach der Wende einige unvollständige Bestände der Staatssicherheit ausweisen, möchten wir doch die Ergebnisse der Recherchen in den NVA-Akten – auch wenn sie zur Zeit nur Teilprozesse widerspiegeln – zur Diskussion stellen. Es geht uns weniger um Korrekturen. Vieles was geschrieben wurde, bestätigen unsere Recherchen, manches wird eventuell relativiert. Aber es geht uns um geschichtliche Analysen, die alle beteiligten Seiten berücksichtigen. Zur Zeit sind – auch dies muß einschränkend festgestellt werden – die Erfahrungen und Positionen der Berufs- und Zeitsoldaten, denen Bausoldaten anvertraut waren noch nicht berücksichtigt.

2. Zu Problemen der Entstehung der gesetzlichen und militärischen Grundlagen für den Aufbau von Baueinheiten in der NVA
Die gesetzlichen Grundlagen waren das Wehrpflichtgesetz vom 24. Januar 1962 und Anordnung des Nationalen Verteidigungsrates über die Aufstellung von Baueinheiten im Bereich des Ministeriums für Nationale Verteidigung vom 7. September 1964. Im Ergebnis der Recherchen kann in diesem Zusammenhang schlüssig davon ausgegangen werden, daß es im Gesetzbildungsprozeß keine Überlegungen gegeben hat, von Anfang an eine Alternative zum Wehrdienst etwa in Form eines Zivildienstes außerhalb der NVA zu schaffen. Die Grundhaltung der Führungskräfte der NVA kam in der Positionsbestimmung des Ministers für Nationale Verteidigung zur Gesetzesbegründung treffend zum Ausdruck.

Heinz Hoffmann betonte in seiner Rede vor der Volkskammer am 24. Januar 1962, daß es keine gerechtere Sache gäbe, als in dieser rechtmäßigen und wahrhaft nationalen Armee die sozialistischen Errungenschaften des Volkes mit der Waffe in der Hand zu schützen.[3] Zu bedenken ist außerdem, daß die spätere Einführung der Bausoldaten in der DDR innerhalb der Staaten des Warschauer Vertrages ein Sonderfall war, auf den die sowjetische Seite auch stets hingewiesen hat.
Die Diskussion zum Problem der Wehrdienstverweigerung setzte allerdings in Führungskreisen der NVA bereits im Frühjahr 1963 ein. Anlaß dafür waren die bis dahin gesammelten Einberufungserfahrungen. So legte der Stellvertreter des Ministers für Nationale Verteidigung und Chef des Hauptstabes am 4. Mai 1963 in Auswertung der ersten Einberufungen einen Bericht über Verweigerungserscheinungen vor. Er wies ein Ansteigen der Verweigerungen von 1962 mit insgesamt 518 auf 439 Verweigerungen im Frühjahr 1963 nach. Es handelte sich um 0,38 Prozent der zur Einberufung anstehenden Jahrgänge. Sicher eine geringe Anzahl, die allerdings das Verweigerungspotential nicht vollständig widerspiegelte. Probleme der persönlichen Perspektive, zum Beispiel die geplante Aufnahme eines Studiums, der Beruf und die Familie waren trotz eventuell entgegenstehender Glaubensvorstellungen bzw. politischer Einstellungen wesentliche Gründe , um den gesetzlichen Anforderungen nachzukommen.
Territorial konzentrierten sich die meisten Verweigerungen auf die Bezirke Karl-Marx-Stadt, Halle, Dresden und Magdeburg, also jene Teile Sachsens, Thüringens und Sachsen-Anhalts wo kirchliche Bindungen noch am stärksten vorhanden waren. In den Musterungen erklärten in der Regel – dies gilt auch für die folgenden Jahre – zwischen 50 bis 60 Prozent aller Verweigerer sich nicht bereit, mit der Waffe Dienst zu tun. Das heißt, mit Einführung der Bausoldaten konnten die Totalverweigerungen auf rund die Hälfte reduziert werden. Hierin ist u.a. ein wesentlichen Grund für die Einführung von Bausoldaten zu sehen.
In den meisten Fällen wurden in den Musterungsgesprächen religiöse Hinderungsgründe genannt, um entweder den Dienst mit der Waffe oder wie durch Anhänger der »Zeugen

Jehovas« jeglichen militärischen Dienst zu verweigern. Dezidiert weist der Bericht auf das den Wehrpflichtigen durch die Kirchen in Gesprächen vermittelte Beispiel des Zivildienstes in der Bundesrepublik Deutschland hin. Bei Wertungen ist zu beachten, daß die Bindungen der Kirchen Ost/West künftig den Aufbau, die Entwicklung und den Einsatz der Baueinheiten begleiten. Zuspitzungen zwischen Staat und Kirche und über diesen Konflikt zwischen der DDR und der Bundesrepublik Deutschland sollten möglichst vermieden werden. Der Bericht des Hauptstabes mahnte auch baldmöglichst Entscheidungen an, weil in den Musterungen Argumente wie: »Wir wissen, daß wir bei Verweigerung des Wehrdienstes nicht einberufen werden. Im vorigen Jahr ist auch nichts oder nicht viel passiert«[4], immer öfter angeführt wurden. Der Chef des Hauptstabes schlug in seinem Bericht deshalb schlußfolgernd vor: »Bei den Pioniertruppen außerhalb des Stellenplanes Bautruppen zu schaffen, deren Aufgabe die Mitwirkung an der Realisierung von Bauvorhaben der NVA sein müßten.« Abschließend heißt es dazu: »Dieser Dienst ... sollte als Wehrersatzdienst anerkannt werden.«[5]
Die Anordnung des Nationalen Verteidigungsrates war Gegenstand der Tagesordnung bereits auf seiner 16. Sitzung am 20. September 1963. Die dort erteilte Aufgabe, durch das Ministerium für Nationale Verteidigung die entsprechenden Befehle und Durchführungsbestimmungen zu erarbeiten und zu erlassen, beeinflußten auch den Text und damit zeitlich die Inkraftsetzung der Anordnung selbst. Die Diskussion in den militärischen Führungsgremien setzte dazu 1963/64 ein. Sie konzentrierte sich darauf, die Zahl der Verweigerer möglichst gering zu halten. Einige Vorschläge in den Mitzeichnungen zu dem Befehlsentwurf beinhalteten negative Bewertungen dieses Dienstes. Zu den Bausoldaten sollten auch jene einberufen werden, die als unwürdig zum Dienst mit der Waffe einzustufen seien. Dagegen wendete sich in einer Mitzeichnung vor allem der Vertreter der Rechtsabteilung im Ministerium für Nationale Verteidigung. Es gab auch den Vorschlag, die Anordnung nicht im Gesetzblatt zu veröffentlichen, um die Möglichkeit des Dienens ohne Waffe nicht publik zu machen,. Dagegen wandte sich die Politische Hauptverwaltung.

Sie trat für die Veröffentlichung im Gesetzblatt ein. Es gab Diskussionen um besondere Uniformen usw. Das Ganze zeigte, daß die Sache nicht wenigen führenden Militärs unangenehm war. Bedenkt man noch die ausgesprochen atheistische Einstellung der Berufssoldaten – eine Grundforderung für ihre Parteizugehörigkeit -, dann wird auch von hier aus deutlich, warum in der NVA das Problem der Bausoldaten wohl zu keiner Zeit eine positive Bewertung erhielt und schon gar nicht in der Propaganda eine Rolle spielte..
Im Resultat der Diskussionen in den Verwaltungen des Ministeriums unterbreitete der Minister für Nationale Verteidigung den Vorschlag, die Anordnung des NVR im Paragraph 4 zu ändern. Außer der Formulierung, daß in den Baueinheiten Wehrpflichtige herangezogen werden können, die den Dienst mit der Waffe ablehnen, wurde der Passus durch die Aussage »oder aus ähnlichen Gründen« ergänzt. Außerdem wurde vorgeschlagen, die Anordnung im Gesetzblatt der DDR zu veröffentlichen. In den aufgefundenen Unterlagen gibt es keine Hinweise darauf, was unter »ähnlichen Gründen« verstanden wurde. In einem Schreiben an den Vorsitzenden des Nationalen Verteidigungsrates, Erich Honecker, vom 19. Juni 1964 schlug der Minister vor, diese geringfügigen Änderungen im Umlaufverfahren durch den NVR zu bestätigen.

3. Struktur, Aufgaben und Entwicklungsprobleme der Baueinheiten

Die praktische Umsetzung des Beschlusses des Nationalen Verteidigungsrates regelte der Befehl 108/64 des Ministers für Nationale Verteidigung. Er legte fest, daß bis zum 30. November 1964 Baupioniereinheiten und Baueinheiten wie folgt aufzustellen sind: Im Militärbezirk III das Baupionierbataillon 3 (Standort Bärenstein), im Militärbezirk V das Baupionierbataillon 5 (Standort Prenzlau), in den Luftstreitkräften/Luftverteidigung das Baupionierbataillon 14 (Standort Garz) und in der Volksmarine das Baupionierbataillon 7 (Standort Nonnewitz auf Rügen). Laut Befehl war die Arbeitsbereitschaft bis 30. November 1964 herzustellen. Die Aufstellung selbst hatte in Verantwortung der Chefs der Teile zu erfolgen. In den folgenden Jahren wurden die Bezeich-

nungen (Numerierungen) und Standortfestlegungen nicht durchgängig eingehalten. Das stand vor allem ursächlich mit generellen Strukturveränderungen in den Teilstreitkräften und mit den Arbeitsaufgaben im Zusammenhang.
Der Befehl legte ebenfalls fest, daß zur Führung der Baueinheiten bewährte Offiziere und Unteroffiziere einzusetzen seien. In keinem der aufgefundenen Dokumente ist für Wertungen in der nach 1990 erschienenen Literatur der Nachweis zu finden, daß es sich um eine Strafversetzung von aktiv Dienenden in diese Einheiten handelte. Auch geht aus den Unterlagen nicht hervor, ob es das Führungspersonal selbst seinen Einsatz als Strafversetzung betrachtete.[7] Für Verstöße im Umgang mit den Bausoldaten sind – wie Erfahrungsberichte der Bausoldaten zeigen – die Gründe eher in der mangelnden Qualifikation für die Wahrnehmung einer solchen diffizilen Aufgabe und in einer politisch motivierten negativen Bewertung der Entscheidung der Wehrpflichtigen für den Dienst als Bausoldat, zu sehen. Erfahrungsberichte beklagen beispielsweise, daß das Stammpersonal anfänglich kaum Religionskenntnisse, Kenntnisse der Strukturen der Kirchen und ihrer Arbeitsweise sowie über das damit verbundene Glaubensverhalten der Bausoldaten besaß. Immer wieder wird in den Schlußfolgerungen verlangt, dazu das Stammpersonal regelmäßig zu informieren und zu schulen, was auf ein anhaltendes Defizit auf diesem Gebiet hinweist. Auch wiederholte Forderungen, die Kritiken und Verbesserungsvorschläge von Bausoldaten nicht geringschätzig abzutun, verdeutlichen das Problem.[8]
Die am 21. September 1964 bestätigten Strukturen der Baupionierbataillone weisen bei den Landstreitkräften neben den Stabseinheiten vier Baupionierkompanien und zwei Baueinheiten, in denen die Bausoldaten erfaßt waren, auf. Die Baupionierbataillone verfügten über 20 Offiziere, 38 Unteroffiziere, 164 Baupioniere und 64 Bausoldaten. In den Luftstreitkräften/Luftverteidigung existierten 7 Baupionierkompanien und 3 Baueinheiten mit 96 Bausoldaten und in der Volksmarine betrug der Bestand nur eine Baueinheit mit 32 Bausoldaten.[9] Grundsätzlich ist festzustellen, daß die Strukturen und Unterstellungsverhältnisse innerhalb der einzelnen Kom-

mandoebenen, aber auch die Iststärken der Baueinheiten mit Bausoldaten gemäß der Aufgabenstellung, den Einberufungsquoten und den Einsatzorten ständigen Schwankungen unterworfen waren. Während in den Anfangsjahren (bis ungefähr 1972/73) die Einberufungen und der Einsatz im Rahmen der Strukturen erfolgte, sind in den 70er Jahren bis 1982 durch einen dezentralisierten Einsatz der Bausoldaten detaillierte Nachweise erschwert.

In der Konzeption zur Erläuterung des Befehls 108/64 werden die Stellvertreter der Chefs für Rückwärtige Dienste und hier vor allem deren Stellvertreter für Unterkunfts- und Militärbauwesen zur Regelung und Koordinierung der erforderlichen Maßnahmen des Einsatzes, der Aufgabenstellung sowie der Kontrolle und fachlichen Anleitung der Bausoldaten-Einheiten eingesetzt. Allerdings zeigt die Praxis, daß die Zuordnung innerhalb der Teilstreitkräfte unterschiedlich gehandhabt worden ist. Das wurde auch darin deutlich, daß bis auf Protokolle einzelner Leitungssitzungen im RD-Bereich zur Zeit keine geschlossenen Berichte oder Analysen über die Tätigkeit der Bausoldaten nachgewiesen werden können.

Wichtig für den Aufbau der Einheiten und ihre Tätigkeit waren die vorgesehenen Kosten für die Bausoldaten und die Zielvorgaben für die zu erbringenden Arbeitsleistungen. Je Bausoldat waren vorgesehen: für die Bekleidung und Ausrüstung 566,00 M, für die Verpflegung 2140,00 M, für den Wehrsold 1440,00 M; für die Unterkunft 515,00 M; für Wäsche 131,00 M , für Handwerkszeug 2500- M einzusetzen. Dies bedeutete, daß ein Bausoldat den Staat in 18-monatiger Dienstzeit 4817,00 Mark kostete. Bei einem vollen 8-stündigen Arbeitstag wurde unter Abzug der oben genannten Ausgaben und des erforderlichen Materialeinsatzes je Bausoldat ein jährlicher Mehrertrag von 6286,00M ohne Maschineneinsatz und von 12286,00 M bei Einsatz von Maschinen erwartet. Nachweise über Ergebnisrechnungen wurden nicht aufgefunden. Es existieren nur Rentabilitätsberechnungen von ganzen Baupionierbataillonen. Diese besagen, daß beispielsweise das Baupionierbataillon 44 in den 70er Jahren im Durchschnitt zwischen 6,8 und 7,2 Millionen Mark Investitionsleistungen erbrachte, unter anderem beim Einsatz im Chemiekombinat

Bitterfeld,. Legt man das auf zirka 70 Bausoldaten um, dann wären diese daran mit 440 000 bzw. 860 000 Mark beteiligt gewesen.
Obwohl klar war, daß es so wenig wie möglich Wehrdienstverweigerer geben sollte – logischerweise wurden den Wehrbezirkskommandos und den Wehrkreiskommandos dazu keine Auflagen erteilt – entfaltete das Problem, einmal in Gang gesetzt, ein gewisses Eigenleben. So gab es bald berufsorientierte Anforderungen an die Verwaltung Org-Auffüllung. Es würden vor allem Rohrleger, Maschinenschlosser, Maurer, Maler, Elektriker, Glaser, Autoschlosser und Schweißer gebraucht. Die Verwaltung mußte nachdrücklich erklären, daß eine Zuführung von Bausoldaten in Qualität und Zahl nicht möglich sei.[10] In zwei Bataillonen wurde dann der Versuch gemacht, in Form einer Weiterbildung bestimmte berufliche Grundlagen für spezielle Arbeiten zu schaffen. Die allgemeinen Arbeitsanforderungen und territoriale Probleme führten allerdings sehr schnell zur Einstellung dieser Pläne. Es blieb bei der angeordneten politischen Schulung, der Schulung zu gesetzlichen Bestimmungen, der Pionier- und Spezialausbildung, der Schutzausbildung, der Unterrichtung in erster Hilfe, der Exerzierausbildung und der militärischen Körperertüchtigung. Grundlage dafür waren die bestehenden militärischen Vorschriften und Ausbildungsprogramme der NVA.
In Bezug auf die Einsatzgebiete und erteilten Arbeitsaufgaben sind nur die Bausoldaten betreffende Angaben kaum auffindbar. Im Prinzip waren die Bausoldaten in den 60er und teilweise in den 70er Jahren bei militärischen Baumaßnahmen eingesetzt: Das Baupionierbataillon 44 im Jahre 1971 zur Errichtung eines Schießtrainingsplatzes in Prenzlau und eines Schießtrainingsplatzes für Fla-SFL in Oranienburg; das Baupionierbataillon 41 im Jahre 1974 zum Ausbau des Objektes in Geltow, von Unterkunftsgebäuden in Prora, für militärische Erweiterungsbauten im Standort Drögeheide und zum Ausbau einer Strela-Anlage in Warnemünde.
Was Bausoldaten bei diesen rein militärischen Zwecken dienenden Aufgaben wirklich dachten und fühlten, wie ihre Eingliederung in die militärischen Kollektive verlief und wie ihre Arbeitsleistungen einzuschätzen sind, läßt sich mit

Hilfe der Akten nur bruchstückhaft darstellen. So führte der Minister für Nationale Verteidigung am 5. Juli 1965 mit Kommandeuren und Politstellvertretern eine Beratung über Stand und Aufbau der Baupioniereinheiten durch. Die Information darüber beinhaltete vorwiegend technische Probleme. Beklagt wurde von den Kommandeuren, daß die technische Ausstattung der Einheiten mit Bausoldaten völlig unzureichend sei, daß die Arbeitsaufgaben einen dezentralisierten Einsatz von Kommandos mit nur 4 bis 5 Bausoldaten erforderlich mache u.ä. Ein Erfahrungsbericht, erarbeitet im Ministerium für Nationale Verteidigung, schätzte nach einem Jahr Tätigkeit der Baueinheiten ein, daß eine gute Arbeitseinstellung bei den Bausoldaten festzustellen sei. Wörtlich: »Der größte Teil der Bausoldaten sieht in der Gesetzgebung über den Wehrersatzdienst ein großes Entgegenkommen der Regierung der DDR.«[11] Wer den Weg solcher Informationen kennt, wird in bezug auf das tatsächliche Denken der Bausoldaten sicher Zweifel anmelden. Die Berichte und Einschätzungen der Bataillone, soweit es überhaupt welche gibt, sind kritischer angelegt. In der Chronik des Baupionierbataillons 15, Standort Torgelow, für das Ausbildungsjahr 1973/74 wird zwar die Bereitschaft der Bausoldaten zur Aufgabenerfüllung hervorgehoben, aber zugleich gewertet, daß Anstrengungen zur Aufgabenübererfüllung nicht vorhanden seien. Weiter wurde eingeschätzt, daß die Bausoldaten politische Probleme aufmerksam verfolgten, aber keine klassenmäßigen Wertungen dazu abgäben. Eine Reihe von Bausoldaten würde sich voll und ganz mit der politischen Linie der BRD identifizieren. Sie würden jede Gelegenheit nutzen, um sich bei den westlichen Massenmedien zu informieren. Ihre Beteiligung bei Spendenaktionen sei gering. Nur 13 Prozent der Bausoldaten beteiligten sich an zentralen Spendenaktionen. Die geforderten Grundüberzeugungen, so abschließend die Einschätzung in der Chronik, konnten nicht durchgesetzt werden.[12] Einen gewissen Eindruck von der tatsächlichen Situation der Bausoldaten geben auch Informationen über die disziplinare Praxis in den Baupionierbataillonen. Im Baupionierbataillon 15 wurden 1973/74 insgesamt 552 Belobigungen ausgesprochen. Soldaten und Baussoldaten waren daran mit 77 Prozent beteiligt. Im Bataillon gab es 6 besondere Vorkommnisse, darunter zwei Selbsttötungsversuche. Bei den geahndeten Disziplinarverstößen betrug der Anteil der Bausoldaten 78 Prozent. Es gab vier Eingaben und Beschwerden von Bausoldaten. Sie betrafen die Einhaltung von Dienstvorschriften, Arbeit mit den Menschen und Versorgungsfragen. Die Statistik im Baupionierbataillon 44 weist im Ausbildungsjahr 1986/87 aus, daß es 71 Eingaben im Bataillon gegeben hat. Daran waren die Bausoldaten mit 83 Prozent beteiligt. 1987/88 waren es im gleichen Bataillon 179 Eingaben, davon 122 Eingaben von Bausoldaten. In den bisher aufgefundenen Dokumenten waren Vorkommnisse, Eingaben und Beschwerden dieser Art kaum Gegenstand umfangreicher Analysen auf höheren Führungsebenen.[13] Überhaupt gewinnt man beim Aktenstudium den Eindruck, daß der Bestand von Bausoldaten die Verantwortlichen für die Realisierung der Musterungen und Einberufungen nicht übermäßig beschäftigte. In vielen ausgewerteten Jahrgangsprotokollen von Leitungssitzungen der Wehrbezirkskommendes und Berichten von Inspektionen in Wehrkreiskommandos wurden diese Probleme nur in absoluten Zahlen und Prozentwerten erwähnt.

Zweifelsfrei waren aber zwei Tendenzen erkennbar: Einmal deuten diese Zahlen auf sich verschlechternde Bedingungen für die Bausoldaten in den 80er Jahren hin, zum anderen wird eine stärkere Verknüpfung von Glaubens- und Gewissensfragen mit politischen Positionen erkennbar. Die Berichte der Baussoldaten in der veröffentlichten Literatur über ihre Haltungen bei Wahlen zur Volkskammer, zu den Bezirks- und Gemeindevertretungen unterstreichen dies. Auch Dienstverweigerungen beim Einsatz zum Bau militärischer Einrichtungen – besonders im Falle von Schießplatzanlagen – zeigen, daß die Entscheidung, als Bausoldat ohne Waffe zu dienen, den Glaubens- und Gewissenskonflikt nicht gelöst hat. Die Art und Weise der Dienstausübung bot Ansätze für systemkritisches Verhalten, das sich auch nach dem Ausscheiden aus der NVA artikulierte. Vieles deutet in diesem Zusammenhang auch darauf hin, daß die Dienstprozesse in den Baueinheiten unter besonders konzentrierter Beobachtung und

Kontrolle des Ministeriums für Staatssicherheit gestanden haben. Bezüglich der Entwicklung der Bausoldaten wird in der Expertise für die Enquete-Kommission des Deutschen Bundestages auf drei zeitliche Perioden verwiesen. Erste Periode 1964 bis 1973/74: Hier erfolgte der Aufbau in den genannten Baupionier-Bataillonen. Zweite Periode 1974 bis 1984: Dies war die Zeit des dezentralisierten Einsatzes von Bausoldaten. Dritte Periode von 1984 bis 1990: Hier erfolgte die erneute strukturelle Zusammenfassung der Bausoldaten in selbständigen Baueinheiten. Im Prinzip bestätigen unsere Recherchen diese Wertung. Allerdings ist die dritte Etappe auf der Grundlage des Befehls des Ministers für Nationale Verteidigung Nr. 45/82 – er sieht die vorgenannte Zusammenfassung vor – bereits ab Herbst 1982 denkbar.[14] Außerdem sollte beachtet werden, daß der dezentralisierte Einsatz der Bausoldaten seit Mitte der 70er bis Anfang der 80er Jahre nur einen Teil der zur Einberufung anstehenden Wehrpflichtigen betraf. So verfügte beispielsweise das Baupionierbataillon 41 auch in den 70er Jahren über Baupioniere. Die Zahl der dezentralisiert eingesetzten Bausoldaten betrug entsprechend einer Aufstellung aus dem Jahr 1981 exakt 388 Bausoldaten, die in Stäben, an Schulen, in Erholungsheimen der NVA, in Krankenhäusern der NVA usw. eingesetzt waren. Sie erfüllten dort vor allem Dienstleistungsarbeiten.[15] Die erneute strukturelle Zusammenfassung der Bausoldaten in Einheiten mit entsprechenden Bauaufgaben hatte sicher ihre Ursachen im erhöhten Bedarf für den Produktionseinsatz der Armee in der zivilen Produktion. Sie hing aber offensichtlich auch mit der Absicht zusammen, die Bausoldaten im Sinne des am 25. März 1982 von der Volkskammer der DDR beschlossenen Wehrdienstgesetzes, das auch einen Passus zur Einberufung als Bausoldat enthielt, wieder stärker in feste militärische Strukturen einzubinden. Die gesetzlichen Regelungen hoben hervor, daß der Dienst als Bausoldat der Ableistung des Wehrdienstes, aber eben ohne Waffe, entspreche.[16]
Die Absversetzung der 388 Bausoldaten war, wie eine Meldung an den Minister für Nationale Verteidigung nachweist, am 22. Oktober 1982 abgeschlossen. Bausoldaten dienten dann auch im Straßenbauregiment 2, im Panzergerätelager 2,

in der Baueinheit des Stellvertreters des Ministers und Chef RD, im Panzergerätelager 32; im KFZ-Gerätelager 2, in der Baueinheit der Volksmarine sowie in der Chemischen Werkstatt und Lager 2.[17] Der Besuch des Ministers bei Bausoldaten in Prora und Mukran im Juli 1984, bei dem er die Gleichheit in den Pflichten und Rechten im Dienst betonte, bestätigt unsere Einschätzung.

4. Zum Umfang der Wehrdienstverweigerungen und zum Bestand der Bausoldaten

Dieser Punkt wirft generell die Frage nach dem vorhandenen Wehrdienstverweigerungs-Potential in der DDR auf. Die Zahlen, die betreffs der Bausoldaten bisher veröffentlicht wurden, lassen einen Entscheidungsspielraum von 10 000 bis 85 000 zu. Wir möchten es gleich vorweg sagen, auch wir können zur Zeit – aus den angeführten Gründen fehlender Akteneinsicht – noch nicht definitive Zahlen für den Zeitraum von 1964 bis 1990 anbieten. Aber einiges ist für Tendenzen und realistische Hochrechnungen doch darstellbar.

Zunächst sollte auf Beschluß des Nationalen Verteidigungsrates, die Einberufung von Bausoldaten in einem 18-Monate-Zyklus die Zahl von 1500 nicht überschreiten – unabhängig davon, wieviel Wehrpflichtige sich für den Dienst als Bausoldat entscheiden würden. Insgesamt wären dies rund 24 000 Bausoldaten bis 1990 gewesen.

Die Zahlen in den 60er und 70er Jahren erreichen aber schon in den Musterungen nicht annähernd diesen Wert. 1964 waren es 256, die als Bausoldat einberufen wurden. 1965 wurden 312 Wehrpflichtige von 713 einberufen, die zu diesem Zeitpunkt als Baussoldaten gemustert waren. 1966 in der Frühjahrs- und Herbsteinberufung wurden 415 von insgesamt 837 Wehrpflichtigen, die als Bausoldaten in Frage kamen, einberufen. 1967 waren es 426 von 742. In den 70er Jahren wurden stets konstant 388 zur Sicherstellung des dezentralisierten Einsatzes und etwas über 100 für Verwendungen in den Baupionierbataillonen im 18-Monate-Zyklus zum Dienst als Bausoldaten herangezogen.[18] Rechnet man die Zahlen, die aus einzelnen Wehrbezirkskommandos zugänglich waren, für die 80er Jahre hoch, dann war mit einen Musterungsbestand zwischen 900 und 1000 Wehrpflichtigen zu rechnen. Anfang der 80er Jahre teilte das Ministerium für Nationale Verteidigung selbst mit, daß zu diesem Zeitpunkt zwischen 400 und 500 Bausoldaten einberufen wurden. Zahlen von 10 000 bis 12 000 gedienten Bausoldaten für den Gesamtzeitraum scheinen uns realistisch zu sein. Für diesen Weg hatten sich allerdings mehr entschieden, als tatsächlich einberufen wurden. Die Weigerungen, auch diesen Dienst ohne Waffe abzulehnen, lagen nochmals in dieser Größenordnung. Denn die Musterungsprotokolle zeigen, daß zur Zahl der Bereitschaftserklärungen als Bausoldat ungefähr die gleiche Zahl Totalverweigerungen kam. Für die 80er Jahre muß dies noch genau recherchiert werden, ehe man endgültige Zahlen nennen kann. Bei all diesen Problemen sollte bedacht werden, daß es aus finanziellen und anderen vorwiegend materiellen Gründen nicht möglich war, völlig außerhalb jeglicher Vorplanungen entsprechende Einberufungen vorzunehmen. Beispielsweise wurde für die Landstreitkräfte im Jahre 1983 kritisch vermerkt, daß sie 23 Bausoldaten überplanmäßig im Bestand hatten, dies müßte mit der nächsten Einberufung korrigiert werden.

Die aufgefundenen Dokumente belegen, daß bei den Einberufungen Bausoldaten und Totalverweigerer einem getrennten Prozedere unterlagen. Totalverweigerer wurden von Zeit zu Zeit in normale Linieneinheiten einberufen, wobei den Militäroberstaatsanwalt die Listen im Voraus übergeben wurden. Praxis war , daß bis auf ganz geringe Ausnahmen, zum Beispiel bei einer nachträglichen Erklärung für den Dienst Bausoldat, die Wehrpflichtigen polizeilich zugeführt werden mußten. In nahezu allen Fällen erfolgte im Zusammenhang mit der Dienstablehnung eine gerichtliche Verurteilung entsprechend der Strafgesetzgebung; in der Regel bis zu 10 Monaten Haft.[19] Die Vorgehensweise, die nicht alle Verweigerer in dieser Art traf, diente dazu, weitere Wehrpflichtige von solchen Schritten abzuhalten und nicht bei Ihnen den Eindruck zu erwecken, es geschähe ja ohnehin nichts, wenn man den Wehrdienst verweigere. In den Einberufungsfestlegungen wurde streng darauf geachtet, daß ehemalige Straftäter (Freiheitsstrafen bis zu drei Jahren) und Antragsteller auf Ausreise nicht zu den Bausoldaten einberufen wurden. Inwiefern diese Absicht in der Praxis realisiert wurde, lassen die Akten nicht erkennen.

Zusammenfassend möchten wir *erstens* einschätzen, daß unser mit Fragezeichen versehenes Thema »Der Dienst als Bausoldaten – eine echte Alternative zum Wehrdienst?« gemäß den nachgewiesenen Fakten wie folgt zu beantworten ist: Der Dienst als Bausoldat in der NVA war keine echte Alternative zum Wehrdienst. Die Fakten zeigen: er war eine besondere Form des Wehrdienstes, ein Dienst mit den gleichen Rechten und Pflichten wie andere Wehrpflichtige, aber ohne Waffeneinsatz und Waffenausbildung. Er sollte aber, wie die Anordnung des Nationalen Verteidigungsrates und darauf beruhender Befehle demonstrierten, der Stärkung der Verteidigungskraft des Landes dienen. Der Einsatz der Bausoldaten und die Aufgaben, die sie erhielten, hat dies bestätigt.

Zweitens: Der Dienst als Bausoldat löste den Glaubens- und Gewissenskonflikt, welcher der Entscheidung, als Bausoldat zu dienen, zugrunde lag, in keiner Weise. Im Gegenteil, die Erfahrungsberichte der Bausoldaten demonstrieren eindeutig, daß er ihn zum Teil verschärft hat. Zweifelsohne war bei dem gegebenen staatlichen und politischen Druck, der auf die Wehrpflichtigen ausgeübt wurde, die Entscheidung, als Bausoldaten zu dienen, ein Schritt gegen Werte und Forderungen, welche die DDR-Führung mit allen Formen der Propaganda vermittelte. Es wäre jedoch genau so falsch, aus dieser Entscheidung von vornherein eine systemkritische Gesamthaltung für alle Bausoldaten abzuleiten. Richtig ist, daß bei einem Teil der Bausoldaten auf Grund der restriktiven Methoden bei der Verwirklichung des Dienstes in den politischen Bereich hineinreichende, systemkritische Haltungen eher gefördert als abgebaut wurden.

Drittens: Zweifellos waren bei der Entscheidung der Führung der DDR, diese Form des Wehrdienstes zu schaffen, ihre Beziehung zu den Kirchen in der DDR und die damit verbundenen Ost/Westprobleme von gravierender Bedeutung. Die Entscheidung mußte im Ergebnis der eingangs geschilderten Umstände getroffen werden. Aber es war auch für die DDR selbst ein Weg, um die sich sonst bedeutend steigernde Zahl der Wehrdienstverweigerer um gut die Hälfte zu senken. Festzustellen ist, daß der Dienst in Baueinheiten den Wehrpflichtigen nicht von vornherein als Alternative angeboten wurde. Eine diesbezügliche Öffentlichkeitsarbeit hat es nicht gegeben. Baueinheiten mit Bausoldaten waren ein Mittel, um junge Wehrpflichtige nicht von der Wehrpflicht zu entbinden . Allerdings ist es zu keiner Zeit gelungen, das Verweigerungspotential vollständig in diese Richtung zu kanalisieren.

Die Armeeführung hat in der Wendezeit (1989/90) auf Druck der sich verändernden Umstände versucht, daraus entsprechende Schlüsse zu ziehen. Die im Februar vorgestellte Zivildienstordnung beendete den Bausoldatendienst in der NVA. Ähnlich wie bis heute in der Bundesrepublik Deutschland sollte eine der Ableistung des Wehrdienstes gleichgestellte Tätigkeit auf sozialem und medizinischem Gebiet in Verantwortung des Ministers für Gesundheitswesen realisiert werden. Allerdings war das heute vorgeschriebene Feststellungsverfahren in dieser Ordnung nicht enthalten.

1. Zeittafel zur Militärgeschichte der Deutschen Demokratischen Republik 1949 bis 1988, Berlin 1989, S. 191.
2. Unser Staat. DDR – Zeittafel 1949-1988, Berlin 1989. S. 110.
3. »Neues Deutschland«(Berlin) vom 25. Januar 1962.
4. Siehe Bundesarchiv-Militärarchiv (im Folgenden BA-MA), VA-01/22663, Bl. 13.
5. Siehe ebd., Bl. 15.
6. Siehe ebd., VA-01/17778, Bl. 129.
7. Siehe ebd., Bl. 165.
8. Siehe ebd., VA-04/29797, Bl.169.
9. Siehe ebd., VA-01/1778, Bl. 156.
10. Siehe ebd., Bl. 4 ff; Bl. 86.
11. Siehe ebd., VA-01/17778, Bl 171.
12. Siehe ebd., AZN 16442, Bl. 6.
13. Siehe ebd., AZN 24274, Bl.275 f. und 285 f.
14. Siehe Uwe Koch: Die Baueinheiten der Nationalen Volksarmee der DDR – Einrichtung, Entwicklung und Bedeutung. In: Enquete-Kommission Aufarbeitung von Geschichte und Folgen der SED-Diktatur, Band II/3, Baden-Baden1995, S. 1844
15. Siehe BA-MA, VA-01/26567, Bl. 4 ff.
16. Siehe Bekanntmachung über den Dienst, der Ableistung

des Wehrdienstes entspricht. In: Gesetzblatt der Deutschen Demokratischen Republik, Teil I/Nr.12 vom 2.04.1982
17. Siehe BA-MA, VA-01/26567, Bl. 6.
18. Siehe ebd., VA-01/22663, Bl.1ff, Bl 6, Bl.9ff.
19. Siehe ebd., VA-01/22657, Bl.3.

Admiral a. D. Dipl. rer. mil. Theodor Hoffmann

**Volksmarine der DDR
Deutsche Seestreitkräfte im Kalten Krieg**

(April 2000)

Nun liegt es also vor: Das Buch zur Geschichte der Volksmarine, das von deren ehemaligen Angehörigen sowie von maritim und historisch Interessierten lange erwartet worden war. Geschrieben wurde es von einem Autorenkollektiv aus drei ehemaligen Offizieren der Volksmarine und einem ehemaligen Offizier der Bundesmarine.
Die Zusammensetzung des Autorenkollektivs, die klare Gliederung des Werkes in durch einzelne Autoren eigenverantwortlich erarbeitete Kapitel sowie die Diskussion des Inhalts unter den Autoren führten nach Meinung des Rezensenten zu einer objektiven Darstellung wichtiger Fragen der Geschichte der Volksmarine.
Konteradmiral a. D. Dr. Elchlepp sowie die Kapitäne zur See a. D. Dr. Minow und Röseberg haben nicht nur über die Geschichte der Volksmarine geschrieben, sie haben sie erlebt und in wichtigen militärischen Dienststellungen mitgestaltet. Der Leser spürt ihre Detailkenntnis. Archive mußten von ihnen nicht bemüht werde, um die Geschichte beschreiben zu können, sondern um eigenes Erleben mit Dokumenten zu belegen.
Kapitän zur See a. D. Jablonski ist ein bekannter Marinehistoriker, der wesentlich an dem vom Generalinspekteur der Bundeswehr General Naumann herausgegebenen Buch »NVA – Anspruch und Wirklichkeit« mitgearbeitet hat. Er hat die Volksmarine im Vorfeld der Herstellung der deutschen Einheit und in der Phase ihrer Auflösung persönlich kennengelernt. Man kann ihm bescheinigen, daß er um eine objektive Darstellung der Geschichte der Volksmarine bemüht war.
Es war von Vorteil für das Buch, daß die Autoren nicht nur aus eigenem Erleben und den Archiven schöpften, sondern auch einen breiten Kreis von Zeitzeugen befragten, die in den verschiedensten Dienststellungen tätig waren.

Sicherlich würde der interessierte Leser gerne noch mehr Fakten aus der Geschichte der Volksmarine erfahren bzw. auffrischen. Es wäre wünschenswert gewesen, in Anlagen wichtige Ereignisse wie die Schaffung und Auflösung von Verbänden und Truppenteilen, bedeutsame gemeinsame und nationale Übungen, Flottenbesuche und Flottenparaden zu dokumentieren. Auch Übersichten über die Besetzung wichtiger Dienststellungen in der Volksmarine, den Verbänden und Truppenteilen hätten den Informationsgehalt des Buches weiter erhöhen können.

Erneut hat es der Mittler-Verlag übernommen, einen Beitrag zur deutschen Militärgeschichte zu leisten. Das ist wesentlich dem Engagement des Verlegers, Herrn Peter Tamm, zu danken, der auch das Geleitwort zu dem Band schrieb. Der Verlag stellt sich nach seinen Worten das Ziel, die Geschichte der DDR sauber zu dokumentieren. Der Rezensent kann auch aus eigenem Erleben bestätigen, daß weder Verleger noch Verlag versuchten, den Inhalt von Manuskripten zu beeinflussen.

Es ist notwendig, die Geschichte beider deutscher Staaten aufzuzeichnen. Wir haben eine gesamtdeutsche Geschichte. Die Geschichte der DDR kann nicht losgelöst von der Geschichte der Bundesrepublik und den Ereignissen in Europa und der Welt betrachtet werden, denn sie war sowohl Aktion als auch Reaktion.

Der prinzipielle Standpunkt der Autoren und des Verlegers zur Volksmarine findet Ausdruck schon in Titel und Untertitel des Buches. Sie folgen nicht der Meinung der Bundesregierung und des Bundesministeriums der Verteidigung, daß die NVA eine »fremde Streitkraft« und ihre Angehörige »Gediente in fremden Streitkräften« waren. Die Volksmarine war eine deutsche Marine, die infolge des Kalten Krieges entstand und mit dessen Beendigung aufhörte zu existieren.

Rolle und Platz der Volksmarine in der Militärkoalition der Staaten des Warschauer Vertrages und die Probleme ihrer Entwicklung werden in dem Buch sehr offen dargelegt. Es bleibt zu hoffen, daß auch über die Bundesmarine, die andere deutsche Marine, einmal so offen und ehrlich geschrieben wird.

Die Autoren heben in ihrem Vorwort hervor, daß nach den

Monaten der Diskussion nur ein Dissens übrig blieb – die Beurteilung der sogenannten Stalinnote vom März 1952. Dieser Dissens betrifft allerdings eine Grundfrage. Hätten die westlichen Siegermächte und die Regierung der Bundesrepublik Stalin beim Wort genommen, wäre der Welt und besonders den Deutschen vielleicht Vieles erspart geblieben und dieses Buch hätte nicht geschrieben werden müssen. Die Einheit Deutschlands wäre dann möglicherweise vor der offiziellen Schaffung der Streitkräfte in beiden deutschen Staaten möglich gewesen. Aber Bundeskanzler Dr. Adenauer war es lieber, das halbe Deutschland ganz zu beherrschen, als das ganze Deutschland halb. Man kann den Autoren bestätigen, daß es ihnen in den neun Kapiteln des Buches gelungen ist, ausführlich die Hauptprobleme der Entwicklung der maritimen Kräfte in der DDR zu behandeln. Beim Lesen des Buches ist man oft geneigt zu sagen: »Ja, genauso war es«. Viele ehemalige Angehörige der Volksmarine lernen in diesem Buch die Seestreitkräfte der DDR aus einer Sicht kennen, die ihnen während ihres aktiven Dienstes verschlossen blieb – aus der Sicht des Kommandos, teilweise auch der Führung der Volksmarine, welche die Lage und die Probleme durchaus kannte und die auch vieles zu einer Lösung führte. Aber ihr waren durch die zur Verfügung stehenden personellen, materiellen und finanziellen Ressourcen in vielen Fragen Grenzen gesetzt. Oft reichte auch die Zeit nicht, um alles zu einem guten Ende zu führen. Dabei ist Vieles, was man in diesem Buch über die Volksmarine erfährt, sicherlich auch für die anderen Teilstreitkräfte der Nationalen Volksarmee gültig.
Das Kapitel I (Autor Dr. Minow) behandelt die Spaltung Deutschlands, die den Ausgangspunkt für die Remilitarisierung und die Schaffung von Streitkräften in beiden deutschen Staaten bildete. Es ist nicht zu bestreiten, daß die Beschlüsse der Konferenzen von Jalta und Potsdam und der spätere Bruch der Antihitlerkoalition die Hauptursachen für die Teilung Deutschlands waren. Das Territorium Deutschlands sollte strategisches Vorfeld der Großmächte sein und besonders die Westmächte dachten darüber nach, wie deutsches militärisches Potential für zukünftige Auseinandersetzungen genutzt werden könnte.

Während die Sowjetunion die in ihrem Verantwortungsbereich befindlichen Formationen konsequent auflöste und in die Gefangenschaft überführte, versuchten die Westmächte, Verbände der Wehrmacht (darunter auch maritime Kräfte) in dieser oder jener Form zu erhalten. Darüber hinaus wurde versucht, die »Osterfahrungen« der Wehrmacht nutzbar zu machen.

An einer Wiederbewaffnung Deutschlands hatten nach Ausbruch des Kalten Krieges alle Großmächte (am Anfang mit Einschränkung Frankreichs) Interesse. Aber auch die Regierungen beider deutscher Staaten mußten zur Bildung von Streitkräften nicht erst überredet werden. Jede der beiden Regierungen wollte für sich das Recht zur Schaffung von Streitkräften wahrnehmen.

Gegenüber der eigenen Bevölkerung mußte das Argument der Bedrohung durch die jeweils andere Seite herhalten. Man kann davon ausgehen, daß das Bedrohungsempfinden der DDR durchaus echt war. Und sie hatte auch genügend Veranlassung, sich bedroht zu fühlen.

Der Autor arbeitet heraus, daß die beiden deutschen Staaten bei der Schaffung ihrer Streitkräfte unterschiedliche Wege gingen. In der Bundesrepublik nutzte man die Erfahrungen der Generale und Offiziere der Wehrmacht. Mit der Himmeröder Denkschrift lieferten sie das Konzept für die Bundeswehr und mit etwa 45 ehemaligen Generalen und ca. 10000 ehemaligen Offizieren der Wehrmacht stellten sie auch den Kaderstamm für die Bundeswehr. Kein Wunder, daß sich die Bundeswehr in der Tradition der Wehrmacht sah, wovon auch Namensverleihungen an Kasernen und Schiffe zeugten.

In der DDR sollten Streitkräfte eines neuen Typs geschaffen werden. Alle Schritte dazu erfolgten maßgeblich auf der Grundlage von Beschlüssen und auf Anraten der Sowjetunion sowie unter Anleitung sowjetischer Berater. In den wichtigsten Führungspositionen befanden sich Teilnehmer des antifaschistischen Widerstandskampfes und Spanienkämpfer. Der Anteil ehemaliger Angehöriger der Wehrmacht war im Jahre 1956 mit 6 Generalen, etwa 500 Offizieren und 4400 Angehörigen anderer Dienstgradgruppen relativ gering[1]. Sie hatten mit der Vergangenheit gebrochen und in der Regel während der Kriegsgefangenschaft Antifa-Schulen besucht.

Das traf, wie im Kapitel II (Autor Dr. Elchlepp) deutlich sichtbar wird, für die maritimen Kräfte in besonderem Maße zu. Am 28. Februar 1950 begannen die späteren Konteradmirale Scheffler und Elchlepp (beide waren zur See gefahren, Elchlepp als I WO auf einem U-Boot) mit der Schaffung von Grundlagen für künftige Seestreitkräfte der DDR. Aus den Einweisungen, die sie von der Partei- und Staatsführung der DDR und dem Leiter der Kriegsmarineabeilung der SSK erhalten hatten, ging eindeutig hervor, daß keine Polizei, sondern eine Marine geschaffen werden sollte. Bei dieser Aufgabe standen sie erst einmal vor einem Nichts. Um so erstaunlicher ist, was sie in kurzer Zeit schon vor der offiziellen Bildung der HVS (Hauptverwaltung Seepolizei) am 16. Juni 1950 bewerkstelligten.

Das kann man wohl nur verstehen, wenn man die Gelegenheit hatte, diese Beiden und viele andere Männer der ersten Stunde der maritimen Kräfte der DDR persönlich kennenzulernen. Das Wort »unmöglich« kannten sie nur in der Redewendung, daß es nichts gibt, was unmöglich ist. Diesem Grundsatz blieben sie auch später treu. So fand z. B. der Stapellauf der ersten Boote schon im Mai 1950 statt, zu einem Zeitpunkt also, da es noch keine Besatzungen für sie gab.

Jeder, der etwas von Seefahrt versteht, wird ermessen können, welches Pensum an täglichen Aufgaben bewältigt werden mußte, um die Boote zu basieren und die Besatzungen so auszubilden, daß sie auch zur See fahren konnten. Darüber hinaus mußte ja noch eine umfangreiche konzeptionelle Arbeit geleistet werden. Strukturen mußten entworfen, Stellenpläne erarbeitet und besetzt werden. Ein Schiffbauprogramm wurde aufgestellt, welches auch später die DDR vollkommen überfordert hätte. Auch für die Unterbringung der Menschen war zu sorgen. Die Kasernen waren in der Regel zerstört und in den intakten Gebäuden wohnten zumeist Umsiedler, für die erst einmal neuer Wohnraum bereitgestellt werden mußte.

Dr. Elchlepp hat das alles persönlich erlebt und schreibt darüber so, daß sicherlich die Angehörigen der Gründergeneration der maritimen Kräfte der DDR diese Zeit noch einmal

nacherleben können. Im Zusammenhang mit der Darstellung der Einstellung in die Volkspolizei und der Festlegung des Dienstgrades nach dem Gehalt im zivilen Sektor fällt mir eine Episode ein, die den langjährigen Chef der Volksmarine Admiral a. D. Dr. Ehm betrifft und in geselligen Runden wiederholt erzählt wurde. Als er zum Einstellungsgespräch erschien und ihm der damalige Chef, Generalinspekteur Verner mitteilte, daß er auf Grund seines Gehalts Polizeirat werden könne, bemerkte der Kaderchef, Kommandeur Teuber, daß auch der Dienstgrad Oberkommissar ausreichen würde. Ehm wurde Oberkommissar, was ihm, wie wir wissen, in seiner weiteren Entwicklung nicht geschadet hat.
Der Autor charakterisiert in diesem Kapitel auch die Motive, die die Männer der ersten Stunden bewegten. Er schreibt u.a.: »Die Bewerber waren davon überzeugt, daß ihr Einsatz zur Erhaltung des Friedens beitrug«.[2] Und er sagt weiter: »Für sie war der Kampf um den Frieden kein Schlagwort, sondern Realität. Aus den durch die DDR-Medien dargestellten Ereignissen im Westen entstand ihre Meinung, daß nur bewaffnet der Frieden erhalten werden konnte«.[3] Diese Motive waren auch bestimmend für die späteren Generationen der Angehörigen der Volksmarine, besonders für die Berufssoldaten. Es ist dabei selbstverständlich, daß auch andere Motive eine Rolle spielten oder das Hauptmotiv ergänzten. Die Liebe zur See, Abenteuerlust, Interesse für moderne Technik, das Erleben der Seemannskameradschaft und auch die schmucke Uniform spielten bei jungen Menschen durchaus eine Rolle.
Insgesamt vermittelt das Kapitel II einen interessanten Ein- und Überblick über das Werden und Wachsen der maritimen Kräfte der DDR.
In den folgenden Kapiteln werden Probleme behandelt, die grundlegend den Kampfwert der maritimen Kräfte der DDR bestimmten. Es wird nichts beschönigt oder verschwiegen. Genau wie der Rezensent werden viele ehemalige Angehörige der Volksmarine sagen: »Ja, so war es. So haben wir es erlebt.«
Die Entwicklung der maritimen Kräfte der DDR vollzog sich wesentlich unter dem Einfluß der Seekriegsflotte der UdSSR. Sie hatte ein großes Interesse an einer verbündeten Flotte in der Südwestlichen Ostsee. Die Seestreitkräfte der DDR wa-

ren von Anfang an als eine Koalitionsflotte konzipiert. Ihre Rolle und ihr Platz wurden wesentlich dadurch bestimmt, daß sie der westliche Vorposten der Flotten des Warschauer Vertrages in der Ostsee waren und den Seestreitkräften des NATO-Kommandos Ostseeausgänge unmittelbar gegenüberstanden.
Worauf waren die Schwierigkeiten und Mängel beim Aufbau der maritimen Kräfte zurückzuführen?
Weder die Chefs und Kommandeure noch die Stäbe verfügten in der Gründungsphase über praktische Erfahrungen in der Führung maritimer Verbände und Einheiten. Die ehemaligen Angehörigen der Kriegsmarine, die in den maritimen Kräften der DDR dienten, waren in der Vergangenheit auf Schiffen und Booten tätig gewesen. Auch ihre Lebenserfahrung war gering. Die Chefs und Kommandeure von Verbänden und Einheiten waren etwa 30 Jahre alt. Die Kommandanten der Boote waren knapp über 20 Jahre.
Viele der Boote stammten aus der Zeit des Zweiten Weltkrieges. Aber selbst damals, in der Zeit des Krieges, gehörten sie nicht zur modernen Technik.
Außerdem fehlte es an einem einheitlichen Vorschriftenwerk. Dr. Minow schreibt, daß es zu einem Schub in der Entwicklung der Führung kam, nachdem der Chef der Volkspolizei/See und der Chef des Stabes Lehrgänge an der Seekriegsakademie in Leningrad besucht hatten. Das ist nicht verwunderlich, denn hier hatten sie wahrscheinlich erstmalig Berührung mit einer moderne Theorie von der Führung der Streitkräfte. Fest steht, daß der Aufbau des Führungssystems im Weiteren nach modernen Gesichtspunkten erfolgte: Schaffung zweckmäßiger Führungsstrukturen und –organe, Entwicklung eins Systems von Gefechtsständen, des Beobachtungssystems und des Nachrichtenwesens sowie von Organen und Einrichtungen zur Mechanisierung und Automatisierung der Führung.
Natürlich hing die Entwicklung des Führungssystems genauso wie die der Kräfte und Mittel von den ökonomischen Möglichkeiten der DDR ab. Ihre Seestreitkräfte konnten nie aus dem Vollen schöpfen. Sie waren die kleinste und bei weitem nicht die wichtigste Teilstreitkraft.
Der Leser erfährt, daß die Strukturen der Seestreitkräfte vie-

len Veränderungen unterlagen. Allerdings hatte sich ab Mitte/ Ende der 60er Jahre eine Struktur herausgebildet, die im wesentlichen bis zur Auflösung der Volksmarine erhalten blieb.
Gleiches kann auch von der Entwicklung des Gefechtsführungssystems festgestellt werden, das mit der Fertigstellung des geschützten Hauptgefechtsstandes, der Schaffung des Reservegefechtsstandes, der Rückwärtigen Führungsstelle, von Hilfsführungsstellen in verschiedenen Varianten sowie der Gefechtsstände der Verbände und Führungspunkte der Truppenteile stabil blieb.
Von Nachteil war, daß es keine integrierten Führungsorgane der verbündeten Flotten gab. Auch bei gemeinsamen Übungen, in denen ja der Gefechtseinsatz geübt wurde, gab es keine integrierten Führungsorgane. Es wurden lediglich operative Gruppen ausgetauscht, welche die Chefs bei der Entschlußfassung unterstützten und Informationen übermittelten.
Dr. Minow hat sicher Recht, wenn er feststellt, daß die Führungsorganisation der Volksmarine besonders bezüglich der Führung der Schiffsstoßkräfte nicht ideal war. Das war aber wohl mehr ein Problem der Anpassung der Friedensstruktur an den Ernstfall. Nach meiner Erinnerung war es die Beachtung der Strukturgrundsätze, die die Führung der Volksmarine davon abhielt, zum damaligen Zeitpunkt andere Wege zu gehen. Es wurde das getan, was für die Führung im täglichen Dienst zweckmäßiger erschien.
Die Führungsorgane der Volksmarine verfügten, so kann man es der Auswertung von gemeinsamen Übungen und von Überprüfungen durch das Ministerium für Nationale Verteidigung entnehmen, über einen hohen Ausbildungsstand, wozu das System der operativen Ausbildung, das im Kapitel VII von Dr. Minow ausführlich beschrieben wird, wesentlich beitrug. Auch im Rahmen der Vereinten Streitkräfte der Teilnehmerstaaten der Warschauer Vertrages wurden die Leistungen der Führungsorgane der Volksmarine wiederholt gelobt und als beispielhaft bezeichnet.
Im Kapitel III (Autor Dr. Minow) wird hervorgehoben, daß auf dem Gebiet der Überführung vom Friedens- in den Kriegszustand eine zügige Arbeit geleistet wurde. Die entspre-

chenden Direktiven des Oberkommandierenden der Streitkräfte der Teilnehmerstaaten des Warschauer Vertrages und des Ministers für Nationale Verteidigung wurden schnell umgesetzt.
Die Gewährleistung einer ständig hohen Gefechtsbereitschaft mit ihrem Kernstück – der schnellen Überführung der Kräfte vom Friedens- in den Kriegszustand – war für die Angehörigen der Volksmarine ihr Hauptbeitrag zur Erhaltung des Friedens. Der Auftrag lautete, durch hohe Gefechtsbereitschaft den Frieden zu erhalten, den Krieg zu bekämpfen, bevor er ausbricht.
Gemessen wurde der erreichte Stand an den Anforderungen eines möglichen Krieges. Das traf übrigens auch für die gesamte konzeptionelle Tätigkeit in der Volksmarine zu.
Deshalb wurde die Entwicklung im NATO-Kommando Ostseeausgänge sorgfältig verfolgt, wurden Erfahrungen aus Übungen und Überprüfungen der Gefechtsbereitschaft und auch Erfahrungen aus lokalen Kriegen gründlich ausgewertet. Die gewonnenen Erkenntnisse wurden in der Einsatzplanung, die nur einem kleinen Personenkreis zugänglich war, sowie in der Entwicklungsplanung berücksichtigt und es wurden Schlußfolgerungen für alle Arten der Ausbildung abgeleitet.
Vielfältige praktische Schritte wurden eingeleitet, um als notwendig erkannte Aufgaben zu lösen. Das widerspiegelte sich besonders bei den Maßnahmen zur Aufrechterhaltung eines günstigen operativen Regimes, deren Kernstück der Gefechtsdienst der Volksmarine war. Das wurde aber auch deutlich in der Planung der Mobilmachung, die im Kapitel III behandelt wird, in den Übungen und Überprüfungen der Gefechtsbereitschaft mit Elementen der Mobilmachung (z.B. Einberufung von Reservisten und Inanspruchnahme von Leistungen der Volkswirtschaft). Es wurde alles geübt, was im Ernstfall notwendig gewesen wäre.
Natürlich war die Gewährleistung einer solch hohen Gefechtsbereitschaft mit großen Belastungen für das Personal und die Familienangehörigen verbunden. Wiederholt bin ich in den letzten Jahren gefragt worden, ob wir nicht wußten, daß die Bundeswehr im Prinzip am Freitag die Kasernen ver-

läßt und ins Wochenende geht. Wir wußten es. Wir wußten auch, daß in einer entspannten internationalen Lage kein großer Krieg ausbrechen würde. Unter diesen Gesichtspunkten wären lageabhängige Normen der Gefechtsbereitschaft zweckmäßig gewesen, wie sie in der Volksmarine im Jahre 1988 teilweise eingeführt wurden.
Kapitän zur See a. D. Jablonski geht in Kapitel V sehr gründlich und ausführlich auf die Entwicklung des Kräftebestandes der Volksmarine und ihre Strukturen ein. Er kommt zu dem Schluß, daß es zulässig ist, die Volksmarine ab 1965 als ausgewogene und kampfkräftige Randmeerflotte zu bewerten, die im Prinzip bereits alle bis 1990 bestehenden Kampfelemente enthielt. Bis zu diesem Zeitpunkt waren die schwimmenden Kräfte durchstrukturiert und in Flottillen gegliedert. Man kann dieser Einschätzung und der mit ihr verbundenen hohen Bewertung durchaus zustimmen.
Allerdings gibt es eine kleine Einschränkung. Flottenadmiral Gorschkow, bedeutender Theoretiker der Seekriegswissenschaft und langjähriger Oberkommandierender der Seekriegsflotte der UdSSR schrieb in seinem Werk »Die Seemacht des Staates«, daß ein Aspekt der Ausgewogenheit die Hauptforderung sei, die übertragenen Aufgaben unter Berücksichtigung der geographischen Lage mit den in Friedenszeiten verfügbaren Kräften zu lösen.[4] Die Volksmarine aber war ohne Verstärkung durch die Baltische Rotbannerflotte der UdSSR nicht in der Lage, die ihr gestellten Aufgaben zu erfüllen. Selbst unter Berücksichtigung der in den entsprechenden Dokumenten festgelegten operativen Unterstellung von Schiffsstoßkräften und U-Boot-Abwehrkräften und der Unterstützung durch Marineflieger- und Küstenraketenkräften gestaltete sich das qualitative Kräfteverhältnis in der Operationszone zu Ungunsten der Volksmarine. Hinzu kam, daß auch die Luftdeckung und die Minenabwehr nicht den Anforderungen genügten.
Natürlich zielten die Anstrengungen der Führung der Volksmarine dahin, durch die Einführung neuer Kampftechnik das Kräfteverhältnis günstiger zu gestalten. Sie hatte dabei auch die Unterstützung des Stabes der Vereinten Streitkräfte der Teilnehmerstaaten des Warschauer Vertrages. Immerhin war

ja das für einen Zeitraum von jeweils fünf Jahren bemessene »Protokoll über die Bereitstellung von Truppen und Flottenkräften der DDR für die Vereinten Streitkräfte« mit der Partei- und Staatsführung der DDR abgestimmt

Doch nicht alle Absichten und Pläne ließen sich verwirklichen. Die für die Volksmarine bereitgestellten finanziellen Mittel reichten nicht aus und die Schiffe und Boote wurden immer teurer. So wurde auch die in Kapitel VI genannte Maßnahme »G 79«, die auf eine Verbesserung des qualitativen Kräfteverhältnisses abzielte, nicht verwirklicht. Die geplante Schiffsablösung konnte nicht erfolgen. Die Nutzungszeiten der Boote und Schiffe mußten verlängert werden und nicht jeder Angehörige der Volksmarine war davon überzeugt, daß er mit seiner Kampftechnik einen modern ausgerüsteten Gegner besiegen könnte.

Die Schiffbauer der DDR hätten gerne größere Serien von Schiffen für die Volksmarine gebaut. Daß sie dazu in der Lage waren, hatten sie wiederholt bewiesen. Ohnehin legte der Oberkommandierende der Seekriegsflotte der UdSSR Wert darauf, daß der DDR-Schiffbau Schiffe für die kleinen Flotten des Warschauer Vertrages, aber auch für die Baltische Flotte der UdSSR lieferte. Beispiele dafür waren das Küstenschutzschiff Projekt 133.1, das von der Sowjetunion in einer Anzahl von 12 Schiffen gekauft wurde, und das Kleine Raketenschiff Projekt 151, das für mehrere Flotten des Warschauer Vertrages gebaut werden sollte.

Ein Problem für den DDR-Kriegsschiffsbau bestand darin, daß die DDR Waffen und Waffenleittechnik nicht selbst herstellte. Bewaffnung und Ausrüstung mußten zugekauft werden. Die Sowjetunion konnte jedoch nicht immer das liefern, was für kleine Schiffe und Boote benötigt wurde, denn sie konzentrierte sich auf die Weiterentwicklung und Stärkung ihrer ozeanische Flotte. So blieb jeder Schiffsneubau ein Kompromiß zwischen den Forderungen der Volksmarine und den Möglichkeiten der Schiffbauindustrie, diese Forderungen zu erfüllen. Zu all diesen Fragen berichtet Röseberg sehr ausführlich in Kapitel VI. Er gibt auch Auskunft über den Verbleib der Schiffe und Boote nach Auflösung der Volksmarine. Die vorgenannten Kapitel vermitteln einen interessanten

Überblick über die Entwicklung der Volksmarine, die auf Grund ihres hohen Ausbildungsstandes, der exakten und zuverlässigen Erfüllung der ihr gestellten Aufgaben und des guten Zustandes ihrer Bewaffnung und Technik einen geachteten Platz unter den drei Ostseeflotten des Warschauer Vertrages einnahm. Sie hat zunehmend eigenständige Beiträge zur Entwicklung des Zusammenwirkens zwischen den verbündeten Flotten geleistet und wurde wiederholt vom Oberkommandierenden der Vereinten Streitkräfte des Warschauer Vertrages als beispielgebend bezeichnet.

In Kapitel VIII gibt Dr. Elchlepp einen Überblick über die Aus- und Weiterbildung der Kader an den Lehreinrichtungen der Volksmarine und der Seekriegsflotte der UdSSR. Der Rezensent hatte nicht nur besonders in den Jahren 1956 bis 1974 mit den Absolventen der Lehreinrichtungen zu tun und konnte sich dabei von ihrem guten Ausbildungsstand überzeugen, sondern er ist auch selbst Absolvent des 4. Seeoffizierslehrgangs der Seeoffizierslehranstalt. Ich war meinen Lehrern immer dankbar für das, was sie mir für meinen Dienst in der Flotte und für das Leben mit auf den Weg gegeben haben.

Im Kapitel IV beschreibt Dr. Minow den Führungsanspruch der SED in den Streitkräften. Er hat das Thema gründlich analysiert und seine Ausführungen mit Dokumenten belegt. Der Rezensent ist sich nicht sicher, ob die Verfasser von Beschlüssen, Direktiven und anderen Festlegungen zur Arbeit der Partei in den Streitkräften immer das bezweckten, was dann daraus in der Praxis gemacht wurde.

Die führende Rolle der Partei der Arbeiterklasse gehörte zu den allgemeingültigen Gesetzmäßigkeiten beim Aufbau des Sozialismus. Die übergroße Mehrheit der Berufssoldaten und fast alle Offiziere waren Mitglied der führenden Partei und haben in den Parteigrundorganisationen in den Streitkräften mitgewirkt. Sicher bin ich mit Vielen einer Meinung, daß die führende Rolle der SED nicht auf Grund der Festlegungen in der Verfassung, sondern durch vorbildliches Wirken in der täglichen Arbeit und immer wieder neue Bestätigung ihres Ansehens in der Bevölkerung hätte ausgeübt werden sollen. Aber gerade das war in den letzten Jahren der DDR zunehmend nicht mehr der Fall.

Die Politorgane spielten bei der Ausübung der führenden Rolle der Partei in den Streitkräften die Hauptrolle. Aber sie waren ja nicht nur Parteiorgan, sie waren auch militärisches Führungsorgan des Kommandeurs und Einzelleiters. Sie waren dem Kommandeur verantwortlich für die politische Ausbildung, für die soziale Betreuung der Armeeangehörigen, für die Kultur- und Sportarbeit und anderes mehr. An diesen Aufgaben haben die Politorgane und Politoffiziere mit großem Engagement gearbeitet.

An die Politstellvertreter, die Parteisekretäre und die Parteiorganisationen konnten sich die Armeeangehörigen wenden, wenn irgendwo der Schuh drückte, wenn sie Sorgen und Probleme hatten. Selbst wenn sie irgend etwas mit den Vorgesetzten auszufechten hatten, konnten sie in der Parteiorganisation ihre Probleme vortragen und sie bekamen auch oftmals Recht.

Die Parteiorganisationen nahmen auch Einfluß auf die Kommandeure. Sie achteten darauf, daß der subjektive Faktor bei Entscheidungen zurückgedrängt und die geltenden Prinzipien für die Führung der Unterstellten durchgesetzt wurden.

Es war ohne Zweifel richtig, daß die Politorgane und die Parteiorganisationen der SED in der NVA im Rahmen der Militärreform aufgelöst wurden. Und es stimmt schon, wenn Dr. Minow schreibt, daß darüber kaum jemand traurig war. Mir bleibt hinzuzufügen, daß der Beschluß dazu vom Sekretariat der Politischen Hauptverwaltung gefaßt wurde, also von dem höchsten Politorgan in der NVA.

Das Kapitel IX, das von Jablonski verfaßt wurde, trägt den Titel »Die Admirale«. Es ist eine sehr interessante Analyse. Leider erfährt der Leser weder die Namen der Admirale, noch etwas über ihre Herkunft, ihren Entwicklungsweg oder andere Daten.

Jablonski unterteilt die Admirale in Generationen: in die Gründergeneration und die Aufbaugeneration. Neben den in diesem Kapitel genannten Kriterien war nach meiner Auffassung für die Admirale der Gründergeneration noch ein weiteres Merkmal kennzeichnend. Diese Admirale, die die größten Verdienste um die Entwicklung der maritimen Kräfte der DDR hatten, mußten sich ihre Kenntnisse vorwiegend im Selbststudium, in der operativen Ausbildung und in Kurzlehrgängen aneignen sowie extern das Diplom an den Akademien erwerben. Sie hatten nicht den Vorteil des Besuchs von Seeoffiziersschulen und von Vollkursen an den Akademien der Seestreitkräfte. Um so höher ist ihre Leistung zu bewerten.

Es fragt sich allerdings, ob es nicht zweckmäßiger gewesen wäre, auf die Einschätzung dieser relativ kleinen Gruppe zugunsten einer Bewertung des Offizierskorps der Volksmarine zu verzichten. Admirale werden zwar vom Staatsoberhaupt ernannt. Aber sie werden es vorwiegend auf Grund der guten Arbeit ihrer Unterstellten. Durch die Arbeit ihrer Unterstellten werden sie zu Befehlshabern und Chefs.

Der Rezensent ist der Auffassung, daß einige Admirale der Gründergeneration es verdient hätten, besonders hervorgehoben zu werden. Zu ihnen gehören die Admirale Verner, Ehm, Neukirchen, Scheffler, Elchlepp und Nordin. Sie haben die Entwicklung der maritimen Kräfte der DDR besonders geprägt.

Die Entwicklung der Volksmarine ist untrennbar verbunden mit dem Namen von Admiral a. D. Dr. Ehm. Er war seit 1959 mit kurzer Unterbrechung bis zum Ende des Jahres 1987 Chef der Volksmarine. Mit eiserner Disziplin und großem Fleiß hat er sich die Kenntnisse und Erfahrungen zur Führung einer Flotte angeeignet.

Admiral Ehm forderte viel von seinen Unterstellten und war unnachsichtig gegenüber jeglicher Schluderei. Er verfügte über die Gabe, seine Unterstellten anzuhören und verstand es, ihre Initiative zu fördern. In komplizierten Situationen und in Phasen großer Belastung, etwa bei Überprüfungen und Übungen aber auch bei Vorkommnissen (die es natürlich in einer Flotte auch gab) strahlte er Ruhe und Zuversicht aus. Admiral Ehm hatte die Gabe, mit Unterstellten aller Dienstgradgruppen wie mit seinesgleichen zu sprechen. Viele Berufssoldaten kannte er persönlich, zum Teil schon aus ihrer Offiziersschülerzeit. Das große Zusammengehörigkeitsgefühl der Angehörigen der Volksmarine, das bis heute anhält, ist eng mit seinem Wirken verbunden.

Großes Ansehen besaß Admiral Ehm in den Flotten des Warschauer Vertrages. Davon profitierten wir alle.

Am 02. Oktober 1990 um 24:00 Uhr hörte die Nationale Volksarmee und damit auch die Volksmarine auf zu bestehen. Sie hat die Flagge nicht vor einem Feind niedergeholt, sondern hat sich loyal zu den Beschlüssen der Regierung de Maiziere verhalten. Sie folgte dem erklärten Willen der Mehrheit der Bevölkerung zu einer raschen Vereinigung beider deutscher Staaten. Sie ist mit Würde in die Einheit gegangen.
Nur wenige Berufssoldaten der Volksmarine fahren heute noch unter der Flagge der Bundesmarine. Man hätte sich gewünscht, daß mehr junge gut ausgebildete und lernfähige Offiziere Zugang zur Bundesmarine erhalten hätten. Wie die meisten Berufssoldaten der anderen Teilstreitkräfte mußten sich auch die der Volksmarine ein anderes Tätigkeitsfeld suchen, das leider nicht jeder gefunden hat – darunter hochqualifizierte und promovierte Offiziere. Hinzu kommt, daß sie mit den verschiedensten Formen der Ausgrenzung und Diskriminierung leben müssen, weil sie bei dem Versuch mitwirkten, eine Alternative zur kapitalistischen Gesellschaft zu schaffen.

1. Rüdiger Wenzke,: Wehrmachtsoffiziere in den DDR-Streitkräften. In: Nationale Volksarmee – Armee für den Frieden. Beiträge zu Selbstverständnis und Geschichte des deutschen Militärs 1945-1990, hrsg. von Detlef Bald u.a., Baden-Baden 1995, S. 149
2. S. 45 des Buches
3. Ebd.
4. Sergej Georgijewitsch, Gorschkow, Die Seemacht des Staates, Berlin 1978, S. 342.

Oberst a. D. Prof. Dr. sc. Klaus Schirmer

Weichenstellung
Zu einem von Günter Glaser herausgegebenen und eingeleiteten Dokumentenband

(April 1998)

Die Neubefragung und in der Regel damit verbundene Neubewertung der Geschichte der DDR und der Nationalen Volksarmee muß von vornherein fragmentarisch, ja sogar ahistorisch bleiben, wenn sie die jeweilige Vorgeschichte ausklammert. Nur bei ihrer Beachtung ist eine Annäherung an die Wahrheit zu erreichen, ist die Frage zu beantworten, warum und unter welchen Umständen dieser Staat, der sich ja als Arbeiter-und-Bauern-Macht definierte, und sein äußeres Sicherheitsinstrument, die NVA, entstanden, warum sie sich so und nicht anders entwickelt haben.

»Die DDR war eine historische Erscheinung mit eigener Physiognomie, und sie war zugleich (nur) ein Glied in jener Kette von vielfältig miteinander verwobenen und sich wechselseitig beeinflussenden Handlungen, Ereignissen und Entwicklungen der deutschen Geschichte dieses Jahrhunderts und speziell auch der europäischen Nachkriegsgeschichte...
Der öffentliche Umgang mit dieser Geschichte muß gemeinsame historische Verpflichtung in Rechnung stellen und auf die Herausbildung gemeinsamer Anstrengungen bei der Gestaltung der Zukunft zielen.«[1]

Insbesondere seit 1990 sind nicht wenige Beiträge zur Rolle der NVA erschienen. Daß dabei die Endphase, die Auflösung und die »Abwicklungs«-Prozesse dominierten, ist verständlich, weniger allerdings die unverkennbare Versuchung, vorwiegend aus der Sicht dieser Endphase Schlüsse für ein komplexes Phänomen zu ziehen. Um so wichtiger und verdienstvoller ist es, wenn Arbeiten vorgelegt werden, die helfen, den Gegenstand der Untersuchung allseitig zu betrachten, Umstände und Motive bei bestimmten Entscheidungen gründlicher zu erforschen und – dies vor allem anhand bisher kaum oder nicht bekannter Quellen – den Einblick zu vertiefen, warum sich bestimmte Tendenzen durchzusetzen vermochten. Die Tatsache, daß wichtiges (nicht nur russisches) Archivmaterial weiterhin nicht zugänglich ist, mag bedauerlich erscheinen. Prinzipiell aber: Wert und Aussagekraft des Buches »›Reorganisation der Polizei‹ oder getarnte Bewaffnung der SBZ im Kalten Krieg?«[2] werden dadurch nicht geschmälert. Dabei verdient Glasers Einleitung besondere Hervorhebung, macht sie doch – das Für und Wider bestimmter Motive und Argumente sorgfältig abwägend – sichtbar, daß es in den Jahren 1948/49 tatsächlich um eine Weichenstellung ging, die für weitere Entwicklungen gravierende Auswirkungen haben sollte.

Der Weg über Zwischenstufen von Polizeieinheiten bis hin zu regulären Streitkräften – im Grunde gingen ihn beide Seiten des geteilten Deutschlands – hing auf das engste mit unterschiedlichen außen- und sicherheitspolitischen Konzeptionen zusammen, die sich bereits im Prozeß der Vorgeschichte und dann deutlich profilierter nach der Bildung zweier deutscher Staaten abzeichneten. In der Bundesrepublik war dies die namentlich von Kräften um Konrad Adenauer vorgetragene Strategie, gestützt auf und integriert in das westliche Bündnissystem, relativ schnell ein eigenes schlagkräftiges militärisches Potential zu formieren, das als unumkehrbare Realität der als primäre Zielsetzung erkannten Stärkung des westlichen Bündnisses dienen könne. Diese vor allem im Anfangsstadium mit starken politischen Auseinandersetzungen verbundene Strategie und die darin implizierte militärische Option nahmen bewußt in Kauf, daß die nie aufgegebene Zielsetzung der deutschen Einheit zeitweilig als untergeordnet erschien.

Auch in Ostdeutschland hatte die Bildung eigener Streitkräfte eine Vorgeschichte, die im wesentlichen Mitte des Jahres 1948 mit der Aufstellung von Polizeibereitschaften einsetzte. Alle folgenden Entwicklungsstufen waren jedoch über längere Zeit – mindestens bis etwa zu den Auseinandersetzungen nach Stalins Tod und dem 17. Juni 1953 in der DDR – durch ein Charakteristikum geprägt: das der Umkehrbarkeit,

des Provisoriums im Interesse eines einheitlichen Deutschlands mit dem sowjetischerseits zunächst favorisierten Status der Neutralität.
Angelehnt an diesen Kurs hatte O. Grotewohl bei Gründung der DDR noch von einem Provisorium für längstens ein Jahr gesprochen. Der für den schrittweisen Übergang polizeilicher zu offen militärischen Charakteristika des Wiederbewaffnungsprozesses im Osten Deutschlands feststellbare Phasenverzug und der dabei hervorgehobene »Antwortcharakter« haben übrigens in der unmittelbaren Begründung der Aufstellung der NVA und ihrer Integration in den Warschauer Pakt, im weiteren aber in der Diskussion außen- und sicherheitspolitischer Konzepte immer wieder eine nicht geringe Rolle gespielt.
Was die Entwicklung im Osten Deutschlands, den Schwerpunkt der Dokumente, betrifft, so war sie wesentlich durch die Bedingungen und Widersprüche geprägt, die eine sich etablierende antifaschistisch-demokratische Ordnung (bereits der damals gewählte Ordnungsbegriff ist interessant) unter Präsens und Oberhoheit einer starken sowjetischen Besatzungsmacht – bis 1990 immerhin in einer personellen Stärke von 350 000 Militärangehörigen – kennzeichneten. Ging es doch, wie besonders die Dokumente zu Haltungen, ja auch Zurückhaltungen und zum Taktieren einflußreicher politischer Kräfte in der SBZ und dann der DDR zeigen, um zu treffende oder hinauszuschiebende Entscheidungen zu in sich widersprüchlichen Zielsetzungen: Einerseits erwies es sich als unumgänglich, sich mit der damaligen Konzeption der sowjetischen Europa- und Deutschlandpolitik zu identifizieren und vor allem die darin (noch) enthaltene Option eines entmilitarisierten, neutralen Gesamtdeutschlands zu unterstützen. Diese Konzeption mußte auch in Bezug auf innere Schritte vieles offenlassen.[3]
Andererseits waren maßgebende Kräfte in der KPD- und dann der SED-Führung bestrebt, den antifaschistisch-demokratischen Entwicklungsprozeß in das sich herausbildende »sozialistische Lager« einzuordnen und Besonderheiten eines deutschen Weges, der sich zwar vom Beispiel anderer volksdemokratischer Länder abheben, aber unbedingt in eine so-

zialistische Richtung führen sollte, zurückzudrängen. Für die Beurteilung (eine endgültige Beantwortung ist schwer möglich) der Frage: Reorganisation der Polizei oder getarnte Bewaffnung ist diese widersprüchliche Interessenkonstellation ganz wesentlich. Die durch Jalta und Potsdam festgelegten Grundzüge der Nachkriegsordnung bei gleichzeitig nach 1945 hervortretenden neuen, nunmehr gegensätzlichen Macht- und Einflußinteressen der Siegermächte, die das Wesen und der Austragungsmechanismus des sich in Sonderheit ab 1948 entfaltenden Kalten Krieges prägten, haben vielen Schritten im Sicherheitsbereich eine Spezifik verliehen: Das eine zu tun, aber das andere nicht zu lassen.

Gerade zur Umsetzungsproblematik sicherheits- und militärpolitischer Entscheidungen bieten Einleitung und Dokumente in Günther Glasers Buch aufschlußreiche Aspekte. So wird sichtbar: Jene zentralistisch-bürokratischen Spielregeln der Machtausübung, die den späteren inneren Entwicklungsprozeß in der DDR so stark prägten (und deformierten!), bildeten sich bereits in einem frühen Stadium heraus. Obwohl die Beschlüsse von Potsdam, die Befehle und Orientierungen der sowjetischen Besatzungsmacht und nach Gründung der DDR vor allem die erste Verfassung sowie darauf beruhende Volkskammer-Gesetze durchaus antifaschistische und auch demokratische Akzente setzten, war entsprechend stalinistischem Machtverständnis für die offiziell geforderte breite Mitwirkung und Initiative der »Massen«, also des Volkes, ein enger Rahmen gezogen. Staatsrechtlich gesehen war die Legitimierung vieler Schritte durchaus gegeben. Besonders im Sicherheitsbereich wurde jedoch im Hinblick auf solche Prinzipien wie Durchschaubarkeit grundlegender Vorgänge, realistische Analyse der Lage, Abwägung von Alternativen sowie Möglichkeiten der Kritik und Kontrolle der Widerspruch zwischen Ideal und Realität zunehmend größer. Wie der Band belegt, wurden bereits zu Beginn des Aufbaus bewaffneter Kräfte in der SBZ insbesondere durch aus sowjetischer Emigration zurückkehrende KPD-Führer jene Vorschläge und Versuche vehement zurückgewiesen, die auf demokratische Praktiken, auf demokratische Gestaltung des Innenlebens, auf die Möglichkeit gewerkschaftlicher Interessenvertretung, auf Wahl von Vertrauensleuten usw. abzielten. Dabei ist nicht zu übersehen: Unter Bedingungen eines sich zuspitzenden Ost-West-Konflikts, der struktureller und weltanschaulicher Konflikt zugleich war, erhielten beide Teile des gespaltenen Deutschland einen neuen Stellenwert. Die sich herausbildenden bewaffneten Kräfte als Machtfaktor für die Anhebung dieses Stellenwertes zu nutzen und sie so zu gestalten, daß sie der Sicherung und Ausweitung eigenen Einflusses zu dienen vermochten, dürfte ein wesentliches Motiv für das Agieren namentlich solcher Politiker wie W. Ulbricht gewesen sein.

Schärfer als Lenin hatte L. D. Trotzki bereits in den ersten Jahren nach der Oktoberrevolution die tendenzielle Gefahr einer zunehmenden Machtmonopolisierung erkannt. Die Verlagerung der Macht vom Volk, von der Arbeiterklasse und der Bauernschaft, auf die Partei, von der Parteibasis auf die Parteiführung und deren Apparat, ja vom Zentralkomitee auf Politbüro und Generalsekretär könnte, so die Folgerung Trotzkis, zeitweilig den Machterhalt sichern, müsse aber längerfristig die inneren Grundlagen des Systems zersetzen.

Die Geschichte hat ihm Recht gegeben. Wie wir heute wissen, sind selbst Entscheidungen von großer Tragweite wie jene über die Invasion in der CSSR von 1968 und das sowjetische Afghanistan-Unternehmen, das zum Debakel werden sollte, im kleinen Kreis von fünf bzw. von sieben Personen getroffen worden. In Macht- und Sicherheitsfragen war das Zentrum zu keinen Zugeständnissen bereit, auch nicht dann, wenn rechtzeitige Reformen innerhalb des Systems möglicherweise dessen Stabilisierung bewirkt hätten.

Dieser Umstand, hat – das Buch macht dies anhand der Anfangsphase im Osten Deutschlands sichtbar – sehr viel damit zu tun, daß die Bedrohungsproblematik in der Geschichte des realen Sozialismus einen extrem hohen Stellenwert einnahm. Für die Sicherheit, für Sicherheitsdenken und im weiteren auch für ein ausgeprägtes Sicherheitstrauma spielte nicht die äußere Bedrohung allein eine Rolle, wenn sie auch dominierte. Die neue Ordnung fühlte sich auch im Innern bedroht und dies nicht nur im Zusammenhang mit Wirtschaftsdelikten, enormer Aktivität von Schiebern und Spekulanten,

Brandstiftungen etc. Nein, es ging auch um die Konfrontation mit politischen Gegnern. Eine der wichtigsten theoretisch-konzeptionellen Ausgangspunkte stalinistischer Politik, die These, daß sich der Klassenkampf mit fortschreitenden Erfolgen des Sozialismus gesetzmäßig verschärfe, spielte – wenn auch nach dem 20. Parteitag der KPdSU revidiert – immer eine Rolle dabei, wie, auf welche Weise und in welcher Dimension gegen politische Gegner vorgegangen wurde. Die darin implizierte These, reaktionärer Gewalt müsse und könne gegebenenfalls mit revolutionärer Gewalt begegnet werden, wurde bei der Aufstellung von Bereitschaften der Volkspolizei und bei der 1952 erfolgten Bildung der Kasernierten Volkspolizei als zusätzliches Motiv, als innerer Rechtfertigungsgrund ins Spiel gebracht. Noch 1957 hatte W. Stoph als damaliger DDR-Verteidigungsminister in einem Interview erklärt: »Wir (die Angehörigen der NVA) sehen unsere Aufgabe darin, gemeinsam mit den anderen bewaffneten Organen der Deutschen Demokratischen Republik, den Frieden im Innern und nach außen zu sichern, d. h., die Truppenteile der Nationalen Volksarmee zu befähigen, eventuelle konterrevolutionäre Provokationen auf dem Gebiet der DDR zu verhindern bzw. niederzuschlagen…«.[4]
Wenn derartige Konstrukte, die besonders in Auswertung der Ereignisse von 1953 in der DDR und der Vorgänge in Ungarn 1956/57 eine bedeutende Rolle spielten, später sowohl im theoretischen Selbstverständnis als auch als praktische Legitimationsgrundlage zurücktraten, so liegt ein wesentlicher Grund darin, daß sich die Bedingungen, unter denen der Zusammenhang von Macht und Sicherheit wirkte, bedeutend veränderten. Eine gewisse Veränderung der Ausgangslage in dieser Hinsicht ergab sich bereits im Zusammenhang mit dem 13. August 1961. Es ist nicht als Zufall anzusehen, daß es Anfang 1962 im Kontext mit dem im September 1961 von der Volkskammer beschlossenen Verteidigungsgesetz und dem Gesetz über die Einführung der allgemeinen Wehrpflicht von Januar 1962 durch einen Beschluß des Nationalen Verteidigungsrates der DDR vom 6. April 1962 zu eindeutigeren Festlegungen über äußere und innere Aufgaben im Komplex der Landesverteidigung kam.

Die Untersuchungen derartiger Veränderungen, ihr Einfluß auf Stabilität und Instabilität in den sozialistischen Ländern und damit auch der DDR, wäre ein Thema für sich. Angemerkt werden soll jedoch: Die Tiefe der Veränderungen, die offensichtlich vor allem an den 70er Jahren festzumachen sind, bewirkte, daß in den Jahren 1948 und 1949 angestrebte oder vorgenommene Weichenstellungen sich nicht mehr als praktikabel, ja im Grunde durch gewandelte internationale Rahmenbedingungen, gestärkte internationale Reputation sowie einen relativen Stabilisierungsprozeß im Inneren auch nicht mehr als notwendig erwiesen. Zweifellos sind hier solche Faktoren wie die zunehmende Rolle und Dimension der Organe des Ministeriums für Staatssicherheit, die Bedeutung der VP-Bereitschaften des Ministeriums des Inneren (1963 immerhin 21 Bereitschaften mit einer personellen Stärke von 21000 Mann) sowie die Anfang der 60er Jahre etwa 360 000 Personen umfassenden Kampfgruppen der Arbeiterklasse einzuordnen. Ein Einsatz der Streitkräfte im Interesse inneren Machterhalts der politischen Führung und Strukturen – sowohl in der ersten als auch der 1968er Verfassung der DDR waren übrigens Rolle und Funktion der NVA ohnehin eindeutig durch äußere Sicherheitserfordernisse markiert – konnte unter diesen Bedingungen nicht mehr zur Debatte stehen – auch nicht als konzeptionelles Szenario.[5] Übrigens haben Verlauf und Ergebnisse des Herbstes 1989 gezeigt, daß selbst in einer bis dahin nie gekannten Krisensituation diese Konstellation nicht mehr umzukippen war. Und diese Veränderungen berühren auch die inhaltliche Seite des Zusammenhangs von Macht und Sicherheit. Auch in dieser Hinsicht vermittelt das Buch Günther Glasers Einsichten und Denkanstöße. Aus der Euphorie der Anfangsjahre, die mit einer starken Überlegenheitsgläubigkeit, mit ausgeprägten Überzeugungen vom »gesetzmäßigen Siegeszug« des gesellschaftlichen Fortschritts verbunden war, entwickelte sich schritt- und phasenweise die unumgängliche Erkenntnis, daß es in erster Linie darum gehe, das Bestehende zu erhalten und befestigen. Auch hier ist der Bezug zur Bedrohungsproblematik nicht zu übersehen, aber – wie bereits angedeutet – mit anderen Bezugspunkten als in den Anfangsjahren. Was die

DDR betrifft, so spielten ihre vorgeschobene Stellung an der Trennlinie der Systeme und Militärbündnisse, ihre besonders allergische Position durch die Verflechtung von allgemeiner Ost-West-Konfrontation mit den jeweiligen Spannungsverhältnissen in den deutsch-deutschen Beziehungen immer eine besondere Rolle. Wesentlich dafür waren nicht allein militärische, sondern auch politische, wirtschaftliche und nicht zuletzt ideologische Faktoren. Aus diesen Verflechtungen ergab sich aber auch, daß bestimmten Aktionen und – noch häufiger – Reaktionen sowohl reale als auch fiktive Ausgangspunkte, echte Bedrohungen und vorgeschobene Motive, fundamentale Interessenvertretung und Ablenkungsmanöver zugrunde lagen. In den ersten Jahrzehnten waren es vor allem die in der Bundesrepublik erhobenen Forderungen nach Revision der im Ergebnis des zweiten Weltkrieges entstandenen Grenzen sowie die nachhaltigen Wirkungen der Hallstein-Doktrin, die in der DDR das Bedrohungsgefühl nährten. Ab Mitte der 70er Jahre, besonders nach der Konferenz von Helsinki, gewannen offensichtlich solche Faktoren wie der zunehmende Abstand zwischen der Bundesrepublik und der DDR auf dem Gebiet der wirtschaftlichen Leistungsfähigkeit, des Lebensstandards sowie der Gewährleistung demokratischer Freiheit an Gewicht. Vor diesem Hintergrund gab es immer Besorgnisse, das von der NATO unterstützte politische Ziel der Bundesrepublik, die offene deutsche Frage zu lösen, könnte bei entsprechender Großwetterlage auch mit militärischen Mitteln verfolgt werden. Dies galt um so mehr in Zeiten der Zuspitzung der internationalen Beziehungen und in Krisensituationen. Jede Krise hatte eine besondere Brisanz hinsichtlich einer möglichen Veränderung des Status quo, denn sie barg bereits im Ansatz zumindest potentielle Gefahren für die strategische Situation der DDR in sich. Wenn in Untersuchungen in der Bundesrepublik unter den damaligen Bedingungen stets der Aspekt einer besonderen Verwundbarkeit im Kriegsfalle hervorgehoben wurde, weil etwa 30 Prozent der Bevölkerung und 25 Prozent des wirtschaftlichen Potentials in einem Streifen von nur 100 km entlang der Grenze zur DDR und CSSR angesiedelt waren, so galt das für die DDR in noch größerem Umfang. Jede militärische Handlung selbst auf der operativen Ebene – bei den Landstreitkräften mit einer potentiellen Angriffstiefe von 80 bis 100 km und für die Luftstreitkräfte von einigen Hundert km – hätte eine strategische Bedrohung bedeutet. Es ist davon auszugehen, daß vier bis fünf Kriegstage in der Auswirkung fünf Jahren des zweiten Weltkrieges gleichzusetzen gewesen wären. Allein aus diesen Gründen konnte die DDR nicht an der Entfesselung eine Krieges interessiert sein. Das Problem liegt folglich auf einer anderen Ebene – darin, daß reale Faktoren gegenseitiger Bedrohung nicht in erster Linie zum Anlaß genommen wurden, um aus dieser Situation herauszukommen, sondern um klischeehafte Feindbild-Vorstellungen zu festigen.

Zwei Umstände verstärkten die Sicherheitsallergie in der Führung der DDR besonders. Einmal nahm vor allem in Zeiten der Zuspitzung, in Krisensituationen die Druck- und Sogwirkung der Bundesrepublik Deutschland auf die inneren Verhältnisse der DDR zu. Das Szenario eines parallelen Prozesses von innerer Destabilisierung, einer »Konterrevolution«, und äußerer Hilfeleistung durch die – möglicherweise von der UNO ermächtigte – NATO ließ sich seit den Ungarn-Ereignissen von 1956 im sicherheitspolitischen Denken nie mehr völlig verdrängen. Zum anderen nahmen in der DDR-Führung seit den Vorgängen von 1968 in der ČSSR und sicher noch gravierender angesichts der Ereignisse in Polen 1980/81 die Befürchtungen zu, die DDR könne im Zusammenhang mit gesellschaftspolitischen Veränderungen in den genannten Ländern eine grundlegende Verschlechterung ihrer strategischen Stellung erfahren. Zusätzliche Nahrung erhielt die Bedrohungsproblematik durch Verwerfungen in der Sphäre der inneren Sicherheit und damit auch des inneren Friedens. Unzufriedenheit und oppositionelle Regungen sowie Reformbestrebungen im Innern wurden in der Regel als Bestandteil der Bedrohung von außen reflektiert und als Ausdruck gefährlicher Manöver imperialistischer Kreise gewertet. Einerseits nahm das innere Unzufriedenheitspotential besonders in der zweiten Hälfte der 80er Jahre zu. Andererseits war die DDR-Führung entsprechend der auch programmatisch verankerten Konzeption von der politisch-moralischen

Einheit des Volkes unter Führung der marxistisch-leninistischen Partei auf eine Linie festgelegt, die offiziell kein inneres Gegenpotential zuließ. Die Kluft zwischen Anspruch und Realität wurde größer. Zwar betrieb die Führung der SED und des Staates eine vom Volk mitgetragene Politik zur Gewährleistung europäischer Sicherheit und zur Verhinderung einer neuen internationalen Eiszeit. Da sie entsprechend ihrem machtpolitischen Selbstverständnis weder Reformbedarf noch Reformbereitschaft erkennen ließ, beschädigte sie jedoch selbst das, was der DDR zu internationalem Ansehen verholfen hatte. Es kam zu dem Phänomen, daß dieser Staat unterging, als der Kalte Krieg bereits beendet war.

Es hat in Äußerungen zum Verlauf der Wende in der DDR 1989/90 in den seitdem vergangenen Jahren nicht an Hinweisen gefehlt, die Angehörigen der NVA hätten nur angesichts des Druckes der Volksbewegung einen friedlichen Verlauf der Ereignisse mehr oder weniger akzeptieren müssen. Verunsicherung, Resignation oder gar eine widersprüchliche Befehlslage hätten anders angelegte Optionen und Absichten nicht mehr zur Entfaltung gelangen lassen. Solche Faktoren wie die Besonnenheit von NVA-Offizieren auf allen Führungsebenen – von der Bundeswehr seinerzeit hoch bewertet – bis hin zum Verhalten der Grenzsoldaten bei der Öffnung der Berliner Mauer und der Grenze zur Bundesrepublik werden geflissentlich ignoriert oder als nebensächliche Komponente abqualifiziert. Um so wesentlicher erscheint die Hervorhebung eines Grundumstandes:

Die Tatsache, daß sich die Nationale Volksarmee im Herbst 1989 nicht als innerer, gegen das Volks einsetzbarer Faktor erwies, hat ihre Begründung weniger darin, daß dies der militärische Auftrag und das darin implizierte Ausbildungsprofil nicht vorsahen. Derartige »Defizite« lassen sich, wie geschichtliche Beispiele zeigen, relativ schnell kompensieren. Vor die Alternative gestellt, Bürgerkrieg zu führen oder ihn zu verhindern, erwiesen sich Verankerung im Volk, Verbundenheit mit dem Volk und ein außerordentlich fundiertes Friedensmotiv stärker als stalinistisch geprägte Strukturen und Verhaltensweisen.

Von der untergegangenen DDR und ihren Streitkräften

wird (und soll offensichtlich) in rückblickender geschichtlicher Sichtweise nicht viel bleiben, es seien denn Fußnoten. Vielleicht könnten aber Sachlichkeit und Toleranz die Anmerkung bewirken, daß die NVA doch eine Art Volksarmee war...

1. Nationale Volksarmee – Armee für den Frieden, hrsg. von Detlev Bald/Reinhard Brühl/Andreas Prüfert, Baden-Baden 1995, S.10.
2. »Reorganisation der Polizei« oder getarnte Bewaffnung der SBZ im Kalten Krieg. Dokumente und Materialien zur sicherheits- und militärpolitischen Weichenstellung in Ostdeutschland 1948/49, hrsg. und eingel. von Günther Glaser, Frankfurt a. M. 1995.
3. Umfassend, wenn auch aus differierender Position haben sich dazu insbesondere Wilfried Loth und Norman M. Naimark geäußert. Siehe Wilfried Loth: Stalins ungeliebtes Kind. Warum Moskau die DDR nicht wollte, Berlin 1994; Ders.: Stalin, die deutsche Frage und die DDR. In: Deutschland Archiv, H. 3/1995; Norman M. Naimark: Die Russen und Deutschland. Die sowjetische Besatzungszone 1945 bis 1949, Berlin 1997.
4. Militärwesen, H. 1/1957, S. 5
5. Verwiesen sei auf den Beschluß des SED-Politbüros vom 8.11.1956 über »Maßnahmen zur Unterdrückung konterrevolutionärer Aktionen«. Siehe dazu Joachim Hohwieler: NVA und innere Sicherheit. In. Nationale Volksarmee – Armee für den Frieden, wie Anm. 1, S.81 ff.

Oberst d. ZV a. D. Werner Sedlick/ Oberst d. ZV a.
D. Horst Schneider/OSL d. ZV. a. D. Dr. Helmut Uhde/
Oberst d. ZV a. D. Adolf Grünwald

Thesen zur Zivilverteidigung

(November 1997)

Vorbemerkungen

Am 01. Juni 1976 wurde dem Minister für Nationale Verteidigung die Zivilverteidigung – im weiteren als ZV abgekürzt – unterstellt.

Mit dieser Entscheidung wurden der militärische Einfluß auf die ZV erhöht und verwaltungsmäßig enge Verbindungen zum Ministerium für Nationale Verteidigung geknüpft. Die ZV war jedoch nie ein Bestandteil der NVA und die Hauptverwaltung Zivilverteidigung, das zentrale Führungsorgan der ZV, kein Strukturelement des Ministeriums.

Das humanitäre Grundanliegen der aus dem Luftschutz der DDR – im weiteren LS abgekürzt – hervorgegangenen ZV blieb bis zu ihrer Auflösung im Jahre 1990 unverändert: Schutz der Bevölkerung sowie materieller und kultureller Werte vor Gefahren bzw. Beseitigung oder Milderung unmittelbarer Folgen von Feindeinwirkungen, Katastrophen und anderen Unglücksfällen.

Die Existenz und die Aktivitäten der ZV sowie deren Organisation und Führung standen im Einklang mit dem Ergänzungsprotokoll I vom 01. Juni 1977 zum IV. Genfer Abkommen vom 12. August 1949 über den Schutz von Zivilpersonen im Kriege und anderen bewaffneten Konflikten. Das Protokoll erweiterte und präzisierte den Schutz von Opfern internationaler bewaffneter Konflikte und definierte die Aufgaben der ZV-Organisationen. Artikel 61 dieses Protokolls verpflichtete die Staaten, sich humanitären Aufgaben mit dem Ziel zu widmen, die Zivilbevölkerung vor den Gefahren von Feindseligkeiten und Katastrophen zu schützen, ihr bei der Beseitigung der Folgen zu helfen sowie die für ihr Überleben notwendigen Bedingungen zu schaffen. Besonderer Schutz wurde den ZV-Organisationen zugesichert, die – unabhängig von ihrer Stellung im nationalen Verteidigungssystem – als zivile Hilfsorganisationen völkerrechtlichen Schutz genießen, wenn sie nicht direkt zu Aufgaben im Dienste der Streitkräfte eingesetzt werden. Sie können jedoch von den Verteidigungsministerien und militärischen Stäben geführt werden, nach militärischen Gesichtspunkten organisiert sein und leichte persönliche Waffen tragen.

Die ZV der DDR war eine zivile Hilfsorganisation im Sinne dieser Bestimmungen. Trotz der Unterstellung unter den Minister für Nationale Verteidigung war sie weder eine Teilstreitkraft der NVA, noch eine paramilitärische Organisation. Sie besaß den Nichtkombattanten-Status und ihre Angehörigen waren zur Unterscheidung von denen der Streitkräfte durch Ärmelstreifen bzw. -abzeichen gekennzeichnet.

Eine wichtige Grundlage für die Arbeit der ZV der DDR auf dem Gebiet des Katastrophenschutzes bildeten die Empfehlungen der UNDRO, der Spezialorganisation der Vereinten Nationen für Umwelt- und Katastrophenschutz.

1. These: Die Entstehung und Entwicklung der ZV

Die Entwicklung der ZV war von den internationalen und nationalen Erfordernissen geprägt und wurde von wirtschaftlichen und technischen Veränderungen bestimmt.

Anfang der 50er Jahre war der Kalte Krieg zur Hauptform der Ost-West-Auseinandersetzung geworden. Es bestand die Gefahr des Übergangs zu bewaffneten Handlungen und die Möglichkeit des Einsatzes von Atomwaffen. Unter diesen Bedingungen beschloß die DDR-Führung im Jahre 1954, im Kontext mit weiteren Sicherheitsvorkehrungen den Luftschutz zu organisieren. Diese Entscheidung war Bestandteil des Bestrebens, beim Herausbilden der staatlichen Souveränität der DDR alle für notwendig gehaltenen Sicherheitsmaßnahmen nach innen und außen zu treffen. Dazu wurde u.a. die Aufgabe gestellt, wie in anderen wirtschaftlich entwickelten Ländern für den Fall einer möglichen bewaffneten Auseinandersetzung den Schutz des Hinterlandes vorzubereiten.

Obwohl die internationale politische Lage für den Aufbau des

LS in der DDR ausschlaggebend war, so standen dabei auch Erkenntnisse aus Naturereignissen der damaligen Zeit Pate. Bei Sturm- und Hochwassersituationen auf dem Gebiet der DDR zeigte sich z.B. (besonders ausgeprägt im Jahre 1953), daß die bis dahin bestehenden Organisationsformen der Feuerwehr und des Roten Kreuzes für Schutz- und Hilfeleistungsmaßnahmen in Extremfällen nicht ausreichten.

Mit der Vorbereitung des LS wurde der Minister des Innern beauftragt. Die Hauptabteilung Feuerwehr schuf erste Voraussetzung für eine effektivere Hilfeleistung durch personell verstärkte Zentralkommandos der Freiwilligen Feuerwehren. Offiziere der Berufsfeuerwehr und andere Angehörige des Ministeriums des Innern wurden zur Arbeit im LS eingesetzt. Gemeinsam mit Wissenschaftlern aus zivilen Bereichen erarbeiteten sie die erforderlichen theoretischen, organisatorischen und juristischen Grundlagen. Neben Materialien und Erfahrungen des früheren deutschen LS diente vor allem der LS der UdSSR mit seinem umfangreichen Erfahrungsschatz aus dem II. Weltkrieg als ausschlaggebendes Vorbild für den Aufbau, die Aufgaben, Struktur und Taktik des LS der DDR. Diese starke Anlehnung an das sowjetische Vorbild setzte sich auch in den folgenden Jahren fort, zumal die leitenden Offiziere des LS (später der ZV) der DDR fast ausnahmslos Lehrgänge an der Höheren Zentralen Lehreinrichtung des LS/der ZV der UdSSR absolvierten. Die Grundlagen der sowjetischen ZV sind jedoch zumeist nicht schematisch übernommen, sondern unter Beachtung der strategischen Lage des Territoriums der DDR und seiner gegenüber der Sowjetunion vergleichsweise geringen geographischen Ausdehnung aufbereitet worden. Das erfolgte jedoch nicht immer mit der nötigen Konsequenz. Beispiele dafür sind Versuche, eine Evakuierung zu planen oder übermäßig große Formationen der Einsatzkräfte zu schaffen. Erst Mitte der 80er Jahre ist mit den Reformüberlegungen die Erkenntnis gereift, daß für die Schutzkonzeption der DDR ein spezifischer Entwicklungsweg beschritten werden mußte.

Im Februar 1958 verabschiedete die Volkskammer das Gesetz über den Luftschutz (Gesetzblatt der DDR, Teil I, Nr. 12/58). Leiter des LS der DDR wurde der Innenminister. In allen anderen staatlichen Bereichen, in Betrieben, Einrichtungen und

Genossenschaften wurden die jeweiligen Vorsitzenden/Leiter als Leiter des LS für ihren Bereich bestimmt.
Der Leiter des LS der DDR und die Vorsitzenden der Räte der Bezirke verfügten jeweils über einen Stab sowie eine Schule des LS, personell besetzt mit Offizieren, Unteroffizieren und Zivilbeschäftigten. Bei jedem Vorsitzenden des Rates und Leiter der LS eines Kreises arbeitete ein LS-Stab mit 2 bis 3 Offizieren, 1 bis 2 Zivilbeschäftigten und mehreren ehrenamtlichen Mitarbeitern. Die LS-Stäbe der Bezirke und Kreise unterstanden dem Vorsitzenden des Rates als Leiter des LS direkt, jedoch gehörten sie nicht zur Ratsadministration.
Die Leiter des LS unterhalb der Kreisebene (Städte, Gemeinden, Betriebe, Einrichtungen) schufen sich LS-Stäbe bzw. Komitees aus ehrenamtlichen Mitarbeitern. In den Territorien und Betrieben wurden differenzierte Schutzmaßnahmen organisiert.
Trotzdem die Voraussetzungen zu ihrer Einordnung in die allgemeinen Leitungsprozesse gegeben waren, blieb die Organisierung des LS auf Teilbereiche und örtliche Einzelmaßnahmen beschränkt, weil sie in erster Linie als Sache der LS-Stäbe angesehen wurde. Zugleich wurden angesichts der wissenschaftlich-technischen Veränderungen und der damit verbundenen Entwicklung neuer Waffensysteme Schutzdefizite immer deutlicher.
Das gab Ende der 60er Jahre Veranlassung, wie in der UdSSR und anderen Ländern des Warschauer Vertrages vollzogen, auch in der DDR den LS in eine qualitativ neue Stufe, die ZV, zu überführen. Kennzeichnend für diesen Prozeß war eine ausgeprägte Integration der Schutzanstrengungen in die Gesamtheit der Leitungsverantwortung auf allen Ebenen und in allen Bereichen. Dadurch sollte eine bessere Ausnutzung der vorhandenen staatlichen und wirtschaftlichen Potenzen für präventive Schadensverhütung, für Schutz- und Hilfeleistungsmaßnahmen ermöglicht werden.
Nach Abschluß der Vorbereitungen für die Überleitung entsprechend einem Beschluß des Ministerrates von 1967 verabschiedete die Volkskammer am 16.09.1970 das Gesetz über die Zivilverteidigung der DDR, in dem die ZV als ein »System staatlicher und gesellschaftlicher Maßnahmen« definiert wurde.

Im Unterschied zur Zivilen Verteidigung in der Bundesrepublik Deutschland umfaßte die ZV der DDR nicht nur Maßnahmen des Zivilschutzes und des Selbstschutzes im Hinblick auf einen möglichen Verteidigungsfall, sondern auch Aufgaben des Havarie- und Katastrophenschutzes. In der Bundesrepublik Deutschland fällt der Havarie- und Katastrophenschutz durch Einbeziehung von Hilfsorganisationen wie z.B. des Technischen Hilfswerkes, des DRK, des Arbeiter-Samariter-Bundes und anderer in die Hoheit der Bundesländer.

2. These: Die Einordnung der ZV in die Verantwortung des Ministers für Nationale Verteidigung
Mit Wirkung vom 01.06.1976 wurde die ZV aus der Führungsverantwortung des Ministers des Innern herausgelöst und dem Minister für Nationale Verteidigung unterstellt. Ausschlaggebend dafür waren die Militärdoktrin der Warschauer Vertragsstaaten und daraus abgeleitete spezielle Beschlüsse des Politischen Beratenden Ausschusses dieser Staaten aus den Jahren 1975 und 1976.
Diese Unterstellung beruhte auf der Meinung, daß die ZV vornehmlich für den Verteidigungsfall geschaffen worden sei, daß sie als Bestandteil der Landesverteidigung einen Faktor von zunehmender strategischer Bedeutung darstelle und somit auch der einheitlichen Führung und Planung der Landesverteidigung unterliegen müsse.
Auf einer Beratung der Verteidigungsminister aller Mitgliedstaaten des Warschauer Vertrages wurden im Frühjahr 1976 in Moskau die prinzipiellen Aufgaben sowie der Platz der ZV in der Landesverteidigung, insbesondere zur Unterstützung der Handlungen der Vereinten Streitkräfte auf dem jeweiligen Territorium, ausgearbeitet. Nachdrücklich wurde hervorgehoben, daß sich in anderen Vertragsstaaten die Unterstellung der ZV unter die Verteidigungsminister bewährt habe. Die DDR war zu dieser Zeit der einzige Mitgliedsstaat, in dem die ZV noch dem Innenminister unterstand. Der Nationale Verteidigungsrat traf unmittelbar nach dieser Beratung die geforderte Entscheidung.
Diese Veränderung stand aus heutiger Sicht im Widerspruch

zu den gerade im Zusammenhang mit der KSZE-Konferenz in Helsinki von den Führungen der Warschauer Vertragsstaaten – so auch der DDR – beteuerten Notwendigkeit von Abrüstung und Entspannung.
Der Minister für Nationale Verteidigung nahm die ihm übertragene Führungsverantwortung durch den ihm direkt unterstellten Leiter der ZV der DDR wahr. Dieser hatte Anordnungsbefugnis gegenüber den Leitern der ZV aller Ebenen.
In der Neufassung des Verteidigungsgesetzes der DDR vom 13.10.1978 wurden die Aufgaben und die Leitung der ZV sowie die Mitarbeit der Bevölkerung mitgeregelt. Neu und für die künftige Entwicklung bestimmend war die Festlegung, daß die ZV »in Übereinstimmung mit den Erfordernissen der Landesverteidigung zu führen« sei. Zugleich wurde durch dieses Gesetz das Gesetz über die ZV von 1970 außer Kraft gesetzt.
Neben der Vereinheitlichung der Führung bestand ein Grundanliegen der Umunterstellung darin, die Formationen und Einrichtungen der ZV darauf vorzubereiten, ihren klassischen Auftrag zum Schutz der Bevölkerung auch zur Hilfeleistung gegenüber betroffenen Einrichtungen und Einheiten der Armee durchführen zu können. Dazu gehörten ebenso das Suchen und Bergen Verschütteter und ihre medizinische Versorgung wie die Vorbereitung der mobilen Kräftegruppen auf die Mitwirkung beim Gewährleisten der Bewegungsfreiheit von Truppen der Vereinten Streitkräfte auf dem Territorium der DDR. Dabei reichte das Spektrum der Aufgaben vom Einrichten von Wasserentnahmestellen und Versorgungspunkten über das Aufklären und Vorbereiten von Unterbringungsräumen, das Mitwirken am Ausbau und Instandsetzen von Marschwegen, die sanitäre und Spezialbehandlung von Truppenteilen, das Einrichten und die Sicherstellung der Arbeit medizinischer Behandlungspunkte bis hin zur Beräumung von Fundmunition. In diesem Sinne wurden vereinzelt Formationen der ZV in militärische Übungen einbezogen, so u.a. auch beim Koalitionsmanöver »Waffenbrüderschaft 1980«.
Weiterhin sollten spezielle Möglichkeiten der ZV für die Armee genutzt werden. So wurden ausgewählte Beobachtungsstellen der ZV in ein einheitlich organisiertes System der visuellen Luftaufklärung zum Erkennen von Tiefffliegern in durch

Radar ungenügend erfaßbaren Geländeabschnitten einbezogen und entsprechend vorbereitet.

Angesichts ihrer Rolle beim Schutz und bei der Stärkung der Widerstandskraft des Hinterlandes sowie der Gesamtheit der ihr zugedachten Aufgaben im Interesse der Handlungen der Streitkräfte wurde die ZV von der politischen und militärischen Führung als »Faktor von strategischer Bedeutung« angesehen.

Die Umunterstellung der ZV unter den Minister für Nationale Verteidigung verstärkte die zentralistische Führung und erschwerte das Zusammenwirken der Stäbe und Kräfte der ZV mit anderen territorialen Kräften und Organen, z.B. mit der Polizei und der Feuerwehr.

In der Praxis des Havarie- und Katastrophenschutzes wurden in zunehmendem Maße Doppelungen zwischen den Stäben der ZV und denen der Polizeibehörden beim Kräfteeinsatz sichtbar. Außerdem wurden durch die Einsatzplanungen für den Ernstfall zugunsten der Streitkräfte der Schutz und die Hilfeleistung für die Bevölkerung durch die ZV reduziert. Das entsprach in keiner Weise dem eigentlichen Anliegen der ZV.

Positiv für die Entwicklung der ZV und ihres Einsatzvermögens auch im Interesse des Havarie- und Katastrophenschutzes wirkte sich nach der Umunterstellung die kurzfristige Auffüllung mit stabsmäßig ausgebildetem Personal sowie die Ausstattung der Stäbe und Formationen mit Transportmitteln, Technik, Schutzausrüstung und Gerät aus. Dabei darf nicht unerwähnt bleiben, daß es vielen leitenden Offizieren im Ministerium und einem Teil der in die Führungsorgane der ZV übernommenen Offiziere nicht gelang, sich die erforderlichen Spezialkenntnisse zur ZV anzueignen, so daß z.T. Strukturen und Verfahrensweisen der NVA formal auf die ZV übertragen wurden. Dadurch eingeführte militärische Gepflogenheiten stießen nicht überall auf Gegenliebe, vor allem nicht unter den vielen Tausenden ehrenamtlichen Kräften.

3. These: Die Hauptaufgaben und der Platz der Zivilverteidigung in der DDR
Nach den gesetzlichen Bestimmungen oblagen der ZV folgende Hauptaufgaben:

Schutz der Bevölkerung
Dazu gehörten u.a. die Warnung vor Gefahren, die geschützte Unterbringung, der Atem- und Körperschutz sowie die Organisierung der medizinischen und der Selbst- und gegenseitigen Hilfe. Auch die Bevölkerungsausbildung und -aufklärung sind hier einzuordnen.

Schutz der Volkswirtschaft, der staatlichen Einrichtungen und der kulturellen Werte
Dazu gehörten u.a. der Schutz der Beschäftigten in den Betrieben durch analoge Maßnahmen wie unter Ziffer 1 und die Erhöhung der Stabilität der Produktionsanlagen. Letzteres erfolgte u.a. durch Analyse ausgeprägter Schwachstellen bzw. Starkgefährdungen wie auch durch die Planung der Auslagerung von gefährlichen Stoffen bzw. anfälligen Gütern.

Bildung von Einsatzkräften und Hilfseinrichtungen in den Territorien, Betrieben und Institutionen
Die Einsatzkräfte umfaßten am Jahresende 1989 u.a. 81 Bereitschaften (je ca. 600 Personen), etwa 430 Abteilungen verschiedener Zweckbestimmung (je ca. 100 Personen) sowie weitere Spezialzüge, -gruppen und -trupps mit Bergungs-, Instandsetzungs- Nachrichten- und Aufklärungskräften. Des weiteren gab es auch Kräfte für die Erste medizinische und ärztliche Hilfe und für die sanitäre sowie KCB-Spezialbehandlung. In den Kräftegruppen der ZV – vorwiegend in den Einsatzkräften – waren 485 000 Frauen und Männer, ausnahmslos auf freiwilliger und ehrenamtlicher Grundlage organisiert. Sie gehörten allen Schichten der Bevölkerung, Berufsgruppen und Konfessionen an, waren Mitglieder der verschiedenen Parteien oder parteilos. Ihre Motive für die Tätigkeit in der ZV waren deshalb auch recht unterschiedlich. Sowohl die Vorstellung, den Sozialismus zu stärken, als auch christliches Samaritertum lagen z.B. der Mitarbeit zugrunde. Tausende Mitglieder aller Blockparteien stellten sich als Führungskräfte bis hin zum Bereitschaftskommandeur oder Stabschef zur Verfügung. Die Ausrüstung der Kräftegruppen bestand zu einem geringen Teil aus Spezialbeschaffungen und übernommenen Armeebeständen, in der Masse aber aus zeitweilig der Wirtschaft (in der Regel aus den Bereitstellungsbetrieben der Formationen und Einrichtungen) entnommener Technik/Gerät.

Unterstützung der NVA und der Truppen der Vereinten Streitkräfte bei der Sicherstellung ihrer Operationsfreiheit auf dem Territorium der DDR.
Zum Inhalt dieser Aufgabe vergleiche die Ausführungen in These 2.
Ende 1989 gab es in den Stäben und Schulen der ZV republikweit 1 780 hauptamtliche Mitarbeiter. An der Zentralen Lehreinrichtung der ZV in Beeskow-Bahrensdorf wurden Offiziere der ZV ausgebildet und in drei bzw. fünf Jahren zum Fach- bzw. Hochschulabschluß geführt. Weiterhin wurden hier wie auch an den Bezirksschulen ehrenamtliche Führungskräfte bzw. ZV-Angehörige qualifiziert sowie Staatsangestellte, Wirtschaftsleiter, Pädagogen und gesellschaftliche Mandatsträger dazu befähigt, Fragen der ZV in ihre Tätigkeit einzuordnen. Die Dauer solcher Lehrgänge reichte von einigen Tagen bis zu acht Wochen. Über eine Million DDR-Bürger durchliefen diese Schulen.
Durch die vielfältige Mitarbeit zahlreicher Bürger wurde die ZV allgemein von der Bevölkerung akzeptiert. Ungeachtet der prinzipiellen Anerkennung gab es bei manchen Betroffenen auch Kritik und Mißmut. Sie richteten sich vor allem gegen überzogene Maßnahmen, wie den z.T. militanten Charakter der Ausbildung, so z.B. der ZV-Ausbildung der Studenten an den Hoch- und Fachschulen, oder übertriebene territoriale Übungen, die oft mit Eingriffen in der öffentliche Leben und der Einordnung größerer Teile der Bevölkerung verbunden waren.
Anerkennung fanden vor allem die Einsatzhandlungen von Kräften der ZV bei Ereignisse mit schwerwiegenden Folgen und bei der Abwendung akuter Gefahren. Solche Handlungen führten auch bei den Kräften selbst zu mehr Motivation als ihre Teilnahme an Übungen mit militärischem Charakter. In zahlreichen Unwetter- und Havariesituationen wie auch nach größeren Unfällen kamen territoriale Stäbe und Formationen der ZV (letztere oft in ereignisbezogener Zusammensetzung der umstrukturiert) zum Einsatz. Beispielhaft und herausragend waren die Einsätze 1961 bei einem Dammbruch in Thüringen, 1967 beim schweren Zugunglück in Langenweddingen (bei Magdeburg), 1972 beim Absturz einer Interflugmaschine

vom Typ IL 62 bei Königs Wusterhausen, in den Schneewintern 1978/79 oder in vielen Situationen bei der Abwehr und Beseitigung der Folgen von Hochwassern, Stürmen u.ä. Naturerscheinungen. Die spätere Konzentration der ZV auf diese Aufgaben wurde von den Kräften und Bürgern allgemein begrüßt und unterstützt.
Einsatzhandlungen der ZV und ihrer Kräfte blieben ohne Ausnahme auf das Territorium der DDR begrenzt. Das schloß Kontakte zu anderen Ländern, auch weit über die Grenzen der Warschauer Vertragsstaaten hinaus, nicht aus. Diese internationale Zusammenarbeit diente vor allem dem Erfahrungsaustausch.

4. These: Die Reformen in der Zivilverteidigung
Wie in anderen Bereichen begann sich in den 80er Jahren auch in der ZV zunehmend die Erkenntnis durchzusetzen, daß die hohe Vernichtungskraft und Treffsicherheit der Waffen und die hochgradige Abhängigkeit der entwickelten Zivilisation von ihrer Infrastruktur in einem Krieg zum völligen Untergang ganzer Länder führen würde, unabhängig von deren Gesellschaftsform.
Der Sinn von Schutzmaßnahmen für die Bevölkerung und die Wirtschaft in einem Krieg wurde immer fraglicher, zumal sich bereits bei Naturereignissen und Betriebsunfällen zeigte, wie groß das Schutzdefizit war und wie gering die materiellen Möglichkeiten, das zu ändern. Im Rahmen dieses sich langwierig und schwierig vollziehenden Umdenkungsprozesses begann die ZV der DDR übrigens im Unterschied zur ZV der Sowjetunion und anderer Länder, darunter auch der Bundesrepublik – mehr und mehr ihre Anstrengungen auf den Schutz und die Hilfe in Katastrophen-, Havarie- und Unglücksunfällen auszurichten. Die Reaktorkatastrophe von Tschernobyl bestärkte die Richtigkeit dieses Vorgehens.
In der Ausbildung wurde schrittweise vom Schutz vor Waffenwirkungen bzw. der Hilfeleistung gegenüber der NVA abgegangen. In den Vordergrund rückte die Vorbereitung auf täglich mögliche, auch ortsbezogene Gefährdungen. Den Übungen nach 1985 wurden ausschließlich Lagen zugrunde gelegt, die Ereignisse mit folgenschweren Auswirkungen beinhalteten,

welche von der Natur, den Betrieben bzw. anderen territorialen Gefahrenquellen ausgehen. Den Stäben und Einsatzkräften war vom Leiter der ZV der DDR die Aufgabe gesellt, bei Ausbildungsmaßnahmen und Übungshandlungen möglichst beständigen Nutzen, insbesondere für den vorbeugenden Schutz, zu schaffen.
Zunehmend wurden Maßnahmen gemeinsam mit anderen für Schutzaufgaben zuständigen Organen durchgeführt, wie z.B. eine unter Regie der ZV im April/Mai 1988 vorgenommene Flußbereinigung sowie Flußbett- bzw. Uferbefestigung an der Mulde bei Arnstadt. Hierbei wirkte die ZV mit Kräften der Wasserwirtschaft, des Natur- und Umweltschutzes, der Landschaftsgestaltung und des Anglerverbandes zusammen.
Trotz der inhaltlichen Veränderung der Aufgaben blieb die Bereitschaft der ZV erhalten, im Kriegsfall mit der für Katastrophen getroffenen Vorsorge zur Minderung von Leid und Schäden beizutragen.
Das Umsetzen der richtigen Orientierung auf den Katastrophen- und Havarieschutz erbrachte jedoch nicht den erwarteten Effekt, weil es halbherzig und inkonsequent erfolgte. Es blieb bei Versuchen, Einfluß auf den vorbeugenden Schutz zu nehmen und die Bekämpfung von Schäden zu organisieren, ohne dazu die für den Schutz bei militärischen Konflikten vorbereiteten Strukturen und Schutzkonzeptionen wesentlich zu verändern. Zudem waren die Kompetenzen und Befugnisse unzureichend geregelt. Der Minister für Nationale Verteidigung war nicht für den Katastrophenschutz zuständig. Im unterstanden jedoch der Leiter der ZV der DDR und der Personalbestand der Stäbe. Letztere unterstanden zugleich den Vorsitzenden der Räte mit Verantwortung für den Katastrophenschutz. Zentrales Eingreifen bei Ereignissen erwies sich in der Regel als unwirksam, unnötig und oft störend. Trotz Starrheit in den zentralen Auffassungen zum Leitungssystem und z.B. den Großstrukturen der Formationen der Einsatzkräfte trugen die territorialen Stäbe und die Einsatzkräfte der ZV (wie bereits ausgeführt) wesentlich zur Minderung der Auswirkungen folgenschwerer Ereignisse in Natur und Industrie bei.
Die über Jahre zögerlich verfolgten Reformgedanken in der ZV wurden durch die 1989 erwirkte demokratische Erneuerung

der Gesellschaft der DDR beschleunigt. Zunächst wurde mit einem Beschluß des Ministerrates vom 30.01.1990 über »die Veränderung in den Aufgaben der ZV und in der Arbeit ihrer Organe« objektiven Erfordernissen Rechnung getragen. Unter der Bezeichnung »Zivilschutz« – im weiteren als ZS abgekürzt – wurden die Schutzkonzeptionen auf Natur- und technische Katastrophen beschränkt, die entsprechende Umgestaltung zu Organen des ZS festgelegt und der Leiter des ZS dem Vorsitzenden des Ministerrates direkt unterstellt. Die personelle, materielle und finanzielle Sicherstellung sollte für eine Übergangszeit weiterhin dem Minister für Nationale Verteidigung obliegen. Die Reformen vollzogen sich jedoch weitgehend theoretisch auf der Grundlage des am 31.01.1990 fertiggestellten Reformkonzepts, da im Nachhinein die Zustimmung des Ministers für Abrüstung und Verteidigung und des Innenministers der aus den Märzwahlen hervorgegangenen letzten DDR-Regierung fand.

Beabsichtigt war, die zentralen Strukturen bis 31.12.1990 extrem zu reduzieren und aus der bisherigen Hauptverwaltung ZV eine Hauptverwaltung Zivilschutz beim Minister des Innern zu bilden. Für die Organe der Bezirks-, Kreis- und später auch Landesebene wurden neue Rahmenstrukturen geschaffen. Vereinbart auf Ministerebene begannen Vorbereitungen für die Umunterstellung des ZS unter den Minister des Innern, wobei sowohl von den in der Praxis gewonnen Erkenntnissen als auch von der Paßfähigkeit zu BRD-Strukturen ausgegangen wurde. Der dazu am 25.07.1990 gefaßte Beschluß 20/16/90 des Ministerrates war jedoch angesichts der rasanten Entwicklung zu einem deutschen Einheitsstaat bereits am Tage der Beschlußfassung überholt.

Um eine weitgehende Anpassung des DDR-spezifischen Zivil- und Katastrophenschutzes an Rechtsvorschriften und Organisationsprinzipien der Bundesrepublik bei gleichzeitigem Erhalt hierzu im Osten geschaffener Potenzen für das vereinte Land zu sichern, waren leitende Angehörige der Hauptverwaltung ZS bemüht, Arbeitskontakte zum zuständigen Bereich des Bundesministeriums des Innern und zum Bundesamt für Zivilschutz herzustellen. Bald wurde jedoch deutlich, daß die BRD-Organe darauf orientiert waren, ihr Interesse auf die materiellen Werte des DDR-ZS zu beschränken (ca. 1 Milliarde DDR-Mark).

Die regional neu entstehenden Administrationen in der noch existenten DDR brachten in der Mehrzahl, ganz offensichtlich mangels Erfahrung, kein Verständnis für die Belange des ZS auf. So löste sich das Vorhandene auf bzw. es wurde aufgelöst, noch ehe Paßfähiges entstehen konnte. In der Mitte des Jahres 1990 existierten infolgedessen ehrenamtliche Formationen nur noch in Restbeständen auf Gruppen- oder Truppebene, die schließlich im Bewußtwerden des Desinteresses an ihrer Existenz ebenfalls zerfielen. Ausgehend von dieser offensichtlich gewollten Entwicklung und daraus resultierender Sorge um die soziale Sicherstellung der hauptamtlichen Mitarbeiter wurde dem Minister für Abrüstung und Verteidigung der Vorschlag unterbreitet, die Umunterstellung unter den Minister des Innern nicht mehr vorzunehmen.

Der Minister für Abrüstung und Verteidigung erließ den Befehl 37/90 vom 03.09.1990 über »Maßnahmen zur Veränderung im ZS der DDR«, der im wesentlichen dessen Auflösung bis zum 31.12.1990 zum Gegenstand hatte. In strikter Durchsetzung dieses Befehls und des Befehls 28/90 über die weitere Reduzierung der NVA schrumpfte auch der ZS-Personalbestand rasant bei der Abwicklung der Organe und Einrichtungen. Die Mehrzahl der Angehörigen des ZS beendete den aktiven Dienst. Ein Auflösekommando sorgte für die ordnungsgemäße Zusammenführung der materiellen werte des ZS und deren Übergabe an verschiedene Interessenten.

Das im ZS vorhandene Potential an Wissen, Können, Bereitschaft und Erfahrung zum Schutz der Menschen und der Wirtschaft wurde nicht mehr benötigt, obwohl nach fachkompetenter Meinung beider Seiten weiterhin Bedarf vorhanden war. Das bestätigt sich heute in den mühevollen Versuchen, in den neuen Bundesländern wieder ZS-Helfer und Hilfskräfte funktionsfähig zu organisieren.

Art und Weise der Abwicklung eines auf humanitäre Aufgaben ausgerichteten Systems verursachten Unverständnis und vor allem Enttäuschung bei vielen Tausend ehrenamtlichen Mitarbeitern, die zum Teil jahrzehntelang engagiert zum Schutz von Leben und Gut gewirkt hatten.

Soldatenalltag
Leben und Dienst in der NVA

Oberst a. D. Dr. Klaus-Peter Hartmann

»Soldatenalltag in der NVA« – Überlegungen zumForschungsgegenstand

(Januar 2001)

Das Vorhaben, sich dem Alltag des Soldaten der Nationalen Volksarmee zuzuwenden, wäre ursprünglich wohl ein vordringlicher Gegenstand der Sozialwissenschaftler innerhalb der NVA gewesen. Obwohl – wie in den weiteren Ausführungen und den folgenden Beiträgen ersichtlich werden wird – partielle Fragen dieses Alltags seinerzeit durchaus beleuchtet wurden, ist es niemals zum Versuch seiner umfassenden Darstellung gekommen. Ähnliches gilt für den DDR-Alltag überhaupt. Als Jürgen Kuczynski Ende der achtziger Jahre bereits mehrere Bände einer »Geschichte des Alltags des deutschen Volkes« vorgelegt hatte, begannen die Soziologen der DDR eben, sich dem Thema theoretisch zu nähern. Auch in ihrem Fall lagen jedoch bereits zahlreiche Einzelarbeiten vor, die entsprechende Fragestellungen tangierten. Im übrigen ist das Ganze kein auf die DDR und ihre Armee beschränkter Mangel. Auch der bundesdeutsche oder der Bundeswehr-Alltag sind nach Wissen des Autors bisher in der komplexen sozialwissenschaftlichen oder historischen Analyse eher stiefmütterlich behandelt worden, und über die deutschen Grenzen hinaus gilt, zumindest was den militärischen Alltag betrifft, wohl weitestgehend dasselbe.
Insoweit ist es ein Novum und – wegen des akuten Mangels an Vorbildern – ein Wagnis, wenn eine kleine, »ehrenamtliche« und ausschließlich auf die Unterstützung des Bundeswehrverbandes angewiesene Arbeitsgruppe ohne wissenschaftliches Hinterland sich der Darstellung des Alltags in der NVA annimmt. Mehr als ein Jahrzehnt nach dem Ende dieser Armee ist dies, wie zu zeigen sein wird, nicht unbedingt einfacher geworden, sieht man davon ab, daß der zeitliche Abstand Vorurteilsfreiheit der Sicht und Ausgewogenheit

des Urteils begünstigen mag. Schon die Quellenanalyse aber mußte überwiegend im weit entfernten Freiburg vorgenommen werden, und das Erinnerungsvermögen der erreichbaren Zeitzeugen unterlag spürbar dem Schwund und dem Wandel der Zeit.

Anstöße, uns mit dem Alltag in der NVA zu befassen, erhielten wir vor allem aus zwei Richtungen. Zum einen hatte die Arbeitsgruppe sich schon seit 1994 zunehmend den Problemen der Integration ehemaliger Berufssoldaten der NVA in Gesellschaft und Bundeswehr zugewandt – einem Gegenstand, der in ihrem Wirken fortan gleichberechtigt neben die Bearbeitung der Geschichte der NVA trat. Eines der Hauptthemen jener Tage war die Frage der Rentengerechtigkeit, und eines der Hauptargumente für deren Verhinderung waren die sogenannten »Privilegien« der Berufssoldaten. Bei der Analyse der Tatsachen stießen wir folgerichtig auf die Vielschichtigkeit der Lebensbedingungen und des Alltags dieser sozialen Gruppe. Das Thema »Privilegien« trat in den Hintergrund, als das Rentenüberleitungsgesetz 1996 geändert und den materiellen Rechten der Mehrheit der Berufssoldaten stärker entsprochen wurde. Um so mehr drängte sich die Alltagsproblematik, nun ganz allgemein auf den »Soldaten der NVA«, also auch auf Soldaten auf Zeit und im Grundwehrdienst ausgedehnt, als ein wesentliches Moment des Geschichtsprozesses auf. Zum anderen wandte sich die Enquetekommission des Bundestages mit ihrem Vorsitzenden Rainer Eppelmann, in den letzten Monaten der DDR deren Minister für Abrüstung und Verteidigung, in eben dieser Zeit dem Alltag in der DDR zu. Auch für die Darstellung des Alltags in der NVA wurde dabei ein Auftrag für eine Expertise vergeben, und es schien uns nur recht und billig, dem unsere eigene Auffassung hinzuzufügen oder notfalls entgegenzustellen.

Hauptsächliche *Begründung unseres Vorhabens* blieb jedoch die Erkenntnis, daß geschichtliche Abläufe stets auch eine »Alltags«-Dimension haben, die den eigentlichen, gelebten Geschichtsprozeß reflektiert und auf die sich individuelle Erfahrung und Überlieferung zuerst beziehen.[1] Diese Dimension der Geschichtsschreibung muß durchaus nicht immer die Resultate und Wertungen jener wiederholen, die sich mit den Abläufen in den Makrostrukturen der Gesellschaft befaßt. Das zeigen schon die Irritationen und Befremdlichkeiten, die nicht wenige Bürger in den neuen Ländern heute mit der (überwiegend westdeutschen) Darstellung der DDR und ihrer Geschichte haben, wenn sie deren Beschreibungen und Wertungen mit ihrem eigenen, früheren Erleben und Befinden vergleichen. Eine künftige Alltagsgeschichte der DDR und der NVA darf folglich durchaus als eine Art Korrektiv zur offiziellen Geschichtsschreibung verstanden werden, weil in ihr die unmittelbare Erfahrungs- und Erlebenswelt der Betroffenen authentisch werden kann. Weitere Erforschung der Geschichte der NVA bedarf nach unserer Auffassung folglich neben der wissenschaftlichen Analyse der Prozesse in Politik, Ökonomie und Militärwesen unbedingt auch dieser Sichtweise. Es kommt hinzu, daß die Deutungshoheit über gerade diesen Teil der Geschichte nicht unbesehen jenen überlassen werden sollte, die diese Geschichte nicht selbst gelebt und geschrieben haben.

Zum Vorhaben und zum Stand seiner Realisierung

Da die theoretischen Auffassungen zu Alltag, Alltagsgeschichte, Alltagserfassung gegenwärtig ein vielschichtiges Bild ohne völlig übereinstimmende Definitionen und mit einer Vielzahl konkurrierender, nicht immer abgrenzbarer Begriffen reflektieren, sahen wir uns gezwungen, unserer Tätigkeit eine eigene Arbeitsdefinition des Alltagsbegriffs zugrunde zu legen. Von den aus der sozialwissenschaftlichen Literatur bekannten definitorischen Ansätzen und den entsprechenden Ausgangsüberlegungen der Enquetekommission ausgehend faßt sie den *Alltag als das gewöhnliche, sich ständig wiederholende Leben der Namenlosen in seiner Einheit von objektiven Gegebenheiten und subjektivem Handeln und Verhalten.* Auf die NVA bezogen umfaßt das nach unserem Verständnis die Lebensbedingungen und die Art und Weise des Lebens[2] ihrer ehemaligen Angehörigen sowie deren Familien in den militärischen Einheiten, den Kasernen und sonstigen Armeeobjekten und an deren Standorten. Neben objektiven Rahmenbedingungen, normativen Bestimmungen und realen Verhältnissen schließt der Alltagsbegriff in besonderem Maße die subjektiven Reflexionen und Befindlichkeiten der Menschen, ihr alltäglich-praktisches Handeln und Verhalten und dessen Beweggründe ein. Dienst- und Freizeitverhalten, die Befriedigung von Bedürfnissen und Interessen, individuelle und kollektive Wertorientierungen und soziale Verhaltensmuster sind hier einzuschließen. Dies alles ist zugleich in den Bezug zu den gesamtgesellschaftlichen Verhältnissen in der DDR sowie zu außen- und sicherheitspolitischen Abläufen und Ereignissen zu setzen, um ein in sich geschlossenes Bild vom Lebensprozeß in der Armee vermitteln zu können.

Unsere beschränkten Möglichkeiten abwägend, konzentrierten wir uns im weiteren auf die Untersuchung

- wesentlicher Formen der militärischen Tätigkeit und der davon direkt beeinflußten allgemeinen Dienst- und Lebensbedingungen, von Unterbringung und Verpflegung bis zu Freizeitgestaltung und kultureller Betreuung;
- des politischen Lebens, der Möglichkeiten und Grenzen der demokratischen Mitgestaltung und der sozialen Beziehungen, vor allem zwischen den Dienstgradgruppen
- sowie (im Rahmen des Möglichen) auf das Leben der Soldatenfamilien und auf einige Probleme des Übergangs von Berufssoldaten in zivilberufliche Tätigkeiten.
- Zugleich sollte dabei differenziert werden nach
- wichtigen sozialen Gruppen (nicht nur der Alltag der Soldaten, auch der der Kommandeure ist z.B. für den Armeealltag oder Soldatenalltag relevant)
- unterscheidbaren objektiven Lebensbedingungen (z.B. nach Teilstreitkräften, Waffengattungen, spezifischen, aber sich wiederholenden militärischen Aufgaben, örtlichen Gegebenheiten usw.)
- Zeitabschnitten, in denen die sich wandelnden objektiven Verhältnisse und subjektiven Verhaltensweisen vergleichbar (einheitlich, eines Typs) sind.[3]

Hauptmethoden unserer Arbeit waren die Analyse militärischer Bestimmungen, Dienstvorschriften und anderer Führungsdokumente der NVA sowie eine umfangreiche schriftliche Befragung unter ehemaligen Soldaten im Grundwehr-

dienst, Zeit- und Berufssoldaten der NVA[4]. Hinzu kamen die Auswertung früherer soziologischer Erhebungen innerhalb der Armee sowie die Befragung von Zeitzeugen, von denen uns viele auch schriftliche Meinungsäußerungen sowie Materialien aus ihrem persönlichen Fundus zusandten.
Soweit unsere Absichten. Der komplexe und vielschichtige Gegenstand und die uns zur Verfügung stehenden Kräfte und Mittel, wozu die kleine Anzahl, unterschiedliche Profession und das geringe Zeitvolumen der Mitglieder ebenso zu rechnen sind wie der ungünstige Standort der Quellen und die begrenzten finanziellen Mittel, machten es frühzeitig erforderlich, überschau- und bearbeitbare Teilthemen zu formulieren. Was wir in den Studien vorstellen, beschränkt sich demzufolge auf *ausgewählte Aspekte* der militärischen Tätigkeit, der allgemeinen Dienst- und Lebensbedingungen, der politischen Arbeit und der Möglichkeiten demokratischer Mitgestaltung, des Lebens der Familien von Berufssoldaten und des Übergangs von Berufssoldaten in zivilberufliche Tätigkeiten. Dabei haben wir uns bemüht, die verschiedenen Lebensbereiche der Armeeangehörigen detailliert zu erfassen und Gemeinsamkeiten und Unterschiede im Alltag von Berufssoldaten, Zeitsoldaten und Soldaten im Grundwehrdienst deutlich zu machen.
Nicht bearbeitet werden konnte von der Arbeitsgruppe trotz erklärter Absicht der für das Gesamtbild unverzichtbare Komplex der sozialen Beziehungen und der militärischen Disziplin in der NVA. Ebenso reichten die Kräfte nicht, die zweifellos erforderlichen Differenzierungen zwischen Teilstreitkräften und Waffengattungen herauszuarbeiten.
Weiter beschränken sich die Studien aus den angegebenen Gründen vorwiegend auf den Zeitraum der achtziger Jahre. Obwohl für diesen Zeitabschnitt noch nicht alle Archivmaterialien aufbereitet vorlagen, waren hier die persönlichen Erinnerungen der befragten ehemaligen Berufssoldaten wie der Mitglieder der Arbeitsgruppe selbst am frischesten, und dies war angesichts der politischen und militärpolitischen Wandlungen bis zum Ende der NVA wohl auch die vorrangig zu betrachtende Periode des NVA-Alltags. Eine weitergehende historisierende Betrachtung und Periodisierung des Gegen-

stands muß somit der weiteren Arbeit auf diesem Gebiet vorbehalten bleiben.

Unsere eigene Bestandsaufnahme hat darüber hinaus ergeben, daß wir bisher vor allem Beschreibungen der materiellen oder doch für die Angehörigen der NVA objektiven Gegebenheiten und Lebensumstände vorstellen. Dagegen wird in den Studien die Subjektivität des Alltags, das praktische Handeln und Verhalten, die Erfahrungs- und Lebenswelt der Armeeangehörigen selbst bisher erst teilweise, oft in der Form allgemeiner Bewertungen an Hand von Befragungsergebnissen sichtbar. Hier ist der Mangel an Exploration in Form von Interviews mit Zeitzeugen, besonders aus dem Kreis der Soldaten und Unteroffiziere, und an Alltag reflektierenden Artefakten augenscheinlich.

Schließlich sind im Augenblick weder die zwischen den vorgestellten Alltagsbereichen bestehenden Beziehungen noch übergreifende Zusammenhänge wirtschaftlicher, politischer und militärpolitischer oder militärischer Art hinreichend berücksichtigt. Im gegenwärtigen Arbeitsstadium behandeln die erarbeiteten Studien, sofern sie nicht wie z. B. die Familienproblematik Querschnittsthemen betreffen, ihren jeweiligen Gegenstand aus methodischen Gründen mehr oder weniger als autonomen Bereich.

Ein erstes Fazit besagt also, daß wir faktisch *erste alltagsgeschichtliche Erkundungen über die NVA* vorzulegen haben, die *kein in sich geschlossenes Ganzes* bilden. Wenn wir die erarbeiteten Studien trotz dieser Einschränkungen vorstellen, dann vor allem aus drei Gründen. Zum ersten ist es ein völlig normales und legitimes Erfordernis wissenschaftlicher Arbeit, auch Teil- und Zwischenergebnisse öffentlich zu machen, der Diskussion und wissenschaftlichen Kritik zu unterziehen, eigenen Erkenntnisgewinn gewissermaßen auf den Prüfstand zu stellen. Von daher erwarten wir zweitens, und dies ist der Hauptgrund, wesentliche Impulse für die weitere Forschungsarbeit auf diesem Gebiet, gleich ob es sich um die Tätigkeit unserer Arbeitsgruppe, um die vorgesehene Bearbeitung des NVA-Alltags durch das Militärhistorische Forschungsamt der Bundeswehr oder um sonstige Vorhaben auf diesem Gebiet handelt. Und zum dritten gehen wir sicher berechtigt davon aus, daß die Diskussion über den bisherigen Erkenntnisstand hinausführen und notwendig auch jene Problemkreise und Fragestellungen einbeziehen oder doch berühren wird, die wir bislang nicht bearbeiten konnten. Einige Bemerkungen zu diesen Problemkreisen und zu einigen grundlegenden Bedingungen des Soldatenalltags in der NVA wollen wir den Studien zu einzelnen Alltagsbereichen deshalb voranstellen. Dabei kann es natürlich nicht um eine ausgewogene Darstellung der angesprochenen Seiten des Soldatenalltags gehen, sondern lediglich um ein Skizzieren von Problemlagen, die in der weiteren Arbeit beachtet werden sollten.

Wesentliche Ausgangsgrößen für die Analyse des Soldatenalltags in der NVA

Als wichtige Ausgangsgrößen für die Analyse und vor allem für die Bewertung des Alltags einer Armee betrachten wir übergreifende Faktoren oder Umstände, die diesen Alltag grundsätzlich determinieren. An erster Stelle ist hier die *ökonomische Leistungsfähigkeit des jeweiligen Landes* zu nennen. Sie wird im Soldatenalltag in den materiellen Dienst- und Lebensbedingungen direkt sichtbar, wirkt aber auch über Personalstärke, Strukturen, Niveau der Bewaffnung und Ausrüstung und anderes. Der Alltag in der NVA wurde wesentlich durch die begrenzten ökonomischem Möglichkeiten der DDR bestimmt, die sich in den allgemeinen Dienst- und Lebensbedingungen entsprechend niederschlagen. Die Studie zu diesem Problemkreis macht das eindrucksvoll deutlich. Auf eine Besonderheit in der NVA ist hinzuweisen: als Ende der achtziger Jahre Teile der Armee von ihren militärischen Aufgaben weitgehend entbunden wurden, um Wirtschaftsengpässe überwinden zu helfen, wurde der Kasernenalltag in den betroffenen Einheiten über längere Zeit durch eine Mischung aus Arbeitsalltag (in der Produktion) und Soldatenalltag (geschlossene Unterbringung in der Nähe der Arbeitsstätte, militärisches Reglement außerhalb der Arbeitszeit) abgelöst. »Nichtarbeitszeit« war hier ähnlich dem Kasernenalltag nicht mit Freizeit gleichzusetzen und wurde z.T. unter ähnlich spartanischen Bedingungen wie in der Kaserne verbracht. Eine weitere für Analyse und Bewertung des Alltags einer Armee bedeutsame Größe ist die *Funktion von Streitkräften*. Ihre Aufgabe, auch wenn sie heute nur als Friedenserhaltung definiert werden kann, schließt die Vorbereitung auf den bewaffneten Kampf stets ein. Seit es stehende Heere gibt, war man deshalb bestrebt, sie nicht nur durch Ausbildung, sondern auch durch Lebensweise auf diese Aufgabe vorzubereiten. Anders: die konkreten Lebensumstände von Soldaten und damit ihr Alltag werden entscheidend durch die Zweckbestimmung und die daraus abgeleiteten funktionalen Anforderungen militärischer Tätigkeit bestimmt. Die Skala der Beispiele dafür ist auch in der NVA lang und reicht vom hohen Reglementierungsgrad des militärischen Lebens über funktionsbedingte Bekleidung und Ausrüstung bis hin zur Verpflegung. Als in den achtziger Jahren beispielsweise in vielen Truppenteilen über Wahlessen zum Mittag- und Buffetangebot zum Abendessen nachgedacht wurde, war eines der verbreitetsten und hartnäckigsten Gegenargumente, daß die Gewöhnung an Einfachheit der Kost zur Formung des Soldaten gehöre. Hinter der in der NVA üblichen kompanieweisen Esseneinnahme inklusive An- und Abmarsch stand die tradierte Auffassung, daß Essen Dienst sei. Das verbreitete Unbehagen Vorgesetzter gegenüber den »Freßpaketen« aus der Familie galt daher nicht nur der darin vermuteten Kritik an der Truppenverpflegung, der Sorge um die hygienische Aufbewahrung der Lebensmittel oder dem Verdacht, die Pakete könnten Alkohol enthalten. Es beruhte auch auf der Befürchtung, diese Form der »Selbstverpflegung« könne der erwähnten Dienstauffassung Abbruch tun, damit die Gewöhnung an einfache Kost unterlaufen und so die Kampffähigkeit der Truppe gefährden. Die Entwicklung des Ost-West-Konflikts, die qualitativen Veränderungen im Militärwesen und die daraus erwachsenden Anforderungen an den Soldaten haben in den Jahrzehnten vor 1990 die Funktionsbedingtheit militärischer Lebensbedingungen und damit der objektiven Grundlagen des militärischen Alltags weiter erhöht. Besonders deutlich wurde das in ihrer wachsenden Abhängigkeit von den wechselnden militärpolitischen Situationen und deren Zusammenhang mit dem jeweiligen Entwicklungsstand der Waffentechnik. In den Armeen des Warschauer Vertrages fand dies seinen markantesten Ausdruck in den Normen der Gefechtsbereitschaft. Sie wurden eingeführt, als ab 1961 Verbände der NVA schrittweise in die operative Planung des Vereinten Oberkommandos des Warschauer Vertrages aufgenommen wurden. Diese im Laufe der nahezu drei folgenden Jahrzehnte mehrfach verschärften Zeit- und Anwesenheitsnormen waren nicht willkürlich gesetzt. Sie folgten prinzipiell den technischen und taktischen Möglichkeiten des angenommenen Gegners, rechneten zurück, in wie wenigen Minuten oder Stunden Luftangriffsmittel, Raketen oder Heereskräfte der NATO aus ihren Basen, vor allem aber aus Übungslagen heraus die Staatsgrenze der DDR erreichen konnten, und legten daraus die erforderlichen Reaktionszeiten fest. Im Soldatenalltag in der NVA, der bis dahin im allgemeinen dem in früheren oder anderen damaligen Armeen glich, vollzog sich damit eine tiefgehende Zäsur. Er wurde fortan weitestgehend von diesen Reaktionszeiten beherrscht. Bis ins Privatleben wurde ihnen alles untergeordnet, viele Seiten des Alltags waren direkt oder indirekt von ihnen beeinflußt, manche nur in diesem Zusammenhang überhaupt zu verstehen.[5]

Die Zeitnormative zur Herstellung der Gefechtsbereitschaft und die daraus abgeleitete 85-Prozent-Anwesenheitsklausel preßten die Truppe von nun an in die Kasernen und ließen diese für die Soldaten und Unteroffiziere zum permanenten Lebensraum werden. Soldatenalltag reduzierte sich somit stark auf den Kasernenalltag, sieht man von Ausbildungsmaßnahmen im Gelände und von Übungen ab. Der Kasernenalltag aber war trist, eintönig, hochreglementiert. Man lebte tagein, tagaus nach den minutiösen Zeitvorgaben des Tagesdienstablaufplanes, außer an den Wochenenden bei geringer Freizeit, meist in engen Gruppenunterkünften, unter ständiger Aufsicht des UvD und anderer Aufsichtsdienste. Beständig unter den Zwängen einer strengen militärischen Hierarchie und einer Männergemeinschaft rund um die Uhr stehend, mit ihren bekanntermaßen rauhen und oft rigiden Formen des Umgangs und der Unterordnung, war mit dem Einschluß in der Kaserne auch die soziale Kontrolle total. Sei es durch das Aufsichtssystem der Vorgesetzten, sei es durch die ständige Anwesenheit Gleichgestellter – keine Lebensäußerung blieb unbeobachtet, Zeit für sich selbst, Raum zum Ungestörtsein, Unkontrolliertsein waren kaum denkbar, das Spektrum möglicher Abwechslungen im Verbringen freier Zeit, möglicher Kontakte zu anderen gering. Über lange Jahre gab es in den Objekten nicht einmal eine einzige öffentliche Telefonzelle. Ausgangsrechte konnten zudem nur beschränkt wahrgenommen, Urlaub oftmals nur ohne Rücksicht auf persönliche Wünsche gewährt werden. Lediglich das relativ breite kulturelle Rezeptions- und Betätigungsangebot sowie die Möglichkeiten für sportliche Aktivitäten milderten diesen Kasernenalltag.

Bestimmte Erscheinungen und Facetten des Alltags in der NVA, die unter anderen Umständen – z.B. unter den Bedingungen einer mehr oder weniger offenen Kaserne (Soldaten kommen morgens zum Dienst und verlassen die Kaserne im Normalfall abends wieder) – kaum vorstellbar wären, sind wesentlich aus der Tatsache zu erklären, daß sich die Armee faktisch beständig im Alarmzustand und deshalb überwiegend in den Kasernen befand. Im DHS oder Gefechtsdienst lebten ganze Einheiten dekadenlang sogar in Gefechtsstellungen bzw. -ständen oder auf ihren Schiffen und Booten. Das begünstigte z.B. das Fortwirken der militärischen Hierarchie und Disziplin auch außerhalb der reinen Dienstzeit sowie den Fortbestand überkommener formaler Disziplinnormen, die sich in der NVA länger als in anderen Armeen hielten, so z.B. in der Grußpflicht, der Bekleidungsordnung, im Innendienst usw. Auch eine gewisse Überbetonung formaler gegenüber funktionalen Normen in der Bewertung der Disziplin ist hier einzuordnen. Weiter ist der enorme Aufwand für die kulturelle Betreuung der Armeeangehörigen zu nennen, der schlüssig und endgültig nur aus der Notwendigkeit zu erklären ist, den Kasernenalltag etwas zu bereichern und Abende und vor allem Wochenenden erträglicher zu machen. Schließlich sind auch die Aufwände in der politischen Arbeit in diesen Zusammenhang zu stellen. Neben ihren weiterreichenden Zielen war sie direkt oder indirekt stets mit auf die Begründung der Belastungen durch die militärische Tätigkeit und der Kargheit des Kasernenlebens gerichtet. Beides war nur hochmotiviert zu ertragen, anderenfalls wären Unlust oder gar Verweigerung unausbleiblich. Die Begründung von lokalen und temporären Problemen in den Dienst- und Lebensbedingungen schließlich war stets eines der Felder der politischen Arbeit in den Einheiten, der Politoffizier war (solange es ihn in jeder Kompanie gab) der in der Regel meistgesuchte Ansprechpartner bei persönlichen Problemen der Soldaten und Unteroffiziere, und die entsprangen großenteils ihrer Lebenssituation in der Kaserne.

Unter den genannten Bedingungen entwickelten sich im Soldatenalltag in der NVA jedoch auch Erscheinungen, die sich einerseits mit ihrer beständigen Wiederkehr über viele Soldatengenerationen hinweg selbst als Charakteristika dieses Alltags manifestierten, andererseits aber als in jeder Generation neu er- und begriffene *kollektive Strategien zur Alltagsbewältigung* verstanden werden müssen. Der Begriff der Alltagsbewältigung faßt hier die psychische Reaktion auf objektive Gegebenheiten dieses Alltags, die in bestimmte Verhaltensmuster ganzer sozialer Gruppen oder doch eines erheblichen Teiles der Individuen münden.

Exemplarisch sind hier besonders exzessiver Alkoholgenuß und die sogenannte »EK-Bewegung« (»EK« für Entlassungskandidat) zu nennen. Es ist bekannt, daß Soldaten und Unteroffiziere, sofern sie Ausgang erhielten, häufig zu raschem und starkem Alkoholkonsum neigten. Das galt insbesondere für jene Standorte, die kulturell wenig »zu bieten« hatten. Neben den weitab von menschlichen Ansiedlungen oder in der Nähe von Gemeinden gelegenen gehörten dazu auch solche in Kleinstädten, vor allem im Norden der DDR. Ähnliche Vorfälle gab es zweimal jährlich landesweit auf den Bahnhöfen und in den Zügen der Reichsbahn, wenn hunderte und tausende Soldaten und Unteroffiziere ihren Wehrdienst beendeten und in ihre meist weit entfernten Heimatorte zurückkehrten.

Zumindest im zweiten Fall war diese Verhaltensweise mit den Ritualen und den ihnen zugrundeliegenden Einstellungen der EK-Bewegung eng verknüpft. Etwa seit der zweiten Hälfte der 60er Jahre entwickelte diese sich als eine den drei

Diensthalbjahren folgende Alters-Rangordnung, in der die jeweils dienstältesten Soldaten »Führungsfunktionen« und Privilegien in den informellen Gruppenstrukturen beanspruchten und die Rechte vor allem der Dienstjüngsten beschnitten. Für die Übergänge von Diensthalbjahr zu Diensthalbjahr entstanden Rituale, ebenso für die letzten Tage vor den Versetzungen in die Reserve.
Die Verbreitung dieser Erscheinung über alle Teilstreitkräfte der NVA – wenn auch in sehr unterschiedlichen Ausmaßen und Graduierungen – läßt die Wertung zu, daß hier eine Art Subkultur entstanden war, die sich als Gegenhierarchie zur militärischen Hierarchie etablierte[6]. Gesteigerter Alkoholkonsum und Dienstaltershierarchien sind jedoch keineswegs nur aus der NVA bekannt, sondern benennen Probleme, die im Alltag östlicher wie auch westlicher Armee bestanden und bestehen. Und sie haben offenbar auch, über Länder- und Systemgrenzen hinweg, gemeinsame Ursachen. Es ist aus der Psychologie seit Jahrzehnten bekannt, daß Menschen bereits oberhalb einer bestimmten Siedlungsdichte, also etwa in großen Städten, gehäuft mit psychischem Fehlverhalten reagieren. Dazu zählen erhöhte Aggressivität und Brutalität, Reduzierung der Bindungsfähigkeit, Zuflucht zu Alkohol und Drogen und anderes, das medizinisch im Extremfall als Neurose diagnostiziert wird. Kasernenverhältnisse, also räumliche Enge, reduzierte Kontakte zur Außenwelt, militärische Hierarchie, beständige soziale Kontrolle, oft grobe Umgangsformen, fehlende Möglichkeiten des Ausweichens, des Abreagierens und des psychischen Ausgleichs müssen um so mehr zu solchen Erscheinungen führen. Daß sie selbst unter den Bedingungen der offenen Kaserne eintreten, ist z.B. auch für die Bundeswehr belegt. Unter Berufung auf Umfragen heißt es u.a. Ende der achtziger Jahre, daß » ... sechzig Prozent der Rekruten....sich ständig herumkommandiert, kontrolliert, mißachtet, entwürdigt (fühlen). ... Ein... Weg, dem psychischen Druck zu entkommen, ist die Flucht in den Alkohol. In einer Befragung gibt die Mehrzahl der Soldaten an, die Bundeswehr sei ›die Saufschule der Nation‹. Die Angst, von dem übermächtigen Apparat vereinnahmt zu werden, die Angst davor, die eigene Identität zu verlieren, treibt viele Wehr-

pflichtige förmlich dazu, unmittelbar nach Dienstschluß die Kaserne fluchtartig zu verlassen, übermüdet, erschöpft. Unter größten Strapazen nehmen sie den Weg nach Hause, in eine vertraute Umgebung auf sich«[7].

Es liegt auf der Hand, daß die Bedingungen einer weitgehend abgeschlossenen Kaserne, wie sie für die Armeen des Warschauer Vertrages typisch waren, solcherart psychischen Druck in besonderem Maße auslösen mußten. Für die NVA treten spezifische Ursachen hinzu. Personalmangel, Aufgabenfülle, beständiger Zeitdruck, physische und psychische Anstrengung einer Gefechtsnähe anstrebenden militärischen Ausbildung und der Gefechtsdienste, häufige Wachen und 24-Stunden-Dienste, oft bis zur Erschöpfung gehende Arbeiten zur Pflege und Wartung der Kampftechnik über die formale Dienstzeit hinaus sind wesentliche Beispiele.

Erscheinungen wie exzessiver Alkoholkonsum oder EK-Bewegung sind also schwerlich oder zumindest doch nicht erstinstanzlich als systembedingt zu disqualifizieren, wie dies heute gern geschieht. Sie sind zuerst und vor allem aus der Funktionsbedingtheit der militärischen Verhältnisse und des Soldatenalltags zu erklären, gewissermaßen sind sie Produkt und Bestandteil dieser Verhältnisse und dieses Alltags zugleich. Die mehr oder weniger geschlossene Kaserne mit all ihren Konsequenzen für den Soldatenalltag war keine Erfindung zur (Ver)formung des Soldaten, sondern primär eine zwangsläufige Folge politischer und militärischer Entwicklungen und deren Perzeption. Die verschiedenen Formen der EK-Bewegung beschränkten sich im übrigen weitgehend auf den Kasernenalltag, während der Gefechtsausbildung oder gar im DHS oder Gefechtsdienst waren sie selten spürbar. So sehr sie ohne Zweifel zu den Charakteristika des Kasernenalltags und des Systems der sozialen Beziehungen in der NVA zählen müssen, so wenig überzeugend ist deshalb der Versuch einer Gleichsetzung. Dominierendes und bleibendes Erlebnis im Wehrdienst waren für viele Soldaten vielmehr Kameradschaft und kollektives Miteinander, sowohl im wie außer Dienst, innerhalb der Gruppe der Soldaten wie über sie hinaus[8].

Einige Besonderheiten der achtziger Jahre

Die eingangs erwähnte Begrenzung der vorliegenden Studien auf die achtziger Jahre war mit der Ergänzung verknüpft, daß sich in eben diesem Jahrzehnt *gravierende Wandlungen in den Existenzbedingungen der NVA* vollzogen, die den Soldatenalltag in vielem berührten und beeinflußten. Neben schärfer zutage tretenden ökonomischen Zwängen fielen in dieses Jahrzehnt sowohl eine enorme Zuspitzung der militärpolitischen Situation als auch nachfolgend deren weitgehende Entspannung. Aus ökonomischen Gründen verzögerte oder ausbleibende Ablösung älterer Waffensysteme, Ersatzteilmangel usw. beeinträchtigten die Aufrechterhaltung des technischen Standards einer modernen Armee, zwangen Techniker und Kommandeure zur beständigen und zermürbenden Suche nach »Aushilfen«, belasteten den Alltag durch das Gefühl, in einer modernen Anforderungen nicht mehr genügenden Armee zu dienen und reduzierten die Zuversicht des Soldaten, im Kampf bestehen zu können. Die weiter eingeengten ökonomischen Möglichkeiten der DDR ließen gleichzeitig längst notwendige Verbesserungen der Dienst- und Lebensbedingungen nur in engem Rahmen zu und erzwangen so den Verzicht auf grundlegende, perspektivische Schritte, wie sie 1988 programmatisch angedacht waren[9]. Der Widerspruch zwischen der Belastung durch harten militärischen Dienst und dem fehlenden Ausgleich durch entsprechend verbesserte Dienst- und Lebensbedingungen verschärfte sich weiter und bestimmte den Soldatenalltag mehr denn je.
Die Mitte der achtziger Jahre einsetzende Entspannung im Verhältnis der Militärblöcke ließ den bis dahin kaum in Frage gestellten militärischen Auftrag der NVA in die Diskussion geraten. Solange Bedrohung und Kriegsgefahr glaubhaft schienen, und das war durch den NATO-Nachrüstungsbeschluß und die Stationierung von Mittelstreckenraketen in Europa eher bekräftigt als abgeschwächt, waren die Haltungen in dieser Frage weitgehend stabil. Nun war die Sinnfrage neu zu definieren; »Neues Denken« und die nachfolgende spezielle Militärdoktrin der DDR sicherten jedoch keinen hinreichenden Ersatz. In der Debatte um die Bundeswehr

sprach man in jener Zeit offen von einer Legitimitätskrise, in der DDR wurde das Problem offiziell nicht wahrgenommen. Der zunehmende Einsatz der Armee als Arbeitskräftereserve der Wirtschaft – wiederum eine Folge der ökonomischen Situation des Landes – und die z. T direkt damit verbundenen Strukturveränderungen in der Armee stellten in diesem Zeitraum zudem jedes militärpolitische Argument in Frage. Zwar entsprang die vor allem bei Soldaten im Grundwehrdienst einsetzende schleichende und erosive Lösung von bisherigen Werten und politischen Standpunkten primär der Gesamtsituation der DDR, doch hatte sie in den militärpolitischen Wandlungen Mitte der achtziger Jahre weitere wesentliche, wirkungsverstärkende und wirkungsbeschleunigende Ursachen. Das Ergebnis war eine unübersehbare Schwächung der Wehrmoral, auf die viele ehemalige Angehörige der NVA in unserer Befragung aufmerksam machten. Inwieweit sie im Alltag verhaltenswirksam wurde, ist zwar schwer meßbar, jedoch als sicher anzunehmen[10].

Für Analyse und Bewertung des Alltags in der NVA und dessen Reflexion durch die Armeeangehörigen sind nach unserer Auffassung künftig weitere, in den achtziger Jahren zunehmend wirksame Einflußgrößen zu berücksichtigen, in denen sich soziale Entwicklungen reflektierten. So führte die Erweiterung der Freizeit, des kulturellen und – trotz aller Probleme – auch des materiellen Konsumangebots im zivilen Leben zur *Verstärkung der Unterschiede zwischen zivilen und militärischen Lebensbedingungen und Lebensformen*. Sie wurden in der NVA von Angehörigen aller Dienstgradgruppen vor allem dann als Mängel registriert, wenn sie nicht als notwendiges, funktionsbedingtes Attribut militärischer Tätigkeit verstanden, sondern auf überwindbare Probleme in Führungstätigkeit und Fürsorge zurückgeführt wurden.

Die wachsende Schere zwischen zivilem und militärischem Leben wurde durch die sich spätestens seit den siebziger Jahren auch in der DDR vollziehende *zunehmende Individualisierung der Lebensformen und -ansprüche* noch erweitert. Vor dem Hintergrund eines vergleichsweise relativ hohen Lebensstandards und weit vorangetriebener materieller Sicherheiten, aber auch des Wirksamwerdens des Bildungssystems der DDR, erhielten sozialstrukturelle Differenzierungen, u.a. in Form der Herauslösung aus Traditionen, aus Klassenbindungen und »Versorgungsbeziehungen«, in den 80er Jahren einen weiteren »Schub«. Für das Individuum erweiterten sich Wahlmöglichkeiten und Entscheidungszwänge, es entstanden aber auch neue Bedürfnisse, unter denen solche nach Mitgestaltung, Mitbestimmung, Transparenz gesellschaftlicher Vorgänge und Demokratie hervorzuheben sind. Die Arbeitssoziologen der DDR entdeckten – nahezu zeitgleich – die Subjektrolle des Arbeiters, die Bildungssoziologen die des Schülers, die Militärsoziologen die des Soldaten als unverzichtbare Triebkraft nicht nur des gesellschaftlichen Fortschritts (das war theoretisch längst Allgemeingut), sondern auch der Aufgabenlösung in den jeweiligen gesellschaftlichen Bereichen (das war praktisch nicht realisiert). Faktisch kam es, allen Gleichheitsstrebungen zum Trotz, zu einer Pluralisierung der Lebensstile.

Diese Prozesse schlugen sich in der Persönlichkeitsentwicklung der in den Wehrdienst tretenden Generation tendenziell u.a. in höherer und zugleich differenzierterer Bildung und beruflicher Qualifikation, in größerer, aber auch unterschiedlicherer sozialer Erfahrung, in höherem und stärker differierendem Leistungsvermögen, nicht zuletzt aber in neuen, individuell jedoch sehr verschiedenen Ansprüchen nieder – Ansprüche an Lebensbedingungen natürlich, an Sinngebung und Führung aber vor allem. Diese Entwicklung war in allen Dienstgradgruppen festzustellen und betraf Berufs- und Zeitsoldaten ebenso wie Soldaten im Grundwehrdienst, bei denen sich das durch die späte Einberufung und das entsprechend höhere Lebensalter eines erheblichen Anteils noch verstärkte. Das Problem eines neuen, die veränderten personellen Potenzen berücksichtigenden und nutzenden Führungsstils gewann an Bedeutung[11]. Allerdings wurde ihm eher in Reden und Appellen denn in konkreten Befähigungsmaßnahmen oder in Veränderungen der militärischen Bestimmungen entsprochen.

Auch das galt in jener Zeit übrigens keineswegs nur für die NVA, sondern charakterisierte eher ein allgemeines Problem von Armeen in der Industriegesellschaft. In einer Offiziersstudie des Bundesministeriums für Verteidigung unter rund 2700 jungen Offizieren hieß es z.B.: »Immer mehr junge Offiziere sind enttäuscht von der Bundeswehr: nur jeder fünfte ist noch bereit, Berufsoffizier zu werden... Gleichzeitig nimmt die Zahl der Offiziersanwärter drastisch ab... Fast 50 Prozent der Befragten hatten angegeben, ihnen sei die Freude am Dienst durch ein zu hohes Maß an Reglementierung und Hierarchiedenken verleidet worden. Rund 27 Prozent der Offiziere berichteten über Erlebnisse, die zeitgemäßer Menschenführung widersprachen, etwa 42 Prozent beschwerten sich darüber, daß frühere Laufbahnzusagen nicht erfüllt wurden. Immerhin 80 Prozent der Befragten waren der Ansicht, daß die Bundeswehr zu wenig Rücksicht auf die Familie nehme. Das Ergebnis der Untersuchung zeigte, daß die Offiziere mit steigendem Dienstalter kritischer und unzufriedener wurden«[12]. Selbst wenn man Unterschiede im Anspruchsniveau der Unterstellten und in der Zeitgemäßheit des Führungsstils von Vorgesetzten zwischen NVA und Bundeswehr vermuten darf, erweist sich auch dieses Phänomen so als nicht primär systembedingt.

Führt man die bisherigen Überlegungen zusammen, so zeigt sich in den achtziger Jahren ein deutlich verändertes Subjekt der militärischen Verhältnisse. Cum grano salis könnte man sogar von einem neuen Soldatentyp in der NVA sprechen, mit höherer Bildung und sozialer Reife, ausgeprägterer Identität und Individualität, höherem Selbstbestimmungs- und Mitgestaltungsanspruch, kritischerem Blick für seine Umgebung und einem neuen Selbstbewußtsein. Für den Soldatenalltag ist von zumindest zwei gravierenden Konsequenzen auszugehen, die der weiteren Erforschung bedürfen. Zum einen mußte die Adaption an die militärischen Verhältnisse, seit jeher Problemsituation beim Übergang aus zivilem in das militärische Leben, dadurch noch schwieriger und noch differenzierter werden. Was den weniger anspruchsvollen und damit oft Anpassungsfähigeren in kurzer Zeit gelingen mochte, war für den genannten Soldatentyp ein schwieriger, nicht selten nur unvollkommen oder vorübergehend vollzogener Prozeß der Gewinnung eines anderen Selbstverständnisses, zu dem auch die bewußte Annahme der Gegebenheiten des Soldatenalltags zählte. Dieser Alltag war ohnehin nur in ge-

wissen Grenzen für selbstbestimmte Gestaltung offen, weil er in hohem Grade durch objektive Bedingungen und militärisches Reglement vorbestimmt war. Nun wurden diese Grenzen für viele zu eng, entstehende Konflikte aber beeinflußten Integration und Leistungsverhalten des Wechselbestandes und der Berufssoldaten sowie die Berufszufriedenheit der letzteren nachweisbar. Zum anderen ist aus der geschilderten Entwicklung ein freierer und kritischerer Blick für eben diese Gegebenheiten des Soldatenalltags anzunehmen, weil neue Möglichkeiten bekannt, neue individuelle Maßstäbe gesetzt waren. Die subjektive Sicht, die Bewertung vorgefundener Lebensumstände dürfte sich folglich gemäß den neuen Ansprüchen verändert haben. Aussagen über den Soldatenalltag in der NVA, sei es aus der Befragung oder aus den Interviews mit Zeitzeugen, haben dies insbesondere dann zu berücksichtigen, wenn Vergleiche zu weiter zurückliegenden Zeiträumen gesucht werden.

Faktisch würde eine historische Betrachtung etwa von 1950 bis 1990 deshalb erfordern, sich auch Unterschieden zwischen den Generationen zuzuwenden, die jeweils in den Wehrdienst traten. Dabei wäre zu berücksichtigen, daß ab ca. 1970 die Söhne derer den Wehrdienst begannen, die die Armee mit aufgebaut hatten[13], und ab ca. 1980 die Söhne die ersten Wehrpflichtigen. Ein Moment der Überlieferung, der in vermutlich recht unterschiedliche Richtungen gehenden Prädisposition wäre hier bis in die Bewertung des Alltags und ins Alltagsverhalten selbst zu vermuten. Diese Prädisposition hat bekanntlich auch in der NVA zu schichtstabilisierenden Prozessen geführt, indem Söhne von Berufssoldaten nicht selten ebenfalls den Beruf des Vaters ergriffen. Im übrigen sind wohl auch Unterschiede im Alltagsverhalten der Dienstgradgruppen in gewisser Weise als generationsabhängig zu verstehen.

Zur Akzeptanz des Alltags in der NVA und ihren Beweggründen

Schon die hier stark verkürzt dargestellten Problemlagen und stärker noch die nachfolgend vorgestellten detaillierten Studien über Teilbereiche des Alltags machen deutlich, daß der

Soldatenalltag in der NVA mit vielen Einschränkungen der Freiheiten und Annehmlichkeiten des normalen zivilen Lebens verbunden und durch zum Teil extreme Belastungen des Soldaten und oftmals auch seiner Familie gekennzeichnet war. Auch wenn die Aufdeckung der Wirkungen der vorstehend aufgeführten ökonomischen, politischen und sozialen Prozesse und Widersprüche der weiteren Forschung vorbehalten bleibt, muß doch davon ausgegangen werden, daß sie das Leben in diesem Alltag eher erschwert denn erleichtert haben. Nach all dem stellt sich die Frage, warum die Berufs- und Zeitsoldaten und insbesondere die Soldaten im Grundwehrdienst sich mit den materiell bescheidenen und auch in den sozialen Beziehungen nicht idealen Gegebenheiten dieses Soldatenalltags nicht nur abgefunden haben, sondern sie, wie die Befragungsergebnisse in ihrer Quintessenz belegen, rückblickend sogar oftmals positiv bewerteten[14]. Was hat hunderttausende von Menschen getrieben, sich den Belastungen des militärischen Dienstes und den Widrigkeiten des soldatischen Alltags nicht nur passiv auszusetzen, sondern in aller Regel aktiv für die Ziele des militärischen Auftrags der NVA zu handeln? Das ist mit den Zwängen der Wehrgesetzgebung wohl verbunden, aber aus ihnen allein nicht zu erklären, schon gar nicht für die Freiwilligen der ersten Jahre oder die Berufs- und Zeitsoldaten nach 1956.

Über die Motive für Wehrdienst und militärischen Beruf in der NVA ist schon geschrieben worden[15], und die Ergebnisse unserer Befragung bestätigen dies ein Dezennium nach dem Ende der NVA erneut. Einige ergänzende Bemerkungen seien trotzdem gestattet. Als Teil der Bevölkerung der DDR transportierten die Soldaten – bei allen Unterschieden zwischen den Dienstgradgruppen – zunächst nichts anderes als deren Einstellung zur Armee. Diese Einstellung war sicher vielschichtig. Beliebt war die Armee bei vielen als Hilfe im Katastrophenfall oder im Bereich der Volkswirtschaft, bei manchen auch als Träger überkommener militärischer Rituale. Ansonsten verhielt man sich ihr gegenüber oft ähnlich gleichgültig wie heute gegenüber der Bundeswehr. Die Bürger der DDR verstanden zudem durchaus, daß Aufbau und Unterhalt einer Armee die knappen ökonomischen Ressourcen des Landes

belasten mußten; vielen erschien die Armee so stets auch oder sogar primär als Kostenfaktor. Nicht überall waren also Uniformen gern gesehen – das hat mancher in Zügen, in Diskos, Kneipen usw. erfahren müssen, und auch solche Erfahrungen sind dem Soldatenalltag zuzurechnen. Das differenzierte Verhältnis zu den Streitkräften rührte im übrigen wohl auch daraus, daß die NVA historisch einer Armee folgte, die international zwar nicht verurteilt, aber doch geächtet und deren Ruf auch im Volk zumindest »beschädigt« war. Beschädigt in einem verlorenen Krieg, der den Wunsch übermächtig hatte werden lassen, »nie wieder eine Waffe in die Hand« nehmen zu wollen. Sie genoß somit auch nicht den Respekt eines Volkes, das seiner Armee Freiheit oder Befreiung oder doch Anteil daran verdankte, wie dies in der Sowjetunion, in Volkspolen, der CSSR oder gar in Jugoslawien der Fall war. Und sie war eine »Neuschöpfung« unter sowjetischer »Anleitung«, mit unsicheren Traditionen zunächst, mit Anlehnungen erst an sowjetische, dann an preußisch-deutsche Uniformen, denen auch später ein selektives Geschichtsbild zugrunde lag.
Die ersten Angehörigen der Kasernierten Volkspolizei kamen ebenfalls kaum aus Liebe zum Militär. Neben einer (nachkriegsbedingten und zeitweiligen) gewissen Ziellosigkeit, vergleichsweise relativ günstigen Lebensbedingungen (vor allem Verpflegung und Sold) und – bei der von der Schule in den Krieg getriebenen Generation – fehlender Berufsausbildung oder Gewöhnung an das militärische Leben trieb sie schon seinerzeit oft »Einsicht in Notwendiges«: ihnen schien die politische Stabilität der Nachkriegszeit durchaus gefährdet genug, um erneutes oder erstmaliges Tragen von Waffen und Uniformen zu rechtfertigen. Daß solche Einsicht nicht konfliktlos und nicht bei jedem entstand, muß nicht betont werden[16].
Im übertragenen Sinne blieb das Hauptargument für den Eintritt in die Armee in der Folgezeit stets Friedenssicherung, und die NVA bezog ihre Legitimation auch im Volk vor allem anderen aus der verbreiteten Wahrnehmung, daß der Frieden bedroht sei und sein Erhalt auch militärischer Mittel bedurfte[17]. Damit – und im weiteren Sinne mit den marxistischen Grundthesen zur Gewalt übereinstimmend – galt

sie den meisten als zeitweiliges, aufgezwungenes Mittel zum Zweck, manchen als unvermeidbares, wenn auch vorübergehendes Übel. Andere nahmen sie hin, »weil jeder Staat eine Armee hat«, als dessen notwendiges Attribut sie vielen galt. Erst die Untauglichkeit der Gewalt als Mittel der Politik änderte diese Grundsituation.

Natürlich bezog sich diese Einstellung zunächst nur auf die Armee als Institution, nicht aber notwendig auf »die Soldaten« im allgemeinen oder gar auf den einzelnen Armeeangehörigen. Dafür stehen die zahlreichen informellen Begegnungen zwischen Bevölkerung und Soldaten bei Übungen und in Katastrophenfällen, bei Einsätzen in der Volkswirtschaft und anderswo, die gegenüber den eingangs erwähnten Mißliebigkeiten bei weitem überwogen. Den von uns befragten ehemaligen Armeeangehörigen vermittelte das mehrheitlich das Bild eines »eher freundschaftlichen« Verhältnisses zwischen Bevölkerung und Armee[18]. In diesem »Rückhalt«, der in den eigenen Familien wurzelte (zu Vereidigungen reisten nicht selten so viele Familienangehörige an, daß die Truppe mit deren Betreuung trotz gesicherter Unterstützung durch die örtlichen Organe überfordert war), lagen eine wesentliche Bestärkung und ein weiteres Grundmotiv: Schutz, Sicherheit, Verteidigung der Familie, aber auch des Staates, in dem sie lebten, und des Sozialismus, der als Garant des Friedens von vielen verinnerlicht war.

Es wäre jedoch entschieden zu kurz geschlossen, hielte man das Alltagsverhalten für direkt von Grundmotiven bestimmt. Sich diese bewußt zu machen, bedurfte in der Regel der Bewährungssituation, der Selbstbefragung in einer kritischen Lebenslage oder eines anderen äußeren Anstoßes. Im Mechanismus der individuellen und kollektiven Verhaltenssteuerung im Alltag sind vielmehr weitere, gewissermaßen auf »niedrigerer Ebene« angesiedelte Beweggründe anzunehmen, die bisher nicht zum Forschungsgegenstand zählten: so etwa die Gewohnheit, ordentlich zu arbeiten, diszipliniert zu handeln, sich in die Gemeinschaft einzuordnen; das Gefühl der Verantwortung für diese Gemeinschaft, für die anvertraute Waffe oder Kampftechnik, für die Lösung einer bestimmten Aufgabe; die Neigung zum militärischen Beruf, zu einer bestimmten, oft technikorientierten militärischen Tätigkeit, zur Fliegerei oder zur Seefahrt; der Ehrgeiz nicht zuletzt, eine Aufgabe zu meistern, besser zu sein als andere oder als erwartet. Zweifellos gehörte zu diesen Beweggründen wie in jeder Armee auch das System militärischer Normen und der durch sie gesetzten Zwänge, die Anpassungsdruck erzeugten und diesen beim Fehlen anderer Motive verhaltenswirksam machten.

Man kann hypothetisch davon ausgehen, daß die genannten einfachen, alltags-bezogenen Beweggründe jene sind, die sich unmittelbar in Alltagsverhalten und Alltagsgestaltung niederschlagen und die damit selbst ein konstitutives Element in diesem Soldatenalltag in der NVA waren. Es wäre zu prüfen, inwieweit sie unbewußt blieben oder ob und wann sie zu wirklich bewußt, das heißt dem Einzelnen erkennbar und gewollt gelebten Verhaltensmaximen wurden. Umgekehrt ist anzunehmen, daß dieser Alltag die genannten Beweggründe nicht unbeeinflußt ließ, weil er Gewohnheiten, Neigungen, Verantwortung, Ehrgeiz, Kollektivität entwickeln und festigen half und insoweit selbst eine integrative Funktion annahm, oder indem er vorhandene positive Beweggründe minderte oder gefährdete bzw. negative verstärkte. Im Zusammenspiel von bewußt gewordenen Beweggründen dieser Ebene und faktischem Handeln ist im übrigen jenes Moment der alltäglichen Erfahrungsbildung zu erwarten, aus dem heraus sich dem Einzelnen der Sinn seines Dienstes erst wirklich erschließen konnte.

Trotz aller Hypothesen kann nun auch die Eingangsfrage beantwortet werden: wer die bescheidenen und nicht eben idealen Gegebenheiten des Alltags in der NVA mit ihren Mängeln mehr oder weniger akzeptiert und trotz aller Widrigkeiten rückblickend feststellt, die Monate, Jahre oder Jahrzehnte des Dienstes in der Armee hätten ihm etwas Bleibendes, Positives gegeben[18], muß eine innere Beziehung dazu gehabt oder doch nachträglich gebildet haben. Die Befragungsergebnisse wie die Resultate früherer, in der NVA vorgenommener soziologischer Erhebungen weisen aus, daß dies bei Berufs- oder Zeitsoldaten wie bei Grundwehrdienstleistenden zwar in unterschiedlichen Anteilen und Graden, jedoch stets mehrheitlich der Fall war.

Daß solche Aussagen zehn Jahre nach dem Ende der NVA nicht a priori als Sachurteile gelten können, haben wir in der Interpretation der Befragungsresultate deutlich machen wollen, wenn wir von einem »Versuch einer nachträglichen Selbstbestätigung« sprechen und von dem »Bemühen, sich zu vergewissern, diesen Lebensabschnitt mit allen seinen Härten ›nicht umsonst‹ gelebt zu haben«[19]. Zeitzeugen im Osten Deutschlands erinnern sich heute nicht nur »falsch«, indem sie »rückblickend auswählen, verdrängen, sich rechtfertigen oder in verklärende Träume verfallen«. Sie besinnen sich auch selten unberührt von den Geschichtsdeutungen des letzten Jahrzehnts an ihre eigene Vergangenheit. »Als lebendige Hinterlassenschaft der verschwundenen Welt setzen sie den quellengestützten Interpretationen der Historiker noch Widerstand entgegen und halten an einer Gegen-Erinnerung fest.«[20] Das auch in solcher »Gegen-Erinnerung« ausgedrückte Bemühen um Selbstbestätigung, um Identitätsbewahrung oder -gewinn muß der Alltagsforschung als legitim gelten, geht es ihr doch eben auch um subjektive Reflexionen und Befindlichkeiten. Es ist folglich bei der Analyse des Alltags in der NVA stets als möglicherweise verzerrende Kraft zu berücksichtigen, und das um so mehr, je komplexer die Sachverhalte sind, über die Aussagen von Zeitzeugen herangezogen werden. Die Objektivierung des subjektiven Abbilds vom Alltag durch die weitere Forschung sollte deshalb stets auch die Frage einschließen, aus welchen Gründen es eventuell zu »falscher« Erinnerung kam. Die hier im weiteren vorgelegten Studien verstehen sich – sicher in den den Autoren durch ihre eigenen Biografien gesetzten Grenzen – als ein erster Beitrag zu einer vorurteilsfreien Sicht auf den Soldatenalltag in der Nationalen Volksarmee

1. Siehe dazu und zu den folgenden Ausführungen die »Beschreibung des Forschungsvorhabens ›Soldatenalltag in der NVA‹ «. In: Information der Arbeitsgruppe Geschichte der NVA und Integration ehemaliger NVA-Angehöriger in Gesellschaft und Bundeswehr beim Landesvorstand Ost des Deutschen Bundeswehr-Verbandes, Nr. 6, Berlin 1999, S.1 ff.

2. Dies ist nach unserer Auffassung zu unterscheiden vom Begriff der Lebensweise. Letztere fragt als soziologisch-philosophische Größe nach dem Gesellschaftstypischen; sie bildet die konkreten Lebensäußerungen der Individuen nicht unmittelbar ab, sondern subsumiert Alltagserscheinungen in einer eher typologisierenden Begriffsordnung und vernachlässigt sie in diesem Sinne.
3. Wie Anmerkung 1.
4. Die Ergebnisse dieser Befragung sind nachzulesen bei Klaus-Peter Hartmann: Auskünfte zum Soldatenleben. In: In: Information der Arbeitsgruppe Geschichte der NVA und Integration ehemaliger NVA-Angehöriger in Gesellschaft und Bundeswehr beim Landesvorstand Ost des Deutschen Bundeswehr-Verbandes, Nr.4, Berlin 1998, S. 14 ff.
5. Siehe dazu auch: Ders.: Zu den Dienst- und Lebensbedingungen in der NVA. Im vorliegenden Band S. 270 ff.
6. Siehe dazu R. Gehler / D. Keil: Die andere Realität. Alltagserfahrungen Wehr-dienstleistender in den Kasernen der DDR. In: Blickwechsel Ost-West. Beobachtungen zur Alltagskultur in Ost- und Westdeutschland; Tübingen 1992, S. 330.
7. In: »Friedenspolitischer Kurier«, Starnberg, vom 22.07.1988
8. Siehe dazu: Hartmann, wie Anmerkung 4, S. 35 f. und 44.
9. Siehe dazu: Hartmann, wie Anmerkung 5.
10. Siehe dazu: Hartmann, wie Anmerkung 4, S. 45.
11. Ebd., S. 37 f.
12. Agence France Presse, 04.09.1988
13. Aufschlußreiches Material über Leben und Denken der Angehörigen der Kasernierten Volkspolizei im Zeitraum Mitte 1948 bis Anfang 1952 findet sich z.B. bei Günther Glaser: »Niemand von uns wollte wieder eine Uniform anziehen ... «. In: Befremdlich anders. Leben in der DDR; hrsg. von Eva Badstübner, Berlin 2000
14. Siehe dazu: Hartmann, wie Anmerkung 4.
15. 15. Siehe Dagmar Pietsch: Motivation des Wehrdienstes. In: Rührt Euch! Zur Geschichte der NVA; hrsg. von Wolfgang Wünsche, Berlin 1998, S. 391 ff.
16. Siehe dazu Glaser, wie Anmerkung 13.
17. Siehe dazu u.a. die Studie »Friedensengagement und Leistungsverhalten sozialistischer Produzenten« des Instituts für Soziologie und Sozialpolitik der Akademie der Wissenschaften der DDR1988).
18. Siehe dazu: Hartmann, wie Anmerkung 4, S. 40.
19. Ebd., S.46 .
20. Dietrich Mühlberg: »Leben in der DDR« – warum untersuchen und wie darstellen? In: Befremdlich anders. Leben in der DDR, wie Anm. 13, S. 649.

Oberstleutnant a. D. Dipl. rer. mil. Martin Kunze/
Oberst a. D. Prof. Dr. sc. Klaus Schirmer/Oberst a. D.
Dr. Wolfgang Wünsche

Die militärische Tätigkeit – Grund- und Rahmenbedingung des Soldatenalltags in der NVA

(November 1999)

1. Was ist militärische Tätigkeit?
Die militärische Tätigkeit einer Armee umfaßt einen umfangreichen Komplex von Tätigkeiten in den und mittels Truppen, Flieger- und Schiffskräften, die auf verschiedensten Ebenen geführt werden und zeitweilig weit über die Ausbildung – das Haupttätigkeitsfeld jeder Armee in Friedenszeiten – hinausgehen.
Die militärische Tätigkeit jeder Armee beinhaltet – neben der Ausbildung – Wach- und Tagesdienste, Katastrophen- und Notstandseinsätze sowie öffentliche Zeremonielle. Auch Wirtschaftsdienste für die Truppenversorgung und Arbeitseinsätze beim Bau von Ausbildungsanlagen können dazu gehören. Ein Novum ist jedoch das Ausmaß des Volkswirtschaftseinsatzes von erheblichen Teilen der NVA in den 80er Jahren. Trotzdem blieb die Ausbildung der inhaltlich und zeitlich dominierende Bestandteil der militärischen Tätigkeit in den Führungsorganen, Truppen und Lehreinrichtungen. Sie prägte maßgeblich den Alltag der Soldaten. Das widerspiegelt sich bis heute in den Auffassungen vieler ehemaliger Berufssoldaten und Wehrpflichtiger, in einer Armee gedient zu haben, deren militärische Leistungsfähigkeit bei »Freund und Feind« anerkannt war.
Diese Studie[1] umfaßt im wesentlichen die Ausbildung auf den unteren Strukturebenen, die Tätigkeit der Wach- und sogenannten Versorgungsdienste sowie die Einsätze in der Volkswirtschaft. Sie tangiert die Tätigkeit von Truppen in den Diensthabenden Systemen (DHS) und von Offizieren in Führungssystemen der Truppenteile sowie Elemente der

Stabsausbildung, insoweit sie Auswirkung auf die Truppen hatten. Auch die Tätigkeit höherer Stäbe wird berührt, insoweit sie direkte Auswirkung (z.B. bei Inspektionen) auf das Truppenleben hatten.

2. Wesentliche Begriffe der Ausbildung

In der NVA wurde eine Vielzahl von Ausbildungsbegriffen verwandt, darunter auch solche, für die es keine einheitliche Definition gab. Das hängt mit der Verschiedenartigkeit der Ausbildung in den drei Teilstreitkräften zusammen, war aber auch durch das langjährige Fehlen eines zentralen Führungsorgans für die Ausbildung bedingt.

Die folgende Übersicht wesentlicher Ausbildungsbegriffe stützt sich auf die 2. Ausgabe des in den 70er Jahren im Militärverlag der DDR erschienenen Militärlexikons und versteht sich als militärwissenschaftliche Verständnisgrundlage für die Ausführungen über die Praxis der Ausbildung in der NVA.

In ihr wurden unterschieden: Ausbildungsarten, Ausbildungszweige (in den Lehreinrichtungen als Ausbildungsfächer bezeichnet), Ausbildungsformen, Ausbildungsmethoden und Ausbildungsabschnitte bzw. Ausbildungskomplexe.

Ausbildungsarten waren: die Einzelausbildung, die Einheits- bzw. Truppenausbildung und die Stabsausbildung.

Die Strukturen Gruppe bis Bataillon (Abteilung) wurden als Einheiten, Regiment/Brigade als Truppenteil, Brigade/Division als taktischer Verband und die Luftverteidigungsdivision und die Flottille als operativ-taktischer Verband bezeichnet. Die Mehrheit der Ausbildungsmaßnahmen, in die Soldaten im Grundwehrdienst (SGWD), Unteroffiziere, Fähnriche und junge Offiziere einbezogen waren, vollzog sich als Einzelausbildung und Ausbildung in den Strukturen Gruppe, Bedienung, Besatzung, Zug, Kompanie, Batterie, Bataillon und Abteilung.

Die militärische Tätigkeit dieser Armeeangehörigen war je nach Teilstreitkraft, Waffengattung (Fliegergattung, Schiffsgattung), Spezialtruppe, Dienste (gemeint ist Rückwärtiger Dienst u.a.), aber auch nach Dienststellung und Funktion sehr verschiedenartig. Seemännische Ausbildung an Bord ist von ihrem Inhalt her grundverschieden von der Geländeausbildung der Landstreitkräfte. Die Aufgabenerfüllung im Soldatenalltag einer Fla-Raketenabteilung der Luftverteidigung und die eines Wachbataillons führten zu unterschiedlichen Dienstbedingungen. Deshalb kann eine Studie über die Ausbildung kein einheitliches Bild ergeben, eher schon bei solchen militärischen Tätigkeiten wie Wachdienst, Wirtschaftsdienst und Arbeitseinsätzen.

Das verbindende Glied in der Ausbildung aller Armeeangehörigen war die Gemeinsamkeit des zentralen Ausbildungszieles: Schaffung und Erhaltung einer hohen ständigen Gefechtsbereitschaft, um jederzeit und unter allen Lagebedingungen in den bewaffneten Kampf eintreten zu können. Die konkreten Anforderungen, Aufgaben und Belastungen, um diese Zielsetzung zu erreichen, waren jedoch sehr verschieden.

Ausbildungszweige aller Teilstreitkräfte waren:
- die Politische Schulung (PS) bzw. die Gesellschaftswissenschaftliche Weiterbildung (GWW),
- die Schießausbildung an den Handfeuerwaffen,
- die militärische Körperertüchtigung (MKE),
- die allgemein-militärische Ausbildung,
- die Schutzausbildung und
- die Sanitätsausbildung.

Jeder Offizier, Fähnrich, Unteroffizier und SGWD der NVA wurde in diesen Zweigen ausgebildet.
Ausbildungszweige, die inhaltlich auf die Teilstreitkräfte, die Waffengattung (Fliegergattung, Schiffsgattung), die Spezialtruppen, den Dienst ausgerichtet waren, sind:
- die Taktikausbildung,
- die Schießausbildung der schweren Waffen,
- die Fahrausbildung (Kfz, Panzer, SPW, Schützenpanzer, Spezialfahrzeug),
- die technische Ausbildung,
- die fliegerische Ausbildung,
- die seemännische Ausbildung,
- die Pionierausbildung, die funktechnische Ausbildung und
- andere Ausbildungszweige.

Einige dieser Ausbildungszweige wurden zusammenfassend als Spezialausbildung bezeichnet, so bei den Panzertruppen die Panzerfahrausbildung, die Panzerschießausbildung und die panzertechnische Ausbildung.

In der Ausbildung der Truppenteile (TT) und Einheiten (E) nahm die Taktikausbildung (als Gefechtsdienst und taktische Übung), die Schießausbildung mit Handfeuerwaffen und schweren Waffen, die Fahrausbildung und die technische Ausbildung den breitesten Raum ein.

Insgesamt gab es über 12 Ausbildungszweige. Unterteilt man die Taktik, die Schießausbildung, die Fahrausbildung und die technische Ausbildung nach Waffengattung usw., so waren es über 30. Das entspricht der Tatsache, daß es in der NVA über 30 Waffengattungen, Fliegergattungen, Schiffsgattungen, Spezialtruppen und Dienste gab. Hier wird sichtbar, daß die relativ kleine NVA ein breites Spektrum an Ausbildungszweigen realisieren mußte. Der Aufwand, um für jeden Ausbildungszweig qualifiziertes Ausbildungspersonal zu haben und es mit dem jeweils neuesten Stand der Kenntnisse und Fertigkeiten vertraut zu machen, war enorm. Im Alltag der Truppenteile und Einheiten machte sich das durch häufige Kommandierungen zu Lehrgängen und anderen Ausbildungsmaßnahmen bemerkbar.

In jeder Teilstreitkraft wurden einige Ausbildungszweige als Hauptausbildungszweige bezeichnet, deren notwendige Bewertung bei Inspektionen das Gesamturteil über den Stand der Kampfkraft und Gefechtsbereitschaft des Truppenkörpers ergab.

Die Gefechtsausbildung war kein Ausbildungszweig. In der NVA gab es keine einheitliche, für alle Teilstreitkräfte gültige Definition dieses Begriffs. Eine Analyse der Führungsdokumente und der Militärliteratur ergibt, daß darunter jene Ausbildungszweige verstanden wurden, die der Vorbereitung der Truppen, Flieger- und Schiffskräfte auf die Erfüllung von Gefechts- und Sicherstellungsaufgaben dienten. In den Landstreitkräften (LaSK) waren das die taktische Ausbildung, die Schießausbildung und die Spezialausbildung, wobei die Ergebnisse anderer Ausbildungszweige genutzt wurden.

Auch für die Grundausbildung, die den neu einberufenen

Wehrpflichtigen elementare militärische Kenntnisse und Fertigkeiten vermitteln sollte, gab es keine einheitliche Bestimmung des Inhalts. Ein Teil dieser Ausbildung war teilstreitkraft- bzw. waffengattungsspezifisch.
Wesentliche Ausbildungsformen waren:
- Selbststudium,
- Gruppengespräch/Seminar,
- Training, Erhaltungstraining,
- Gefechtsexerzieren,
- Üben, Schießübung, Fahrübung, Einheitsübung,
- Taktische Übung mit Gefechtsschießen.

Die Gefechtsausbildung wurde entsprechend der jeweiligen Teilstreitkraft vorwiegend in jener Sphäre des bewaffneten Kampfes durchgeführt, die für die jeweilige Teilstreitkraft bestimmend war.

Bei den Landstreitkräften fand über 60 % der Ausbildung im Gelände statt. Der Anteil der fliegerischen Ausbildung und der Ausbildung in See an der Gesamtausbildung der Flieger- bzw. der Schiffskräfte lag allerdings niedriger. Ausbildung im Gelände, auf See und in der Luft wurde unter allen Tages- und Wetterbedingungen – auch bei Frost, Schnee, Regen und großer Hitze – durchgeführt. Bei Übungen im Gelände gab es in der Regel eine Phase, da unter Schutzbekleidung gehandelt wurde. Sie konnte mitunter Stunden dauern und war eine der härtesten psychischen und physischen Belastungen. Das erklärt, warum einem Teil der SGWD und Unteroffizieren Ausbildung im Objekt lieber war.

Wichtigste Ausbildungsmethode bei den Landstreitkräften war das Herstellen der Komplexität verschiedener Ausbildungsmaßnahmen zu einem einheitlichen Prozeß. Das erforderte vom Ausbilder nicht nur konkrete Kenntnisse des Ausbildungsstoffes, sondern auch eine lebendige Vorstellung vom modernen Gefecht und die Phantasie, unterschiedliche Ausbildungsstoffe miteinander zu verbinden. Die Ausbilder auf den unteren Ausbildungsebenen waren damit in der Regel überfordert. Der Ausbildungskomplex umfaßte Ausbildungsmaßnahmen, die in einem festgelegten Zeitraum mit einer einheitlichen Zielstellung durchgeführt werden mußten.

3. Motive, Ziele und Bedingungen der Ausbildung in der NVA

Die militärpolitische Motivation hatte zwei Seiten: Das waren einesteils der Nachweis der Verteidigungwürdigkeit des Sozialismus (der DDR) und andererseits der Nachweis der Bedrohung des Sozialismus durch den Imperialismus (der BRD und der NATO). Hinzu kam die politische und militärische Begründung, daß die DDR nur im Rahmen der Koalition verteidigt werden könne (Internationalismus, militärisches Kräfteverhältnis). Eine Analyse dieser Motivation kann nicht Aufgabe dieser Studie sein. Es genügt die Behauptung, daß sie von den Berufssoldaten verinnerlicht wurde und auch bei den SGWD eine hohe Akzeptanz hatte, ehe sie seit Mitte der 80er Jahre massiv an Glaubwürdigkeit verlor. Unbestritten dürfte sein, daß der Kern der DDR-Wehrmotivation die Friedenssicherung war, die bis zum Ende der NVA erhalten blieb. Diese Wehrmotivation entsprach insbesondere den Lebenserfahrungen jener Generation von NVA-Angehörigen, die den zweiten Weltkrieg, die Niederlage des faschistischen Deutschlands und die westliche Wiederaufrüstung erlebt hatte.

Zentrales Ziel der Ausbildung war die Befähigung zur Erfüllung des sogenannten Klassenauftrages, bis Ende der 60er Jahre als militärische Hauptaufgabe bezeichnet. Das war sozusagen die politische Leitlinie.

Allgemeine Ziele waren:
- die Ausbildung ist gefechtsnah (kriegsnah) zu gestalten,
- die Ausbildung ist darauf auszurichten, daß das Niveau der ständigen Gefechtsbereitschaft und der Diensthabenden Systeme erhöht wird,
- die Truppen, Flieger- und Flottenkräfte sind zu befähigen, in festgelegten Zeitlimiten zu höheren Stufen der Gefechtsbereitschaft überzugehen und die volle Gefechtsbereitschaft in extrem kurzer Frist herzustellen,
- die Truppen, Flieger- und Flottenkräfte sind so auszubilden, daß sie dem Gegner in der Beherrschung der Waffen überlegen sind,
- die Truppen, Flieger- und Flottenkräfte sind so auszubilden, daß sie Kampfhandlungen mit und ohne Kernwaffen führen können,
- die Truppen müssen für Angriffs- und Verteidigungs-

handlungen ausgebildet werden (bis 1987 lag das Schwergewicht jedoch auf dem Angriff),
- die Armeeangehörigen müssen lernen, in jeder Lage entschlossen und initiativreich zu handeln.

Die von den Führungsorganen festgelegten konkreten Ziele und Aufgaben der Ausbildung fanden ihren Niederschlag in den Ausbildungsbefehlen (Minister bis Kommandeur Verband), in den Ausbildungsprogrammen, in den Normenkatalogen, in den Dienstvorschriften und anderen Dokumenten. Diese Dokumente waren an den Vorgaben des Oberkommandos der Streitkräfte des Warschauer Vertrages (OKSWV) und an den Beschlüssen des Nationalen Verteidigungsrates (NVR) der DDR orientiert. Die ersten Gefechtsvorschriften der NVA waren unveränderte Kopien der sowjetischen Gefechtsvorschriften. In dem Maße, in dem die NVA ihre eigene Ausbildungspraxis entwickelte, schlugen sich in ihren Ausbildungsdokumenten die eigenen Erfahrungen nieder.

Am konkretesten entstanden eigene Ausbildungserfahrungen auf der Ebene Truppenteil. Als Beispiel sind die Berichte der Regimentskommandeure zur Auswertung des jeweiligen Ausbildungsjahres bzw. -halbjahres und die sich daraus ergebenden Entschlußmeldungen an die Divisionskommandeure zu nennen. Analoge Berichte auf höheren Kommandoebenen hatten einen höheren Verallgemeinerungsgrad. Die Berichte der Regimentskommandeure machen die große Differenziertheit der Probleme und Erfahrungswerte in der Ausbildung deutlich, und ihre Entschlüsse hatten unmittelbare Auswirkungen auf den Soldatenalltag. Sie belegen den unterschiedlichen Führungsstil dieser Kommandeure und ihre Schlüsselrolle in der Ausbildung. Die Kommandeure der Regimenter und selbständigen Bataillone der LaSK, der Regimenter und Brigaden der Fla-Raketentruppen der Luftverteidigung (LV), der Jagdfliegergeschwader, der fliegertechnischen und funktechnischen Bataillone, der Schiffsbrigaden und -abteilungen war jener Personenkreis, der den Ausbildungsalltag in der NVA maßgeblich prägte.

Die Bedingungen für die Ausbildung waren materieller, regionaler, personeller und bildungsmäßiger Natur. Das waren:
- die Ausbildungsbasen,

- der Standort der Kasernen und die Lage des Ausbildungsgeländes,
- Motivation und Qualifikation der Ausbilder und
- das Allgemeinbildungsniveau und die in der vormilitärischen Ausbildung erworbenen Kenntnisse und Fertigkeiten sowie die körperliche Leistungsfähigkeit der SGWD.

Die Ausbildungsbasen der NVA waren in den 50er Jahren weder zahlenmäßig ausreichend noch technisch auf hohem Niveau. In den 80er Jahren verfügte die NVA über ein System von Ausbildungsbasen, das – angefangen von der Regimentsausbildungsbasis bis zu den zentralen Ausbildungsbasen – modernen Anforderungen genügte und teilweise hochmodern war. Die Modernisierung der Ausbildungsbasen war ein permanenter Prozeß, den die NVA teilweise mit eigenen Kräften realisierte. Charakteristisch sind Befehle des Chefs LaSK, komplette Einheiten für den Bau, die Instandsetzung und Modernisierung von Ausbildungsbasen einzusetzen. Außerdem läßt sich belegen, daß SGWD, Unteroffiziere, Fähnriche und Offiziere Vorschläge zur Technisierung und Automatisierung von Ausbildungsbasen gemacht und selbst realisiert haben.

Die Truppenteile/Einheiten verfügten in ihren Kasernen über gut ausgestattete Lehrklassen, Gefechtsausbildungsplätze u.a.m. Für die Ausbildung im Gelände gab es die Standortübungsplätze (STÜP) mit Fahrschulstrecken, Schießständen u.a.m. sowie die Truppenübungsplätze (TÜP). Einzige im Ausland genutzte Truppenausbildungsbasis war Kapustin Jar an der unteren Wolga für Fla-Raketentruppen und operativ-taktische Raketentruppen. Für die Stäbe gab es in den Kommandodienststellen die taktischen und operativ-taktischen Ausbildungszentren (TAZ/OTAZ).

Die regionale Bedingung für die Ausbildung im Gelände war der Standort der Kaserne und die Lage des Ausbildungsgeländes. Insbesondere Truppenteile in Großstädten, aber auch in manchen Kleinstädten, mußten überdurchschnittlich Zeit- und Spritverbrauch für den mot. Marsch ins und den Rückmarsch aus dem Gelände einplanen. Ein Teil dieser Zeit wurde durch die Beschneidung der Freizeit »gewonnen«. Es war dies vorwiegend ein Problem der LaSK. Einige Beispiele: Waren die Ausbildungsplätze/STÜP solcher Truppenteile und Verbände, wie der 9. PD (Eggesin), des AR-5 (Dabel) oder der 5. RBr (Demen) direkt aus der Kaserne heraus zu erreichen, so war das im MSR-17 (Halle) und im AR-3 (Leipzig) mit weitaus mehr Aufwand und Planung verbunden. Auch der Umzug in neue Kasernen konnte die Ausbildung verändern, z.B. beim PR-1, das vom 04.11.1982 bis 01.06.1983 von Burg nach Beelitz wechselte und in dieser Zeit die Ausbildung unterbrach.

Die Motivation und Qualifikation der Ausbilder hatte wohl die nachhaltigste Auswirkung auf den Soldatenalltag. Wenn die SGWD spürten, daß der Ausbilder seine Tätigkeit mit Elan, militärischem Können und pädagogischer Erfahrung durchführte, war er in ihren Augen eine Autorität, der sie ihre Anerkennung und aktive Teilnahmebereitschaft nicht versagten. Hier lag das größte Problem der NVA-Ausbildung. Jene Ausbilder, die den engsten Kontakt mit den SGWD hatten, waren bei den LaSK die Gruppen- und Zugführer. Sie waren zugleich jene mit den geringsten Ausbildungserfahrungen. Unteroffiziere auf Zeit und Leutnante, eben von der Lehreinrichtung in die Truppe versetzt, waren noch keine perfekten Ausbilder.[2] Eine Ausnahme auf dieser Ebene waren Spezialisten, wie z. B. Panzerfahrlehrer. Schwächen der unteren Ausbilderebene wurden häufig durch Aktivitäten der Kompaniechefs kompensiert.

Das Allgemeinbildungsniveau der SGWD war im Vergleich zu anderen sozialistischen Staaten und auch zu NATO-Staaten sehr hoch und war ein positiver Faktor für die Ausbildung in der NVA. Ein hoher Prozentsatz der SGWD hatte einen Zehnklassen- und Facharbeiterabschluß. Dabei ist nicht zu übersehen, daß vor allem in den Mot. Schützeneinheiten ein Teil der SGWD (Fünf- bis Siebenklassenschüler) unter dem Durchschnitt lag.[3] Das machte sich vor allem in der Politschulung bemerkbar. Andererseits gab es nicht wenige SGWD, die sich in bestimmten Ausbildungsabschnitten (Grundausbildung) und Ausbildungszweigen unterfordert fühlten.

Auch die vormilitärische Ausbildung in der GST war ein positiver Faktor für die Ausbildung in der NVA. Das betraf

sowohl die allgemeine als auch die Laufbahnausbildung als Militärkraftfahrer, Funker u.a.
Die körperliche Leistungsfähigkeit der Neueinberufenen zeigte über Jahrzehnte hinweg das gleiche Bild. Etwa 30% entsprachen nicht den Mindestanforderungen der NVA. Für den Kompaniechef bedeutete das, für diese SGWD zusätzliches Training zu organisieren oder diese auf Planstellen zu setzen, die keine hohe körperliche Belastung erforderlich machten.

4. Zeitliche und organisatorische Grundlagen der Ausbildung
Das Ausbildungsjahr (AJ) umfaßte jeweils den Zeitraum vom 01.12. bis 30.11. des Folgejahres. Es war in zwei Ausbildungshalbjahre (AHJ) unterteilt. Die SGWD dienten 18 Monate, durchliefen demzufolge drei AHJ. In den 80er Jahren wurde für einen Teil der SGWD eine verkürzte Wehrdienstzeit von zwölf bzw. sechs Monaten eingeführt. Der Reservistendienst betrug in der Regel drei Monate.
Die Auffüllung der Truppenteile mit neueinberufenen SGWD und gleichzeitig die Entlassung des dritten Diensthalbjahres fand in den Monaten Mai und November statt. In diesen Monaten erfolgte die militärische Grundausbildung der Neueinberufenen, die Vorbereitung der Lehrgefechtstechnik (LGT) und der Ausbildungsbasis auf die neue Nutzungsperiode sowie die Vorbereitung der Ausbilder aller Stufen. Die Grundausbildung stellte für die Mehrheit der SGWD keine besondere geistige und körperliche Belastung dar, ausgenommen die Tatsache, daß ein Teil der Soldaten psychische Barrieren (eingeschränkte Freiheit) überwinden mußte, um sich an die rund um die Uhr laufenden, durch Befehle geregelten militärischen Tagesabläufe zu gewöhnen. Der SGWD mußte in den ersten Wochen seines militärischen Lebens lernen, 24 Stunden in einem Kollektiv zu leben, die Forderungen der militärischen Disziplin zu erfüllen und alle Befehle ohne Widerspruch auszuführen. Da Jugendliche in der DDR im allgemeinen eine große Freizügigkeit in ihrem zivilen Leben genossen, fiel manchem SGWD die Umstellung nicht leicht.
Den Monaten November und Mai folgte das jeweilige AHJ. Am Beispiel einer Mot. Schützeneinheit soll gezeigt werden, wie drei aufeinanderfolgende AHJ aufgegliedert waren. Der

Zeitraum von 18 Monaten wurde in drei Ausbildungsabschnitte unterteilt. Das waren: Grund-, Einzel- und Einheitsausbildung. Im 1. AHJ erfolgte die Grund- und Einzelausbildung sowie die Ausbildung in der Gruppe und im Zug, im 2. AHJ in der Gruppe, im Zug und der Kompanie, im 3. AHJ im Zug und der Kompanie. Bei planmäßigem (ungestörtem) Ablauf der Ausbildung nahm der Mot.-Schütze in jedem AHJ an zwei Kompanieübungen und einer Bataillonsübung und einmal im AJ an einer Regimentsübung teil. Divisionsübungen fanden nur aller zwei Jahre statt, Truppenübungen in noch höherem Rahmen (z.B. als internationale Manöver) noch seltener. Das Leben im Regiment, im Bataillon und in der Kompanie wurde durch den Tagesdienstablauf bestimmt, der auf entsprechenden Befehlen beruhte.

5. Der Tagesdienstablauf
Der Alltag des Soldaten unterlag vor allem den im Wochendienstplan der Kompanie festgeschriebenen Forderungen. Minutiös waren vom Frühsport bis zur Nachtruhe alle Tätigkeiten vorgegeben – soweit es Wachen und Dienste betraf auch für die Wochenenden und Feiertage. Um 06.00 Uhr gab der UvD das Kommando zum Wecken, um 22.00 Uhr zur Nachtruhe.
Von allen sonstigen Ereignissen unberührt blieb immer der Ablauf bis zum Morgenappell. Allerdings: Abhängig von den erreichten Leistungen in der MKE und dem Zustand der militärischen Disziplin und Ordnung (MDO) wurde schon der Frühsport meist von einem Offizier des Bataillonsstabes kontrolliert, nicht selten zusätzlich von einem Offizier des Regimentsstabes. Das Frühstück, wie das Mittagessen im Speisesaal einzunehmen, wurde bis in die 80er Jahre hinein durch Anrücken in Marschformation und den allzeit unbeliebten Marschgesang zur Disziplinierung genutzt.
Der Morgenappell bot dem Kompaniechef bzw. dem Hauptfeldwebel nach den entsprechenden Kontrollen die letzte Möglichkeit, am Vortag vergessene oder eben erst erhaltene Weisungen in die bis dahin bekannte Dienstplanung einzufügen. Sieben Stunden Ausbildung, allgemein nach fünf Stunden durch die Mittagspause unterbrochen, endeten meist

16.00 Uhr. Nahezu ungestört verlief die Ausbildung der ersten fünf Stunden. Nach der Mittagszeit begann für die am Abend aufziehenden Wachen und Dienste schon die spezielle Vorbereitung: Belehrung in einer dafür ausgestatteten Lehrklasse, Wachexerzieren, persönliche Vorbereitung und schließlich die Vergatterung durch den OvD. Je Wachtag fehlten damit neun Stunden Ausbildung.

Die Durchführung der Ausbildung erfolgte in Stufen. Einzelausbildung wurde durch die Gruppenführer geleitet, meist kontrolliert durch den Zugführer. In dieser Phase zeigte sich häufig die vor allem methodisch unzureichende Ausbildung der jungen Unteroffiziere. Wie in der Einzel-, so zeigte sich auch in der folgenden Zug- und Kompanieausbildung eine der typischen Eigenheiten der NVA: nach Möglichkeit wurde jede Ausbildung von der vorgesetzten Ebene kontrolliert, unter Einbeziehung der Regimentsstäbe und auch höherer Ebenen. Fehlendes Vertrauen führte dazu, daß die Vorgesetzten nur sehr langsam die notwendige Selbständigkeit und Selbstvertrauen erwarben. Hinzu kam, daß die Kontrollzeiten den Kontrollierenden selbst fehlten, um anderen, die Ausbildung hemmenden Faktoren gerecht zu werden.

Der Ausbildungsplanung von Regiment und Bataillon, dem Wochendienstplan der Kompanie gingen zahlreiche Befehle und Anordnungen voraus. Zum Beispiel: Der Befehl Nr. 80/81 des Kommandeurs der 1. MSD regelte auf 172 Seiten die Nachweisführung und Berichterstattung in der Division. In seinem Befehl Nr. 50/84 legte er auf acht Seiten Maßnahmen zur Verbesserung der MDO fest, der Stellvertreter des Kommandeurs und Stabschef (StKSC) der Division erließ dazu die 1. Durchführungsanordnung (DFAO) mit 82 Blatt. Die Regimentskommandeure erarbeiteten u.a. jährlich mit halbjährlicher Präzisierung Befehle zur Sicherstellung der Politschulung und der GWW mit Einteilung der Schulungsgruppenleiter und der entsprechenden Räume, Befehle für die Zutrittsberechtigung (mit Namen) zu den Waffenkammern und Lagern. Mit Befehl Nr. 174/86 legte der Kommandeur des MSR-2 unter Aufzählung aller Fahrgestellnummern die Einteilung der 286 Kfz des Regiments in Lehrgefechts- und Gefechts-Kfz. fest.

Alle Befehle, in die er meist speziell eingewiesen wurde, endeten beim Kompaniechef. Es war nun seiner »Kunst« überlassen, diese zu realisieren, ohne dabei die Ausbildung seiner Einheit zu vernachlässigen.

Strittigste Zeit im Tagesablauf war jene ab 16.00 Uhr. Da die Ausbildung dem Programm folgte, Abweichungen und Eingriffe kaum möglich waren, konzentrierten sich auf sie alle übrigen Forderungen: Wartung der Technik nach praktischer Ausbildung, Waffenreinigen, Putz- und Flickstunde, aber auch Maßnahmen wie die Schulung der Wandzeitungsredaktionen, der Agitatoren, Beratung diverser Kommissionen und natürlich die Dienstvorbereitung der Ausbilder, zu leiten durch Zugführer oder Kompaniechef. Die instruktiv-methodische Ausbildung der Ausbilder blieb gerade aus diesen Zeitgründen oft unter dem notwendigen Niveau. So schätzten 29,5 % der befragten Berufssoldaten ein, daß die Zeit der Dienstvorbereitung zu knapp war. In Bataillonen und Regimentern tagten in dieser Zeit auch die Leitungen von FDJ und SED, es trafen sich FDJ- und/oder auch Parteigruppen zu Versammlungen. Die oft angedachte Verlegung der geplanten politischen Arbeit auf die Zeit nach 18.00 Uhr wurde nie realisiert.

Nach dem Abendessen begann die Freizeit. Für viele Offiziere und Unteroffiziere machte es sich erforderlich, bisher nicht erledigte Arbeiten abzuschließen, den nächsten Tag und seine Dienste/Ausbildung vorzubereiten. Verbunden wurde das oft mit ohnehin geforderten Anwesenheits- oder Kontrolldiensten, zu denen 69,3 % der befragten Berufssoldaten herangezogen wurden. Der späte Abend war auch jene Zeit, in der sich über viele Jahre hinweg in etlichen Truppenteilen und Einheiten häßliche Szenen des Soldatenalltags abspielten – die Zeit der »EK«-Bewegung, oft verbunden mit Schikanen vor allem des dritten DHJ gegenüber jüngeren Diensthalbjahren – eine Erscheinung, die auch durch Anwesenheitsdienste nicht zu unterbinden war. Die »Ereignisse« begannen dann eben nach 22.00 Uhr.

Der Soldatenalltag der NVA ging rund um die Uhr. Das scheinbar geflügelte Wort »Wenn der Tag nicht ausreicht, wird die Nacht zu Hilfe genommen«, war nicht selten echte

Realität. Militärkraftfahrer und Panzerfahrer kamen oft erst spät vom Park, Wartung und Abstellordnung gingen allemal vor Freizeit. Das betraf auch ganze Einheiten, die aus dem Gelände zurückkehrten.

Der Vorgesetzte war immer im Dienst. Besondere Vorkommnisse sahen unverzüglich die Vorgesetzten aller Stufen in der Kaserne, unabhängig von Tageszeit und Wochentag. Auf Grund der 85%-Klausel waren Ausgang und Urlaub erheblich beschränkt. In Bataillonen und Regimentern gab es ständig einen Leitungsdienst, der an den Wochenenden auch Kontrollen in der Kaserne durchführte. In allen Spannungslagen verblieben diese Dienste im Objekt. Das Abmelden der Offiziere/Berufssoldaten gehörte zur Normalität. In den meisten Fällen wußten die Vorgesetzten, wo ihre Verantwortlichen die Freizeit verbrachten. Sie hatten auch die eingeteilten Melder einzuweisen.

Der Soldatenalltag in der NVA war hart. 92,6% der Berufssoldaten, 83,5% der Unteroffiziere nannten eine straffe Dienstorganisation, 76,2% der Berufssoldaten und 67,1% der Unteroffiziere eine gefechtsnahe, effektive Ausbildung als hervorstechendstes Merkmal der Ausbildung. 95,6% der Unteroffiziere sowie 90,5% der Soldaten gaben an, sich um gute Ergebnisse bemüht zu haben. Von den Berufssoldaten sagten 83,1%, daß sich die Soldaten ihrer Einheiten um gute Ausbildungsergebnisse bemüht hätten. Das ist, zehn Jahre danach, ein ausdrucksstarkes Ergebnis.

6. Gefechtsbereitschaft und Soldatenalltag

Der Soldatenalltag wurde am stärksten belastet durch die Forderung nach »Ständiger Gefechtsbereitschaft« (SG) und durch das regelmäßige Training, höhere Stufen einzunehmen. Durchgeführt wurde dieses Training insbesondere an den sogenannten Tagen der Gefechtsbereitschaft, die in der Regel einmal monatlich stattfanden. Zwischenzeitlich wurde jedoch der Stand der Gefechtsbereitschaft durch Kontrollen der Ausbildung, durch Inspektionen usw. bewertet. Das hatte nicht nur Konsequenzen für die Ausbildung, sondern für die gesamte militärische Tätigkeit und das Privatleben der Berufssoldaten.

Die in der NVA übliche »Ständige Gefechtsbereitschaft« bedeutete, 85 % des Personalbestandes mußten bei Auslösung einer höhren Stufe der Gefechtsbereitschaft (GB) präsent sein, unabhängig von Krankheit, Urlaub oder Kommandierung. Es war wichtigste Pflicht jedes Vorgesetzten, diese Präsenz zu gewährleisten, auch am Wochenende, auch an Feiertagen. Trainiert wurde vor allem die Stufe »Erhöhte GB«, zu der u.a. gehörte:

- die Alarmierung aller Armeeangehörigen des Truppenteils (TT),
- die Herstellung der Arbeitsbereitschaft der Stäbe, der Waffenempfang, das Beziehen der Stellplätze mit der Technik,
- die Restverladung der materiellen Mittel und die Aufmunitionierung der Lehrgefechtstechnik (LGT).

Dann war der Truppenteil marschbereit.

Die nächst höhere Stufe war die »Gefechtsbereitschaft bei Kriegsgefahr«, die erst in den 80er Jahren eingeführt wurde. Sie wurde vorwiegend mit Beginn einer Truppenübung (TÜ) ausgelöst. Da sie mit dem Beziehen eines Sammelraumes in einer Entfernung von 7 bis 10 km von der Kaserne endete, war dieser allen Angehörigen des TT bekannt. Die Herstellung dieser Stufe war sehr realistisch. Das soll am Beispiel der Raketenabteilung 9 (RA 9) der 9. PD beschrieben werden. Von »X«, dem Moment des Signals an, liefen folgende wichtige Handlungen ab:

- bis x + 8 Empfang von Waffen und Munition,
- bis x + 12 hatten die Fahrer den Fahrzeugpark zu erreichen,
- bis x + 15 liefen die Motoren, erfolgte die Restverladung von Geräten u.a.,
- x + 20 bis x + 25 öffnete sich für die RA 9, disloziert in einer Kaserne eines PR, das »Fenster« zum Verlassen der Kaserne. Mit auf den Startrampen und Raketentransportfahrzeugen (RTF) verladenen Raketen und Triebwerken rollte die Abteilung in den Sammelraum. Zurück blieben 2 RTF, die noch mit dem Restbestand an Raketen beladen wurden,
- ab x + 25 rollte das PR.

Ein Durchkommen auf den wenigen vorhandenen Wegen war für Stunden nicht mehr möglich. Für jene 2 RTF war befohlen, sie an jeder Stelle in der Bewegung zu unterstützen. Die gesamte 9. PD hatte nach 2,5 Stunden im Sammelraum (SR) zum Marsch zur Erfüllung einer Gefechtsaufgabe bereit zu sein. Zu beachten: x + 20 waren nur die im nahen Wohnheim lebenden Offiziere zur Stelle. Eingeteilt waren ständig »führende« Unterführer, welche die Teilkolonnen in den SR führten. Berufssoldaten, in der Wohnsiedlung durch Telefon oder Melder alarmiert, erreichten den SR oft auf abenteuerliche Weise, saßen auf die vorbeifahrende Technik auf, nutzten »Rest«-Kfz oder eigene Kräder. Offiziere der Führung fuhren planmäßig später nach Erhalt der Informationen beim OvD und unter Mitnahme ihrer stets bereitliegenden Dokumente. Zunehmend wurden in den Standorten in von vielen Armeeangehörigen bewohnten Stadtvierteln Alarmanlagen installiert. Wenn z.B. das Kommando des Militärbezirkes V seinen monatlichen »Tag der Gefechtsbereitschaft« durchführte, dann wurden mittels der durchdringend tönenden Haushupen alle geweckt – Kinder, Ehefrauen, Urlauber, Kranke – und selbst in nahebei stehenden Wohnblöcken unbeteiligte Zivilpersonen.

Ab 1985 wurde das System der gedeckten Überführung der Stäbe und Truppen in höhere Stufen der Führungs- und Gefechtsbereitschaft eingeführt, wodurch das auffällige Alarmsystem in Wegfall kam. Da es seit 1982 mit dem Alarmsystem P-161 »Schnur« möglich war, ausgehend vom Hauptstab alle TT/E bis zur Kompanie innerhalb von fünf Minuten zu alarmieren, konnten die Zeitlimite weiter gesenkt werden. So heißt es in der Chronik des MSR-3 für das AJ 1981/1982: Bei Überprüfungen der GB waren die Stäbe des TT und der Bataillone in x + 25 Minuten arbeitsbereit, alle außerhalb des Objektes wohnenden Armeeangehörigen in x + 45 Minuten in den Einheiten, so daß das Regiment nach x + 60 Minuten Aufgaben erfüllen konnte.[4]. Besonders hohen Belastungen waren jene Kräfte ausgesetzt, die in Intervallen in einem Diensthabenden System (DHS) eingesetzt wurden, denn sie mußten faktisch in einem Zustand leben, der Forderungen der »vollen Gefechtsbereitschaft« entsprach. Als Beispiel seien die Dienstbedingungen einer Fla-Raketen-Batterie der Luftverteidigung im DHS kurz geschildert: 10 Tage ununterbrochene Unterbringung in unmittelbarer Nähe der Startrampen, 10 Tage »kein Wein, Weib und Gesang«, 10 Tage die Bereitschaft, den Raketenstart im Sekundenbereich auslösen zu können. Die Radarstationen der funktechnischen Truppen der Luftverteidigung waren »rund um die Uhr« tätig. Die Jagdflugzeuge des DHS mußten innerhalb weniger Minuten starten.

Der Bericht des Hauptstabes der NVA an das Oberkommando der Streitkräfte des Warschauer Vertrages über das Ausbildungsjahr 1984/1985 enthält folgende Angaben[5]: Vom 01.06.1984 bis 31.05.1985 wurden die diensthabenden Kräfte der Luftverteidigung und der Truppenluftabwehr 501 mal zum Gefechtseinsatz befohlen, die Hubschrauberkräfte der Armeefliegerkräfte wurden 738 mal alarmiert. Hauptgründe waren: Flüge strategischer und taktischer NATO-Aufklärungsflugzeuge in Grenznähe (236), Sicherung von Luftraumsperren (134), Anflüge von NATO-Kampfflugzeugen mit gefährlichem Kurs (93), unklare Luftlagen (34), Luftraumverletzungen (6) u.a.m.

Heute wird unter ehemaligen Angehörigen der NVA die Frage erörtert, ob die Forderungen an die GB und an das DHS notwendig und berechtigt waren. Dabei wird einerseits auf die niedrigere Einsatzbereitschaft der Bundeswehr (vor allem an den Wochenenden und den Feiertagen) verwiesen. Andererseits wird die hohe Einsatzbereitschaft bestimmter Flieger- und Raketenkräfte der NATO, vor allem der USA, kaum in Betracht gezogen. Einerseits wird auf das übersteigerte Sicherheitsbedürfnis der sowjetischen Führung verwiesen (nie wieder einen 22. Juni 1941 zuzulassen), andererseits sind die damaligen außen- und militärpolitischen Ziele der NATO, speziell jedoch der USA und der BRD, umstritten. Einerseits wird auf die in den 70er Jahren eintretende weltpolitische Entspannung verwiesen, andererseits ist nicht zu übersehen, daß trotzdem der Rüstungswettlauf auf beiden Seiten weiter gesteigert wurde. Welche dieser Sachverhalte sind als Kriterien heranzuziehen, um diese Frage eindeutig zu beantworten? Sie kann im Rahmen dieser Studie nicht beantwortet werden.

Wir stellen lediglich fest: Die Forderung nach permanenter Erhöhung der ständigen GB entstand im sowjetischen Generalstab, unabhängig von der jeweiligen politischen Lage, gebunden an militärtechnische Parameter des potentiellen Gegners. Sie wurde von der NVA-Führung akzeptiert und mit deutscher Gründlichkeit radikal durchgesetzt.

7. Neue Waffen und neue Strukturen

Im Zusammenhang mit der Durchsetzung der ständigen GB waren die Einführung neuer Waffen und Ausrüstungen sowie veränderte Strukturen bestehender und der Aufbau völlig neuer TT wesentliche Faktoren, die den Soldatenalltag in der NVA prägten. Die NVA durchlief in den 34 Jahren ihrer Existenz einen ständigen, mehr oder weniger schnellen Prozeß ihrer militärtechnischen Entwicklung. Das war ein Prozeß des Erwerbs neuer Kenntnisse (Technik, Taktik, Nutzung, Wartung), aber auch veränderter manueller Tätigkeiten. Primär war es jedoch ein mentaler Prozeß, da neue Technik in der Regel kompliziertere Mechanismen aufweist. Die Angehörigen der NVA wurden davon in unterschiedlichem Maße betroffen.

Die wohl bedeutendste militärtechnische Veränderung war die Einführung von Raketenwaffen verschiedener Bestimmung im Zusammenhang mit der Verkündung der neuen sowjetischen Militärdoktrin 1961, die zur vollständigen Reorganisation der Ausbildung auf einen möglichen Kernwaffenkrieg aufforderte. Das waren die taktischen und operativ-taktischen Raketen, Fla-Raketen, Panzerabwehrlenkraketen, Luft-Boden- und Luft Luft-Raketen sowie Schiffs- und landgestützte Seezielraketen. Sie führten zu grundsätzlichen Veränderungen im militärtheoretischen Denken, in den Strukturen und in der Ausbildung. Inwieweit das die Soldaten betraf, sei an zwei Beispielen veranschaulicht: Mit der Umstrukturierung der Flakregimenter der Landstreitkräfte wurden die Bedienungen von gezogenen Flakgeschützen zu Bedienungen von Fla-Raketen-Selbstfahrlafetten umgeschult. Anstelle z.B. des 100-mm-Geschützes KS 19 trat das Fla-Raketensystem Krug. Das war zugleich eine psychologische Umstellung. Verdeutlichen läßt sich das auch an der Umstrukturierung der Artillerieregimenter der Panzerdivisionen. An die Stelle der gezogenen 122-mm-Haubitzen traten Artillerieselbstfahrlafetten. Fahrer und Kanoniere hatten das Gefühl, Panzersoldaten zu werden.

Die Einführung neuer Militärtechnik war oft mit der Einsparung von Personal verbunden. Hatte der T-55 noch eine 4-Mann-Besatzung, so die des T-72 nur noch 3, was bei der Wartung Mehrarbeit bedeutete. Generell läßt sich feststellen, daß die NVA im Vergleich zur Bundeswehr bei vergleichbarer Technik erheblich geringere personelle Strukturen hatte.

Die Stellenpläne in den TT/E, z.T. auch den Verbänden, waren nach dem Vorbild der Sowjetarmee auf das »im Kriege« absolut notwendige Minimum beschränkt. Das PB mit 31 Panzern hatte eine Stärke von 166 Mann, das PR (94 Panzer) von 1011 Mann. Das MSR mit seiner vielfältigen Bewaffnung (40 Panzer, 104 SPW, 18 Haubitzen u.v.a.), im Einsatz etwa der damaligen PGBr gleichgesetzt, verfügte über 1844, die 1. MSD z.B. insgesamt über 9766 Mann.[6] Diese Zahlen lagen weit unter den vergleichbaren der Bundeswehr. Eine Startbatterie taktischer Raketen mit 4 Startrampen operativ-taktischer Raketen hatte 180 Mann, das Raketenartilleriebataillon 650 »Lance« mit ebenfalls 4 Rampen 700 Mann. Die Raketenabteilung mit 4 Startrampen 8 K 14 hatte noch 204 Mann, die gesamte RBr 941 Mann.[7]

Allein daraus ergaben sich große Belastungen: Für die Wachgestellung, die Tagesdienste aller Art, das Instand- und Sauberhalten der Kasernen und Anlagen, für die ständige Wartung der Technik und für die Einhaltung der GB. Im Vergleich zu den NATO-Armeen gab es, bezogen auf den Gesamtpersonalbestand, eine weitaus größere Zahl von Unteroffiziers- und Offiziersplanstellen – so z.B. an den Startanlagen der Boden-Boden- und Fla-Raketen bis zu 50 % Offiziere und Unteroffiziere. Daraus resultierte: An den Parktagen und bei der täglichen Wartung arbeiteten diese oft mit. Sie setzten Zeit ein, die ihnen bei der Ausbildungsvorbereitung folglich fehlte.

In den 70er und 80er Jahren wurden in allen Teilstreitkräften in umfangreichem Maße neue Kampftechnik und neue Ausrüstungen eingeführt. Als Beispiele seien genannt: der SPW-70, der BMP-1 und 2, der T-72, Artillerie-SFL, die opera-

tiv-taktische Rakete OKA, verschiedene Fla-Raketensysteme vom Typ Strela und die Fla-Rakete OSA-AK, kleine Raketenschiffe, Kampfhubschrauber, das Jagdflugzeug MiG 29 und der Jagdbomber SU-22.
Entgegen bisheriger Annahmen steigerte sich das Tempo sowohl der Strukturänderungen als auch des Technikwechsels gerade in den letzten Jahren der NVA. Beides führte stets zu Änderungen im Ausbildungsrhythmus. Ausbilder wurden zu Lehrgängen kommandiert, die alte Technik war zur Abgabe vorzubereiten, die neue zu entkonservieren, neue Programme, Richtlinien, Normen zu erarbeiten und zu beherrschen. Allein 1989 wurden:

- neue Granatwerfer in den Bataillonen der MSR-7, 9 und 23 eingeführt,
- die MSR-16 und 27 auf SPW-70 umgestellt,
- die MSR-28, 29, 17 und 18 und das Aufklärungsbataillon-1 auf BMP-1 (PARL Konkurs) umgerüstet,
- das KHG-3 von 2 auf 3 Staffeln aufgestockt,
- die GeWA-8 und 11 in die AR-8 und 11 eingegliedert,
- die Umrüstung der 7. PD auf T-72 abgeschlossen,
- das JG-3 auf MiG-29 umgestellt,
- die Fernaufklärungszüge der Aufklärungsbataillone der 8. und 11.MSD zu Kompanien erweitert,
- der mobile FlaR-Komplex S-300 und der tragbare FlaR-Komplex »Igla« eingeführt.

Gleichzeitig wurden 6 PR und 1 JFG abgerüstet.[8]
Insgesamt erfolgte zwischen 1956 und 1989 in den meisten TT/E mindestens der dreimalige Wechsel von Kampftechnik und Ausrüstung. Das erfolgte nahezu ohne Abstriche an der GB, also vor allem durch verstärkte Nutzung der Freizeit. Mit den Ausbildungsinhalten veränderten sich auch die umfangreichen Zeitnormative, an deren Verkürzung Stäbe aller Stufen kontinuierlich arbeiteten. Die Stoppuhr war eines der typischen Handwerkszeuge bei der Ausbildung.

8. Andere Faktoren, die zeitweilig wesentlich den Soldatenalltag prägten

Zu diesen Faktoren gehörten:

- internationale und koalitionsinterne Krisensituationen,
- Großmanöver der NATO auf dem Territorium der BRD,
- Großmanöver auf dem Territorium der DDR,
- bedeutende politische Ereignisse in der DDR,
- Einsätze in der Volkswirtschaft und bei Naturkatastrophen.

Es seien nur einige Beispiele genannt. Während der Kuba-Krise wurde erstmalig die gesamte NVA in Erhöhte Gefechtsbereitschaft (EG) überführt. Im August/September der Jahre 1961 und 1968 wurden dagegen nur einzelne Verbände in volle Gefechtsbereitschaft versetzt, während die Mehrheit sich in EG befand. Aus dem 3. Nahostkrieg wurden insbesondere für die LSK/LV weitreichende Schlußfolgerungen für die GB und die Ausbildung gezogen. Die Korpsmanöver auf BRD-Territorium und die Lufttransportmanöver USA-BRD sowie andere aktive NATO-Maßnahmen führten in der NVA zur Erhöhung der Führungs- und Aufklärungsaktivitäten sowie zur Intensivierung der Diensthabenden Systeme. Großmanöver auf DDR-Territorium wurden mit einem enormen personellen und materiellen Aufwand vorbereitet und durchgeführt. Außer den handelnden Truppen, Flieger- und Schiffskräften wurden starke Kräfte für die Sicherstellung eingesetzt. Die Berliner Paraden banden Kräfte jeweils in Divisionsstärke. Während der Vorbereitung und Durchführung der SED-Parteitage, der Weltfestspiele und anderer politischer Maßnahmen wurden NVA-Kräfte zur Sicherstellung eingesetzt und in den Objekten Sicherheitsmaßnahmen verstärkt. In den 60er Jahren wurde der Einsatz von NVA-Kräften während der Getreideernte und in den Kohlengruben bei tiefem Frost und Schlamm die Regel, in den 80er Jahren »planmäßig« in der Industrie.

Zwei »belastende« Faktoren müssen gesondert erwähnt werden. Das waren die Inspektionen des OKSWV und des Ministeriums für Nationale Verteidigung (MfNV). Sie trugen zur Erhöhung des Niveaus der ständigen GB und zur Durchsetzung der militärischen Ordnung und Disziplin (MDO) in den Truppen, Flieger- und Schiffskräften bei. Allerdings hielten sich Vorbereitungsaufwand und echter Ausbildungsnutzen selten die Waage. Es lag in der Natur solcher Maßnahmen, daß sie nicht in den Jahresplänen der TT und Divisio-

nen (D) enthalten waren. Kurzfristig bekanntgegeben, setzte dann unter »Mithilfe« der Kommandos der Teilstreitkräfte (TSK) und der MB eine oft tage- und nächtelange Vorbereitung ein, die der regulären Ausbildungspraxis widersprach.
Noch stärker waren die Abweichungen von der »Normal«-Ausbildung bei den Truppenbesuchen von Mitgliedern des Politbüros. Die hier vorgeführten Gefechtshandlungen waren bis ins Detail vorbereitet, jeder »Angriff« wurde so oft gefahren, bis jeder Kommandant seine Ziele exakt kannte. Die Pioniere hoben nicht nur reale Stellungen aus, sondern waren auch über viele Stunden mit dem Verlegen von Streckmetall zur Wegebefestigung und dem Ausästen von Bäumen befaßt, um den Bussen der Besucher die Zufahrt bis in die Stellungen zu gewährleisten. Und der Start einer Rakete des neuen Systems »Totschka« vor den Augen des Staats- und Parteichefs wurde Tage vorher durch den realen (und teuren) »Probe«-Start einer solchen Rakete vorbereitet. Aufwand und Ausbildungsergebnisse stimmten hier am wenigsten überein.
Alles das führte zur Störung der normalen Ausbildungsabläufe und nach Beendigung der jeweiligen Maßnahmen zu erhöhten Aktivitäten, da das Ausbildungsziel erreicht werden mußte.
Ein konstantes Problem für die kontinuierliche Ausbildung waren die Kommandierungen aller Art, vom einzelnen Soldaten/Unteroffizier über die Abverfügung von Kfz. und Spezialtechnik bis zum Einsatz ganzer Einheiten. Die NVA hatte einen ständigen Personalmangel. Jeder Mann zählte, jedes kommandierte Kfz fehlte ebenso bei »EG«. Die NVA war aber auch eine Armee, in der Gründlichkeit, Exaktheit und punktgenaue Planung eine große Rolle spielten. Das Wort von den »Roten Preußen« war sicher nicht nur auf Ideologie und Paradeschritt zu beziehen. Jede Maßnahme war aufs Beste vorzubereiten, und die TT/E hatten viele Vorgesetzte, die nur »das Beste« wollten. Also gab, im MfNV angefangen, jeder Dienstbereich und jeder Fachdienst die für ihn wichtigen Maßnahmen in die Planung des AJ ein. Das Kdo LaSK, der MB und die Divisionen folgten, und so standen z.B. von der Kommandierung von Kräften und Mitteln zur Parade am 07. Oktober über die Stellung von Kräften zum Ausbau des TÜP

Klietz bis zur Ausbildung der Rundfunk-Kinomechaniker der TT an zwei Tagen des Jahres alle das AJ betreffende Aufgaben in der zum Jahresbefehl der jeweiligen Kommandoebene gehörenden Anlage.

Kommandierungen erfolgten zu sehr verschiedenen Anlässen, die NVA war ja »nichtproduzierender Bereich«, und sie handelte nach Befehlen, pünktlich und zuverlässig. Sie stellte also Kräfte und Mittel zur Sicherstellung von Jugendfestivals ebenso wie zur schnellen Instandsetzung einer Brücke, kommandierte eben eingezogene Lokführer zur Deutschen Reichsbahn und baute mit am »Palast der Republik«, am SEZ Berlin und am Pionierhaus in der Wuhlheide. Die NVA war, heute oft vergessen, nicht nur einmal im Katastropheneinsatz. Im harten Winter 1978/1979 gewährleistete sie mit mehr als 50.000 Mann, mit Räumpanzern und speziell ausgerüsteten Kampfpanzern sowie mit Hubschraubern, LKW und zehntausenden die meterhoch verschneiten Straßen freischippenden Soldaten das Überleben vieler, vor allem landwirtschaftlicher Betriebe im Norden der DDR. Und sie stellte die Existenz wichtiger Betriebe und Wirtschaftszweige in den letzten Jahren der DDR sicher.

Wettbewerb in der Ausbildung
Dem Wettbewerb in der NVA lagen politische und militärische Ziele zugrunde. Im Soldatenalltag spielte er dort eine Rolle, wo es dem Kompaniechef gelang, seine Unterstellten davon zu überzeugen, freiwillig Verpflichtungen zu übernehmen, um Höchstleistungen in der Ausbildung zu erreichen und der sie dazu befähigte. Insofern kann der Wettbewerb als eine Methode zur Steigerung der Ausbildungsergebnisse bezeichnet werden. Häufig war die Wettbewerbsführung formal, wurden Programme und Verpflichtungen vorgegeben und waren die Bedingungen nicht vorhanden, Höchstleistungen zu erzielen.

Nicht zu bestreiten ist die Tatsache, daß Wettbewerbsformen bei der Normerfüllung, bei der Beherrschung, vorschriftsmäßigen Nutzung, Wartung und Pflege der Waffen und Ausrüstungen im Soldatenalltag eine Rolle gespielt haben. Bei den Soldaten und Unteroffizieren waren Auszeichnungen

wie Schützenschnur, Klassifizierungsabzeichen (dieses auch bei Offizieren) und das Bestenabzeichen sehr begehrt. Auch die als Initiativen bezeichneten Ausbildungsziele, z.B. »Treffen mit dem ersten Schuß«, »Gefechtstechnik der ausgezeichneten Qualität«, »Ich fahre den billigsten Kilometer«, waren keine formalen Zielstellungen.
Inwieweit Ausbildungsergebnisse in der Wettbewerbsauswertung vorgetäuscht wurden, kann nicht analysiert werden. Die im Bundesarchiv-Militärarchiv (BA-MA) vorgefundenen Dokumente belegen eine nüchterne Bewertung. So trifft der Kommandeur der 1. MSD im Referat zur Auswertung des Ausbildungsjahres 1980/1981 die Feststellung, daß von 21 006 übernommenen Einzel- und Kollektivverpflichtungen im Kampf um die fünf Soldatenauszeichnungen 14 851 (71 %) erfüllt wurden.[9] Der Kommandeur des MSR-1 macht in seinem Auswertungsbericht für das 1. AHJ 1983/1984 folgende Angaben:
Treffen mit dem ersten Schuß:
681 Verpflichtungen, 238 erfüllt
Technik der ausgezeichneten Qualität:
195 Verpflichtungen, 58 erfüllt
Ich fahre den rationellsten Kilometer:
286 Verpflichtungen, 30 erfüllt
Meister der Normen:
343 Verpflichtungen, 214 erfüllt
Kraft und Ausdauer:
112 Verpflichtungen, 98 erfüllt.[10]

10. Waffenbrüderschaft im Soldatenalltag
Daß der Gedanke der Waffenbrüderschaft in der ideologischen Arbeit in der NVA einen dominanten Platz einnahm, braucht nicht nachgewiesen zu werden. Eine andere Frage ist: An welchen praktischen Maßnahmen hat die Truppe teilgenommen, bei denen Waffenbrüderschaft erlebbar war? Es handelt sich um gemeinsame Ausbildungsmaßnahmen, Sportveranstaltungen, Arbeitskontakte von Stäben u.a.m. Hier ein reales Bild zu schaffen, ist schwierig, da das vorliegende Material dafür nicht ausreicht.
Feststellen läßt sich, daß solche Kontakte vom Standort ab-

hängig waren, von der Waffengattung, aber auch vom aktiven Bestreben der Kommandeure und Politorgane, solche Kontakte zu pflegen. Günstige Bedingungen gab es offensichtlich im Raum Potsdam. Hier waren eine Division der NVA und drei sowjetische Divisionen auf engem Raum disloziert. (Die Dislokation der 7. PD reichte dagegen von Spremberg bis Marienberg.) Die Chronik der 1. MSD[11] gibt folgende Waffenbrüderschaftsmaßnahmen für folgende Ausbildungsjahre an:

1980/1981   468 Maßnahmen, 14 786 Teilnehmer der GSSD, 834 der NVA
1981/1982   425 Maßnahmen, 19 948 Teilnehmer der GSSD, 25 348 der NVA
1985/1986   577 Maßnahmen, 10 676 Teilnehmer der GSSD, 26 235 der NVA
1986/1987   638 Maßnahmen, davon 195 in der Gefechtsausbildung.

Die Masse der Teilnehmer (3 766 der GSSD, 11 799 der NVA) entfiel jedoch auf Maßnahmen politischer Art. Diesen Angaben zufolge müßte man annehmen, daß ab 1981/1982 jeder Angehörige der MSD einmal im AJ an einer Waffenbrüderschaftsmaßnahme teilgenommen hätte. Man kann daraus den Schluß ziehen, daß praktische Waffenbrüderschaftsmaßnahmen im Soldatenalltag eine geringe Rolle gespielt haben. Wenn in der Chronik des PR-1 z.B. für das AJ 1981/1982 fünf Erfahrungsaustausche mit 30 Angehörigen der GSSD und 25 der NVA vermerkt werden, so läßt diese Angabe den Schluß zu, daß die Beteiligten Offiziere waren.[12] Berücksichtigt man noch die Sprachbarriere (nur die wenigsten NVA-Angehörigen beherrschten die russische Sprache), so kann von einem intensiven Kontakt zwischen NVA und GSSD auf der Truppenebene nicht gesprochen werden.

11. Taktische Übungen/Gefechtsdienst
Truppenübungen (TÜ) waren Höhepunkte im Soldatenalltag. Sie wurden von der Mehrheit der Ausbilder positiv bewertet, da sie für die Herstellung der Gefechtsnähe die ef-

fektivste Ausbildungsform waren. Das Verhalten bei TÜ und die dabei gezeigte Leistungsbereitschaft ist ein Beweis dafür, daß die Mehrheit der SGWD bestrebt war, ihre militärischen Pflichten bewußt zu erfüllen und Belastungen sowie Härtebedingungen nicht auswich. Außerdem läßt sich feststellen, daß diese Übungen auch von den SGWD höher geschätzt wurden als die Ausbildung in den Kasernen, allein durch die Abwechslung gegenüber dem recht einförmigen Innendienst mit seinem feststehenden Tagesdienstablauf.

TÜ konnten mit oder ohne Gefechtsschießen (GS) stattfinden. Nach anfänglicher Trennung von TÜ und GS wurde letzteres zunehmend zum integrierten Bestandteil der TÜ. Übungen bildeten in der Regel den Höhepunkt und Abschluß bestimmter Ausbildungsabschnitte, z.B. des AHJ/AJ. Der Kommandeur eines PB schreibt in seinen Aufzeichnungen: »Höhepunkt der GA jedes AJ waren die Kompanieübungen mit den Kompanie-Gefechtsschießen auf dem TÜP Klietz. In der Gefechtsordnung Linie trug die Panzerkompanie ihren Angriff vor und bekämpfte Ziele aus der Bewegung.«

Dauer der TÜ: Kompanie/Batterie zwei bis drei Tage, Bataillon/Abteilung drei bis fünf Tage, Regiment fünf bis sieben Tage. Kompanie- und Bataillonsübungen erfolgten je AHJ, die Regimentsübung einmal im AJ, ebenso die der Brigaden. Übungen der Divisionen erfolgten in Abhängigkeit von der Planung großer Manöver und Vorgaben des Vereinten Oberkommandos.

Kompanie- /Batterieübungen erfolgten in vollem Bestand mit eigener oder Lehrgefechtstechnik und Nutzung des StÜP/TÜP (ebenso die Bataillone/Abteilungen). Die TÜ der Raketenabteilungen erfolgten einmal im AJ mit Starts realer Raketen auf TÜP in der DDR, die Übungen im anderen AHJ ohne reale Starts. Bei beiden Übungen wurde öffentliches Gelände genutzt. Die Artillerieregimenter führten ihre Übungen stets mit Gefechtsschießen durch, in vollem Bestand und unter Mitnahme der Munitionsreserven. Übungen begannen mit Auslösung einer Stufe der GB, ab Mitte der 80er Jahre unter Anwendung der sogenannten gedeckten Überführung. Nach dem Beziehen des Sammelraumes begann der eigentliche Übungsteil. Möglich war auch ein Übungsbeginn mit Elementen der Mobilmachung. Die Mob-Kräfte wurden nach Plan ausgebildet und nahmen dann an der Übung teil. Große Teile der NVA-Übungen verliefen unter Nutzung von Wäldern, in der Erwartung von Kernwaffenschlägen eine strittige Methode.

Die Verlegung zu den TÜP erfolgte im Landmarsch, Kettentechnik per Bahntransport, streckenweise unter Nutzung der festgelegten Panzer-Marschstraßen. Gefechtsstarts mit taktischen Raketen wurden vor allem auf den TÜP Nochten und Klietz durchgeführt, wobei die Startplätze außerhalb der TÜP lagen. Z.B. mußte in Klietz die »internationale Wasserstraße Havel« überstartet werden. Folglich hatte eine Anmeldung beim Bundesministerium für Verkehr zu erfolgen – kurzzeitig war hier die strenge DV 10/9 »außer Kraft gesetzt«. Truppenübungen, vor allem im Zusammenwirken mit der GSSD, erfolgten auch auf deren TÜP Wittstock, Ohrdruf und Letzlinger Heide, ebenso entsprechende Starts taktischer Raketen. In zwei Einzelfällen wurden diese Starts auch im Ausland durchgeführt: 1969 durch die RA-9 auf dem TÜP Kapustin Jar (UdSSR) und bei »Schild 76« ebenfalls durch die RA-9 auf dem TÜP Sagan (Polen). Die Fla-Raketenregimenter der LASK und der LSK/LV absolvierten ihre TÜ mit GS in der UdSSR (östlich der Wolga).

Eine Besonderheit der Raketentruppen bestand in der sogenannten Zulassung vor jeder TÜ. Diese erfolgte Wochen vorher durch eine Kontrollgruppe. Geprüft wurden die Kenntnisse der Offiziere/Unteroffiziere, der Zustand der Technik und die Beherrschung der Start- und technischen Aufgaben. Erforderlich war die Note 1 oder 2. Die Note 3 führte zur Wiederholung. Auch die Note 3 im Ergebnis der TÜ galt als »Vorkommnis«. Da die TÜ, abhängig von vielen Faktoren, oft schon im dritten Monat des AHJ ablief, war der Erfolg bei der noch Wochen davor liegenden Zulassung nur unter Aufbietung letzter Kräfte zu erreichen. Oft blieb dann die Methodik der Ausbildung auf der Strecke.

Mehr als hart waren die Lebensbedingungen der Übungsteilnehmer der RBr bei ihren alle zwei Jahre erfolgenden TÜ mit Starts auf dem TÜP Kapustin Jar. Bis vier Wochen vor Beginn wurden alle Teilnehmer mit der »Charge 020« (gegen

Pest, Cholera und Ruhr) geimpft. Der Transport, hin und zurück je 12 bis 13 Tage, erfolgte in umgebauten Güterwagen, verpflegt wurde aus Feldküchen und eigenen Beständen. Den bei Halts auf freier Strecke auftauchenden »Liebhabern« fremder Gegenstände standen die Posten mit Knüppeln gegenüber, die Mitführung von Munition war verboten. In den 80er Jahren erfolgte die Fahrt von Frankfurt/Oder bis Brest nach Möglichkeit ohne Halt.

Die Unterbringung auf dem TÜP erfolgte in einer Kaserne unter äußerst mangelhaften hygienischen Bedingungen, das stark verunreinigte Wasser (Trinken absolut verboten) führte zu häufigen Magen-Darm-Erkrankungen. Die sanitäre Sicherstellung erfolgte mit eigenen Kräften und Mitteln. Hohe Temperaturen (30-35° C, in der Technik bis zu 60° C), Trockenheit und enorme Staubentwicklung erschwerten alle Handlungen. Spezieller Schutz war gegenüber den häufigen Giftschlangen, Skorpionen und den gefürchteten Großspinnen, den Taranteln, geboten. In der gesamten Übungszeit, mit Transport etwa vier bis fünf Wochen, gab es keine Möglichkeit für persönlichen Kontakt zu den Familien in der DDR.

Auch bei dieser Ausbildung übernahm die NVA nicht selten eine Vorbildrolle. So wurden die TÜ der RBr unter Anwendung höchster Schwierigkeitsgrade durchgeführt. Aufgabenerfüllung bei Nacht, unter persönlicher Schutzausrüstung, in verringertem Bestand, aus unvorbereiteten Stellungen, aus dem Marsch oder in Kombination mehrerer solcher Bedingungen gehörten zum Alltag. Betankung und Gefechtskopfmontage auf den Startrampen statt in den technischen Einheiten waren ebenfalls Tätigkeiten, denen selbst die sowjetischen Einheiten gern aus dem Wege gingen. Die in der Steppe zusätzlich von sowjetischen Kontrollgruppen vorgenommenen Zulassungen bestanden beide RBr der NVA stets ohne Wiederholung. Hervorzuheben ist, daß es in 26 Jahren Nutzung von Raketen zu keinerlei Unfällen kam. Lediglich eine Rakete vom Typ LUNA (FROG-4) wurde durch eine falsch gewählte Koordinate auf einen Acker gelenkt.

Erhebliche Änderungen brachte die Umsetzung der neuen Militärdoktrin. Stärker als bisher wurden Verteidigungshandlungen geübt und der bisher in großer Stückzahl und mit überzogenen KT-Werten angenommene Kernwaffeneinsatz wurde jetzt weitgehend vermieden. Die TÜ erfolgten bereits ab 1986 nach der neuen DV 310/0/001 (TÜ der TT/E der LaSK). Im Juni 1986 übte die 1. MSD im Zusammenwirken mit anderen TT/E die Einnahme einer Stadt ohne Einsatz von Kernwaffen, ebenso das Manöver »Drushba – 86« (NVA, Polnische Armee, GSSD). »Sewer – 88«, die erste, nach den Prinzipien der neuen Doktrin angelegte Armee-Kommandostabsübung (MB V mit einer Div. der GSSD, mit LSK/LV und VM) erfolgte ohne Kernwaffeneinsatz.

Auch im letzten Jahr der »normalen« Existenz der NVA 1989, wurde die Ausbildungsproblematik eher größer als geringer. Die Thesen der »hinlänglichen Verteidigung« stimmten zwar mit der Reduzierung der NVA (6 PR, 1 JFG) überein, gleichzeitig aber wurden zahlreiche Einheiten neu aufgestellt, erfolgte die Umbewaffnung vieler TT/E, und noch im Juli 1989 führte der Oberkommandierende der Streitkräfte des Warschauer Vertrages eine Front-Kommandostabsübung unter Beteiligung aller in Frage kommenden Stäbe durch – eine nahezu letzte, extreme Belastung der Ausbildung, jedoch unter annähernd realen Bedingungen.[13]

Die Lebensbedingungen bei TÜ waren »kriegsnah«. Alle Teilnehmer hatten die volle Ausrüstung am Mann. Verpflegt wurde aus der Feldküche, »geruht« wurde neben/in der Technik, unter Zeltbahnzelten, in den Führungspunkten. Auch die übungsbegleitenden Offiziere teilten diese Bedingungen.

12. Wachdienst

Wachdienste sind, solange es bewaffnete Organisationen gibt, eine notwendige militärische Tätigkeit. Für moderne Armeen ist die Organisation zuverlässiger Wach- und Sicherungssysteme schon deshalb unverzichtbar, weil mit hoher Konzentration von Truppen, Flieger- oder Flottenkräften, zunehmenden Technisierungs- und Automatisierungsprozessen und insgesamt enorm gestiegenen Anforderungen hinsichtlich der Verhinderung bzw. Minimierung des Faktors Überraschung jeder Eingriff in den militärischen Mechanismus mit der Frage Leben oder Tod ganzer Truppenkörper, ganzer Regionen, ja ganzer Völker verbunden sein kann. Mit der Einführung der Raketenkernwaffen und anderer Massenvernichtungswaffen hat diese Problematik eine neue Dimension erhalten.

Das Strukturelement des Wachdienstes wird als »Die Wache« bezeichnet. Sie kann ein zeitweiliges oder ein ständiges Strukturelement sein. In der NVA wurde der Wachdienst für den Objektschutz vorwiegend von Einheiten durchgeführt, die für 24 Stunden aus dem Ausbildungsprozeß planmäßig herausgelöst wurden. Es gab aber auch ständige Wachtruppen. Das waren zwei zentrale Wachregimenter, die Wachbataillone der Kommandos der Teilstreitkräfte und Militärbezirke sowie andere Wacheinheiten. So hatte z.B. das Küstenraketenregiment-18 einen Wachzug. Der Dienst in diesen Einheiten war an Eintönigkeit nicht zu übertreffen.

In der NVA, generell aber in den verbündeten Armeen des Warschauer Vertrages, wirkten spezifische Umstände und Faktoren darauf ein, daß sich ein besonders allergisches Sicherheits- und Bedrohungsverständnis herausbildete. Namentlich seit der Zäsur der Jahre 1989/1990 ist in militärgeschichtlichen und militärwissenschaftlichen Untersuchungen auf Ursachen und Motive dafür eingegangen wurden, so daß sich gesonderte Ausführungen erübrigen.

Der Wachdienst in der NVA wurde durch die Bestimmungen der DV 010/0/003 (Innerer Dienst) und DV 010/0/004 (Wachdienst) geregelt. Diese Dienstvorschriften definierten den Wachdienst als Gefechtsaufgabe bewaffneter Einheiten, darauf gerichtet, Kasernen, Führungsstellen, Einrichtungen, Lager, Parks, Hangars u.ä. zu sichern und zu verteidigen. Geht man von den Vorschriften aus, so stand in der Reihe der Schwerpunkte der Schutz des Lebens der Armeeangehörigen und Zivilbeschäftigten an erster Stelle. Befragungen und Erfahrungen von Soldaten, Unteroffizieren und Offizieren weisen allerdings darauf hin, daß in der Alltagspraxis der Schutz der Kampf- und Sicherstellungstechnik höheren Stellenwert besaß.

Die Wachen wurden durch die Vergatterung aus dem allgemeinen Dienst- und Unterstellungsverhältnis herausgelöst und damit dem Wachhabenden, seinem Gehilfen und dem Aufführenden unterstellt. Unterschieden wurde zwischen Objektwachen (als ständig zu gewährleistende Wachen), Sonderwachen (in der Regel zeitweilige Wachen zur Sicherung bestimmter Schwerpunkte), Ehrenwachen (primär von Kräften der Wachregimenter der NVA gestellt) sowie Feldwachen (Sicherung von TÜP, Feldlagern, Führungsstellen usw. außerhalb der Objekte). Zumindest aus drei der genannten vier Bereiche ergaben sich permanent Anforderungen an Truppenteile und Einheiten. Dabei handelte es sich keineswegs nur um »Eigenbedarf«, sondern zugleich um die Sicherstellung der Bewachung der Stäbe der Verbände u.v.a.m. So wurden die Raketenabteilungen der Verbände in der Regel von der Wache des Truppenteils gesichert, in dessen Objekt die Abteilung untergebracht war. Besonders zugespitzt wurde die Situation, wenn mehrere Einheiten zu Truppenübungen herangezogen, zum Übungsschießen verlegt oder zum Einsatz in der Volkswirtschaft kommandiert wurden. Es ergaben sich daraus nicht nur zusätzliche Belastungen für die in den Objekten verbleibenden Einheiten, sondern gravierende Auswirkungen auf die Organisation des Dienstes und der Ausbildung überhaupt.[14]

Die Dienstvorschriften forderten eine dreistündige Wachvorbereitung, vorgesehen für Wachbelehrung, Wachexerzieren und persönliche Vorbereitung. Bei Zugrundelegung einer siebenstündigen Dienst- bzw. Ausbildungszeit pro Tag (5 am Vormittag, 2 am Nachmittag als unmittelbare Ausbildungszeit), ergab sich für die jeweilige Wache, ergo vom Wachhabenden bis zum letzten Posten ein erheblicher Ausbildungsausfall. Geht man von den verfügbaren Quellen aus, so hatten Soldaten im Monat durchschnittlich sechs- bis siebenmal Wachdienst, in manchen Fällen – darauf verweisen Angaben aus dem Bereich der 1. MSD, der 11. MSD und der 9. PD – bis zu 17mal. Eine so hohe Frequenz konnte z.B. eintreten, wenn die Mehrzahl der Einheiten eines MSR im Einsatz war. Die daraus erwachsenden Fehlstunden waren in den Ausbildungsprogrammen nicht berücksichtigt; sie konnten nur durch eine erhöhte Intensität der Ausbildung kompensiert werden – auch dies nur mit Abstrichen. Da für bestimmte Ausbildungskomplexe im Bestand des Bataillons bzw. der Abteilung zu handeln war, erwuchsen für die entsprechenden Stäbe spezifische Anforderungen an die Planung.[15]

Es betraf dies nicht nur die Sicherstellung des Wachdienstes, sondern darüber hinaus den Bereich der Chef-, Tages- und Anwesenheitsdienste, ein Bereich, der sich mit zunehmenden Forderungen an die Gefechtsbereitschaft in der NVA vor allem in den 80er Jahren immer breiter entfaltete. Chefdienste gab es von der Ebene Bataillon/Abteilung an aufwärts. Sie rekrutierten sich in der Regel aus den Stellvertretern des jeweiligen Kommandeurs und mußten an den festgelegten Tagen/Nächten jederzeit erreichbar sein. In bestimmten Situationen bedeutete dies von vornherein das Verbleiben im Objekt. Jeden dieser Offiziere erfaßte dieses System sechsmal im Monat. Was speziell die Ebene Bataillon/Abteilung betrifft: Die Stellvertreter des Kommandeurs wurden auch als Operative Diensthabende (OPD) im Truppenteil eingesetzt, so daß monatlich weitere sechs bis sieben Dienste hinzukamen. Tagesdienste umfaßten den OPD vom Truppenteil an aufwärts (mit Gehilfen), den Offizier vom Dienst (OvD) ab selbständigem Bataillon/Abteilung aufwärts, dieser mit Gehilfen und Läufern/Soldaten und schließlich auf der Ebene Kompanie/Batterie den Unteroffizier vom Dienst (OvD), ebenfalls mit Gehilfen. Da im Unterschied zur Bundeswehr in der NVA jede Kompanie/Batterie ihre eigene Waffenkammer besaß, oblag diesem Diensthabenden neben seinen sonstigen funktionellen Pflichten hier eine besondere Kontrollaufgabe insbesondere nachts, wenn der Waffenkammer-Unteroffizier nicht anwesend war.

Eine spezifische Rolle spielten schließlich die sogenannten Anwesenheitsdienste, die nicht in den Vorschriften und militärischen Bestimmungen festgelegt waren. Sie wurden durch gesonderte Befehle im Interesse einer schnellen Alarmierung des Personalbestandes angeordnet. Dies stand im unmittelbaren Kontext mit der Forderung nach ständiger Sicherung einer 85%igen Stärke des Personalbestandes in den Objekten, berücksichtigte aber die Tatsache, daß insbesondere in Einrichtungen, wie der Militärakademie, der Militärpolitischen Hochschule, den Offiziershochschulen, den Unteroffizierslehreinrichtungen u.a., große Teile des Offiziersbestandes nicht in den Objekten untergebracht waren. In jedem Strukturelement, z.B. dem Lehrstuhl, hatte ein Offizier

in einem bestimmten Zeitraum – in der Regel eine Woche, einschließlich eines Wochenendes – ständig zu Hause erreichbar zu sein. Die übrigen Angehörigen des betreffenden Bereiches hatten diesen Anwesenheitsdienst zu informieren, wenn sie aus bestimmten Gründen nicht oder nur an anderer Stelle zu erreichen waren und sich anschließend zurückzumelden. Es war dies ein aufwendiges, die Freizeit- und Interessensphäre stark belastendes Benachrichtigungssystem, das durch die einseitige Orientierung auf telefonische Nachrichtenverbindung ohnehin nur in Friedenszeiten funktionieren konnte.[16] Bereits daraus geht hervor, daß sich die Belastungsproblematik bei Wach- und Tagesdiensten differenziert gestaltete, prinzipiell aber nahezu alle Offiziere, Unteroffiziere und Soldaten, sieht man von Spezialverwendungen ab, erfaßte. Ein nur aus den inneren und äußeren Existenzbedingungen und dem eingangs erwähnten Sicherheits- und Bedrohungstrauma abzuleitendes Phänomen bestand darin, daß in Vorbereitung und Durchführung politischer Höhepunkte, namentlich solcher mit gewollter oder befürchteter internationaler Ausstrahlung und Medienteilnahme besonders strenge Sicherheitsregularien galten. Das galt z.B. für die Bewachung der Feldlager, die für die Teilnehmer an den Ehrenparaden anläßlich des 7. Oktober (Nationalfeiertag der DDR) errichtet wurden, für die Gewährleistung der Sicherheit der Teilnehmer am Jugendfestival Pfingsten 1974 (hier war ein Feldlager für 3 000 FDJler in der Wuhlheide, übrigens auch von Kräften der NVA, errichtet worden), für die Bewachung teilnehmender Armeeangehöriger an der 750-Jahrfeier Berlins im Jahre 1987 und nicht wenige andere Großveranstaltungen. Bekanntlich wurde zu diesen Maßnahmen die 1. MSD in besonderem Maße herangezogen.
Die Befehle zur Vorbereitung und Durchführung der Ehrenparaden enthielten prinzipiell spezielle Abschnitte für die Organisation der Feldlager, in denen die Teilnehmer untergebracht wurden. Das verständliche Grundinteresse bestand darin, einen reibungslosen Verlauf zu sichern und keinerlei besondere Vorkommnisse zuzulassen. Dazu hatten insbesondere die Wach- und Tagesdienste u.a. die Aufgabe, zweimal täglich die Vollzähligkeit der Armeeangehörigen sowie der Bewaff-

nung und Technik zu kontrollieren, jegliche Entfernung aus dem Feldlager ohne besondere Genehmigung zu unterbinden, den Empfang von Besuchern nicht zuzulassen, Pakete in Anwesenheit des Empfängers sofort zu öffnen, durch fremde Personen überbrachte Pakete durch diese selbst öffnen zu lassen und generell jegliche Annäherung fremder Personen an das Feldlager sofort zu melden und zu unterbinden.[17]

Die vorliegenden Auswertungsunterlagen bestätigen, daß die gestellten Ziele grundsätzlich erreicht worden sind. Was die Wach- und Tagesdienste anlangt, so erschöpfen sich immer wiederkehrende kritische Einschätzungen in drei Punkten: in ungenügender Sorgfalt beim Be- und Entladen der Waffe, in der Nichteinhaltung des Rauchverbots auf Streifengängen oder auf Standposten sowie die Tatsache, daß es Soldaten immer wieder verstanden, private (kleine) Taschenempfänger einzuschleusen und zu nutzen.

Abschließend sei angemerkt: Man kann die in der DDR durchgeführten Großveranstaltungen, die vorwiegend der politischen Demonstration dienen sollten, durchaus berechtigt in Zweifel ziehen, nicht zuletzt wegen eines immensen Aufwandes an Kräften und Mitteln.[18] Alles dies kann man nicht den eingesetzten Verbänden, Truppenteilen und Einheiten anlasten, denn auch hier galt das Primat der Politik. Und was die Sicherheitsvorkehrungen betrifft: Ungenügendes Vertrauen in Unterstellte, Angst vor »Feindeinfluß« und häufig auch vorauseilender Gehorsam vieler Vorgesetzter bewirkten sowohl übersteigerte Vorkehrungen als auch häufig unangemessene oder ungerechte Reaktionen.

Wohlgemerkt: Es geht hierbei um den Wachdienst in der NVA und nicht um die Problematik von Sicherheit und Sicherheitsdiensten überhaupt. Gerade aus heutiger Sicht wird angesichts einer neuen Dimension potentieller terroristischer Aktionen klar: Auch in Armeen westlicher Demokratien wurden Kriterien, Normen und Mechanismen, die der Sicherheit der Truppen und Flottenkräfte dienen, in den letzten Jahren in keinem Fall abgeschwächt, sondern eher verschärft, und dies nach dem Ende der Blockkonfrontation. Das mag diskutabel sein, hat aber seine Gründe. Solange es militärische Organisationen gibt, haben jene, die Verantwortung tragen, dafür zu sorgen, daß sie funktionieren. Hinsichtlich der NVA die Umkehrung der Formel zu fordern, ist freilich leicht, da sie ohnehin nicht mehr existiert. Merkwürdig ist, daß jene, die sich am lautesten in solcher Richtung artikulieren, auffällige Zurückhaltung zeigen, wenn es um bestehende Streitkräfte geht, und seien sie in der Türkei, in China, in Indonesien oder anderswo.

13. Wirtschaftsdienst
Wirtschaftsdienst war in der NVA kein struktureller Bereich, sondern eine Art umgangssprachlicher Sammelbezeichnung für notwendige, immer wiederkehrende Tätigkeiten, die ohne Einsatz von Soldaten nicht realisierbar waren. Bis in die 60er Jahre hinein nahm die Abkommandierung von Soldaten zur Sicherstellung der Verpflegungsversorgung breiten Raum ein; Tätigkeiten, wie das Kartoffelschälen und die Säuberung der Speisesäle, waren ein Typikum des Soldatenalltags, zumindest für jene, die Grundwehrdienst leisteten.
Wenn derartige Tätigkeiten auch später, z.B. in Feldlagern, noch eine bestimmte Rolle spielten, so traten sie doch im Zusammenhang mit zunehmendem Einsatz maschineller Systeme, Anlieferung geschälter Kartoffeln und teilweise auch den Einsatz von Bausoldaten zurück. Wesentlich höheres Gewicht erhielten Arbeiten zum Bau und zur Instandhaltung der Ausbildungsbasen, zur Unterstützung des Bereiches Militärisches Bauwesen/Unterbringung (hier vor allem hinsichtlich Bau, Instandhaltung sowie Modernisierung von Objekten) und nicht zuletzt zur Aufrechterhaltung der Heizung und Wärmeversorgung. Immer wirkte hierbei ein in der NVA gültiges, nicht so sehr militärischen, sondern primär politischen und wirtschaftlichen Gründen geschuldetes Grundprinzip: Soviel wie möglich Aufgaben mit eigenen Kräften und wenn möglich auch Mitteln, als sogenannte »Truppeneigenleistungen« zu lösen. Planungsmäßig war durchaus vorgesehen, die Bewältigung derartiger im Grunde zusätzlicher Leistungen vor allem in die Phase zwischen zwei Ausbildungshalbjahren zu legen. Bei größeren Veränderungen in Ausbildungsinhalten und -methoden, besonders aber bei Verlegung ganzer Truppenteile in andere Standorte und Objekte (beispielsweise

PR-1 von Burg nach Beelitz, PR-11 von Zeithain nach Sondershausen, MSR-16 von Leipzig nach Bad Frankenhausen) reichte dieser Zeitraum nicht aus. Der Bau und die Einrichtung der Standortübungsplätze (StÜP), die ständige Präzisierung der Truppenübungsplätze (TÜP), für die zwar Kommandanturen verantwortlich waren, waren ohne Abkommandierung von Soldaten vor allem aus Mot. Schützeneinheiten nicht möglich.[19] In den Kasernen selbst mußten, weil etatmäßige Kräfte (Handwerker usw.) nicht ausreichten, Malerarbeiten, Einrichtung der Kinosäle, Gestaltung der Klubräume u.v.a.m. mit eigenen Kräften bewältigt werden.
All dies griff generell in das Freizeitvolumen der Soldaten, Unteroffiziere und Offiziere ein, bewirkte aber auch, daß zunehmend Disziplinarstrafen, hier vor allem die »Dienstverrichtung außer der Reihe« (in der Regel fünf Stunden Freizeit) genutzt wurden, um Sachzwängen und Terminen gerecht zu werden. Unterlagen der 1. MSD verdeutlichen, daß bei Bestrafungen nach der Urlaubs- und Ausgangssperre diese Dienstverrichtung zur zweithäufigsten Art der disziplinarischen Ahndung wurde, übrigens auch deshalb, weil sie die Armeeangehörigen empfindlicher traf als beispielsweise ein mündlicher Verweis. Daß Arrestanten zu Arbeitsdiensten herangezogen wurden (noch vorliegende Anordnungen und Befehle forderten, dabei eine »hohe physische Belastung zu gewährleisten«), sei am Rande bemerkt.[20]
Eine spezifische Problematik, die sich ab Anfang der 80er Jahre verschärfte, lag im Bereich der Heizung und Wärmeversorgung. Viele Objekte hatten keine Fernheizung. Ein oder zwei strukturmäßige Heizer (Zivilbeschäftigte) reichten, namentlich bei Krankheit oder Urlaub, nicht aus, um den Arbeitsumfang zu bewältigen. Unter Bedingungen der Feuerung auf Ölbasis blieben auftretende Probleme im verkraftbaren Rahmen. Als sich die Reproduktionsbedingungen in der DDR Ende der 70er/Anfang der 80er Jahre immer mehr komplizierten, im erwähnten Fall besonders durch Verringerung und Verteuerung sowjetischer Erdöllieferungen, für die DDR durch Bindung an langfristige Verträge in diesem Fall ungünstige Schwankungen auf dem internationalen Ölmarkt u.a. Faktoren (Valutamangel usw.), hatte dies für alle gesell-

schaftlichen Bereiche und damit auch die NVA beträchtliche Auswirkungen. In relativ kurzen Fristen mußten die Heizsysteme auf Braunkohle umgestellt und zurückgefahren werden, in nicht wenigen Fällen, z.B. im MSR-16, bereits beseitigte Gleisverbindungen zum nächsten Bahnhof wieder hergestellt oder rekonstruiert und die von nun an permanente Kohlebewegung mit eigenen Kräften gesichert werden.
Überblickt man archivierte Chroniken von Verbänden der NVA so wird eine immense Dimension von Wirtschafts- und Arbeitsleistung erkennbar, die weit über die unmittelbaren Erfordernisse zur Sicherung von Kampfkraft und Gefechtsbereitschaft hinausreichte. Es ging ja nicht nur um Be- und Entladung von Kohle. So setzte allein im Ausbildungsjahr 1985/1986 beispielsweise die 1. MSD Armeeangehörige und Technik dreimal zur Unterstützung bei Zugentgleisungen, einmal bei Räumungsarbeiten im Bereich der Reichsbahn Genthin und einmal zur Beseitigung von Sturmschäden ein. Auch das zeigt: Armeeangehörige, aber auch Zivilbeschäftigte, waren ständig mit neuen Herausforderungen konfrontiert, mußten lernen und gewöhnten sich daran, Schwierigkeiten zu überwinden. Darin liegt eine Antwort auf die Frage, warum es sich bis zuletzt um eine gut ausgebildete Armee handelte.

14. *Einsatz in der Volkswirtschaft*

Die NVA war im Verlaufe ihrer gesamten Geschichte, wenn auch in unterschiedlicher Intensität, Nothelfer für die Volkswirtschaft der DDR. Bis hinein in die 70er Jahre erfolgten Einsätze von Truppenteilen und Einheiten, häufig von herausgelösten Teilen dieser Einheiten, vorwiegend episodisch. Hilfeleistung für die Landwirtschaft, konzentriert auf die Erntesaison, für Kraftwerke und Braunkohletagebaue, hier wiederum besonders bei Kälteeinbrüchen und Havarien, im weiteren aber auch für Betriebe, deren Planerfüllung gefährdet war, standen im Vordergrund. Viele dieser Einsätze geschahen auf der Grundlage von Vereinbarungen zwischen den Ministerien und waren befehlsmäßig geregelt. Charakteristisch war hierbei, daß – von Havariefällen abgesehen – vor allem auf Zeiträume von Freitagmittag bis Sonntagabend orientiert wurde. Appelle an Freiwilligkeit und Verantwortungsbewußtsein »für das Ganze« spielten eine große Rolle und zeitigten durchaus Wirkungen. Vieles wurde nicht zentral erfaßt, aber aus vorliegenden, bei weitem nicht vollständigen Berichten und Chroniken läßt sich ableiten, daß an vielen Wochenenden bis zu 30 000 Armeeangehörige an derartigen Einsätzen teilnahmen.[21]

Diese Quellen, die durch viele Erinnerungsberichte ergänzt werden, bestätigen übrigens auch, daß die Leistungen von Soldaten, Unteroffizieren und Offizieren bei großen Teilen der Bevölkerung Akzeptanz und Resonanz fanden. Daß dabei für die Armeeangehörigen Belastungen, Einschränkungen und Problembereiche bis in die Familiensphäre hinein wirkten (als Beispiel sei auf die im Zusammenhang mit dem extremen Winter- und Kälteeinbruch an der Jahreswende 1978/1979 noch in der Silvesternacht erfolgte Alarmierung und begonnene Verlegung von Einheiten aus dem Bereich der 11. MSD in die Braunkohle sowie den Einsatz von Kräften aus nahezu allen Verbänden, einschließlich der LSK/LV, zur Aufrechterhaltung von Versorgung und Infrastruktur verwiesen), wurde in der Vergangenheit auch in der DDR weitgehend als Selbstverständlichkeit abgetan. Glaubt man freilich heutigen Darstellungen in der Bundesrepublik, zumindest jenen mit unverkennbarem Versuch zur Delegitimierung der NVA, so war alles dies nur verordneter Aktionismus und obendrein Privileg.[22]

Eine neue Lage für den Einsatz der NVA in der Volkswirtschaft entstand in den 80er Jahren, besonders zugespitzt ab Mitte dieses Jahrzehnts. Die Reproduktionsbedingungen in der DDR verschlechterten sich zunehmend. Die Rate der produktiven Akkumulation mußte von Jahr zu Jahr verringert werden und betrug 1988 nur noch zwei Prozent. Der Notwendigkeit steigender Importe stand ein nachlassendes Exportvolumen gegenüber; das Verhältnis von Aufwand und Ergebnis hielt bereits ab Ende der 70er/Anfang der 80er Jahre volkswirtschaftlichen Kriterien nicht mehr stand, zumal die proklamierte Wende zur Intensivierung nicht durchgesetzt werden konnte.

Durch die von der SED zur offiziellen Staatsdoktrin erho-

bene Politik der Einheit von Wirtschafts- und Sozialpolitik, die dem Wesen nach vor allem Subventionspolitik war, und durch das Wohnungsbauprogramm mit der ehrgeizigen Zielsetzung von jährlich drei Millionen Wohnungen sowie einer wachsenden Schere zwischen Kaufkraft und Warenfonds stieg die innere Verschuldung der DDR bis 1989/1990 auf 140 Mrd. Mark der DDR an. Sie machte damit 15 Prozent des Bruttosozialproduktes aus. Hinzu kam, was noch schwerer wog, ein Anwachsen der Auslandsverschuldung auf 55 Mrd. Valutamark, davon 49 Mrd. gegenüber westlichen kapitalistischen Staaten. Die Zinsabdeckung verschlang große Teile erwirtschafteter Gewinne. Eine im Oktober 1989 unter Leitung Gerhard Schürers erarbeitete Studie »Analyse der ökonomischen Lage der DDR mit Schlußfolgerungen« wies darauf hin, daß allein, um die Verschuldung zu stoppen, ab 1990 eine Senkung des Lebensstandards der Bevölkerung um 25 bis 30 Prozent unausweichlich sei. Auch mit Blick auf die zunehmende Ausreisewelle (mit Stand vom 30.06.1989 waren beim MdI 125 400 offizielle Anträge registriert[23] wurde formuliert: Damit wird die DDR unregierbar.[24]
Versuche der DDR-Führung, einer solchen Entwicklung gegenzusteuern, verliefen an mehreren Fronten, u.a. durch verstärkte Kooperation mit der VR China. Sie blieben im Ansatz stecken. Was die NVA betrifft, so wurde ihr Einsatz in der Volkswirtschaft unter den gekennzeichneten Bedingungen zu einer zweiten Daueraufgabe. Bereits in den 70er Jahren waren Sonderbauvorhaben ohne Heranziehung namentlich von Baupioniertruppen nicht mehr realisierbar. In den 80er Jahren wurden solche Bereiche wie Kohle und Energie, die chemische Industrie, das Bau- und das Verkehrswesen zu Schwerpunkten und dies nunmehr zum Teil bereits aus Erfordernissen der einfachen Reproduktion. Ausgehend vom Befehl Nr. 104/88 des Ministers für Nationale Verteidigung erfolgten Regelungen, die mit Wirkung vom 01.01.1989 den ständigen Einsatz von 10 000 Armeeangehörigen in 64 Kombinaten und Betrieben, primär in solchen mit Mehrschichtsystem, sicherten. Zusätzlich lief etwa zum gleichen Zeitpunkt der Einsatz von 960 Armeeangehörigen in 25 Forstwirtschaftsbetrieben an, um durch erhöhten Holzeinschlag ausgefallene

sowjetische Lieferungen für die Möbel- und Zellstoffindustrie zu kompensieren. Alles dies betraf nicht nur Soldaten, hier besonders Soldaten auf Zeit, sondern auch Unteroffiziere und Offiziere, da das militärische Dienst- und Vorgesetztenverhältnis während solcher Einsätze bestehen blieb.
Schließt man die bereits vor 1989 durchgeführten Einsätze ein, so zeigen Befragungen, daß Berufssoldaten bis zu 115 Wochen, Unteroffiziere auf Zeit bis zu 75 Wochen und Soldaten im GWD bis zu 18 Wochen ihrer Gesamtdienstzeit in der Volkswirtschaft eingesetzt waren. Verschiedene Informationen weisen darauf hin, daß zumindest bei Soldaten die tatsächlichen Werte höher lagen. Im Kontext mit diesen Schritten wurden die Bestimmungen über den Wehrdienst für Studenten und Fachkader, die für den Bereich der Mikroelektronik vorgesehen oder bereits in diesem tätig waren, modifiziert, d.h., der Dienst wurde verkürzt oder ganz ausgesetzt. Die Bautruppenteile und -einheiten im Bereich des Ministeriums für Bauwesen wurden verstärkt und nunmehr auch im Wohnungsbau eingesetzt, wenn auch Verkehrswesen, Straßen- und Brückenbau weiterhin Schwerpunkt blieben.
Eine Eigenart dieser Phase der DDR-Geschichte bestand darin, daß sich Initiativen zur Weiterführung der Dialogpolitik und des internationalen Entspannungsprozesses eng mit Umstellungsprozessen im Interesse der Aufrechterhaltung des Wirtschafts- und Versorgungsregimes und hinlänglicher Verteidigungsfähigkeit verbanden, ohne immer sichtbarer hervortretende Abwärtstrends aufhalten zu können.
Durch den Beschluß der Regierung der DDR vom 23.01.1989 wurden der Personalbestand der NVA (zu diesem Zeitpunkt 168 000 Mann) um zehn Prozent verringert und die Verteidigungsausgaben ebenfalls um zehn Prozent gesenkt. Im Bereich der LSK/LV wurde das JG-7, im Bereich der Landstreitkräfte die PR-1, 4, 8, 11, 16 und 23 aufgelöst. 600 Panzer und 50 Kampfflugzeuge wurden verschrottet, für zivile Zwecke umgerüstet, in geringem Maße auch an andere Länder verkauft. Die Realisierung erfolgte – nicht zuletzt, weil ungenügend vorbereitet – stufenweise; Endtermin war der 01.11.1989. Damit existierten in den Landstreitkräften nur noch vier Panzerregimenter. In den Objekten der auf-

gelösten Truppenteile wurden Ausbildungsbasen vorbereitet, in denen Soldaten eine dreimonatige militärische Ausbildung durchliefen, um sodann ausschließlich in der Volkswirtschaft einschließlich wichtiger Dienstleistungs- und Versorgungseinrichtungen eingesetzt zu werden. Schwerpunkte bildeten Kombinate der chemischen Industrie (z.B. Premnitz, Leuna, Buna, Schkopau, Schwarzheide), der Kohle und Energie (z.B. Schwarze Pumpe, Lauchhammer, Böhlen und Espenhain), aber auch des Maschinenbaus (Karl-Marx-Stadt, Leipzig, Magdeburg).

Die Auswirkungen waren gravierender Art. Von den 14 aktiven MSR mußten sieben aus dem Regime der ständigen Gefechtsbereitschaft herausgenommen werden. Bei der 11. MSD betraf dies zwei der drei MSR. Zwar sollten die betroffenen Truppenteile und Einheiten bei Auslösung von Gefechtsalarm, spätestens bei der Herstellung voller Gefechtsbereitschaft, in die Objekte zurückgeführt werden, um im Verteidigungsfall als Mot. Schützenregimenter handeln zu können. Allein eine derartige Rückführung hätte bis zu 36 Stunden beansprucht, denn es waren Entfernungen bis zu 230 km zu bewältigen. Darauf gerichtete Trainings waren ohnehin nicht mehr möglich.

Gravierende Auswirkungen ergaben sich aber vor allem für die eingesetzten Soldaten, Unteroffiziere und Offiziere selbst. Die Ergebnisse der erbrachten Leistungen wurden zentral abgerechnet. Immerhin wurde allein im Zeitraum Januar bis April 1989 durch Armeeangehörige ein volkswirtschaftlicher Nutzen von 338,6 Millionen Mark der DDR erzielt. Die Armeeangehörigen selbst erhielten keinen finanziellen Ausgleich, während im Mehrschichtsystem arbeitende Werktätige entsprechende Zuschläge erhielten. Es ist vor allem der Initiative von Kombinats- und Betriebsdirektoren sowie von Partei- und Gewerkschaftsfunktionären zu danken, daß für besonders beispielgebend arbeitende Armeeangehörige eine gewisse Kompensation durch die Auszeichnung als »Jungaktivist« oder »Aktivist« erreicht wurde. Hinzu kam: Für die betroffenen Armeeangehörigen existierten keine gesetzlichen Regelungen für Arbeiten unter gesundheitsschädigenden Bedingungen, wie sie namentlich in der chemischen Industrie vielfach gegeben waren. Es herrschten auf diesem Gebiet Grauzonen, insbesondere dann, wenn keine direkten, sofort nachweisbaren Schädigungen oder Unfälle aktenkundig gemacht werden konnten. Permanente Unzufriedenheit war die Folge.

Spannungen entwickelten sich aber auch bei Teilen der Arbeiter, weil über Jahre hinweg eingebürgerte Praktiken der Normen- und Stundenabrechnung gefährdet wurden. Diese und andere in den 80er Jahren immer schärfer wirkenden Widersprüche entfalteten sich in allen gesellschaftlichen Bereichen und damit auch in jenen, deren Fundamente, Strukturen, Mechanismen und Motivationen für besonders tragfähig und stabil gehalten worden waren. Dies betraf, was die NVA im allgemeinen anbelangt, vor allem die Sphäre der Ideologie und hierbei vor allem das Vertrauen in die politische Führung. Was die in der Volkswirtschaft eingesetzten Armeeangehörigen betrifft, so spielte das unmittelbare Erleben gesellschaftlicher und wirtschaftlicher Krisenprozesse, von der Führung geleugnet oder als normale Wachstumsprobleme gedeutet, eine besondere Rolle. Abgeschottet von anderen gesellschaftlichen Bereichen waren Soldaten, Unteroffiziere und Offiziere der NVA nie, zumal die meisten ja vor dem militärischen Dienst anderen beruflichen Tätigkeiten nachgingen. Allein Familienbande, verwandtschaftliche Beziehungen usw. vermittelten immer einen bestimmten Grad des Einblicks in Probleme, Befindlichkeiten und nicht zuletzt Komplikationen Anderer.

Hier ging es aber um etwas anderes – einen Dienst in einer extremen Situation, dessen Sinn kaum oder nicht mehr zu vermitteln war. In diesem Zusammenhang ist oft auf in jener Zeit verbreitete anzutreffende Stimmungen verwiesen worden, man hätte sich den Unsinn ersparen und die betroffenen Soldaten gleich in ihrer angestammten Tätigkeit belassen sollen. Die Gesamtbedingungen des Einsatzes, schlechte Unterbringung, nicht genügende hygienische Sicherstellung und die erwähnten finanziellen Aspekte haben ein übriges getan, um Zweifel am Sinn und Effekt eines militärischen Dienstverhältnisses im Interesse nichtmilitärischer Aufgaben zu befördern. Entscheidend dürfte jedoch sein: Trotz großer Anstrengungen und hoher Belastungen war ein Aufhalten des Niedergangs nicht mehr möglich, eine Wende zum Besseren nicht mehr realisierbar. Die Erkenntnis von der fehlenden Perspektive – in der DDR und mit der DDR – war mit hoher Sicherheit der übergreifende Auslösepunkt für jene Vorgänge, die sich – und dies erstmals in der Geschichte der NVA – am 31.12.1989 und 01.01.1990 in Beelitz, dem PR-1, abrupt als Dienstverweigerung ganzer Gruppen entfalteten und in den folgenden Wochen in 40 Standorten zu offener Ablehnung bestehender Verhältnisse und Führungspraktiken führten. Durchaus bedeutsame Ansätze und auch schon realisierte Schritte der Militärreform haben nichts daran ändern können, daß ein grundlegender Erneuerungsprozeß ausblieb, sei es, daß Bedingungen in dieser Richtung nicht mehr gegeben oder aber, daß sie nicht mehr gewollt waren.

1. Quellenmäßig beruht diese Studie vor allen auf in der NVA entstandenen Dokumenten, die heute im Bundesarchiv-Militärarchiv (im folgenden BA-MA) lagern, auf einer Meinungsumfrage der Arbeitsgruppe Geschichte der NVA und Integration ehemaliger NVA-Angehöriger in Gesellschaft und Bundeswehr beim Landesvorstand Ost des Deutschen Bundeswehrverbandes und auf Berichten von Zeitzeugen. Die ersten Ergebnisse der Meinungsumfrage veröffentlichte Dr. Klaus-Peter Hartmann in: In: Information der Arbeitsgruppe Geschichte der NVA und Integration ehemaliger NVA-Angehöriger in Gesellschaft und Bundeswehr beim Landesvorstand Ost des Deutschen Bundeswehr-Verbandes, Nr. 4, Berlin 1999. Die Zahlenangaben in dieser Studie, die als »Befragung« angegeben werden, sind Ergebnisse dieser Meinungsumfrage.
2. Siehe z.B. Bericht von Generalmajor Dombrowski an das Sekretariat der PHV vom 16. 04. 1985. In: Bundesarchiv-Militärarchiv (im folgenden BA-MA), AZN-p-2624, Bl. 20; siehe auch Aufgabenstellung des Chefs des MB V zur Auswertung des Ausbildungsjahres 1986/1987. Siehe ebd. VA-10/22684, Bl. 120.
3. Siehe z.B. Rede von Generaloberst Keßler auf der Sekretariatssitzung der PHV vom 16.04.1985. In: Ebd. AZN-p-2624, Bl. 48.
4. Ebd., VA-10/2211m, Bl. 55f.
5. Bericht des Ministeriums für Nationale Verteidigung der DDR an das Oberkommando der Streitkräfte des Warschauer Vertrages über die Ergebnisse des Ausbildungsjahres 1984/1985. In: Ebd., VA-01/40445, Bl. 630.
6. Chronik der 1. MSD für 1986/1987. In: Ebd. VA-10/2644, Bl. 40.

7. Chronik der 5. RBr für 1988/1989. In: Ebd. AZN 31497.
8. Ebd., VA-10/22681, Bl. 5, VA-10/22682, Bl. 23, VA/10-26443, Bl. 7, Va-10/2644, Bl. 12.
9. Ebd., VA-10/15686, Bl. 13f.
10. Ebd., VA-10/21164, Bl. 10.
11. Ebd., VA-10/22719, Bl. 5f.
12. Ebd.
13. Chronik des Ministeriums für Nationale Verteidigung für 1988/1989. Siehe ebd., AZN 31497
14. Siehe dazu unter anderem den Bericht des Kommandeurs der 7. PD an den Chef des MB III vom 17.02. 1987. Detailliert wird auf Konsequenzen für die Ausbildung eingegangen, die sich aus dem ab 01.01. 1987 eingeleiteten Einsatz von Armeeangehörigen aus dem Bereich der Division im BKK Senftenberg (zunächst 998, ab Mitte Januar 1745 Mann) ergaben. Die Maßnahmen wirkten sich mehr oder weniger auf alle Truppenteile (außer RA 7 und FRR-7) aus, wobei zu berücksichtigen ist, daß die spätere Dimension von Einsätzen in der Volkswirtschaft noch nicht erreicht war). Siehe ebd., VA-10/21243, Bl. 63ff.
15. Einführung »Präzisierter Programme«, die u.a. die Streichung von Truppenübungen (der Regimenter) und Kürzungen der Gefechtsausbildung (der Bataillone) vorsahen. In: Ebd..
16. Stäbe der Verbände, Truppenteile und gleichgestellter Bereiche setzten im Interesse einer schnellen Heranholung speziell des Führungsbestandes selbstverständlich Kfz ein. Eine Erfahrung des Truppenlebens besagte: Wurden in den Abendstunden vor den Stabsgebäuden Pkw und Kräder bereitgestellt, war mit Sicherheit eine besondere Maßnahme zu erwarten. Ab Ende der 70er/Anfang der 80er Jahre wurden in Standorten, die Wohngebiete mit hoher Konzentration von Berufssoldaten aufwiesen, zusätzlich akustische Signalanlagen installiert.
17. Anforderungen an die jeweiligen Wacheinheiten galten für militärische Transporte auf Schiene oder Straße, insbesondere unter Bedingungen einer Verlegung mit Kampftechnik und Munition, und dabei wiederum speziell bei Rast oder Halt. Zusätzlich verschärfte Bestimmungen galten dann, wenn Truppenteile und Einheiten z.B. zu Truppenübungen mit Gefechtsschießen in der UdSSR polnisches Territorium durchfahren mußten. Oberster Grundsatz war, jegliche Kontaktaufnahme unterhalb der Ebene der Transportführer zu verhindern. Bei den Wachposten blieben die Handfeuerwaffen bis zur sowjetischen Grenze geladen. Danach nicht mehr. Siehe BA-MA, VA-10/19527, Bl. 12ff.
18. Das wahrscheinlich extremste Beispiel in diesem Kontext war das Pfingsttreffen der FDJ in Berlin in der Zeit vom 12. bis 14.05. 1989 mit 750 000 Teilnehmern. Trotz vorgetragener Einwände und Bedenken, namentlich von 1. Sekretären verschiedener

SED-Bezirksleitungen, von Wirtschaftskadern sowie aus Gewerkschaftskreisen, bestand vor allem E. Honecker auf der Durchführung. Da die Sicherstellung nicht gewährleistet war, mußte der FDGB auf Beschluß des SED-Politbüros 100 Mill. Mark der DDR aus dem Fonds der Solidaritätsgelder »abzweigen«, ein Fakt, der im späteren Prozeß gegen den damaligen FDGB-Vorsitzenden H. Tisch eine besondere Rolle spielte.

19. Berichte und Meldungen von Verbänden verweisen darauf, daß durch eine immens hohe Zahl von Kommandierungen bereits am ersten Tag des neuen Ausbildungsjahres nur eine 72,5%ige Teilnahme an der Ausbildung erreicht wurde, in einigen Bataillonen sogar nur von 48%. Siehe: BA-MA, VA-10/1840, Bl. 1 ff. (Angaben für 1983/1984).
20. Ebd., VA-10/21125, Bl. 87ff.
21. Chroniken der Truppenteile vermitteln zu dieser Problematik, soweit es der Charakter derartiger Dokumente zuläßt, ein annähernd realistisches Bild. So wurden z.B. Offiziere, Unteroffiziere und Soldaten des PR-15 (Spremberg), insgesamt 225 Mann, in der zeit vom 06. bis 11.07. 1985 zur Bekämpfung eines großflächigen Waldbrandes eingesetzt, Anfang August zur Schädlingsbekämpfung wiederum im Bereich der Forstwirtschaft und danach an sechs aufeinanderfolgenden Wochenenden zur Hilfeleistung in der Landwirtschaft, in diesem Fall jeweils um weitere 600 und mehr Mann verstärkt. Siehe ebd., VA-10/19527, Bl. 82ff.
22. Angehörige der NVA erhielten, da in einem Dienstverhältnis stehend, für geleistete Überstunden, Bereitschaftsdienst, Einsätze in der Volkswirtschaft, bei Havarien usw. keinerlei finanzielle Vergütung. Dies betraf freilich auch andere Gruppen, wie Angehörige der staatlichen Verwaltung, Kombinats- und Betriebsdirektoren, Lehrer sowie Funktionäre der Parteien und gesellschaftlichen Organisationen. Die ohnehin im Leistungs- und Entlohnungssystem wirkenden Verzerrungen wurden damit noch verstärkt. Zugleich trugen diese Realitäten dazu bei, daß Tätigkeiten, wie die des Offiziers, spätestens ab Beginn der 80er Jahre als wenig bis gar nicht attraktiv angesehen wurden.
23. Zur Entwicklung der Ausreiseproblematik in der DDR siehe Stefan Wolle: Die heile Welt der Diktatur. Alltag und Herrschaft in der DDR 1971 bis 1989, Berlin1998, S. 281ff.
24. In: Das Parlament, Nr. 38/94, Bonn vom 23.09. 1994.

Oberst a. D. Prof. Dr. sc. Egbert Fischer/
Oberleutnant. a. D. Dr. Werner Knoll

Zu wesentlichen Rahmenbedingungen und Inhalten des Alltagslebens in der Nationalen Volksarmee

(Dezember 2000)

Unterbringung in Kasernen, Gemeinschaftsverpflegung, uniformierte Kleidung, Dienst- Freizeit- und Urlaubsregelung sowie die gesundheitliche Betreuung definieren, neben der militärischen Ausbildungstätigkeit, wesentliche Rahmenbedingungen und Inhalte des Alltagslebens in der NVA. Sie gehören faktisch zu den klassischen Wesensmerkmalen des Soldatenalltags. Mehr noch, Ernährung, Kleidung, Wohnung und Gesundheit zählen überhaupt zu den Grundbedürfnissen eines jeden Volkes und somit auch der Soldaten.[1] Die Qualität ihrer Ausformung beeinflußt entscheidend ihr Lebensgefühl. Ideal und Wirklichkeit in der gesellschaftlichen Entwicklung werden für den Soldaten erlebbar und führen zu individuell geprägten Wertungen. Gut entwickelte allgemeine Dienst- und Lebensbedingungen stimulieren im Soldatenalltag durchaus die Erfüllung von Aufgaben der militärischen Tätigkeit. Sind sie dagegen, gemessen an den Erfahrungen im zivilen Bereich, gering, schmälern sie meist stark das Lebensgefühl der Wehrpflichtigen und die Berufszufriedenheit der Unteroffiziere und Offiziere.

Die bisherige Recherche in den Aktenbeständen der NVA gibt auf diesem Gebiet ein zum Teil widersprüchliches, mit Sicherheit aber ein unvollkommenes Bild. Eine Ursache besteht darin, daß konkrete Details zu den Inhalten und deren subjektive Reflexion, besonders bei Wehrpflichtigen und Berufssoldaten auf der unteren Führungsebene, kaum nachweisbar sind. Die vorhandenen Chroniken der Truppenteile sind auf Ausbildungsergebnisse orientiert und allgemein abgefaßt. In ähnlicher Weise bietet auch die Truppengeschichtsschreibung wenig konkrete Anhaltspunkte für eine von unten zu

schreibende Alltagsgeschichte. Deutlich wird auch, daß das Problem selbst als Ganzes, das heißt in seiner Komplexität und Vielschichtigkeit, erst ab Ende der 70er Jahre in der Führungstätigkeit einen relativ festen Stellenwert erhalten hat.
Für die Aufhellung des Soldatenalltages leistet die von der Arbeitsgruppe durchgeführte Meinungsumfrage auch bei diesem Thema Unterstützung. Obwohl sie kein Allheilmittel darstellt, da die Anzahl der beantworteten Fragebogen aus dem Bereich der Wehrpflichtigen, wie bereits im einleitenden Beitrag vermerkt wurde, Grundwertungen nur tendenziell absichert. Außerdem macht es die Vielschichtigkeit der Einzelfragen und die Notwendigkeit ihrer zeitlichen Einordnung fast unmöglich, eine für alle Zeitabschnitte der Geschichte der NVA und für alle Teilstreitkräfte differenzierende Wertung der Dienst- und Lebensbedingungen der Soldaten vorzunehmen. Möglich ist nur, bestimmte Grundsätze und Entwicklungslinien sichtbar zu machen und ihre subjektive Reflexion im Soldatenalltag der NVA zu verdeutlichen. Aus diesen Gründen stehen im folgenden die Landstreitkräfte der NVA im Zentrum der Darstellungen. Nach Auffassung der Autoren ist dies legitim, weil damit die Mehrheit der Soldaten und Berufssoldaten erfaßt wird und sich daraus Grundtendenzen in der NVA als Ganzes ableiten lassen. Auf Besonderheiten in anderen Teilstreitkräften wird, wenn erforderlich und möglich, hingewiesen.

Die kasernierte Unterbringung der Soldaten und ihre Auswirkung auf den Alltag in der NVA
Bei der Unterbringung der Truppen der NVA mußte zwangsläufig zunächst auf die auf dem Territorium der DDR verfügbaren alten, z.T. noch aus dem Kaiserreich stammenden Kasernen zurückgegriffen werden. Zu beachten ist, daß für die gesamte Zeit der Existenz der NVA ein bedeutender Teil der militärischen Liegenschaften in der DDR von sowjetischen Truppen beansprucht wurde. Immerhin waren das 1026 Liegenschaften mit einer Gesamtfläche von 2430 km². Das entsprach einer Fläche von ca. 3 Prozent des DDR-Territoriums.[2] Die DDR selbst war, ökonomisch bedingt, bis in die 60er Jahre hinein nicht in der Lage, im größeren Umfang neue

Kasernen zu errichten. Erst seit den 70er Jahren entstanden neue, komplexe Kasernen für ganze Truppenteile, aber auch für kleinere Einheiten. Beispielhaft seien genannt: die Kasernen des Artillerie-Regiments 1 in Lehnitz, des Mot-Schützen-Regiments 29 in Hagenow, des Panzer-Regiments 1 in Beelitz und des Panzer-Regiments 8 in Goldberg.
Stets standen beim Auf- und Ausbau der Kasernen sowie bei der Auswahl der Standorte militärische Grundsätze im Mittelpunkt. So zum Beispiel die Dezentralisierung der Truppen und ihre Dislozierung im Interesse der Erfüllung ihnen zugewiesener Gefechtsaufgaben. Nicht selten hatte dies zur Folge, daß sich das Soldatenleben in abgelegeneren Gegenden, fern von größeren Städten, vollzog. Nur zwischen 20 und 25 Prozent der Offiziere, Unteroffiziere und Soldaten gaben in der Befragung an, daß sich ihre Kaserne in bzw. in unmittelbarer Nähe einer Stadt mit über 100 000 Einwohnern befand. Über 50 Prozent der NVA-Angehörigen haben ihren Dienst in Städten, Kleinstädten und Gemeinden mit 10–50 000 Einwohnern und zwischen 5 und 12 Prozent außerhalb von Ortschaften versehen. Davon waren vor allem Soldaten der Raketentruppen und der Grenztruppen betroffen. Gleichzeitig gaben fast 60 Prozent der Berufssoldaten an, daß die Kaserne, in der sie den Hauptteil ihrer Dienstzeit verbracht haben, aus der Zeit vor 1945 bzw. zum Teil sogar vor 1933 stammte. Die gleiche Aussage trafen nahezu 50 Prozent der Unteroffiziere auf Zeit und mehr als zwei Fünftel der Soldaten.[3]
Selbstverständlich wurden im Verlaufe der Entwicklung der NVA, wie schon vermerkt, neue Kasernen gebaut bzw. bestehende rekonstruiert. Aber dies konnte sich nur im Rahmen der in der DDR gegebenen wirtschaftlichen Möglichkeiten vollziehen. Nicht selten befanden sich hier militärische Erfordernisse einerseits und ihre bauwirtschaftlichen Realisierungsmöglichkeiten andererseits in einem unlösbarem Widerspruch. Noch in der zweiten Hälfte der 70er und Anfang der 80er Jahre machen Schreiben des Vorsitzenden der Staatlichen Plankommission an den Vorsitzenden des Staatsrates der DDR deutlich, daß der angemeldete Bedarf der NVA nicht ohne erhebliche Eingriffe in den zivilen Bereich befriedigt werden konnte. So war seitens des Ministeriums für Na-

tionale Verteidigung im Zeitraum von 1975 –1980 vorgesehen, die Bauproduktion auf 233 Prozent in der NVA zu steigern. Real herauskam schließlich nach langwierigen Auseinandersetzungen »weisungsgemäß« eine jährliche Steigerungsrate von 5 – 6 Prozent. Infolge dessen konnte zum damaligen Zeitpunkt die Rekonstruktion der Kaserne des Nachrichtenregiments 14 nicht realisiert werden, ebenfalls wurde die Erweiterung des Zentralen Lazaretts in Bad Saarow vorläufig gestrichen. Gleiches betraf den Neubau einer Kaserne in Bernau für das Bau-Regiment 2 und eine Kasernenrekonstruktion in Zeithain, den Verzicht auf den Bau eines Heizhauses in Kamenz und eines Med-Punktes in Großenhain u.a.[4] Daß dies für die dort in den Standorten diensttuenden Soldaten erhebliche Auswirkungen auf die Lebensbedingungen hatte, ist sicher für jeden einsichtig.
Zahlreiche Berichte und Informationen an vorgesetzte Dienststellen verwiesen als Konsequenz auf die permanente Überbelegung in den Unterkünften sowie auf Schwierigkeiten bei der Unterbringung der Technik und Mängel im sanitären Bereich. So enthält beispielsweise der Jahresbericht von 1983 an den Minister für Nationale Verteidigung über Eingaben und Beschwerden in den Landstreitkräften die Feststellung, daß sich 271 Beschwerden auf die schlechte kasernierte Unterbringung von Soldaten und Berufssoldaten bezogen. Wenn es noch 1983 diese hohe Anzahl bei insgesamt damals 5685 Eingaben und Beschwerden gab[5], stellt sich die Frage, wie problematisch dann erst die Lage in den 50er und 60er Jahren war. Darauf wird verwiesen, weil die damals dienenden Soldaten manche persönliche Wertung in Bezug auf die allgemeinen Lebensbedingungen in der NVA zum Teil kritischer sehen werden.
Mitte der 80er Jahre wurde durch das Ministerium für Nationale Verteidigung eine Analyse des erreichten Qualitätsstandards der Kasernen in der NVA vorgenommen. Sie kam zu dem Schluß, daß die Bebauungslösung bis zu diesem Zeitpunkt die funktionellen Bedingungen und Beziehungen für die Realisierung der militärischen Prozesse prinzipiell sichergestellt hat.
Der Ergebnisbericht schätzte ein, daß sich die Kaserne eines Truppenteiles gliederte in:

- die Unterkunftszone mit Stabsgebäude, Medizinische Einrichtung, Unterkunfts-gebäuden, Lehrklassengebäude, Wirtschaftsgebäude, kulturelle Einrichtung, Sporthalle, Schwimmhalle, Sportplatz, Kreistrainingsanlagen, B/A-Lager und Dienstleistungsgebäude;
- die Parkzone mit Lehrgefechts- und Gefechtspark, Technischem Ausbildungs-zentrum, Tankstelle, Waschanlage, Werkstatt/Wartungspunkt, Garagen und Abstellflächen;
- den Bereich Sicherheit und Bewachung mit Objekteinfriedung einschließlich technischer Sicherungsanlagen, Wachgebäude, Parkkontrollpunkt und Feuerwache;
- den Bereich der versorgungs- und verkehrstechnischen Erschließung mit Wärme-, Energie- und Wasserversorgungsanlagen sowie Entwässerung, Nachrichten-zentrale, Straßenverkehrsflächen, Parkplätzen und Abstellplätzen.[6]

Die Unterkünfte der Soldaten selbst waren in der Mehrzahl als Gruppenunterkünfte ausgelegt und mit Doppelstockbetten ausgestattet. Drei Fünftel der Soldaten lebten so in »Stuben«, die mit mehr als 6 Mann belegt waren (ein Fünftel davon mehr als 10 Mann), je ein weiteres Fünftel in Stuben mit 5-6 Mann bzw. bis 8 Mann. Nur drei gaben an, daß ihre Stuben mit Einzelbetten ausgestattet waren. Unteroffiziere auf Zeit waren in der Regel im Kompaniebereich untergebracht. Auch hier standen in den Stuben von mehr als der Hälfte der Befragten Doppelstockbetten. Die Belegung war allerdings geringer: in Stuben mit bis zu 2 Mann lebten 24 Prozent, bis 4 Mann 46 Prozent, bis 6 Mann 13 Prozent. Bei den übrigen war die Stube mit bis zu 12 Mann belegt. Die Enge war im übrigen nicht allein auf alte Kasernen oder auf Belegungsnormen zurückzuführen. Viele Kasernen waren überbelegt. Selbst gerade fertiggestellte, für einen Truppenteil ausgelegte Objekte mußten nicht selten auf Dauer zusätzliche Einheiten aufnehmen. In jedem Kompaniebereich gab es meist nur einen Waschraum und einen Toilettenkomplex. Duschen war vielfach nur in zentralen Duschanlagen des Objektes möglich und erfolgte wöchentlich »nach Plan«. Trotzdem empfanden über 90 Prozent der Unteroffiziere und mehr als vier Fünftel der Soldaten die hygienischen und sanitären Bedingungen einschließlich der allgemeinen Sauberkeit in ihrer Einheit

zumindest als befriedigend. Das reflektiert – DDR-typisch – eher bescheidene Ansprüche als hohes Niveau.[7]
Sicher wirkten die militärischen Einrichtungen schon durch ihre bauliche Beschaffenheit auf die Soldaten und ihre Befindlichkeiten ein. Aber das allein machte den Alltag im Kasernenleben noch nicht aus.
Im Heft 5 der Schriftenreihe des Museums der Stadt Hagenow schreibt Ralf Gehler als ehemaliger Soldat im Grundwehrdienst zum Problem Kasernenleben folgendes: »Die Trennung von der alten Lebenswelt war nach der Einberufung abrupt und konsequent. Verlief das Leben bisher vielleicht in relativ geordneten Bahnen, so stellte die Armeezeit einen Bruch dar. Diese Zeit ist eine ›Ausnahmezeit‹, ein aus dem gewohnten Lebensverlauf herausrückender Abschnitt, der meist negativ erfahren wird. Alles was das Leben bis zum Zeitpunkt der Einberufung ausmachte, blieb nun hinter dem Kasernentor zurück: Heimatort, Eltern, Geschwister, Freunde, Freundin oder Ehefrau, eventuell schon eigene Kinder, der Beruf und die Kollegen. In der Kaserne fand sich der Rekrut unentrinnbar eingeschlossen an einem fremden Ort. In der Grundausbildung, den ersten sechs Wochen, gab es weder Ausgang noch Urlaub. Auch in der nachfolgenden Zeit war Urlaub selten. Soldaten mit 18monatiger Dienstzeit erhielten 18 Tage Urlaub. Im Ausgang verhinderte oftmals die große Entfernung zum Heimatort und natürlich das Verbot, den Standort des Regiments zu verlassen, eine, wenn auch nur sporadische Verbindung zur früheren Lebenswelt. So war eine Entfremdung fast unvermeidbar. Für viele Freundschaften, Lieben und Familien wurde diese Zeit zu einer extremen Belastungsprobe. Verbindung bestand meist nur über Briefe oder Pakete. Besuche fanden in extra am KDL (Kontrolldurchlaß) eingerichteten Besucherzimmern statt – in einer sachlichen, unfreundlichen Atmosphäre. ... Die Unterbringung der Soldaten erfolgte in Stuben mit variierender Bettenzahl. Acht bis zehn Betten stellten im Mot-Schützenregiment Hagenow die Regel dar. Neben seinem Metallbett hat jeder Soldat einen Spind zur Verfügung, in dem die gesamte Bekleidung und Ausrüstung untergebracht sind. Ein Besenspind, Tisch und Hocker ergänzen die Einrichtung der

Stube. Bilder sind meist nicht erlaubt, die Benutzung elektrischer Geräte, wie Wasserkocher oder Radios, müssen beantragt werden. Ihr Entzug wird als Disziplinierungsmaßnahme genutzt. Privatheit gibt es nicht. Selbst die Toiletten des Kompaniebereiches sind nicht verschließbar. Weiterhin gibt es einen Klubraum mit Sesseln und Fernsehgeräten und einen Waschraum. Die Überwachung in den Bataillonsblöcken sowie auf den Kompanieflluren erfolgt weitgehend durch den UvD (Unteroffizier vom Dienst) und dem UvD des Stabes am Bataillonsausgang.«[8]
Diese Reflexion des Kasernenlebens – sicher gibt es auch andere Erinnerungen und Wertungen, besonders aus unterschiedlichen politischen Sichtweisen – zeigt dennoch, wie stark der Wehrdienst und insbesondere die damit verbundenen Umstände in das persönliche Leben der Soldaten eingegriffen haben. Übrigens, was die Stubeneinrichtung betrifft, läßt die gegenwärtige Ausstellung im Militärhistorischen Museum der Bundeswehr in Dresden für die Bundeswehr und die NVA formal kaum Unterschiede erkennen. Sie werden wohl erst in den individuellen Ausgestaltungsmöglichkeiten und den dienstlichen Rahmenbedingungen sichtbar. Außerdem ist zu bedenken, daß bestimmte Wertungen – das Verhältnis von militärischen und zivilen Leben betreffend – für jede Armee Gültigkeit besitzen. Um so mehr gewinnen deshalb die menschlichen Beziehungen und die möglichen Freiräume an Bedeutung, die den Soldaten – bei Priorität der militärischen Aufgaben – gewährt oder nicht gewährt werden. Bedenkt man, daß beispielsweise die Zeitdauer des Aufenthaltes eines Wehrpflichtigen in der Kaserne vor allem durch die Quote der Gefechtsbereitschaft bestimmt wurde, dann wird deutlich, daß das allgemein in den Warschauer Vertragsstaaten vorhandene übersteigerte Sicherheitsbedürfnis die Lebensqualität junger Menschen für den Zeitraum von 18 Monaten stark beeinflußte und sicher auch belastete.
Am 25. Mai 1987 behandelte das Kollegium des Ministeriums für Nationale Verteidigung eine Vorlage zur zweckmäßigen Gestaltung von Kasernen bei Rekonstruktions- und Neubauvorhaben im Interesse einer effektiven militärischen Nutzung und der Senkung des ökonomischen Aufwandes. Sie ver-

deutlichte durchgängig, daß neben der militärischen Zweckbindung ein Hauptanliegen »die wirksame Verbesserung der Dienst-, Arbeits- und Lebensbedingungen insbesondere des kaserniert und in Wohnheimen untergebrachten Personalbestandes«[9] gewesen ist. Die künftige Kasernengestaltung sah vor, daß die Unterkünfte den ästhetisch gestiegenen Ansprüchen entsprechen müßten. Dazu gehörte auch ein Mehrfunktionsgebäude mit Kontrolldurchlaß, Militärhandelsorganisation, Post, Friseur und das Besucherzentrum mit einer parkähnlich gestalteten Freifläche. Bei Neubau war vorgesehen, in das Besucherzentrum eine Gaststätte zu integrieren. Ebenso war prinzipiell der Bau einer kulturellen Einrichtung, einer Sport-Schwimmhalle sowie eines Sportplatzes vorgesehen. Ökonomisch brachte die neue Konzeption eine Verringerung der Inspruchnahme von Grund und Boden um ca. 15 – 20 Prozent, eine Reduzierung der technisch bedingten Bauzeit um 20 Prozent sowie eine Senkung des Energieverbrauches um 5 Prozent mit sich, um nur einiges zu nennen. Vorgesehen war, bis März 1988 die Konsequenzen daraus für die Änderung von Ordnungen und Befehlen zu erarbeiten. Liest man unter diesen Gesichtspunkten die oben wiedergegebenen Eindrücke des Soldaten zum Besucherraum und der dort vorhandenen unpersönlichen Atmosphäre, dann kann sehr wohl davon gesprochen werden, daß kritische Erfahrungen in die Überlegungen des Bereiches Militärbauwesen der NVA beim Kasernenneubau einbezogen wurden.[10]

2. Die Unterbringung von Berufssoldaten in Wohnheimen der Nationalen Volksarmee
Ein besonderer Schwerpunkt, man könnte fast sagen, ein ständiges Sorgenproblem der Kommandeure, war die Unterbringung von Berufsunteroffizieren und von Offizieren, die über keinen Wohnraum am Dienstort verfügten. Dabei handelte es sich vor allem um ledige, aber auch um nicht wenige verheiratete Berufssoldaten, denen meist erst nach 2-5 Jahren Wartezeit Wohnraum zugewiesen werden konnte. In den 60er bis Mitte der 80er Jahre schwankte die Zahl der Antragsteller zwischen 3500 und 6000. Trotzdem haben 17 Prozent der Berufssoldaten in der Umfrage angegeben, daß ihre War-

tezeit auf eine Wohnung bis zu 10 Jahre betragen hat. Hinzu kamen zur Anzahl der Wohnungssuchenden 1971 beispielsweise 11800 Ledige, die keinen Wohnungsanspruch am jeweiligen Standort stellten. Für ihre Unterbringung standen 1972 in 74 Wohnheimen der NVA 2500 Plätze zur Verfügung. Durch Neubauten konnten sie bis 1974 auf 4600 Plätze erhöht werden. Letztlich bedeutete dies, daß diesen Zeitraum betreffend fast durchgängig für 4000 bis 6000 Berufssoldaten Wohnheimplätze nicht zur Verfügung standen. Als Folge mußten noch viele Berufssoldaten, meist Berufsunteroffiziere, in den Kasernen untergebracht werden. Laut Umfrage betraf dies immerhin 33 Prozent. Bis Ende 1986 konnten die Zahl der Wohnheimplätze auf 18038 erhöht werden. Außerdem wurden alternativ Wohnungen genutzt.[11]
Von den in Ledigenwohnheime eingewiesenen Berufssoldaten haben 30 Prozent während der Zeit ihres Truppendienstes bis zu zwei Jahre, je ein Fünftel bis vier bzw. sogar bis zu zehn Jahre in Ledigenwohnheimen gelebt. Noch länger (bis zu zwanzig Jahre) 3 Prozent. Für 26 Prozent war das Ledigenwohnheim entweder nur eine kurze »Durchgangsperiode« von einigen Wochen oder Monaten bzw. im Ausnahmefall eine »Unbekannte«. In Einzelzimmern lebten dabei 7, in Zweibettzimmern 49 Prozent der Berufssoldaten. 21 Prozent bewohnten 3 – 4 Bettzimmer, 4 Prozent höher belegte Räume (überwiegend waren dies Berufsunteroffiziere, im Einzelfall mit bis zu 10 Betten).[12] Eine prinzipielle Veränderung sah auch hier die Konzeption für den Neubau von Kasernen aus dem Jahre 1987 vor. Vorgesehen war die Unterbringung grundsätzlich in Zweibettzimmern mit einem dazugehörigen Flur, einer Sanitärzelle mit Toilette und Dusche.[13] Die Zeit kurz vor der Wende macht deutlich, daß hier Entscheidendes nicht mehr geschehen ist. Die Unterbringung der Berufssoldaten in Wohnheimen außerhalb der Kasernen konnte wohl für die gesamte Zeit der Existenz der NVA nicht voll sichergestellt werden.
Die Ausstattung der Ledigenwohnheime mit Gemeinschaftseinrichtungen wie Teeküchen, in denen man sich selbst etwas zubereiten konnte, Versorgungsmöglichkeiten mit Getränken, Tabakwaren o.a. sowie mit Klub- und Fernsehräu-

men wurde zwar im Laufe der Jahre verbessert, war aber zu keinem Zeitpunkt überall und einheitlich durchgesetzt. Insgesamt verfügten, wenn auch nicht überall von Anfang an, 67 Prozent der Wohnheime über eine Teeküche, 73 Prozent über Versorgungsmöglichkeiten im Hause und 89 Prozent über Klub- und Fernsehräume. Immerhin fast ein Drittel der Heimbewohner gaben an, daß bei ihnen solche Einrichtungen nicht existierten. Auch hier ist zu bedenken, daß es dafür unterschiedliche Gründe gegeben hat. Beispielsweise konnte ein günstiger Standort des Wohnheimes außerhalb der Dienststelle oder auch in der Kaserne selbst (Militärhandelsorganisation) solche Dinge beeinflußt haben. Die Einrichtung der Wohnheime mit entsprechendem Mobiliar hing wie auch bei anderen Problemen von den volkswirtschaftlichen Möglichkeiten ab. Wertungen heute, daß sich die militärische Führung um die Verbesserung solcher Dinge wenig oder überhaupt nicht gekümmert habe, sind – häufig politisch motiviert – schnell getroffen. Aber auch hier zeigen die Akten, welche Grenzen der NVA gesetzt waren. Briefe an den Vorsitzenden des Staatsrates 1973 und 1981 verdeutlichten, daß Mittelkürzungen gegenüber der NVA gerade auf dem Gebiet von Montagemöbeln, Polstermöbeln und Teppichwaren lange geplante Veränderungen in den Ledigenwohnheimen verhinderten. Immerhin handelte es sich um eine Summe von 26 Millionen Mark.[14]

Auf die Frage, ob unter diesen Wohnheimbedingungen die Wahrung der Privatsphäre des Einzelnen möglich war, hielten sie 45 Prozent nur für bedingt und 10 Prozent für nicht gewährleistet. Nur 24 Prozent resümieren deshalb die Lebensqualität im Ledigenwohnheim im Sinne von »man konnte sich wohl fühlen«, alle übrigen meinen, » es war eher eine Schlafgelegenheit«.[15] Wie stark militärische Gegebenheiten, Vorschriften und Ordnungen in solche Probleme eingreifen können, zeigt ein Vorgang aus einem Ledigenwohnheim in Strausberg. Die Wohnheimordnung legte fest, daß Männer und Frauen getrennt unterzubringen sind. Das wurde auch beibehalten, wenn es sich um Ehepaare handelte. Versuche, dies zu verändern, scheiterten. Selbst Eingaben an den Minister für Nationale Verteidigung und an das Zentralkomitee des

SED hatten hier keinen Erfolg. In einer Aussprache mit den Beschwerdeführern im Ministerium für Nationale Verteidigung am 2. Juli 1974 wurde festgelegt: »Die getrennte Unterbringung bleibt. Wer damit nicht einverstanden ist, kann den Dienst in der NVA beenden.«[16] Zumindest wurde in der Aussprache dann zugesichert, die bestehende Ordnung zu prüfen und allen Ehepaaren, die im Heim wohnten, versprochen, daß sie bis Ende 1975 eine Wohnung erhalten würden. Vielleicht hat sich dann in diesem Fall die Wartezeit tatsächlich auf ein Jahr verkürzt.

3. Die Wohnungsversorgung in der Nationalen Volksarmee

Die Versorgung der Berufssoldaten und der Zivilbeschäftigten mit Wohnraum erfolgte in der NVA durch einen eigenen Wohnungsbestand (69,1 Prozent) und durch die Zuweisung von Wohnungen aus dem kommunalen Bereich (30,9 Prozent). Ende der 80er Jahre betrug der Wohnungsbestand der NVA 82 015 Wohnungseinheiten (WE). In der Hauptsache handelte es sich um Neubauten, die aus militärischen Gründen in der Nähe der Kasernen errichtet wurden. Anfangs waren 2 Prozent 1-Raum-, 28 Prozent 2-Raum-, 55 Prozent 3-Raum-, und 15 Prozent 4-Raumwohnungen geplant.[17] Mit zunehmender Familiengröße veränderten sich hier allerdings die Bedingungen. Entsprechend der Befragung lebten 1989 in 1-2-Raumwohnungen 5 Prozent der Berufssoldaten, 48 Prozent in 3-Raumwohnungen und 32 Prozent in 4-Raumwohnungen.[18]

Jährlich standen der NVA in den 70er Jahren 30 Millionen Mark für den Wohnungsbau zur Verfügung. Bei einer Wohnungsgröße von durchschnittlich 49-50 m² und einem Baupreis von 19500 Mark pro Wohnung konnten somit jährlich ca. 1500 WE gebaut werden. Ab 1984 betrug dann die jährliche Zuwachsrate zwischen 2500 und 3500. Die höchste Steigerungsrate konnte 1985 mit 5568 Wohnungen festgestellt werden. Bis 1990 war eine weitere Steigerung um 16000 WE vorgesehen. Diese Zielstellung stand mit dem Wohnungsbauprogramm in der DDR in Zusammenhang. Demnach sollte bis 1990 die Wohnungsfrage als soziale Frage im wesentlichen gelöst sein. Gemäß einer 1987 vorgenommenen

Einschätzung wurde prognostiziert, daß bis auf die Standorte Rostock, Stralsund, Potsdam, Kamenz und Löbau in allen anderen Standorten dann der Wohnungsbedarf in der NVA befriedigt werden könne.[19]
Der Realisierung dieser Zielstellung standen zunächst bis Mitte der 80er Jahre objektiv begründbare, aber auch »hausgemachte« Probleme entgegen. Beispielsweise konnte das Prinzip, den NVA-eigenen Wohnungsbestand ausschließlich für aktive Berufssoldaten zu nutzen, zu keinem Zeitpunkt voll realisiert werden, weil ausscheidende Berufssoldaten einen Teil der Dienstwohnungen (6,26 Prozent des Bestandes) »blockierten«. Diesen 2000 bis 3000 sogenannten »Nichtberechtigten« konnte eine adäquate Wohnung aus dem kommunalen Bereich nur schwerlich angeboten werden. Außerdem lehnten die ausgeschiedenen Berufssoldaten es nicht selten ab, aus ihren Wohnungen auszuziehen. Die Gründe dafür waren vielschichtig: Umfeld, Bindung an den Truppenteil, minderer Qualitätsstandard der angebotenen Wohnung (Ofenheizung, kein Balkon etc.) und fehlende Arbeitsmöglichkeiten für die Ehefrau an einem anderen Standort. Übrigens, um hier falsche Deutungen zu vermeiden, sei angefügt, daß mit Stand von September 1985 noch 53% der von Berufssoldaten gemieteten Wohnungen nur über eine Ofenheizung verfügten. Beim Wohnungsbestand der NVA waren 60 Prozent mit modernen Heizungssystemen und ca. 90 Prozent mit Bad oder Dusche ausgestattet.[20]
Zu dem oben genannten Problem kamen die in einer Armee üblichen Versetzungen oder auch der Standortwechsel ganzer Einheiten hinzu. Wobei zu bedenken ist, daß nur bei vollständigem Kasernenneubau (ab den 80er Jahren) auch gleichzeitig der Bau der erforderlichen Wohnungseinheiten erfolgte. Die durchgeführte Umfrage machte hierzu deutlich, daß 24 Prozent der Fähnriche, 39 Prozent der Berufsunteroffiziere und 58 Prozent der Offiziere bis zu viermal aus Versetzungsgründen umgezogen sind; darüber hinaus 24 Prozent bis zu 10 mal. Am häufigsten waren versetzungsbedingte Umzüge in den Landstreitkräften. Immerhin summierten sich die Gesamtwartezeiten hier bei 15 Prozent der Offiziere auf 5 Jahre und bei 17 Prozent auf bis zu 10 Jahre. Dies waren dann zugleich reale

Trennungszeiten von der Familie. Das verdeutlicht, warum die Wohnungsfrage bei den Berufssoldaten u.a. auch eng mit ihrer Berufszufriedenheit verknüpft gewesen ist. Die Jahresberichte der Teilstreitkräfte wiesen bei den Eingaben und Beschwerden in den 80er Jahren fast unverändert 30 Prozent wegen Wohnungsversorgung aus. Bezeichnend in diesem Zusammenhang ist, daß bei soziologischen Untersuchungen in der NVA Anfang der 80er Jahre 9 von 10 Ehefrauen familiäre Probleme auf die dienstliche Belastung ihrer Ehemänner und die versetzungsbedingte Familientrennung zurückführten.[21]
Die Recherche zeigt aber auch, daß es viele Bemühungen seitens der Berufssoldaten gab, sich über andere Kanäle mit Wohnraum zu versorgen. 17,4 Prozent der Berufssoldaten gaben an, daß sie ihre Wohnung nicht über eine Zuweisung durch die NVA erhalten haben. Im Vordergrund stand der private Tausch, die Beschaffung der Wohnung über die Arbeitsstelle der Frau oder mit Hilfe eines Betriebes und der Eintritt in eine Arbeiter-Wohnungsbau-Genossenschaft (AWG). 1989 wohnten immerhin 57 Prozent der Berufssoldaten in zivilen Wohngebieten. Bei der Wohnungssuche half der ab 1963 vierteljährlich in der NVA herausgegebene Wohnungstausch-Anzeiger. 48 Prozent der Wohnungssuchenden haben hier ihren Bedarf angemeldet. Nach einem Bericht für die 70er Jahren konnten hier jährlich ca. 800 bis 1200 Ansprüche auf diesem Wege reguliert werden.[22]
Auf den Wohnungszuwachs konnte der untere Kommandeursbestand wenig Einfluß nehmen. Sie waren verantwortlich dafür, daß der vorhandene Bestand und eventueller Bestandszuwachs gemäß den dienstlichen Erfordernissen und sozial gerecht verteilt wurden. Einheitliche Grundlage bildete hier die Wohnraumversorgungsordnung der NVA. Sie regelte, nach welchen Grundsätzen die Zuweisung zu erfolgen hatte. Dabei kam dem jeweiligen Standortältesten eine besondere Verantwortung zu. Wenn ihm auch eine Standortwohnungskommission zur Seite stand und weitere Vorarbeiten in den Wohnungskommissionen der Dienststellen geleistet wurden, so mußte letztlich er über die Zuweisung entscheiden. 66,4 Prozent der Berufssoldaten schätzten in der Befragung ein, daß es bei der Verteilung im allgemeinen gerecht zuging.

23,9 Prozent haben erlebt, daß man bestimmte Personen bzw. Gruppen von Berufssoldaten bevorzugt hat, was letztlich noch nicht aussagt, ob das gerecht oder ungerecht gewesen ist. Interessant ist auch, daß Eingaben und Beschwerden, die das Wohnungsproblem betrafen, meistens direkt entweder an das Zentralkomitee der SED oder an den Staatsratsvorsitzenden gerichtet wurden.[23] Auch dies zeigt, die Berufssoldaten sahen für entsprechende Hilfen auf diesem Gebiet innerhalb der NVA wenig Chancen.

Neben der Sicherstellung von Wohnraum im Sinne der Befriedigung eines Grundbedürfnisses der Soldaten, spielte auch seine Bezahlbarkeit im Alltag eine nicht zu unterschätzende Rolle. In der NVA – ähnlich wie in der DDR generell – mußten pro m² 0,90 Mark plus 0,40 Mark für Fernheizungskosten als Miete entrichtet werden. Entsprechend der durchschnittlichen Wohnungsgröße (WE) kostete eine Wohnung von 50m² folglich 65,00 Mark warm. Das bedeutete, der Berufssoldat mußte zu keiner Zeit über 10 Prozent seines Einkommens für die Miete aufbringen. Natürlich ist den Autoren bewußt, daß sich hier für Sanierung und Erhalt des Wohnungsbestandes Probleme ergaben. Aber die Tatsache, daß die Miete für jeden Berufssoldaten – auch der unteren Gehaltsgruppen – auf lange Sicht bezahlbar war, ist als ein wesentlich stabilisierendes Element im Alltag zu werten, selbst dann, wenn man eine höhere Grundmiete gefordert hätte. Trotz dieses relativ niedrigen Mietpreises mußte auch die NVA mit Mietrückständen umgehen. 1966 betrugen sie beispielsweise 49 642 Mark. Legt man auch hier die durchschnittliche Wohnungsgröße zugrunde, dann gab es bei einem damaligen Bestand von 60 000 Wohnungen 763 Mietschuldner. Als Hauptursachen dafür wurden analysiert: die nicht zeitgerechte Stichtagszahlung und Probleme, die sich aus Versetzungen ergaben.[24]

Die Verwaltung des Wohnungsbestandes der NVA an 569 Standorten mit einem Grundmittelwert von 2,4 Milliarden Mark wurde von insgesamt 643 Zivilbeschäftigten realisiert. Davon waren 195 Handwerker, die in Stützpunkten an 20 Standorten konzentriert waren. Für die Rekonstruktion und Erhaltung des Wohnungsbestandes setzte die NVA

aus ihrem Etat im Zeitraum von 1971 bis 1986 ca. 440 Millionen Mark ein. 1986 wurde der Wohnungsbestand in der NVA von Angehörigen des Ministeriums zu 16,3 Prozent, der Landstreitkräfte zu 44 Prozent, der Luftstreitkräfte/Luftverteidigung zu 16,5 Prozent, der Volksmarine zu 9,2 Prozent und der Grenztruppen zu 13,6 Prozent genutzt. Wie in der DDR allgemeine Praxis, hielt man auch in der NVA die Mieter an, sich an der Werterhaltung und der Organisation des Zusammenlebens aktiv zu beteiligen. So existierten 1063 Mietermitverwaltungen. Sie erfaßten 92,3 Prozent des Bestandes an Dienstwohnungen. Außerdem wurden 1985 1504 Pflegeverträge mit einem Volumen von 1,5 Millionen Mark abgeschlossen. Insgesamt leisteten die Mieter auf freiwilliger Grundlage 10 Prozent der Erhaltungsarbeiten.[25]
Wertet man das Problem der kasernierten Unterbringung, der Wohnheim- und Wohnungsversorgung in seiner Gesamtheit, dann hatten zwar die Soldaten mit Beginn ihres Wehrdienstes eine den militärischen Erfordernissen dienende Unterkunft, aber sie verbrachten die meiste Zeit ihres Wehrdienstes in der Kaserne. Familiäre Beziehungen und Kontakte zu Freunden waren für sie äußerst knapp bemessen und wurden durch eine nicht heimatnahe Einberufungspraxis zusätzlich erschwert. Die Berufssoldaten hatten dagegen zwar die Möglichkeit, nach Dienst die Kaserne zu verlassen und sich dann ihren Familien zu widmen, aber bis dies letztlich möglich war, mußten sie – vor allem in den 60er und 70er Jahren – nicht selten lange Trennungszeiten und lange Wartefristen auf Wohnraum am Standort in Kauf nehmen. Ob sie in diesen Fragen gegenüber dem zivilen Bereich privilegiert waren ist zu bezweifeln.

4. Die Truppenverpflegung in der NVA
»Das Leben des Soldaten stellt hohe Anforderungen und ist mit vielfältigen Belastungen verbunden. Es ist eigentlich eine Selbstverständlichkeit: Um diese zu meistern, muß nicht zuletzt auch die Verpflegung stimmen.«[26]
Dieser Forderung aus einer Argumentation der Politischen Hauptverwaltung der Nationalen Volksarmee aus dem Jahre 1988 wird sicher auch heute noch jeder ehemalige Soldat

der NVA zustimmen. Die Frage, die zu stellen ist: Wie war es wirklich? Viele, die zurückdenken, werden sagen, daß es zur Verpflegung in der Truppe immer Diskussionen gegeben hat. Dabei ging es meistens um die Qualität, vor allem darum, ob das Angebotene schmackhaft und abwechslungsreich gewesen ist. Und gerade hier trifft der Satz zu, daß die Geschmäcker verschieden sind. Wenn beispielsweise ein Thüringer seinen Dienst in Mecklenburg oder in der Lausitz versehen hat, konnte dies durchaus geschmackliche Probleme bereiten. Überraschend in der Befragung in diesem Zusammenhang war, daß mit einigem Abstand 99 Prozent der Berufssoldaten die Qualität des Essens mit befriedigend oder besser einschätzen. 97 Prozent der Unteroffiziere und fast vier Fünftel der Soldaten sehen dies genauso. Auch mengenmäßig galt die Verpflegung im allgemeinen als ausreichend. Verpflegungspakete, die Soldaten von zu Hause geschickt bekommen haben, beeinträchtigen dieses Urteil nicht. 77 Prozent der Unteroffiziere und nahezu drei Fünftel der Soldaten geben hierzu an, daß solche Pakete zwar nicht nötig waren, aber doch etwas Abwechslung in die Verpflegung brachten.

Die auf dem Gebiet des Verpflegungsdienstes heute zugänglichen Dokumente erhellen detaillierter die Situation. Nachweisbar ist generell, daß sich die Verpflegungsnormen an der Situation in der Bevölkerung orientierten. Das verdeutlicht beispielsweise eine Gegenüberstellung des Pro-Kopf-Verbrauches bei einigen Produkten aus dem Jahre 1973:

Pro-Kopf-Verbrauch der Zivilbevölkerung und der Angehörigen der NVA[27]

Produkt	Verbrauch Bevölkerung (Angaben Gramm/täglich)	Verbrauch NVA
Fleisch- und Wurstwaren	197-200	200
Vollmilch	270	200
Butter	41	40
Obst	151-164	150
Südfrüchte	36	41
Eier	45	20

Dieses Verhältnis hat sich im wesentlichen immer in dieser Weise entwickelt. Eher existierten in der NVA zeitweilig nied-

rigere Verbrauchswerte als in der Bevölkerung. Anpassungen wurden mitunter bis zu drei Jahre aus ökonomischen Gründen verschoben. So war in der Bevölkerung der oben dargestellte Verbrauch bereits 1970 erreicht worden. In der NVA erfolgte die Angleichung aber erst 1973, weil der damit verbundene erhöhte Jahresbedarf beispielsweise bei Fleisch- und Wurstwaren mit 2460 Tonnen, bei Butter mit 637 Tonnen und bei Vollmilch mit 5580 Tonnen ohne Abstriche beim Bevölkerungsbedarf nicht hätte sichergestellt werden können.
Insgesamt wurden im Zeitraum von 1981 bis 1985 für die Sicherstellung mit Nahrungsgütern sowie mit Technik und Ausrüstung des Verpflegungsdienstes und zur Gewährleistung der Gefechtsbereitschaft 2,8 Milliarden Mark eingesetzt. Für 1986 bis 1990 waren 2,9 Milliarden Mark geplant. Davon wurden 1,8 Milliarden Mark für Nahrungsgüter ausgegeben. In den 80er Jahren betrug der Jahresverbrauch ca. 160 000 t. Nach ausgewählten Produkten waren das bei Fleisch- und Wurstwaren 17 000 t, Butter 3000 t, Milch 12 500 t, Kartoffeln 25 000 t, Gemüse 19 500 t, Obst 11 000 t und bei Brot und Backwaren 24 000 t.[28]
Auch ein Vergleich mit anderen Armeen Anfang der 70er Jahre demonstriert, daß die NVA mit ihrer Truppenverpflegung durchaus den internationalen Trends entsprach, auch wenn bei einigen Produkten die Angaben unvollständig sind bzw. nicht nachgewiesen werden können (siehe Tabelle auf der folgenden Seite).
Den NVA-Normen lagen – wie sicher auch in anderen Armeen – ernährungswissenschaftliche Erfordernisse zugrunde. In speziellen Studien wurden außerdem Gewichtsveränderungen untersucht. So stellte man in aller Regel eine Gewichtsabnahme während der Zeit der Grundausbildung fest. Nach drei Monaten erfolgte eine Gewichtszunahme für die Dauer des Grundwehrdienstes um 1-2 kg. Ernährungswissenschaftlich ist dies normal.
In der NVA wurden zudem dienstlich unterschiedliche Anforderungen über spezielle Verpflegungsnormen geregelt. Sie waren in der Ordnung Nr. 064/9/001 des Ministers für Nationale Verteidigung festgelegt. Die Grundnorm 110 betraf im wesentlichen die Mehrheit der Armeeangehörigen. Sie ent-

wickelte sich von 2,20 Mark im Jahre 1957 auf 4,50 Mark im Jahre 1986. Ebenfalls 1986 betrug die Grundnorm 130 für Besatzungen von Schiffen und Booten, Marinehochseetauchern und für Angehörige der Grenztruppen 5,25 Mark. Für fliegendes Personal der Transport-, Verbindungs-, Hubschrauberkräfte, Fallschirmjäger und Spezialisten galt die Verpflegungsnorm 140 mit 6,50 Mark. Die Grundnorm 150 mit 8,00 Mark wurde für fliegendes Personal der Jagd-, Jagdbomben- und Aufklärungsfliegerkräfte eingesetzt.
In der Grundnorm 110 bedeutete dies: 220g Fleisch und Fleischerzeugnisse, 300g Trinkmilcherzeugnisse, 80g Fette, 40g Eier, 35g Fisch, 45g Käse oder Quark, 600g Speisekartoffeln, 300g Gemüse, 200g Obst (davon 20g Südfrüchte), Bohnenkaffee 10g pro Tag. Der Ist-Verbrauch lag allerdings gemessen im Jahresdurchschnitt bei einigen Produkten um 13 Prozent höher als in der Grundnorm festgelegt. So bei Fleisch, Fetten und Milchprodukten. Bei anderen, wie beispielsweise bei Kartoffeln und Gemüse, bis zu 23 Prozent unter den Normfestlegungen.[30]

Vergleich Pro-Kopf-Verbrauch verschiedener Armeen:[29]

Produkte (Angaben Gramm/täglich)	NVA	Sowjetarmee	CSSR	Polen	Bundeswehr
Fleischw.	200	150	190	200	200
Butter	40	10	20	-	30
Fett	40	50	50	50	80
Vollmilch	270	-	125	100	430
Fisch	40	100	-	-	25
Kartoffeln	860	500	500	700	640
Gemüse	350	-	-	250	150
Obst	150	320	300	-	150
Kalorien	3800	4200	4000	-	3900

Diese Fakten lassen insgesamt die Wertung zu, daß die Truppenverpflegung bei den Grundnahrungsmitteln in der NVA so abgesichert war, daß die militärischen Aufgaben in der geforderten Qualität erfüllt werden konnten. Jeder, der einmal Soldat gewesen ist, weiß allerdings auch, daß mit den materiellen Voraussetzungen noch nicht alles getan ist, um Anerkennung bei den Soldaten für die Truppenverpflegung zu bekommen. Die militärischen Rahmenbedingungen gehören ebenso dazu, wie die Fähigkeit des Verpflegungspersonals, aus den Produkten ein schmackhaftes Essen zu bereiten. Für Insider ist es in diesem Zusammenhang sicher nicht überraschend, daß die Kultur im Speisesaal in der Befragung nicht so gut abgeschnitten hat. Wehrpflichtige wurden bekanntlich geschlossen zum Speisesaal geführt, hatten ihr Besteck mitzubringen und aßen unter Aufsicht. Unteroffiziere und Offiziere nahmen ihr Essen in der Regel in gesonderten Speisesälen ein. Rund drei Fünftel der Soldaten erklärten, daß der Zustand des Mobiliars in den Speisesälen gut gewesen sei, nur gut die Hälfte bewerteten das von der Küche gestellte Geschirr ebenso. Auch im Ergebnis von Kontrollen gab es immer wieder Einschätzungen, die Mängel in der Essenkultur hervorhoben. So im MSR-2, MSR-3 und im AR-1 anläßlich einer Inspektion 1982 in der 1. MSD.[31]
Im Alltag der Soldaten stieß der bereits erwähnte »geschlossene Anmarsch« der Einheiten zu den Speisesälen keinesfalls auf Gegenliebe. Zumal dann, wenn dieser nicht selten als »Disziplinierungsmaßnahme« und zum Üben des Marschgesangs genutzt wurde. Wahrscheinlich ist auch daraus erklärbar, warum nicht wenige Soldaten versuchten, sich der gemeinsamen »Esseneinnahme als Soldatenpflicht« auf vielfältige Weise zu entziehen. In den 80er Jahren registrierte man beispielsweise in der 1. MSD eine Teilnahme am Frühstück von 88,6 Prozent, am Mittagessen von 94,8 Prozent und am Abendessen von 82,8 Prozent. Unzufriedenheit gab es auch beim Zeitvolumen, das zur Einnahme des Essens zur Verfügung stand. Eingaben und Beschwerden zeigen, daß diese ohnehin knappe Zeit mitunter durch »disziplinarische Übungen« und ungünstige Einteilung der Essenraten zusätzlich verkürzt wurde. 16 Prozent waren in der Befragung der Meinung, daß die

Zeit unzureichend gewesen ist. Die Atmosphäre im Speisesaal charakterisierten 46 Prozent der Soldaten als zu laut und hektisch.[32]

Das Ministerium für Nationale Verteidigung und die Vorgesetzen in den Truppenteilen versuchten, diese Erscheinungen positiv zu verändern. Dazu fanden ökonomische Konferenzen und spezielle Schulungen statt. Erprobungen neuer Ausgabeformen wurden, wenn sie erfolgreich verliefen, befehlsgemäß verallgemeinert. Zu nennen wäre hier die 1981 vom Minister für Nationale Verteidigung bestätigte Konzeption zur Hebung des Niveaus der Truppenverpflegung. Sie enthielt unter anderem neue Angebots- und Ausgabeformen in der Truppenverpflegung. Im Ergebnis erfolgte die wahlweise Ausgabe von zwei Mittagsgerichten an alle Armeeangehörigen. Bereits Ende 1981 war dies in 90 Prozent der Truppenteile und Einheiten realisiert. Außerdem nutzten 95 Prozent die teilweise bzw. vollständige Selbstentnahme der Kaltverpflegung zu den Früh- und Abendmahlzeiten. Allerdings gab es besonders bei der vollständigen Selbstentnahme noch eine starke Differenzierung. Die besten Ergebnisse erzielten hierbei die Grenztruppen mit 90 Prozent, der Militärbezirk III mit 53 Prozent und die LSK/LV mit 44 Prozent. Schlußlicht bildete die Volksmarine mit 18 Prozent, wobei zu bedenken ist, daß manche dieser Unterschiede aus spezifischen strukturellen Bedingungen zu erklären sind.[33]

Insgesamt zeigt auch dieser inhaltliche Aspekt der allgemeinen Dienst- und Lebensbedingungen, daß seine Wirksamkeit im Soldatenalltag entscheidend vom Handeln der Menschen bestimmt wurde, die in diesem Bereich arbeiteten und für ihn die Verantwortung trugen. Ihre fachliche Kompetenz und ihr Engagement waren maßgebend für die Qualität der Truppenverpflegung.

5. *Uniform und Soldatenalltag*

Am 18. März 1990 fanden in der DDR bekanntlich die Wahlen zur Volkskammer statt. In deren Ergebnis übernahm Rainer Eppelmann die Verantwortung als Minister für die letzten Monate der NVA. Am 20. März 1990 setzte der damals noch amtierende Minister für Nationale Verteidigung, Ad-

miral Hoffmann, die Dienstvorschrift 010/0/005 – Uniformarten und ihre Trageweise – Bekleidungsvorschrift in Kraft. Mit Sicherheit war es eine der letzten neu in Kraft gesetzten Dienstvorschriften in der NVA.
Bei allen Armeen prägen die Uniformen schon seit Jahrhunderten das äußere Erscheinungsbild des Soldaten. Im Wörterbuch zur Deutschen Militärgeschichte wird, auf die NVA bezogen, sachlich festgestellt: »Mit der Gründung der NVA der DDR 1956 wurde eine steingraue bzw. blaue Uniform eingeführt, die in der Folgezeit modernisiert und in der Ausstattung verändert wurde. Schnitt und Ausführung der Uniform entsprechen der Funktion ihres Trägers.«[34]
An Uniformarten waren für die Landstreitkräfte und Luftstreitkräfte/Luftverteidigung die Ausbildungsuniform, die Dienst- und Ausgangsuniform sowie die Arbeitsuniform festgelegt. Für die Volksmarine die Gefechtsuniform, die Borddienstuniform, die Ausbildungsuniform (Land), die Dienst-/Ausgangsuniform und die Arbeitsuniform. Die dazu gehörenden Bekleidungs- und Ausrüstungsstücke waren vielfältig und auf die Funktion des jeweiligen Trägers ausgerichtet. Sie werden hier im näheren nicht beschrieben. Zur Trageweise der Uniform gab es, gebunden an den Anlaß oder die Aufgabenstellung, differenzierte Festlegungen. Der finanzielle Wert der Uniform (Grundnorm) betrug 1970 bei Generalen 2480 Mark, bei Berufssoldaten 1403 Mark und bei Soldaten und Unteroffizieren 1013 Mark. Das verdeutlicht: grundlegende Veränderungen auf diesem Gebiet waren stets mit erheblichen volkswirtschaftlichen Aufwendungen verbunden.[35]
Wie sahen aber nun die Soldaten selbst ihre Uniform? Dem Grundprinzip, sich beim Zuschnitt, der Farbe und den Effekten der Uniform vorrangig an historische Vorbilder anzulehnen und sich folglich weniger am Zeitgeschmack zu orientieren, folgten in der Befragung am ehesten die Berufssoldaten, von denen 71 Prozent die historische Begründung als richtig nachvollzogen. Noch 53 Prozent waren es bei den Unteroffizieren und weniger als ein Drittel bei den Soldaten. 61 Prozent der Berufssoldaten und 49 Prozent der Unteroffiziere, bei den Soldaten wiederum nur ein knappes Drittel, erachteten ihre Uniform als zeitgemäß. Nur 38 Prozent der Be-

rufssoldaten, 46 Prozent der Unteroffiziere und weniger als ein Viertel der Soldaten waren der Auffassung, daß ihre Uniform praktisch gewesen sei. Wenn darüber hinaus nur 34 Prozent der Berufssoldaten und nur 13 Prozent der Unteroffiziere bzw. sogar nur jeder zwanzigste Soldat ihre Uniform damals nach heutiger Wertung gern im Ausgang getragen haben, dann mußte wohl jede militärische Führung darüber nachdenken, welche Veränderungen erforderlich seien.[36]
Im Resultat solcher Überlegungen kam man zu dem Schluß, daß die zunächst hochgeschlossene Uniform zur Erhöhung der Attraktivität des äußeren Erscheinungsbildes der Soldaten durch eine offene, einreihige Uniformjacke, ohne Ärmelaufschläge und Ärmelpatten, mit darunter zu tragenden Hemd (oder Hemdbluse) und Binder ersetzt werden sollte. Die Umsetzung dieses Vorhabens dauerte immerhin von 1967 bis 1975. Für den zögerlichen Verlauf gab es im wesentlichen finanzielle Gründe. Beispielsweise betrugen die Kosten für die Einführung der neuen Uniform bei den Soldaten auf Zeit 8782000 Mark und für die jährliche Ergänzung 5580000 Mark. Bei den Berufssoldaten betrugen die Einführungskosten 2720000 Mark und die jährliche Ergänzung 1874000 Mark. Ende der 60er Jahre wurde aber der Etat für die Rückwärtigen Dienste um 45 Millionen Mark gekürzt, so daß schon Schwierigkeiten bestanden, die Ergänzungen des bestehenden Bestandes zu realisieren. Auch an diesem Beispiel zeigt sich, wie gravierend die wirtschaftliche Gesamtsituation in der DDR jedes Detail in der NVA berührte und mitunter in Frage stellte. Von einem besonderen Privileg der NVA konnte, so gesehen, wohl auch hier kaum die Rede sein.[37]

6. Die medizinische Betreuung[38]
Die medizinische Versorgung/Betreuung oblag dem medizinischen Dienst als spezifische Organisationsform des Gesundheitswesens der DDR in der NVA. Seine Aufgaben waren in der DV 010/0/010 »Gesundheitsschutz« festgelegt, deren letzte Fassung 1986 erschien.[39]
Unter Grundsätze wurde darin formuliert »Die Förderung, Erhaltung und Wiederherstellung der Gesundheit der Angehörigen und Zivilbeschäftigten der NVA sowie die Erreichung

einer hohen physischen und psychischen Leistungsfähigkeit sind wichtige Voraussetzungen für die Gefechtsbereitschaft und die Kampfkraft der NVA.«[40] Die humanitäre Mission bzw. Aufgabe des medizinischen Dienstes glich dabei der des zivilen Bereiches. Jedoch war die militärische Tätigkeit im Vergleich zum zivilen Bereich mit »einer überdurchschnittlich hohen physischen und psychischen Kräfteanspannung und nicht selten ungewohnten Lebensbedingungen verbunden«[41], was den medizinischen Dienst der Armee vor entsprechende Aufgaben stellte.

Auf Grund der Materiallage können die Autoren im wesentlichen nur die Versorgung der uniformierten Armeeangehörigen erfassen. Über die Betreuung der Zivilbeschäftigten und von Familienangehörigen durch den medizinischen Dienst liegen nur wenige Unterlagen vor. So heißt es in der Kollegiumsvorlage zur Entwicklung des Gesundheitsschutzes in den Landstreitkräften bis 1995 unter anderem, daß von 16 500 Zivilbeschäftigten in den Landstreitkräften an Standorten ohne zivile medizinische Einrichtungen auch 11 000 Familienangehörige und des weiteren insgesamt 20 000 Personen betreut wurden.[42] Die medizinische Betreuung der Zivilbeschäftigten und Familienangehörigen sowie Zivilpersonen in Standort gehörten mit zur Aufgabe des medizinischen Dienstes.

Zum Aufbau und zur Struktur des medizinischen Dienstes
Der medizinische Dienst der Armee, an dessen Spitze der Chef des Medizinischen Dienstes im Ministerium für Nationale Verteidigung stand, war wie folgt gegliedert:
Landstreitkräfte:
- pro Kompanie 1 Sanitäter (Gefreiter), kadriert;
- pro Bataillon/Abteilung 1 Feldscher(43) (Hauptmann), Sanitäter/Kraftfahrer; in selbständigen Bataillonen 1 Arzt für 300-500 Mann;
- pro Regiment/Raketenabteilung 1 Regimentsarzt (Oberstleutnant), Sanitäts-kompanie mit Leiter Med. Punkt (Major/Oberstleutnant), Feldscher (Hauptmann), Medizin. Versorger (Oberfeldwebel), Sanitätsunteroffizier, 6-8 Sanitäter (Gefreite) sowie 2-3 Krankenschwestern. Ähnliches galt für Raketenabteilungen.

- Pro Division 1 Divisionsarzt (Oberst), Oberoffizier Organisation (Feldscher, Major), Sekretärin (Zivilbeschäftigte), Sanitätsbataillon, incl. Transportkompanie. Insgesamt 164 Offiziere, Unteroffiziere und Soldaten sowie Zivilbeschäftigte.
- Pro Militärbezirk 1 Chef des medizinischen Dienstes mit Sekretärin (Zivilbeschäftigte) und Oberoffizier (Feldscher) für Organisation (später medizinische Sicherstellung genannt), 1 Stellvertreter, verantwortlich für Ausbildung, 1 Apotheker mit 3 Mitarbeitern, 2 Militärärzte für Lazarettwesen, antiepidemische Sicherstellung und medizinische Begutachtung, 1 Röntgenzug mit 1 Feldscher und 1 Mitarbeiter (Zivilbeschäftigter), 1 Med. Punkt mit 1 Arzt, 1 Zahnarzt und Krankenschwestern.
- Pro Militärbezirk existierten 2-3 Lazarette mit Fachärzten für Chirurgie, Dermatologie, Innere Medizin, Orthopädie, HNO, Augenheilkunde, Anästhesie und Neurologie.

Luftstreitkräfte/Luftverteidigung
Für die Luftstreitkräfte/Luftverteidigung existierte je Geschwader ein Geschwaderarzt (Oberstleutnant, in der Regel Facharzt für Allgemeinmedizin) sowie ein Arzt für flugmedizinische Sicherstellung, ein Med. Punkt zusätzlich besetzt mit Feldscheren, Sanitätsunteroffizieren, Sanitätern und Schwestern. Das Fliegertechnische Bataillon besaß einen Arzt, oft ein Reservist oder Offizier auf Zeit, einen Zahnarzt, einen Offizier oder Fähnrich für materielle medizinische Versorgung, drei Sanitäter sowie ziviles Personal als Krankenschwestern, Arzthelfer und Laborassistenten. In Königsbrück befand sich das Institut für Luftfahrtmedizin zur flugmedizinischen Betreuung des fliegenden Personals (Piloten) und zur luftfahrtmedizinischen Forschung. In den Funktechnischen Bataillonen der Geschwader war je 1 Arzt eingesetzt, die Fla-Raketenregimenter hatten strukturmäßig 1 Regimentsverbandsplatz.

Volksmarine
Ihr medizinischer Dienst war im Allgemeinen so gegliedert, daß in den Stützpunkten der Flottillen Lazarette existierten,

die einem Sanitätsbataillon entsprachen und einem Flottillenarzt unterstanden; auf den Schiffen und Booten waren Sanitäter eingeteilt, die in Abständen durch den Flottillenarzt zu Schulungen zusammengefaßt wurden Die Kommandanten besaßen die Berechtigung, Spritzen im Notfall zu verabreichen. Dafür mußten sie in bestimmten Abständen den Nachweis erbringen. Entsprechende Bestecke befanden sich an Bord unter Verschluß. Ende der 60er oder Anfang der 70er Jahre waren zwei größere Schiffe als Rettungsschiffe umgerüstet worden. Sie verfügten u.a. über eine Einrichtung für Operationen. Spezialaufgaben erledigte das Marinemedizinische Zentrum.

Über allem existierten die medizinische Verwaltung im Ministerium, das Zentrale Lazarett in Bad Saarow sowie die Versorgung durch das medizinische Lager (1 Apotheker und weitere Mitarbeiter).

Als Faustregel galt, daß in der Regimentsebene 1 Arzt 800 Armeeangehörige betreute, während im zivilen Bereich in der Regel 1 Arzt 350 Einwohner zu betreuen hatte. Hinzu kam, daß im zivilen Bereich die Überweisung zu speziellen Behandlungen sowie die Arztwahl besser möglich waren, auch wenn Armeeangehörige in zivilen Einrichtungen behandelt werden konnten.

Laut der oben genannten Kollegiumsvorlage zur Entwicklung des Gesundheitsschutzes in den Landstreitkräften bis 1995 waren in den 80er Jahren im Bereich der Dienststellen Bad Salzungen, Schwerin und Zittau ohne Berücksichtigung der Lazarette 281 Arzt- und 73 Zahnarztplanstellen vorhanden. Das bedeutete, daß in diesem Bereich 1 Arzt 423 Armeeangehörige, 1 Zivilarzt dagegen 1629 Personen versorgte.[44]

Insgesamt verfügte der medizinische Dienst der NVA über ca. 870 Militärärzte sowie 130 Ärzte und Zahnärzte als Zivilbeschäftigte.

Grundlegende Prinzipien der medizinischen Versorgung
Die prophylaktische Arbeit war Schwerpunkt in der Tätigkeit des medizinischen Dienstes. Sie fand statt durch:
- regelmäßige Hygienekontrollen (Lebensmittel, Küche, Sanitärbereiche, Unterkünfte,
- Bekleidung/Ausrüstung, Baden und Wäschetausch, in der Gefechtsausbildung u.a.);
- Jahresgrunduntersuchungen der Berufssoldaten;
- Einstellungs- und Entlassungsuntersuchungen der Armeeangehörigen.

Die prophylaktische Komponente war eine Grundvoraussetzung für eine effektive tägliche medizinische Betreuung in der Armee, analog der Aufgabenstellung des Ministers für Gesundheitswesen für den zivilen Bereich. Sie war integrierender Bestandteil der Tätigkeit des gesamten medizinischen Personals.

Durch Sichtagitation im Objekt und in den Unterkünften, Vorträge der Ärzte und Feldschere in den Einheiten, Vorfilme im Rahmen der Kinoveranstaltungen und dergleichen konnte gut auf eine gesunde Lebensweise oder die Vermeidung von Unfällen hingewiesen werden.

Die Mannschaften fanden entsprechend ihrer Krankheiten bzw. Schädigungen die notwendige medizinische Behandlung entsprechend den territorialen Gegebenheiten. Nach Krankmeldung konnten sie mit dem Krankenbuch der Kompanie den Med. Punkt aufsuchen. Dort war eine erstinstanzliche ärztliche Untersuchung und für Erkrankungen oder Verletzungen ambulante und auch stationäre Behandlung im Rahmen des allgemeinen Profils möglich.[45]

Offiziere wurden – entsprechend ihrer höheren Verantwortung für Menschen und Technik, der spezifischen Aufgabenstellung und Ausbildung – von der Dringlichkeit her in der medizinischen Betreuung und Behandlung teilweise bevorzugt, weil die besonderen Anforderungen und Belastungen eine spezielle Betreuung erforderten, wie es auch in der Arbeitsmedizin und in anderen Armeen der Fall war.

Eine Ausnahme bildete das fliegende Personal bezüglich Physiotherapie und Zahnbehandlung.

Insgesamt wird eingeschätzt, daß in den Med. Punkten und

Lazaretten Gleichbehandlung erfolgte. Manche Patienten erhielten auf Weisung oder Forderung ihrer Vorgesetzten eine schnellere oder intensivere medizinische Behandlung.
Die Fragebogenaktion ergab auf diesem Gebiet, daß 51 Prozent der befragten Unteroffiziere und etwa jeder 2. Soldat in ihrer Dienstzeit im Regiments-Med.-Punkt eine ambulante, 21 Prozent der Unteroffiziere und jeder 6. Soldat stationäre, etwa jeder 10. Unteroffizier bzw. Soldat beide Formen der Behandlung in Anspruch nehmen mußten. Von diesen beurteilten 83 Prozent der Unteroffiziere und 60 Prozent der Soldaten diese Behandlung als sachkundig und hinreichend, etwa 14 Prozent der Unteroffizier und 20 Prozent der Soldat dagegen als unzureichend.[46] Daß es dabei auch Probleme gab, zeigt die Tatsache, daß 1983 bis 1986 im Bereich der Landstreitkräfte 18,5 Prozent aller Eingaben zu Fragen der medizinischen Betreuung eingereicht wurden, auch wenn über deren Inhalt keine Angaben vorliegen.[47]
Entsprechend der militärischen Bestimmungen gab es jedoch auch prophylaktische Untersuchungen bestimmter Personengruppen (nach Dienststellung, Dienstgrad, Dienstverwendung). Dazu zählten: die Musterung vor Beginn des Grundwehrdienstes und die Tauglichkeitsuntersuchungen der Bewerber für militärische Berufe; bei festgestellten Körpermängeln wurde auf deren Beseitigung Wert gelegt, das konnte bis hin zur Auflage bestimmter zumutbarer Maßnahmen (Zahnbehandlung, diagnostische Maßnahmen) gehen; Röntgenreihenuntersuchungen des Thorax für alle Armeeangehörigen; jährliche Grippeschutzimpfungen, Impfungen gegen Typhus und Tetanus, früher auch Pockenimpfungen; spezielle Impfungen bei besonderen Anlässen (zum Beispiel Verlegung zum Raketenschießen in Kasachstan), gegen Cholera, Gelbfieber usw., je nach epidemiologischer Lage; bei bestimmten Verwendungen, wie Umgang mit Giftstoffen und Mikrowellen und Strahlenexponierte sowie Taucher, Feuerwehrpersonal fanden spezielle Vorsorgeuntersuchungen statt; Dispensäruntersuchungen für bestimmte leitende Kader und besonderen Belastungen ausgesetzten Armeeangehörigen wie: flugmedizinische und marinemedizinische Untersuchungen für fliegendes und Bordpersonal, im Ausland einge-

setzte Offiziere (Militärattaches, Offiziershörer an ausländischen Militärakademien, im Vereinten Oberkommando Tätige usw.).
Prophylaktische Kuren erhielten Offiziere ab Bataillonskommandeur aufwärts alle zwei Jahre, sie wurden ebenfalls für Armeeangehörige und Zivilbeschäftigte angewiesen, die Umgang mit gefährlichen Substanzen wie Radioisotopen, speziellen Treib- bzw. Giftstoffen hatten.
Zu den vorbeugenden Maßnahmen zählten die Aufenthalte in Kurheimen der NVA. Anspruchsberechtigt waren alle Offiziere ab Dienstgrad und Dienststellung Oberst, die Bataillonskommandeure, Offiziere und Unteroffiziere beim Umgang mit Raketentreibstoffen, Röntgenstrahlen, chemischen Giften, mit erheblicher psychischer und physischer Belastung – dazu zählte der Einsatz auf Flugplätzen – in der Regel alle 3 Jahre. Im Ergebnis der Jahresgrunduntersuchung konnten Angehörige aller Dienstgradgruppen zu prophylaktischen Kuren eingewiesen werden, die 19 Tage dauerten und in den Einrichtungen Benneckenstein, Rothenburg (bis in die 70er Jahre), Bad Brambach und Prora außerhalb der Saison stattfanden. Zahl der Anspruchsberechtigten 8-10000.
Ein Sonderkontingent bildeten die Mitarbeiter der Abteilung Sicherheit beim ZK der SED, des Zentralvorstandes der GST und der Leitung der Armeesportvereinigung »Vorwärts«, Künstler des »Erich-Weinert-Ensembles« sowie Offiziere in zivilen Ministerien. Zusätzliche Ferienplätze erhielten leitende Kader des medizinischen Dienstes, der Militärmedizinischen Akademie und der Militärmedizinischen Sektion Greifswald, der Lazarette sowie Militärstudenten an ausländischen Militärakademien. Die Auswahl der darüber hinaus zusätzlich zu Betreuenden richtete sich nach medizinischen Gesichtspunkten und Betreuungsrichtlinien. Eine Abhängigkeit bestand in den diagnostischen Möglichkeiten auf den unterschiedlichen Behandlungsebenen, der fachlichen Kompetenz und dem Engagement des Arztes.
Gewisse Bevorzugungen oder Sonderbehandlungen gab es z.B. für Angehörige des Zentralen Armeelazaretts bzw. der Militärmedizinischen Akademie, die wissenschaftliche Kontakte mit Hochschulen und Wissenschaftlern des kapitalis-

tischen Auslandes unterhalten sowie deren Militärärzte an Kongressen im kapitalistischen Ausland teilnehmen durften.

Besonderheiten der Betreuung unter Feld- und Garnisonsbedingungen

Die Militärärzte waren im Regiment und selbständigen Bataillon dem Kommandeur direkt unterstellt, ab Division aufwärts dem jeweiligen Chef Rückwärtige Dienste.

Politoffiziere gab es nur in den selbständigen medizinischen Einrichtungen. Sie waren den Kommandeuren bzw. leitenden Ärzten disziplinar, aber fachlich den übergeordneten Politorganen unterstellt. Für die Zusammenarbeit zwischen beiden galten die militärischen Bestimmungen und Festlegungen. Hauptaufgabe der Politoffiziere war die Organisation der Gesellschaftswissenschaftlichen Weiterbildung, die Anleitung der Partei- und FDJ-Leitungen sowie die Führung des sozialistischen Wettbewerbs. Es gab also auf direktem Weg keine Einflußmöglichkeit seitens der Politorgane auf die fachliche Arbeit und die Entscheidung der Ärzte, doch bestand die Möglichkeit, über die Parteileitungen auf die ärztliche Tätigkeit einzuwirken.

Der Arzt hatte grundsätzlich viele Möglichkeiten. Er besaß, ganz gleich auf welcher Ebene, immer eine gewisse Sonderstellung. Ein erfahrener Truppenarzt hat diese auch genutzt und Erfolge erzielt, u.a. auch über die Politorgane fachliche Belange durchzusetzen. Die Kommandeure waren über Hinweise auf der »Politlinie« meist durchaus nicht begeistert. Weitere Möglichkeiten ergaben sich für den Truppenarzt in der direkten Vorsprache beim Kommandeur, bei der Planung der Ausbildung sowie der Aufstellung und Durchsprache der unterschiedlichsten Maßnahmepläne, im persönlichen Gespräch mit den zuständigen Vorgesetzten oder in der Dienstversammlung.

Der Militärarzt war entsprechend der Vorschrift der medizinische Berater des jeweiligen Kommandeurs.[48] Obwohl der medizinische Dienst den Rückwärtigen Diensten unterstand, hatte der Feldscher oder Arzt das Recht, beim Kommandeur auf vorhandene Mängel in den unterschiedlichsten Bereichen, die von ihm beurteilt werden konnten (Hygiene, über-

mäßige Belastungen oder Diskrepanzen von Dienst und Freizeit) hinzuweisen und mit ihren Vorschlägen zur Abhilfe beizutragen. Der Kommandeur rief auch in bestimmten Abständen den Arzt/Feldscher zum Rapport. Doch Mängel, insbesondere in der Truppenhygiene, die in das Ressort der Rückwärtigen Dienste gehörten, wurden zwar wiederholt festgestellt, aber oft nur unzureichend oder gar nicht abgestellt. Das betrifft z.B. bauliche Mängel in Truppenküchen, Überschreitung von Grenzwerten bei der Wasserversorgung oder Reinigungskapazitäten der Wäsche. Zum Teil wurden Mängel von den Einheiten selbst hervorgerufen, so z.B. durch mangelhafte Planung der Ausbildung in Selbst- und gegenseitiger Hilfe, die Planung der Jahresgrunduntersuchungen sowie die Durchsetzung des Lärmschutzes beim Flugdienst.
Für die medizinische Betreuung unter Felddienstbedingungen gab es konkrete Festlegungen in den Dienstvorschriften, Handbüchern und Anweisungen. Besaß der Truppenteil dafür nicht genügend Kapazität, erfolgte die Regelung und Sicherstellung zentral. Schwierigkeiten gab es für den medizinischen Dienst bei der Abstellung aufgetretener Mängel während der Übungen oder Manöver, da oftmals dadurch Störungen im Ablauf dieser Maßnahmen befürchtet wurden.
Bei abschließenden Einschätzungen, nach Kontrollen und Inspektionen wurden kritische Hinweise der Mediziner ernst genommen.
Eine große Rolle spielte auch das persönliche Verhältnis zwischen Vorgesetzten und Untergebenen, d.h. zwischen dem Kommandeur und dem Arzt bzw. Feldscher. Stimmte es nicht, konnten auch bestimmte Diskrepanzen und Unzulänglichkeiten nur schwer überwunden werden. Dabei durften allerdings auch bestimmte Machtpositionen bzw. teilweise übertriebenes Autoritätsgefühl nicht übersehen werden. So versuchten Vorgesetzte und andere Offiziere der Rückwärtigen Dienste öfters – besonders bei Übungen und Manövern – Angehörige des medizinischen Dienstes zu reglementieren bzw. ihnen Vorschriften zu machen, was zum Teil in unsachgemäße Bevormundungen und Reglementierungen, die nicht den Forderungen der Organisation und Taktik des medizinischen Dienstes entsprachen, ausartete.

Einige Kommandeure aber auch Politorgane gaben jung in der Dienststellung befindlichen Militärärzten zu wenig Unterstützung, was sich ungünstig auf deren Berufsmotivation auswirkte. Schwierigkeiten hatten sie auch bei der Bewältigung ihrer Aufgaben durch fehlende Information seitens erfahrener Ärzte und Kommandeure.[49] In der gesundheitlichen Betreuung und der Truppenhygiene bestanden teilweise auch Mängel, für die der Arzt nicht verantwortlich war, die in das Ressort der Rückwärtigen Dienste gehörten. Zu häufig wurde der Gesundheitsschutz allein dem medizinischen Dienst zugeordnet, fühlten sich die Vorgesetzten zu wenig dafür verantwortlich.[50] Dafür einige Beispiele. So heißt es im Auswertebericht der Rückwärtigen Dienste der 1. MSD für das Ausbildungsjahr 1981/82: »In der Sanitätsausbildung ist der Kenntnisstand der praktischen Verwendung des medizinischen Schutzpäckchens... und des persönlichen Verbandmittelsatzes bei den Reservisten und teilweise bei den BU und den Offizieren in den Stäben unzureichend.«[51] Im Auswertungsbericht des Kommandeurs des MSR 1 für den Zeitraum vom 1. Dezember 1983 bis 12. November 1986 wird zur Truppenhygiene eingeschätzt, daß der Allgemeinzustand gut sei, einzelne Kompanien nur 1mal wöchentlich duschen konnten und daß der Unterwäschetausch sowie der 14tägige Bettwäschetausch zum Teil nicht eingehalten wurde.[52] In der Analyse des Artillerieregiments 1 für das 1. Ausbildungshalbjahr 1981/82 heißt es u.a., daß der Unter- und Bettwäschetausch mit 49,7 Prozent und 85,2 Prozent unbefriedigend sei.[53]

Die Ausstattung und Versorgung mit Medikamenten und Geräten
Die Versorgung mit Medikamenten und Instrumenten wie auch die apparative Ausstattung und Ausrüstung nach den Versorgungsnormen der NVA hatten ein sehr modernes Niveau innerhalb der Armeen des Warschauer Vertrages. Festgelegt in der entsprechenden Vorschrift, war sie je nach Größe Struktur, Aufgabe und Kommandoebene geordnet. Die Lazarette waren ähnlich wie eine Poliklinik ausgestattet. In den Spezialeinrichtungen wurden trotz aller Sparmaßnahmen auch hochwertige und sehr moderne Ausstattungen ange-

schafft – evtl. auch aus dem NSW importiert –, die teilweise über dem Niveau des zivilen Bereichs lagen. Dafür mußten dann Abstriche bei anderen Ausstattungen gemacht werden. Insgesamt war die Ausrüstung bis auf Einmalmaterial gut. Die Beschaffung aus der Volkswirtschaft erfolgte zum Teil über die Lieferverordnung (LVO), eine ausgesprochene Privilegierung gegenüber zivilen Einrichtungen bestand aber nicht. Mängel an Medikamentenversorgung, wie sie besonders ab Mitte der 80er Jahre zeitweise in den zivilen Einrichtungen vorkamen, betrafen die Armee weniger. Sie erhielt zum Teil mehr als der zivile Bereich. Aber auch hier muß man prozentual die Versorgungsbereiche und Behandlungszentren sowie einzelne Schwerpunkteinrichtungen berücksichtigen. Hinzu kommt, daß im zivilen Bereich Spezialkrankenhäuser, -zentren und -kliniken existierten. Ein Vergleich beider Ebenen könnte höchstens zwischen dem Lazarett eines Militärbezirks und einem Kreiskrankenhaus angestellt werden, wobei letzteres eine andere Struktur hatte und z.B. mit Gynäkologie, Pädiatrie usw. weitere Behandlungsbereiche besaß. Beide Institutionen waren auch territorial unterschiedlich ausgestattet, vor allem ausgehend von der Zahl der Außenstellen und der Einwohnerzahl des Einzugsbereiches.

Das Zentrallazarett Bad Saarow/Militärmedizinische Akademie war laut Aufgabenstellung auf das modernste im DDR-Maßstab ausgestattet, vergleichbar etwa mit dem Regierungskrankenhaus und dem Klinikum Buch. Insgesamt war die technische Ausrüstung mit medizinischen Großgeräten sowie Hilfsmitteln in der Armee gut.

Ein absoluter Vergleich zwischen dem zivilen und dem Armeebereich ist kaum oder schwer möglich, da die medizinischen Einrichtungen von ihren Einzugsbereichen und Aufgaben her unterschiedlichen Kompetenzen unterlagen.

Zur Ausbildung der Militärärzte
Die Ausbildung von Militärärzten erfolgte nach dem Standard der zivilen medizinischen Hochschulausbildung an der Ernst-Moritz-Arndt Universität Greifswald mit einem zusätzlichen militärischen und militärmedizinischen Ausbildungsanteil.

Vor Studienbeginn fand eine einjährige Berufsausbildung zum Krankenpfleger, anstelle des zivilen Krankenpflegerpraktikums statt; während der Ausbildung waren die »Studenten« ab 1956 Offiziershörer, bis dahin Offiziersschüler, ab 1966 wieder Offiziersschüler; sie erhielten stets die Bezüge wie Offiziersschüler.

Praktika während des Studiums absolvierten sie in Einrichtungen der NVA, aber auch des zivilen Bereichs.

Nach dem medizinischen Staatsexamen erfolgte die Ernennung zum Oberleutnant und es schloß sich unmittelbar die Weiterbildung zum Facharzt an. Dabei wurden die klinischen Fachrichtungen (z.B. Chirurgie, HNO, Innere Medizin) an der Militärmedizinischen Akademie, die theoretischen (z.B. Hygiene, Pharmakologie) an der Militärmedizinischen Sektion, die Fachrichtungen Allgemein- und Arbeitsmedizin für zwei Jahre in der Truppe und zwei Jahre an der Akademie oder einem Lazarett bzw. zivilen Einrichtungen absolviert.

Die Ausbildung der Militärärzte unterschied sich im Inhalt insofern von jener der zivilen Kollegen, daß sie neben dem vollen Medizinstudium noch die Fächer Feldchirurgie, Innere Militärmedizin, Militärhygiene, Feldepidemiologie, Militärpharmakologie u.a. belegen mußten. Die Zahl der Prüfungen, die Belastungen sowie die Anforderungen waren höher. Für sie war z.B. keine zweite Nachprüfung möglich, ihre Semesterferien verkürzten sich durch zusätzliche militärische Ausbildung, Dienste im Objekt (Wache, Streife, Innendienstposten). Die finanzielle Seite wies gegenüber der Bundeswehr Unterschiede auf, die Einkommen der Dienstgrade der NVA waren niedriger.

Der Militärarzt war als Offizier zu 25 Jahren Dienst verpflichtet. Die dadurch bedingte höhere Belastung führte auch zu kräftemäßigem Verschleiß, was auch durch Zulagen nicht auszugleichen war. Ihr Verdienst glich in etwa dem Gehalt ziviler Fachärzte in gleich gelagerten Funktionen. Die zivilen Ärzte konnten durch Bereitschaftsdienste ihr Einkommen noch erhöhen. Bei der Armee galt der 24-Stunden-Dienst. Doch nie erfolgte eine volle Berücksichtigung bzw. Akzeptanz des sogenannten Nomadenlebens der Militärärzte unter anderem durch Versetzungen. Hinzu kommt der ständige Wechsel von

24-Stunden-Dienst und Bereitschaft am Tage, mit Teilnahme an Kontrollen, Inspektionen, Übungen, Manöver usw., was sich oftmals negativ auf die Familie auswirkte. »Sonderbedingungen« haben demzufolge nur in der deutlichen Mehrbelastung der Militärärzte bestanden (ständige Erreichbarkeit, Tag- und Nachtdienst ohne Freizeit, tage- oder wochenlanger Einsatz bei Übungen und Ausbildungsmaßnahmen). Berufsethos und Sorgfaltspflicht waren nach unserer Kenntnis bei den medizinischen Kadern überdurchschnittlich ausgeprägt, wovon die medizinische Betreuung profitierte.
Die Stipendien im Studium der Militärmedizin lagen höher als die ziviler Studenten. Diese mißgönnten das zwar, doch wollten sie meist nie Angehörige der bewaffneten Organe werden. Die Werbung für das Studium der Militärmedizin war schwierig.

7. Zur finanziellen Vergütung des Dienstes der Soldaten auf Zeit und der Berufssoldaten.[54]
Die Höhe der finanziellen Vergütung für den geleisteten Dienst wurde durch die Besoldungsordnung (Ordnung 005/9/001) geregelt, von der im Laufe der Entwicklung der NVA auf Grund von veränderten Bedingungen und Umständen mehrere Ausgaben erschienen. Die für die 80er Jahre gültige Fassung erließ der Minister für Nationale Verteidigung am 12. 10. 1982. Sie galt ab dem 01. 01. 1983.[55] Bezüglich der Höhe der Dienstbezüge ist ein Vergleich mit dem Verdienst analoger sozialer Gruppen des zivilen Bereichs schwierig, weil die allgemeinen Umstände der Tätigkeit und die jeweilige Belastung zu verschieden waren. Speziell für die Tätigkeit in der Volkswirtschaft galten z.B. unterschiedliche Zuschläge zum Lohn bzw. Gehalt (Schichtprämien, Nachtzuschläge usw.), die im militärischen Bereich nicht gezahlt wurden.
Das Entgelt für Angehörige der NVA unterteilte sich in:
Wehrsold für Wehrpflichtige im Grundwehrdienst (gegebenenfalls mit Zuschlägen für besondere physische und psychische Belastungen);
Wehrsold für Wehrpflichtige im Reservistenwehrdienst (mit Ausgleichszahlung durch den Betrieb);
Dienstbezüge für Soldaten auf Zeit und Berufssoldaten, un-

terteilt nach Vergütung des Dienstgrades, der Dienststellung und des Dienstalters sowie Zulagen und Zuschläge[56].

Von der Dauer und der Art der Ausbildung her ließen sich Unteroffiziere bzw. Feldwebel mit den Meistern, Fähnriche mit Fachschulabsolventen, Offiziere mit Hochschulabsolventen vergleichen, zumal die beiden letzteren eine Hochschule mit 3 bis 4 Jahren Studium und einem Diplom zu absolvieren hatten. Doch im Unterschied zu Hochschulabsolventen des zivilen Sektors, wie Ingenieure, Ökonomen, Ärzte u.ä. hatten Offiziere/Berufssoldaten die volle Verantwortung für die ihnen Unterstellten über 24 Stunden, nicht nur Wochentags, sondern auch an Sonn- und Feiertagen wahrzunehmen, einschließlich aller materiellen Werte wie Waffen, Technik und Bekleidung.

So war bereits ein Leutnant/Oberleutnant als Zugführer in den Landstreitkräften im Bestand der von ihm geführten Einheit für etwa 3 Panzer oder gepanzerte Fahrzeuge im Wert von ca. 1 Million Mark pro Stück verantwortlich. Dieser Wert steigerte sich mit der Dienststellung als Kompaniechef (Hauptmann/Major) bzw. Bataillons-, Regiments- oder Divisionskommandeur. Abgesehen davon betrug der Wert einer MPi, mit der im allgemeinen jeder Soldat ausgerüstet war, etwa 650 M, ein LKW W 50 etwa 90.000 M und ein Kübel-Pkw UAS etwa 27.300 M. Für die größere und kompliziertere Technik wie Flugzeuge, Kampfschiffe usw. waren diese Summen enorm höher.[57]

Zusammensetzung der Dienstbezüge der Berufssoldaten
Sie setzten sich zusammen aus:
Vergütung für den Dienstgrad: Laut der Besoldungsordnung vom 02. 10. 1982[58] erhielten

Unteroffiziere	zwischen 275,- und 400,- M
Fähnriche	450,- » 600,- M
Offiziere	450,- » 550,- M
Stabsoffiziere	600,- » 800,- M
Generale	1000,- » 1400,- M

Vergütung für die Dienststellung: Als Mindestvergütung erhielten

Unteroffiziere auf Zeit	375,- M
Berufsunteroffiziere	450,- M
Fähnriche	525,- M
Offiziere	700,- M[59]

Die genaue Vergütung wurde jeweils im Stellenplan ausgewiesen.

Die Vergütung für das Dienstalter: Es wurden gezahlt von den Vergütungen für Dienstgrad und Dienststellung

nach 5 Dienstjahren	5%
nach 10 Dienstjahren	10%
nach 15 Dienstjahren	15%
nach 20 Dienstjahren	20%

Zulagen wurden auf der Grundlage eines besonderen Befehls des jeweiligen Kommandeurs, ständig für besonders verantwortliche Aufgaben gezahlt (z.B. Flugzeugführer, Kommandanten von Schiffen und Booten, Unteroffiziere auf Offizierplanstellen u.a.).

Zuschläge wurden auf der Grundlage entsprechender Nachweise, zeitlich begrenzt, für besondere physische und psychische Belastungen gezahlt (z.B. Panzerfahrer, Nachrichtenpersonal, Taucher u.a.).

Von den Vergütungen wurden folgende Abzüge vorgenommen:

Von sämtlichen Vergütungen wurden Beiträge nach der Versorgungsordnung in Höhe von 10% abgeführt. Es gab also keine Begrenzung auf 60,- M wie bei den SV-Beiträgen im zivilen Sektor.

Lohnsteuer wurde von der Vergütung für den Dienstgrad an Hand der für den zivilen Sektor geltenden Lohnsteuertabellen berechnet.

Weitere Zahlungen waren:

Das staatliche Kindergeld, wie im zivilen Sektor;

Wohnungsgeld, sofern keine kasernierte Unterkunft in Anspruch genommen wurde (in den 70er Jahren betrug es für Offiziere ab 35,- M monatlich;

Verpflegungsgeld, sofern nicht an der Gemeinschaftsverpflegung teilgenommen wurde (in den 70er Jahren pro Tag 2,20 M/monatlich 66,- M).

Jeder Offiziersschüler erhielt – im Unterschied zu zivilen Stipendienempfängern – bei voller Verpflegung und Dienstbekleidung im 1. und 2. Studienjahr 450,00 M, im 3. Studienjahr 500,00 M und im 4. Jahr 550,00 M. Stipendien der Hoch- und Fachschüler lagen weit darunter. Außerdem hatten Studierende für Unterkunft – auch in den Wohnheimen der Studieneinrichtungen – aufzukommen.

Zur dienstlichen Belastung der Berufssoldaten
Die Höhe der Dienstbezüge der Berufssoldaten ist nicht zu verstehen, setzt man sie nicht ins Verhältnis zu deren Belastung und Verantwortung. Als Ausgangspunkt wurde ein junger Offizier (Leutnant/Oberleutnant) in den Landstreitkräften gewählt, der im allgemeinen als Zugführer eingesetzt war. Er hatte in der Regel eine tägliche Dienstzeit von 7.30 bis 17.00 Uhr. Rechnet man die Sonntage und (seit 01.01. 1979) zwei dienstfreie Sonnabende im Monat ab, so sind das – der Monat mit 30 Tagen gezählt – 24 Tage Dienst im Monat. Bei 9 Stunden Dienst ergibt das 216 Monatsstunden. Man muß hier berücksichtigen, daß bei den Landstreitkräften die Einheiten der Truppenluftabwehr ständig im Diensthabenden System standen, gleiches gilt bei den Luftstreitkräften/Luftverteidigung für bestimmte Fliegerkräfte, die Fla-Raketeneinheiten und die Funktechnischen Truppen. Meist folgten hier auf 10 Tage Dienst rund um die Uhr, 10 Tage Bereitschaft und 10 Tage Ruhe. Der »Arbeitstag« bei fliegertechnischem Personal der Luftstreitkräfte betrug an Flugtagen pro Flugschicht von 8 Stunden 14 bis 16 Stunden.
In den 80er Jahren betrug dagegen die wöchentliche Regelarbeitszeit laut den geltenden Rahmenkollektivverträgen z.B. in der Nichteisenmetallindustrie 43,75 Stunden (im Schichtbetrieb nur 42 Stunden). Bei 22 Arbeitstagen (ohne Sonnabende und Sonntage) ergibt das im Monat 192, 50 Stunden.[60] D.h. Offiziere kamen dabei in der Regel auf 24,5 Stunden mehr Dienstzeit im Monat als ein Werktätiger. Ähnliches gilt auch für Berufsunteroffiziere und Fähnriche. Hinzu kommt, daß der Leutnant/Oberleutnant vier bis fünf Dienste als Wachhabender im Monat, 2 mal Dienst als GOvD (beide Dienste waren 24 Stunden zu leisten), ca. 4 mal pro Monat

Anwesenheitsdienst hatte, d.h. nach Dienstschluß bis gegen 22.00 Uhr in der Kompanie ansprechbar sein mußte. Fazit: Damit wurden die 216 Stunden Regeldienstzeit wesentlich überschritten. Übungen und Manöver wurden dabei unberücksichtigt gelassen. Diese »Überstunden« wurden finanziell nicht extra abgegolten, selten nur konnte dienstfreie Zeit als Ausgleich gewährt werden.

Als Kompaniechef (Oberleutnant/Hauptmann, teilweise Major) hatte der Offizier 1 bis 2 mal im Monat Dienst als OvD bzw. GOvD sowie 2 mal pro Monat Anwesenheitsdienst nach 17.oo Uhr.

Rückte die Einheit/Truppenteil ins Feldlager, kamen zusätzliche Dienste bzw. Dienststunden hinzu. Das galt ebenso für Offiziere des medizinischen, des Verpflegungs- sowie des technischen Dienstes.

Stabsoffiziere waren ebenfalls zusätzlich zum Normaldienst auf ihren Ebenen/Kommandohöhen zu entsprechenden Diensten nicht nur im Sinne der Forderung nach ständiger Gefechtsbereitschaft eingesetzt.[61]

Bereits am 19. Mai 1972 hatte der Minister für Nationale Verteidigung in einem Bericht an das Politbüro des Zentralkomitees der SED über »Die Lage unter den Berufssoldaten der NVA bei besonderer Berücksichtigung der jungen Offiziere« festgestellt, daß eine sehr hohe »normale« Belastung der jungen Offiziere im Diensthabenden System, bei der Gefechtsausbildung und im Einsatz in der Volkswirtschaft bestand, so daß in der Regel 64,5 Stunden/pro Woche Dienst zu leisten waren.[62] Diese Situation hatte sich auch in den 80er Jahren nicht verändert.

Das Gros der Offiziere, die den Dienstgrad Leutnant bis Hauptmann erreicht hatten, erhielten Bruttobezüge von 1100,- bis 1250,- Mark. Laut Befragung durch die Arbeitsgruppe hielten 47 Prozent der Befragten die Bezahlung für angemessen, 32 Prozent für nur bedingt angemessen, 7 Prozent jedoch für nicht angemessen. Sie begründeten letzteres vor allem damit, daß sie nicht den zeitlichen und sonstigen Belastungen des Dienstes entsprach, nicht der erworbenen Qualifikation gerecht wurde sowie unter vergleichbaren zivilen Gehältern lag.[63] Rechnet man die Stundenbelastung

zum Gehalt der Berufssoldaten, hier besonders der Offiziere, hoch, so kommt für oben genannte Mehrzahl der Offiziere ein Stundenentgelt von unter 5,- Mark heraus, und das bei abgeschlossenem Hochschulstudium, der Verantwortung und Belastung.
Im Vergleich dazu Beispiele für die Lohn- und Gehaltsbedingungen einiger wichtiger Bereiche der Volkswirtschaft. Die 1980 abgeschlossenen und herausgegebenen, für die 80er Jahre gültigen Rahmenkollektivverträge (RKV) »Über die Arbeits- und Lohnbedingungen der Werktätigen der metallbe- und verarbeitenden volkseigenen Kombinate und Betriebe des Ministeriums für Bauwesen (RKV Metallbau) der volkseigenen Betriebe des Maschinenbaus und der Elektrotechnik/Elektronik (RKV Maschinenbau und Elektrotechnik/Elektronik) der volkseigenen Betriebe der Nichteisenmetallindustrie (RKV NE-Metallindustrie) der volkseigenen Betriebe der Metallurgie (RKV Metallurgie)«, in denen für diese Bereiche die Lohn- und Gehaltsbestimmungen enthalten waren, verdienten Meister im Schnitt zwischen 600,- und 1100,- Mark und Ingenieure zwischen 670,- und 2000,- Mark im Monat.[64] Setzt man den Meister gleich Berufsunteroffizier, so sind Fähnriche und Offiziere den Ingenieuren gleichzusetzen. Das ergibt im allgemeinen Vergleich einen Durchschnittsverdienst zugunsten der Beschäftigen im zivilen Sektor. Man kann also als Resümee ziehen, daß Armeeangehörige im allgemeinen nicht besser bezahlt wurden, trotz aller im vorstehenden genannten Belastungen, die über denen der Werktätigen lagen.

8. Urlaub, Ausgang, Freizeit
Die Festlegungen darüber enthielt die Vorschrift DV 010/0/007, wobei für unsere Untersuchungen die Ausgabe von 1986 zugrunde gelegt wird.[65]
Eine Neuausgabe erschien 1990. Doch deren Festlegungen spielten schon fast keine Rolle mehr für die Handhabung in der Praxis. Die NVA existierte ja nur noch kurze Zeit. Die Regelungen waren für Soldaten im Grundwehrdienst, Soldaten bzw. Unteroffiziere auf Zeit sowie für Berufssoldaten unterschiedlich.

Soldaten im Grundwehrdienst
hatten in der Kalenderwoche Anspruch auf einmal Ausgang nach Dienst bis 24.00 Uhr. Die jeweiligen Vorgesetzten vermochten unter Beachtung der Normen der Gefechtsbereitschaft sowie der Kranken und der im Urlaub befindlichen Armeeangehörigen in eigener Zuständigkeit die Zahl der Ausgänger festzulegen. Pro Kompanie konnten so bis zu 30 Prozent der Dienststärke der in der Kaserne untergebrachten Soldaten und Unteroffiziere Ausgang erhalten, doch immer unter Beachtung der 85-prozentigen Anwesenheit.[66]
Soldaten im Grundwehrdienst hatten insgesamt Anspruch auf 18 Kalendertage Erholungsurlaub, der pro Diensthalbjahr fünf Tage zusammenhängend und einmal als verlängerter Kurzurlaub – d.h. über das Wochenende von Freitag nach Dienst bis Dienstag zum Dienst – zu gewähren war.[67] Ferner konnten sie Kurzurlaub über das Wochenende oder über gesetzliche Feiertage erhalten, d.h. von Sonnabend nach Dienst bis Montag zum Dienst, bei Feiertagen vom Vortag nach Dienst bis zum Dienstbeginn am Tag danach.[68]
Schwierigkeiten für Ausgang und Urlaub gab es vor allem in den Einheiten und Truppenteilen, die abseits größerer Siedlungen lagen.
Den Anspruch auf Ausgang, entsprechend den durch die Dienstvorschrift festgelegten Prinzipien konnten, so ergaben die Befragungen der Arbeitsgruppe, 57% der Befragten wahrnehmen, 42,9% jedoch nicht. 33% gaben als Ursache an, daß es an der Anwesenheitsklausel lag, 44,4% sahen die Gründe in Ungerechtigkeiten, wie Schikanen von Vorgesetzten oder älteren Armeeangehörigen, 5,6% in dienstlichen Gründen und 16,7% hatten kein Interesse auszugehen.
Was den Urlaub betraf, so sahen 81,0% die Zahl der Tage als zu gering, nur 19,0% hielten sie für angemessen. Die Berücksichtigung persönlicher Belange und Wünsche bei der Wahl des Urlaubszeitpunktes hielten 57,1% als im Rahmen der dienstlichen Möglichkeiten liegend, 42,9% verneinten das.[69]
Die Freizügigkeit der Urlaubsgestaltung hinsichtlich Reisen ins Ausland war Soldaten im Grundwehrdienst beschnitten. So war es ihnen prinzipiell nicht gestattet privat ins Ausland zu reisen. Eine Ausnahme bildete, wenn die Ehefrau stän-

dig im sozialistischen Ausland wohnte. Nur in Armeereisegruppen konnten Soldaten im Grundwehrdienst an der Auslandstouristik teilnehmen.[70]
Innerhalb der Kasernen gab es begrenzte Möglichkeiten für die Freizeitgestaltung (siehe dazu den Abschnitt über die politische Arbeit). Mitunter wurden der Besuch kultureller Veranstaltungen unter Führung von Vorgesetzten befohlen. Insgesamt war die Freizeit der Soldaten im Grundwehrdienst oft durch Stuben- und Revierreinigen, Arbeitseinsätze, Pflege und Wartung von Waffen und Technik beschränkt. Entsprechende Aufgaben zur Kontrolle und Beaufsichtigung hatten dabei Unteroffiziere auf Zeit und Berufssoldaten wahrzunehmen.

Soldaten bzw. Unteroffiziere auf Zeit
Urlaubs- und Ausgangsregelung sowie Freizeitgestaltung waren für die für drei Jahre dienenden Soldaten auf Zeit bzw. Unteroffiziere vom Dienstalter abhängig. Generell stand ihnen Ausgang nach Dienst bis zum Wecken zu. Sie waren aber dem festgelegten Anwesenheitsteil entsprechend den Normen der Gefechtsbereitschaft, den in Abständen zu leistenden Diensten sowie ihren Aufgaben bei der Beaufsichtigung den ihnen Unterstellten unterworfen.[71]
In die Vergabe von Ferienplätzen in den Erholungsheimen der NVA waren Unteroffiziere auf Zeit zunächst nicht einbezogen. In der 1. Änderung der Ordnung über das Erholungswesen der NVA vom 01.12.1971 wurden jedoch Unteroffizieren/Soldaten auf Zeit, die Möglichkeit eingeräumt, solche in den Zeiten außerhalb der Schulferien nutzen zu können, wenn die Berufssoldaten des Verbandes versorgt waren.[72]
Soldaten bzw. Unteroffiziere auf Zeit erhielten entsprechend den Dienstjahren Erholungsurlaub von anfangs 24 bis schließlich 32 Kalendertagen, wobei bei Urlaubsanspruch von 24 bis 29 Kalendertagen 3 Sonn- oder gesetzliche Feiertage anzurechnen waren.[73] In der Neufassung der Urlaubsvorschrift von 1990 galten als Urlaubstage nur die Werktage von Montag bis Freitag, gesetzliche Feiertage waren nicht anzurechnen.[74]

Berufssoldaten
Berufssoldaten hatten im allgemeinen Ausgang bzw. Freizeit nach Dienstschluß und an den Sonntagen bzw. Wochenenden. Ab Ausbildungsjahr 1974 war monatlich 1 Sonnabend und ab 1. 1. 1979 waren 2 Sonnabende dienstfrei. Sie mußten immer erreichbar sein. Das bedeutete, aufgrund der geltenden ständigen Gefechtsbereitschaft, hatten sich 85 Prozent des Personalbestandes innerhalb des Objekts oder jederzeit erreichbar im Standort aufzuhalten. Nur mit Urlaubsschein war es gestattet, den Standort zu verlassen. Ohne Abmeldung beim Offizier vom Dienst, meist auf telefonischem Weg, konnten Berufssoldaten weder eine kulturelle Veranstaltung noch eine gastronomische Einrichtung bzw. Verwandte oder Bekannte am Standort besuchen.
Berufsunteroffiziere hatten Anspruch auf anfangs 24, ab dem 16. Dienstjahr 46 Kalendertage Erholungsurlaub, Offiziere auf Zeit, Fähnriche und Berufsoffiziere einen solchen auf 36 Kalendertage und ab dem 16. Dienstjahr auf 45 Kalendertage. Bei 24 bis 29 Kalendertagen Erholungsurlaub waren 3 Sonn- bzw. gesetzliche Feiertage anzurechnen, ab 30 Kalendertagen waren 4 derartige Tage zu berücksichtigen.[75]
Die Neufassung der Urlaubsvorschrift im Jahr 1990 verkürzte zwar die Zahl der Urlaubstage, angerechnet wurden aber nur noch die Zeit von Montag bis Freitag – keine Kalendertage mehr –, gesetzliche Feiertage wurden nicht mehr angerechnet.[76]
Nach einer Umfrage der Arbeitsgruppe hielten 80,2 Prozent der Befragten die festgelegte Anzahl der Urlaubstage in Abhängigkeit von Dienstzeit und Belastung für angemessen, 18,8 Prozent dagegen für zu gering; daß persönliche Belange und Wünsche bei der Wahl des Urlaubszeitpunktes im Rahmen der dienstlichen Möglichkeiten berücksichtigt wurden, bejahten 84,2 Prozent, 8,1 Prozent dagegen verneinten es.
Die NVA verfügte nach einem Bericht des Bereichs Erholungswesen beim Minister für Nationale Verteidigung 1970 über 17 Erholungsheime mit 2650 Betten. Hinzu kamen die Erholungsmöglichkeiten auf dem Campingplatz in Prora. Insgesamt waren das pro Jahr 40.000 Urlaubsplätze, davon 8800 in den Monaten Juli und August.[77] Laut einem Bericht

des Ministers für Nationale Verteidigung an das Politbüro des ZK der SED von 1972 bedeutete das aber, daß nur im Rhythmus von 5 bis 6 Jahren 5 bis 8 Prozent der Berufssoldaten ihren Urlaub in Erholungsheimen der NVA verbringen konnten, d.h. von 200 bis 250 Urlaubstagen, die sie in 5 bis 6 Jahren erhielten, konnten sie nur 13 Tage in einem Heim verleben.[78] Aber selbst diese – ohnehin geringen – Möglichkeiten der Urlaubsgestaltung waren kein besonderes Privileg der Angehörigen der NVA. Volkseigene Betriebe und Kombinate, landwirtschaftliche, gärtnerische und Genossenschaften der Handwerker sowie die Parteien der DDR besaßen Ferienheime, oft mit größerer Kapazität ausgestattet, die deren Mitarbeiter und ihre Familien nutzen konnten.

Zwischen 1978 und 1980 erfolgte im Bereich der Landstreitkräfte eine Steigerung der zugewiesenen Urlaubsplätze zwischen 21% (1. MSD) und 35 Prozent (7.PD), was die Situation in geringem Maße entschärfte.[79]

Diese Lage widerspiegelte sich auch in den Eingaben und Beschwerden. So betrafen im Zeitraum 1983/84 4,6 Prozent der 6972 Eingaben und Beschwerden hauptsächlich Probleme der Ausgangs- und Urlaubsgewährung.[80]

Laut Ordnung des Erholungswesens vom 4.8.1970 waren »für Führungskader«, d.h. für Angehörige der Leitung des Ministeriums für Nationale Verteidigung bis Kommandeure von Schulen und Verbänden, »ein besonderes Kontingent an Urlaubsschecks zur zentralen Verfügung zu halten«[81].

Die Entgelte für 14 Tage Heimaufenthalt waren wesentlich geringer als der Preis, der im zivilen Bereich für einen Ferienplatz der Gewerkschaften zu entrichten war. Sie betrugen für Offiziere, deren Ehepartner und Kinder ab 10 Jahre 65,- M pro Person, für Kinder unter 10 Jahre 22,50 M;

für Unteroffiziere der Ehepartner und Kinder ab 10 Jahre 58,50 M pro Person, für Kinder unter 10 Jahre 29,50 M;

für Zivilbeschäftigte, deren Ehepartner und Kinder ab 10 Jahre, bei einem Bruttoverdienst ab 950,- M pro Person 65,- M, für Kinder unter 10 Jahren 32,50 M; lag der Bruttoverdienst unter 950,- M waren 58,50 M bzw. 29,50 M zu entrichten;

Offiziere und Unteroffiziere der Reserve bzw. a. D. zahlten 65,- M, Rentner und ehemalige Zivilbeschäftigte zahlten 58,50 M.[82]

Dennoch waren z.B. 1979/80 die Zahl der Ferienplätze nicht voll ausgenutzt, im Schnitt nur zu 95 Prozent, vor allem in den Frühjahrs- und Herbstmonaten.[83]

Um den Mangel an Urlaubsplätzen zu mindern, hatte der Minister für Nationale Verteidigung bereits 1969 den Dienststellen die Möglichkeit eingeräumt, sich in Zusammenarbeit mit kommunalen Verwaltungen Naherholungseinrichtungen zu schaffen.[84] 1974 hatte er diese »Naherholungsordnung« in erweiterter Form erneut erlassen.[85]

Auslandsreisen waren für Berufssoldaten bzw. jüngere Offiziere im Rahmen der Jugendauslandstouristik in Armeereisegruppen möglich. Private Reisen in nichtsozialistische Staaten bzw. Reisen, bei denen Territorialgewässer, Häfen oder Flughäfen nichtsozialistischer Staaten berührt wurden, waren nicht gestattet.[86] Ab 1984 galten auch besondere Festlegungen für den Reiseverkehr mit der VR Polen. Danach waren private Touristenreisen bis auf weiteres nur noch in dringenden persönlichen Fällen und Familienangelegenheiten gestattet, wenn auch die Teilnahme an vereinbarten Urlauberaustauschen, auch seitens der Ehepartner weiter möglich war.[87]

Insgesamt sind die in dieser Studie dargestellten Inhalte, kasernierte Unterbringung, Wohnungsversorgung, Truppenverpflegung, Bekleidung, medizinische Betreuung, finanzielle Vergütung und die Freizeit- und Urlaubsregelung den allgemeinen Lebensbedingungen in der NVA und damit vorwiegend dem materiellen Bereich zuzuordnen. Trotzdem wird auch hier sichtbar, wie stark diese mit dem Handeln der Menschen verbunden gewesen sind. Deutlich wird die untrennbare Einbindung und Abhängigkeit dieser Rahmenbedingungen für das Handeln der Armeeangehörigen von den gesellschaftlichen und ökonomischen Gesamtverhältnissen in der DDR. Leider sind die Wirkungen oder besser gesagt, die subjektive Reflektion bei den Angehörigen aller Dienstgradgruppen in der NVA auf Grund des Materials und des Zeitabstandes nur allgemein darstellbar. Sie bilden aber u. E. eine Diskussionsbasis und Anregung für weitere Untersuchungen.

1. Siehe. Jürgen Kuczynski: Geschichte des Alltags des Deutschen Volkes, Berlin 1982, S.358.
2. Siehe NVA – Anspruch und Wirklichkeit nach ausgewählten Dokumenten, hrsg. v. Klaus Naumann, Berlin/Bonn/Herford,1993, S. 342.
3. Siehe Klaus-Peter Hartmann: Auskünfte zum Soldatenleben. Erste Ergebnisse aus den Befragungen zum Alltag in der NVA. In: Information der Arbeitsgruppe Geschichte der NVA und Integration ehemaliger NVA-Angehöriger in Gesellschaft und Bundeswehr beim Landesvorstand Ost des Deutschen Bundeswehr-Verbandes, Nr. 4, Berlin 1998
4. Siehe Bundesarchiv-Militärarchiv (im folgenden BA-MA), STB AZN 32635, Bl. 74ff.
5. Siehe ebd., DVH 7/44938, Bl. 25.
6. Siehe ebd., 7/4481, Bl. 187.
7. Klaus-Peter Hartmann, wie Anm.3, S. 20 f.
8. Ralf Gehler: »EK,EK,EK – bald bist du nicht mehr da!« Soldatenkultur in der Nationalen Volksarmee. In: Schriftenreihe des Museums der Stadt Hagenow, H. 5, S 7 f.
9. Siehe BA-MA, STB AZN 32631, Bl. 242ff.
10. Siehe ebd., STB AZN 32634, Bl. 184.
11. Ebd., VA-01/27437, Bl. 152; Argumentation Politische Hauptverwaltung der Nationalen Volksarmee, 07/88, S. 3.
12. Siehe Klaus-Peter Hartmann, wie Anm. 3, S. 21.
13. Siehe BA-MA, VA-01/27437, Bl. 152f.; VA-01/24487, Bl. 283.
14. Ebd., STB AZN 32632, Bl. 28ff.
15. Ebd., Bl. 242ff.
16. Siehe Klaus-Peter Hartmann, wie Anm. 3, S. 21.
17. Siehe BA-MA, VA-01/20899, Bl. 6ff.
18. Siehe Klaus-Peter Hartmann, wie Anm. 3, S. 28.
19. Siehe BA-MA, AZN P-2627, Bl.13ff.; DVH, 7/44801, Bl. 5f.
20. Siehe ebd., AZN P-2627, Bl. 13ff.
21. Siehe ebd., DVH 7/44938, Bl.5ff., Bl. 28ff.; AZN P-2983, Bl. 4.
22. Siehe ebd., VA-01/20899, Bl. 60f., 66f.
23. Siehe ebd., DVH 7/44938, Bl. 25.
24. Siehe ebd., VA-01/26956, Bl. 150; VA-01/20899, Bl. 73 ff.
25. Siehe ebd., Bl. 128 ff.
26. Siehe ebd., AZN P-2658, Bl. 66ff.; AZN P-2627, Bl. 13ff.; DVH, 7/44801, Bl. Argumentation, Politische Hauptverwaltung der Nationalen Volksarmee 05/88, Truppenverpflegung geht jeden an!, S. 2
27. Siehe BA-MA, VA-01/27436, Bl. 3ff.
28. Siehe ebd., DVH 7/44801, Bl. 2ff.
29. Siehe ebd., Bl. 87.
30. Siehe ebd., VA-01/17770, Bl. 36ff.; DVH, 7/44801, Bl. 87.
31. Siehe ebd., VA-10/17813, Bl. 51.

32. Siehe Klaus-Peter Hartmann, wie Anm. 3, S. 22.
33. Siehe BA-MA, DVH 7/44801, Bl. 88.
34. Wörterbuch zur Deutschen Militärgeschichte, Berlin 1985, S. 1010.
35. Siehe DV 010/0/005. Uniformarten und ihre Trageweise – Bekleidungsvorschrift, Berlin 1990, S.6ff; BA-MA, VA-01/23175, Bl. 5, 8, 43, 204.
36. Siehe Klaus-Peter Hartmann, wie Anm. 3, S. 22 f.
37. Siehe BA-MA, VA-STB AZN 32631, Bl. 117ff.; VA-01/23175, Bl. 8ff.
38. Als Grundlage für die Studie dienten Auskünfte, schriftliche Ausarbeitungen sowie Bemerkungen von Dr. Rolf Rehe, Dr. Lothar Kießling, Dipl. Med. Hellmuth Pinther und Prof. Dr. Roland Kalthoff. Auskünfte erteilte Dr. Werner Eckelmann. Weiterhin lagen als Manuskript Thesen zur Geschichte des medizinischen Dienstes der NVA der DDR von Prof. Dr. Roland Kalthoff vor.
39. DV 010/0/010 Gesundheitsschutz, Berlin 1986, S. 23 ff.
40. Ebenda, S. 9.
41. Eberhard Beyer: Referat auf der Gesundheitskonferenz der Nationalen Volksarmee, der Grenztruppen der DDR und der Zivilverteidigung am 14. Juni 1989, Strausberg 1989, S.9.
42. BA-MA, DVH 7/46446, Bl. 3.
43. Feldschere wurden in der Armee bis etwa 1975 ausgebildet. Danach wirkten in dieser Funktion Mediziner nach bestandenem Staatsexamen freiwillig als Offiziere auf Zeit.
44. BA-MA, DVH 7/46446, Bl. 3.
45. Siehe Klaus-Peter Hartmann, wie Anm. 3 , S. 23.
46. Siehe ebd.
47. BA-MA, DHV 7/44939, Bl. 28ff.
48. DV 010/0/010. S. 13.
49. Siehe Eberhard Beyer, wie Anm. 41, S. 19.
50. Siehe ebd., S. 12.
51. BA-MA, VA-10/17813, Bl. 16f.
52. Ebd., VA-10/21164, Bl. 145.
53. Ebd., VA-10/15740, Bl. 7ff.
54. Auskünfte zu diesem Thema sowie Ratschläge bei der Ausarbeitung erteilten Axel Baerow sowie Hans-Joachim Sagner.
55. Siehe BA-MA, DVW 1/43692, Bl. 42 ff. – Weitere Angaben zu den verschiedenen Sonderregelungen siehe ebd., VA-01/24480, Bl. 85 ff.; DVW 1/43691, Bl. 12 ff.; 1/43693, Bl. 99 ff.; 1/43708, Bl. 300 ff. sowie die Festlegungen in den Rahmenkollektivverträgen.
56. Siehe H.-G. Löffler/W. Dischert: Soziale Sicherstellung der Soldaten. In: Deutsche Militärzeitschrift, Nr. 11/1997, S. 30 f.
57. Diese Angaben beruhen auf Auskünften eines ehemaligen Mitarbeiters des Bereichs Technik und Bewaffnung des Ministeriums für Nationale Verteidigung. Ein Vergleich, den ein ehemaliger Major der Panzertruppen anstellte, ergibt folgendes Bild: im panzer-

technischen Dienst der NVA war die Qualifikation Ingenieur/ Diplomingenieur erforderlich. Bei den Dienstbezügen spielte die Qualifikation nur beim Einsatz in die Planstelle eine Rolle, hatte aber keine finanziellen Auswirkungen. In der Volkswirtschaft hatte die Qualifikation mit Berufserfahrung bei der Einstufung in die I-Gruppen I-V, bei besonderen Anforderungen sowie bei Einstufungen für ein Sondergehalt eine ausschlaggebende Rolle. Ähnliche Aufgaben insbesondere im technischen Bereich wurden schon 1977 in der Volkswirtschaft besser entlohnt als in der NVA. Wobei die unterschiedliche Arbeitszeit nicht berücksichtigt wurde. Einer offiziellen Arbeitszeit des Hauptmechanikers von 43,75 Stunden pro Woche (die in dieser Funktion in der Regel auch nicht einzuhalten war), standen wöchentlich 70 Stunden eines STKTA ohne jeden finanziellen Ausgleich gegenüber.

58. Im einzelnen waren das:
Unteroffizier   275,- M; Leutnant 450,- M; Unterfeldwebel 300,- M; Oberleutnant 500.- M; Feldwebel 325,-; M Hauptmann 550,- M; Oberfeldwebel 375,- M; Major 600,- M; Stabsfeldwebel 400,- M; Oberstleutnant 650,- M; Fähnrich 450,- M; Oberst 800,- M; Oberfähnrich 500,- M; Generalmajor 1000,- M; Stabsfähnrich 550,- M; Generalleutnant 1200,- M; Stabsoberfähnrich 600,- M; Generaloberst 1400,- M; Unterleutnant 400,- M
In: BA-MA, DVW I/43691, Bl. 29, 32.

59. Erst 1986 wurden die Bezüge für die Dienststellung um 100,- bis 150,- M. erhöht.

60. Siehe Rahmenkollektivvertrag über die Arbeits- und Lebensbedingungen der Werktätigen der volkseigenen Betriebe der Nichteisenmatallindustrie (RKV NE-Metallindustrie), Berlin 1980, S. 23. – Analoge Aussagen enthalten die RKVs für die Metallurgie, Berlin 1980, S. 24 sowie anderer Industriezweige.

61. Zusammengestellt nach Unterlagen der von der Arbeitsgruppe durchgeführten Befragungen sowie Auskünften ehemaliger Offiziere.

62. BA-MA, STB AZ IV, 32630, Bl. 282 f.

63. Siehe Klaus-Peter Hartmann, wie Anm. 3, S. 23.

64. Zusammengestellt nach den genannten RKVs wurden – ohne Schichtprämien und Zuschläge für Nachtarbeit usw. – gezahlt (Meister / pro Monat):
Metallbau: 600,- bis 1100,- M, in Berlin 670,- bis 1150,-M; Maschinenbau u. Elektrotechnik: 600,- bis 1150.- M, in Berlin 670,- bis 1270,- M; Schwermaschinenbau: 600,- bis 1100,- M, in Berlin 670,- bis 1190,- M; Nichteisenmetallurgie einschl. Bergbau: 920,- bis 1400,- M Untertage, sonst 600,- bis 820,- M;   Metallurgie: 600,- bis 820,- M, in Berlin 670,- bis 880,- M; Ingenieure (Hoch- u. Fachschulkader) pro Monat; Metallbau sh. Meister Maschinenbau u. Elektrotechnik: 750,- bis 1830,- M; in Berlin 800,- bis 2000,- M.; Nichteisenmetallurgie einschl. Bergbau: 850,- bis 2200,- M

Untertage; sonst 750,- bis 2000,- M. Metallurgie 750,- bis 2000,-M ; in Berlin 800,- bis 2180,- M. Siehe RKV Metallbau, S. 30 ff, 44, 58 f.; RKV Maschinenbau und Elektrotechnik, S. 28, 31, 37, 70 ff; RKV Nichteisenmetallurgie, S. 25 ff., 39 ff.; RKV Metallurgie, S. 23, 26, 30 ff.
65. Der vollständige Titel lautet: DV 010/0/007. Urlaub, Ausgang und Dienstbefreiung. Urlaubsvorschrift, Berlin 1986.
66. Ebd., S. 27.
67. Ebd., S. 12.
68. Ebd., S. 13.
69. Siehe Klaus-Peter Hartmann, wie Anm. 3, S. 23 f.
70. Siehe BA-MA, VA-01/24480, Bl. 168 ff.
71. Siehe DV 010/0/007, S. 28 f.
72. Siehe BA-MA, VA-01/24480, Bl. 26.
73. Siehe DV 010/0/007, S. 10.
74. Siehe ebd., Ausgabe Berlin 1990, S. 6 ff.
75. Siehe ebd., Ausgabe 1986, S. 10 f.
76. Siehe ebd., Ausgabe 1990, S. 6 f.
77. Siehe BA-MA, VA-01/27453, Bl. 1 ff.
78. Siehe ebd., STB AZN 32630, Bl. 285. Siehe ebd., DVH 7/44831, Bl. 51.
79. Siehe ebd., DVH 7/44939, Bl. 2.
80. Ebd., VA-01/24480, Bl. 7.
81. Siehe ebd., Bl. 17.
82. Siehe ebd., DVH 7/44831, Bl. 136 ff.; vgl. auch VA-011/21238, Bl. 21, 167.
83. Siehe ebd., VA-01/23742, Bl. 19 ff.
84. Siehe ebd., VA-01/28145, Bl. 125 ff.
85. Siehe ebd., VA-01/24480, Bl. 196 ff.
86. Siehe ebd., VA-01/30087, Bl. 251 ff.

Oberst a. D. Dr. Klaus-Peter Hartmann

Zu den Dienst- und Lebensbedingungen in der NVA

(November 2000)

Als Dienst- und Lebensbedingungen einer Armee verstehen wir die Gesamtheit der materiellen, strukturell-organisatorischen, zeitlichen und sozialen Bedingungen, auf deren Grundlage sich das Leben der Soldaten vollzieht und die ihre Lebensweise wesentlich bestimmen. Kern der Lebensbedingungen in der Armee sind nach Funktion, Zeitvolumen und Bedeutung die Dienstbedingungen, was durch ihre Herausstellung im Gesamtbegriff unterstrichen wird. Sie sind Basis und Rahmen für die verschiedenen Formen der militärischen Tätigkeit, zu denen tägliche Ausbildung, Truppenübungen, Gefechtsdienstsysteme, Wachdienst u.a. zählen. In ihnen vollzieht sich der Hauptteil aller Lebensprozesse in der Armee.

Einen zweiten Komplex bilden die allgemeinen Lebensbedingungen in den militärischen Objekten und an den Standorten, also Unterbringung, Verpflegung, Bekleidung, medizinische und kulturelle Betreuung, aber auch Urlaub und Ausgang, Freizeit und Freizeitgestaltung sowie die Besoldung. Fragen nach der politischen Arbeit, in sozialistischen Armeen bekanntlich von hohem Rang, nach demokratischer Mitbestimmung, sozialen Beziehungen und Disziplin führen zu einem dritten Bereich. Weitere, vor allem für Berufssoldaten wichtige Bedingungen sind die für ihre Familien am Standort gegebenen Lebensgrundlagen und die Regelungen für die Rückkehr ins zivilberufliche Leben.

Diese unvollständige, für die Gegenstandsbestimmung aber unverzichtbare Aufzählung weist auf einen komplexen und überaus vielschichtigen Sachverhalt, zu dem umfassende Darstellungen für die Nationale Volksarmee der DDR bisher nicht vorliegen und nach Wissen des Autors auch für andere Armeen kaum greifbar sind. Damit entfällt zunächst die Methode des Vergleichs mit ihren Aussagemöglichkeiten. Auch eine detaillierte Beschreibung verbietet sich in diesem Beitrag schon aus Platzgründen. Vielmehr wird es in den folgenden Ausführungen darum gehen, einige Ausgangsbedingungen und wichtige Entwicklungsabschnitte zu skizzieren, vor allem aber bestimmende Größen sowie einige wesentliche innere Strukturen und Abhängigkeiten an ausgewählten Beispielen deutlich zu machen. Das kann Anregungen für die Diskussion sowie für eventuelle weitergehende und umfassendere Darstellungen zu den Dienst- und Lebensbedingungen in der NVA bieten. Der Autor stützt sich dabei vor allem auf bereits vorliegende Ausarbeitungen zum Soldatenalltag in der NVA[1], auf Ergebnisse soziologischer Untersuchungen sowie auf seine Kenntnis von Grundlagen einer Sozialplanung in der NVA[2].

I. Bescheidene Anfänge (1949 bis 1961)

Ausgangsbedingungen für die Lebensprozesse in den Vorläufern der Nationalen Volksarmee, der Hauptverwaltung Ausbildung der Deutschen Volkspolizei (HVA, ab 1949), der Seepolizei (ab 1950), der VP-See und VP-Luft (ab 1952) und der Kasernierten Volkspolizei (KVP, ab 1952), waren die politischen und ökonomischen Nachkriegsgegebenheiten in einem vom Krieg verwüsteten, von den Siegern besetzten Land. Die ersten Kasernen wurden entweder von sowjetischen Truppen übernommen, die die Hinterlassenschaft des Dritten Reiches an militärischen Objekten in der sowjetischen Besatzungszone weitgehend in Anspruch nahmen[3], oder es wurden Provisorien für die Unterbringung der neuentstehenden Einheiten geschaffen. So war beispielsweise in den 50er Jahren ein Granatwerferregiment in einem Gutshof in Premnitz untergebracht. Erste Neubauten, vor allem im Raum Pasewalk – Prenzlau – Eggesin, begannen 1952 und folgten sowjetischem Muster: große Blöcke für jeweils vier Kompanien, die Soldaten mit ihren Gruppenführern in Schlafsälen zu 80 Mann oder mehr, die Zughelfer und Funktionsunteroffiziere in einem gesonderten Raum, die Kleidung in B/A-Kammern, je ein kleiner Raum für Kompaniechef, Zugführer, Hauptfeldwebel und Waffenkammer, spartanische Toiletten, ein Waschraum, ein PAZ (Polit-Aufklärungszimmer). Auch in

den älteren Kasernen existierten überwiegend große Stuben, meist mit 8-10 Mann, oft auch »doppelstöckig« belegt. In den größeren Kasernen gab es in der Regel einen Kino- und Veranstaltungssaal sowie eine Gaststätte.
Die militärische Ausbildung bestimmte Inhalt und Rhythmus des Lebens der Einheiten. Sie erfolgte anfangs überwiegend an Infanteriewaffen und reichte meist nur bis zur Kompanieebene. Schon 1950 gab es in der HVA jedoch unter den insgesamt 14 VP-Schulen drei Artillerie-Schulen und eine Panzer-Schule, unter den 39 VP-Bereitschaften acht Artillerie- und drei Panzer-Bereitschaften, die zur Ausbildung über Geschütze und Panzer verfügten, anfangs allerdings nicht in ausreichender Zahl[4]. Der allgemeine Motorisierungs- und Technisierungsgrad war noch gering, ebenso die Zahl der verfügbaren Ausbildungsbasen und deren technische Ausstattung. Wach- und Wirtschaftsdienste gehörten von Anfang an zu den Aufgaben der Einheiten, ihre Häufigkeit war (und blieb auch später) weitgehend durch Objektgröße und –belegung diktiert. Die Verpflegung, obwohl einfach, hielt dem Vergleich mit den damaligen zivilen Verhältnissen durchaus stand. Die Besoldung lag 1953 in der KVP mit 300 Mark für den Soldaten und 370 Mark für den Unteroffizier im Durchschnitt der Industrielöhne, mit 700 Mark für den Zugführer/Unterleutnant noch eher über vergleichbaren zivilen Löhnen und Gehältern.
Obwohl der Tagesdienst noch relativ viel Freizeit ließ, gab es in der Kaserne außer gelegentlichen Filmveranstaltungen, Anfängen kultureller Selbstbetätigung und Gelegenheiten zu sportlicher Betätigung nur beschränkte Freizeitmöglichkeiten. Ausgangsregelungen wurden dafür eher großzügig gehandhabt und – durch die gute Besoldung gestützt – auch genutzt. Disziplin und soziale Beziehungen entsprachen – nach anfänglichen Auseinandersetzungen über »Barrasmethoden« und die sowjetische Forderung nach »eiserner Disziplin«, aber auch über anarchistische Tendenzen[5] – einer Freiwilligen-Truppe: im Dienst nach den militärischen Regeln, danach eher ungezwungen und locker.
Diese Bedingungen änderten sich bis zur Gründung der Nationalen Volksarmee im Jahre 1956 und auch in den ersten Jah-

ren danach nicht grundlegend. Zwar entstanden neue Waffengattungen und Strukturen, die militärische Ausbildung wurde differenzierter und führte bis zu Regiments- und ersten Divisionsübungen, die Ausbildungsbasen wurden ausgedehnt und vervollkommnet, Disziplin und Beziehungen nahmen ausgeprägter militärischen Charakter an. Der Begriff der »Einsatzbereitschaft« fiel zwar häufiger und erhielt zunehmenden Stellenwert, bestimmend für die Dienst- und Lebensbedingungen der KVP- und späteren NVA-Angehörigen blieben jedoch – sieht man von zahlreichen Umstrukturierungen und damit verbundenen Standortwechseln ab – die Ausbildungsprozesse und -rhythmen. Das Leben in der Nationalen Volksarmee glich in den Grundzügen – sieht man von den Inhalten politischer Führung und Arbeit sowie einem Übermaß an Geheimhaltung ab – dem militärischen Leben früherer und damaliger deutscher und anderer Armeen.

II. In ständiger Gefechtsbereitschaft (1961 bis 1989)
Hatte der formelle Beitritt der DDR zu den politischen, wirtschaftlichen und militärischen Organisationsformen des Warschauer Vertrages im Jahre 1955 daran noch nicht gerüttelt, brachte das Jahr 1961 mit der schrittweisen Aufnahme von Verbänden der NVA in die operative Planung des Vereinten Oberkommandos des Warschauer Vertrages eine tiefgehende Zäsur in den Dienst- und Lebensbedingungen, ja in der gesamten Lebensweise. Gefechtsbereitschaft galt fortan als höchster Maßstab der militärischen Tätigkeit. Von nun an trat das gesamte Leben der Truppe und der Stäbe unter das Diktat der dazu erlassenen und im Laufe der folgenden nahezu drei Jahrzehnte mehrfach verschärften Zeit- und Anwesenheitsnormen.
Die Normen der Gefechtsbereitschaft, so sehr dies dem Außenstehenden auch so scheinen mag, waren unter den Bedingungen der Ost-West-Konfrontation im Kalten Krieg keineswegs willkürlich gesetzt. Sie folgten prinzipiell den technischen und taktischen Möglichkeiten des angenommenen Gegners, rechneten zurück, in wie wenigen Minuten oder Stunden Luftangriffsmittel, Raketen oder Heereskräfte der NATO aus ihren Basen, vor allem aber aus Übungslagen her-

aus die Staatsgrenze der DDR erreichen konnten, und legten daraus die erforderlichen Reaktionszeiten fest.
Die unterste Stufe, die »Ständige Gefechtsbereitschaft«, galt ohne Ausnahme zu jeder Stunde; sie sollte die Voraussetzungen für die Einnahme »Erhöhter« oder »Voller Gefechtsbereitschaft« bzw. der erst in den achtziger Jahren eingeführten Zwischenstufe »Gefechtsbereitschaft bei Kriegsgefahr« sichern. Dazu hatten 85 Prozent des Personalbestandes sich ständig innerhalb der Objekte oder jederzeit erreichbar im Standort und möglichst in Objektnähe aufzuhalten. Für die Einsatzbereitschaft der technischen Kampfmittel galten Koeffizienten der technischen Einsatzbereitschaft (KTE), die in der Regel deutlich über 0,9 lagen und außerordentliche Pflege- und Wartungsaufwände nach sich zogen.
Die Truppenteile der Landstreitkräfte hatten im Falle des direkten Übergangs aus der ständigen in die volle oder in die Gefechtsbereitschaft bei Kriegsgefahr in 30 bis 60 Minuten, im Einzelfall in 20 Minuten die Objekte zu verlassen und Sammelräume zu beziehen, aus denen heraus sie sofort handlungsbereit sein mußten. Restkräfte wurden nachgeführt. Die einzelnen Elemente der Herstellung der Gefechtsbereitschaft wurden ständig trainiert. Einschränkungen für die Ausbildung auch auf entfernteren Übungsplätzen bestanden dabei nicht.[6]
Im Bereich der Luftstreitkräfte/Luftverteidigung wurden die schon zuvor bestehenden Kräfte 1961 in zwei Luftverteidigungs-Divisionen zusammengefaßt und 1962 ein Diensthabendes System (DHS) eingeführt, das in den Folgejahren weiter ausgebaut wurde. Einbezogen waren die Jagdflieger-, Fla-Raketen- und Funktechnischen Truppen sowie die notwendigen Sicherstellungskräfte. In den Jagdfliegergeschwadern (JG) stand jeweils ein Paar in Minuten startbereit, weitere waren bereit zum Nachziehen in diese Bereitschaftsstufe. In den Fla-Raketen- und den Funktechnischen Truppen standen bzw. arbeiteten jeweils 50 Prozent des Gesamtbestandes für 10 Tage in den Raketenstellungen bzw. auf den Funktechnischen Posten.[7] Diese Kräfte lebten faktisch im Zustand der vollen Gefechtsbereitschaft. Die Gefechtsstände der JG, der Verbände und des Kommandos LSK/LV arbeiteten im

24-Stunden-Dienst. In dieses DHS wurden Ende der 70er Jahre auch die Fla-Raketen-Truppenteile der Landstreitkräfte einbezogen.

Um die reale Belastung zu verdeutlichen, einige exemplarische Daten: im Zeitraum eines Jahres, »vom 01.06.1984 bis 31.05.1985, wurden die diensthabenden Kräfte der Luftverteidigung und der Truppenluftabwehr 501 mal zum Gefechtseinsatz befohlen, die Hubschrauberkräfte der Armeefliegerkräfte wurden 738 mal alarmiert. Hauptgründe waren: Flüge strategischer und taktischer NATO-Aufklärungsflugzeuge in Grenznähe (236), Sicherung von Luftraumsperren (134), Anflüge von NATO-Kampfflugzeugen mit gefährlichem Kurs (93), unklare Luftlagen (34), Luftraumverletzungen (6) u.a.m.«.[8]

In der Volksmarine standen ab 1968 ständig vier mit Gefechtsraketen ausgerüstete Raketen-Schnellboote in Bereitschaft[9], andere Kräfte übernahmen Vorpostendienst auf hoher See oder begleiteten NATO-Schiffe auf deren Aufklärungsfahrten entlang der DDR-Küste. Der Rhythmus war in der Regel dreigeteilt: jeweils zehn Tage Dienst auf See, zehn Tage Bereitschaft und zehn Tage »frei«, was Ausbildungsmaßnahmen einschloß.

Im Gefolge der Forderung nach ständiger Gefechtsbereitschaft entwickelte sich in allen Teilstreitkräften ein umfangreiches System offizieller, in den Dienstvorschriften festgelegter 24-Stunden-Dienste – selbstredend ohne jegliche materielle Vergütung. Für das Alarmierungssystem wurden in den Stäben und Truppenteilen Operative Diensthabende eingeführt, die in der Rangordnung der Dienste noch oberhalb des im Truppenteil seit jeher aufsichtführenden Offiziers vom Dienst (OvD) standen. Beide hatten jeweils Gehilfen, ersterer in jedem Fall einen Offizier. Zur Aufsicht auf dem Gefechtspark[10], dessen Zustand und organisierte Nutzung enorm an Bedeutung gewannen, wurde ein gesonderter Offizier vom Parkdienst (OvP) eingesetzt. Zeitweilige, durch Offiziere wahrgenommene Aufsichtsdienste waren darüber hinaus in Speisesälen und im Regimentsklub tätig. In den Kompanien gab es den obligaten Unteroffizier vom Dienst (UvD). Hinzu kamen zahlreiche ständige oder temporäre, aber inof-

fizielle Anwesenheitsdienste für Offiziere in den Kompanien und Bataillonen, die vom Frühsport bis zum Zapfenstreich und auch an den Wochenenden für Ordnung zu sorgen hatten.
In einer 1998 durchgeführten Befragung unter ehemaligen Armeeangehörigen gaben acht von zehn Berufssoldaten an, »daß Berufssoldaten in ihren Einheiten zu Diensten herangezogen wurden, die nicht von den Dienstvorschriften gefordert waren ...« Nahezu 90 Prozent von ihnen waren davon betroffen. Von diesen wiederum »gaben 17 Prozent an, bis zu zwei Tage im Monat zu zusätzlichen Anwesenheitsdiensten herangezogen worden zu sein, 27 Prozent waren bis zu vier, 23 Prozent bis zu sechs und 30 Prozent mehr als sechs (im Einzelfall mehr als zehn) Tage dazu eingesetzt.«[11]

III. Wirkungen auf die Dienst- und Lebensbedingungen in der Kaserne
Die Forderungen an die Gefechtsbereitschaft und die mehrfach verkürzten Zeitnormen griffen tief in die Lebensweise der Soldaten ein – bis ins Privatleben wurde ihnen alles untergeordnet, viele der anderen Lebensbedingungen waren direkt oder indirekt von ihnen abhängig, manche nur in diesem Zusammenhang überhaupt zu verstehen.
Die wohl gravierendste Veränderung betraf die Rolle der Kaserne. Seit jeher ein Zentralpunkt in der militärischen Lebensweise, zwangen die Zeitnormative zur Herstellung der Gefechtsbereitschaft und die daraus abgeleitete 85-Prozent-Anwesenheitsklausel fortan dazu, die Truppe in der Kaserne quasi »einzusperren«, standen doch die restlichen 15 Prozent nicht nur Urlaubern und Ausgängern zu, sondern dabei waren auch Kranke und Kommandierte zu berücksichtigen. In einer Zeit, in der Mobilität und zeitliche wie territoriale Freizügigkeit (zumindest innerhalb des Landes) gerade bei jungen Menschen zu Werten von hohem Rang wuchsen, wurde die Kaserne oder der kasernennahe Raum für die Soldaten zum unentrinnbaren, permanenten Lebensraum, schnelle und ständige Erreichbarkeit zum obersten Aufenthaltskriterium auch für die Außenschläfer.
Für den Soldaten im Grundwehrdienst war der Einschluß

in die Kaserne nahezu vollständig. Bei 18 Tagen Urlaub in 18 Monaten Grundwehrdienst war es oftmals nicht möglich, persönliche Wünsche hinsichtlich des Urlaubszeitpunkts zu berücksichtigen. Nicht selten mußte der Urlaub zu dem für die militärische Aufgabenerfüllung günstigsten Zeitpunkt befohlen und genommen werden. Obwohl ihm formell einmal wöchentlich Ausgang zustand, konnte er dieses Recht – allerdings auch aus anderen Gründen, auf die zurückzukommen sein wird – tatsächlich nur wesentlich seltener in Anspruch nehmen. In den ersten sechs Wochen, während der Grundausbildung, gab es ohnehin weder Ausgang noch Urlaub. Lediglich zu Ausbildungsmaßnahmen im Gelände und zu Gefechtsdiensten verließ der Soldat die Kaserne häufig. Dem Unteroffizier auf Zeit erging es ähnlich, wenn man von einer größeren Anzahl an Urlaubstagen und Ausgangsmöglichkeiten absieht. Berufsunteroffiziere und –offiziere, wenn nicht verheiratet oder ohne Wohnung am Standort, lebten oft über viele Jahre in Ledigenheimen, die anfangs meist innerhalb der Objekte lagen, später zwar zunehmend »ausgelagert« wurden, aber in unmittelbarer Objektnähe verblieben. Zwei- bis Vierbettzimmer waren die Regel. Den verheirateten Berufssoldaten standen Wohnungen am Standort zu, die über die Standortältesten vergeben wurden, aber selten oder nur kurzzeitig in ausreichender Anzahl verfügbar waren.

Das Kasernenmilieu war trist. Zwar hatten sich die Kasernen selbst gegenüber den Anfangsjahren durch Renovierungen, Aus- und Umbauten verändert, kaum aber die Grundstrukturen und die räumliche Ausdehnung der Kompanieunterkünfte. Die Schlafsäle waren der stubenweisen Unterbringung gewichen, aber die Räume waren meist weiterhin als Gruppenunterkunft ausgelegt und mit Doppelstockbetten ausgestattet. Die meisten Soldaten lebten so in »Stuben«, die mit mehr als 6 Mann, bei Mot. Schützen mit 8-10 Mann belegt waren. Unteroffiziersunterkünfte waren ebenfalls noch häufig mit Doppelstockbetten ausgestattet, die Belegungsfrequenz lag allerdings überwiegend bei bis zu vier Mann[12]. Zur Ausstattung der Stuben gehörten ein Spind und ein Hocker je Soldat, ein Tisch sowie ein Besenspind je Stube. Bilder im Spind (meist Freundin oder Familie) waren erlaubt, die Nut-

zung von Radiogeräten, Wasserkochern o.ä. blieb genehmigungspflichtig. Dem PAZ war der Kompanieklub gefolgt, ein meist größerer Raum, in der Regel mit Sesseln, Klubtischen und einem Fernsehgerät ausgestattet, dessen Fassungsvermögen allerdings selten der gesamten Kompanie den gleichzeitigen Aufenthalt ermöglichte. Einem Teil der Einheiten stand ein zusätzlicher Fernsehraum zur Verfügung. Ein Wasch- und ein Toilettenraum sowie ein breiter, das gesamte Kompanierevier durchziehender, ständig vom UvD oder dessen Gehilfen überwachter Flur vervollständigten den engeren Lebensbereich des Soldaten und des Unteroffiziers auf Zeit.
In jedem größeren Truppenteil gab es darüber hinaus einen Regimentsklub, der neben einem Kino- und Veranstaltungssaal auch über eine Truppenbibliothek, über einige kleinere Versammlungs- und Arbeitsräume für die kulturelle Selbstbetätigung sowie über Spiel- und Lesezimmer verfügte. Neubauten wurden so auf die Objektgrenzen gesetzt, daß eine Gaststätte integriert werden konnte. Wegen des Alkoholverbots innerhalb der Kasernen war sie in der Regel nur von außen – also für Ausgänger und Berufssoldaten – zugänglich. Komplexe Kasernenneubauten entstanden allerdings erst seit Beginn der 70er Jahre, und ein Teil von ihnen mußte aus Dislozierungs- und Kapazitätsgründen schon von Beginn an mit ursprünglich nicht vorgesehenen, zusätzlichen Einheiten belegt werden.
In den Objekten gab es neben einem größeren Sportplatz Kleinsportanlagen, meist für Fuß- und Volleyball angelegt, die frei genutzt werden konnten. Das galt auch für die »Raucherinseln« zwischen den Kasernenblöcken, am Rande der Parks oder an anderen geeigneten Orten; sie waren auch Nichtrauchern Zufluchtsorte, am denen man sich austauschen und auch mal »Dampf ablassen« konnte. Allerdings ließ der Tagesdienstablauf an den Wochentagen wenig Zeit dazu. Vom Wecken um 06:00 Uhr bis zur Nachtruhe um 22:00 Uhr unterlag nahezu der gesamte Tag minutiösen Zeitvorgaben. Die meisten der täglich wiederkehrenden Tätigkeiten erfolgten zudem in geschlossener Formation: Frühsport, meist sieben Stunden Ausbildung, die folgenden Stunden für Waffenreinigen, Pflege und Wartung der Technik, Putz- und

Flickstunden, politische Massenarbeit, Morgen- und Abendappell; selbst zu und von den Mahlzeiten wurde kompanieweise marschiert. Auch die Zeit zur Morgentoilette oder für die Mahlzeiten war aus Gründen der Kapazität der Waschräume und Speisesäle knapp (Duschen war in der Regel ohnehin nur einmal wöchentlich und zentral möglich). Lediglich in der Mittagszeit gab es eine Ruhestunde, allenfalls nach 19:00 Uhr freie Zeit, obwohl das Muster des Tagesdienstablaufplanes in der letzten Fassung der DV 010/0/003 (Innendienstvorschrift) aus dem Jahre 1989 als Freizeit täglich formell die Zeit zwischen 18:00 und 21:30 Uhr vorsah. Sie wurde aber durch später fixierte Zeiten für das Abendessen, oft durch am Tage unerledigte Aufgaben, durch das abendliche Revierreinigen u.a. verkürzt. Erst an den Sonnabendnachmittagen oder Sonntagen fand sich zusammenhängende Freizeit, die dann von Soldaten zu einem großen Teil zum Lesen oder Schlafen, von den (oft jüngeren) Unteroffizieren häufiger auch für sportliche Betätigung genutzt wurden.

Schon die verkürzte Darstellung wesentlicher Gegebenheiten dieses Kasernenlebens macht deutlich: mit dem Einschluß in der Kaserne war auch die soziale Kontrolle total, sei es durch das Aufsichtssystem der Vorgesetzten, sei es durch die ständige Anwesenheit Gleichgestellter. Keine Lebensäußerung blieb unbeobachtet, selbst die Toiletten waren unverschlossen, teilweise sogar ohne Türen. Zeit für sich selbst, Raum zum Ungestörtsein, Unkontrolliertsein waren kaum denkbar, das Spektrum möglicher Abwechslungen im Verbringen freier Zeit, möglicher Kontakte zu anderen gering, über lange Jahre gab es in den Objekten nicht einmal eine einzige öffentliche Telefonzelle.

Das alles unterlag zudem den Bedingungen strenger militärischer Hierarchie und einer Männergemeinschaft rund um die Uhr, mit ihren bekanntermaßen rauhen und oft rigiden Formen des Umgangs und der Unterordnung. Für beides blieb dieses Kasernenleben offenbar nicht ohne Folgen. Länger als in anderen Armeen erhielten sich z. B. in der NVA eine Reihe von formalen Disziplinnormen, die anderswo, wenn nicht abgeschafft, so doch gelockert waren. Die Grußpflicht gegenüber jedem höheren Dienstgrad (nicht nur dem Vorgesetzten), die Abmeldepflicht gegenüber dem UvD selbst innerhalb der Kaserne, das Marschieren zum Essen unter Führung durch den UvD, die nur zögernden und verspäteten Änderungen der Uniformen und Lockerungen ihrer Trageweise, das auch nach 30 Jahren unverändert penible Herumhacken auf jedem losen oder offenen Uniformknopf, auf Stubenordnung und Schrankbau sind nur wenige Beispiele dafür. Zwar gibt es für einen Zusammenhang zum dargestellten Kasernenleben keinen direkten Beleg. Stellt man sich jedoch die Umkehrung vor (selbst Soldaten kämen morgens zum Dienst und verließen abends im Normalfall die Kaserne wieder, also eine mehr oder weniger offene Kaserne), wären formale Disziplinnormen wohl ohne Zweifel stärker hinter funktionalen zurückgetreten.

Andererseits wurden manche Rechte des Soldaten, Ausgang zum Beispiel, weil knapp und oft nicht ohne Auswahl zuteilbar, nicht eben selten von Wohlverhalten abhängig gemacht und zu Gunsterweisungen oder zum »Erziehungsmittel« umfunktioniert. Nicht ohne Grund nennt ein erheblicher Teil der befragten Soldaten Ungerechtigkeiten noch vor der 85-Prozentklausel als Hauptgrund für die Seltenheit der Ausgangsgewährung[13]. Auch anderes, was in den Vorschriften zwar als möglich, aber genehmigungspflichtig fixiert war (beispielsweise der Betrieb von Radiogeräten), unterlag solcher Handhabung.

Die militärische Hierarchie wurde jedoch allmählich durch eine vor allem von Soldaten getragene Gegenhierarchie untersetzt und in ihren unteren Ebenen teilweise unterlaufen. Unter dem Namen »EK-Bewegung« (EK für »Entlassungskandidat«) etwa seit der zweiten Hälfte der 60er Jahre bekannt, entwickelte sich eine den drei Diensthalbjahren folgende Alters-Rangordnung, in der die jeweils dienstältesten Soldaten »Führungsfunktionen« und Privilegien in den informellen Gruppenstrukturen beanspruchten und mit Hilfe der in einer Zwischen- und Wartestellung fungierenden Angehörigen des zweiten Diensthalbjahres die Rechte der jüngsten Soldaten beschnitten. Diesen wurden nicht nur Revierdienste und andere Dienstleistungen zugeordnet und Ausgangsrechte entzogen, sondern teilweise auch Verstöße gegen die mi-

litärische Disziplin (z. B. Alkoholbeschaffung) oder entwürdigende Handlungen aufgezwungen. Eventueller Widerstand wurde durch Drangsalierungen, im Einzelfall bis zur körperlichen Gewaltanwendung, gebrochen. Für die Übergänge von Diensthalbjahr zu Diensthalbjahr entstanden Rituale, ebenso für die letzten Tage vor den Versetzungen in die Reserve. In extremen Fällen unterlief der Einfluß einzelner Soldaten im dritten Diensthalbjahr die formelle Führung, besonders bei jungen und unerfahrenen Gruppen- und in Einzelfällen auch Zugführern, so z. B. bei Entscheidungen über die Einteilung zu Diensten oder die Gewährung von Ausgang. Auch bei den Unteroffizieren auf Zeit gab es im übrigen Tendenzen einer »EK-Bewegung«, allerdings deutlich geringer ausgeprägt.
Besonders ausgeprägte Formen nahm dies alles in den Mot. Schützen-Regimentern an. Das waren nicht nur die personell bei weitem stärksten Truppenteile; sie waren in der Regel auch in einem einzigen Objekt stationiert, mit allen ungünstigen Folgen für den inneren Zusammenhalt in einem vor allem für Soldaten und Unteroffiziere auf Zeit kaum überschaubaren Truppenkörper. In ihnen konzentrierten sich überwiegend diejenigen Grundwehrdienstleistenden, die nach erfolgter Auslese für andere Teilstreitkräfte oder für Waffengattungen mit besonderen Anforderungen an Bildung und Intelligenz, politische Zuverlässigkeit oder spezielle Berufsausbildung (z. B. für technische Einheiten) und habituelle Eigenschaften (z. B. Panzerlenkraketen-Schützen) gewissermaßen »übrigblieben«. Als die Mot. Schützen-Kompanien Anfang der 70er Jahre veränderte Ausbildungsprogramme erhielten, die eine effektivere, die älteren Diensthalbjahre mit weiterführenden Ausbildungsinhalten konfrontierende Ausbildung erlaubten, wurden sie jeweils nur noch mit Soldaten eines Diensthalbjahres aufgefüllt. Das nahm so zugleich auch der – in Ritualen fortbestehenden – EK-Bewegung die Form einer Gegenhierarchie und war sicher keine ungewollte Nebenwirkung.
Erscheinungen dieser Art sind – in unterschiedlichen Ausmaßen und Graduierungen – auch aus anderen Armeen bekannt, aus östlichen ebenso wie aus westlichen. In der NVA wurden sie einerseits auf Gewohnheiten zurückgeführt (auch in Schulen und Lehrverhältnissen sind Altershierarchien an-

zutreffen), andererseits stets ideologisiert und als unvereinbar mit den Wesenszügen sozialistischer Streitkräfte bekämpft. Man behandelte exzessive Auswüchse als besondere Vorkommnisse und begegnete der Erscheinung als solcher mit Umdeutungsversuchen des EK-Begriffs in »Erfahrener Kämpfer«. Zugleich wurde seit dem Anfang der 70er Jahre die »Gestaltung sozialistischer Beziehungen« zu einem Schwerpunkt der politischen Arbeit – mit Blick auf die EK-Bewegung sicher eine Art Gegenstrategie, nach den weiterreichenden Zielen aber von grundsätzlicher Bedeutung für die Ausprägung des Charakters der Armee. Das dämmte die EK-Bewegung allenfalls ein, beseitigte sie jedoch nicht – nicht zuletzt deshalb, weil Vorgesetzte in den Kompanien teilweise Vorrechte dienstälterer Soldaten als »Erziehungshilfe« und Disziplinierungsmittel tolerierten, solange diese nicht in Exzesse ausarteten.

In der gegenwärtigen Literatur zu diesem Thema werden die Ursachen der EK-Bewegung gern unter dem Begriff der »totalen Institution« subsumiert. So ist z. B. zu lesen: »Unter den Bedingungen wie Freiheitsentzug, Wohnen in engen Unterkünften, wenig Urlaub oder Ausgang und der Zusammenlegung von Soldaten verschiedenen Dienstalters in ein gemeinsames Quartier bildet sich ein Nährboden für das Entstehen von Ausdrucksformen der innersoldatischen Hierarchie, die in der Soldatensprache in der NVA als ›EK-Bewegung‹ gefaßt sind«[14]. Dabei wird diese totale Institution »Kasernenwelt in der NVA« als gewollt, als bewußt eingesetztes Mittel der Disziplinierung und (Ver)formung des Soldaten verstanden und somit wiederum ideologisiert.[15]

In der Tat sind räumliche Enge, reduzierte Kontakte zur Außenwelt[16], die militärische Hierarchie, die beständige soziale Kontrolle, oft grobe Umgangsformen, fehlende Möglichkeiten des Ausweichens, des Abreagierens und des Ausgleichs sowie die daraus resultierenden psychischen Belastungen, Frustrationen und Aggressionen – wie auch Gehler feststellt – jene Faktoren, die das Entstehen von Subkulturen und Hierarchien der geschilderten Art begünstigen. Man sollte aber weitere wesentliche Faktoren keinesfalls verschweigen: Zeitdruck, physische und psychische Anstrengung der militärischen Ausbildung und der Gefechtsdienste, häufige Wachen und

24-Stunden-Diense[17], oft bis zur Erschöpfung gehende Arbeiten zur Pflege und Wartung der Kampftechnik u.a.. Diese Faktoren weisen eindeutig auf funktionale Zusammenhänge. Sicher wurden die beschriebenen Kasernenverhältnisse auch als Disziplinierungsmittel genutzt. In ihrer Gesamtheit und besonderen Ausprägung waren sie jedoch wesentlich erzwungen. Vor diesem Hintergrund scheint erneut die Dominante der Dienst- und Lebensbedingungen in der NVA auf – das Diktat der Normen der Gefechtsbereitschaft.

Im Übrigen bleibt zu ergänzen: auch wenn man die EK-Bewegung ohne Zweifel zu den Charakteristika des Systems der sozialen Beziehungen in der NVA zählen muß, verbietet sich jegliche Gleichsetzung. Die genannten Darstellungen der EK-Bewegung erwecken diesen Eindruck, weil sie die Sicht auf eine einzelne Erscheinung richten und andere, darunter wesentliche, darüber weitestgehend vernachlässigen. Kameradschaft und kollektives Miteinander waren für viele Soldaten dominierendes und bleibendes Erlebnis im Wehrdienst, sowohl im wie außer Dienst, innerhalb der Gruppe der Soldaten wie über sie hinaus.[18]

Auch andere, für die NVA charakteristische Lebensbedingungen hätten ihre spezifischen Inhalte, Formen und vor allem ihre Dimensionen ohne die Einflußgröße Gefechtsbereitschaft schwerlich angenommen. Nehmen wir das Beispiel der kulturellen Betreuung der NVA-Angehörigen in den Kasernen. Eine kulturell-erzieherische Funktion wurde den Streitkräften vom Tag ihres Entstehens an zugeordnet und von diesen auch wahrgenommen. Sie allein erklärt den Aufwand auf diesem Gebiet jedoch nur unzureichend. Schon die komplexen, vielseitig ausgestatteten Regimentsklubs waren in Bau, Einrichtung, Unterhalt und Personaleinsatz (außer einem Offizier für die Kulturarbeit gab es Bibliothekar(in) und Filmvorführer) erhebliche Kostenfaktoren. Für die regelmäßig zweimal wöchentlichen Filmvorführungen existierte in der NVA ein spezielles Umlaufsystem. Jährlich wurden Millionen für den Ankauf oder die Ausleihe von Filmen sowie für andere kulturelle Veranstaltungen ausgegeben, ebenso für die in ihrem Bestand ständig erweiterten und stark frequentierten Truppenbibliotheken.[19] Auch in den Kompanieklubs standen

ständig Bücher, die zum Bestand der Truppenbibliothek gehörten und von dieser in größeren Abständen ausgetauscht wurden. Jede Kompanie verfügte neben einem Fernsehgerät auch über eine Kiste mit Büchern, Spielen und einem speziellen Radiogerät, die bei Übungen mitgeführt wurde.
Obwohl in veröffentlichten Dokumenten und Reden und nach Wissen des Autors auch intern ein solcher Zusammenhang nie hergestellt wurde, erklärt sich der – hier noch unvollständig wiedergegebene – Gesamtaufwand sicher nur dann schlüssig, wenn man die Notwendigkeit, die Truppe in der Kaserne zu halten und sinnvoll zu »beschäftigen«, in die Begründungen einbezieht. Notfalls stelle man sich erneut die Umkehrung, die offene Kaserne vor; welchen Sinn hätte dieser Aufwand dann wohl für die in der Kaserne Zurückbleibenden gehabt?
Selbst die politisch-ideologische Arbeit in der NVA ist, wenn nicht direkt in ihren Zielen, so doch in ihrer Intensität und truppenteilspezifischen Ausrichtung aus diesem Zusammenhang nicht zu lösen. Daß in der NVA mehr als in anderen Bereichen der Gesellschaft getan wurde, geht schon aus dem betriebenen personellen und Zeitaufwand hervor. Vor der Auflösung der Politorgane Anfang 1990 gab es in ihren Strukturelementen in der NVA und den Grenztruppen insgesamt 5669 Armeeangehörige und 2173 Zivilbeschäftigte, in den der Politischen Hauptverwaltung unterstellten Einheiten und Einrichtungen weitere 2.311 Armeeangehörige[20]. Für die Hauptform der politischen Arbeit mit Soldaten und Unteroffizieren, die Politische Schulung, standen monatlich zwei aufeinanderfolgende Ausbildungstage[14] Stunden) zur Verfügung, für die sogenannte politische Massenarbeit wöchentlich 45, für aktuell-politische Informationen täglich weitere 15 Minuten. Dazu kamen das politische Weiterbildungssystem der FDJ (FDJ-Schuljahr), an dem die Mehrheit der Soldaten und Unteroffiziere monatlich einmal ebenfalls teilnahm, und situationsabhängig Meetings, Foren, politische Diskussionsrunden u.a.m.
Inhaltlich richtete sich die politische Arbeit auf die Mobilisierung der Armeeangehörigen zur Erhöhung der Kampfkraft und Gefechtsbereitschaft der Streitkräfte, damit direkt

oder indirekt stets auch auf die Begründung der Belastungen durch die militärische Tätigkeit und die Kargheit des Kasernenlebens. Beides war nur hochmotiviert zu ertragen, anderenfalls wären Unlust oder gar Verweigerung unausbleiblich; auch deshalb also mehr als anderswo. Die Begründung von lokalen und temporären Problemen in den Dienst- und Lebensbedingungen schließlich war stets eines der Felder der politischen Arbeit in den Einheiten, der Politoffizier (solange es ihn in jeder Kompanie gab) der in der Regel meistgesuchte Ansprechpartner bei persönlichen Problemen der Soldaten und Unteroffiziere, und die entsprangen großenteils ihrer Lebenssituation in der Kaserne. Gehler meint, »Politoffiziere haben weniger Befehlsgewalt und fühlen sich neben ihrer agitatorischen und politischen Funktion oftmals für ›ein gutes Miteinander‹ verantwortlich«, und er sieht sie in einer Position ähnlich der des Regimentspfarrers[21]. Das weist in die gleiche Richtung und ist hier wohl eher als Anerkennung zu deuten.

Andererseits blieben ständige Gefechtsbereitschaft, vor allem aber regelmäßige Gefechtsdienste nicht ohne politisch-moralische Rückwirkungen: hier stimmten Lebensumstände und politische Erklärung des Sinns des Soldatseins am ehesten überein. Vor allem bei jenen, die direkt oder indirekt den angenommenen Gegner wahrnahmen (Kräfte der Volksmarine auf Vorposten, Kräfte der Luftverteidigung bei Anflügen oder Aufklärungsflügen der NATO), zeigte sich das in Wehrmotivation und Leistungsbereitschaft, in der Annahme der gegebenen Lebensumstände wie in den zwischenmenschlichen Beziehungen.

IV. Anfänge einer sozialen Planung in der NVA
Die voranstehenden Darstellungen, wenn auch auf einige wesentliche Ausschnitte der Dienst- und Lebensbedingungen in der NVA beschränkt, machen hinreichend deutlich, daß die Armee faktisch stets im Alarmzustand lebte – immer bereit, in kürzesten Fristen aus den Objekten heraus zu Gefechtshandlungen übergehen zu können. Wie Soldaten und Unteroffiziere unterlagen auch die Berufssoldaten den Belastungen dieses Regimes, anders als diese aber über Jahre und Jahrzehnte.

Die Dienst- und Lebensbedingungen der Berufskader wurden gravierend durch ihre außergewöhnliche zeitliche Beanspruchung bestimmt. Nach eigenen Angaben leisteten Offiziere und Fähnriche durchschnittlich etwa 60 – 65 Wochenstunden, bloße Anwesenheit zur Aufsichtsführung mit eingerechnet. Angehörige der LSK/LV und der Marine hatten trotz DHS und Gefechtsdienst einen geringeren Stundendurchschnitt als die der Landstreitkräfte und der Grenztruppen. Selbst in den objektnahen Wohnsiedlungen der Armee mußten die Berufssoldaten stets erreichbar bleiben, was angesichts des Zustands der Infrastruktur in der DDR (nur wenige hatten ein Telefon, Funksignalempfänger waren selbst bei Piloten der Jagdgeschwader knapp) die individuelle Freizügigkeit weiter einengte. Nahezu das gesamte Korps der Berufssoldaten in der Truppe empfand diese Situation als belastend und problematisch.[22] Zu den Ursachen dafür zählten neben den im Abschnitt II. dargestellten auch die ungenügende Bilanzierung von Aufgabenstellungen und verfügbaren Kräften, Mitteln und Zeitbudget, aber auch Leerlauf- und Wartezeiten.

Diese Dienstbedingungen bestimmten in hohem Grade auch die außerdienstlichen Lebensumstände der Berufskader. Zahlreiche Probleme in diesem Bereich erwiesen sich z. B. als unmittelbare Folge der hohen zeitlichen Beanspruchung im Dienst. So standen fehlende Zeit für die Familie und für die Befriedigung persönlicher Interessen mit Abstand an der Spitze außerdienstlicher Probleme. Vor allem bei jüngeren Berufssoldaten entstanden daraus ein Gefühl allgemeiner Benachteiligung im Vergleich zu Freunden im zivilen Bereich und der Eindruck der Nichtübereinstimmung von dienstlichen Anforderungen und materieller Vergütung.

Zusammen mit anderen als belastend empfunden Lebensumständen, zu denen nicht den Erwartungen entsprechende Beziehungen zu den Vorgesetzten, Nichtübereinstimmung des Einsatzes in der Truppe mit der Ausbildung an der Offiziershochschule sowie geringe berufliche Perspektiven und fehlende Qualifikationsmöglichkeiten zählten, lockerte dies die Bindungen an den militärischen Beruf. Jeder vierte der seinerzeit befragten Offiziere und jeder achte Fähnrich war mit seinem Beruf mehr oder weniger unzufrieden. Die beträchtliche Differenz zwischen den Anteilen berufsunzufriedener Offiziere und Fähnriche ließ sich vor allem aus dem stark abweichenden Anspruchsniveau an Inhalte und Bedingungen eigener Tätigkeit erklären. Berufsunzufriedene fanden sich besonders häufig bei Offizieren und Fähnrichen in technischen und Kommandeursverwendungen, auf Zugführerebene und mit geringem Dienstalter.

Die Analyse ergab keinerlei Beleg für primär in politischen Haltungen liegende Gründe (das mußte damals und das muß auch heute klar herausgestellt werden), sondern vielmehr einen hohen Identifikationsgrad mit wesentlichen Inhalten der militärischen Tätigkeit und des militärischen Berufs. In einer solchen Berufsunzufriedenheit äußerte sich demnach nicht in erster Linie Einstellung zum Beruf an sich, sondern vor allem zu den Bedingungen seiner Ausübung. Ein bei etwa einem Viertel liegender Prozentsatz berufsunzufriedener Offiziere war seit Jahren bekannt. Es war ebenso bekannt, daß in den meisten Fällen etwa nach 10 Dienstjahren entweder Gewöhnung oder Entlastung durch Dienststellungsveränderung eintrat. Nun wurde erstmals nachgewiesen, daß diese Berufsunzufriedenheit zwar eher ein latenter Zustand war, bei den betroffenen Berufssoldaten jedoch soziale Aktivität und Integration minderte, also verhaltenswirksam wurde.

Einer der aus dieser Untersuchung folgenden Vorschläge lautete, »bereits existierende Elemente der sozialen Planung in den Streitkräften zusammenzufassen, sie auf weitere Gebiete auszudehnen und eine komplexe Sozialplanung als Bestandteil der militärischen Planung bis 1990 und darüber hinaus zu sichern. Kern eines solchen langfristigen Programms muß die Entwicklung der Lebenslage der Berufskader sein«.

1986 wurde dieser Vorschlag in die Pläne zur Auswertung des XI. SED-Parteitages aufgenommen, 1987 ein solches Programm entwickelt, Anfang 1988 endete der Vorgang in der Direktive 02/88 des Ministers für Nationale Verteidigung. Diese gab zwar die Hauptrichtungen für die Weiterentwicklung der Dienst-, Arbeits- und Lebensbedingungen[23] vor, listete an konkreten Maßnahmen aber vor allem die schon bis 1990 geplanten auf. Sofortige Zusatzmaßnahmen scheiterten am Planungssystem – für das laufende Planjahrfünft waren alle Mittel vergeben, zusätzliche angesichts der ökonomischen Lage in der DDR undenkbar. Die perspektivischen Vorgaben blendeten trotz des Wissens um die Rolle der Normen der Gefechtsbereitschaft diese Frage weitgehend aus, obwohl zu diesem Zeitpunkt die neue Militärdoktrin des Warschauer Vertrages bereits beschlossen war (Mai 1987) und die der DDR sich schon abzeichnete. Nationale Entscheidungen über eine Lockerung der Normen waren aber nicht möglich, solange das Vereinte Oberkommando des Warschauer Vertrages und demnach der Sowjetische Generalstab das nicht für opportun hielten. Davon aber waren beide noch weit entfernt. Erst die Anfänge der Militärreform in der NVA 1989/90 führten zu Veränderungen; allerdings wären die bisherigen Normen durch den Austritt aus dem Warschauer Vertrag und den Funktionsverlust der Armee auch kaum noch militärisch begründbar gewesen.

Ungeachtet dessen zeichneten sich mit der Direktive 02/88 Anfänge einer komplexen sozialen Planung in der NVA ab, die sich natürlich keineswegs auf die Lebenslage der Berufssoldaten beschränkte. In den großen territorialen und wirtschaftlichen Strukturelementen sowie in vielen Kommunen der DDR gab es zu diesem Zeitpunkt solche Sozialpläne längst, für ihre Ausarbeitung existierten sogar staatliche Richtlinien. Insofern zog die Armee hier nach. Darüber hinaus hatten die Vorarbeiten wie auch die Direktive selbst durchaus auch konkrete Ergebnisse: erstens wurden die Dienst- und Lebensbedingungen von nun an fester Bestandteil der militärischen Planung auf allen Ebenen. Indem Problemlagen und Lösungswege nachdrücklich in das Gesichtsfeld der Verantwortlichen auf allen Ebenen gerückt wurden, erhielten die Dienst- und Lebensbedingungen zweitens zugleich einen höheren Stellenwert in der Führungstätigkeit; das löste eine Vielzahl örtlicher Aktivitäten aus, die auf Teilgebieten durchaus zu kurzfristigen Verbesserungen führten.

Die Darstellungen wären unvollständig, wenn nicht zumindest abschließend auf ökonomische Zusammenhänge in der Streitkräfteentwicklung in der DDR hingewiesen würde. Wie 1988 im Fall der Direktive 02 wirkten sie von der Entstehung bis zur Auflösung der NVA stets als begrenzende Größen, ob es um Personalstärke, Strukturen, Bewaffnung und Ausrüstung der Armee ging oder um die Dienst- und Lebensbedingungen ihrer Angehörigen. Fehlten im Frühjahr 1950 für rund 50000 VP-Angehörige der HVA »19.000 Paar Schuhe und Stiefel zum Austausch des abgetragenen Schuhwerks und weitere 50.000, um jedem HVA-Angehörigen ein zweites Paar geben zu können«, so mußten 1953 die angestrebten Personalstärken reduziert werden, weil sie mit zu Disproportionen in der Wirtschaft beigetragen hatten[24]. Bewaffnung und Ausrüstung wie Dienst- und Lebensbedingungen entwickelten sich zwar beständig weiter, aber immer innerhalb der Grenzen des ökonomisch Möglichen. Exemplarisch mögen für die Dienst- und Lebensbedingungen einige Beispiele stehen. So orientierten sich die Verpflegungsnormen in der NVA zwar stets an der Verbrauchsentwicklung in der Bevölkerung, Anpassungen wurden mitunter aber bis zu drei Jahre verzögert, um die Deckung des Bevölkerungsbedarfs nicht zu gefährden. In den 70er Jahren gab es nach der – ebenfalls einige Zeit hinausgezögerten – Einführung neuer und zweckmäßigerer Uniformen, die zu hohen ökonomischen Belastungen führte, Schwierigkeiten selbst bei der Bestandsergänzung. Das Bestreben, im Planungszeitraum 1976-1980 eine Steigerung der Bauproduktion für die NVA auf 233 Prozent zu erwirken, was z. B. Rekonstruktion und Neubau von Kasernen wesentlich forciert hätte, scheiterte sogar nahezu völlig; übrig blieb eine jährliche Steigerungsrate von 5-6 Prozent.[25]

Diesen Beispielen lassen sich weitere unschwer hinzufügen. Sie belegen nur eines: die begrenzten ökonomischen Möglichkeiten der DDR begleiteten die Entwicklung ihrer Streitkräfte zumindest als grundlegende Rahmenbedingung, will man sie nicht selbst als eine bestimmende Größe von ähnlicher Dominanz wie die Normen der Gefechtsbereitschaft bezeichnen. Zwischen beiden bestand ein beständiger Widerspruch. Für die Soldaten der NVA hieß das, den harten Belastungen durch Ausbildung und Anforderungen an die Gefechtsbereitschaft sowie erheblichen Einschränkungen in der Wahrnehmung ihrer Persönlichkeitsrechte und Interessen zu unterliegen, angesichts des begrenzten ökonomischen Potentials ihres Landes aber weitestgehend auf Ausgleich durch entsprechende Gestaltung ihrer Dienst- und Lebensbedingungen zu verzichten. Mit diesem Widerspruch gelebt und unter seiner Existenz eine nicht nur von sozialistischen Militärs respektierte, gefechtsbereite Armee geschaffen zu haben, zählt zu den Leistungen ihrer Soldaten, denen auch heute Achtung nicht versagt bleiben sollte.

1. Die Arbeitsgruppe Geschichte der NVA und Integration ehemaliger NVA-Angehöriger in Gesellschaft und Bundeswehr beim Landesvorstand Ost des Deutschen Bundeswehrverbandes arbeitet seit 1997 am Thema »Soldatenalltag in der NVA«, in dessen Rahmen auch eine Darstellung wichtiger Dienst- und Lebensbedingungen erfolgt. Die bereits vorliegenden, noch unveröffentlichten Ausarbeitungen sind Thesen sowie Entwürfe zu Teilthemen, auf die mit Einverständnis der Autoren zurückgegriffen wird. Ziele und Schwerpunkte des Forschungsvorhabens sind in den von der Arbeitsgruppe herausgegebenen Informationen Nr.11997) und 61999) vorgestellt worden.
2. 1987 wurde im Ministerium für Nationale Verteidigung der DDR an einem Programm für die Entwicklung der Dienst-, Arbeits- und Lebensbedingungen gearbeitet, in dessen Ergebnis die Direktive 02/88 des Ministers für Nationale Verteidigung erlassen wurde. Siehe dazu auch Abschnitt IV des vorliegenden Beitrags.
3. Insgesamt waren das – unter Einschluß der Truppenübungsplätze – 1026 Liegenschaften. Siehe H. Frank: Die Westgruppe der Truppen (WGT). In: NVA – Anspruch und Wirklichkeit -nach ausgewählten Dokumenten, hrsg. von K. Naumann, Berlin/Bonn/Herford 1993, S. 342
4. Siehe dazu J. Schunke: Von der HVA über die KVP zur NVA. In: Rührt Euch! Zur Geschichte der NVA, hrsg. von W. Wünsche; Berlin 1998, S. 41.
5. Ebd., S.43 und 46f.
6. Vgl. auch M. Kunze / K. Schirmer / W. Wünsche: Die militärische Tätigkeit – Grund- und Rahmenbedingung des Soldatenalltags in der NVA, im vorliegenden Band S. 211 ff., sowie H. E. Sylla: Die Landstreitkräfte der Nationalen Volksarmee; in: Rührt Euch!, wie Anm.4, S. 184 ff.
7. Vgl. W. Kopenhagen: Die Luftstreitkräfte/Luftverteidigung der NVA. In: Rührt Euch!, wie Anm. 4, S. 242.
8. Aus einem Bericht des Hauptstabes der NVA an das Oberkommando der Streitkräfte des Warschauer Vertrages über das

Ausbildungsjahr 1984/85; zitiert nach: M. Kunze / K. Schirmer / W. Wünsche, wie Anm. 6, S.273.
9. Vgl. F. Minow: Die Seestreitkräfte der Nationalen Volksarmee – von der Seepolizei zur Volksmarine. In: Rührt Euch!, wie Anm. 4, S. 267.
10. Als Gefechtspark wurde »ein abgegrenztes, militärisch gesichertes Territorium« bezeichnet, »auf dem die Kraftfahrzeuge, Geschütze und anderen technischen Kampfmittel einer Einheit oder eines Truppenteils abgestellt, gewartet und instand gesetzt« wurden. Militärlexikon, Berlin 1971, S. 133.
11. K.-P. Hartmann: Auskünfte zum Soldatenleben, In: Information der Arbeitsgruppe Geschichte der NVA und Integration ehemaliger NVA-Angehöriger in Gesellschaft und Bundeswehr beim Landesvorstand Ost des Deutschen Bundeswehr-Verbandes, Nr. 4, Berlin 1998, S. 17
12. Ebd., S. 20 ff.
13. Ebd., S. 23.
14. R. Gehler / D. Keil: Die andere Realität. Alltagserfahrungen Wehrdienstleistender in den Kasernen der DDR. In: Blickwechsel Ost-West. Beobachtungen zur Alltagskultur in Ost- und Westdeutschland; Tübingen 1992, S. 330. Der Begriff der »totalen Institution« wird auf E. Goffman aus seinem Buch mit dem Titel Asyl (Frankfurt a.M. 1973) zurückgeführt, der in einer Studie über die soziale Situation psychiatrischer Patienten und anderer Insassen (sic !) diesen wie folgt definiert : »Eine totale Institution läßt sich als Wohn- und Arbeitsstätte einer Vielzahl ähnlich gestellter Individuen definieren, die für längere Zeit von der übrigen Gesellschaft abgeschnitten sind und miteinander ein abgeschlossenes, formal reglementiertes Leben führen.«
15. Siehe R. Gehler: EK, EK, EK – bald bist Du nicht mehr da. Soldatenkultur in der Nationalen Volksarmee, Hagenow o.J.
16. Allenfalls der Begriff »reduzierte Kontakte« trifft den Sachverhalt für den Soldaten der NVA; von »abgeschnitten sein« kann angesichts der zahlreich fortbestehenden medialen, postalischen und der zwar seltenen, aber stets gegebenen persönlichen Kontakte zur bisherigen Lebenswelt und zum Leben am Standort nicht die Rede sein.
17. Nach den Angaben von 40 Prozent der Unteroffizieren in der schon erwähnten Befragung 1998 (siehe K.P. Hartmann, wie Anm. 11, S.17) standen ihre Einheiten maximal einmal monatlich Wache, knapp 20 Prozent standen mehrmals im Monat, jeder vierte etwa einmal wöchentlich oder noch häufiger Wache. Nach M. Kunze / K. Schirmer / W. Wünsche (wie Anm. 6, S.229) hatten Soldaten aus Verbänden der Landstreitkräfte im Monat durchschnittlich sogar sechs- bis siebenmal Wachdienst.
18. Bis auf Ausnahmen haben alle Soldaten, die in der Befragung 1998 erfaßt wurden, Kameradschaft und gegenseitige Hilfe während ihres Wehrdienstes als ausgeprägt erfahren; gleichzeitig haben vier

Fünftel Vorrechte dienstälterer Soldaten kennengelernt (siehe K.P. Hartmann, wie Anm. 11, S. 36); Nach einem wertenden Rückblick auf den Wehrdienst in der NVA gefragt, geben etwa zwei Drittel der Soldaten an, daß dieser ihnen etwas Bleibendes, Positives gegeben habe und stellen besonders die gewachsenen Fähigkeiten zu guten zwischenmenschlichen Beziehungen heraus – Kameradschaft, Kollektivgeist und Zuverlässigkeit, aber auch Ordnung und Disziplin seien durch den Wehrdienst entwickelt worden (ebd., S.44).

19. Dazu und zur Nutzung des kulturellen Angebots in den Truppenteilen siehe auch K.-P. Hartmann: Auskünfte zum Soldatenleben, wie Anm. 11, S. 25 f.
20. Siehe Th. Hoffmann: Das letzte Kommando – ein Minister erinnert sich, Berlin/Bonn/Herford 1993, S. 165
21. R. Gehler, wie Anm. 15
22. Diese und die folgenden Ausführungen greifen auf Ergebnisse soziologischer Untersuchungen in allen Teilstreitkräften der NVA und den Grenztruppen der DDR aus dem Jahre 1985 zurück, in die u.a. 762 Offiziere und 216 Fähnriche aus der Truppe, vom Hauptfeldwebel und Zugführer bis zu Offizieren von Regimentsstäben, einbezogen waren. Nach Aufzeichnungen des Autors.
23. Der Einschub des Begriffs »Arbeitsbedingungen« bezog sich auf die in der NVA in großer Zahl tätigen Zivilbeschäftigten.
24. Siehe dazu J. Schunke: Die Weichenstellung für zwei deutsche Armeen im Kalten Krieg; in: Rührt Euch!, wie Anm. 4, S. 23
25. 25. Siehe die Darstellungen von E. Fischer und W. Knoll zu den allgemeinen Dienst-, Arbeits- und Lebensbedingungen im Soldatenalltag der NVA, im vorliegenden Band auf S. 239 ff.

Oberst a. D. Dipl.-Lehrer Hans-Dieter Hein/Oberst a.
D. Dr. sc. Paul Wollina

Die politische Arbeit und Probleme der demokratischen Mitbestimmung in der NVA

(November 2000)[1]

Die politisch-ideologische Bildung und Erziehung
Politische Bildung und Erziehung sind Bestandteil der Führung und Ausbildung in fast allen modernen Armeen der heutigen Welt. Die Begriffsbestimmungen sind jedoch sehr konträr, die Unterschiede und Gegensätze ergeben sich vor allem aus den jeweiligen gesellschaftspolitischen Definitionen und deren inhaltlicher Interpretation.
Das Primat der Politik wird jedoch für die militärische Tätigkeit in den Streitkräften allgemein als verbindlich angesehen. Für die vorgegebenen militärpolitischen und strategischen Ziele stabile Motive zu entwickeln und den Armeeangehörigen den Sinn soldatischer Pflichterfüllung zu vermitteln, die die Bereitschaft einschließt, dafür auch sein Leben einzusetzen, sind die allgemeinste Form und das Ziel der politischen Bildung und Erziehung in den Streitkräften.
Die wesentlichste Besonderheit der politischen Bildung und Erziehung in der NVA bestand darin, daß sie ausschließlich als ideologische Arbeit der alle Lebensbereiche dominierenden Parteipolitik gestaltet wurde. Es gab in der NVA keine Unterscheidung zwischen staatlich gebotener politischer Bildungs- und Erziehungsarbeit in einer Armee und parteipolitischer Arbeit. Die ideologische Arbeit wurde »... von der SED als Hauptinhalt jeglicher Tätigkeit zur Führung gesellschaftlicher Prozesse betrachtet.«[2]
Die politische Bildung und Erziehung in der NVA war an die marxistisch-leninistische Weltanschauung gebunden, die jedoch auf eine Variante dogmatischer staatssozialistischer Parteiideologie reduziert war. Ihre Aufgabe bestand in der Mobilisierung der Armeeangehörigen zur Erhöhung der Kampf-

kraft und Gefechtsbereitschaft der Streitkräfte. Zu klären war, unter wessen Führung der Soldat der DDR wofür, mit wem, gegen wen kämpfen sollte. Ziel der gesamten politischen Arbeit in der NVA war die Herausbildung einer systemkonformen Persönlichkeit, die als sozialistische Soldatenpersönlichkeit bezeichnet wurde.[3] Basierend auf der Auffassung, daß der Mensch von den Umständen, von den gesellschaftlichen Verhältnissen gebildet wird, war die Hoffnung auf die Formbarkeit der Menschen zu einer neuen Persönlichkeit verbunden, was jedoch weitgehend nicht nur in der NVA eine Illusion bleiben mußte.

Die politische Arbeit in der NVA war ein Komplex vielfältig miteinander verknüpfter politisch-ideologischer Maßnahmen und Handlungen der Kommandeure, Vorgesetzten, Politorgane, Partei- und Massenorganisationen zur Verwirklichung der Politik der SED und der Staatsführung der DDR. Nach dem in der NVA geltenden Führungsprinzip, der Einheit von politischer und militärischer Führung, trugen die Kommandeure als Einzelleiter auch die volle Verantwortung für die politische Arbeit. In der Praxis lagen ihre Organisation und Durchführung in den Händen der Politorgane und der Parteiorganisationen. Die Struktur und die Arbeitsweise des Politapparates in der NVA wurden in den 50er Jahren im wesentlichen von der sowjetischen Armee übernommen und sie existierten, mit nur geringfügigen Veränderungen, bis Anfang 1990. Nach Angaben des ehemaligen Verteidigungsministers der DDR, Admiral Theodor Hoffmann, befanden sich vor »... der Auflösung ...in den Politorganen der NVA und den Grenztruppen insgesamt 5.669 Armeeangehörige und 2.173 Zivilbeschäftigte, dazu kamen 2.311 Armeeangehörige in den der PHV unterstellten Einheiten und Einrichtungen«.[4] Letztere waren in Lehr- und Forschungseinrichtungen, Redaktionen sowie kulturellen Einrichtungen eingesetzt.

Die Gestaltung der politischen Arbeit erfolgte auf der Grundlage einer Direktive für die politische Arbeit des Ministers für Nationale Verteidigung sowie den von ihm bestätigten Ordnungen bzw. Anordnungen des Chefs der Politischen Hauptverwaltung (PHV) zu den Hauptformen der politischen Arbeit. Diese wiederum basierten auf zentralen Beschlüssen und Instruktionen der Parteiführung der SED, so u.a. auf der »Parteiinstruktion«[5] für die NVA und die Grenztruppen der DDR.

Hauptformen der politischen Arbeit in der NVA waren die *Gesellschaftswissenschaftliche Ausbildung (GWA)* und die *Gesellschaftswissenschaftliche Weiterbildung (GWW)* der Berufsoffiziere, Fähnriche und Berufsunteroffiziere, die *Politische Schulung (PS)* der Soldaten und Unteroffiziere, die *politische Massenarbeit* und die *kulturpolitische Arbeit*. Betrachtet man Form und Umfang des komplexen Systems der politischen Arbeit, so ergibt sich das Bild einer umfassenden und permanenten politischen Beeinflussung der Armeeangehörigen im Sinne der herrschenden Ideologie.

Um eine ständig hohe Kampfkraft und Gefechtsbereitschaft zu sichern, sollten das Denken und Handeln der Armeeangehörigen von »sozialistischen Grundüberzeugungen« geprägt werden. Dazu gehörten die Überzeugung von der historischen Überlegenheit und Verteidigungswürdigkeit des Sozialismus, die Anerkennung der führenden Rolle der marxistisch-leninistischen Partei, die Überzeugung von der welthistorischen Rolle der Sowjetunion und der festen Waffenbrüderschaft zu den Armeen des Warschauer Vertrages, von der wachsenden Aggressivität des Imperialismus und der von ihm ausgehenden Kriegsgefahr. Wichtige Bestandteile dieser zweifellos vorrangig systemstabilisierenden Überzeugungen waren jedoch zutiefst humanistische Ideale wie die des Strebens nach Frieden und sozialer Sicherheit. »Die Haltung zum Krieg sagt etwas über das Niveau der politischen Bildung und über den kulturellen und ethischen Zustand einer Gesellschaft und ihrer Untergruppen aus.«[6] So war der in der Grundüberzeugung vom Sinn des Soldatseins im Sozialismus enthaltene Auftrag, »den Frieden zu erhalten, zu verhindern, daß die Waffen sprechen«, ein tief verwurzeltes Handlungsmotiv der Armeeangehörigen. Viele haben in dieser Überzeugung bis zum letzten Tag der Existenz ihrer Armee, dem 2. Oktober 1990, diesen Auftrag in vollem Umfang erfüllt. Die Festigkeit dieser Überzeugung hat sich noch bis in die Gegenwart erwiesen, indem die Mehrheit von ihnen Krieg und Gewalt zur Lösung der internationalen Probleme, so z.B. im heutigen Jugoslawien, ablehnt

Der Alltag der Soldaten in der NVA war von tiefen Widersprüchen geprägt, die nur in der Einheit ihrer Existenz begreifbar sind. Das Erleben der politischen Bildung und Erziehung sowie ihres Einflusses auf die Armeeangehörigen unterlag im Laufe der Jahre beträchtlichen Schwankungen, die sich auch in den differenzierten Bewertungen durch die Soldaten, Unteroffiziere und Offiziere widerspiegeln. Bestimmend dafür waren sowohl objektive wie subjektive Faktoren. Das gesellschaftliche Umfeld und das jeweilige politische Klima beeinflußten wesentlich die innere Einstellung der Armeeangehörigen. Entgegen der heute dominierenden Systemkritik an der DDR und ihren Streitkräften erlebten die Soldaten ihren Staat in seiner wechselvollen Geschichte anders. Neben allem Ärger und allen Widrigkeiten haben sie in und mit diesem Staat Erfahrungen gemacht, mit denen sie nicht nur zufrieden waren, sondern mit denen sie sich auch in Übereinstimmung mit der offiziellen Partei- und Staatspolitik befanden. So war die Identifikation der Armeeangehörigen mit der DDR über viele Jahre hinweg verbreitet und hat erstaunlich lange gehalten. Wenn man z.B. die Wertvorstellung »Verbundenheit mit der DDR« als Motiv für hohe Wehrbereitschaft betrachtet, so ergaben über viele Jahre geführte soziologische Untersuchungen in der NVA, daß diese als »völlig bzw. mit geringen Einschränkungen« bewertet, von einem Ausgangspunkt 1967 von 57 % anstieg auf 76 % im Jahre 1971, ihren höchsten Wert 1981 mit 95 % erreichte und danach bis 1989 jedoch auf 74 % absackte.[7]

Hinzu kam allerdings, daß der Kalte Krieg das politische und militärische Denken sowie das psychologische Klima in der NVA maßgeblich bestimmte und in gewissem Sinne auch deformierte Denk- und Verhaltensweisen hervorgebracht hat, die heute nur noch schwer nachvollziehbar und nur aus der damaligen Situation zu erklären sind. So belegen soziologische Untersuchungen, daß sich z.B. 1983 der größte Teil der Jugendlichen der DDR durch die Militärpolitik der NATO persönlich bedroht fühlte. Nur 9 % verneinen eine persönliche Bedrohung. Wissenschaftler des Zentralinstitutes für Jugendforschung kamen in diesem Zusammenhang zu dem Schluß: »Dieses Bedrohungserleben überwog damals in allen Untergruppen, auch bei religiös überzeugten Jugendlichen und selbst bei denen, die sich politisch nicht mit der DDR identifizierten. Die verbreitete Angst vor einem vom Westen ausgelösten Nuklearkrieg, die auf beiden Seiten durch Propaganda und Gegenpropaganda noch zugespitzt wurde, förderte zeitweise die Identifikation mit der DDR und die Bereitschaft zu ihren militärischen Schutz.«[8] Die Soldaten der DDR lebten mit der Erfahrung, daß zwischen ihrem Staat und der BRD eine nahezu unüberwindliche Trennlinie bestand. »Die deutsche Zweistaatlichkeit hinterließ nicht nur tiefe Spuren im staatlichen, politischen, kulturellen und volkswirtschaftlichen Bereich, sondern auch im Alltagsbewußtsein und im Spektrum der sozialen Verhaltensmuster. Diese Prägungen sind auf unterschiedliche Weise auch von denen verinnerlicht, die dem jeweiligen System ablehnend oder reserviert gegenüberstanden. Sie überdauern ihren Ursprung und sind mit politischen Akten allein nicht aufzulösen.«[9]

So haben sich sowohl unter dem Einfluß politischer Bildung und Erziehung aber auch unter dem Eindruck politischer Ereignisse und der persönlichen Erfahrungen politische Ansichten und moralische Verhaltensweisen herausgebildet, die letztendlich zu einer beträchtlichen inneren Geschlossenheit und Kampffähigkeit der NVA geführt haben. Vor allem jenes Denken, das Verantwortungsbewußtsein für Frieden und Sicherheit widerspiegelt, hat sich konstant über alle Perioden entwickelt und noch bis in die Gegenwart einen hohen Stellenwert behalten.

Es ist eine geschichtlich belegbare Tatsache, daß Antifaschismus und Friedensengagement nicht nur in der Nachkriegszeit eine fundamentale Komponente der Politik in der DDR waren. Ungeachtet bestimmter Verengungen und Einseitigkeiten fand das im ideologisch-geistigen Leben der DDR – und folgerichtig auch in den Streitkräften – vielfältigen Ausdruck, war die Basis für einen weitgehenden ideologischen Konsens, der entscheidend das internationale Ansehen dieses deutschen Staatswesens prägte. Die heute viel verbreitete These vom »verordneten Antifaschismus« wird dieser Realität jedoch nicht gerecht.

Gleichzeitig muß man jedoch auch einschätzen, daß in der

Truppenpraxis die Gestaltung der politischen Bildungs- und Erziehungsarbeit zweifellos zu Einengungen und Verzerrungen geführt hat. Zudem wurde ihre Wirkung auf die politische Einstellung der Armeeangehörigen stark überschätzt, der Einfluß der gesellschaftlichen Realität dagegen wurde gröblichst unterschätzt. So ist es nicht verwunderlich, wenn empirische Untersuchungen Ende der 80er Jahre nachweisen, daß auch bei den Armeeangehörigen die eher rational begründeten Einstellungen sich bedeutend eher abschwächten bzw. verfielen als die emotional begründeten, die durch die biographischen Erlebnisse, durch die reale Lebenspraxis fundiert wurden.

Das grundlegende Dilemma des »real existierenden Sozialismus«, der ungelöste Widerspruch zwischen Ideal und Wirklichkeit, hat auch die politische Arbeit in der NVA geprägt. Jedoch waren die Konflikte nicht zu allen Zeiten die gleichen, die Perzeption von Generation zu Generation war unterschiedlich, Akzeptanz und Widerspruch zum System in den verschiedenen Zeitabschnitten waren keinesfalls immer gleich groß. Zugleich erwuchsen aus einem übersteigerten Sicherheitsdenken Konsequenzen in der Truppenpraxis, die mit den allgemeinen propagandistischen Losungen nur schwer zu begründen waren.

Es bleibt jedoch eine unbestrittene Tatsache, daß die Mehrheit der Armeeangehörigen der Bedeutung der politischen Arbeit durchaus verständnisvoll gegenüberstand. Drei Fünftel der von uns 1999 befragten ehemaligen Soldaten, 85 Prozent der Unteroffiziere und 98 Prozent der Berufssoldaten hielten sie uneingeschränkt oder mit gewissen Einschränkungen für notwendig. Allgemeine Grundlage dieser Aufgeschlossenheit ist ohne Zweifel ein relativ entwickeltes politisches Interesse der Menschen in jener Zeit. Für die Zeit ihres Wehrdienstes gaben in der Befragung 99 Prozent der Berufssoldaten ihr überwiegend großes politisches Interesse an und drei Viertel der Soldaten nehmen dies ebenfalls für sich in Anspruch. Das Streben nach Informiertheit in einer bewegten Zeit war ein Hauptaspekt für das relativ große Interesse. Dagegen spielte der Bildungs- und Werteorientierungsaspekt, insbesondere bei Soldaten und Unteroffizieren, eine geringere Rolle.

Während die Notwendigkeit der politischen Arbeit auch

noch im nachhinein von den ehemaligen Armeeangehörigen befürwortet wird, ist die Einschätzung ihrer Wirksamkeit wesentlich differenzierter und kritischer. Daß die politische Arbeit damals überzeugt habe, daß »etwas hängen geblieben« sei, meinen heute nur noch ein Drittel der Soldaten, 74 % der Unteroffiziere und 98 % der Berufssoldaten. Ein Drittel der Soldaten und 23 % der Unteroffiziere votieren für »kaum« etwas hängengeblieben und ein Viertel der Soldaten für »überhaupt nicht«.
Die Untersuchung der politischen Bildung und Erziehung im Soldatenalltag der NVA erfordert daher eine sehr differenzierte Bewertung des politischen Bewußtseins der Armeeangehörigen, und zwar in Hinsicht auf den konkreten Zeitpunkt in der Geschichte der DDR, der verschiedenen politischen Grundeinstellungen sowie der unterschiedlichen sozialen und demografischen Gruppen..

Die Hauptformen der politisch-ideologischen Arbeit
Zur Vorbereitung der Militärkader auf den Truppen- und Flottendienst galt die *Gesellschafts-wissenschaftliche Ausbildung (GWA)* als eine entscheidende Grundlage ihrer wissenschaftlichen Bildung und politischen Erziehung an den militärischen Lehreinrichtungen der NVA. Als ein Hauptausbildungsgebiet wurde sie an allen Hochschuleinrichtungen der NVA sowie an allen Ausbildungseinrichtungen für Fähnriche und Unteroffiziere durchgeführt. In der Grundlagenausbildung betrug die GWA ca. 20 %, in der Spezialausbildung Politoffiziere 50 % der Gesamtausbildungszeit.
Die Offiziersausbildung in der NVA war in den 80er Jahren auf eine akademische Ausbildung mit abschließendem Diplom orientiert.[10] Dabei wurde die Vermittlung marxistisch-leninistischer Kenntnisse als ein wichtiges Mittel für die Heranbildung sozialistischer Offiziere bewertet. Entsprechend breit war die Palette der vermittelten Wissenschaftsgebiete, von der Philosophie und Ökonomie bis zur Militärgeschichte und Militärpsychologie.
Hohe theoretische Anforderungen kollidierten jedoch häufig mit abstrakten und realitätsfremden Verbalisierungen. Dadurch hat die formal hohe theoretische Bildung in der Kon-

frontation mit den realen Bedingungen des Truppen- und Flottendienstes ihre Bewährungsprobe oftmals nicht bestanden und die jungen Offiziere vor große Schwierigkeiten gestellt. Widersprüche ergaben sich jedoch nicht nur aus der Dogmatisierung des Wissens. Veraltetes militärischen Denken und Praktizismus in der Truppenpraxis erschwerten es besonders ab Mitte der 80er Jahre, die an den Lehranstalten vermittelten neuen theoretischen Kenntnisse z.B. über Krieg und Frieden im Nuklearzeitalter in der politischen Arbeit anzuwenden. Es ist in diesem Zusammenhang bedeutsam, daß es vor allem die für die GWA zuständigen Gesellschaftswissenschaftler einiger militärischer Lehreinrichtungen waren, die seit Anfang der 80er Jahre neue Erkenntnisse und neues Denken zu den Fragen von Krieg und Frieden erforscht und vermittelt haben. Allein die Einsicht, daß es im Krieg zwischen den beiden Militärblöcken keinen Sieger geben kann, führte zu Veränderungen im militärischen Denken. Dieser Umbruch gestaltete sich zu einer tiefen weltanschaulichen und politischen Auseinandersetzung, die bis zum Untergang der DDR andauerte.

Nachweislich hat jedoch die GWA bei aller Widersprüchlichkeit dazu beigetragen, daß bestimmte Überzeugungen und Haltungen langfristig das Selbstverständnis der Berufskader der NVA dominierten. Dazu gehörten die Identifikation mit den Zielen von Staat und SED (etwa zu 90%,) und die Bereitschaft, den Sozialismus in der DDR gegen jeden Angriff zu verteidigen (etwa 95%.)

Als Parteischulung und Hauptausbildungszweig wurde in den Truppen- und Flotteneinheiten sowie in den Stäben die *Gesellschaftswissenschaftliche Weiterbildung* (GWW) der Offiziere und Fähnriche durchgeführt. In den Dienststellungen als Zugführer und Kompaniechef haben die Offiziere in der Regel nicht an der GWW teilgenommen, sondern sie wurden in einem System der »Vorschulung« als Schulungsgruppenleiter für die Politschulung der Soldaten bzw. Unteroffiziere erfaßt. Auf der Grundlage eines zentralen Programms sowie von der Politischen Hauptverwaltung herausgegebener einheitlicher Studienanleitungen und Vortragsmaterialien war die GWW das vergleichsweise am besten organisierte Weiterbildungssystem in der Truppe. Noch heute bewerten 81 % der befragten ehemaligen Berufssoldaten die GWW als immer oder doch häufig (51 %) gut organisiert. Wesentlich differenzierter muß man jedoch Inhalt und Durchführung der GWW bewerten. Monatlich waren 14 Stunden, davon ca. 50 % als organisiertes Selbststudium, in der Ausbildungszeit festgelegt. Die Probleme ergaben sich bereits aus der nahezu permanenten Überlastung der Berufssoldaten, der vor allem das Studium und die Vorbereitung auf die Lehrveranstaltungen zum Opfer fielen. Gravierender waren jedoch inhaltliche Defizite. Es war vor allem die Diskrepanz zwischen Theorie und Praxis. Die theoretischen Grundlagen und Lehren der Gesellschaft wurden zunehmend konterkariert durch einen weitgehenden Unfehlbarkeitsanspruch der SED, der immer mehr in Widerspruch zu den gesellschaftlichen Veränderungen geriet. Der eigene theoretische Anspruch wurde zunehmend in ein Denkmodell und Argumentationsmuster verkehrt, das besonders in den 80er Jahren in verhängnisvoller Weise zur Begründung willkürlicher Einschätzungen, zur Verdrängung unliebsamer Tatsachen und zur Beschönigung der Realität diente. Das führte letztendlich dazu, daß auch bei den Berufssoldaten die Lust und die Bereitschaft zum Studium in der GWW gedämpft wurden.

Während in den 60er und 70er Jahren in der GWW Bildungsaspekte wie die systematische Vermittlung von Kenntnissen der Philosophie, der politischen Ökonomie aber auch der Militärpsychologie und –Pädagogik relativ großes Interesse weckten, änderte sich dies mit dem Zeitpunkt, als die Durcharbeitung von Beschlüssen der SED-Parteitage und ZK-Tagungen zum Hauptgegenstand wurde. So wurden z.B. 1986 für die Auswertung des XI. Parteitages der SED zentral 112 Stunden (d.h. im Zeitraum von 8 Monaten) für das Studium der Parteitagsdokumente in der GWW angewiesen.

Diese Entwicklung führte mit dazu, daß die GWW nur bei 39 % der befragten ehemaligen Berufssoldaten ihren geistigen Ansprüchen entsprach und nur 42 % der Meinung sind, daß sie die tatsächlichen Fragen der Zeit behandelt haben. Wie in anderen Fragen unterlag auch die Einstellung zur GWW Wandlungen. Während 43 % der Berufssoldaten beständig

gern an der GWW teilnahmen, haben 34% anfangs gern, später aber ungern an den Veranstaltungen teilgenommen. 15% war es gleichgültig, sie haben teilgenommen, »weil es so befohlen war«. Entgegen ihrem heutigen Ruf bot sie jedoch 52% der Befragten immer oder häufig die Möglichkeit zum freimütigen Gedankenaustausch, was zweifellos für das Niveau der Teilnehmer, aber auch der jeweiligen Schulungsgruppenleiter spricht. Es ist zugleich Ausdruck dafür, daß in kleinen Kollektiven in den Truppenteilen und Stäben durchaus eine gesunde und auch kritische Atmosphäre herrschte. Die Gesprächsteilnehmer waren bemüht die Probleme und Schwierigkeiten der gesellschaftlichen Entwicklung zu erkennen ohne dabei das gesellschaftliche System in Frage zu stellen. Charakteristisch war dies vor allem in den 80er Jahren, als neue Erkenntnisse im sicherheitspolitischem Denken zu einer Sinnkrise des Wehrmotivationsgefüges geführt hatten. Insbesondere die Diskussion um die 1987 verkündete neue Militärdoktrin der Staaten des Warschauer Vertrages gab in Auseinandersetzungen – z.B. zum Feindbild – offiziellen Rückhalt und zwang Verfechter dogmatischer Positionen zu Abstrichen. Bemerkenswert ist in diesem Zusammenhang die Wertung des letzten Kommandeurs des Küstenraketenregiments der Volksmarine über diesen Zeitabschnitt: »Viele Schulungen, die das Kommando der Volksmarine unter dem Namen > Gesellschafts-wissenschaftliche Weiterbildung (GWW) organisierte, verliefen jetzt nicht mehr so langweilig, sondern sehr aufgeschlossen. Thematisch und inhaltlich wurden sie interessanter, kritischer und informativer. Aber auch bei ernsthaften Meinungsunterschieden fiel uns nicht ein, das ganze System in Frage zu stellen.«[11]
Als ein Hauptausbildungszweig wurde die *Politische Schulung (PS)* nach einem 18-Monate-Programm für Soldaten bzw. nach einem Dreijahres-Programm für Unteroffiziere durchgeführt. Die politische Schulung umfaßte monatlich 14 Stunden und wurde in der Regel an zwei aufeinander folgenden Tagen durchgeführt. Die Schulungsgruppen wurden bei Wahrung der militärischen Struktur in den Zügen, Kompanien und gleichgestellten Einheiten gebildet. Schulungsgruppenleiter waren in der Regel die Zugführer/Gleichgestellte für

die Soldaten und für die Unteroffiziere die Kompaniechefs/ Gleichgestellte bzw. Offiziere der Stäbe der Einheiten und Truppenteile.
Hauptformen der Politschulung waren bei Soldaten das selbständige Lesen und das Unterrichtsgespräch, ergänzt durch Filmvorführungen, Dia-Vorträge, Exkursionen u.a., bei Unteroffizieren, Vorträge, Studium und Seminare.
Zur Sicherstellung und einheitlichen Ausrichtung der Politschulung wurden zentral ausgearbeitete Schulungsmaterialien herausgegeben. Dazu gehörten: für neu einberufene Soldaten das Buch »Vom Sinn des Soldatseins« sowie als Studienmaterial für Soldaten die Lesehefte »Wissen und Kämpfen« bzw. die »Lesehefte für die politische Schulung der Unteroffiziere«. 1983 und 1988 durchgeführte soziologische Untersuchungen weisen aus, daß Soldaten und Unteroffiziere die politische Schulung durchaus für notwendig, die praktizierte Form jedoch nicht für zweckmäßig hielten.[12] Qualität und Wirksamkeit der politischen Schulung unterlagen in allen Jahren sowohl aus der Sicht der Zentrale wie auch in der Reflexion der Teilnehmer, wenn auch aus unterschiedlichen Beweggründen, einer kritischen Bewertung.
So bewertete der Bericht der Politischen Hauptverwaltung an die XIII. Delegiertenkonferenz der SED in der NVA und den Grenztruppen der DDR im Februar 1984, »daß es vornehmlich in der politischen Schulung noch beträchtliche Qualitätsunterschiede gibt, die beruflichen und Lebenserfahrungen der Soldaten mitunter ungenügend berücksichtigt werden. Nach wie vor erleben wir Lehrveranstaltungen, in denen abstraktes und schematisches Herangehen dominiert und enger Praktizismus zum Absinken des theoretischen Niveaus führt.«[13]
Die Soldaten und Unteroffiziere erlebten die politische Schulung in unterschiedlicher Weise. Unteroffiziere gelangten zu deutlich günstigeren Urteilen als Soldaten. Das hat sicher mit den erfahreneren Schulungsgruppenleitern zu tun, aber ebenso auch mit der inneren Einstellung der Schulungsteilnehmer. Gemeinsam war ihnen, daß sie entsprechend ihrer politischen Interessiertheit vor allem Antworten auf Fragen aus dem Alltag suchten, handhabbar für das Leben. Alltag um-

faßte dabei für sie sowohl aktuelles politisches Geschehen als auch die Ereignisse in ihrer ganz persönlichen Erlebniswelt, dem Dienst, der beruflichen und sozialen Entwicklung u.a. Nach unseren aktuellen Befragungen meinen aus heutiger Sicht jedoch weniger als ein Drittel der Soldaten und nur 38 % der Unteroffiziere, daß sie häufig die Fragen der Zeit behandelt habe, der Rest erfuhr eher das Gegenteil. Jeder zweite Unteroffizier, aber nur jeder vierte Soldat erklärte schließlich, die politische Schulung habe seinen geistigen Ansprüchen zumindest häufig genügt. Zweifellos spiegeln sich in diesen Aussagen von 1998 bereits auch neue Erkenntnisse und veränderte Ansichten wider. Immerhin hatten bei Untersuchungen im Jahr 1984 in der NVA 69 % der Soldaten und 78 % der Unteroffiziere angegeben, daß die politische Schulung ihnen »hilft, Antwort auf aktuelle Fragen zu finden«. Erklärbar wird diese unterschiedliche Bewertung, wenn man die Aussagen in die gesellschaftlichen Bedingungen der jeweiligen Zeitabschnitte einordnet. In den 70er Jahren hatte die internationale Politik der DDR weltweit Anerkennung erfahren. Die Zustimmungswerte waren auch bei den Armeeangehörigen mit fast 90 % sehr hoch. Insbesondere der in außen- und militärpolitischen Themen vermittelte Lehrstoff hat zweifellos wesentlich zur Identifikation mit dem Auftrag der NVA beigetragen. Nicht zuletzt, weil zwischen dem, was man über die Friedens- und Sicherheitspolitik der Partei- und Staatsführung hörte, und den eigenen Interessen und Empfindungen weitgehende Übereinstimmung bestand. Was sollte daher u.a. auch in der politischen Schulung falsch sein an den ehrlichen Bekundungen zur Völkerverständigung, zum Antifaschismus und zum Frieden?

Ein nicht unwesentlicher Faktor war die Veränderung der inhaltlichen Struktur und Zielstellung der politischen Bildung und Erziehung. Während anfänglich eine ergebnisorientierte Argumentation im Disput zur Meinungsbildung führte, wurde der Unterricht in den 70er Jahren mehr und mehr durch vorgegebene Lehrinhalte geprägt. Damit wurden nicht mehr Meinungen sondern Wissen bewertet. Letztlich wurde das Wissen über Parteibeschlüsse als Kriterium der politischen Zuverlässigkeit genommen.

Neben inhaltlichen gab es jedoch auch eine Reihe anderer Gründe die zu einer differenzierten sowie mitunter auch ambivalenten Bewertung der politischen Schulung führten. Dazu gehörten sowohl formale Gründe, wie die Durchführung der Schulung an zwei aufeinander folgenden Tagen, die etwa ein Drittel der Soldaten und Unteroffiziere als »zu anstrengend« empfanden. Mehr noch war es die Themenauswahl. Sowohl ihre Gestaltungsmöglichkeiten als auch die verschiedene Interessenlage der Schulungsteilnehmer unterschieden sich bei solchen Themen wie »Mensch und Technik im modernen Krieg« erheblich von solchen wie »Die führende Rolle der Partei«. Oft beschäftigten sich die Soldaten während ihres Wehrdienstes zweimal mit demselben Thema, da sich die Themenzyklen jährlich wiederholten. Ähnliches passierte bei den Unteroffizieren. Hinzu kam, daß durch ein kompliziertes Auffüllungssystem der Einheiten große Unterschiede in der Zusammensetzung der Schulungsgruppen bestanden. So gab es Truppenteile, in denen Soldaten aus drei Diensthalbjahren, in anderen wiederum nur Soldaten des gleichen Diensthalbjahrs die zentral vorgegebenen Themen gemeinsam in den festgelegten Zeiträumen behandelten. Gleichzeitig wurden in kürzeren Zeiträumen die zum Wehrdienst einberufenen Reservisten in die Politschulung einbezogen. Es ist daher nur logisch, wenn Einstellungen zur politischen Schulung sich bei vielen Armeeangehörigen mit zunehmender Dienstdauer wandelten. Zwei Fünftel der Soldaten gaben an, anfangs zwar gern, später aber ungern teilgenommen zu haben. Ein Fünftel hat immer gern teilgenommen.

Eine wesentliche Bedingung für die Art der Durchführung der politischen Schulung, die Qualität und die Wirkung auf die Teilnehmer waren die Fähigkeiten der Schulungsgruppenleiter (SGL). Ihre Vorbereitung auf die Themen erfolgte in einer Vorschulung, die auf der Ebene der Truppenteile organisiert wurde. Sie gehörte zur Dienstvorbereitung und umfaßte monatlich 14 Stunden. Darüber hinaus wurden zur politischen und pädagogischen Qualifizierung halbjährlich 28 Stunden Unterricht durchgeführt.

Obwohl Qualifikation und methodische Fähigkeiten der SGL immer wieder einer kritischen Bewertung durch alle

Führungsebenen unterlagen, konnte das Problem insgesamt nicht zufriedenstellend gelöst werden. Bereits in der Generationsfrage zeigten sich die unterschiedlichen Auswirkungen auf die politische Bildung und Erziehung. Die Generation der Offiziere, die geprägt war durch Kriegs- und Nachkriegserfahrungen, besaß trotz geringerer theoretischer Bildung größere Überzeugungskraft und konnte ihre Ideale anschaulicher vermitteln. Die Offiziersgeneration der 70er und 80er Jahre hat zwar an den Offiziershochschulen höhere Bildung erworben, hatte jedoch oftmals Schwierigkeiten, den Anforderungen des Truppenlebens gerecht zu werden. Aus heutiger Sicht ist das wohl auch Ausdruck dessen, daß die zunehmenden Probleme der DDR nicht mehr überzeugend zu vermitteln waren. Zugespitzt wurde die Situation noch durch die Konsequenzen, die sich aus der demografischen Entwicklung der DDR für die Auffüllung der NVA ergaben. Die Folge war, daß die jungen Offiziere, fast nur mit Schulerfahrungen, – zudem ohne eine fundierte pädagogische Ausbildung und Befähigung – mit 22 Jahren ihre erste Dienststellung als Zugführer im Truppendienst übernahmen, ihre Unterstellten jedoch erst im Alter von 24 bis 26 Jahren ihren Grundwehrdienst bzw. Reservistenwehrdienst ableisteten. Damit besaßen Letztere nicht nur eine größere Berufs- und Lebenserfahrung als ihre Vorgesetzten, sondern auch umfassendere Kenntnisse der widerspruchsvollen Probleme im Berufs- und Familienleben, die sich mit den offiziellen Sprachformeln nur schwer erklären ließen. Eine permanente Konfliktsituation ergab sich für die Schulungsgruppenleiter, wenn ihre Soldaten aus dem Urlaub kamen, und sich deren Erfahrungen mit den zu vermittelnden Thesen nicht in Übereinstimmung bringen ließen. Ohne das ehrliche Bemühen und die aufrichtige Gesinnung der jungen Offiziere abzuwerten oder gar in Frage zu stellen, war aus den genannten objektiven und subjektiven Gründen ihre Wirksamkeit begrenzt. So bewerteten 1986 bei einer Befragung nur 58 % der jungen Vorgesetzten ihre Fähigkeit zur Führung der politischen Arbeit als den Anforderungen entsprechend. Vergleicht man dies mit unseren jüngsten Umfragen, so zeigt sich, daß den Zugführern als SGL nachträglich nur von einem Drittel der Soldaten die allgemeine Fähigkeit attestiert wird, überzeugend politisch zu argumentiert zu haben, ein weiteres Drittel begrenzt das auf »einige Themen«. Das Selbsturteil der Berufssoldaten ist zwar günstiger, bestätigt jedoch gleichfalls das differenzierte Bild, vor allem zu den in der gesellschaftlichen Realität wurzelnden Problemen. 47 % von ihnen gestehen Probleme ein – 26 % weil Argumente und Realität nicht übereinstimmen, 19 % weil Informationen/Argumente (von oben) fehlen, der Rest aus anderen Gründen.

Es würde jedoch der vielschichtigen und kontrastreichen Struktur des politischen Denkens der ehemaligen Angehörigen der NVA widersprechen, reduzierte man den Einfluß der politischen Schulung auf ihr Fühlen und Handeln nur auf negative Faktoren und Versäumnisse. Vielmehr ist den Autoren in dem Buch »NVA – Ein Rückblick in die Zukunft« zuzustimmen, die zu der Einschätzung gekommen sind: »Unter dem Einfluß politischer Bildung und Erziehung während des Militärdienstes, aber auch unter dem Eindruck bestimmter Ereignisse in der Welt hatten sich politische Ansichten herausgebildet und verfestigt, die zu einer positiven Bewertung des Dienstes in der NVA führten.«[14]

Nach den Vorstellungen der politischen und militärischen Führung der NVA bestand ein Hauptkettenglied zur Erreichung einer hohen Wirksamkeit der politischen Bildung und Erziehung der Armeeangehörigen darin, »die ideologische Arbeit komplex zu führen und zu gestalten« und dabei »das breite Spektrum der Formen, Mittel und Methoden optimal zu nutzen.«[15]

Neben den bereits dargestellten Hauptformen der ideologischen Arbeit bezog sich dies vor allem auf die tägliche politische Massenarbeit, insbesondere die Agitation und die kultur-politische Arbeit in der NVA.

Aufgabe der *Agitation* war es, unter allen Bedingungen des militärischen Lebens politisch zu informieren, zu motivieren und zu mobilisieren. Geleistet werden sollte das von allen Vorgesetzten, Parteimitgliedern, Funktionären der FDJ, der Gewerkschaft und der Armeesportvereinigung »Vorwärts« (ASV) sowie speziellen, in den militärischen und in den Arbeitskollektiven eingesetzten Agitatoren. Zu den Formen und

Methoden gehörten u.a. das persönliche politische Gespräch, die politische Tagesinformation (täglich je 15 Minuten mit Soldaten und Unteroffizieren auf der Grundlage von Rundfunk-, Fernseh- und Pressemeldungen), die aktuell-politische Wocheninformation (je 45 Minuten zu spezifischen, vom Politorgan festgelegten Themen, durchgeführt von Politoffizieren sowie Offizieren der Führungsorgane). Weiterhin gehörten dazu politische Veranstaltungen wie Meetings, Appelle, Foren, Filmveranstaltungen, Diskussionsrunden zu politischen und militärischen Höhepunkten. Dafür verfügte u.a. jeder Truppenteil über eine auf einem Kraftfahrzeug aufgebaute Rundfunk-Kino-Einrichtung mit den Möglichkeiten der Beschallung, des Fotografierens, des Fernsehens und der Filmvorführung sowie der Druckvervielfältigung u. ä. Aufwendig und umfangreich waren auch die zum größten Teil zentral herausgegebenen Materialien für die schriftliche Agitation. Von den Kompaniewandzeitungen bis zu den »Argumentationen der PHV« umfaßte die Palette auch Fotoserien, Grafiken, Plakate, Bildtafelserien sowie Broschüren u.a.
Trotz des hohen materiellen Aufwandes und einer sehr straff organisierten zentralen Lenkung und »komplexen Führung« der ideologischen Arbeit wurde sie im Soldatenalltag sehr unterschiedlich reflektiert und war in ihrer Wirkung widersprüchlich. Dogmatische Sichten und schönfärbender Eifer auf den verschiedenen Führungsebenen haben die Wirksamkeit eingeschränkt, das zweifellos vorhandene politische Interesse vielfach blockiert und die ehrliche Bereitschaft der Mehrheit der Armeeangehörigen zur aktiven Mitarbeit letztendlich enttäuscht. Hinzu kam das Bestreben, für zentral angewiesene Maßnahmen der politischen Arbeit auch zusätzliche Zeiten zu beanspruchen, was häufig das ohnehin enge Zeitpolster im Tagesdienstablauf zusätzlich belastete und vielfach auf Kosten der Freizeit der Soldaten ausgeglichen wurde. Eine differenzierte Bewertung, wie die politische Massenarbeit im Soldatenalltag »ankam« und welche Wirkungen die angewiesenen Maßnahmen hatten, erfordert, die Bewußtseinsentwicklung der verschiedenen Soldatengenerationen in den unterschiedlichen Etappen der NVA-Geschichte zu berücksichtigen. In den 60er und 70er Jahren herrschte bei der Mehrheit

der jungen Wehrpflichtigen (1962 wurde in der DDR die allgemeine Wehrpflicht eingeführt) eine positive Einstellung zu den sozialistischen Zielen und Werten vor. Charakteristisch war eine hohe Identifikation mit der DDR und solchen Seiten ihrer Politik wie Bildung, berufliche Ausbildung, Jugend- und Sportförderung, Sicherung des Friedens. Damit gab es einen günstigen Boden für die Aufnahme der propagierten politischen Thesen. Selbst die verbreitete Schwarzweißmalerei fand noch relativ hohe Akzeptanz. In dieser Zeit wurden z.B. von den Jugendlichen auch noch die DDR-Medien deutlich häufiger für die politische Information genutzt als Westmedien. Ende der 70er Anfang der 80er Jahre stagnierte die Zustimmung in vielen Bereichen der Bewußtseinsentwicklung. Die wachsenden gesellschaftlichen Widersprüche in ihrem zivilen Umfeld wurden von den jungen Wehrpflichtigen auch im Soldaten-alltag deutlicher reflektiert. Die Möglichkeiten der gezielten Beeinflussung durch die politische Massenarbeit wurden in der NVA, wie auch in der gesamten Gesellschaft, stark überschätzt. Rituale Sprachformeln verloren ihre Wirkung, im Soldatenjargon gab es den Begriff der »Rotlichtbestrahlung«. Mit dem Abflachen der politischen Argumentation wurde in der NVA zugleich der Versuch unternommen, mit administrativen Verboten den Einfluß der Westmedien zu unterdrücken, obwohl in der gesamten DDR bereits der Anteil der Jugendlichen stark angewachsen war, die sich auf beiden »Kanälen« informierten und sich das Verhältnis weiter zu Gunsten der BRD-Medien verschob. Ab Mitte der 80er Jahre traten die regressiven Tendenzen, vor allem durch einen Glaubwürdigkeitsverlust, deutlich hervor und gingen 1988/89 geradezu in einen Verfall der Identifikation mit den von der SED propagierten sozialistischen Werten über. Verbunden mit der bereits seit Mitte der 80er Jahre vorhandenen Sinnkrise in der Wehrmotivation, die sich auf die Nichtführbarkeit eines Krieges bezog, war bei den Armeeangehörigen die Einflußmöglichkeit der politischen Argumentation letztendlich nur noch auf die stabile Wertorientierung der Friedenssicherung begrenzt. Diese hatte für das Handeln der Armeeangehörigen in der Wendezeit dann allerdings eine herausragende, ja geschichtliche Bedeutung.
Unter den genannten Gesichtspunkten ist es heute nur schwer

nachvollziehbar, warum die durchaus vorhandenen Erkenntnisse über die reale Situation des Soldatenalltags sowie die widerspruchsvolle Bewußtseinslage – so z.B. aus soziologischen Untersuchungen des Zentralinstituts für Jugendforschung sowie der armeeinternen sozialwissenschaftlichen Untersuchungen – zu keinen entsprechenden Konsequenzen in der politischen Massenarbeit geführt und sich völlig unzureichend in der praktischen Arbeit der Truppenteile und Einheiten niedergeschlagen haben.

Zur Charakterisierung des Problems seien nur einige Aspekte hervorgehoben.

Das Dilemma zwischen dem Anspruch auf Realismus und dem Vorgehen bei seiner Einlösung bestand darin, daß Erscheinungen der Wirklichkeit, die nicht den gesellschaftlichen und ideologischen Zielvorstellungen entsprachen, lediglich auf Nachwirkungen der Vergangenheit und Einwirkungen der »anderen Seite« zurückgeführt, dagegen die vom Sozialismus selbstgesetzten Bedingungen als immer günstiger werdend angesehen wurden. Die unkritische Sicht auf die eigene Gesellschaft verfälschte nicht nur die erlebte Wirklichkeit und verhinderte jeden konstruktiven Disput, sie trug letztlich mit zum Scheitern des Systems bei.

Die einseitige Bindung an die marxistisch-leninistische Weltanschauung als ein Merkmal der politischen Bildung und Erziehung wurde in den verschiedenen Soldatengenerationen unterschiedlich reflektiert. Für die Soldatengeneration der Gründer- und Aufbaujahre der Streitkräfte bildeten das Erleben des Krieges und die aktive Teilnahme an der Beseitigung seiner Folgen den Boden für die Aufnahme wesentlicher Elemente der sozialistischen Ideologie. Kämpfer des antifaschistischen Widerstandes waren die überzeugendsten Lehrmeister. Diese Prägung war nachhaltig und wirkt bei ihnen noch bis in die Gegenwart. Später entwickelten sich daraus im Truppenleben oftmals Rituale, die trotz ehrlichen Bemühens vieler Kommandeure und Funktionäre, den humanistischen Inhalt zu bewahren, nur noch formal gehandhabt wurden. Ein Problem bestand darin, daß sich einerseits aufrichtige Antifaschisten mühten, in vielfältigen Begegnungen mit den Soldaten die Ideale zu bewahren und wirken zu las-

sen, andererseits aber aus einigen ehemaligen Widerstandskämpfern selbstgefällige Machthaber geworden waren, denen ihre antifaschistische Aura jetzt zur eigenen Legitimation und zur Disziplinierung des Volkes diente. Das daraus erwachsene dogmatische Denken hindert übrigens auch heute oft noch »Ehemalige«, Fragen ihrer Geschichte in der Gegenwart realistisch zu bewerten
Bereits Ende der 70er Jahre ergaben soziologische Untersuchungen, daß die marxistisch-leninistische Weltanschauung zunehmend weniger als Lebensorientierung anerkannt wurde. 1989 gehörten dazu immerhin auch 44 % der Soldaten. Diese Situation blieb in der politischen Bildung und Erziehung weitgehend unbeachtet, genauso wie die Tatsache, daß etwa 15 % der Soldaten religiös gebunden waren, weitere sich anderen weltanschaulichen Richtungen verbunden fühlten und durchschnittlich 1 500 Mitglieder von Blockparteien in der NVA dienten.
Die Kluft zwischen dem Soldatenalltag, der täglichen Realität und der Propaganda verbreiterte sich in dem Maße, in dem die zunehmende praktische Unfähigkeit der Partei- und Staatsführung, die selbst gestellten Ziele zu verwirklichen, durch Phrasen oder Sprachlosigkeit konterkariert wurde. Diese Entwicklung fand ihren Niederschlag im Stimmungs- und Meinungsbild in der Truppe. 1889 wurde die Zeit nach dem XI. Parteitag der SED (1986) nur noch von 45 % der Soldaten, 68 % der Unteroffiziere und 78 % der Offiziere als erfolgreich eingeschätzt.[16] Von 1986 bis 1988 sank, wie Ergebnisse soziologischer Befragungen bei den Landstreitkräften zeigten, die Zahl derjenigen Soldaten von 83 % auf 33 %, die meinten, es lohne sich, für den Sozialismus zu arbeiten und zu leben.[17] Diese kritische Haltung kann jedoch nicht als Ausdruck dafür gewertet werden, daß sie die DDR mit ihrem Gesellschaftssystem abschaffen wollten. Vielmehr ging es auch für die Soldaten – zumindest bis Anfang 1990 – darum, die Zustände innerhalb der DDR zu verbessern und lebenswert zu machen. Die Urteile über Partei und Staat wurden in dieser Zeit nicht mehr vorrangig von der sozialen Sicherheit bestimmt, sondern von Fragen zu Freiheit, Demokratie und Reisefreiheit.

Es ist nicht Gegenstand dieses Beitrages, in diesen Fragen den Einfluß der westlichen Politik, insbesondere der Massenmedien, zu untersuchen. Bemerkenswert ist allerdings, wenn im Bericht der Enquete-Kommission des Deutschen Bundestages zum Alltagsleben in der DDR eingeschätzt wird, daß der Wertewandel in der DDR »verstärkt (wurde) durch die Einflüsse aus den westlichen Gesellschaften, insbesondere den Medien«, und außerdem festgestellt wird: »Nach weitgehend einhelliger Meinung bestand der wichtigste Einfluß des Westens im ›Bedürfnisimport‹, in der Erzeugung von Begehrlichkeiten im konsumtiven Bereich. Die problematischen Seiten der westlichen Gesellschaft aber (Arbeitslosigkeit, hohe Mieten, soziale Ungerechtigkeiten, Kriminalität etc.) sind weniger zur Kenntnis genommen worden als deren Vorzüge, was zum Teil die verbreiteten Enttäuschungen nach 1989 erklärt. Der Westen wirkte weniger durch Argumente oder durch Aufklärung über die DDR als vielmehr durch sein Vorbild, durch die Ausstrahlung seiner Überlegenheit, durch den Überfluß.«[18]

Gerade in diesem Zusammenhang zeigte sich jedoch das unrealistische Denken in der politischen Massenarbeit der NVA. Die politische und militärische Führung begegnete dieser Situation konzeptions- und teilweise auch hilflos. Allein das Verbot, Westmedien in den Kasernen zu hören bzw. zu sehen, und der technische Eingriff in die entsprechenden Geräte erwiesen sich letztendlich als untauglich und wirkten sogar negativ.

Es gehörte zu den Besonderheiten des gesellschaftlichen Lebens in der DDR einschließlich ihrer Streitkräfte, daß der inoffizielle Kommunikationsbereich eine große Bedeutung besaß. Der Gedankenaustausch zu politischen Fragen im Dienst- und Arbeitskollektiv (69 %), in der Familie (60 %), im Freundeskreis (41 %) gehörte zum Alltag.

Hier hätten die Agitatoren die größten Einflußmöglichkeiten gehabt, was von vielen unmittelbaren Vorgesetzten und Funktionären auch genutzt wurde. Aber dazu hätte, wie insbesondere die Endphase der DDR verdeutlicht, die politische Agitation in Übereinstimmung mit der erlebten gesellschaftlichen Realität stehen müssen.

Eine weitere Hauptrichtung des ideologischen Wirkens war die *kulturpolitische Arbeit* in der NVA. Ihre erziehende, bildende und mobilisierende Funktion sollte über die spezifischen Wirkungsmöglichkeiten von Kultur und Kunst realisiert werden. Die 1981 durchgeführte Kulturkonferenz der NVA forderte daher die Ausprägung der Kultur im Soldatenalltag »im Sinne der ganzen Weite des marxistisch-leninistischen Kulturbegriffes«. Dazu zählten, das Streben nach Vervollkommnung der weltanschaulichen Bildung, die Herstellung eines produktiven Verhältnisses zur Kunst und Literatur sowie zum künstlerischen Volksschaffen, eine lebendige Beziehung zum kulturellen Erbe und zu den militärischen Traditionen, aber auch die vielen kleinen Dinge des Lebens, wie Umgangston, gegenseitige Hilfe und Achtung bis zur Essenkultur.
In der Praxis der kulturpolitischen Arbeit wurden vielfältige Formen und Methoden angewandt. Zur Unterstützung der politischen, kulturellen, militärtechnischen und naturwissenschaftlichen Weiterbildung gab es Vorträge, Zirkel und vielfältige Begegnungen mit Wissenschaftlern, Künstlern und Kulturschaffenden. Hinzu kamen Literaturveranstaltungen, Bibliotheksarbeit, Film- und Fernsehveranstaltungen, Kulturwettstreite, Ausstellungen, der Freizeitsport, die Tätigkeit von Kulturgruppen und Arbeitsgemeinschaften und vieles andere. In der 1.MSD gab es z.B. im Ausbildungsjahr 1980/81 insgesamt 20 Singegruppen, 7 Combos, 6 Zirkel »Bildnerisches Schaffen« 2 Zirkel »Schreibende Soldaten«,16 Fotozirkel, 6 Diskotheken und 4 Kabaretts sowie 6.968 ständige Nutzer der Bibliotheken.[19]
Einen großen Einfluß auf das geistig-kulturelle Leben in der Truppe und der Flotte übte die enge Zusammenarbeit der NVA mit Künstlern und Schriftstellern sowie künstlerischen Institutionen und Einrichtungen aus. Kunstwerke, Musikstücke und Bücher wurden dem Leben der Soldaten gewidmet. Theaterensembles, Chöre, Orchester und Solisten sind vor Soldaten aufgetreten.
Die kulturpolitische Arbeit war jener Bereich, in dem trotz ideologischer Auflagen die Übereinstimmung der persönlichen Bedürfnisse und die Freiräume für die Selbstbetätigung am größten waren.

In der NVA existierte eine gute materielle und ideelle Basis, um den Armeeangehörigen vielfältige kulturelle Angebote zugänglich zu machen. Es gab eine kulturelle Grundversorgung, die kostenlos oder zu niedrigen Preisen jedem Soldaten, Unteroffizier und Offizier den regelmäßigen Kauf von Büchern und Zeitungen, den Empfang von Hör- und Fernsehfunk, den Besuch von Kino, Theater, Konzerten und Museen sowie eine künstlerische Selbstbetätigung ermöglichte. Obwohl die Unterschiede zwischen den zivilen Lebensgewohnheiten eines Jugendlichen und seinen Entscheidungsmöglichkeiten gegenüber denen eines Soldaten mit den Einschränkungen des Kasernenlebens unbestreitbar sind, waren – trotz aller ideologischen Einengungen – ein differenziertes Kulturangebot und künstlerische Betätigung im Soldatenalltag erlebbar, und wurde mit den bildungsfördernden Aspekten und der humanistischen Aussage von vielen Armeeangehörigen akzeptiert.

Die wichtigsten kulturellen Einrichtungen in der NVA waren die Kompanie- und Regimentsklubs sowie die Häuser der NVA. In allen größeren Objekten gab es Regimentsklubs mit Veranstaltungs- bzw. Kinosaal, Bibliothek, Spiel- und Lesezimmern, Räumen für Arbeitsgemeinschaften und eine Gaststätte. Die Klubs standen allen Armeeangehörigen, bei größeren Veranstaltungen auch deren Familienangehörigen, offen. Die Gaststätte war in den neueren Klubhäusern in der Regel öffentlich.

Die Nutzungsfrequenz der Klubs lag relativ hoch, bei allerdings deutlichen Unterschieden zwischen den Dienstgradgruppen und differenzierter Annahme der verschiedenen Angebote. Nach eigenen Angaben haben von den Möglichkeiten ihres Regimentsklubs »häufig« oder doch »gelegentlich« 73 % der Berufssoldaten und 56 % der Unteroffiziere Gebrauch gemacht. Nur 2 % der Berufssoldaten und 4 % der Unteroffiziere haben den Klub nie benutzt.

Von den Soldaten haben drei Fünftel gelegentlich, vereinzelt auch häufig, den Klub aufgesucht, ein Drittel gibt »selten« an. Während Berufssoldaten besonders gern kulturelle Veranstaltungen besuchten (85 %), lag das Hauptinteresse von Unteroffizieren und Soldaten eindeutig bei den Filmveranstaltungen (89 % der Unteroffiziere und vier Fünftel der Soldaten). Andere Bildungsmaßnahmen wie Vorträge u.ä. hat jeder zweite Berufssoldat, aber nur jeder vierte Unteroffizier und jeder fünfte Soldat gern besucht. Künstlerische Arbeitsgemeinschaften rangieren am Ende der Beliebtheitsskala, setzten allerdings auch spezifische Neigungen und Talente voraus. Dort wo sie bestanden, haben sie oftmals zur Talentförderung beigetragen. So wurden z.B. von der Zentralen Arbeitsgemeinschaft Bildende Kunst des Leipziger Militärbezirkes in 10 Jahren 30 Soldaten nach ihrem Wehrdienst zu einem Kunststudium delegiert.

Wenn relativ viele Armeeangehörige angeben, daß es in ihrem Klub keine Bildungsmaßnahmen (ein Fünftel der Soldaten, 13 % der Unteroffiziere, 10 % der Berufssoldaten) und keine Arbeitsgemeinschaften (mehr als 25 % der Soldaten, 24 % der Unteroffiziere, 17 % der Berufssoldaten) gab, läßt dies nicht nur auf geringes Interesse, sondern auch auf Informationsmängel schließen. Es sind jedoch auch die örtlichen Bedingungen zu berücksichtigen. So unterschied sich die Basis eines funktechnischen Postens der Luftstreitkräfte/ Luftverteidigung oder einer abgelegenen Grenzkompanie deutlich von einem zentral gelegenem Regiment der Landstreitkräfte in einer neuen Kaserne.

Allgemein beliebt waren die 250 Truppenbibliotheken, die es in den Truppenteilen und Stäben der Verbände gab und die im Durchschnitt 12000 bis 15000 Bücher im Bestand hatten. Hinzu kamen in den Stäben der Teilstreitkräfte und in den Lehreinrichtungen noch 30 militärische Fachbibliotheken, die auf spezielle Anforderungen ausgerichtet waren. 69 % der Berufssoldaten, 63 % der Unteroffiziere und drei Fünftel der Soldaten haben die Bibliotheken gern genutzt. Diese relativ hohen Nutzerquoten sind einerseits zweifellos einer eingeschränkten Bewegungsfreiheit im Kasernenleben geschuldet, sie widerspiegeln zugleich aber auch Gewohnheiten der Soldaten, ihre eng bemessenen Freizeit sinnvoll zu nutzen. Lesen, geben auch heute noch Soldaten wie Unteroffiziere als ihre wichtigste Freizeitbeschäftigung während ihrer Dienstzeit in der NVA an. In der Freizeit haben 45,2 % der Soldaten »häufig« und 42,9 % »gelegentlich« gelesen. Bei den Unteroffizieren waren es 33 bzw. 54,6 %. Sporttreiben und Hobbys hatten einen geringeren Stellenwert. Ihre Freizeit »vergammelt« haben lediglich 8,2 % der Unteroffiziere und 16,7 % der Soldaten.

Den Armeeangehörigen stand in fast allen Kompaniebereichen darüber hinaus der Kompanieklub zur Verfügung – meist ein größerer Raum mit Sesseln und Klubtischen. Wenn es keinen gesonderten Fernsehraum gab (ein knappes Drittel der Unteroffiziere und der Soldaten gab dies an), stand hier auch ein Fernsehgerät. Zur Ausstattung gehörten ferner Bücher (die zum Bestand der Truppenbibliothek gehörten und von dieser in größeren Abständen ausgetauscht wurden) und Spiele. 74 % der Unteroffiziere und drei Fünftel der Soldaten haben sich dort häufig oder gelegentlich aufgehalten. Jeder zehnte Unteroffizier und jeder sechste Soldat gab allerdings an, es habe bei ihnen keinen Kompanieklub gegeben.

Geselligkeit war Soldaten (mehr als drei Fünftel) und Unteroffizieren (77 %) Hauptgrund, den Kompanieklub aufzusuchen. Nahezu jeder Dritte nutzte den Klub, »um mal aus der engen Stube raus zukommen«, jeder fünfte Unteroffizier und jeder zehnte Soldat auch, um »mal andere Gesichter zu sehen« oder weil man dort auch etwas essen oder trinken konnte. Diese Möglichkeit, auf Kommissionsbasis zwischen einem damit beauftragten Soldaten und der Verkaufsstelle der MHO im Objekt realisiert, bestand nicht in allen Kasernen. Neben den örtlichen Bedingungen war dafür auch das Einverständnis der Vorgesetzten ausschlaggebend. Im Soldatenalltag bestätigte sich eine für die Mehrheit der Jugendlichen in der DDR typische Verhaltensweise, deren kulturelle Freizeitgestaltung überwiegend in informellen Gruppen stattfand. Die Klubs und Kulturräume wurden daher von den Soldaten vor allem auch als Möglichkeit zur zwanglosen Geselligkeit und Kommunikation geschätzt. Viele Soldaten haben jedoch während ihres Wehrdienstes die Möglichkeit vermißt, öfter mal »ungestört mit sich allein zu sein«. Das war aber weniger einer »politischen Rundumbetreuung« als vielmehr den allgemeinen militärischen Bedingungen jedes Kasernenlebens geschuldet.

2. Parteiorganisationen der SED und Parteilose
Wie in allen gesellschaftlichen Bereichen der DDR beanspruchte die SED auch in den Streitkräften ihren absoluten Führungsanspruch. Die führende Rolle der SED in der NVA und in den Grenztruppen wurde vorrangig über zwei Führungsstränge verwirklicht. Zum einen geschah das über die staatliche Führung, die durch das Prinzip der Einzelleitung in der Einheit von politischer und militärischer Führung gewährleistet wurde. Mit ihren Befehlen und Weisungen handelten die Kommandeure als staatliche Vorgesetzte in dem Bewußtsein, den Willen und die Beschlüsse der SED, deren Richtigkeit sie generell nicht in Frage stellten, durchzusetzen. Zum anderen wurde die führende Rolle der SED über die politische und organisatorische Tätigkeit der Parteiorganisationen und der Politorgane verwirklicht. Dementsprechend wurde in der für die Parteiarbeit in der NVA verbindlichen »Parteiinstruktion« von 1976 festgelegt, daß die Grundorganisationen der SED »durch ihre Tätigkeit den lenkenden und organisierenden Einfluß der Partei auf alle Seiten des politischen und militärischen Lebens«[20] verwirklichen.
In der NVA und den Grenztruppen der DDR gab es ca. 3000 Basisorganisationen der SED. Ihr Aufbau entsprach der militärischen Struktur. Grundorganisationen bestanden in Stäben, Bataillonen und selbständigen Einheiten, Parteigruppen in Kompanien und selbständigen Zügen.
Im Mittelpunkt ihrer Tätigkeit stand die politisch-ideologische Arbeit zur Erhöhung der Kampfkraft und Gefechtsbereitschaft. Die Parteimitglieder sollten bei der Lösung aller Aufgaben vorangehen und alle militärischen Pflichten vorbildlich erfüllen. Vorbildlichkeit wurde auch im persönlichen Leben und in der persönlichen Haltung verlangt. Die Parteimitglieder besaßen keine Privilegien, sondern es wurden an sie in der Regel erhöhte Anforderungen im Vergleich zu Parteilosen gestellt.
Fast jeder Offizier, jeder dritte Unteroffizier und jeder zehnte Soldat war Mitglied oder Kandidat der SED. In einer Division der Landstreitkräfte gehörten etwa ein Viertel bis ein Drittel des Personals der SED an, in einer Division der Luftstreitkräfte/Luftverteidigung und einer Flottille der Volksma-

rine etwa die Hälfte. Wie in der Gesellschaft insgesamt bildete auch in den Streitkräften die Mitgliedschaft der SED zu keinem Zeitpunkt jene Einheit und Geschlossenheit, die so oft proklamiert wurde. Sie war in ihrer sozialen Struktur, ihrer politischen Sozialisation und Motivation nach sowie auch in ihren ideologischen Grundhaltungen äußerst vielschichtig. Charakteristisch war jedoch eine mehrheitlich sozial ausgeprägte Motivation unter den SED-Mitgliedern. Ihre Identifikation mit der Staatspolitik und Systemakzeptanz war größer als bei den Parteilosen. So hat das Leipziger Zentralinstitut für Jugendforschung in seinen empirischen Studien nachgewiesen, daß z.B. die stärkere Identifikation der Parteimitglieder mit der SED und der DDR zugleich im höherem Maße die Bereitschaft zur Verteidigung der DDR auch unter Einsatz des Lebens bestimmte. Sie war 1975 bei 70% der Mitglieder der SED »vollkommen« und bei 26% »mit Einschränkungen« gegeben. Nichtmitglieder äußerten diese Bereitschaft zu 47% mit »vollkommen« und 38% »mit Einschränkungen«.[21]
Die überwiegende Mehrheit der Parteimitglieder wirkte im Sinne der Parteipolitik nicht in erster Linie auf Grund ideologischer Indoktrination, sondern aus ehrlicher Überzeugung. Sie haben sich in der Regel auch freiwillig den Normen der Parteidisziplin unterworfen.
Das war Ergebnis von sozialer Herkunft, geschichtlicher und persönlicher Erfahrung sowie der persönlichen Lebensideale. Für sie verkörperte der Sozialismus eine friedliche, sozial gerechte und wirtschaftlich sinnvolle Alternative zu Faschismus und Imperialismus. Zu beachten ist aber auch, daß Mitgliedschaft in der SED nach ungeschriebenem Gesetz Voraussetzung für den Aufstieg in höhere Dienststellungen war. Daraus ergab sich, allerdings vorrangig in den Führungsfunktionen, ein gewisser Anpassungszwang, der bis zur Unaufrichtigkeit gehen konnte. Es wäre jedoch in diesem Zusammenhang falsch und ist durch nichts belegbar, z.B. die Austrittswelle aus der SED auch in den Streitkräften 1989/90 vorrangig auf Karriereverhalten zurückzuführen. Es war vielmehr – wie es 1999 auch der ehemalige Kommandeur des Küstenraketenregiment 18 in seinen Erinnerungen beschrieben hat – die tiefe Enttäuschung über die politische und militärische Führung

der DDR: »Plötzlich zeigten sich unsere großen ›Lehrmeister‹ nicht mehr als Herren ihrer Sache.«[22]
Unbestreitbar ist jedoch auch, daß es in der NVA ein größeres Bemühen als im zivilen Bereich gab, die hohen Quoten im Mitgliederbestand nicht nur zu halten, sondern ständig zu erhöhen. Die zu gesellschaftlichen Höhepunkten durchgeführten Werbekampagnen, mit Vorgaben durch die übergeordneten Politorgane, hatten jedoch auch negative Effekte, weil die quantitativen Ergebnisse über die tatsächlichen Überzeugungen hinwegtäuschten.
Ungeachtet dessen ist insgesamt jedoch die Einschätzung berechtigt, daß bis Anfang der 80er Jahre bei der überwiegenden Mehrheit der Parteimitglieder auch in der Armee eine optimistische Grundhaltung bestand. In der zweiten Hälfte der 80er Jahre begann dann die Entwicklung einer tiefen Vertrauenskrise. Jedoch bis 1989/90 gab es nur verborgenes Grollen, keine Handlungen. Das Ergebnis war eine gewisse Schizophrenie. Bei offiziellen Anlässen wurde die erwartete Meinung geäußert, die wahre Auffassung wurde nur in einem bestimmtem Personenkreis mitgeteilt. Es war eine charakteristische Denkweise des überwiegenden Teils der SED-Mitglieder, Zweifel immer der Geschlossenheit und der Sache unterzuordnen und nicht öffentlich kundzutun. So kannte die SED auch in den Streitkräften bis 1989 keinen offenen Widerstand. Erst 1988 und 1989 fanden auch Organisationen an der Basis den Mut, offen an der Parteipolitik Kritik zu üben.
Die starke soziale Motivation der SED-Mitglieder widerspiegelte sich im Soldatenalltag in vielfältiger Weise. Nicht nur wegen der Entscheidungsgewalt von oben und der zentralen Forderungen, sondern vor allem aus Idealismus und Einsatzbereitschaft engagierten sich Tausende im politischen, militärischen und kulturellen Soldatenalltag, wodurch erst vieles gemeinsam mit anderen Armeeangehörigen im Truppendienst möglich wurde. Die Beziehungen zwischen SED-Mitgliedern und parteilosen Soldaten und Unteroffizieren waren im Alltag weitestgehend unauffällig. Die Parteimitglieder wirkten in ihren Kollektiven und wurden in ihrer Vorbildwirkung durchaus respektiert. Besonders die Parteimitglieder

und Kandidaten im Unteroffiziers- und Soldatenrang, aber auch viele Offiziere hatten gute Verbindungen zu den parteilosen Armeeangehörigen und besaßen ihr Vertrauen.
In unserer Befragung von 1998 wurde ehemaligen Soldaten und Unteroffizieren die Frage gestellt: »Wenn es in ihrer Stube jemanden gab, der Mitglied der SED war – welche Merkmale trafen auf ihn zu?« Sie waren »Soldaten wie jeder andere«, dem stimmten ca. 90 % der Befragten »voll zu«. Als »Kumpel« wurden sie von ca. 60 % im »vollem Umfang« sowie von einem weiteren Drittel mit »Teil-Teils« eingeschätzt. Bemerkenswert ist, daß entgegen heute vielfach verbreiteten Darstellungen die Parteimitglieder lediglich von 2 % ihrer ehemaligen Zimmergenossen als »Zuträger« bezeichnet werden. Als Vorbilder galten sie für 27,2 % der Unteroffiziere und 20 % der Soldaten »im vollen Umfang«. Des weiteren bewerten 51,2 % bzw. 48 % die Vorbildwirkung mit »Teils-Teils«. Für diese aus den Alltagserfahrungen getroffenen Einschätzungen gab und gibt es unterschiedliche Erklärungen. Weniger zutreffend dürfte hierfür u. E. die Einschätzung einer Kontrollgruppe des ZK der SED über einen Einsatz in der 1. Luftverteidigungsdivision im Juni 1965 gewesen sein: »Infolge der Tatsache, daß es in der Nationalen Volksarmee ein einheitliches System der politischen Schulung gibt, in dem Parteilose wie Parteimitglieder gleichermaßen geschult werden, haben wir zu verzeichnen, daß die Parteimitglieder in der Regel nicht mehr wissen als die Parteilosen.«[23]
Für den Soldatenalltag trifft dagegen jene Reflexion eher den Kern, die Günter Gaus 1996 im Bezug auf die gesellschaftliche Realität und Sicht in der DDR getroffen hat: »Die Leute haben zu viele Nachbarn und Arbeitskollegen, die sich Kommunisten nannten im praktischen Leben kennengelernt. Manche sind ihnen sympathisch und andere nicht; genauso wie Parteilose, Sozis oder Christdemokraten. In mancher Hinsicht nehmen Ostdeutsche die Parteibindung eines ihnen bekannten Menschen weit weniger wichtig, als so manche bürgerliche Westdeutsche es tun, für die schon ein Sozialdemokrat im Grunde doch den Umsturz im Sinn hat.«[24]
Die strukturelle Grundlage für das Wirken der Mitglieder der SED in den Stäben, Einheiten und Truppenteilen waren die

Parteiorganisationen (Grundorganisationen und Parteigruppen).

Die Parteiorganisationen in der NVA hatten zweifellos einen prägenden, politisch orientierenden und disziplinierenden Einfluß auf die Armeeangehörigen. Ihrem Einfluß verdankt die Armee wesentlich ihre innere Stabilität bis 1989. Die Parteiorganisationen waren einerseits Mittel zur Durchsetzung des Führungsmonopols der SED. Andererseits war ihre basisorientierte Arbeit weitgehend geprägt durch die vielfältigen Stimmungen, Meinungen und Interessen der Armeeangehörigen. Sie verschafften in vielen Fällen deren Anliegen Gehör und setzten diese durch. Nicht selten waren sie demokratisches Gegengewicht zu Erscheinungen des Mißbrauchs der militärischen Einzelleitung. Aber ihren demokratischen Möglichkeiten für Interessenvertretung und Mitbestimmung waren enge Grenzen gesetzt. Initiativen wurden weitgehend auf den eigenen Wirkungsbereich eingeschränkt. Zugleich wurden in den Jahren zunehmend Elemente der innerparteilichen Demokratie abgebaut, es gab eine wachsende Reglementierung der Parteiarbeit durch die übergeordneten Politorgane. Deren Stellung als »leitende Parteiorgane«, die jedoch kein Wahlmandat besaßen, ermöglichte es, bestimmenden Einfluß auf die Parteiorganisationen zu nehmen und diese praktisch in allen Zeiten zu geführten Objekten zu machen. Damit waren deren Einflußmöglichkeiten nach »oben« äußerst gering. Hinzu kam, daß die von ihnen geforderten Parteiinformationen über das Leben in den Parteiorganisationen häufig ein Gemisch aus Wahrheit und Schönfärberei waren, deren kritische Substanz sich zudem auf dem Weg nach »oben« verringerte. Letzteres erweist sich gegenwärtig bei der Auswertung der entsprechenden Berichte und Analysen, die im BA-MA lagern, als ein großes Handikap für die realistischen Bewertung des Soldatenalltags in der NVA.

Laut den Grundsatzbeschlüssen der Parteiführung zur Rolle der SED in der NVA hatten die Parteiorganisationen das Recht, in Parteiversammlungen kritisch die Ergebnisse der Erziehung und Ausbildung, den Zustand der Einsatzbereitschaft und die dienstliche Tätigkeit der Offiziere zu beurteilen sowie Vorschläge zur Verbesserung der Arbeit zu unterbreiten. Sie sollten Einfluß auf die Entwicklung, Förderung und Verteilung der Kader nehmen. Die Kommandeure sollten die Einzelleitung durch kollektive Beratung aller wichtigen politischen und militärischen Maßnahmen mit den Parteileitungen verwirklichen. (Die Kommandeure waren in der Regel selbst Mitglied der Parteileitung in ihrem Bereich.) Sie sollten die Meinung der Partei bei Kaderentscheidungen einholen und berücksichtigen. Die Autorität der Parteiorganisationen beruhte größtenteils darauf, daß sie nahezu die einzige Stelle waren, wo das SED-Mitglied seine Meinung äußern und zumindest auf Geschehnisse in seinem Wirkungsbereich Einfluß nehmen konnte. Formell war die Parteiorganisation die politische Heimat jedes Genossen. Die Parteimitglieder hatten natürlich das Bedürfnis, sich nicht nur zu Problemen der Einheit, sondern auch zu Fragen zu äußern, welche die Partei, den Staat, die Armee als Ganzes betrafen. Aber durch das Defizit an innerparteilicher Demokratie und eine diktatorische Disziplin war eine freimütige Diskussion solcher Fragen stark eingeschränkt. Die Beschlüsse der SED-Führung waren sakrosankt. Eigenständige oder abweichende Meinungen waren verdächtig. Natürlich spielten dabei die Haltungen und Eigenschaften der Vorgesetzten und Parteifunktionäre in den betreffenden Parteiorganisationen eine Rolle, aber in der Regel wurde auf kritische Meinungen oder gar »Abweichungen in politischen Grundfragen« mit parteilichen Restriktionen geantwortet, die nicht ohne Einfluß auf die dienstliche Entwicklung blieben und bis zur Entlassung aus der Armee führen konnten.

In den Parteiorganisationen und ihren Versammlungen waren Offiziere, Unteroffiziere und Soldaten gleichberechtigt vereint. Die Mitgliederversammlungen oder Gruppenberatungen waren meist Forum für die offene Erörterung von Fragen des militärischen Dienstes und der Aufgaben der Einheit. Sie waren der Ort, wo auch Kommandeure kritisiert werden konnten. Jedoch war auch das abhängig vom persönlichen Format und von der Haltung der Betroffenen. Oftmals gab es falsch verstandenes Autoritätsdenken, das zu Ablehnung und Unterdrückung von Kritik führte. Auch in diesen Fragen führte die Gefahr von dienstlichen Retourkutschen oftmals zur Zurückhaltung. Je höher die Stäbe, deren Tätigkeit kritikwürdig war, desto geringer waren die Möglichkeiten zur Kritik an dieser Tätigkeit. Die Erörterung praktischer Fragen der Parteiarbeit und der militärischen Tätigkeit im eigenem Bereich prägten daher den Hauptinhalt der Versammlungen und Beratungen in den Parteikollektiven. Die größte Diskussionsfreudigkeit gab es in den Parteigruppen. Hier kannte man sich am besten und war im engen Kontakt, man wußte, was man von dem anderen zu halten hatte, und es war Einfühlungsvermögen vorhanden. Natürlich gab es Unterschiede in der thematischen Gestaltung und der Art der Diskussion, abhängig davon, ob es sich um eine Kompanie oder die Parteigruppe eines Stabes bzw. einer wissenschaftlichen Einrichtung handelte. Besonders für letztere traf zu, daß sie bereits seit Anfang der 80er Jahre eine wichtige Basis für eine kritische Auseinandersetzung mit politischen Grundfragen wurden. Von ihnen gingen z.B. wichtige Impulse für eine Neueinschätzung der Frage Krieg und Frieden und für die Militärdoktrin der DDR aus.

Da bis auf wenige Ausnahmen alle Offiziere Mitglied der SED waren, ist ihre Aussage zum Klima in den Parteiorganisationen in unserer Befragung am repräsentativsten. Ihre eigenen Meinungen, Ideen und Kritiken konnten, im Rückblick, zu Problemen der Einheit 58,3 % uneingeschränkt und 30,1 % mit Einschränkungen äußern. Zur Führungstätigkeit der Vorgesetzten behaupten dies insgesamt 71,4 % (davon jedoch nur 22,3 % uneingeschränkt). Anders sehen sie jedoch ihre Möglichkeiten, in den Parteiorganisationen Grundfragen der Politik der SED offen und freimütig zu behandeln. Nur 22,3 % bejahen das uneingeschränkt und 33,5 % mit Einschränkungen. Diese Bewertung deckt sich mit der bereits im Abschnitt 1 getroffenen Einschätzung über den freimütigen Gedankenaustausch in den Lehrveranstaltungen der GWW.

Die Arbeit der Parteiorganisationen und ihre Wirkung in der Einheit wurde von den Soldaten und Unteroffizieren unterschiedlich wahrgenommen. Während 80 % der Unteroffiziere von der Tätigkeit der Parteigruppe oder Parteiorganisation »häufig« oder doch »gelegentlich« etwas gemerkt haben, war es bei den Soldaten nur jeder Zweite. Wenn man in diesem

Zusammenhang die Antwort der Soldaten vertieft, daß nur 7,1% von dieser Tätigkeit »häufig« etwas bemerkt haben, so relativiert sich z.B. die These von der »permanenten Indoktrination der Soldaten durch die Parteiorganisationen in der NVA«.

Die Ambivalenz des innerparteilichen Lebens brachte es jedoch mit sich, daß die Grundorganisationen der SED oftmals auch ein Schauplatz der Disziplinierung der Parteimitglieder waren. Regelmäßige Aussprachen, Kritik und Selbstkritik, »parteierzieherische Maßnahmen« sowie Parteistrafen gehörten zum Ritual, um die »Einheit und Reinheit der Partei« zu sichern. Erwartet wurde, selbstkritisch zu den eigenen Fehlern Position zu beziehen und nach den ideologischen Ursachen zu suchen. In nicht wenigen Fällen vollzogen sich Kritik und Selbstkritik als ein inquisitorisches Ritual, das manchem ehrlichen Parteimitglied das Rückgrat brach oder zur Scheinheiligkeit zwang, weil man insbesondere um die ideologischen, aber auch um die dienstlichen Folgen wußte. Damit war auch der Toleranz in politisch-moralischen Fragen eine enge Grenze gesetzt.

Bei Verstößen gegen die »Linie der Partei«, insbesondere der »einheitlichen Parteidisziplin« wurden die betreffenden Parteimitglieder »parteierzieherischen Maßnahmen« unterzogen. Diese beinhalteten die Kritik, die Mißbilligung oder die Verwarnung durch die Mitgliederversammlung. Bei schwerwiegenden Vergehen wurden Parteiverfahren eingeleitet, in deren Ergebnis eine Parteistrafe in Form einer Rüge oder strengen Rüge ausgesprochen wurde. Sie konnte aber auch zum Parteiausschluß führen, was für den Offizier in der Regel auch das Ende seiner militärischen Laufbahn bedeutete. In den Parteiorganisationen der NVA wurden 1988 z. B. 2983 Parteiverfahren durchgeführt und 2670 Parteistrafen ausgesprochen.[25] Dazu gehören jedoch auch jene, die wegen krimineller Delikte verhängt wurden. Beispielsweise wurden 1980 insgesamt 277 Parteimitglieder aus der NVA gerichtlich verurteilt.[26] In diesen Fällen unterlagen Parteimitglieder in der Regel immer einer Mehrfachbestrafung (dienstlich und parteilich).

Der Alltag in den Parteiorganisationen in der NVA veränderte sich im Herbst 1989 gravierend. Die Mehrheit der Partei-

mitglieder war angesichts des offensichtlichen Widerspruchs zwischen Anspruch und Realität sowie der Sprachlosigkeit und Abgehobenheit der SED-Spitze nicht mehr bereit, ihnen Gefolge zu leisten. Ausdruck dafür war u.a. die von der Parteiaktivtagung des Ministeriums für Nationale Verteidigung erhobene Forderung zum Rücktritt des Ministers sowie weiterer ZK-Mitglieder in der Führung der NVA. Ende 1989 wurden die Parteiorganisationen innerhalb der Streitkräfte der DDR aufgelöst und die Tätigkeit der Politorgane bis zum 15. Februar 1990 beendet.
Bei aller Widersprüchlichkeit, die es im Wirken der Parteiorganisationen der SED in der NVA gab, existierte hier dennoch eine Basis, die für den unblutigen Verlauf der Wende 1989/90 nicht ohne Bedeutung war.

3. FDJ-Organisationen / Mitwirkungsrahmen
Als einziger und einheitlicher Jugendverband in der DDR prägte die FDJ auch den Soldatenalltag, war letztlich selbst Alltag in der NVA im doppelten Sinne. Erstens waren durch den hohen Organisationsgrad der Armeeangehörigen (ca. 80 % der Soldaten und 95 % der Unteroffiziere) die FDJ-Mitglieder nicht nur in allen Bereichen des militärischen Lebens präsent, sondern zugleich auch ihre aktiven Gestalter. Zweitens wurde das Leben der FDJ-Mitglieder in ihren Basisorganisationen vom Soldatenalltag bestimmt.
Der hohe Grad der politischen Organisiertheit integrierte den größten Teil der Armeeangehörigen in das politische System. Dennoch gab es zwischen den beiden Sphären – politisches System und Soldatenalltag – keine völlige Verschmelzung. Unabhängig von notwendigen Differenzierungen, die in den jeweiligen Entwicklungsetappen der Tätigkeit des Jugendverbandes sowie in den Wirkungen auf die FDJ-Mitglieder zu beachten sind, befanden sich die FDJ-Organisationen in einem permanenten Spagat zwischen den zentralen Zielstellungen der ideologischen Erziehung und einer Freizeitgestaltung, die den Vorstellungen der jungen Soldaten entsprach.
Der Platz und die Aufgaben der FDJ-Organisationen in den Streitkräften wurden in einer »Instruktion für die FDJ-Organisationen in der NVA und in den Grenzgruppen der DDR«

(Januar 1977) festgelegt. Darin heißt es: »...die FDJ-Organisationen (richten) ihre Tätigkeit als untrennbarer Teil der politischen Arbeit in der NVA und den Grenztruppen der DDR vor allem darauf, der Partei zu helfen, allseitig entwickelte Soldatenpersönlichkeiten herauszubilden, die als klassenbewußte und standhafte Soldaten des Volkes, als sozialistische Patrioten und proletarische Internationalisten alle Kraft und, wenn notwendig, ihr Leben für den zuverlässigen Schutz des Friedens und des Sozialismus einsetzen.«[27]

Dem Organisationsgrad der Armeeangehörigen entsprechend sowie der Aufgabenstellung des Jugendverbandes angepaßt, folgte die Organisationsstruktur der FDJ in der NVA der militärischen Struktur. Es wurden

- FDJ-Grundorganisationen in Stäben und Kommandos, in Bataillonen und selbständigen Kompanien sowie auf Schiffen und Booten gebildet;
- innerhalb der FDJ-Grundorganisationen wurden FDJ-Organisationen und FDJ-Gruppen in den Kompanien/Gleichgestellte gebildet.

So gab es beispielsweise in einem Verband der Landstreitkräfte (1. MSD) 85 FDJ-Grundorganisationen, 138 FDJ-Organisationen der Kompanien/Gleichgestellte und 254 FDJ-Gruppen.[28]

Basierend auf den bereits 1946 vom 1. Parlament der FDJ beschlossenen »Grundrechten der Jugend« (diese beinhalteten die politischen Rechte, das Recht auf Arbeit und Erholung, das Recht auf Bildung, das Recht auf Freude und Frohsinn) gab es im gesellschaftlichen Leben eine objektive Grundlage für eine vielschichtige Interessenvertretung der Jugendlichen auch in den Streitkräften. Mehr als in anderen Bereichen wurde jedoch der FDJ-Alltag durch eine zunehmende Doktrinierung des Jugendverbandes durch die SED bis in die Basis hinein verändert. Damit waren ihr Kurs und die Begrenzung ihrer Wirksamkeit vorgegeben. Sie sollten eigenverantwortlich Aufgaben bei der kommunistischen Erziehung der Armeeangehörigen und bei der Erhöhung von Kampfkraft und Gefechtsbereitschaft erfüllen. Schwerpunkte waren dabei die politisch-ideologische Arbeit (z.B. Zirkel junger Sozialisten), Initiativen zur Erfüllung der militärischen Auf-

gaben, in der Bestenbewegung und im sozialistischen Wettbewerb sowie beim Sport, in der Freizeit und der kulturellen Betätigung. Die FDJ-Organisation konnte auf Grund der politischen und militärischen Bedingungen in der NVA die Funktion der Interessenvertretung für die jungen Armeeangehörigen nur stark eingeschränkt erfüllen. Auch die Möglichkeiten zur demokratischen Mitbestimmung waren begrenzt bzw. eine Ermessensfrage. Die FDJ sollte sich auf die initiativreiche Erfüllung der Befehle konzentrieren. Aktivität entwickelte sich stets dann, wenn sinnvolle Vorhaben auf der Tagesordnung standen. (Da diese Thematik im Abschnitt 4 ausführlicher behandelt wird, kann hier auf eine detaillierte Darstellung verzichtet werden.)
Die politisch-ideologische Arbeit wurde von der Partei- und Armeeführung als eine wesentliche Säule im Verbandsleben in den Streitkräften favorisiert. Dazu legte die »FDJ-Instruktion« fest: »Die FDJ-Organisationen konzentrieren ihre Arbeit auf die kommunistische Erziehung der FDJ-Mitglieder, ...« Dazu leisten sie »...eine vielfältige propagandistische und massenpolitische Arbeit, die jeden jungen Armeeangehörigen, Grenzsoldaten, Zivilbeschäftigten und Beschäftigten anspricht, seine Interessen berücksichtigt, ihn zu Parteinahme und politischem Kämpfertum erzieht und seine Siegeszuversicht festigt.«[29]
Die wichtigsten Organisationsformen in den FDJ-Organisationen, die das politische Interesse wecken und befriedigen sollten, waren die Mitgliederversammlungen und die »Zirkel junger Sozialisten«. So gab es z.B. im Bereich der 1. MSD im Ausbildungsjahr 1987/88 insgesamt 272 Zirkel junger Sozialisten. Auf der Basis der bereits im Abschnitt 1 charakterisierten hohen politischen Interessiertheit waren Diskussionen zu aktuell-politischen Fragen durchaus gefragt. Es darf in diesem Zusammenhang nicht übersehen werden, daß es vor allem in den 60er und 70er Jahren bei den jungen Soldaten eine positive Einstellungen zu den propagierten sozialistischen Zielen und Werten gab. Mit interessanten Gesprächspartnern auch aus dem zivilen Bereich, darunter vor allem mit antifaschistischen Widerstandskämpfern und Arbeiterveteranen, mit Spitzensportlern und Künstlern gab es nicht nur lebhaf-

te Diskussionen. Diese Begegnungen wirkten auch nachhaltig auf die Überzeugungen und Einstellungen der jungen Armeeangehörigen. Weniger beliebt waren dagegen Veranstaltungen zur systematischen politischen Kenntnisvermittlung. Zunehmend litten diese daran, daß die vorgegebenen Themen in den meisten Fällen nicht die Fragen berührten, die junge Armeeangehörige bewegten und auch die Art der Vermittlung nicht ihren Vorstellungen von lebendiger Diskussion entsprach. Problematisch waren vor allem die nach zentralen Vorgaben durchzuführenden »thematischen Mitgliederversammlungen«. Meistens ging es dabei um die Auswertung von Parteitagen oder ZK-Tagungen bzw. von zentralen FDJ-Initiativen oder Delegiertenkonferenzen in der NVA. Generell erwies sich als problematisch, daß das jugendgemäße Handeln in den FDJ-Organisationen von Ritualen, Zeremonien und Strukturformen beherrscht wurde, die den Gebaren der Parteiorganisationen entlehnt waren.

Hinzu kam, daß in der täglichen Arbeit der sich in den 80er Jahren vollziehende Wandel in der sozialen Struktur der jungen Armeeangehörigen ungenügend beachtet wurde.

Bereits mit der Herbsteinberufung 1980 wurde diese Veränderung sichtbar:

- 50% der neu einberufenen Soldaten im Grundwehrdienst waren älter als 22 Jahre (bei den Landstreitkräften waren es zwei Drittel)
- 86% hatten den Abschluß der 10. bzw. 12 Klasse und eine abgeschlossene Berufsausbildung einschließlich einer mehr oder weniger langen Berufspraxis
- 22% waren bereits verheiratet.

Diese Soldatengeneration war von den bisher bekannten »jugendgemäßen Formen« in den FDJ-Organisationen nur schwer zu begeistern. Ihren Interessen konnten weder die althergebrachten Rituale noch die politischen Vorgaben der zentralen Organe gerecht werden. Die Mehrheit dieser jungen Armeeangehörigen in den FDJ-Organisationen war vor allem an einer sinnvollen Freizeitgestaltung interessiert. Umfang und Intensität der Aktivitäten auf diesem Gebiet differierten zwischen den FDJ-Organisationen sehr stark. Sie hingen wesentlich von den Interessen der Mitglieder, vor allem

aber vom Engagement der gewählten Leitungen sowie von den Vorgesetzten und den übrigen FDJ-Mitgliedern ab.
Welche Rolle die FDJ im Soldatenalltag gespielt hat, wurde in unserer Befragung zumindest in einigen wesentlichen Aspekten sichtbar. So erhielten die höchsten Bewertungen jene Aktivitäten des Jugendverbandes, die die kulturelle Arbeit und die Freizeitgestaltung beinhalteten. 72,2 % der Unteroffiziere und 61,9 % der Soldaten bewerten die FDJ-Organisationen in der Kulturarbeit als aktiv, 40,2 % der Unteroffiziere meinen sogar, sie sei »sehr aktiv« gewesen. Aktivitäten für die Freizeitgestaltung werden der FDJ von zwei Drittel der Unteroffiziere und der Hälfte der Soldaten attestiert. Weniger günstig und zudem auch noch sehr differenziert zwischen den Dienstgradgruppen wurde das Engagement des Jugendverbandes in Bezug auf die politischen Maßnahmen und den Wettbewerb eingeschätzt. Problematisch erscheint, daß über die Hälfte der Soldaten kaum Aktivitäten wahrgenommen hat, wenn es um die Durchsetzung der Rechte der Armeeangehörigen ging. Nicht zuletzt hierin widerspiegelt sich, daß die politische Einflußnahme der FDJ-Organisationen auf die Gestaltung des Truppenlebens geringer war, als in den offiziellen Dokumenten gefordert und wiederkehrend propagiert wurde.
Im Soldatenalltag, der vor allem geprägt war von den Anstrengungen um hohe Kampfkraft und Gefechtsbereitschaft der Einheiten und Truppenteile, waren auch die entsprechenden Aktivitäten und Initiativen der FDJ-Organisationen eingebunden. In der Ambivalenz von Instrumentalisierung und ehrlicher Einsatzbereitschaft war der Jugendverbandes überall da präsent, wo es um die Mobilisierung der Armeeangehörigen ging. Generell vermittelt auch der Soldatenalltag den Eindruck, daß einerseits das FDJ-Leben durch Gängelei und undemokratische Strukturen sowie viele formale Rahmenbedingungen gekennzeichnet war, andererseits aber die FDJ-Organisationen den jungen Armeeangehörigen durch vielfältige Möglichkeiten für die Freizeitgestaltung, die Bewährung im persönlichen Leistungs- und Bildungsstreben boten. Dafür erhielten sie großzügige materielle und finanzielle Förderung, an der alle teilhaben konnten. Nicht zuletzt

waren die FDJ-Organisationen für die Mehrheit der jungen Armeeangehörigen eine Stätte der sozialen Kommunikation, sie förderten das Gefühl der Verantwortung für einander und die Zusammengehörigkeit. Wo das Leben in den FDJ-Organisationen aktiv und gut organisiert war, bot es dem Soldaten das Gefühl der Mitgestaltung in seiner unmittelbaren Lebenswelt. Zweifellos trug dies auch zu einer Grunderfahrung vieler ehemaliger Angehöriger der NVA bei, der Geborgenheit im Kollektiv.

4. Zur demokratischen Mitbestimmung
Die gesetzliche Grundlage der *Mitbestimmung* liegt im Wehrdienstgesetz. Das Wehrdienstgesetz der DDR vom 25. März 1982 definiert im § 24 Umfang und Hauptformen der demokratischen Mitbestimmung der Armeeangehörigen. »Die Angehörigen der Nationalen Volksarmee sind zur Erfüllung ihrer Aufgaben berechtigt und verpflichtet, den Wehrdienst initiativreich mitzugestalten. Das erfolgt vor allem durch die exakte und schöpferische Erfüllung der Befehle der Vorgesetzten. Außerdem geschieht das durch die Teilnahme an der Tätigkeit der gesellschaftlichen Organisationen, am sozialistischen Wettbewerb und an der Tätigkeit der Neuerer sowie durch die Verwirklichung des Rechtes auf Eingaben und Beschwerden.«[30]
Genauer ausgearbeitet und formuliert wurden dieses Recht und diese Pflicht in Vorschriften und Direktiven des Ministers für Nationale Verteidigung und des Chefs der Politischen Hauptverwaltung der NVA.
Allerdings wird schon im Gesetz und noch stärker in den nachfolgenden Vorschriften der Hauptakzent auf die Pflicht zur Befehlserfüllung gelegt, wodurch Initiativen gebremst und restriktiver Behandlung der »Mitgestaltungsrechte« Tür und Tor geöffnet wurden. Das zeigte sich nebenbei bemerkt auch an dem in der NVA gängigen Slogan: »Demokratie in der Armee? Das ist initiativreiche Erfüllung aller Befehle und nichts weiter!«.
Aus Aktenanalysen und Befragungen von Armeeangehörigen läßt sich aber auch schließen, daß generell der Wille und, vornehmlich für Berufssoldaten und Unteroffiziere, auch

die Möglichkeiten zur Mitgestaltung gegeben waren. Aus den von uns durchgeführten Befragungen geht hervor: Nur knapp 5 % der Berufssoldaten und etwa 3 % der Unteroffiziere gaben an, Möglichkeiten der Mitgestaltung im allgemeinen nicht gehabt zu haben und nur 0,5 % der Berufssoldaten sowie 1 % der Unteroffiziere bekannten, nicht daran interessiert gewesen zu sein.

Wesentlich problematischer war das für die Soldaten im Grundwehrdienst. Hier erklärte nur jeder fünfte, die Möglichkeit generell gehabt zu haben; zu bestimmten Fragen konnten sich knapp 36 % einbringen. Aber ca. 38 % erlebten diese Möglichkeit nicht und ca. 7 % waren daran auch nicht interessiert. Aber auch die Bereiche, in denen die Mitgestaltung möglich war, zeigten sich sehr differenziert nach Themen wie auch nach Einheiten und Truppenteilen.

Generell zeigt die Auswertung der Befragung über alle Teilnehmergruppen, daß das Thema Führungstätigkeit und Verhalten von Vorgesetzten am Ende der Möglichkeitsskala stand: Selbst bei den Berufssoldaten, die immerhin noch zu knapp 60 % die Möglichkeit bejahten, liegt dieser Bereich mit fast 40 % der Aussagen über die Unmöglichkeit, Meinungen zur Führungstätigkeit zu äußern, weit an der Spitze der negativen Bewertungen. Bei den Soldaten im Grundwehrdienst und den Unteroffizieren äußerten ca. 60 % diese Meinung.

Daß diese Aussagen für Soldaten im Grundwehrdienst trotz der geringen Zahl der an unserer Befragung Beteiligten durchaus repräsentativ sind, wird durch eine soziologische Untersuchung der Politischen Hauptverwaltung aus dem Jahre 1989 zur Menschenführung in der Nationalen Volksarmee gestützt: Hier betonten 42 % der Soldaten im Grundwehrdienst und 30 % der Unteroffiziere, daß ihre Initiativen wenig oder gar nicht gefragt waren.[31] Dementsprechend mangelte es auch über der Hälfte der Soldaten im Grundwehrdienst und fast 40 % der Unteroffiziere an Vertrauen zum Vorgesetzten.[32]

Während in den Vorschriften Aktivitäten und Initiativen in der politischen und Gefechtsausbildung sowie im sozialistischen Wettbewerb als Hauptfelder der Mitbestimmung postuliert werden, erscheinen diese Bereiche im Erleben der Armeeangehörigen eher zweitrangig. An der Spitze stehen bei allen Befragten die Beziehungen im Kollektiv, die Freizeitgestaltung, Kultur- und Sportarbeit; danach erschien – allerdings schon deutlich abgesetzt – der Wettbewerb. Die politische und Gefechtsausbildung rangieren – wenn auch nicht als derart gering eingeschätzt – vor der Führungstätigkeit der Vorgesetzten. Selbst bei den Berufssoldaten, wo die Möglichkeit der Einflußnahme generell höher eingeschätzt wird, ist die Reihenfolge der Bereiche, in denen Initiative und Mitgestaltung möglich sind, die gleiche.

Schlußfolgernd könnte man zunächst festhalten: Es gab in der Nationalen Volksarmee durchaus Möglichkeiten für demokratische Mitbestimmung und Initiativen. Sie waren aber dort am größten, wo es um Veränderungen im eigenen Kollektiv ging, was übrigens auch die Einschätzungen von Versammlungen und Aktivitäten der SED- und FDJ-Organisationen widerspiegeln. Je stärker Probleme in der Verantwortung von höheren Vorgesetzten und Stäben lagen, desto geringer wurden die Möglichkeiten der Basis, darauf Einfluß zu nehmen.

Die exakte und schöpferische Erfüllung der Befehle – in diesem Zusammenhang als Initiativen zur Erhöhung der Effektivität der Ausbildung und zur Verbesserung der Dienst- und Lebensbedingungen zu verstehen – verwirklichte sich zumeist im direkten Gespräch mit dem Vorgesetzten, zu einem geringen Teil über das Auftreten in Dienstversammlungen bzw. -beratungen, zu einem großen Teil jedoch auch über die Mitarbeit in gesellschaftlichen Organisationen. Hier spielten – wie bereits an anderer Stelle betont – vor allem die Parteiorganisationen der SED, aber zum Teil auch die FDJ-Organisationen eine positive Rolle.

Für die Berufssoldaten, aber auch für einen großen Teil der Soldaten und der Unteroffiziere waren die Parteiorganisationen und deren Versammlungen die Hauptmöglichkeit für Meinungsäußerungen, Adressat für Kritiken und für Hinweise. Durch sie konnten auch vielfach Veränderungen erreicht werden. Die Rolle der FDJ-Organisationen wird mehrheitlich als nicht so bedeutend für Mitwirkungs- und Veränderungsmöglichkeiten eingeschätzt.

Das war sicher auch abhängig von den Fähigkeiten und dem

Engagement der Funktionäre, ergab sich aber auch daraus, daß im Unterschied zu den zentralen Einschätzungen über die FDJ als »Kampfreserve der Partei« deren Möglichkeiten zu aktiver Mitbestimmung nicht unbedingt für die Hauptfelder des militärischen Lebens gegeben waren.
Insgesamt zeigt auch die Befragung zu den Möglichkeiten und Wegen, Meinungen, Ideen und Kritiken zum Geschehen in der Einheit zu äußern, die oben dargestellte Struktur.[33] Ein differenziertes Bild ergibt sich hinsichtlich der Akzeptanz der Meinungen und Hinweise. So meinten nur etwa ein Viertel der befragten Soldaten und knapp die Hälfte der Unteroffiziere und Berufssoldaten, daß ihre Hinweise und Kritiken im allgemeinen akzeptiert wurden; 70% der Soldaten und etwas mehr als die Hälfte der Unteroffiziere und Offiziere erklärten, daß das vom Gegenstand abhängig gewesen sei, nur 4,3% der Soldaten erlebten, daß ihre Meinung in der Regel nicht akzeptiert wurde.
Bei aller Differenziertheit der Bewertung von Mitwirkungsmöglichkeiten muß man also einräumen, daß ein beträchtlicher Teil der Armeeangehörigen Ernsthaftigkeit im Umgang mit seinen Meinungen erlebte, und fast alle übrigen hatten abhängig vom Gegenstand sowohl positive als auch negative Erfahrungen.
Hier liegt übrigens ein besonderes Problem: Fragen in der Einheit, besonders wenn sie die Beziehungen im Kollektiv sowie die Kultur- und Sportarbeit betrafen, konnten – wie schon betont – zumeist offen und auch erfolgsorientiert erörtert werden. Problematischer wurde es, sobald es um die Führungstätigkeit von Vorgesetzten, die Lage in der DDR sowie um Grundfragen der Politik der SED ging. In diesen Fällen waren die Möglichkeiten für Diskussionen und Meinungsäußerungen selbst in den Parteiorganisationen äußerst gering. Nur knapp 20% der Berufssoldaten gaben an, daß zu den letztgenannten Fragen in den Versammlungen offen und uneingeschränkt die Meinung geäußert werden konnte. In einer Frage jedoch gab es keinen oder zumindest kaum Zweifel bei den Armeeangehörigen: zur Ernsthaftigkeit des Auftrages von Partei und Staat, den Frieden und das friedliche Leben der Bürger zu schützen. Noch 1989 erklärten bei einer soziologi-

schen Untersuchung der Politischen Hauptverwaltung 73 % der Soldaten, 89 % der Unteroffiziere und 95 % der Fähnriche, bereit zu sein, bei einer Aggression gegen die DDR entschlossen zu kämpfen.[34]
Für den gesamten Komplex muß allerdings auch vermerkt werden, daß viel von der Persönlichkeit der Vorgesetzten und Funktionäre sowie von der durch sie geschaffenen Atmosphäre in den Einheiten und Kollektiven abhing. So ist es u. E. auch interessant, daß ca. 15 bis 20 % aller Befragten angaben, ihre Vorgesetzten hätten die Ideen und Vorschläge der Unterstellten geachtet und das vertrauensvolle Gespräch mit ihnen gesucht. Ca. 20 % der Soldaten, über ein Drittel der Unteroffiziere und ca. 30 % der Berufssoldaten konstatierten ein ausgeprägtes Vertrauensverhältnis zueinander in den Kollektiven bzw. zwischen den Angehörigen der jeweiligen Gruppe von Befragten. Zur Gesamtbeurteilung der Beziehungen zwischen den Armeeangehörigen muß jedoch hinzu gefügt werden, daß, wenn auch mit gewissen Einschränkungen, auch noch bei unseren Befragungen 1998 über zwei Drittel der Soldaten, über die Hälfte der Unteroffiziere und ca. 60 % der Berufssoldaten eine vertauensvolle Atmosphäre in ihren Kollektiven erlebten.[35] Diese Angaben scheinen uns auch mit jenen Aussagen zu korrespondieren, die die Möglichkeit einer offenen Diskussion in den Kollektiven angaben.
Bestandteil des Rechtes auf demokratische Mitbestimmung war zweifellos das *Recht auf Eingaben und Beschwerden*. Dieses Recht war dem Armeeangehörigen entsprechend des Wehrdienstgesetzes und der DV 10/0/003 (Innendienstvorschrift) gegeben. Beschwerden und Eingaben waren im allgemeinen an den unmittelbaren Vorgesetzten heranzutragen, Beschwerden über einen Vorgesetzten an die nächst höhere Instanz. Die Bearbeitung hatte laut Vorschrift innerhalb von drei Wochen zu erfolgen; zumindest war innerhalb dieser Frist dem Beschwerdeführenden ein Zwischenbescheid zu erteilen. Diese Bestimmungen entsprachen im wesentlichen der gesamtgesellschaftlichen Gesetzeslage über den Umgang mit Eingaben und Beschwerden.
Das Recht auf Eingaben und Beschwerden wurde laut unserer Umfrage, aber auch entsprechend der Aktenlage über alle Jah-

re hinweg von einem beträchtlichen Teil der Armeeangehörigen wahrgenommen. Dabei muß allerdings – auch im Sinne demokratischer Mitwirkung – beachtet werden, daß Eingaben nicht einfach mit Kritik oder Beschwerdeführung gleichgesetzt werden dürfen. Eingaben waren zumindest bis 1980 auch Vorschläge und Initiativen zur Verbesserung der Arbeit. 1980 verweist eine Jahresanalyse des Kommandos der Landstreitkräfte darauf, daß z.B. Initiativen aus dem Ideenwettbewerb der FDJ nicht mehr als Eingaben gewertet werden.[36] Von den durch uns befragten Armeeangehörigen gaben ca. 20% der Soldaten, 36% der Unteroffiziere und 58% der Berufssoldaten an, ihr Recht auf Eingaben und Beschwerden in der Zeit ihres Dienstes einmal bzw. mehrmals wahrgenommen zu haben. Das korrespondiert mit den Analysen von Stäben der Nationalen Volksarmee. So zeigen Analysen des Kommandos Landstreitkräfte über den Zeitraum von 1982 bis 1988 jährlich deutlich über 1 000 Beschwerden von Soldaten, eine ähnlich hohe Zahl bei Unteroffizieren und Berufssoldaten, was angesichts der unterschiedlichen Personalstärken in diesen Gruppen zu ähnlichen Anteilen führen kann.[37] Inhaltlich waren alle Eingaben und Beschwerden entsprechend den jeweiligen Rahmenbedingungen in den Einheiten und Truppenteilen unterschiedlich. Als Hauptbereiche kristallisierten sich dabei jedoch heraus:

- Fragen zur Versorgung, und das nicht nur mit Industriewaren und Lebensmitteln in den Verkaufsstellen der Militärhandelsorganisation, sondern auch mit notwendigen Ausrüstungs- und Verbrauchsmitteln für die Truppen. In dieser Hinsicht war die Nationale Volksarmee – abgesehen von einigen wenigen Privilegierten – durchaus ein Spiegelbild der Verhältnisse im zivilen Bereich der DDR.
- Fragen der Nichteinhaltung von militärischen Bestimmungen
- Versetzungen und Versorgung mit Wohnraum am Dienstort bei Berufssoldaten
- Verletzungen von Prinzipien der Arbeit mit dem Menschen.

Die Praxis des Umgangs mit Eingaben und Beschwerden durch die Vorgesetzten war teilweise recht restriktiv. So berichteten Mitglieder aus Kameradschaften Ehemalige u.a. an unsere Arbeitsgruppe, daß auf Eingaben von Familienangehörigen durchaus auch mit unmotivierten Versetzungen oder Zurückstellung von Beförderungen reagiert wurde. Es gab bis 1989 auch keine einklagbaren Rechte oder direkte demokratische Vertretungskörperschaften für die Armeeangehörigen. Dennoch erklärten fast zwei Drittel der befragten Unteroffiziere und Berufssoldaten, daß ihre Beschwerden zu Veränderungen geführt hätten. Nur etwas über 10% erklärten, daß Beschwerden als unberechtigt zurückgewiesen oder überhaupt nicht beachtet worden seien. Auch hier wird deutlich, daß viele, die Anlaß zur Beschwerde hatten, den Weg über das direkte Gespräch mit einem vertrauenswürdigen Vorgesetzten, Polit- oder Parteifunktionär suchten. So erklärten 56,3% der Berufssoldaten und 15% der Unteroffiziere, sich an einen Vorgesetzten gewandt zu haben, und je 12,5% der Berufssoldaten an den Politstellvertreter oder einen Parteifunktionär. Vertrauen in den FDJ-Sekretär oder einen anderen FDJ-Funktionär setzten lediglich einige der befragten Soldaten, jedoch keiner der Unteroffiziere oder Berufssoldaten. Die Hälfte der befragten Soldaten gab an, daß ihre Beschwerden nicht beachtet wurden; ein Viertel erlebte, daß sie als unberechtigt zurückgewiesen wurden, und nur das restliche Viertel konnte auf positive Veränderungen infolge ihrer Eingaben verweisen. Da auch aus dem Aktenstudium hervorgeht, daß sich Beschwerden von Soldaten häufig um den Umgang mit Unterstellten drehten – Vorenthaltung von Rechten z.B. auf Ausgang und Urlaub, Achtung der Würde des Soldaten o.ä. – scheint uns dieses Verhältnis symptomatisch.

Das wird auch dadurch bestärkt, daß in Analysen von Führungsorganen der Nationalen Volksarmee und Kontrollorganen des ZK der SED in der gesamten Zeit der Existenz der NVA als Wehrpflichtarmee wiederholt kritisiert wird,[38]

- daß die Arbeit mit dem Menschen in der Kompanie das schwächste Glied sei, als alleiniges Ressort der Arbeit der Politorgane betrachtet wird;
- daß Rechte der Soldaten verletzt werden, sie mit dem Familiennamen ohne Dienstgrad angesprochen und geduzt werden, Hygienemängel zugelassen werden;

- daß das Verhältnis Vorgesetzte – Unterstellte von letzteren überwiegend negativ gesehen wird. Auch in unserer Befragung erklärten immerhin fast 15% der Soldaten, daß sich die Vorgesetzten ihnen gegenüber selten oder nie dienstlich korrekt verhielten;
- daß die Vorgesetzten in einer Reihe von Fällen sogenannte Vorrechte älterer Diensthalbjahre nicht nur duldeten, sondern sogar als »Mittel zur Disziplinierung der Armeeangehörigen« tolerierten.

Insgesamt lassen die Untersuchungsergebnisse zum einen den Schluß zu, daß das in der Innendienstvorschrift verbürgte Recht auf Eingaben und Beschwerden doch auch häufig als »letztmögliches Mittel der Mitgestaltung« von den Armeeangehörigen betrachtet und wahrgenommen wurde, wenngleich sie durchaus auch mit Ablehnung oder gar persönlichen Nachteilen rechnen mußten. Letzteres war durchaus nicht unwahrscheinlich. Immerhin unterließen nach ihren Angaben bei der Befragung etwa ein Viertel der Soldaten im Grundwehrdienst, 13% der Unteroffiziere und noch 5% der Berufssoldaten trotz vorhandener Veranlassung eine Beschwerde, da sie persönliche Nachteile befürchteten.

Zum anderen erweist sich, daß Erfolg im Beschwerderecht zumindest zu einem nicht unerheblichen Teil vom Status des Beschwerdeführers abhängig war. Je geringer und untergeordneter die Stellung des Beschwerdeführenden, desto geringer war auch die Aussicht auf Erfolg. (Das soll übrigens in anderen Armeen auch nicht anders sein und ist wohl auch ein Resultat der streng hierarchischen Ordnung in den Streitkräften.)

Bemerkenswert scheint uns auch die von ehemaligen NVA-Angehörigen geäußerte Erfahrung, daß gerade die Bausoldaten in hohem Maße von ihrem Recht auf Beschwerden und Eingaben Gebrauch gemacht hätten, bis hin zu Beschwerden beim Minister oder Staatsrat. Ohnehin häufig stigmatisiert, zeigten sie wahrscheinlich weniger Skrupel beim Gebrauch ihres Beschwerderechtes. Diese Eingaben betrafen zumeist die Einhaltung von Dienstvorschriften, die Arbeit mit den Menschen und Versorgungsfragen. In einem Artikel von Fischer/Wendt wird anhand von Akten z.B. kons-

tatiert, daß es im Baupionierbataillon 44 im Ausbildungsjahr 1986/87 insgesamt 71 Eingaben gegeben hat. Daran waren die Bausoldaten mit 83 % beteiligt. 1987/88 waren es im gleichem Bataillon 179 Eingaben, 122 davon kamen von Bausoldaten.[39]
Schließlich zeigte sich auch beim Beschwerderecht, daß die wirkungsvollste Möglichkeit, sich mit Kritiken und Beschwerden durchzusetzen, die Einschaltung der jeweiligen Parteileitung der SED bzw. – bei SED-Mitgliedern – die Nutzung der Mitgliederversammlungen der Partei war.
Als wesentlicher Bereich demokratischer Mitwirkung galt in der Nationalen Volksarmee der *sozialistische Wettbewerb*. Er wurde besonders in den 80er Jahren, als Diskussionen über mehr Demokratie in den Streitkräften Raum griffen, sogar zum Inbegriff demokratischer Mitwirkung hochstilisiert. Grundlage für den sozialistischen Wettbewerb war die Wettbewerbsdirektive des Ministers für Nationale Verteidigung.[40]
Als Ziele des Wettbewerbs bezeichnete sie die erfolgreiche Erfüllung der militärischen Hauptaufgabe, die Entwicklung schöpferischer Initiativen, die weitere Herausbildung sozialistischen Bewußtseins, Durchsetzung militärischer Disziplin und Ordnung, Entwicklung sozialistischer Beziehungen in den Streitkräften, die weitere Entfaltung des geistigen, kulturellen und sportlichen Lebens sowie die Verbesserung der Lebens-, Umwelt- und Arbeitsbedingungen.
Als wesentliche Bestandteile des sozialistischen Wettbewerbs wurden die Besten- und die Neuererbewegung betrachtet. Der Titel »Bester« für Soldaten, Unteroffiziere und Berufssoldaten war durch persönliche beste Leistungen entsprechend gegebenen Normativen zu erreichen. Unteroffiziere in Kommandeursfunktionen hatten darüber hinaus mit ihren Einheiten gute und sehr gute Leistungen zu erzielen. Der Titel »Beste Einheit« (für Gruppen und Gleichgestellte) war mit guten Leistungen in der Ausbildung erreichbar, wobei mindestens 50 % der Armeeangehörigen den Titel »Bester« erreicht haben sollten.
Für den Zug, die Kompanie, den Truppenteil waren zusätzliche Aufgaben zur Erfüllung der Gefechtsausbildung unter allen Lagebedingungen zu bewältigen, gute und sehr gute Leis-

tungen bei taktischen Übungen sowie eine aktive Neuerertätigkeit nachzuweisen. Geführt werden sollte der Wettbewerb durch die Chefs, Leiter und Kommandeure in Zusammenarbeit mit den Politorganen sowie den Partei- und FDJ-Organisationen.

Die Auswertung des Wettbewerbs sollte differenziert nach Kommandohöhen wie folgt vorgenommen werden:
- im Ministerium für Nationale Verteidigung und in den Teilstreitkräften einmal jährlich;
- in Verbänden und Gleichgestellten zweimal jährlich;
- in Hochschuleinrichtungen nach Abschluß des Lehrjahres;
- in Truppenteilen zweimal jährlich und zu politischen und militärischen Höhepunkten;
- im Bataillon und Gleichgestellten zweimal im Ausbildungsjahr;
- in der Kompanie monatlich;
- im Zug alle zwei Wochen und
- in der Gruppe wöchentlich.

Im Rahmen des Wettbewerbs spielten die *Selbstverpflichtungen* der Armeeangehörigen, die Arbeit nach einem sogenannten persönlichen Kompaß (besonders für Soldaten und Unteroffiziere) eine große Rolle. Im »Kompaß« sollten die Verpflichtungen festgehalten und nach ihm sollte auch abgerechnet werden.

Der Kampf um die Erringung der sogenannten fünf Soldatenauszeichnungen[41], die Verwirklichung von Jugendobjekten und Initiativen der FDJ, die Neuerertätigkeit, die auch auf den »Messen der Meister von morgen« mit ihren Ergebnissen vorgestellt wurde, sowie bestimmte Wettbewerbskampagnen[42] bestimmten den Inhalt vieler Kampfprogramme von Armeeangehörigen und Kollektiven.

Für einen gewissen materiellen Anreiz sorgten Prämien, die für besondere Leistungen ausgeschrieben waren.[43] Die Erreichung von Klassifizierungen für vorbildliche militär-technische Leistungen in den Klassen I bis III wurden mit einmaligen Prämien von 200,- Mark (Klasse III) bis 400,- Mark (Klasse I) belohnt; für den Erwerb des Titels »Bester« bzw. »Bester Gruppenführer«, »Bester Hauptfeldwebel«, »Bester

Zugführer« oder »Bester Kompaniechef« wurden in Stufen von 100,- Mark zwischen 100,- Mark (»Bester«) und 500,- Mark («Bester Kompaniechef«) gezahlt; beste Einheiten und Truppenteile wurden außer mit Urkunden auch mit Kollektivprämien bzw. durch Bereitstellung von zusätzlichen Prämienmitteln geehrt.
Allerdings war der Wettbewerb infolge von Überorganisation, Schematismus und auch Orientierung auf Nebensächlichkeiten nicht so wirksam, wie es die politische und militärische Führung erwarteten. Teilweise nahm er direkt kontraproduktive Züge an. Zahlenhascherei, formales Streben nach guten Noten waren nicht selten und manchmal gab es auch Betrug. Über ein Drittel der befragten Berufssoldaten und Unteroffiziere sowie mehr als die Hälfte der Soldaten nannten bei unseren Befragungen solche Erfahrungen. Fast 10 % der Soldaten und sogar mehr als ein Prozent der Berufssoldaten – die ja den Wettbewerb eigentlich mit führen sollten – erklärten, von diesem nichts gemerkt zu haben. Diese Mängel gehen übrigens auch aus der Aktenlage hervor. So bemängelten Inspektionen in der 11. mot. Schützendivision im Jahre 1982 und in der 1. Luftverteidigungsdivision im Jahre 1984 Formalismus und fehlende Kontrolle der Ergebnisse des Wettbewerbs.[44] Kontrollen der Führung der 7. Panzerdivision ergaben, daß Bestentitel verliehen wurden, obwohl laut Leistungsnachweis die dazu notwendigen Kriterien nicht erfüllt wurden.[45] Und – um ein letztes Beispiel zu nennen – in einer soziaLogischen Untersuchung aus dem Jahre 1984 beklagten 6 % der Soldaten und über 10 % der Unteroffiziere, daß es keine systematische Auswertung des sozialistischen Wettbewerbs gäbe, und rd. 15 % der Soldaten und Unteroffiziere bemängelten, daß keine klare Aufgabenstellung erfolge.[46]
Es wäre allerdings falsch zu glauben, daß die Wettbewerbsbewegung in der Nationalen Volksarmee nur von solchen negativen Erscheinungen bestimmt gewesen wäre. Sie war formal von der Teilnehmerzahl her sogar eine Massenbewegung. In einer Militärratsvorlage der Landstreitkräfte von 1981 wird festgestellt, daß 85 % der FDJ-Mitglieder in den Landstreitkräften am Wettbewerb teilnahmen.[47] Und 61 % der Berufssoldaten, 54 % der Unteroffiziere sowie noch fast ein Drittel

der Soldaten meinten laut unserer Befragung, daß mit dem Wettbewerb bessere Ausbildungsergebnisse erreicht wurden. In der bereits erwähnten soziologischen Befragung von ca. 5000 Armeeangehörigen im Oktober 1984 sahen sogar etwa 80 % der Soldaten und Unteroffiziere positive Auswirkungen für die Gefechtsausbildung und ca. 80 % der Soldaten sowie über 90 % der Unteroffiziere schätzten auch ein, daß ihre Leistungen anerkannt wurden. Etwa 60 % der Soldaten und 70 % der Unteroffiziere meinten sogar, der Wettbewerb mache ihr Leben interessanter.[48]
Obwohl es zu Formalismus und Betrug im Wettbewerb kam, bedeutet das nicht, daß diese Erscheinungen dominierten. So berichtet der ehemalige Kommandeur des KRR-18 noch 1999 in seinen Erinnerungsbuch, daß und wie sein Truppenteil und er selbst um den Titel »Bester Truppenteil« im wahrsten Sinne des Wortes gekämpft haben. Zwar beklagt er ermüdendes, formalisiertes Vokabular der Wettbewerbsdokumente, das eher abstoßend als motivierend wirkte. Aber es gab eben auch die andere Seite, die mit Mühe und enormen Einsatz erzielten Ergebnisse für die Erhöhung der Gefechtsbereitschaft und die Verbesserung der Dienst- und Lebensbedingungen der Armeeangehörigen. Er führt z.B. einerseits den Ausbau des Nahausbildungsgeländes und die Schaffung von Anschauungsmitteln über Schießverfahren und die möglichen Operationszonen des Regiments an, anderseits aber auch den Bau von Kleinsportanlagen und einer neuen Unterkunft für das Wachpersonal der technischen Zone. Und das alles aus eigener Kraft ohne finanzielle oder materielle Unterstützung der Wirtschaft.[49]
Durch den Wettbewerb wurden überhaupt auch erhebliche materielle Ergebnisse erzielt, Das unterstreicht z.B. die bereits genannte Militärratsvorlage der Landstreitkräfte vom Oktober 1981. Hier wird festgestellt, daß durch 1.200 Fahrer von Panzern, Schützenpanzern und Kraftfahrzeugen in der Initiative *»Ich fahre den rationellsten Kilometer«* 699 000 Liter Vergaserkraftstoff und 632 000 Liter Dieselkraftstoff eingespart werden konnten.[50]
Allerdings waren auch hier, trotz allen Wettbewerbseifers z.T. negative Begleitumstände nicht zu übersehen. In der soge-

nannten Rompe-Bewegung – benannt nach ihrem Initiator, dem Feldwebel Rompe – ging es neben der Einsparung von Kraftstoff auch um die Verlängerung der Nutzungszeit der Technik. Das führte, da die Technik z.T. nur gepflegt, aber notwendige Reparaturen »eingespart« wurden, manchmal in der Konsequenz zum früheren Verschleiß statt zur längeren Nutzung der Technik.

Der individuelle Bestentitel ließ sich jedoch für die Mehrheit der Armeeangehörigen keineswegs mit einem kleinen Spaziergang oder durch reinen »Papierkrieg« erreichen. Fast zwei Drittel der Soldaten und der Unteroffiziere erklärten bei unserer Befragung, daß es große Anstrengungen erforderte, diesen Titel zu erreichen. Und auch die Analysen in den Truppenteilen, Verbänden und Teilstreitkräften zeigten, daß durchaus nicht alle eingegangenen Verpflichtungen erfüllt werden konnten. Das lag neben schlechten Rahmenbedingungen auch an der Überforderung einzelner Armeeangehöriger. So erklärten bis zu einem Viertel der befragten Soldaten, 16,5 % der Unteroffiziere und knapp 5 % der Berufssoldaten, vergeblich versucht zu haben, eine der Soldatenauszeichnungen zu erringen. Die meisten erfolglosen Versuche gab es übrigens beim Kampf um die Schützenschnur.

Eine Analyse der 1 mot. Schützendivision für das Ausbildungsjahr 1980/81 konstatiert bei 21006 eingegangenen Einzel- und Kollektivverpflichtungen einen Erfüllungsstand von 71 % (14.851 Verpflichtungen).[51] Im mot. Schützenregiment 1 wurde im Ausbildungsjahr 1983/84 bei den FDJ-Initiativen ein durchschnittlicher Erfüllungsstand von rd. 45 % erreicht.[52]

Großen Raum im sozialistischen Wettbewerb – wenn auch von den Soldaten nicht immer als Wettbewerbsbestandteil erkannt – nahm der Kampf um die fünf Soldatenauszeichnungen ein. Er hatte auch einen nicht zu unterschätzenden Einfluß auf die Qualität der Ausbildung.

Die Soldatenauszeichnungen waren bei den Armeeangehörigen sehr begehrt und als Kennzeichen militärischer Qualifikation geachtet. Ihr Erwerb erforderte nach Meinung der Armeeangehörigen große Anstrengungen und wurde auch kaum manipuliert.

Den höchsten Stellenwert unter den Soldatenauszeichnungen besaß die Schützensschnur, für deren Erwerb es nicht nur durchgängig sehr guter Schießergebnisse bei den planmäßigen Übungsschießen bedurfte, sondern gute Ergebnisse auch bei speziell dafür zu absolvierendem schwierigeren Schießen voraussetzte. Wenn jeder zweite der befragen Soldaten die Schützenschnur errungen haben will und zwei sogar mehrfach, erscheint das deshalb viel. Ein Viertel der Soldaten gibt an, erfolglos versucht zu haben, die Schützenschnur zu erringen. Von den Unteroffizieren gaben sogar 75% an, im Besitz der Schützenschnur gewesen zu sein, weitere 17% haben sich erfolglos darum bemüht. Auch 34% der Berufssoldaten haben den Kampf um die Schützenschnur aufgenommen, 30% mit Erfolg.

Um eine Qualifizierungsspange haben sich fast drei Viertel der befragten Soldaten, 83% der Unteroffiziere und 74% der Berufssoldaten bemüht, der überwiegende Teil hatte dabei Erfolg. Das Militärsportabzeichen – in den 70er Jahren mit höheren und zum Teil militärspezifischen Normen anstelle des allgemeinen Sportabzeichens der DDR eingeführt – wollten ebenso viele Soldaten und Unteroffiziere sowie 84% der Berufssoldaten erwerben. Jeder zweite von uns befragte Soldat, drei von vier Unteroffizieren und vier von fünf Berufssoldaten trugen das Abzeichen. Einzige nicht mit der Erfüllung militärischer Normen verbundene Auszeichnung im Wettbewerb war das von der FDJ nach Teilnahme am FDJ-Studienjahr und bestandener Prüfung vergebene »Abzeichen für gutes Wissen«. Der Erwerb dieses Abzeichens war Voraussetzung für den Bestentitel. Auch hier waren es drei Viertel der befragten Soldaten, 86% der Unteroffiziere und 82% der Berufssoldaten, die sich um den Erwerb dieses Abzeichens bemühten, und drei Fünftel der Soldaten, 81% der Unteroffiziere sowie 80% der Berufssoldaten trugen das Abzeichen. Insgesamt läßt sich einschätzen, daß der Kampf um die Soldatenauszeichnungen als interessanter Bereich im Alltagsleben der Armeeangehörigen und als echte Herausforderung angenommen und durchaus eine Massenbewegung wurde. Wenn beispielsweise in den Landstreitkräften jedes fünfte FDJ-Mitglied das Militärsportabzeichen, jeder Dritte die

Schützenschnur, 40 % ein militärisches Qualifizierungsabzeichen sowie jeder Zweite das »Abzeichen für gutes Wissen« erworben haben, so widerspiegelt dieses Ergebnis sowohl jugendliches Leistungsstreben als auch dessen Förderung durch sinnvolle Verbandsarbeit.

Insgesamt legen die Befragungen und auch die Aktenlage den Schluß nahe, daß sich die meisten Armeeangehörigen trotz Erscheinungen von Bürokratismus, Schematismus und manchmal auch von Betrug vielfach mit hoher Motivation und großem Einsatz den Anforderungen des Wettbewerbs stellten, ihn als Bestandteil ihres militärischen Lebens akzeptierten und Stolz auf die erworbenen Auszeichnungen bzw. Titel zeigten.

Ähnlich wie der Wettbewerb sind auch das *Neuererwesen*, die *Rationalisatoren- und Erfinderbewegung* in der NVA zu charakterisieren. Sie waren teilweise – z.B. über die FDJ-Initiativen – Bestandteil des Wettbewerbs und der Verpflichtungsbewegung. Sie wurden aber auch über gezielte Neuerervereinbarungen, in die über die Gewerkschaftsorganisationen der NVA auch die Zivilbeschäftigten einbezogen waren, realisiert. Auch hier gab es echte Neuerungen – einige Erfindungen führten sogar zu Patenten – im Interesse der Verbesserung und Effektivierung der Ausbildung, des sparsamen Umgangs mit Ressourcen sowie der Verbesserung der Dienst- und Lebensbedingungen der Armeeangehörigen.

So konstatiert eine Analyse des Ministeriums für Nationale Verteidigung über den Wettbewerb zum 35. Jahrestag der DDR in der NVA (Ausbildungsjahr 1983/84) die Beteiligung von 40100 Armeeangehörigen und Zivilbeschäftigten mit 17160 Vorschlägen an Ideenwettbewerben, von denen 2288 als Neuerervorschläge registriert werden konnten. 31 % der Vorschläge dienten der Intensivierung der Ausbildung, 49 % der Rationalisierung der Wartung und Instandsetzung von Kampftechnik und Bewaffnung; 8 % der auf der 27. Messe der Meister von Morgen – einer jährlichen Leistungsschau der Neuerertätigkeit – gezeigten Exponate konnten als Patente angemeldet werden.[53] Diese Initiativen waren nicht nur zu solchen politischen Höhepunkten zu verzeichnen. 1981 berichten die Landstreitkräfte von 9100 einzelnen Neuerern und 2850 Neuererkollektiven in ihrem Bereich, deren Vorschläge zu 90 % realisiert werden konnten und einen ökonomischen Nutzen von ca. 5 Millionen Mark erbrachten, was einer Steigerung von 25 % zum Vorjahr entsprach.[54] Ähnliche Aussagen finden sich in den Akten auch von Verbänden und Truppenteilen aller Teilstreitkräfte der NVA. Die mit dieser Bewegung verbundene sinnvolle, meist Freizeittätigkeit sowie deren Anerkennung motivierten viele Armeeangehörige, sich dieser Bewegung anzuschließen. Sie trug wahrscheinlich auch dazu bei, daß heute fast zwei Drittel der von uns befragten Soldaten und über 80 % der Unteroffiziere die Frage, ob ihnen der Wehrdienst etwas für ihre eigene Entwicklung gegeben habe, positiv beantworteten. Allerdings muß man auch hier feststellen, daß mangelhafte Führung, Schematismus, nur auf dem Papier existierender Wettbewerb und geschönte Berichte den Effekt der Anstrengungen minderten und den durchaus vorhandenen Willen zur Mitwirkung sowie die Initiativen der Armeeangehörigen und Zivilbeschäftigten negativ beeinflußten.

Kritische Anmerkungen in Analysen der Neuererarbeit richten sich auf unkonkrete Aufgabenstellungen für die Neuererinitiativen, Planlosigkeit der Arbeit, fehlende Neuerervereinbarungen sowie nur auf Höhepunkte gerichtete Aktivitäten.[55]
Interessant ist in diesem Zusammenhang auch eine im Jahre 1989 durchgeführte Umfrage der Politischen Hauptverwaltung über die Bereitschaft der Armeeangehörigen, persönliche Initiativen zur Verbesserung der Dienst- und Lebensbedingungen in der Truppe zu entwickeln.[56] Nur 30 bis 40 % der Befragten erklärten, beteiligt zu sein bzw. beteiligt gewesen zu sein. Über die Hälfte äußerte, ihre Bereitschaft sei nicht abgefordert worden bzw. im Truppenteil habe es keine Möglichkeiten zu solchen Initiativen gegeben.

Zusammenfassend kann u. E. zur demokratischen Mitwirkung in der NVA festgestellt werden: Zu dieser Problematik gab es in der NVA stets einen Widerspruch. Einerseits war die demokratische Mitgestaltung per Gesetz zugesichert, ja gefordert, andererseits stieß sie stets an die Grenze der geforderten strikten Befehlserfüllung. Obwohl damit scheinbar wenig Spielraum für eigenes Denken und demokratisches Mitwir-

ken blieb, gab es – wie die von uns durchgeführte Befragung sowie auch die Aussagen in aktenkundigen Berichten, Analysen und Befragungen auf verschiedenen Kommandoebenen der NVA belegen, dafür durchaus individuelle und kollektive Spielräume, die von den Armeeangehörigen auch genutzt wurden. Zweifellos waren Spielräume wie auch Hindernisse wesentlich abhängig von Vorgesetzten, vom Klima in den Kollektiven, auch von Themen und Bereichen der Mitgestaltung sowie nicht zuletzt vom positiven oder negativen Wirken der Parteiorganisationen der SED.
Es kann aber festgestellt werden, daß – wieder generell abhängig von den jeweiligen Dienstgradgruppen, aber doch durchgängig durch alle Armeeangehörigen – Initiativen, Kritiken und Hinweise erbracht wurden, die durchaus der Verbesserung der Ausbildung sowie auch der Dienst- und Lebensbedingungen gedient haben.

5. *Waffenbrüderschaftsbeziehungen*
Die sozialistische Waffenbrüderschaft hatte im gesamten Prozeß der Erziehung und Ausbildung der Armeeangehörigen seitens der Partei-, Staats- und Armeeführung einen besonderen Stellenwert. Die Armeeangehörigen sollten entsprechend dem Fahneneid die DDR »... auf Befehl der Arbeiter-und-Bauern-Regierung gegen jeden Feind ... schützen«, an der Seite der Sowjetarmee und der anderen Bruderarmeen »... den Sozialismus gegen alle Feinde ... verteidigen und (ihr) ... Leben zur Erringung des Sieges« einsetzen.[57] Besonders hervorgehoben wurde dabei die Waffenbrüderschaft mit der Sowjetarmee als stärkster und erfahrenster Armee der sozialistischen Militärkoalition. Herausragender Bestandteil der Waffenbrüderschaft waren laut sowjetischer Militärenzyklopädie wie auch der Waffenbrüderschaftsordnung des Ministers für Nationale Verteidigung der DDR von 1983 die »breite, allseitige Zusammenarbeit und enge Beziehungen ..., die alle Bereiche des Lebens und der Tätigkeit der Bruderarmeen umfassen.«[58]
Im Selbstverständnis der DDR- und der Armeeführung sollte die Waffenbrüderschaft mit den Bruderarmeen – vor allem aber der Sowjetarmee – fester Bestandteil des Alltagslebens

der Soldaten der NVA sein. Die Hervorhebung der Sowjetarmee ergab sich neben ihrer postulierten Führungsrolle im Warschauer Vertrag auch aus der Tatsache, daß infolge der Stationierung sowjetischer Streitkräfte – der GSSD – auf dem Territorium der DDR besonders günstige Rahmenbedingungen für die Beziehungen zu ihr existierten. Lediglich zu grenznahen Einheiten der tschechoslowakischen Volksarmee und der polnischen Armee gab es annähernd gleich günstige Bedingungen. Dennoch waren die Beziehungen zwischen der NVA und selbst diesen drei Armeen trotz einzelner Beispiele kontinuierlicher Zusammenarbeit weit davon entfernt, Bestandteil des Alltagslebens der Truppe zu sein. So verdoppelte sich zwar infolge der Anstrengungen z.B. der Kommandeure und Stäbe der Landstreitkräfte (LaSK) der NVA die Anzahl durchgeführter Waffenbrüderschaftsmaßnahmen von 1976 bis 1983, die Anzahl der Teilnehmer seitens der NVA stieg jedoch nur um 50 Prozent, die der Sowjetsoldaten um weniger als 20 Prozent und die anderer Armeen – vornehmlich der Tschechoslowakei und Polens – blieb selbst 1982/83 mit knapp 21 000 ziemlich marginal.[59]

Dennoch könnte man sagen, daß bis 1982/83 bei rd. 300 000 NVA- und 165 000 Sowjetsoldaten als Teilnehmer an Waffenbrüderschaftsmaßnahmen im Bereich der Landstreitkräfte jeder Angehörige dieser Teilstreitkraft mehrmals eine Begegnung mit dem Waffenbruder gehabt hätte. Und immerhin erklärten auch bei unserer Befragung nur ein Drittel der Soldaten im Grundwehrdienst (SGWD), reichlich zehn Prozent der Unteroffiziere und eineinhalb Prozent der Berufssoldaten (BS), in ihrer Dienstzeit keine Begegnung mit dem Waffenbruder gehabt zu haben.[60] Dabei ist jedoch bemerkenswert, daß jene, die in erster Linie erreicht werden sollten – nämlich die Soldaten im Grundwehrdienst – am wenigsten das »Alltagserlebnis« Waffenbrüderschaft hatten.

Dazu kommt als weiteres Problem die Qualität der Begegnungen. Die meisten Begegnungen gab es – wie auch die Befragung ergab – bei kulturellen, sportlichen und politischen Anlässen (also vor allem feierliche Appelle, Vereidigungen usw.)[61] Hier ist der Waffenbruder häufig in Gestalt eines Kulturensembles, einer Sportmannschaft oder einer Delegati-

on gegenüber einer Einheit oder einem Truppenteil vertreten. Persönliche Begegnungen oder gar Gespräche sind dabei eher die Ausnahme. Die propagandistische, meinungsbildende Wirkung solcher Maßnahmen ist zwar durchaus nicht zu unterschätzen, aber gemeinsame Ausbildung – wie in der Waffenbrüderschaftsordnung gefordert -, gemeinsamer »Alltag« ist damit doch geringer vertreten. Man muß allerdings auch konstatieren, daß infolge der Anstrengungen der Kommandeure und Stäbe der Anteil gemeinsamer Ausbildungsmaßnahmen in den 80er Jahren gewachsen war. So stiegen politische Ausbildung, militärische und Gefechtsausbildung, Erfahrungsaustausch, Leistungsvergleiche, Neuererarbeit z.B. im Bereich der Landstreitkräfte von 1977 bis 1983 um etwa ein Fünftel auf 30 Prozent der gemeinsamen Maßnahmen.[62]
Das proklamierte Ziel, die politische und Gefechtsausbildung zum Hauptbestandteil der Waffenbrüderschaftsarbeit werden zu lassen, wurde damit allerdings bei weitem nicht überall erreicht. Dabei spielte das oft vorgebrachte Argument, daß die Entfernung zum zugeteilten »Regiment nebenan« zu groß und daher gemeinsame Ausbildung kaum zu organisieren sei, sicher auch eine Rolle, jedoch nicht immer die entscheidende. Infolge ungenügender Abstimmung und Führung konnte es dazu kommen und kam es auch dazu, daß unmittelbar benachbarte Truppenteile kaum Ausbildungsbeziehungen entwickelten, während konsequent organisierte Zusammenarbeit regelmäßige gemeinsame Ausbildung auch mit weit entfernten Partnern gewährleistete.
Ein besonderes Problem der täglichen freundschaftlichen Beziehungen zwischen den Waffenbrüdern ergab sich für die Berufssoldaten, speziell für die Offiziere, die in aller Regel am häufigsten Begegnungen vor allem mit den sowjetischen Partnern hatten. Natürlich gab es – wenn auch sehr unterschiedlich entwickelt – gemeinsame Vorhaben und Tätigkeiten im alltäglichen militärischen Leben. Das ging sogar bis zu gemeinsamen Vorhaben und Leistungen in der Neuerertätigkeit und in der militärtechnischen Zusammenarbeit. So vervierfachte sich von 1978 bis 1983 im Bereich der Landstreitkräfte die Anzahl gemeinsamer Maßnahmen in der Neuerer-, Rationalisatoren- und Erfinderbewegung. Sie machten allerdings

auch 1983 nur etwas mehr als fünf Prozent aller gemeinsamen Maßnahmen aus.[63] Gemeinsame Beratungen und auch Festlichkeiten führten die Partner zusammen.
Aber die Orientierung der Staats- und Armeeführung, die Beziehungen zu den sowjetischen Partnern bis hin zu persönlichen Freundschaften oder gar familiären Beziehungen zu führen, wurde nur in einzelnen Fällen Wirklichkeit. Sicher spielten hier auch die Sprachbarriere oder häufige Versetzungen der Partner eine Rolle. Das Haupthindernis war jedoch, daß von sowjetischer Seite solche Beziehungen nicht gern gesehen und die sowjetischen Offiziere angehalten wurden, sie zu vermeiden. Bei sich trotzdem entwickelnden freundschaftlichen Beziehungen konnte es passieren – so berichtete einer der von uns befragten Offiziere -, daß bei normaler Rückversetzung in die UdSSR der befreundete Offizier die Bitte äußerte, ja nicht dorthin zu schreiben. Er wollte nicht in den Verdacht geraten, enge Beziehungen zum »westlichen Ausland« – als solches wurde sogar die DDR betrachtet – zu unterhalten.
So sind die Waffenbrüderschaftsbeziehungen der NVA zur Sowjetarmee und den anderen Armeen der Warschauer Koalition aus heutiger Sicht, befreit von ideologisch geprägter Beschönigung, doch recht ambivalent zu bewerten:
Es gab sie und z. T. gab es sie massenhaft, vereinzelt auch als Bestandteil des Alltagslebens. Besonders durch die politische Bildung und Erziehung auch ohne direkten Kontakt zu den Waffenbrüdern wurde auch ein relativ breites Einverständnis mit dem formulierten gemeinsamen Auftrag erzeugt, die DDR und die Partnerstaaten des Warschauer Vertrages gegen jede militärische Aggression zu schützen. Bei einem großen Teil der Armeeangehörigen war auch das Vertrauen in die Bündnistreue und militärische Fähigkeit der Waffenbrüder entwickelt. Selbst 1989 waren noch fast drei Viertel der Soldaten und ca. 90 Prozent der Unteroffiziere und Fähnriche bereit, im Falle einer Aggression entschlossen zu kämpfen.[64]
Über 80 Prozent der Soldaten und Unteroffiziere bejahten bei einer soziologischen Untersuchung im Jahre 1984 die Frage, ob man sich auf die Waffenbrüder im Kampf verlassen könne, vollständig oder mit nur geringen Einschränkungen positiv.[65] Dem entsprach auch die Meinung der Mehrheit der da-

mals befragten Soldaten und Unteroffiziere, daß die Bruderarmeen gut ausgebildet seien und von erfahrenen Kommandeuren geführt würden.[66]
Dennoch muß man resümierend feststellen: Das von der Führung angestrebte Ziel, Waffenbrüderschaft für jeden Armeeangehörigen zum persönlichen Erlebnis, zum Bestandteil des alltäglichen Lebens zu machen, wurde nicht oder doch nur partiell erreicht.

1. Quellenmäßig beruht diese Studie vor allen auf in der NVA entstandenen Dokumenten, die heute im Bundesarchiv-Militärarchiv (im folgenden BA-MA) lagern, auf einer Meinungsumfrage der Arbeitsgruppe Geschichte der NVA und Integration ehemaliger NVA-Angehöriger in Gesellschaft und Bundeswehr beim Landesvorstand Ost des Deutschen Bundeswehrverbandes und auf Berichten von Zeitzeugen. Die ersten Ergebnisse der Meinungsumfrage veröffentlichte Dr. Klaus-Peter Hartmann in :Informatinen der Arbeitsgruppe Geschichte der NVA und Integration ehemaliger NVA-Angehöriger in Gesellschaft und Bundeswehr beim Landesvorstand Ost des Deutschen Bundeswehrverbandes, Nr. 4, Berlin 1998. Die Zahlenangaben in dieser Studie, die als »Befragung« angegeben werden, sind Ergebnisse dieser Meinungsumfrage.
2. »NVA-Informativ« Informationsmaterial des Ministeriums für Nationale Verteidigung 1985, Abschnitt VI, im Besitz des Autors.
3. Im Handbuch für die politische Arbeit in den Truppenteilen und Einheiten, Berlin 1988, Seite 331/32 wurde als Ziel der politischen Arbeit bezeichnet: »Die Politik der SED überzeugend zu erläutern und uneingeschränktes Vertrauen in die Richtigkeit und Sieghaftigkeit dieser Politik auszuprägen. Die Armeeangehörigen im Geist des Marxismus-Leninismus und Proletarischen Internationalismus kommunistisch zu erziehen. Den Sinn des Soldatseins zur Leitlinie des Denkens und Handelns zu machen. Einen hohen politisch-moralischen Zustand und psychologische Standhaftigkeit herauszubilden. Eine hohe Kampfkraft und Gefechtsbereitschaft zu erreichen.
4. Theodor Hoffmann, Das letzte Kommando, Berlin,/Bonn/Herford1993, S. 165.
5. Die genaue Bezeichnung lautet: »Instruktion für die leitenden Parteiorgane (Politorgane) und für die Parteiorganisationen in der NVA und in den Grenztruppen der DDR – Parteiinstruktion -. Bestätigt vom Politbüro des Zentralkomitees der SED, Dez. 1976.
6. Kurt Starke: Für den Krieg gibt es keine guten Gründe. In: »Neues

Deutschland« vom 29./30.05.1999, S.24.
7. Übersicht aus soziologischen Untersuchungen in der NVA, im Besitz des Autors.
8. Das Zentralinstitut für Jugendforschung Leipzig 1966-1990, hrsg. von Walter Friedrich u. a., Berlin 1999, S. 158.
9. Prof. Dr. Jürgen Hofmann. In: Forschungsfeld DDR-Geschichte, Pankower Vorträge, Berlin 1999, Heft 15, S. 15.
10. Ende der 80er Jahre hatten 82% der Offiziere der NVA eine militärische Hoch- bzw. Fachschule absolviert und 6.400 einen militärakademischen Abschluß erworben.
11. Klaus-Peter Gödde: »Eine Elite-Einheit der NVA rüstet ab«, Berlin 1999, S. 27.
12. Siehe BA-MA, AZN D-2983, Bl. 149f.
13. Protokoll der XIII. Delegiertenkonferenz der Parteiorganisationen der SED in der NVA und den Grenztruppen der DDR, in: »Parteiarbeiter« Sonderheft, März 1984, S. 41.
14. Kurt Held u.a. in: NVA – Ein Rückblick in die Zukunft, hrsg. von Manfred Backerra, Köln 1992, S. 221.
15. Siehe Protokoll der XIII Delegiertenkonferenz, wie Anm. 13 S. 39.
16. Siehe BA-MA,AZN P-2672, S. 21f.
17. Siehe Theodor Hoffmann, Die Militärreform der DDR, in : Rührt euch! Zur Geschichte der NVA, hrsg. von Wolfgang Wünsche, Berlin 1998, S. 550.
18. Enquete-Kommission Deutscher Bundestag, 13. Wahlperiode, Drucksache 13/11000.
19. Siehe BA-MA, VA 10-22681, S. 16 f.
20. Siehe Parteiinstruktion, wie Anm. 5, S. 72
21. Zitiert nach: Ansichten zur Geschichte der DDR, Band V, Bonn/Berlin 1994, S. 143.
22. Klaus-Peter Gödde, wie Anm. 11, S.32ff
23. BA-MA, DVW 1/43708, Bl. 221.
24. Günter Gaus: »Kein einig Vaterland.«, Berlin 1998, S. 149.
25. Siehe BA-MA, AZN P 2655.
26. Siehe ebd., AZN P 1942, S. 99/100.
27. Instruktion für die FDJ-Organisationen in der NVA und in den Grenztruppen der DDR, 1977, S. 10
28. Siehe BA-MA, VA-10-2266682, S. 23 f.
29. FDJ-Instruktion, wie Anm. 27, S. 17.
30. Gesetzblatt der DDR 1982, Berlin, Teil 1, Nr. 12, S. 226
31. Siehe Sekretariat der PHV vom 26.9.89, in: BA-MA, AZW-P-2672, Bl. 39
32. Siehe ebd.
33. Wege des Einbringens von Meinungen, Ideen und Kritiken zum Geschehen in der Einheit (in % der Antworten – siehe Tabelle zu Beginn des folgenden Seite)

	meistens	gelegentlich	selten	nie
Gespräche mit Vorgesetzten	34,8	43,5	13,0	8,7
Soldaten im	39,7	47,4	10,3	0,0
Grundwehrdienst	52,9	38,9	5,8	0,5
Unteroffiziere Berufssoldaten				
Parteiversammlungen				
Soldaten im	13,0	8,7	4,3	74,0
Grundwehrdienst	33,3	21,8	7,74,6	21,8
Unteroffiziere	71,3	21,1		1,2
Berufssoldaten				
FDJ-Versammlungen				
Soldaten im	30,4	39,1	13,0	17,5
Grundwehrdienst	33,3	35,9	20,5	7,7
Unteroffiziere	36,4	26,2	15,0	8,2
Berufssoldaten				

34. Siehe Sekretariat der PHV vom 26.9.89 in: BA-MA, AZN-P-2672, Bl. 21f.
35. Befragung 1998: Über die Beziehungen im jeweiligem militärischen Kollektiv und untereinander in den Dienstgradgruppen: (Angaben in %) a.) Kameradschaft und gegenseitige Hilfe:

Merkmale	Offiziere	Unteroffiziere	Soldaten
Sehr ausgeprägt	53,0	56,7	33,3
Teilweise ausgeprägt	37,8	39,2	61,9
Kaum ausgeprägt	0,6	4,1	2,4
Nicht vorhanden	0,0	0,0	2,4

b.) Vertrauen zueinander

Merkmale	Offiziere	Unteroffiziere	Soldaten
Sehr ausgeprägt	29,3	36,1	21,4
Teilweise ausgeprägt	59,5	55,7	66,7
Kaum ausgeprägt	1,9	5,2	9,5
Nicht ausgeprägt	0,2	0,0	2,4

36. Siehe BA-MA, DVH 7/44841, Bl. 192 ff.
37. Siehe Jahresberichte des Kommandos der Landstreitkräfte zu Eingaben und Beschwerden. 1980/81 in: BA-MA, DVH 7/444941; 1982/83 in: DVH 7/44938; 1983/84 bis 1985/86 in: DVH 7/44939; 1986/87 und 1978/88 in: DVH 7/44940.
38. Siehe u.a. Bericht einer Brigade der Abt. für Sicherheitsfragen des ZK der SED über den Einsatz in der 1. MSD, März/April 1963 in: DVW 1/43704, Bl. 220 ff; DVW 1/43708, Bl. 219; Ergebnisse einer soziologischen Untersuchung 1973 in den Landstreitkräften in: DVH 7/44939 und DVH 7/44940; Chroniken von Truppenteilen der NVA.

39. Siehe Prof. Dr. Egbert Fischer/Horst Wendt, Der Dienst der Bausoldaten – echte Alternative zum Wehrdienst in der NVA, im vorliegenden Band S. 162 ff.
40. Siehe Direktive des Ministers für Nationale Verteidigung über die Führung des sozialistischen Wettbewerbs in der Nationalen Volksarmee vom 1. Dezember 1982, in: »NVA-Informativ«, a.a.O., Abschnitt XII sozialistischer Wettbewerb.
41. Es gab fünf Soldatenauszeichnungen: Bestenabzeichen, Schützenschnur, Militärsportabzeichen, Qualifizierungsspangen für bestimmte Funktionen, Abzeichen für gutes Wissen.
42. Dazu zählten die Bewegungen »Treffen mit dem 1. Schuß'«, «Ich fahre den billigsten Kilometer«, »Technik der ausgezeichneten Qualität« u.a.
43. Siehe »NVA-Informativ«, wie Anm. 2.
44. Siehe BA-MA, VA – 01/30462, Bl. 23ff und VA-01/30466, Bl. 42.
45. Siehe ebd. VA-10/180 401, Bl. 66.
46. Siehe ebd., AZN D-2983, Bl. 149f.
47. Siehe Militärratsvorlage 17/81 vom 1.10.1981 zur Qualität des sozialistischen Wettbewerbs in den Landstreitkräften, in: BA-MA, DHV 7/44 841, Bl. 117ff.
48. Siehe Auswertung von soziologischen Untersuchungen, in: BA-MA, AZN D-2983, Bl. 149f.
49. Siehe Klaus-Peter Gödde, wie Anm. 11, S.29ff.
50. Siehe BA-MA, VA-10/15 686, Nl. 13ff
51. Siehe NVA – informativ, wie Anm. 2.
52. Errechnet nach BA-MA, VA-10/21 164, Bl. 1ff. Die einzelnen Positionen waren:

	Verpflichtungen	Erreicht
Treffen mit dem ersten Schuß	681	238
Technik der ausgezeichneten Qualität	195	58
Fahren des rationellsten Kilometers	286	31
Meister der Norm	343	214
Kraft und Ausdauer	112	98

53. Siehe BA-MA, DVH 7/44 841, Bl. 117ff.
54. Siehe Militärratsvorlage 17/81 vom 1.10.1981, wie Anm. 47.
55. Siehe BA-MA, VA-02/28 410/1 und VA-10/21 254, Bl. 34.
56. Siehe ebd. AZN-P-2672, Bl. 42 Bereitschaft der Armeeangehörigen, persönlich zur Verbesserung der Dienst- und Lebensbedingungen beizutragen (in % – siehe Tabelle zu Beginn der folgenden Seite):

	Soldaten	Unteroffiziere	Offizie
Waren/sind beteiligt	30	37	39
Bereit, aber nicht gefordert	35	35	34
Nicht bereit	9	9	5
Im Truppenteil keine Möglichkeit	23	18	22

57. Wehrdienstgesetz und angrenzende Bestimmungen. Textausgabe mit

Anmerkungen und Sachregister. Berlin 1983, S. 32.
58. Sowjetische Militärenzyklopädie. Auswahl. Heft 7, Berlin 1979, S. 103. Siehe auch: Ordnung Nr. 030/9/007 des Ministers für Nationale Verteidigung über die Festigung der Waffenbrüderschaft zwischen der NVA der DDR und den Bruderarmeen der sozialistischen Gemeinschaft – Waffenbrüderschaftsordnung – vom 20. September 1983. In: Anordnungs- und Mitteilungsblatt Nr. 72/83, S. 2 f.

59. Anzahl von Waffenbrüderschaftsmaßnahmen und Teilnehmern im Bereich der Landstreitkräfte (ohne Woche der Waffenbrüderschaft):

Ausbildungsjahr	Anzahl der Maßnahmen	NVA-Teilnehmer	GSSD-Teilnehmer	Andere Armeen
1976/77	Ca. 4 300	Ca. 200 000	Ca. 140 000	-
1977/78	6 822	205 535	162 877	-
1978/79	6 757	261 679	159 591	-
1979/80	8 543	304 683	181 94	8 909
1980/81	8 102	285 507	176 330	10324
1981/82	9 044	284 472	163 101	18 568
1982/83	9 344	287 627	165 078	20 934

Angaben nach Archivakten P 1258/lfd. DNr. 02; P 1262/lfd. Nr. 03; P 1521/lfd. Nr. 11; P 1525/lfd. Nr. 15 und nach Sekretariatsvorlagen VVS-Nr. B 580055 und B 580 361 in der Politischen Verwaltung der Landstreitkräfte der NV53.)

60. Ergebnis der Befragung zu Begegnungen mit dem Waffenbruder

	Soldaten GWD (%)	Unteroffiziere %	Berufssoldaten (%)
Einmal Begegnung	31,0	13,4	3,1
Mehrmals	35,7	73,2	95,2
Keine	33,3	12,4	1,4

61. Anlaß der erfolgten Begegnungen (lt. Befragung)

	Soldaten GWD (%)	Unteroffiziere (%)	Berufssoldaten (%
Truppenübungen			
Einmal	53,6	60,7	76,5
Mehrmals	39,3	35,7	17,7
Keine	7,1	3,6	5,7
Andere Ausbildung			
Einmal	28,6	67,1	70,2
Mehrmals	60,7	39,3	22,1
Keine	10,7	3,6	7,7
Politische Anlässe			
Einmal	42,9	51,2	81,7

Mehrmals	57,1	39,3	12.5
Keine	-	3,6	5,7
Kultur/Sport			
Einmal	60,7	73,8	80,8
Mehrmals	28,6	22,6	12,8
Keine	10,7	3,6	6,5

62. Anteil gemeinsamer Ausbildungsmaßnahmen an der Waffenbrüderschaftsarbeit der Land- streitkräfte (%)

1977/78	1978/79	1979/80	1981/82	1 1982/83
24	26	25	30	28°

(°ohne gemeinsame Ausbildungsmaßnahmen der dem Kommando Landstreitkräfte direkt unterstellten Truppenteile und Einrichtungen)   Zusammengestellt nach Archivakten BA-MA, P 1258/lfd. Nr. 02; P 1262/lfd. Nr. 03; P 1521/lfd. Nr. 11; P 1525/lfd. Nr. 15 und nach den Sekretariatsvorlagen VVS-Nr.-B 580055 und B 580361 der Politischen Verwaltung der Landstreitkräfte

63. Errechnet nach Archivangaben bei der Politischen Verwaltung der Landstreitkräfte: VVS/GVS-Nr. B 618218, Akten-Nr. P 1262/lfd. Nr. o3; P 1521/lfd. DNr. 03; P 1525/lfd. Nr. 04 und nach Berichten über die Waffenbrüderschaftsarbeit VVS-Nr. B 580055 und B 580361

64. Meinungsumfragen zum Verteidigungswillen 1985 und 1989 (Sekretariatsvorlage der PHV der NVA vom 26.9.89, AZN P-2672, Bl. 21f Soldaten GWD (%) Unteroffiziere (%) Fähnriche (%)

	1985	1989	1985	1989	1985	1989
Bereit, entschlossen zu kämpfen	83	73	93	89	98	95
Lieber auf Verteidigung verzichten	4	7	1	3	1	2
Unklar	13	20	6	8	1	3

65. Soziologische Untersuchung vom Februar 1984 (BA/MA, AZN D-2983, Bl. 55) Frage: Auf die Waffenbrüder können wir uns im Kampf verlassen?

Das ist meine Meinung	Soldaten GWD (%)	Unteroffiziere (%)
Vollkommen	62	75
Mit geringen Einschränkungen	20	16
Mit größeren Einschränkungen	5	3
Kaum	2	1
Überhaupt nicht	1	-
Unklar	8	2

66. Ausbildung und Führung der Bruderarmeen (ebenda, Bl. 56f)

	Soldaten GWD (%)	Unteroffiziere (%)
Sie sind gut ausgebildet		
vollkommen richtig	57	65
teilweise richtig	37	33
Sie werden von erfahrenen Generalen und Offizieren geführt		
vollkommen richtig	42	53
teilweise richtig	47	23

Oberst a. D. Dr. Eberhard Haueis

Die führende Rolle der SED in der Nationalen Volksarmee
Eine kritische Nachbetrachtung

(April 1998)

Zu diesem Thema möchte ich mit einem im wesentlichen thesenhaften Material zur Aufarbeitung der Geschichte der Nationalen Volksarmee beitragen. Es ist zugleich eine Auseinandersetzung mit meiner fast vierzigjährigen Dienstzeit in der Kasernierten Volkspolizei und in der Nationalen Volksarmee. Ich habe damit bereits vor längerer Zeit begonnen, sozusagen als ersten Schritt einer kritischen Bestandsaufnahme. Die Möglichkeit einer Publikation war dabei durchaus nicht ausgeschlossen. Aber es mußte Zeit vergehen, um immer wieder neu mit mir ins reine zu kommen, um beim Lesen von Beiträgen anderer Zeitungen und in Gesprächen meine Bedenken zu prüfen und zu ergänzen.

Vor allem zögerte ich mit dem Weg an die Öffentlichkeit, weil diese Thematik wohl zu den heikelsten der DDR- und NVA-Vergangenheit gehört. Stichworte wie Stalinismus, Diktatur, Machtmißbrauch, Unrecht u. a. lösen immer wieder Emotionen aus, an denen man nicht ohne tieferes Nachdenken vorbeigehen kann. Darum könnte es eigentlich ratsam sein, lieber die Finger von dieser Problematik zu lassen. Aber wenn die Geschichtsaufarbeitung ernst genommen werden soll, dann kann man an einer Auseinandersetzung mit der in der DDR allgegenwärtigen Führungsrolle der SED nicht vorbeigehen. Will man dann noch zu ernsthaften Ergebnissen kommen, sind Emotionen ganz gleich welcher Art schlechte Ratgeber. Ich bin mir auch der Gefahren bewußt, die mit der Verwendung originärer Begriffe verbunden sind, wie sie in Dokumenten stehen und allgemein verwendet wurden. Die einen lieben diese Begriffe nicht und verbinden sie zumindest mit allerlei Attributen, andere werden sich unter

diesem und jenem Begriff vielleicht nichts Rechtes vorstellen können. Alles in allem erhoffe ich mir aber weitere klärende und vertiefende Diskussionen – um so mehr, als in einer ersten offiziösen Darstellung über die NVA »das tatsächliche Verhältnis zur SED ... nicht erfaßt« wurde.[1]
In meinem Beitrag steht der Mechanismus im Vordergrund, mit dem die Führungsrolle der SED in der Nationalen Volksarmee durchgesetzt wurde. Darum treten solche Themen wie Wurzeln, Inhalte und Wirkungen dieses Prinzips in den Hintergrund. Möglicherweise erschwert das vor allem für Außenstehende das Verständnis für Denken, Fühlen und Handeln der SED-Mitglieder und -Funktionäre in der NVA. Eine ausführlichere Darstellung würde aber den Rahmen dieser Betrachtungen sprengen; Diesbezüglich verweise ich auf bereits veröffentlichte Beiträge.[2] Dem dort Geschriebenen möchte ich ausdrücklich zustimmen. Auch sehe ich inzwischen viele Dinge anders als früher. Darüber hinaus muß ich mir eingestehen, daß ich bei kritischem und konsequentem Weiterdenken das eine oder andere schon früher hätte erkennen können.
»Die Nationale Volksarmee wird geführt durch die SED« – dieser Satz, sowohl generelle Forderung als auch gesellschaftliche Realität war in jeder Hinsicht von großer Tragweite. Diese allgemeine Feststellung fordert dazu heraus, sich mit dem Funktionieren dieser Führungsrolle in der Armee der DDR auseinanderzusetzen.
Dabei sind für eine kritische Nachbetrachtung vor allem zwei ambivalente Gesichtspunkte bedeutsam:
Erstens war die SED in der DDR mit einem nahezu uneingeschränkten Macht-, Führungs- und Wahrheitsanspruch etabliert. Sie nahm damit eine zentrale und unangefochtene Stellung in allen gesellschaftlichen Bereichen ein, so auch in der Nationalen Volksarmee. Die Partei, genauer: die Parteiführung, nahm für sich in Anspruch, die Gesellschaft als Ganzes zu steuern. So wurden Beschlüsse der Parteitage, des Zentralkomitees und des Politbüros der SED ohne »Umwege« über die Volkskammer oder den Ministerrat der DDR direkt in der NVA ohne Einschränkungen um- und durchgesetzt. Das war verbunden bzw. war erst möglich mit einer tiefgreifenden

ideologischen und moralischen Disziplinierung der Mitglieder der SED.

Zweitens kann man nicht daran vorbeigehen, daß die SED mit ihren Organisationsformen bis zu einem gewissen Grad die Möglichkeit gewährte, in demokratischer Weise Einfluß auf unterschiedliche Bereiche des militärischen Lebens zu nehmen. Hinzu kam ein breites Feld sozialer Betreuung.

In den unteren Einheiten nahmen Politorgane und SED-Basisgruppen vielfach die Interessen der Armeeangehörigen wahr, suchten unnötige Härten des militärischen Dienstes zurückzudrängen und wandten sich entschieden gegen alle Erscheinungen des Machtmißbrauchs durch einzelne Vorgesetzte. Den SED-Mitgliedern in der Truppe, ob militärischer Vorgesetzter oder Politoffizier, war es ernst mit dem, was damals mit dem Begriff »sozialistische Menschenführung« bezeichnet wurde. So kann man ihnen im nachhinein auch nicht pauschal absprechen, Richtiges und Gutes für ihre Unterstellten getan zu haben.

Einleitend wäre noch zu vermerken, daß es in der geschichtlichen Entwicklung der Führungsrolle der SED einige z.T. sehr tiefgreifende Einschnitte gab, in deren Folge der Einfluß der SED und des Apparats der Partei immer größer wurde. Dazu gehören vor allem die Beschlüsse des Politbüros der SED vom 14. Januar 1958 und vom 11. Juni 1985. Die damit verbundenen Veränderungen können in diesem Beitrag allerdings nur an einigen Beispielen angedeutet werden.

Die Führungsrolle der SED in der Nationalen Volksarmee war ideologisch, strukturell und personell umfassend abgesichert und wirksam. Sie war immer stärker auszuprägen.[3] Die drei Hauptsäulen dieses »Mechanismus« waren *erstens* die »sozialistische militärische Einzelleitung in ihrer Einheit von politischer und militärischer Führung, *zweitens* »das Wirken der Politorgane als leitende Parteiorgane« und *drittens* »der Einfluß der Grundorganisationen der SED auf alle Seiten des politischen und militärischen Lebens und die Vorbildwirkung jedes Kommunisten«.[4]

I
Die Hauptkomponente für die Verwirklichung der führenden Rolle der SED in der Nationalen Volksarmee waren die Kommandeure aller Stufen. Die Einzelleitung wurde als eine »spezifische Form der Verwirklichung der führenden Rolle der Partei« verstanden. Jeder Kommandeur, jeder Vorgesetzte sollte sich bewußt sein, daß er in erster Linie politischer Funktionär ist und seine Arbeit im Auftrage der SED durchführt.
Militärische und Parteifunktionen waren durch die nahezu lückenlose Einbindung vieler Kommandeure in die Parteistrukturen eng miteinander verflochten. Der Minister für Nationale Verteidigung war seit 1972 Mitglied des Politbüros des ZK der SED; sechs seiner Stellvertreter, darunter alle Chefs der Teilstreitkräfte, waren seit Anfang der achtziger Jahre Mitglied oder Kandidat des ZK der SED. Die Chefs der Teilstreitkräfte standen damit formell als Parteifunktionäre sogar höher als die Chefs der jeweiligen Politischen Verwaltungen.
Dort, wo Parteileitungen gewählt wurden, waren in der Regel die Kommandeure dieser Bereiche neben anderen Berufssoldaten, in Ausnahmefällen auch Wehrpflichtigen, Mitglied dieser Leitungen. Im zivilen Bereich wurden auf der Ebene der Kreise und Bezirke Militärs in die Kreis- bzw. Bezirksleitungen der SED gewählt. Das waren zumeist die Leiter der Wehrorgane, aber auch Offiziere der Truppe. Damit waren sie alle den Beschlüssen der entsprechenden Parteigremien verpflichtet.
Denken und Handeln der Kommandeure der NVA waren weitgehend durch ihre Mitgliedschaft in der SED und die damit verbundenen Überzeugungen bestimmt. »Die im Programm und Statut der Partei fixierten Ziele waren mit der offiziellen Staatsdoktrin nahezu identisch und wurden anerkannt. In diesem Sinne identifizierte sich das Offizierskorps mit der sozialistischen Politik – übrigens ein Faktor, der sich kaum von Positionen anderer Gruppen der Bevölkerung der DDR unterschied«.[5]
Die Mitgliedschaft in der SED gehörte in der öffentlichen Meinung gewissermaßen zum Beruf des Soldaten.

Die Notwendigkeit der Führungsrolle der SED generell und in der Nationalen Volksarmee ist im Grunde nicht angezweifelt worden. Das hatte verschiedene Gründe. Da war z.B. die für richtig gehaltene »marxistisch-leninistische Theorie von der führenden Rolle der Partei«, die in der geschichtlichen Entwicklung seit der Oktoberrevolution in Rußland als richtig erwiesen schien. Augenscheinlich war zudem, daß in der DDR die schlimmen Folgen des zweiten Weltkrieges unter maßgeblichem Einfluß der SED überwunden worden waren und das Wirtschafts- und Staatswesen der DDR eine ständig wachsende internationale Anerkennung gefunden hatte. Zeitweilig gab es angesichts des friedenspolitischen und sozialen Engagements der DDR in breiten Kreisen der Bevölkerung eine hohe Akzeptanz der DDR und der SED-Politik, bis dann in den 70er und 80er Jahren immer mehr Zweifel an der Stabilität der Entwicklung auftraten. In der NVA spielte zweifellos noch eine Rolle, daß die Streitkräfte der DDR vorrangig von Antifaschisten, in der Regel Kommunisten und einige ehemalige Mitglieder des Nationalkomitees Freies Deutschland, aufgebaut und geführt wurden. Nicht wenige, vor allem ältere Parteimitglieder waren ob ihrer Erfahrungen, ihrer Kameradschaft, Sachkenntnis und ihres selbstlosen Einsatzes anerkannt, als Vorbild geachtet und beliebt. Nicht zuletzt wäre hier noch das Beispiel der Sowjetarmee zu nennen, die entscheidenden Anteil an der Zerschlagung der deutsch-faschistischen Militärmaschinerie hatte und in der die KPdSU die führende Rolle spielte. So war es naheliegend, daß die bewaffneten Kräfte der DDR gleichermaßen strukturiert wurden, nicht zuletzt unter dem Einfluß der Sowjetunion, die neben Bewaffnung und Ausrüstung militärische und politische Berater zur Verfügung stellte.
Erziehung und politische Bildung der Kommandeure wie aller anderen Offiziere wurden durch die marxistisch-leninistische Ideologie bestimmt. Die ganze Erziehung in bezug auf die Haltung zur SED lief darauf hinaus, der eigenen politischen Führung voll zu vertrauen und prinzipielle Kritik an ihr von vornherein als unglaubwürdig oder als »Position des Klassenfeindes« abzustempeln. Letzten Endes wollte kaum ein Kommandeur – die meisten aus ehrlichem Herzen – »klü-

ger sein als die Partei«. In diesem System wurden von der vom Politbüro verkündeten »Parteilinie« abweichende Meinungen faktisch nicht geduldet. Wenn es zum Ausschluß aus der Partei kam, dann hatte das im allgemeinen die Entlassung aus dem Armeedienst zur Folge.

Der überwiegende Teil der Kommandeure als Einzelleiter erfüllte seine Aufgaben in der Überzeugung, einen Beitrag zur Erhaltung des Kräftegleichgewichts in Europa und damit für die Sicherung des Friedens unter den komplizierten Bedingungen des kalten Krieges zu leisten.

Diese Überzeugungen aus eigener Erkenntnis und Erfahrung waren zugleich flankiert durch ein System von Verfahrensweisen und Maßnahmen, das diese einheitliche ideologische Ausrichtung aufrechterhielt und ständig verfestigte bzw. festigen sollte. Dabei spielten die Auswahl und der Einsatz der Kader eine große Rolle. Entsprechend der für die militärischen und politischen Kader festgelegten Nomenklatur lag für leitende Posten die letzte Entscheidung bei der obersten Parteiführung bzw. bei der dafür zuständigen Abteilung. Aber auch in den anderen Bereichen erfolgte das nicht ohne bestimmenden Einfluß der SED-Organe in der NVA. So gehörte es zu den Aufgaben der SED-Grundorganisationen »maßgeblichen Einfluß auf die Förderung und Attestierung der Kader ... zu nehmen«.[6] Allerdings wurde die Meinung der Grundorganisationen der SED bei Personalentscheidungen nicht selten übergangen oder einfach mißachtet.

Die Einseitigkeit in der geistigen Ausrichtung des Offizierskorps schränkte die Möglichkeiten für eine individuelle Persönlichkeitsentwicklung stark ein. Der Kreativität und produktiven Auseinandersetzungen unterschiedlicher Ideen ohne ideologische Scheuklappen, der Toleranz in politisch-moralischen Fragen waren enge Grenzen gesetzt, oder sie wurden gar nicht eingeräumt. Trotzdem gab es, so wie in anderen Bereichen der DDR-Gesellschaft, in der NVA Flügel- bzw. Richtungskämpfe. Sie waren in der Regel Ausdruck unterschiedlicher Auffassungen zu einzelnen Problemen der Führung, Ausbildung und Erziehung in der NVA oder zu politisch-theoretischen Problemen. Mitunter war dies verbunden mit Erscheinungen von Karrierismus und persönlicher

Protektion. Jedoch wurde dabei das politische System der DDR nicht prinzipiell in Frage gestellt.

Die aus dem Prinzip der Einzelleitung abgeleitete politische und militärische Zuständigkeit der Kommandeure wurde im allgemeinen als normal angesehen. Sie entsprach ihrer Verantwortung für einen gleichermaßen militärischen wie sozialen Organismus, an dessen Spitze sie standen und für dessen militärfachliche wie moralische Einsatzbereitschaft sie zuständig waren. (Dies war übrigens einer der entscheidenden Ausgangspunkte für die Begründung des Prinzips der »Inneren Führung« in der Bundeswehr.) In der Nationalen Volksarmee der DDR gab es jedoch keine Unterscheidung zwischen staatlich gebotener politischer Arbeit in einer Armee und parteipolitischer Arbeit. So drückte der dominierende SED-Einfluß der Prinzip der Einzelleitung seinen Stempel auf.

II

Für die Verwirklichung der politischen Arbeit gab es in der Nationalen Volksarmee Politorgane.[7] Sie waren leitende Parteiorgane und trugen, laut Parteiinstruktion, »für die Erfüllung der Parteibeschlüsse die volle Verantwortung«. Weiter heißt es dort: »Die Politorgane haben die Parteiorganisationen ihrer Verantwortungsbereiche zu führen«.[8]

Abgesehen von den hier dokumentarisch belegten Beziehungen innerhalb der Partei wird selbst mit solchen Termini wie »haben durchzusetzen«, »haben zu verwirklichen«, »tragen die volle Verantwortung« u. a. die von oben nach unten gerichtete zentralistische Führung in der SED und den SED-Organen in der NVA deutlich. Übergeordnete Parteiorgane setzten die Führungsrolle der SED gegenüber der eigenen Parteibasis durch. Diese Unterordnung ließ Möglichkeiten der politischen Willensbildung »von unten« nicht zu, ein Antragswesen von der Parteibasis an die Delegiertenkonferenzen und Parteitage gab es zum Beispiel nicht. An diesem zentralistischen Führungsprinzip wurde auch durch Bestimmungen des Statuts der SED über »Kollektivität der Leitungen, innerparteiliche Demokratie, Rechenschaftspflicht, Achtung der Kritiken, Hinweise und Vorschläge« prinzipiell nichts geändert. Die Politorgane waren neben ihrer Funktion als leitende Parteiorgane zugleich Stellvertreterbereiche in den Stäben im Sinne der militärischen Struktur. Sie waren damit in das System der Einzelleitung eingeordnet. Dementsprechend erfüllten sie politische, militärische und soziale Aufgaben. Das hatte eine doppelte Unterstellung zur Folge, eine Unterstellung unter den jeweiligen Kommandeur und eine unter den übergeordneten Politleiter.[9] Diese Doppelfunktion der Politorgane war mit einer zweiten, eigenständigen Führungslinie verbunden. Diese bestand unabhängig vom jeweiligen Kommandeur und war strukturell durch das Unterstellungsverhältnis, durch Weisungsbefugnisse, Verantwortlichkeiten und Wege der Berichterstattung organisiert. Es war offiziell gefordert, daß die Leiter der Politorgane von ihren Kommandeuren über alle Fragen der Kampfkraft und Gefechtsbereitschaft zu informieren waren. Umgekehrt hatten sie die Kommandeure über die Probleme und die Tätigkeit der Partei- und Massenorganisationen in Kenntnis zu setzen.[10] Das geschah in der Regel im Prozeß der täglichen Arbeit, bei Besprechungen oder einfach am Mittagstisch, in höheren Stäben auch durch einen mitunter umfangreichen Schriftverkehr.

Man kann einschätzen, daß zwischen den Kommandeuren und ihren Politstellvertretern (vollständig: Stellvertreter des Kommandeurs für politische Arbeit) im allgemeinen ein gutes Vertrauensverhältnis, oftmals enge freundschaftliche Beziehungen bestanden und beide in jeder Hinsicht ›an einem Strang zogen‹. In der Regel gab es keine Geheimnisse voreinander. In Konfliktsituationen dürfte die Möglichkeit zur Nutzung eines eigenständigen Meldeweges des Politapparates einen gewissen Eindruck auf diesen oder jenen Kommandeur gemacht haben. Allerdings kann man der gesonderten Führungslinie der Politorgane eine gewisse »regulierende Rolle« nicht absprechen, besonders wenn es darum ging, Erscheinungen des Machtmißbrauchs entgegenzuwirken.

Viele Politstellvertreter kannten sich auch in militärischen Dingen ihrer Waffengattung gut aus und hatten entsprechende Qualifikationsprüfungen abgelegt. Ein »Nurfachmanntum« der Politoffiziere wurde von den Truppenoffizieren verpönt, ebenso wie auch umgekehrt. Zu dieser militärischen Qualifikation trug bei, daß ab Ende der 60er Jahre der Politoffiziersnachwuchs eine 3jährige Ausbildung an der Offiziershochschule durchlaufen mußte, die er mit einem militärischen Diplom abschloß. Dem schloß sich eine zweijährige Ausbildung an der Politoffiziersschule an.

Die Doppelrolle der leitenden Parteiorgane in der NVA unterschied sie in starkem Maße von der Struktur und der Stellung der Parteiorgane im zivilen Bereich. Dort waren die 1. Kreis- und Bezirkssekretäre und ihr Apparat nicht dem jeweiligen staatlichen Leiter unterstellt. Im Gegenteil, sie hatten praktisch unumschränkten und entscheidenden Einfluß auf die Tätigkeit der staatlichen Organe. Durch das in der NVA praktizierte Prinzip der Einzelleitung wurde der Einfluß der leitenden Parteiorgane in der NVA im Vergleich zu adäquaten Parteiorganen im zivilen Bereich anders gestaltet. Die leitenden Parteiorgane in der NVA hatten keine Entscheidungsbefugnis in militärischen Angelegenheiten. In die Befehlsgewalt der Kommandeure konnten die Politorgane nicht eingreifen; Befehle des Kommandeurs wurden von ihm und seinem Stabschef unterschrieben. Umgekehrt gehörte es zu den Pflichten der Kommandeure, verbindliche Forderungen an die Politorgane zu stellen. Das waren z.B. Vorgaben und Aufgabenstellungen für die politische Arbeit. Die Politoffiziere wurden voll in das System der militärischen Aus- und Weiterbildung sowie als Diensthabende Offiziere in den Einheiten und Stäben einbezogen. In bezug auf die militärische Führung der Truppe waren die leitenden Politoffiziere vorwiegend beratend tätig, wobei ihr Wort nicht ohne weiteres übergangen werden konnte.

Das alles hatte seine Auswirkungen auf die innere Struktur der Politorgane in der NVA. Im zivilen Bereich folgte die Struktur weitgehend den staatlichen Aufgabenbereichen wie Wirtschaft, Landwirtschaft, Kultur und Bildung usw. In der NVA waren die Politorgane nicht nach den staatlich-militärischen Aufgabengebieten wie operative Arbeit, Ausbildung, rückwärtige Dienste, Waffengattungen usw. strukturiert, sondern nach den eigenen Aufgaben der politischen Arbeit. In diesen eigenständigen Aufgabenbereichen der Politorgane konnten deren Leiter bzw. Chefs verbindliche Anordnungen ereilen. Dies wurde nicht selten zur Reglementierung der Parteiarbeit an der Basis benutzt, was oft selbst gegen das Statut verstieß. Das nahm mitunter sehr drastische Formen an, wenn z.B. Beschlüsse der Parteibasis außer Kraft gesetzt wurden, ein Mindestprozentsatz der Teilnahme an Mitgliederversammlungen obligatorisch gefordert wurde, die Durchführung von Parteiverfahren und die Höhe der Strafe mehr oder weniger deutlich angewiesen, hauptamtliche Parteisekretäre zur Wahl vorgegeben oder verbindliche Vorgaben bei der Aufnahme neuer Mitglieder festgelegt wurden. Einige Politleiter maßten sich sogar an, als Partei zu sprechen, sie in persona und in ihrer »Unfehlbarkeit« zu vertreten.

Um die Rolle der Politorgane in der NVA zur Verwirklichung der führenden Rolle der SED besser zu verstehen, muß man ihre Aufgabenbereiche näher betrachten. Neben der Führung der Parteiorganisationen oblag ihnen die Führung der FDJ- und Sportorganisationen. Auf die Gewerkschaftsorganisationen der Zivilbeschäftigten, die auf allen Ebenen eigene gewählte Leitungen besaßen, hatten sie einen »maßgeblichen Einfluß« auszuüben. Übereinstimmend mit ihren Statuten gehörte zu den vornehmlichsten Aufgaben dieser Massenorganisationen, die Führungsrolle der SED durchsetzen zu helfen. Dazu war eine möglichst hohe Anzahl von SED-Mitgliedern in ihre Leitungsgremien zu wählen. Die FDJ war ohnehin in ihrer Gesamtheit als »Helfer und Kampfreserve der Partei« festgelegt. Hauptamtliche Jugendfunktionäre galten als »Beauftragte der Partei im Jugendverband«.

Weitere Aufgabenbereiche waren die Gesellschaftswissenschaftliche Weiterbildung der Offiziere und Fähnriche sowie die Politische Schulung der Unteroffiziere und Soldaten. Als Hauptausbildungszweige waren sie durch die Politorgane inhaltlich und durch die Kommandeure organisatorisch abzusichern. Als Schulungsgruppenleiter fungierten ausgesuchte und speziell geschulte Offiziere. In den Einheiten galt das Prinzip, daß die Zugführer ihre Soldaten und die Kompaniechefs, in einzelnen Fällen auch Bataillonskommandeure, ihre Unteroffiziere schulten. Die Schulungsprogramme waren für die einzelnen Dienstgradgruppen zentral festgelegt. Immer nahmen dabei der Inhalt von Parteibeschlüssen und die in Dokumenten dargelegte SED-Politik sowie die marxistisch-leninistische Ideologie eine zentrale Stellung ein. Die Gesellschaftswissenschaftliche Weiterbildung wurde, »ihrem Wesen nach als Parteischulung« apostrophiert, »die zur Verwirklichung der führenden Rolle der SED beizutragen« hatte. Des weiteren gehörte zu den Aufgaben der Politorgane, die Armeeangehörigen im unmittelbaren Prozeß der Gefechtsausbildung zur Erfüllung der gestellten militärischen Aufgaben anzuspornen und »zu mobilisieren«. Das erfolgte vor allem durch eine politische und moralische Motivierung und durch die Organisation des »Sozialistischen Wettbewerbs« mit Mitteln der mündlichen und schriftlichen Agitation. In jedem Truppenteil stand dazu eine auf Kfz. Aufgebaute Rundfunk-Kino-Einrichtung mit Möglichkeiten der Beschallung, des Fotografierens, des Fernsehens, zur Vervielfältigung u.ä. zur Verfügung. Zu den Aufgaben gehörte weiterhin die kulturelle Betreuung der Armeeangehörigen und die Organisierung ihrer kulturellen Selbstbetätigung, das Betreiben von Bibliotheken in den Truppenteilen, die militärische Traditionspflege, die politische Öffentlichkeitsarbeit, die Mitgestaltung des Wettbewerbs sowie der Neuerer- und Erfinderbewegung und nicht zuletzt die gesamte finanzielle und materielle Sicherstellung all dieser Aufgaben. In diesem Rahmen war es immer wieder vornehmliches Ziel, die Politik der Partei zu erläutern, die Funktionäre und Mitglieder der genannten Organisationen sowie verschiedener ehrenamtlicher Kommissionen inhaltlich und methodisch zu qualifizieren.

Ab Verband aufwärts existierten bei den Politorganen eingesetzte Parteikontrollkommissionen und gewählte Revisionskommissionen, die mit ihren speziellen Mitteln zur Einhaltung der Parteipolitik und zur Ausprägung der Führungsrolle der SED beitrugen. Während sich die Parteikontrollkommissionen vorrangig mit dem politischen und moralischen Verhalten (genauer: mit Fällen von Fehlverhalten) der SED-Mitglieder beschäftigten, kontrollierten die Revisionskommissionen vorwiegend den finanziellen und organisatorischen Bereich der Politorgane und Parteiorganisationen.

Bestimmendes Charakteristikum der Tätigkeit der Politorgane war die Führungstätigkeit nach unten, um »durch einheitliches Handeln vom Zentralkomitee bis zu den Grundorganisationen die Kräfte zu vervielfachen...«[11] So befanden sich die Nachgeordneten im politischen Sinne praktisch stets in der Rolle der geführten Objekte. Es ist also nicht die politische Arbeit an sich, die der Kritik zu unterziehen ist. Bekanntlich wird in allen Armeen der Welt unter verschiedenen Bezeichnungen und in konkreten Formen politische Arbeit geleistet, um die Armee zu einem zuverlässigen Instrument des jeweiligen Staates und der von ihm betriebenen Politik zu machen. In der Nationalen Volksarmee jedoch war diese »politische Arbeit dem Wesen nach Parteiarbeit« mit ihrer ideologischen Ausschließlichkeit. Damit ist die Parteiausrichtung der NVA auf den Punkt gebracht.

Im System der Verwirklichung der führenden Rolle der SED in der Nationalen Volksarmee nahm die ideologische Einflußnahme einen wichtigen Platz ein. Ihr Inhalt wurde durch die formulierten »Grundüberzeugungen«[12] sowie durch das Ziel der politischen Arbeit[13] bestimmt und ihre Wirksamkeit an deren Ausprägung gemessen. In diesem System wurden ausnahmslos alle Armeeangehörigen und Zivilbeschäftigten erfaßt. Waren die Soldaten, Unteroffiziere und Offiziere Teilnehmer der Politischen Schulung (monatlich 16 Stunden an zwei aufeinanderfolgenden Tagen) und der Gesellschaftswissenschaftlichen Weiterbildung (monatlich 10-12 Stunden), so hatten die Zivilbeschäftigten an den »Schulen der sozialistischen Arbeit« oder am Parteilehrjahr teilzunehmen. In den FDJ-Organisationen wurden »Zirkel junger Sozialisten« organisiert. Hinzu kamen für Soldaten und Unteroffiziere wöchentlich Aktuelle Gespräche und Politinformationen.

Der ideologischen Beeinflussung der Menschen wurde von der SED- und Armeeführung generell ein hoher Stellenwert zugemessen. Sie war das »Herzstück der Parteiarbeit«. Stimmungen und Meinungen, die der offiziellen politischen Linie nicht entsprachen, wurden zuerst Mängeln in der ideologischen Arbeit angelastet, weniger aber den realen gesellschaftlichen Verhältnissen in der DDR und den darauf basierenden Erfahrungen der Armeeangehörigen. Aus diesem wie auch aus subjektiven Gründen war dem System der ideologischen Beeinflussung im Sinne der SED-Politik der Drang nach Perfektionierung eigen. Die Folge waren sich ständig erweitern-

de Forderungen mit entsprechendem Druck auf die Kommandeure und Politorgane, die Einführung immer neuer Formen der politischen Propaganda und Agitation, verbunden mit der dafür obligatorisch zu planenden Zeit. Dadurch war der Tagesdienstablauf durch zusätzliche Maßnahmen wiederholt neu zu organisieren; Zeiten für Angelegenheiten des Innendienstes wurden eingeschränkt. Das blieb mitunter nicht ohne Folgen für die militärische Ausbildung.
Demgegenüber blieben anstehende grundlegende Veränderungen gesellschaftlicher Verhältnisse bis hin zu den Lebensbedingungen in den Kasernen zurück. Da wurde auch wenig mit einer Kampagne zur Verbesserung der Dienst-, Arbeits- und Lebensbedingungen geändert, die Mitte der achtziger Jahre stattfand. Bei den durchgeführten umfangreichen Untersuchungen, den Berichterstattungen und Konzeptionen hatte sich der Politapparat in der NVA sehr engagiert. Die daraufhin eingeleiteten Maßnahmen blieben aber an der Oberfläche bzw. wurden wenig wirksam, weil die Armeeführung bestehende Strukturen unangetastet ließ und eine längst fällige Befreiung des Armeedienstes von unnötigem, konservativem Ballast scheute. Daran konnten oder wollten auch die höheren Politorgane nichts ändern.

III
Die Grundorganisationen und Parteigruppen der SED waren in gewisser Hinsicht das letzte, wenn auch nicht unbedeutende Glied im Mechanismus der Führungsrolle der SED. Im Selbstverständnis der SED bildeten sie das Fundament der Partei.[14] Sie waren auch tatsächlich Zentren hohe politischer Aktivität im Sinne der Parteipolitik und der Sicherung des Einflusses der SED. Sie existierten in allen Strukturelementen, die den Bataillonen/Abteilungen sowie Stellvertreterbereichen in den Stäben entsprachen; Parteigruppen gab es in den Kompanien/Gleichgestellten. Ihre Aufgaben waren faktisch auf alle Bereiche des politischen und militärischen Lebens in den Kasernen gerichtet. Zu den acht im Statur der SED formulierten kamen fünfzehn weitere aus der Parteinstruktion hinzu. Das waren in erster Linie Aufgaben zur politisch-ideologischen Einflußnahme auf die Mitglieder, zur

Stärkung der Autorität der Kommandeure, zur Gewährleistung der Vorbildlichkeit der Mitglieder bei der Erfüllung der militärischen Aufgaben, zur Beurteilung der Kader bei bevorstehenden Beförderungen, Auszeichnungen oder Versetzungen, zur Gewährleistung der Parteiinformation, zur Hilfe und Anleitung gegenüber den FDJ- und Sportorganisationen in ihrem Bereich. Insgesamt war die Parteiarbeit streng organisiert, und man konnte sich ihr kaum entziehen.
Dokumentiert wurde alles im sogenannten Parteihaushalt, der die Protokolle der Leitungssitzungen und Versammlungen, die monatlichen Arbeitspläne, die erteilten Parteiaufträge, die eingebrachten Kritiken, Vorschläge und Hinweise, die ausgesprochenen Parteistrafen, die Mitgliederliste und den Nachweis der Finanzmittel enthielt. Dieses Material wurde natürlich regelmäßig von der Parteileitung sowie von übergeordneten Politorganen zur Analyse, Rechenschaftslegung und Kontrolle ausgewertet.
Die Rolle der Grundorganisationen im Mechanismus der Durchsetzung der führenden Rolle der SED ist sehr differenziert einzuschätzen. Die Parteileitungen besaßen in der Regel hohes Ansehen und große Autorität. In bezug auf Interessenvertretung konnten die für den jeweiligen Fall zuständigen Vorgesetzten kaum gegen die Meinung bzw. Intervention der Parteileitungen handeln. Das war nicht selten bei der Behandlung von Verstößen gegen die Vorschriften und beim Abbau unnötiger Härten im Dienst von Bedeutung. Gegen Erscheinungen des Machtmißbrauchs durch Vorgesetzte wurde stets energisch vorgegangen. Das betraf ebenfalls immer wieder auftretende Drangsalierungen der Neueingestellten durch die älteren Soldaten, soweit sie überhaupt bekannt wurden. Auch die Politabteilungen waren häufig Anlaufpunkt für Beschwerden, Kritiken und Hinweise der unterschiedlichsten Art. Insbesondere in den Perioden von Parteiwahlen wurden diesbezüglich regelrechte Kampagnen zu ihrer Bearbeitung durchgeführt. In diesem Zusammenhang ist zu sagen, daß sich Armeeangehörige mit ihren Sorgen, Problemen und Beschwerden sogar öfter an die Parteileitungen und Politorgane gewandt haben als an ihre militärischen Vorgesetzten. Das zeugt einmal von einem gewissen Vertrauensverhältnis, aber

vor allem davon, daß vom Einfluß der Partei am ehesten Abhilfe in der Beschwerdesache erwartet wurde. Dieser Sachverhalt wurde durch die Tätigkeit der Parteirevisionskommissionen unterstützt. Bei ihren Kontrollen nahm die Überprüfung der Bearbeitung von Eingaben, Kritiken und Beschwerden, die in eigens dafür bei den Kommandeuren und Politorganen ausliegenden Heften eingetragen wurden, einen großen Raum ein.

Die regelmäßig geforderte mündliche und schriftliche Parteiinformation der SED-Grundorganisationen an die übergeordneten Organe war ein wesentliches Bindeglied in der bestehenden Hierarchie. Hiervon war keine einzige Parteigliederung ausgenommen. Sie diente 2der Verwirklichung der führenden Rolle der SED in allen Bereichen des militärischen Lebens und beruht(e) auf dem Prinzip des demokratischen Zentralismus«.[15] Inn ihrem Inhalt war die Parteiinformation »von unten nach oben« ein Gemisch aus Wahrheit und Schönfärberei. Man mußte, was gewünscht wurde, und nicht selten verwandelte sich durch geschickte Formulierungen Negatives in Positives. Was ein schlechtes Licht auf die eigene Arbeit werfen konnte, wurde nicht selten verschwiegen. Damit ist nicht die an anderer Stelle getroffene Feststellung aufgehoben, daß der kritische Inhalt der Parteiinformation in dem Maße zunahm, wie die gesellschaftliche Krise in der DDR immer deutlicher wurde. Diese Krise wurde auch in diesen Berichten bis zu einem gewissen Grade widergespiegelt.

Im allgemeinen bestimmten demokratische Gepflogenheiten das Leben der Parteigruppen und Grundorganisationen der SED. Die Leitungen wurden aus den Mitgliedern des eigenen Bereichs nominiert und in geheimen Wahlen gewählt. In den Versammlungen wurden neben den »von oben« vorgegebenen Themen die Probleme der jeweiligen militärischen Einheit ausgiebig diskutiert und Beschlüsse gefaßt, die der Verbesserung der Arbeit dienten oder dienen sollten. Über ihre Erfüllung wurde Rechenschaft abgefordert. Kritische Auseinandersetzungen zu bestehenden Mängeln nahmen mitunter Schärfe an. Davon blieben selbst Vorgesetzte nicht verschont, wenn es konkrete Anlässe gab. Zu Einzelfragen wurden Kommissionen gebildet, die nähere Untersuchungen durchführten und Vorschläge für die weitere Arbeit unterbreiteten. Die Mitglieder konnten unmittelbar und jederzeit mit ihren Fragen und Problemen an die Parteigremien herantreten. Vielfach führten die Parteileitungen Beratungen durch, um sich für erforderliche Entscheidungen ein konkretes Bild zu machen. Dazu wurden auch Nichtmitglieder der SED einbezogen. Die Ambivalenz des innerparteilichen Lebens brachte es jedoch mit sich, daß die Grundorganisationen der SED andererseits auch Schauplatz der Disziplinierung der Parteimitglieder waren. Regelmäßige Aussprachen, Kritik und Selbstkritik, »parteierzieherische Maßnahmen« und Parteistrafen wurden angewandt, um die nach Statut und Beschlüssen der Parteiführung geforderte »monolithene Einheit der Partei« zu sichern.

Diese demokratischen Gepflogenheiten waren gegeben und wurden genutzt, wenn sie auch fast ausschließlich auf das politische und militärische Leben im Wirkungsbereich der SED-Grundorganisation begrenzt blieben. Im System der Führungsrolle der SED was dies durchaus gewünscht. Zum einen funktioniert Zentralismus am besten, wenn die Funktionäre an der Basis an demokratische Regeln und Kollektivität gebunden sind. Eventuell vorhandenen Absichten einer Profilierung und unerwünschten Karriereabsichten konnte damit am ehesten begegnet werden. Man kann auch sagen, die Basis hatte sich vor allem mit sich selbst zu beschäftigen, und individuelle Ambitionen selbständig denkender und kritischer Parteifunktionäre wurden so weitgehend auf den eigenen Wirkungskreis eingegrenzt. Zum anderen war daran die Illusion gebunden, in der SED insgesamt würden demokratische Prinzipien dominieren.

Bei aller Widersprüchlichkeit, die es im Wirken der Parteiorganisationen gab, war hier dennoch eine demokratische Basis gegeben, die für den unblutigen Verlauf der Wende 1989/90 nicht ohne Bedeutung war. Demokratische Gepflogenheiten waren dadurch den Offizieren der NVA nicht fremd. Das wirkte sich durchaus positiv auf den Beginn der Militärreform, auf die Beteiligung an den Runden Tischen oder bei Kontakten mit den Bürgerbewegungen aus. In dieser zugespitzten Situation haben sich die Grundorganisationen endlich ihrer bis dahin nur auf dem Papier des Statuts stehenden Rechte besonnen. Wohl erstmalig in der Geschichte der SED wurde eine Forderung an die Parteiführung gestellt und durchgesetzt: Die Einberufung eines Parteitags statt einer Parteikonferenz, denn nur dadurch war die Ablösung der alten und die Wahl einer neuen Parteiführung möglich. In einzelnen Fällen, wie z.B. an der Militärakademie »Friedrich Engels« wurde das durch das Mandat der Delegierten ergänzt, die Auflösung der Politorgane und der Parteiorganisationen der SED in der NVA zu fordern.

IV
Die Führungsrolle der SED in der Nationalen Volksarmee war nicht nur durch ihre Institutionalisierung gegeben und unausweichlich. Sie funktionierte auch durch den hohen Anteil an SED-Mitgliedern in den einzelnen Dienstgradgruppen: Offiziere über 99%, Unteroffiziere ca. 33%, Mannschaften ca. 10%. In einer Division der Landstreitkräfte gehörten etwa ein Viertel bis ein Drittel des Personalbestandes der SED an, in einer Division der Luftstreitkräfte/Luftverteidigung und einer Flottille der Volksmarine etwa die Hälfte.[16] Ständig wurde dafür gesorgt, daß diese Quoten erhalten bzw. erhöht wurden. Einen Schwerpunkt bildeten dabei die Berufsunteroffiziere, bei denen es zunehmend schwieriger wurde, neue Mitglieder zu gewinnen.
Die Werbung neuere SED-Mitglieder begann bereits an den Offiziershochschulen. Hier bildeten sich inoffiziell Normen heraus, wieviel Prozent der Offiziersschüler in den einzelnen Studienjahren in die SED aufgenommen sein mußten. Im letzten Studienjahr sollten alle Offiziersschüler in die SED eingetreten sein. Das führte nicht selten dazu, daß Offiziersschüler in die SED eintraten, nur weil sie den militärischen Beruf persönlich für erstrebenswert hielten.
Dem in der SED verhängten Aufnahmestopp für Angestellte wurde in der NVA dadurch ausgewichen, daß man die Offiziere, solange sie aktiv dienten, automatisch zur sozialen Gruppe der Arbeiter hinzurechnete. Unter diesem Gesichtspunkt ist auch das sogenannte »0. Studienjahr« für Abituri-

enten an der Offiziershochschule zu betrachten. Die in dieser Zeit erfolgte Berufsausbildung zum Facharbeiter bereicherte durchaus die sozialen Erfahrungen dieser jungen Männer, hatte aber eben zugleich eine Alibifunktion in bezug auf ihre soziale Einstufung. Diese Praxis der Mitgliedergewinnung war neben der tiefen Enttäuschung über den Machtmißbrauch der SED-Führung sicher eine der Ursachen des massenhaften Austritts aus der SED bzw. SED-PDS Ende 1989 und Anfang 1990.

In diesem Zusammenhang soll vermerkt werden, daß im Offiziersbestand die Zahl der Mitglieder der sogenannten Blockparteien Christlich-Demokratische Union (CDU), Liberaldemokratische Partei Deutschlands (LDPD), Nationaldemokratische Partei Deutschlands (NDPD) und Demokratische Bauernpartei Deutschlands (DBD) zunahm. Das ergab sich u.a. aus der Unterstützung der Militärpolitik der SED durch diese Parteien. Innerhalb der NVA waren für diese Parteien keine Strukturen zugelassen. Ihre Mitglieder konnten am Leben dieser Parteien in der Garnison oder an ihrem Wohnort teilnehmen. Die Politorgane waren angehalten, diese Offiziere in die politische Arbeit einzubeziehen. Eine bestimmende Rolle konnten sie hierbei jedoch nicht spielen, ganz zu schweigen von der Einnahme leitender Positionen.

Die SED-Mitglieder unterwarfen sich in der Regel freiwillig den Normen der Parteidisziplin. Die »Einheit, Reinheit und Geschlossenheit der Reihen der Partei« wurde als eine bedeutsame »Quelle ihrer Kraft und Stärke« gesehen und so von den Offizieren unter ihrem militärischen Blickwinkel verstanden. In diesem Rahmen gab es durchaus bis zu einem gewissen Grade Platz für die Äußerung von Unzufriedenheit und Kritik »nach oben«. Die steigende Zahl von Parteiverfahren und Ausschlüssen aus der Partei in den achtziger Jahren zeigte jedoch, daß, die gesetzten Grenzen immer häufiger überschritten wurden. Es kam sogar so weit, daß der Absicht des Austritts aus der Partei durch ein Ausschlußverfahren zuvorgekommen wurde, denn Austritte sollten nicht geduldet werden.

Wie Befragungen und Informationsberichte zeigten, kühlte sich das Verhältnis der SED-Mitglieder in der NVA zur Parteiführung merklich ab. »Politische Zweifel im Offizierskorps verstärkten sich, als immer deutlicher wurde, daß sich Partei- und Staatsführung als unfähig erwiesen, die in Politik und Wirtschaft anstehenden Probleme der DDR progressiv im Interesse des Volkes zu lösen. Hier liegt auch eine der Ursachen dafür, daß sich unter Berufssoldaten die Auffassung weiter verfestigte, daß ein Einsatz der NVA gegen das Volk zur Sicherung der gescheiterten Politik der SED nicht in Frage kommt.«[17] Innerhalb der SED hatten 1988 und 1989 zunehmend ganze Basisgruppen den Mut, offen an der Parteipolitik Kritik zu üben. Hauptsächlicher Gegenstand dieser Kritiken waren Versorgungsmängel, die schönfärbende und mit den Realitäten in Widerspruch stehende Informationspolitik der Zentrale, die Subventionspolitik, das Problem der zwei Währungen in der DDR, die Unbeweglichkeit der überalterten Parteiführung. Ende 1989 wurde das bis dahin noch vorhandene, wenn auch mehr und mehr beschädigte Vertrauen in die Partei- und Staatsführung vollständig aufgekündigt.

V

Bei der Verwirklichung der führenden Rolle der SED in der NVA spielte die wissenschaftlich-theoretische Arbeit in den Lehreinrichtungen, im Militärgeschichtlichen Institut und im Armeemuseum eine spezifische Rolle. Dazu sagte der langjährige Direktor des Militärgeschichtlichen Instituts, Generalmajor a. D. Prof. Dr. Reinhard Brühl: »Der von der SED erhobene gesamtgesellschaftliche Führungsanspruch galt auch für die Wissenschaft... Er stützte sich auf die Annahme, im Besitz einer wissenschaftliche Weltanschauung zu sein und dank dieser eine wissenschaftliche Politik zu betreiben. Die Partei erklärte die Gesellschaftswissenschaften zu ihrem Instrument und sah Wissenschaftlichkeit nur gegeben im Verbund mit Parteilichkeit.«[18]
Den verschiedenen Disziplinen der Gesellschaftswissenschaften kam im wesentlichen die Aufgabe zu, die Politik der SED aus der historischen Entwicklung und den aktuellen Erfordernissen theoretisch zu untermauern. Der Rahmen für die Forschungsarbeit war im wesentlichen durch die Dokumente und Beschlüsse der SED sowie durch Reden der Politbü-

romitglieder beschränkt. Selbstzensur, Autoritätsglauben und Furcht, ideologischer Abweichungen bezichtigt zu werden, sowie ein umfassendes Kontrollsystem der vorgesetzten Organe sorgten dafür, daß die gesetzten Grenzen nicht überschritten wurden. Es durfte praktisch nichts veröffentlicht werden, was sich gravierend von der offiziellen Politik unterschied oder was, wie immer wieder betont wurde, dem »Klassengegner« in irgendeiner Form »Munition« gegen die SED und die DDR liefern konnte. Damit waren die Gesellschaftswissenschaften zur Magd der Politik degradiert, Dogmatismus und Verkrustung des Geisteslebens vorprogrammiert.
Man muß dennoch feststellen, daß im Verlaufe der 34jährigen Geschichte der NVA nennenswerte wissenschaftliche Erkenntnisse auf dem Gebiet der Geisteswissenschaften gewonnen wurden, so z.B. philosophische Grundlagen der politischen, militärischen und geistigen Auseinandersetzung zwischen den in der Nachkriegsperiode entstandenen zwei Weltsystemen, zu politisch-philosophischen Fragen von Krieg und Frieden, auf dem Gebiet der Militärpsychologie und Militärpädagogik oder der Militärökonomie. In der Historiographie wurden viele bis dahin unbekannte Quellen erschlossen und für die der DDR-Armee eigene Traditionspflege ausgewertet. Viele dieser Erkenntnisse wurden unmittelbar in den Dienst einer effektiveren politischen Ausbildung und Erziehung im Sinne der Ideologie und der Politik der SED gestellt.
Allerdings zeigte sich im Laufe der Entwicklung, daß die z.T. grundlegenden Veränderungen in der Weltpolitik und im Militärwesen seit den 70eer Jahren dazu führten, die gesetzten Grenzen immer weiter hinauszuschieben. So wurden mit den Veränderungen in der Weltlage die bis dahin geltenden theoretischen Prämissen der Sicherheits- und Militärpolitik immer mehr in Frage gestellt – bis hin zum Nachweis der Nichtführbarkeit von Kriegen in unserer Zeit zur Lösung politischer Probleme. Zugleich wurde hier eine Sinnkrise des »Soldatseins im Sozialismus«[19] konstatiert. Es kam zu offenen Kontroversen zwischen traditionellem und neuem Denken in den Fragen Frieden – Krieg – Streitkräfte im nuklearen Zeitalter.[20] Diese Erkenntnisse wurden gegen den Widerstand einiger führender Leute in der Politischen Hauptverwaltung

weiterentwickelt und haben sich mehr und mehr durchgesetzt.

Insgesamt muß man feststellen, daß die Führungsrolle der SED in der NVA inhaltlich so gestaltet und organisatorisch so abgesichert war, daß die Nationale Volksarmee faktisch zum militärischen Instrument der SED – sprich: der SED-Führung – wurde. Die Bezeichnung als Parteiarmee ist also so abwegig nicht.

Die jahrzehntelang aufgenommene und ihn hohem Maße verinnerlichte These von der führenden Rolle der Partei führte bei den meisten Berufssoldaten dazu, die wirklichen Ursachen für den Niedergang der DDR nicht oder nur sehr zögernd zu erkennen. Erst in der zugespitzten Krisensituation ab Mitte 1989 führte die durch Starrsinn und Sprachlosigkeit gekennzeichnete Handlungsunfähigkeit der SED-Führung zur Erschütterung des Glaubens an die von ihr beanspruchte Führungsposition. Aus dem Erleben der sich durch eine Volksbewegung im Herbst 1989 vollziehenden gesellschaftlichen Veränderungen in der DDR sowie aus der persönlich empfundenen Verantwortung für das eigene Volk wuchsen in der NVA und den Grenztruppen der DDR der Wille und die Bereitschaft zu entscheidenden Reformen. Als eine weitreichende Konsequenz gehörte dazu die Forderung, die Vorherrschaft einer Partei in den DDR-Streitkräften zu beseitigen. Ende 1989 wurden die Parteiorganisationen innerhalb der Streitkräfte der DDR aufgelöst und die Tätigkeit der Politorgane bis zum 15.02.1990 beendet.

Es lag im Selbstverständnis der SED, daß ihre Führungsrolle ohne Volksverbundenheit der Streitkräfte nicht plausibel gewesen wäre. Sie wurde durch vielgestaltige Aktivitäten und Maßnahmen gepflegt, ausgeprägt und praktisch wirksam. Dazu gehörten Tage der offenen Kasernentore, öffentliche Vereidigungen mit Betreuung der anwesenden Angehörigen, Verabschiedung der Wehrpflichtigen aus dem aktiven Dienst mit ihren Angehörigen, Tätigkeit von Abgeordneten im Unteroffiziers- und Offiziersrang, Manöverbälle, Patenschaften der verschiedensten Art, Ernteeinsätze, Einsätze bei Katastrophen, und selbst die sehr umstrittenen Produktionseinsätze wären hier dazuzuzählen. Diese allgemein geförderte und von allen Armeeangehörigen getragene bzw. verinnerlichte Volksverbundenheit hat sich in den Tagen und Wochen der Wende 1989/90 und bis zum geordneten Übergang in den einheitlichen deutschen Staat letzten Endes als das Bestimmende erwiesen.

1. NVA – Anspruch und Wirklichkeit, hrsg. von Klaus Naumann Berlin/Bonn/Herford 1993, S. 8.
2. Kurt Held/Heinz Friedrich/Dagmar Pietsch: Politische Bildung und Erziehung in der NVA. In: NVA – Ein Rückblick für die Zukunft, hrsg. von Manfred Backerra, Köln 1992, S. 205 ff.; Reinhard Brühl: Klio und die Nationale Volksarmee. In: Ebd., S. 233 ff.; Ders., Zur Militärpolitik der SED. In: Die Nationale Volksarmee, hrsg. von Detlef Bald, Baden-Baden, S. 312 ff. Wolfgang Markus: Das Offizierskorps der NVA – Ein soziales Porträt. In: Ebd., S. 51 ff.; Kurt Held, Über das politische Selbstverständnis des Soldaten der Nationalen Volksarmee. In: Ebd., S. 65 ff.
3. Nach der Instruktion für die leitenden Parteiorgane (Politorgane) und für die Parteiorganisationen der SED in der Nationalen Volksarmee und in den Grenztruppen der DDR – Parteiinstruktion, Berlin 1976, Ziffer 1, beruhte die Ausprägung der Führungsrolle der SED auf
   - der konsequenten Verwirklichung der Beschlüsse der Parteitage und des Zentralkomitees,- der Realisierung der Militärpolitik als Bestandteil der Gesamtpolitik der SED,
   - der kommunistischen Erziehung der Armeeangehörigen und Zivilbeschäftigten
   - der konsequenten Verwirklichung der Einzelleitung,- dem Wirken der Politorgane als leitende Parteiorgane,
   - der sich ständig entwickelnden Kampfkraft der Grundorganisationen der SED,
   - dem Einsatz der Kader und ihrer qualifizierten Führungstätigkeit.
4. Ratgeber für Parteifunktionäre der Grundorganisationen der SED in der Nationalen Volksarmee und den Grenztruppen der DDR, hrsg. von der Politischen Hauptverwaltung der NVA, Berlin 1987, S. 10.
5. Wolfgang Markus, wie Anm. 2, S. 55.
6. Parteiinstruktion, wie Anm. 3, Ziffer 29 j.
7. Politorgane existierten:
   in Truppenteilen, außer Panzer- und Mot.-Schützenregimentern. Sie hatten nicht die Rechte einer Kreisleitung der SED. In den Panzer- und Mot.-Schützenregimentern existierten gewählte Zentrale Parteileitungen mit einem hauptamtlichen Parteisekretär;
   in Divisionen/Flottillen als Politabteilung mit den Rechten einer

Kreisleitung der SED. Ab hier gab es auf jeder Stufe eingesetzte Parteikontrollkommissionen und gewählte Revisionskommissionen; in den Militärbezirken und Teilstreitkräften als Politische Verwaltungen. Sie hatten die Rechte einer Kreisleitung der SED nur gegenüber den direkt unterstellten Truppenteilen und Einheiten; für die NVA und die Grenztruppen der DDR als oberstes Politorgan die Politische Hauptverwaltung mit den Rechten einer Bezirksleitung der SED.

8. Parteiinstruktion, wie Anm. 3, Ziffer 5 und 6a.
9. Ebd., Ziffer 14, 19, 23, 25.
10. Ebd., Ziffer 5.
11. Bericht des Zentralkomitees der SED an den XI. Parteitag der SED, Berlin 1986, S. 85.
12. Als sozialistische Grundüberzeugungen wurden bezeichnet:
»Die Überzeugung
von der Gesetzmäßigkeit des Sieges des Sozialismus;
von der wachsenden Rolle der Arbeiterklasse und ihrer marxistisch-leninistischen Partei
vom Sinn des Soldatseins im Sozialismus und vom friedenserhaltenden humanistischen Klassenauftrag;
von der ständigen Vertiefung des Bruderbundes mit den Sowjetunion und den anderen sozialistischen Staaten;
von der dem Imperialismus wesenseigenen Aggressivität, seiner Gefährlichkeit und Perspektivlosigkeit.«
13. Als Ziel der politischen Arbeit wurde bezeichnet:
»Die Politik der SED überzeugend zu erläutern und uneingeschränktes Vertrauen in die Richtigkeit und Sieghaftigkeit dieser Politik auszuprägen.
Die Armeeangehörigen im Geist des Marxismus-Leninismus, des sozialistischen Patriotismus und proletarischen Internationalismus kommunistisch zu erziehen.
Den Sinn des Soldatseins zur Leitlinie des Denkens und Handelns zu machen.
Eine hohe Kampfkraft und Gefechtsbereitschaft zu erreichen.«
Zitiert nach Handbuch für politische Arbeit in den Truppenteilen und Einheiten, Berlin, 1988, S. 31 f.
14. Statut der SED, Berlin 1976, Ziffer 56
15. Handbuch für politische Arbeit, wie Anm. 13, S. 171
16. Kurt Held/Heinz Friedrich/Dagmar Pietsch, wie Anm. 2, S. 215; siehe auch: Autorenkollektiv: Armee für Frieden und Sozialismus. Geschichte der Nationalen Volksarmee, Berlin 1987, S. 99
17. Wolfgang Markus, wie Anm. 2, S. 56
18. Reinhard Brühl, Klio, wie Anm. 2, S. 239/240
19. »Die Bestimmung des Sinns des Soldatseins im Sozialismus... enthält folgende Faktoren:
– Ziel und wesentliches Anliegen bestehen darin, den Frieden zu

erhalten und zu verhindern, daß die Waffen sprechen.
– Entscheidendes Mittel und Garantie für die Erfüllung des Ziels sind solche Kampfkraft und Gefechtsbereitschaft der Armeen der sozialistischen Gemeinschaft, die militärische Überlegenheit des Imperialismus nicht zulassen und eine Aggression zum tödlichen Risiko für ihre Urheber machen würde.
- Der Wehrdienst im Sozialismus dient der wichtigsten revolutionären Aufgabe unserer Zeit der Sicherung des Friedens.
– Eingeordnet in die Verwirklichung der Gesamtpolitik der SED sind die Waffenträger der DDR Mitgestalter dieser auf Frieden und das Wohl des Volkes gerichteten Politik.«
Zitiert nach: Handbuch für die politische Arbeit, wie Anm. 13, S. 53
20. Von der marxistisch-leninistischen Lehre von den Streitkräften zum neuen Denken über Frieden, Krieg und Streitkräfte, Dresden 1996

Dr. sc. Dagmar Pietsch

Zur Soldatenfamilie

(November 2000)

Die Familie des Berufssoldaten der NVA teilte das Schicksal der Soldatenfamilien in vielen Ländern in Ost und West. Sie war vorhanden, sie hatte unauffällig zu funktionieren. Hin und wieder war sie Gegenstand von Reden und lobenden Worten bei Zusammenkünften auf unterschiedlichen militärischen Ebenen, an denen die Ehepartner teilnahmen. Manchmal wurde auch Kritik geübt, wenn sie eben mal nicht funktionierte.

In einigen staatlichen Festlegungen fanden sich für Probleme bestimmte und gewiß auch brauchbare Lösungsansätze. Gegenstand von Analysen unter dem Aspekt, wie sich militärischer Dienst auf das Familienleben, auf die Entwicklungschancen einzelner Familienmitglieder, insbesondere der Kinder, auswirkt und welche notwendige Folgerungen sich daraus ergeben, war sie jedoch höchst selten. Während der rund zwei Jahrzehnte militärsoziologischer Arbeit im Ministerium für Nationale Verteidigung war die Familie von Berufssoldaten zweimal in Untersuchungen direkt einbezogen. In den siebziger Jahren, als es um Fragen der Kampfkraft und Gefechtsbereitschaft der Berufssoldaten ging und ein zweites Mal kurz vor dem Ende der DDR, als Folgen der Konversion für den Personalbestand der NVA untersucht wurden. Ansonsten wurden die Sichten der Berufssoldaten auf ihre Familien und deren Lebensumstände in sozialwissenschaftlichen Untersuchungen, bei Kontrollen u.ä. sporadisch mit erfaßt. Dabei war jedoch hauptsächlich auf eventuelle Wirkungen gezielt, die vom Klima in der Familie auf Engagement und Moral der Berufssoldaten ausgingen, weniger auf die umgekehrte Wirkung, nämlich der aus dem Militärberuf auf die Familie. So ist es auch kein Wunder, wenn selbst diese nicht selten drastischen Resultate kaum zu Veränderungen führten, die die Belastungen für die Familienangehöri-

gen etwas gemindert hätten. Ansätze dafür fanden sich in der Direktive des Ministers für Nationale Verteidigung zur Verbesserung der Dienst-, Arbeits- und Lebensbedingungen vom März 1988. Zu meßbaren Resultaten ihrer Umsetzung für die Soldatenfamilien kam es jedoch nicht mehr.
So ist es mehr als verständlich, wenn sich in der Zeit des Umbruchs auch Frauen von Berufssoldaten mit ihren Gedanken und Vorstellungen an das Konsultationszentrum »Militärreform« wandten. Stellvertretend für viele sei die Meinung von Frau Adelheid Jentsch zitiert: »Als wir 1971 heirateten, verfügten wir über ein Anfangskapital von 500 Mark, denn wir waren beide vorher Studenten, und unsere Elternhäuser waren eher arm als reich. Nach 18jähriger Ehe haben wir heute weder eine Datsche noch einen Garten (auch aus Mangel an Zeit) und fahren einen Trabant, auf den wir 12 Jahre warten mußten.
... Uns befällt täglich mehr die Zukunftsangst, zumal ich als Mitarbeiter des Amtes für Arbeit schon in der Vergangenheit nie begriffen habe, wieso alle anderen sich in ihrem Beruf entfalten konnten und ihre Erfahrungen und Kenntnisse bis zum Rentenalter weitergeben konnten, während unsere Männer nach 25 Jahren bzw. 30 Jahren Dienstzeit in die Volkswirtschaft »wiedereingegliedert« wurden. Dort füllten sie größtenteils Stellen aus, die andere nicht machen wollten. Kein Arbeiter oder Dipl.-Ingenieur muß nach 25 Jahren bei Null anfangen. Unsere Männer müssen das.
Wir haben zwei Kinder, die ich die meiste Zeit allein großgezogen habe. Unsere Kinder sind fleißig und ehrlich und haben in der Schule gute Leistungen. Wir haben nicht, wie andere Funktionäre, denen man jetzt auf die Schliche gekommen ist, mit zweierlei Zungen geredet. Wir haben weder Westfernsehen geguckt, noch konnten wir Westartikel kaufen, noch haben wir Kontakte gehabt. Diese Festlegungen galten nur für das Volk, die ehemaligen »Regierenden« bereicherten sich und hielten sich an solche Festlegungen nicht im Traum. Wir glaubten, daß es so, wie es war, richtig sei und im Sinne des Volkes.
... Ich halte es deshalb für wichtig, daß für alle, auch für die Angehörigen der bewaffneten Organe, eine gesetzliche Rege-

lung für eine soziale Sicherheit geschaffen wird und sie innerhalb der Armeezeit so weit befähigt werden, daß sie nach Verlassen der Armee berufs- und qualifikationsgerecht eingesetzt werden können und dieses Recht ihnen auch garantiert wird.«[1]
Wie in einem Prisma bündeln sich in diesen Zeilen Gedanken, Sorgen und aufgestaute Probleme, mit denen sich viele Frauen und Familien von Berufssoldaten herumschlugen und die bereits zu DDR-Zeiten einer Lösung bedurft hätten. Sie fanden sie nicht, auch nicht in der kurzen Phase des Umbruchs.

Zur Familiensituation
Ehe, Familie, Partnerschaft zählten für die Bürger der ehemaligen DDR zu den bedeutendsten Lebenswerten, unabhängig von Generation, Geschlecht und sozialem Status. Gepaart mit der Orientierung auf eine sinnerfüllte, nützliche und anerkannte Arbeit, aufbauend auf solche »Grundbedingungen der Existenz wie Frieden, Sicherheit und Umwelt«[2] erfuhren sie eine hohe Anerkennung durch den Einzelnen, die Arbeitskollektive und die Gesellschaft.[3] Das spiegelt sich nicht zuletzt in den gesetzlichen Regelungen für Ehe und Familie wider. Verfassung der DDR und Familiengesetzbuch stellten die Familie als kleinste Zelle der Gesellschaft, die sich aus »besonders engen Bindungen, die sich aus den Gefühlsbeziehungen zwischen Mann und Frau und den Beziehungen gegenseitiger Liebe, Achtung und gegenseitigen Vertrauens zwischen den Familienmitgliedern«[4] ergeben, unter besonderen Schutz.
Gleichzeitig war nicht zu übersehen, daß sich in den achtziger Jahren vermehrt veränderte Formen des Zusammenlebens in der DDR durchsetzten, die selbstverständlich auch um Partnerschaften, die NVA-Angehörige eingingen, keinen Bogen machten. So ließen sich folgende Tendenzen feststellen:
- Ebenso wie in vielen anderen mitteleuropäischen Ländern vollzog sich auch in der DDR die Reduzierung auf die Kernfamilie, in der Eltern und ökonomisch noch nicht selbständige Kinder, also zwei Generationen, zusammenleben. Zu anderen Verwandten, insbesondere zur Großelterngeneration, wurde »Nähe auf Distanz«

gesucht, um auf diese Weise Selbständigkeit beim Wohnen und in der Haushaltsführung mit der Möglichkeit gegenseitiger Fürsorge und sozialer Kontakte sinnvoll zu kombinieren. Dieser Trend machte die Drei- und Mehrgenerationenfamilie zur Ausnahme. Für die Berufssoldatenfamilie ist allerdings zu vermerken, daß sich das Streben nach »Nähe« oft nicht realisieren ließ. Aufgrund der Dislozierung der Streitkräfte war die räumliche Trennung von der Elterngeneration geradezu programmiert.

- Das durchschnittliche Heiratsalter stieg sowohl bei Frauen als auch bei Männern um zwei bis drei Jahre an.
- Vor der Eheschließung existierten häufig bereits feste Partnerbeziehungen. In der Lebensgemeinschaft »probierten« sich die Partner im Zusammenleben und Verstehen aus. Das betraf sowohl relativ junge Paare als auch ältere, die nicht selten nach einer Scheidung das Eingehen einer neuerlichen festen Bindung scheuten. Lebensgemeinschaften jüngerer Paare führten häufig zur Ehe.
- Die Scheidungsquote war relativ hoch. So lag das Verhältnis zwischen geschlossenen und geschiedenen Ehen über längere Zeit bei circa 3:1. Dabei blieb die Auflösung von Lebensgemeinschaften unberücksichtigt. Bei den Ehescheidungen waren in zwei Drittel der Fälle ein bis zwei ökonomisch noch nicht selbständige Kinder betroffen. Außerdem war eine steigende Zahl von Scheidungen nach 20- und noch mehrjähriger Ehe zu verzeichnen, also zu einem Zeitpunkt, an dem die Kinder weitgehend Selbständigkeit erreicht hatten. Nach der Trennung blieben die über 40jährigen Frauen meist allein, die Männer suchten oft die Partnerschaft mit jüngeren Frauen.
- Eine wachsende Zahl junger Männer unter 30 war und blieb unverheiratet.

Gewachsenes Selbstbewußtsein und ökonomische Unabhängigkeit der Partner waren für diese Tendenzen sicher ebenso bedeutsam wie Veränderungen im allgemeinen Moralkodex und größere Toleranz in den zwischenmenschlichen Beziehungen sowie Individualisierungsprozesse, wie sie sich vor allem in westeuropäischen Ländern und den USA abzeichneten.

Es zeigte sich, daß neben Ehe und vollständiger Familie Lebensgemeinschaft, unvollständige Familie und eine verhältnismäßig große Zahl Alleinerziehender den Problemkreis um Partnerschaft und Familie charakterisieren. Das heißt jedoch nicht, daß Ehe und Familie als überlebt angesehen wurden. Immerhin betrachteten etwa drei Viertel der Jugendlichen der DDR diese Formen des Zusammenlebens als erstrebenswert aus Liebe, Tradition und dem Wunsch nach einem eigenen Heim.
Ehe und Familie ließen sich mit Arbeit und sinnerfülltem Handeln verbinden und waren nicht an Status oder Besitz geknüpft. So ist es auch nicht verwunderlich, daß ein bedeutender Teil junger Offiziere und Fähnriche bereits während der Ausbildung feste Bindungen einging. Eine Tatsache, die bei ihrer Versetzung in die Truppenteile und Einheiten den Kommandeuren häufig nicht geringe Probleme bereitete. Der Kommandeur war nicht nur für die militärische Seite in seiner Einheit verantwortlich. Er trug – mit entsprechenden Mitarbeitern in seinem Bereich – auch die Verantwortung für Wohnraumversorgung, für Versorgung mit notwendigen Konsumgütern, für Kindergarten- und Krippenplätze, für Kultur und Freizeit an solchen Standorten, die von der Armee dominiert waren. So sah er sich bei der Zuversetzung der Absolventen der Offiziershochschulen nicht nur mit deren militärischer Eingliederung sondern zugleich mit den Familienproblemen konfrontiert.
Berufsoffiziere und Fähnriche waren – von Ausnahmen abgesehen – verheiratet oder lebten in Lebensgemeinschaft. Nach eigenen Angaben traf das für 95 bis 98 Prozent dieser Berufssoldaten zu. In circa 90 Prozent der Familien lebten ein bis zwei Kinder. Drei oder mehr Kinder waren die Ausnahme.[5]
Die Ehen wurden in aller Regel frei von ökonomischen Interessen und »Standesdünkel« geschlossen. Eher spielten angenäherter Bildungsstand, gleiche Interessen sowie übereinstimmende politisch-weltanschauliche Ansichten eine Rolle. Zuneigung und Liebe, gegenseitige Achtung und Vertrauen, der Wunsch, Kinder großzuziehen und eine gemeinsame Zukunft zu gestalten, das waren die Hauptgründe von Berufssoldaten und ihren Partnerinnen für eine feste Partnerschaft,

ganz gleich ob Ehe oder Lebensgemeinschaft.[6] Damit unterschieden sie sich nicht von anderen jungen Leuten, die auf gleicher Grundlage ihr gemeinsames Leben gründen.[7] Natürlich ist auch nicht zu übersehen, daß neben diesen ganz persönlichen Empfindungen und Überlegungen für Soldaten bestimmter Verwendungen auch politische Zwänge eine Rolle spielten. Waren beispielsweise Eltern, Großeltern oder Geschwister der Freundin von angehenden Piloten in der anderen Hälfte Deutschlands zuhause, war dieser junge Mann gezwungen, sich zwischen Beruf und Freundin zu entscheiden. Eine Tragik des Kalten Krieges, die eben bis in die ganz persönliche Sphäre reichte. Solche persönlichen Konflikte hat es gegeben, aber sie waren die Ausnahme.

Mit der Notwendigkeit des bewaffneten Schutzes der DDR waren auch Einschränkungen begründet, die vor allem den Partner, der nicht in den Streitkräften diente, betrafen. Mit Abstand betrachtet gab es dabei jedoch nicht selten Subjektivismus und schwer nachvollziehbare Entscheidungen, die vor allem die Frauen betrafen und sie nicht selten benachteiligten. Darauf wird noch zurückzukommen sein.

Es ist aber auch Fakt, daß die meisten Partnerinnen auf die besonderen Belastungen, die aus dem Soldatenalltag auf das Familienleben übergriffen, eingestellt waren bzw. sich im Laufe der Zeit damit abgefunden hatten. So daß – obgleich keine ausdrücklichen Untersuchungen dazu durchgeführt wurden – die Scheidungsquote von Soldatenehen nicht höher als der Durchschnitt des Landes lag. Der Anteil Geschiedener in den unterschiedlichen Befragungspopulationen läßt diesen Schluß zu.

Einen Heiratskonsens bzw. eine Heiratsordnung[8] wie sie in Anlehnung an Reichswehr und Wehrmacht bis 1974 in der Bundeswehr noch Gültigkeit besaßen, gab es weder für Angehörige der NVA noch für die Angehörigen der Vorläufer der bewaffneten Kräfte der DDR. In einem entsprechenden Erlaß des Bundesministers der Verteidigung hieß es: Der Soldat hat darauf zu achten, daß seine Braut einen unangefochtenen Ruf genießt, aus einer ehrbaren Familie stammt und keine Beziehungen zu staatsfeindlichen Kreisen hat. Würde sich ein Soldat mit einer übel beleumdeten Frau verbinden, die einen anstößigen Lebenswandel führt oder sich staatsfeindlich betätigt, so können hieraus dienstliche Folgerungen gezogen werden. Seine dienstliche Eignung – insgesamt oder hinsichtlich bestimmter Verwendungen – würde dadurch in Frage gestellt werden. Insbesondere wird seine Eignung als Vorgesetzter, zumindest als Disziplinarvorgesetzter, mit davon bestimmt, wie er seine häuslichen Verhältnisse geordnet hat, welchen Ruf seine Ehefrau genießt und welchen Lebenswandel sie führt.⁹

Gleichberechtigung, wie es die Verfassung versprach?
Nach 1945 entwickelten im Osten Deutschlands viele Frauen ein neues Selbstbewußtsein. Einerseits der Not gehorchend traten sie in das Berufsleben und wurden häufig für längere Zeit oder für immer zum alleinigen Ernährer der Familie, je nach dem, ob der Mann im Krieg geblieben war oder erst nach längerer Zeit aus der Kriegsgefangenschaft heimkehrte. Viele hatten auf der Flucht ihre Kinder mühsam durchgebracht und richteten mit geringer Habe ein neues Zuhause ein. Sie räumten die Trümmer weg, setzten Maschinen in Gang, lernten dazu, wurden Angelernte und, nachdem sie die Schulbank gedrückt hatten, Facharbeiterinnen, wurden Neulehrerinnen, setzten sich im Gesundheitswesen, in staatlichen Verwaltungen und an vielen anderen Stellen ein und hielten »ganz nebenbei« die Familie zusammen, erzogen ihre Kinder oft über Jahre ohne den Rat der Väter. Das hierbei – in der Arbeit und im täglichen Leben -gewonnene Selbstwertgefühl führte dazu, daß Gleichberechtigung nicht nur als alte Forderung progressiver Frauenorganisationen und anderer fortschrittlicher Kräfte erkannt und anerkannt wurde, sondern sich zumindest auf unterer Ebene ganz real durchsetzte. Demzufolge stellte sie auch für die Mehrheit der Frauen kein »Verfassungsgeschenk« dar, sondern ein Stück verfassungsrechtlich festgeschriebener Realität. Die Töchtergeneration, die bereits die Möglichkeit zur zielgerichteten Facharbeiterausbildung bzw. zum Studium hatte, mußte dieses gleichberechtigte Neben- und Miteinander von Mann und Frau im beruflichen Leben zwar immer wieder neu bestätigen und manchmal auch gegen den »alten Adam« erstreiten, aber die Karten dafür waren mehr oder weniger gut. Das ist Fakt, un-

abhängig davon, daß auch in der DDR bestimmte Berufe, die aufgrund technischer Ausstattung o.ä. finanziell lukrativ wurden, von der Frauen- zur Männerdomäne avancierten (z.B. Gebäudereinigung).
Andererseits hatten Frauen im Bildungs- und Gesundheitswesen sowie in bestimmten Verwaltungsbereichen teilweise die Übermacht. 1987 wurden in der Volksbildung und im Gesundheitswesen schon »fast 60 Prozent, im Handel 60,3 Prozent aller Leitungsfunktionen von Frauen ausgeübt; in der dienstleistenden Wirtschaft 46,2 Prozent, im Post- und Fernmeldewesen 56,4 Prozent. Darüber hinaus sind 30,2 Prozent der Bürgermeister sowie jeder 2. Richter und Schöffe Frauen.« In Industrie und Landwirtschaft betrug der Anteil der Frauen in Leitungsfunktionen allerdings durchschnittlich nur 21,5 Prozent. Von hauptamtlichen Ratsfunktionen in den Kreisen hatten Frauen 17,9 Prozent, in den Bezirken 12,3 Prozent inne.[10] Die höheren Etagen waren fast ausschließlich Männern vorbehalten.
Dennoch hatte die Aus- und Weiterbildung der Frauen eine enorme Entwicklung genommen. Das traf selbstverständlich auch für die Ehepartner der Berufssoldaten zu. Einige statistische Angaben zum Qualifikationsstand der DDR-Bevölkerung seien zur Illustration noch angefügt. »Allein seit 1981 wuchs die Anzahl der Beschäftigten mit Facharbeiterausbildung, Meisterausbildung, Hoch- oder Fachschulabschluß um rd. 541300, davon sind 57 Prozent Frauen. Im Ergebnis dessen erhöhte sich der Anteil der Männer, die über eine abgeschlossene Berufsausbildung ab Facharbeiter verfügen auf 88,9 Prozent und der Frauen auf 82,4 Prozent.« Damit sind »38,5 Prozent aller Hochschulkader und 62,4 Prozent aller Fachschulkader sowie die Hälfte aller Facharbeiter und 12,8 Prozent der Meister Frauen«.[11]
Für Frauen, die eine feste Bindung mit einem Berufssoldaten eingegangen waren, wurden diese gleichberechtigten Entwicklungschancen immer durch den Beruf des Mannes dominiert. Sie hatten ihre Karriere der des Soldaten unterzuordnen. Brüche, nicht realisierte Hoffnungen und Strebungen waren programmiert und mußten in den Familien verkraftet und verarbeitet werden. Das war besonders schwer, wenn die

sogenannten militärischen Notwendigkeiten nicht schlüssig begründet waren oder Hals über Kopf verkündet wurden. Eine junge Ärztin meldete sich beispielsweise bei einer Aussprache, die Mitte der 70er Jahre in einem Geschwader der LSK/LV mit Ehefrauen von Piloten stattfand, zu Wort und drückte ihr Unverständnis für solche Hau-Ruck-Aktionen aus. Sie stand nach vorheriger Absprache mit den Vorgesetzten ihres Mannes in der Facharztausbildung. Dabei wurde ihr beschieden, daß ihr Mann eine langfristige Perspektive am Standort und im Geschwader habe. Plötzlich bekam ihr Mann den Marschbefehl in die Sowjetunion. Für sie stand nun die Frage: Eigene Qualifikation und damit langfristige berufliche Entwicklungschancen aufgeben oder Trennung der Familie auf mehrere Jahre. Ihren Mann erst zu einem späteren Zeitpunkt zu der Weiterbildung in die SU zu delegieren, stand außerhalb jeder Diskussion. Es gab nach Meinung der Chefs keinen Ersatzmann, der Pilot mußte seinen Koffer packen.

Auch die junge Krankenschwester oder Kindergärtnerin, die mit einem Offizier der Volksmarine verheiratet war, der nach Dranske versetzt wurde, war nicht unbedingt glücklich. Zwar bekam ihre Familie, da dort am nördlichen Zipfel der Insel Rügen relativ viel für die Armee gebaut wurde, schnell Wohnung und Kindergartenplatz, aber sie keine Arbeit. Eine Blusennäherei wurde auf Betreiben der Flottille angesiedelt. Dort konnte man zwar Geld verdienen und hatte auch die Gemeinschaft eines Arbeitskollektivs – eine Größe, die für DDR-Bürger nicht nur Streß bedeutete, sondern häufig auch freundschaftliche Zusammenarbeit und Geselligkeit nach Feierabend einschloß – aber Befriedigung wie im erlernten Beruf war kaum zu erwarten. So wie in diesem Falle versuchte die NVA auch in anderen entlegenen Standorten Beschäftigungsmöglichkeiten für Frauen zu »organisieren« und das nicht nur, um das »Arbeitskräftepotential« auszuschöpfen. Frauen, auch wenn sie durch den Beruf ihres Mannes finanziell verhältnismäßig gut abgesichert waren, wollten nicht nur für Kinder und Küche leben. Es gehörte zu ihrem Selbstverständnis, Familie und berufliche Tätigkeit zu vereinbaren. Keins von beiden wollten sie missen, wenn sicher manch eine

der berufstätigen Frauen eine verkürzte Arbeitszeit begrüßt hätte.
Bei einer Befragung, in der rückschauend Berufssoldaten Auskunft über den Soldatenalltag in der NVA gaben, erklärten 59 Prozent der Berufssoldaten, ihre Ehefrau habe wegen Versetzung den Arbeitsplatz wechseln müssen, 21 Prozent davon waren sogar viermal und öfter dazu gezwungen. Nur 42 Prozent hatten die Möglichkeit, auch nach einem Wechsel in ihrem erlernten Beruf tätig zu sein. Jede Dritte fand jedoch nur einen Arbeitsplatz unterhalb ihrer erworbenen Qualifikation und mußte damit Einbußen hinnehmen.[12]
Für die Verantwortung, die der Staat für die Ehepartner von Berufssoldaten übernahm, spricht jedoch eine Festlegung des Ministerrates der DDR aus dem Jahre 1980. Dort heißt es im Abschnitt II (Ziff. 3 Buchst. b), daß dem »Ehepartner bei Aufnahme eines neuen Arbeitsrechtsverhältnisses infolge der Versetzung der militärischen Berufskader die Zeit des vorangegangenen Arbeitsrechtsverhältnisses hinsichtlich der Gewährung von Leistungen, die in Abhängigkeit von der Dauer der Betriebszugehörigkeit oder Zugehörigkeit zum Bereich erfolgen, mit anzurechnen (ist).«[13]
Weiter heißt es dort: Ziel dieser Festlegungen ist, daß erworbene Ansprüche auf Leistungen weitestgehend erhalten bleiben und für den Ehepartner eines militärischen Berufskaders keine ungerechtfertigten Nachteile durch einen dienstlich bedingten Arbeitplatzwechsel entstehen.
Im Interesse der einheitlichen Auslegung und Anwendung wurde festgelegt, daß die Anrechnung erfolgt, wenn im vorangegangenen und im neuen Arbeitsrechtsverhältnis Leistungen gleicher Art gewährt wurden bzw. werden.[14]
Diese Festlegungen stellten für Frauen von Berufssoldaten, denen bei Versetzung des Partners der Wechsel der eigenen Tätigkeit, des Arbeitskollektivs, damit verbunden auch häufig des Bekanntenkreises ohnehin oft sehr schwer wurde, ein kleines Stück sozialer Gerechtigkeit dar. Das heißt jedoch nicht, daß viele Frauen sich nicht insgesamt benachteiligt fühlten. Zumal mit jedem neuen Arbeitsplatz auch für die gut ausgebildete und engagierte Frau immer wieder eine neue Bewährungssituation in einer veränderten Arbeitsumwelt, in

der Sympathien, Hierarchien und Beziehungen bereits verteilt waren, entstand. Kam der Militär in der Regel in ein militärisches Kollektiv, in dem er aus der Erfüllung gemeinsamer Aufgaben, aus Übungen und Manövern bereits nicht wenige kannte, in dem er aufgrund seiner bisherigen Funktion einen Namen hatte, stand die Partnerin am Anfang einer neuen Tätigkeit, hatte sich ihren Platz erst von grundauf neu zu »(v)erdienen«.

In den seltenen Fällen, in denen beide Ehepartner Armeeangehörige waren, wurde bei Versetzungen in der Regel Konsens gefunden, der sich nach dem höheren Dienstgrad, Ausbildungsstand und vor allem nach benötigter und vorgesehener Verwendung richtete.

1988 erhielt diese Situation allerdings eine völlig neue Dimension. Die ersten 110 weiblichen Offiziere, die mit einem ordentlichen Diplom die Offiziershochschulen der DDR absolviert hatten, kamen in die Truppe. Sie hatten einen militärischen Beruf ergriffen, weil sie von der Notwendigkeit und Legitimität des bewaffneten Schutzes ihrer Heimat überzeugt waren. Sie waren gut ausgebildet, hervorragend motiviert, denn sie hatten sich bei ihrer Bewerbung vorgenommen, in einer Männerdomäne keinesfalls schlechter auszusehen als ihre männlichen Kommilitonen, sie waren klug und selbstbewußt, aber sie waren eben in der Mehrheit auch verheiratet, meist mit einem Offizier, und nicht wenige von ihnen erwarteten am Ende des Studiums ihr erstes Kind. Obgleich die militärische Führung genügend Zeit hatte, sich auf den sinnvollen Einsatz dieser Frauen einzustellen und vorzubereiten, traf man typisch männliche Entscheidungen. Gleich ob mit besserem Abschluß als ihr Mann oder nicht, der Einsatz richtete sich meist nach den Verwendungen der Männer. Ein Drittel dieser jungen Frauen wurde auf Fähnrichs- oder Zivilplanstellen vermittelt, ihr Einsatz erfolgte unterhalb der erworbenen Qualifikation. In einer sozialwissenschaftlichen Untersuchung aus dem Jahr 1989 wird auf der Grundlage der Meinungsäußerungen von Absolventinnen gefolgert, daß sich das Hineinwachsen in die Aufgaben als Offizier für die jungen Frauen dann günstig gestaltet, »wenn sie

- als Absolvent eine gleichberechtigte Behandlung erfah-

ren, d.h. Aufgabenstellungen und Bewährungssituationen erhalten, die ihrem Können entsprechen und Selbstvertrauen fördern
* spüren, ihr Wille zur Berufsausübung wird ernst genommen
* Vertrauen gekoppelt mit Verantwortung erleben
* die Möglichkeit haben, sich praktisch zu profilieren
* das Gefühl erhalten, gebraucht zu werden.«[15]

Strategien für ihre berufliche Karriere in Übereinstimmung mit dem Wunsch nach Kindern, von fast allen Offiziersschülerinnen bereits zu Beginn ihres Studiums an den Offiziershochschulen geäußert, waren nicht vorhanden. »Damit verläuft ihr Einstieg ins Berufsleben zwangsläufig diskontinuierlich, zeitlich verzögert und stützt Skeptiker, die die Ansicht vertreten, Frauen haben als Offizier nichts zu suchen.«[16]

Die Entwicklung in den Streitkräften war für diese weiblichen Offiziere zumindest vertagt und hatte sich mit dem Untergang der NVA weitgehend erledigt.

Gleichberechtigte berufliche Entwicklung beider Ehepartner erwies sich auch in der DDR als kompliziert, war aber unter Bedingungen des militärischen Dienstes noch bedeutend schwieriger und für die Frauen oft mit Nachteilen verbunden, die bis in ihre Altersversorgung (Rentenanspruch) nachwirken. Dennoch gab es kaum das Bestreben, berufliche Tätigkeit, auch bei materieller Absicherung durch Position und Einkommen des Mannes, an den Nagel zu hängen und sich auf Familie, »Kränzchen« oder auf rein ehrenamtliches soziales Engagement zurückzuziehen.

Soldatenkinder

Unter den Problemen, die Berufssoldaten am stärksten außerhalb des Dienstes bewegten, stand zu wenig Zeit für die Kinder und die Familie immer an vorderer Position. Zeitbudgetanalysen ermittelten für Truppenoffiziere eine 60 bis 70 Stunden-Woche, Belastungen durch die außerordentlich hohe Rate der Gefechtsbereitschaft[85] Prozent, selbst wenn keine besonderen Lagen herrschten), durch zusätzliche Dienste, durch oft wochenlange Trennung von der Familie bei Übun-

gen und Manövern – das alles hatte zwangsläufig Auswirkungen auf das Familienleben. Väter sahen ihre jüngeren Kinder oft nur schlafend, der Einfluß auf die älteren war häufig sporadisch und konzentrierte sich auf die Wochenenden bzw. auf freie Tage. Einsicht in die Notwendigkeit militärischer Tätigkeit, die auch den Heranwachsenden vermittelt wurde, führte zwar zu einer gewissen Akzeptanz dieser Situation, aber in Gesprächen mit älteren Kindern wurde das Mißvergnügen über die häufige Abwesenheit der Väter sehr deutlich. Ihnen fehlte der Ansprechpartner bei den täglichen Sorgen und Problemen, der Ratgeber bei Kleinigkeiten und manchmal auch der Helfer bei kniffligen Schulaufgaben. Das alles soll nicht heißen, daß es in den Soldatenfamilien kein Familienleben gegeben hätte. Im Gegenteil, die wenige verbleibende Zeit wurde meist recht intensiv genutzt, um gemeinsame Erlebnisse zu gestalten. Ausflüge, Kino- oder Theaterbesuche, gemeinsames Basteln, kleine Feste standen, so wie in anderen Familien, auf der Tagesordnung. Man hatte gelernt mit der geringen Zeit hauszuhalten und gemeinsame Freuden zu genießen. Die durchaus wahrgenommen Defizite führten nicht dazu, daß Soldatenkinder etwa häufiger »ausgeflippt« wären. Man hatte sich in den Familien arrangiert und den Familienalltag entsprechend eingerichtet.
Versetzungen und der damit verbundene Wohnortwechsel waren für die meisten betroffenen Kinder jedoch nur schwer verkraftbar. Sie ließen Freundschaften, ein gewohntes Klassenkollektiv, in dem sie sowohl von ihrer sozialen als auch von ihrer leistungsmäßigen Kompetenz einen festen Platz einnahmen, Sport- und Arbeitsgemeinschaften hinter sich, für die Ersatz am anderen Ort erst in langen Mühen wieder aufgebaut werden konnte. Denn dort waren sie stets zunächst die Fremden, die Freundschaften waren bereits »verteilt«, manche Arbeitsgemeinschaft existierte nicht in ähnlicher Form, das liebgewordene Hobby mußte aufgegeben werden.
Es sei jedoch auch vermerkt, daß auf Grund des einheitlichen Schulsystems der Einstieg in den Unterricht am anderen Wohnort mit weniger Problemen verbunden war als beispielsweise für Kinder von Angehörigen der Bundeswehr. Sozialwissenschaftliche Untersuchungen in der BRD analysier-

ten des »öfteren die Situation von Kindern, die nach der Versetzung des Vaters in ein anderes Bundesland Klassen wiederholen müssen, weil sie aufgrund der Länderhoheit für die Bildung mit erheblich anderen Lehrinhalten konfrontiert sind.[17] Der verbindliche einheitliche Lehrplan für die DDR war unter Umständen in den verschiedenen Schulen unterschiedlich weit behandelt, wies jedoch nicht völlig verschiedene Inhalte aus, so daß nach kürzerer Frist der Anschluß bei der Vermittlung des Lehrstoffs gesichert war. Das Problem der Einordnung in das bereits strukturierte soziale Gefüge der Klasse und Schule jedoch blieb.

In Konflikte und Widersprüche gerieten Soldatenkinder noch aus ganz anderen Gründen. Westfernsehen war in vielen »Normalfamilien« quasi zum dritten Programm avanciert. Man orientierte sich eben einfach hüben und drüben, sah sich den spannenderen Film an, hörte das Neueste aus der Musikszene. Für die Familie der Berufssoldaten herrschte jedoch ein strenges Tabu, Westfernsehen war verboten. Die Kinder kamen sich wie Außenseiter vor, wenn die halbe Klasse am anderen Morgen über das Vorabendprogramm sprach. Da bedurfte es schon mancher Aussprache mit den Halbwüchsigen, um ihnen zu erläutern, weshalb sie diese Sender nicht schauen konnten. Nicht einfacher war es, ihnen klar zu machen, warum die Tochter vom Kaufmann und der Sohn des Genossenschaftsbauern an die gewünschten Levis kamen, der Sohn vom Berufssoldaten aber nicht. Westgeld hatte sich in den letzten Jahren der DDR gewissermaßen zur Zweitwährung entwickelt, mit der man sich im Intershop so manchen Wunsch erfüllen konnte. Da die Soldatenfamilien jedoch weder aktive noch passive Verbindungen zu Bürgern der BRD hatten noch haben durften, kam weder über ein Paket noch aus dem Intershop das erstrebte Kultobjekt, die Jeans. So entzündete sich an ganz lapidaren Fragen des Alltags manche Auseinandersetzung. Die Notwendigkeit, Befehle und Vorschriften überzeugend zu erläutern, begann nicht selten in der Familie.

Die Art und Weise, in der sich ein Mensch während seiner beruflichen Tätigkeit geben muß, färbt oft mehr oder weniger auch auf seine private Sphäre ab. Der militärische Ton, fordernde Umgangsformen wie sie in der Kaserne Gang und Gäbe sind, schlichen sich – meist ungewollt – auch in die Wohnungen, insbesondere in Kinderzimmer ein. Vor allem bei schlechten Leistungen oder Versagen auf anderen Gebieten kam es hin und wieder statt zur hilfreichen Aussprache über Ursachen und mögliche Unterstützung zu befehlsähnlichen Forderungen. Dabei spielte die wenige Zeit sicher auch eine nicht geringe Rolle. Vor allem ältere Kinder fühlten sich dadurch teilweise ungerecht behandelt und reagierten nicht selten ablehnend. Dabei traf die Ablehnung weniger den Vater als vielmehr seinen Beruf. So wiesen beispielsweise Vertreter des Wehrbezirkskommandos Erfurt 1988 in einem Gespräch im Rahmen soziologischer Erhebungen darauf hin, daß bei der Gewinnung von Offiziersbewerbern mangelnde Freizeit und Beeinträchtigung des Familienlebens durch den militärischen Beruf als wesentliche Ablehnungsgründe genannt wurden. Auch Offiziersfrauen betonten in Gesprächen wiederholt, daß ihre eigenen Kinder aufgrund der Erfahrungen und Erlebnisse in der eigenen Familie nicht den Offiziers- oder Unteroffiziersberuf anstrebten. Sie hatten vielmehr den Wunsch, eine harmonische Ehe zu führen und an der Erziehung ihrer Kinder teilzuhaben.

Immer unterwegs, Soldatenfamilien auf Wohnungssuche
Berufssoldaten und gezwungenermaßen auch ihre Familien sitzen häufiger als der Durchschnittsbürger auf gepackten Koffern. Umzug gehört dazu und wird auch akzeptiert, wenn keine Alternative gegeben ist. Aber für die Offiziersfrau, die mir erzählte, wie sie mit ihren Kindern und dem Umzugsgut am neuen Dienstort ihres Mannes ankam, er aber schon wieder versetzt war, hörte spätestens an dieser Stelle das »volle« Verständnis auf. Ihr blieb nichts anderes übrig, als sich einzurichten und darauf zu warten, daß an dem Ort, an dem ihr Partner jetzt diente, eine Wohnung zur Verfügung stand. Denn Wohnungen waren während der gesamten DDR-Zeit »Mangelware«, es gab keinen freien Wohnungsmarkt und somit auch keine Chance über ihn rasch eine Bleibe am neuen Standort zu bekommen. Wohnraum war bewirtschaftet und wurde in der NVA unter Mithilfe der Wohnungskommissi-

onen durch die Standortältesten verteilt. Im Durchschnitt warteten Offiziere im Truppendienst etwa zweieinhalb Jahre auf ihre erste Wohnung.[18] Das ist aber eben ein Durchschnittswert, der nur wenig darüber aussagt, wieviel Zeit tatsächlich verging, bis eine Wohnung für die Familie zur Verfügung stand. Insbesondere in den Jahren des Aufbaus der NVA, als völlig neue Standorte erschlossen wurden, warteten die Berufssoldaten bedeutend länger. Im Extremfall war die damals gültige zehnjährige Verpflichtungszeit um, ohne daß der Berufssoldat mit angemessenem Wohnraum versorgt werden konnte, so die Aussage einer langjährigen Vorsitzenden der Wohnungskommission in einer Flottille. Erst als speziell für die Armee Wohnungen gebaut wurden, entspannte sich die Situation etwas. Dennoch waren aufgrund von Versetzungen die Wartezeiten auf gemeinsamen Wohnraum erheblich. Offiziere waren im Durchschnitt mehr als viereinhalb Jahre von ihren Familien getrennt. 58 Prozent von ihnen sind bis zu viermal umgezogen, weitere 24 Prozent noch öfter. Das Extrem bilden die 12 Prozent, die ihre Zelte acht bis zehnmal, einige noch häufiger, neu bauen mußten.[19] Für die meisten Betroffenen war spätestens nach dem fünften Umzug militärische Notwendigkeit und persönliche Karriere nur noch ein schwaches Argument.

Die Familiengröße war ausschlaggebend für die Größe der Wohnung. Da junge Familien jedoch gemeinhin die Tendenz haben zu wachsen, wurde das Quartier spätestens nach der Geburt des zweiten Kindes sehr eng. Über Wohnungstausch versuchte man das zu mildern, aber es gelang nicht immer. Im Gespräch mit Offiziersfrauen war dann zu erfahren, daß beispielsweise der Ofen aus dem Schlafzimmer entfernt wurde, um Platz für das Kinderbett zu schaffen oder das Wohnzimmer abends zum Schlafraum wurde. Für Berufssoldaten im Schichtdienst war das jedoch auch keine Lösung. So wurde unzureichender Wohnraum, vor allem in jungen Ehen, immer wieder zu einem Grund für Unzufriedenheit.

Bei Wohnungsneubau für die Armee wurde Kasernennähe angestrebt. Wohnkomplexe entstanden deshalb oft weitab von Siedlungen. Abgesehen von einer gewissen Ghettoisierung beklagten Familienangehörige lange Wege zur Arbeit, zur Schule, zum Einkauf, auch wenn der Personennahverkehr dichter ausgebaut war als nach der Wende.

Auch in den achtziger Jahren war trotz vieler Neubauten[20] die Zahl der Wohnungssuchenden nach wie vor hoch. Dafür gab es mehrere Gründe. Viele Berufssoldaten belegten nach Beendigung ihres Dienstes weiter die Armeewohnungen, ebenso Zivilbeschäftigte und Bürger, die aufgrund von Wohnungstausch eingezogen waren. Veränderte Dislozierung führte außerdem dazu, daß die armeeeigenen Häuser nicht immer dort standen, wo sie eigentlich gebraucht wurden.

Ausstattung und Wohnkomfort entsprachen nicht immer den Erwartungen der Familien. Ofenheizung – in einem beachtlichen Teil der vor allem in den 70er Jahren gebauten Wohnungen – brachte für berufstätige Frauen bzw. ältere Kinder zusätzliche Pflichten, warmes Wasser kam nicht aus der Wand, das Sauberhalten der Außenbereiche einschließlich Schneeräumen war von den Familien zu erledigen.

Dennoch freuten sich die Familien, wenn sie eine gemeinsame Heimstatt gefunden hatten, richteten sich ein und erfuhren meist auch die Unterstützung durch Nachbarn. Es gehörte zu den guten Traditionen an vielen Standorten, daß nicht nur die Kommandeure die neu Hingezogenen begrüßten, sondern auch die Hausgemeinschaften Hilfe anboten. Freundschaftliche Kontakte, Feste der Hausgemeinschaften, gemeinsame Wanderungen u.ä. gab es an vielen Orten. Insbesondere die Frauen standen sich gegenseitig bei, wenn beispielsweise bei längeren Übungen und Manövern die Männer nicht am Ort waren. Daß diese freundschaftlichen Kontakte manchmal, weil man sich gegenseitig »zu tief in die Töpfe geschaut« hatte, ins Gegenteil umschlugen, ist zwar nicht schön, aber menschlich durchaus verständlich.

Das Versprechen eine Wohnung zu bekommen, war zu DDR-Zeiten für viele Arbeiter und Ingenieure ein triftiger Grund für einen Arbeitsplatzwechsel. Großbetriebe, wie das Petrolchemische Kombinat Schwedt, Leuna oder das Eisenhüttenkombinat Ost bauten parallel zu den Werken Wohnungen. Sie konnten bei Arbeitsaufnahme oft schon bezogen werden. Nicht so für die Berufssoldaten in der NVA. Mancher junge Mann, den die Armee gern in ihren Reihen gesehen hätte, führte die besseren Versorgungschancen in anderen Bereichen der Gesellschaft, als entscheidendes Argument für seine Ablehnung an.

Arbeitsteilung in der Familie – fast unmöglich
Berufstätigkeit der Frauen zog in vielen Familien eine Neuverteilung der Aufgaben, die im Interesse des reibungslosen Zusammenlebens nun einmal erledigt werden müssen, nach sich. Eine Gleichverteilung zwischen Frau und Mann wurde jedoch allenfalls in wenigen jungen Familien erreicht, die ohne alten Zopf und übliche Vorstellungen von typisch weiblichen und typisch männlichen Aufgaben an die Gestaltung des Alltags gingen. Eine Erhebung aus dem Jahre 1985 weist beispielsweise nach, daß in Familien mit vollbeschäftigten Frauen der Ehemann täglich etwa 1 Stunde und 40 Minuten für die Erledigung häuslicher Pflichten aufwendet, die Ehefrau jedoch 3 Stunden und 50 Minuten.[21] Weitgehend übereinstimmend geben Ehepartner in späteren Erhebungen an, daß beispielsweise Saubermachen zu 50 bis 60 Prozent von den Frauen erledigt wird, das Wäschewaschen zu 70 bis 80 Prozent.[22]
Insbesondere bei der Kinderbetreuung und Erziehung engagierten sich die jungen Väter stark, beispielsweise beim Bringen in die Kindereinrichtungen, beim Spielen, beim Lernen, aber auch im Umgang mit den ganz Kleinen beim Baden und Füttern. Unter diesen Umständen ist es nicht verwunderlich, wenn immerhin zwei Drittel sowohl der Frauen als auch der Männer die Ansicht vertreten, die häuslichen Aufgaben seien in ihrer Familie gerecht, bzw. ziemlich gleichmäßig verteilt.[23]
Die Unregelmäßigkeit militärischen Dienstes schloß eine ähnlich gerechte Teilung häuslicher Pflichten weitgehend aus. Der Umgang mit ihren Kindern, Reparaturen in Wohnung und (Schreber)garten, Instandhaltung des Autos und Lesen, das waren die vorrangigen Freizeitaktivitäten der Berufssoldaten. Der Alltag, mit Einkäufen und Besorgungen, mit Wäsche und Kochen, blieb bei der Frau, schon deshalb, weil Geschäfte und Ämter eben nicht bis in den späten Abend geöffnet hatten.
Es ist sicher nicht übertrieben zu sagen, der Dienstplan bestimmte das Familienleben. Dort jedoch, wo im Monat über zwanzig Dienste und Bereitschaften an der Tagesordnung wa-

ren, kam Familienleben fast zum Erliegen. Beim Besuch in einer Schnellbootflottille erzählten uns junge Offiziere, daß sie nicht einmal jeden zweiten Tag nach Hause kamen, weil sie selbst bei Bereitschaftsdienst nicht schnell genug von der Wohnung auf ihrem Schiff gewesen wären. Also mußten sie im Objekt bleiben und schauten mit dem Fernglas auf ihr Zuhause. Ebenso war es in Jagdfliegergeschwadern. An den übrigen Tagen stand normaler Dienst auf dem Plan, der durchaus nicht pünktlich endete. Es passierte beispielsweise immer wieder, daß sich eine Beratung hinzog, Soldaten sich irgendeine Disziplinwidrigkeit hatten zu schulden kommen lassen oder ein Vorgesetzter erwartet wurde, von dem der Kommandeur meinte, ihn mit »großem Bahnhof« empfangen zu müssen. Immer standen die Berufssoldaten Gewehr bei Fuß. Und noch eine andere Unsitte hatte sich in nicht wenigen Einheiten eingebürgert. Wenn Unteroffiziere ihre Aufgaben nicht zur vollen Zufriedenheit erledigten, stellte man ihnen kurzerhand einen Offizier zur Seite. Ergebnis, neben der doppelten Belastung der Offiziere kam es in solchen Fällen zu Kompetenzeinschränkungen für die Unteroffiziere und damit auch zu Autoritätsverlusten.

Eingriffe in die freie Zeit der Berufssoldaten berührten auch die Urlaubsgestaltung der Familien. Es gehörte zweifellos zu den positiven Seiten sozialer Fürsorge für die Soldatenfamilien, daß die Betriebe und Verwaltungen auf der Grundlage eines Ministerratsbeschlusses angehalten waren, den Ehepartnern gemeinsamen Urlaub mit dem in der Armee dienende Berufssoldaten zu gewähren. Auch wenn es manchmal nicht ganz einfach war, in der Regel versuchte man in den Einrichtungen Konsens zu finden. Nicht selten wurde jedoch die vorher abgesprochene und bestätigte Urlaubsplanung nicht eingehalten. Gab es dafür triftige Gründe, brachten die Familien noch Verständnis auf. Manchmal waren die Gründe jedoch sehr schwer durchschaubar, hingen mit Versetzungen anderer Berufssoldaten zusammen oder mit der Übergabe/Übernahme neuer Aufgaben. Da die meisten Partnerinnen jedoch berufstätig waren, konnten sie nicht immer den kurzfristig veränderten Terminen entsprechen. Hinzu kam bei Familien mit Kindern die notwendige Berücksichtigung der Schulferien. Frustriert trat man dann den Urlaub getrennt an. Eine Zeit, für die eigentlich unbeschwertes Familienleben und Besinnen auf Gemeinsamkeiten erhofft war, wurde verkürzt oder fiel ganz aus.

Ferien- und Urlaubsgestaltung ist in den Erinnerungen vieler Armeeangehöriger mit dem Aufenthalt in Ferienheimen der Armee, in Naherholungseinrichtungen von Truppenteilen, Verbänden und Einrichtungen bzw. in FDGB-Ferienheimen verbunden. Nicht immer erfolgte die Verteilung der Ferienplätze zur Zufriedenheit der Berufssoldaten. Erstens waren zu wenig Plätze in den Schulferien vorhanden. Da diese Zeiten in der DDR nicht gestaffelt waren, konzentrierte sich die Nachfrage der Familien auf die Monate Juli/August. Zweitens gab es für große Familien mit drei und mehr Kindern wenig Angebote. Die Ferienkommissionen standen teilweise vor der Frage, eine große Familie oder zwei kleine zu berücksichtigen. Zum Dritten wurden die Dienstgradkategorien unterschiedlich bedacht. Der junge Leutnant hatte es durchaus schwerer einen Ferienplatz in der Saison zu ergattern, als der altgediente Oberst. Immerhin konstatiert jeder Dritte ehemalige Berufssoldat, der in der bereits mehrfach zitierten Umfrage seine Meinung sagte, daß bestimmte Gruppen, z.B. höhere Dienstgrade und Offiziere aus den Stäben bevorzugt wurden. Dennoch war die Anzahl der vergeben Plätze erheblich und die Aufenthalte in den Ferieneinrichtungen außerordentlich preiswert.[24]

Elemente der Gefahr
Der militärische Dienst mit seinen besonderen Anforderungen an körperliches Leistungsvermögen auch unter widrigen Bedingungen, der Umgang mit militärischer Technik, ihr Einsatz, Übungen und Manövern oft in unbekanntem Gelände und mit noch nicht in jeder Hinsicht vollständig ausgebildetem Personal, birgt auch in Friedenszeiten nicht wenige Elemente der Gefahr. Die Unterwasserfahrt im Panzer, das Schnellbootmanöver, die Abfangübungen der Jagdflieger oder das Raketenschießen gehören genauso dazu, wie das Bewältigen der Sturmbahn oder die Ausbildung im Nahkampf. Hinzu kommt die Verantwortung für Leib und Leben der

Unterstellten. Tatsache ist, daß auch diese Seiten des militärischen Lebens an den Soldatenfamilien nicht spurlos vorüber gingen. Die Sorge um den geliebten Menschen im täglichen Dienst, vor allem aber auch bei besonderen Situationen, beunruhigte die Familie. Und es gab nun mal in der Zeit der Existenz der DDR nicht wenige Krisen in der Welt, bei denen sich NATO und Warschauer Vertrag gleichermaßen handlungsbereit gegenüber standen.
Gefahren und unbekannte Situationen, über die aufgrund der Geheimhaltung auch nicht gesprochen werden konnte, gehörten demzufolge zu den Dingen, die Familienangehörige immer wieder stark belasteten. Der Wunsch mehr über die eigentlichen »Arbeits«inhalte, über Bewältigungsmöglichkeitn von Gefahrensituationen zu erfahren, wurde vor allem bei jüngeren Partnerinnen der Berufssoldaten immer wieder laut. Nach längerem Zusammenleben hatte man sich in den Familien entweder mit der Situation abgefunden oder daran gewöhnt. Man lebte damit.

Zufrieden oder nicht?
Kann eine Familie mit ihrem Leben zufrieden sein, wenn sie ständig gewärtig sein muß, daß ihr von außen »reinregiert« wird? Ja und Nein. Ja, weil es noch sehr viele andere Momente gab außer den Dingen, die von Arbeit und Beruf auf das familiäre Zusammenleben wirkten. Die gegenseitigen Gefühle, die Wertschätzung des Partners, Kinder mit ihren Freuden und Kümmernissen, die gemeinsamen Erlebnisse, der Gleichklang bei weltanschaulichen Fragen, Interessenharmonie, gewisse Familientraditionen, die sich entwickelten, Freunde, auf die man sich verlassen kann und sicher noch manches andere, gehören hierher. All das existierte für die meisten Familien von Berufssoldaten ebenso wie für die in anderen gesellschaftlichen Bereichen.
Das Nein wird von ehemaligen Betroffenen auch mit Einschränkungen versehen. Es ist jedoch Fakt, daß in den achtziger Jahren eine zunehmende Zahl von Berufssoldaten sich gegenüber Freunden und Bekannten im zivilen Bereich benachteiligt fühlte. Für intelligente junge Leute bot die Wirtschaft in dieser Zeit eine Fülle interessanter Arbeitsplätze und Ent-

wicklungsmöglichkeiten. Mikroelektronik, chemische Industrie, wissenschaftlicher Gerätebau, Werkzeugmaschinenbau, die Bauindustrie und andere buhlten um Nachwuchs. Geboten wurden gute Arbeitsbedingungen und verhältnismäßig hoher Verdienst, Wohnung und Plätze in Kindereinrichtungen. Abstimmungsmöglichkeiten bzw. die freie Entscheidung über die weitere berufliche Perspektive des Partners standen außer Frage. Latente Unzufriedenheit mit den Dienst- und Lebensbedingungen in den Streitkräften und eben dieser Vergleich mit Bekannten aus dem zivilen Bereich lockerten, neben anderen Momenten, bei etwa einem Drittel der Berufssoldaten die Verbundenheit mit dem erwählten Beruf, bei einem kleinen Teil bis hin zu dem Bestreben, den militärischen Beruf aufzugeben. Den Vergleich mit ihren Freunden und Bekannten, die nicht in den Streitkräften dienten und die Unzufriedenheit mit den eigenen Lebensbedingungen hatten sicher auch die Offiziersfrauen im Blick, die in der bereits erwähnten Untersuchung aus den siebziger Jahren zu einem erheblichen Teil meinten, sie würden den eigenen Kindern bzw. Freunden und Verwandten nicht zuraten einen militärischen Beruf zu ergreifen. Jede vierte Frau hätte von einer solchen Berufsentscheidung ausdrücklich abgeraten. Jede siebente der damals befragten Ehefrauen von Jagdfliegern war mit ihrem Leben an der Seite ihres Mannes unzufrieden.[25]

Rückblickend auf ihren Dienst in den Streitkräften sehen 6 Prozent ehemaliger Offiziere die Ursache für Ehekonflikte, die bis zur Scheidung führten, im Dienst in der Truppe. Weitere 16 Prozent verweisen auf zeitweilige Ehekrisen, die jedoch nicht zu einem Bruch der Partnerschaft führten.[26]

Belastungen, die über das für Ehe und Familie erträgliche Maß hinausreichten, sahen Berufssoldaten und ihre Familien in:
- »einer aufgrund der Dislozierung der Streitkräfte begrenzten Wahlmöglichkeit des Wohnsitzes; damit häufig verbundenen Einschränkungen für den Partner, in seinem Beruf arbeiten zu können, sowie mit der Infrastruktur zusammenhängenden Problemen der Familienversorgung
- der Unterbrechung vorgesehener beruflicher Entwick-

lungen des nicht in den Streitkräften tätigen Partners aufgrund von häufigen Versetzungen
- der Unterbrechung sozialer Kontakte der Kinder und die Bewältigung von Problemen beim Eingewöhnen in neue Schul-, Klassen- und Freizeitkollektive
- der häufig einseitigen Belastung mit häuslichen und Familienpflichten bei langandauernder zeitlicher Belastung des in den Streitkräften tätigen Partners
- begrenzten Möglichkeiten geistig-kultureller Betätigung an entlegenen Standorten
- der längeren Trennung vom Partner, wenn kein Wohnraum am Standort zu Verfügung stand
- der generellen Begrenzung von Freizügigkeit aufgrund militärischer Erfordernisse und des Geheimnisschutzes
- nicht zu übersehenden Gefahren, die mit dem militärischen Dienst, insbesondere mit dem DHS und Gefechtsdienst verbunden waren.«[27]

Nicht zu übersehen ist auch, daß Partnerinnen von Berufssoldaten, deren Regimenter über Nacht aufgelöst wurden oder deren Einheiten monatelang in der Braunkohle oder in anderen Zweigen der Produktion eingesetzt waren, anfingen, am Beruf ihres Partners zu zweifeln.[28] Die veränderte politische Situation, die durchaus sehr aufmerksam verfolgt wurde, tat dazu ein übriges.

Was kommt, wenn das Dienstverhältnis beendet wird?
Ab Mitte der achtziger Jahre wurden vermehrt Berufssoldaten nach 25jähriger Dienstzeit bzw. mit dem Erreichen des 50. Lebensjahres in die Reserve versetzt. Auch das bedeutete für viele Familien eine Neuorientierung. Mit diesem Schritt war nicht selten ein weiterer Umzug der Familien verbunden. Schwerwiegender erwiesen sich jedoch Kompetenzverlust und Entwertung erworbenen Wissens der Berufssoldaten an den neuen Arbeitsplätzen. Da keine ausreichende Vorbereitungszeit, verbunden mit dem Aneignen von Spezialwissen für das neue Arbeitsgebiet, gewährt wurde, geriet das Selbstwertgefühl der Betroffenen nicht selten in eine Krise. Sie zu bewältigen lag in der Hauptsache in der Verantwortung der

Familie, insbesondere wiederum der Ehefrauen. Vorschläge zu Veränderungen, die eine zielgerichtete Vorbereitung auf einen zivilberuflichen Einsatz erlaubt hätten, gab es, jedoch keine entsprechenden Beschlüsse. Ebenso war eine stärkere Bindung der ehemaligen Berufssoldaten an die Streitkräfte vorgeschlagen worden, also eine Art Reservistenverband, um die Möglichkeit des Austauschs und der Wertschätzung bisheriger beruflicher Entwicklung zu sichern. Auch dieser Gedanke kam erst mit der Militärreform zum Tragen, so daß bis dahin vorrangig die Familie und der Freundeskreis bei Problemen mit dem zivilen Neuanfang die Last mittrugen.

Mit der Wende stand für 92 Prozent aller verheirateten Berufssoldaten die Sorge um die materielle Absicherung des weiteren Lebens an der Spitze der Probleme, die die Partnerschaftsbeziehungen beeinträchtigten. In jeder dritten Ehe resultierten daraus 1990 ernsthafte Störungen. Existenzsorgen ergaben sich, weil keiner wußte, wie lange der militärische Beruf noch ausgeübt werden konnte. Die Männer waren meist die »Haupternährer« der Familien und ein bedeutender Teil der Frauen war bereits arbeitslos bzw. von Arbeitslosigkeit bedroht. Berufssoldaten und ihre Familien bewerteten die angebotenen Umschulungen und Weiterbildungsmaßnahmen vor allem unter dem Aspekt des Einstiegs in einen neuen, »sicheren« Beruf. Die Familien wiederum waren bereit, extreme Belastungen zu tragen, wenn im Ergebnis der Bildungsmaßnahmen ein »vermarktbarer« Beruf mit Arbeitsplatzchancen stand. Die Bereitschaft der Ehepartner, eigene Entwicklungen zugunsten des beruflichen Neubeginns des Berufssoldaten zurückzustecken, erwarteten allerdings nur noch 14 Prozent von ihnen. Zu oft war der Verzicht in der Vergangenheit gefordert worden, der Bonus war einfach aufgebraucht.

Nach der massenhaften Entlassung von Berufssoldaten der NVA in und nach der Wende haben viele einen Neuanfang gewagt und gemeistert. Ihre solide Vorbildung vom Meisterabschluß bis zum Diplom sowie die Kursangebote nutzend, gründeten sie teilweise eigene kleine Firmen, z.B. in der Computerbranche oder für die Nutzung von Hochtechnologien, fanden den Einstieg in renommierte deutsche und internationale Unternehmen, sind heute im Dienstleistungsbereich und in Verwaltungen dank ihrer Kompetenz, ihres soliden Fachwissens und ihrer über Jahre anerzogenen Einsatzbereitschaft hoch geschätzt. Nicht selten nahmen die Familien einen weiteren Umzug mit all seinen Nachteilen für die schulische Entwicklung der Kinder und die Beziehungen zu Freunden und Bekannten in Kauf. So haben sich die Familien auch in dieser Umbruchsituation ein weiteres Mal als sicheres Hinterland für die Soldaten bewährt.[29]

Hunderttausendfache Betroffenheit
Wie groß der von Einschränkungen durch den militärischen Dienst betroffene Personenkreis war, ist zu ermessen, wenn man weiß, daß beispielsweise 1987 in den Landstreitkräften der NVA 105.983 Soldaten im Grundwehrdienst, Soldaten auf Zeit und Berufssoldaten davon 14.826 Offiziere dienten. 1989 betrug der Personalbestand der NVA, also LaSK, LSK/LV, VM und direkt unterstellte Einheiten 183 910 Mann.[30]
Ihre Angehörigen haben mitgedient, die einen 18 Monate bzw. drei Jahre, viele aber auch über 10 Jahre und teilweise ein ganzes Leben lang. Die Beschränkungen nahmen die Familien auf sich, weil der Gedanke, mit dem militärischen Dienst einen Beitrag zur Sicherung des so labilen Friedens in der gespaltenen Welt zu leisten, von den meisten Familienangehörigen geteilt wurde.
Nicht alle Facetten des Lebens der Familien von Soldaten konnten in diesem Beitrag berührt werden. Die vorgenommene Konzentration auf die Probleme der Berufssoldaten erscheint jedoch legitim, weil sich hier die Probleme am stärksten bündelten und über lange Zeit wirkten. So ist beispielsweise kaum etwas über die Familien der Unteroffiziere gesagt. Dabei ist jedoch zu bemerken, daß Unteroffiziere und Soldaten auf Zeit meist noch nicht verheiratet waren. Sie hatten allenfalls eine feste Freundin, mit der sie die dreijährige Trennungszeit meistern mußten. Anders Berufsunteroffiziere. Zu Beginn ihres Dienstes mit 18/19 Jahren gab es nur in Ausnahmefällen festen Bindungen. Das änderte sich jedoch im Lauf der zehnjährigen Verpflichtungszeit. Damit stand dann auch für sie die Frage nach einer Wohnung, nach dem Arbeitsplatz für die Partnerin, nach Krippen- und Kindergartenversorgung.

Es ist jedoch in Rechnung zu stellen, daß Berufsunteroffiziere erstens ihre Lebensgefährtin oft im Umfeld des Standortes fanden an dem sie dienten, zweitens wurden sie nicht ganz so oft versetzt wie Berufsoffiziere und drittens war zum Zeitpunkt ihrer Eheschließung meist schon ein beträchtlicher Teil der 10jährigen Dienstzeit um. Dennoch fühlten auch diese Familien die Belastungen durch den militärischen Dienst.[31]

Einige wenige Worte noch zu den Wehrpflichtigen. Es ist eine Tatsache, daß in den achtziger Jahren immer mehr ältere Wehrpflichtige (kurz vor dem 26. Lebensjahr) und Reservisten zum Wehrdienst gezogen wurden. Viele von ihnen waren bereits verheiratet. So trugen in den Landstreitkräften und in den LSK/LV ein Drittel bis zur Hälfte der Wehrpflichtigen Verantwortung für eine Familie. Die Trennung von ihr oft über große Entfernungen – wohnortnahe Einberufung gab es so gut wie nicht in der DDR -, nur 18 Tage Urlaub während der 18monatigen Dienstzeit, geringe Möglichkeiten den Wehrpflichtigen zu besuchen, denn Unterbringungsmöglichkeiten in Hotels oder Pensionen gab es in Standortnähe nur selten, das alles war für die jungen Familien belastend. Zwar wußte jeder junge Mann, daß er früher oder später »einrücken« mußte, aber der Zeitpunkt war nicht vorausschaubar, richtete sich nach dem Auffüllungssoll der einzelnen Wehrorgane. Demzufolge traf der Einberufungsbefehl die Familie nicht selten genau zum verkehrten Termin, beispielsweise kurz vor der Geburt eines Kindes. Beweglichkeit und Verschiebungen in solchen besonderen Situationen zählten nicht gerade zu den Stärken der Wehrorgane. Die Sorge um die Daheimgebliebenen saß also in vielen Kasernenstuben. Dennoch konnten die Wehrpflichtigen sicher sein, daß Frau und Kinder nicht allein gelassen waren. Zunächst griff, bei intakten Familienverhältnissen, immer die Hilfe durch Eltern, Schwiegereltern und Geschwister. Fast alle jungen Frauen waren berufstätig, und es gab kaum ein Arbeitskollektiv, das sich nicht besonders um diese Kolleginnen, die nun mit allem allein dastanden, gekümmert hätte. Die sprichwörtliche Solidarität und gegenseitige Hilfe in den Kollektiven half ihnen in vielen Situationen. Darüber hinaus hatten die Kollektive des eingezogenen Ehemannes moralische Verantwortung, die aber seltener zum Tragen kam, es sei denn,

persönliche Freundschaften existierten. Für die materielle Absicherung waren die staatlichen Organe verantwortlich, da der Wehrsold ja nicht ausreichte, eine Familie zu ernähren. Unterhaltsbeträge, Mietbeihilfen und Stundung von Zahlungsverpflichtungen bei Kreditinstituten wurden auf Antrag bei den Räten der Gemeinden, der Städte oder Stadtbezirke durch den zuständigen Rat des Kreises gewährt.[32]
In vielen Erhebungen ist belegt, daß ältere und verheiratete Soldaten ihre Dienstpflichten mit großem Engagement erfüllten. Größere menschliche Reife spielte dabei ebenso eine Rolle wie die Aussicht auf Belobigungen, von denen verständlicherweise Sonderurlaub am meisten geschätzt war.
Im zivilen Bereich war vieles was die Soldatenfamilien bewegte, weitgehend unbekannt. Es kursierten vielmehr Vorstellungen von erheblichen Privilegien vor allem der Berufssoldaten. Das war insbesondere der Geheimhaltung, der förmlich jede Regung unterlag, geschuldet. Es war geheim, welche Truppenteile an welchem Standort disloziert waren, wie hoch die Dienstbezüge waren, welche Steigerungsstufen wann einsetzten, wie hoch die Miete war, welche dienstliche Perspektive vorgesehen war, welche neuen technischen Entwicklungen ins Haus standen usw. Dieser Mantel der Geheimhaltung brachte nicht wenige DDR-Bürger zu Fehlschlüssen. Hinzu kam, daß die Armee von sich selbst auch eher die positiven Seiten herausstellte, um junge Leute als Nachwuchs zu gewinnen. So erschien der Soldat als strammer Marschierer bei Paraden, als Handelnder bei Vorführungen in den großen Manövern, in den Erzählungen der Wehrpflichtigen während des Urlaubs, als Neueinsteiger in einem Betrieb oder einer Verwaltung, wenn der Dienst beendet war. Alle hellen und Schattenseiten des Soldatenlebens wurden verklärt bzw. blieben der Öffentlichkeit weitgehend unbekannt. Dazu gehörte auch die Soldatenfamilie.
Abschließend sei deshalb noch einmal einer Offiziersfrau, die fünf Kinder großgezogen hat und über lange Zeit berufstätig war, das Wort gegeben. Sie schreibt: »in einer Soldatenfamilie zu leben war kein leichtes Dasein. Nicht jede Ehefrau und Mutter konnte diese Last tragen. Es gehörte viel Kraft und Mut dazu, all die Jahre zu überstehen.«

1. Schreiben von Frau Adelheid Jentsch an das Konsultationszentrum der NVA in »Militärreform« 2/1990 S. 2.
2. Soziale Triebkräfte ökonomischen Wachstums, Dietz Verlag Berlin 1986.
3. Der Sozialreport 1990 des Instituts für Soziologie und Sozialpolitik der Akademie der Wissenschaften der DDR, hrsg. von Gunnar Winkler, Berlin 1990, gibt auf S. 262, Auskunft, wie junge Arbeiter (Alter bis etwa 35 Jahre) den Wert Familie sehen (Angaben in Prozent):

Es ist für mich sehr wichtig	Frauen	Männer
in einer vollständigen Familie leben (Vater, Mutter, Kind/er)	88	83
Kinder erziehen und mit ihnen zusammen leben	86	65
im Alter nicht ohne Familie sein	77	61
vom Partner geliebt werden	95	86
mit ein und dem selben Partner alt werden	71	40
mit seinem Partner ständig zusammenlebe	78	51

4. Familiengesetzbuch der Deutschen Demokratischen Republik. In Ehe und Familie, Berlin 1979, S. 7.
   Artikel 38 der Verfassung der DDR legte fest:
   Ehe, Familie und Mutterschaft stehen unter dem besonderen Schutz des Staates. Jeder Bürger der DDR hat das Recht auf Achtung, Schutz und Förderung seiner Ehe und Familie.
   Dieses Recht wird durch die Gleichberechtigung von Mann und Frau in Ehe und Familie, durch die gesellschaftliche und staatliche Unterstützung der Bürger bei der Festigung und Entwicklung ihrer Ehe und Familie gewährleistet. Kinderreichen Familien, alleinstehenden Müttern und Vätern gilt die Fürsorge und Unterstützung des sozialistischen Staates durch besondere Maßnahmen.
   Mutter und Kind genießen den besonderen Schutz des sozialistischen Staates. Zitiert nach: Verfassung der Deutschen Demokratischen Republik, 4. Aufl., Berlin 1976, S. 33.
5. Studie zu Problemen der politisch-moralischen und psychologischen Vorbereitung des Offizierskorps auf die Erfüllung von Gefechtsaufgaben unter besonderer Berücksichtigung der Anforderungen an die Jagdflieger der NVA, Januar 1980, S. 184. Dort heißt es: Von den Offizieren der NVA sind etwa 95 Prozent verheiratet, bei den jüngeren Berufskadern sind es etwa zwei Drittel. Bei Klaus-Peter Hartmann,: Auskünfte zum Soldatenleben, finden sich folgende Angaben: Nahezu alle befragten Berufssoldaten waren entweder beim Antritt ihres Truppendienstes schon verheiratet[28] Prozent) oder hatten den Schritt in die Ehe im Verlauf ihres

Truppendienstes vollzogen[70] Prozent). Siehe Informationen der Arbeitsgruppe Geschichte der NVA und Integration ehemaliger Angehöriger der NVA in Gesellschaft und Bundeswehr beim Landesvorstand Ost des Deutschen Bundeswehrverbandes, Nr. 4, Berlin 1998, S. 27.

6. In einer sozialwissenschaftlichen Erhebung in der 9. PD maßen 96 Prozent aller befragten Berufssoldaten 1990 Familienglück sehr große bzw. große Bedeutung für ihr Leben bei.
7. Sozialreport 1990, wie Anm. 3, S. 264.
Auf die Frage: Was erwarten Sie vom Zusammenleben mit einem Partner? gaben 1988 junge Arbeiter folgende Auskunft (Angaben in Prozent)

Ich erwarte in starkem Maße:	Frauen	Männer
gegenseitige Achtung	94	93
gemeinsame Beratung aller wichtigen Entscheidungen	94	88
daß man über alles sprechen kann	93	89
Treue	92	89
Liebe	85	84
gemeinsame Betreuung und Erziehung der Kinder	81	80
gemeinsame Kinder	79	63
Kameradschaft	75	70
Sicherheit in den persönlichen Lebensumständen	72	65
materielle Sicherheit	67	69
gemeinsame Freizeitgestaltung	66	63
sexuelle Harmonie	65	78
einen gemeinsamen Freundeskreis	43	47
eine gute Arbeitsteilung im Haushalt	40	44

8. Heiratsordnung vom 05.01.22. In: Taschenkalender für das Deutsche Reichsheer, 50.Jg., Berlin 1929, S. 238ff, zitiert nach: Heidelore Dillkofer/Georg-Maria Meyer/Siegfried Schneider: Soziale Probleme von Soldatenfamilien der Bundeswehr, Opladen, 1986 Hier war beispielsweise festgelegt, daß kein Angehöriger der Reichswehr ohne Einwilligung seines Vorgesetzten eine Ehe eingehen durfte und außerdem mindestens 27 Jahre alt sein mußte.
9. Erlaß des BMVg vom 10.Januar 1958. Zitiert nach: Heidelore Dillkofer, Georg-Maria Meyer, Siegfried Schneider, wie Anm. 8, S.38.
10. Inge Lange: Lektion am 20. Mai 1987. In: Informationen

des Wissenschaftlichen Rates »Die Frau in der sozialistischen Gesellschaft«, H. 4/1987, S. 25 f.
11. Ebd., S. 12.
12. Klaus-Peter Hartmann, wie Anm. 5, S. 43.Angaben verheirateter Berufssoldaten, deren Ehefrauen den Arbeitsplatz wechseln mußten, zur Häufigkeit des Wechsels der Arbeitsstelle während der Zeit des Truppendienstes (in Prozent)

	Offiziere	Fähnriche	Berufsunteroffz.
Einmal	23	55	57
Zweimal	33	33	29
Dreimal	20	11	14
4- bis 5mal	17	0	0
Öfter	5	0	0

13. Beschluß des Ministerrates der DDR zur langfristigen Sicherung des militärischen Berufsnachwuchses und über Maßnahmen zur Verbesserung der Dienst- und Lebensbedingungen der Berufsoffiziere, Fähnriche und Berufsunteroffiziere vom 26. Juni 1980.In Anordnungs- und Mitteilungsblatt des Ministers für Nationale Verteidigung Nr. 51/80, D/9-1/3.
14. Ebd.
Leistungen in diesem Sinne sind:
- die Gewährung von Treuezulagen entsprechend den Rechtsvorschriften und rahmenkollektivvertraglichen Bestimmungen,
- die Verleihung von Medaillen für treue Dienste entsprechend den Rechtsvorschriften, die Gewährung finanzieller Zuwendungen bei Würdigung nach einer bestimmten Beschäftigungsdauer (Arbeitsjubiläum). Die genannten Leistungen werden gewährt, wenn im bisherigen und neuen Arbeitsrechtsverhältnis gleichartige Regelungen gelten. Der Anspruch auf Gewährung solcher Leistungen ist unter Bezugnahme auf die geltenden rechtlichen Regelungen durch den zuständigen Leiter zu bestätigen und mit der Beurteilung (Personalakte) dem neuen Betrieb/Bereich zu übersenden. Im neuen Betrieb/Bereich ist dem Werktätigen beim Einstellungsgespräch mitzuteilen, welche bisherigen Leistungen weiterhin gewährt werden. Die für die Gewährung der Leistungen im bisherigen Betrieb/Bereich geltenden Festlegungen (Auszeichnungsstufen, Auszeichnungszeiten, finanzielle Zuwendungen) bleiben ohne Einfluß.
Der Anspruch auf personengebundenen Urlaub bleibt weiterhin bestehen, wenn der Ehepartner im bisherigen Betrieb auf Grund der bis 1978 geltenden Regelungen Zusatzurlaub für langjährige Betriebszugehörigkeit (Treuerlaub) erhalten hat, unabhängig davon, ob im neuen Betrieb personengebundener Urlaub gewährt wird oder

nicht.
Bei Notwendigkeit können die Ansprüche mit Hilfe des Amtes für Arbeit beim Rat des Kreises geltend gemacht werden.
15. Politische Hauptverwaltung der NVA: Weibliche Offiziere im Truppendienst. Eine Zusammenfassung von Meinungsäußerungen der ersten Absolventinnen von Offiziershochschulen über ihren Dienst als Offizier, April 1989, S. 7.
16. Ebd., S. 8.
17. Georg-Maria Meyer/Siegfried Schneider »Vater versetzt, Kind sitzengeblieben«. In: Information für die Truppe 10/89, 11/89 sowie Heidelore Dillkofer/Georg-Maria Meyer/Siegfried Schneider, wie Anm. 8, S. 104: »Der Sohn der Familie AB besuchte in R-Stadt (Bayern) die erste und zweite Grundschulklasse, dann erfolgte der Umzug nach K-Stadt (NRW), wo ein anderes Schulsystem bestand. Dort besuchte er zunächst weiter die Grundschule und kam dann nach der vierten Klasse in die Realschule. Beim Umzug nach M-Dorf (Bayern) mußte der Sohn wieder in die Hauptschule. In das Gymnasium konnte er nicht gehen, weil er dann eine Aufnahmeprüfung hätte machen müssen, da er das bayerische Übergangsverfahren nicht mitgemacht hatte. Zu dieser Prüfung sah sich der Direktor jedoch nicht in der Lage, da er nicht wußte, welchen Stoff der Sohn der Familie AB in NRW durchgenommen hatte. Es blieb daher nur die Möglichkeit der Rückkehr in die Hauptschule, die der Sohn bis zur 6. Klasse besuchte. Erst danach konnte er erneut den Übertritt zur Realschule vollziehen, da das bayerische Schulsystem erst zu diesem Zeitpunkt den Realschuleintritt vorsieht. Bisher gute Schüler finden sich plötzlich nach dem Umzug aufgrund unterschiedlicher Lehrpläne, Fächerkombinationen und Anforderungen in einer Versagersituation, die sie nicht zu vertreten haben, die sie aber besonders trifft, da sie angesichts des Verlustes vertrauter Freunde auf die Anerkennung durch neue Mitschüler besonders angewiesen sind.«
18. Diese Angabe ist ein Durchschnittswert, der sich aufgrund der Aussagen der Befragten Berufssoldaten im Forschungsvorhaben »Soldatenalltag in der NVA«, 1996, ergibt.
19. Klaus-Peter Hartmann, wie Anm. 5, S. 28.
20. Die NVA verfügte am Ende der 80er Jahre über mehr als 80000 Wohnungen. Siehe KlausPeter Hartmann, wie Anm. 5, S. 27
21. Sozialreport 1990, wie Anm. 3, S. 258.
22. Tätigkeiten, die in den Familien überwiegend die Frau ausführt (1988), Angaben in Prozent

Tätigkeit	nach Angaben der Frau	nach Angaben des Mannes
Saubermachen	59	50
Wäsche waschen	79	67
Zubereitung Mahlzeiten	53	43

kl. Hausarbeiten	42	36
Geschirr spülen	36	22
tägliche Einkäufe	34	24

In: Ebd., S. 259.

Tätigkeiten, die in den Familien von Frauen und Männern überwiegend gemeinsam oder abwechselnd ausgeführt werden, (1988), Angaben in Prozent

Tätigkeit	nach Angaben der Frau	nach Angaben des Mannes
Wochenendeinkäufe	61	60
tägliche Einkäufe	4	56
Geschirr spülen	51	55
Wege zu Dienstleist.	44	51
Zubereitung Mahlzeiten	36	38
Saubermachen	31	32

In: Ebd., S. 261.
23. Ebd., S. 262.
24. Klaus-Peter, Hartmann, wie Anm. 5, S. 24. Ferienplätze erhielten

	Offiziere	Fähnriche	Berufsunteroffz.
1 bis 2mal	17	16	39
3 bis 4mal	21	28	0
5 bis 6mal	16	4	22
7 bis 10mal	19	24	9
11 bis 15mal	12	8	0
häufiger	8	12	0
keine Angabe	7	8	30

Der Aufenthalt in einem NVA-Erholungsheim kostete, unabhängig von der Saison, für Armeeangehörige 65,00 Mark; für den Ehepartner 65,00 Mark; für Kinder bis zu 14 Jahren 32,50 Mark; für Zivilbeschäftigte 58,50 Mark. Für einen dreiwöchigen Aufenthalt in einem Kinderferienlager zahlten die Eltern: für das erste und zweite Kind je 9,00 Mark, für das dritte 7,00 und für das vierte 5,00 Mark.
25. Studie zu Problemen der politisch-moralischen und psychologischen Vorbereitung des Offizierskorps, wie Anm. 5, S. 194.
26. Ehemalige Offiziere der NVA antworteten auf die Frage: Gab es in Ihrer Ehe Konflikte, die durch Ihren Dienst in der Truppe bedingt waren? (Angaben in Prozent)

Nein	37,4
Ja, aber unsere Ehe ist dadurch nur fester geworden	30,7
Ja, und es kam zeitweilig zu Ehekrisen	15,7
Ja und wir haben uns scheiden lassen	5,6

keine Antwort 10,7
Befragungsergebnisse aus der Erhebung zum Alltag in der NVA;
Unterlagen im Besitz der Arbeitsgruppe Geschichte der NVA und
Integration ehemaliger NVA-Angehöriger in Gesellschaft und
Bundeswehr beim Landesvorstand Ost des DBwV.
27. Dagmar Pietsch: Motivation des Wehrdienstes. In: Rührt euch!
Zur Geschichte der Nationalen Volksarmee, hrsg. von Wolfgang
Wünsche, Berlin 1998, S. 407 f.
Georg-Maria Meyer/Siegfried Schneider, wie Anm. 8, stellen
ähnliche Probleme für die Bundeswehr fest, indem sie u.a. folgende
Thesen vertreten:
Die Berufstätigkeit der Ehefrauen von Soldaten hat quantitativ
zugenommen und an Stellenwert für beide Ehepartner gewonnen.
Die Bereitschaft der Ehefrauen sich ausschließlich an den
Anforderungen des (Soldaten)berufs ihrer Männer auszurichten,
sinkt zunehmend.
Familiale Belange erhalten gegenüber dienstlichen Forderungen
einen höheren Stellenwert als bisher.
Familien(frei)zeit gewinnt zunehmend an Bedeutung.
Die Mobilitätsbereitschaft der Soldatenfamilie sinkt zunehmend.
Kriterien für die Versetzungsbereitschaft von Soldaten sind
immer weniger Karrieregesichtspunkte, sondern zunehmend
»Familienverträglichkeit« und andere soziale Faktoren.
Militärische Verhaltensmuster schlagen auf die Familie durch und
verursachen oder verschärfen Konflikte.
Die »Sinnkrise« der Bundeswehr wird auch in die Soldatenfamilie
hineingetragen.
28. Beschluß der Regierung der DDR über einseitige
Reduzierungsmaßnahmen vom 23.01.1989. In: »Neues
Deutschland« vom 24.01.1989
29. Ministerium für Abrüstung und Verteidigung / Verwaltung
Staatsbürgerliche Arbeit: Information über einige Aspekte der
sozialen Lage von Berufssoldaten, August 1990
30. Wilfried Kopenhagen: Die Landstreitkräfte der NVA, Stuttgart,
1999, S. 173 Im gleichen Buch finden sich auf S. 175 folgende
Angaben über die Stärke der NVA am 1.12.1989

	Armeeangehörige	Zivilbeschäftigte
NVA	183910	31150
davon	114410	13510
LSK/LV	35960	4950
VM	10750	2610
Ministerium/ zentral Unterstellte	22790	10080

31. Etwa zwei Drittel der Unteroffiziere bestätigen Belastungen des
Familienlebens durch den Dienst. Siehe Klaus-Peter Hartmann, wie
Anm. 5, S. 41

32. Wehrdienstgesetz und angrenzende Bestimmungen, Berlin 1983, S. 109 f.
Dort heißt es:
Für die Angehörigen werden folgende Unterhaltsbeträge gewährt:
1. für die Ehefrau
wenn dem Haushalt mindestens ein Kind angehört, das das 16. Lebensjahr noch nicht vollendet hat, oder
wenn sie sich im Schwangerschafts- oder Wochenurlaub befindet oder
wenn sie eine Schule besucht bzw. an einer Hoch- oder Fachschule studiert (Direktstudium) und deshalb keine Berufstätigkeit ausüben kann oder wenn sie sich in der Berufsausbildung befindet und Lehrlingsentgelt erhält oder
wenn sie invalide ist oder einen im Haushalt lebenden ständig pflegebedürftigen Familienangehörigen betreuen muß monatlich 250 M
wenn sie nachweisbar keine berufliche Tätigkeit ausüben kann und neben dem Unterhaltsbetrag gemäß dieser Verordnung kein weiteres eigenes Einkommen hat monatlich 300 M
wenn die Voraussetzungen für die Gewährung der unter Buchst. a oder b festgelegten Unterhaltsbeträge nicht vorliegen
monatlich 100 M
2. für jedes Kind monatlich 60 M
Für die finanzielle Versorgung während des Reservistendienstes galt, daß Reservisten neben dem Wehrsold einen Ausgleich in Höhe des Durchschnittslohnes von den Betrieben oder Einrichtungen gezahlt bekamen, in denen sie beschäftigt waren.
In: Ebd., S. 104.

Oberst a. D. Dr. Klaus-Peter Hartmann

Bedingungen und Probleme des Übergangs von Berufssoldaten der NVA in zivilberufliche Tätigkeiten

(Dezember 2000)

Das Ausscheiden aus dem militärischen Dienst war für die Angehörigen verschiedener Dienstverhältnisse, für Soldaten im Grundwehrdienst oder auf Zeit sowie für die verschiedenen Kategorien der Berufssoldaten in der Nationalen Volksarmee stets ein besonderes Ereignis, wenn auch aus höchst unterschiedlichen Gründen. Was für den einen als ersehnte Rückkehr in das gewohnte Leben, in den erlernten Beruf, den Kollegen- und Freundeskreis und den Schoß der Familie Anlaß für Freudenausbrüche war, bedeutete für den anderen eher Abschluß einer eingeplanten Periode, aus der heraus der Übergang in ein Studium, der Wechsel in die Berufsausbildung oder einen anderen Beruf und damit ein Start in die angestrebte berufliche Entwicklung begann, was neben freudigen Erwartungen auch Nachdenklichkeit hervorrufen mochte. Galt das erste vor allem für den Grundwehrdienstleistenden, so das zweite vorwiegend für den Zeitsoldaten. In jedem Fall aber endete hier nicht mehr als eine nach Monaten oder wenigen Jahren zählende Episode, der das eigentliche Berufsleben erst folgte.

Für Berufssoldaten stellten sich die Dinge anders dar. Je nach dem Zeitpunkt ihres Ausscheidens lag dann ein halbes Berufsleben oder mehr hinter ihnen, selten ein volles. Eine zweite berufliche Karriere blieb vielen schon aus Altersgründen verwehrt, eher folgte eine Phase des Ausklingens beruflicher Aktivitäten. Das eigentliche Berufsleben war vorüber. Nach Jahrzehnten im Militärdienst stand zudem eine weitreichende Umgewöhnung bevor, oft verbunden mit Ortswechsel und – sofern noch sinnvoll – neuerlicher Berufsvorbereitung. Die Tragweite dieses Schritts war jedem Betroffenen gewärtig. Unsicherheit und negative Erwartungen waren nicht selten die Folge.

Ähnlich verschieden waren die Bedingungen und Prozeduren, unter denen sich dieser Übergang vollzog. Erfolgte das Ausscheiden aus dem militärischen Dienst für Soldaten im Grundwehrdienst und Zeitsoldaten in der Regel massenhaft und im Rahmen formeller militärischer und/oder informeller kollektiver Rituale, so beendeten Berufssoldaten den Dienst meist einzeln oder in geringer Zahl und nur den Vorgesetzten und dem engeren Kameradenkreis bekannt. Offizielle Verabschiedungen wurden demgemäß meist auch in diesem engeren Umfeld und in sachlicher Atmosphäre vorgenommen.
Gemeinsam war allen Formen des Ausscheidens aus dem militärischen Dienst, und dies gilt wohl für jede Armee, daß sie im Leben des einzelnen nicht Alltägliches kennzeichneten, sondern Ausnahmesituationen. Abhandlungen über den Alltag in der NVA können trotzdem auf den Gegenstand selbst schwerlich verzichten: zum einen endet aller militärischer Alltag für jeden Soldaten eben auf diese Weise, zum anderen markiert die stete Wiederkehr dieses Tages im Leben der Truppe eine sich wiederholende und insofern eine Alltagserscheinung.
Die weiteren Ausführungen werden, der Spezifik des Ausscheidens von Berufssoldaten aus dem militärischen Dienst entsprechend, ausschließlich die dafür charakteristischen Bedingungen und Prozeduren in der NVA sowie die praktischen Erfahrungen der Berufssoldaten behandeln.

1. Laufbahnen für Berufssoldaten in der NVA
Der Begriff der Laufbahn und entsprechende Bestimmungen dazu existierten nicht von Anfang an. Im Vorläufer der NVA, der KVP, gab es zwar schon freiwillige Verpflichtungen als Offizier und als längerdienender Unteroffizier, die mit längeren zeitlichen Bindungen verknüpft waren. Diese formell nur kurzzeitigen Verpflichtungen führten jedoch nicht zu speziellen Berufsbezeichnungen. 1952/53 – in einem Zeitabschnitt des beschleunigten Aufbaus bewaffneter Kräfte und des zahlenmäßig stärksten Zustroms infolge massiver Werbeaktionen – verpflichteten sich künftige Offiziere z.B. auf zwei Offiziersschuljahre und fünf Jahre Dienst als Offizier. Informell allerdings wurde an den Offiziersschulen eine längerfristige

Verpflichtung bereits angestrebt; unter ideologischer Einflußnahme und entsprechendem Gruppendruck banden sich die meisten Offiziersanwärter mit der Formel »Solange mich Partei und Regierung brauchen«, die in der Regel als Selbstverpflichtung an Wandzeitungen kundgetan wurde und danach meist Eingang in die Personalakten fand, zumindest moralisch auf Dauer an den militärischen Dienst.
Mit der Gründung der NVA 1956 wurden den Offizieren und Unteroffizieren, die aus der KVP in die NVA übernommen werden sollten, erstmals formelle Verpflichtungs-erklärungen abverlangt. Sie lauteten (unter Anrechnung der KVP-Dienstzeit) auf 10-jährigen Dienst. Mit der ersten Dienstlaufbahnordnung wurde später der Begriff des Berufssoldaten eingeführt und als Berufsbezeichnung auch vor zivilen Institutionen zugelassen (bis dahin »Behördenangestellter«). Für Berufsoffiziere wurde als Regel eine 25-jährige, für Berufsunteroffiziere eine 10-jährige Mindestdienstzeit festgelegt. Berufsoffizieren in bestimmten, meist technischen Verwendungen ohne weitere Ent-wicklungsperspektiven war eine Beendigung des aktiven Wehrdienstes nach Erreichen des 38. Lebensjahres (also nach maximal 20 Dienstjahren) möglich. Zugleich wurden Altersgrenzen für bestimmte Dienststellungen benannt, die auch die Möglichkeit eines Dienstes über die Mindestdienstzeit hinaus regelten. So galten als Höchstalter für Kompaniechefs 35, in entsprechend hohen Offiziersdienststellungen 60 und für Generale 65 Lebensjahre.
1974 wurde die Dienstlaufbahnordnung neu gefaßt. 10 Dienstjahre für Berufsunter-offiziere und 25 für Berufsoffiziere sowie für die neu geschaffene Laufbahn »Fähnriche« galten weiterhin als Mindestdienstzeit, als Obergrenze wurde für alle das Erreichen der Altersgrenze im aktiven Wehrdienst festgelegt. Damit war diese nun identisch mit denen im Berufsleben: das vollendete 65. (bzw. für weibliche Armeeangehörige 60.) Lebensjahr. Altersgrenzen in bestimmten Dienststellungen wurden beibehalten, die Möglichkeit des Ausscheidens aus einigen Verwendungen nach 38 Lebensjahren dagegen abgeschafft, um – so die Begründung – diesem Personenkreis die volle Inanspruchnahme versorgungsrechtlicher Ansprüche zu ermöglichen.[1] Für Berufskader war der

Dienst in den Streitkräften damit eindeutig als Lebensaufgabe vorbestimmt. In der Fassung der Dienstlaufbahnordnung von 1982 schließlich wurde die Mindestdienstzeit für Fähnriche auf 15 Dienstjahre herabgesetzt.
Eine vorzeitige Beendigung des Dienstes auf eigenen Wunsch war zu keiner Zeit juristisch verbindlich geregelt. Entsprechende Rechte der Berufssoldaten, etwa in Form von Dienstverträgen, bestanden nicht. Faktisch konnte nur die Entpflichtung durch den Dienstherren zu einem Ausscheiden vor Ablauf der Mindestdienstzeit von 25 Jahren führen. Ehrenhaft war dies vor allem bei gesundheitlicher Nichteignung möglich, darüber hinaus auch bei Übernahme »wichtiger staatlicher bzw. gesellschaftlicher Aufgaben«, wegen struktureller Veränderungen und wegen außerordentlich schwieriger persönlicher Verhältnisse.[2] Nahezu alle anderen persönlichen Gründe wurden ideologisch stigmatisiert und führten zu unehrenhaftem Ausscheiden, das in der Regel mit Sanktionen verbunden war. So entfielen z.B. nicht nur jeder versorgungsrechtliche Anspruch und jegliche Unterstützung der Armee bei der Aufnahme einer beruflichen Tätigkeit oder eines Studiums, bei Umzug oder familiären Problemen. Der unehrenhaft Entlassene mußte vielmehr davon ausgehen, daß ihm staatliche und wirtschaftliche Leitungen den Zugang zu bestimmten Positionen und Entwicklungswegen zumindest zeitweilig verwehren oder doch erschweren würden.
Die lebenslange und weitgehend einseitige Bindung an den militärischen Beruf und die geringen Möglichkeiten, vor Ablauf der Mindestdienstzeit ehrenhaft aus der NVA auszuscheiden, gehörten zu den Hauptgründen für die im Herbst 1989 meistvorgebrachte Forderung der Berufssoldaten: den Abschluß von Dienstverträgen, in denen Rechte der Berufssoldaten gegenüber dem Dienstherren und dessen Pflichten gegenüber den Berufssoldaten verbindlich festgeschrieben werden sollten.

2. Hauptzeitpunkte und –gründe des Übergangs ins Zivilleben
Aus den Dienstlaufbahnbestimmungen für Berufssoldaten ergaben sich als Haupt-zeitpunkte der Entlassung aus dem aktiven Wehrdienst:

- der Ablauf der Mindestdienstzeit (10 Dienstjahre für Berufsunteroffiziere, 15 bzw. 25 Dienstjahre für Fähnriche und Berufsoffiziere)
- die Vollendung des 50. Lebensjahres, sofern nicht bestimmte Dienststellungen bereits reicht waren, sowie das Erreichen einer Altergrenze in höheren Dienststellungen und -graden
- das Erreichen der Altersgrenze im aktiven Wehrdienst.

In den beiden erstgenannten Fällen stand dieser Vorgang unter dem Begriff der »Versetzung in die Reserve«, in der Berufssoldaten in der Regel bis zum Erreichen der Altersgrenze im aktiven Wehrdienst geführt wurden, unabhängig davon, ob sie zum Reservedienst herangezogen wurden oder nicht.

Exakte Angaben über den Anteil der Berufsunteroffiziere, der bereits nach Ablauf der Mindestdienstzeit aus dem aktiven Wehrdienst entlassen wurden, waren nicht greifbar. Der diskontinuierliche Aufbau des Offizierskorps der NVA in den 50er Jahren führte jedoch notwendig zu ähnlicher, allerdings abgeschwächter Diskontinuität bei den Entlassungen: ein erster Schub war um 1962 zu verzeichnen, als die meisten 10-jährigen, ein zweiter nach 1975, als die ersten 25-jährigen Verpflichtungen ausliefen. Weiter kann indirekt aus den Dienstaltersstrukturen geschlossen werden, daß diese Quote zumindest im letzten Jahrzehnt der Existenz der NVA relativ hoch war: zwischen 1981 und 1988 sank der Anteil der über die Mindestdienstzeit hinaus dienenden Berufsunteroffiziere in der NVA von 22,2 auf 11,8 Prozent. Dabei ist allerdings zu berücksichtigen, daß ein Teil der Berufsunteroffiziere im Verlauf der Dienstzeit in die Fähnrichlaufbahn wechselte (besonders häufig war dies unmittelbar nach Einführung dieser Laufbahn der Fall). Auch hier sind über den Anteil, der bereits nach 15 Dienstjahren entlassen wurde, keine Angaben greifbar. Die Dienstaltersstrukturen weisen aus, daß der Anteil der über die Mindestdienstzeit (15 Jahre) hinaus dienenden Fähnriche zwischen 1980 und 1988 von 53,9 auf 45,2 Prozent sank, der Anteil der über das 25. Dienstjahr hinaus dienenden dagegen von 10,8 auf 13,8 Prozent stieg (mit einem Maximum von 15,9 Prozent im Jahre 1984).

Auch für Berufsoffiziere muß aus den vorliegenden Angaben

über die Dienstalters-struktur geschlossen werden, daß ein erheblicher Teil nach Ablauf der Mindestdienstzeit ausschied: der Anteil der darüber hinaus dienenden lag 1980 und 1988 jeweils bei 21, 1 Prozent und stieg zwischenzeitlich auf 24,3 Prozent (1983 bis 1985) an.[3]
Innerhalb der Dienstalters-Jahrgänge differierte der Anteil der unmittelbar nach Vollendung des 25. Dienstjahres in die Reserve versetzten Berufsoffiziere dabei zwischen 1980 bis 1987 erheblich (zwischen 16 und 42,9 Prozent), ebenso der Anteil der jeweils in den beiden Folgejahren entlassenen (zwischen 11,1 und 44 Prozent).[4]
Insgesamt bildete der Ablauf der Mindestdienstzeit trotz des als »Lebensaufgabe« definierten Dienens in den Streitkräften somit die eigentliche Zäsur im Leben der meisten Berufssoldaten. Sofern die Armee nicht selbst die Entlassung nach Ablauf der Mindestdienstzeit betrieb, bestimmten vor allem drei Gründe den diesbezüglichen eigenen Wunsch: fehlende Entwicklungsmöglichkeiten innerhalb der Armee, Unzufriedenheit mit den Dienst- und Lebensbedingungen in den Streitkräften und die altersabhängig noch abzusehenden Möglichkeiten für eine zivilberufliche Entwicklung. Die einzelnen Begründungen schlossen einander nicht aus, sondern vermischten sich meist. Fehlende dienstliche Entwicklungsmöglichkeiten konnten auch den Vorgesetzten Anlaß sein, eine Entlassung zu diesem Zeitpunkt vorzuschlagen.
Besonderes Gewicht unter diesen Gründen besaß dabei stets die Unzufriedenheit mit den Dienst- und Lebensbedingungen in der NVA. Die Armee stand seit Mitte der sechziger Jahre unter dem Regime der ständigen Gefechtsbereitschaft – immer bereit, in kürzesten Fristen aus den Objekten heraus zu Gefechtshandlungen übergehen zu können. Berufssoldaten unterlagen den über die Jahre noch steigenden Belastungen dieses Regimes in besonderem Maße. Ihre Dienst- und Lebensbedingungen wurden vordergründig durch permanente und außergewöhnliche hohe zeitliche Beanspruchung bestimmt. Nach eigenen Angaben leisteten Offiziere und Fähnriche 1985 durchschnittlich etwa 60-65 Wochenstunden, bloße Anwesenheit zur Aufsichtsführung mit eingerechnet. Selbst in den objektnahen Wohnsiedlungen der Armee muß-

ten die Berufssoldaten stets erreichbar bleiben, was die individuelle Freizügigkeit weitgehend einengte. Nahezu das gesamte Korps der Berufssoldaten in der Truppe empfand diese Situation als belastend und problematisch. Als Ursachen dafür kamen Führungsschwächen wie die ungenügende Bilanzierung von Aufgabenstellungen und verfügbaren Kräften, Mitteln und Zeit sowie Leerlauf- und Wartezeiten hinzu.

Diese Dienstbedingungen bestimmten in hohem Grade auch die außerdienstlichen Lebensumstände der Berufssoldaten. Zahlreiche Probleme in diesem Bereich erwiesen sich z.B. als unmittelbare Folge der hohen zeitlichen Beanspruchung im Dienst. So standen fehlende Zeit für die Familie und für die Befriedigung persönlicher Interessen mit Abstand an der Spitze außerdienstlicher Probleme. Vor allem bei jüngeren Berufssoldaten entstand daraus ein Gefühl allgemeiner Benachteiligung im Vergleich zu Freunden im zivilen Bereich und der Eindruck der Nichtübereinstimmung von dienstlichen Anforderungen und materieller Vergütung. Zu dem nicht selten neidvollen Blick auf die breiter werdende Palette zivilberuflicher Entwicklungsmöglichkeiten kam der Umstand, daß jüngere Offiziersgenerationen in der NVA zunächst nicht mehr die gleichen sozialen Aufstiegschancen besaßen wie die »Gründergeneration«.

Zusammen mit anderen als belastend empfunden Lebensumständen lockerte dies die Bindungen an den militärischen Beruf. Jeder vierte der 1985 befragten Truppenoffiziere und jeder achte Fähnrich war mit seinem Beruf mehr oder weniger unzufrieden. Die beträchtliche Differenz zwischen den Anteilen berufsunzufriedener Offiziere und Fähnriche ließ sich vor allem aus dem stark abweichenden Anspruchsniveau an Inhalte und Bedingungen eigener Tätigkeit erklären. Berufsunzufriedene fanden sich besonders häufig bei Offizieren und Fähnrichen in technischen und Kommandeursverwendungen, auf Zugführerebene und mit geringem Dienstalter.[5]

Analysen ergaben keinerlei Beleg für primär in politischen Haltungen liegende Gründe, sondern vielmehr einen hohen Identifikationsgrad mit wesentlichen Inhalten der militärischen Tätigkeit und des militärischen Berufs. In einer solchen Berufsunzufriedenheit äußerte sich demnach nicht in erster Linie Einstellung zum Beruf an sich, sondern vor allem zu den Bedingungen seiner Ausübung. Ein bei etwa einem Viertel liegender Prozentsatz berufsunzufriedener Offiziere war seit Jahren bekannt. Ein Teil davon hatte zumindest zeitweilig den Wunsch, den Dienst noch vor Ablauf der Mindestdienstzeit zu beenden. Angesichts der geringen Chancen auf eine ehrenvolle Entlassung lebten viele von ihnen nach dem Motto »Schnauze halten, weiter dienen«. Auch wenn in den meisten Fällen nach etwa 10 Dienstjahren Gewöhnung oder Entlastung durch Dienststellungsveränderung eintrat, blieben die Dienst- und Lebensbedingungen einer der Hauptgründe für Berufssoldaten, nicht über die Mindestdienstzeit hinaus in den Streitkräften verbleiben zu wollen.

Eine zweite Zäsur war das Erreichen des 50. Lebensjahres – im Alter zwischen 50 und 51 Jahren schieden 1980 bis 1987 jährlich weitere 30 bis 80 (!) Prozent der Berufsoffiziere der betreffenden Jahrgänge aus dem aktiven Dienst.[6] Eine Vorstellung von den realen Größenordnungen zwischen 1985 und 1988 im Vergleich zur Anzahl der nach Ablauf der Mindestdienstzeit entlassenen Berufsoffiziere vermitteln die nachstehenden absoluten Zahlen:[7]

Entlassung nach Vollendung des	**1985**	**1986**	**1987**	**1988**
25. Dienstjahres	1193	965	1586	1500
50. Lebensjahres	688	683	1047	1000

Hinzu kamen 1985 bis 1987 jährlich 250 bis 350 Fähnriche und Berufsunteroffiziere nach Vollendung des 25. Dienstjahres und etwa 200, die das 50. Lebensjahr erreicht hatten. Jedes weitere Lebensjahr im aktiven Dienst verringerte die Möglichkeiten eigener Lebensplanung drastisch, wenn der Zeitpunkt des Ausscheidens aus der Armee nicht langfristig festgelegt war (und das war nur über 5-Jahreszeiträume möglich und auch dann nicht absolut sicher). Auch die Aufnahme einer befriedigenden zivilberuflichen Tätigkeit war in diesem Alter erheblich schwieriger.

Für den Eintritt in das Rentenalter galten in der Armee, wie eingangs dargestellt, die gleichen Regelungen wie im zivilen Leben. Versuche der Armeeführung, im Interesse einer günstigen Altersstruktur der aktiven Berufssoldaten eine vorzeitige Berentung durchzusetzen, scheiterten am Einspruch anderer gesellschaftlicher Bereiche (z.B. Volksbildung), die das Gleiche dann für sich in Anspruch nehmen wollten, und damit an der allgemeinen Arbeitskräftelage. Bis zum Dienstgrad Oberst wurden Berufssoldaten in der Regel trotzdem auf dem Wege der Invalidisierung spätestens nach Erreichen des 60. Lebensjahres in den Ruhestand entlassen. Die Gesamtzahl der jährlich auf diesem Wege ausscheidenden Berufssoldaten war jedoch vergleichsweise gering. Eine berufliche Betätigung kam wegen des Invalidenstatus für sie nicht in Betracht; viele waren jedoch noch über Jahre hinaus in ehrenamtlichen Funktionen gesellschaftlich tätig.

Die in den achtziger Jahren tendenziell rasch sinkenden Anteile über das 25. Dienstjahr bzw. über das 50. Lebensjahr hinaus dienender Berufssoldaten reflektieren einerseits das Bemühen, die erforderliche und für die Aufgabenbewältigung günstige Altersstruktur einer »in die Jahre gekommenen« Armee zu sichern. Beim Aufbau der NVA waren überwiegend 18–20-jährige junge Männer in den Dienst getreten, die meisten in den Jahren zwischen 1950 und 1953 mit dem Schwerpunktjahr 1952, in das die schon erwähnten Werbeaktionen fielen. Aus ihnen rekrutierte sich später das Gros der Berufssoldaten. Im Jahr der Gründung der NVA betrug das Durchschnittsalter der Offiziere knapp 27 Jahre.[8] Bis zu ihrem Ende ergab sich für die NVA daraus eine Alterstruktur, in der die Jahrgänge 1930 bis etwa 1935 stets überproportional vertreten waren. Diese Alterskohorte führte zu den Hauptzeitpunkten der Entlassung aus dem aktiven Dienst stets zu Problemen bei der Unterbringung in zivilen Tätigkeiten. Andererseits fielen in den Zeitraum der achtziger Jahre erhebliche Reduzierungen und Veränderungen der Stellenpläne. Damit stand seit etwa Mitte der siebziger Jahre vor Kader- und Wehrorganen zunehmend das Problem, jährlich einer größeren Anzahl älterer Berufsoldaten den Übergang in zivilberufliche Tätigkeiten zu sichern.

3. Zum Übergang von Berufssoldaten in das zivilberufliche Leben[9]

3.1. Normative Regelungen und allgemeine Bedingungen

Normative Grundlagen für den Übergang von Berufssoldaten in das zivilberufliche Leben bildeten neben der Kaderordnung vor allem die Förderungs- und die Versorgungsordnung der NVA. Laut Kaderordnung war dem aus dem aktiven Dienst aus-scheidenden Berufssoldaten diese Entscheidung zwei Jahre zuvor verbindlich mitzuteilen; im letzten Jahr seines Dienstes konnte er sich im Zusammenwirken mit Kaderorganen der NVA und den zivilen Ämtern für Arbeit um eine geeignete zivilberufliche Tätigkeit bemühen. Die alle fünf Jahre fälligen Attestationen für Berufssoldaten gaben darüber hinaus eine längerfristige Vororientierung ohne endgültige Verbindlichkeit. Die Förderungsverordnung verpflichtete die Räte der Bezirke und deren Ämter für Arbeit zur Eingliederung dieser Berufssoldaten in den Arbeitsprozeß sowie zur Koordinierung aller anderen entstehenden Fragen, insbesondere der Wohnraumversorgung, und berechtigte sie, Betrieben und Einrichtungen notfalls Auflagen zu erteilen. Diese wurden zur besonderen beruflichen Förderung ehemaliger Berufssoldaten einschließlich erforderlicher Qualifikationsmaßnahmen verpflichtet. Die Ämter für Arbeit übergaben der Armee jährlich über die Wehrorgane Arbeitsplatzangebote, die zumindest allgemeine Tätigkeitsmerkmale, Vergütungen und u.U. bereits Wohnungsangebote enthielten. Diese Angebote basierten ihrerseits auf »Bedarfsmeldungen« der Armee.

Finanziell waren den Berufssoldaten nach Dienstgrad und Dienstdauer gestaffelte Mindestlöhne bzw. -gehälter zu sichern. Die Dienstzeit in der Armee war in den zivilen Tätigkeiten bei Anspruch auf alle damit verbundenen materiellen und moralischen Vergünstigungen anzurechnen. Eventuell gewünschte Studienplätze waren vorrangig zu gewähren, Stipendien lagen deutlich über den üblichen. Wohnraum war vordringlich, spätestens aber 18 Monate nach der Entlassung aus dem aktiven Wehrdienst zuzuweisen. Im aktiven Wehrdienst erworbene Qualifikationen wurden anerkannt.[10] Die Versorgungsordnung schließlich garantierte nach 25 Dienstjahren eine ebenfalls nach Dienstgrad und Dienstdauer gestaffelte, nach oben limitierte Übergangszahlung von bis zu drei Monatsgehältern sowie bei Einkommenseinbußen in zivilberuflichen Tätigkeiten eine monatliche Übergangsrente, die eine abrupte Verschlechterung des bisherigen Lebensstandards verhindern sollte.

Die persönlichen Voraussetzungen der Berufssoldaten für den Übergang in zivile Berufe waren hochgradig abhängig von ihrer militärischen Laufbahn und der damit verbundenen zivilberuflichen Verwendbarkeit erworbener Qualifikationen. Während Berufssoldaten aus bestimmten technischen Fachrichtungen oder aus dem Politapparat relativ gute Voraussetzungen für entsprechende zivile Einsatzgebiete mitbrachten, waren allgemeine Kommandeure und ausgesprochene Militärspezialisten durch die Spezifik ihrer Qualifikation und Berufserfahrung benachteiligt. Die an den Offiziershochschulen zuerkannte zivile Qualifikation bot kaum Voraussetzungen, da sie – obwohl die mathematisch-naturwissenschaftliche Ausbildung breiten Raum einnahm – wenig berufspraktische Kenntnisse und Erfahrungen vermitteln konnte, lange zurücklag und im Truppendienst kaum genutzt und erweitert wurde. Eine durch die Armee getragene oder geförderte berufliche Vorbereitung vor dem Ausscheiden gab es nicht, sie war angesichts der Personalknappheit und der Anforderungen an die Gefechtsbereitschaft auch kaum vorstellbar. Dem Berufssoldaten stand eine 14-tägige »Einarbeitungszeit« zu, die nicht immer durchgesetzt wurde; es war auch nicht durchgehend gesichert, daß der Anspruch darauf jedem Berufssoldaten bekannt war. Weiterführende Qualifizierungs- und Weiterbildungsmaßnahmen für den zivilberuflichen Einsatz erfolgten, wo erforderlich, nach Arbeitsantritt und in ausschließlicher Verantwortung des jeweiligen Arbeitgebers. Verbindliche Regelungen gab es dafür nicht, Entscheidungen waren – natürlich abhängig von den persönlichen Voraussetzungen des ehemaligen Berufssoldaten und seinem betrieblichen Einsatz – stets auch Ermessensfrage. Dagegen waren im langjährigen Armeedienst erworbene Persönlichkeitseigenschaften wie Arbeitsbereitschaft und Zuverlässigkeit oder Erfahrungen in Menschenführung und Arbeitsorganisation erwünscht und geschätzt.

Eine nicht zu unterschätzende Rolle beim Übergang in zivile Berufe und für eventuelle berufliche Weiterbildung spielten das Alter der Berufssoldaten und – damit verbunden – der Zeitpunkt des Ausscheidens. Berufsunteroffiziere waren nach Ablauf der Mindestdienstzeit in der Regel nicht älter als etwa 30 Jahre und hatten, durch die Anerkennung ihrer militärischen Qualifikation als Industriemeister bestimmter Branchen begünstigt, die uneingeschränkte Chance des Beginns einer neuen beruflichen Karriere. Die meisten Berufsoffiziere vollendeten das 25. Dienstjahr mit etwa 43 bis 45 Lebensjahren. Auch in diesem Alter galt eine zweite berufliche Karriere noch als möglich. Jedes weitere Dienstjahr reduzierte diese Chance, mit über 50 Lebensjahren galt sie als kaum erreichbar, zumal dann auch die physische Leistungsfähigkeit spürbar nachließ. Die Situation von Fähnrichen, die nach 15 Dienstjahren ausschieden, entsprach eher der von Berufsunteroffizieren, nach 25 oder mehr Dienstjahren glich sie – vom unterschiedlichen Qualifikationsgrad und weiteren Lebensanspruch abgesehen – dem von Berufsoffizieren.

Wirtschaft und Verwaltung und andere gesellschaftliche Bereiche der DDR mußten sich auf dieses differenzierte Arbeitskräfteangebot erst einstellen. Boten sie anfangs in hohem Maße Arbeitsplätze an, die eher auf die genannten Persönlichkeitseigenschaften zielten (ein erheblicher Teil der in den siebziger Jahren ausscheidenden Berufssoldaten wurde in Kaderabteilungen oder als Sicherheitsinspektoren eingesetzt), differenzierten sich die Einsatzgebiete in den achtziger Jahren, wie die nachstehende Tabelle ausweist, auch wegen der steigenden Zahl in zivile Berufe wechselnder Berufssoldaten zunehmend (Angaben in Prozent):[11]

Einsatz in	1985	1986	1987
Industrie	33,8	29,2	26,3
Bauwesen	3,0	1,6	1,6
Verkehrswesen	4,6	4,3	4,4
Post- und Fernmeldewesen	1,7	1,9	2,3
Landwirtschaft	3,3	3,1	2,8

Parteiapparat	1,1	1,0	0,9
Gesellsch. Organisationen	2,0	3,1	2,3
Staatsapparat	13,8	14,6	11,8
Volksbildung	7,0	5,8	5,0
Handel	5,2	5,5	3,6
Gesundheitswesen	7,2	6,7	4,5
Bewaffnete Organe	17,3	23,0	34,5

(davon 11,3, 19,9 bzw. 27,8 Prozent als Zivilbeschäftigte der NVA)

Der Rückgang des Angebots geeigneter Arbeitsplätze in den meisten Industriezweigen sowie in der Volksbildung – u.a. auch, weil diese zunehmend und oft längerfristig bereits durch ehemalige Berufssoldaten besetzt waren – wurde in diesem Zeitraum zunehmend durch Umwandlung von Berufssoldaten – in Zivilplanstellen im Rahmen struktureller Veränderungen innerhalb der NVA aufgefangen. Im Bereich der Volksbildung bot sich vor allem die Einführung des Wehrunterrichts für den Einsatz ehemaliger Berufssoldaten an. Allerdings gab es auch Fälle, in denen einzelne Berufssoldaten in Tätigkeiten vermittelt wurden, die in keinem Verhältnis zu ihrem bisherigen Status standen – als Heizer, als Arbeiter in der Sekundärrohstofferfassung oder selbst als Sottenfahrer in einem Dienstleistungskombinat.

Für alle Berufssoldaten galt, daß Kaderentwicklung im zivilen Bereich in der Regel langfristig aus den Stammbelegschaften heraus geplant waren, so daß »Seiteneinsteiger« um so ungünstigere Ausgangsbedingungen vorfanden, je älter sie waren. Höhere Funktionen waren so kaum erreichbar, außerdem war das Streben nach »Höherem« durch Alter und zusätzliche ökonomische Absicherung sicher begrenzt. Über 50-jährige Berufssoldaten suchten im Wissen um die beschränkten Entwicklungsmöglichkeiten deshalb häufig von vornherein nach Tätigkeiten, in denen erworbene Kenntnisse und Erfahrungen weitgehend nutzbar waren, also eher im bisher gewohnten Milieu – als Zivilbeschäftigte in der Armee oder in den Hauptabteilungen I, als Sicherheitsbeauftragte o.ä..

3.2 Übergangsprobleme
Berufssoldaten der NVA empfanden den Übergang in das zivile Leben vor dem Erreichen des Rentenalters, sofern er nicht auf eigenen Wunsch erfolgte, als tiefen Einschnitt in ihr Leben. Die meisten gaben nicht nur den bisherigen Beruf auf, sondern – je höher Dienstgrad und Dienststellung, desto mehr – auch damit verbundenen Sozialstatus und -prestige. Sie erlebten nun, daß die offizielle Wertschätzung der Streitkräfte und ihr tatsächliches öffentliches Ansehen auseinanderfielen, ihre bisherige Lebensleistung ihnen keineswegs immer Kredit brachte und im militärischen Leben unverzichtbare Persönlichkeitseigenschaften und Verhaltensweisen wenig geschätzt waren – so etwa die Respektierung von Befehl und Gehorsam, militärische Umgangsformen und entsprechender Umgangston. Meinungen betroffener Berufssoldaten wie »*das, was ich in der Armee war, werde ich nie wieder erreichen*«, »*sowie du die Uniform ausgezogen hast, bist du graue Masse*«, »*die zurückliegenden Jahrzehnte spielen im neuen Bereich keine Rolle*« oder «*nach 25 Arbeitsjahren gehört man draußen zu den gestandenen Leuten in den besten Mannesjahren, ein Berufssoldat muß noch mal neu anfangen*« reflektieren die Schwierigkeiten und zeigen, daß der Übergang für die meisten »*eine verdammte Umstellung*« war.
In der Tat waren Berufssoldaten von den Jahrzehnten im militärischen Dienst in ihrer Gesamtpersönlichkeit stark geprägt. Anfangs nur an kurzzeitigen Militärdienst denkend, gründete sich die spätere langfristige Bindung an den militärischen Beruf auf eine tiefe, stark politisch-weltanschaulich untersetzte Überzeugung von dessen Notwendigkeit. In jungen Jahren Verantwortung für Menschen und Technik zu übernehmen, war für sie Zwang und Chance zugleich; es führte selbst jene, die mit romantischen Vorstellungen oder aus Abenteuerlust, wegen des Reizes der Technik oder um wieder ein sicheres Zuhause zu finden in die Streitkräfte eintraten, folgerichtig zu politischem Denken und Handeln. Mit oft geringer und lückenhafter Schulbildung angetreten, unterwarfen sie sich in zäher Beharrlichkeit den Mühen des Bildungserwerbs. Selbst gewohnt, sich bewußt unterzuordnen, erwarteten sie Gleiches auch von anderen. Eigene Verantwortung und Be-

fehlsgewalt förderten bei vielen Prinzipienfestigkeit, persönliche Einsatzbereitschaft und Organisationstalent, nüchternes Urteils- und Entscheidungsvermögen selbst in kritischen Lagen, aber auch Rigorosität und Unduldsamkeit. Gewohnt und willens, eigene hinter Gesamtinteressen zurückzustellen, hatten viele trotz entwickelter Menschenkenntnis wenig Verständnis für andere Verhaltensweisen. Auch die Bereitschaft, strittige Fragen oder gar Entscheidungen zur Diskussion zu stellen und andere Meinungen zu akzeptieren, war häufig begrenzt. Erweiterte Kenntnisse und Erfahrungen, neue Erwartungen und Forderungen der in den Wehrdienst tretenden jüngeren Generationen hatten deshalb spätestens in den achtziger Jahren auch in der Armee zunehmend zu Forderungen nach einem neuen Führungsstil geführt.

Im zivilen Berufsleben mußte ein Teil dieser Persönlichkeitseigenschaften sich notwendig erschwerend bei der Einordnung in Arbeitskollektive auswirken, zumal deren Zusammensetzung und Einstellung gegenüber dem »Neuen von der Armee« wesentlich mit über dessen Integration und berufliche Einarbeitung entschied. Das übliche »*was kann der*« war bei aller möglichen Aufgeschlossenheit in diesem Fall oft durch ein »*kann der das überhaupt*« ersetzt, begleitet durch genaue und teilweise überkritische Beobachtung nicht nur der Kenntnisse und Fähigkeiten, sondern auch des Einordnungsbemühens und der Umgangsformen der ehemaligen Berufssoldaten.

Geschätzt wurde in den Arbeitskollektiven deren allgemein kritische Haltung, abgelehnt jedoch ihre Unduldsamkeit und gelegentliche Rückfälle in militärischen Führungsstil. Wo den Arbeitskollegen Einzelheiten der Förderung ehemaliger Berufssoldaten offenbar wurden, gab es auch Erscheinungen des Sozialneids, so z.B. hinsichtlich der Übergangsrenten oder der Anrechnung der Dienstjahre auf die Betriebszugehörigkeit.

Obwohl die Integration in der Regel erfolgreich verlief, machten viele Erfahrungen wie »*ich hatte angenommen, die Armee wird anerkannt, aber angetroffen, daß die Betriebe es als Last empfinden, uns einzustellen*« oder »*im zivilen Sektor wartet man nicht auf uns*«, andere fühlten sich als »*unerfahrener Welt-

verbesserer« behandelt oder man hielt ihnen entgegen »*wir müssen Euch nehmen, wissen, daß es mit Euch kaum was wird*«. Besondere Enttäuschungen verursachte die oft reservierte Haltung von Produktionsarbeitern gegenüber den ehemaligen Berufssoldaten, die in dieser Art nicht erwartet wurde.
Für die Einordnung in die Arbeitskollektive war naturgemäß bedeutsam, ob und wie rasch die ehemaligen Berufssoldaten ihre neuen Arbeitsaufgaben meisterten. Das erwies sich als stark abhängig von der Möglichkeit, im Militärdienst erworbene Kenntnisse und Fähigkeiten zu nutzen, von Qualifizierungsangeboten der Betriebe und Einrichtungen und deren Nutzung sowie nicht zuletzt von der Vorbereitung und vom Bewährungswillen der Betroffenen selbst. Trotz der allgemein anerkannten Qualifizierungsbereitschaft der Berufssoldaten kam es nicht selten zu – manchmal auch mehrfachen – Wechseln der Arbeitsstellen oder Tätigkeiten, vor allem dann, wenn vor der Arbeitsaufnahme keine ausreichende Klarheit über die Arbeitsaufgaben bestand. Fehlende oder unpräzise Arbeitsplatzbeschreibungen, unzureichende Eignungsbewertung, aber auch Selbstüberschätzung waren wesentliche Gründe für Fehlentscheidungen bei der Wahl des ersten zivilen Arbeitsplatzes. Unzufriedenheit vieler ehemaliger Berufssoldaten mit ihren neuen Tätigkeiten hatte aber auch andere Gründe. Manche hatten den Eindruck, daß man ihnen Stellen anbot, die andere nicht annehmen wollten und die deshalb oft längere Zeit unbesetzt geblieben waren. Andere beklagten die oft zu allgemeinen Angebote der Ämter für Arbeit, deren Prüfung angesichts der von der Armee zur Verfügung gestellten Zeit kaum möglich war. Vor allem aber bemängelten viele die innerhalb der Streitkräfte nicht immer ausreichende Planmäßigkeit des Ausscheidens von Berufssoldaten und das völlige Fehlen einer Berufsvorbereitung.
Die in der NVA geltenden Festlegungen – verbindlichen Bescheid zwei Jahre, Bemühungen um eine zivilberufliche Tätigkeit ab ein Jahr vor Dienstende – hielten viele der Betroffenen für nicht langfristig genug, ganz zu schweigen von jenen Fällen, in denen Veränderungen der Stellenpläne oder andere Umstrukturierungen zu überraschenden Entlassungen aus dem aktiven Wehrdienst führten. Die Belastung der

Truppenteile und Einheiten durch Aufgabenfülle und System der Gefechtsbereitschaft erschwerte es dem Einzelnen häufig, die zugesicherten Freistellungen in vollem Umfang wahrzunehmen.

Integration in zivilberufliche Tätigkeiten war zudem oft auch durch andere Umstände erschwert, so z.B. durch das relativ abgeschirmte Leben in den Streitkräften. Daraus resultierende Unkenntnis der Probleme und Widersprüche des allgemeinen Lebens in der DDR, mangelndes Wissen über zivile Leitungsformen, gesetzliche Bestimmungen (vom Arbeitsgesetzbuch bis zum Betriebskollektivvertrag) und über spezifische Problemlagen und Lösungswege in den verschiedenen Wirtschafts- und Verwaltungszweigen konnten so leicht zu Mißverständnissen führen oder als Weltfremdheit ausgelegt werden.

Natürlich stand nicht jeder der ausscheidenden Berufssoldaten bei der Entlassung aus dem aktiven Dienst und beim Übergang in zivilberufliche Tätigkeiten gleichzeitig und gleichermaßen vor all diesen Problemen. Und letztlich hat die Mehrheit von ihnen diesen Übergang durchaus erfolgreich gemeistert. Gemeinsam war den meisten aber doch eine verständliche Unsicherheit, der zunächst ein vermehrtes Bedürfnis nach Beratung und Rückhalt aus dem angestammten Milieu entsprang.

4. Verbindungen zur Armee
Dieses Bedürfnis war um so verständlicher, als ein Vierteljahrhundert oder mehr Leben in militärischen Organisationsformen Bindungen hervorbrachte, Bindungen an Menschen, an Technik, an örtliche Gegebenheiten und anderes mehr. Realisierbar war das Bedürfnis für die in die Reserve versetzten Berufssoldaten nur bedingt, viele von ihnen empfanden hier deutliche Defizite. Ihre Enttäuschung über die geradezu »*abrupte Trennung*« von der Armee drückte sich in Urteilen aus wie »*aus den Augen, aus dem Sinn*« oder »*man wohnt zwar neben der Dienststelle, aber eingeladen wird man nicht*«.

Nach den militärischen Bestimmungen der NVA waren ausschließlich die Wehrorgane, konkret die Wehrkreiskommandos, für alle Fragen der Eingliederung und Betreuung der ausgeschiedenen Berufssoldaten verantwortlich. In praxi waren sie damit vor allem in Ballungsgebieten bei steigender Anzahl und zunehmendem Alter der Ausscheidenden eher über- denn hochgefordert, obwohl ihr Bemühen allgemein Anerkennung fand. Ihre Rolle beschränkte sich dabei nicht auf das Zusammenwirken mit den Ämtern für Arbeit bei der Arbeitsplatzvermittlung, sondern auch auf Information und Durchsetzung der in Förderungs- und Versorgungsordnung fixierten Rechte. Weiter oblagen ihnen Ehrungen zu runden Geburtstagen sowie die Sicherstellung der Nutzung von Armeeferienplätzen und –gesundheitseinrichtungen, die den ehemaligen Berufssoldaten der NVA bis 1988 offen standen. Zudem kamen sie in ihrer Verantwortung für die in vielen Betrieben und Einrichtungen bestehenden Reservistenkollektive, in denen alle ehemaligen Angehörigen der NVA ungeachtet ihrer Dienstlaufbahn vereint waren, in Kontakt mit ehemaligen Berufssoldaten. In diesem Rahmen war ein Eingehen auf spezifische Probleme von Berufssoldaten allerdings kaum möglich.

Die Verbindung mit ihren früheren Truppenteilen und Einheiten, in denen sie oft viele Jahre gedient hatten und mit denen sie sich weiterhin verbunden fühlten, konnte das alles auf Dauer nicht ersetzen. Dafür gab es jedoch keine verbindlichen Regelungen. Die Truppe hatte zwar Verpflichtungen gegenüber »Veteranen«. Als solche galten aber in der Regel nur ehemalige Berufssoldaten mit besonderen Verdiensten, die bereits ein höheres Lebensalter erreicht hatten. Gegenüber allen anderen bestanden keine formellen Pflichten, nicht einmal die Benennung eines festen Ansprechpartners. Sofern ehemalige Berufssoldaten an den Standorten der Einheiten verblieben, in denen sie gedient hatten, gab es trotzdem vielerorts inoffizielle Beziehungen. Sie wurden allerdings nicht selten beendet oder doch zeitweilig unterbrochen, weil die verantwortlichen Offiziere in den Truppenteilen und Einheiten häufig wechselten. Im Falle des Wohnortwechsels sanken solche Möglichkeiten proportional zur Entfernung des neuen Wohnorts und beschränkten sich günstigstenfalls auf postalische Kontakte.

Über menschliche Bindungen hinaus äußerte sich die Verbundenheit mit der militärischen Tätigkeit naturgemäß im fortbestehenden Interesse an allen Vorgängen innerhalb der Streitkräfte als Ganzes. Die übertriebene militärische Geheimhaltung setzte dem enge Grenzen. Realisieren ließ sich dieses Interesse demzufolge entweder auf relativ allgemeinem Niveau oder nur dort, wo Initiative einzelner Kommandeure, persönliche Beziehungen zu in der Truppe verbliebenen Berufssoldaten oder vereinzelt Arbeits- oder Interessengemeinschaften bei örtlichen Häusern der Armee geeignete Mittel und Wege dafür fanden.

Eine wesentliche Ursache für die von vielen als unzureichend empfundene Pflege der Beziehungen zwischen der Armee und ihren ehemaligen Berufssoldaten war das Fehlen formeller Organisationsformen, die den beständigen Kontakt ausgeschiedener Berufssoldaten zu ihren ehemaligen Truppenteilen und Dienststellen oder zur Armee an sich sichern konnten. Das konnte nur Ergebnis zentraler Entscheidungen sein. Vorschläge zur Schaffung geeigneter Organisationen wie z.B. eines Reservisten-Verbandes scheiterten jedoch mehrmals – sie wurden für nicht erforderlich erachtet. Neben politischen und ökonomischen Erwägungen mag dabei auch die Gewohnheit eine Rolle gespielt haben, bestehende Regelungen a priori als hinreichend zu betrachten. Darüber hinaus vermutete man die Ehemaligen bis zum Ende ihres zivilen Berufslebens in der Geborgenheit sozialistischer Institutionen, und die unzureichende Kenntnis der realen Möglichkeiten und Gegebenheiten im zivilen Leben tat ein Übriges.

5. Nachbemerkungen

Die Praxis zeigte also, daß Unsicherheit und negative Erwartungen bei Berufsoffizieren der NVA, die vor dem Ausscheiden aus dem aktiven Dienst standen, nicht nur die einleitend genannten, in ihrem militärischen Werdegang begründeten objektiven Ursachen hatten. Das System der den Übergang in das zivile Berufsleben betreffenden Festlegungen war einerseits zwar durch Großzügigkeiten gekennzeichnet, wie sie etwa in den finanziellen Regelungen, in der Anrechnung von Dienstzeiten, bei der Vergabe von Studienplätzen und Wohnraum zum Ausdruck kamen. Sie als Privilegien zu bezeichnen,

übersieht die andere Seite: der ehemalige Berufssoldat trat nach einem Vierteljahrhundert im Militärdienst ohne hinreichende Berufsvorbereitung, die ihm zudem eine präzisere Beurteilung von Stellenangeboten und eigener Tauglichkeit dafür gestattet hätte, in das zivile Berufsleben. Diesbezügliche Rechte waren nicht festgeschrieben, Pflichten ausschließlich an den künftigen Arbeitgeber delegiert. Eine Weiterbetreuung durch die NVA gab es nur in den Grenzen der Möglichkeiten der Wehrkommandos, die Pflege von Beziehungen zwischen der Truppe und ihren ehemaligen Berufssoldaten blieb weitgehend der Eigeninitiative überlassen.
Insgesamt entsprangen die Prozeduren des Übergangs von Berufssoldaten in zivilberufliche Tätigkeiten den Gegebenheiten eines zentralistisch geregelten Arbeits- und Wohnungs»marktes« sowie Studienzugangs mit deren spezifischen Möglichkeiten und Grenzen. Weitergehende Verantwortlichkeiten – wie z.B. berufliche Weiterbildung, Wohnungs- oder Studienplatzzuweisung – konnten so problemlos an zivile Verantwortungsträger übergeben werden. Individuelle Arbeits-, Wohnungs- oder Studienplatzsuche waren zwar möglich, doch schon die dem Einzelnen dafür gegebene Zeit blieb durch die Zwänge des militärischen Dienstes stets mehr oder weniger eingeschränkt.
Nur einige der geschilderten Probleme wurden durch die Militärreform 1989/90 aufgegriffen, so etwa die Forderung nach Organisationsformen für ehemalige Berufssoldaten. Allerdings orientierten sie nun weit weniger auf die Kontakte zwischen der Armee und ihren ehemaligen Berufssoldaten als vielmehr auf die Durchsetzung berechtigter Interessen der Aktiven. Zum Abschluß von Dienstverträgen kam es trotz deren Stellenwert im Forderungskatalog der Berufssoldaten bis zum Ende der NVA nicht, doch wurden denen, die ihre Chance schon vor dem 3.Oktober in einer zivilberuflichen Entwicklung sahen, in der Regel keine Hindernisse mehr in den Weg gelegt. Die Ironie des Schicksals allerdings wollte, daß das Bedingungsgefüge, unter dem die Berufssoldaten aus dem NVA-Dienst schieden, auch nach 1990 weiterwirkte. Eben darin lagen nicht zuletzt die Schwierigkeiten begründet, die viele von jenen, die bereits wieder in zivilen Berufen tätig

waren, in ihrem beruflichen Werdegang nach 1990 hatten: ihre Konzentration in Zivilplanstellen der NVA oder in staatlichen Einrichtungen lenkte sie mit deren Liquidation 1990 zunächst automatisch ins Heer der Arbeitslosen. Die oftmals fehlende oder geringe zivilberufliche Qualifikation und die Art ihres Einsatzes in der Wirtschaft (Beispiel: Sicherheitsinspektoren) führte auch bei vielen von denen, die in die Wirtschaft gegangen waren, oftmals noch vor dem endgültigen Aus der Betriebe vorzeitig in die Arbeitslosigkeit. In der Folgezeit hatten viele schon altersbedingt nur geringe Chancen auf eine erfolgreiche Umschulung und einen anschließenden Arbeitsplatz. Faktisch entsprach ihre Lage durchaus der ihrer noch aktiven Kameraden – allerdings standen sie nun ein zweites Mal vor einem Neuanfang oder vor dem vorzeitigen Ausscheiden aus dem Arbeitsprozeß.

1. Siehe dazu Argumentation 1/74 der politischen Hauptverwaltung der NVA.
2. Siehe dazu: Anordnung des Nationalen Verteidigungsrates der DDR über den Verlauf des Wehrdienstes in der NVA – Dienstlaufbahnordnung – NVA – vom 25.März 1982 (GBl. I Nr.12 S.237).
3. Siehe dazu Statistischer Anhang, Tabelle 1. Die Angaben gehen auf eine Zuarbeit der Ver- waltung Kader des MfNV zur unter 8) genannten Untersuchung zurück. Sie schließen die Berufssoldaten der Grenztruppen der DDR ein und geben somit nicht ausschließlich Auskunft über die NVA.
4. Ebenda, Tabelle 2.
5. Diese und die folgenden Ausführungen greifen auf Ergebnisse soziologischer Untersuchungen in allen Teilstreitkräften der NVA und den Grenztruppen der DDR im Jahre 1985 zurück, in die u.a. 762 Offiziere und 216 Fähnriche aus der Truppe, vom Hauptfeldwebel und Zugführer bis zu Offizieren von Regimentsstäben, einbezogen waren. Nach Aufzeichnungen des Autors.
6. Siehe dazu Statistischer Anhang, Tabelle 2.
7. Die Zahlenangaben gehen ebenfalls auf die unter 3) genannte Zuarbeit der Verwaltung Kader des MfNV zurück und schließen Berufssoldaten der Grenztruppen ein.
8. Siehe: Armee für Frieden und Sozialismus, Berlin 1985, S.102.
9. Die weiteren Aussagen stützen sich vorrangig auf Ergebnisse einer soziologischen Erkundungsuntersuchung »Zur Lage älterer

Berufskader in der NVA und in den Grenztruppen der DDR sowie zu ausgewählten Problemen im Zusammenhang mit der Versetzung in die Reserve«. Sie erfolgte 1988 und basierte vorwiegend auf Experten- und Gruppengesprächen, in denen sich 57 Offiziere aus Regimentsführungen und 367 Berufssoldaten aus 4 Verbänden der NVA zum Thema äußerten. Die erfaßten Berufssoldaten dienten zum Untersuchungszeitpunkt bereits länger als 23 Jahre; etwa 20 Prozent von ihnen waren Fähnriche, etwa 10 Prozent Berufsunteroffiziere, alle übrigen Berufsoffiziere. Darüber hinaus gingen die Erfahrungen und Ansichten von 48 leitenden Offizieren der Wehrbezirkskommandos Erfurt, Dresden, Neubrandenburg und Rostock sowie von Wehrkreiskommandos ein, die in der Regel im Dislozierungsraum der erfaßten Verbände lagen, weiter die von 33 Vertretern von SED-Kreisleitungen, Parteisekretären von Großbetrieben und Mitgliedern von Betriebsleitungen, von 19 Mitarbeitern der Ämter für Arbeit aus verschiedenen Kreisen der genannten Bezirke sowie von 72 ehemaligen Berufssoldaten, die bereits eine zivilberufliche Tätigkeit aufgenommen hatten, in die Ergebnisse ein.

10. Siehe dazu Verordnung über die Förderung der Bürger nach dem aktiven Wehrdienst – Förderungsverordnung – vom 25 März 1982 (GBl I Nr. 12 S.256) sowie die Erste Durch-führungsbestimmung zur Förderungsverordnung, ebenda, S. 261.
11. Wie Anm. 7.

Statistischer Anhang
Tabelle 1
Dienstaltersstruktur der Berufssoldaten der NVA 1980 bis 1988 (Angaben in Prozent)

Dienstalter (in Jahren)	1980	1981	1982	1983	1984	1985	1986	1987	1988
Offiziere									
bis 5	13,5	12,3	11,6	11,7	12,3	12,5	12,6	9,7	8,7
5 bis unter 10	20,5	22,6	23,8	23,8	23,7	23,7	23,1	24,2	24,6
10 bis unter 15	13,1	13,5	14,0	15,0	15,8	16,5	18,3	20,1	20,2
15 bis unter 20	11,8	11,0	11,1	11,7	11,9	12,5	12,8	13,7	14,8
20 bis unter 25	20,0	16,5	15,5	13,5	12,0	10,5	9,7	9,9	10,6
25 bis unter 30	14,1	15,7	15,9	13,4	12,7	12,3	9,7	9,0	7,4
30 bis unter 35	7,0	8,3	8,0	10,8	10,7	8,3	9,3	9,0	7,4
35 und mehr		0,1	0,1	0,1	0,9	3,7	4,5	4,4	6,3
über 25	21,1	24,1	24,0	24,3	24,3	24,3	23,5	22,4	21,1
Fähnriche									
bis 5	4,0	4,8	3,2	3,2	3,8	5,8	8,1	11,1	12,5
5 bis unter 10	18,1	20,7	20,1	19,9	18,4	17,2	18,6	17,3	18,3
10 bis unter 15	24,0	24,7	26,1	26,8	29,3	28,6	28,8	25,6	24,0
15 bis unter 20	21,9	19,5	18,1	18,5	18,3	18,1	16,5	18,1	18,6
20 bis unter 25	21,2	18,6	18,6	16,3	14,4	14,6	13,1	13,4	12,8
25 bis unter 30	10,8	11,7	11,8	11,6	11,6	11,1	9,6	8,8	7,5
30 bis unter 35			2,1	3,7	4,2	4,3	4,8	5,0	4,8
35 und mehr			0,02	0,04	0,07	0,3	0,5	0,7	1,5
über 25	10,8	11,7	13,9	15,1	15,9	15,7	14,9	14,5	13,8
Berufsunteroffiziere									
bis 5		40,3	47,3	48,7	50,5	51,6	52,8	50,4	48,6
5 bis unter 10		39,8	39,5	38,8	36,5	35,7	35,4	37,5	40,6
10 bis unter 15		12,2	6,4	6,5	7,9	7,6	6,6	6,6	6,3
15 bis unter 20		3,2	2,6	2,4	1,9	2,1	2,2	2,6	2,3
20 bis unter 25		2,2	2,1	1,7	1,4	1,4	1,4	1,3	1,2
25 bis unter 30		1,7	1,3	1,3	1,2	0,9	0,9	0,8	0,5
30 bis unter 35		0,6	0,4	0,6	0,6	0,6	0,6	0,6	0,4
35 und mehr			0,01	0,01	0,02	0,1	0,1	0,2	0,1
über 10		19,9	13,8	12,5	12,8	12,7	11,8	12,1	10,8

Tabelle 2
Versetzungen in die Reserve / Offiziere / nach Dienstalter
(Anteil in Prozent vom jeweiligen Dienstalters-Jahrgang)

Dienstalter (in Jahren)	1980	1981	1982	1983	1984	1985	1986	1987
25	42,0	16,0	23,7	25,1	32,3	42,9	34,4	29,5
26	3,8	17,9	5,1	8,0	9,6	12,6	10,8	22,2
27	7,3	2,6	13,0	4,9	6,5	9,3	8,6	21,8
28	12,5	4,4	2,1	11,1	3,5	6,4	5,6	14,1
29	1,0	8,1	4,7	1,3	9,1	4,0	3,3	9,4
30	20,1	1,5	19,3	13,2	4,1	21,9	5,6	9,2
31	20,6	32,9	2,5	23,2	16,7	7,3	27,1	13,1
32	3,1	31,8	34,3	2,4	28,0	16,9	14,4	66,9
33	1,6	3,1	35,3	37,5	3,3	23,8	13,8	13,6
34	18,9	1,3	3,4	23,3	21,2	1,7	18,8	21,1
35	27,6	3,0	3,2	2,2	17,1	19,1	1,8	23,8
36		28,6	22,7	1,0	2,1	17,2	29,1	3,2
37			22,7	5,3	0,4	1,9	20,2	35,7
38				19,0	33,3	1,5	2,8	26,4
39						28,6	2,3	2,8
40						9,1	14,3	2,4
mehr als 40								63,6

Versetzungen in die Reserve / Offiziere / nach Lebensjahren
(Anteil in Prozent vom jeweiligen Jahrgang)

Lebensalter (in Jahren)	1980	1981	1982	1983	1984	1985	1986	1987
40	1,6	1,1	0,6	1,1	2,0	1,9	1,2	1,4
41	0,8	0,7	1,8	1,0	0,6	1,2	1,0	0,8
42	1,2	1,2	2,5	3,0	3,7	2,5	3,3	1,5
43	12,2	8,9	13,4	13,6	20,7	17,1	11,4	10,6
44	12,7	9,3	9,0	9,3	10,3	19,4	11,8	16,8
45	10,7	7,1	6,1	8,5	8,4	10,8	11,2	15,6
46	6,8	7,2	4,9	4,5	4,8	7,0	5,6	17,8
47	3,1	3,5	3,2	2,6	3,3	3,6	2,7	7,1
48	2,7	1,5	2,3	1,8	2,2	2,3	2,1	3,7
49	0,9	1,0	0,7	1,4	1,1	1,8	1,0	1,6
50	21,0	25,1	29,1	21,1	29,6	27,7	35,8	43,3
51	9,7	13,3	18,0	19,4	10,3	17,9	18,5	38,1
52	8,8	6,6	9,9	12,5	9,7	8,1	10,8	22,2
53	4,4	4,5	9,3	10,5	6,6	10,3	7,3	22,1
54	6,1	3,0	7,8	5,7	6,8	10,0	10,8	12,5
55	5,5	8,0	6,5	5,2	5,8	5,6	9,8	17,5
56	3,4	3,8	9,0	3,4	4,5	4,2	4,9	10,5
57	6,4	3,6	7,8	4,5	2,9	3,1	3,7	3,7
58	1,5	3,4	2,6	4,6	2,0	1,9	3,1	3,3
59	4,0	3,1	8,8	5,7	0,9	2,8	2,2	3,1
60	56,4	79,2	56,7	71,7	55,1	43,1	57,0	40,2
über 60	34,1	41,7	79,4	36,6	36,6	29,4	23,8	56,3

Oberst a. D. Prof. Dr. sc. Wilfried Hanisch

Reformen für den Soldatenalltag. Erreichtes und Unerfülltes in der Militärreform der DDR 1989/90

(Dezember 2000)

»Vor der Dienststelle bot sich mir ein trauriges Bild. Beiderseits der Straße saßen und lagen Soldaten an offenen Feuern, in Decken gehüllt, mit Kerzen in den Händen. Sie machten einen übernächtigten Eindruck. Vor dem Panzerdenkmal am Objekt hing ein Tuch mit der Aufschrift ›Wir sind auch Menschen‹. Mir krampfte sich das Herz zusammen und ich schämte mich für das Bild, das die NVA hier für alle, die die Straße passierten, bot ... Der Chef der Landstreitkräfte hatte noch nicht mit meinem Eintreffen gerechnet. Kein Kommando ertönte und keine Meldung erfolgte. Aber die Soldaten erhoben sich von ihren Plätzen, bildeten ein Spalier, machten Grußerweisung oder klatschten. Viele sahen vermutlich zum ersten Mal in ihrem Leben einen Admiral und fragten sich wohl, welches Verständnis dieser Seemann für sie als die einfachen ›Sandlatscher‹ aufbringe.«[1]

Mit diesen Worten beschrieb später der zu jener Zeit erst wenige Wochen im Amt befindliche DDR-Verteidigungsminister Admiral Theodor Hoffmann seinen Eindruck davon, als er am 02. Januar 1990 vor der Kaserne in Beelitz eintraf, wo sich etwas völlig Neues in der Geschichte der NVA ereignet hatte: ein Streik in den Truppenteilen des Standortes – manche kennzeichnen es auch bis heute als Meuterei.

In den dort stationierten Truppenteilen – der anstelle des zur Reduzierung von Offensivfähigkeit aufgelösten Panzerregiments 1 gebildeten Ausbildungsbasis 4, sowie des Artilleriebataillons 1, der Artillerieabteilung 1 und der Geschoßwerferabteilung 1 – war es ab 1. Januar 1990, nachts 01.00 Uhr, zu einer Protestaktion vor der Kaserne von ca. 300 Soldaten und Unteroffizieren gekommen, die dort 378 Unterschriften für eine Resolution gesammelt hatten, die sie dann gegen 13.00

Uhr der DDR-Nachrichtenagentur ADN übergaben. Auch Offiziere vorgesetzter Dienststellen bis Militärbezirk und Kommando Landstreitkräfte hatten sie nicht zur Streikbeendigung bewegen können – sie verlangten den Minister selbst, da nur er nach Meinung der Armeeangehörigen Sofortentscheidungen treffen konnte.
Der bereits in der Kaserne befindliche Generalleutnant Horst Skerra, seit Jahresbeginn neuer Chef der Landstreitkräfte, informierte den eingetroffenen Minister über den inzwischen weiter angewachsenen Forderungskatalog der streikenden Soldaten. Dieser ging über Forderungen zu den unmittelbaren Dienst- und Lebensbedingungen weit hinaus und war insgesamt erstaunlich komplex ausformuliert, wie die nachfolgend vollständige Wiedergabe des Textes belegt:

»AN ALLE! An alle Soldaten, Unteroffiziere und Offiziere! Schließt Euch an!
Aufgrund der tiefgreifenden Umwandlungen auf allen Gebieten in der DDR darf die Demokratie auch vor den Kasernentoren nicht haltmachen. Nur wenn die preußisch-militaristischen Überbleibsel in unserer Armee beseitigt werden, verdient sie den Namen Nationale Volksarmee. Nur so wird die NVA vom Volk akzeptiert und unterstützt werden!
Deshalb fordern wir:
1. Rückwirkende Verkürzung des Grundwehrdienstes bei Soldaten auf 12 Monate und Unteroffiziere auf Zeit auf 2 Jahre (zu beschließen durch die Volkskammer noch vor den Wahlen).
2. Die kurzfristige Überführung aller in der Volkswirtschaft stationierten oder dafür vorgesehenen Armeeangehörigen der Arbeitskommandos der ABas (Ausbildungsbasen, d. Aut.) zum Einsatz an ihren heimatlichen Arbeitsplatz unter militärischem Dienstverhältnis (Festlegungen dazu bis spätestens Ende Januar).
3. Einberufung der Wehrpflichtigen in wohnortnahe Bereiche (mit nächster Einberufung).
4. Einsatz der Armeeangehörigen möglichst entsprechend der beruflichen Qualifikation. Wehrpflichtige sollten im Alter von 18 bis 22 Jahren zum

Wehrdienst einberufen werden. Die Einberufung (sicher gemeint Einführung, d. Aut.) einer Altersobergrenze erweist sich nach unserer Meinung als günstig. Deshalb schlagen wir vor, Wehrpflichtige spätestens 3 Jahre nach Abschluß ihrer beruflichen oder schulischen Ausbildung einzuberufen.

5. Grundlegend neue Dienstvorschriften, die eine mehrseitige Auslegung nicht gestatten sowie eindeutige Festlegung der Grundrechte der Armeeangehörigen:
- neue Dienstvorschriften sollten mit den Soldaten beraten werden,
- militärisch notwendige Grundforderungen müssen konkret definiert sein,
- wir fordern Recht auf Befehlsverweigerung unter konkreten Bedingungen,
- konkrete Bedingungen sind u.a.:
- Bedingungen gegen die Verfassung, die Menschenwürde und Menschenrechte;
- Bedingungen, bei denen der Gesundheits-, Arbeits-, Brand und Umweltschutz nicht eingehalten werden;
- Befehl der Durchführung entwürdigender Handlungen und Arbeiten sowie Handlungen und Arbeiten, die mit der Erfüllung der Dienst- und Gefechtsaufgaben nicht zu tun haben.
- Auf das Recht der Befehlsverweigerung wird im Fall einer militärischen Auseinandersetzung infolge eines feindlichen Übergriffs verzichtet.
- Recht auf Urlaub und Ausgang – Durchsetzung der 50 % Regelung als soziale Errungenschaft, diese Regelung kann später bis zu einem DHS ausgebaut werden (mit sofortiger Wirkung);
- Nichtgewährung des Urlaubs bzw. Ausgangs nur bei schwerwiegenden Verstößen,
- schwerwiegende Verstöße sind u.a.:
- Genuß von Alkohol innerhalb der Kaserne,
- unerlaubte Entfernung bzw. Nichtzurückkehren aus dem Urlaub,
- Gewalttätigkeit gegenüber Personen und Gegenständen,
- Verstöße gegen militärische Vorschriften,

- ständige oder wiederholte Verstöße gegen die militärische Disziplin und Ordnung.
6. Neuordnung der zwischenmenschlichen Beziehungen humane Behandlung durch Vorgesetzte, höfliche und auf gegenseitiger Achtung beruhende Umgangsformen zwischen Mannschaften und Vorgesetzten, Neuregelung des Herantretens an Vorgesetzte bzw. des Wegtretens und Eintretens, nur direkte Vorgesetzte werden bei der ersten Begegnung am Tag gegrüßt, Wegfall des Kommandos ›Achtung‹ bei Eintreffen eines Vorgesetzten in der Einheit bzw. bei Eintreten eines Vorgesetzten in Unterkunftsräume der Soldaten und Unteroffiziere, Wegfall der Anrede ›Genosse‹.
7. Einführung der 5-Tage-Woche für alle Armeeangehörigen (mit sofortiger Wirkung).
8. Einhaltung gesetzlicher Bestimmungen für Umweltschutz und Hygiene: unangekündigte Kontrollen von unabhängigen und gesetzlich legitimierten, auch zivilen Gremien, unter Beachtung der Wachsamkeit und Geheimhaltung.
9. Abschaffung aller ungerechtfertigten Privilegien für alle Armeeangehörigen, wie z.B.: Personenbeförderung für alle Berufskader nur bei dringender dienstlicher Notwendigkeit, Abschaffung der Bedienung der Führungskader im Speisesaal.
10. Neuregelung der Esseneinnahme
- Wegfall der Esseneinnahme als Dienstpflicht,
- Prinzip der Betriebsküchen,
- Möglichkeit der Selbstverpflegung (langfristig),
- Erhöhung des Tagesverpflegungssatzes.
11. Festlegung einer wöchentlichen Arbeits- und Dienstzeit. Überstunden sollten grundsätzlich gesondert vergütet werden. Höchstzeiten für Überstunden müssen festgelegt werden. Schichtarbeit für das Küchenpersonal.
12. Neuregelung der Besoldung für Soldaten und Unteroffiziere:
- Soldaten mit Unteroffiziersdienststellung müssen diese auch bezahlt bekommen,
- Armeeangehörige, die in der Volkswirtschaft eingesetzt sind, erhalten einen Aufschlag.

13. Finanzielle Mittel, die für den Einsatz der Armeeangehörigen in der Volkswirtschaft an die NVA gezahlt werden, verbleiben in Zukunft im Betrieb zur Investierung neuer Maschinen und Technologien (langfristig).
14. Offenlegung der Haftbedingungen in der ehemaligen Militärstrafanstalt Schwedt (kurzfristig).
15. Mündigkeit aller Armeeangehörigen
    - jeder Armeeangehörige muß selbst entscheiden können, wie lange er seinen Hobbys nachgeht,
    - Clubleben nach 22.00 Uhr muß möglich sein, wenn andere Armeeangehörige an der Einhaltung der Nachtruhe nicht gestört werden (mit sofortiger Wirkung).
16. Bessere Dienstbedingungen für alle Unteroffiziere auf Wunsch Außenschläfer,
    Dienststellenausweise für alle Unteroffiziere.
    Dienstgestaltung, wie bei Berufskadern, von 09.00 Uhr bis 09.00 Uhr (sofort).
17. Neuformulierung des Fahneneides und Überarbeitung der Zeremonienordnung insbesondere der Fragen der Vereidigung.
18. Kürzung der Finanzmittel auf das notwendige Maß. Offenlegung des Finanzhaushaltes in jedem Truppenteil, Offiziersfeiern auf Armeekosten müssen unmöglich sein.
19. Änderung der Anforderungen zum Erwerb von Auszeichnungen und Qualifikationen.
20. Anerkennung von Auszeichnungen und Titeln nur bei eindeutiger Erfüllung der Normen.
    Durchsetzung des Leistungsprinzips!
21. (diese Ziffer fehlt, d. Aut.)
22. Abschaffung des Standortbereiches für den Ausgang – freie Ausgangsbereiche für alle Armeeangehörigen bei Vertrauen zur pünktlichen Rückkehr.
23. Überdenken und Überarbeitung der Frage der militärischen Einzelleitung. Wir regen eine Verantwortungsteilung an, wobei Probleme der Gefechtsausbildung weiterhin durch militärische Einzelleitung entschieden werden sollten und Fragen der Arbeits- und Lebensbedingungen, wie Unterbringung, Freizeitgestaltung, Verpflegung, Urlaub usw. in kollektiver Entscheidungsgewalt liegen.

24. Wir fordern einen sinnvollen Wehrdienst und sinnvolle Arbeit für die Gesellschaft – sofort! Schluß mit der Gammelei!!!!

Mit meiner Unterschrift unterstütze ich den 24-Punkte-Forderungskatalog der Soldaten und Unteroffiziere des Standortes Beelitz, beschlossen vom Soldatenrat und Vertretern des Verbandes der Berufssoldaten im Januar 1990.«[2]
Angesichts der bis zu diesem Zeitpunkt bereits gelaufenen umfangreichen Diskussionen und ebenfalls von Maßnahmen zur Militärreform ist es bei einem Großteil der im Katalog genannten Fragen eigentlich verwunderlich, sie hier noch als unerfüllte Forderungen zu finden. Die Verwunderung wird noch größer, wenn man sie bei einer konkreteren historischen Untersuchung damaliger Dokumente oft als vorher bereits zumindest verbal erkannt oder in einigen Fällen gar schon zur Lösung angewiesen vorfindet. Auch bisherige wissenschaftliche Untersuchungen zur Militärreform und darauf Bezug nehmende Publikationen[3] verdeutlichen das, zugleich aber ebenfalls die Notwendigkeit, die Komplexität der Ursachen dafür sowie das damalige Wirkungsgefüge künftig noch näher zu untersuchen.
Auch bei einer speziellen Betrachtung zum Stellenwert des Soldatenalltags in der unvollendeten Militärreform der DDR 1989/90 kann man nicht an der Besonderheit vorbeigehen, daß weitergehendes reformatorisches Denken im militärischen Bereich sich damals in den Staaten des Warschauer Vertrages und vor allem auch in der DDR zunächst aus der Diskussion über sicherheitspolitische und speziell militärdoktrinäre Fragen heraus entwickelte. Rein thematisch bezog sich das kritische Nachdenken auf militärdoktrinäre Konsequenzen aus den immer deutlicher sich abzeichnenden qualitativ neuen Bedingungen eines nicht ausschließbaren Raketen-Kernwaffen-Krieges zwischen NATO und Warschauer Vertrag mit der damit verbundenen Vernichtungswahrscheinlichkeit für beide Seiten und führte bekanntlich bis 1987 zu Prinzipien einer neuen Militärdoktrin der Staaten des Warschauer Vertrages. Zunächst konzentriert in dem im September 1987 gegründeten »Wissenschaftlichen Rat für Friedensforschung«, führ-

te die Diskussion über spezielle Konsequenzen für die DDR vor allem bei den dort mitintegrierten Militärs bald nicht nur zur Erkenntnis über den Selbstmordcharakter nuklearer Kriegführung, sondern auch über die Kriegführungsunfähigkeit moderner Industriestaaten in sogenannten konventionellen Kriegen, d.h. dazu, daß der Krieg generell seine Funktion als zwar zumeist letztes, aber dennoch geeignetes Mittel zur Erreichung politischer Ziele verloren hatte. Da angesichts dessen speziell auch für die DDR allein schon aus militärgeographischen Gründen selbst reine Verteidigungsoperationen rational nicht mehr vermittelbar waren, rührte das letztlich an den Kern des Selbstverständnisses des Militärs. Die Suche nach Auswegen über Sicherheitspartnerschaft statt gegenseitiger Abschreckung stellte aber darüber hinaus zwingend ideologische Dogmen wie die über den Vorrang von Klasseninteressen vor allgemeinmenschlichen Interessen sowie besonders auch die über Feindbilder und Haßerziehung dermaßen in Frage, daß insgesamt nicht nur zwangsläufig der Boden für weitergehendes Reformdenken aufgebrochen wurde, sondern angesichts der nicht klar übersehbaren Konsequenzen auch für den Widerstand dagegen. Angesichts der in der DDR wie auch in den anderen realsozialistischen Ländern herrschenden verkrusteten politischen Strukturen hieß das aber, daß wirkliche Lösungen letztlich nur Teil einer tiefgreifenderen gesellschaftlichen Reform sein konnten.
Chance wie Tragik der Geschichte bestand nun darin, daß die reale Möglichkeit dazu offensichtlich erstmalig in der sich im Herbst 1989 in der DDR akut herausbildenden gesellschaftlichen Krise entstand, zugleich aber auch als zwingende Notwendigkeit in kürzester Zeit und unter ungünstigen Bedingungen.
Der seinerzeit neu ernannte Verteidigungsminister Admiral Theodor Hoffmann weist zurecht darauf hin, daß sich damals mit der DDR naturgemäß auch deren Armee in einer tiefen Krise befand: das Vertrauen in die bisher führende Partei und die Regierung war als wichtiges Motiv verloren, Angehörige der NVA und der Grenztruppen fühlten sich vielmehr von der Partei mißbraucht. Die Armee war starken Angriffen in Wort und Tat durch einen Teil der Bevölkerung

ausgesetzt, bis hin zu Demonstrationen auch gegen Objekte und Einrichtungen der Armee. Aufgedeckte Fälle von Amtsmißbrauch und Korruption in der Armee wurden mit großer Empörung aufgenommen. In der Armee selbst nahmen als Folge schwindender Motivation Fahnenfluchten ständig zu, später kamen Demonstrationen, Streiks und Dienstverweigerungen hinzu.

Diese Krise mußte beherrscht werden. »Die Armee durfte nicht zu einem Sicherheitsrisiko werden. Ein Ausweg aus dieser schwierigen Lage konnte nur durch eine vom Volk mitgetragene tiefgreifende Militärreform erreicht werden. Im Ergebnis der Reform mußte sich die Nationale Volksarmee als Teil des Volkes in eine wirkliche Armee des Volkes verwandeln, den Prozeß der Abrüstung mit einer Veränderung ihrer inneren Struktur fortsetzen und auch das Leben der Armeeangehörigen grundlegend verbessern.[4]

Es muß in der NVA zuvor wohl doch schon mehr und tieferes kritisches Nachdenken gegeben haben als nur »das in jeder Armee übliche ›Mosern‹ von Soldaten über ihren Dienst, die Vorgesetzten und die politisch-militärischen Auflagen«[5], wenn mit Beginn der politischen Wende in der DDR (damals selbst von den unterschiedlichen politischen Gruppierungen noch durchweg als Chance für eine sozialistische Erneuerung der Gesellschaft verstanden) auch in der Armee nunmehr sofort aus verschiedenen Bereichen Reformideen unterschiedlicher Art kamen und in relativ kurzer Zeit selbst schon erste umfangreichere Reformpapiere entstehen konnten – letzteres sicher auch in direkter Folge von Forderungen aus der Truppe. Beispielsweise ist ein Brief einer Gruppe von Unteroffizieren des Mot.-Schützen-Regiments in Weißenfels an den damaligen Verteidigungsminister Keßler vom 7. November 1989 nachgewiesen, in dem diese fordern, in der NVA alle Hemmnisse freier Meinungsäußerung zu beseitigen und durch die Bildung »einer unabhängigen, demokratischen Interessenvertretung für die Armeeangehörigen« den Soldaten Mitspracherecht im militärischen Leben in den Kasernen einzuräumen. Weiter verwiesen sie darauf, daß sich in der NVA »durch Formalismus und Schematismus unter Beibehaltung und Verfestigung ›preußischer Methoden‹ verknöcherte, lebensfremde Bedingungen herausgebildet« hätten, die mit »ausschließlich oberflächlichen, kosmetischen Korrekturen« nicht zu beseitigen seien.[6]

Admiral Hoffmann berichtet, daß ihm der Chef der Politischen Hauptverwaltung am 14. November 1989 – also schon einen Tag bevor er von seiner vorgesehenen Berufung zum Minister erfuhr – auf seine Bitte hin ein 13 Seiten umfassendes Dokument übergeben hatte, das erste Vorstellungen »für die sozialistische Erneuerung in der NVA und den Grenztruppen der DDR (Reformen im Militärwesen)« formulierte. Der darin enthaltene Versuch, den Auftrag der NVA neu, vor allem mehr auf die Verfassung bezogen, zu bestimmen, habe sich zwar noch zu sehr auf Formulierungsänderungen beschränkt und auch bezüglich der Trennung der politischen und der Parteiarbeit in den Streitkräften sowie der dortigen Rolle der anderen Blockparteien und der Massenorganisationen habe man noch offensichtliche Schwierigkeiten gehabt. Von mehr Realismus hingegen hätten demgegenüber schon die Passagen gezeugt, nach denen die Rechte des Volkskammerausschusses für Nationale Verteidigung und der gewählten Volksvertretungen auch zur Kontrolle der Streitkräfte erweitert, der Verteidigungshaushalt offengelegt und die Prioritäten bei der effektiven Nutzung der finanziellen und materiellen Mittel überprüft werden sollten. Gleiches habe gegolten für die Passagen über mehr Rechtssicherheit und Demokratie für die Soldaten. So sollten Gesetze und Rechtsbestimmungen erarbeitet werden, die die Gleichheit aller Armeeangehörigen und Zivilbeschäftigten garantieren, jegliche Willkür ausschalten und die Rechtssicherheit der Berufssoldaten hinsichtlich ihres Dienstverhältnisses gewährleisten. Alle Dienstverhältnisse seien verbindlich für beide Seiten auszugestalten und in Dienstverträgen zu fixieren – einschließlich einer systematischen Vorbereitung auf die berufliche Entwicklung nach Ablauf der Mindestdienstzeit. Auch die Altersversorgung der Berufssoldaten sollte gesetzlich geregelt werden.[7]

Ausdruck für noch bestehende Meinungsunterschiede und Zögerlichkeiten war aber zweifellos, daß dieses Papier dennoch nicht bereits auf der am gleichen Tag stattfindenden

Kollegiumssitzung des Verteidigungsministeriums behandelt wurde, sondern in seinem wesentlichen Inhalt erst am folgenden Tag, dem 15. November, auf der Parteiaktivtagung des Ministeriums bekanntgegeben wurde (Fortsetzung der Tagung vom 11. November, auf der der Rücktritt des Verteidigungsministers und des Chefs des Hauptstabes gefordert wurde und die dann wegen eines angeblich bevorstehenden »Sturms auf das Brandenburger Tor« überhastet abgebrochen worden war).
Gerechterweise muß man aber erwähnen, daß auf dieser Kollegiumssitzung nicht nur die Mehrheit der Kollegiumsmitglieder den anwesenden Minister Heinz Keßler massiv aufforderte, seine angekündigte erneute Kandidatur als Verteidigungsminister für die bevorstehende Regierungsneubildung zurückzuziehen, sondern auch durch den Chef des Hauptstabes, Generaloberst Fritz Streletz, Festlegungen mitgeteilt wurden, die den Forderungen der Armeeangehörigen und der in der DDR entstandenen Lage Rechnung tragen sollten. Sie betrafen insbesondere Korrekturen in der Gefechts- und Mobilmachungsbereitschaft und reduzierten dabei erstmalig den bisher gemäß sowjetischen Forderungen für unabänderlich gehaltenen und für viele Härten speziell auch im Soldatenalltag verantwortlichen hohen Bestand der ständigen Gefechtsbereitschaft von 85% auf generell 50% der Stärke der Verbände und Truppenteile. Außerdem wurde darüber informiert, daß ein Zivildienstgesetz in Arbeit sei, das dafür eine 24monatige Dienstzeit vorsehe.
Die erwähnte Konzeption für die sozialistische Erneuerung in der NVA und in den Grenztruppen der DDR sowie ihre sehr heftige Diskussion auf der Parteiaktivtagung vom 15. November wurden dann zur Grundlage für das Referat von Admiral Theodor Hoffmann auf der Kommandeurstagung am 20. November 1989. Schon am 17. November, dem Tag seiner Ernennung zum Verteidigungsminister der neuen Regierung unter Ministerpräsident Hans Modrow, hatte dieser in einem Gespräch mit der Armee-Wochenzeitung »Volksarmee« eine Militärreform erstmalig öffentlich wie folgt angekündigt: »Ob wir sie so oder anders nennen – eine Militärreform wird es geben. Ich glaube, daß diese Reform von Fragen

der Führung, der größeren Hinwendung zum Menschen, einer größeren Truppenbezogenheit der Arbeit über die Durchsetzung des Leistungsprinzips, der Beseitigung des Formalismus sowohl bei der Führung des Wettbewerbs als auch in anderen militärischen Prozessen bis hin zu den Dienst-, Arbeits- und Lebensbedingungen reicht.«[8]
In Übereinstimmung damit konzentrierte sich der Minister in seinem Referat darauf, die hauptsächlichen Konturen einer Militärreform erstmalig programmatisch zu umreißen und die nach damaligem Erkenntnisstand dafür für notwendig gehaltenen Maßnahmen näher zu bestimmen.[9]
Was für die Gesellschaft gelten solle, so führte er aus, müsse »auch uneingeschränkt in den Streitkräften des Volkes gelten. Auch in ihnen müssen die Armeeangehörigen einen Sozialismus erleben, der in allem den Menschen zugewandt ist, der sich durch Effektivität, Demokratie, soziale Sicherheit und moralische Sauberkeit auszeichnet.« Es gehe »um eine solche Veränderung der militärischen Verhältnisse, daß bei voller Gewährleistung der unverzichtbaren Prinzipien militärischer Führung und Befehlserfüllung die demokratische Mitgestaltung des Lebens in den Streitkräften für alle Wehrpflichtigen, Zeit- und Berufskader, Zivilbeschäftigten und Reservisten verwirklicht wird.«
Und nachdem bei der Untersuchung der Konturen der Militärreform Erfordernisse aus der Neubestimmung der Funktion der NVA als Armee des ganzen Volkes, einschließlich ihrer demokratischen Kontrolle und einer weitgehenden Transparenz und Offenheit vor allem auch vermittels der Presse, sowie für eine differenziertere und effektivere Regelung von Fragen der Gefechtsbereitschaft, Ausbildung und Struktur umrissen worden waren, hieß es weiter:
»Wie muß die Armee aussehen, die sich als sozialistische Armee eines demokratischen Staatswesens versteht, in welcher alle Armeeangehörigen und Zivilbeschäftigten als mündige Staatsbürger akzeptiert werden, die ihnen unter den Bedingungen des militärischen Dienstes die Wahrnehmung demokratischer Rechte und Freiheiten gewährt hat und die des schöpferischen, initiativreichen Mitdenkens und Mithandelns aller im Dienst und in der Freizeit bedarf?« Das erfordere »sowohl die

Weiterentwicklung der militärischen Einzelleitung als auch des bewußten Mitwirkens bei der Ausführung der Befehle zur Erfüllung des Verfassungsauftrages. Hierzu zähle ich auch die entschiedene Hinwendung zur kollektiven Vorbereitung von Führungsentscheidungen auf allen Ebenen«. Und bei den dafür zu lösenden Aufgaben wurde ausdrücklich auch auf »die Überprüfung aller militärischen Bestimmungen« mit dem Ziel verwiesen, »vieles radikal zu vereinfachen und dabei den Grundsatz durchzusetzen, nicht so viel wie möglich, sondern nur so viel wie nötig zu reglementieren«.

Im weiteren wurde die durchgängige Verwirklichung des Leistungsprinzips gefordert, beginnend bei den Kriterien für die Auswahl und die Förderung der Berufssoldaten bis hin zu einem neuen, nach Leistungskriterien gestaltetem und überschaubarem Besoldungs- und Gehaltsregime. Gleiches sollte für Prämierungen und Auszeichnungen gelten und insbesondere ebenfalls für den Wettbewerb. Rechtssicherheit sollte durch eine Neufassung des Wehrdienstgesetzes und seiner Folgebestimmungen vor allem hinsichtlich der Rechte der Armeeangehörigen erhöht werden, gleichermaßen seien die »bisherigen Grundsatzentscheidungen zur sozialen Sicherstellung der Berufskader durch Regelungen in Rechtsvorschriften zu ersetzen«. Generell sei im Auge zu behalten, »daß eine entscheidende Quelle sozialer Aktivität und schöpferischer Leistungen in der weiteren Gestaltung der Dienst-, Arbeits- und Lebensbedingungen liegt, wofür ebenfalls neue Überlegungen und Lösungen gefragt sind«.

Bei der Herangehensweise für die Vorbereitung »des hier nur in groben Konturen erfaßten Reformprogrammes« hob der Minister neben dem grundsätzlich für notwendig gehaltenen Einbeziehen von »zur wissenschaftlichen Arbeit befähigten Kadern« konkret hervor:

Da das Ziel der Reform eine Armee sei, »die in der Lage ist, unter den veränderten innen- und außenpolitischen Bedingungen den ihr übertragenen Verfassungsauftrag auf der Grundlage eines breiten gesamtgesellschaftlichen Konsenses zu erfüllen«, müsse die Konzeption der Militärreform »sehr bald der Öffentlichkeit vorgestellt werden, um alle Kräfte einzubeziehen, die auf dem Boden der Verfassung stehen«.

Da die Reform alle Bereiche und Führungsebenen erfasse, müsse das Programm dafür untereinander abgestimmt und gemeinsam erarbeitet werden. Unerläßlich sei die breiteste Einbeziehung von Wissenschaftlern und Praktikern. Soweit als möglich müßten konzeptionelle Vorstellungen dazu öffentlich diskutiert, aber in jedem Falle mit den Betroffenen beraten werden.
Die Arbeit müsse kritisch und konstruktiv den gesamten bisherigen Zustand, alle Arbeitsweisen und Festlegungen in Frage stellen, auf schonungslosen Analysen beruhen und auch Bewährtes unter dem Gesichtspunkt der Erneuerung prüfen. Nur so seien Entscheidungsvarianten zu erreichen, die möglichst jeden Subjektivismus ausschließen.
Bei der Erarbeitung des Programms seien die in den Streitkräften der UdSSR und in anderen Bruderarmeen gewonnenen Erkenntnisse zu erschließen. Für bisherige Praktiken völlig ungewöhnlich wurde dem aber angefügt: »Wir sollten uns auch nicht scheuen, Erfahrungen bürgerlicher Armeen, darunter von NATO-Staaten und von neutralen europäischen Staaten mittlerer Größenordnung, gründlich auszuwerten.«
Stets sei zu berücksichtigen, daß das Reformprogramm eine Einheit von kurz-, mittel- und längerfristigen Aufgaben darstellen werde. Diese würden zunächst einen unterschiedlichen Grad von Konkretheit aufweisen. Sie seien aufeinander abzustimmen und konsequent zu verwirklichen, »ohne daß die tägliche Arbeit an der Aufrechterhaltung wesentlich beeinträchtigt wird.«
Auch aus heutiger Sicht kann man wohl kaum bestreiten, daß die so skizzierten Inhalte sowie Herangehensweisen kritisch, umfassend und in vieler Hinsicht neu waren, was zweifellos der Größe der Aufgabe, für die es zudem kein bisheriges Beispiel gab, entsprach. Gleichzeitig könnte man natürlich in dieser Komplexität auch kritisch den theoretischen Ausgangspunkt für die »Etablierung einer Reformbürokratie« sehen, die allein zwei Monate gedauert habe – und das in einer Zeit, in der »nahezu täglich politische Grundsatzentscheidungen anstanden«.[10]
Tatsächlich folgten eine Reihe von oft mit beträchtlichem organisatorischen Aufwand verbundenen Maßnahmen:

Schon am folgenden Tag, dem 21. November 1989, wurde ein »Konsultations- und Informationszentrum Militärreform« in Strausberg im »Klub am See« eingerichtet, in der Folgezeit dann auch in den Kommandos der Teilstreitkräfte. Die Empfehlung dafür war bereits in einem Beschluß des Sekretariats der Politischen Hauptverwaltung der NVA vom 18. November enthalten, in dem ansonsten vor allem die Trennung von Parteiorganisationen und militärischen Führungsorganen vorgenommen worden war – eine der grundsätzlichsten Entscheidungen seit Schaffung der NVA, zumal dem dann als zweiter Schritt am 8. Dezember 1989 die Auflösung der speziellen Parteiorganisation der SED in der NVA folgte.
Am 25. November konstituierte sich – ebenfalls in Strausberg – die »Zentrale Arbeitsgruppe Militärreform«, geleitet vom Hauptinspekteur der NVA, Generalleutnant Prof. Dr. Hans Süß. Ab 7. Dezember arbeiteten auf der Grundlage eines speziellen Ministerbefehls bereits 16 verschiedene Arbeitsgruppen dieser Kommission daran, die Grundzüge der Reform auszuarbeiten.
Am 18. Dezember trat zum ersten Mal in Berlin-Grünau der Runde Tisch beim Ministerium für Nationale Verteidigung zusammen, geschaffen nach dem Vorbild des beim Ministerrat der DDR am 7. Dezember 1989 im Dietrich-Bonhoeffer-Haus erstmals zusammengetretenen Zentralen Runden Tisches.
Und am 21. Dezember beschloß der Ministerrat, eine »Regierungskommission Militärreform der DDR« zu bilden, da sich rasch herausgestellt hatte, daß die grundsätzlichen Entscheidungen für die Militärreform nicht allein in der NVA, sondern nur über die Volkskammer und die Regierung zu treffen waren. Die bisherige Kommission des Verteidigungsministeriums wurde ihr als Expertengruppe zugeteilt, der Leiter dieser Kommission, Generalleutnant Süß, wurde Sekretär dieser Regierungskommission, die sich dann aber erst später, nach entsprechender Vorbereitungszeit, am 16. Januar 1990 konstituierte.[11]
Ob eine andere weniger zeitaufwendige Herangehensweise, ohne die »Konstituierung dieser Reformbürokratie«, möglich und erfolgreicher gewesen wäre, ist denkbar, bleibt jedoch zu-

mindest historisch offen. Niemand wußte damals schließlich, daß die zugrunde gelegten Zeitvorstellungen bald auf Bruchteile schrumpfen würden.
Zur Beurteilung jener Vorgänge gehört außerdem, daß die Bekanntgabe der Gedanken und Maßnahmen zur Militärreform bei der Truppe nicht nur große Erwartungen auslöste, sondern zugleich die Bereitschaft und das Verlangen förderte, an den Arbeiten zur Militärreform direkt teilzunehmen. Insbesondere die sofort einsetzende Flut von Zusendungen an das am 21. November in Strausberg ins Leben gerufene Konsultations- und Informationszentrum bewies, welch großer Reformstau in der Truppe aufgelaufen und welch ein dementsprechendes Reformpotential dort vorhanden war. Bis zum 04. Dezember 1989 gab es schon 2174 schriftlich oder persönlich vorgetragene Vorschläge, Ende Februar 1990 nach Meldung der Zeitung »Militärreform in der DDR« bereits ca. 11.000 Eingaben. Ab Nummer 48/1989 vermittelte ebenfalls die Wochenzeitung »Volksarmee« einen Eindruck von der Vielfalt der Anregungen, aber auch Forderungen der Armeeangehörigen aller Dienstgradgruppen. Im Bundesarchiv-Militärarchiv lagern ganze, bisher kaum erschlossene Aktenbände mit Zuschriften an das damalige Konsultations- und Informationszentrum in Strausberg.[12]
Die damalige Haltung »von unten« zur Militärreform verdeutlicht auch eine Meinungsumfrage, die vom 21. bis 23. November 1989 in der Dresdener Panzerdivision und bei den Grenztruppen durchgeführt wurde. Im Vergleich zu früheren Untersuchungen zeugte sie in vieler Hinsicht von Identitätsverlusten. Dennoch rechneten damals selbst von den befragten Soldaten und Unteroffizieren noch mehr als 80 % die Reformierung der Streitkräfte zu den Schritten, die »unbedingt notwendig und schnellstens einzuleiten« waren.
Inhaltlich befürworteten sie dabei vor allem:
eine grundlegende Verbesserung der sozialen Beziehungen zwischen Vorgesetzten und Unterstellten (zeitgemäße Formen der Menschenführung, die Beseitigung von Gedankenlosigkeit und Gleichgültigkeit im Umgang mit den Unterstellten, die Gewährleistung aller ihrer Rechte ohne Einschränkungen);

erweiterte Möglichkeiten demokratischer Einflußnahme auf das militärische Leben, vor allem ein größeres Mitspracherecht der Soldaten und Unteroffiziere, die Achtung ihrer persönlichen Meinung, die Fixierung ihrer Rechte und ein Mehr an persönlicher Freiheit;
eine zielstrebige Verbesserung der teilweise miserablen Dienst- und Lebensbedingungen (von den kulturellen Betätigungsmöglichkeiten bis zur Uniform- und Verpflegungsqualität, von den Unterkünften und dem Mobiliar in vielen Kasernen ganz zu schweigen).[13]
Es war damals also durchaus bekannt, wo vor allem auch im Soldatenalltag der Schuh drückte. Und die Armeeangehörigen benannten ebenfalls frühzeitig Wege, über die sie selbst an Veränderungen mitwirken und insgesamt das eingeforderte »größere Mitspracherecht« wahrnehmen wollten – durch die Schaffung von eigenen Interessenvertretungen – unabhängig und demokratisch. An anderer Stelle wurde schon erwähnt, daß das ebenfalls zu den ersten Reformforderungen aus der Truppe gehörte.
Eigentlich sollten ja dafür auch bisher schon die notwendigen Voraussetzungen bestanden haben – über die in Statuten verankerte und nachlesbare Rolle der Partei- und, real natürlich weitaus geringer, der FDJ-Organisationen. Es wäre unsachlich, zu bestreiten, daß es vor allem in den Basisorganisationen der SED nicht nur für die dort fast zu 100 Prozent organisierten Offiziere, sondern ebenfalls für die dort organisierten Soldaten und Unteroffiziere so etwas wie Demokratieerfahrung gegeben hat.[14] Und gerade in jenen Tagen entlud sich der aufgestaute Unmut vor allem auch in Versammlungen jener Organisationen. Das reale Funktionieren war natürlich immer begrenzt, hing von vielen subjektiven Voraussetzungen bei den Akteuren ab und setzte eben immer die Mitgliedschaft in einer bestimmten politischen Organisation voraus. Unter pluralistischem Anspruch war das natürlich völlig unbrauchbar und entfiel zudem durch die jetzige Trennung von Partei- und Militäraufbau schon von den organisatorischen Voraussetzungen her.
Ab Dezember 1989 sind vielfältige Initiativen zur Schaffung unabhängiger demokratischer Interessenvertretungen für Ar-

meeangehörige nachweisbar, teilweise einander sogar überschneidend. Anfang des Monats rief eine NVA-Dienststelle aus Apolda über die Wochenzeitung »Volksarmee« »alle Wehrpflichtigen und Reservisten zur Diskussion über die Gründung eines Sozialistischen Soldatenbundes der DDR« auf..[15] Er sollte als eine von den Parteien, Massenorganisationen und weltanschaulichen Bekenntnissen unabhängige Organisation der legitime Interessenvertreter des genannten Personenkreises werden. In der gleichen Nummer der Zeitung wurde auch eine Diskussion zur Gründung eines speziellen Reservistenverbandes veröffentlicht.[16]

Praktisch bedeutsamer waren zu jener Zeit jedoch die Soldatenräte, die zum großen Teil spontan in den Dienststellen bzw. durch Initiativen in Verbänden entstanden. Beispielsweise gab es sie in der 8. MSD bereits in der ersten Dezemberdekade in fast jedem Truppenteil, auch an der Spitze des Beelitzer Streiks stand schließlich ein Soldatenrat. Im Militärbezirk Neubrandenburg sollte auf Anordnung seines Chefs von Mitte Dezember, offensichtlich im Gefolge einer Empfehlung des Kollegiums des Ministeriums vom 6. Dezember, die demokratische Interessenvertretung durch in geheimer Wahl zu bestimmende Sprecher (Ebene Kompanie/Batterie) bzw. Aktive der Armeeangehörigen (Ebene Bataillon/Abteilung und Regiment) wahrgenommen werden.[17]

Auch bei den Berufssoldaten gab es frühzeitig Initiativen für eigene Interessenvertretungen. Um »die vielen Einzelinitiativen zu vereinen und den Zusammenschluß aller daran interessierten Berufssoldaten auf dem Rechtsweg einzuleiten«, bildeten Vertreter aus Truppenteilen und Verbänden aller Teilstreitkräfte am 6. Dezember 1989 eine zentrale Initiativgruppe und reichten beim Innenminister den Antrag zur Bildung eines Verbandes der Berufssoldaten der DDR ein. Anliegen dieses unabhängigen Verbandes sollte es sein, »die Interessen aller Berufskader des aktiven Wehrdienstes und der Reserve sowie der sich außer Dienst befindenden ehemaligen Berufskader« der NVA und der Grenztruppen der DDR wahrzunehmen. Die Initiativgruppe empfahl, in den Monaten Dezember 1989 und Januar 1990 bis zur Ebene Verband und Gleichgestellte bevollmächtigte Vertreter zu wählen und

durch diese dann am 20. Januar 1990 die Konstituierung des Verbandes vorzunehmen, was zum vorgesehenen Zeitpunkt dann auch geschah.[18]
Nicht zuletzt entwickelten sich damals ebenfalls schon Bestrebungen, eine reguläre Gewerkschaftsorganisation der Armeeangehörigen zu bilden. Ihre Gründung erfolgte dann am 13. Januar 1990. Sie brachte es besonders an den militärischen Hochschuleinrichtungen auf mehrere Hundert Mitglieder.[19]
Bei der Betrachtung der Maßnahmen, die noch bis Jahresende durchgeführt wurden und die unmittelbare Auswirkungen auf die Dienst- und Lebensbedingungen der Armeeangehörigen hatten, müssen auch jene Informationen und Entscheidungen Erwähnung finden, die von einer außerordentlichen Kollegiumssitzung des Verteidigungsministeriums am 6. Dezember ausgingen und per Fernschreiben sofort in alle Dienststellen der NVA und der Grenztruppen gelangten.[20] Neben den schon erwähnten Empfehlungen und der Information, daß das neue Wehrpflichtgesetz bis März der Volkskammer zugeleitet werden und das Zivildienstgesetz bereits bei der Frühjahrseinberufung in Kraft sein sollten, betraf das vor allem eine Reihe von Entscheidungen:
Die Kommandeure ab Regiment bzw. die Leiter von Dienststellen erhielten ab sofort das Recht, Beginn und Ende der Dienstzeit unter Berücksichtigung der örtlichen Bedingungen selbständig festzulegen;
ab sofort war kein obligatorischer Frühsport mehr durchzuführen – bisher für viele Wehrpflichtige ein besonderes Ärgernis;
ab 1. März werde es für die Berufssoldaten der NVA und der Grenztruppen die Fünf-Tage-Arbeitswoche geben (Admiral Hoffmann hatte sie wohl ursprünglich auch für sofort vorgesehen).
Da in den insgesamt 13 Punkten gleichzeitig enthalten war, noch im Dezember auf allen Führungsebenen ab Regiment aufwärts Rundtischgespräche durchzuführen, bei denen die Angehörigen der NVA und Grenztruppen alle die sie bewegenden Probleme – von der »politischen Lage bis zu den Dienst-, Arbeits- und Lebensbedingungen« zur Sprache bringen konnten, hätten eigentlich alle wesentlichen Vorausset-

zungen dafür bestehen müssen, auch restliche strittige Fragen auf dem angebotenen Wege zu klären.
Der Streik von Beelitz bewies jedoch, daß dem nicht so war. Zweifellos mag für dessen unmittelbare Auslösung eine Rolle gespielt haben, daß die seit November 1989 in der Ausbildungsbasis zusammengefaßten Armeeangehörigen vorwiegend aus dem Bezirk Magdeburg kamen und nach Abschluß der militärischen Grundausbildung im Bezirk Leipzig arbeiten sollten – und das, nachdem sie im Weihnachtsurlaub mit den akuten wirtschaftlichen Problemen im eigenen Bezirk konfrontiert worden waren. Und den berühmten Tropfen für das Überlaufen des Fasses hat sicher die dogmatische Haltung dortiger Offiziere geliefert, den Soldaten zu verwehren, ausnahmsweise zu Silvester in der Kaserne mit einem Glas Sekt anstoßen zu dürfen. Aber die eigentliche Basis für die für Soldaten ungewöhnliche Protestaktion bildeten sie nicht. Offensichtlich war bei den Arbeiten an zweifellos wichtigen Reformdokumenten zuwenig hinterfragt worden, was sich davon bereits in jenen Tagen direkt auf die gegebenen Lebensbedingungen der Soldaten auswirkte. Außerdem wäre auch zu überprüfen, was von den getroffenen diesbezüglichen Entscheidungen tatsächlich »unten« schon reale, für den Soldaten bereits erlebbare, Veränderungen ausgelöst hatte. Sicher hat Admiral Hoffmann Recht, wenn er im Nachhinein feststellte, daß der Streik in Beelitz und ähnliche Aktionen in anderen Garnisonen hätten verhindert werden können, »wenn wir lange erkannte Probleme durch kurzfristige Maßnahmen einer schnellen Lösung zugeführt hätten«.[21]
So blieb ihm, obwohl sein damaliges Handeln bis heute zum Teil kritisch bewertet wird, real wohl doch keine andere Wahl als die er getroffen hat: sich direkt vor Ort den empörten Soldaten zu stellen, gemeinsam mit dem Chef Landstreitkräfte dort sofort mögliche Entscheidungen zu treffen und insgesamt zu versprechen, bis zum 5. Januar 1990 zu allen aufgeworfenen Fragen eine konkrete Antwort zu geben.
Und letzteres erfolgte dann bereits am 3. Januar durch eine Weisung des Ministers mit folgenden Sofortmaßnahmen:
»1. Es wird noch im Januar 1990 ein neues Wehrdienstgesetz erarbeitet und dem Ministerrat zur Weiterleitung an die

Volkskammer zur Beschlußfassung übergeben. In diesem Entwurf wird von einer 12monatigen Dienstzeit im Grundwehrdienst sowie mindestens 24monatigen Dienstzeit im Dienstverhältnis auf Zeit ausgegangen. Die Wehrpflichtigen werden weitestgehend nach dem Territorialprinzip und im Alter von 18–21 Jahren einberufen.

Soldaten, die gegenwärtig ihren Grundwehrdienst im dritten Diensthalbjahr ableisten, werden am 26. Januar 1990 vorzeitig aus dem aktiven Wehrdienst entlassen. Die weitere Entlassung von Soldaten im Grundwehrdienst hat vorzeitig nach Ablauf von 12 Monaten Wehrdienst zu erfolgen. Soldaten auf Zeit und Unteroffiziere auf Zeit können auf Antrag nach Ablauf von 2 Jahren vorzeitig aus dem aktiven Wehrdienst entlassen werden. In diesem Falle sind die Festlegungen des § 1 der Förderungsverordnung über die vorrangige Zulassung zum Studium und über Stipendien nicht anzuwenden.

2. Der Regierung der DDR wird noch in dieser Woche der Vorschlag unterbreitet, die ausschließlich für den Einsatz in der Volkswirtschaft geschaffenen Strukturelemente (Ausbildungsbasen und Pionierbaubataillone) aufzulösen und die Soldaten im Grundwehrdienst sowie Soldaten und Unteroffiziere auf Zeit aus dem aktiven Wehrdienst zu entlassen, soweit die in Ziffer 1. festgelegte Mindestdienstzeit erfüllt ist. Die zur Zeit in den Ausbildungsbasen befindlichen Soldaten im Grundwehrdienst werden nach Abschluß ihrer dreimonatigen Ausbildung am 26. 1. 1990 in die Wehrkreiskommandos zurückversetzt und leisten ihren 12monatigen Grundwehrdienst in Verantwortung des Wehrkreiskommandos ab. Für die dem Ministerium für Bauwesen und Wohnungswirtschaft unterstehenden Bautruppen werden dem Minister für Bauwesen und Wohnungswirtschaft analoge Regelungen vorgeschlagen.

3. Im Rahmen der Militärreform der DDR wird der Entwurf einer neuen Innendienstvorschrift erarbeitet, zur öffentlichen Beratung gestellt und gleichzeitig mit dem Wehrdienstgesetz dem Ministerrat zur Beschlußfassung in der Volkskammer übergeben.

4. Ab sofort werden für alle Angehörigen der Nationalen

Volksarmee und der Grenztruppen der DDR eingeführt:
- Dienst an den Wochentagen Montag bis Freitag mit einer wöchentlichen Dienstzeit von 45 Stunden. Über diese Stundenzahl hinaus geleisteter Dienst wird in erster Linie durch Freizeitgewährung bzw., wenn das nicht möglich ist, finanziell vergütet.
- Durchsetzung der 50%-Regel für Ausgang und Urlaub bei Gewährleistung der erforderlichen Stärken der Gefechtsbereitschaft und des Diensthabenden Systems.
- Übergang von der Anrede der Armeeangehörigen von ›Genosse‹ bzw. ›Genossin‹ auf ›Herr‹ bzw. ›Frau/Fräulein‹.
- Verbleib des Personalausweises und Reisepasses der DDR am Mann.
- Erweiterung des Ausganges über die Standortgrenzen hinaus.
- Ausgabe von Dienststellenausweisen für Unteroffiziere auf Zeit.
- Freizeitgestaltung in den Kasernenobjekten nach individuellen Wünschen, auch über 22.00 Uhr hinaus.«[22]

Außerdem kamen weiter dazu:
- Aufhebung der Genehmigungspflicht zum Mitführen von Tonwiedergabegeräten und Kraftfahrzeugen für Soldaten im Grundwehrdienst;
- Aufhebung aller bisherigen Einschränkungen hinsichtlich des Empfangs von Rundfunk- und Fernsehsendungen und des Mitbringens von Ton- und Bildträgern, Druck- und Presseerzeugnissen aus dem nichtsozialistischen Ausland in militärische Objekte;
- Berechtigung für alle Armeeangehörigen, Zivilkleidung in der dienstfreien Zeit außerhalb der Kaserne oder in Wohnheimen in der Kaserne zu tragen und bei kasernierter Unterbringung Zivilkleidung aufzubewahren und
- generelle Gewährung des Ausgangs bis zum Dienst für alle Armeeangehörigen.[23]

Analysiert man diese Sofortentscheidungen des Ministers aus heutiger Sicht, so betreffen sie im einzelnen – ebenso wie die Masse der genannten Beelitzer Forderungen – überwiegend nicht politische Grundfragen, sondern die bisherigen Innendienst- und Urlaubsbestimmungen der NVA, die – ge-

stützt auf rigide »traditionelle« Regelungen früherer deutscher Streitkräfte, teilweise über den Umweg »Vorbild Sowjetarmee« durch einstige Berater eingeführt und noch verschärft, – einfach modernen und demokratischen Maßstäben nicht mehr gerecht wurden.[24] Im Grunde genommen standen viele der Normen und Regeln der geforderten Disziplin und der Innendienstordnung, wie widerspruchslose Befehlsausführung und detaillierte Normung faktisch aller Tätigkeiten vom Aufstehen bis zum Schlafengehen, vom Anbeginn ihrer Wiedereinführung im Widerspruch zu den beanspruchten Werten der neuen Ordnung und zu theoretisch gelehrten Persönlichkeitsmerkmalen. Wurden sie von der Nachkriegsgeneration noch mehr oder weniger toleriert und durch die vor allem in den 70er und 80er Jahren als Subkultur sich entwickelnde EK-Bewegung zunehmend karikiert, so wendete sich die neu herangewachsene Generation mehr und mehr direkt gegen sie. Mit der Orientierung auf eine Armee, in der alle Armeeangehörigen und Zivilbeschäftigte »als mündige Staatsbürger akzeptiert« und in »die demokratische Mitgestaltung des Lebens in den Streitkräften« einbezogen werden, hatte die Militärreform grundsätzlich richtig auf die Lösung des Problems orientiert, aber zu zögerlich die praktische Umsetzung angepackt. Deshalb ist es zweifellos richtig, wenn der Streik von Beelitz als »Katalysator« der »Praxis der Reformarbeit« gewertet wird.[25]
Der unter den gegebenen Umständen entstandene Druck erzwang sogar einige Entscheidungen, die in ihren Auswirkungen andere Zusagen gefährdeten oder andere Probleme verschärfen würden: Die vorgezogene Verkürzung der Dienstzeit und damit verbundene vorzeitige Entlassungen von Wehrdienstleistenden und von Soldaten auf Zeit (allein 40000 Mann bis Ende Januar 1990; bis Mai 1990 würden ein Drittel aller Soldaten und zwei Fünftel aller Unteroffiziere auf Zeit fehlen) mußten zwangsläufig vor allem für die Berufssoldaten die Zusagen für eine begrenzte wöchentliche Gesamtdienstzeit in Frage stellen, was verständlicherweise Proteste aus allen Teilstreitkräften auslöste. Und angesichts der Tatsache, daß damals 250 000 Arbeitskräfte in der DDR fehlten, mußte die vorgeschlagene und vom Ministerrat am 4. Janu-

ar 1990 beschlossene Herauslösung der Armee aus der Volkswirtschaft ebenfalls nicht nur Zustimmung auslösen.[26]
Trotz dieser und vieler anderer neu auftauchender Probleme trat in der Folge allmählich wieder eine gewisse Stabilisierung der inneren Verhältnisse der Armee ein.[27] Dazu trug zweifellos bei – wenn auch angesichts des tiefen Motivationsbruchs und der kurzen Zeit mit sehr unterschiedlichen Ergebnissen –, daß durch Ministerbefehl vom 16. Januar 1990 über »die Organisation und Führung der staatsbürgerlichen Arbeit« in der NVA anstelle des zunehmend abgelehnten dogmatischen Politunterrichts eine solche Arbeit auf pluralistischer Grundlage mit folgenden vorläufigen Hauptrichtungen eingeführt wurde:
- Staatsbürgerliche Bildung und Information;
- Dienst- und Einsatzmotivation;
- Soziale Dienstfürsorge und Betreuung;
- Förderung des demokratischen Mitwirkens sowie
- Öffentlichkeitsarbeit und Nachwuchsgewinnung.[28]

Als konstruktives und letztlich stabilisierendes Element von außen erwies sich der bereits erwähnte Runde Tisch beim Minister für Nationale Verteidigung.[29] Dieser hatte ihn ursprünglich nur als Konsultativrat vorgesehen. Doch die Mitglieder des Runden Tisches wollten nicht nur Information und Beratung, sondern den Inhalt und die gesamte Richtung der Militärreform entscheidend mit prägen. Wie im Zentralen Runden Tisch waren auch hier in der DDR damals bestehende alte und neue Parteien vertreten (nur die SPD nahm trotz Einladung nicht teil) sowie darüber hinaus ein breites Spektrum weiterer politischer Interessenvertretungen, das von FDGB und FDJ über Die Nelken, Vereinigte Linke, Deutsche Forumpartei, Berliner Bischofskonferenz und Bund evangelischer Kirchen bis zur Christlich demokratischen Jugend reichte – insgesamt über 20 Parteien, Bewegungen und Organisationen. Jede Partei/Interessenvertretung hatte eine Stimme. Darüber hinaus nahmen im Gefolge der Militärreform auch die gewählten Sprecher der Soldaten, Unteroffiziere und Offiziere, der Vertreter des Verbandes der Berufssoldaten und der Gewerkschaft der Armeeangehörigen stimmberechtigt teil.

Dieser Runde Tisch führte vom 18. Dezember 1989 bis 20. März 1990 sieben Beratungen durch. Ohne hier näher auf deren Inhalt eingehen zu können, bleibt angesichts des vorliegenden Themas aber festzuhalten, daß zu den Arbeitsschwerpunkten besonders auch die Stabilisierung der Lage in den Streitkräften, die demokratische Einbeziehung möglichst breiter gesellschaftlicher Kreise der DDR sowie der Armeeangehörigen und Zivilbeschäftigten gehörte und natürlich auch die Arbeit an Gesetzen und Rechtsvorschriften, wie den Entwürfen für das neue Wehrdienst- und das Dienstpflichtgesetz[30] sowie die neue Innendienstvorschrift.

Am 26. Februar 1990 nahmen seine Vertreter darüber hinaus an der 14. Sitzung des Zentralen Runden Tisches teil, als dieser die in zehn Punkten formulierten »Positionen des Runden Tisches zur Militärreform in der DDR« beriet und schließlich zum Beschluß erhob. Darin wurde u.a. das Verlangen der Armeeangehörigen unterstützt, sich selbst als Staatsbürger in Uniform stärker in die Militärreform einbringen zu können, die Ernennung »eines Wehrbeauftragten der Volkskammer« vorgeschlagen und die im Entwurf des Wehrdienstgesetzes vorgesehene Festlegung abgelehnt, nach der es Soldaten nicht gestattet sein sollte, Mitglied von politischen Parteien und Organisationen zu sein – eine vorher eingegangene Mitgliedschaft sollte nach diesem Entwurf für die Zeit des Wehrdienstes ausgesetzt werden. Demgegenüber wandte sich der Runde Tisch zwar »gegen das Wirken von Parteien und politischen Vereinigungen in der Armee«. Armeeangehörige, die Mitglied einer Partei oder politischen Vereinigung sind, könnten sich jedoch »in ihren territorialen Organisationen betätigen«.[31]

Die genannten Entwürfe, die planmäßig fertiggestellt und alle in der Zeitung »Militärreform in der DDR« veröffentlicht wurden, erlangten keine Rechtskraft mehr, da zunächst die politischen Beschlußgremien, insbesondere die Volkskammer, mit anderen Problemen voll ausgelastet waren und schließlich ab März die sich immer deutlicher abzeichnende baldige Vereinigung der beiden deutschen Staaten generell die weitere Arbeit an einer Militärreform der DDR zunehmend in Frage stellte und andere Fragen in den Vordergrund traten. Durch den Befehl 1/90 des neuen Ministers

für Abrüstung und Verteidigung, Rainer Eppelmann, wurde am 10. Mai 1990 zwar Generalleutnant Klaus Baarß noch zum Beauftragten für die Militärreform berufen, aber die Expertengruppe »Militärreform der DDR« beendete ihre Tätigkeit. Gegen Ende Juni 1990 bestätigte der Minister noch die Entwürfe der »Militärpolitischen Leitsätze der DDR im Prozeß der deutschen Vereinigung« und ein »Programm zur Fortsetzung der Militärreform der DDR« als verbindliche Arbeitsgrundlagen für die NVA.[32] Aber beide Dokumente wurden von dem Grundgedanken getragen, den deutschen Einigungsprozeß in Einheit mit dem schrittweisen Übergang zu einem gesamteuropäischen neuen Sicherheitssystem zu vollziehen – eine Idee, der die im deutschen Einigungsprozeß schließlich dominierenden Kräfte nicht bereit waren, zu folgen, d.h. äußere bremsende Wirkungen kamen noch hinzu. Am 12. Juli 1990 stellte schließlich auch das Informationsblatt »Militärreform in der DDR« mit der Ausgabe Nr. 24/90 sein Erscheinen ein.
Obwohl die Militärreform also unvollendet blieb, ihre Rolle und tatsächlichen Resultate damals in der Truppe und bis zur Gegenwart sehr unterschiedlich bewertet wurden und werden[33], so hat sie aus historischer Sicht insgesamt wohl doch ein wichtiges Ergebnis gebracht, denn zweifellos ist richtig, daß »durch die von ihr ausgelösten Denkprozesse ... wesentliche Voraussetzungen für die Bewältigung der friedlichen Revolution in der DDR und zur Haltung der Armee zur Herstellung der Einheit Deutschlands geschaffen« wurden.[34] Darüber hinaus hat sie auch speziell unter dem Aspekt der Veränderungen jener Bedingungen, die den Soldatenalltag maßgeblich bestimmen, Beträchtliches bewirkt: Zunächst noch zögerlich und schließlich unter teilweise dramatischen Umständen zeitlich gerafft, schnitt sie in der Theorie und Praxis den alten und den dazugewachsenen Kommiß-Zopf ab, der der demokratischen Umgestaltung der NVA zu einer Armee im Wege stand., in der alle Armeeangehörigen und Zivilbeschäftigten in jeder Hinsicht als mündige Staatsbürger akzeptiert werden, die unter militärischen Bedingungen demokratische Rechte und Freiheiten ausüben und ihre Lebensbedingungen schöpferisch selbst mitgestalten.

Vor allem die komplizierte Lage im Lande und in der Armee bewirkte, daß manches noch unausgereift und widersprüchlich blieb. Beispielsweise wurden erstmalig in Deutschland Wehr- und Zivildienst rechtlich gleichgestellt, ohne die letztlich diskriminierende Gewissensprüfung und Dienstzeitverlängerung für letzteren – leider nur bis zum Ende der DDR gültig. Aber die für den Soldaten ebenfalls rechtlich fixierte Möglichkeit, auch noch während des schon laufenden Wehrdienstes jederzeit auf Antrag die Armee verlassen und zum Zivildienst überwechseln zu können, stand natürlich jeder geordneten Ausbildung im Wege.

Die demokratische Umgestaltung der NVA im Zuge der begonnenen Militärreform trug dazu bei, den drohenden Zerfall der Armee aufzuhalten. Sie blieb dadurch handlungsfähig. Wenn auch unter teilweise großen Schwierigkeiten, konnte sie einen reduzierten Dienstbetrieb bis zum regulären Austritt aus dem Warschauer Vertragsbündnis aufrechterhalten und vor allem bis zum Schluß die Sicherheit der beträchtlichen Waffen- und Munitionsbestände voll gewährleisten. Selbst ihr aktives und konstruktives Mitwirken bei den insgesamt sehr umfangreichen praktischen Übergabearbeiten an die Bundeswehr und bei der Organisation des etappenweisen Abzugs der stationierten sowjetischen und dann russischen Truppen ist inzwischen anerkannt.[35]

Wie kurz erwähnt, gehören zum Ergebnis der Militärreform auch zahlreiche fertig ausgearbeitete Rechtsvorschriften und Gesetzestexte, denen aber die abschließende Inkraftsetzung fehlte. Vieles in ihnen ist dabei nach dem Beispiel der Bundeswehr formuliert worden. Manches, wie beispielsweise in der schon genannten Zivildienstregelung, aber auch im Entwurf der neuen Innendienstordnung, ging über deren Praxis hinaus.[36] Vielleicht kann es künftig anregend wirken.

1. Theodor Hoffmann, Das letzte Kommando, Berlin/Bonn/Herford 1993, S. 92 f.
2. Wortlaut nach Kopie des Originals. In: Martin Kutz, Militärreform in der DDR (Dokumentation), Beiträge zu Lehre und Forschung Nr. 12/90 der Fachgruppe Sozialwissenschaften, Führungsakademie der Bundeswehr, Hamburg 1990, S. 56 ff.
3. So verweist der damalige Minister Theodor Hoffmann darauf,

daß ihm bereits damals kurz danach, am 8. Januar 1990, durch
die Expertengruppe »Militärreform« an konkreten Beispielen
verdeutlicht wurde, »wieviel Dinge schon seit November und
Dezember gelöst worden wären, wenn nicht so viel Konservatismus,
Bremshaltung und auch Fehleinschätzung des Ernstes der Lage
bei Stellvertretern des Ministers und verantwortlichen Chefs im
Ministerium zu verzeichnen wären. General Baarß wies darauf
hin, daß bereits am 16. Dezember ein Vorschlag über ›Hauptmaß-
nahmen der Militärreform‹ unterbreitet wurde, sich bis zum 4.
Januar aber nichts rührte. Eine Ursache für diese Verzögerungen
bestand darin, daß Kompetenzstreitigkeiten zwischen den
strukturmäßigen Führungsbereichen und den neu etablierten
Gremien der Militärreform auftraten.« Theodor Hoffmann, wie
Anm. 1, S. 109. Siehe zusätzlich zu den angef. Publikat.: Quo
vadis – NVA? Die unvollendete Militärreform. Dokumentation
über die letzte Episode der DDR-Militärgeschichte (November
1989 – Oktober 1990), hrsg. von Wolfgang Roschlau (Potsdam1991
(unveröff. Manuskript); Martin Kutz, Demokratisierung der NVA?
Die verspätete Reform 1989/90, in: Die Nationale Volksarmee.
Beiträge zu Selbstverständnis und Geschichte des deutschen Militärs
von 1945 – 1990, hrsg. von Detlef Bald, Baden-Baden 1992, S. 87
ff; Theodor Hoffmann, Zur nicht-vollendeten Militärreform der
DDR, in: Ebd., S. 107 ff.; Paul Heider, Anfänge der Militärreform,
in: Paul Heider / Wilfried Hanisch, Die Rolle der NVA von der
Wende bis zur Vereinigung der beiden deutschen Staaten (Erster
Teilentwurf der unveröff. Studie), Potsdam 1993; Frithjof H. Knabe,
Unter der Flagge des Gegners. Wertewandel im Umbruch in den
Streitkräften – von der Nationalen Volksarmee zur Bundeswehr,
Opladen 1994; Dale R. Herspring, Requiem für eine Armee. Das
Ende der Nationalen Volksarmee der DDR, Baden-Baden 2000.
4. Siehe Theodor Hoffmann, Zur nicht-vollendeten Militärreform, wie
Anm. 3, S. 108 f.
5. Siehe Martin Kutz, wie Anm. 3, S. 88. Der dort ebenfalls geübten Kritik
an einer teilweise nachträglichen Stilisierung zu sog. Widerständlern soll
aber hiermit ausdrücklich nicht widersprochen werden.
6. Angeführt nach Paul Heider, wie Anm. 3, S. 29 f.
7. Theodor Hoffmann, wie Anm. 1, S. 30 f.
8. Volksarmee, Berlin, Nr. 47/1989, S. 3.
9. Im weiteren nach dem Auszug dieser Rede ebd., S. 6.
10. Siehe Martin Kutz, wie Anm. 3, S. 93 u. 96 f.
11. Siehe Beratungsmaterialien der Sitzungen der Regierungskommission
»Militärreform der DDR« am 16.01.90 u. 20.01.90, in:
Bundesarchiv-Militärarchiv (im Folgen BA-MA) VA–01/37598
sowie Militärreform in der DDR, Nr. 1/1990, S. 1.
12. Siehe z.B. den Band: Eingaben, Anfragen, Vorschläge, Hinweise und
Kritiken zur Militärreform und zum Wehrdienst, Nov. 1989 – Dez.

1989, in: BA-MA, VA-01/37641. Siehe auch Militärreform in der DDR, die Nr. 1 – 8.
13. Angeführt nach Theodor Hoffmann, wie Anm. 1,S. 44 ff.
14. Auch Martin Kutz verweist auf diesen Fakt in den Vorbemerkungen zu seiner Dokumentation über die Militärreform in der DDR (wie Anm. 2, S. 12 f.) wie folgt: »Auf der unteren Ebene der SED-Organisation gab es, allen Unkenrufen zum Trotz, so etwas wie – eingeschränkte – Demokratie. Da das Befehls-Gehorsamssystem der NVA rigide war in einem Ausmaß, daß man sich in der Bundeswehr nur schwer vorstellen kann, war die Basisorganisation der SED in der Truppe, also auf – meist – Bataillons-Ebene, ein wichtiges Korrektiv. Da fast alle Offiziere SED-Mitglieder waren, in der Basisorganisation aber alle SED-Mitglieder, auch die Mannschaften und Unteroffiziere mit gleichem Stimmrecht vertreten waren, konnte man einen zu kommissigen Vorgesetzten dorthin zitieren und korrigieren, zur Not von oben Hilfe einfordern – es sei denn, es ging um politische Fragen. Da aber auch in der NVA die militärische Tagesroutine vorherrschte, war hier doch ein Gegengewicht.«
15. Siehe Volksarmee, Berlin, Nr. 49/89, S. 2.
16. Siehe ebd., S. 11.
17. Siehe Paul Heider, wie Anm. 3, S. 36 u. 38. Siehe auch Volksarmee, Berlin, Nr. 50/89, S. 3 u. Nr. 51/89, S. 2.
18. Siehe Volksarmee, Berlin, Nr. 50/89, S. 2.
19. Siehe Martin Kutz, wie Anm. 2, S. 108 ff. sowie Egbert Fischer, Gedanken und Fakten zum Runden Tisch in der Nationalen Volksarmee. Im vorliegenden Band S. 611.
20. Siehe hierzu Volksarmee, Berlin, Nr. 50/89, S. 3.
21. Theodor Hoffmann, wie Anm. 3, S. 111 f. Siehe auch ders., wie Anm. 1., S. 109.
22. Zitiert nach Militärreform in der DDR, Nr. 1/1990, S. 1.
23. Siehe ebd., S. 4.
24. Siehe auch nähere Ausführungen des Autors zu diesem Problem in Volksarmee, Berlin, Nr. 48/89, S. 7., beim ersten Seminar von Vertretern des DBwV und des Verbandes der Berufssoldaten der NVA im März 1990 (Paul Klein, Soldatsein in Deutschland, München 1990, S. 70 ff.) und bei einer ersten kritischen Betrachtung zum Traditionsverständnis der NVA (Manfred Backerra, NVA. Ein Rückblick für die Zukunft, Köln 1992, S. 265 ff.) Spezifisch sind natürlich die eigentlich nichtmilitärischen Probleme aus dem Einsatz in der Volkswirtschaft.
25. Siehe Martin Kutz, wie Anm. 3, S. 99.
26. Siehe Theodor Hoffmann, wie Anm. 3, S. 112 sowie ders., wie Anm. 1, S. 98 u. 102.
27. Im Gegensatz zur verbreiteten These vom unaufhaltsamen Auflösungsprozeß in der NVA seit Herbst 1989 reflektiert auch die Tätigkeit der späteren Verbindungsgruppe der Bundeswehr

Details zur realen Entwicklung der NVA in jener Zeit. Nachdem Brigadegeneral Richter am 21. August 1990 an »der Ministerlage« teilgenommen hatte, gab er die von allen wie folgt beurteilte Lage wieder: Nach einer Phase der Unsicherheit (November bis Februar) sei eine Phase der Beruhigung (Februar bis Anfang August) gefolgt, jetzt entstehe die Phase der Unzufriedenheit/Unsicherheit, wegen Unsicherheit der Arbeitsplätze und der Entlassungen der über 55 Jahre. Siehe Erster Kurzbericht der Verbindungsgruppe vom 21. August 1990, Ordner 4, S. 1, Kopie i. Bes. d. Aut.

28. Siehe Befehl Nr. 6/1990, abgedruckt in Militärreform in der DDR, Nr. 4/1990.
29. Siehe hierzu Theodor Hoffmann, wie Anm. 1, 67 ff., S. 119, S. 161 ff. Siehe auch Egbert Fischer, wie Anm. 19, S. 611 ff.. und Horst Wendt, Zwei Runde Tische nach der Wende – Impressionen aus meiner Mitarbeit. Im vorliegenden Band S. 618 ff.
30. Da am 29. Februar 1990 durch die Änderung des Verfassungsartikels 23 in der DDR eine rechtliche Gleichstellung von Wehr- und Zivildienst erfolgte, führte das auch zur Konsequenz im Namen: statt Wehrpflichtgesetz nunmehr Dienstpflichtgesetz.
31. Siehe Positionen zur Militärreform, in: Militärreform in der DDR, Nr. 10/1990, S. 1 f.
32. Siehe BA-MA, DVW 1/43694, Bl. 23 ff.
33. Die Wertungen gingen von voll erfüllten Aufgaben bis zu mehr geschadet als genutzt. Auch Dale R. Herspring kommt zum Schluß, daß »angesichts der instabilen Lage in der DDR ... die Versuche einer Militärreform nur zu einer Verschlechterung der Situation« führten. Ders., wie Anm. 3, S. 85. In der Truppe sprach man z. T. von einer »Auflösung von oben«.
34. Theodor Hoffmann, wie Anm. 3, S. 113.
35. Bisher am deutlichsten auf dem Zeitzeugenforum »Deutsche Einheit und europäische Sicherheit – das Ende der NVA und die ›Armee der Einheit‹. Militärhistoriker und Zeitzeugen im Gespräch«, veranstaltet v. Militärgeschichtlichen Forschungsamt Potsdam und der Karl-Theodor-Molinari-Stiftung Bonn, v. 11. bis 13. September 2000 in Potsdam.
36. Siehe hierzu Martin Kutz, wie Anm. 3, S. 100.

Generalmajor a. D. Dipl. rer. mil. Werner Patzer, Strausberg

Vom Flüchtlingsjungen zum NVA-Offizier
Erinnerungen an Jugend und erste Dienstenstjahre

Der letzte Tag im Dienst
Der Kalender zeigt Freitag, den 28.September 1990. Wieder neigt sich ein Arbeitstag seinem Ende zu. Ich stehe am Fenster meines Dienstzimmers und schaue auf die grünen, vielfach auch schon gelb und braun gefärbten Blätter der Pappeln und Birken, die auf dem schmalen Rasenstreifen zwischen dem Haus 4a des Verteidigungsministeriums und dem Sportplatz wachsen. Aus den benachbarten Häusern strömen die uniformierten und die zivilen Mitarbeiter des Ministeriums dem Hauptausgang zu. Vielen wird es ähnlich gehen wie mir. Die vergangene Woche war mit routinemäßigen Arbeiten ausgefüllt, wie ich sie nun schon seit vielen Jahren als Chef der Verwaltung Personelle Auffüllung im Hauptstab der Nationalen Volksarmee gewohnt war. Dazu zählten die monatliche Dienstbesprechung beim Vorgesetzten, dem Stellvertreter des Chefs des Hauptstabes für Organisation, Generalleutnant Leistner, die Dienstversammlung mit allen Angehörigen der Verwaltung und die Dienstbesprechung mit den Leitern der Abteilungen – verbunden mit der Auswertung der Arbeitsergebnisse im September und der Aufgabenstellung für Oktober.
Und dennoch ist dieser Tag von besonderem Gewicht, ich empfinde ihn als einen der schwersten in meinem Leben. Denn in etwa 100 Stunden wird es diese Armee, die mein Leben und das vieler meiner Kameraden über Jahrzehnte hinweg bestimmt und geprägt hat, nicht mehr geben. Entsprechend dem Mitte August 1990 übermittelten Bescheid werden mit Wirkung vom 30.September, kurz vor der Übernahme der immer noch 103 000 Mann starken Volksarmee der DDR in die Bundeswehr, alle zu diesem Zeitpunkt dienenden Armeeangehörigen, die 55 Jahre und älter sind, aus dem

aktiven Wehrdienst entlassen. Den über 50jährigen wurde es freigestellt, ebenfalls zu gehen.

In meiner Verwaltung sind das außer mir und meinem Stellvertreter, Oberst Pahnke, weitere 11 Offiziere. Meine Dienstgeschäfte mußte ich daher an den Leiter der Abteilung Einberufung und Auffüllung, Oberst Kollhoff, übergeben, der die Eingliederung der Verwaltung in die künftige Wehrbereichsverwaltung VII zu vollziehen hatte. (Oberst Kollhoff reichte aus eigenem Entschluß zum 31.12.1990 seine Entlassung ein, wie auch die Obersten Berger und Hofmann).

Mein Vorgesetzter, Generalleutnant Leistner, übergab befehlsgemäß an seinen Stellvertreter, Generalmajor Löffler, der zu einer Gruppe jüngerer Generale (jünger als 50 Jahre) gehörte, die von der Bundeswehr übernommen werden sollten. Auch diese Gruppe erhielt dann von einem auf den anderen Tag die Mitteilung, daß ihr Dienst am 30.09.1990 beendet sei.

So hatten wir uns in den Wochen und Monaten des Umbruchs in der DDR die Zusammenführung von NVA und Bundeswehr zu einer neuen deutschen Verteidigungsstreitmacht, wie immer sie heißen sollte, nicht vorgestellt. Immer wieder, noch Mitte September auf der Kommandeursberatung des Ministers für Abrüstung und Verteidigung, Rainer Eppelmann, zu der die Chefs, Kommandeure und Leiter bis zur Ebene des Regiments und gleichgestellter Truppenteile versammelt waren, hatte der Volkskammerabgeordnete des mit der CDU in einer Fraktion verbundenen »Demokratischen Aufbruchs« und Minister des Kabinetts de Maizière von einem ehrenvollen Übergang der NVA in die Einheit Deutschlands gesprochen.

Was mich persönlich betraf, so hatte ich mir mit meinen 58 Jahren – auch in Kenntnis der Dienstlaufbahnbestimmungen der Bundeswehr und des dort zeitlich früheren Ausscheidens aus dem aktiven Dienst – schon seit dem Ausgang der Volkskammerwahlen im März 1990 keine Illusionen über eine Weiterverwendung in einer einheitlichen deutschen Armee gemacht.

Aber jetzt zeichnete sich ja mit der angeordneten Entlassung aller Berufssoldaten über 55 und dem nahegelegten Ausschei-

den aller Berufssoldaten über 50 Jahre sowie der Entlassung auch jüngerer Generale und Stabsoffiziere ein Prozeß ab, den man später nicht zu Unrecht als die »Enthauptung der NVA« bezeichnet hat. Und in maßgeblichen Zeitungen, Zeitschriften, Rundfunk- und Fernsehsendungen Westdeutschlands lief schon seit dem Kaukasus-Gipfel zwischen Michail Gorbatschow und Helmut Kohl im Juli 1990 eine Kampagne der Verteufelung der NVA, ihres Charakters und ihrer historischen Rolle, die in einem Kommentar der »Frankfurter Allgemeinen Zeitung« in der Forderung gipfelte: »Auflösen ohne Rest – was sonst?«
Gewiß, wir hatten dem jetzt kurz vor seinem Ende stehenden Staat DDR treu und ehrlich gedient, hatten über Jahrzehnte hinweg den anderen deutschen Staat und seine Armee als politischen wie militärischen Gegner betrachtet, der uns lieber heute als morgen beseitigen wollte und dem wir auch bei günstigen politischen Bedingungen einen militärischen Überfall zutrauten, ja , auf dessen Abwehr wir uns immer wieder intensiv vorbereiteten und dazu eine ziemlich hohe ständige Gefechts- und Mobilmachungsbereitschaft aufrechterhielten. Erst in den letzten Jahren, seit der Konferenz in Helsinki, den Abrüstungsverhandlungen zwischen UdSSR und USA sowie den Truppenreduzierungsgesprächen in Wien, seit Offiziere ausländischer Armeen und gegensätzlicher Militärpakte als Manöverbeobachter beim potentiellen Gegner auftauchten und erste friedliche Kontakte zustande kamen, gerieten die Feindbilder ins Wanken.
Ins Wanken war auch unser Glaube an die Richtigkeit der Politik unserer eigenen Partei- und Staatsführung geraten, besonders im Sommer 1989, als die Flüchtlingswelle in die Botschaften der BRD und schließlich über die Grenzen Ungarns und der Tschechoslowakei keinerlei Resonanz im Zentralkomitee der SED, in der Regierung und den Medien der DDR verursachte – außer hämischen Kommentaren und Schuldzuweisungen an die psychologische Kriegführung sowie die ideologische Diversion des Klassenfeindes, insbesondere an das Westfernsehen.
Kein Aufruf an das Volk, keine Selbstkritik, kein Bloßlegen der wahren Ursachen für die politische Krise, keine Maßnah-

men zur Entwicklung der Demokratie und zur Veränderung der ökonomischen Lage – nichts geschah. Im Gegenteil, zum 40.Jahrestag der DDR stiegen Jubelfeiern bisher ungewohnter Größenordnung unter hochrangiger internationaler Beteiligung der Repräsentanten der sozialistischen Länder sowie der Kommunistischen und Arbeiterparteien aller Kontinente. Was hatten wir, was hatte ich falsch gemacht in meinem Leben, daß wir diesen Marsch der DDR in die Katastrophe nicht verhindert, ja nicht einmal erkannt hatten, obwohl wir nicht nur einmal im Familienkreise, mit Kameraden, Freunden und Genossen über Mängel und Fehler diskutiert hatten, mit der Verkleisterung vorhandener Widersprüche und der verlogenen Erfolgspropaganda (Stichwort: Monatliche Bilanzen der Erfüllung des Volkswirtschaftsplanes) nicht einverstanden waren, auch so manche Selbstherrlichkeit und die Lebensfremdheit leitender Partei- und Staatsfunktionäre kritisiert hatten?
Wir Offiziere der NVA waren doch ganz überwiegend aus einfachen Lebensverhältnissen gekommen, hatten in der Jugend körperlich hart arbeiten müssen, als Kinder, Flakhelfer oder schon als Soldaten die Schrecken des Krieges und den verblendeten Fanatismus einer alten Führungsschicht erlebt – warum hatten wir nicht eher aufgemuckt und wenigstens nach den Forderungen des Parteistatuts der SED »Kritik ohne Ansehen der Person« geübt, gegen offenbare Mißstände energisch angekämpft?
Im Zeitraffertempo ziehen an meinem geistigen Auge die wichtigsten Etappen meines Lebens vorbei, immer begleitet von der bohrenden Frage: War alles umsonst?
Wie verlief deine Kindheit, was formte dich, warum wurdest du Volkspolizist und dann Soldat, wie hast du es trotz erheblicher Bildungslücken durch Krieg und Flucht zum Stabsoffizier und schließlich zum General der NVA gebracht? Wie hat dieser neue deutsche Staat in der damaligen Sowjetischen Besatzungszone, der als antifaschistisch-demokratische Ordnung, als Arbeiter-und-Bauern-Macht im bewußten Gegensatz zu den bisherigen Traditionen des deutschen Imperialismus und Militarismus in die Geschichte eintrat, das bürgerliche Bildungsprivileg gebrochen, eine neue Führungsschicht

hervorgebracht und auch Dich persönlich wachsen und reifen lassen?
Nein, so sagte ich mir, das alles war nicht umsonst, nicht die Jahre anstrengenden Dienstes und nicht die Perioden hartnäckigen Lernens. Auch wenn nicht alle Ziele erreicht, so manche Ideale nicht erfüllt und etliche sogar schmählich verraten wurden, dein Leben und deine Arbeit wie auch das Leben und der Dienst deiner Mitstreiter hatten einen Sinn und haben historisch etwas bewirkt.
Schon aus diesem Grunde wirst du dich – nunmehr ohne geistig anspruchsvolle Beschäftigung – morgen hinsetzen und Notizen über dein Leben zu Papier bringen. Nicht für die Öffentlichkeit, daran dachte ich damals nicht, aber zur Selbstverständigung sowie für die Kinder und Enkel.
So sind die ersten Notizen über mein Leben in damals zweimonatiger Arbeit entstanden. Im Ergebnis von Gesprächen mit vielen Freunden, wurde mir geraten, diese Notizen zu überarbeiten, zu ergänzen und damit vor einen breiteren Leserkreis zu treten. Es könnte ein kleiner Beitrag zum Verstehen der Biographien ostdeutscher Bürger sein, »staatsnaher Diener eines untergegangenen Regimes«, wie man hin und wieder lesen oder hören kann, und es könnte andere Kameraden, Freunde oder ehemalige Genossen der bewaffneten Organe der DDR anregen, ihrerseits zur Feder zu greifen.

Kindheitserinnerungen – August 1939
Ein warmer Sommertag am Ende der Ferien für meinen Bruder Fritz und für mich geht zu Ende. Mein Vater kehrt mit dem Fahrrad aus der Kreisstadt Greifenhagen zurück, wo er als Maurerpolier arbeitet – obgleich er mit seinen 32 Jahren recht jung ist. Schweißperlen stehen ihm auf der infolge der Schirmmütze nur halbgebräunten Stirn. Die harte Arbeit und die Strapazen der drei Kilometer langen Straße auf dem klapprigen Fahrrad durch die hügelige Landschaft sind ihm auf dem Gesicht abzulesen. Vor allem der lange Anstieg aus der Kreisstadt in Richtung Woltin aus dem Tal der breit dahinfließenden Oder erfordert viel Kraft in den Beinen.
Die Auftragslage im Baugewerbe ist auch im Sommer 1939 noch sehr gut. Längst vergessen sind die Jahre der Arbeits-

losigkeit zu Beginn der jungen Ehe, die 1931 nach der Geburt meines älteren Bruders – Fritzchen gerufen – geschlossen wurde und die auch 1932, als ich das Licht erblickte, noch angedauert hatten.

Erst im Frühjahr 1939 war unser kleines Einfamilienhaus fertig geworden – ein Wohnzimmer, ein Schlafzimmer und die Küche umfaßt es, mehr war bei einem Wochenlohn von 32 Mark nicht möglich gewesen, Sparguthaben oder reiche Verwandte besaßen meine Eltern nicht. Aber das Haus war solide gebaut, hatte einen großen Keller, im Dachgeschoß konnten später Zimmer für die Kinder ausgebaut werden. Die Veranda als Eingang war zunächst provisorisch aus Brettern zusammengenagelt worden. Daneben stand ein kleiner Stall aus gesammelten Feldsteinen, allerdings noch ohne Dach. In der Mitte des Hofes befand sich die Wasserpumpe, denn noch waren wir nicht an die kommunale Versorgung angeschlossen.

Das auf einem Feldsteinfundament mit roten Ziegelsteinen an den Ecken und blau auszementierten Fugen stehende Haus mit hellgrünem Spritzputz und rot-weiß gestrichenen Fensterrahmen sah schon recht ansprechend aus, und mein Vater war stolz darauf, daß er es in zwei Jahren nach Feierabend und an den Sonntagen geschaffen hatte, lediglich bei Spezialarbeiten wie dem Dachstuhl von Zimmerleuten oder anderen Handwerkern unterstützt.

Ein Stück billiges Ödland, 3 Kilometer vom Dorf Woltin entfernt, hatte er zu diesem Zwecke erworben, einen Bretterzaun um den Hof errichtet, vor allem um den Fuchs aus dem nahen Wald von den Hühnern fernzuhalten. Sie stellten zusammen mit zwei Schweinen, drei Ziegen, den Obstbäumen und den Gemüsebeeten im Garten die wirtschaftliche Grundlage der Familienernährung und das ständige Arbeitsfeld meiner Mutter dar.

Trotz aller Mühen sind meine Eltern stolz auf das eigene Grundstück. Mit ihnen hatten in unmittelbarer Nähe drei weitere Familien gebaut, in größerer Entfernung entstand noch eine Gruppe von Siedlungshäusern, große Sandhaufen und Baugruben zeugten vom Wachsen der Siedlung. Mein Vater blickt über Hof und Garten, überlegt, daß er die Kirschbäume unbedingt ausschneiden muß, um nach der gu-

ten Obsternte dieses Jahres weitere hohe Erträge für die Versorgung mit Eingewecktem und mit Marmelade zu sichern, und wendet sich dann seiner Frau zu.
Unsere Mutter steht mit geröteten Augen in der Küchentür, die Hände auf dem Rücken. Fritzchen und ich stehen still dahinter. Die dunklen Augen des Vaters weiten sich bei gekrauster Stirn, als er sagt: »Was ist los, Marie? Warum stehst Du so reglos? Wo bleibt mein Begrüßungskuß?« Da kann sie sich nicht mehr beherrschen, fällt ihm weinend um den Hals und gibt ihm den bis dahin hinter dem Rücken verborgenen Brief. Es ist der Einberufungsbefehl zur Wehrmacht, nach Stettin in die Victoria-Kaserne. Schon am nächsten Tag hat er sich zu stellen. Fritzchen und ich stehen dabei, begreifen das alles nicht. Warum sollte uns Vater so kurz nach dem Umzug in unser Haus verlassen? Begann doch erst jetzt ein Leben, wie wir es uns schon lange erträumt hatten!
In Woltin hatten wir in einer dunklen Kammer, die Wohn- und Schlafraum, Küche und Vorratsraum in einem war, fünf Jahre lang zu viert gewohnt. Zur Toilette mußten wir über den dunklen Hinterhof, was an langen Winterabenden und ohne Licht schon recht beängstigend war. Die Kammer hatte im Winter einen Vorteil: Da nur zwei Betten Platz fanden, eines für die Eltern und eines für die Kinder, wärmten wir uns gegenseitig.
Hinter der Wand der Kammer hörten wir in der Stille der Nacht das Grunzen der beiden Schweine in ihrem Holzverschlag – das Überlebenskapital der Familie im Winter, wenn der Vater keine Arbeit fand. Für die Futterversorgung – Brennesseln, Huflattich, Rübenblätter oder auch mal eine vom Wagen gefallene Rübe – waren wir beiden Jungen, Fritz und Werner, zuständig.
Vorher hatten wir in Fiddichow, einer Kleinstadt an der Oder, gewohnt, wo ich auch am 14.März 1932 geboren wurde. Wir wohnten bei meiner Großmutter, bei der auch meine Mutter aufgewachsen war, in einer zwar kleinen, aber nicht so dunklen und feuchten Wohnung wie später in Woltin. Wenn wir dann die Oma besuchten, mußten wir zu viert oder fünft in dem kleinen Wohnraum schlafen, da blieb für die Kinder nur der Fußboden.

Da meine Oma gut schneidern konnte, erfuhr unsere bescheidene Garderobe bei jedem Besuch in Fiddichow eine Bereicherung, meist aus Resten. Gutmütig, wie sie war, hatte sie auch nichts dagegen, wenn ich aus ihrem Gemüsebeet eine Mohrrübe oder einen Kohlrabi verspeiste, nur beim unerlaubten Pflücken von Blumen aus dem blitzsauberen Vorgarten wurde sie ungemütlich.

Aus dem einstöckigen Miethaus, das in den letzten Kriegswochen zerstört wurde, ist mir noch das unermüdliche Pochen des Schuhmachers – von früh bis spät – in Erinnerung geblieben. Besonders aufregend war es, als bei einem schweren Gewitter ein Blitz im Hinterhaus einschlug, ein Brand entstand und die Feuerwehr anrückte.

An Tieren besaß die Oma nur zwei Kaninchen, die mit Haushaltsabfällen und Grünfutter zu versorgen waren und schließlich zu Weihnachten und Ostern zum Festtagsbraten verarbeitet wurden. Ich saß dann immer mit sehr gemischten Gefühlen am Tisch, hatte ich sie doch bei jedem Besuch gefüttert und gestreichelt.

Oft standen wir mit den Eltern am Oderufer. Besonders bei Frühjahrshochwasser war das andere Ufer nicht mehr zu erkennen – so im Frühjahr 1940 bei der Vereinigung von Ost- und Westoder über die Polderwiesen hinweg zu einem einzigen gewaltigen Strom. Auch die am Ufer hochgetürmten meterdicken Eisschollen, die ganze Häuser eindrücken konnten, haben uns Respekt eingeflößt.

Bewundernd standen wir vor der Stahlkonstruktion der Oderbrücke bei Greifenhagen. Auch sie wurde 1945 zerstört, bald wieder aufgebaut, aber leider nicht als Grenzübergang genutzt. Hingegen ist die Brücke bei Hohenwutzen, wenige Kilometer oderaufwärts, nach 1989 für den Grenzverkehr freigegeben worden.

Schön war es, den auf der Oder vorbeifahrenden Dampfern, den Motorschiffen und den Frachtkähnen, zuzuschauen. Wir konnten auch mehrmals den regelmäßigen Linienverkehr oderabwärts bis Stettin oder aufwärts bis Brusenfelde, dem Wohnort der Eltern meines Vaters, bis Fiddichow und Schwedt nutzen.

Stettin und Schwedt habe ich von Ausflügen mit der Schul-

klasse oder mit meiner Mutter noch in guter Erinnerung. In Stettin waren es die imposante Terrassenanlage über dem Hafen mit den großen Überseeschiffen und das Schiffahrtsmuseum, die mich besonders beeindruckten, aber auch die ersten durch Fliegerangriffe zerstörten Häuser.
Einmal ging die Fahrt sogar durch das Große Haff bis nach Swinemünde und von dort mit der Bahn nach dem Ostseebad Misdroy auf der Insel Wollin. Der kilometerlange Sandstrand, die weißen Häuser, die gepflegten Parkanlagen und die grünen Buchenwälder haben sich mir fest eingeprägt. Und immer, wenn ich in Heringsdorf auf der Insel Usedom, in einem anderen Urlaubsort auf Rügen oder an der mecklenburgischen Ostseeküste weilte, sah ich das Bild aus der Kindheit vor mir.
In Schwedt sind es das alte Schloß mit den Gemälden, der Park und auch die Tabakscheunen, an die ich mich bis zum heutigen Tag erinnere. Die Stadt wurde 1945 schwer zerstört, nach 1958 als Zentrum der Erdölverarbeitung völlig neu aufgebaut und am ehemaligen Standort des Schlosses ein Theaterbau errichtet. Seit 1969 wohnte die uns befreundete Familie Süttinger in Schwedt, mit der wir gemeinsam nicht nur die wundervollen Landschaftsschutzgebiete um den Parsteiner See bei Angermünde und an der unteren Oder aufsuchten, sondern auch alle Orte der Kindheit und der Jugend auf dem polnischen Ufer. Die Trümmer unseres Hauses in dem inzwischen herangewachsenen Wald bei Woltin waren noch zu erkennen, die Kirschbäume jedoch verschwunden.
So schön das neue Haus 1939 für die Familie auch war, hatte es doch einen Nachteil: die Entfernung zur nächsten Ortschaft betrug in jeder Richtung mehr als drei Kilometer, denn die Siedlung Woltin-Ausbau lag an der Straße etwa in der Mitte zwischen Greifenhagen und Woltin. Alles, was für den täglichen Unterhalt der Familie eingekauft werden mußte, war mit dem Handwagen oder dem Fahrrad heranzuschaffen. Das einzige Fahrrad diente meinem Vater als Beförderungsmittel zur Arbeitsstelle, nach seiner Einberufung dann meiner Mutter. Fritzchen und ich mußten auf Schusters Rappen jeden Tag zur Schule und manchmal ein zweites Mal zum Einkaufen oder zu sonstigen Besorgungen

die Straße entlang traben. Eine Busverbindung gab es nicht, wir hätten sie auch gar nicht bezahlen können. Schon die Schiffsfahrten zweimal im Jahr nach Fiddichow oder Brusenfelde zu den Verwandten oder alle zwei Jahre nach Stettin erforderten eisernes Sparen.

Den zweimaligen Fußmarsch zur Schule hatte uns mein Vater als tägliche Bewährungsprobe, als Erziehung zu Härte und Mut als sinnvoll und notwendig darstellen wollen. Ich habe diese Strecke auch bei Minus 20 Grad, bei Eisregen oder Schneetreiben, über Glatteis und durch meterhohe Schneewehen durchmessen. Lästig wurde sie mir erst ab dem 10. Lebensjahr, als zweimal in der Woche der Dienst im Jungvolk und manche Woche noch ein dritter Nachmittag zum Religionsunterricht dazukam. Die 12- km-Strecke hing mir dann buchstäblich zum Halse heraus, obwohl mir der Dienst und auch der Religionsunterricht eigentlich Spaß machten, boten sie doch eine gewisse Abwechslung im Einerlei von Schule und Hauswirtschaft. Nur mit dem Singen von Kirchenliedern hatte ich meine Schwierigkeiten, da konnte ich den ganzen Chor durcheinanderbringen.

Die Disziplin im Deutschen Jungvolk, der Kinderorganisation der Hitlerjugend, der wir quasi obligatorisch angehörten, das Einzel- und Gruppenexerzieren, die Wanderungen und Märsche, die Heimabende oder die Lieder am Lagerfeuer habe ich ebenfalls als angenehm empfunden. Das einzige, was mich dort abstieß, waren die Prügeleien, wenn in Geländespielen Angreifer und Verteidiger mit Koppeln, Fahrtenmessern und Knüppeln übereinander herfallen mußten. So haben mir die blutenden Nasen, blauen Flecke, geschwollenen Augen und ausgeschlagenen Zähne beim Sturm unseres Jungstammes auf Greifenhagen nur Angst und Ekel erregt.

Daher kam es auch, daß ich schon mal einen der Dienstnachmittage – Mittwoch und Sonnabend war Pflicht – schwänzte. Ich wurde zum Sitz des Jungbannes nach Greifenhagen bestellt – es muß 1943 gewesen sein – und der Bannführer hielt mir und noch einigen anderen Jungen eine fürchterliche Standpauke. Er war kriegsverwundet, fuchtelte mit seiner rechten Armprothese herum und drohte mir, meinen Vater, der zu dieser Zeit an der Front vor Leningrad eingesetzt war, über seine Vorgesetzten von seinem ungeratenen Sohn in Kenntnis zu setzen. Ich habe danach nie wieder unentschuldigt beim Dienst gefehlt.

Von 1938 bis 1945 lernte ich in der Volksschule von Woltin vom Einmaleins aufwärts in einer Klasse, die jeweils aus zwei Jahrgängen zusammengesetzt war. Unser Klassenlehrer war außerordentlich streng, er stellte hohe Forderungen an Disziplin und Ordnung, an Fleiß und Lernwillen, an Sauberkeit und Exaktheit bei der Erfüllung der Hausaufgaben. Bei Vergehen waren das Nachsitzen oder das mehrfache Abschreiben noch die geringsten Strafen. Mehr gefürchtet war das Austeilen von richtigen oder falschen »Batzen« – eigentlich der Name einer österreichischen Münze. Der »richtige« Batzen war ein Hieb mit dem Rohrstock auf die innere Handfläche, der »falsche« ein Hieb auf den Handrücken. Als Normen galten drei bis zehn Hiebe, am schmerzhaftesten waren zehn Schläge auf den Handrücken. Auch auf das Hinterteil wurde eingeschlagen, über die Schulbank gebeugt konnten es auch schon mal 20 Hiebe mit dem Rohrstock sein.

Keiner von uns Kindern oder von unseren Eltern hat sich jemals dagegen aufgelehnt. Die Prügelstrafe gehörte nach damaligem Verständnis zur Erziehung in der Schule wie auch zu Hause. Die Autorität der jeweiligen »Obrigkeit« wurde bedingungslos akzeptiert, auch wenn die Zuneigung zu den jeweiligen »Erziehungsträgern« durch Zwang und Drill nicht sonderlich gefördert wurde. So war denn beispielsweise der grauhaarige Direktor unserer Schule wegen seines väterlich-freundlichen Umgangs mit uns Kindern weit beliebter als der Klassenlehrer.

Mir persönlich waren die Prügeleien, auch der stärkeren Schüler gegenüber den schwächeren, immer unangenehm und ich bin froh, daß ich die damals üblichen Straf- und Erziehungsmethoden nicht allzu sehr verinnerlicht und in der eigenen Familie kaum angewandt habe. Geblieben war allerdings der Glaube an die Autorität der Lehrer, Direktoren, Vorgesetzten, überhaupt an die staatliche Allmacht, an das überlegene Wissen und Können jener, denen die Vorsehung ein Amt gegeben hatte. Geblieben war auch die Liebe zu Ordnung und Exaktheit, zu Sauberkeit und Sorgfalt auch in Kleinigkeiten, bei dem Aufräumen des Schrankes wie bei der Anfertigung von Zeichnungen und Skizzen.

Dazu hatte vor allem meine Mutter beigetragen, die charakterliche Gutmütigkeit mit entschiedener Ordnungsliebe verband, und die ihre entsprechenden Forderungen nicht nur liebevoll-überzeugend, sondern notfalls auch schlagkräftig-zwingend durchsetzte. Das zeigte Wirkung. Schon im Alter von 10 Jahren haben sich Verwandte und Bekannte über die Detailtreue meiner Blumenbilder gewundert. Und später an der Offiziersschule, an der Militärakademie wie bei der operativen Ausbildung im Ministerium habe ich die »Mäusezähne« bei der Einzeichnung der Verteidigungsstellungen millimetergenau auf die Karte gebracht.

Der Einfluß des Vaters auf meine Erziehung war mit seiner Einberufung zur Wehrmacht faktisch beendet, denn bei seinem jährlichen Fronturlaub von 10 bis 14 Tagen herrschte eitel Sonnenschein in der Familie, da wurden keine Probleme erörtert oder gelöst. Meine Mutter hatte danach vor allem die Sorge, wieder ihre Regel zu bekommen, das jedenfalls konnte ich aus Gesprächen mit den Nachbarinnen entnehmen, ohne genau zu wissen, worum es sich handelte. Viel später erst verstand ich, warum sie das rotglühende Eisen einer Axt in einen Eimer mit kaltem Wasser geworfen und mich aus der Küche gewiesen hatte. Sie konnte ja nicht wissen, ob ihr Mann wieder aus dem Felde zurückkehren würde und stand jetzt schon mit uns beiden Jungen allein allen Problemen gegenüber.

Erstaunt war ich über meinen Vater, als wir 1943 in seinem Fronturlaub einem russischen Hütejungen (einem der sogenannten Ostarbeiter, die nach 1941 im Großdeutschen Reich die eingezogenen Männer ersetzen mußten) begegneten. Dieser trieb eine Rinderherde zum Dorf zurück und versuchte vergeblich zu verhindern, daß einzelne Kühe aus der Herde ausbrachen und im Rübenfeld zusätzliches Futter suchten. Mein Vater nahm ihn zur Seite und erklärte ihm freundlich – und zwar in fließendem Russisch –, welche Tricks er dabei anwenden müsse.

Erst anschließend habe ich erfahren, daß mein Vater seine Kindheit in Rußland verbracht hatte. Er war 1907 in der Westukraine, in Wolhynien, im Kreis Kostopol nordostwärts von Rowno, geboren worden. Dorthin war sein Großvater aus dem Weichselgebiet südlich Warschau – wo Deutsche aus dem Schwäbischen im 18.Jahrhundert gesiedelt hatten – im Zuge der Einwanderungswellen zwischen 1830 und 1870 gezogen und hatte sich einen Hof mit Getreide-, Kartoffel- und Rübenäckern, mit Pferden, Rindern und Schweinen aufgebaut. Die Kolonie der Wolhyniendeutschen war 1914 auf rund 200 000 Menschen angewachsen. Mit Ausbruch des Ersten Weltkrieges brachen schwere Zeiten für die dortige Bevölkerung im Aufmarschgebiet der russischen Armee gegen Österreich-Ungarn an. Mein Großvater wurde zur Zarenarmee einberufen und erst 1917 aus dieser entlassen. Die Wolhyniendeutschen wurden nach Sibirien deportiert. Nur 72 Stunden bekamen sie, um das wichtigste Inventar auf die Pferdewagen zu verladen und im geschlossenen Treck nach Osten abzuziehen. Viele kamen bei den folgenden Strapazen ums Leben. Die Familie Patzer gelangte in den Kreis Orenburg, in die Ausläufer des Uralgebirges.

Nach dem Sieg der Oktoberrevolution kehrte ein Teil der Wolhyniendeutschen in die alten Siedlungsgebiete zurück, ein Teil wurde ausgewiesen, darunter die Familie meiner Großeltern mit meinem Vater und seinen Geschwistern. Sie bekamen als Tagelöhner in dem Gutsdorf Brusenfelde südlich von Stettin, im sogenannten Pyritzer Weizenacker, einen kleinen, baufälligen, unbewohnten Hof zugewiesen – Haus, Stall, Scheune und Garten. Mit dem Deputat vom Gutsherren und dem Futter von den Straßen- und Wegrändern konnten Schweine, Ziegen und Hühner gehalten werden.

Für uns Kinder war dieses Anwesen trotz seiner Baufälligkeit sehr romantisch – vor allem der herrliche Duft frischer Pellkartoffeln aus dem großen Kartoffeldämpfer lockte uns an, dazu gab es dann frische Ziegenbutter und Ziegenmilch, auch der mit Sahne zubereitete Lammbraten war sehr beliebt. Die Ferien, die ich bei der Familie meines Onkels Reinhold Holm und meiner Tante Fine gemeinsam mit Cousin Günter und Cousine Friedel verleben konnte, zählen zu meinen schönsten Kindheitserinnerungen. Der letzte Besuch dort, an einem nebligen Dezembertag des Jahres 1944, brachte den Abschied

vor einer erneuten Flucht, im Leben meiner Großeltern war es schon die dritte Umsiedlung.
Mein Großonkel Alfred Krüger, ein Lehrer, hat den Leidensweg dieser Rußlanddeutschen in einem Buch geschildert, das 1937 unter dem Titel »Die Weltkriegsodyssee der Deutschen aus Wolhynien« erschienen war und das mir meine Großmutter zum Lesen gegeben hatte. Dort war auch folgende Episode über sie, ihren Mann und ihr Kind, d.h. meinen Vater, aus der Verbannung in Sibirien während des ersten Weltkrieges wiedergegeben: »Dieser Onkel P. hatte einmal für kurze Zeit Urlaub bekommen und war viele Tausend Werst (altes russisches Längenmaß = 1,067 km, W.P.) gereist, dann war er auf der Endstation ausgestiegen. Am Bahndamm spielte eine Kinderschar. Der fremde Krieger setzte sich vorerst auf einen Stein, um zu überlegen, wie er am schnellsten seine Familie finden könne. Da löst sich ein Kind aus der Schar, kommt näher und fragt, wohin er denn wolle, ob er nicht zur Mutter kommen möchte. Erstaunt über die Zutraulichkeit des Knaben fragt der Soldat, wer er denn wäre, und wo seine Mutter, die er durchaus besuchen wolle, nun wohne. Da sagte der Junge: ›Ich bin ja der Friedel und die Mutter wohnt hier nebenan‹. Das war ein unvermutetes Wiedersehen. Der Sohn hatte den Vater erkannt.«
Die Kenntnis der russischen Sprache und sein Beruf als Maurer waren für meinen Vater übrigens wesentliche Voraussetzungen, um von 1945 bis 1949 vier Jahre sowjetische Kriegsgefangenschaft körperlich und geistig relativ gut zu überstehen. Sein jüngster Bruder Edgar, der uns 1939 noch mit einem nagelneuen Motorrad besucht und damit helle Aufregung verursacht hatte, hatte ein schlimmeres Los, er fiel 1942 bei Schlüsselburg ostwärts von Leningrad als Kradschütze.
In diesem Jahr traf unsere Familie noch ein schwerer Schlag. Im Herbst bekam mein Bruder plötzlich starke Kopfschmerzen und sehr hohes Fieber. Der Arzt diagnostizierte eine schwere Erkältung und verschrieb entsprechende Medikamente. Mein Vater war nach dem Frankreichfeldzug in den Osten versetzt worden und diente jetzt im Raum Leningrad als Truppführer eines Feldfernsprechtrupps in den Korpsnachrichtentruppen.

Der Zustand meines Bruders verschlimmerte sich von Tag zu Tag, er redete nur noch in Fieberphantasien. Meine Mutter war ratlos. Da der Arzt nicht mehr helfen konnte überwies er Fritzchen in das Landeskrankenhaus Stettin. Gleichzeitig wurde vom Kreiswehrersatzamt in Greifenhagen ein dringendes Telegramm an die Feldpostnummer meines Vaters geschickt und ein Kurzurlaub erbeten. Sein letzter Urlaub lag etwa ein Jahr zurück.

Aufgrund der weiteren Verschlechterung des Zustandes meines Bruders wurde er in die Universitätsklinik Greifswald verlegt. Beim ersten Besuch meiner Mutter wurde ihr dort eröffnet, daß Fritzchen an einer Gehirnhautentzündung erkrankt war und ihm nicht mehr geholfen werden könne. Diese Krankheit galt damals als unheilbar, wenn im Ausnahmefall eine Erholung eintrat, war das mit schweren physischen oder psychischen Schäden verbunden.

Als wir sein Krankenzimmer betraten, sah uns mein 12jähriger Bruder mit klaren Augen an – vermutlich hatte er schmerzstillende Mittel erhalten – und sagte: »Mama, nun muß ich doch sterben, aber vorher will ich Papa noch einmal sehen. Er möchte doch bitte kommen.« Meine Mutter schickte noch mal ein Telegramm mit dem Text ab: »Fritzchen liegt im Sterben. Sofort kommen. Ärztliches Attest hat vorgelegen.«

Nach zwei Tagen stand mein Vater vor der Tür – in voller Gefechtsausrüstung, mit Stahlhelm, Karabiner und Gasmaske, im dicken Wintermantel, so wie er seine Stellung verlassen hatte. Er war in einem Durchläuferzug von der Front direkt bis nach Stettin gerollt.

Oftmals habe ich später an diese mir damals unbegreifliche Tatsache denken müssen, wenn z.B. ein Oberst der Nationalen Volksarmee zu seinem 50.Geburtstag oder zu seiner Silberhochzeit auf die Anwesenheit seines Sohnes verzichten mußte, weil dieser als Soldat keinen Urlaub aus dem aktiven Wehrdienst bekam. Mir sind sogar Fälle bekannt, wo diese jungen Söhne Schwierigkeiten in ihrer Dienststelle hatten, obgleich sie selber schon Offizier geworden waren.

Nach dem Eintreffen meines Vaters betraten wir am nächsten Morgen das Krankenzimmer. Fritzchen war wieder bei

Bewußtsein, richtete sich leicht auf und flüsterte: »Ach Papa, da bist Du ja. Nun kann ich ruhig sterben.« Wir blieben den Tag über noch in Greifswald und fuhren abends nach Woltin zurück. Am nächsten Morgen brachte der Postbote das Telegramm mit der Todesnachricht.
Fritzchen wurde in unserem Wohnzimmer aufgebahrt. Lange habe ich allein am Sarg gestanden. die Operationswunde an seinem Kopf betrachtet und Abbitte für manche Ungerechtigkeit und Grobheit ihm gegenüber geleistet. Mein Bruder war zwar zwei Jahre älter, aber körperlich schwächer als ich und hatte bei Keilereien meist den Kürzeren gezogen.
Fritzchen wurde auf dem Friedhof in Woltin beigesetzt, mein Vater fuhr wieder an die Front. Ich habe ihn erst nach einem Jahr bei einem Kurzurlaub und dann sechs Jahre später nach seiner Rückkehr aus der Kriegsgefangenschaft 1949 wiedergesehen.
Meine Mutter und ich waren jetzt allein in unserem Hause, allein mit dem Vieh, dem Garten, allein mit unserem Kummer, weit entfernt von allen Verwandten und überhaupt von einer größeren Ansiedlung. Und im Osten rückte die Front nach den Schlachten von Stalingrad, Kursk und in Belorußland näher an die deutschen Grenzen heran.

Flucht und Umsiedlung 1945
Die ersten Einwirkungen des Krieges in unserer Umgebung kamen aus der Luft. Der erste Bombentrichter in der Nähe von Woltin war noch ein Wallfahrtsort gewesen, gefundene Bombensplitter wurden beinahe wie Reliquien staunend betrachtet. Doch die ersten zerstörten Häuser in Stettin lösten schon Beklemmung aus, vollends dann die Trümmerwüste in der Stettiner Altstadt nach den Großangriffen der alliierten Bombergeschwader.
Meine Einstellung zur Luftfahrt hat sich dadurch radikal verändert. Die Zeppeline hatte ich vor dem Krieg noch bewundernd betrachtet. In den sternenklaren Nächten von 1944 hatte ich einen Flugkörper auf der einen Seite des Horizonts auftauchen und mit tosendem Geräusch in wenigen Sekunden an der anderen Seite wieder verschwinden gesehen – erst viel später erfuhr ich, daß es eines der ersten strahlgetriebenen

Flugzeuge der Welt war. Das war schon imponierend. Der glühendrote Himmel über Stettin in vielen Nächten der letzten Kriegsmonate wiederum flößte uns nur noch Angst ein. Meine Mutter wußte sich nicht anders zu helfen, als mit mir in einem Erdloch im Walde das Ende des jeweiligen Fliegerangriffs abzuwarten. Als einzige Habe nahm sie eine Handtasche mit, in der die wichtigsten Dokumente und das Bargeld aufbewahrt wurden.

Anfang 1945 erlebte ich einen Angriff sowjetischer Tiefflieger auf eine Wehrmachtskolonne, die sich auf der in 100 Meter Entfernung an unserem Gehöft vorbeiführenden Straße bewegte. Die Maschinengewehrgarben der sowjetischen Schlachtflieger schlugen auch neben unserem Hause ein. Von Flugzeugen hatte ich daraufhin die Nase voll. Noch im Jahre 1968, als ich auf einer Dienstreise nach Prag erstmals in Schönefeld ein Flugzeug besteigen mußte (eine sowjetische Il-14 der Interflug), tat ich das mit sehr gemischten Gefühlen.

Am 12. Januar 1945 war die Rote Armee beiderseits von Warschau zu ihrer großen Winteroffensive, der Weichsel-Oder-Operation, angetreten und hatte Ende Januar/Anfang Februar die Linie Schneidemühl – Pyritz in Ostpommern sowie die Oder beiderseits von Küstrin erreicht. Seit der zweiten Januarhälfte hörten wir den Kanonendonner der sich nähernden Front. Ende Januar stieß die erste Aufklärungsabteilung der Roten Armee in Greifenhagen bis an die Oderbrücke vor und wurde im Stadtzentrum vernichtet. Den Gefechtslärm hörten wir in unserer Wohnsiedlung.

Die Wehrmacht schuf dann mit neu herangeführten Kräften im Abschnitt Pyritz – Soldin einen starken Abwehrriegel, etwa 20 km südostwärts Woltin. Neue Panzer der Typen »Königstiger« und »Tiger« sowie Sturmgeschütze »Ferdinand«, deren weiße Ringe an den Kanonenrohren von abgeschossenen gegnerischen Panzern zeugten, rollten in diese Stellungen.

Damit wurden die unmittelbaren Kämpfe in unserer Gegend zunächst beendet, erst am 10. Februar setzte die Rote Armee in der Ostpommern-Operation den Angriff nach Norden und Nordosten in Richtung der Ostseeküste fort. Die Gerüchte über eine baldige Evakuierung verstummten zunächst. Aus dem Radio ertönten immer noch die Durchhalteparolen,

die mystischen Andeutungen von den Wunderwaffen und dem baldigen Zurückwerfen der »bolschewistischen Horden« dank der nunmehr in den Kampf eintretenden neuen Verbände des Heeres, der Waffen-SS, des Volkssturms und der Hitlerjugend.
Auf der Straße aber zogen Pferdefuhrwerke, Frauen mit Handwagen, alte Leute und Kinder aus Ostpreußen und Westpreußen, aus Hinterpommern und dem Warthegau an unserer Siedlung vorbei. Wochenlang war eine Familie aus Schneidemühl (heute Pila) in unserem Haus einquartiert.
Seit dem ersten Kanonendonner lag im Schlafzimmer auf dem Nachttisch meiner Mutter eine kleine Pistole. Mein Vater hatte sie aus dem Frankreichfeldzug mitgebracht und auf dem Dachboden hinter einem Balken versteckt. Meine Mutter kannte das Versteck. Da ich im Jungvolk auch an Schußwaffen ausgebildet worden war, konnte ich die Pistole bedienen. Ich versprach meiner Mutter, wenn ihr die Russen etwas antun wollten, zuerst sie und dann mich zu erschießen. Ich weiß nicht, ob ich tatsächlich den Mut dazu aufgebracht hätte. Andere haben es leider getan.
An die Nähe der Front hatten wir uns bald gewöhnt, Kanonendonner und Tieffliegerangriffe wurden zum Alltagserlebnis. Auf eine schnelle Flucht waren wir vorbereitet, eine Tasche und ein Wäschekorb mit den wichtigsten Kleidungsstücken waren mehrmals ein- und ausgepackt worden. Die anderen Wäschestücke und das Geschirr wurden hinter dem Haus vergraben und Ziegelsteine darüber geschichtet. So hatte man uns geraten. Später, nach 25 Jahren, fanden wir nur noch verrostetes Zeug und ein paar Glasscherben.
Zunächst jedoch schien sich die Front stabilisiert zu haben. Wir hatten Soldaten und Offiziere als Einquartierung in unserem Haus, von denen auch so mancher an eine baldige Wende im Kriegsgeschehen durch die neuen Wunderwaffen oder durch aufbrechende Konflikte zwischen Russen und Amerikanern glaubte.
Um so bestürzter waren wir, als uns am 12. Februar 1945 durch einen Boten des Ortsbauernführers von Woltin die Mitteilung überbracht wurde, daß am frühen Morgen des 13. Februar die Evakuierung erfolge.

Am nächsten Morgen – es war bitter kalt und neblig – stand das Pferdefuhrwerk vor dem Haus. Rasch wurden die wenigen Habseligkeiten aufgeladen. Das Gespann brachte uns zum Bahnhof Greifenhagen, dann ging es mit dem Zug nach Stettin. Dort wurden wir zunächst in einer unterirdischen Etage des Bahnhofs einquartiert und überlebten einen schweren Fliegerangriff (später erfuhr ich, es war der Ablenkungsangriff, der parallel zur Zerstörung Dresdens geflogen wurde).

In der Frühe des 14. Februar wurden wir herausgeholt und sahen die brennenden Häuser im Bahnhofsviertel. Wir wurden auf offene Waggons verladen – bei Minus 15 bis 20 Grad Celsius – und sollten offensichtlich die brennende Stadt so schnell wie möglich verlassen. Wir waren in Decken eingehüllt und haben die Fahrt ohne Erfrierungen wohl nur überstanden, weil auf jedem Waggon ein Kanonenofen brannte.

Tagelang waren wir unterwegs – Stationsnamen wie Pasewalk, Neubrandenburg, Güstrow, Wismar, Bad Kleinen zogen vorüber. Mehrmals mußten wir umsteigen, bis wir Schwerin erreichten. Bei jedem Umsteigen hat mir der schwere Wäschekorb, den ich mittrug, fast den Arm aus der Schulter gezogen. Kälte, Hunger und Durst waren unsere ständigen Begleiter. Die Endstation war schließlich Hagenow südlich Schwerin. Von dort ging es mit einem Pferdefuhrwerk nach Zeetze bei Neuhaus an der Elbe. Wir wurden in einem Fachwerkhaus bei einer älteren Tagelöhnerfamilie untergebracht. Sie hat uns freundlich aufgenommen. Meine Mutter und ich bekamen eine kleine, aber warme Kammer zugewiesen und endlich satt zu essen.

Nun waren wir mit unserer Flucht vor den Kampfhandlungen im Osten zwar erfolgreich gewesen, dafür aber in den Bereich der Front im Westen geraten. Bombenteppiche auf das Hydrierwerk Hitzacker am anderen Elbufer, Tieffliegerangriffe auf Wehrmachtskolonnen und auf das Dorf Zeetze beim Heranrücken der US-Army an die Elbe, tägliche Artillerieeinschläge bestimmten jetzt unser Leben. Den Gefechtslärm kannten wir ja schon, den Aufenthalt in Kellern und Wäldern hatten wir zu Hause gelernt und waren insofern »kriegserfahrener« als unsere Wirtsleute.

Die mehr als vier Wochen, in denen die Amerikaner am anderen Elbufer standen, nervten uns trotzdem, wußten wir doch nie, was der nächste Tag bringen würde. Zum Glück blieb das schöne Fachwerkhaus, wo alles unter einem Dach vereint war – Wohnstuben, offener Herd, Schinken im Rauchfang, Heu in der Tenne, Vieh in den Verschlägen, Rüben und Kartoffeln im Keller – unzerstört.

Am 2. Mai 1945 forcierten die amerikanischen Truppen die Elbe und eroberten das Dorf. Gegen 14.00 Uhr wurde die Kellertür aufgestoßen und die GIs durchsuchten den Keller, in dem wir uns aufhielten, nach deutschen Soldaten. Die Kampftruppen rückten rasch weiter nach Osten vor, in Zeetze nahmen Versorgungseinheiten Quartier. Ihr Anbändeln mit deutschen Frauen und Mädchen verlief dank reichlich vorhandener Konserven, Schokolade und Zigaretten meist ohne größere Probleme. Auch zu uns Kindern waren die amerikanischen Soldaten sehr freundlich. Eine Tafel Schokolade oder eine Fleischbüchse konnte ich immer mal wieder nach Hause bringen.

Nach etwa 4 Wochen zogen die USA-Truppen ab, die Streitkräfte Großbritanniens rückten in die zur preußischen Provinz Hannover gehörenden rechtselbischen Orte ihrer Besatzungszone ein. Sie benahmen sich weniger freundlich und hatten nach den schweren deutschen Luftangriffen auf England und den hohen Verlusten wohl auch ein moralisches Recht dazu. Die Versorgung wurde spürbar schlechter.

Gleichzeitig verdichteten sich die Gerüchte, wir Flüchtlinge könnten wieder in unsere Heimat jenseits der Oder zurück. Aber erst einmal zogen die Briten wieder ab und die Rote Armee übernahm entsprechend den Abmachungen von Jalta das ostelbische Gebiet der Provinz Hannover. Sie rückte mit kleinen Panjewagen, gezogen von Pferden, ein – solche Zugmittel hatten wir bei den Amerikanern und Engländern nicht gesehen, ich kannte sie nur von den Einheiten des deutschen Heeres in den ersten Kriegsjahren.

Auf dem Hof unserer Wirtsleute und den angrenzenden Gehöften nahm eine motorisierte Artillerieabteilung Quartier – ausgerüstet mit amerikanischen LKW vom Typ Studebaker. Die Offiziere, Sergeanten und Soldaten waren – wie die Ame-

rikaner – freundlich zur Bevölkerung, es gab keine Übergriffe in unserem Dorf.
Mitte Juni erreichte uns die freudige Nachricht, wir könnten wieder in unsere Heimatorte zurückkehren. Schnell wurden die wenigen Habseligkeiten gepackt, schließlich holte uns ein Pferdefuhrwerk ab, brachte uns Richtung Dömitz bis Kaarßen, von da fuhr uns ein LKW nach Grabow bei Ludwigslust. Dann ging das lange Warten los, zusammen mit Tausenden von Flüchtlingen, und es kam der Hunger. Die Wegzehrung, die uns die freundlichen Wirtsleute aus Zeetze mitgegeben hatten, war bald aufgebraucht. Mit der Eisenbahn begann eine Irrfahrt von Grabow über Ludwigslust nach Schwerin, von dort über Güstrow, Neubrandenburg, Neustrelitz und Mirow nach Berlin. Hier, auf dem Gelände des Lehrter Bahnhofs, warteten wir längere Zeit auf die Weiterfahrt. Es waren die schlimmsten Wochen meines jungen Lebens. In Potsdam fand gerade das erste Nachkriegstreffen der Großen Drei über das weitere Schicksal Deutschlands und seiner Ostgebiete statt. Irgendwann erfuhren wir, daß die Gebiete östlich der Oder endgültig an Polen kämen. Schließlich ging unsere Bahnfahrt eines Tages weiter – über Pasewalk wieder nach Neubrandenburg (nicht nach Stettin, wie wir gehofft hatten), in Richtung Westen nach Schwerin und dann wieder nach Südosten bis zur vorläufigen Endstation Perleberg.
Nach weiteren Tagen des Wartens – oftmals nur mit Abfällen den Hunger stillend – gelangten wir mit einem Pferdefuhrwerk zunächst auf der Fernverkehrsstraße 5 und dann auf einer seitlich abbiegenden Landstraße nach Grube, einem kleinen Dorf nördlich von Bad Wilsnack.
In Grube wurden wir, gemeinsam mit einer anderen Frau und deren Tochter, bei einem Kleinbauern in eine Kammer eingewiesen. Für jede Familie ein Bett – der Bettkasten aus zusammengenagelten Brettern, darüber ein Strohsack und eine harte Pferdedecke – aber wir hatten wenigstens eine feste Bleibe. Nun begann ein Leben wie das von Zehntausenden Flüchtlingen – gemieden von den Alteingesessenen, ohne feste Arbeit, ohne sichere Zukunft. Nur gelegentlich erhielten wir Arbeit auf dem Gut des Dorfes, das von einem Sergeanten der Roten Armee verwaltet wurde, einmal in der Woche ein Brot.

An Fleisch oder Butter war nicht zu denken. Der Hunger war unser ständiger Gefährte, oft haben wir uns in den Schlaf geweint. Das Bestreben, den Hunger zu stillen, hat uns auch zu Unredlichkeit gebracht. Kartoffeln, Mohrrüben und Zuckerrüben haben wir nachts heimlich auf den Feldern gesammelt, immer unter der Gefahr, entdeckt und bestraft zu werden. Ähren hatten wir noch bei Tage von den abgeernteten Feldern lesen können.

Im Herbst 1945 begann in Grube wieder die Schule, ich kam entsprechend meinem Alter in die 8. Klasse. Es war ein ostelbisches »Pantoffelgymnasium« – vormittags waren die Klassen 1 bis 4 im Schulraum und nachmittags die Klassen 5 bis 8 – ein einziger Lehrer hatte alle Klassen zu unterrichten.

Der Einstieg in den Unterricht fiel mir angesichts der hohen Anforderungen, die ich in Woltin erlebt hatte, nicht schwer. Der Lehrer erkannte das bald und setzte mich zu seiner Entlastung häufig als Assistenten in den unteren Klassen ein. Das erregte den Unwillen der einheimischen Bauernjungen aus der 8. Klasse. Ihr Neid war mir ja noch verständlich. Aber mein Stolz wurde tief verletzt, als diese Alteingesessenen mir mit Gewalt, durch Prügel, »verklaren« wollten, es ginge doch wohl nicht an, daß ein Polenjunge deutschen Kindern das Einmaleins beibringe. Ich verstand diese Angriffe überhaupt nicht, denn in unserer Heimat südlich Stettin hatten nur Deutsche gelebt. Und unser pommerscher Dialekt dürfte den mecklenburgischen Ohren auch nicht gar so ausländisch geklungen haben. Es war wohl doch mehr die für deutsche Dörfer in allen Landstrichen typische Hackordnung (die sich auch auf Tanzsälen zeigte), »angereichert« durch nationale Überheblichkeit namentlich im Verhältnis zu den »minderwertigen Ostvölkern«.

Die guten Leistungen bewogen meinen Lehrer, mich zum Besuch der Oberschule in Bad Wilsnack anzumelden. Dort war Ende 1945 wieder der Unterricht aufgenommen worden. Die 6 Kilometer im Winter zweimal täglich zu Fuß zurückzulegen, wäre wohl zu schwierig gewesen, deswegen wurde ich mit noch sechs Jungen aus der Umgebung in einer privaten Pension untergebracht. Sie gehörte der Frau eines Offiziers der Wehrmacht, der wohl Pferdeliebhaber war, denn über-

all an den Wänden hingen Einzel- und Gruppenbilder dieser freundlichen Vierbeiner.
Zunächst fiel es mir recht schwer, mich in das höhere Niveau der Oberschule hineinzufinden. Die Pensionswirtin verwendete auch viel Zeit darauf, uns die guten Sitten bürgerlichen Benehmens beizubringen. Am Ende der 8. Klasse im Frühjahr 1946 zeigte sich dann, daß das Schulgeld und das Geld für die Pension von der Gemeinde in Grube nicht aufzubringen war, von meiner Mutter schon gar nicht. So war nach einem halben Jahr der Aufenthalt in Bad Wilsnack zu Ende. Aber ich hatte ein gutes Zeugnis der 8. Klasse und damit einen ordentlichen Schulabschluß erreicht.
Auch unsere Wohnsituation hatte sich verbessert. Wir bekamen im Frühjahr 1946 bei der Familie Krüger den Altenteil ihres Hauses als neue Bleibe zugewiesen, einen Wohnraum, der gleichzeitig als Schlafzimmer diente, dazu einen Vorraum als Küche und eine kleine Abstellkammer. Es war zwar eng für zwei Familien, aber dafür hatten die freundlichen Wirtsleute viel Verständnis für unsere Lage. Erst ab Mitte 1947 konnten wir das Altenteil allein bewohnen, da die Mitbewohnerin mit ihrer Tochter zu ihrem Mann nach Schleswig-Holstein übersiedelte.
Der Sommer und der Herbst 1946 vergingen mit Hilfsarbeiten bei den Einzelbauern oder wo sonst in der Landwirtschaft Bedarf an jungen Arbeitskräften war. Im Winter stellte sich dann immer dringlicher die Frage, wie es mit mir weitergehen sollte. Das Frühjahr stand vor der Tür und damit die Notwendigkeit, zum Unterhalt der Familie beizutragen. So kam Anfang 1947 ein Arbeitsvertrag mit dem Mittelbauern Albert Brüning in Grube zustande. Als Jungknecht hatte ich drei harte, aber für mein weiteres Leben außerordentlich nützliche Jahre vor mir.
Mein Arbeitstag begann im Sommer um 5.30 Uhr, im Winter eine Stunde später, er endete um 20.00 Uhr, im Sommer zur Erntesaison erst um 22.00 Uhr und im Winter »schon« um 18.00 Uhr. Die Wirtschaft des Bauern umfaßte etwa 20 Morgen (5 Hektar) Ackerland, dazu Wiesen und Wald. Im Stall standen ein Pferd – ein Schimmel, was mir den Spitznamen »Schimmelwerner« einbrachte – vier bis fünf Milchkü-

he, zwei Färsen, etwa 15 Schweine, dazu Gänse, Enten und Hühner. Alle Tiere mußten versorgt, die Flächen bewirtschaftet werden. Der Wald war so aufgeräumt wie die gute Stube, die Kiefernnadeln wurden für die Kühe als Einstreu gesammelt.
Das Arbeitskräftepotential bestand aus dem Bauern (70 Jahre alt), seiner Schwiegertochter und mir. Die Feldwirtschaft oblag dem Bauern und mir, die Viehwirtschaft der Schwiegertochter. Der Bauer war ein exzellenter Landwirt, schon im ersten Jahr hatte er mir alle wesentlichen Fertigkeiten beigebracht, im dritten Jahr konnte ich viele Arbeiten völlig selbständig erledigen.
Jeder Tag wurde planvoll genutzt. Nicht einmal im Winter gab es Leerlauf, es wurde Getreide gedroschen und Brennmaterial beschafft, Holz gesägt und gehackt. Birkenreiser wurden herangefahren, türmten sich zu Haufen so hoch wie das Scheunendach. Baumstubben wurden im Wald und am Wegesrand ausgegraben, anschließend zu Feuerholz zerkleinert.
Mein Verdienst betrug im ersten Jahr monatlich 10, im zweiten 15 und im dritten 20 Mark. Über jede Steigerung war ich stolz. Ich war außerdem in voller Verpflegung und auch meine Mutter bekam Lebensmittel (damals kostete ein Pfund Butter auf dem Schwarzen Markt 100 Mark!). Jedes Jahr erhielt ich ein Arbeitshemd, eine Arbeitshose und ein Paar Schuhe.
Natürlich habe ich den Unterschied zwischen meinem Einkommen und dem meines Bauern im Verhältnis zu unser beider Arbeitsleistung bemerkt und manchen leichten Groll in mir aufsteigen gespürt. Im Nachhinein überwogen aber doch der Stolz auf die eigenen Fähigkeiten und Leistungen sowie die Freude und Verbundenheit mit allem Leben, das auf den Feldern und in den Ställen dank menschlicher Pflege heranwächst.
Das Leben in den Jahren beim Bauern Brüning bestand jedoch nicht nur aus harter körperlicher Arbeit. Freizeit, wenn auch karg bemessen, gab es Samstags abends, jeden zweiten Sonntag, jeweils einen der beiden Feiertage zu Ostern, Pfingsten und Weihnachten sowie eine Woche Urlaub im Jahr. Die Freizeit verbrachte ich meist mit dem Lesen von Büchern –

alle, die ich bei Freunden und Bekannten ausleihen konnte, denn eine Bibliothek gab es in Grube damals nicht. Zu meiner Lieblingslektüre gehörten Reisebeschreibungen, Atlanten, Abenteuer- und Kriminalgeschichten, auch Romane, Novellen und Erzählungen.
Auf Schusters Rappen, mit dem Pferdewagen oder der Eisenbahn wurde die engere und weitere Umgebung von Grube erkundet. Die Dörfer des Umlandes wurden auch bei Tanzveranstaltungen am Wochenende besichtigt. Daß ich damals überhaupt schon tanzen konnte, hatte ich meiner Mutter zu verdanken, denn eine Tanzstunde wäre schon aus finanziellen Gründen nicht in Betracht gekommen.
Es war wohl zum Frühlingsfest 1947, im Dorfkrug war ein Kinder- und Jugendtanznachmittag organisiert, ich war gerade 15 Jahre alt. Meine Mutter faßte mich einfach bei der Hand und dank ihrer exzellenten Führung beherrschte ich bald die Schritte von Walzer und Foxtrott. An einem weiteren Tanznachmittag erlernte ich Tango und langsamen Walzer, bald auch die damaligen Modetänze. Damit war ich sozusagen souverän auf diesem so wichtigen Gebiet der Kommunikation mit dem weiblichen Geschlecht. Ich brauchte künftig nicht mehr wie so manche meiner Altersgenossen am Rande der Tanzfläche oder an der Theke herumzustehen und habe mir die Freude am Tanzen bis heute bewahrt.
Bei den Ausflügen nach Bad Wilsnack, Perleberg, Havelberg, Ludwigslust, Schwerin und Güstrow interessierten mich die alten Stadtkerne, die Schlösser und die Backsteinkirchen, soweit sie nicht zerstört waren. Besonders beeindruckt hat mich die Plattenburg, eine aus leuchtend-rotem Backstein errichtete Wasserburg, seit 1319 Residenz der Bischöfe von Havelberg, die etwa 10 km ostwärts von Bad Wilsnack idyllisch in einem herrlichen Wald- und Seengebiet lag.
Die Plattenburg ist in meinem Gedächtnis noch aus einem anderen Grund haften geblieben. Dort gab es viele künstlich angelegte Fischteiche, die in den Kriegsjahren verwildert waren. Das Schilf war dicht und hoch aufgeschossen, ein Grund für meinen Bauern, billiges Einstreu für die Kühe im Stall zu gewinnen. Also mähten wir im Winter bei gefrorenen Teichen das Schilf mit der Sense, verluden es auf den Leiterwa-

gen, brachten es nach Grube und streuten es ein – ohne größere Probleme. Jedoch war es erheblich schwieriger, die langen Schilfhalme wieder herauszukriegen, wenn sie von den Kühen festgetreten waren – wir mußten Streifen für Streifen mit der Axt trennen.

Von den gesellschaftlichen Umwälzungen, die sich in der damaligen Ostzone in den Jahren 1946 bis 1949 vollzogen, haben wir nicht viel gespürt – wir hielten keine Zeitung und ein Radio wäre ein unerschwinglicher Luxus gewesen. Ich war auch in keiner politischen oder gesellschaftlichen Organisation. Der Bauer hatte mich davor gewarnt. Sein Argument, das ich für bare Münze nahm, lautete: »Wenn Du dann nicht machst, was die wollen, kommst Du nach Sibirien«. So bin ich abends, wenn im Gasthof, an dem mein Heimweg vorbeiführte, Versammlungen stattfanden, lieber über den Zaun des Bauerngehöfts geklettert und habe einen Umweg gemacht, um nicht angesprochen und »in Versuchung« geführt zu werden.

Erste Unterhaltungen zu politischen Fragen hatte ich ab 1947 mit Ferdinand Holz, den meine Mutter kennenlernte. Von meinem Vater fehlte seit 1945 jede Nachricht. Wir wußten nicht, ob er vermißt oder gefallen war. Plötzlich erhielten wir, es war 1948, eine vorgedruckte Karte aus sowjetischer Kriegsgefangenschaft mit wenigen handschriftlichen Mitteilungen meines Vaters, aus denen hervorging, daß er lebte und unsere Adresse über den Suchdienst ermittelt hatte.

Der Karte meines Vaters war eine Antwortkarte beigefügt. Meine Mutter übergab sie mir mit der Bitte, dem Vater mitzuteilen, daß sie mit Ferdinand Holz eine Lebensgemeinschaft eingegangen sei, die Ehe mit Vater nicht weiterführen möchte und außerdem schwanger sei. Es war die bis dato schwierigste Aufgabe in meinem jungen Leben. Meinen Vater hatte ich im Grunde seit Kriegsbeginn 1939 nicht mehr erlebt, meine Mutter hatte sich ständig um uns gesorgt und war mein ganzer Halt in diesen schweren Jahren gewesen. Als sie Ferdinand Holz kennenlernte, hatte sie es zunächst längere Zeit vor mir verborgen, dann wurde auch ich mit ihm bekannt und schätzte ihn als einen freundlichen, fürsorglichen Menschen, an dessen Seite unsere Mutter sichtlich aufblühte.

Das alles konnte ich meinem Vater nicht auf dieser Karte mitteilen, nur die dürftigen Fakten. Eine Antwort erhielten wir von meinem Vater nicht mehr, seine Betroffenheit und seinen Schmerz konnte ich nur ahnen.

Im März 1949 wurde mein Bruder Karl-Heinz geboren und im August 1950 kam der Bruder Joachim zur Welt. Ferdinand Holz war zu uns in den Altenteil der Wohnung der Familie Krüger gezogen. Es war zwar eng, aber mit der Familie Krüger verstanden wir uns nach wie vor prächtig und hielten auch in den folgenden Jahrzehnten herzliche Verbindung miteinander.

Den Sommer 1949 verbrachten wir mit der Anlage der Wintervorräte – Ähren sammeln usw. An einem Sonntag haben Ferdinand Holz und ich von morgens 5.00 bis abends 22.00 Uhr mit der Sense drei Morgen Wiese gemäht, um dafür einen Sack Weizen zu erhalten.

Ende September 1949 kam ein Brief meines Vaters aus Mieckow, dem Dorf, in welchem seine Schwester Fine mit meinen Großeltern nach der Flucht eine neue Heimstatt gefunden hatte. Wir hatten ihre Anschrift im Jahre 1946 über den Zentralen Suchdienst ermittelt und anschließend erfahren, daß die Großeltern, Tante Fine und Onkel Reinhold zunächst vor der einen Front geflüchtet und in den Bereich der anderen Front geraten, dann jedoch wieder nach Brusenfelde zurückgekehrt waren – anders als wir sogar den Heimatort südlich Stettin erreicht hatten. Dann allerdings, nach der Potsdamer Konferenz, waren sie ausgesiedelt worden. Die Großeltern haben in Mieckow bis zu ihrem Tode im Gutsgebäude in einem Zimmer mit einer kleinen Abstellkammer gewohnt.

Tante Fine und Onkel Reinhold bekamen im Rahmen der Bodenreform 5 Hektar Land übereignet, fingen wieder von vorn an und gehörten bald zu den besten Neubauern des ehemaligen Gutsbezirkes. Später, nach der Bildung der Landwirtschaftlichen Produktionsgenossenschaften, haben sie durch ihre Nebenwirtschaft auch noch gut verdient.

Mein Vater teilte in seinem Brief mit, daß er wohlbehalten aus sowjetischer Kriegsgefangenschaft entlassen sei, mich sprechen wolle, aber keineswegs meine Mutter aufsuchen würde.

Ich habe mich schon wenige Tage später in den Zug gesetzt und bin nach Teterow gefahren, von dort 6 Kilometer zu Fuß nach Mieckow gewandert (dort gab es 1949 noch keine feste Straße, keine Elektrizität und keine Wasserleitung). Unser erstes Zusammentreffen nach sechs Jahren war freudig, aber gleichzeitig gespannt. Mein Vater warf mir vor, das »Verhältnis« meiner Mutter zu Ferdinand Holz nicht verhindert zu haben. Das Gespräch endete mit der Auflage, mir über meine weitere berufliche Entwicklung Gedanken zu machen und mich zu entscheiden, ob ich bei ihm leben oder bei meiner Mutter bleiben wolle. Bei beiden abwechselnd zu leben, lehne er ab.

1950 wurden meine Eltern geschieden, meine Mutter heiratete Ferdinand Holz. Mein Vater zog einige Zeit später zu einer Witwe in Mieckow, die einen Neubauernhof bekommen hatte. Als ich meinen Vater das zweite Mal in Mieckow, noch bei seiner Schwester, besuchte, wurden die Weichen für mein ganzes weiteres Leben gestellt. Er schlug mir vor, mich freiwillig zur Volkspolizei zu melden, für die damals überall geworben wurde. Er selber hatte eine Verpflichtung abgelehnt, da er sich wie viele ehemalige Soldaten geschworen hatte, nie wieder eine Waffe in die Hand zu nehmen.

Sehr hart war seine Forderung, entweder bei ihm zu leben und dann keinerlei Kontakt mehr mit der Mutter und ihrer neuen Familie aufzunehmen, auch keinen brieflichen. Oder ich bliebe bei meiner Mutter, dann hätte ich keinen Vater mehr.

Völlig niedergeschlagen kehrte ich nach Grube zurück, dachte in schlaflosen Nächten über das Ultimatum meines Vaters nach. Ich befand mich in einem schweren Gewissenskonflikt, hin- und hergerissen zwischen der Liebe zu meiner Mutter und dem Mitleid gegenüber meinem Vater ob seines bisherigen Schicksals. Auch ein gewisses Schuldgefühl angesichts seiner Vorwürfe vermochte ich nicht zu unterdrücken, obgleich ich die Haltung meiner Mutter akzeptiert hatte.

Dazu kam, daß ich den Rat meines Vaters über meine weitere berufliche Entwicklung vernünftig fand. Es gab ja in unserer Gegend damals kaum Ausbildungsberufe, geschweige denn nennenswerte Aufstiegschancen. Ich sah mich also schon mit

Tschako, Koppel und Pistole durch die Straßen patrouillieren oder sogar mit dem Fahrrad von Dorf zu Dorf fahren.

So meldete ich mich Ende Oktober 1949 beim Volkspolizeikreisamt in Perleberg und gab meine Verpflichtung für einen dreijährigen Dienst ab. Nach wenigen Tagen wurde ich zu einer medizinischen Untersuchung geladen und erhielt kurz danach die Aufforderung, mich zum Dienstantritt am 18. November 1949 in Perleberg zu melden.

Bis dahin wußten weder meine Mutter noch der Bauer, bei dem ich arbeitete, von meinem Entschluß. Dem Bauern ging immerhin eine billige Arbeitskraft verloren, was im Winter aber leichter zu verschmerzen war. Meine Mutter weinte nur, versuchte aber nicht, mich zurückzuhalten. Die Forderung meines Vaters, entweder ihn oder meine Mutter als Elternteil zu haben und keinerlei Kontakte zum anderen Teil aufrechtzuerhalten, habe ich ihr zu diesem Zeitpunkt noch verschwiegen.

Das erste Jahr bei der Volkspolizei

Am 18. November 1949 reiste ich mit einem kleinen Koffer – größere Habseligkeiten hatte ich ohnehin nicht – in Perleberg an. Im Volkspolizeikreisamt versammelten sich insgesamt 13 Jugendliche. Noch am gleichen Abend traten wir mit einem uniformierten Begleiter die Bahnfahrt über Schwerin, Neubrandenburg und Pasewalk – alles Strecken, die ich schon von den Irrfahrten des Jahres 1945 her kannte – nach Prenzlau an. Am frühen Morgen – gegen 5.00 Uhr – trafen wir ein und liefen die 20 Minuten zur Alsen-Kaserne, einem roten Backsteingebäude.

Wir wurden in ein Besucherzimmer gebracht und mit einer Tasse Tee aufgewärmt. Um 6.00 Uhr ertönte der schrille Pfiff einer Trillerpfeife und eine Stimme hallte durch die Flure: »Nachtruhe beenden! Fertigmachen zum Frühsport!« Wenige Minuten später wiederholte sich die Prozedur, das Kommando lautete diesmal: »Heraustreten zum Frühsport!«

Au weia, dachte ich mir, das hört sich ja sehr nach den Gepflogenheiten an, die ich 1944 im Wehrertüchtigungslager am Madü-See südostwärts von Stettin, bei Stargard, kennengelernt hatte, als ich dort 6 Wochen lang für den Endkampf

des Dritten Reiches trainiert wurde. Da wurde mir doch etwas beklommen zumute.
Am Frühsport brauchten wir noch nicht teilzunehmen, wurden zum Frühstück geführt und dann auf die Stuben aufgeteilt, meist lagen zehn Mann in einer Mannschaftsstube. Um 9.00 Uhr bei der ersten Einweisung wurde uns mitgeteilt, daß wir nunmehr zur 3. Volkspolizeibereitschaft des Landes Brandenburg gehören würden, und zwar zum 2. Zug der 1. Hundertschaft des II. Kommandos dieser Bereitschaft. Mein unmittelbarer Vorgesetzter war ein VP-Hauptwachtmeister. Die Hundertschaften wurden von VP-Kommissaren geführt, die Kommandos von VP-Oberkommissaren, Leiter der Bereitschaft (von etwa 1000 Mann) war ein Polizeirat. Die Vorgesetzten waren fast ausnahmslos Gefreite, Unteroffiziere oder Offiziere der ehemaligen Wehrmacht, die meist in sowjetischer Kriegsgefangenschaft gewesen und dort oder danach für diesen Dienst als Ausbilder gewonnen worden waren. Nun wurde mir auch klar, auf welchem Wege mein Vater Kunde von der Volkspolizei erhalten und warum er mir den Rat gegeben hatte, mich dort zu melden.
Uns wurde erklärt, daß wir in einem einjährigen Lehrgang zu Wachtmeistern, d.h. Unterführern für künftige weitere Einheiten ausgebildet würden. Auf dem ehemaligen Fliegerhorst Prenzlau würden Offiziere für die Volkspolizeibereitschaften ausgebildet, die zum Schutz der am 7. Oktober 1949 gegründeten Deutschen Demokratischen Republik vor bewaffneten Anschlägen, vor Diversanten und Agenten geschaffen wurden. In den ersten Unterrichten wurden wir an deutschen Waffen, dem Karabiner 98, den Maschinenpistolen 38 und 44 sowie der Pistole 08 als den Standard-Schützenwaffen während des zweiten Weltkrieges ausgebildet. In der nächsten Ausbildungsphase folgten dann die leichten Maschinengewehre 34 und 42. Als dann auch das schwere Maschinengewehr und der Granatwerfer erklärt und vorgeführt wurden, bekam ich doch wieder Magendrücken ob des zunehmend militärischen Charakters meiner künftigen Laufbahn, die ich mir eigentlich mehr zivil – im Sinne eines Kriminal- oder Schutzpolizisten – vorgestellt hatte. Über die mit Zeltbahnen abgedeckten Großgeräte auf dem Kasernenhof wurde gemunkelt, es han-

dele sich um Geschütze, Panzer und Artillerie-Selbstfahrlafetten für die Volkspolizeibereitschaft in Boitzenburg.
Als junger, politisch noch unbeleckter Mensch folgte ich aufmerksam den Unterrichten zu Tagesfragen, zur Weltpolitik, zum Charakter der Gesellschaftsordnungen, zu den Verbrechen der Faschisten und den Lehren des Zweiten Weltkrieges. Ich erfuhr, daß im Westen Deutschlands die alten herrschenden Klassen, die Konzerne und Junker, nicht entmachtet worden waren, sondern dazu übergehen würden, sich eine neue Wehrmacht zu schaffen und die verlorenen Ostgebiete zurückzuerobern, wenn sie erst einmal stark genug dazu geworden wären. Die Aussage, daß die deutschen Arbeiter und Bauern in der DDR erstmals in einem deutschen Staat die Macht in ihre eigenen Hände genommen hätten und nun aus eigener Kraft, ohne Kapitalisten und Junker, eine neue demokratische, antifaschistische und friedliebende Gesellschaft aufbauen würden, stärkte mein Selbstbewußtsein, fühlte ich mich doch zu diesen einfachen Werktätigen gehörig. Und was die Ausbeutung der Arbeiter betraf, so hatte ich sie als Knecht mit einer enorm langen Arbeitszeit bei nur 20 Mark Monatslohn am eigenen Leibe gespürt.
Die Ausbildung machte mir Spaß. Als junger Mensch wurde ich gefordert und konnte mich beweisen. Zu Disziplin und Ordnung war ich von klein auf erzogen worden. Den militärischen Ton kannte ich vom Jungvolk, die physischen Anforderungen machten mir nichts aus, da ich harte körperliche Arbeit von 10 bis 14 Stunden gewöhnt war. Nur das Geräteturnen bereitete mir Schwierigkeiten. Meine Vorgesetzten erkannten auch bald, daß sie aus mir etwas machen konnten (»entwicklungsfähiger Kader« nannte man das damals). So habe ich mich mit der Entscheidung, zur Volkspolizei zu gehen, relativ schnell abgefunden.
Den Karabiner 98 und die Pistole 08 konnte ich nach wenigen Tagen exakt beschreiben und auch den komplizierten Vorgang in der Waffe beim Schuß knapp und zutreffend darlegen. Bereits nach drei Monaten wurde ich vorzeitig zu einem sechswöchigen speziellen Unterführerlehrgang kommandiert. Einer der Ausbilder in diesem Lehrgang war VP-Kommissar Sühnram, ein »Tapferkeitsleutnant« der Wehrmacht (so wur-

den jene Offiziere bezeichnet, die ohne Offiziersausbildung infolge militärischer Leistungen vom Unteroffiziersdienstgrad zum Offizier befördert wurden). Kommissar Sühnram war durch und durch Soldat, ein Ausbilder, der alles selber vormachte und perfekt beherrschte, der uns junge Anwärter begeistern und mitreißen konnte.

Die Geländeausbildung erfolgte zumeist auf dem nahe gelegenen, ziemlich tristen Fliegerhorst, die Komplexausbildung hingegen wurde auf einem Übungsplatz südlich von Prenzlau, bei Röpersdorf, in der Großen Heide (Prenzlauer Stadtforst) oder in der Kleinen Heide (Forst Lychen) durchgeführt. Dort befand sich auch der Schießplatz. Hin- und Rückmarsch erfolgten zu Fuß, manchmal als »Gewaltmarsch«, d.h. im Dauerlauf, die Vorgesetzten immer vorneweg.

Nach dem Lehrgang wurde ich als Gruppenführer eingesetzt. Mit meinen 18 Jahren war ich auf einmal Vorgesetzter von 10 VP-Anwärtern. Der Zug war 20 Mann stark und wurde von einem ehemaligen Unteroffizier der Wehrmacht geführt. Ihn, die Kommandeure der Hundertschaften und der Kommandos habe ich wegen ihrer menschlichen Art, ihres kameradschaftlichen Umgangs mit den Unterstellten und ihrer vorbildlichen Leistungen in der Ausbildung sehr geachtet. Die Handgriffe und Kommandos, die sie mir damals beibrachten, beherrsche ich noch heute.

Ich wurde Mitglied der Freien Deutschen Jugend und erhielt meine erste gesellschaftliche Funktion – Kassierer der FDJ-Gruppe. Der Freizeitkontakt mit anderen Jugendlichen, die gemeinsamen Erlebnisse waren eine für mich neue und wertvolle Erfahrung. Hinzu kam, daß noch vor Weihnachten das erste Monatsgehalt ausgezahlt wurde – 336 Mark, mehr als das Fünfzehnfache des bisherigen Monatslohns. Außerdem kostenlose Verpflegung, Bekleidung und Unterbringung, Reisegeld für die Fahrt in den Wochenend- oder Jahresurlaub – geradezu paradiesische Zustände gegenüber meinem bisherigen Leben.

So war durchaus erklärlich, daß ich nach einer Jugend als Maurerkind, Ostflüchtling, geprügelter »Polackenjunge« und ausgebeuteter Landarbeiter mich diesem Staat und dieser Regierung verbunden und zu Dank verpflichtet fühlte. Die so-

zialistische Weltanschauung, die in der politischen Schulung, in Büchern, Zeitschriften und Zeitungen verbreitet wurde, erschien mir zutreffend, das Ziel der Befreiung von Unterdrückung, Ausbeutung und Vernichtung des Menschen durch den Menschen aller Ehren und höchster persönlicher Anstrengungen wert. In diesen ersten Jahren bei der Volkspolizei wurde das Fundament meiner Überzeugungen und Verhaltensweisen gelegt – vor allem die Überzeugung, der gerechtesten Sache der Welt, dem Kampf um eine neue Gesellschaft der von Ausbeutung und Unterdrückung befreiten Werktätigen zu dienen. Gleichzeitig sah ich den Kampf um ein einheitliches, demokratisches und friedliebendes Deutschland, den die Regierung, die Nationale Front, die SED als die stärkste Partei und die FDJ als einheitliche Jugendorganisation im Osten auch nach der Gründung der BRD und der DDR als vorrangiges Ziel allen politischen Handelns propagierten, auch als mein persönliches Ziel an, ich konnte mich mit dieser Politik und den sie tragenden Parteien und Politikern auch in den folgenden Jahren immer voll identifizieren. Das so entstandene vorbehaltlose Vertrauen verschloß, aus heutiger Sicht, allerdings auch den kritischen Blick auf Erreichtes und Verfehltes, auf den zunehmend breiteren Spalt zwischen Theorie und Praxis, zwischen schematisch propagierter Weltanschauung und widerspruchsvoller Wirklichkeit, zwischen hehren Grundsätzen sozialistischer Moral und schäbigen Verhaltensweisen auch so mancher Funktionäre.
Für mich persönlich war seit dieser ersten Zeit bei der Volkspolizei klar, daß ich diesen Staat bejahte und ihn zu schützen bereit war – ohne äußeren Zwang oder nur aus Anpassung, sondern aus innerer Überzeugung, freiwillig und engagiert. Alles war sonnenklar, wer der Freund und wer der Feind ist.
Weit weniger klar stand es um meine familiären Bindungen und ihre Entwicklung. Wie sollte ich mich zum zweiten Ratschlag meines Vaters, der ja eine ultimative Forderung darstellte, verhalten? In vielen schlaflosen Nächten habe ich verzweifelt darüber nachgedacht. Ich hing sehr an meiner Mutter, sagte mir aber verstandesmäßig, sie habe ja nun wieder einen Partner, kleine Kinder (1950 wurde mein zweiter Halbbruder Joachim geboren) und würde sicher den Weggang des

fast erwachsenen Sohnes leichter verschmerzen als der Vater, der ja niemanden habe. So ging das bis Weihnachten 1949. Im Urlaub fuhr ich nach Grube zu meiner Mutter, verlebte dort zwei schöne Tage und fuhr dann weiter nach Mieckow zu meinem Vater. In Grube hatte ich wiederum nichts von meiner inzwischen getroffenen Entscheidung verlauten lassen. Mich würgte es nur bei dem Gedanken: Du siehst Deine Mutter, Deinen kleinen Bruder und deinen Stiefvater, den Du inzwischen schätzen und lieben gelernt hast, nie wieder. Diesen schweren Entschluß habe ich meiner Mutter brieflich mitgeteilt. Mein Vater hat meine Entscheidung zur Kenntnis genommen, mich nur mit harten Worten gewarnt, dagegen zu verstoßen. Er ging wieder als Maurer, später als Fliesenleger auf Montage und hat an vielen Orten in Mecklenburg und Vorpommern, auch auf Rügen, sogar im Erzgebirge gearbeitet, gutes Geld verdient und bald ein neugebautes Einfamilienhaus in Wockern bei Teterow bezogen. Er hat auch wieder geheiratet. Ich habe meinen Vater 1950 und 1951 zwei- bis dreimal besucht, dann immer seltener. Die schönsten Stunden verlebte ich in Mieckow bei meiner Tante Fine, ihrem Mann und ihrem Sohn, dort herrschte eine echte Familienatmosphäre.
Erst 1954, als ich selbst bereits verheiratet war und eine Tochter hatte, habe ich meinem Vater geschrieben, daß ich mich nicht mehr an seine Forderung und mein Versprechen gebunden fühle und wieder Kontakt zu meiner Mutter und ihrer Familie aufnehmen werde. Es gab danach noch einige kühle Besuche, 1976 war der letzte persönliche Kontakt, und erst im Dezember 1994 habe ich ihn wieder gesprochen und mich mit ihm versöhnt. Mein Vater war damals 87 Jahre, schwer krank und verstarb kurz darauf. Zur Familie meiner Mutter entwickelte sich ab 1954 ein überaus herzliches Verhältnis.
Beruflich war ich mit dem Dienst in der VP-Bereitschaft voll ausgefüllt. Meine Stubenkameraden stammten meist aus der näheren Umgebung von Prenzlau und weilten im Ausgang oder Kurzurlaub bei ihren Verwandten und Bekannten. Es blieben nur wenige meiner Kameraden am Wochenende in der Kaserne.
Die brandenburgische Kreisstadt Prenzlau als Zentrum der Uckermark hatte wohl eine zauberhafte Umgebung – den di-

rekt angrenzenden Unterueckersee und die mit Laubwäldern bewachsene, seenreiche und hügelige Moränenlandschaft. Die Stadt selber war aber in den letzten Wochen des zweiten Weltkrieges schwer, das Zentrum mit der herrlichen Marienkirche zu 85% zerstört worden. Nur die Umfassungsmauer, ihre Türme und die wehrhaften, reich geschmückten Tore waren von einer der schönsten norddeutschen Altstädte übrig geblieben.

Prenzlau hatte schon im 30jährigen Krieg und in den Napoleonischen Kriegen schwer gelitten, erst mit dem Eisenbahnanschluß hatte sich Industrie entwickelt (Eisengießereien, Maschinenfabriken, Molkerei, Mühlen, Zuckerfabrik). Als Garnisonsstadt hingegen hatte Prenzlau seit dem 17. Jahrhundert wachsende Bedeutung erlangt, 1905 bestand die Hälfte der rund 21.000 Einwohner aus Militärs und ihren Angehörigen, namentlich des Bezirkskommandos und eines Infanterieregiments. Reichswehr und Wehrmacht hatten vor allem Artillerie in Prenzlau stationiert, die Sowjetarmee nach 1945 Panzertruppen.

Der Himmelfahrtstag 1950 – ein schöner, sonniger Maientag – war so recht zum Ausgang geeignet. Ein Stubenkamerad nahm mich mit, abends gingen wir in den Kurgarten am Ueckersee zum Tanz. Dort lernte ich Gisela Meinke kennen, es war wohl Liebe auf den ersten Blick.

Ihre Familie wohnte in Prenzlau direkt neben unserer Kaserne, sie konnten auf den Kasernenhof blicken. Ihr Vater war nicht glücklich über mein erstes Aufkreuzen, hatte er doch recht wenig für die »Arbeitsscheuen in den blauen Uniformen« übrig. Wenn ich ihm später dieses – auch für meine Kameraden durchaus unzutreffende – Vorurteil unter die Nase rieb, bekam ich höchstens das unwillige Zugeständnis zu hören, ich wäre eben die berühmte Ausnahme von der Regel. Dennoch wurde ich herzlich in die Familie Meinke aufgenommen, wodurch mir die Trennung von meiner Mutter nicht so schwer fiel.

Viele schöne Stunden erlebten wir in diesem Sommer. Spaziergänge mit Gisela in der Stadt, im Bürgergarten mit seinen Zierfischteichen, den Rosenbeeten und den herrlichen alten Bäumen oder an den damals noch gepflegten Wegen und An-

lagen entlang des Ueckersees bis zu einer Gaststätte am sogenannten »Kap« auf einer Anhöhe des Ostufers, etwa 4 km vom Zentrum entfernt, Schwimmen an versteckten Badestellen und Sonnen auf der Liegewiese des Freibades füllten die Freizeit aus.
Auch die Besuche bei Giselas Verwandten in den umliegenden Ortschaften, darunter die Teilnahme an einer Hochzeitsfeier, die zu einem richtigen gemütlichen Dorffest wurde, sind mir in guter Erinnerung geblieben. Nicht weniger fröhlich ging es oftmals in unserer Mannschaftsstube oder bei den Kameradschaftsabenden zu, wenn Episoden erzählt oder Lieder gesungen wurden, von denen ich viele heute noch wiedergeben kann.
Schnell verging der Sommer 1950. Anfang Oktober sollte das Ausbildungsjahr mit einem Appell abgeschlossen werden und die Ernennung bzw. Beförderung zu höheren Dienstgraden erfolgen. Wenige Tage zuvor war ich zum Kommandeur der Bereitschaft befohlen worden. Er teilte mir mit, daß ich zusammen mit fünf anderen von insgesamt 900 Kursanten wegen ausgezeichneter Leistungen zum Polizeimeister ernannt würde, alle anderen zum VP-Hauptwachmeister. Von diesen sechs Mann, die um einen Dienstgrad höher eingestuft wurden, sollte ich die Dankesworte sprechen. Das hat zwar meine Brust schwellen, mich aber auch einige Nächte sehr schlecht schlafen lassen.
Vor 1000 Mann am Mikrofon sprechen – ich habe es überstanden, und wie meine Gisela meinte, die es von ihrer Wohnung aus sehen und hören konnte, ganz gut. Sie gratulierte mir denn auch an der Kasernenwache mit einer frisch gebackenen Torte – und das vor aller Augen!
Nach der Ernennung wurde ich als Führer eines selbständigen Zuges für vier Wochen nach Boitzenburg abkommandiert. Ich hatte das ehemalige Schloß der Familie von Arnim zu bewachen, aus dem vor kurzem eine VP-Bereitschaft abgezogen wurde, nachdem dort ein Großbrand ausgebrochen war. Ob es sich bei diesem Brand um Fahrlässigkeit oder Brandstiftung handelte, ist nie geklärt worden.
Ich bestand diese Bewährungsprobe und kehrte nach Prenzlau zurück. Dort stellte ich erstaunt fest, daß die Mehrzahl

der ernannten Unterführer bereits zu anderen Dienststellen versetzt worden war. Nur etwa 40 Kameraden warteten noch auf ihren Einsatzbefehl. Völlig überraschend wurde uns eines Tages mitgeteilt, wir wären für die Heranbildung zu VP-Offizieren vorgesehen.

Am Abend des 5.Dezember 1950 wurden wir mit unserem gesamten persönlichen Gepäck auf drei LKW »verladen« und begaben uns mit unbekanntem Ziel auf die Nachtfahrt. Ich wurde von dem plötzlichen Aufbruch ziemlich überrascht, denn Gisela und ihre Mutter hatten mir am Vortage eröffnet, ich würde wahrscheinlich Vater. Da fielen wieder dienstliche und familiäre Weichenstellungen zusammen. Am Horizont zeichneten sich die Verantwortung für eine eigene Familie und die höhere Verantwortung als Offizier ab. Mit der Jugendzeit war es wohl nun endgültig vorbei.

Ausbildung zum Offizier
Als wir am späten Abend in Prenzlau, dem Standort der 3.VP-Bereitschaft Brandenburg, mit drei LKW des Typs H 3 (ein Horch-Dreitonner) aufbrachen, kannte keiner von uns Unterführern das Ziel der Fahrt. Wir merkten nur, daß unsere Fahrt zu Beginn über eine Landstraße führte und dann an den regelmäßigen Stößen der Fugen auf der Fahrbahn, die auf unsere Holzpritschen übertragen wurden, daß wir auf der Autobahn rollten. Wir nahmen an, daß wir in Richtung Berlin fuhren, denn nach Nordosten endete die Autobahn nach Stettin bald an der polnischen Grenze. Eine kurze Rast bestätigte unsere Vermutung, der Kolonnenführer hielt sich aber konsequent an sein Schweigegebot über das Endziel.

Später, als ich Darstellungen und Erlebnisberichte über die Geschichte der Kasernierten Volkspolizei und ihres Vorgängers, der Hauptverwaltung für Ausbildung las, erfuhr ich, daß in dieser Nacht überall in der DDR Dutzende von LKW unterwegs waren. In der ersten großen Reorganisation der HVA wurde der gesamte »Personalbestand«, wie das bei uns hieß, gründlich durcheinandergewirbelt.

Armeegeneral Heinz Hoffmann hat das im zweiten Band seiner Erinnerungen, der unter dem Titel »Moskau – Berlin« noch 1989 erschienen ist, recht drastisch beschrieben.

So blieben von den 8 VP-Bereitschaften Brandenburg nur die 3.VPB in Prenzlau bestehen, von den 4 in Brandenburg stationierten Schulen blieben die in Glöwen, Potsdam und Doberlug, die Prenzlauer VP-Schule wurde nach Erfurt verlegt.
Nachdem wir uns die Beine vertreten hatten, setzten wir die Fahrt ins Ungewisse fort. Es war eine klare Nacht mit nur wenigen Minusgraden. Wir wickelten uns wieder in die Decken, allmählich dämmerte es.. Der Himmel hatte sich bezogen, leichte Nebelschleier lagen über der Landschaft. Mit dem Hellerwerden spähten wir durch die Ritzen des Rückverdecks, wir hatten inzwischen die Autobahn verlassen. Nach Durchfahren einer Ortschaft lasen wir das Ortsschild: Ostrau. Wo aber lag Ostrau?
Es wurde heller, aber der Nebel hatte sich verdichtet. Einfahrt in eine Stadt – Stop, das Öffnen der Beifahrertür und die Frage nach Papieren war zu hören. Die LKW fuhren wieder an und hielten dann nebeneinander, das Kommando zum Absitzen ertönte. Wir standen auf einem größeren, viereckigen Hof, eingerahmt von zwei langgestreckten, dreistöckigen Gebäuden. An der Stirnseite des Platzes lagen zwei kleinere Gebäude, daneben die Einfahrt mit der Wache. Im Hintergrund der anderen Schmalseite sahen wir flache Gebäude und ein größeres mit langen Fenstern.
Auf uns zu kam ein Offizier in der dunkelblauen Uniform der Volkspolizei, begrüßte uns freundlich und teilte uns mit, daß wir uns in der Volkspolizeischule Döbeln befänden, in der wir nunmehr zu Offizieren ausgebildet werden sollten. Die Spannung wich, wir waren mit dem Ende der langen Fahrt und ihrem Ziel zufrieden, wurden wir doch nicht irgendwo in der Taiga abgesetzt. Döbeln, so wurde uns erklärt, sei eine Kreisstadt im mittelsächsischen Bergland, durchflossen von der Freiberger Mulde, mit entwickelter Industrie und einem ertragreichen landwirtschaftlichen Umland, klimatisch begünstigt durch den weiten Talkessel. Döbeln besaß einen schönen alten Stadtkern mit bemerkenswerten Kirchen und anderen Zeugnissen seiner tausendjährigen Geschichte. Das Theater, die Parkanlagen, das Freibad und das Stadtbad boten im Sommer wie im Winter vielfältige Erholungsmöglichkeiten.

Aber nicht nur als Industriestandort, sondern auch als Garnison hatte Döbeln langjährige Traditionen. Schon vor dem ersten Weltkrieg war hier ein komplettes sächsisches Infanterieregiment stationiert.

Nach einer kurzen Vorstellung wurden wir in den Speisesaal geführt, Frühstücksschnitten und heißer Tee standen bereits auf den Tischen. Dann wurden wir auf die Kompanien, Züge und Gruppen aufgeteilt. Meine Einweisung lautete: 2. Kompanie (Kompaniechef VP-Oberkommissar Baum), 3. Zug. Dabei wurde ich als einer von drei Polizeimeistern dieses Zuges (alle anderen Kameraden hatten den Dienstgrad Hauptwachmeister) als Zughelfer, d.h. Stellvertreter des Zugführers, vorgestellt. Das war ja eine schöne Überraschung, denn statt geruhsamen Lernens würden zusätzliche Arbeit, wahrscheinlich auch Ärger und Auseinandersetzungen mit Unterstellten und Vorgesetzten auf mich warten. Soviel hatte ich ja in meinem ersten Jahr bei der Volkspolizei mitbekommen.

Jung, wie ich war, sagte ich mir, du wirst es schon packen. Außerdem hatte ja der Zugführer die Hauptverantwortung für den Zug von 30 Offiziersschülern, gegliedert in drei Gruppen zu jeweils 10 Kursanten. Wie sollte ich ahnen, daß der Zugführer (ein VP-Kommissar, der den Offizierslehrgang in Döbeln gerade beendet hatte) nach wenigen Wochen erkranken und ich im weiteren den Zug eigenverantwortlich führen mußte.

Bereits nach wenigen Tagen konnte ich erkennen, daß mir die Erfahrungen in der Bereitschaft Prenzlau, als Unterführer, Ausbilder und auch während der Kommandierung nach Boitzenburg jetzt zugute kamen. Das war ein Vorteil gegenüber dem Zugführer, der während der einjährigen Ausbildung an der Offiziersschule immer in Reih und Glied und nie vor der Front gestanden hatte. Trotzdem haben wir uns in den wenigen Wochen gemeinsamen Dienstes gut verstanden und gegenseitig ergänzt. Schließlich waren wir alle fast im gleichen Alter von 18 bis 20, nur wenige Kameraden zählten 23 bis 24 Jahre.

Wir Offiziersschüler der 1. bis 6. Kompanie des Lehrgangs 1951 hatten alle als Unterführer praktische Erfahrungen gesammelt, waren Willens, gute Offiziere zu werden und sind es auch fast alle geworden. Der Lehrkörper der Schule hat uns solide ausgebildet und ordentlich erzogen, vor allem auch Führungsfähigkeiten beigebracht. Der Leiter der Schule, VP-Kommandeur Günther, genoß großes Ansehen und war bei uns besonders wegen seiner väterlichen Art des Umganges beliebt.

Als Zugführer war ich nicht nur für den inneren Dienstbetrieb verantwortlich, sondern hatte auch die Ausbildung des Zuges im Exerzieren sowie in Teilbereichen der Taktik- und Schießausbildung, der Topographie und des Sportes durchzuführen. Dafür reichten meine Kenntnisse von Prenzlau natürlich nicht aus, also mußte abends intensiv Selbststudium betrieben werden, um am nächsten Tag den Unterricht gestalten zu können. Hinzu kam, daß ich von Pädagogik und Psychologie, überhaupt von Menschenführung im allgemeinen wie besonders im militärischen Bereich bis dahin kaum etwas wußte. Die »Lehrmethodik« und die Behandlung der »Schüler« folgten eher der Intuition, vor allem dem Prinzip: Mache es möglichst so, wie du es von guten Vorgesetzten bisher erlebt hast und geh mit den Kameraden so um, wie du möchtest, daß deine Vorgesetzten mit dir umgehen.

Dabei habe ich viel Verständnis von den Kameraden meines Zuges erfahren, sicher auch deshalb, weil ich mich häufig mit ihnen über das »Wie« der zu lösenden Aufgaben beriet. In guter Erinnerung sind mir noch einer der drei Gruppenführer, der etwas ältere Offiziersschüler Weihrauch, und einer meiner beiden Stubenkameraden, Offiziersschüler Werner. Auch Werner war älter als ich, stammte aus Thüringen und war Mitglied der SED. In seiner ruhigen Art gab er mir oft Empfehlungen, wie ich an dieses oder jenes Ausbildungsproblem herangehen könnte. Häufig diskutierten wir abends über den Sinn des Lebens, über persönliche Zielstellungen, über politische Probleme wie die Rolle der Arbeiter in der DDR, den Einfluß der SED auf die Staatspolitik und das Bündnis mit der Sowjetunion.

Das Jahr an der Offiziersschule Döbeln war insgesamt gesehen hart, besonders was die Ausbildung betraf. Ein Fußmarsch über 60 km ins Sommerlager zum Truppenübungsplatz Zeithain nördlich von Riesa ist mir unauslöschlich ins Gedächt-

nis eingebrannt. Obgleich wir bereits mehrere Vorbereitungsmärsche absolviert hatten, war diese Strecke – mit persönlichem Gepäck und Waffe – eine große Herausforderung. Die Mehrzahl hat es trotz Blasen an den Füßen geschafft.
Die anschließenden 4 Wochen Ausbildung in Gottes freier Natur, in niedrigen Zelten (nur aus unseren persönlichen Zeltbahnen errichtet) und unter primitivsten hygienischen Bedingen, bei Hitze, Sand und gelbem Ginster trugen wesentlich zu unserer körperlichen Stählung bei. In einem Buch über die Wehrmacht (»Die Jungs die übrig blieben«) las ich folgende Redewendung: »Zeithain, wenn ich dein gedenke, zittern mir die Kniegelenke!« Solche sadistischen Schikanen der Vorgesetzten, wie sie dort beschrieben werden, habe ich glücklicherweise weder an unserer Offiziersschule, noch in anderen Dienststellen der Kasernierten Volkspolizei oder später der Nationalen Volksarmee erlebt.
Der Rückmarsch verlief ohne Komplikationen. Beim Einmarsch in Döbeln – empfangen und begleitet von der Musikkapelle der Offiziersschule – schmetterten wir im festen Marschtritt unsere Lieder und fühlten uns stolz wie die Spanier. Auch die späteren Sommerlager, mehrmals im Zellwald bei Roßwein und nicht selten 14 Tage lang im Regen, haben uns nichts mehr anhaben können, selbst wenn kein Faden mehr trocken war.
Dieses Jahr als Offiziersschüler war alles in allem sehr wertvoll für mich. Ich erwarb Fähigkeiten in der Menschenführung und in der Leitung militärischer Kollektive, bekam vor allem ein Gespür dafür, was »ankam« und was nicht. Ich machte die Erfahrung, daß das Eingestehen eigener Fehler der Autorität eines Vorgesetzten viel weniger schadet als das starre Festhalten an falschen Entschlüssen und Methoden. Vor allem begriff ich, daß man sich auf den Kern eines Kollektivs, auf die aktivsten und kreativsten Kameraden stützen muß, denn ohne das Kollektiv ist der Einzelne auf die Dauer nicht erfolgreich.
Was ich allerdings erst allmählich begriff, zunächst verdrängte, das war meine Verantwortung für Gisela Meinke, die im 350 km entfernten Prenzlau ein Kind unter ihrem Herzen trug. Ich fand einfach nicht den Mut, im Wochenendurlaub

von Döbeln nach Prenzlau zu fahren, der Briefwechsel blieb die einzige Verbindung zu Gisela und ihrer Familie. Abgelenkt durch die Ausbildung und die gesellschaftliche Arbeit, schob ich die Fahrt nach Prenzlau Woche um Woche hinaus. Als weitere Ausrede vor dem eigenen Gewissen diente die soziale Lage – ich war ja nichts und hatte nichts, schon gar nicht die Position, eine Familie zu gründen und zu ernähren.

Am 2. September 1951 wurde meine Gisela von einem gesunden Mädchen entbunden. Sie war auf den schönen Namen Heidrun getauft worden. Das war der letzte Anstoß – neben den kameradschaftlichen Mahnungen meines Stubenkameraden Werner aus Thüringen – mich zum Bahnhof zu begeben und nach Prenzlau zu fahren. Der Empfang war recht kühl – verständlich – sowohl von Gisela als auch von ihrer Mutter, der Vater war zur Arbeit. Lange betrachtete ich Heidrun in der Wiege, dann fuhr ich wieder, ohne einen Entschluß gefaßt zu haben, nach Döbeln.

Nach langem Überlegen, nach Gesprächen auch mit meinem Stubenkameraden, entschloß ich mich, um Giselas Hand anzuhalten – wie das laut Knigge in deutschen Landen damals üblich war. Ich bekam schriftlich eine zustimmende Antwort, geheiratet sollte aber erst werden, wenn eine Wohnung in Aussicht war.

Am Ende des Ausbildungsjahres wurde meinem Zug der Titel »Bester Zug« verliehen, ich selber wurde mit der Ernennung zum Offizier als bester Offiziersschüler ausgezeichnet. Darauf war ich stolz. Mit diesen Auszeichnungen waren nicht nur unsere Leistungen im Dienst und im Studium gewürdigt worden, sondern auch unsere gesellschaftlichen Aktivitäten. So ging von der FDJ-Gruppe meines Zuges die Initiative zum freiwilligen Ausbau des Sportstadions hinter der Eisenbahnlinie, die an der Kaserne vorbeiführte, aus. Viele Stunden Freizeit wurden dafür eingesetzt. Das Stadion wurde ein Schmuckstück der Kreis- und Garnisonsstadt Döbeln, harmonierte mit dem nahegelegenen Bürgerpark, dem Teich, dem Pavillon und den verschlungenen Wegen dieses Parks.

Wie mein weiterer Einsatz als nunmehriger Unterkommissar erfolgen sollte, teilte mir der Schulleiter in einem persönlichen Gespräch mit: Zugführer in der 1. Kompanie. Ob ich dazu bereit wäre, fragte er mich. Ich habe ohne zu zögern mit »Ja« geantwortet, weil mir das Jahr der Vertretung des erkrankten Zugführers das Selbstvertrauen gegeben hatte, eine solche Aufgabe auch regulär wahrzunehmen.

Zugführer und Taktiklehrer an der Offiziersschule
Der Zug, den ich zu übernehmen hatte, bestand aus Angehörigen der ehemaligen 7. und 8. Kompanie. Es waren Offiziersschüler, die bereits ein Jahr in Döbeln hinter sich hatten, aber vorher direkt aus zivilen Bereichen (Schulen und Betrieben) gekommen waren und die nun als erste in den Genuß einer zweijährigen Offiziersausbildung kamen.
Obwohl ich mit meinen 19 Jahren nicht älter als meine Unterstellten war, fiel mir der Start in das Offiziersleben nicht schwer, hatte ich doch den Vorteil eines Jahres Truppenpraxis. Als Zugführer des 1. Zuges hatte ich gleichzeitig den Kompaniechef bei dessen Abwesenheit zu vertreten. Auch das versetzte mich nicht in Unruhe.
Als vorteilhaft erwies sich, daß ich jetzt auch an lehrmethodischen Maßnahmen teilnehmen konnte, die zur pädagogischen Qualifizierung des Lehrkörpers durchgeführt wurden. Ich bekam persönlichen Kontakt vor allem zu den Taktik- und Schießlehrern. Das brachte es mit sich, daß ich bald zusätzlich zu den Ausbildungsstunden, die ich als Zugführer selber geben mußte, auch zu solchen herangezogen wurde, die eigentlich den Fachlehrern vorbehalten waren.
Mitte des Jahres 1952 erhielt ich die Aufgabe, mit der Kompanie vor der Zentralen Schulungsgruppe des damaligen Chefs der Hauptverwaltung für Ausbildung, Generalinspekteur Heinz Hoffmann, eine Lehrvorführung zur Exerzierausbildung nach den neu bei uns eingeführten Vorschriften der Sowjetarmee vorzubereiten und durchzuführen.
Derselbe Kasernenhof, auf dem ich an einem kalten Dezembermorgen des Jahres 1950 vom LKW gestiegen war, stand mir nun in seiner ganzen Größe zur Verfügung. Es klappte wie am Schnürchen und brachte der Kompanie und mir eine Belobigung des Kommandeurs der Schule ein. Das stärkte natürlich mein Selbstvertrauen.
Selbst mein körperliches Leistungsvermögen, vor allem die

Gewandtheit beim Geräteturnen, hatte sich verbessert. Die Riesenwelle am Reck und der Sprung über das Langpferd in voller Uniform (Jacke, Stiefel, Koppel) bereiteten mir keine Schwierigkeiten mehr. Und beim Schießen mit Karabiner, Pistole und Maschinengewehr war mir immer die Note 1 sicher. Am Ende des Ausbildungsjahres wurde mein Zug wieder als »Bester Zug« ausgezeichnet.

Mein Privatleben war »ins Lot« gekommen, der »innere Druck« des schlechten Gewissens gegenüber Gisela verschwunden. Der zweite Besuch bei der Familie Meinke – jetzt schon als Offizier – war wesentlich freundlicher. verlaufen. Ein Jahr lang bin ich noch zwischen Döbeln und Prenzlau gependelt. Jeder Groschen der Dienstbezüge wurde gespart und intensiv nach einer Wohnung gefahndet. Schließlich eröffnete sich die Möglichkeit, zusammen mit einer anderen Familie in eine Vierraumwohnung zu ziehen, bei gemeinsamer Nutzung von Küche und Bad.

Mit dieser freudigen Nachricht fuhr ich nach Prenzlau, der Familienrat stimmte zu, der Hochzeitstermin wurde auf den 20. September 1952 festgelegt. Wir wurden standesamtlich und auch kirchlich (ich in Uniform) getraut. Ich war ja getauft, evangelisch erzogen und konfirmiert worden, bin erst 1956, als ich zu einer anderen Sicht der Welt, des Lebens und der Gesellschaft gelangt war, aus der Kirche ausgetreten.

Zusammen mit einer freundlichen Nachbarin habe ich die Wohnung – einschließlich Gardinen und Blumen – eingerichtet und meine Frau dadurch ziemlich verblüfft. Schwiegervater, von Beruf Tischler, hat viel mit selbstgebauten Möbeln zur Einrichtung beigesteuert. Ab Ende 1952 waren wir nun eine komplette Soldatenfamilie, lebten am Dienstort zusammen und waren recht zufrieden, spürten auch Dankbarkeit gegenüber dem Staat und der Gesellschaft, die uns ein glückliches Leben in Frieden ermöglichten. Denn auch die Familie meiner Frau hatte 1945 in Prenzlau, nachdem sie die Wohnung verloren hatten, völlig neu anfangen müssen.

Aus dem Willen heraus, selber noch aktiver zur Gestaltung dieser Gesellschaft beizutragen, wurde ich 1952 Kandidat der Sozialistischen Einheitspartei Deutschlands – im August 1953 hat mich dann die SED-Grundorganisation an der Of-

fiziersschule als Mitglied aufgenommen. Es waren nicht Karrieregründe, sondern persönliche Überzeugungen und Erlebnisse, die mich wie viele andere meiner Kameraden gerade in jenen Jahren zu diesem Schritt geführt haben.
Mit Beginn des Ausbildungsjahres 1953 erfolgte mein Einsatz als Stellvertreter des Kompaniechefs der 2. Kompanie mit der Orientierung, verstärkt als Schieß- und Taktiklehrer herangezogen zu werden. Das entsprach meinem persönlichen Ziel, mich stärker in einer speziellen Richtung zu qualifizieren. Die Rolle eines Fachlehrers für Taktik sagte mir am meisten zu, weil in der Führung eines Zuges oder einer Kompanie in den verschiedenen Gefechtsarten die Ergebnisse aller anderen Ausbildungszweige zusammenflossen. Anfang 1953 wurde ich dann strukturmäßig in die Gruppe der Taktiklehrer unter Leitung von Major Heckert berufen.
Inzwischen hatten wir nämlich militärische Dienstgrade und eine neue Uniform, in Khaki und mit ähnlichem Schnitt wie die der Sowjetarmee, erhalten. Die Schulen und Bereitschaften der Hauptverwaltung für Ausbildung waren im Spätsommer 1952 in die Kasernierte Volkspolizei (KVP) umformiert, mit sowjetischen Waffen und Vorschriften ausgestattet worden. Auch die Besoldung wurde angehoben, die Anrede »Genosse« statt »Herr« eingeführt. Ich war jetzt Leutnant der KVP.
Der Einsatz als Fachlehrer für Taktik war eine große Herausforderung – immerhin war ich erst 21 Jahre und hatte im Unterschied zu älteren Genossen keine Kriegserfahrung. Mein persönlicher Tagesdienstablauf begann 6.00 bis 7.00 Uhr mit der letzten Vorbereitung auf die kommenden Ausbildungsstunden und endete offiziell 19.00 Uhr, werktags war ich aber nie vor 21.00 Uhr zu Hause und sonnabends auch kaum vor 15.00 Uhr. (Dienstfreie Sonnabende wurden in der NVA erst 1985 eingeführt, zweimal im Monat, und 1990 nach der Volkskammerwahl generell).
Gemäß dem zentralen Plan der Schulleitung in Döbeln zur Kontrolle des Tagesdienstes in den verschiedenen Kompanien der Offiziersschüler hatte ich an bestimmten Tagen von 6.00 Uhr (Wecken, Frühsport, Stubenreinigung, Frühstück, 8.00 Uhr Ausbildungsbeginn) bis 22.00 Uhr (Zapfenstreich) Kon-

trollen durchzuführen, dazu kam der periodische Einsatz im Taktik-Kabinett bis 21.00 Uhr.
Fast alles war neu für mich. Voller Tatendrang stürzte ich mich in die Arbeit, konnte mich auf die Hilfe meiner Kameraden und der Vorgesetzten verlassen und übertrug meine Verbissenheit, den Dienst möglichst gut durchzuführen, auch auf meine Forderungen gegenüber den Offiziersschülern. Schon bald hatte ich meine Spitznamen weg: »Paragraphenhengst« und »Regimentsbläke« (wegen meiner lauten Kommandosprache) waren vermutlich nicht die schärfsten. Das wurde von den Offiziersschülern bei einem Kameradschaftsabend auch meiner Frau erzählt (unter dem Siegel strengster Verschwiegenheit, versteht sich), die es naturgemäß nicht für sich behielt.
Ich habe mich nicht sonderlich darüber geärgert. Ich war mir dessen bewußt, daß ich von den Offiziersschülern immer nur das verlangte, was ich selber leisten konnte, und daß ich Sommer wie Winter, bei 30° Hitze und 20° Kälte vor der Front stehend, auch bei Regen und Schnee, die Ausbildung leitete. Höchstes Privileg war es für mich, bei einem Kfz-Marsch einmal in der Fahrerkabine statt auf der Ladefläche zu sitzen, wenn gerade kein anderer Vorgesetzter dort Platz genommen hatte.
Im Mai 1953 wurde Generalmajor Heinrich Heitsch als Kommandeur der Offiziersschule Döbeln eingesetzt. Er hat, wie wahrscheinlich kein anderer ehemaliger Generalstabsoffizier der Wehrmacht, die Ausbildung der Offiziere der KVP und der NVA, namentlich die militärakademische Ausbildung, im Sinne der Verbindung sowjetischer Erfahrungen mit den progressiven Traditionen der bürgerlichen deutschen Militärwissenschaft und der Truppenpraxis beeinflußt.
Von 1945 bis 1949 nacheinander in amerikanischer, sowjetischer und polnischer Kriegsgefangenschaft, war der Major i.G. des deutschen Heeres 1949 Stellvertretender Stabschef der Hauptverwaltung für Ausbildung und dann Chef der Rückwärtigen Dienste geworden, bevor er von 1953 bis 1955 die Infanterie-Offiziersschule Döbeln leitete. Bis 1957 besuchte er die Akademie des Generalstabes der sowjetischen Streitkräfte und wurde anschließend zum Stellvertreter des

Kommandeurs der Hochschule für Offiziere in Dresden ernannt, aus der 1959 die Militärakademie »Friedrich Engels« hervorging. Generalmajor Heitsch wirkte bis zu seinem Ausscheiden 1977 als 1.Stellvertreter des Chefs der Akademie und war besonders für Forschung und Lehre fakultätsübergreifend zuständig.

Durch seine lehrmethodischen Veranstaltungen hat Generalmajor Heitsch schon in Döbeln meine eigene Entwicklung als Offizier und Lehrer wesentlich beeinflußt. Das ging soweit, daß er mir eines abends von 22.00 Uhr bis Mitternacht anhand eines von mir erarbeiteten Konspekts die herausragende Bedeutung der Stabskultur für die charakterliche Formung des Offizierskorps erläuterte. Mit dem Lineal demonstrierte er mir an den Unregelmäßigkeiten meines Schriftbildes – Linearität, Größe, Abstände – wie ein sauberes Konspekt auszusehen habe. Das sei keine Nebensache, meinte General Heitsch, denn ein Offizier trage Verantwortung für Leben und Tod seiner Soldaten, da könnten oftmals »Kleinigkeiten« entscheidend werden.

Generalmajor Heitsch sorgte sich auch um die kulturelle Bildung seiner Offiziere, er ließ Estraden mit Künstlern der sächsichen Bühnen, von Oper und Operette, durchführen, und mancher Gesellschaftsabend mit den Frauen der Offiziere, z.B. anläßlich von Staatsfeiertagen, ist meiner Frau und mir in dankbarer Erinnerung geblieben. Ich habe übrigens auch später an der Akademie und in meiner Dienststellung im Orgbereich oft seinen Rat gesucht.

Viel gelernt habe ich durch die Teilnahme an den Lehrgängen, die in Naumburg vom damaligen Oberst Gall durchgeführt wurden. Zu den Mitgliedern des Lehrkörpers der Offiziersschule, deren Arbeit ich mir zum Vorbild nahm und die mir auch in brenzligen Fragen halfen, gehörten die Hauptfachlehrer Müller und Graviat sowie die Fachlehrer Leistner, Jürgeleit, Schaal, Wolf, Schönfelder und besonders Major Förster, die an sich selbst in der Regel mindestens so harte Anforderungen stellten wie an die Offiziersschüler. Försters Leitspruch »Schweiß spart Blut« hat sich mir unauslöschlich eingeprägt.

Als junger Taktiklehrer – nicht älter als meine »Schüler« –

hielt ich engen Kontakt zu den Zügen der Offiziersschüler und besonders zu dem, der mir zugeteilt war. Wir erprobten gemeinsam neue Ausbildungsmethoden, so eine über zwei bis drei Tage durchgehende Komplexausbildung – rund um die Uhr, nur von den notwendigen Ruhe- und Schlafpausen unterbrochen.

Mein Drang, alles selbst vorführen und vorher ausprobieren zu wollen, spielte mir manchen bösen Streich. So hatten wir im Ausbildungsprogramm auch mehrere Stunden für das Thema »Der Schützenzug bei einem Stoßtruppunternehmen« zu absolvieren. Um es interessanter zu gestalten, wollten wir die aktiven Handlungen aus einem Waldstück südlich Döbeln über die Mulde hinweg führen. Die Freiberger Mulde sollte mit Schlauchbooten forciert werden.

Zur Vorbereitung sahen wir uns – Major Förster und ich – das vorgesehene Gelände an, um es nicht nur von der Karte aus beurteilen zu können. Wir kamen ans Ufer der Mulde – natürlich ohne ein Schlauchboot mitzuführen. Aber siehe, an einem Steg lag ein kleiner, flacher Fischerkahn. Ich sprang – ungeachtet aller Warnungen meines Majors – hinein, stieß ab und begann mit dem Paddel zu rudern. Es war Februar, leichte Minusgrade, keine Eisflächen, erhöhter Wasserstand und noch stärkere Strömung als gewöhnlich, besonders an der Enge, an der wir uns befanden.

Bereits nach wenigen Metern hatte die starke Strömung das leichte Boot erfaßt, drehte es quer zum Ufer, eine falsche Bewegung von mir, und schon kippte das Boot, ich lag im Wasser. Die Kälte und der Schreck machten die ersten Schwimmstöße ziemlich unbeholfen. Ich war ja in voller Montur, schwerer Wintermantel, Stiefel an den Beinen. Zum Glück war ich nicht weit vom Ufer entfernt und konnte auch mit aller Kraft das Seil des Bootes erreichen. Mit hastigen Schwimmstößen zog ich es hinter mir her, Major Förster streckte mir seine Hand entgegen und ich kroch durch das Gebüsch ans rettende Ufer. Von dort ging es im Dauerlauf zum LKW und sofort nach Döbeln in die Wohnung, Sachen wechseln und wieder zum Dienst. Meine Frau wunderte sich nur über meine nasse Uniform und die Unterwäsche.

Da Jahr 1953 brachte jedoch auch politisch brisante Ereig-

nisse. Damit meine ich besonders den 17.Juni und die ihm folgenden Tage, die von unseren Medien als »faschistischer Putschversuch«, von denen des Westens als »Volksaufstand gegen das SED-Regime« apostrophiert wurden.
Am 18.Juni 1953 stand meine Frau, die kleine Heidrun im Arm, weinend vor dem Kasernentor und erzählte mir – immer noch fassungslos – die Besitzerin des Hauses, in dem wir wohnten (eine ältere Dame, deren Gatte nach 1945 als Kriegsverbrecher verurteilt worden war), habe ihr gesagt: »Sehen Sie, Frau Patzer, dort werden Sie mit Ihrer Tochter hängen, wenn wir die Macht erhalten haben!« Dabei zeigte sie auf einen Lichtmast vor dem Haus. Das Bild meiner am ganzen Körper zitternden Frau werde ich nie vergessen. Ich versuchte, sie zu beruhigen und sagte ihr: »Solange wir noch hier sind, wird dich niemand hängen, da müßten sie uns erst alle erschlagen.« Trotzdem mußte ich sie erst einmal allein wieder nach Hause schicken, wir hatten Befehl, unbedingt in der Kaserne zu bleiben.
Zum Glück blieb in Döbeln alles ruhig, wir brauchten nicht gegen die – wie ich inzwischen weiß – berechtigten Streiks und Demonstrationen der Arbeiter eingesetzt zu werden, die wir damals für Aktionen von Westberlin aus gesteuerter konterrevolutionärer Elemente hielten.
An der Offiziersschule gingen wir wieder zur planmäßigen Ausbildung über. Am 7.Oktober 1954, dem 5.Jahrestag der DDR, wurde ich zum Oberleutnant befördert. Im Herbst 1955 wurde mir von der Leitung der Lehranstalt eine Zweizimmerwohnung mit Küche und Bad im Zentrum der Stadt angeboten. Die Toilette war zwar über die Treppe im Zwischengeschoß zu erreichen und von vier Familien zu nutzen, naturgemäß war auch nur Ofenheizung vorhanden, aber wir waren endlich allein in einer Wohnung und haben sofort zugesagt.
Die Fahrradausflüge in die landschaftlich reizvolle Umgebung von Döbeln – Roßwein, Leisnig, Burg Kriebstein an der gleichnamigen Talsperre – machten uns nun noch mehr Freude. Vom Kollektiv der Taktiklehrer wurden ebenfalls gesellige Veranstaltungen in der Freizeit organisiert – sogar eine »Himmelfahrts-Exkursion ins Blaue«. Von Döbeln über Waldheim

ging es nach Kriebstein, mit dem Dampfer über die Talsperre, dann zum Schloß Rochlitz und zur Stiftskirche Wechselburg, über Burgstädt bis nach Chemnitz, spät abends zurück.
Die Funktionen in der FDJ machten mir ebenfalls Spaß, das gesellige Leben in der Grundorganisation war noch nicht so auf zentral gesteuerte Kampagnen ausgerichtet wie später. Wir unternahmen Fahrten in den Leipziger Zoo und im Winter in das Erzgebirge, nach Bärenfels. Ich stieg über die Wahl vom Gruppenorganisator bis zum Leitungsmitglied der FDJ-Organisation des Stabes auf und wurde im Januar 1956 in die Parteileitung der SED-Grundorganisation des Stabes der Offiziersschule gewählt.
Mitte 1956 – inzwischen war mit der Aufstellung der Nationalen Volksarmee auf der Basis der vorhandenen Stäbe, Truppenteile und Schulen der KVP begonnen worden – verdichteten sich die Gerüchte, daß die Infanterie-Offiziersschule von Döbeln nach Plauen im Vogtland verlegt werden würde.
Mit meiner Frau war ich überein gekommen, mich für ein Studium an der Hochschule für Offiziere in Dresden zu bewerben. Ich stellte – nach Rücksprache beim Kommandeur – ein schriftliches Gesuch und erhielt auch positiven Bescheid. Nach der Übernahme in die NVA konnte ich noch bis zum November in Döbeln bleiben und nutzte die Zeit zur Qualifizierung. Auch besuchte ich eine private Fahrschule und erwarb auf einem Opel P 4 den Führerschein.
Ich wußte, daß die Fahrerlaubnis ohnehin zum Muß der Ausbildung der Stabsoffiziere der NVA gehörte, außerdem sparten wir konzentriert auf einen fahrbaren Untersatz, nachdem wir uns die Wohnung eingerichtet hatten, schon wegen der ungünstigen Zugverbindungen zwischen Döbeln und Prenzlau, wo die Eltern meiner Frau wohnten.
Im Jahre 1957, als ich schon in Dresden studierte, erwarben wir dann einen neuen PKW vom Typ P-70, dem Nachfolger des P-8, der in Zwickau in den ehemaligen Horch-Werken, nun Sachsenring, gebaut wurde. Er war der Vorgänger des kleineren P-50, aus dem in der Folgezeit der legendäre Trabant entwickelt wurde.
Unser P-70 war lange Zeit der ganze Stolz der Familie. Die erste Fahrt nach Prenzlau werde ich wohl nie vergessen. Nach

dem Tanken an der Autobahn in Finowfurth blieb unser neues Auto alle Dutzend Kilometer stehen und der Motor sprang erst nach einer kurzen Pause wieder an. So kamen wir bis Prenzlau. Schwiegervater wollte das neue Prachtstück gleich Verwandten im 10 km entfernten Dorf Kleinow vorführen. Auch diese kurze Fahrt wurde von einer Zwangspause unterbrochen.
Wir waren ratlos. Ein Kfz-Mechaniker, der im Dorf wohnte, stellte dann fest, daß ich in meiner Begeisterung den Tankverschluß nach dem Tanken so fest angedrückt hatte, daß dadurch die Entlüftungslamellen zusammengepreßt wurden. Folglich entstand ein Unterdruck im Tank, das Benzin floß nicht mehr nach (der Motor hatte keine Benzinpumpe). Der Meister bohrte ein kleines Loch in den Tankverschluß, und schon brummte der P-70 ohne Aussetzer durch die Uckermark, auch wieder zurück nach Sachsen.

Studium an der Hochschule für Offiziere Dresden
Ende November 1956 habe ich von der Familie Abschied genommen und mich an den Ort meiner künftigen Studien, in die alte Haupstadt des Landes Sachsen und die damalige Bezirksstadt Dresden begeben.
Kommandeur der Hochschule war damals Oberst Wilhelm Adam, der als 1. Adjutant von Generalfeldmarschall Paulus 1943 in Stalingrad in sowjetische Kriegsgefangenschaft geriet, zu einem der aktivsten Mitglieder des »Nationalkomitees Freies Deutschland« und des »Bundes Deutscher Offiziere« wurde, 1949 bis 1952 als Vorsitzender des Landesverbandes Sachsen der Nationaldemokratischen Partei Deutschlands und (seit 1950) als sächsischer Finanzminister am Neuaufbau mitwirkte.
Ich war als einer von 192 Offizieren zum ersten Zweijahreslehrgang kommandiert worden, der an dieser Hochschule durchgeführt wurde und in dem bereits im Truppen- und Stabsdienst erfahrene Offiziere der KVP für die Führungsebene Regiment (Kommandeur, Stabschef, Leiter von Waffengattungen und Diensten) qualifiziert werden sollten.
Mit Gründung der Hochschule für Offiziere der NVA entstanden auch die Lehrstühle Infanterieausbildung (Oberst-

leutnant Hermann Große), Artillerieausbildung (Oberstleutnant Alfred Schicker) und Panzerausbildung (Oberstleutnant Hans Fischer). Stellvertreter des Kommandeurs der Schule für Ausbildung war Oberstleutnant Leopold Gotthilf, mit dem uns der weitere Lebensweg der Familie noch mehrmals zusammenführte – in Strausberg hat meine Frau dann in seinem Verantwortungsbereich gearbeitet, als er Chef der Verwaltung Schulen und Weiterbildung wurde. Auch den späteren Oberst Rudi Tietz und seine Familie haben wir in Dresden kennengelernt und in Strausberg wieder getroffen, wo er sich in den kommunalen Vertretungen der Stadt und unseres Wohngebiets aktiv engagierte.

Die zwei Jahre in Dresden waren recht wertvoll für die militärische wie für die politische und allgemeine Bildung. Erfahrene Lehrer, nicht wenige noch mit Kriegserfahrung, vermittelten taktisches, operatives und technisches Wissen, hielten Vorträge und führten praktische Übungen in Lehrklassen, Kabinetten und im Gelände durch. Von der Einweisung in die Hauptwaffensysteme bis zur Schießausbildung erhielten wir alles, was zum Fundus der Kenntnisse, Fähigkeiten und Fertigkeiten eines militärischen Führers oder Führungsgehilfen der Führungsebenen Bataillon und Regiment in den fünfziger Jahren im Rahmen des Warschauer Vertrages gehörte. So habe ich dort z.B. den Führerschein für alle in der NVA verwendeten Kfz-Typen erworben und wurde in die Lage versetzt, eine Granatwerferbatterie im praktischen Schießen zu führen.

Der Schwerpunkt lag auf der Führung der Truppe im Gefecht, weniger Wert wurde auf solche Probleme der Streitkräfte im Frieden wie die Planung der Gefechtsausbildung oder des täglichen Dienstbetriebes gelegt. Mir kam meine bisherige Praxis als Taktiklehrer ebenso zugute wie meine ausgeprägte Phantasie. Ich konnte mir die mögliche Entwicklung von Gefechtssituationen sowohl an der Karte als auch bei taktischen Übungen im Gelände vorstellen und war bereits darin geübt, schnelle Entschlüsse zu fassen und klare, kurze Befehle zu formulieren.

Diese Eigenschaft hatte übrigens der Kommandeur der Hochschule, Oberst Adam, bereits 1955 in Döbeln an mir festgestellt und auch gelobt. Er weilte als Vorsitzender der Zentralen Prüfungskommission zum Abschluß des Ausbildungsjahres 1954/55 an unserer Offiziersschule und nahm an der von mir geleiteten Prüfung im Ausbildungsfach Taktik im Gelände teil. Meine wirklichkeitsnahe Schilderung der Ausgangslage für die Entschlußfassung der Offiziersschüler hatte ihm gefallen und prompt hat er sich 1957 in Dresden im Gelände wieder an mich und die damalige Situation erinnert.

Das Buch von Oberst Adam »Der schwere Entschluß« hat mich sehr beeindruckt und bekam wie Manfred von Ardennes Autobiographie (»Ein glückliches Leben für Technik und Forschung«) einen Ehrenplatz in meiner kleinen Handbibliothek. Die Vorträge, die Professor von Ardenne und Generalfeldmarschall Paulus an der Hochschule hielten, gehörten zu den interessantesten Erlebnissen dieser Jahre.

Im April 1957 übergab Oberst Adam die Führung der Hochschule an Generalmajor Heinrich Dollwetzel, der als Mitglied der KPD 1934 in Abwesenheit zum Tode verurteilt, über Dänemark in die Sowjetunion emigriert war, 1937 in Spanien eine Panzerkompanie der Internationalen Brigaden geführt und im zweiten Weltkrieg in sowjetischen Kriegsgefangenenlagern und an Antifaschulen gewirkt hatte. General Dollwetzel wurde auch erster Kommandeur der Militärakademie »Friedrich Engels«, als diese 1959 auf der Grundlage und im Objekt der Hochschule aufgestellt wurde. Er schied aber bereits im gleichen Jahr aus gesundheitlichen Gründen aus den realen Führungsprozessen aus und ging 1961 in den Ruhestand.

Die Freizeit und die Wochenenden dieser zwei Jahre in Dresden gehören zu den schönsten unserer Familie. Erstens hatten wir in Dresden-Plauen eine Zweizimmerwohnung erhalten, ich konnte also mit Frau und Tochter Heidrun auch in der Woche zusammen sein. Zweitens ermöglichte uns unser neuer P-70, die nähere und weitere Umgebung Dresdens, die Parks und Schlösser von Großsedlitz und Pillnitz bis Moritzburg sowie den Kranz der Gebirge um das Elbtal zu erschließen. Wir waren an jedem Wochenende unterwegs, die Tochter immer dabei – Sächsische Schweiz, Erzgebirge, Zittauer Gebirge, Meißen mit der Albrechtsburg, die alte Bergstadt Freiberg, die Festung Königstein – das alles besichtigten wir.

Meinen persönlichen Wunsch, einmal auf dem Königstein zu übernachten, konnte ich allerdings erst 1990 in dem kleinen Gästezimmer des Armeemuseums verwirklichen. Das hatte ich der mit uns befreundeten Familie Berthold zu verdanken – Klaus Berthold war viele Jahre Stellvertretender Direktor des Armeemuseums in Dresden, das eine Außenstelle auf dem Königstein unterhielt. Als »Burgherr« durfte ich dann sogar das Haupttor verschließen und mit meiner Frau in Ruhe die herrliche Aussicht auf das Elbtal, den Lilienstein, den Pfaffenstein und all die anderen bizarren Sandsteinfelsen bis hin zur Bastei und den Schrammsteinen in der Abendsonne genießen.

Regen Anteil nahmen wir am kulturellen Geschehen in Dresden. Alle Museen, an der Spitze die Galerien Alte und Neue Meister, das Grüne Gewölbe und die Porzellansammlungen wurden besichtigt. Die Semperoper war damals noch Ruine, aber das Große Haus, das Kleine Haus und die Staatsoperette waren häufig unser Ziel. »Don Carlos« in der Oper, die »Dreigroschenoper« mit Horst Schulze und »Salome« mit der legendären Dresdner Schauspielerin Christel Goltz im Großen Haus blieben unvergessen – besonders als nach dem Schleiertanz fast eine Stunde lang »Standing Ovations« des kunstbegeisterten Dresdner Publikums stattfanden.

Auch die nächtelangen Diskussionen im Kameradenkreis über »Gott und die Welt«, den Sinn des Lebens und des Dienstes gehören zu diesen erlebnisreichen Jahren. Besonders mit der Familie meines Studienkollegen Major Prötzig, die in Görlitz wohnte, haben wir manche schöne Stunde verbracht.

Am 1. März 1958, dem neu eingeführten »Tag der Nationalen Volksarmee«, wurde ich zum Hauptmann befördert, und am Ende des Ausbildungsjahres erhielt ich das Abschlußprädikat »Mit Auszeichnung« sowie das Angebot, als Hauptfachlehrer an der Hochschule für Offiziere zu bleiben. Ich habe es abgelehnt, weil ich unbedingt Truppenoffizier werden wollte – Bataillonskommandeur oder Stellvertreter des Regimentskommandeurs.

Aber der Mensch denkt und das Kaderorgan lenkt – nicht der liebe Gott, für den war in der NVA keine Planstelle vorhanden. Ich wurde nicht in die ersehnte Truppe, sondern in einen Stab, in das Kommando des Militärbezirks III nach Leipzig versetzt.

Operativer Offizier im Kommando des Militärbezirks Leipzig
Die Kommandos der beiden Militärbezirke (III in Leipzig, V in Neubrandenburg) waren für die Landstreitkräfte bis zur Bildung des Kommandos Landstreitkräfte (1972 in Potsdam-Geltow) die höchsten Führungsorgane der Landstreitkräfte. Ihre Chefs unterstanden direkt dem Minister für Nationale Verteidigung. Zu jedem Militärbezirk gehörten 2 Mot. Schützen-Divisionen und eine Panzerdivision sowie mehrere selbständige Brigaden, Regimenter und Bataillone bzw. Abteilungen der verschiedenen Waffengattungen (Artillerie, Flak usw.), Spezialtruppen (Pioniere, Chemische Abwehr usw.) und Dienste (Medizinischer Dienst, Kfz-Dienst usw.) sowie Werkstätten, Lager und andere Einrichtungen. Außerdem unterstanden den Chefs der Militärbezirke die territorialen Führungsorgane der NVA, d.h. die Wehrbezirks-Kommandos (für jeden der 14 Bezirke und für Berlin) und die Wehrkreiskommandos (für jeden Stadt- und Landkreis sowie für die Stadtbezirke Ostberlins).
Aus dem Kommando jedes Militärbezirkes wären im Mobilmachungsfall die Feldführung (d.h. der Befehlshaber, seine Stellvertreter und der Stab) einer Armee (für Neubrandenburg ursprünglich ein Armeekorps) und das Führungsorgan eines territorialen Militärbezirks hervorgegangen.
Mein Einsatz erfolgte zunächst in der Abteilung Ausbildung und kurz danach in der Operativen Abteilung des Stabes des Kommandos des MB III. Damit war ich an einer ziemlich exponierten Stelle angekommen.
Chef des Militärbezirks Leipzig war der damalige Generalmajor Kurt Wagner (später als Generaloberst Stellvertreter des Verteidigungsministers für Ausbildung). Sein Stellvertreter und Chef des Stabes war Oberst Arnold, sein Stellvertreter für Ausbildung Oberst Streletz, beide wurden auch später im Ministerium meine Vorgesetzten auf verschiedenen Führungsebenen. Die Operative Abteilung wurde von Major Wegehaupt, Absolvent einer sowjetischen Militärakademie, geführt.

In der Operativen Abteilung arbeitete schon seit längerem Major Leistner. 1959 wurde er nach Erfurt als Stabschef der 4. MSD versetzt, nach dem Studium an der sowjetischen Generalstabsakademie als Chef des Stabes des Militärbezirks V nach Neubrandenburg. Mitte der 70er Jahre trafen sich unsere Wege wieder, er wurde als Stellvertreter und dann ab 1982 als Nachfolger von Generalleutnant Arnold mein Vorgesetzter im Bereich Organisation des Hauptstabes der NVA.
Ich möchte betonen, daß die Kommandos der Militärbezirke in der NVA seit KVP-Zeiten eine exponierte Stellung einnahmen, auch noch später nach Bildung des Kommandos der Landstreitkräfte. Nicht nur, daß ihnen die überwiegende Mehrzahl der Armeeangehörigen, der Verbände, Truppenteile und Einrichtungen der NVA unterstand. Sie waren auch am engsten mit der militärischen Praxis der Landstreitkräfte und ihrer Ausbildungsbasis verbunden und gleichzeitig das entscheidende Bindeglied zwischen Truppe und Wehrorganen bei der Auffüllung, Ausbildung und Mobilmachungsvorbereitung.
Die Arbeit als operativer Offizier umfaßte sowohl Tätigkeiten am Schreibtisch als auch an der Basis, etwa im Verhältnis 1:1. Das sagte mir zu, denn ich konnte sowohl meine Erfahrungen als Taktiklehrer als auch das Studium an der Hochschule für Offiziere nutzen. Tagelang war ich außerhalb von Leipzig unterwegs, ohne daß meine Frau wissen durfte, wo ich mich jeweils aufhielt
Die Kriterien meiner Arbeit wurden Exaktheit und Termintreue, die vielbeschworene »Stabskultur« bei der Erarbeitung von Befehlen, Anordnungen und Übungsunterlagen. Als Verbindungs- und Richtungsoffizier zu den Divisionen des Militärbezirks mußte ich mit deren Kommandeuren und Stabschefs zusammenarbeiten, auf ihre Eigenheiten eingehen und dennoch die Linie und die Weisungen des Kommandos des MB durchsetzen. Allgemeines Gerede hätte bei diesen erfahrenen Offizieren bald zu verschlossenen Türen und Ohren geführt, nur Wissen und Können wurden akzeptiert.
Das galt besonders bei Überprüfungen der Gefechtsbereitschaft, bei denen ohnehin alles im Streß stand und jeder Zeitverlust zu negativen Beurteilungen, ja zum Nichterfüllen der gestellten Aufgaben führen konnte.. Die Normen zur Her-

stellung der Marschbereitschaft in den Kasernen und zum Erreichen der Konzentrierungsräume im Gelände, meist auf Truppenübungsplätzen, waren schon damals recht knapp bemessen und keineswegs »mit links« zu erfüllen. Maßstab für diese Normen war es, die Truppen einem möglichen Überraschungsschlag gegnerischer Flieger- und Raketenkräfte zu entziehen und ihre Kampfkraft für Gegenschläge zu erhalten. Besonders erinnere ich mich an eine Übung der 7. Panzerdivision (Dresden) im vollen Bestand. Dabei mußten die Panzerbesatzungen über längere Strecken außerhalb von Truppenübungsplätzen auf Nebenstraßen, Feld- und Forstwegen größere Entfernungen überwinden. Die anschließenden Manöverbälle unter engagierter Beteiligung der Bevölkerung, die gute Bewirtung der Soldaten allerorts und die herzliche Anteilnahme an ihren Leistungen werde ich nicht vergessen.

Eine Bewährungsprobe besonderer Art hatte ich 1960 zu bestehen: die Teilnahme an der Ausarbeitung und organisatorischen Sicherstellung der zweiseitigen mehrstufigen Kommandostabsübung mit Darstellungstruppen, der größten, die bis dahin in der NVA durchgeführt wurde.

Der Leitungsstab wurde in einem Waldgebiet der Dübener Heide entfaltet. Ich wurde als Leiter der Informations- und Richtungsgruppe eingesetzt und hatte als Diensthabender Offizier dem damaligen Verteidigungsminister, Generaloberst Willi Stoph, zu melden. Trotz beträchtlicher Aufregung habe ich das gut überstanden.

Nicht weniger lehrreich war für mich die Teilnahme an einer vom Ministerium geleiteten Stabsübung mit den Kommandos beider Militärbezirke im Norden der Republik, im Raum Güstrow. Der Gefechtsstand des MB III mußte im Kfz-Marsch von Sachsen nach Mecklenburg verlegt werden, immerhin über eine Entfernung von 400 km und dazu noch nachts.

Als Leiter der 2. Staffel des Gefechtsstandes hatte ich eine Kolonne von etwa 50 Fahrzeugen zu führen und war heilfroh, daß ich Oberst Arnold pünktlich und ohne Ausfälle das Beziehen des befohlenen Raumes melden konnte.

Studium an der Militärakademie »Friedrich Engels« in Dresden

Meinem eigenen Wunsch entsprechend wurde ich 1960 zu einem dreijährigen Studium an die Militärakademie »Friedrich Engels« delegiert. Zunächst jedoch hatte ich einen einjährigen Kurs zum Erwerb der Hochschulreife (d.h. das Abitur in den Hauptfächern) an der Vorstudienanstalt der NVA in Naumburg zu absolvieren. In meinen Fragebögen stand ja trotz Offiziersschule und diversen Qualifizierungslehrgängen immer noch unter der Rubrik »Schulbildung«: 8.Klasse!
Die Vorstudienfakultät hatte am 1.September 1960 ihre Tätigkeit aufgenommen. Leiter war Oberst Hermann Kittelmann, der in der »Antifaschistischen Arbeitergruppe Mitteldeutschland« aktiv gegen die Nazis Widerstand geleistet hatte, ab 1948 als Politarbeiter in der HVA, KVP und NVA diente, zuletzt als Politstellvertreter des Kommandeurs einer Mot. Schützendivision.
Die Vorstudienfakultät bildete ab Januar 1961 Bewerber für die Militärakademie, aber auch für sowjetische Militärakademien in allgemeinbildenden Fächern und in der russischen Sprache aus. Ziel war die Hochschulreife in den Fächern Mathematik, Physik, Chemie, Deutsch und Russisch. Dazu kamen die Gesellschaftswissenschaftliche Weiterbildung und die Militärische Körperertüchtigung.
Die Kaserne in Naumburg, in der die Vorstudienfakultät untergebracht war, hatte eine bewegte Vergangenheit. Erbaut als preußische Kadettenanstalt 1897-1900, wurde sie 1920 in eine staatliche Bildungsanstalt umgewandelt, beherbergte nach 1933 eine der »Nationalpolitischen Erziehungsanstalten« der NSDAP, nach 1945 nacheinander amerikanische und sowjetische Truppen. Nach kurzer Zeit als Gymnasium war von 1949 bis 1956 eine Offiziersschule der Volkspolizei, dann der KVP hier untergebracht, von 1956 bis 1960 die Kadettenanstalt der NVA. Nach der Nutzung als Vorstudienfakultät der Militärakademie folgte ab 1965 das Institut für Fremdsprachenausbildung der NVA. Durch Erlaß des Bundesministers der Verteidigung vom September 1991 wurde in der Kaserne eine Außenstelle des Sprachenamtes der Bundeswehr eingerichtet.
Der Wechsel vom anerkannten, von Vorgesetzten wie Unterstellten als kompetent akzeptierten Stabsoffizier zum Schüler

in den mathematisch-naturwissenschaftlichen Grundlagenfächern fiel mir doch recht schwer. Besonders die Physik machte mir zu schaffen, mir fehlte das technische Vorstellungsvermögen. Nur mit Hilfe der Lehrer, der Kameraden und durch die eigene Hartnäckigkeit, oftmals ganze Nächte hindurch, erreichte ich es, das Abitur mit sehr guten Ergebnissen abzuschließen.

Ende Dezember 1961 wurde ich nach Dresden versetzt. Da wir bereits im Oktober umgezogen waren (es war in unserer jungen Ehe der 5.Umzug, noch zwei weitere sollten folgen), ergaben sich im Familienleben keine größeren Probleme, nur Tochter Heidrun protestierte, weil sie sich das dritte Mal in einer neuen Schule anmelden und einleben mußte.

Der Dienstantritt am 2.Januar 1962 an der Militärakademie »Friedrich Engels« war schon nicht mehr so aufregend wie 1956 beim Besuch der Hochschule für Offiziere im selben Objekt. Der Gebäudekomplex war 1934 von Prof. Dr. Ing. Wilhelm Kreis als Luftgaukommando (eine dem Wehrkreiskommando des Heeres entsprechende Kommandobehörde der Luftwaffe) errichtet, im Februar 1945 bei den anglo-amerikanischen Luftangriffen teilweise zerstört und bis 1946 wiederhergestellt worden. Wilhelm Kreis war übrigens einer der führenden deutschen Architekten der ersten Jahrhunderthälfte, hatte schon als Student den 1. Preis im Wettbewerb um das Leipziger Völlkerschlachtdenkmal erhalten und neben vielen Bismarcktürmen und dem Burschenschaftsdenkmal in Eisenach auch das Hygiene-Museum in Dresden gebaut.

Die Fakultät Landstreitkräfte, zu der ich nun als Offiziershörer versetzt war, bestand aus den drei Fachrichtungen Allgemeine Truppenführung, Artillerie und Rückwärtige Dienste. Leiter der Fakultät und Stellvertreter des Kommandeurs für operativ-taktische Ausbildung der Landstreitkräfte war Generalmajor Bernhard Bechler. Er war als Major und Bataillonskommandeur 1943 bei Stalingrad in sowjetische Gefangenschaft geraten, hatte die Zentrale Antifaschule in Krasnogorsk absolviert und war als Frontbevollmächtigter des Nationalkomitees Freies Deutschland bei der Sowjetarmee eingesetzt gewesen. Bis 1949 amtierte Bechler als Innenminister des Landes Brandenburg, ging dann zu den bewaffneten Kräften, wurde Stabschef der HVA, Stellvertreter des Chefs des Hauptstabes der KVP und besuchte 1957-59 die sowjetische Generalstabsakademie.

Bernhard Bechler, der vom Reichskriegsgericht in Abwesenheit zum Tode verurteilt worden war, hat als überzeugter Antifaschist, talentierter Militärwissenschaftler und Stabsarbeiter bei uns hohes Ansehen genossen und hat auch später, als er an der Spitze des neugegründeten Instituts für Mechanisierung und Automatisierung der Truppenführung in Dresden stand, wesentlich zur wissenschaftlichen Arbeit und zur Weiterbildung des Offizierskorps der NVA beigetragen.

Die operativ-taktische Ausbildung erstreckte sich von der Kommandoebene des Mot. Schützen- und Panzerbataillons bis zu den Grundlagen der operativen Kunst, den Handlungen einer Allgemeinen Armee. Den Hauptinhalt machte die Führung von Regimentern und Divisionen der Kampftruppen, der Mot. Schützen und Panzer aus. Es wurden alle Gefechtsarten – Angriff, Verteidigung und Begegnungsgefecht – sowie der Einsatz aller Waffengattungen, Spezialtruppen und Dienste der Landstreitkräfte gründlich durchgearbeitet. Die Einsatzprinzipien der Luft- und Seestreitkräfte wurden in Übersichtsvorlesungen erläutert.

Dazu kam die Schieß- und Fahrausbildung sowie die praktische Einweisung in alle Waffen, Geräte und Fahrzeuge, die es in der Struktur der Allgemeinen Armee gab, einschließlich der Raketentechnik und der Mittel des Schutzes vor Massenvernichtungswaffen.

Weitere Fakultäten waren die der Luftstreitkräfte, Luftverteidigung und Truppenluftabwehr, die Fakultät Panzer-Ingenieur-Dienst, die Fakultät Gesellschaftswissenschaften und ab 1963 auch die Fakultät Seestreitkräfte. Die Militärakademie besaß das Promotionsrecht, immer mehr Lehrer und Lehrstuhlleiter erwarben akademische Grade – Doktor, Dozent, Professor. An allen militärfachlichen Fakultäten waren sowjetische Spezialisten – in der Regel erfahrene höhere Kommandeure, Stabsarbeiter und Hochschullehrer – tätig.

Kommandeur der Militärakademie war bei meinem Dienstantritt Generalmajor Fritz Johne. Er hatte als Mitglied der Kommunistischen Partei der Tschechoslowakei 1937-39 in

den Internationalen Brigaden in Spanien gekämpft, war nach Internierung in Frankreich an die Nazis ausgeliefert und in Sachsenhausen inhaftiert worden, wurde nach Rückkehr in die Tschechoslowakei 1947 ausgesiedelt und kam über eine Parteifunktion in Sachsen-Anhalt zur Volkspolizei. Nach verschiedenen leitenden Dienststellungen auf dem Gebiet der Ausbildung und der Offiziersschulen der HVA und KVP wurde er 1954-56 Chef des Militärbezirkes Leipzig und besuchte dann bis 1959 die sowjetische Generalstabsakademie. 1963, noch während meiner Studienzeit und kurz nach der Kubakrise, wurde Fritz Johne zum Botschafter der DDR in Kuba berufen und führte diese Funktion bis 1967 aus.
Die Kubakrise 1962 erlebte ich noch in der völligen Befangenheit der damaligen Darstellung unserer Zeitungen und Rundfunksendungen: Schuld an der gefährlichen, bis an den Rand eines weltweiten Raketen-Kernwaffenkrieges reichenden Zuspitzung der internationalen Lage trüge allein der USA-Imperialismus, das war die eine Behauptung. Die zweite Behauptung lautete, daß hinter der chinesischen Kritik an der sowjetischen Außen- und Militärpolitik in der Kubakrise (Chrustschow sei vor Kennedy feige zurückgewichen) die menschenverachtende Auffassung Maos stünde, man könne den Sozialismus auch auf den Trümmern eines dritten Weltkrieges errichten. Beide Behauptungen, die uns vermittelt wurden, sahen wir als richtig an.
Wir ahnten nur, daß es auch in der Sowjetunion und in den anderen sozialistischen Ländern Probleme gab, wie Offiziere oder andere Bekannte nach Auslandsreisen berichteten. Jegliches Abhören westlicher Rundfunkstationen war strikt verboten. Es wurde auch von uns selber als schädlich für die eigene Weltanschauung angesehen, als verdammenswürdiger »Objektivismus« und Verzehr der giftigen Brocken der ideologischen Diversion des Klassenfeindes, wie es in den Publikationen des Zentralkomitees und der Politischen Hauptverwaltung der NVA sinngemäß hieß.
Ansonsten verlief das Studium ohne Aufregungen oder Sensationen. Abwechslung brachte die Teilnahme an den Ehrenparaden in Berlin im Rahmen des Marschblocks der Militärakademie. In Dresden besuchten wir die Museen und Theater.

Viele Stunden der Freizeit verbrachten wir, häufig gemeinsam mit unseren Frauen, wie schon 1957/58 mit Arbeitseinsätzen zur Beseitigung der Trümmer in der schwer zerstörten Innenstadt.

Meine Frau nutzte die drei Jahre in Dresden, um sich in einem Kinderhort zu qualifizieren und den entsprechenden Abschluß als Hortnerin zu erlangen, was es ihr bei meinem späteren Einsatz in jedem Standort ermöglicht hätte, schnell eine Arbeitsstelle zu finden. Das trat denn auch prompt ein.

Im August 1964 ging das Lehrjahr mit den Abschlußprüfungen und der Verteidigung der Diplomarbeit zu Ende. Ich erreichte wiederum ein sehr gutes Ergebnis, war damit diplomierter Militärwissenschaftler und durfte das Abzeichen der Militärakademie mit dem Bildnis von Friedrich Engels über der rechten Brusttasche meiner Majorsuniform tragen, am 1.März 1962 war ich zu diesem Dienstgrad befördert worden und somit in die Kategorie der Stabsoffiziere aufgerückt. Ich verhehle nicht: darauf war ich ziemlich stolz.

Da ich beim abschließenden achttägigen Kriegsspiel an der Militärakademie als Stabschef eines Mot. Schützenregiments und im letzten Teil sogar als Regimentskommandeur eingesetzt war, zweifelte ich nicht daran, daß ich meinem Wunsch entsprechend in die Truppe versetzt würde. Das Personalgespräch war ebenfalls in diese Richtung gelaufen.

Um so verdutzter war ich dann, als wenige Tage vor der Bekanntgabe der künftigen Dienststellungen Oberst Arnold an der Akademie erschien und mir mitteilte, daß er mich für den Einsatz im Bereich Organisation des Hauptstabes der NVA, d.h. im Ministerium für Nationale Verteidigung in Strausberg, angefordert habe.

Oberst Arnold war während meiner Dienstzeit in Leipzig Stellvertreter des Chefs des Militärbezirkes III und Chef des Stabes und damit mein Vorgesetzter gewesen. Vor wenigen Wochen als Absolvent der Generalstabsakademie aus Moskau zurückgekehrt, war er nun als Stellvertreter des Chefs des Hauptstabes für Organisation eingesetzt worden. Jetzt suchte er sich Mitarbeiter für seinen Bereich aus. Ich sollte in der Verwaltung Personelle Auffüllung als Oberoffizier und Leiter der Arbeitsgruppe Landstreitkräfte eingesetzt werden, drei

Offiziere als Unterstellte anleiten (je einen Richtungsoffizier für MB III, MB V und die dem Ministerium direkt unterstellten Truppen).
Eigentlich mußte mich sein Angebot ehren, hatte er mich doch offenkundig als Stabsarbeiter in guter Erinnerung. Andererseits bedeutete eine solche Dienststellung eine Wende um 180 Grad – vom operativen zum administrativen Offizier, vom Ausbildungsgelände und der Führungsstelle an den Schreibtisch einer großen bürokratischen Institution, so meinte ich. Außerdem wußte ich aus Leipzig noch, daß im Org.-bereich viel mit Zahlen und Tabellen gearbeitet wurde – nicht meine Lieblingsstrecke, eher das Gegenteil. Ich wollte Truppenkommandeur werden, mindestens wieder operativer Offizier.
Ohne längere Überlegung lehnte ich den Einsatz kategorisch ab – das Gespräch dauerte folglich nur kurze Zeit. Nach wenigen Tagen wurde mir jedoch mitgeteilt, daß ich dem Befehl – der gleichzeitig als Parteiauftrag aufzufassen war – Folge zu leisten oder die Konsequenzen zu ziehen hätte. Das konnte bis zur kurzfristigen Entlassung aus dem aktiven Wehrdienst gehen, denn ich hatte mich ja verpflichtet, an jedem Ort meinen Dienst zu leisten, an den mich Partei und Regierung delegieren bzw. kommandieren würden.
Ergo biß ich in den sauren Apfel – unter dem Protest meiner Frau, die über den Standort Strausberg (und seinen Ruf in der Truppe sowie den nachgeordneten Einrichtungen) noch weniger begeistert war als ich. Trotzdem haben wir uns sofort um eine Wohnung bemüht und infolge der dortigen günstigen Wohnraumsituation auch bekommen. Somit konnte meine Frau schon Anfang Oktober 1964 umziehen, während ich in Berlin an den Vorbereitungen zur Ehrenparade der NVA anläßlich des 15.Jahrestag der DDR teilnahm.
Nach Abschluß der Parade fuhr ich nach Strausberg und sah dort die bereits bezogene Wohnung zum ersten Mal – drei Zimmer mit Küche, Bad und Korridor, relativ klein, aber mit Fernheizung und Warmwasser, für damalige Verhältnisse in der DDR schon gehobene Mittelklasse. Wir sind später in Strausberg noch einmal umgezogen, wieder in eine Dreizimmerwohnung in der Nähe des Sees, in dem ich seither in den Sommermonaten möglichst regelmäßig schwimme.

Dienstbeginn im Hauptstab der NVA
Von den drei Wochen Erholungsurlaub des Herbstes 1964 konnte ich noch knapp zwei Wochen mit Frau und Tochter im NVA-Erholungsheim Boitzenburg, südlich von Prenzlau, zubringen – in demselben Objekt übrigens, für dessen Sicherheit ich im Herbst 1950 einige Wochen verantwortlich gewesen war. Natürlich war ich neugierig, was ich antreffen würde. Das Renaissanceschloß derer von Arnim war zwar in gutem Zustand – vor allem die reichen Holztäfelungen und die Stuckarbeiten erfreuten mein Auge wie auch der große Festsaal. Aber den herrlichen Buchenpark am hohen Ufer des Schloßteiches traf ich völlig verwahrlost an. Die kleinen Gartentempel am Nordufer waren zerstört, die schöne Venusstatue aus einem der Tempel war verschwunden, das Familiengrab der Arnims zerfallen und ungepflegt. Der große Reitstall war in einen Speisesaal umgebaut worden, das war aber angesichts des Bedarfs für mehr als hundert Urlauber durchaus zu vertreten.
Bei ruhigem und sonnigem Herbstwetter erlebten wir einen »goldenen Oktober«, die hügelige Landschaft der Uckermark erlaubte abwechslungsreiche Wanderungen durch farbenprächtige Wälder und Bootsfahrten über stille Kanäle und Seen. Nur der bohrende Gedanke, was denn die neue Dienststellung bringen würde, versetzte mich in innere Unruhe.
Anfang November meldete ich mich zum Dienstantritt beim damaligen Chef der Verwaltung Personelle Auffüllung, Oberstleutnant Krippner. Er war zu diesem Zeitpunkt mit der Führung beauftragt, der bisherige Chef der Verwaltung, Oberst Huth, war kurz zuvor zum Ministerium des Innern versetzt worden. Der nächste Gang führte zum Stellvertreter des Chefs des Hauptstabes für Organisation, Oberst Arnold. Die Meldungen im Ministerium verliefen nach dem üblichen Schema: kurze Vorstellung, Information über die Hauptaufgaben des Arbeitsgebietes und über die Forderungen, die an mich gestellt wurden, Zuweisung des Arbeitszimmers und Vorstellung meines unmittelbaren Vorgesetzten sowie meiner künftigen Unterstellten. Mein Abteilungsleiter war Oberstleutnant Haubold, meine Unterstellten waren die Majore Boldt, Planert und Janitz, sämtlich auf dem

Gebiet der personellen Auffüllung erfahrene Offiziere im gleichen Alter wie ich.

Wenige Tage nach meinem Dienstantritt übernahm Oberst Steinhöfel die Führung der Verwaltung. Er brachte als bisheriger Chef eines Wehrbezirkskommandos umfangreiche praktische Erfahrungen aus der Arbeit der territorialen Wehrorgane und somit auch auf dem Gebiet der personellen Auffüllung bis zur Ebene der Wehrkreiskommandos mit, nicht so umfangreich waren seine Erfahrungen über die entsprechenden Probleme in der Truppe.

Ich war zwar jetzt der einzige Offizier der Verwaltung mit militärakademischer Bildung, aber über die Arbeit des Ministeriums auf dem Org.-Gebiet (Strukturen und Stellenpläne, Dislozierung, Nachweisführung über die Hauptarten der Bewaffnung und Ausrüstung, Mobilmachung sowie die Planung und Führung der personellen Auffüllung) hatte ich nur sehr oberflächliche Vorstellungen und kaum Erfahrungen.

Diese Arbeiten wurden zwar auch im Kommando des Militärbezirkes durch ein entsprechendes Strukturorgan in Unterstellung des Chefs des Stabes wahrgenommen, als operativer Offizier hatte ich bestimmte Arbeitskontakte in diesen Bereich gehabt, aber aus Geheimhaltungsgründen erfolgte die Arbeit der betreffenden Offiziere grundsätzlich hinter verschlossenen Türen. Am Abend des ersten Tages saß ich allein in meinem spartanisch eingerichteten Arbeitszimmer (Schreibtisch, Stuhl, Schrank, Buchablage) und grübelte über mein Schicksal. Nichts von der Arbeit, die auf mich zukam, war mir vertraut oder gar gewohnt. Auch im Arbeitskollektiv kannte ich niemand. Ein schwacher Trost war es, daß ich in anderen Teilen des Org.-Bereiches auf bekannte Gesichter gestoßen war – sei es von der Hochschule für Offiziere oder der Militärakademie her. So u.a. Oberst Schmerler, Oberstleutnant Diederich sowie die Majore Menzel und Schulz.

Meine Niedergeschlagenheit der ersten Tage hielt auch zu Hause an. Ich habe wenig gesprochen und meist vor mich hin gegrübelt. Die wenigen dienstlichen Aufgaben hatte ich ja manchmal in zwei bis drei Stunden erledigt – dann war Leerlauf. Meine Kameraden trösteten mich mit dem Hinweis, es sei ihnen am Anfang ebenso ergangen.

Das hatte auch damit zu tun, daß die militärische Organisationsarbeit damals an keiner Bildungseinrichtung gelehrt wurde, alle Kenntnisse und Verfahrensweisen mußte sich jeder im täglichen Dienst selber aneignen. Erst Ende der 60er Jahre wurde in Erfurt ein Lehrgang für Org.-Offiziere der NVA eröffnet, der dann nach Frankfurt/Oder verlegt und zur »Ausbildungseinrichtung der Org.-Organe der NVA« ausgebaut wurde.

In Lehrgängen von 5 Monaten und von 4 Wochen wurden hier Offiziere, Fähnriche, Unteroffiziere und Zivilbeschäftigte qualifiziert. Im Laufe der Jahre sind alle Offiziere der Verwaltung Personelle Auffüllung dort weitergebildet worden und haben außerdem alle einen militärakademischen Grad oder einen zivilen Hoch- bzw. Fachschulabschluß erworben. Jede Zuversetzung in die Verwaltung erforderte dann den Nachweis des Besuchs einer der erwähnten Bildungseinrichtungen. Nachdem ich mein seelisches Tief überwunden hatte, begann ich damit, jede Stunde des Dienstes und viele während der Freizeit dazu zu nutzen, um mich in die Grundlagen und Methoden der personellen Auffüllung zu vertiefen. Mit Genehmigung meiner Vorgesetzten hielt ich mich – um die Probleme vor Ort kennenzulernen – viel in den Stäben der Verbände, Truppenteile, Einheiten und Einrichtungen auf, den Wehrbezirks- und Wehrkreiskommandos, aber auch in den Kommandos der Militärbezirke sowie der Teilstreitkräfte. Vor allem in den Regimentern und den Wehrkreiskommandos, d.h. der untersten Führungsebene, auf welcher strukturell Oberoffiziere bzw. Offiziere für personelle Auffüllung vorhanden waren, lernte ich das ABC meines Arbeitsgebietes.

Das schien mir gut gelungen zu sein, denn bereits nach einem Jahr, im Oktober 1965, wurde ich mit der Führung einer Abteilung betraut und im Januar 1966 zum Stellvertreter des Chefs der Verwaltung und Leiter der Abteilung Perspektivplanung, Analyse und Nachweisführung ernannt. Die Arbeit fesselte mich, bereitete mir zunehmend Freude und auch Erfolgserlebnisse, so bei der Schaffung der Grundlagen für die Perspektivplanung der Einberufungen zum aktiven und zum Reservisten-Wehrdienst sowie für die personelle Auffüllung im Verteidigungszustand.

Im September 1967 wurde ich zu einer Kaderaussprache beim Chef der Verwaltung Kader bestellt. Der Stellvertreter des Chefs des Hauptstabes für Organisation, Oberst Hellmut Arnold, nahm an der Aussprache teil. Mir wurde mitgeteilt, daß vorgesehen sei, mich mit Wirkung vom 1.11.1967 als Chef der Verwaltung Personelle Auffüllung einzusetzen, da Oberst Steinhöfel seine Versetzung beantragt hätte. Nach wenigen Tagen Bedenkzeit solle ich meine Entscheidung mitteilen.

Am Wochenende umrundete ich mit meiner Frau den Straussee und fragte sie erneut nach ihrer Meinung – eingedenk der Konsequenzen, die sich aus meinen noch reaktiv geringen Erfahrungen und dieser größeren Belastung für die Familie ergeben würden. Meine Frau, unsere Freunde und auch die Genossen des Dienstbereichs rieten mir zur Zusage, und am 1.November 1967 trat ich als Oberstleutnant (seit 1.März 1966) die Dienststellung eines Generalmajors im Verteidigungsministerium an. Damit war mir die Verantwortung für die gesamte stabsmäßige Planung, Organisation und Führung der personellen Auffüllung der Nationalen Volksarmee übertragen worden – eine Aufgabe, die ich dann bis zum Ausscheiden aus dem aktiven Wehrdienst 23 Jahre lang ausübte.

Oberstleutnant a. D. Dipl.-Meteorologe Hubert Schmidt, Cottbus

30 Jahre Flugmeteorologe der Luftstreitkräfte

Geboren als erstes Kind in der Familie eines Maschinenschlossers und Einrichters verlief die frühe Kindheit wohlbehütet in Mäbendorf, heute einem Stadtteil von Suhl in Thüringen. Meine Mutter, hatte vor ihrer Heirat als Zimmermädchen und Hausangestellte gearbeitet. Die jungen Eheleute bewohnten zwei kleine Dachzimmer ohne Küche und Bad. Mit den Wirtsleuten bestand, trotz unterschiedlicher politischer Ansichten der Männer, ein gutes Verhältnis. Ich wurde von ihnen wie ein Enkel behandelt Während des Krieges, als sich unsere Familie um zwei weitere Geschwister vergrößert hatte, durfte ich in der »guten Stube« der Wirtsleute schlafen.

Der Kriegsbeginn steht mir, dem damals Vierjährigen, im Zusammenhang mit einem Gespräch der Eltern noch gut vor Augen. Ansonsten kann ich mich noch an eine eindrucksvolle militärische Vorführung der Meininger Garnison, offenbar zur Hebung des Siegeswillens, am Bahnhof Suhl-Heinrichs-Werk erinnern.

Der Hauswirt bekam als Oberholzhauer sowjetische Kriegsgefangene und »Fremdarbeiter« als Arbeitskräfte zugewiesen. Sie waren in einer Gaststätte im Nachbarort untergebracht. So ergaben sich immer wieder Möglichkeiten zu persönlichen Kontakten, auch wenn das nicht gern gesehen war. Ich erinnere mich noch an den jungen Gefangenen Alex. Er hatte Mittelschule besucht und beherrschte ganz gut die deutsche Sprache. Gearbeitet hatte er als Schuhmacher in einem »Artel«, für uns etwas unverständlich. Außerdem war da Makar, ein Bauer, der freiwillig nach Deutschland gekommen war. Er hatte bei der Kollektivierung noch schnell ein Schwein geschlachtet und war dafür ein paar Jahre nach Sibirien gekommen. Sein ganzes Ziel war, möglichst viel Geld zu verdienen ,um sich, wenn Hitler den Krieg gewonnen haben würde, wieder Land in der Ukraine zu kaufen. Als sie 1945 von den Amerikanern an die Sow-

jets übergeben wurden, versprach Alex sich unbedingt wieder zu melden. Wir haben nichts wieder von ihnen gehört.
Vater hatte beim Aufbau der »Zellwolle« in Schwarza einen Arbeitsunfall erlitten, der ihm bei der Musterung schließlich die Einstufung »Fliegerersatzreserve II» einbrachte. So blieb er während der Kriegsjahre in der Rüstungsindustrie, arbeitete am ausgelagertem Bau des Kommandogerätes für die Luftwaffe. Als Maschineneinrichter hatte er auch bald viel mit »Fremdarbeitern« verschiedener Nationalitäten zu tun. Einige verabschiedeten sich 1945 sogar von ihm vor ihrer Rückkehr in die Heimat.
1941 wurde erstmalig die Einschulung, zumindest in Thüringen, für August festgelegt. So schaffte ich es, noch vor meinem 6. Geburtstag die Zuckertüte, die zu der Zeit noch ganz gut gefällt wurde, zu bekommen. Mit dieser neuen Festlegung waren praktisch 1,5 Jahrgänge in einem Schuljahr vereinigt. Wir wurden ein extra starker Jahrgang künftiger Helden. Zunächst ging es in die zweiklassige Dorfschule. Die Lehrer waren alt, konnten wenig mit uns anfangen. Ein evakuierter ehemaliger Gymnasiallehrer zum Beispiel wartete auf den immer häufiger werdenden Fliegeralarm, um uns nach Hause zu schicken und selbst in einem Durchlaß unter dem Bahndamm außerhalb des Ortes Schutz zu suchen. Obwohl es nie zu direkten Angriffen der vielen überfliegenden Bomberverbände kam, blieb mir doch das ohnmächtige Angstgefühl als eine wesentliche Kindheitserinnerung.
Bei Kriegsende schlossen die Amerikaner das Werk, sicherten sich wichtige Mitarbeiter und entließen die Arbeiter. Im Laufe des Juni zogen sie sich dann zurück und die Sowjettruppen übernahmen die Herrschaft. Obwohl wir, die wir durch unser ganzes bisherige Leben einschließlich durch die Pimpfe bestimmte Vorstellungen zur militärischen Disziplin hatten und diese bei den Amerikanern nicht immer sahen, waren wir von ihrer Technik voll begeistert. In einer von ihnen bald wieder aufgegebenen Artilleriestellung, die wir vor allem wegen der umfangreichen Reste der Einsatzverpflegung wieder ausgruben, fanden wir Karten, die sogar die von uns Kindern angelegten Pfade und Unterstände enthielten. Das beeindruckte natürlich.

Als jetzt die sowjetischen Truppen mit ihren Panjewagen und mit Rinderherden im Troß anrückten, machten sie wenig Eindruck auf uns. Die Disziplin wurde aber streng, selbst unter persönlichem Einsatz des Ortskommandanten, durchgesetzt. Die Versorgung der Bevölkerung war kompliziert. Im Prinzip war jeder Bürgermeister für seinen Ort verantwortlich. So wurden die wenigen vorhandenen Männer mit dem Traktor des Sägewerks zur Beschaffung ins Umland bis hinter den Thüringer Wald geschickt. Die Lebensmittelkarten hatten nur noch Nummern, die aufgerufen wurden, wenn etwas da war. Arbeitslos, mit unzureichendem Wohnraum, der von den Wirtsleuten jetzt auch noch für den heimkehrenden Sohn mit Familie gebraucht wurde, entschlossen sich unsere Eltern zur Rückkehr in ihren Heimatort, heute Sachsenbrunn, Kreis Hildburghausen. Dort war mit Industrie schon immer nicht viel los, jetzt an der Zonengrenze noch weniger. Großvater war Kleinbauer und führte schon seit etwa dreißig Jahren die Gemeindekasse. Im Haus der Großeltern wurde mit den damals vorhandenen Möglichkeiten eine Wohnung ausgebaut. Sie war nicht groß, trotzdem wurde vorübergehend auch noch eine Umsiedlerfamilie einquartiert.
Im Herbst begann der Schulunterricht wieder. Zunächst erneut zweiklassig mit den alten Lehrern. Bereits ab 1946 kamen die ersten Neulehrer, die einzelnen Jahrgänge wurden jetzt separat unterrichtet. Die Schule machte zum ersten Mal Spaß. Der bald als Schulleiter eingesetzte ehemalige junge Flieger aus dem letzten Aufgebot des Zweiten Weltkrieges imponierte uns Jungen natürlich besonders..
Vater wurde aus der Arbeitslosigkeit ins über 50 km entfernte RAW Meiningen dienstverpflichtet. Dort wurden Lokomotiven vorwiegend für die Reparationen an die Sowjetunion repariert. Dies im dreischichtigen Betrieb mit täglich 100 km Bahnfahrt mit braunkohlenbeheizten Loks, die oft nicht so recht unter Dampf kommen wollten. Öffentliche Verkehrsmittel zum etwa 4 km entfernten Bahnhof fehlten natürlich auch. Diese Belastungen und auch die Arbeit mit dem großen Vorschlaghammer an den Lokomotiven statt mit der Mikrometerschraube vorher im Flugzeugbau waren für ihn sehr schwer. Nach Großvaters Unfalltod war ein Drittel seiner

Landwirtschaft mit etwa einem Hektar unserer Familie zugefallen. Durch Vaters Arbeit blieb die Landwirtschaft den Wochenendenvorbehalten und blieb natürlich besonders an Mutter hängen. Die spätere Gründung der LPG war für sie eine wirkliche Entlastung. Auch der Älteste durfte nach der Schule mit der Anspannkuh kutschieren und auch sonst mitarbeiten oder die Geschwister beaufsichtigen.

Der Schulunterricht war interessant, seine Anforderungen fielen mir leicht. Viel Abwechslung gab es sonst nicht, ab und zu eine Vorstellung des Landfilms. Da bot sich die neu ins Leben gerufene Volkshochschule an. Ich besuchte Lehrgänge zum Obstbau, zum Bürgerlichen Rechnen (für die Meisterprüfung) und zur Stenographie. Diese war besonders interessant, da vor allem Mädchen teilnahmen. Ich habe wohl nur als einer der Wenigen diese Form des Notierens durchgehalten. Sie hat mir im Studium und später bei der Armee, wo Steno von den für die Verschlußsachen Verantwortlichen gar nicht so gerne gesehen wurde, gute Dienste geleistet. Ich durfte später oft protokollieren, womit man auch manchmal vor unangenehmen Stellungnahmen bewahrt blieb. Selbst Vorgesetzte bedienten sich hin und wieder der Möglichkeit, Aufzeichnungen zu bekommen, die nicht auf Tonband gemacht werden durften. Der Pastor unseres Dorfes, als ehemaliger Gefängnispfarrer ein recht aufgeweckter Geist, führte speziell für die Jugend interessante Bibelstunden durch. Da fanden rege Diskussionen über Gott und die Welt statt. Daneben nutzte die Dorfjugend auch die Möglichkeiten der FDJ besonders für Geselligkeiten.

So verging die achtjährige Schulpflicht auch ohne die Vorzüge des heutigen Fernsehens. Vater war wieder arbeitslos und verrichtete gemeinnützige Arbeiten. Einige Schulkameraden fanden Lehrstellen bei örtlichen Handwerkern. Meine Bewerbungen für einen kaufmännischen Beruf waren erfolglos Unter dem Motto »Arbeiterkinder auf die höheren Schulen« wurde mein Vater überzeugt, daß ein Oberschulbesuch mit einer Erziehungsbeihilfe von 30 Mark immer noch besser war als arbeitslos zu sein.

So begann ein neuer Lebensabschnitt in der benachbarten Kleinstadt Eisfeld, zuerst einmal mit einem längeren Schul-

weg. Die Schüler aus den umliegenden Walddörfern hatten gegenüber den Stadtkindern mit allerhand Wissenslücken zu kämpfen. Nötige Englischvorkenntnisse mußte ich mir durch Privatstunden bei der Pastorentochter im Heimatort erwerben. Der Lateinunterricht bestand neben der für uns furchtbaren Grammatik aus der Übersetzung von Bandwurrnsätzen lateinischer Klassiker. Unser Englischlehrer, der um 1908 zu einem Praktikum in England war, was sein Alter unterstreicht erhielt den Auftrag, mit uns Gegenwartskunde zu betreiben. Er brachte zunächst einen Artikel aus dem »Neuen Deutschland« in »ordentliches Deutsch« und diktierte ihn uns ins Heft. Bei der Wiederholung in der nächsten Stunde gab es die besten Noten für die wörtliche Wiedergabe.
Irgendwann im Sommer 50 oder 51 erfolgte die Ablösung der russischen Grenzbewachung durch die Volkspolizei der DDR. Praktisch war die Grenze in etwa 4 km Entfernung gelegene unbewacht. Der Unterricht war wenig oftmals besucht. Mein Banknachbar brachte aus Coburg die modernen Tanze mit zurück.
Nach der 10. Klasse wurde, ohne daß es damals einen ordentlichen Mittelschulabschluß gab, die Oberschule am Ort geschlossen. Ein weiterer Besuch war in den benbachbarten Kreisstädten Sonneberg oder Hildburghausen möglich. Vater war wieder in einem Kleinbetrieb beschäftigt und legte mir den Abgang nahe. Ich hatte jedoch Spaß an der Schule gefunden und sah auch keine rechte Perspektive beim Verbleib in der Region. Mit einem Kameraden bezog ich in Hildburghausen ein Dachzimmer mit zwei Betten, einem Schrank und einem Waschtisch sowie der Genehmigung, die Schularbeiten im Wohnzimmer der Wirtin machen zu dürfen. Die Miete, etwa 15 Mark, bezahlte Vater, die Beihilfe gehörte mir und Mutter packte zum Wochenende so viel ein, daß es meist zwei Tage reichte. Mittagessen gab es im Schülerheim, das für uns aber keinen Platz hatte.
Ein Höhepunkt war die Teilnahme an den III. Weltfestspielen der Jugend und Studenten in Berlin. Die Fahrt erfolgte in Mannschaftswagen, auch Viehwagen genannt, auf Umwegen über Dresden und Frankfurt/O. Untergebracht waren wir in der GASAG an der Jannowitzbrücke. Die Großstadt, ihre

Zerstörung, der beginnende Wiederaufbau und die große Demonstration beeindruckten natürlich. Westberlin wurde von der Straßenbahnlinie 1 aus, von der man im Westen noch abspringen konnte, besucht. Die erworbene und unvernünftig mit Wasser genossene Schokolade führte in Verbindung mit der recht guten Dauerwurstverpflegung bei manchem Jugendfreund zu Magenbeschwerden. Mein Banknachbar hatte auch mit Gummiknüppeln Bekanntschaft gemacht. Die VoPo war eben freundlicher zu uns als die StuPo!
Zum Ende der 11. Klasse standen Zwischenprüfungen an. Mitten in die schriftliche Physikprüfung platzten Vertreter des Kreises mit einer Werbung zum Einsatz an der Grenze bei der Schaffung des 10-Meter-Schutzstreifens. Alle Betriebe hatten dazu Personal zu stellen. Uns Oberschüler lockte schon allein die tägliche Auslösung von 7 Mark. Die Prüfung wurde später übrigens nicht mehr nachgeholt. Wir bezogen im »Heldburger Zipfel« eine abenteuerliche Unterkunft im Schloß Schweickershausen, das vorher durch die Sowjetarmee genutzt worden war. Es gab direkte Kontakte mit westdeutschen Bauern, durch deren Waldungen der Streifen auch gezogen wurde. Wenn die Bäume in die richtige Richtung fielen, gab es auch mal ein Fäßchen Bayrisches Bier. Die westdeutschen Grenzer spendierten den »Armen aus der Zone« die eine oder andere Schachtel »Texas« oder wie sie alle hießen. Von meinen Kameraden kam keiner auf die Idee, die Gelegenheit zum Absprung zu nutzen. Dies erfolgte dann später. So beispielsweise auch mein tanzbegeisterter Banknachbar, der schaffte es sogar bis Südafrika. Der bei uns recht gut angesehene Geschichtslehrer fuhr einfach mit dem eigenen Auto über die Grüne Grenze. Das hatte zur Folge, daß diejenigen, bei ihm eine gute Note hatten, von seiner Nachfolgerin besonders schief angesehen wurden. Ich hatte ein Lieblingsfach weniger!
Die Abiturperiode fiel in eine Zeit wichtiger politischer Entwicklungen in der DDR. Stalins Tod berührte uns kaum. Um so mehr Diskussionen gab es um die »Junge Gemeinde« und die gewünschte Isolierung von Mitschülern aus kleinbürgerlichem Elternhaus.
Das Abitur schaffte ich so, daß ich zu den wenigen aus drei Klassen gehörte, die durch die Stadt mit einem Blumenstrauß

ausgezeichnet wurden. In meinen politischen Einstellungen und Äußerungen hatte ich mich jedoch nicht auf die verschärfte Konfrontation eingelassen. Dies führte zum exempelgebenden Durchfallen bei der neu eingeführten und noch in der Kreisleitung der FDJ unter Aufsicht eines Vertreters der SED des Kreises stattfindenden Prüfung zum »Abzeichen für gutes Wissen«. Ohne Reue zu zeigen, ließ ich mich demonstrativ von meinen Klassenkameraden zu einer zünftigen, etwas die Aufmerksamkeit erregenden, Abiturfeier abholen. Mir war klar, daß eine Zulassung zum Studium kaum noch zu erwarten war.

Durch einen meinem Vater bekannten Bauleiter fand ich eine Beschäftigung beim VEB Straßenbau Weimar. Sie bauten im Auftrag der SDAG Wismut die Straße Gera – Ronneburg. Vorgesehener Arbeitsbeginn war der 16. Juni 1953. An der Bahnhofssperre, als »fahrender Schüler« war man ja gut bekannt, sagte der Schaffner: »Junge bleibe nur zu Hause«. Ohne Radio waren wir über die aktuelle Lage gar nicht informiert. Ich befolgte den Rat, und so begann meine Tätigkeit ein paar Tage später.

Die Brigade war auch am Streik beteiligt gewesen, wurde im Raum Saalfeld durch sowjetische Panzer ihrer russischen LKW entledigt und durfte wieder zu Fuß zurückkehren. Als nun neben der äußeren Beobachtung auch noch ein Neuer auftauchte, der kaum Ahnung hatte, war das Mißtrauen natürlich groß. Ich wurde mit einem Schwerbeschädigten zusammengesteckt. Wir bekamen die Arbeiten, die keiner machen wollte. Da es Brigadeleistungslohn gab, wurden wir als »Faulenzer« natürlich immer wieder angetrieben und es dauerte einige Zeit, bis ich wenigstens bei den jüngeren Kollegen, einen besseren Stand erreichen konnte. Man muß dazu sagen, daß die meisten Arbeiten per Hand ausgeführt wurden. An Technik hatten wir nur eine alte Dampfwalze und einen Aufreißer, der in den Kalk-Keuper-Felsen auch versagte. Die Unterbringung erfolgte im Dorf Teichwitz auf einem Tanzsaal mit etwa 50 Mann in Doppelstockbetten. Privilegierte Plätze waren auf der Empore für die Kapelle. Der Dorfkonsum, für die Abend- und Getränkeversorgung, lag am anderen Ende der Baustelle in Clodra.

Der inzwischen eingeleitete »Neue Kurs« eröffnete Hoffnungen auf ein Studium. Durch die Firma wäre ein Ingenieurstudium für Straßenbau mit einem Stipendium von 130 Mark möglich gewesen. Meine Bewerbung an der Bergakademie Freiberg versprach dagegen ein Stipendium von 180 Mark plus Schwerpunktzuschlag und einen Leistungszuschlag für die Abiturnote. Die Annahme dort erfolgte aber nicht im gewünschten Fach Geologie, sondern bei der Geophysik. Ursache dafür war die »Quotenregelung«, die auch für die Bergakademie galt, und da sich für Bergbau und Hüttenwesen kaum Frauen bewarben, wurden die weiblichen Bewerber für Geologie und Mineralogie bevorzugt. Man vertröstete uns mit einem möglichen Fachrichtungswechsel im nächsten Jahr. Offenbar gab es aber nach den ersten Semestern dort zu wenig Abgänge.

Wir wurden durch die Akademie in den gerade durch die Wismut-AG frei gemachten Jägerkasernen untergebracht, mit 4 Mann in den großen Stuben schon recht gut. Meine dort erworbenen Ortskenntnisse über bereits bei den »alten Preußen« typisierten Kasernenbauten konnte ich später bei der NVA z. B. in Kamenz gut anwenden.

Im Laufe des Jahres eröffnete uns der Institutsdirektor, daß ein Jahrgang mit etwa 20 Geophysikstudenten viel zu stark sei, nur Konkurrenz bringe. Durch entsprechende Maßstäbe könne man das aber berücksichtigen. Für uns, die wir das Studium ja bezahlt bekämen, wäre das ja nicht weiter schlimm. Das Ergebnis war, daß auch gegen den Willen der Akademieleitung einige den Wunsch äußerten, einen Hochschulwechsel durchzuführen. Auch mir war die hier gelehrte, Geophysik viel zu trocken. Ich fühlte mich mehr zu den empirischen Wissenschaften hingezogen. Mit Hilfe eines Stubenkollegen, der mit der Tochter des Dekans befreundet war und auch selbst wechseln wollte, erreichte ich die Unterschrift zur Beantragung eines Hochschulwechsels. Ich hatte mir das Fach Meteorologie, ein Teilgebiet der Geophysik, nämlich die Physik der Atmosphäre, ausgesucht. Hier konnte ich die beiden in Freiberg absolvierten Grundlagensemester weitgehend auch für eine Anrechnung nutzen. Mein Ziel war von Anfang an die praktische Nutzung in der Wettervorhersage. Ich durfte mich also an der Universität in Leipzig bewerben.

Nach einem sehr interessanten und mit vielen neuen Eindrücken verbundenem Praktikum in der Geologischen Abteilung der Verwaltung des Kupferschieferkombinates Mansfeld folgte ein Einsatz auf der Grube in Sangerhausen. Dort waren wir bei der geologischen Kartierung und Kupfervorratsbestimmung bis etwa 600 m Tiefe beschäftigt. Die Arbeit diente dem Ersatz der zum Ende des Zweiten Weltkrieges vernichteten Unterlagen.

Zum Herbst erhielt ich wirklich eine Zusage aus Leipzig für das 3. Semester. Schwerpunkt- und Leistungszulage waren damit weg. Ich mußte mir selbst eine Bude suchen und auch sonst waren die sozialen Bedingungen an der großen Hochschule wesentlich ungünstiger. Man mußte sparsamer leben, durch die Eltern war kaum Unterstützung möglich.

Das Studium und die folgenden Praktika betrieb ich zielgerichtet auf die Wetterprognose. Dem Praktikum auf der Beobachtungsstation Großer Inselsberg folgte ein weiteres auf der Hauptwetterdienststelle Potsdam im Vorhersagedienst. Zusätzlich begann ich bei der GST mit einer Segelflugausbildung. Angehende Meteorologen waren dort gern gesehen. Neben der nötigen Theorie und Bauausbildung konnte ich auf Lehrgängen in Leipzig-Mockau und am Schwarzen Berg in Taucha auch praktische Grundbegriffe der Fliegerei erwerben. Eine schöne Ergänzung zum Studium.

Als eine Folge des Krieges mit seinen Verlusten an Meteorologen hatte man die Studiendauer auf 8 Semester herabgesetzt .Mit unserem Jahrgang sollte diese wieder auf 10 Semester erhöht werden. Damit keine Pause bei den Abgängern auftrat, konnte wahlweise ein Teil mit 8, der Rest mit 10 Semestern das Diplom erwerben. Mein Ziel war, so schnell wie möglich Geld verdienen. Dies, obwohl mir im Potsdamer Praktikum die Lotto-Fee, gerade als ich meine letzten 50 Mark für ein Bier und eine Schachtel Zigaretten gewechselt hatte, einen Gewinn bescherte .Ich spielte mit einem Kommilitonen auf gegenseitiger 10-%-Beteiligung,zahlte ihm aufgerundet 2000 Mark aus und konnte mich endlich neu einkleiden, ein Radio und Schreibmaschine kaufen und natürlich Fachbücher. Das Stipendium erhielt ich trotz entsprechender Vermögensmeldung weiter. Es würde ja sonst kein Student mehr Lotto spie-

len, hieß es. Materiell gestärkt und beweglicher sah ich dem Diplom entgegen.
Den Lehrstuhl Meteorologie hatte ein Professor aus Bad Kissingen übernommen. Wie alle seiner Generation war er als Wetterflieger fronterfahren. Als neuer Chef ließ er den älteren Semestern freie Hand in der Auswahl ihres Diplomthemas. Begründet durch meinen Hang zur Fliegerei wandte ich mich an den Leiter der Flugwetterwarte Schönefeld, die sich im Aufbau befand. Ich erhielt Material für eine Untersuchung zu Winternebel am Platz und die unverbindliche Zusage einer möglichen Einstellung.
Das Leipziger Geophysikalische Institut hatte neben dem schon seit den 30er Jahren bestehenden Observatorium Collmberg, mit wohl nicht ganz uneigennütziger Unterstützung durch die NVA, auf Zingst ein maritimes Observatorium eröffnet. Unser Jahrgang konnte dort als erster ein ozeanologisches Praktikum absolvieren. Ausgehend von einer gewissen Tradition seiner Kollegen, Prüfungen möglichst nicht am Schreibtisch des Institutes abzunehmen, wählte unser Professor natürlich Zingst. So kam ich zu der Ehre, kurz vor meinem 22. Geburtstag, als erster Student an diesem Observatorium geprüft zu werden. Zwischenzeitlich hatte ein Berliner Absolvent aus dem Vorjahr die freie Planstelle in Schönefeld erhalten, der Wetterdienst konnte nur eine Springerstelle als Urlaubsvertretung auf den einzelnen regionalen Wetterwarten anbieten, mit einer gewissen Hoffnung, einmal in Leipzig seßhaft zu werden. In dieser Situation kamen Angebote durch die NVA. Man suchte Meteorologen für die Volksmarine und für die Luftstreitkräfte.
Die Marine war mir nach einer Exkursion auf der Ostsee bei Windstärke 6 bis 7 und entsprechendem Seegang in schlechter Erinnerung. Bei den Fliegern hieß es dagegen, es ist noch keiner oben geblieben und abends war man voraussichtlich auch wieder auf festem Boden. Mein Interesse an der Fliegerei und die Erzählungen der Wetterflieger ließen mir das Flugwesen schon sympathischer erscheinen. Eine Verpflichtung auf 10 Jahre versprach die Möglichkeit einer guten Einarbeitung in den Beruf und die politische Situation verhieß auch nicht, vom Militär immer verschont zu bleiben. Wir hatten als Stu-

denten oft über die Möglichkeiten der zumindest nach außen hin noch vertretenen Einheit Deutschlands im Widerspruch zur weiteren Verdichtung des Eisernen Vorhanges und zu den Atombombendrohungen diskutiert. Die Situation forderte jetzt sozusagen auch ein persönliches Bekennen. Eine Zivilaufbahn war nicht vorgesehen. Also erklärte ich mich bereit, als Offizier im Meteorologischen Dienst der LSK zu dienen. Bei der medizinischen Untersuchung meinte der Arzt nicht ganz ernsthaft, »zum Soldaten reicht es nicht, zum Meteorologen immer«. Der hatte Ahnung, darauf kam nie wieder einer zurück! Übrigens, die amtliche Eintragung im G-Buch lautete: »zum Truppendienst tauglich«.
So ging es in die letzten Ferien mit der Ankündigung, daß die Formalitäten der Einstellung etwas länger dauern würden. Ich verbrachte meinen Urlaub zu Hause in Thüringen, traf mich mit der im Zusammenhang mit meinen Schönfeld-Aufenthalten angeknüpften Bekanntschaft, einem Mädel aus Berlin. Sie war mit ihrer Freundin im Thüringer Wald im Urlaub. Eines Abends im September kam aufgeregt ein Mitarbeiter des Gemeindeamtes mit der Botschaft, daß ich mich am übernächsten Tag 12 Uhr auf dem Wehrkreiskommando einzufinden hätte.
Als ich wegen der Zugverbindung dort schon vorzeitig erschien, war die Aufregung groß. »Der Genosse aus Suhl ist noch nicht da!« Exakt 12 Uhr nahm mich ein Stabsoffizier des Wehrbezirkskommandos in Empfang. Wohl im Schulungsraum verlas er mir stehend den Befehl, daß ich ab 1.Oktober 1957 zum Unterleutnant ernannt sei, zur Ministerreserve gehöre und daß ich mich an diesem Tage in der Transportfliegereinheit Dessau zu melden habe. Nach der Gratulation bedankte ich mich höflich. Der Offizier war offensichtlich erstaunt, die übliche Dankesformel nicht zu hören. Später wurden übrigens Hochschulabsolventen zum Leutnant ernannt.
Als ich nach Leipzig zur Auflösung meines Studentenzimmers kam, lag dort ein Brief, daß ich mich am 1.Oktober in Cottbus zu melden habe. Militärisch ungebildet wie ich war, erkannte ich nicht, daß es sich wohl um eine Kommandierung handelte. Die Ausgabedaten hatte ich mir nicht gemerkt. Ich war der Meinung, daß ein Folgeschreiben auf das vorherge-

hende eingehen oder es aufheben müsse. Ein Grund, ins Kommando nach Strausberg zu fahren und natürlich die Freundin in Berlin zu treffen. Mir wurde das letzte Schreiben bestätigt und stolz fuhr ich auf Armeekosten erster Klasse nach Thüringen zurück.
Also dann auf nach Cottbus! Meine Betrachtungen zu den folgenden Armeejahren stützen sich auf Erinnerungen, ein Tagebuch zu führen, war ja nicht erlaubt.
Der Leiter der Flugwetterwarte, Oberleutnant K., hatte keine Probleme, einen Zivilisten über Nacht, zumindest äußerlich, zum Militär zu machen.
Am nächsten Morgen beobachtete ich hinter dem Vorhang, die Offiziere auf dem Weg zur Dienststelle. Zum Bus traute ich mich nicht, wußte ich doch nicht, wie man sich da zu benehmen hatte. Das hatte ich noch nicht im Kino gesehen. Ich ging auf Sichtabstand hinter Fußgängern zur Dienststelle. Es dauerte aber nur wenige Tage, bis ich begriffen hatte, daß ich ja äußerlich mit einer gewissen staatlichen Autorität versehen worden war und daß mit mir zur gleichen Zeit junge Unterleutnants von der Offiziersschule gekommen waren. In der Menge konnte man sein Unwissen leichter verstecken. Ich war übrigens der einzige Bewerber von der Universität, der schließlich eingestellt wurde. Ein Leipziger Kollege wollte die Verbindung zu seinem Bruder in Westdeutschland nicht abbrechen, zwei Berliner Absolventen wurden wohl mit den Herbstunruhen unter den Berliner Studenten wegen der Ereignisse in Ungarn 1956 in Verbindung gebracht.
Zur Grundausbildung war keine Zeit. Ich war als Ersatz für Leutnant J. zukommandiert. Dieser war im Urlaub mit einem Kameraden im Faltboot auf der Müritz von einem Gewitter überrascht worden, gekentert und hatte schwimmend das Ufer nicht erreicht. Er galt als vermißt und erst nach etwa einem Jahr wurden seine Überreste gefunden. Damit wurde ich dann auf seine Planstelle in das Fliegertechnische Bataillon 1 versetzt. Meine Aufgabe war deshalb, wie man es ausdrückte, das militärische Grundwissen im Selbststudium zu erwerben.
Dazu eine Episode aus der Anfangszeit. Der Zufall wollte es, ich saß allein im Meteorologenraum und mühte mich an der Wetterkarte, als der Divisionskommandeur, Oberstleutnant

R., eintrat. Mir war klar, irgend etwas müßte ich jetzt machen. Aber was? Am besten ignorieren! Sehr schnell wurde der Unterleutnant angefahren, wie lange er wohl bei der Armee sei. Die genannten wenigen Tage verblüfften ihn wohl doch und ich durfte ihm alles genau erklären. Es folgte eine durchaus gütige Belehrung im militärischem Verhalten.
Die fliegerische Ausbildung wurde auf der Grundlage sowjetischer Vorschriften durchgeführt .Dort waren dem Meteorologen Aufgaben im Flugbetrieb insbesondere zur Flugsicherheit zugewiesen. Mit dem Aufbau von Fliegerkräften brauchte man also auch solche Leute. Dazu wurde ein erster Meteorologenlehrgang in Pirna auf dem Sonnenstein eingerichtet. Dieser kam dann nach Kamenz. Als Lehrer und Ausbilder wurden aus dem Wetterdienst militärerprobte Meteorologen geworben oder mit Parteiauftrag verpflichtet. Sie wurden nach Abschluß des Lehrganges entsprechend ihrer Qualifikation in verschiedenen Leitungsebenen des Fachdienstes eingesetzt. Als Kursanten wurden ehemalige Oberschüler, Forstleute und weitere Interessenten ausgewählt. Mit meinem Dienstantritt als erste in der DDR ausgebildeter Hochschulmeteorologe war offensichtlich ein weiterer Schritt der Qualifikation vorgesehen. Es folgten dann auch zwei oder drei Meteorologenlehrgänge mit Armeeangehörigen an der Universität mit Unterbringung in einer Kaserne im Leipziger Norden. Nach Auflösung des Leipziger Lehrstuhls im Rahmen der Hochschulreform wurden Vertragsstudenten an der Berliner Universität ausgebildet. Bei nachlassender Bereitschaft zur Längerverpflichtung wurden später Absolventinnen und Absolventen für drei Jahre als Offiziere auf Zeit geworben. Viele der oben genannten Lehrgangsteilnehmer der ersten Stunde, Synoptiker genannt, konnten wir später über ein Fernstudium an der Fachschule für Geodäsie in Dresden zu Ingenieur-Meteorologen ausbilden lassen und so weiter im Dienst behalten. Sie bildeten noch längere Zeit, vielfach auch als Leiter von Flugwetterwarten, eine stabile Unterstützung besonders bei der Einarbeitung junger Dipl. -Meteorologen.
Für mich galt es, als »Wettermacher« die ersten Sporen zu verdienen. Gute praktische Anleitung erhielt ich durch den Leiter der Wetterwarte, viele methodische Hinweise zur Nutzung

der physikalischen Zusammenhänge durch den »Divisionsmeteorologen« Hauptmann Dr. B. Nach seiner Rolle als Lehrer auf dem Meteorologenlehrgang war er mit der Heranbildung dreier Unteroffiziere zu Synoptikern sowie in der Anleitung und Weiterbildung tätig. Er war bereits ab etwa 1935 einige Jahre am Flugplatz Cottbus tätig gewesen und kannte die örtlichen Bedingungen recht gut. Dies mag eine Episode unterstreichen, die kurz vor meinem Dienstantritt Ende August in Cottbus ablief. Zum zweiten Kultur- und Sportfest der Luftstreitkräfte waren Flugvorführungen geplant. Diese sollten nach einem festen Zeitplan und natürlich mit ausreichenden Wetterbedingungen stattfinden. Der Tag kam heran und das Wetter genügte nicht den Anforderungen. Die sowjetischen Berater konsultierten ihre Meteorologen auf dem benachbarten Flugplatz Welzow. Sie rieten von der Durchführung ab. Dr. B. schlug, trotz Kenntnis dieser Aussage, nur eine zeitliche Verschiebung vor. Vermutlich weil es doch eine deutsche Veranstaltung war, wurde so vorbereitet und alles erfolgreich absolviert. Nach der Auswertung befragt, wie er den sowjetischen Kollegen widersprechen konnte, meinte er in seiner ruhigen Art, daß dies eben an den langjährigen Erfahrungen liege. Ob ihres Gefahrenpotentials wurden solche Vorführungen später nicht mehr durchgeführt.

Ein derartiges Herangehen an die Wettervorhersage konnte ich in der späteren Zusammenarbeit immer wieder erleben. Wir lebten mehr mit dem Wetter, die sowjetischen Kollegen mehr mit dem Klima. Mit anderen Worten, wir waren vom schnellerem Ablauf des maritimen Klimas geprägt, das in der Lausitz teilweise schon wieder eine Abschwächung erfährt, die Kollegen dagegen vom kontinentalen Klima, wo es meist den ganzen Tag schlecht bleibt, wenn früh die Wetterbedingungen nicht ausreichen. So hätte später auch gerne der Divisionskommandeur deutsche Meteorologen mit zum Scharfschießen in die russische Steppe genommen, um Zeit und Mittel bei der Absolvierung der Übungen zu sparen. Man mußte dies aber wegen fehlender örtlicher Erfahrung und fehlender technischer Ausrüstung zur notwendigen Informationsaufnahme am beliebigen Ort ablehnen..

Auf der Wetterwarte saßen in einem getrennten Raum bis zu

vier Wetterfunker, die unermüdlich teilweise mit Maschinensendern als Zahlen kodierte Wettermeldungen aufnahmen. Zwei Zeichner waren meist damit beschäftigt, diese Meldungen in Kartenvordrucke oder andere Graphiken einzutragen. Ein weiterer Wetterbeobachter war mit der Abfassung und Übermittlung stündlicher Wettermeldungen und der Durchführung des Gefahrenmeldedienstes beschäftigt. Diese Wettertechniker, in der Regel Unteroffiziere, wurden in Halbjahreslehrgängen an der Unteroffizierschule in Kamenz, später in Bad Düben, herangebildet. In den Folgejahren, bei besserer technischer Ausstattung der Wetterwarten, wurden diese Aufgaben teilweise von zivilbeschäftigten Frauen, die im zivilen Wetterdienst als Met.-Assistentinnen ausgebildet wurden, erfüllt. Ein Meteorologe wertete (analysierte) einmal am Tage eine Karte mit einem Europa-Atlantik-Ausschnitt aus. Sie bildete die Grundlage seiner Vorhersage für den Folgetag. Zur Unterstützung erarbeitete, falls vorhanden, ein weiterer Meteorologe Hilfskarten und mittels graphischer Subtraktion und Addition auf dem Leuchttisch unter Anwendung empirischer Regeln sogar Vorhersagekarten für den Folgetag. Diese Aufgaben lösen heute Computer nicht nur einmal am Tage, sondern praktisch ununterbrochen.
Nach dem Mittagessen war die Wetterbesprechung angesetzt, an der der fachliche Leiter der Division teilnahm. Pünktlichkeit war angesagt. Wer es zeitlich nicht schaffte, mußte auch schon einmal auf das Essen verzichten. Bei der Beratung gab es auch Kritik an der Vorhersage. In der Regel ging es dann am Nachmittag in die fliegende Staffel oder das Geschwader zur Flugvorbesprechung für den Folgetag. Mit den begrenzten Möglichkeiten erreichten die durchaus kollektiv erarbeiteten Vorhersagen bei den hohen Anforderungen an die Aussagen bezüglich Sichtweite, Wolkenhöhe und Bedeckungsgrad nur eine bestimmte Wahrscheinlichkeit. Wer den Schaden hatte, brauchte für den Spott dann nicht zu sorgen. Unser Trost war: unsere Fehlvorhersagen wurden von der Sonne beschienen, die der Mediziner mit Erde bedeckt. Ein Dozent hatte es so ausgedrückt: »Ein Prognostiker muß auch mit seinen Fehlvorhersagen schlafen können, wenn er überleben will«. Ich war immer bemüht, diese durch die Materie gegebene Unsicherheit

durch persönliche Zuverlässigkeit auszugleichen. Am Folgetag war der Kartenmeteorologe in der Regel dann Diensthabender Meteorologe (MvD) beim Flugdienst. Da hieß es früh aufstehen, um die Wetterbedingungen mittels vorliegender Beobachtungen im Flugraum einzuschätzen Die Ergebnisse und die Vorhersage wurden dem Flugleiter vorgetragen. Dieser stellte dann die Aufgabe zur Wetteraufklärung durch die Wetterflieger, in der Regel erfahrene Flugzeugführer auf einer doppelsitzigen Schulmaschine. Der Meteorologe konnte auch besonders aufzuklärende Gebiete oder Wetterelemente vorschlagen. Nach Auswertung des Wetterfluges erfolgte die Einweisung des gesamten angetretenen Flugdienstpersonals durch den MvD in die Wetterbedingungen. Während des Flugdienstes hatte der MvD eng mit dem Flugleiter, der alle Entschlüsse zu fassen und zu verantworten hatte zusammenzuarbeiten. Offenbar nach der sowjetischen Vorschrift und besonders in der Anfangsperiode der Ausbildung, wo sich das Geschehen meist noch in Platznähe abspielte, war der Arbeitsplatz unmittelbar am Startkommandopunkt (SKP). Wegen der dort vorhandenen geringen Informationsmöglichkeiten und der zunehmenden Ausdehnung des Handlungsraumes setzte sich mit mehr oder weniger einsichtigen Kommandeuren allmählich durch, den Arbeitsplatz auf die Wetterwarte zu verlegen. Natürlich war ständig Kontakt zu halten. Der MvD hatte auch die stündliche Wettereinschätzung zu quittieren.
Bei der Sicherstellung des Flugdienstes war dem Meteorologen bezüglich der Gewährleistung der Flugsicherheit keine Narrenfreiheit eingeräumt. Hier gab es keine Abstriche an der Richtigkeit der kurzfristigen Vorhersagen. Diese Angaben mußten stimmen bis zur strafrechtlichen Konsequenz. Ein Meteorologe des Verbandes erhielt nach einer Flugkatastrophe eine disziplinare Bestrafung, weil er den Flugleiter und gleichzeitigem Kommandeur nicht »nachdrücklich« genug auf die drohenden Wettergefahren hingewiesen hatte. Nun trete einmal einem Kommandeur gegenüber nachdrücklich auf! Das war nicht immer leicht zu machen.
Auch mir blieb meine erste richtige Fehlleistung immer in Erinnerung .Nach Beurteilung der Wetterlage mittels der vorliegenden Nachtwerte, die ausgezeichnetes Wetter zeigten,

versprach ich die besten Wetterbedingungen für den Wetterflug und danach. Den Wetterflug führte der Divisionskommandeur mit durch. Schon vor seiner Rückkehr hatte sich durch die einsetzende Erwärmung das Aprilwetter bis zum herannahenden starken Schauer mit Sichtbehinderung entwickelt, er wurde deshalb auf den in Bereitschaft befohlenen Ausweichplatz umgeleitet. Dieser war nur formal einsatzbereit. Es wurden Arbeiten auf der Landebahn durchgeführt. Die Maschine mußte zurück und wegen des vorhandenen Treibstoffrestes im dicksten Schauer, glücklicherweise ohne Schaden, landen. Dabei kam ich bis auf höchster Ebene zur Erwähnung in der Flugsicherungsauswertung. Zum Glück das einzige Mal .Die fachliche Auswertung durch den Leiter in der Division erfolgte durchaus väterlich. Man mußte auch alles einsehen, aber hart war es trotzdem für das Selbstbewußtsein. Eine Teilnahme der Meteorologen an Wetterflügen war in der Regel nicht vorgesehen. Dies konnte aus personellen Gründen auch nie angestrebt werden. Es hätte ja noch ein Meteorologe am Boden arbeiten müssen. Zu besonderen Anlässen und Zeiten sowie bei Verbindungsflügen konnte ich doch allerhand Erfahrung zur Beobachtung aus der Luft sammeln. Von der Jak -11 bis zur IL- 28 auf den verschiedensten Typen. Dazu kamen natürlich auch Hubschrauberflüge. Für Strahljäger erfolgte später die medizinische Zulassung einiger junger Meteorologen. Aus den oben genannten Gründen kamen sie nie zum Einsatz. Sie hätten auch bestimmt eine etwas längere Flugpraxis gebraucht. Häufig erfolgten Verbindungsflüge auf der AN 2.

Die Zusammenarbeit mit meinem ersten sicherzustellenden Geschwaderkommandeur, Hauptmann B., war recht gut. Dabei konnte man Vertrauen und Sicherheit gewinnen. Auch bei späteren Aufgaben und beiderseits höheren Dienststellungen traf dies zu. Das war durchaus nicht immer bei allen Kommandeuren der Fall. Manche versuchten auch dem Wetter oder wenigstens dieses dem Meteorologen zu befehlen. Die Offizierssweiterbildung, für mich die eigentliche Ausbildung, erfolgte im Fliegertechnischen Bataillon, zu dem in dieser Zeit die Flugwetterwarte gehörte. Im Rahmen der Vorbereitung weiterer Truppenteile gehörten ihm zeitweilig bis zu 50 Offi-

ziere an. Neben den jungen, vielfach mit mir zugeführten Offizieren standen auch ältere, teilweise mit Unterführererfahrung aus der Wehrmacht. Gerade für sie war ich mit meiner Vorgeschichte oft ein Dorn im Auge. Das Wort »Student« diente direkt als Schimpfwort. Man mußte sich anstrengen ,um sich möglichst keine Blöße zu geben. Die Theorie war kein Problem, die war »armeesicher« aufgearbeitet. Aber die Praxis!
Der Stellvertreter Technik, ein Hauptmann, wie es hieß gewesener Bordmechaniker des verflossenen rumänischen Königs, nutzte die Gelegenheit der Alarmierung des Bataillons, mir eine Aufgabe zu stellen. Ich erhielt die Anweisung, die in Linie zu drei Gliedern angetretene Einheit der Technischen Versorgung auf Vollständigkeit des Alarmgepäcks zu überprüfen .Noch rechtzeitig fiel mir mein Dienstgrad ein .Ich befahl einem Unteroffizier, die Glieder zur Kontrolle auseinander zu ziehen. Ich hätte das bestimmt nicht vorschriftsmäßig hinbekommen. Anschließend nahm ich mir das erste Glied vor und forderte jeden Soldaten auf, freiwillig zu melden, was er vergessen hatte. Man hat mir bestimmt nicht alles verraten, am Ende des ersten Gliedes aber wußte ich schon, was alles dazu gehörte. Man lernte immer mehr dazu.
Schwieriger war es schon, einen Urlaubsschein zu bekommen, ohne dem auch ein Offizier den Standort nicht verlassen durfte. Dazu brauchte ich sogar eine extra Berlin-Genehmigung, um zur Freundin zu fahren, in deren Familie ich mich inzwischen vorgestellt hatte. Die Unterschrift dafür mußte der Kommandeur oder sein Stellvertreter geben. Nicht nur einmal war das Erreichen des letzten Zuges gefährdet. In Berlin hatte man sich in der Stadtkommandantur am Alex anzumelden. Eine in der Regel fehlende Zivilerlaubnis hatte den Vorteil, einkaufen zu können, ohne erst den Ausweis zu zeigen, was wegen des günstigen Umtauschkurses für die Westberliner sonst verlangt wurde. So ging man dann eben stolz in Uniform in den Friedrichstadtpalast oder auch in den noblen Johannishof
Mit dem HNO-Arzt kam ich in Cottbus bald in Kontakt. Ich bekam solche Halsbeschwerden, daß man mich erst einmal zur Erholung zu Muttern in die Thüringer Luft schickte. Anschließend gab es »dienstfähig mit Sprechverbot«, was auf ei-

ner Wetterwarte gar nicht so einfach war. So etwas käme im Spreewald häufiger vor, wurde mir erklärt. Auf meinen Vorschlag, mich dann doch umzusetzen, antwortete der Arzt, ich sei schließlich Soldat und hätte mich daran zu gewöhnen, Aus Angst hörte ich mit dem Rauchen auf. In der Familie gab es die Überlieferung, der Urgroßvater hätte sich wegen Kehlkopfkrebs mit dem Jagdgewehr erschossen. Allmählich ließen die Probleme nach, längere Zeit gab es immer wieder Nasenbluten und geblieben ist ein regelmäßig wiederkehrender Heuschnupfen.

Die neuen Aufgaben und das neue Umfeld führten dazu, daß andere wichtige Ereignisse wie der Start des ersten Sputnik, ein Geldumtausch, der Abbruch der Beziehungen der BRD zu Jugoslawien wegen derer Anerkennung der DDR (die erste Anwendung der Hallsteindoktrin) u.a.m., ohne großen Eindruck an mir vorbei gingen. Abfangflüge mit der Jak-11 auf aus dem Westen einfliegende Ballons traten mit der Zeit als Aufgabe in den Hintergrund. Dafür wurde die Ausbildung auf den neu zugeführten MiG-17 beschleunigt. Damit stiegen auch die Ansprüche an die Meteorologische Sicherstellung. Bald begann die Nachtausbildung, es wurde unter schwierigen Wetterbedingungen geschult, die aber nicht so schwierig sein durften, daß bestimmte Mindestbedingungen unterschritten wurden. Es folgten Abfangübungen über den Wolken, wo sogar der momentane Mondstand gefragt war, zwischen den Wolken und mit entsprechender Technik in den Wolken.

Ab Frühjahr 1961-62 war der Ausbildungsstand so weit, daß pro Geschwader je eine Kette in das Diensthabende System (DHS) des Warschauer Paktes übernommen werden konnte. Auch die Meteorologische Sicherstellung mußte dazu endgültig in den 24-Stunden-Dienst übergehen.

Auf den Wetterwarten lösten die ersten Funkfernschreibempfänger die Funker ab. Vom zivilen Wetterdienst kamen über den Fernschreibring auch zunehmend besser aktuelle Wetter- und Gefahrenmeldungen an. Erste sowjetische Faksimile-Empfänger erlaubten fertige Wetterkarten, wenn auch kleinerem Maßstabs, über Funk aufzunehmen. Gleichzeitig mit verbesserter Technik wurde aber auch das Personal verringert. Insbesondere die Zahl der Unteroffiziere ging zurück. Die

Wetterwarten hatten in der Regel nur noch einen Leiter und zwei Meteorologen, die dritte Planstelle war nicht besetzt, befand sich sozusagen in der Ausbildung. Die Belastungen durch drei Flugdiensttage in der Woche und die meist mit wenigstens zwei Schichten, waren recht hoch .Dazu wollten die jungen Meteorologen, die ja keine Wohnung am Standort hatten, auch ab und zu in Urlaub fahren.

Das Leben im dichtbelegtem Wohnheim hatte ich bald über. Es gelang mir tatsächlich, ein Zimmer zur Untermiete zu finden. Im Dezember 1958 hatte ich in Berlin geheiratet. Mit der im folgenden Frühjahr geborenen Tochter wohnte meine Frau bei ihren Eltern in einer Zweizimmerwohnung. Ein Wohnungsantrag für Cottbus lag unter vielen anderen. Ein Urlaubsschein nach Berlin war immer wieder mit vielleicht manchmal objektiven, aber meist mit subjektiven Widerständen verbunden. Gerade diese und ähnliche Probleme entsprachen durchaus nicht meinen Vorstellungen von der neuen, besseren Armee. Dazu gab es öfter Diskussionen mit meinem Schwiegervater, einem in der Weimarer Republik in der Buchdruckergewerkschaft aktiven und zu dieser Zeit in einer Berliner Zeitungsdruckerei verantwortlich tätigen Genossen.

Eine von der chinesischen Armee abgesehene Aktion verlangte, daß Vorgesetzte zeitweilig Dienst als einfache Soldaten durchführen sollten. Es kam da schon mal zu komischen Situationen. Junge Offiziere ohne manuelle Berufe sollten für einige Monate in die Produktion Zu denen gehörte ich natürlich auch. Berlin wurde nicht gestattet. Ich begründete deshalb meine Ablehnung damit, daß ich einen Vertrag mit der NVA habe, diese mich natürlich jederzeit kommandieren könne, man aber dann auch mein Gehalt zahlen müsse. Das war nicht vorgesehen. Die Auseinandersetzung ging vom gegen den »Studenten« eingenommenen Bataillonskommandeur bis zum Kommandeur der Division. Dieser legte nach einer Aussprache fest, daß ich dann eben im Monat Dezember einen Monat in die Kohle kommandiert würde. Als die Zeit heran war, standen wegen Krankheit mit mir gerade noch zwei Meteorologen für das Geschwader zur Verfügung. Die Kommandierung wurde aufgeschoben und wegen der weiteren politischen Entwicklung die Kampagne ganz vergessen.

Inzwischen wurde eine zweite Tochter geboren. Die Wohnungsmisere bei den Schwiegereltern wurde unerträglich. Meine entsprechende Eingabe blieb unbearbeitet beim »Bataillonner« liegen. Nach Verstreichen der gesetzlichen Frist erkundigte ich mich beim Militärstaatsanwalt über meine Rechte als Armeeangehöriger. Als erste Reaktion sollte ich aus formalen Gründen ein neues Schreiben verfassen. Dies mußte ich natürlich ablehnen. Eine erneute persönliche Aussprache beim Divisionskommandeur im Beisein meines Vorgesetzten führte nach meinen Ausführungen über die von mir erlebten Methoden der militärischen Erziehung dazu, daß mir eine Wohnung aus der Reserve des Kommandeurs im Sommer 1960 zugewiesen wurde. Manchmal wird man eben erst aus dem Unrecht heraus aktiv.
Obwohl ich während meiner gesamten Dienstzeit eigentlich immer in Cottbus stationiert blieb, lernte ich durch Kommandierungen z. B. bei Baumaßnahmen am Platz, bei Übungen mit Verlegungen auch zu sowjetischen Einheiten, bei Vertretungen und Schulungen die meisten Flugplätze kennen.
Ich habe mich auch später, im Rahmen meiner bescheidenen Entscheidungsbefugnisse, immer dafür eingesetzt, besonders junge Meteorologen möglichst am Ort zu halten, um so die Kenntnisse der örtlichen Bedingungen (die Erfahrungen des »Flugplatzschäfers«) für die Beratungstätigkeit zu nutzen.
Offenbar auch in Auswertung der Genfer Außenministerkonferenz der Alliierten mit erstmaliger Beteiligung der beiden deutschen Staaten, wo es u.a. um die gegenseitige Aufrechnung der Vergangenheit ihrer Offiziere ging, wurde Major Dr. B. entlassen. Er hatte seinen alten Dienstgrad wieder erreicht, wie er sagte und ging zum zivilen Wetterdienst. Er konnte dort in der Mittelfristvorhersage und bei der Prognoseprüfung seine Erfahrungen einsetzen. Ich hatte einen guten Lehrer verloren.
Den 13.August 1961, einen Sonntag, den Beginn des Mauerbaus, hatte ich im Dienst auf der Wetterwarte zugebracht. Dieser zog sich dann etwas länger hin, bis man wieder nach Hause konnte. Mit diesem Datum vollendete sich auch äußerlich die Trennung der beiden deutschen Staaten. Man bemühte sich verstärkt um die Werbung der wenigen parteilo-

sen Offiziere für die SED. Man wurde sowieso als Genosse angesprochen und durch die Uniform wurde man, wo man hinkam sowieso als Parteigenosse angesehen. Die beginnende Aufarbeitung der Stalinschen Epoche durch Chrustschow ließ einen demokratischeren Kurs bei der Durchsetzung der sozialistischen Ziele erwarten. Mir war klar, neben der militärischen Disziplin würde man sich zusätzlich der Parteidisziplin unterwerfen müssen. Ich wurde Kandidat, als »Intelligenzler« natürlich für drei Jahre.

Es folgte im nächsten Jahr die Kubakrise. Laut Befehl ging es nur noch bewaffnet nach Hause, wo man die Pistole vor neugierigen Kindern immer sicher verwahren mußte. Die Stimmung der Cottbuser gegenüber der Armee möchte ich als unterschiedlich bezeichnen. Neben den vom Arbeiter-und-Bauern-Staat und seiner notwendigen Armee überzeugten Personen, gab es auch Bürger, die in der Tradition der Fliegerei standen, die in Cottbus ja schon eine relativ lange Geschichte hatte. Dazu ein Beispiel. Die mühsam errungene, leider relativ kleine, Wohnung verlangte, daß wir für die beiden Kinder ein Doppelstockbett aufstellen mußten. Der vorhandene Platz erforderte eine Maßanfertigung. Verschiedene Versuche dazu waren bereits erfolglos geblieben. Ich fand wieder einen Tischler, der auch wegen zeitlichen und Materialschwierigkeiten ablehnte. Meine Unmutsäußerung zu Cottbus führte zu einem Gespräch über das Woher und Wohin. Ich versuchte dem älteren Herrn meine Tätigkeit als Meteorologe auf dem Flugplatz zu erklären. Das weckte eine unerwartete Begeisterung. Er kannte das ganz genau. Als Spießschreiber beim Fliegerbataillon in Berlin-Johannistal hatte er jeden Morgen den Wetterbericht bei Professor August geholt. Selbstverständlich hatten wir ‚wie gewünscht, zu Ostern unser Doppelstockkinderbett. Die Händler und Gewerbetreibenden vermuteten einerseits viel Geld bei den Armeeangehörigen, schon weil es die jungen Leute ja auch locker ausgaben, andererseits konnte es auch passieren, daß man z. B. in »besseren« Gaststätten geschnitten wurde.

Die Wetterwarten waren mit einer mobilen Station, zunächst auf DDR-LKW, später auf sowjetischen Fahrzeugen ausgerüstet. Sie dienten der Sicherstellung auf Manöver- und Feldflugplätzen. Bedingt durch den Dienstgrad wurde der Meteorologe bei Verlegungen auch zur Führung von Kfz.-Kolonnen oder zu anderen militärischen Aufgaben herangezogen. Man mußte sich also auch mit der Taktik des Bataillons auf dem Marsch oder im Gelände befassen.

Auch die Beratung der Flieger setzte Kenntnisse der Einsatzprinzipien voraus. Dies machte ja erst den Fachmann, den Flugmeteorologen in den Streitkräften aus. Lehrstoff, der meist im Selbststudium zu erarbeiten war, war also genügend vorhanden. Die Ausbildung in den Jagdfliegergeschwadern war weiter fortgeschritten. Mit der Bildung der 1. Luftverteidigungsdivision im Januar 1961 hatte diese deren Handlungen untereinander und mit den entstehenden Fla-Raketentruppen zu koordinieren. Dies wurde zunächst bei Übungen, später allgemein im DHS erforderlich. Zur Entschlußfassung war natürlich eine meteorologische Beratung gefragt. Dazu wurde ich wiederholt kurzfristig aus dem Geschwader in den Divisionsstab geholt. Bei längeren Handlungen war es, wie ehemals auf dem SKP, es stand nur eine Telefonleitung zum Informationsaustausch zur Verfügung, ansonsten nur die Erfahrung zur vielfältig möglichen Wetterentwicklung.

Im Frühjahr 1965 sah man seitens des Divisionsstabes die Einsetzung eines verantwortlichen Meteorologen als notwendig an. Nach einer Aussprache wurde ich, inzwischen zum Hauptmann befördert, als Leiter des Fachdienstes der Division eingesetzt. Klar war, mit einer zehnjährigen Verpflichtung war es nicht getan, die vergrößerte Familie konnte ein besseres Gehalt aber durchaus gebrauchen.

Die Dienstpflichten wurden umfangreicher. Neben der operativen Beratung des Divisionskommandeurs in Form des Wettervortrages zur täglichen Lagebesprechung und natürlich bei Handlungen der Division im Gesamtverband standen eine ganze Reihe weiterer Aufgaben. Dazu gehörte die spezialfachliche Anleitung und Kontrolle der bis zu 6 unterstellten Wetterwarten mit etwa 70 eingesetzten Personen, die Organisation und Durchführung fachlicher Besprechungen, Beratungen und Schulungen der Leiter der Wetterwarten und der Meteorologen allgemein, die Organisation der Schulung des übrigen Personals. Dies alles natürlich im Rahmen ihrer militärischen Unterstellung und der Vorschriften. Ohne zusätzliches Personal war in der Division ein Lager fachspezifischer Ausrüstung und Verbrauchsmaterials zu schaffen und zu verwalten. Die Kontrolle der Ausrüstung und Bestände der Wetterwarten war durchzuführen .Die Kontrolle und Anleitung zur Dienstdurchführung erfolgte vorwiegend im Rahmen von Gesamtkontrollen des Stabes in den Truppenteilen.

Die Vorbereitung auf die tägliche Lagebesprechung verlangte einen regelmäßigen Dienstbeginn vor dem allgemeinen Stabsdienst. Ich führte dazu Konsultationen fernmündlich mit den Meteorologen der Truppenteile durch und ließ mir fernschriftlich die Vorhersagen für ihren Flugtag übermitteln. So konnte ich auch direkt Einfluß auf die fachliche Arbeit nehmen und lebte ständig in der Wetterlage. Nach Möglichkeit nahm ich an den Wetterbesprechungen meiner alten Wetterwarte teil. Damit konnte ich jederzeit auch schnell operativ tätig werden, was bei Alarmierungen der Division auch immer wieder notwendig wurde.

Mit den zunehmenden Anforderungen an das DHS zur Abwehr von Anflügen auf den Luftraum der DDR wurde für den Gefechtsstand eine ständige Beurteilung der Wetterlage notwendig, fernschriftlich war dies nur unvollkommen möglich. Mit der Unterbringung des Divisionsgefechtsstandes in einem Schutzbauwerk gelang es, die Verantwortlichen von der Notwendigkeit einer eigenen Wetterwarte zu überzeugen, diese aufzubauen und einzurichten. Ihr wurden natürlich auch Aufgaben der operativen Betreuung und der Entlastung der Wetterwarten der JG im DHS zugeordnet.

Ein aus einem Schiffsradar entwickeltes Bodenwetterradargerät (BWR) mit einer Reichweite bis 300 km eröffnete eine neue Qualität bei der Gewährleistung des Schutzes vor gefährlichen Wettererscheinungen während des Flugbetriebes. Der Aufbau dieser und auch anderer Technik verlangte häufig viel Improvisation. So errichteten wir das erste BWR des Verbandes am Flugplatz Drewitz auf dem Turm der Flugleitung. Für den Aufbau der Antenne stand kein Kran zur Verfügung. Ein Hubschrauber Mi-4 aus Brandenburg-Briest wurde eingesetzt. Die Flugzeugführer hatten keine Erfahrung im Kranflug, um ein aerodynamisch derartig ungünstiges Bauteil genau und si-

cher auf das Drehgestell zu bringen. Nach einem Tag Anflugtraining mit einer Sandkiste und einigen kritischen Momenten wurde das Aufsetzen geschafft.
Für die Wetterwarte am Divisionsgefechtsstand fehlte ein geeigneter Turm, um über die Baumwipfel sehen zu können. Ein Stahlturm wurde schließlich als »Neuererprojekt« verwirklicht. Der damalige Leiter der Wetterwarte, Hauptmann K., beschaffte das nötige Material auf einer Industriemesse mit Angeboten überzähliger Materialreserven. Das Fundament wurde durch unsere eigenen Leute geschaffen.
Inzwischen war der Leiter Meteorologischer Dienst des Kommandos LSK/LV nicht mehr dem Chef des Stabes direkt, sondern dessen Stellvertreter für Flugsicherheit und Gefechtsstände unterstellt worden. Damit war die Voraussetzung gegeben, die Flugwetterwarten aus den Fliegertechnischen Bataillonen herauszulösen und den Gefechtsständen der Jagdfliegergeschwader zu unterstellen. Für die tägliche Arbeit ein günstiger Schritt. Im Stab der LVD blieb der Leiter Meteorologischer Dienst weiter dem Stabschef unterstellt. Als Einzelkämpfer war man in dem sich personell immer mehr vergrößernden Umfeld aber nur noch arbeitsfähig durch enge Zusammenarbeit mit der Unterabteilung für Flugsicherheit und Gefechtsstände.
Auch der Leiter Meteorologischer Dienst im Kdo LSK/LV hatte bei umfangreichen Aufgaben immer personelle Probleme. Neben einem Stellvertreter hatte er nur ein bis zwei Zivilbeschäftigte, die vorrangig für die materiell-technische Versorgung des Dienstes verantwortlich waren.
Er war über Jahre zusätzlich als Sekretär der Zentralen Kommission der NVA zur Koordinierung der Arbeit der Leiter Met. Dienste der Volksmarine, der Luftstreitkräfte und Luftverteidigung, der Artillerie und des Chemischen Dienstes eingesetzt. Er hatte auch die Zusammenarbeit mit dem zivilen Meteorologischen Dienst einschließlich des Nachrichtenaustausches zu gewährleisten. Selbstverständlich hatte er auch operative Sicherstellungsaufgaben gegenüber seinem Stab. Neben der Anleitung der fachlich Unterstellten galt es auch die Vertretung gegenüber den Meteorologischen Diensten der verbündeten Armeen wahrzunehmen. Um dies alles zu er-

möglichen, sah er sich gezwungen, die Leiter in den Divisionen und der Offizierschule heranzuziehen, Eine zusätzliche Aufgabe, die durch meine vorgesetzten Stabschefs zumindest nicht behindert wurde. Bei ausländischen Kollegen, die offensichtlich über größere Abteilungen verfügten, kam es schon mal zur Verwunderung, wenn ein Leiter aus einer Division mit auftauchte. Auf diese Weise konnte ich an einigen internationalen Tagungen und Konferenzen teilnehmen. Vertretungsweise war auch einmal eine Lektion an der Offizierschule oder an der Militärakademie durchzuführen oder in Kommissionen bzw. Fachgruppen des Meteorologischen Dienstes der DDR mitzuwirken.

Mangels eigener Kapazitäten waren wir stark daran interessiert, zur allgemeinen fachlichen Weiterbildung unserer Meteorologen die Möglichkeiten des zivilen Dienstes und der Meteorologischen Gesellschaft der DDR, für deren Mitgliedschaft wir warben, zu nutzen.

Aus der internen Arbeitsteilung ergab sich der Vorschlag, mich in den Vorstand der Meteorologischen Gesellschaft zu wählen. Ich gehörte diesem Gremium über vier Wahlperioden ab 1970 an. 1986 wurde ich dann als Mitglied bzw. Vorsitzender der Revisionskommission vorgeschlagen und gewählt . Die Vorstandsarbeit war interessant, ich konnte dort auch unsere Vorstellungen einbringen. Die Arbeit war konstruktiv und kollegial. Es wurden einige nationale und internationale Tagungen vorbereitet und durchgeführt. Der Vorstand verbreitete eine Denkschrift zu internationalen Erkenntnissen über die Gefahren eines atomaren Winters. Der erste Kosmonaut der DDR, Sigmund Jähn, wurde als Ehrenmitglied aufgenommen. Er berichtete vor den Mitgliedern der Gesellschaft über seine Eindrücke im Weltraum.

Die Dokumente der Meteorologischen Weltorganisation und viel Fachliteratur sind in englischer Sprache abgefaßt. Um sie nutzen zu können, legte ich an der Volkshochschule die Sprachkundigenprüfung ab und konnte an einigen Sprachintensivkursen des zivilen Dienstes teilnehmen. Natürlich fertigte ich Übersetzungen für den internen Gebrauch an. 1970 nahm ich an der Ingenieurhochschule Zwickau an einem durch die NVA organisierten postgradualen Fernstudium mit

zwei einmonatigen Direktlehrgängen zur Datenverarbeitung teil. Die Ergebnisse reichten immerhin aus, spätere Entwicklungen zu verstehen und für die eigene Arbeit zu nutzen.
Von jedem Offizier, insbesondere natürlich im Stab, wurde zusätzliche gesellschaftliche Arbeit gefordert. Mein Einsatz über Jahre zur Organisation und Durchführung der Gesellschaftswissenschaftlichen Weiterbildung in der Gruppe des Stabschefs kam meinen Interessen an Weltanschauungsfragen und täglichen politischen Themen durchaus entgegen. Ich habe mich dabei immer bemüht, die Diskussion offen und undogmatisch zu führen. Auch dies erforderte natürlich Zeit zur Vorbereitung.
In der Familie lebten inzwischen vier Töchter. Das Wohnungsproblem hatte uns in den 15 Jahren der Ehe nie richtig verlassen. Die Unterstützung kinderreicher Familien war zwar Programm, genau wie die Gleichberechtigung der Frau und Mutter. In der Realität gab es jedoch gewisse Schwierigkeiten. Einen einzigen Ferienplatz mit der ganzen Familie in Boitzenburg/Uckermark habe ich in guter Erinnerung behalten. Meine Bemühungen, die dienstlichen Anforderungen immer vorbildlich zu erfüllen, die zeitliche Belastung und häufige Abwesenheit, wenn man auch zu Hause gebraucht worden wäre, rechtfertigten den Vorwurf der Vernachlässigung der Familie. Die äußeren Umstände befriedigten die Vorstellungen meiner Frau immer weniger. Seitens des Vorgesetzten wurde eine Aussprache mit meiner Frau organisiert. Was sie den Genossen erzählt hat, weiß ich nicht. Man gab mir schließlich den Rat, mich scheiden zu lassen, was durchaus nicht den üblichen Vorstellungen entsprach. Das doch recht schmerzliche Verfahren endete mit der Enttäuschung einer Schöffin des Gerichtes. Es entsprach wohl nicht ihren Ansichten über das Einkommen eines Offiziers, daß sie keine Teilung des Vermögens veranlassen konnte. Schulden waren zwar nicht vorhanden, der Ehekredit war abgezahlt. Außer den Möbeln, die hauptsächlich bei der Frau und den Kindern blieben, war aber nichts zu teilen. Als alleinerziehende Mutter kam meine Exfrau wenigstens später zu einer vernünftigen Wohnung.
Seitens der örtlichen Organe und Betriebe ergaben sich immer wieder Anforderungen nach auf die lokalen Verhältnisse

zugeschnittenen Wettervorhersagen. Es bedurfte einiger organisatorischen Aufwandes und geschickter Verhandlungen, um gegenseitigem Verständnis zu wecken. Bei den Meteorologen wegen zusätzlicher Aufgaben und auf der anderen Seite bezüglich der Unmöglichkeit einer vertraglichen Fixierung. Recht gute Zusammenarbeit gab es mit dem Straßenwesen und der Reichsbahn zu Fragen des Winterdienstes und der Winterdienstbereitschaft. Im Sommer standen die in der Lausitz besonders relevanten Probleme der Waldbrandgefahr auf der Tagesordnung.

Im Rahmen des Stabes war ich für die flugmeteorologische Ausbildung der Fluginstrukteure und der Piloten der Verbindungsfliegerkette verantwortlich. Diese war natürlich immer in Vorbereitung der Klassifizierungsprüfungen im übergeordneten Stab von besonderem Interesse. Außerdem gehörte ich mit zur Abnahmegruppe unseres Stabes in den unterstellten Fliegertruppenteilen. Eine allgemeine Einführung von Klassifizierungen sollte die Anstrengungen der Armeeangehörigen für ihre Ausbildung unterstützen .Die Alternative für den Met. Dienst bestand in einer allgemein militärischen oder einer spezialfachlichen Klassifizierung. Mit Unterstützung des Stabschefs gelang es mir ,einen Vorschlag zur spezialfachlichen Klassifizierung im Kdo LSK/LV durchzusetzen. Ein Erreichen der höchsten Stufe 1 entsprach durchaus einem Fachabschluß der Offiziere als Flugmeteorologe.

In Auswertung der Kriege im Nahen Osten wurde die gedeckte Unterbringung der Flugzeuge der JG vorangetrieben .Auch die Startkommandopunkte und mit ihnen die Flugwetterwarten wurden in gedeckten Flugleitungen (GDFL) untergebracht. Der Bau und die Einrichtung dieser Anlagen erfolgte vorwiegend mit eigenen Mitteln, durch Pioniertruppen und das eigene Personal. Eine Neuausstattung mit den bewährten BWR-Anlagen aus Leipzig war nicht möglich. Sie scheiterte an den im RGW getroffenen Festlegungen zur Spezialisierung der Produktion. Entsprechende sowjetische Radaranlagen waren zu teuer und benötigten eine mehrköpfige Besatzung, während unsere Geräte »nebenbei« betrieben wurden. Wir konnten nur noch eigene Anlagen geringer Reichweite bis etwa 30 km zur unmittelbaren Überwachung im Platzgebiet aufbauen. Darüber hinaus waren wir auf ein im zivilen Meteorologischen Dienst im Aufbau befindliches Wetterradarnetz angewiesen.

Die politische und gesellschaftliche Entwicklung in der DDR und auch international ließen die Attraktivität der Armee gerade auch unter dem akademischen Nachwuchs abnehmen. Eigene Meteorologenlehrgänge fanden nicht mehr statt. Die Gewinnung junger Meteorologen war im Interesse der Entlastung auf den in der Regel unterbesetzten Wetterwarten unbedingt erforderlich. Es erfolgten Werbungen von Offizieren auf Zeit für 3 Jahre Das war für diese persönlich eine gute Möglichkeit, sich in den praktischen Wetterdienst einzuarbeiten. Dies bestätigt eine ganze Anzahl auch heute noch im Wetterdienst Beschäftigter. Sie erhielten eine kurze militärische Ausbildung. Es wurden auch Frauen geworben. Es bedurfte großer Anstrengung seitens des Fachdienstes, die Kommandeure der JG zu überzeugen, diese jungen Leute anzuerkennen und sie vielleicht gar noch durch die Zuweisung einer Wohnung zu unterstützen.

Das Pendeln zwischen dem doch recht zeitaufwendigen Dienst und der inzwischen bezogenen Einraumwohnung mit dem vielleicht einmal im Monat stattfindenden Genuß des Cottbuser Nachtlebens befriedigte mich auf Dauer nicht. Ich heiratete nach etwa 5 Jahren wieder. Meine Frau hatte mit drei Kindern ebenfalls mehrere Jahre allein gestanden. Sie kam also auch einmal ganz gut allein zurecht. Ich hatte damit wieder ein privates Hinterland gefunden.

Die Stationierung von Hubschraubern im westlichen Grenzbereich, die Schaffung von Hubschrauberlandeplätzen u.a. an den Funktechnischen Kompanien stellte neue Ansprüche an die meteorologische Sicherstellung durch die Wetterwarte am Divisionsgefechtsstand. Die differenzierte und kleinräumig sehr unterschiedliche Entwicklung im Mittelgebirgsraum verlangte im Einzelfall eine möglichst exakte Wetterbeobachtung Einerseits sollten alle Möglichkeiten der Flugdurchführung genutzt werden, andererseits waren die Wettermindestbedingungen hinsichtlich der Flugsicherheit zu gewährleisten. Zusätzliche Kräfte waren dafür nicht vorhanden. Die Landeplätze wurden mit einem Minimum an meteorologischer Technik ausgerüstet. Aus den Reihen der Funkorter waren durch die Kommandeure nichtstrukturmäßige Wetterbeobachter auszuwählen. Es waren meist Abiturienten oder sonst an der Natur interessierte Soldaten. Eine entsprechende Beobachterinstruktion war auszuarbeiten und in kurzen Eintageslehrgängen vor Ort wurden die Beobachter eingewiesen. Man lernte so verschiedene Stationierungsräume mit ihren Besonderheiten persönlich kennen. n einer methodischen Anleitung, gedacht zur weiteren Vertiefung der Schulung, konnte ich meine Erfahrungen festhalten.

Höhepunkte waren immer wieder die Sicherstellung großer Übungen und Manöver. So erlebte ich z. B. das Manöver Waffenbrüderschaft 80 mit einer Verbindungsgruppe der Flieger unseres Stabes im Stab einer Armee im Raum Nochten. Auf die leider wieder nur mit begrenzten Mitteln nahezu stundengenaue Vorhersage eines die Handlungen begrenzenden Frontdurchganges war ich natürlich stolz. Alle Episoden konnten wie geplant ablaufen. Der anfangs durchgeführte Wetterflug auf einem Hubschrauber im Handlungsraum verbunden mit dem Absetzen direkt am »Feldherrnhügel« und die dabei auftretenden Probleme waren bemerkenswert. Eindrucksvoll war das Bild der praktisch in drei Ebenen ablaufenden Handlungen.

Besonders die Teilnahme an Stabsübungen mit Lagen, die riesige Verluste an Menschen enthielten, rechtfertigten durchaus eine Verstärkung der Entspannungspolitik, unabhängig von den durch mich erst später erkannten wirtschaftlichen Problemen der Rüstung.

Den in der Dienststellung höchsten Dienstgrad, Oberstleutnant, hatte ich bereits nach 15 Jahren erlangt. Inzwischen war fast die doppelte Zeit vergangen. Rundum im Stab zogen jüngere Leute ein. Auch die Vorgesetzten wurden jünger. Man hatte manchmal den Eindruck von Generationsproblemen. Mit dem 50.Lebensjahr stand die Entscheidung, ob man die Belastungen noch bis 60 oder gar 65 Jahre tragen könnte. Wegen wieder einmal fehlendem Personals ließ ich mich überzeugen, 30 Dienstjahre im Met. Dienst zu vollenden.

Wie sollte es dann weitergehen? Eine akademische Laufbahn hatte ich nicht ergriffen, weitere akademische Grade waren bei den Vorgesetzten lange Zeit nicht erwünscht. Für den Einstieg in die Wettervorhersage des zivilen Dienstes wie auch in die Forschung war ich, nüchtern betrachtet, zu alt. Für die Verwaltung hatte ich kein Interesse. Die Probleme des Umweltschutzes fanden auch in der DDR zunehmend Beachtung. Schon die Diplomarbeit (Einflüsse der Großstadt Berlin auf die Nebelbildung in Schönefeld) und die Tätigkeit in der durch die Braunkohle geprägten Lausitz, zeigten durch den Menschen verursachte Probleme der meteorologischen Umwelt. Ein durchaus interessantes Gebiet. Ich bewarb mich beim Zentrum für Umweltgestaltung in Berlin für einen Einsatz an der Außenstelle Cottbus. Näherer Kontakt mit deren Personal, zu ihnen gehörte auch ein ehemaliger Kollege, war für mich deprimierend. »Wir arbeiten ja sowieso nur für den Panzerschrank«. Ich mußte erkennen, daß man eigentlich nur einen Parteisekretär suchte.

Ich bewarb mich daraufhin an der Hochschule für Bauwesen Cottbus. Einen Vortragenden zu Problemen der Umweltgestaltung konnte man gebrauchen. Die entsprechende Beauflagung durch das Ministerium lag vor. Man hatte nur keine Planstelle. Der Kompromiß bestand darin, die Sekretärstelle der Gewerkschaft an der Hochschule zu übernehmen und im Honorarauftrag die Umweltvorlesungen durchzuführen. Nachdem ich ab Oktober 1987 zwei Monate auf einer gerade freien Planstelle geführt wurde, wurde ich für die Gewerkschaftsarbeit an der Hochschule freigestellt – eine Abmachung, an die sich 1990 keiner mehr erinnern wollte.

Zu den ersten Vorlesungen war der Große Hörsaal mit etwa 400 Plätzen nahezu ausgebucht. Das Interesse war groß, ging 1989 aber sehr zurück. Ich konnte physikalische Zusammenhänge erklären, auf Gefahren und deren Beeinflussung auch durch Bauingenieure hinweisen .Die vielfach gewünschten Zahlen und Fakten mußte ich oft westlicher Literatur entnehmen. Man konnte auf das Landeskulturrecht, eine recht gute Umweltgesetzgebung der DDR verweisen, die leider besonders von der Wirtschaft zu wenig durchgesetzt wurde.

Trotz eigentlich vieler ziviler Kontakte während meiner Armeezeit war ich überrascht, die Stimmung unter vielen Hochschulangehörigen, selbst Vertretern des gesellschaftswissen-

schaftlichen Institutes, kennen zu lernen. Man hatte in der Armee eben doch in einem »ideologischen Treibhaus« gelebt.
Ende 1989 konnte ich noch den Hochschulpädagogischen Grundkurs für Assistenten ablegen. Im Sommer 1990 begann die »Abwicklung« der Gewerkschaft an der inzwischen Technischen Hochschule Cottbus. Bis zu dessen Wahl im Oktober 1990 nahm die bisherige Gewerkschaftsleitung die Rechte des Personalrates wahr. Es gab einige Auseinandersetzungen mit der sich ebenfalls verändernden Hochschulleitung. Ich selbst kam als Assistent zum Lehrstuhl Gebäudetechnische Ausrüstung, insbesondere zu Problemen der Hydromechanik. Im späteren Fachbereich Umweltwissenschaften, er mit der Bildung der Technischen Universität Cottbus 1991 in die Fakultät Umweltwissenschaften überging, konnte ich neben Übungen zur Hydromechanik zusätzliche Vorlesungen über meteorologische Einflüsse auf das Bauwesen, die Wasserwirtschaft und zur Technischen Anleitung Luft durchführen. Im Herbstsemester 1991 nahmen wir den ersten Jahrgang Umweltingenieure auf Die Vorlesung zu den meteorologischen Grundlagen sowie unterstützende Tätigkeiten für Gastdozenten waren meine Aufgaben. So konnte ich auch einen bestimmten Beitrag zur Einsicht in die Notwendigkeit eines Lehrstuhles Umweltmeteorologie in der Fakultät für Umweltwissenschaften leisten. Mit der Berufung des betreffenden Professors konnte ich bis 1998 meine vorwiegend praktischen Erfahrungen einbringen.
Goethe sagte 1817 in Jena: »Ja ihr jungen Leute, ihr glaubt uns nicht! Wenn ich so jung wäre wie Sie, da wüßte ich was ich täte – ich würfe mich ganz auf die Meteorologie, da wäre noch etwas zu erreichen!«
Das gilt auch heute nicht nur hinsichtlich der Verhinderung wetterbedingter Flugkatastrophen, sondern vor allem bezüglich drohender weltweiter Klimaänderungen und örtlicher Wetterkatastrophen.

Auswahlbibliographie deutschsprachiger Veröffentlichungen über die NVA

(Zeitraum 1990 bis 2000)

zusammengestellt von Oberleutnant a. D. Dr. Werner Knoll

Nachschlagwerke
Froh, Klaus/Wenzke, Rüdiger: Die Generale und Admirale der NVA, hrsg. vom Militärgeschichtlichen Forschungsamt, Berlin 2000.
Die Militär- und Sicherheitspolitik in der SBZ/DDR. Eine Bibliographie (1945-1995), bearb. von Hans-Joachim Beth, München 1996.
Voigt, Tobias: Bibliographie. Ausgewählte Arbeiten zur Nationalen Volksarmee seit 1989/90, hrsg. vom Sozialwissenschaftlichen Institut der Bundeswehr, Strausberg 1995.
Wer war wer in der DDR? Ein biographisches Lexikon, hrsg. von Helmut Müller-Enbergs, Dieter Hoffmann und Jahn Wilgohs, Berlin 2000.

Memoiren und Erinnerungen
Baarß, Klaus-Jürgen: Lehrgang X. In geheimer Mission an der Wolga, Bonn/Hamburg 1995.
Elchlepp, Friedrich: Seepolizei oder Seestreitkräfte. Persönliche Erinnerungen an die Vorgeschichte der Volksmarine. In: Panorama maritim, Nr. 28/1992, S. 40-45.
Eppelmann, Rainer: Wendewege. Briefe an die Familie, hrsg. von Dietmar Herbst, Bonn/Berlin 1992.
Eyck, Lorenz: Fanfaren, Brot und Uniform. In: Spurensicherung I. Wege in die DDR, Schkeuditz 1999, S. 89-93.
Fricke, Hans: Davor – Dabei – Danach. Ein ehemaliger Kommandeur der Grenztruppen der DDR berichtet, Köln 1993.
Haase, Roland: Auf dem letzten Lehrgang für Regimentskommandeure in der Sowjetunion. In: Vom Kalten Krieg zur deutschen Einheit. Analysen und Zeitzeugenberichte zur deutschen Militärgeschichte 1945 bis 1995. Im Auftrag des Militärgeschichtlichen Forschungsamtes hrsg. von Bruno Thoß unter Mitarbeit von Wolfgang Schmidt, München1995.
Haasemann, Erich: Soldat der NVA. Erinnerungen an über dreißigjährige Dienstzeit in den bewaffneten Organen der DDR, Berlin 1997.
Hoffmann, Theodor: Das letzte Kommando. Ein Minister erinnert sich, Berlin/Bonn/ Herford 1993.
Ders.: Vom Matrosen zum Admiral, Berlin/Bonn/Hamburg 1993.
Kavelmann, Dieter: Vom Jungsturm in die NVA, Berlin 1999.
Lehmann, Rolf: Zum deutsch-deutschen Dialog von Militärs in den

achtziger Jahren. Erinnerungen und Zeitzeugnisse, Dresden 1998.
Lehweß-Litzmann, Walter: Absturz. Aufgeschrieben und herausgegeben
  von Jörn Lehweß-Litzmann, Querfurt 1994.
Peter, Herbert: Als Politoffizier in den Vorläufern der NVA. In:
  Militärgeschichte, Nr. 6/1990, S. 576-590.
Rost, Hans: Der lange Weg ... Erster Flugzeuglehrerlehrgang der DDR-
  Militärflieger – Glanz und Gloria junger Männer, Offenburg 1998.
Rothe, Werner: Jahre im Frieden. Eine DDR-Biographie, Schkeuditz
  1997.

Protokoll- und Sammelbände
Im Dienste der Partei. Handbuch der bewaffneten Organe der DDR. Im
  Auftrag des Militärgeschichtlichen Forschungsamtes hrsg. von Torsten
  Diedrich/Hans Ehlert/Rüdiger Wenzke, Berlin 1998.
Eliten im Sozialismus. Beiträge zur Sozialgeschichte der DDR, hrsg. von
  Peter Hübner, Köln/Weimar/Wien 1999.
Forschungen zur Militärgeschichte. Probleme und Forschungsergebnisse
  des Militärgeschichtlichen Instituts der DDR, hrsg. von Hans-Joachim
  Beth/Reinhard Brühl/Dieter Dreetz, Berlin 1998.
Vom Krieg zur Militärreform. Zur Debatte um Leitbilder in Bundeswehr
  und Nationaler Volksarmee, hrsg. von Detlef Bald und Andreas Prüfert,
  Baden-Baden 1997.
Auf Kurs zur Marine, hrsg. vom Marinemuseum Dänholm, Stralsund
  1998.
Landesverteidigung und/oder Militarisierung der Gesellschaft der DDR?
  Kolloquium am 22. Februar 1995 in Potsdam. Protokoll, hrsg. von
  Günther Glaser und Werner Knoll, Berlin 1995.
Militär und Gesellschaft im 19. und 20. Jahrhundert, hrsg. von Ute
  Frewert, Stuttgart 1997.
Die Nationale Volksarmee. Beiträge zu Selbstverständnis und Geschichte
  des deutschen Militärs von 1945 -1990, hrsg. von Detlef Bald, Baden-
  Baden 1992.
Nationale Volksarmee – Armee für den Frieden, hrsg. von Detlef Bald/
  Reinhard Brühl/Andreas Prüfert, Baden-Baden 1995.
NVA. Anspruch und Wirklichkeit nach ausgewählten Dokumenten, hrsg.
  von Klaus Naumann, 2. Aufl., Berlin/Bonn/Herford 1997.
Die Nationale Volksarmee im Kalten Krieg. Militärisches Denken und
  Handeln an Schnittpunkten des Kalten Krieges. Zur Rolle der NVA
  in internationalen Krisen- und Konfliktsituationen. Wissenschaftliches
  Seminar vom 13.-15. Juni 1994, hrsg. von Andreas Prüfert, Bonn
  1995. 31. NVA. Ein Rückblick für die Zukunft. Zeitzeugen berichten
  über ein Stück deutscher Militärgeschichte, hrsg. von Manfred
  Backerra, Köln 1992.
Rührt Euch! Zur Geschichte der Nationalen Volksarmee, hrsg. von
  Wolfgang Wünsche, Berlin 1998.
Zur Sicherung der Seegrenze der DDR. Protokoll der öffentlichen

Anhörung der Alternativen Enquetekommission »Deutsche Zeitgeschichte« am 22. Januar 1994 in Rostock, hrsg. von Günther Glaser und Werner Knoll, Berlin 1997.

» ... sofort, unverzüglich.« Der Fall der Mauer am 9. November 1989, hrsg. von Daniel Küchenmeister/Detlef Nakath/Gerd-Rüdiger Stephan, Potsdam 2000.

Volksarmee schaffen – ohne Geschrei! Studien zu den Anfängen einer »verdeckten Aufrüstung« in der SBZ/DDR 1947 – 1952. Im Auftrag des Militärgeschichtlichen Forschungsamtes, hrsg. von Bruno Thoß, München 1994.

Überblicks- und Gesamtdarstellungen

Badstübner, Rolf: Militär in der DDR. Frieden oder Unfrieden für Politik und Gesellschaft. In: NVA für den Frieden <28>, S. 157-164.

Bald, Detlef: Militär im Nachkriegsdeutschland. Bundeswehr und Nationale Volksarmee. In: Die Nationale Volksarmee <27>, S. 115-124.

Ders.: Militärpolitische Restauration. Militärpflicht im geteilten Deutschland. In: Allgemeine Wehrpflicht. Geschichte, Probleme, Perspektiven, hrsg. von Ekkehardt Opitz/Frank Rödiger, Bremen 1994, S. 75-87.

Barthel, Rolf/Schunke, Joachim: Übersicht militärischer Standorte im Land Brandenburg nach 1945. In: Festschrift Reinhard Brühl zu seinem 70. Geburtstag, Berlin/Potsdam 1994, S. 9-21.

Brühl, Reinhard: Die Nationale Volksarmee der DDR. Anmerkungen zu ihrem Platz in der Geschichte. In: NVA für den Frieden <28>, S. 13-36.

Buchholz, Frank: Armee für Frieden und Sozialismus. Die Geschichte der bewaffneten Organe der DDR, München 1991.

Deim, Hans Werner: Die beiden deutschen Armeen: Bundeswehr und NVA. In: Mars. Jahrbuch für Wehrpolitik und Militärwesen, 1(1995), S. 341-359.

Diedrich, Torsten/Ehlert, Hans/Wenzke, Rüdiger: Die bewaffneten Organe der DDR im System von Partei, Staat und Landesverteidigung. Ein Überblick. In: Im Dienste <20>, S.1-68.

Feder, Klaus H./Feder, Uta: Auszeichnungen der Nationalen Volksarmee der Deutschen Demokratischen Republik, Berlin 1994.

Goldbach, Joachim: Die Nationale Volksarmee – Eine deutsche Armee im Kalten Krieg. In: Die Nationale Volksarmee <27>, S. 125-138

Hampel, Heinz: Ein Teil deutscher Geschichte. Bewaffnung und Aufrüstung in der SBZ und der DDR, Abrüstung und Entwaffnung der DDR. In: Deutsche Militärzeitschrift, Nr. 15/1998, S. 36-42.

Hocke, Erich: Friedenssicherung im Wandel. In: Europäische Friedenspolitik – Ethische Aufgaben, hrsg. von Detlef Bald, Baden-Baden 1990.

Hohwieler, Joachim: NVA und innere Sicherheit. Der Einsatz der Armee im eigenen Land. In: NVA für den Frieden <28>, S. 75-90.

Hübner, Werner: Die Akzeptanz der NVA in der Gesellschaft der DDR.

In: Rührt Euch!<32>, S. 451-470.
Jablonsky, Walter: Die NVA im Staat der SED. In: NVA. Anspruch <29>, S. 15-28.
Ders.: Die NVA in den Vereinten Streitkräften des Warschauer Paktes. In: Ebd., S. 29-76.
Jammer, Brigitte: Zwischen Ministerbefehl und Ehrenamt – die ASV als Bestandteil der Streitkräfte der DDR, MGFA Potsdam, 1996 (Ms.).
Karlsch, Rainer: »Ein Buch mit sieben Siegeln«. Die Schattenhaushalte für den Militär- und Sicherheitsbereich in der DDR und ihre wirtschaftliche Bedeutung. In: Wirtschaft im Umbruch. Strukturveränderungen und Wirtschaftspolitik im 19. und 20. Jahrhundert. Festschrift für Lothar Baar zum 65. Geburtstag, hrsg. von Wolfram Fischer/ Uwe Müller/Frank Zschaler, o.O. 1997.
Keubke, Klaus-Ullrich/Kunz, Manfred: Uniformen der Nationalen Volksarmee der DDR 1956-1986, Berlin 1990.
Keutgen, Erich: Das Dokumentationssystem der ehemaligen Nationalen Volksarmee der DDR, Bonn 1991.
Kießlich-Köcher, Harald: NVA und Massenvernichtungswaffen. In: Rührt Euch! <32>, S. 494-507.
Kießlich-Köcher, Harald u.a.: Auftrag und Funktion der Streitkräfte der DDR. In: Militärwesen 34(1990), Nr. 6.
Kühn, Thomas: Das Verhältnis von Gesellschaft und nationalen Streitkräften in unserer Zeit. Zur Entwicklung der Streitkräfte der DDR und zum künftigen Bildungsweg von Offizieren in den 90er Jahren, Diss. A, Dresden 1990.
Kutz, Martin: Militär und Gesellschaft im Deutschland der Nachkriegszeit. In: Militär und Gesellschaft <26>, S. 277-313.
Lapp, Peter-Joachim: Die NVA 1956-1990. In: Materialien der Enquetekommission »Aufarbeitung von Geschichte und Folgen der SED-Diktatur«, hrsg. vom Deutschen Bundestag, Bd. II/3, Baden-Baden 1995,
S. 1900-1970.
Löffler, Hans-Georg: Einige Erfahrungen aus der Lehr- und Übungstätigkeit in der NVA und den Armeen der Warschauer Paktorganisation. In: Mars. Jahrbuch für Wehrpolitik und Militärwesen, 2(1996), S. 448-450.
Merkel, Gerhard/Wünsche, Wolfgang: Die Nationale Volksarmee der DDR – Legitimation und Auftrag. Alte und neue Legenden kritisch hinterfragt, Berlin 1996.
Neumann, Wolfgang: Soldaten in Mecklenburg-Vorpommern. Eine Formationsgeschichte des Militärs in Mecklenburg-Vorpommern vom 16. Jahrhundert bis1990, Schwerin 1998.
Nielsen, Harald: Rolle und Aufgaben der Nationalen Volksarmee der DDR in nuklearen Operationen auf dem westlichen Kriegsschauplatz. Studie im Rahmen des NUCLEAR HISTORY PROGRAMM, o. O. 1993.
Ders.: Die DDR und die Kernwaffen. – Die nukleare Rolle der

Nationalen Volksarmee im Warschauer Pakt, Baden-Baden 1998.
Notwendigkeit, Charakter und Auftrag der Nationalen Volksarmee. In: Europäische Wehrkunde. Wehrwissenschaftliche Rundschau, 39(1990), Nr. 4, S. 202-204.
Pirl, Karl: Barth als Garnisonstadt. Die Geschichte eines militärischen Standortes, Kückenshagen 1987.
Scheler, Wolfgang u.a.: Auftrag und Funktion der Streitkräfte der DDR. In: Militärwesen 34(1990), Nr. 6, S. 5-8.
Schirmer Klaus: Der Auftrag der Nationalen Volksarmee. Kontinuität und Wandel. In: NVA für den Frieden <28>, S. 57-74.
Ders.: Auftrag und Legitimation der Nationalen Volksarmee. In: Rührt Euch! <32>, S. 77-101.
Schössler, Dietmar: Kurze Betrachtung der Geschichte und des Selbstverständnisses der NVA. In: Erbe NVA. Eindrücke aus ihrer Geschichte und den tagen der Wende, hrsg. von der Akademie für Information und Kommunikation der Bundeswehr, Netphen 1992.
72.Schulze, Horst: Grundfragen der staatsrechtlichen Stellung der Angehörigen der NVA unter dem Aspekt des militärischen Vorgesetzten/ Unterstelltenverhältnisses, Diss. A. Dresden 1990.
Schunke, Joachim: Gliederung der NVA 1988/89 (bis zur Ebene sst. Bataillon in der Friedensstruktur). In: Festschrift Reinhard Brühl zu seinem 70. Geburtstag, Berlin/Potsdam 1994, S. 105-113.
Streletz, Fritz: Von der Polizeitruppe zur Koalitionsarmee. Betrachtungen über die Rolle der DDR-Streitkräfte. In: Gegen den Zeitgeist. Zwei deutsche Staaten in der Geschichte, hrsg. von Gerhard Fischer, Hans Modrow u.a., Schkeuditz 1999, S. 108-119.
Walther, Klaus: Uniformeffekten der bewaffneten Organe der DDR. Spezialkatalog, Bd. 2: Ministerium für Nationale Verteidigung 1956-1990; Ministerium für Staatssicherheit 1957-1989, Berlin 1994.
Wanke, Florian: Die NVA der DDR. – Eine Betrachtung im Lichte völkerrechtlicher Überlegungen. In: Die Nationale Volksarmee <27>, S. 79-86.
Wenzke, Rüdiger: Wehrpflicht und Wehrdienst in der DDR. Aspekte ihrer historischen Entwicklung. In: Wissenschaft und Frieden, Nr. 1/1994.
Ders.: Die Nationale Volksarmee (1956-1990). In: Im Dienste <20>, S. 423-536.

Vorgeschichte der NVA
Auersbach, Horst: Die Seepolizei/Volkspolizei See und Stralsund. In: Auf Kurs <24>, S. 3-88.
Badstübner, Rolf: Der Kurs auf Wiederbewaffnung und innere Sicherheit. In: Vom »Reich« zum doppelten Deutschland. Gesellschaft und Politik im Umbruch, Berlin 1999, S. 432-439.
Diedrich, Torsten: Die Kasernierte Volkspolizei (1952-1956). In: Im Dienste <20>, S. 339-370.
Ders.: Der 17. Juni 1953 in der DDR. Zu militärhistorischen Aspekten

bei Ursachen und Verlauf der Unruhen. In: Militärgeschichtliche Mitteilungen, Bd. 51(1992), H. 2, S. 357-384.

Ders.: Die Kasernierte Volkspolizei und der 17. Juni 1953. Zum Polizeieinsatz gegen die Demonstrierenden. In: Die Deutsche Polizei und ihre Geschichte. Beiträge zu einem distanzierten Verhältnis, hrsg. von Peter Nitschke, Hilden 1996, S. 231-257.

Ehlert, Hans: Die Hauptverwaltung für Ausbildung (1949-1952). In: Im Dienste <20>, S. 253-280.

Elchlepp, Friedrich: Die Seepolizei 1951. In: Schiff und Zeit/Panorama maritim, Nr. 36/1992, S. 55-64.

Ders.: Die Volkspolizei-See in den Jahren 1952/53. In: Ebd., Nr. 38/1993, S. 27-54.

Ders.: Von der Volkspolizei-See zur DDR-Marine. In: Ebd., Nr. 41/1993, S. 35-45.

Glaser, Günther: Sicherheits- und militärpolitisches Konzept der SED in der SBZ. Eine Dokumentation. In: Beiträge zur Geschichte der Arbeiterbewegung, 32(1990), Nr. 4, S. 56-74.

Ders.: Errichtung des Machtmonopols der SED auf sicherheits- und militärpolitischem Gebiet. In: Ebd., 33(1991), Nr. 3, S. 336-348.

Ders.: Militarisierungserscheinungen in Ostdeutschland 1948/49. In: Landesverteidigung <25>, S. 128-136.

Ders.: Es gab nicht allein das offizielle Konzept. Sicherheits- und militärpolitisches Andersdenken in der SBZ Deutschlands 1948/49. In: Beiträge zur Geschichte der Arbeiterbewegung, 41(1999), Nr.2, S. 31-39.

Ders.: »Niemand von uns wollte wieder eine Uniform anziehen ...« Konflikte in der kasernierten Volkspolizei 1948-1952. In: Befremdlich anders. Leben in der DDR, hrsg. von Evemarie Badstübner, Berlin 2000, S. 312-348.

Hagemann, Frank: Politarbeit in der Kasernierten Volkspolizei. Parteiliche Einflußnahme und politische Erziehung 1952/53. In: Militärgeschichte. Neue Folge, H. 3/1997, S. 8-15.

Hauptverwaltung für Ausbildung und Hauptverwaltung Ausbildung – Dienststellen. Bestände DHV 1 und DHV 2, bearb. von Albrecht Kästner, Koblenz 1995.

Pfeiffer, Ingo: Vorgeschichte der Volksmarine. Zur Herausbildung der Hauptverwaltung Seepolizei (HVS) 1950 in der DDR. In: Marineforum, H. 4/1991, S. 117-120; H. 5/1991, S. 166-167.

Ders.: Aufbau und Einsatz der Marineverbände der DDR (1951 bis 1955). In: Ebd., H. 10/1991, S. 342-345; H. 11/1991, S. 382-384; H. 12/1991, S. 431-432.

Ders.: Marinehafenprojekt am Volksaufstand gescheitert. In: Ebd., H. 12/1992, S. 437- 438.

Ders.: Der Vorläufer der DDR-Marine. Die Wasserschutzpolizei an der Küste von Mecklenburg. In: Ebd., H. 9/1997, S. 28-31.

Ders.: Marinehauptbasis für die DDR-Seestreitkräfte. Das Scheitern eines gigantischen Projekts. In: Ebd., H. 1-2/1999, S. 21-23.

100. Ders.: Politische Verfolgung und Strafjustiz in Polizei- und Marineverbänden der SBZ und der DDR. In: Ebd., H. 5/1999, S. 31-34.
101 »Reorganisation der Polizei« oder getarnte Bewaffnung der SBZ im Kalten Krieg? Dokumente und Materialien zur sicherheits- und militärpolitischen Weichenstellung in Ostdeutschland 1948/49. Hrsg. und eingel. von Günther Glaser, Frankfurt a. M./Berlin/Bern/New York/Paris/Wien 1995.
Schmidt, Marten: Rügens geheime Landzunge. Die Verschlußsache Bug, Berlin 2000.
Schunke, Joachim: Die Weichenstellung für zwei deutsche Armeen im Kalten Krieg. In: Rührt Euch! <32>, S. 11-38.
Ders.: Von der HVA über die KVP zur NVA. In: Ebd., S. 39-76.
Vieweg, Andreas: Zur Entwicklung der Arbeits- und Lebensbedingungen in der KVP von 1952-1956unter besonderer Berücksichtigung der nördlichen Territorialverwaltung, Dipl. Arbeit, Humboldt-Universität Berlin, Berlin 1991.
Wenzke, Rüdiger: Auf dem Wege zur Kaderarmee. Aspekte der Rekrutierung, Sozialstruktur und personellen Entwicklung des entstehenden Militärs in der SBZ/DDR bis 1952/53. In: Volksarmee schaffen <35>, S. 205-272.
Wettig, Gerhard: Neue Erkenntnisse aus sowjetischen Geheimdokumenten über den militärischen Aufbau in der SBZ/DDR 1947-1952. In: Militärgeschichtliche Mitteilungen, Bd. 53 (1994), Nr. 2, S. 399-419.
Zeidler, Manfred: Der Weg von der Demilitarisierung zum Wehrbeitrag der DDR (1948-1952/53). In: Berliner Debatte. INITIAL, H. 6/1997, S. 29-36.

Militärpolitik

Brühl, Reinhard: Zur Militärpolitik der SED – zwischen Friedensideal und Kriegsapologie. In: Die Nationale Volksarmee <27>, S. 31-50.
Ders.: Militärpolitik. In: Die SED. Geschichte – Organisation – Politik. Ein Handbuch, Berlin 1997, S. 318-331.
Eisert, Wolfgang: Zu den Anfängen der Sicherheits- und Militärpolitik der SEDFührung. In: Volksarmee schaffen <35>, S. 141-204.
Herger, Wolfgang/Hübner, Werner/Frenzel, Günther: Eigenverantwortung und Selbstbestimmung. Zur Militär- und Sicherheitspolitik der SED. In: Das große Haus. Insiderberichte aus dem ZK der SED, hrsg. von Hans Modrow, Berlin 1994, S. 176-195.
Hofmann, Jürgen: Rechtfertigen oder kritisieren? Anmerkungen zur Diskussion um die Militärpolitik der SED. In: Landesverteidigung <25>, S. 94-98.
Krüger, Joachim: Votum für bewaffnete Gewalt. Ein Beschluß des SED-Politbüros von November 1956. In: Beiträge zur Geschichte der Arbeiterbewegung, 34(1992), Nr. 4, S. 75-87.

Landesverteidigung und das Problem Militarisierung der Gesellschaft
Brühl, Reinhard: Landesverteidigung und/oder Militarisierung der Gesellschaft der DDR? Fünf Thesen zur Diskussion. In: Landesverteidigung <25>, S. 11-25.
Bluhm, Harald: Facetten des militarisierten Sozialismus. In: Berliner Debatte. INITIAL, Nr. 6/1997, S. 3-12.
Ettrich, Frank: Die Militarisierungsthese in den Theorien staatssozialistischer Gesellschaften. In: Ebd., S. 13-28.
Gieseke, Jens: »Kämpfer an der unsichtbaren Front« Militarisierung und Überwachungsstaat. In: Ebd., S. 45-56.
Großmann, Horst: Zur Anwendung der Begriffe Militarismus und Militarisierung auf die Gesellschaft der DDR. In: Landesverteidigung <25>, S. 124-127.
Hennicke, Otto: Zur Militarisierung der DDR und zum Charakter der NVA. In: Ebd., S. 61-64.
Klein, Ingomar/Triebel, Wolfgang: »Helm ab zum Gebet!« Militarismus und Militarisierung – ein deutsches Schicksal? Berlin 1998.
Lehmann, Rolf: Einige Überlegungen zur Problematik der Militarisierung der Sicherheitspolitik der DDR. In: Landesverteidigung <25>, S. 99-100.
Nuß, Karl: Militarisierung der Gesellschaft in der DDR? In: Ebd., S. 65-73.
Scheler, Wolfgang: Entmilitarisierungskonzepte aus der Endphase der DDR. Verlorene Illusionen?, Dresden 1993.
Seubert, Heribert: Zum Legitimationsverfall des militarisierten Sozialismus in der DDR, Münster/Hamburg 1995.
Wegmann, Bodo: Die strukturhistorische Darstellung der Entwicklung des geheimen militärischen Nachrichtendienstes der Deutschen Demokratischen Republik. 1952 bis 1990, hrsg. vom DRA-Studienkreis, Neustadt 1997.

Zu staatlichen und politischen Führungs- und Leitungsgremien
Hampel, Heinz: Im Ministerium für Nationale Verteidigung. In: NVA. Ein Rückblick <31>, S. 181-203.
Harms, Karl: Im Oberkommando der Vereinten Streitkräfte. In: Ebd., S. 336-356.
Haueis, Eberhard: Die führende Rolle der SED in der Nationalen Volksarmee. Eine kritische Nachbetrachtung, Dresden 1997.
Ders.: Die führende Rolle der SED in der Nationalen Volksarmee. Eine kritische Nachbetrachtung. In: Rührt Euch! <32>, S. 432-450.
Hübner, Werner: Zur Rolle der Partei in der Nationalen Volksarmee und der Politbürobeschluß vom 14. Januar 1958. In: Ebd., S. 412-431.
Streletz, Fritz: Der Nationale Verteidigungsrat und das Vereinte Kommando des Warschauer Vertrages. In: Ebd., S. 132-175.
Wagner, Arnim: Der Nationale Verteidigungsrat der DDR als sicherheitspolitisches Exekutivorgan der SED. In: Staatspartei und

Staatssicherheit. Zum Verhältnis von SED und MfS, hrsg. von Siegfried Suckat und Walter Süß, Berlin 1997, S. 169-198.

Wagner, Arnim/Jasper, Andreas: Die Bildung des DDR-Verteidigungsministeriums. Politische und militärische Entscheidungen zu Spitzengliederung der NVA 1955/56. In: Militärgeschichte, Nr. 3/2000, S. 55-63.

Wenzel, Otto: Kriegsvorbereitungen im Spiegel der Protokolle des Nationalen

Verteidigungsrates der DDR. In: Deutschland Archiv 27(1994), Nr. 11, S. 1158-1166.

Ders.: Kriegsbereit. Der Nationale Verteidigungsrat der DDR 1960 bis 1989, Köln 1995.

Militärdoktrin und militärisches Denken

Basler, Horst-Henning: In 14 Tagen am Rhein. Die NVA und die Absichten des Warschauer Paktes in Unterlagen der Nationalen Volksarmee. In: Information für die Truppe, 36(1992), Nr. 6, S. 22-27.

Ders.: Das operative Denken der NVA. In: NVA. Ein Rückblick <31>, S. 179-220.

Brühl, Reinhard: Abschreckung – eine gefährliche Krücke aber keine Lösung. In: Die Nationale Volksarmee im Kalten Krieg <30>, S. 25-36.

Deim, Hans-Werner: Die NVA in der Ersten Strategischen Staffel der Vereinten Streitkräfte des Warschauer Vertrages. In: NVA. Ein Rückblick <31>, S. 311-331.

Ders.: Militärische Konzepte der UdSSR und des Warschauer Vertrages im Wandel. In: Mars. Jahrbuch für Wehrpolitik und Militärwesen, 2/1996, S. 148- 177.

Ders.: Operative Ausbildung in der Nationalen Volksarmee im Kontext militärstrategischen Denkens und militärstrategischer Dispositionen. In: Rührt Euch! <32>, S. 325-362.

Diehl, Ole: Die Strategiediskussion in der Sowjetunion. Zum Wandel der sowjetischen Kriegsführungskonzeption in den achtziger Jahren, Wiesbaden 1993.

Entwurf der Militärdoktrin der Deutschen Demokratischen Republik. In: Militärwesen, 34(1990), Nr. 7, S. 3-9.

Feindbilder und Militärstrategien seit 1945, hrsg. von Jürgen Rohwer, Bremen 1992.

Fingerle, Stephan: Perzeptionsmuster und Feindbilder in der wechselseitigen Wahrnehmung von Bundeswehr und NVA seit Mitte der achtziger Jahre. Eine Analyse der militärwissenschaftlichen Schriften der beiden deutschen Armeen, Dipl. Arbeit, Mannheim 1992.

Fischer, Siegfried: Militärdoktrin und internationale Sicherheit. Gedanken über die Zukunft der NVA. In: S und F. Vierteljahresschrift für Sicherheit und Frieden, Nr. 1/1990, S. 13-17.

Goetze, K.: Militärische Bedrohung und Wehrmotivation im Wandel. In: Militärwesen 34(1990), Nr. 4,S. 46-48.

Grapentin, Dieter: Die Auswirkungen der Militärdoktrin der
Teilnehmerstaaten des Warschauer Vertrages auf die Organisation und
Durchführung der rückwärtigen Sicherstellung der Truppen einer
Armee der Nationalen Volksarmee in der Verteidigungsoperation, Diss.
A., Dresden 1990.
Großmann, Horst: Frieden, Freiheit und Verteidigung im Denken der
Nationalen Volksarmee. In: NVA für den Frieden <28>, S. 107-118.
Ders.: »Defensive Verteidigung« im Kontext des neuen Denkens und
der 87er Militärdoktrin. In: 50 Jahre »Defensive Verteidigung« – Das
Unternehmen »Zitadelle« und seine Wirkungsgeschichte, München
1995.
Kießlich-Köcher, Harald: Neues militärisches Denken. Diskussionsbeitrag
auf der Internationalen wissenschaftlichen Konferenz »Neues Denken
und Militärpolitik« vom 14. bis 16. November 1989 in Moskau. In:
Militärwesen 34(1990), Nr. 2.
Ders.: Wird ein »Sieg – Frieden« neue Feindschaften auftreten lassen? In:
PAX REPORT, Berlin, Sonderheft, April 1990.
Ders.: Zur Evolution des Krieges und des Denkens über den Krieg. In:
Ethik und Sozialwissenschaften, H. 4/1990.
Ders.: Die Irrationalität des Krieges und die NVA im Rahmen des
Warschauer Vertrages. In: Utopie kreativ, H. 54/1995; dasselbe in:
Berliner Europa Forum, Sonderheft 1995: Beiträge zur deutschen
Geschichte.
Ders.: Kriegsideologie – Friedensideologie. Substanz und Gestaltwandel
nach dem Kalten Krieg. In: Utopie kreativ, H. 56/1995.
Ders.: Kriegsbild und Militärstrategie der Sowjetunion 1945-1990. In:
Rührt Euch! <32>, S. 576-588.
Kunze, Gerhard: Von Militärdoktrinen zu friedenspolitischen Leitsätzen.
In: Militärwesen, 34(1990), Nr. 6, S. 13-16.
Mahler, Gerhard: Die operative Vorbereitung des Territoriums der DDR
als Teil des Kriegsschauplatzes. In: NVA. Anspruch <29>, S. 249-285.
Militärwissenschaft in der DDR 1949-1990. Ideengeschichtliche
Grundlagen, Erkenntnisstand und kritische Wertung, Dresden 1992.
Rühl, Lothar: Die »Vorwärtsverteidigung« der NVA und der sowjetischen
Streitkräfte in Deutschland bis 1990. In: Österreichische Militärische
Zeitschrift, 29(1991), Nr. 6, S. 501-508.
Scheler, Wolfgang: Neues militärisches Denken. In: Militärwesen,
34(1990), Nr. 2, S. 15-18.
Ders.: Militärisches Denken im Lernprozeß für das Überleben der
menschlichen Gattung. In: Natürliche Evolution von Lernstrategien,
hrsg. Eberhard Geißler und Günter Tembrock, Berlin 1990.
Ders.: Frieden und Verteidigung. Ambivalenz und Transformation der
Friedens- und Verteidigungskonzeption. In: NVA für die Zukunft
<31>, S. 193-206.
Ders.: Die Irrationalität des Krieges und die NVA im Rahmen des
Warschauer Vertrages. In: Utopie kreativ, H. 54/1995, S. 39-46.

Ders.: Die Stellung des (marxistischen) Sozialismus zur militärischen Gewalt. In: PDS International, Nr.4/1997, S. 62-68.

Ders.: Von der marxistisch-leninistischen Lehre vom Krieg und von den Streitkräften zum neuen Denken über Friede, Krieg und Streitkräfte. Über die Umwälzung der weltanschaulichen Grundlagen der Militärwissenschaft und der Wehrmotivation an der Militärakademie »Friedrich Engels« in Dresden, Dresden 1996.8

Ders.: Die Sinnkrise des Militärs. Eine geistige Vorbedingung für das Verhalten der NVA in der demokratischen Revolution. In: NVA im Kalten Krieg <30>, S. 133-145.

Ders.: Neues Denken über Krieg und Frieden in der NVA. In: Rührt Euch! <32>, S. 508-525.

Schröter, Lothar: Bedrohungsvorstellungen in der DDR-Führung in den 50er-Jahren. Theorieansätze, Reflexionen in der Militärdoktrin und Sichtweisen im historischen Prozeß. In: Feindbilder und Militärstrategien seit 1945. Referate einer Tagung des Arbeitskreises für Wehrforschung in Bonn/Bad Godesberg am 28. Und 29. 11. 1990, hrsg. von Jürgen Rohwer, Bremen 1992, S. 86-101.

Ders.: Zwischen Wirklichkeit und Klischee. Bedrohungsvorstellungen in der DDR-Führung in den 50er-Jahren. In: Beiträge zur Geschichte der Arbeiterbewegung, 34(1992), Nr. 1, S. 3-13.

Ders.: Bedrohungsvorstellungen in der politischen und militärischen Führung der DDR bis gegen Ende der fünfziger Jahre. In: Landesverteidigung <25>, S. 101-119.

Schunke, Joachim: Militärpolitische und -strategische Vorstellungen der Führung der NVA in der Zeit der Blockkonfrontation. In: NVA für den Frieden <28>, S. 37-56.

Ders.: Zur Bedrohungsanalyse der militärischen Führung der DDR. In: Landesverteidigung <25>, S. 34-48.

Seubert, Heribert: Die Entmilitarisierung des sicherheitspolitischen Denkens in der späten DDR. In: Berliner Debatte INITIAL, Nr. 6/1997, S. 57-66.

Wenzel, Otto: »Einnahme von Westberlin -Einnahme von Westdeutschland«. Aus den Akten des Ministeriums für Nationale Verteidigung und des Ministeriums für Staatssicherheit der DDR. In: Politische Studien, 48(1997), H. 355, S. 51-66.

Woit, Ernst: Friedensverantwortung und Philosophie in unserer Zeit. In: Wissenschaftliche Zeitschrift der Technischen Universität Dresden, 39(1990), H. 5.

Ders.: Marxistisches Philosophieren über Krieg und Frieden als widersprüchlicher Prozeß. In: Aus dem philosophischen Leben der DDR, 26(1990), H. 24.

Ders.: Aspekte der Methodologie und Ideologie von Kriegsursachenforschung. In: Ethik und Sozialwissenschaften, 8(1997), H. 3.

Wünsche, Wolfgang: Sowjetische Militärdoktrin – DDR-Militärdoktrin – Landesverteidigung der DDR. In: Rührt Euch! <32>, S. 102-131.

Zur militärgeschichtlichen Forschung

Angelow, Jürgen: Zur Rezeption der Erbediskussion durch die Militärgeschichtsschreibung der DDR. In: Militärgeschichtliche Mitteilungen, Bd. 52(1993), Nr. 2, S. 345-357.

Brühl, Reinhard: Klio und die Nationale Volksarmee. In: NVA. Ein Rückblick <31>, S. 233-254.

Ders.: Zum Neubeginn der Militärgeschichtsschreibung in der DDR. Gegenstand, theoretische Grundlagen, Aufgabenstellung. In: Militärgeschichtliche Mitteilungen, Bd. 52(1993), Nr. 2, S. 303-322.

Ders.: Militärgeschichtsschreibung in der DDR. Zu Anliegen und Problemen eines Neubeginns. In: Forschungen <22>, S. 9-40.

Glaser, Günther: Zur Darstellung der militärpolitischen und militärischen Beziehungen DDR – UdSSR und im Warschauer Pakt. Eine Rückschau. In: Ebd., S. 147-188.

Hanisch, Wilfried: Zur Aufarbeitung der Geschichte der NVA und der Geschichte der Militärpolitik der DDR. In: Militärgeschichte, 29(1990), Nr. 3, S. 229-234.

Ders.: Militärgeschichtswissenschaft im Erneuerungsprozeß. Ansätze einer Neuorientierung der Militärhistoriker der DDR auf einem Kolloquium Anfang 1990. In: Forschungen <22>, S, 261-292.

Heider, Paul: Neue Anforderungen an die Militärgeschichtsschreibung. In: Militärgeschichte, 29(1990), Nr. 1, S. 3-7.

Löbel, Uwe: Welche Erneuerung tut not? Gedanken zu einem Beitrag von Paul Heider. In: Ebd., Nr. 3, S. 298-301.

Meißner, Klaus-Peter: Militärgeschichte im Dialog. In: Ebd., Nr. 1, S. 64-68.

Ders.: Zu einigen Fragen von Gegenstand und Methode der Militärgeschichtswissenschaft. In: Ebd., Nr. 2, S. 141-145.

Ders.: Mehr Fragen als Antworten. Nachdenken über die Militärgeschichte der DDR. In: Ebd., Nr. 4, S. 323-328.

Nachdenken über Militärgeschichte. Für ein realistisches Bild unserer militärgeschichtlichen Entwicklung. Interview mit W. Hanisch und G. Glaser. In: Militärwesen, 34(1990), Nr. 4, S. 5-14.

Schützle, Kurt: Die Militärgeschichtswissenschaft und das System wissenschaftlicher Erkenntnisse über Krieg und Streitkräfte. In: Forschungen <22>, S. 41-54.

Militärjustiz

Breitenstein, Rolf Dieter/Philipp, Joachim: Militärgerichte und Reformen. In: Militärwesen, 34(1990), Nr. 5, S. 39-42.

Steike, Jörn: Die Steuerung der Militärjustiz der DDR, München 1997; zugleich Diss. der Freien Universität Berlin 19997.

Wenzke, Rüdiger: Militärjustiz und Disziplinarrecht in der NVA. In: Militärgeschichte, 5(1995), Nr. 3, S. 45-51.

Militärökonomie

Diedrich, Torsten: Aufrüstungsvorbereitung und -finanzierung in der SBZ/DDR in den Jahren 1948 bis 1953 und deren Rückwirkung auf die Wirtschaft. In: Volksarmee schaffen <35>, S. 273-336.

Drechsel, Eberhard: Zur historischen Entwicklung der ökonomischen Sicherstellung der Landesverteidigung durch die sozialistische Volkswirtschaft. In: Militärwesen, 34(1990), Nr. 1, S. 12-17.

Eckhardt, D./Otto, Joachim/Döring, Alexander: Die Entwicklung von Wehrmaterial für die ehemalige NVA. In: Wehrtechnik, 23(1991), Nr. 6, S. 68-70.

Einhorn, Hans: Ökonomische Wirkungen bei den Abrüstungsmaßnahmen der DDR bis Ende 1990. In: Militärwesen, 34(1990), Nr. 1, S. 32-38.

Ders.: Gab es eine Militarisierung der Volkswirtschaft der DDR?. In: Landesverteidigung <25>, S. 80-81.

Gall, Ulrich: Technik und Bewaffnung. In: NVA. Ein Rückblick <31>, S. 285-307.

Ders.: War die Wirtschaft in der DDR militarisiert? In: Landesverteidigung <25>, S. 82-87.

Gramann, Matthias: Militärökonomie im Spannungsfeld zwischen Militärreform, Abrüstung und Marktwirtschaft. In: Europäische Wehrkunde. Wehrwissenschaftliche Rundschau, 39(1990), Nr. 3, S. 172-175.

Kießlich-Köcher, Harald: Entwicklungstendenzen auf dem Gebiet der Massenvernichtungswaffen. In: Militärwesen, 34(1990), Nr. 7.

Neidhardt, Wolfgang: Zum Problem Landesverteidigung und Volkswirtschaft. In: Landesverteidigung <25>, S. 76-79.

Opitz, Petra: Rüstungsproduktion und Rüstungsexport der DDR, Berlin 1991.

Oreschko, Johannes: Zu den Rüstungsbeziehungen Sowjetunion und ehemalige DDR. In: Soldat und Technik, 35(1992), Nr. 3, S. 200-203.

Schönherr, Siegfried: Militärökonomie. In: NVA. Ein Rückblick <31>, S. 269-283.

Ders.: Die Rolle der Militärökonomie im Erneuerungsprozeß unserer Gesellschaft. In: Militärwesen, 34(1990), Nr. 5.

Ders.: Militärökonomische Aspekte der europäischen Sicherheit. (Militärökonomie zwischen Konfrontation und Kooperation). In: Militärökonomische Blätter, 4/1990.

Ders.: Rüstungsproduktion in der DDR – Konversionspotential und Konversionspraxis zur Zeit der Wende, Dresden 1995.

Ders.: Gedanken zur militärökonomischen Forschung und Lehre in der DDR, Dresden 1996.

Ullmann, E.: Die Rüstungsindustrie in de ehemaligen DDR. In: Soldat und Technik, 35(1992), Nr. 1, S. 68-70.

Utesch, Eberhard: Zum Volkswirtschaftsplan des Bezirkes Potsdam aus der Sicht des Themas des Kolloquiums. In: Landesverteidigung <25>, S. 88-92.

NVA in Zeitereignissen – Kalter Krieg, internationale Konflikte, 13. August 1961 u.a.

13. August 1961 – eine Zäsur in der europäischen Nachkriegsgeschichte. Dokumente, eingel. und hrsg. von Wilfriede Otto. In: Beiträge zur Geschichte der Arbeiterbewegung, 39(1997), Nr. 1, S. 40-74; Nr. 2, S. 55-92.

Böhme, Rainer: Konflikte, Krisen, Streitkräfte. Studie über internationale Konflikte, Krisen, deren Verhütung und Beilegung sowie Auswirkungen auf den Streitkräfteauftrag, Frankfurt a. M. 1991.

Deim, Hans-Werner: Der Truppeneinmarsch und die Rolle der NVA in der CSSR im Jahre 1968. In: Mars. Jahrbuch für Wehrpolitik und Militärwesen, 3-4(1997/98), S. 108-119.

Fischer, Egbert/Schirmer, Klaus: Kalter Krieg und internationale Konflikte in Europa seit Mitte der 50er Jahre bis zur Wiedervereinigung Deutschlands. In: NVA im Kalten Krieg <30>, S. 1-23.

Gutsche, Reinhardt: Nur ein Erfüllungsgehilfe? Die SED-Führung und die militärische Option zur Niederschlagung der Opposition in Polen 1980/81. In: Geschichte und Transformation des SED-Staates. Beiträge und Analysen, hrsg. von Klaus Schroeder, Berlin 1994, S. 166-179.

Hein, Dieter/Wollina, Paul: Der Einsatz der NVA während der Grenzschließung am 13. August 1961. In: Rührt Euch! <32>, S. 471-493.

Kiril Masurow alias »General Trofimow« zum Einmarsch von DDR-Truppen in die Tschechoslowakei 1968. Bearb. von Bernd Bonwetsch. In: Osteuropa, 40(1990), Nr. 11, S. 678-695.

Lakowski, Richard: Nationale Volksarmee und Volksrepublik Polen. Probleme am Beispiel einer sozialistischen Freundschaft. In: Vom Krieg zur <23>, S. 133-150.

Markus, Wolfgang: Die NVA und die Ereignisse in Polen 1980/81. In: NVA im Kalten Krieg <30>, S. 101-113.

Prieß, Lutz/Wilke, Manfred: Die DDR und die Besetzung der Tschechoslowakei am 21. August 1968. In: Aus Politik und Zeitgeschichte. Beilage zur Wochenzeitung »Das Parlament«, 42(1992), Nr. 36, S. 26-34.

Rehm, Walter: Neue Erkenntnisse über die Rolle der NVA bei der Besetzung der CSSR 1968. In: Deutschland Archiv, 24(1991), Nr. 2, S. 173-185.

Wenzke, Rüdiger/Zöbig, Rainer: Die tschechoslowakischen Ereignisse 1968 und die NVA. In: Militärwesen, 34(1990), Nr.5, S. 71-76.

Wenzke, Rüdiger: Prager Frühling – Prager Herbst. Zur Intervention der Warschauer-Pakt-Streitkräfte in der CSSR 1968. Fakten und Zusammenhänge, Berlin 1990.

Ders.: Zur Beteiligung der NVA an der militärischen Operation gegen die CSSR 1968. Einige Ergänzungen zu einem Beitrag von Walter Rehm. In: Deutschland Archiv, 24(1991), Nr. 11, S. 1179-1186.

Ders.: NVA-Soldaten und der Prager Frühling. In: Der Krieg des kleinen Mannes. Eine Militärgeschichte von unten, hrsg. von Wolfram Wette, München/Zürich 1992, S. 363-378.
Ders.: Von Zustimmung bis Verweigerung. Zur Haltung der NVA-Angehörigen im August 1968. In: NVA im Kalten Krieg <30>, S. 89-100.
Ders.: Die NVA und der Prager Frühling 1968. Die Rolle Ulbrichts und der DDR-Streitkräfte bei der Niederschlagung der tschechoslowakischen Reformbewegung, Berlin 1995.
Wollina, Paul/Hein, H.-D./Markowsky, G./Weinitschke, R.: Handlungen und Haltungen der NVA während des Aufstandes in Ungarn 1956 und bei der Schließung sowie militärischen Sicherung der Grenze der DDR gegenüber der Bundesrepublik Deutschland und Berlin(West) im August 1961. In: NVA im Kalten Krieg <30>, S. 37-57.
Wünsche, Wolfgang: Handlungen und Haltungen der NVA in Vorbereitung und Durchführung der Intervention gegen die CSSR durch Streitkräfte der Staaten des Warschauer Vertrages. In: Ebd., S. 59-73.

Rekrutierung und soziologische Probleme
Bröckling, Ulrich: Disziplin, Soziologie und Geschichte militärischer Gehorsamsproduktion, München 1997.
Engelhard, Heinrich: Das Mobilmachungssystem der NVA. In: NVA. Anspruch <29>, S. 301-316.
Fingerle, Stephan: Waffen in Arbeiterhand? Zur Rekrutierung der Offiziere der Nationalen Volksarmee. In: NVA für den Frieden <28>, S. 119-142.
Gehler, Ralf: »EK, EK, EK – bald bist du nicht mehr da!« Soldatenkultur in der Nationalen Volksarmee, Hagenow o. J.
Ders./Keil, Dirk: Die andere Realität. Alltagserfahrungen Wehrdienstleistender in den Kasernen der DDR. In: Blickwechsel Ost-West. Beobachtungen zur Alltagskultur in Ost- und Westdeutschland, hrsg. von Wolfgang Kaschuba und Uta Mohrmann, Tübingen 1992, S. 326-338.
Hanisch, Wilfried/Wenzke, Rüdiger: Die Geschichte des Offizierkorps der ehemaligen NVA. In: Soldat – ein Berufsbild im Wandel, Bd. 2: Offiziere, hrsg. von Paul Klein, Jürgen Kuhlmann, Horst Rohde, Dortmund 1993, S. 61-75.
Lindenberger, Thomas: Aus dem Volk, für das Volk? Bemerkungen zum Entstehen der bewaffneten Organe der SBZ/DDR aus sozialhistorischer Sicht. In: NVA für den Frieden <28>, S. 165-189.
Löffler, Hans-Georg/Dischert, Wolfgang: Soziale Sicherstellung des Soldaten. Ein militärgeschichtlicher Exkurs. Kriegsbeute und Rentenüberleitungsgesetz. In: Deutsche Militärzeitschrift, H. 1/1997, S. 28-33.
Markus, Wolfgang: Das Offizierkorps der NVA – Ein soziales Porträt. In: Die Nationale Volksarmee <27>, S. 51-64.

Müller, Christian: Überlegungen zur Sozialisation der Wehrpflichtigen und Zeitsoldaten in der NVA. In: Militärgeschichtliche Mitteilungen, Bd. 58(1999), Nr. 2, S. 367-393.

Niemetz, Daniel: Besiegt, gebraucht, gelobt, gemieden. Zum Umgang mit ehemaligen Wehrmachtoffizieren im DDR-Militär. In: Deutschland Archiv, 32(1999), Nr. 3, S. 378-392.

Patzer, Werner: Die personelle Auffüllung der NVA. In: Rührt Euch! <32>, S. 363-390.

Tageschweine und Hundemarke. Der wahre E. Ein Wörterbuch der DDR-Soldatensprache, hrsg. von Klaus-Peter Möller, Potsdam 2000.

Wenzke, Rüdiger: »Bei uns können Sie General werden ...« Zur Herausbildung und Entwicklung eines sozialistischen Offizierkorps im DDR-Militär. In: Eliten <21>, S. 167-200.

Ders.: Wehrmachtoffiziere in den DDR-Streitkräften. In: NVA für den Frieden <28>, S. 143-156.

Ders.: Die Wehrpflicht im Spiegel der marxistisch-leninistischen Theorie und der realsozialistischen Praxis in der DDR. In: Die Wehrpflicht. Entstehung, Erscheinungsformen und politisch-militärische Wirkung, hrsg. von Roland G. Foerster, München 1994, S. 119-130.

Ders.: Das unliebsame Erbe der Wehrmacht und der Aufbau der DDR-Volksarmee. In: Die Wehrmacht. Mythos und Realität. Im Auftrag des MGFA hrsg. von Rolf-Dieter Müller u. Hans-Erich Volkmann, München 1999, S. 117-1132.

Politische Erziehung und Traditionspflege

Baron, Udo: Die Wehrideologie der Nationalen Volksarmee, Bochum 1993.

Briese, Olaf: Kalter Krieg. Heißer Krieg. Der Mythos von 1813. In: Berliner Debatte INITIAL, Nr. 6/1997, S. 37-44.

Brühl, Reinhard: Widerstand gegen das NS-Regime in Erziehung und Traditionspflege der Nationalen Volksarmee. In: Der Widerstand gegen den Nationalsozialismus und seine Bedeutung für Gesellschaft und Bundeswehr heute, hrsg. von Paul Klein/Dieter Walz, Baden-Baden 1995, S. 33-50.

Ders.: »Staatsbürger in Uniform«. Eine ostdeutsche Sicht. In: Vom Krieg zur <23>, S. 75-93.

Hanisch, Wilfried: In der Tradition von Müntzer, Scharnhorst, Engels und Thälmann? In: NVA. Ein Rückblick <31>, S. 255-268.

Ders.: Das Armeemuseum in Potsdam. Tradition und Selbstverständnis der Nationalen Volksarmee und ihre Stellung zum militärischen Erbe. In: Potsdam. Staat, Armee, Residenz in der preußisch-deutschen Militärgeschichte, hrsg. von Bernhard R. Kroeger unter Mitarb. von Heiger Ostertag, Berlin 1993, S. 523-537.

Heider, Paul: Das Nationalkomitee »Freies Deutschland« und der Bund deutscher Offiziere in der Historiographie der DDR und der Traditionspflege der NVA. In: Vom Krieg zur <23>, S. 11-34.

Heinemann, Werner: Maritime Traditionen in der ehemaligen DDR.

Rückblick auf einen mißlungenen Versuch. In: Marineforum, H. 11/1991, S. 393-396.

Held, Kurt: Soldat des Volkes? Über das politische Selbstverständnis der Soldaten der Nationalen Volksarmee. In: Die Nationale Volksarmee <27>, S. 65-78.

Ders./Friedrich, Heinz/Pietsch, Dagmar: Politische Bildung und Erziehung in der Nationalen Volksarmee. In: NVA. Ein Rückblick <31>, S. 205-231.

Koszuzeck, Paul A.: Militärische Traditionspflege in der NVA der DDR. Eine Studie zur historischen Legitimation und politisch-ideologischen Erziehung und Bildung der Streitkräfte der DDR, Bonn/Bad Godesberg 1992.

Messerschmidt, Manfred: Aus der Geschichte lernen – Vom Umgang mit der Erblast des Nationalsozialismus in der Bundeswehr und in der NVA. In: Die Nationale Volksarmee <27>, S. 13-30.

Pietsch, Dagmar: Motivation des Wehrdienstes. In: Rührt Euch! <32>, S. 391-411.

Ring, Florian: Die Darstellung des Widerstandes gegen Hitler in der SBZ/DDR. In Bezug auf die Schulbücher sowie die Publizistik in der NVA, Sinzheim 1996.

Weber, Hans-Werner: Gläubigkeit, Opportunismus und späte Zweifel. Anmerkungen zu den Veränderungen im politisch-moralischen Bewußtsein des Offizierkorps der NVA. In: NVA ein Rückblick <31>, S. 43-66.

Wenzke, Rüdiger: Chinesische Experimente. In: Information für die Truppe, 43(1999), Nr. 1, S. 54-58.

Vormilitärische Erziehung und Bildung

Buddrus, Michael: »Kaderschmiede für den Führungsnachwuchs«? Die Kadettenschule der Nationalen Volksarmee in Naumburg 1956-1991. Ein Beitrag zur Geschichte der Militär- und Jugendpolitik der SED. In: Von der SBZ zur DDR. Studien zum Herrschaftssystem in der Sowjetischen Besatzungszone und in der Deutschen Demokratischen Republik, hrsg. von Hartmut Mehringer, München 1995, S.167-232.

Hafeneger, Benno/Buddrus, Michael: Militärische Erziehung in Ost und West. Nachkriegszeit und fünfziger Jahre, Frankfurt a.M. 1994.

Hübner, Werner: Landesverteidigung und Wehrerziehung. In: Landesverteidigung <25>, S. 26-33.

Sachse, Christian: (Vor)militärische Ausbildung in der DDR. In: In Linie angetreten. Die Volksbildung der DDR in ausgewählten Kapiteln, Berlin 1996, S. 211-314.

Internationale Beziehungen

Engelhardt, Heinrich: Unterstützung befreundeter Staaten und progressiver nationaler Befreiungsbewegungen durch die NVA. In: NVA. Anspruch <29>, S. 317-330.

Schöne, Bernhard: Die NVA und das subsaharische Afrika. Zu den
militärischen Auslandsbeziehungen der DDR. In: Die DDR und
Afrika. Zwischen Klassenkampf und neuem Denken, hrsg. von Ulrich
von der Heyden/Ilona Schleicher/Hans-Georg Schleicher, Münster
1993, S. 31-44.

Teilstreitkräfte und Spezialtruppen
Landstreitkräfte

Fietsch, Günter: Nachrichtentechnik der Nationalen Volksarmee, Teil 1:
Funkmittel und Antennen 1956 bis 1990, Baden-Baden 1993.

Gerber, Dietmar/Löffler, Hans-Georg/Schenk, Peter: Die
Truppenluftabwehr der Landstreitkräfte der NVA (1956-1960). In:
Mars. Jahrbuch für Wehrpolitik und Militärwesen, 3-4 (1997/98), S.
453-479.

Göpel, Helmut: NVA-Landstreitkräfte. In: NVA. Anspruch <29>, S. 77-
128.

Hampel, Heinz: Die Raketentruppen der NVA-LaSK. In: Deutsche
Militärzeitschrift, H. 3/1997, S. 38-42.

Kopenhagen, Wilfried: Die Mot.-Schützen der NVA, Solingen 1995.

Ders.: Die Landstreitkräfte der NVA, Berlin 1999.

Löffler, Hans-Georg: Gefechtsbereitschaft – das Ziel der Ausbildung. In:
NVA. Ein Rückblick <31>, S. 91-112.

Ders.: Militärische Ausbildung in der NVA – Angriffsplanung und
-vorbereitung am Beispiel der 1. MSD. In: Mars. Jahrbuch für
Wehrpolitik und Militärwesen, 5(1998), S. 312-326.

Ders.: Die Truppenluftabwehr der Landstreitkräfte der NVA (1956-
1960). In: Kamerad, H. 7-8/1998, S. 14-15.

Ders.: Ausbildung in der NVA – Kampf gegen Präzisionswaffen der
NATO-Streitkräfte. In: Ebd., H. 3/1999, S. 11-13.

Mann, Lothar: Panzertruppen – die Hauptstoßkraft der Landstreitkräfte
der NVA. In: NVA. Ein Rückblick <31>, S. 113-125.

Schneider, W.: Panzer der NVA, Friedberg 1992.

Spielberger, Walter J./Siegert, Jörg/Hanske, Helmut: Die Kampfpanzer
der NVA, Stuttgart 1996.

Sylla, Horst Egon: Die Landstreitkräfte der Nationalen Volksarmee. In:
Rührt Euch! <32>, S. 176-221.

Luftstreitkräfte
Allgemein:

Barkleit, Gerhard: Die Spezialisten und die Parteibürokratie. Der
gescheiterte Versuch des Aufbaus einer Luftfahrtindustrie in der DDR.
In: Deutschland Archiv, 28(1995), Nr. 8, S. 823-830.

Baarß, Klaus-Jürgen: Das Flugplatznetz der DDR aus der Sicht der
Militärs. In: Fliegerrevue, H. 11/1996, S. 36-39.

Böhme, W. H. Heinz: Vom Anfang bis zum Ende. Vom Dienst in den
Luftstreitkräften/Luftverteidigung. In: NVA. Ein Rückblick <31>, S.
127-148.

Engelhardt, Heinrich: NVA-Luftstreitkräfte/Luftverteidigung. In: NVA. Anspruch <29>, S. 129-148.

Kalina/Reifgerste: Funktechnisches Bataillon 61 Müncheberg, Müncheberg 1991.

Kopenhagen, Wilfried: Die andere deutsche Luftwaffe. Die DDR-Luftstreitkräfte 1952-1990, Berlin 1992.

Ders.: Raritäten der NVA, Friedberg 1992.

Ders.: Die Luftstreitkräfte/Luftverteidigung der NVA. In: Rührt Euch! <32>, S. 222-249.

Leskien, Jürgen: Kraftprobe über Berlin. In: Fliegerrevue, H. 5/1996, S. 52-56.

Luftfahrt Ost 1945-1990. Geschichte der deutschen Luftfahrt in der sowjetischen Besatzungszone, der Sowjetunion und der Deutschen Demokratischen Republik (DDR), hrsg. von Jürgen Michels/Jochen Werner, Bonn 1994.

Paduch, Werner: Aufsätze zur Geschichte der Nationalen Volksarmee. Nachrichten- und Flugsicherungstruppen 1956-1990, Strausberg 1998.

Papenfuss, Winfried: Das Institut für Luftfahrtmedizin der Luftstreitkräfte/Luftverteidigung der Nationalen Volksarmee. In: Wehrmedizin und Wehrpharmazie, 14(1990), Nr. 3, S. 76-84.

Roske, Jürgen: NVA-Flugzeuge in Afrika. In: Fliegerrevue, H. 6/1992, S. 16-19.

Schlenker, Eckart: Jäger an der langen Leine. In: Ebd., H. 11/1997, S. 34-37.

Ders.: Funkmeßtechnik im kalten Krieg. In: Funkamateur, H. 11/1997, S. 1267-1269.

Einzelne Flugzeugtypen:

Gierke, Thomas: Mi-4. In: Fliegerrevue, H. 9/1992, S. 14-17.

Ders.: Mil Mi-2, Sinteln 1998.

Ders.: Mikojan/Gurewitsch MiG 21 U, Sinteln 1999.

Kopenhagen Wilfried: Die zwei Versionen der Mikojan MiG – 21 bis. In: Fliegerrevue, H. 7/1991, S. 266-267.

Meyer, Manfred: Die bunten Kühe der NVA. In: Ebd., H. 6/1991, S. 210-211.

Ders.: Die Annas der NVA. In: Ebd., H. 1/1993, S. 16-19.

Ders.: Reiseflugzeug Aero 45 S. In: Ebd., H. 10/1997, S. 67-69.

Ders.: Jak-18 und Jak-18 U. In: Ebd., H. 2/1998, S. 55-58.

Ders.: Trainer La-9 und Jak-11. In: Ebd., H. 4/1998, S. 72-74.

Ders.: Antonow An-2. In: Ebd., H. 6/1998, S. 73-75.

Ders.: MiG-15. In: Ebd., H. 7/1998, S. 72-75.

Ders.: Antonow An-14. In: Ebd., H. 8/1998, S. 56-58.

Ders.: Trainer Jakowlew Jak-18 A. In: Ebd., H. 1/1998, S. 56-58.

Ders.: Trainer L-29 Delfin. In: Ebd., H. 12/1998, S. 71-73.

Ders.: Strahljäger MiG-19. In: Ebd., H. 2/1999, S. 54-57.

Ders.: Bomber Iljuschin Il-28. In: Ebd., H. 3/1999, S. 54-57.

Ders.: Jagdflugzeug MiG-17. In: Ebd., H. 5/1999, S. 71-75.

Ders.: Iljuschin Il-14 P – das Arbeitspferd. Teil 1: Der militärische Einsatz. In: Ebd., H. 7/1999, S. 56-59.
Ders.: Mi-1 und Mi-4 – die ersten Hubschrauber. In: Ebd., H. 9/1999, S. 55-59.
Ders.: Die ersten Mach-2-Jets: MiG-21 F bis 13. In: Ebd., H. 10/1999, S. 64-67.
Ders.: MiG-21 PF und PFM/SPS – die zweite Generation. In: Ebd., H. 11/1999, S. 64-67.
Ders.: Hubschrauber Mil Mi-8. In: Ebd., H. 2/2000, S. 57-62.
Ders.: Zlin Z-42 und Z-43. In: Ebd., H. 3/2000, S. 56-59.
Ders.: MiG-21 M, MF bis und Schulversion UM. In: Ebd., H. 4/2000, S. 56-61.
Ders.: Hubschrauber Mil Mi-2. In: Ebd., H. 8/2000, S. 56-59.
Willich, Jürgen: Bemalungen an Flugzeugen und Hubschraubern der NVA, Teil 1. In: Ebd., H. 1/1992, S. 30-31; Teil 2, H. 3/1992, S. 90-91.
Ders.: Die MiG-19 der NVA. In: Ebd., H. 9/1992, S. 20-21.
Ders.: Mikojan/Gurewitsch MiG-21 F 13, Sinteln 1998.

Seestreitkräfte
Dietrich, Axel: Peenemünde und die Marine, Peenemünde 1994.
Ders.: Peenemünde im Wandel der Zeit, 4. Aufl., Peenemünde 1997.
Ders./Labian, Fritz: Holt nieder Flagge. Die Marine in Peenemünde 1950 bis 1996, Peenemünde 1996.
Domhardt, Joachim: Zivile Flotten im Krieg. Technische Vorbereitung der Zivilschiffe in der DDR. In: Panorama maritim/Schiff und Zeit, Nr. 46/1998, S. 41-49.
Ders,: Schwimmende Seebrücken und Prahmfähren – ihr militärischer und ziviler Einsatz in der DDR. In: Ebd., Nr. 50/1999, S. 3-13.
Duppler, Jörg: Kontinuität und Diskontinuität im Selbstverständnis der Marine. In: Marineforum, H. 4/1996.
Elchlepp, Friedrich: Seekutter. In: Panorama maritim, 17(1991), Nr. 26, S. 2-6.
Ders.: Gründung der Seestreitkräfte der DDR. In: Schiff und Zeit/Panorama maritim, Nr. 42/1993, S. 45-52.
Ders.: Erster deutscher Kriegsschiffbesuch nach 1945 in Leningrad. In: Schiff und Zeit/Panorama maritim, Nr. 45/1997.
Ders.: Internationales Seerecht und Territorialgewässer der DDR. In: Seegrenze <33>, S. 27-30.
Ders./Flohr, Dieter: In der ehemaligen Volksmarine 1958 bis 1960. »Chinesische Erziehungsmethoden. In: Marineforum, H. 4/1998, S. 26-28.
Gödde, Klaus-Peter: Eine Elite-Einheit der NVA rüstet ab, Berlin 1998.
Hess, Siegurd: NVA übte Atomwaffeneinsätze noch 1990. In: Marineforum, H. 7-8/1999, S. 3-4.
Hoffmann, Theodor: Bedingungen und Einsatz der Kräfte zur Sicherung

der Seegrenze der DDR. In: Seegrenze <33>, S. 19-26.

Holz, Martin: Drei Versuche, einen Kriegshafen im Jasmunder Bodden zu bauen und ihr Scheitern. In: Rügen, 6. Folge, Bergen 1996.

Jablonsky, Walter: NVA-Volksmarine. In: NVA. Anspruch <29>, S. 149-178.

Koop, Gerhard/Breyer, Siegfried: Die Schiffe, Fahrzeuge und Flugzeuge der deutschen Marine von 1956 bis heute, Bonn 1996.

Mehl, Hans/Schäfer, Knut: Die andere deutsche Marine. Schiffe und Boote der DDR-Seestreitkräfte 1949-1990, Berlin 1992.

Minow, Fritz: Die Seestreitkräfte der Nationalen Volksarmee – von der Seepolizei zur Volksmarine. In: Rührt Euch! <32>, S. 250-272.

Pestow, Olaf: Balcom 10, das »Raketen-Artillerie-Schnellbott Projekt 151«. In: Panorama maritim/Schiff und Zeit, Nr. 50/1999, S. 14-23.

Peters, Gerd: Dienstliches Segeln in der DDR. Wiederbelebung des Segelsports nach 1945 in der Ostzone. In: Ebd., S. 24-28.

Pfeiffer, Ingo: Aufbau und Einsatz der Marineverbände der DDR. In: Marineforum, H. 11/1991, S. 382-384.

Ders.: Die Volkspolizei-See während der Juni-Ereignisse 1953. In: Militärwesen, 34(1990), Nr. 6, S. 82-88.

Ders.: Der erste »Seekutter« der Marine der DDR. In: Köhlers Flottenkalender 1993, Herford 1992, S. 148-153.

Ders.: Beginn der Offiziersausbildung für DDR-Marineverbände (1950 bis 1953). In: Marineforum, H. 1-2/1994, S. 26-28; H. 3/1994, S. 22-24.

Ders.: Die erste Minenräumoperation von Marineverbänden der DDR. Vorbereitung und Einsatz 1950 bis 1953. In: Köhlers Flottenkalender 1996, Hamburg/Berlin/Bonn 1995.

Pöschel, Günther: Die Volksmarine als Teil der Vereinten Ostseeflotte. In: Marineforum, H. 11/1992, S. 388-390.

Ders.: Seefahrt macht frei! Leider nicht immer. Über die Volksmarine der NVA. In: NVA. Ein Rückblick <31>, S. 149-177.

Ders.: Die akademische Ausbildung von Marineoffizieren der Ex-DDR (1963-1990). In: Marineforum, H.4/1999, S. 114-116; H. 5, S. 156-158; H. 6, S. 203-205.

Städke, Herbert: Aufgaben und Rolle der 6. Grenzbrigade Küste. In: Seegrenze <33>, S. 31-37.

Trimpler, Hartmut: Ausbildung der Soldaten der ehemaligen NVA-Volksmarine. In: Marineforum, H. 3/1991, S. 60-61.

363 Volksmarine der DDR. Deutsche Seestreitkräfte im Kalten Krieg, Hamburg/Berlin/Bonn, 1999.

Wirth, Egon: Importschiffe der Volksmarine und deren Übernahme. In: Panorama maritim/Schiff und Zeit, Nr. 46/1998, S. 50-52.

Grenztruppen

Dietrich. Torsten: Die militärische Grenzsicherung an der innerdeutschen Demarkationslinie und der Mauerbau. In: Vom Kalten Krieg zur deutschen Einheit. Analysen und Zeitzeugenberichte zur deutschen

Militärgeschichte 1945 bis 1995. Im Auftrag des MGFA hrsg. von Bruno Thoss, München 1995.
Eyck, Lorenz: Die Grenzpolizei/Grenztruppe. In: Rührt Euch! <32>, S. 273-324.
»Aus dem Grenzeralltag«, hrsg. von Kurt Frotscher, Schkeuditz 1998.
Karau, Gisela: Grenzerprotokolle. Gespräche mit ehemaligen DDR-Offizieren, Frankfurt a.M. 1992.
Koop, Volker: Ausgegrenzt. Der Fall der DDR-Grenztruppen, Berlin 1993.
Ders.: »Den Gegner vernichten«. Die Grenzsicherung der DDR, Bonn 1996.
Lapp, Peter Joachim: Die Grenztruppen der DDR (1961-1989). In: Im Dienste <20>, S. 225-252.
Ders.: Gefechtsdienst im Frieden – Das Grenzregime der DDR, Bonn 1999.
Schultke, Dietmar: Das Grenzregime der DDR. Innenansichten der siebziger und achtziger Jahre. In: Aus Politik und Zeitgeschichte. Beilage zur Wochenzeitung »Das Parlament«, 50/1997, S. 43-53.
Staaken, Wolfgang: Wächter hinter Mauer, Minen und Stacheldraht – Die Grenztruppen der ehemaligen DDR. In: Europäische Wehrkunde, Nr. 10/1990, S. 566-567.
Walkhoff, Dirk-Arne: Der 13. August 1961 in der Traditionsarbeit der Grenztruppen der DDR, Hamburg 1996.

Spezialeinheiten
Dissberger, Karl-Heinz: Vom Himmel auf die Erde ins Gefecht. Fallschirmjäger der Nationalen Volksarmee, hrsg. von F. K. Jeschonnek, Düsseldorf 1991.
Eisenfeld, Bernd: Eine »legale Konzentration feindlich-negativer Kräfte«. Zur politischen Wirkung der Bausoldaten in der DDR. In: Deutschland Archiv, 28(1995), Nr. 3, S. 256-271.
Eschler, Stephan: Staatsdienst im Zeichen des Goldenen Spatens. Wehrdienstverweigerer in der DDR und die Positionen der evangelischen Kirchen zur Wehrfrage. In: Vom Kriege zur <23>, S. 94-117.
Fischer, Egbert/Wendt, Horst: »Der Dienst der Bausoldaten«. Eine echte Alternative zum Wehrdienst in der NVA?. In: Ebd., S. 118-132.
Fingerle, Stephan/Gieseke, Jens: Partisanen des Kalten Krieges. Die Untergrundtruppe der Nationalen Volksarmee 1957 bis 1962 und ihre Übernahme durch die Staatssicherheit, Berlin 1996.
Dieselben: Partisanen des Kalten Krieges. Die Verwaltung 15 der Nationalen Volksarmee und ihre Übernahme durch das MfS. In: Jahrbuch für Historische Kommunismusforschung 1996, S. 132-147.
Kalus, Andreas: Auftrag Windrose. Der militärische Geheimdienst der DDR, Berlin 1993.
Koch, Uwe/Eschler, Stephan: Zähne hoch Kopf zusammenbeißen.

Dokumente zur Wehrdienstverweigerung in der DDR 1962-1990, Kückenshagen 1994.

Koch, Uwe: Die Baueinheiten der Nationalen Volksarmee der DDR – Einrichtung, Entwicklung und Bedeutung. In: Materialien der Enquetekommission »Aufarbeitung von Geschichte und Folgen der SED-Diktatur«, hrsg. vom Deutschen Bundestag, Bd. II/3, Baden-Baden 1995, S. 1835-1899.

Das Ministerium für Staatssicherheit, die Wehrdienstverweigerer der DDR und die Bausoldaten der Nationalen Volksarmee, hrsg. von Uwe Koch, Magdeburg 1998.

Müller, Herbert: Geheime Verschlußsache: Die Spezialpropaganda in der Nationalen Volksarmee, Dresden 1997.

Richter, Holger: Güllenbuch. Ein Buch über Bausoldaten, Leipzig 1990.

Schicketanz, Peter: Die kirchenpolitische Situation und die Entstehung der Baueinheiten 1961-1964. In: Vom Krieg zur <23>, S. 194-204.

Luftschutz/Zivilverteidigung

Jahn, Wolfgang: Der Luftschutz und die Zivilverteidigung (1955-1990). In: Im Dienste <20>, S. 551-576.

Sedlick, Werner: Zivilverteidigung der DDR und Militär. In: Landesverteidigung <25>, S. 74-75.

Woit, Ernst: Zivilbevölkerung als geplantes Objekt der Kriegführung. In: Schutzlos den Waffen ausgeliefert – Zivilbevölkerung in den Kriegen des 20. Jahrhunderts. Drittes Dresdner Friedenssymposium am 11. Februar 1995, hrsg. von der Sächsischen Friedensinitiative Dresden, Dresden 1995; dasselbe in: Marxistische Blätter, 33(1995), H. 4.

Sonstige Probleme

Bossenz, Ingolf: Der Schießbefehl war kein Phantom. In: Deutschland Archiv, 26(1993), Nr. 6, S. 736-739.

Göpel, Helmut: Die Berlin-Operation. In: NVA. Anspruch <29>, S. 286-300.

Lapp, Peter Joachim: Todesursache Fenstersturz?. Der erste Generalstabschef der NVA. In: Deutschland Archiv, 32(1999), Nr. 1, S. 79-85.

Wauer, Roland: Epidemiologische Untersuchungen zur mehrjährigen Entwicklung der Morbidität bei ausgewählten Infektionskrankheiten in der Nationalen Volksarmee und den Grenztruppen der DDR, Diss. A, Bad Saarow 1990.

Wenzel, Otto: Der Tag X.. Wie West-Berlin erobert wurde. In: Deutschland Archiv, 26(1993), Nr. 12, S. 1360-1371.

Militärreform; NVA in der Wende und Folgen

Ablaß, Werner: Zapfenstreich. Von der NVA zur Bundeswehr, Düsseldorf 1992.

Baist, Eberhart: NVA im Umbruch. Suche nach einer neuen Identität. In: loyal, H. 3/1990, S. 6-11.

Bald, Detlef: Zur sicherheitspolitischen Debatte in der Nationalen Volksarmee, München 1990.

Bartsch, Sebastian: Die alliierte Truppenpräsenz und die sicherheitspolitischen Aspekte der deutschen Vereinigung aus der Sicht der DDR. In: Deutschland Archiv, 27(1994), Nr. 1, S. 42-57.

Beispielhaft? Eine Zwischenbilanz zur Eingliederung der Nationalen Volksarmee in die Bundeswehr, hrsg. von Paul Klein/Rolf Zimmermann, Baden-Baden 1993.

Behrendt, Hans-Dieter: Die Vertrauenskrise zur SED-Politik in den bewaffneten Organen. In: » ... sofort, unverzüglich <34>, S. 127-144.

Benz, Ute: Nach dem Verlust des Feindbildes: Erneuerung der Vorurteile?. In: NVA für den Frieden <28>, S. 181-192.

Bericht über eine Meinungsumfrage unter Armeeangehörigen und Angehörigen der Grenztruppen der DDR zu aktuellen politischen Fragen und zum Verlauf der Militärreform der DDR (April 1990), Dresden 1996.

Bogisch, Manfred: Für eine demokratische Militärreform . In: Militärwesen, 34(1990), Nr. 2, S. 10-12.

Böhme, Rainer: Neutralität. In: trend. Militärwochenzeitung, 1(1990), Nr. 7.

Ders.: Deutschland ohne Streitkräfte – einzige Chance oder mögliches Fernziel einer realistischen Sicherheitspolitik? In: Ebd., Nr. 3.

Ders./Götze, Klaus (Mitarb.): Deutschland ohne Streitkräfte – eine Tagesaufgabe? In: Klaus Benjowski/Bernhard Gonnermann: Entmilitarisierung? Dimensionen und Perspektiven, Berlin 1990.

Dieselben: Können Streitkräfte weggedacht werden?. In: Militärwesen, 34(1990), Nr. 7; dasselbe in: Information für die Truppe, 34(1990), Nr. 10.

Bündnispolitik und Zukunft der NVA. Interview mit Minister Eppelmann. In: Militärwesen, 34(1999), Nr. 7, S. 3-6.

Bündnispolitik im Wandel. Übernahme der NVA – Bundeswehrkommando Ost. In: Österreichische Militärzeitschrift, Nr. 6/1990, S. 539-541.

Clement, Rolf: NVA im Umbruch. Suche nach einer neuen Identität. In: loyal, Nr. 3/1990, S. 6-9.

Collmer, Sabine/Klein, Paul/Lippert, Ekkehard/Meyer, Georg Maria: Einheit auf Befehl? Wehrpflichtige und der deutsche Einigungsprozeß, Opladen/Wiesbaden 1994.

Entwurf für einen Beschluß der Volkskammer über militärische Leitlinien der Deutschen Demokratischen Republik. In: Europäische Wehrkunde. Wehrwissenschaftliche Rundschau, 39(1990), Nr. 4, S. 201.

Eppelmann, Rainer: Kommandeurstagung der NVA – »Es wird auch nach der Vereinigung eine zweite deutsche Armee geben.« Auszüge aus einer Rede von Rainer Eppelmann. In: Truppenpraxis, 34(1990), Nr. 4, S. 348-352.

Der Fall der Mauer – das ungeklärte Mysterium. Materialien zu einer

Podiumsdiskussion, hrsg. vom Brandenburger Verein für politische Bildung »Rosa Luxemburg e.V.«, Potsdam 1995.

Feil, A.: Abrüsten und verteidigen. In: Militärwesen, 34(1990), Nr. 7, S. 9-15.

Ganseuer, Frank: Das lautlose Ende einer Armee. Thesen zum Selbstverständnis der Nationalen Volksarmee in Wende und Wiedervereinigung. In: Truppenpraxis/Wehrausbildung, 41(1997), Nr. 7-8, S. 488-493.

Gloeckner, Eduard: »Nicht Feind, nicht Gegner, sondern Partner!« Ein Besuch der Militärakademie »Friedrich Engels« in Dresden. In: Deutschland Archiv, 23(1990), Nr. 6, S. 824-826.

Gonnermann, Joachim/Merkel, Gerhard: DDR ohne Waffen? Sicherheitspolitische Dokumente, Berlin 1990.

Großmann, Horst: Von der Bürgerbewegung zur Parteien-Allianz. Stürmischer Herbst 1989, Teil II (Zeitraum Januar bis März 1990), Dresden 1997.

Ders.: u.a.: Stürmischer Herbst 1989. Chronik der Ereignisse in Dresden – eingebettet in den gesellschaftlichen Umbruch der DDR (Zeitraum September bis Dezember 1989), Dresden 1994.

Hagena, Hermann: Reform für die NVA. Vom Parteisoldaten zum Staatsbürger in Uniform. In Europäische Wehrkunde. Wehrwissenschaftliche Rundschau, 39(1990), Nr. 3, S. 206-216.

Ders.: Vorschlag für die Volkskammer. Die radikale Wende der nationalen Volksarmee. In: Ebd., Nr. 4, S. 206-216.

Hanisch, Wilfried: Zur Haltung der Soldaten der DDR bei der Grenzöffnung im November 1989. In: NVA für den Frieden <28>, S. 91-106.

Ders.: Die NVA während der zugespitzten Krise in der DDR im Herbst 1989. Wende, Wiedervereinigungsprozeß und Rolle der NVA. In: NVA im Kalten Krieg <30>, S. 115-132.

Heider, Paul: Zur Gewaltfrage in der friedlichen Revolution im Herbst 1989. In: 1989-1990. Die DDR zwischen Wende und Anschluß. Beiträge einer wissenschaftlichen Konferenz, Berlin 2000, S. 31-37; dasselbe in: Pankower Vorträge, H. 20.

Ders.: Die NVA im Herbst 1989. Zu ihrer Haltung während der revolutionären Umwälzung und ihr innerer Wandel auf dem Weg zur deutschen Einheit. In: Utopie kreativ, H. 54/1995, S. 47-63.

Herrich, Peter: Zur Tätigkeit der NVA bei der Realisierung der KSZE-Beschlüsse. In: Rührt Euch! <32>, S. 526-546.

Herspring, Dale R.: Requiem für eine Armee. Das Ende der nationalen Volksarmee, Baden-Baden 2000.

Herter, Hans-Hermann: Der Fall der Mauer aus der Sicht der NVA und der Grenztruppen der DDR. In: Deutschland Archiv, 28(1995), Nr. 9, S. 901-919.

Hoffmann, Theodor: Die Militärreform der DDR. In: Rührt Euch! <32>, S. 547-575.

Ders.: Erinnerungen an den Fall der Mauer. In: » ... sofort, unverzüglich <34>, S. 97-102.

Ders.: Zur nicht-vollendeten Militärreform der DDR. In: Die Nationale Volksarmee <27>, S. 107-114.

Hohwieler, Joachim: Die NVA im Übergang. Ostdeutsche Überlegungen zu Existenz und Funktion von DDR-Streitkräften in der Amtszeit der Regierung de Maizière. Dipl. Arbeit, Mannheim 1993.

Holzweißig, Gunter: »Auflösen – ohne Rest«?. In: Deutschland Archiv, 23(1990), Nr. 10, S. 1553-1556.

Kießlich-Köcher, Harald: Gedanken zur Armeereform. In: Parteiarbeiter, Nr. 12/1989.

Ders.: Militärreform der DDR (Interview). In: Armeerundschau, Nr. 2/1990.

Ders./Glaß, W./Gotze, Klaus: Freund und Feind? Zur Überwindung von Denkmodellen aus der Zeit des Kalten Krieges im Interesse einer Sicherheitspartnerschaft. In: Utopie kreativ, H. 4/1990.

Ders. u.a.: Nicht Feind, sondern Partner. In: Volksarmee, Nr. 9/1990.

Knabe, Frithjof: Unter der Flagge des Gegners. Wertewandel im Umbruch in den Streitkräften. Von der NVA zur Bundeswehr, Opladen 1994.

Kohlmetz, Hartmut: Die DDR durch einseitige Vorleistungen bis zum Jahr 2000 entmilitarisieren. Neues Denken in der Sicherheitspolitik, Berlin 1990.

Kolitsch, G. u.a.: Zur Reform der wissenschaftlichen Arbeit in der NVA und zur Wissenschaftsstrategie. In: Militärwesen, 34(1990), Nr. 5, S. 34-38.

Kommandeurstagung der Nationalen Volksarmee am 2. Mai 1990 in Strausberg, Berlin 1990.

König, I./Hellmund, L.: Für Vertrags- und Sicherheitsgemeinschaft zwischen beiden deutschen Staaten und Armeen. In: Militärwesen, 34(1990), Nr. 3, S. 28-30.

Kutz, Martin: Militärreform in der NVA. Materialienband, Hamburg 1992.

Ders.: Demokratisierung der NVA? Die verspätete Reform 1989/90, Hamburg 1992.

Ders.: Demokratisierung der NVA? Die verspätete Reform 1989/90. In: Die Nationale Volksarmee <27>, S. 87-105.

Lapp, Peter: Ein Staat – eine Armee. Von der NVA zur Bundeswehr, Bonn/Bad Godesberg 1992.

Lohfelder, Ferdinand: Die »bewaffneten Organe« der DDR. Zweifel an der Treue zum Regime der SED. In: Europäische Wehrkunde, Nr. 12/1989, S. 720-724.

9. November 1989. Nachbetrachtung zur Grenzöffnung, hrsg. vom Brandenburger Verein für politische Bildung »Rosa Luxemburg e.V.«, Potsdam 1993.

Ab Oktober wird es keine NVA mehr geben. Interview mit Generalleutnant Klaus-Jürgen Baarß, Bevollmächtigter des

Parlamentarischen Staatssekretärs im Ministerium für Abrüstung und Verteidigung der DDR für die Militärreform. In: Truppenpraxis, 34(1990), Nr. 5, S. 436-438.

Pfeiffer, Ingo: »Stillgestanden – zur Dienstübergabe weggetreten!« Rückblick auf die Ereignisse 1989/90 an der Marineschule Stralsund. In: Marineforum, H. 11/1999, S. 9-13; H. 12/1999, S. 24-26.

Pröll, Bernd: Hat die NVA ein tragfähiges Fundament? 34 Jahre war die »Volksarmee« das Organ einer Partei – Was tun? In: Beiträge zur Konfliktforschung, Nr. 1/1990, S. 53-66.

Quo vadis NVA. Denkanstöße und Vorschläge von Mitgliedern des Wissenschaftlichen Rates für Friedensforschung an der Akademie der Wissenschaften der DDR. In: Volksarmee, Nr. 1/1990, S. 10-12.

Reeb, Hans-Joachim: Probleme des Zusammenwirkens von Bundeswehr und Nationaler Volksarmee aus der Sicht eines westdeutschen Bundeswehroffiziers. In: Soldat – ein Berufsbild im Wandel, Bd. 2: Offiziere, hrsg. von Paul Klein, Jürgen Kuhlmann, Horst Rohde, unter Mitarb. von Christian Dewitz, Dortmund 1993, S. 277-288.

Die Rolle des militärischen Faktors bei der Entstehung, Entwicklung und Auflösung der DDR. In: Berliner Europa-Forum. Für neues Denken in einer neuen Zeit, Berlin, Sonderh. 4/95: Beiträge zur deutschen Geschichte, hrsg. von Kersten Radzimanowski.

Schneider, Peter: Die neuen Kameraden. Wie die NVA aufgelöst wurde. In: Deutsche Erfahrungen – deutsche Zustände. Beobachtungen aus dem Alltag nach der Wende, hrsg. von Wolfgang Benz/Marion Neiss, Berlin 1995.

Schönbohm, Jörg: Zwei Armeen und ein Vaterland. Das Ende der Nationalen Volksarmee, Berlin 1992.

Schönherr, Siegfried: Zu Rahmenbedingungen des Prozesses der Annäherung und Vereinigung von BRD und DDR, Dresden 1990.

Süß, Hans: Aspekte der Militärreform in der DDR. Interview. In: Militärwesen, 34(1990), Nr.1, S. 22-25.

Voll, Hans-Jörg: Die Beziehungen zwischen Bundeswehr und NVA vom Herbst 1989 bis zum 3. Oktober 1990. Lehrgangsarb. an der Führungsakademie der Bundeswehr, Hamburg 1993.

Wenzke, Rüdiger: Die Nationale Volksarmee 1989/90. In: Information für die Truppe, 42(1998), S. 9-19.

Wischemann, Rüdiger: Nationale Streitkräfte und die Wiederherstellung staatlicher Einheit: Vergleichende Untersuchung einiger Aspekte der Rolle und des Selbstverständnisses der Armee in den Vereinigten Staaten (1861-1877) und in Deutschland (nach 1989), Magisterarb., Universität Hamburg 2000 (Ms.).

Wortmeldungen zum Entwurf der militärpolitischen Leitsätze. In: Militärwesen, 34(1990), Nr. 4, S. 37-53.

Wünsche, Wolfgang: Militärreform in der DDR. Die Nationale Volksarmee im gesellschaftlichen Umbruch. In: Truppenpraxis, 34(1990), Nr. 3, S. 320-322.

Über die NVA und die Grenztruppen sowie Probleme ihrer ehemaligen Angehörigen im vereinigten Deutschland

Auf dem Weg zur Einheit Deutschlands. Ergänzungsausbildung von Offizieren der ehemaligen NVA/LSK an der Offiziersschule der Luftwaffe 1990-1994, Fürstenfeldbruck 1994.

August 1990: »Ein Staat – eine Armee«. Streitkräfte im vereinten Deutschland. In: IAP-Dienst Sicherheitspolitik, Nr. 15-16/1990.

Bald, Detlef: Zur Innenansicht des Militärs nach der Einigung. Dialog in Deutschland – Eine Einleitung. In: Die Nationale Volksarmee <27>, S. 7-12.

Brenne-Wegener, Lothar W.: Kameraden oder Bösewichter – das Verhältnis zu den Offizieren der NVA. In: Truppenpraxis, 35(1991), Nr. 5, S. 490-495.

Buchholtz, Dieter: Der Alltag als Ernstfall. Schwerin: Verwerfungen in einem Standort. In: Information für die Truppe, 36(1992), Nr. 6, S. 10-21.

»Eine faire Chance«. Regelungen für die Übernahme von ehemaligen Angehörigen der NVA in die Bundeswehr. In: IAP-Dienst Sicherheitspolitik, Nr. 19-20/1990.

Dischert, Wolfgang: Armee der Einheit? In: Deutsche Militärzeitschrift, H. 1/1997, S. 34-40.

Feil, Adolf: Der Einheit nicht dienlich. In: Marineforum, H. 6/2000, S. 2-5.

Frank, Hans: Reservisten aus der ehemaligen NVA – eine nicht ganz rühmliche Geschichte. In: Ebd., H. 6/2000, S. 2.

Freitag, Peter: »Mauerschützenprozesse« – Bestandteile politischer Strafverfolgung im demokratischen Rechtsstaat und Instrumente der Diffamierung und Deligitimierung der DDR, hrsg. von der Gesellschaft zur rechtlichen und humanitären Unterstützung e.V., o. O. 1997.

Ganseuer, Frank: Wohin mit Reichpietsch und Köbis? In: Marineforum, H. 7-8/1992, S. 260-261.

»Gediente in fremden Streitkräften«. Protokoll einer öffentlichen Anhörung, Potsdam 1993.

Giessmann, Hans-Joachim: Das unliebsame Erbe. Die Auflösung der Militärstruktur der DDR. Mit e. Vorw. von Egon Bahr, Baden-Baden 1992.

Ders.: Die Auflösung der NVA. Personelle Folgen und Probleme am Beispiel Mecklenburg-Vorpommerns. In: Vierteljahreshefte für Sicherheit und Frieden, H. 1/1993, S. 8.

Ders.: Auflösung der ehemaligen Volksmarine. In: IPW-Berichte, Nr. 3-4/1993.

Grafe, Roman: »Niemals Zweifel gehabt«. Der Prozeß gegen die Grenztruppen-Führung der DDR. In: Deutschland Archiv, 29(1996), Nr. 6, S. 862-871.

Ders.: »Ziele mit dem ersten Feuerstoß vernichten«. Urteile gegen die

Militärführung der DDR. In: Ebd., 30(1997), Nr. 4, S. 525-526.
Ders.: Politik vor Recht. Die seltsame Begnadigung des DDR-Grenztruppenchefs Baumgarten. In: Ebd., 33(2000), Nr. 3, S. 366-367.
Hoch, Gottfried: Ein bißchen viel »Ostalgie«. In: Marineforum, H. 3/2000, S. 32.
Ders./Pfeiffer, Ingo: Zehn Jahre Deutsche Einheit. Über den Umgang miteinander. In: Ebd., H. 10/2000, S. 26-29.
Horten, Dirk: Sammelbecken der ewig gestrigen. In: Ebd., H. 3/2000, S. 31.
Krech, Hans: Reservisten aus der ehemaligen NVA in die Bundeswehr?. In: Ebd., H. 9/2000, S. 31.
Kunze, Gerhard: Feind und Kamerad – Zweimal »Kehrt marsch!« In: NVA. Ein Rückblick < 31>, S. 69-90.
Kunze, Martin: Für die Wirtschaft geeignet? In: Bund und Beruf, H. 9-10/1990, S. 17-20.
Ders.: Gestern Offizier der NVA – und heute? In: Europäische Sicherheit, Nr. 10/1995, S. 27-29.
Ders.: Und der Zukunft zugewandt ... Vom Offizier der NVA zum Bürger der BRD. In: Deutsche Militärzeitschrift, H. 4/1997.
Liedtke, Klaus: Auftrag: Übernahme! Erinnerungen eines Marineoffiziers an seine Tätigkeit in der Personalaußenstelle Strausberg des BMVg, Teil 1. In: Marineforum, H. 1-2/2000, S. 22-23; Teil 2, H. 3/2000, S. 27-28.
Loerke, Dieter: Ungeprüft bei der anderen Seite »mitmachen«? In: Ebd., H. 3/2000, S. 33.
Model, Hansgeorg: Die Übernahme der Nationalen Volksarmee (NVA) – ein Meilenstein bei der Realisierung der Armee der Einheit. In: Mars. Jahrbuch für Wehrpolitik und Militärwesen, 1(1995), S. 360-372.
Im Namen des Volkes – Grenzer vor Gericht, hrsg. von Kurt Frotscher und Wolfgang Krug, Schkeuditz 2000.
Opitz, Eckardt: Über den Umgang mit ehemaligen Offizieren der NVA. In: Marineforum, H. 7-8/2000, S. 29.
Panian, Reinhard: Soldat in zwei deutschen Armeen. In: Frankfurter Rundschau, Sonderbeil. vom 27. Oktober 1995.
Pauli, Joerg Uwe: Die Integration der Nationalen Volksarmee in die Streitkräfte der Bundeswehr, Magisterarb., Münster 1993.
Paulinius, Hans-Georg: Nur wer miteinander spricht, kann irgendwann den anderen verstehen. In: Marineforum, H. 5/2000, S. 33.
Pfeiffer, Ingo: Sichtweisen zur wiedergewonnenen Einheit. In: Ebd., S. 31-32.
Reeb, Hans-Joachim: Eingliederung ehemaliger NVA-Berufssoldaten in die Bundeswehr. Maßnahmen und Probleme. In: Deutschland Archiv, 25(1992), Nr. 8, S. 845-857.
Rosenau, Hennig: Tödliche Schüsse im staatlichen Auftrag. Die strafrechtliche Verantwortung von Grenzsoldaten für den

Schußwaffengebrauch an der deutsch-deutschen Grenze, Baden-Baden 1996.

Rosenkranz, Erhard: Skandalöse Spätfolge einer »feindlichen Übernahme«. In: Marineforum, H. 11/1999, S. 2.

Scheven, Werner von: Gleiche Bedingungen für alle. Zur Teilnahme ehemaliger NVA-Offiziere am Grundlehrgang, Hamburg 1993.

Schmeling, Hans Hellmut: Die Armee der Einheit und ihr Amtsschimmel. In: Marineforum, H. 11/1999, S. 2.

Schöber, Christian: »Wissen ist Macht! Nichtwissen, macht nichts?« In: Ebd., H. 5/2000, S. 33-34.

Sowade, Hanno: Bundeswehr und NVA im Haus der Geschichte der Bundesrepublik Deutschland. In: Newsletter, hrsg. vom Arbeitskreis Militärgeschichte, Nr. 10/1999, S. 52-54.

Ein Staat – eine Armee. Von der NVA zur Bundeswehr, hrsg. von Dieter Farwich, Frankfurt a.M. 1992.

Woit, Ernst: Es geht nicht um die Ehre der Soldaten. In: Marxistische Blätter, 33(1995), Nr. 3.

Konversion

Gießmann, Hans-Joachim: Die »Denaturierung« der Militärtechnik der NVA. In: Konversion im vereinten Deutschland. Ein Land – zwei Perspektiven? Baden-Baden 1992, S. 173-195.

Ders.: Der militärische Nachlaß der NVA – Nachwirkungen ihrer Auflösung. In: Berliner Debatte INITIAL, 8(1997), Nr. 6, S. 67-78.

Goldbach, Joachim: Bericht über Abrüstung und Konversion. In: Forschung für den Frieden, hrsg. von der Akademie der Wissenschaften der DDR, Wissenschaftlicher Rat für Friedensforschung, Nr. 1/1990, S. 115-126.

Rüstungsbestimmte Geschichte und das Problem der Konversion in Deutschland im 20. Jahrhundert, hrsg. von Detlef Bald, München 1993.

Hänsel, Werner: Zur Rüstungskonversion in der DDR, Berlin 1990.

Ders.: Möglichkeiten und Methoden der Rüstungskonversion. Die Konversionspraxis in der DDR. In: Abrüstung und Konversion. Politische Voraussetzungen und wirtschaftliche Folgen in der Bundesrepublik, hrsg. von Lutz Köllner/Burkhardt J. Huck, Frankfurt a.M. 1990, S. 677-714.

Scheler, Wolfgang: Entmilitarisierungskonzepte in der Wendezeit der DDR. In: Frieden als Zivilisierungsprojekt – Neue Herausforderungen an die Friedens- und Konfliktforschung, hrsg. von Wolfgang R. Vogt, Baden-Baden 1995.

Schönherr, Siegfried: Konzeptionelle Vorstellungen zur Konversion von Streitkräften in der DDR, Dresden 1990.

Ders.: Der Wille zur Abrüstung verlangt die Fähigkeit zur Konversion. In: Beiträge zur Konfliktforschung, H. 3/1990.

Ders.: Das Institut für Konversion der Streitkräfte (IKOS) des

Ministeriums für Abrüstung und Verteidigung der DDR. Erinnerungen und Zeitzeugnisse zu einer vertanen Chance, Dresden 1997.

Wolf, Dietmar: Entmilitarisierung der DDR – ein Weg zur gesamteuropäischen Abrüstung? In: Militärwesen, 34(1990), Nr. 7, S. 30-31.